中华优秀传统文化传承发展工程

Project for Transmission and
Development of Fine Traditional
Chinese Culture

中国民间文学大系·故事

Treasury of
Chinese Folk Literature

Collection of Folktales

4-37

山东卷 | 济南分卷 |

Shandong Volume: Tales from Jinan

中国文学艺术界联合会 中国民间文艺家协会 总编纂

中国文联出版社
http://www.clapnet.cn

图书在版编目（CIP）数据

中国民间文学大系 . 故事 . 山东卷 . 济南分卷 / 中
国文学艺术界联合会 , 中国民间文艺家协会总编纂 . --
北京 : 中国文联出版社 , 2024.2
ISBN 978-7-5190-5345-1

Ⅰ . ①中⋯ Ⅱ . ①中⋯ ②中⋯ Ⅲ . ①民间文学 – 作
品综合集 – 中国②民间故事 – 作品集 – 山东 Ⅳ . ① I277

中国国家版本馆 CIP 数据核字 (2023) 第 186725 号

中国民间文学大系·故事·山东卷·济南分卷

Zhongguo Minjian Wenxue Daxi
Gushi Shandong Juan Jinan Fenjuan

总编纂	中国文学艺术界联合会 中国民间文艺家协会
终审人	王柏松
复审人	王素珍
责任编辑	周劲松　李小欧
责任校对	胡世勋　张雉岩
书籍设计	XXL Studio
排版制作	水行时代文化
责任印制	陈　晨
出版发行	中国文联出版社有限公司
地址	北京市朝阳区农展馆南里 10 号，100125
电话	010-85923025（发行部），010-85923091（总编室）
印刷	北京顶佳世纪印刷有限公司
开本	635*965，1/8
字数	1807 千字
印张	120.75
版次	2024 年 2 月第 1 版
印次	2024 年 2 月第 1 次印刷
书号	ISBN 978-7-5190-5345-1
定价	1190.00 元

中华优秀传统文化传承发展工程

中国民间文学大系出版工程领导小组

| 组长 | 铁　凝　李　屹 |

| 副组长 | 徐永军　董耀鹏　俞　峰　诸　迪　张雁彬
张　宏　黄豆豆　冯骥才　潘鲁生 |

| 办公室主任 | 张雁彬（兼） |

| 办公室副主任 | 邱运华（常务）　韩新安　杨发航　邓光辉
谢　力　周由强　暴淑艳　尹　兴 |

| 成员 | 各省区市和新疆兵团宣传部分管领导和文联党组书记；
有关文艺家协会分党组书记；学术委员会主任、编纂出
版工作委员会主任和中国文联出版社社长等。 |

中国民间文学大系出版工程学术委员会

中国民间文学大系出版工程编纂出版工作委员会

总序

5000多年的中华文化源远流长、灿烂辉煌，滋养着中华民族生生不息、发展壮大，积淀着中华民族最深沉的精神追求，镌刻着中华民族独特的精神标识，也蕴藏着解决当代人类面临难题的传统智慧，是涵养社会主义核心价值观的精神之源，更是我们在世界文化中站稳脚跟的坚实根基。中华优秀传统文化是我们必须世代传承的文化根脉、文化基因，在实现"两个一百年"奋斗目标和中华民族伟大复兴中国梦的历史进程中，追溯中华文化的源流、探究中华文化的传续、前瞻中华文化的走向，对于为中华民族精神家园立根铸魂、为新时代中国特色社会主义事业发展凝心聚力，具有重大意义。

编纂出版《中国民间文学大系》（以下简称《大系》）是新时代传承发展中华优秀传统文化的国家级重点工程。党的十八大以来，以习近平同志为核心的党中央高度重视中华文化的传承发展。2017年1月，中央印发《关于实施中华优秀传统文化传承发展工程的意见》（以下简称《意见》），编纂出版《大系》列为其中的重大工程。《意见》从建设社会主义文化强国，增强国家文化软实力，实现中华民族伟大复兴中国梦的高度，深刻阐述了中华优秀传统文化传承发展的重要意义、指导思想、基本原则和总体目标，对传承发展工程的主要内容、重点任务、组织实施和保障措施等作出了重要部署，是当前和今后一个时期指导我们传承发展好中华优秀传统文化的重要遵循。民间文学是中华优秀传统文化中最主要的基础资源之一，它鲜明而又直接地反映着人民群众的日常生活和价值观、审美观。中国民间文学大系出版工程（以下简称大系出版工程）由中国文联负责组织实施，是中华优秀传统文化传承发展工程的重点项目之一，也是中国民间文学遗产抢救保护与传承的民心工程。这一工程的主要任务是以客观、科学、理性的态度，收集整理民间口头文学作品及理论方面的原创文献，编纂出版《大系》大型文库，完善中国口头文学遗产数据库，为中华民族保留珍贵鲜活的民间文化记忆。在编纂同时，开展一系列以中国民间文学为主题的社会宣传活动，促进全社会共同参与民间文学的发掘、传播、保护，形成全社会热爱、传承优秀传统民间文学的热潮，形成德在民间、艺在民间、文在民间的共识，推动民间文学知识普及与对外交流传播。

民间文学产生于民间，流传于民间，具有与生俱来的人民性。习近平总书记在文艺工作座谈会上的讲话中指出，"人民既是历史的创造者、也是历史的见证者，既是历史的'剧中人'、也是历史的'剧作者'"。因为民间文学活动本身就是人民的审美生活，是人民不可缺少的生活样式，具有浓厚的生活属性。民众在表演和传播民间文学时，就是在经历一种独特的生活方式。人民创作、人民传播和人民享受，是民间文学人民性的具体表现。

民间文学是培育和践行社会主义核心价值观的重要载体。首先，民间文学是宝贵的历史文化遗产，是中华民族祖祖辈辈集体智慧的结晶，积淀着中华民族特有的极为丰富的思想道德和文化意识形态。其次，民间文学是人民群众自己的文学和学问，具有最为广泛的人民性，没有哪一种文学艺术形式拥有如此众多的作者和观众。它对人们的生活方式和思想观念所产生的潜移默化影响也是最为深刻和久远的。再次，民间文学是人民群众最为喜闻乐见和熟悉的审美方式，也是最为便利的文学活动形式。每个地方都有祖辈延续下来的传说、故事、歌谣、谚语、小戏、说唱等等，为当地人耳熟能详。这些民间文学一旦进入当地人的生活世界，便释放出强大的感化能量。

新中国成立后，党和政府十分重视民间文艺的传承保护。民间文学搜集抢救整理成果丰硕，为编纂出版《大系》奠定了坚实基础。1950年3月，我国民间文学、民间戏剧、民间音乐、民间美术、民间舞蹈等领域的文艺家与研究家发起成立了中国民间文艺研究会（以下简称民研会；1987年更名为中国民间文艺家协会），开始在全国范围内统一组织实施中国民间文艺的传承与研究工作。在民研会成立大会上，代表们讨论并通过了《征集民间文艺资料办法》。1979年9月，全国少数民族民间歌手、民间诗人座谈会在京召开，众多民间歌手和艺人恢复名誉，抢救保护民族民间文化遗产工作也随之重启。1984年2月，中宣部印发《关于加强少数民族文学研究和资料搜集工作的通知》。同年5月，文化部、国家民委、民研会印发《关于编辑出版〈中国民间故事集成〉〈中国歌谣集成〉〈中国谚语集成〉的通知》，全国各地大批民间文艺专家和民间文艺工作者代表们会聚起来，形成强大的学术力量和社会力量，开始了民间文学抢救整理工作。1987年至2009年，在全国普查、采录的基础上，全国各地民间文学"三套集成"陆续编辑出版。"三套集成"从酝酿、立项到全面实施，历经近30年，全国30个省市自治区（不含重庆、港澳台）编纂出版90卷（102册），总计1亿多字，一大批珍贵的各民族神话、传说、故事、歌谣、谚语等民间口头文学作品，成为民间文学爱好者和研究者的通用读本。进入新世纪以来，中国民间文化遗产抢救、中国民族民间文化遗产保护等工程又相继开展，取得扎实而宝贵的工作进展。为了进一步适应今后文化发展以及科学技术进步带来的阅读、研究与利用的实际需要，2010年12月，中国民间文艺家协会启动实施了中国口头文学遗产数字化工程，已陆续完成10多亿字民间口头文学记录文本的数字化存录，最终将形成体系完备的"中国口头文学遗产数据库",以有效避免因各种因素造成的纸质资料遗失和损坏,并使阅读、检索和利用这些作品及资料变得更为方便、快捷和准确,从而实现更大范围的资源共享。新中国成立70年来民间文艺工作的实践与经验,数十亿字民间文艺资料的积累与储备,数十万民间文艺工作者的心血和智慧,是我国民间文艺事业发展的宝贵财富,也为《大系》的编纂工作确立了综合实力和巨大优势。

大系出版工程是新时代中国民间文学保护、传承工作的扩充、延伸、深化、升华,更是民间文学创造性转化和创新性发展的理论探索和实践行动。《大系》文库按照神话、史诗、传说、故事、歌谣、长诗、说唱、小戏、谚语、谜语、俗语、理论12个门类进行编纂,计划到2025年出版大型文库1000卷,每卷100万字,共10亿字。该工程制订的长期规划、分步骤分阶段分类别的运作策略和实施举措,保障了项目的可持续性发展和科学化运用。

《大系》既是有史以来记录民间文学数量最多、内容最丰富、种类最齐全、形式最多样、最具活态性的文库,也是在民间文学搜集整理领域开展的新时代综合性成果总结、示范性的本土文化实践活动。它将几千年来在民间普遍传承的无形精神遗产变为有形的文化财富,从而避免在全球化语境下民间文学遭遇民众文化失语和传统经典样式失忆的尴尬与窘境,为世人了解中国民间文艺发展规律、应对社会转型和变革所带来的传统文化衰微之势,提供了文化复兴的有效良方和经验范式。

《大系》充分吸收当代民间文学研究的新成果、新理念,在选编标准上,始终坚持正确的政治导向,坚持优秀传统文化的标准,萃取经典,服务当代。各分卷编委会着力还原民间文学的本真形态,忠实保持各民族作品原文意蕴,在内容、形式、类型等方面力求反映出民族风格和当地口承文化传统特点,按照科学性、广泛性、地域性、代表性的"四性"原则,在各类文本中,精心编纂出具有民间文化传统精神和当代人文意识的优秀作品文库。

编纂出版《大系》,我们始终坚持具有鲜明导向的指导思想和基本原则。《大系》汇集全国各地民间文艺领域上千名专家、学者,计划用8年的时间对民间文学12个门类进行搜集整理、编纂出版,是一项复杂的系统工程。《大系》既是党中央交给中国文联的一项重要的文化建设任务,又是民间文艺界的一项重大学术研究活动;既是一项中华民族大型文化精品创建工程,又是一次中国民间文学主题实践宣传活动;既要深入田间地头调查搜集采录第一手资料,又要坐在书斋静下心来进行归纳整理研究。《大系》具有很强的政治性、学术性、专业性、群众性。我们的指导思想是,始终高举中国特色社会主义伟大旗帜,全面贯彻落实习近平新时代中国特色社会主义思想和党的十九大精神,紧紧围绕实现中华民族伟大复兴中国梦,深入贯彻新发展理念,坚持以人民为中心的工作导向,坚持以社会主义核心价值观为引领，坚持创造性转化、创新性发展，坚定文化自信，增强文化自觉，树立正确的价值观、历史观、审美观，积极思考和探索民间文学的继承与发展等时代命题，坚持交流互鉴、开放包容，关注民间文学新的时代内涵和现代表达形式，使我们民族创造的民间文艺更接地气、更有底气、更具生气。

《大系》编纂出版工作确立了"三个坚持"的基本原则：一是坚持社会主义先进文化前进方向和正确价值取向，对民族民间文学中的制度风俗、思想观念、价值理念、乡规家风等加以梳理和诠释，去粗取精、去伪存真，发掘民间文学蕴含的核心价值观，充分发挥民间文学在"美教化、厚人伦、移风俗"等方面的特殊作用；二是坚持广泛性和代表性相结合，在广泛普查和科学分类的基础上，加强对各民族民间文学精神与思想内涵的挖掘和阐发，把强调先进价值观与突出地域文化特色、民族风格密切结合起来，推动建设中华民族和合一体的共同精神家园；三是坚持学术性与普及性相结合，以民间文学理论研究成果和当代文化思想为学术指导，加强民间文学各类别经典文本呈现、精品范本出版，促进民间文学的创造性转化和创新性发展，并注重与时代发展相适应，实现从口耳相传到多媒体传播的时代变化，激活其当代价值，高标准、高质量、高要求地打造体现中国精神、中国形象、中国文化、中国表达的经典传世精品。

编纂出版《大系》是新时代赋予我们的光荣职责和神圣使命。我国各民族民间文艺积淀深厚，灿烂博大，与人民生活紧密联系着，是中华优秀传统文化的土壤和基石。千百年来，我国民间文学薪火相传、生生不息，深深融入中华民族的血脉，深刻影响着中国人的精神世界，印刻着中华民族独特的文化记忆，鲜明地表现着广大人民群众的精神向往、道德准则和价值取向，充分彰显着中国人的气质、智慧、灵气、想象力和创造力，是中华文化的亮丽瑰宝和鲜明标志，不论过去还是现在，都有其永不褪色的价值。但同时也要看到，民间文学又是脆弱的。随着转型期社会的深刻变革和城镇化带来的高速发展，民间文学赖以生存的土壤正在迅速流失，不少优秀民间文学正在成为绝唱，更多的民间文学资源业已消失。因此，抢救与保护散落在中国大地上各区域、各民族现存的不可再生的文化遗产，按照当代学术规范和学科准则，大规模开展民间文学的搜集、整理、出版、推广、研究，激发全社会对我国优秀民间文学的热爱和珍视之情，促进民间文学保护、传承与发展，延续中华文脉，造福人民大众，为繁荣发展社会主义文艺事业提供民间文学精致文本和精彩样式，已成为热爱中华优秀传统文化有识之士的共同心声。

当前，中国特色社会主义步入新时代，在以习近平同志为核心的党中央领导下，各级党委和政府更加自觉、更加主动推动中华优秀传统文化的传承与发展，开展了一系列富有创新、富有成效的工作，有力增强了中华优秀传统文化的凝聚力、影响力、创造力。进一步发扬优秀传统，充分尊重人民群众的思想观念、风俗习惯、生活方式、民族情感、表达形式，充分尊重一代又一代民间文艺创造者、传承者的经验智慧与劳动成果，进一步凝聚共识，精耕细作，落实好、完成好大系出版工程的各项工作，不断书写出中国民间文学新的辉煌，既是新时代赋予广大民间文艺工作者的光荣职责，更是我们共同担当的神圣使命。

我们郑重呼吁：全社会都行动起来，共同承担起抢救中华民族民间文学遗产的神圣职责！

中国文学艺术界联合会

中国民间文艺家协会

2019 年 3 月 5 日

General Prologue

The splendid culture of China, with a time-honored history of more than 5000 years, has ensured the lineage, development, and growth of the Chinese nation, encompassed the deepest intellectual pursuit of the Chinese nation, engraved the distinctive cultural identity of the Chinese nation, containing the traditional wisdom to tackle today's problems faced by humanity. Moreover, the profound culture of China constitutes the spiritual source for cultivating the core socialist values, laying down a solid foundation for us to stand firm in the diverse global cultures. Fine traditional Chinese culture comprises the cultural root and gene that we must transmit from generation to generation. In the historical process of achieving the Two Centenary Goals and realizing the Chinese Dream of rejuvenation of the Chinese nation, China's fine traditional culture is of great significance in tracing the source and course of the culture of the Chinese nation while gaining a foresight of its future direction, so as to reinforce the rootedness and soulfulness of the spiritual homeland for the Chinese nation, and to pool the wisdom and strength for developing the socialism with Chinese characteristics in the new era.

The compilation and publication of the *Treasury of Chinese Folk Literature* (hereafter referred to as "the *Treasury*") is one of the national key projects for transmitting and promoting China's fine traditional culture in the new era. Since the 18th National Congress of the Communist Party of China (CPC), the CPC Central Committee with Comrade Xi Jinping at its core has been attaching great importance to the transmission and development of traditional Chinese culture. In January 2017, the central authorities issued the Opinions on Implementing the Project for Transmission and Development of Fine Traditional Chinese Culture (hereafter referred to as "the Opinions") in which the compilation and publication of the *Treasury* is included as one of the key projects. With a perspective of building China into a country with a strong socialist culture, strengthening its cultural soft power, and realizing the Chinese Dream of the rejuvenation of the Chinese nation, the Opinions not only profoundly expounds the significance, guiding ideology, basic principles, and the overall objectives of transmitting and developing China's fine traditional culture, but also conceives a holistic strategy for a series of projects on their main content, key tasks, organizational implementation, and supporting measures. It is, accordingly, a crucial guideline for us to better transmit and develop fine traditional Chinese culture at present and in the near future.

As one of the most fundamental resources in China's fine traditional culture, folk literature reflects, directly yet vibrantly, the daily life, values, and aesthetics of the people. The Publishing Project for the *Treasury of Chinese Folk Literature* (hereinafter referred to as "the Project"), organized and implemented by China Federation of Literary and Art Circles (CFLAC), is one of the key projects under the framework of the Projects for Transmission and Development of Fine Chinese Traditional Culture, and also a people-to-people exchange project for salvaging, preserving, and transmitting Chinese folk literary heritage. In an objective, scientific, and rational manner, the main tasks of the Project are 1) collect and collate the first-hand materials of folk oral literature and original documents of theoretical studies, 2) set up a large-scale textual library through compiling and publishing the *Treasury*, 3) enrich the Chinese Oral Literature Heritage Database, and 4) keep folk cultural memories alive for the Chinese nation. At the same time of compilation, a series of social publicity activities centered on the theme of Chinese folk literature should be carried out to promote the participation of the whole society in the exploration, dissemination, and safeguarding of folk literature, to unfold vigorous mass campaign for practicing and transmitting the fine traditional Chinese culture, and to reach the consensus that the people are the source of morality, art, and literature, giving impetus both to the popularization of folk literature knowledge and cultural exchanges and communication with foreign countries.

It is precisely because its origin is in the people while its spread is among the people, folk literature stands in the immanent affinity to the people. General Secretary Xi Jinping of the CPC Central Committee pointed out in his speech at the Forum on Literature and Art, "The people are both the creators and the observers of history, and both its protagonists and playwrights." Since folk literary activity itself has shaped not only the aesthetic life of the people, but also the indispensable life model of the people, it bears a strong life-attribute. When people perform and disseminate folk literature, they are experiencing a specific way of life itself. The affinity to the people of folk literature is alive in the concrete manifestations that it has been created, transmitted, and enjoyed by the people.

Folk literature is an important carrier for fostering and practicing core socialist values. Firstly, folk literature is the irreplaceable historical and cultural heritage, representing a crystallization of the collective wisdom handed down for generations of the Chinese nation, while testifying the accumulation of the distinctive and profound philosophical thoughts, moral essence, and cultural ideology attributed to the Chinese nation. Secondly, folk literature stands for people's own literature and learning and boasts the most extensive affinity to the people. No form in literature can match folk literature in terms of the number of creators and audience, and no literary form has exerted such profound and long-lasting yet subtle influence on people's mode of life and way of thinking as folk literature. Thirdly, folk literature is one of the most celebrated aesthetic means that is familiar to the average people and is also the most easily-accessible form of literature. No matter where it is, there must be legend, tale, song and ballad, proverb, drama, telling and singing, as well as other oral genres that are widely known to the local people for generations. Accordingly, once entering the life-world, folk literature will release powerful inspirational appeals.

Since the People's Republic of China was founded in 1949, the CPC and the competent authorities of government at all levels have been attaching importance to transmitting and promoting folk literature and art. The work of collecting, salvaging, and collating folk literature has yielded fruitful results, which lays a solid foundation for the compilation and publication of the *Treasury*. In March 1950, with the initiative of artists and researchers from related fields, such as folk literature, folk operas, folk music, folk fine art, folk dance, and so forth, the Chinese Society for Folk Literature and Art Research (hereafter referred to as "the Society," which was officially renamed as the Chinese Folk Literature and Art Association in 1987) was established. The Society immediately embarked on organizing and implementing the promotion and research work of folk literature and art in a unified way throughout the country. The "Measures for Collecting Materials of Folk Literature and Art" was discussed and adopted at the founding assembly of the Society. In September 1979, the National Symposium of Ethnic Folk Singers and Folk Poets was held in Beijing, with the aim of restoring the reputation of folk singers and artists who had been degraded during the Cultural Revolution, and the work of salvage and preservation of the folk cultural heritage was also resumed along the event. In February 1984, the Publicity Department of the CPC Central Committee issued the Notice on Strengthening the Research and Data-Collection of Ethnic Literature. In May 1984, the Ministry of Culture, the National Ethnic Affairs Commission, and the Society jointly issued the Notice on Compilating and Publishing *The Collection of Chinese Folktales, The Collection of Chinese Songs and Ballads, and The Collection of Chinese Proverbs*. Many experts and workers devoted to folk literature and art from all over the country were convened to form a strong academic force and social synergy and started to dedicate themselves to salvaging and collating folk literature. From 1987 to 2009, the Three Collections of Folk Literature were successively compiled and published on the basis of the nation-wide survey and collection. After nearly 30 years from preparation, project approval to full implementation, the Three Collections finally came into view of readers in 90 volumes (102 copies) in 30 provinces and autonomous regions (apart from volumes of Chongqing, Hong Kong, Macao, and Taiwan), with a total of more than 100 million characters in Chinese. Since then, a great amount of folk oral literary texts, such as myth, legend, folktale, folk song and ballad, proverb, and so forth, have become the general readers both for folk literature enthusiasts and scholars.

Since the beginning of the new century, the Project for Salvaging Chinese Folk Literature and the Project for Safeguarding Chinese Ethnic Folk Cultural Heritage have both been implemented by the Chinese Folk Literature and Art Association (CFLAA) and made remarkable achievements. In order to further adapt to the actual needs of reading, research, and utilization brought about by cultural development along with scientific and technological advancement in the future, in December 2010, the CFLAA initiated and implemented the Project for the Digitization of Chinese Oral Literature Heritage and has hitherto completed the digitization of the folk oral literature of over one billion Chinese characters. The goal of the digitization project is to create a well-established system of the Chinese Oral Literature Heritage Database, to effectively avoid the loss and damage of printed materials caused by various factors, to make reading, retrieving, and using these texts and materials more convenient, fast, and accurate, thereby enabling a wider range of resource sharing.

Over the past 70 years, the practices and experiences of folk literature and art, the accumulation and preservation of folk literary data in billions of Chinese characters, as well as the efforts and wisdom of hundreds of thousands of cultural workers, have constituted the invaluable assets for the development of Chinese folk literature and art, and also established the comprehensive strength and considerable advantage for the compilation of the *Treasury*.

The Project is not only the augmentation, extension, intensification, and sublimation of the preservation work of Chinese folk literature in the new era, but also the theoretical exploration and practical action in transforming and boosting folk literature in a creative way. The *Treasury* is to be compiled under 12 categories, namely myth, epic, legend, folktale, song and ballad, long poem, telling and singing, folk drama, proverb, riddle, folk adage, and theory. It is planned that by 2025, 1000 volumes with one million characters each and one billion characters in total will be registered. The sustainable development and scientific applying value of the Project will be ensured by its long-term planning and holistic measures with operation strategies for implementation in phases, steps, and categories.

The *Treasury* is not only the library that documents the largest number of folk literary texts with unprecedented resources in terms of content, genre, form, style, and living nature throughout history, but also provides a summarization of the comprehensive achievements in the field of collecting and collating folk literature, demonstrating local cultural practices in the new era. It turns the intangible spiritual legacy that has been generally transmitted for millenniums among the masses into tangible cultural wealth, thereby obviating the dilemma and predicament of folk literature suffering both from cultural aphasia of the folks and amnesia of the fine traditional patterns in the context of globalization. To understand the laws governing the evolution of Chinese folk literature and art, to cope with the decline of traditional culture brought about by social transformation, the *Treasury* provides an effective prescription and experience paradigm for cultural rejuvenation.

The *Treasury* fully draws on the new achievements and new conceptions gained in contemporary folk literature research. With regard to the selection criteria, it always adheres to the orientation of the people-centered and the standards of fine traditional culture to make the past serve the present. The editorial committees of each collection and each volume strive to represent the cultural reality and diverse implication of folk literature collected from Chinese people of all ethnic groups, giving specific attention to maintaining ethnic characteristics and local feature of oral-based cultural tradition in terms of content, form, genre, type, and so forth. In accordance with the Four Principles, namely, Scientificity, Extensiveness, Locality, and Representativeness, the well-elaborated Treasury collects fine folk literature works from all kinds of texts that are embedded with traditional cultural ethos and contemporary humanistic perception.

The compilation and publication of the *Treasury* always upholds the guiding ideology and basic principles with well-defined orientation. As a collaborative undertaking of thousands of experts and scholars in the field of folk literature and art across the country, it is a complicated systematic project that is planned to take 8 years to collect, clarify, collate, compile, and publish the folk literature materials under 12 categories. The *Treasury* is not only a crucial task entrusted to the CFLAC by the CPC Central Committee, but also a significant academic research project in the field of folk literature and art; it is not only a large-scale cultural project for promoting fine works of the Chinese nation, but also a promotional activity in practice highlighting the theme of Chinese folk literature; it is thus necessary both to go deep into the field to investigate, collect, and document the first-hand data, and to sit down at the desk to conduct induction, collation, and research with a will.

The *Treasury* is highly political, academic, professional with a strong connection to the grass-roots. Our guiding ideology includes to uphold socialism with Chinese characteristics and comprehensively implement Xi Jinping's Thought on Socialism with Chinese Characteristics for a New Era and the guiding principles of the 19th CPC National Congress; to make the unremitting endeavor to the realization of the Chinese Dream of national rejuvenation and push forward the new development concepts in an all-round way; to adhere to the people-centered approach, the guidance of the core socialist values, and transform and boost traditional culture in a creative way; to have full confidence in culture, enhance cultural consciousness, foster sound values and outlooks of history and aesthetics, and actively ponder over and explore into propositions put forward by the times, including the transmission and development of folk literature; to persist in deepening exchanges and mutual learning in a spirit of openness and inclusiveness, while ensuring the attentiveness of new connotation of the times and the contemporary form of expressions introduced in folk literature. In accordance with the above-mentioned guiding principles, the folk literature created by the Chinese nation should be more grounded, more uplifted, and more energetic.

The compilation and publication of the *Treasury* has established the basic principles of the Three Adherences. First, to adhere to leading direction of advanced Socialist culture and sound value orientation. In the process of clarifying and annotating the conventional custom, idea, conception, and family tradition carried in the ethnic and folk literature, we should discard the dross and keep the essential, eliminate the false and retain the true, explore the core values contained in folk literature, and to give full play to the special role of folk literature in the aspects of "giving depth to human relation, fostering sound moral values, and breaking with undesirable customs." Second, to adhere to the combination of extensiveness and representativeness. On the basis of extensive survey and scientific classification, we should strengthen the exploration and elucidation of the literary spirits and ideological connotation of folk literature among various ethnic groups, integrate the manifestation of sound values with prominent regional cultural characteristics and ethnic features, and promote the construction of a common spiritual homeland of harmony and unity for the Chinese nation. Third, to adhere to the combination of academicity and popularization. Under the professional guidance of the theoretical research results of folk literature and contemporary cultural thoughts, we should strengthen the presentation of fine texts in various categories of folk literature and the publication of quality model-texts, promote the creative transformation and innovative development of folk literature, and lay stress on keeping pace with the times, facilitating the appropriate transition from word of mouth to multimedia communication, and activating its contemporary value. With high standards, high quality, and high requirements, the *Treasury* aims to create a fine library that exemplifies Chinese spirit, Chinese image, Chinese culture, and Chinese expression that will be handed on from age to age.

The compilation and publication of the *Treasury* is the glorious duty and sacred mission delivered to us by the new era. Closely connected to the people's lives, folk literature and art of all ethnic groups of Chinese nation are profoundly developed and accumulated with its splendid, extensive, and broad spectrums, offering soil and cornerstone for the growth of fine traditional culture with Chinese features. For thousands of years, the Chinese folk literature has been passed on from generation to generation, running deep in the blood of the Chinese nation with great influence on the spiritual world of the Chinese people, and thus establishing the Chinese nation an imprint of the distinctive cultural memory. The folk literature in China thus evidently represents the spiritual aspirations, moral principles, and value orientations of the broad masses of the people, fully demonstrating the temperament, wisdom, intelligence, imagination, and creativity of Chinese people, thereby, endowing Chinese culture with the bright gem and distinctive symbol, which has its values that never faded, no matter in the past or at present. At the same time, however, we should be aware of the fact that folk literature is fragile. With the profound transformation of society and the rapid development brought about by urbanization during the transitional period, the soil that folk literature lives on is rapidly losing; many expressions of fine folk literature are becoming swan songs, and more and more folk literary resources have disappeared. Therefore, it has become the shared aspirations of those of vision to salvage and safeguard the existing nonrenewable cultural heritage scattered in various regions and ethnic groups in China, to undertake collection, collation, publication, promotion, and research of folk literature on a large scale in accordance with contemporary academic norms and disciplinary criteria, to motivate the whole society to love and cherish China's fine folk literature, to strengthen the protection, transmission, and development of folk literature so as to continue the lifeline of Chinese culture, and benefit the people's wellbeing, as well as to provide exquisite texts and wonderful formats of folk literature for the prosperity and development of socialist literature and art.

At present, the socialism with Chinese characteristics has entered a new era, the CPC committees and governments at all levels, under the leadership of the CPC Central Committee with Comrade Xi Jinping at its core, have been more conscious and more active in promoting the transmission and development of fine traditional Chinese culture, and launched a series of innovative and productive work, which has effectively enhanced the cohesion, influence, and creativity of fine traditional Chinese culture. In order to further carry forward the fine traditions, we should 1) fully respect the people's ideological concepts, customs and folkways, lifestyles, feelings and sentiments, as well as their ways of expressions, 2) fully respect the experience, wisdom, and labor outcomes of bearers and practitioners of folk literature and art in generations, 3) further consolidate consensus to carry out intensive and meticulous operations, to implement and complete all the work of the Project, and to make new achievements in Chinese folk literature. All these tasks are not only the honorable responsibilities of the practitioners of folk literature and art in the new era, but also the noble mission that we share.

We hereby earnestly call on the whole society to take actions together on the solemn duty of salvaging folk literary heritage of the Chinese nation.

China Federation of Literary and Art Circles (CFLAC)
Chinese Folk Literature and Art Association (CFLAA)
March 5, 2019

（陈婷婷　安德明　巴莫曲布嫫 译；侯海强 审订）

中国民间文学大系出版工程编纂出版工作委员会
"民间故事"编辑专家组

组长　　　　　　万建中

副组长　　　　　江　帆　　陈建宪

组员　　　　　　（按姓氏笔画排序）

马光亭　　刘珊珊　　李生柱　　汪梅田　　陈华文
林亦修　　尚　炜　　钟俊昆　　段　勇　　郭俊红
黄清喜　　康　丽　　隋　丽　　傅功振　　谢红萍
詹　娜　　漆凌云

联络员　　　　　康　丽

序言

　　月亮在白莲花般的云朵里穿行，迎面吹来阵阵凉风，我们依偎在祖母的怀里，听她讲那遥远的故事，《狼外婆》《狗耕田》《七仙女》《叶限》……构成了很多人儿时的记忆。一些故事以文字的形式记录了下来，但大量民间口耳相传的故事，因为演述人的断代而渐渐失传。那些散落在祖国大地上的民间文学"遗珠"，若不能及时得到抢救整理，我们失去的不仅是一个个好听的故事，更是民族文化的根脉。《中国民间文学大系·故事卷》正是举全国之力延续这一根脉的伟大工程，旨在将那些正在被遗忘的民间故事传统重新打捞起来，使之成为永远不会消失的纸质文本，供后人阅读、保存、研究和享用。

一、民间传统生活的"活化石"

　　民间故事具有浓厚的生活属性，民众在表演和传播民间故事时，是在经历一种独特的生活，一般不会意识到自己在从事文学活动。民间故事演述活动本身就是民众的生活，是民众不可缺少的生活样式。自古以来，民间故事的演述往往不是单独进行，而是和民众的生产生活及各种仪式活动紧密结合，有着很大的实用价值。故此，其价值包含在当地人的思想、历史、道德、审美等一切意识形态里面，也伴随着当地人的一切物质活动，远远超越了单纯的审美维度。民间故事延续了当地的文化传统，深深影响着当地人的生活世界。

　　民间故事的演述始终与某一生活情境联系在一起。民间故事与生活情境之间的联结最为牢固，同时也具有多向度的社会意义。民间故事的演述过程具有浓厚的表演色彩，但故事的演述者从来都不是独自站在舞台上演独角戏，听众随时随地都有插话、打岔、插科打诨的可能。故事的演述，往往都是因某次偶然的闲谈或者某个偶然发生的事件引起的，演述人通过演述某个与当时当地情景相符的故事，来表达自己的思想感情。因此，对于当地人来说，民间故事具有重要的交流意义。只有在民间故事演述的各种因素的关联情境中以及从头至尾的过程之中把握民间故事的生活形态，民间故事才能被全面理解。譬如，独龙族的"坛嘎朋"贯穿于独龙族各种仪式场合，表现了对祖先丰功伟绩的追忆。这种民间故事现象在民族地区尤为普遍。倘若脱离了具体的生活情境，民间故事便无法演述，也失去了演述的必要。

民间故事演述中机智、调侃的语言，伴随的插科打诨，夸张的形体动作，惟妙惟肖的表情，表演者与观众奇妙的互动，等等，都可引发现场哄堂大笑。恩格斯在《德国民间故事书》中说：民间故事书的使命是使农民在繁重的劳动之余，晚上疲惫不堪回来的时候，娱乐他，恢复他的精神，使他忘掉沉重的劳动，把他那贫瘠沙砾的田地变为芬芳的花园。这是民间文学特有的生活魅力。

在夜间讲故事是民间一种十分普遍的生活现象，有些著名故事集的名称就反映了这种情况。如 16 世纪中叶意大利斯特拉佩鲁勒收集的一个故事集叫作《愉快的夜晚》。日本故事学家关敬吾说，他开始研究民间故事时，阅读的是一位老大娘演述的《加无波良夜谭》。著名故事家刘德培的很多故事就是在这种场合下获得，在这种场合下演述。夜谈不限于室内，夏季夜晚在室外乘凉，秋收季节夜晚在月光下剥玉米、绩麻，这种轻体力劳动都不妨碍讲故事。在故事的演述和接受的过程中，人们的生活变得更充实，更有情趣。

二、演述者的演述魅力

民间故事的叙述人不是一般的说话人，即不是正在"说话"的人本身，而是一个秉承了某一地方传统并在传播和演绎传统的人物。一个人一旦进入叙事，他就必须改变自己的身份、角色和角度。叙述人是叙述人所创造、所想象、所虚构的角色。他可以根据需要，用不同的声音和方式进行叙述，并伴以各种形体和表情动作。故事的叙述人在演唱或讲故事时极为自然地把"说"扩展为一种表演、一种戏剧化的形式。叙述者不仅是一个故事的叙述人，他们还身兼数职地模拟故事中不同人物的口吻、音容笑貌、行为动作，以有声有色的方式富有临场感地叙述民间故事或演绎民间口头传统。

德国哲学家瓦尔特·本雅明（Walter Benjamin）在《讲故事的人》（1936 年）一文中说："民间故事和童话因为曾经是人类的第一位导师，所以直至今日依旧是孩子们的第一位导师。无论何时，民间故事和童话总能给我们提供好的忠告；无论在何种情况，民间故事和童话的忠告都是极有助益的。"[1] 在这篇著名文章中，本雅明解释了民间文学教育作用的来源：故事演述者拥有丰富的生活经验。他们为两种人，一是远游者，讲故事的人都是

[1]　[德] 瓦尔特·本雅明著：《本雅明文选》，陈永国、马海良编，北京：中国社会科学出版社，1999 年，第 309 页。

从远方归来的人,"远行者必会讲故事"。这样一种人见多识广,比当地其他人有着更为丰富的社会阅历,在崭新的生活道路上行进又不会深陷其间。《一千零一夜》中的故事大多来自从遥远地方归来的商人和商船上的水手;中国上古神话中有大量关于远国异人的描绘,《禹贡》《山海经》等都是有关殊方绝域、远国异人的故事。远游者的演述魅力在于空间方面,在于他们和另一空间的联系和有关的知识。人们总想知道山外的世界,远游者拓展了人们的生活空间,这是神秘的、异质的、充满悬念的、可以引发人们不断追问的生活空间。于是,从此人们的生活增添了一种崭新的空间上的联系、比较和向往。

故事演述者的另一种类型是当地德高望重者,他们是一群了解本地掌故传说的人。他们同样见多识广,比当地其他人有着更为深刻的社会阅历,在传统的生活道路上行进又在延续传统。他们是深深了解时间的人,是当地历史记忆的代表和演述者,其行为是在积极延续当地的口头传统,其故事和知识来自于对历史和传统的掌握。演述的魅力在于将过去与现在联系在一起,通过聆听故事,人们知道了现在的生活是对过去的延续,更加理解当下生活的意义和合理性。

两种故事演述人"代表着人们生活和精神世界在空间和时间两个维度上的联系的维持与拓展"[1]。因此,这种演述活动的教育意义是全方位的,不仅是知识、道德及宗教信息的传输,而且让一个地方的文化传统在代际间不断传承,使当地人从故事中获得生活时空坐标上的恰当认定。法国著名藏学家石泰安(R.A.Stein,1911—1999)在《西藏史诗和说唱艺人的研究》[2]一书中,强调故事演述者是当地传统文化和历史的保护者,是一个民族或族群记忆的保持者。因为民间故事属于"过去"或历史,是对过去记忆的意识的母体。他们神圣的责任和目的就是让传下来的意识母体再传下去。

每个演述者都声称是由于听到过这个故事,所以才具有了讲述它的能力。他们用第一人称的口吻叙述事情发展的经过,绘声绘色,手舞足蹈,似乎说的就是历史本身,叙述本身就是历史,俨然就是祖先历史的重现。

三、民间故事的生活意义

在中国,发达的是以抒情行为及其产品为主要研究对象的诗学。直到 20 世纪 70 年代末改革开放后,西方建立在结构主义和现代语言学基础上的叙事学才传入进来。"叙事"又称"叙述",英文翻译为"narrative"一词。叙事问题是当代人文学科中最具争论性的

[1]　耿占春:《叙事美学:探索一种百科全书式的小说》,郑州:郑州大学出版社,2002 年,第 21 页。
[2]　[法]石泰安(R.A.Stein):《西藏史诗和说唱艺人的研究》,拉萨:西藏人民出版社,1993 年。

问题的核心，叙述就是"讲故事"。"'讲故事'是'叙事'这种文化活动的一个核心功能。古往今来的不少批评家都注意到了讲故事作为人类生活中一项不可少的文化活动的意义，不讲故事则不成其为人。"正像世人皆知的《一千零一夜》所喻指的：从人最终的命运来看，"叙事等于生命，没有叙事便是死亡"。它用无穷无尽的故事赞美了故事本身，赞美了讲故事的人。将这部百科全书般的故事集译成中文的纳训先生在"译后记"中提到：伏尔泰说，读了《一千零一夜》四遍以后，算是尝到了故事体文学作品的滋味。

日本学者关敬吾在描写故事演述活动中的这种情形时说："随着故事情节的发展，不管它的主人公是人，是动物，是天狗，还是老山妖，故事里的主人公、讲故事的人和听众们能完全融为一体。人们沉浸在故事里，形成了一种精神集体。"[1] 演述活动这种现场效果无疑起着联合人们、创造生活的作用。民间故事每篇作品的具体内容各不相同，但其所体现的情绪、思想倾向、生活理想有一定共同性。因此，在演述活动中，作品本身这种共同性经过演述者的发挥，很容易和听众（观众）发生心理共鸣，被听众（观众）接受，使"个体知觉变成集体知觉"，达到人们的共识和共有的精神趋同。

故事演述活动作为民众最基本的生活样式，之所以得以传承，主要不是依靠信仰的支撑，也不是依附仪式的神圣，而是出于民众对审美的基本需要，也是各民族、各地区民众将生活诗意化的产物。因而，其中也深刻地凝聚着各民族、各地区民众的审美理想、审美观念与审美情趣。说故事、听笑话的文学活动本身给人带来身心的欢愉。现实生活中的民间故事各种形式的表演，喜剧的成分远远大于悲剧成分。一些比较严肃甚至神圣的民间表演过程，也总会融入一些插科打诨的形式。江西省赣南地方小戏采茶戏有一种舞蹈动作叫"矮子步"，幽默，诙谐，让观众感官得到满足。"矮子步"模拟并夸张地表现了采茶负重等姿态，老虎头鲤鱼腰，双手柔如月，腕、手、腿、脚、头具有几种不同的节奏，演员根据情感表达的需要可随时调整。整个舞蹈动作融合在完整统一的音乐之中，表现出气氛的欢快活跃，人物心情的舒爽轻松。小孩观看备感亲切，大人欣赏之后如回到童年，有一种返璞归真的舒畅。

民众运用民间故事进行传统的道德教育，这对于中华民族品格的形成，具有不可替代的作用。我国传统的道德思想，相当部分存在于民间故事之中，并借助民间故事得以传播。在民间，传统道德教育主要是通过民间故事演述的形式得以实施的。道德力量的释放往往是在故事的演述中实现的，演述者和听众共同营造了神秘的训诫和警示的氛围。"故事中的事件被看作他们生活的一部分，而不是与他们分离的或者是发生在别人身上的。我们每个人的身上都存在善和恶的潜能，因此每个角色体现了一个完整的人的某一部分。"[2]

[1]　[日]关敬吾：《日本民间故事选·致读者》，北京：中国民间文艺出版社，1982年，第5页。

[2]　[美]麦地娜·萨丽芭：《故事语言：一种神圣的治疗空间》，叶舒宪、黄悦译，《广西民族学院学报》，2003年第5期，第31页。

A024

故事戏剧性地表现了这些部分，用形象来提醒人们：应该如何行为举止，可能在哪里误入歧途。故事演述完后，在场的人会有一番交流和讨论，这种演述空间、故事和故事之后的讨论都是一个完整过程中的要素。在这个过程中人们（尤其是年轻人）认识到道德的生命意义，从而使人们的行为都符合道德规范。

民间故事对青少年教育的作用更为明显。童话中往往出现魔法宝物母题，如何使用魔法宝物，既是故事情节发展的重心，也是两种道德观念交锋的焦点。魔法宝物实际上是诱使矛盾对立的双方充分表现各自品格和品性的道具。在使用魔法宝物的过程中，善和恶、无私与自私、正义与邪恶、高尚与卑鄙相互对照和衬托，前者建设力的高扬和后者破坏力的放纵泾渭分明。这是借用神灵的手笔摹写人世间善良、憎恶及贪婪的剧本。魔法宝物母题故事非常巧妙地制造了谁都难以摆脱其诱惑的魔物道具，让把玩它的人不得不暴露自己的道德景况。当正义最终战胜了邪恶，儿童欢快的内心也被注入了高尚的情愫。

四、民间故事：核心价值观的载体

培育和践行社会主义核心价值观需要优秀的民族民间故事传统。什么是社会主义核心价值观？它是建立在民族优秀传统文化基础上的，它是历史文化系统中凝聚提炼出来的，分别指向国家、社会和公民个人的价值目标、价值取向和价值准则，而这种公民个人的价值准则在不断规范人的成长，浇铸人的品格。核心价值观的 12 个词尽管都是面向当下和未来的，但也是对中国传统文化包括民间故事传统提炼和升华的结晶，具有鲜明的历时性向度。

培育和践行社会主义核心价值观之所以需要民间故事，主要基于两个方面：一是民间故事是历史的、民族的，或者说是民族历史的积淀。民间故事既是当下的，又是历史的、传统的和民族的，是优秀传统文化有机的组成部分。二是民间故事是民众的、人民的。民间故事根植于民族历史文化的土壤，带有深厚的民族特质；同时，民间故事的创作者和演述者是具有人民思想、愿望的人民本身，因此，民间故事具有直接的人民性。社会主义核心价值观延续着民族精神，承载和演绎着民族精神的民间故事在培育和践行社会主义核心价值观中的作用便举足轻重。我国源远流长的民间故事，从根本上使社会主义核心价值观符合广大民众的意愿和历史发展的方向。在我们建设中国特色社会主义和实现"中国梦"的过程中，当然应该吸取外国优秀的文学形式和文学作品，但最能够代表民族群体的崇高精神，最能够表达这种崇高精神的，不可能是外来的，而只能是本民族具有悠久历史的包括民间故事在内的文学传统。

新华社消息：为更好地培育和践行社会主义核心价值观，发掘、传承中华优秀传统文化，努力实现中华传统美德创造性转化、创新性发展，努力使中华民族最基本的文化基因与当代社会相协调，人民网、新华网、光明网定于 2014 年 7 月下旬起至 2014 年 9 月举办"聚焦核心价值观——中国传统名诗词、名故事、名折子戏推荐活动"。这一活动说明，党委宣传主管部门已认识到，培育和践行社会主义核心价值观需要民间故事。

一般而言，民间故事讲述活动在年节期间以及人生礼仪期间最为活跃。这种群体的场合，是民众进行道德教化的最佳时间。马克思和恩格斯早就指出：人是在十分确定的前提条件下创造历史的，这种前提和条件，包括"传统"在内。讲故事作为社会文化现象之一，它先于个人而存在。民间故事在个体社会化的过程中所起的教化作用，别的东西是不能替代的。所以恩格斯在讲到德国民间故事书的重要作用时，说民间故事书像《圣经》一样培养着人民的道德感，使人们认识到自己的力量、权利和自由，唤起对祖国的爱。

总而言之，新时期的民间故事，本身就是社会主义核心价值观的具体表现，是其承载体系中的有机组成部分，同时民间故事又通过教化、娱乐等途径，不断地把社会主义核心价值观渗入人们的日常生活，使社会主义核心价值观与民间及民族传统紧密联系在一起。利用民间故事开展培育和践行社会主义核心价值观活动，可以在民间、民族和传统情怀的语境中，使核心价值观进入人们的生活世界，并且深入人心。

五、记录文本的学术价值

与其说民间故事是文学的，不如说它是生活的；与其说它是审美的，不如说它是文化的。这是对处于"表演"状态的民间故事所下的判断。也就是说，田野语境中的民间故事不是真正的民间"文学"，而是与生产生活浑然一体的表演文本。从"文学"的角度关注民间故事，民间故事可以与田野没有关系。因为田野中的民间故事已不是纯粹的文学，而是文化与生活。纯粹的民间故事指的就是中国民间文学大系出版工程故事卷中这样的记录文本。故事卷生产的过程就是认识民间故事和将口头表演转化为纯文学文本的过程。

记录文本具有独立于田野之外的意义，以田野语境去衡量记录文本是徒劳的。民间故事文本尽管远离了现实生活和口头语言系统，却更加容易地进入了学术话语系统之中，自在地展开学术历程。以记录文本为考察对象，有着与表演理论和民族志诗学迥异的学术路径，沿着这条路径，产生了"故事形态学""口头程式理论"和"结构主义"分析方法。记录文本的生命力不在于作品本身的流传，在于不断被阅读，在于被学者们用于建构学术话语、从事学术活动之中。

中外民间文学学者大多关注民间文学的文学属性，而没有认识到其生活属性或排斥

A026

中国民间文学大系 4-37

其生活属性。民间文学学科的正规名称是"民间文艺学"，是和作家文艺学相对的文艺学。这足以表明以往人们对民间文学的考察和研究主要是基于文艺学或文学的视角。民间文学被记录下来，变成了与作家文学同样的文学文本。唯有"记录"，民间文学才能抖露沉重的生活属性，而给予民间文学纯粹的文学性。民间文学研究的主要流派，有神话学派（包括语言学派）、功能学派、人类学派、心理分析学派、原型批评学派、流传学派、结构学派、符号学派等等。这些流派的研究对象一般也是民间文学的文学文本，而不是民间文学的生活文本。

其实，现有民间文学的学科体系主要是依据记录文本建立起来的。没有民间文学的记录文本，就不可能建构出民间文学的学科体系，也不可能将民间文学进行比较明确的分类，神话学、史诗学、故事学、歌谣学、传说学等也无从产生。记录文本可以让我们更为静态地、清晰地把握各种民间文学的体裁特征。一个无可辩驳的事实是，民间文学的文本研究已经取得了十分丰硕的成果。中国是如此，在西方现代话语的语境中也是这种情况。美国耶鲁大学的哈维洛克（E.A.Havelock）教授1986年出版了《缪斯学写：古今对口传与书写的反思》（*The Muse Learns to Write*）一书，提出了"文本能否说话"（Can a text speak?）的著名论断，并尝试让古希腊的文本重新"说话"，使记录的民间文学作品进入民族志诗学和人类学研究的视野之中。研究民间文学的一个重要路径，就是通过对文本的阅读实例揭示出潜藏在这些文本下面的文化无意识，因为如果我们调动一切可资借鉴的手段（诸如符号学、结构主义、原型批评、语义学及传统的文化人类学等），对之进行适当的质询，"文本必然会显示出它表面上试图掩盖的东西"[1]。

大系故事卷为开创我国民间故事研究的新局面奠定了坚实的基础，可以说现在已进入了研究民间故事条件最好的时期，难以胜数的民间故事作品足以满足故事学家们各方面的学术需求。

六、口传故事渐趋枯竭

讲故事实际为一种"话语转述"，因为故事原本就存在，而且演述者从不追问故事的真假。任何叙事都包含虚构的因素，而我们的当下社会却力图追求知识的客观性，包括人文的知识也被披上科学的外衣，冠之为"人文科学"。我们在不断吸纳和输出既不包含故事叙述又不包括讲故事的人即叙述人这一主观立场的知识或所谓的学问。伴随着知识客观化的进程，我们学会了计算、分析、推理、归纳、总结、报道和评述等等，而失去了讲故事的能力。于是，叙事这种古老的表现方式逐渐成为作家们的专利，尤其是明清古典小

---

[1] [爱尔兰]安东尼·泰特罗（Antony Tatlow）讲演：《本文人类学》，王宇根等译，北京：北京大学出版社，1995年，第1页。

说显示了其无穷的活力和广阔的空间。信息的密集和更替的加速，促使我们需要直接而快捷地领会真理与精髓，于是不得不抛弃叙事，远离情节，民间故事等逐渐成为古老的传统，成为可供解释的符号。寓言故事中的情节早已被遗忘，凝练为意义深刻而又固定的成语。叙事形式成了累赘，或者成了一种奢侈的我们无法在现实生活中享用的东西。

记得读小学的时候，语文老师时常给我们讲一些民间故事。大家每次听得都很入迷，听完一个总会央求老师："再讲一个吧！"现在的学生似乎已不屑于听故事了，老师也不善于讲故事了，实在要讲的话，只能找一本故事书来读。借助大众传媒，各色各样的新闻将故事遣回故事的家乡。人们不再对传统民间故事津津乐道了。先秦的寓言、汉代的史传、六朝志怪、唐人传奇、宋元话本、明清文人笔记等都在说明当时是讲故事的黄金时代。在过去，民间叙事是在民间社会的一所所大学：尽管这是一些不登大雅之堂的"大学"——瓦子里、街巷间、茶馆烟馆里进行的。在文学、历史、宗教以及哲学、社会学这样一些"文科"成为现代社会大学里的专门知识之前，传统社会里的文化教育以及个人的教养全都是文学性质的。而且对于这个社会中的大多数人来说，所受教育的地方大多是上面所说的休闲与娱乐的空间，而其方式则是听故事的形式。因此，他们的精神世界不仅是用祖先或人类的"过去"所充实的，也是用叙述故事的方式所建造的。现在都不会讲故事了，这却是已往时代里常见的能力和生活现象。

民间口头文学为集体演述，民间口头传统通过参加者共同发出的声音，成为一条口耳相传的流动的传播链。口头传统在"声音"中获得生命。随着私人生活空间的出现，书写语言和书写活动变成"私语"，开始带有鲜明的个人色彩。如今的我们都热衷于个人的独创，养成了具有独白性质的思维习惯。我们再也不会重复口头传统了，再也不擅于在公共场合集体叙述同一个故事。我们已经进入个人化写作的时代，强调一种创造性的书写行为，演述原本就有的口头文学不再为我们所能。

民间故事的实际状况让民间故事研究遭遇前所未有的挑战，即城乡一体化进程迅速导致民间口传故事文本枯竭，民间故事研究不再可能从田野中获得源源不断的文本资源。如今，在大部分乡村，人们已听不到村民演述农耕生活的各种口头故事了。有一典型事例，晋代干宝《搜神记》中有"毛衣女"篇，开头指明故事发生在豫章新喻，即现在的江西新余市。在日常生活中，除了新余仙女湖和仙女洞的导游，现在谁还会演述这一故事呢？这一故事早已失去了演述的环境，口传的链条已然中断。然而，在新余，还有以仙女命名的学校、道路、村落以及人文景观，许多年轻男女还特意到仙女湖畔喜结良缘，仙女故事之符号频频出现并得到广泛使用。这是以现代生活样式演述着"毛衣女"的故事。民间文学文本难以寻觅，而民间文学生活仍在持续。在汉民族地区，传统民间文学的命运大体如是。

七、维护记录文本的本真性

"忠实记录"可以说是"五四"歌谣运动开始以来,一个恒久不变的核心理念。[1]早期,学者们注意到了方音、方言对于歌谣表达的重要意义,认为这是歌谣的"精神"所在。因而,诸多学者在搜集歌谣时,将注意力投向了方音、方言的记录与解释。

1958年7月召开的全国民间文学工作者第一次代表大会,总结提炼出了民间文学工作的16字方针,即"全面搜集、重点整理、加强研究、大力推广"。其中前八个字,演变为"全面搜集,忠实记录,慎重整理,适当加工"。对此,时任《民间文学》执行副主编的贾芝先生,在1961年的少数民族文学史讨论会上曾作过一次长篇发言,指出:"我同意当面逐字逐句记的。……逐字逐句当面记录,保留的东西显然会更多,可靠性也更大些。不管采取什么方法,都应达到'忠实记录'为准。而由于记录口头文学最大的问题是保持民间语言的问题,因此逐字逐句记录,应当是我们努力学习采用的一个比较好的方法。"[2]

20多年后,钟敬文先生在给马学良《少数民族民间文学论集》所作序中,再一次强调了忠实记录原则的重要性。[3]虽然"忠实记录"在"五四"歌谣运动中成为实践准则,在20世纪50年代的搜集工作中就已提出,并在集成《工作手册》中反复强调,然而对于如何做到忠实记录,除口头文本外,哪些方面也需要忠实记录,则没有更加翔实的具体要求。

其实,只是"一字不动"文字上的忠实,而不注意民间故事表演性的描写再现,并不是真正的"忠实记录"。从以往记录文本实际情况看,造成偏离"忠实记录"境况的根本原因主要不在于对内容的篡改,而是没有将文本置于具体的表演环境当中加以书写。民间文学是演述的,而非陈述的。"(民间文学)可能在劳动中配合一定动作演唱,也可能配合音乐舞蹈载歌载舞,甚至穿插进日常谈话,或者为了劳动、宗教、教育、审美、娱乐等实用目的在各种场合或仪式上说唱而表演。"[4]"民间文学的表演性使其形成多面立体。"[5]因此,仅仅记录叙述了什么远远不够,还需要书写怎么演述故事,描绘出影响表演的其他因素。民间故事田野作业应该关注的是故事"表演"和表演的现场。应注意故事演述过程

[1] 段宝林:《民间文学科学记录的新成果——兼谈一些新理论的创造与论争》,《广西师范学院学报》,2008年第3期。
[2] 贾芝:《谈各民族民间文学搜集整理问题——1961年4月18日在少数民族文学史讨论会上的发言》,载《拓荒半壁江山:贾芝民族文学论集》,北京:文化艺术出版社,2012年。
[3] 钟敬文:《忠实记录原则的重要性——序马学良〈少数民族民间文学论集〉》,《思想战线》,1987年第2期。
[4] 段宝林:《加强民族民间文学的描写研究》,载段宝林《立体文学论——民间文学新论》,北京:高等教育出版社,2007年,第10—16页。原文发表于《广西民间文学》,1981年第5期。
[5] 段宝林:《论民间文学的立体性特征》,《民间文学论坛》,1985年第5期。

中"语境"和"表演"的因素，包括"演唱的风度：姿势、面部表情、语气以及速度。把他作为一个艺术家来描述"，"观众、听众的反映、评语。包括：听众的成分（青年、老年、妇女、儿童还是其他），肯定的和否定的评价等（这些最好能记进正文中去，放在括号里，如：笑、大笑、鼓掌、欢呼，或'可惜'、'好！'等等）"。[1] 这一颇具操作性的"立体描写"办法，至今仍值得民间故事田野记录遵循。

八、让传统故事焕发时代活力

民间故事遗产的传承大多以"保护"为重，保护是活态的，即努力使民间故事遗产维持于生活状态，以口头演说及相关民俗活动为基本生存表征。但从传统民间故事的实际境遇看，一味强调"保护"似乎违拗了现实。民间故事传承所取得的主要成果并非来自于"保护"，反而是"保存"。"保存"就是以实物、文字、图片、音像以及数字化的形式将民间故事遗产呈现出来，属于一种转化型的记录和记忆。

我国各民族都有好听故事和好讲故事的传统，打捞民间故事就是要让这一传统发扬光大，使传统的民间故事融入我们的生活，重新进入富有生气的叙述状态。

民间故事具有极强的时代适应性，原因就在于这一民间体裁的一个特殊性。什么特殊性？故事并不专属于某种民间艺术形式，各种民间艺术形式可能表演同一个民间故事。因此，故事是超越民间体裁的，是其他民间叙事体裁的源泉。各种民间艺术形式在同一空间里可能建构同一故事的共同体。围绕同一个故事，不同的文学体裁可以互相转化。这种转化可以在具体操作中完成，然而在更多情况下，是在自然状态中不知不觉中完成的。这段话实际上已触及"互文性"的问题。"互文性"一词指的是一个（或多个）信号系统被移至另一系统中，就文本而言，就是每一篇文本都联系着若干篇文本，并且对这些文本起着复读、强调、浓缩、转移和深化的作用。在文学文本相互转移的过程中，故事一直处于中心地位。

可喜的是，民间故事这一"元文本"特性正在被有意识地充分利用。国家有关部门正在组织实施中国经典民间故事动漫创作工程，就是用动漫的形式对《盘古开天》《牛郎织女》《精卫填海》等一些中国民间故事进行再创作，让民间故事进入大众传媒，成为影视作品、网络小说和电子游戏创作的基本元素，民间故事已不再专属于口头语言，其讲述的形式具有丰富的科技含量。可以预见，在不久的将来，一些经典的民间故事将会以年轻人喜好的现代样式重新焕发生机，并逐渐进入人们的日常生活当中，展示出强大的社会教

[1] 段宝林：《中国民间文学概要》，北京：北京大学出版社，1981年，第306页。

化功能。

　　事实上，许多记录文本仍具有旺盛的生命力。甚至还有这种现象：经过重新创编的民间文学反而被民众广泛接受，《格林童话》就是一个典型的例子。尽管民间文学记录文本属于纯文学的范畴，但其毕竟来源于民间的社会生活，本身的特质远远超越了文学本身，为各种人文社会科学的研究提供了可能。已全面展开的大系出版工程将为开创我国民间文学事业的新时代奠定坚实基础。民间故事的记录文本努力保存其应有的口传经验和集体经验，使之能够经受历史的检验，这是民间文学工作者的神圣使命。

万建中

（中国民间文艺家协会副主席、北京师范大学文学院教授）

2018 年 12 月 26 日于京师园

本卷主编　李胜华

中国民间文学大系出版工程山东省工作领导小组

组长	潘鲁生	何思清	徐青峰

副组长	姜　慧	王映雪

办公室主任	张娜娜

成员	高光华	王晓浩

中国民间文学大系出版工程山东省专家委员会

主任	潘鲁生	何思清	徐青峰

副主任	姜　慧

委员　　　（按姓氏笔画排序）

刁统菊	马光亭	王延辉	王治喜	王映雪
刘宗迪	刘德龙	闫循华	孙立生	李传瑞
张士闪	张廷兴	张继红	赵　屹	郭泮溪
郭学东	董占军			

《中国民间文学大系·故事·山东卷·济南分卷》编委会组成人员名单

主编	李胜华
副主编	王俊莲

编委会成员　　　　　（按姓氏笔画排序）

亓学贵　平安忠　杨会银　吴俊华　庞佃军
靳启庆

济南各区县采编委　　（按姓氏笔画排序）

于　夫　于淑玲　万红梅　王乃飞　王奎杰
亓玉峰　亓廷香　亓福忠　田延青　冯岳山
宁荫棠　吕克勤　吕秉华　庄庆奎　刘　敏
刘　强　刘洪启　刘海友　孙　明　孙廷华
李　岭　李　凯　李　勇　李庆旭　李庆余
李现新　杨永军　吴熙禄　张　新　陈　芳
苗　龙　周　俊　周　媛　展恩华　鹿爱民
魏文森

1

2020 年 7 月 25 日，《中国民间文学大系·故事·山东卷·济南分卷》编纂工作研讨会在山东省济南市莱芜宾馆召开，山东省民间文艺家协会、济南市社科联、济南市民间文艺家协会、济南市民间文学研究学会、济南市民俗学会及各区县代表 40 余人参加了会议。

2

2020 年 7 月 25 日，山东省民间文艺家协会主席团委员、副秘书长高光华，在《中国民间文学大系·故事·山东卷·济南分卷》编纂工作研讨会讲话。

3

2020 年 7 月 25 日，《中国民间文学大系·故事·山东卷·济南分卷》主编、济南市民间文学研究学会会长李胜华在编纂工作研讨会介绍了各区县采编委成立和搜集整理工作的情况。

4

2020 年 7 月 25 日，《中国民间文学大系·故事·山东卷·济南分卷》编纂工作研讨会，全体与会代表合影留念。

5

2020 年 7 月 5 日，《中国民间文学大系·故事·山东卷·济南分卷》编委会与长清区采编委座谈。

6

《中国民间文学大系·故事·山东卷·济南分卷》主编李胜华（左二）、编委成员亓学贵（右二）与杨会银（右一）走访长清区采编委负责人庄庆奎，了解采编委工作情况和需要解决的困难。庄庆奎汇报了采编工作展开与稿件征集情况。

7

长清区采编委召开《中国民间文学大系·故事·山东卷·济南分卷》稿件采编推进座谈会，会上认真学习了《中国民间文学大系工作手册》，划分了故事征集类型和分管责任。

8

2020 年 8 月 5 日，《中国民间文学大系·故事·山东卷·济南分卷》长清采编委成员合影。
前排左起：曹建民、王正岳、赵士东、庄庆奎。后排左起：赵福平、毕琼、魏文森、李现新、王守学。

9

2020 年 6 月 27 日，《中国民间文学大系·故事·山东卷·济南分卷》编委会与平阴县采编委，在平阴县榆山街道五岭社区举办征稿座谈会，邀请本地区骨干民间文学作者参加。

10

《中国民间文学大系·故事·山东卷·济南分卷》编委会与平阴县采编委和骨干作者合影留念。

万肇平、孔震、尹燕忠、李胜华、孙明、李庆余、杨会银、平安忠、展恩华、王化琦

11

2020 年 6 月 30 日，《中国民间文学大系·故事·山东卷·济南分卷》编委会与商河县采编委，在商河县举办民间文学稿件征集与编辑座谈会。

12

《中国民间文学大系·故事·山东卷·济南分卷》编委会与商河县采编委、骨干作者合影留念。

李庆旭、王俊莲、亓学贵、李胜华、鹿全文、李方山、庞佃军、徐静

13

《中国民间文学大系·故事·山东卷·济南分卷》编委会与济阳区采编委负责人座谈后合影。
李胜华、刘海友、亓学贵、杨会银

14

《中国民间文学大系·故事·山东卷·济南分卷》编委会在钢城区采编委调研大系稿件征集情况，钢城区采编委负责人汇报稿件征集与编辑情况。
平安忠、李胜华、杨会银、吕秉华、李香武

15

2020年10月3日，《中国民间文学大系·故事·山东卷·济南分卷》采编委关于大系民间故事征集动员会在济南市商河县召开。

16

2020年12月10日，《中国民间文学大系·故事·山东卷》编纂工作推进会在山东省潍坊市临朐召开，《济南分卷》编委会李胜华、杨会银、平安忠、周俊参加了本次活动。

17

2020 年 12 月 10 日，《中国民间文学大系·故事·山东卷》济南分卷、青岛分卷、潍坊分卷、临沂分卷、枣庄分卷主编、执行主编与中国民间文学大系组委会专家、领导合影。

18

2021 年 4 月 11 日，《中国民间文学大系·故事·山东卷》审稿会在山东省潍坊市寒亭区召开，本次会议《济南分卷》报送 120 万字的编审稿。专家组对报送稿件进行了点评，提出了宝贵的修改意见。

19

2021 年 4 月 25 日，中国民间文学大系出版工程实施项目编撰工作（华东地区）培训交流会在安徽省合肥市召开，山东卷及济南分卷、青岛分卷、临沂分卷、枣庄分卷等主编、执行主编参加了此次培训活动。

20

《中国民间文学大系·故事·山东卷·济南分卷》编委会召开专家点评稿件修改座谈会。

21

2022 年 6 月 30 日，《中国民间文学大系·故事·山东卷·济南分卷》编委会征稿采编座谈会。

22

2005 年 3 月，莱芜市（今莱芜区，后不再标注）民间文学研究学会组织民间故事讲述采录活动。

23

2010 年 3 月，莱芜市民间文学研究学会组织民间故事讲述采录活动。

24

2010 年 10 月 28 日，中国民间文艺家协会副主席曹保明一行，在莱芜市民间文学研究学会考察调研民间传说故事采集、整理、保护和传承情况，并参观了学会民俗博物馆。图为会长李胜华介绍学会图书出版情况。

25

2011 年 4 月，中国《民间文学》总编白旭旻，在莱芜市民间文学研究学会考察调研民间传说故事采集、整理、保护和出版情况。

26

2011 年 6 月，莱芜市民间文学研究学会举办民间故事创作培训班。

27

2021 年 4 月 25 日，中国民间文学大系出版工程实施项目编撰工作（华东地区）培训交流会在安徽省合肥市召开，山东卷及济南分卷、青岛分卷、临沂分卷、枣庄分卷等主编、执行主编参加了此次培训活动。

28

田园采风·深入基层走千家采集民间故事线索。

29

田园采风·走访老民间文学工作者张章老师，探究民间故事传承与发展。

30

田园采风·采访莱芜地区代表性民间故事线索。

31

田园采风·在钢城区采集当地代表性民间故事线索。

32

田园采风·采访95岁高龄的老艺人李鸿甲，搜集传统手工技艺故事。

33

田园采风·采访88岁田大爷，绘制长勺之战民间故事流传区域图。

34

田园采风·莱芜区采编委采访《张道一的故事》，调研张道一故居等文化遗迹。

35

田园采风·采访与乐器相关的民间故事资料。

36

田园采风·采访当地代表性民间故事的流传情况。

37

山东省文联、民协领导，听李胜华讲述"长勺之战"故事。

38

田园采风·采集张道一故事相关的文化遗迹及散传的民间故事线索。

39

田园采风·采录陨姓老人，采集民间传奇故事。

40

田园采风·采访吴氏老人，搜集民间故事线索。

41
　　田园采风·采访张道一后裔张章老师，采集张道一的民间传奇故事。

42
　　田园采风·采访莱芜小调传承人亓延翠，记录相关民间故事线索。

43
　　《中国民间文学大系·故事·山东卷·济南分卷》长清区采编委民间故事改稿座谈会。

44
　　长清区采编委庄庆奎与故事讲述者庄庆余采集民间故事线索。

45

《中国民间文学大系·故事·山东卷·济南分卷》济阳区采编委采集民间故事线索。

46

《中国民间文学大系·故事·山东卷·济南分卷》钢城区采编委民间故事线索征集座谈会。

47

2013年11月，市民间文学研究学会、市民俗学会将流传的孝子故事拍成电视片。

48

2017年4月，中央电视台采访"长勺之战"故事及相关民间文化资料保护情况。

49

习俗"搬龙王",社火舞蹈道具旱船的制作。

50

习俗：莱芜七月十五（中元节习俗）家堂祭祖仪式。

51

2018年8月24日，莱芜市民间文学研究学会、莱芜市民俗学会邀请山东大学、山东青年政治学院参加"中元节习俗"大型田园采风活动，本次活动由65人参加，分为5个采风调研组，历时5天对莱芜区、钢城区境内"中元节习俗"祭祖活动的历史渊源、传说故事流传情况进行深度调研。图为高庄、鹏泉街道办采风组。

52

2019年8月15日，中国科学院荣誉学部委员、国家非遗保护工作专家委员会副主任委员、中国民间文艺家协会副主席刘魁立一行，在济南市莱芜区方下街道办张公清村调研"莱芜中元节习俗"祭祖活动，论证了大量的该习俗相关资料。济南市民间文学研究学会、济南市民俗学会参加了本次调研活动。

53
　　民间习俗：祈福仪式。

54
　　民间习俗：孔子观礼仪式（葬礼）。

55
　　习俗：腊八粥制作。

56
　　行当故事：锡壶匠人·莱芜锡雕。

57

行当故事：莱芜糕果。

58

行当故事：到口酥。

59

行当故事：崮山馍馍四红点。

60

行当故事：长清大素包。

目录

概述

齐鲁文化历史悠久，博大精深，在济南这片古老的土地上，聪明睿智的先民，战天斗地，创造了丰富的语言和民间文化艺术。

一、济南的区域特征

济南位于山东省中西部，南依泰山，北跨黄河，背山面水，分别与西南部的聊城、北部的德州和滨州、东部的淄博、南部的泰安交界。境内山水资源丰富，黄河流经济南市境内，长约 183 千米，它孕育了古老的中华文明，同时也孕育了齐鲁文明。境内有大小数千个山头，最具代表性的有历下区的"千佛山"，是济南三大名胜之一，《舜耕历山》的故事，家喻户晓，是农耕文化的诞生地。莱芜区的"莲花山"，是济南市第一高山，因汉武帝访仙到此，在山顶建"迎仙宫"，故又称宫山，有三十六山头，七十二深谷之称。长清区的"马山"，与泰山、五峰山并称三姐妹山，自古就有"千里泰山，百里马山"的说法。钢城区的"棋山"，有"棋山柯烂"的神话故事和道家丘处机活动的遗迹。平阴县的"翠屏山"，自然景观、文物古迹和传说故事甚多，是闻名遐迩的名胜，列济南市风景旅游区之一。其他名山大川各具千秋，文化内涵丰富。济南因境内泉水众多，被称为"泉城"，拥有四大泉域，十大泉群，七十二名泉，七百三十三个天然泉，素有"四面荷花三面柳，一城山色半城湖"的美誉。

济南，是山东省省会所在地，是山东省政治、经济、文化、科技、教育和金融中心，是重要的交通枢纽。截至 2019 年，全市下辖 10 个区、2 个县，总面积 10244.45 平方千米。根据第七次全国人口普查数据，截至 2020 年 11 月 1 日零时，济南市常住人口为 920.2432 万人。济南八景闻名于世，是拥有"山、泉、湖、河、城"独特风貌的旅游城市。

二、济南的历史文化特点

舜帝是中华民族始祖五帝之一，人文始祖之一，千余年来舜帝以德化人、以德感人、以诚待人的美德，一直为我中华民族发扬光大。

济南是史前文化"龙山文化"的发祥地，区域内有新石器时代的遗址城子崖，有先于秦长城的齐长城，有被誉为"海内第一名塑"的灵岩寺宋代彩塑罗汉，有凿山而成的隋代大佛，为山东第一大佛。中国首部诗歌总集《诗经》中有谭人所作讽刺诗《大东》，是现存最早有关济南的文献。

齐鲁文化，是齐文化和鲁文化的融合。春秋时期的鲁国，产生了以孔子为代表的儒家思想学说；东临滨海的齐国产生了以姜太公为代表的思想学说，又吸收了当地土著文化（东夷文化）并加以发展。两种古老文化存在差异，相对来说，齐文化尚功利，鲁文化重伦理；齐文化讲求革新，鲁文化尊重传统。两种文化在发展中逐渐有机地融合在一起，形成了具有丰富历史内涵的齐鲁文化。

济南是齐鲁文化的集中展示地，儒、释、道对济南传统文化有着深远的影响。孔子的儒家思想，上可医国，下可医人，对中国人的思想德行、为人处世、言行举止产生了深刻的影响。孔子开创私人讲学之风，倡导仁、义、礼、智、信，有弟子三千，其中贤人七十二。孔子不只坐而论道，还是个行者。他周游列国，在很多地方留下足迹。如莱芜区口镇街道垂杨村的孔子观礼处、济阳区曲堤街道的闻韶台，平阴县孔子山讲学堂等，都可以瞻仰孔子印记，体会孔子儒家文化的博大精深。泰山的道教文化和千佛山释家文化也促进了济南的传统文化发展，打造了山东"一山一水一圣人"的文化特点。因此，民间故事才如此丰富多彩。本卷收录这方面故事20余篇。

三、历史文化名人与济南民间文学

济南人才辈出，历史文化名人对民间文学的影响较大。文化名人是一个地区社会实践活动中较为突出的代表性人物，表现出该地域人文特色、民俗风情的载体。对济南民间文学有典型影响的历史名人，以自身的文化品位，给人一种教育感化直观强烈的品牌效应，这种效应具有易于传播、受众广泛的特点，推进了口头民间文学的健康稳步发展。

最具代表性的济南市籍历史文化名人有：扁鹊（本名秦越人），他是中国传统医学的杰出代表、战国时代神医，他的故事传载了很多宝贵的医案，至今仍以其顽强的生命力在民间口耳相传，让更多的人了解到中医药的使用和传承价值；邹衍，中国古代阴阳五行学说的创始人、战国思想家，他的理论被今人广泛应用；口授今文《尚书》28 篇于世的汉代学者伏生；唐朝开国功臣、一代名相房玄龄和名将秦琼，中国古代三大求法高僧之一唐人义净（俗名张文明）；宋代中华词坛"婉约派"代表李清照、"豪放派"代表辛弃疾；明《宝剑记》等剧的作者、戏曲家李开先，他好交友，与莱芜的董空壶、青州的衡王、书法怪杰雪蓑是好友，他们的故事和雪蓑奇形怪状的书法在莱芜、钢城、青州与章丘等区县广为流传；清经学家张尔岐，字稷若，号蒿庵，济阳区人，他的故事在当地流传较广，而且多以神话的形式传讲，本卷收录他的多个传奇故事；再加上旅居济南的历史名人，如李白、杜甫、苏轼、苏辙、曾巩、元好问、赵孟頫、王士禛、蒲松龄等都为"一城山色半城湖"的济南增添了绚丽色彩。

四、济南方言的应用

济南方言又称"济南话"，属北方语言，冀鲁官话。特点豪爽快直，日常语言交流当然也坦诚相见、毫无戒备之心，所以无须转弯抹角。济南方言以市区的旧城区（今历下区）为代表。商埠（今市中区、槐荫区、天桥区）是后起的商业区，居民来自四面八方，语言比较混杂。郊区的方言与旧城区基本一致，但稍有差别。市区内方言也存在着新派和老派的不同。例如"v"声母，年轻一代读成零声母。"革命"，老一辈人多读 keimi，年青人多读 kmi。在老一辈口语中常用的如"拔腚""芭蕉叶""调羹""影壁墙"等词语，在年轻人的语言中很少使用了。历城、章丘、长清、莱芜、平阴等区县的方言与济南市区方言也不完全一致，形成了城乡方言的差别。

济南方言在传说故事中地域特色明显，对研究故事的区域、起源有着重要的鉴定价值。每一个地方都有一套独立的语言形式，它的形成与自身地理、生活习性密切关联，从而形成独具特色的语言表达能力和形式。民间故事糅进这些语言成分，表达出该地域原汁原味的文化特点，丰富了文化生活和语言的传承与保护。

五、济南民间故事的特征与分类

济南民间故事具有下列几个特征：

一是地方性：流传在济南的各类型故事，常以所在地的地理环境、民风习俗、地域特产作为故事主题，用生动而鲜活的当地方言来进行描述，以中华传统文化的道德文明为中心，形成独特的地域文化根基与模式。在发展过程中，与周边地区的故事相融合，经过口语转化，形成具有济南本土特色的故事。如生活故事《张道一闹玄》，不仅在济南流传，在周边的淄博、泰安等地也广为流传。

二是传承性：济南民间故事的传承分为群体传承与家族传承两个类型。群体传承的故事多以生活生产故事为主，尤以孝德故事传讲较为广泛，如"丁兰孝母"，这个故事在众人口中演绎出多种版本广为传讲，提炼出了"孝德"文化教育的精义。家族传承的故事多以家族发生的事件为故事题材进行族间传讲，主要以行当故事为主。如"状元祭"，就讲述了主人翁身怀绝技，教育人们不要以貌取人的警示故事。

三是变异性：一个故事在传讲过程中糅进了多人的思想，让故事情节发生了改变。虽然故事发生的时间、地点、人物较为模糊，但其主要情节还是较为具体。这就是常说"张冠李戴"，但并不影响故事的进一步传播。因为故事的本意，是用事件达到教育人的目的。如"水泡案"就有多个版本流传，因而采用"异文"形式选录。

四是群体性：民间故事是群体创作，群体传讲，又是为群体服务和共有的，其故事源自民间，以讲述人和采录人的形式出现，并不是某个人的独创。

五是生活性：民间故事的口耳相传，题材大多来源于现实生活，如"巧女故事""婚姻家庭故事""行当故事"等等。亮点在于人们在日常生活中佐以奇异的幻想，升华了故事内涵，体现出人们对这块土地的熟知和热爱，让故事更易为男女老少所接受。

民间故事就像所有优秀的创作一样从生活本身出发，但又并不局限于实际情况以及人们认为真实的和合理范围之内。民间故事能描写当地人的民族风俗，反映了当地人的习惯，且通俗易懂，是一种不可缺失的文化。济南民间故事可分为生活故事、幻想故事、笑话三类。

1.生活故事：取材于现实生活而加以虚构。现实性较强，故事往往扬善抑恶。篇幅比较短小，人物性格单纯，常常运用对比的手法。有时也采用三段结构法。风格较为朴实、明快。生活故事包含内容较为广泛，如本卷收录的生活故事类型就包括：孝德故事、机智人物故事、家庭故事、生产生活故事、巧女故事、傻儿傻女婿故事、为人处事故事、行当故事、俗语故事、断案故事10个小类，详尽地表述了济南民间故事的广泛性、科学性和地域性及代表性。

2.幻想故事：又叫民间童话，包含丰富的想象成分，充满浪漫色彩。主人公多为普通劳动者，其中的情节、事物和部分人物有超自然的性质。常把现实中不可能的事情当作可能实现的事情表现出来。情节常采用"三段结构法"；人物、情节、语言基本定型，在不同地区也时有变异。本卷幻想故事也进行了分类细化，如：神仙故事、宝物故事、魔法故事、精怪故事、鬼故事和动植物故事。

3. 笑话：短小精悍，尖锐泼辣，结构精巧。往往截取社会生活的一个侧面，在简短的情节中展开尖锐的矛盾，待矛盾冲突发展到高潮时，突然揭底，造成强烈的喜剧效果。常常运用夸张手法，突出对象的本质特点，使人在笑声中领悟到生活中的某些真理。民间笑话在城乡传讲较广，为了便于阅读，本卷进行了分类，由嘲讽笑话、幽默笑话和诙谐笑话组成，目的在于对民间笑话的分类采集与传播简便化，突出笑话的核心价值。本卷收录了三个类型 58 篇笑话故事。

本卷编写过程中，围绕各区县民间故事的特点进行选稿，力求突出地域性、知识性、科普性，根据其表达形式及故事内容进行归类，突出"孝德故事"版块，旨在进一步弘扬与振兴孝德文化精神，促进四德工程与精神文明建设的顺利进行。"生活故事"突出家庭生活亮点，表现在子女教育、邻里和睦、尊老爱幼等方面；"机智人物故事"以某个聪明人物为中心，将一组组风趣幽默的趣事，集中在他身上，构成系列故事。如本卷收录的《干巴野雀》等。俗语故事是济南民间故事的一大特点，这些故事通常将警示、生活生产经验用口表述的形式在民众间广为流传，让人们从小故事中悟出一些深刻的大道理来。本卷的其他栏目，也力求表述济南独具特色的地域故事。

六、济南民间故事保护传承情况

20 世纪 80 年代中期到 90 年代末，济南市文化部门按照三集成总编委和省文化厅的部署要求，召集各区县文化部门分管领导座谈，安排该项工作实施方案：以区县文化馆为龙头，成立三集成工作领导小组，设立专门的三集成办公室；调集民间文学专业人员举办各种形式的民间文学搜集整理培训班，拉开了挖掘、抢救、整理和保护民间文学的大幕；把工作任务分配到各乡镇文化站、学校和民间文学专业研究团体，组成万人参与的民间文学搜集整理团队，深入到乡村进行走访调研。当时有句话是这么说的，"上至九十九，下至刚会走，人人都能传讲故事，个个能采集整理民间文学"。短短的时间，数以万计的民间文学资料线索集中了起来，又被分门别类进行层层筛选落实，形成资料卷本。

近年来，济南市民间文学研究学会、济南市民俗学会组织数百人次田园采风活动，搜集整理传说故事作品 3 万余个，谚语、俗语、歇后语 18 万条，发表数千个；出版《民间奇闻故事》《古今奇闻故事》百余期，申报完成国家、省、市级非遗项目 70 个；建成非遗项目传习教育基地 60 个，出版非遗项目丛书 19 部，近 700 万字。

本卷在采录编审过程中，学会组织百余名具有丰富创作经验的民间文学工作者、民间文学爱好者参加，成立了编委会和十区两县采编委，密织了全面深入挖掘整理济南市境内民间故事的大网，搜集各类故事6000余个，800余万字；征集数十册个人出版的民间故事卷本和整理待出版的民间故事资料本、草稿本，丰富了该卷本编选内容。经过认真筛选，从数千篇文章中选出精彩故事400余篇，近100万字。这些民间故事，是济南市区所独有的，而且在济南民间广为流传。

　　济南市的民间故事如浩瀚的大海，取之不尽，用之不竭。本卷的容量有限，做到所有内容的选入是不可能的，这样一来难免会出现挂一漏万的现象。编委会严格审稿纪律，尽最大力量来编选人们喜闻乐见的经典故事，尽最大力量保护和传承这些来之不易的民间文学资源，尽最大力量把济南的民间文学作品进一步传承与发展。

李胜华

2021 年 8 月 10 日

凡例

一、 本卷收录故事类型，按照本市故事资源状况，遵循从众从俗和宜粗不宜细的原则，分为生活故事、幻想故事和笑话三大类，每大类分若干小类。共收录济南地区民间故事 500 余篇。

二、 本卷收录故事流传时间不设上下限。故事既包括公开出版、发表过的民间故事作品，也包括非正式出版的民间故事资料本收录的作品，还有本次新征集的民间故事。原来发表的作品，采录时由原作者进行修改。

三、 本卷在收录故事正文的基础上，将内容相近的故事作为"异文"一并收录。一般以情节结构完整、语言文字生动的作品为正文，异文一般保留原标题。

四、 本卷收录作品尽可能保留地方特色。一是多采用方言、口语。二是计量单位均采用旧时民间习惯，如：斤、里、亩等。方言等注释采用页下注。地名、官府名、职官名等一般采用当时名称，酌情加注现代名称。

五、 本卷采录作品后附讲述者和采录者的情况。包括姓名、性别、年龄、民族成分（汉族不标）、工作单位（家庭住址）、文化程度、职业，以及采录时间和地点。采录时间地点均按照原始采录时间和地点标注，讲述者及采录者年龄、学历、住址和行政区划也是采用第一时间采录时的信息进行标注。部分故事因收录时间过早，要素缺失，在附记中加以解释。

六、 本卷采录作品后设"附记"。附记内容主要包含故事类型，流传情况，讲述者及讲述情况，故事与当地习俗、民间信仰、民族以及庙会、集市、香会、行业行会的关联性，故事来源，故事研究情况等。

七、 本卷前面的图片，包含会议、民间习俗、土特产以及民间文学采风活动照片。

八、 本卷书后设附录，项目有济南常用方言、术语、短俗语对照表，济南民间故事讲述者、采录者和整理者简介，济南民间故事书图录等。

故事题目提示

异文提示   采录者提示

文中注释位置提示

附记提示

引用提示

C011

一 生活故事

（一）孝德故事

1
哭麦黄

很久以前，鸡儿屯[1]里住着一户焦姓母女。焦花父曾在朝为官，后隐退老家。焦花父去世多年，留下母女俩相依为命。焦花母年迈，常年有病。焦花女很孝顺，在母亲身边寸步不离。端水喂饭，端屎倒尿。夏天不嫌脏，冬天不嫌臭。日子就这样一天一天过去，焦花女渐渐长大成人。她出落得亭亭玉立，像三月的鲜花一样美丽动人，村里人都称她为焦花女。

男大当婚，女大当嫁，一家女百家求。焦花女人长得俊，又孝顺贤惠，来保媒拉纤的挤破了门。可焦花女都一一回绝，她说："老母年老多病，我怎忍心撇下老母出嫁呢？"

有一天，焦母把焦花女叫到床前，拉着她的手说："好闺女呀！为娘我活了今天没有明天，你就找个合适人家嫁了吧，不嫁远嫁近也行，这样两边都能照顾。"

焦花女说："娘呀！您安心养病，这事您老人家甭管了，我心里有数。"

焦家在村里是个大家族，家族的人见焦花女老大不小的了也不出嫁，都认为是族中不光彩的事。于是，三天两头来找不事[2]，想逼着她嫁人。焦花女在众人面前剪断自己的头发，用锅灰抹黑了自己的脸，表示了不出嫁的决心。从此，再也没有人敢来逼她出嫁了。

这一年隆冬腊月，天寒地冻，大北风刮得嗷嗷的像老牛叫。大风刮了三天三夜，玉符河里的水冻成了冰疙瘩，足足有半尺厚。焦母的病越来越重，皮包着骨头，喘气越来越微弱，眼看着有出的气没进的气，快不行了。焦花女心里像油炸一样难受，她把老母天天抱在怀里为母取暖。

一天夜里，焦母精神好了些，对焦花女说："闺女呀！我看来是熬不过今天黑夜了。临死前，我想吃一把燎麦穗[3]，也算弄过[4]了这一年。"焦花女听了母亲的话，哭得像泪人一样。她安置好母亲走出家门，去给老母找麦穗。

大北风还呼呼地刮着，吹在脸上像刀子割一样。这大冬天的到哪里去找青麦穗呢？村西就是麦子地，可地里的冬麦苗也就是拃把高[5]，在寒风中全都铺踏着[6]。焦花女坐在地垄上，心里一阵一阵地难受。想着想着，就放声大哭起来。她的哭声和大北风搅在一起，回荡在玉符河两岸。

焦花女从一更哭到二更，哭着哭着，她模模糊糊地看见地里的麦苗长高了。哭到三更天，麦子居然抽出了穗；哭到四更天，鸡开始打鸣了，地里麦穗居然变黄了，在寒风中摇晃着。焦花女心里想，肯定是自己的哭声打动了老天爷，老天爷开恩让这几垄地的麦子先黄了。她对天磕了几个头，急急忙忙掐了一把麦穗揣在怀里跑进家门。

焦花女将麦穗在火上燎了给母亲吃，说来也怪，奄奄一息的焦母吃了燎麦穗，居然康复了。数年后，焦母寿终正寝，焦花女也嫁了如意郎君。

汉文帝听说了焦花女的孝行后，十分感动。御批褒扬焦花女，将她列为天下孝女的楷模。还将她哭麦的这个屯子，命名为鸡儿屯。

[1]　鸡儿屯：在长清县城东北十千米地，过赵家营、杨家台，跨过玉符河就到了。

[2]　找不事：找茬。
[3]　燎麦穗：用火烧烤过的麦穗。
[4]　弄过：熬过。
[5]　拃把高：一拃来高。
[6]　铺踏着：匍匐。

焦花女死后，朝廷下旨为她进行了御葬。在鸡儿屯西她哭麦子的地方修起了大坟，树了御碑，立了祠堂。

一位长清的县太爷还写诗歌颂过焦花女，有两首是这样写的：

邑东行路指荒屯，埋玉千年孝女存。
为是母恩酧未尽，慈乌鸣绕达晨昏。

咫尺山祠号孝堂，埋儿故迹远流芳。
掘金一釜无余荫，此地田中麦早黄。

讲述者： 庄庆奎，男，1961 年 6 月，长清区平安街道高垣墙村，高中

采录者： 李现新，男，1973 年 12 月，长清一中教师，大学

采录时间： 2020 年 7 月

采录地点： 长清区平安街道高垣村

附记

早年间，玉符河两岸都是咱长清的地界。往北一直管到吴家铺，那大着哩！

在长清要讲孝道，有个老说法叫"南有孝子郭巨，北有孝女焦女"，他们的孝行都是感天动地的。这个焦花女，是玉符河北岸鸡儿屯的人，鸡儿屯现在叫吉而屯，早些年划到市中区去了，但历史上还是咱长清管辖的时间长。老年间，鸡儿屯西有个高大冢子，人们说这是焦花女的墓。为纪念焦花女，墓前曾建有焦花女的祠堂，还有高大的御制孝女经碑，现在是看不到了。玉符河两岸都是沃野良田，大都种麦子。有一个蹊跷事，鸡儿屯西侧的麦子比其他的地方成熟得都要早。老人们都说，这是焦花女哭麦子的地方，老天爷特批这里的麦子要早成熟。

2

传家宝

很久很久以前，李木匠家堂屋内的八仙桌上，摆放着一个锔了十几个锔子的破乌盆[1]。你可别小看这个破乌盆，这可是老李家相传几代的传家宝。说起这个传家宝，还有一段婆媳相斗的故事呢！

笔架山下有一个小山村，村里住着一户李姓人家。男主人早年下世，撇下妻子胡氏与三岁幼儿李甲，含辛茹苦，苦度春秋。

穷人的孩子早当家。李甲从八九岁开始，就帮助母亲下田劳作，不论什么庄稼活[2]都能干得像模像样，人见人夸。

李甲十三岁那年春天，大伯家二姑娘要出嫁，请来刘木匠打嫁妆。母亲胡氏见刘木匠活儿干得好，便请来修理家具。李甲看刘木匠截木料、刮刨，凿卯、砍楔干得耍[3]，心血来潮，非要跟刘木匠学徒。他不管刘木匠愿意不愿意，

[1] 乌盆：黑色的陶瓷盆。
[2] 庄稼活：农活。
[3] 耍：木工活干得又快又好。

跪地就磕头喊师傅，弄得刘木匠不知如何是好。

母亲胡氏见了也是非常高兴，心想："甲儿今年已经十三岁，跟我在家种地，只能是维持生活。要想改换门庭，就不能只靠土里刨食，还是要学一门手艺。他平时做活心细如发，还真是做手工活的好材料！"想到这里，她来到刘木匠面前，恳求刘木匠收儿子为徒。

大伯也出面说好话，为李甲求情拜师学艺。

刘木匠问大伯："李甲上过学吗？会算账吗？常言说得好，铁匠一肚子样，木匠一肚子账。学木匠分中画线，不会算账是不行的。"

"刘师傅您放心，甲儿上过几年私塾。他算账一口清，做活心细，准能得到您的真传，成为您的得意门生的。"大伯答道。

刘师傅见李甲面带聪慧，从心里喜欢他的这股一条道跑到黑的犟劲，便同意收李甲为徒。

择个黄道吉日，李甲行罢拜师大礼，跟随师父学徒。

一转眼，十年期满出徒，他不仅学会了制作各种柜橱家具，门窗房梁，而且雕梁画柱无一不精。

这一年，李甲也长到了二十三岁，出落得一表人才。他们家新盖了房子置了地，娶了隔壁村的邹氏女为妻。

这邹氏女老实巴交，家务活样样拿得起放得下，就是平时不喜欢说话，婆婆胡氏不待见[1]她。

李甲很孝顺，深知母亲抚养他不易，对母亲胡氏的话言听计从。每天早晚两次问安，最特别的是别人来找李甲做木工活，得经母亲的同意他才能应承。

李甲的言听计从和精巧的技术，助长了母亲胡氏苛刻的性格。她架子大，有人来找李甲做家具时待搭不理，开口说话冲，好像人家该她二百钱似的。

邹氏女嫁过来不久，这婆婆胡氏就开始刁难她，常常说邹氏的坏话。街坊邻居看着邹氏非常的勤快，不像婆婆说的那样，就开始怀疑婆婆胡氏是故意地诋毁她，毕竟这婆婆的人品不怎么地。村里人都知道，自打胡氏嫁到李家后，虽然过了几年幸福生活，可是丈夫因病去世，母子二人艰难度日。亲支近分，街坊邻居处处高看她一眼，容让

[1] 不待见：不喜欢。

她，使她养成了骄横任性的坏习惯。

李甲学木匠出徒以后，胡氏考虑到谁家都要做家具，至少要做桌椅条凳，附近没有木匠，就得用她儿子，所以就高人一等，说话压人三分。她说邹氏女的坏话，人们都不相信，明里不说，却暗中议论胡氏的不是。

婆婆胡氏一看村里的人们都不相信，就开始挑拨儿子，说这儿媳邹氏趁他不在如何如何地虐待她，还说邹氏打她。

李甲经常出门给人打家具，有时三五天不回家，对家里这些事情并不了解。但是母亲胡氏如此说了，就信以为真。再说他是个大孝子，哪能容得媳妇给老娘气受，就要教训邹氏为老娘出气。

晚上的时候，李甲质问邹氏道："你这个不孝的女人，你为什么要虐待老娘？还竟敢打她，你真是反了天了！这还了得！"

"夫君，没有影的事啊！我怎么会虐待老娘呢？老娘说多说少我都没有还过口，怎么还说我打她？"邹氏委屈地说。

"小贱人，还敢犟嘴。你知道我从小就没有了父亲，是老娘一手把我拉扯成人，容易吗？我打死你这个不孝的贱人！"说着，举拳就打。邹氏也不还手，只是委屈地痛哭不止。

婆婆胡氏偷偷地躲在门外，见儿子打了儿媳邹氏，心里暗乐道："打，打死这个小贱辈。"儿媳妇的哭声，使她很是心满意足。

就这样邹氏委曲求全，婚后的第二年这邹氏身怀有孕，生下一个男孩，取名李乙。婆婆胡氏很开心，帮忙照看孙子，但对待邹氏女还是和从前一样刻薄……

一转眼，十几年过去了。婆婆胡氏突然病倒了，李甲想尽一切办法给母亲诊治，最后病情倒是稳定了，就是躺在床上起不来了，吃喝拉撒都得要人伺候。邹氏看到婆婆卧床不起的样子，想到从前婆婆对自己的刻薄，就想报复她。

她弄来一个喂鸡狗用的乌盆，放在婆婆的床头。饭菜做好了以后，就倒进这个乌盆里。婆婆吃完饭了，也不刷洗，上顿吃剩的下顿带着。冬天还强点，夏天乌盆里落满了苍蝇，邹氏也不管这些，照样把饭菜倒进乌盆里。有时

饭菜都馊了，不吃肚里饿，再馊也得强往下咽。只要李甲不在家，乌盆永远放在床头。

邹氏数着日子，直到李甲要回家时，她怕被丈夫发现，才提前捏着鼻子把乌盆端到外面，放在鸡窝旁边的矮墙上。胡氏整日盼着儿子回家，儿子回家来她才能吃一顿好饭。她不敢和儿子说实话，怕儿子知道后跟媳妇邹氏吵闹。因为她知道儿子不能整日在家守着自己，生怕儿媳日后报复。

婆婆胡氏委屈啊！常常落泪，但是她自己知道，这是自己欺负儿媳妇得来的报应啊！

日月如梭，她小孙子李乙很快就长大了。李乙跟父亲学习木匠，也做得一手好活技，还娶了个叫玉梅的俊媳妇。奶奶很高兴，心想："我胡氏婆婆做得不好，现如今你邹氏女也做了婆婆，就看你这婆婆怎么当。"

再说这邹氏女自打儿子结了婚，自己做了婆婆，心里非常高兴。心想："我对儿媳妇一定要像对待自己亲生女儿一样，决不能像我婆婆胡氏对我那样刁钻刻薄，我就要让你看看我这婆婆是怎么当的，怎么才是合格的婆婆。"

从此，邹氏女不论对谁都是笑脸相迎，特别是对儿媳玉梅，更是爱如己出，唯独对婆婆胡氏每日还是那样冷眼相待。

有一天晚上，孙媳妇来奶奶房间看望奶奶，瞅见奶奶床头那个落满苍蝇的乌盆，就问奶奶道："奶奶，这个乌盆这么脏，咋不拿去洗一下呀？"

奶奶听后，眼泪就一双一对地流了下来。她实在忍不住了，就将这事情原原本本地告诉了孙媳妇玉梅。玉梅听了，心里十分气愤，说："奶奶，这个乌盆您老就不要用了。等明天我婆婆给你送来饭菜的时候，你就将这个乌盆扔到地上摔了，让她给你换一个好的。"

奶奶听了，急忙摆手，道："孙媳妇啊！不能摔不能摔，这可万万使不得啊！你婆婆要是生气了，她饶不了我呀！"

"奶奶，你就照我说的去做。没事的，明天我来帮你。"说完，孙媳妇就走了。

第二天早上，邹氏照常来给婆婆送饭菜，依旧是水煮白菜泡上顿吃剩的窝头，根本就没有啥营养。邹氏像是喂猪一样，将饭菜倒入那乌盆里就要走。

此时，婆婆胡氏拿起这乌盆就摔在了地上。邹氏一看，一下子就火了，大声嚷嚷道："娘，这好端端的乌盆你咋就摔了，你是不是以后不想吃饭了？"

婆婆胡氏见媳妇邹氏生气了，吓得哆嗦着嘴唇没敢说话。

这时，孙媳妇忽然跑了进来，还大呼小叫地说："哎呦喂，奶奶呀！这么好的一个乌盆，您咋摔了呀？"

奶奶听了孙媳妇的话，疑惑不解，心想：哎呀，这孙媳妇哎，不是你说让我摔的吗，怎么又说这个呢！唉，人心难测啊！

邹氏听了就附和道："就是啊！你这奶奶呀，她就是个败家……"邹氏的话还没说完呢！孙媳妇在一边又说了一句："奶奶啊！你真是的，你把这么好的一个乌盆子给摔了，那我婆婆以后用啥呀？"奶奶一听，这才明白孙媳妇这是话里有话。

邹氏闻言之后，脸色一下子就变了。她没有再说话，把摔破的乌盆碎片捡起来，拿着灰溜溜地走了。

从此以后，邹氏拿来了一个新碗，一日三餐都给婆婆做好吃的。每顿饭吃完后，都把碗刷得干干净净。

"锔盆儿，锔锅儿——"这天吃过早饭，邹氏女刚刷完碗筷，就听到大街上锔子匠收揽生意的吆喝声。她急忙跑到卧房打开橱柜，拿出一个蓝布包，出门叫来锔子匠师傅，说："师傅，我要锔个乌盆。"说着，将手里的蓝布包递给了锔子匠师傅。

锔子匠师傅接过蓝布包打开一看，是一个打破了的乌盆，就对邹氏女说："大嫂，这个乌盆打得这么碎，已没有了修复的价值，还是扔掉买个新的吧！"

"不！我要把它锔起来，无论花多少钱！"邹氏女坚定地道。

锔子匠拿过乌盆碎片，小心地按在一起，数了数要用多少个锔子，对邹氏女道："大嫂，还是算了吧！要把这个乌盆锔起来，用普通的锔子也要用买两个新乌盆的钱，还是算了吧！"锔子匠说着，起身收拾东西就要走人。

邹氏女一看锔子匠要走，急忙拦住道："师傅不要走，麻烦你一定要把这个乌盆给我锔起来，要用铜锔子，我不怕贵。您锔得越结实越好，不怕多花钱！"

锔子匠听了，就用上好的铜锔子，锔好了这个乌盆。邹氏女支了买两个新乌盆的钱，另外又给了锔子匠赏钱，锔子匠乐颠颠地走了。

邹氏女手捧乌盆，拿来抹布，擦了一遍又一遍，直擦得乌盆乌黑发亮，再配上金光灿灿的黄色铜子，均匀地分布在乌盆的每条裂纹上方，好像一颗带有裂痕的心被锔在了一起。看着这修复完好的乌盆，邹氏女流下了忏悔的泪水。

邹氏女手捧乌盆，来到婆婆胡氏的房中。正好李乙媳妇玉梅也在，她双膝跪倒在婆婆的床前，羞愧地说："娘，这些年来是儿媳不孝，让您老人家受了不少的罪。您老人家打也打得，骂也骂得。您就消消气，原谅您这不孝的儿媳吧！"说着，泪如雨下。

再说婆婆胡氏，看见儿媳手捧着锔好的乌盆，来到床前跪倒在地，请求她的原谅。心里也像打碎的五味瓶，心里不是滋味。心想："儿媳邹氏对我不孝，是不对。但也是事出有因，她和甲儿结婚后，要不是我的刻薄对待，她能这样对待我吗！千错万错是我的错，是我有错在先，不能怪她才是。"想罢，努力用手支撑着身体，抬起头来，说道："好孩子，快起来，千错万错都是我的错，是我有错在先，这不能怪你，是我罪有应得。还请儿媳原谅我这无知的婆婆才是啊！"说着，也是泪如泉涌。

儿媳邹氏见婆婆原谅了她，起身趴伏在婆婆的身上，婆媳俩抱头痛哭。

孙媳妇玉梅见此情景，来到床前劝解道："好啦！好啦！事情已经过去了，从今往后我们一家人就好好过日子吧！"祖孙三代媳妇相互看了一眼，破涕为笑。

儿媳邹氏拿起锔好的乌盆，对婆婆和儿媳说道："我要把这个乌盆放在堂屋最显眼的地方，让我们全家人每天都能看到它。让它成为我们家的传家宝，一代一代传下去。让它时常提醒我们的子孙后代，孝敬老人是我们每个人的本分！"

李甲知道此事后，要惩罚媳妇邹氏女。母亲胡氏坚决不让，说道："人生一世，难免犯错，只要知错能改就行。要说有错为娘在先，要不是我无辜说她坏话，也不会出现这样的结果，应受惩罚者是为娘！"还是儿媳玉梅出面说和，李甲才算作罢。

李甲告诉儿子说："你去找一块上好的木料，做一个乌盆底座。就按你娘说的，放到堂屋最显眼的地方，警示后代子孙'百善孝为先'。"

李乙找来一块上好的紫檀木，做了一个乌盆底座，上刻"传家之宝"四个篆字。把乌盆放在堂屋正中的八仙桌，既美观又大方。

婆婆邹氏的转变，玉梅看在眼里乐在心头。由于伙食质量的改善和乐观的心情，奶奶胡氏的病慢慢地好了起来，不仅能下地走路了，还能做一些力所能及的家务活。

婆婆邹氏再也不像以前那样刁钻刻薄，对胡氏的态度完全改变了，胡氏倍感温暖。孙媳妇玉梅见自己的婆婆如此孝顺，也对自己的婆婆孝顺有加。

来年开春，孙媳妇玉梅怀揣六甲，生了一双棒小子，老大取名忠孝，老二取名传家。一家人四世同堂，和和睦睦过得很是融洽。

讲述者：	亓舜标，男，1929 年 11 月，莱芜市莱城区高庄镇五龙村
采录者：	亓廷香，男，1954 年 2 月，高庄镇五龙村，中师，教师
采录时间：	1998 年 8 月
采录地点：	莱芜市莱城区高庄镇五龙村

附记

这个故事在济南民间有很多版本，其中有个《补瓢》的小戏，与这个故事异曲同工。亓舜标老人讲这个故事的时候有好几个说法，但警示和教育意义是相同的。这个故事我曾多次讲给我的学生和邻里听，尤其是那些对父母不好的人，听了我的故事，都反省自己，改掉了不孝的坏习惯。

3

孝感天

从前，莱芜雪野村里有一村民，姓吕，名殿元。他薄地不足半亩，家境贫寒，只有北屋三间。其父早亡，因家中无钱发丧，便将其父之灵柩，置于北屋两明间中的里边一间。

殿元尚幼，与其母同住套间的东边那间。渐渐地殿元长大成人，小伙子出息得有身有力。他一表人才，且为人忠厚憨直。左邻右舍不管谁家有个大事小情的，他都会自觉帮忙，从不计较吃喝报酬。凡事他宁可吃亏，也要让别人高兴。所以，人们都愿意与他共事。

吕殿元的所作所为，周围邻居家都看在眼里，都觉得这是一个难得的好后生。吕殿元已经到了娶妻的年龄，可因家境贫寒，老娘托人提亲，人家嫌他穷都不答应。娘愁得白了头，干着急没办法。邻居王大嫂是个热心肠的人，她见吕殿元他娘为孩子的事愁白了头，心里也急得慌。她觉得人穷不能穷到底，人富不能扎下根。只要是个好小伙，日子就不愁过。于是，她就将娘家侄女说给了吕殿元。

吕殿元之妻朱氏，也是穷人家的闺女，为人贤淑。结婚之后，小夫妻两住里间，婆婆住明间，与灵柩同室。时间一长，儿媳朱氏深感不安，让婆婆与灵柩同室那成什么样子。

有一天，她把吕殿元拉在一边，悄声对他说："你看整天让咱娘和个枢子住在一起，成啥样？我想，你打几个坯，把咱的房前屋后那几棵小树砍来，再到山上割些黄草。如果不够，我再去俺娘家借点来。咱在天井里[1]搭个小草棚，咱俩住进去，让咱娘住里间吧？"吕殿元听罢，很受感动，应了一声，便筹集这些东西去了。

割黄草砍小树都好说，可打坯这件事有点难。这是个力气活，抡拣头[2]我能行，可上锨[3]得找人帮忙。这人倒是好找，可难的是咱管不起饭，有心无力这可咋办？朱氏见状，笑着说："算我的吧，俺娘家穷，下力干活俺不怕，不就是慢点，可总比你一个人强。"吕殿元听罢，心里很不是个滋味。哎！他打了一个长长的哀叹，算是同意了。

说干就干。吕殿元借来坯模和拣头，在自家的薄地里叮叮当当地打起土坯来。

长话短说。坯干了，黄草割来了，木料虽小总算有了。于是，小夫妻两在院子里搭起了一间小草棚。就这样，他们俩把老母亲让进了里间，自己住进了草棚子。尽管这草棚冬天冷，夏天热；下雨漏，雪花飘。看老娘能舒坦地住在里间，他俩也就心满意足了。

吕殿元身体健壮，因家里不足半亩地，又出了土坯，庄稼长得不旺。为了三口人吃饭，他只好给人家打短工来养活全家。

靠打短工来养活全家，真有些难。家里常常是吃了上顿没下顿，就这样朱氏宁可自己挨饿受冻，也不让婆婆跟着受苦。她常说："婆婆受苦受累的把殿元拉扯大，这后半辈子可不能再让她老人家受苦了。"于是，她挖野菜、刨树根、剥树皮小两口吃，省点好的供婆婆吃。婆婆有时挺纳闷，为啥儿媳不与自己一块吃饭？但儿媳妇总有理由，让婆婆先吃，自己再在小棚子里吃那些猪狗都不愿意插嘴的饭食。

[1] 天井里：院内。

[2] 拣头：石头做的夯具，正方形，十几斤重，上面有方槽，安放丁字木把，便于双手拎放。

[3] 上锨：给坯模里填土。

转眼间，朱氏已过门三年之久。一天，吕殿元的老母亲把夫妻俩叫到床前，问道："你夫妻俩婚娶时日也不算短了，应该有喜了才是。可至今不见，也该叫郎中看看了。你爹死得早，我也这么把年纪了，也没有多少年活头了，咱这吕家的香火也该有接续的啊！"说完，老泪纵横。

夫妻二人面带愧色，相对无语。朱氏安慰婆婆说："您老放心，俺还年轻，生儿育女不算晚。"原来，因家境贫寒，小夫妻俩早已商定，等老母亲百年之后再要孩子。否则，这贫寒的日子定会雪上加霜，让老母亲无法安度晚年。

这一年的六月，大雨滂沱，一连十几日不开天。

水火无情。这一天，山洪暴发，大河里的洪水冲开了东沙堰。洪水如脱缰的野马直冲雪野村，全村老幼都逃往村南高埠处。眼见的大水冲进了吕殿元家，而且洪水还在不停地猛涨。这时，若三口人一起逃走还来得及，但父亲的灵柩必将被洪水卷走。此时，朱氏含泪爬上了公公的灵柩，回头对殿元说："你快背咱娘走，别耽搁了。你别担心，我来照看父亲的灵柩！"

说话间，大水已漫过腰部。邻居家有的听到这件事，急忙赶来劝拽。大家都说："顾活的，不能顾死的。你还是跟你丈夫一起把你娘背出去吧，你爹的灵柩由它去吧，你咋这么死心眼呢？"

朱氏主意已定，誓死不走。她哭喊着说："你们快走，俺爹的柩子和俺娘一样重要，死我也和他老人家死到一起。你们再劝，我就碰死在这里！"

外面的大雨一阵大起一阵，地上的洪水越涌越猛，再不走谁也别想出去。无奈何，吕殿元为了保住老母的性命，只好泪流满面，一步三回头地往外逃。当他背着娘走出没多远，回头一看，房子被洪水淹没了。吕殿元也顾不得多想，一个劲地往前走，一心想把娘背到高处。走着走着，背上的娘说话了："元子，我咋觉得树枝子挂住了我的头发。"吕殿元闻听忙放下娘，借着一个亮闪才发现，娘俩逃到了全村最怕水的地方"石榴行"。这可咋办？这时，环顾四周一片汪洋，哪里也去不成了！娘俩只好上了西沙崖上一个老婆腚大的高台子上挨到天明。说来也怪，那汹涌的洪水，竟没有漫过他娘俩的脚脖子。

直到晌午，大水才慢慢地退了下去。吕殿元把老母亲安顿好，心情极为沉重地与众人回了家。心想，不知妻子和父亲的灵柩被冲到哪去了。这么大的水，到哪里去寻她的尸首？他一边想一边哭，一边哭一边走，总算到了家。啊！令人意想不到的是，父亲的灵柩由明间穿过房屋子门口，竟安安稳稳地放在了东间屋的土炕上。更令人惊奇的是，妻子朱氏正伏在父亲的灵柩上，呼叫着吕殿元的名字。

他不相信自己的眼睛，也不相信自己的耳朵，他三步两步跨到朱氏的身旁，一把拉起来搂在怀里，久久地不肯放开。

众人闻言，都跑来观看安慰。大家都说："真是大命的人，这是大孝感动了天。"人们一起跪在水里向着天上叩头。

不久，这件事由地方上报到县衙。县衙亲自派人来到雪野作了查看，并立刻备文上报到省里。省里又报到皇上那里，皇上很受感动，钦命："纯孝格天。"御命当时的翰林学士潘绍烈撰文，并亲手题写"纯孝格天"的孝匾，送到了吕殿元家。

匾做好了却没处挂，因为吕殿元家没有门楼子。县官怕皇上怪罪，急忙由县里拨款，修建了一个颇为壮观的门楼，将匾悬上，又把其住宅修缮一新。

孝子吕殿元的故事，至今还在广为传讲。

讲述者：　脊德年，男，1944年3月，莱城区雪野镇雪野村，教师

采录者：　王新然，男，1945年7月，莱城区雪野镇雪野村，教师，大学

采录时间：1995年10月

采录地点：莱芜市莱城区雪野镇雪野村

丁兰孝母

故事中，皇上御命当时的翰林学士潘绍烈撰文：

匾文曰：邑人吕殿元，家贫室三间，室之两间为父柩，东间住人，戊戌年大雨经旬山水潮发。一夜洪水巨侵，殿元负其母避于高埠，朱氏负柩，里人拽之朱氏誓死拒逃，无奈众人避之，顷刻间，两间化为乌有，望者皆叹息。天明水消，归而视之，朱氏负于柩，东间炕上无恙。此为其云，上报赦，皇赦文曰："纯孝格天。"落款：道光十三年，翰林学士潘绍烈拜沐书。

"纯孝格天"的孝匾，长一米七左右，宽八十厘米左右，蓝底金字阳文行书，笔法遒劲犀利，令人称道。1960 年因修水库，雪野村搬到南岭，吕家后人将其搬上山来，视为至宝而收藏。20 世纪 60 年代，以破四旧之物被抬了出来。后来，灵柩做成栏门（阳文可见）放在庄西雪野联中的栏圈上养猪用。再后来这栏门竟被人偷去，至今去向不明。

翰林学士潘绍烈（1796—1881），字子骏，号西村，今济南市莱芜区张家洼办事处杨家镇村人。乙酉科拔贡，戊子科举人，己丑科进士，授翰林院庶吉士，武英殿协修，敕封文林郎散馆。后为元氏县（在今河北省）知县，随任瓯宁县（在今福建省）知县，回家丁忧三年不再复出，至本县汶源书院任主讲，善书法，对境内教育事业做出了贡献。今其旧宅尚在，有官帽、楷书、行书及《潘太公遗稿》文本等存世。

这天上午，在炎炎烈日下，依泉[1]而居的丁兰[2]在离家挺远的田地里锄地。他放下锄头，到大柳树下歇息乘凉。丁兰忽然看到小喜鹊叽叽喳喳，飞来飞去地给老喜鹊喂食。这只飞走了，那只又来了，把衔来的飞虫，送到老喜鹊的嘴里。老喜鹊一仰头，吞下小虫，拍拍翅膀表示满意。

看着看着，丁兰流泪了。他想：小喜鹊这么孝顺啊！……我娘这么大年纪了，整天洗衣做饭，还下地干活。我一不如意，不是骂她就是打她。我，我还不如小喜鹊哩！他心里说："爹死得早，老娘一手拉扯我长大成人。她风里来，雨里去，没黑没白地干活……每顿饭让我吃稠的，她喝稀的。我气她，她也舍不得训我；我用小巴掌打她，她从没戳过我一指头。"

[1] 泉：指丁兰泉。位于洪范池镇镇政府东 7.5 公里的丁泉村。村名源于二十四孝之一的丁兰事亲的主人翁丁兰，泉池名称也源于此。泉水至今常年流淌，清澈见底。每年雨水季节，这里的泉涌量都非常大。因此常常隔着很远未见泉水，就能先闻泉水声。泉池分为三层，上为泉头，用青石砌垒；有石雕栏杆，通过龙头流入中间池内，再由排水闸流出，流入沿街旁的小河中。

[2] 丁兰：汉朝时，有一个人叫丁兰。他有感于"羔羊跪乳"和"乌鸦反哺"的情形，对自己未能趁父母健在时尽孝而痛悔不已，越发思念已故的父母。

小喜鹊来来回回，喳喳叫着，不厌其烦地喂老喜鹊，更拓宽了丁兰的思绪：老娘求这个，央那个，给我娶了媳妇，添了孩子。老娘为了这个家，累弯了腰，心血都花在我身上了……丁兰眼里噙满了泪水。

那天，孩子摔倒了，我反而把老娘打了一顿。"我连个小鸟都不如啊！我还算个人吗？"他竟然哭喊了起来。老喜鹊"喳……喳……喳……"似乎劝丁兰"别哭了，别哭了"。

丁兰低头想想，两行热泪滴到土里。他抬头看看，泪水流到口中，还发出了哽咽声。一扭头，锅腰的老娘，左手提着盛米汤的瓦罐，右胳膊挎着干粮篮子，一步一步地走来了。

大梦初醒的丁兰站起来，迎着驼背的老娘跑过去，接娘手中的罐子和篮子，边跑边说："娘……我接你，我接你……"

他娘有点耳背，听成了"我扇你，我扇你……"她想，我儿又听了什么人的话了？要扇我；还是我送饭送晚了，我儿饿急了，又来打我哩！

以前，她被儿子打怕了。这时，吓得浑身筛糠。这个家我尽到心了，也对得起死去的当家的[1]了。我这样一次次地挨打，还不如死了好哩！

她哭丧着脸，哆哆嗦嗦，把瓦罐和篮子递给儿子。然后，她紧跑几步，猛力朝一棵大树撞去。"砰"的一声骨碌到地下，鲜血汩汩地从她头上的伤口淌了出来。

只这一下子，老娘永远不挨儿子的打骂了。她养儿守寡、娶儿媳抱孙子，终日劳作的日子完全结束了，彻底退休了。

省悟了的丁兰十分悲痛，埋葬了老娘。他锯下碰死老娘大树的一根粗树股子，当起了雕刻家。

一天、两天，半月二十天，丁兰居然刻成了老娘的形象。那木雕有鼻子有眼，有嘴有头发，还有笑容。他对人说："我没娘了，刻了个木头娘孝顺她。"

丁兰把木头娘供养到大桌子上，每顿饭把碗端到木头娘面前，说："娘，你吃饭吧！"下地走时，说："娘，我干活去了。"晚上回了家，又到木像前，说："娘，我回来了。"

子欲养，而亲不待。亲娘走了，你再行孝，晚了；你再弥补，娘也看不见，享受不到了。

对此，媳妇口中不说，心里气愤。等丁兰出远门后，用唾沫吐木头娘，还用针扎她。丁兰回来，走到木像跟前，看着娘的脸，说："娘，我回来了。"他好像看到娘不高兴，眼上似乎有泪痕，心中产生了疑虑。

丁兰晚上梦到了老娘，娘对她说："你媳妇把鼻涕抹到我脸上，还用针扎我。"

丁兰的媳妇从街上拾了个八哥，养在笼子里。这天，丁兰又出门了，媳妇赶紧和面，擀了面条，还磕上了鸡蛋，自己吃了个肚儿圆。她家喂的巧嘴八哥说："擀擀下下，磕啪吃了。"

丁兰回家后，八哥反复说："擀擀下下，磕啪吃了，"擀擀下下，磕啪吃了。"媳妇听到八哥给男人学舌，从笼子里掏出八哥，一下子摔死了。

可巧，丁兰发现了媳妇藏的鸡蛋皮和泔水里有面条头儿。他嘴上不说，心里生着气。"好你个馋娘们儿，你这么孬啊！偷吃不说，还用针扎俺娘，往俺娘脸上抹鼻涕。这还是真事哩！"

丁兰抡起巴掌，朝媳妇的脸扇去，媳妇伸脸接住了；丁兰抬腿朝她踹了一脚，媳妇结结实实地蹲在地上，大呼小叫地唱起了自在腔[2]。

丁兰指着媳妇的额头吼道："那是咱娘，没有咱娘，能有这一家人家？"举起拳头问媳妇："你还扎咱娘不？你说……"

邻居们都来劝架，媳妇怕邻居笑话，就赶紧擦泪应付说："不扎了，改了。"邻居把丁兰拉到了一边儿，劝说和解。

丁兰跺着脚说："俺娘活着，没享半天福，我还打她、骂她，后悔死我了！"说完，用双拳"嗵嗵"地捶自己的胸脯。

邻居们见丁兰痛改前非，这可真是浪子回头金不换。

[1] 当家的：已婚妇女对丈夫的尊称。

[2] 自在腔：方言，边哭边唱着数落发泄。

人们七嘴八舌，逢人就夸丁兰，把他孝母的事传开了。

自此，好心的人们由不搭理打亲娘的丁兰，变成夸奖丁兰，赞扬丁兰。

从那以后，人们常拿丁兰孝母的事教育后辈：要善待老人，要及时行孝。

讲述者： 李东，男，1940 年 4 月，平阴县洪范池公社丁泉村，高中

采录者： 黄文俊，男，1946 年 5 月，平阴县洪范池公社苗海村，教师，大专

采录时间： 1963 年 6 月

采录地点： 平阴县洪范池公社丁泉村

附记

丁兰泉在华盖山西山坡下部，长方形，石砌大池，像洪范池那样，水从池底涌出。清代和元代至正年间，曾重修。据说，丁兰的家就在池边，后人就以丁兰给泉起名，叫"丁兰泉"。泉水沿街中小溪，向西哗哗日夜流淌。枯水期全村除了人畜用水，还能浇地；盛水期，水声轰鸣，浪花飞溅，形成壮观的长长的瀑布。

"丁郎孝母"载于"二十四孝"之一的丁兰"刻木事亲"的故事。1963 年 6 月的一天，我去丁泉走亲戚，参观了丁泉池，村民李东讲了这个故事。

5

老天不杀孝子

很久很久以前，笔架山下有一个村庄，住着一户姓秦的人家。家里只有父子两人，老汉人称秦老爹，多数人叫他老秦头，儿子名叫秦田赐。说起来，他们父子俩还真没有血缘关系。因为秦老爹天生豁嘴，一直没有讨上媳妇，孑然一身，打了一辈子光棍。老秦家三代单传，老秦头身患残疾，更无希望传宗接代。老爹爹心怀失望撒手离世，年过半百的老秦头一人苦度春秋。

十年前的一天，老秦头挑着一担柴到集市上去卖。行至半路，远远看见路边树下，有一个衣衫褴褛，蓬头垢面的中年妇人。她面色蜡黄，看上去像是一个危重病人，身体非常虚弱。她怀中抱着一个新生婴儿，斜躺在树下无力地呻吟着。老秦头来到树下，蹲下身子，问道："大妹子，你怎么啦？你看这荒郊野外的！你是哪里人？"妇人勉强睁开眼睛，有气无力地说："大哥，我是从河南逃荒来的。我们那里黄河决口，淹没了田地，冲毁了房屋。求……求你救……救救孩子……我家……家……俺姓田[1]……"话

[1] 姓田：不知她娘家姓田，还是婆家姓田。

没说完，这中年妇人头一歪气绝身亡。

老秦头见妇人已没有了气息，怀里还抱着孩子，就连忙抱过孩子来一看，是个男婴。

这时，老秦头也顾不得柴担子了，抱着孩子跑回村里。叫来了几个邻居帮忙，买了口薄皮棺材，把孩子的母亲入殓后，埋在了自己家向阳处的一块地里。还找人做了一块石碑，上刻：田氏妇人之墓。

由于孩子是田家送给他抚养的，所以起名田赐，全名秦田赐。此后，逢过年过节，老秦头都领着秦田赐来到坟上扫墓祭祀。

穷人的孩子早当家。从十一二岁开始，秦田赐就帮着老秦头种田、砍柴、烧火做饭干家务，减轻了他爷[1]的负担。

转眼间，秦田赐长到十八岁。出落得一表人才，身体健壮，成了一名壮劳力。家里田里，脏活累活，样样拿得起放得下。老秦头看在眼里，喜在心头。

爷俩摽着膀子干了几年，日子逐渐好了起来。不仅吃喝不愁，还有了结余。他爷俩购置了几亩薄田，还买了一头耕牛。秦田赐手脚勤快，又在山坡上开垦了几块山地，种上杂粮，栽上了果树。

但是好景不长，老秦头忽然病倒了。吃药、拔罐、下针灸，治了两个多月，不仅没有好转，而且还越来越严重。秦田赐日夜守候在爷的床前，喂饭喂药，端屎端尿，洗头洗脚擦身体，照顾得无微不至。但是均不见好转，总是一阵清楚一阵糊涂，眼看着就不行了。

这一天，老秦头又明白了过来。他拉着儿子的手，叮嘱道："田赐啊！我死后，你要好好过日子。过几年，娶个媳妇给我们秦家续下香火。"

秦田赐哭着说："爷，您就放心吧，您把俺养大成人，我一定会知恩图报的。我不仅要给秦家留下一个血脉，还要在每年的清明节去给爷您和俺娘扫墓的！"

"你记住，不仅要给秦家留下血脉，还有你们田家都要给续下香火，哎！这二十年来我一直想要找到你的老家，让你认祖归宗。"老秦头本来就是豁嘴，说话透风。他更

加费力地说："只知道你老家在河南姓田，也不知是你家姓田，还是你姥娘家姓田。可惜只知道这些，别的一无所知，没能让你认祖归宗。唉！"

秦田赐边哭边说："爷的话，孩儿记下啦！至于认祖归宗的事，您老就甭管了！我就是您的亲儿子，就是秦家的血脉！"

老秦头听了，心想："天赐真是个好孩子，我还真没白疼他一场。就是死了，我也放心了。"想罢，满意地点了点头。

喘息了一会儿，老秦头忽然又叹了一口气。秦田赐连忙问道："爷，您还有什么未了的心愿？"

老秦头说："呃，儿啊！二十年前，你还没出生的时候。我在李财主家里打了几天短工，恰巧他家的牛病死了，李财主请我们吃了一顿牛肉。哎呦喂，那牛肉可真香啊！我一直都记得那个香味，我再也没有吃到过比这更好吃的东西了！"说到这里，老秦头忽然住了嘴，因为他知道是不可能吃到牛肉的。自古官府有规定，民间不能随便宰杀骡马耕牛，要是牛生病死了，或者是出了意外死亡，也必须先到官府备案，才能杀牛吃肉。若是私自宰杀耕牛，以谋杀论罪，罪该当诛。

老秦头的话虽然没有说出口，秦田赐却早已明白，心想："爹爹对我有养育之恩，我不能让俺爷带着遗憾走。我一定要让俺爷吃上牛肉，就是搭上这条性命我也无怨言。反正我也多活了二十年，这二十年是俺爷一把屎一把尿，一口饭一勺汤，没白没黑日夜操劳，才把我拉扯成人的，我要让爷心满意足地走。"想罢，他止住泪水，对老秦头说："爷，您等我一等，孩儿去去就来。"

老秦头伸出无力的手，想拉住他，却没拉住。

秦田赐拿着绳子和刀等相应工具跑到牛圈里，把牛杀死了。他匆匆地割下一块后腿肉，剥去毛皮，拿到厨房里煮了。他把熟牛肉切成小块，放点佐料回锅炖了，盛到碗里端到爷的床前。

老秦头看着热气腾腾的牛肉汤，哆嗦着豁嘴。他热泪盈眶，脑海中闪现出二十年前在路边树下一个衣衫褴褛、蓬头垢面的女人，怀里抱着的那个孩子。稚嫩的脸蛋，天真无邪的眼睛。

[1] 爷：当地孩子对父亲的称呼。

那时，一个刚出生的婴儿，我一个大男人也不会喂呀！就抱着他找东邻家大婶喂奶，西邻家二妈喂饭。多亏左邻右舍，这家送衣服，那家送鞋子，才把一个襁褓中的娃，养成了一个身强力壮、铁骨铮铮的小伙子。为了让我吃上牛肉，搭上性命，这不是瞎了大家的心吗？

想着想着，老秦头禁不住流下了眼泪。任田赐怎么劝说，他也不说话，怎么也不肯吃牛肉，还把头转到了一边，不肯把头转过来。

秦田赐无奈跪在了地上说道："爷呀，您的养育之恩，孩儿无以答报。耕牛已经杀了，您就是不吃也挽回不了它的命呀？就让儿子尽上一份孝心，剩下来的事，让孩儿自己来想办法吧！爷，您就吃吧！求求您啦！"

老秦头终于转过头来，田赐喂他吃肉喝汤。

他吃完后，长舒一口气，轻声说道："儿啊，爷谢谢你！"说完，心满意足地闭上了眼睛，与世长辞了。

秦田赐见爷去世了，想到自己的人生经历。这二十年来，与爷形影不离。爷的去世，使自己失去了唯一的亲人。再也见不到爷了，他趴在爷的尸体上，扶尸大哭。他哭罢多时，止住悲声，心想："我要先为爷办理丧事，让他老人家入土为安后，再处理我杀牛之事不迟。"

秦田赐擦干眼泪，起身拿锁头将牛栏门锁上，请来邻居帮忙。大家听老秦头去世了，都热情来帮忙。有的找裁缝做寿衣，有的去木匠铺买棺材，有的去墓地挖穴打坟。

用了三天的时间，给老秦头操办了丧事。在秦田赐的极力要求下，将田赐的娘一并迁入秦家祖坟与爷合葬，墓前立一块石碑。碑文：先考秦公讳德山德配田氏之墓。落款儿田赐立，某月某日，使田赐真正纳入到了秦氏家族之中。

过了头七，田赐把里正请到家里，讲述了自己如何杀牛的经过。里正听了大惊失色，道："哎呀！孩子，虽然你孝心可嘉，但是也不能不把王法当回事啊！"

无奈之下，只得捆住秦田赐，押到县衙里。县太爷按照朝廷律令，把秦田赐判了斩刑，文书申报到上司等候批复。

村里人听说后，集体跑到县衙里说情，希望能够看在秦田赐孝心的分上，恳求县太爷开恩放他一条生路。

县太爷无奈地说："乡亲们呐，你们的心情可以理解。但是我身为朝廷命官，也只能依照条律办事，实在是帮不了他呀！"

过了一段时间，批文到了。要将秦田赐就地正法，并且要将头颅悬挂在城门楼上示众三天。

到了行刑的前一天半夜里，秦田赐面前突然出现了一个手拿柳条的白胡子老道。秦田赐刚要说话，老道示意他不要声张，将手中的柳条一扔，柳条就变成了秦田赐的模样，坐在地上。

老道拉着秦田赐，让他闭上眼睛。一瞬间，两人都不见了。睁开眼的时候，发现他们已经出了县城，站在山路上了。老道士说："孩子，念在你孝心的分上，我前来搭救于你，代替你斩首示众的是那根柳枝。从今往后，你不能再回家了。莲花山里有个赵老汉，他家里有个十八岁的女儿。你去投靠他，给他当上门女婿吧！"说完，转眼不见了踪影。

秦田赐站在原地呆立半晌，才猛然醒悟："我被道业高深的道长搭救了？"想罢，朝着道士去向参拜。回忆起事情的经过，好像做了一场梦。秦田赐看天色尚早，到处黑黢黢的一片，也不知道这是什么地方，便蹲在路旁迷糊了一会。等东方出现了鱼肚白，方才起身。他找到一条小河洗了把脸，向着莲花山走去。

再说县衙里面，今天是行刑的日子。巳时一过就开始忙活起来，用过断头饭，衙役们让秦田赐坐上囚车，身后插上亡命招牌，用老黄牛拉着囚车赶赴刑场。一路上，来来往往的行人，有的为秦田赐惋惜，有的为他鸣不平，有的为他叫屈喊冤，总的来说人们看法各不相同。

来到刑场，两名衙役把秦田赐架下囚车，绑在桩橛之上。刽子手手握鬼头刀，站立一旁，县太爷亲自监斩。午时三刻，三声追魂炮响，人头落地。

秦田赐的人头在城头示众三日后，秦家邻居念在田赐是孝子的分上，替他收尸。买棺椁入殓，将他埋在了秦老爹墓旁。也给他立了块石碑，上书：孝子秦田赐之墓。

秦田赐来到赵家，赵老汉听了秦田赐的遭遇，看中他是个孝子，就把女儿嫁给了他。

婚后，小两口你敬我爱，对赵老汉十分孝顺，一家人小日子过得甜甜蜜蜜。后来，他们有了三个儿子。大的姓秦，老二姓赵，小三姓田。一支三不绝，总算给秦、赵、田三家留下了香火，了了老秦头多年的夙愿。

从此后，逢年过节，老秦头的坟茔前，经常看到有人前来上坟烧纸的痕迹。坟头打扫得干干净净，只是孝子秦田赐的坟头无人打理。

这正是：

人受父母精血身，一世须当要知恩。

养育之情须当报，血缘亲情同样深。

尊老爱幼亲情在，老天不杀孝父人！

讲述者： 亓舜标，男，1929 年 11 月，莱芜市高庄
镇五龙村

采录者： 亓廷香，男，1954 年 2 月，莱芜市高庄
镇五龙村，中师，教师

采录时间： 1992 年 12 月

采录地点： 莱芜市高庄镇五龙庄村

附
记

我的父亲亓舜标虽然不是什么大人物，更说不上什么伟大，但在我们兄弟姐妹的心中，他就是一个伟大的父亲。我母亲去世时，父亲才四十六岁，我小弟只有四岁，当时有很多人劝父亲续弦，再娶一房妻子帮着拉巴孩子，更有媒人上门提亲，但我父亲都一一回绝。他首先对媒人们表示感谢，然后说出了回绝的理由。他说："我不同意，不是看不中女方，更没有什么高的择偶条件，只要女方身体健康，品行好就行。但是，人无千日好，花无百日红，她对孩子好咱就没的说，假如对孩子不好，那让我怎么办？一次两次老在我面前告孩子的状，孩子真有错，我教育他；假如孩子没错呢？孩子们这么小就没了母亲，够可怜的，如有了后娘，必然就有后爹，我不能再让他们没有了父亲。"老天不杀孝子，是父亲教育我们孝敬老人时，经常讲述的一个民间故事。

6

孝妇姜氏

从前，三坠反庄[1]里有个张老汉早年丧妻，好不容易把儿子张郎拉扯大，娶妻姜氏。二人结婚不久，齐鲁两国又发生了大规模的战争。张郎含泪告别老父和娇妻，随军出征。

张老汉因常年砍柴、挖药，患得腰痛病，家庭的重担便落在了姜氏身上。她每日砍柴送往小寨，换些银两维持生计，又要为公爹挖药煎熬治病。她自己宁愿吃糠咽菜，省下点儿米面让公爹补养身体。

腰痛病最怕受寒。每逢季节变冷后，姜氏做好晚饭让公爹先吃，自己则去老人的房间，用身体暖热被窝后，再让公爹去睡。姜氏的勤劳贤惠，受到了乡亲们的夸赞。

三年后，张郎出征还没有回家。

这年冬天的傍晚，一个邻居来张老汉家借锤头。正巧儿，张老汉没插上大门。邻居进门后，发现姜氏躺在公爹的房间里，回家后便和妻子说起此事。于是，小村里传遍了姜氏睡公爹的消息。人人夸奖的姜氏，又变成人人唾弃。

---

[1] 三坠反庄：三德范村的旧称。还曾叫"三追饭""三推饭""小寨"等。

一天，几个后生去锦屏山南岭砍柴，见姜氏正在山上挖药，便编唱山歌骂起姜氏来：

"哎……

遍山挖药为壮阳哟，

儿媳上了公爹的床哟。

哎……"

自从小村里传出风言风语后，姜氏满腹冤屈。又想起出征不知死活的丈夫，每天晚上对孤灯暗泣。今日又遭人当面辱骂，心里越想越难过。她满面泪痕，念叨着丈夫的名字，蒙头扎下了悬崖。

后生们一看要贫嘴[1]惹了大祸，连忙赶到山下，见姜氏已摔得血肉模糊。于是，他们便砍了两棵小树，绑成一个架子放上姜氏。然后，又用杂草盖严，抬起往崖上攀登。

刚抬起时，后生们并不觉得肩头有分量。越往高处攀登，肩头压力就越来越沉，似有千斤之重。他们歇了三次，才登上了山崖。当他们把姜氏抬到山下张老汉的家门口时，却惊呆了，姜氏正在过道里纳鞋底呢！

后生们慌忙揭开杂草观看，却是一块光滑的石碑，上刻七个大字："三从四德之楷范。"

原来，姜氏的勤劳、贤惠，感动了锦屏山上的神灵碧霞元君。当姜氏跳崖的刹那间，碧霞元君施展仙法，用手绢化作白云，将姜氏托住，使她像在梦中一样回到家中。又赐石碑一方，洗刷了姜氏之冤。

于是，人们把石碑立在了张老汉门前的小河岸边，成了小村的骄傲。

讲述者： 郑立恩，男，1935 年 5 月，章丘市文祖镇三德范村

采录者： 孙廷华，男，1954 年 1 月，章丘市文祖镇文祖东村，高中

采录时间： 2004 年 7 月

采录地点： 章丘市文祖镇三德范村

[1] 要贫嘴：指说废话和乱开玩笑，故意挑逗，没话找话，讨好或要赖皮。

附 记

在远古时代，今章丘文祖地带便有了村庄。战国时期，这里又是交通要道，齐国为防鲁国进攻，修筑了齐长城。在太平官庄（今三槐树）村南，设锦阳关。关北三里处，有重兵把守，安扎大营寨，人们称为大寨（今文祖街道大寨村据此而得名）。大寨兵营的军械、粮草、医疗设施等则设立在锦屏山脚下，与兵营大寨相比，人们称此为"小寨"。每日三餐饭菜由小寨做完后，用小车往大寨推送，时间一长，人们又称"小寨"为"三推饭"。因送饭曾遭强人的抢劫，所以，每逢送饭时，大寨兵营便先派探马侦察，在确无敌情的情况下，由快马送信追催送饭。因而，小寨又被称"三追饭"。现三德范村张家林明朝碑文记载"三坠反"村名，便由"三追饭"谐音讹传而成，"三推饭"村名也有碑文记载。该故事收录在《章丘民间故事》。

7

积德增寿

从前，汶河南岸曹家庄曹掌柜到南方去做生意。几个月下来，挣了不少银子，还又新开设了几个店铺。

这一天，曹掌柜骑着一匹高头大马，领着一个伙计去谈生意。经过一座高山，只见山上古树参天，野花遍地，蝶飞蜂舞，景色宜人。曹掌柜见这里风景甚好，就想在这里游览一番。他们沿着一条碎石铺成的甬路上山，拐过山怀，来到一座寺庙前，甩镫下马，伙计接过马缰绳，拴在桩橛之上。

曹掌柜独自一人走进寺庙烧香拜佛，拜罢佛祖，起身欲走。只见佛像旁边有一张长条桌案，上面摆放着一个签筒，签筒里放着十二根竹签。条案后面坐着一个老和尚。老和尚见曹掌柜起身要走，忙打稽首，口中道："阿弥陀佛，施主请了。千里遥远来此寺庙，何不抽签占卜一卦？算命运，卜流年，看财运，巧占生死。"

曹掌柜听了，走到条案前，从兜囊中拿出五两纹银交给和尚作为卦资。然后，拿起签筒用力摇晃几下，一只竹签跳出筒外掉在条案之上。

老和尚拿起竹签一看，只见上面写着：寿终于某年某

月某日某时某刻。老和尚看完惊呆了，连忙说道："阿弥陀佛！佛无戏言，施主的阳寿仅剩下五个月，善哉善哉。"

曹掌柜听了，深信不疑。他急忙下山收拾几处店铺的银两，打起几个包裹放进垛子驮在马背上，策马扬鞭要赶回家乡。

他常年在外见识多了，对生死贫富看得很平淡，所以也不悲伤，心中唯一的念头就是尽快回家，要与家人共度最后一段时光。

非止一日，归心似箭的主仆二人，来到一条河流旁。走近一看，发现河水湍急，很难经过。除非身强力壮的年轻人手拉手能蹚水过河，年龄大的根本就无法经过。曹掌柜和伙计骑马过了河，回头张望，发现有几个老人正在河对岸因没法过河而发愁。

曹掌柜甩镫下马，搬下包裹垛子，对伙计道："你在此好生看守，牵好你的马，我去去就回。"说着，翻身上马，策马扬鞭来到河对岸，下马对老人们说："各位老人家是要过河吗？"

岸上的白发长须老翁见一个商人模样的人，骑马过了河，卸下了什么东西，又回来了。正好奇，忽然听到来人问话，急忙回答说："是要过河，唉，过不去啊！"

"这样吧老人家，我送你们过河，不过一次只能送一人，行不行啊？"

要过河的老人们听到曹掌柜说要帮他们过河，心想："哎呦喂，我们今天可是遇到好人啦！我家二姑娘今天就要生孩子，还等着我去给她送鸡蛋呢！"急忙回答道："那敢情好！就是太麻烦你了。"

大家你一言我一语，说着感谢的话。

曹掌柜把这些老人中的一位扶上马，让他坐稳把东西拿好，然后自己才上马，一马双跨，小心地渡过河去。然后自己先下马，再把老人从马上抱下来。

就这样一趟，两趟……最后一趟带的是白发长须的老翁。曹掌柜把老人扶下马，说："老人家您站好，别摔着。"

"哎呦，谢谢！谢谢！这位客官，太谢谢您啦！"白发长须老翁被曹掌柜扶下马，赶忙致谢道，"请问这位客官家乡何处？尊姓大名啊？"

"哈哈，老人家，您先坐下歇会吧。"曹掌柜说着，扶白须老翁坐在一块干净石块上，回答说，"我是北省汶河沿岸的，来这南省做生意，要回家去经过这里。我们来时经过这里，那时正逢春季这河里水小，河中间行车马，一旁放着一溜石墩走行人。没想到这雨季，河水涨了这么多。"

"唉，几年了，我就想筹钱把这河上修座桥。可是，光发恨[1]了，就是敛不起钱来啊！我又没有钱垫付，我们这里实在太穷了！"白发长须老翁长吁短叹道。

曹掌柜听了老人的话，心想："这里是一条贯连南北的官道，来往行人，大车小辆都要从这里通过，没有桥太不方便了。我出点钱，帮他在这里修一座大桥吧！"想罢，问长须老翁："老人家，在这里修建一座大桥，大约需用多少银两？"

"我们几个预算过，包括石料、木料、运费、人工全部算上至少也得五百两白银。"长须老翁扳着手指，边认真地算边看着曹掌柜说。

"好吧，您老人家操操心，负责在这里修座大桥吧？我有一个要求，就是质量要好。我给你七百两银子，您赶紧召集工匠尽快动工。我的寿命还有不足五个月，竣工后我要亲自来验收。"曹掌柜交代完长须老翁，吩咐伙计拿出五百两银票和二百两现银交给长须老翁。

长须老翁听了，就要磕头拜谢，被曹掌柜一把扶住说："老人家，这万万使不得。我本来就无寿了，实在担不起您老人家大拜。"他道别长须老翁，主仆二人把包裹垛子抬到马上，翻身上马，继续北行。

主仆二人，饥餐渴饮晓行夜宿，不止一日，来到黄河以南地区。他二人发现街头巷尾，大道边小道沿，有很多衣着破烂的乞讨者。越往北走讨饭的人就越多，特别是接近黄河的地方，讨饭的人越来越多。他们拖儿带女，拉家携口，上至八十岁的老叟，下至三四岁的顽童，个个衣衫褴褛、面黄肌瘦，手拿打狗棍，挨家乞讨。

曹掌柜主仆二人甩镫下马，来到两个老年人面前。问其缘由，方知他们是来自黄河沿岸平原地区。因今年黄河上游暴雨偏多，河水暴涨。山洪犹如撒缰的野马、山涧猛兽，巨浪翻滚冲击河床，使这多年失修的地上河河堤承受不住洪流的冲击，决口淹没村庄、田地，冲毁房屋，老弱病人淹死无数。人们只好舍家撇业，四散逃荒。

曹掌柜又动恻隐之心，心想："我阳寿将尽，还有几个月的寿限，枉有这么多银钱，不如买粮米，开粥场[2]救济灾民。"

说干就干。曹掌柜主仆二人问明县衙所在，打马直奔县衙。他向县令说明来由，县太爷一听大喜。

这几日，县太爷得到禀报，黄河决口，大批灾民涌入本县。如不及时解决灾民吃饭的问题，恐怕民心躁动。

县太爷挖空心思筹措银粮，解决灾民吃饭问题。他正在无计可施之时，曹掌柜主仆二人赶到。

县太爷把主仆二人请入客厅分宾主落座待茶，茶罢搁盏[3]。曹掌柜和县太爷商议救济灾民一事，经商定曹掌柜出银两，县衙组织人工买粮米，在全县范围内开设粥场。凡是从灾区逃亡到本县的灾民登记造册，分别到指定粥场用餐。直到修补好河堤堵住缺口，重返家园为止。

交付银两完毕，曹掌柜主仆二人，又在该县停留多日。帮助县衙登记造册，选场地，建粥场，支大灶安铁锅，摆设桌椅条凳。一切步入正轨，看到灾民们吃上了饱饭，不再忍饥挨饿，脸上都露出了灿烂的笑容，这才放心北行。县官挽留，灾民们更是说不尽的感激话。

主仆二人胯不离鞍，打马如飞。行至河南某县，有一段沼泽地，道路泥泞非常难走。曹掌柜又拿出银两，雇人工买块石，铺设道路。使泥泞的沼泽路段，成为便行大道。附近居民感恩戴德。

这一天晚饭后，曹掌柜感到有些不舒服，早早宽衣入睡。刚躺下不久，就感觉自己迷迷糊糊被两个人架着来到阎罗宝殿。阎王爷在大堂上看见黑白无常[4]拘来曹掌柜，就不问青红皂白地对黑白无常道："你们是怎么办差的？明明知道观音菩萨、河神、路神、城隍、土地诸神前来给

---

[1] 发恨：想办大事，一时又办不成。

[2] 粥场：做粥供穷人（灾民）吃饭的场所。

[3] 茶罢搁盏：喝完茶把茶具放下。

[4] 黑白无常：是我国民族文化中的一对神祇。穿黑衣服的是黑无常，穿白衣服的是白无常。是著名的鬼差，此二神手拿手铐脚镣，专门缉拿鬼魂。

这个人求情，说他是个好心人，修桥、铺路、开粥场救了数以万计的逃难灾民。我每人答应给他延长五十年阳寿，怎么说好了你们又把人家拘来了呢？"

"启禀阎王爷，您每人答应给他延长五十年阳寿，那么具体延长多少年阳寿呢？"黑白无常问道。

"五十年啊！"阎王爷干脆地回答道。

黑白无常问："您答应观音菩萨给曹掌柜延长五十年阳寿？"

"是啊！"

"那其他求情的诸神呢？每个人您都答应给曹掌柜延长五十年阳寿吗？"

阎王爷想："噢，这账没算好，延长多了点。好吧，曹掌柜确实是好人，我说出去的话，泼出去的水，是收不回来了。我就好人做到底。就把多给他延长的阳寿，分给他家人好了。"想罢，对判官老爷说："曹掌柜修桥铺路、开粥场拯救万民，积的是厚德，拿生死簿来。曹掌柜甲子轮回[1]，把延长阳寿多出的部分送给他家后代子孙吧！"判官老爷听了，遵命执行。

黑白无常又架着曹掌柜往外走，来到大河边把他用力一推。曹掌柜惊吓醒来，原来是南柯一梦。

曹掌柜回到家里，一直等死。可是，半年过去了，按理说死期早过，自己的身体却一直都没有变化，不仅没病反而越来越健壮。曹掌柜一生活至花甲双开[2]，寿终正寝。他的后代子孙，也都很长寿。

讲述者： 郭俊富，男，1963年12月，济南市莱芜区高庄街道办五龙村，初中

采录者： 亓廷香，男，1954年2月，莱芜区高庄街道办五龙村，退休教师

采录时间： 2020年6月

采录地点： 莱芜区高庄街道办五龙村

[1] 甲子轮回：两个60年。
[2] 花甲双开：一个花甲60年，花甲双开是两个花甲120年，也就是120岁。

附 记

故事讲述者郭俊富和我一个村，他爱好吹唢呐，经常在村外没人的地方练习。他和我很拉得来，可谓是无话不说。一有时间，他就约我去听他吹奏的《百鸟朝凤》，吹累了就坐下来侃大山。这个故事是他到外村出白差时，别人讲给他听的。讲得有名有姓，有鼻子有眼的。还说曹掌柜的后裔，个个忠厚老实，乐善好施，最关键的就是人人长寿。

8

钨金盆

听说东阿那个于阁老[1]，打小就聪明伶俐。上学跟吃书样[2]，一点就透。老师别提那个喜欢他咧！不大例儿[3]，就留他吃个饭儿。师娘也喜他，有点儿什么好吃的都是给他留着，就给对待她的亲儿子一样。

有一天，于阁老他师娘知不道怎着尿炕咧。老师一看变脸儿咧，嫌丢人。怎大个人[4]咧还尿炕，有脸见人吗？休她吧，老师就把师娘给休咧。

师娘哭哭溜溜[5]地走啦，于阁老好不是滋味儿。

---

[1] 于阁老：于慎行（1545－1607），字可远，又字无垢，号谷山。老东阿县人，即今济南市平阴县东阿镇人，生于明朝嘉靖二十四年（1545年），卒于万历三十五年（1607年），享年63岁，谥号文定。于慎行天资聪慧，勤奋好学，又受其父影响，10岁通经书、能诗，17岁入乡试列榜首。明隆庆二年（1568年）中进士，授翰林院编修。后来成为明朝的"资政大夫""太子少保""礼部尚书""东阁大学士""皇帝的日讲官"，也是万历及其子孙三代，即万历、泰昌、天启三位皇帝的日讲官，被誉为"天下文章官，三代帝王师"，家乡人尊称他为"于阁老"。

[2] 吃书样：过目不忘，记忆深刻，领会透彻。

[3] 不大例儿：一是差不多；二是经常。

[4] 怎大个人：这么大个人。

[5] 哭哭溜溜：哭哭啼啼。

师娘叫老师休啦，上哪去？那时候又不比现在，不行再找个主儿，那时候可不行。怎着办？没着落[6]，就只好转悠着[7]要饭。一转悠就是几十年，受老鼻子[8]罪咧！后来，她听人说于学生混好咧，进京做了大官儿，成了阁老。阁老是个多大的官儿？师娘也不知道，反正准不愁吃喝。找他去，反正他得管我饭。

师娘就要着饭进京，一么[9]走着一么打听，一么打听着一么走。走啊走啊！知不道走了多少天，受了多少罪，好不容易进了京城。京城那么大，哪里是于学生的家啊？满眼的大街、楼房、店铺、挤挤嚷嚷的人。老嬷嬷[10]眼花缭乱，也知不道东西南北咧，又渴又饿。唉，那也得找哎，慢慢地打听着找吧。找啊找啊，也知不道问了多少人，走错了多少路。一直找到大天西[11]，问着一个老头。老头指着那个又高又大又阔气的大门儿，说那就是阁老府。老嬷嬷一听喜坏咧，我那娘哎，可找着咧可找着咧，拄着个要饭棍摇摇晃晃地就过去咧。

到了大门口，天爷爷[12]，两溜把门儿站岗的，都拿枪挎刀的，吓死个人。人家看她是个要饭的，说啥也不叫进，再三问你找谁啊，老嬷嬷就说，我找俺的学生于慎行。把门儿的一听，两个眼瞪得跟牛蛋似的。你一个要饭的老嬷嬷，就敢叫阁老大人的名讳？于慎行、于慎行的吓死个人！就呵斥说："一边去，一边去。"连二百三[13]地撵她走。

这一嚷嚷一闹动静不要紧，知不道怎着，叫于阁老听见咧。他出来一看，把门儿的正推推搡搡地撵一个老嬷嬷。怎回事？近前一看，娘哎！怎么看着有点儿像俺师娘啊？不行，我得问问。就说："您是哪里的？"老嬷嬷说："俺是山东东阿的。"于阁老一听，心里一咯噔。赶紧又问："您找谁啊？"这一问，老嬷嬷犯恼咧，泪分分地

---

[6] 着落：安身之处。

[7] 转悠着：四处流浪。

[8] 老鼻子：很多很多。

[9] 一么：一边。

[10] 老嬷嬷：老年妇女。

[11] 大天西：快落太阳的时候。

[12] 天爷爷：惊叹词，从没见过的场面。

[13] 连二百三：接二连三。

说："我千里遥远地来找俺那学生于慎行，没寻思人家不叫进……"没等老嬷嬷说完，于阁老就扑通跪下了，紧紧抓住老嬷嬷的手："师娘，我就是，我就是您的慎行啊！这么多年咧，咱娘俩都不敢认咧！"说着，泪就下来咧。

这下老嬷嬷傻眼咧，仔细一打量。是，是，是俺那个于慎行。长高咧，长胖咧，嘴上都有胡子咧！怪不得俺不敢认了，心里一恼差点儿晕倒。于阁老慌忙扶住师娘，娘两个抱头痛哭，连把门儿的都受感动啦。

于阁老把师娘搀进府，一家人听着信儿都赶紧过来给老嬷嬷磕头。于阁老的夫人叫师娘，孩子们都喊师奶奶。老嬷嬷喜得不知怎么好，眼泪一个劲儿地流。于阁老偎在师娘跟前，问这问那。多少年咧，俺师娘怎么过来的？娘两个高兴地哭一阵儿喜一阵儿，喜一阵儿哭一阵儿。吃的穿的就不用说啦，于阁老把师娘打扮得衣帽周齐[1]，还不用下人伺候，他亲自侍奉师娘。到了黑夜[2]天不早啦，师娘要歇着啦，于阁老亲自给师娘出铺，还端来一个便盆儿。师娘一看立时慌咧，哆哆嗦嗦地问："慎、慎行啊！这是个什么盆啊？"

"师娘，这是个钨金盆，是黑夜给您准备的便盆。"

嗨，没想到师娘一听，就呜呜嗬嗬地哭开咧！一下子把于阁老给闹愣咧，忙问师娘怎么回事。师娘老时节[3]才止住哭，就给于阁老说咧："慎行啊，你是不知道啊！当初恁老师休我，就是拥以[4]这个什、什么钨金盆！"

于阁老一听，又蒙又哭笑不得："师娘，这是我才给您拿来的个盆子，怎么就拥以它……"

师娘说："谁说不是呢，你听我给你说。那天黑夜里我想方便，就遇着了一个这样的盆子，跟这个一模一样，一点儿不差。我看着棱好，我就使吧。哎，也使完咧也醒咧，闹半天还是个梦哩！我那娘哎，尿了一炕！就拥以这个，恁老师嫌丢人，就把我休咧。我的命好苦噢……"说着说着，又哭起来咧。

于阁老这下子全明白咧，嗐！就拥以这点事儿，叫俺

师娘受了这些年的罪，俺老师也真是的。唉，么也别说咧，事儿都过去咧，就赶紧里劝师娘："您老人家别哭咧，别哭咧。师娘啊！您不是命苦，您是有福啊！您这不就真使上钨金盆了么？别哭咧别哭咧，您是真有福！"

师娘不哭啦，寻思寻思也对。慎行说的对，别看我受了这些年的罪，来到这里不就享福了么？立时高兴咧，娘两个又拉了二半夜[5]的呱[6]，天快明了才歇着。

老嬷嬷真是有福，于阁老就跟亲娘一样伺候她，养老送终，老嬷嬷享了半辈子的福。

讲述者： 戴桂珍，女，1940年6月，平阴县店子公社西张村，小学

采录者： 张兴琦，男，1951年2月，平阴县孝直公社和圣苑村，干部，高中

采录时间： 1982年5月

采录地点： 平阴县店子公社西张村

附
记

于阁老，就是于慎行。他的故事，在平阴县流传甚广，可谓是家喻户晓，妇孺皆知。我是在上小学的时候就多次听人讲过，1982年5月采录完成。1986年又按照民间文学集成采写标准整理一次，受到时任《山东文学》小说组长梁兴晨老师的欣赏。梁老师认为很有特色，并作为全县搜集整理民间故事的样本。载于2008年中国楹联出版社出版的《平阴县民间文学集成》。

[1] 衣帽周齐：衣服和帽子齐全。
[2] 黑夜：晚上。
[3] 老时节：很长时间。
[4] 拥以：为了。

[5] 二半夜：零点以后的一段时间。
[6] 呱：在这里指两个人说这段时间离别的话。

9

孝心感水兽

瀛汶河西岸有一个庄子，叫魏家庄。庄里有户魏姓人家，家中有一老母养育着三个儿子。兄弟三人也都很孝顺，四里八村无不知晓。

有一年夏天发大水，河水汹涌澎湃，兄弟三人到河边观察水情。忽然间，最小的小三惊奇地叫起来："看，河里有木头！"说着，扑通一声跳进瀛汶河，向河中心游去。他拼命追上那根横漂的"木头"，挣扎着骑在"木头"上。顿觉凉飕飕，滑溜溜。心想，坏了，这不就是人们常说的水兽吗？完啦，看来只有葬身瀛汶河了。

听老农说过，发大水时，水中横漂的"木头"不能捞。真是不听老人言，吃亏在眼前。这回可大难临头了！只见那水怪一会儿露出水面，一会儿淹没水中。

站在岸上的两个哥哥都吓呆了，大声哭喊着："弟弟，你快上来！你千万不能死，咱家里还有个老娘，上来咱们一块孝顺老母！"呜呜地掩面擦泪，实在是伤心至极！

当小三听到两个哥哥撕心裂肺的哭声，大声喊道："哥哥，我不行了，你们回去好生孝敬老娘，拜托了。哥哥！"说着，又伤心地哭起来。此刻，水兽看到有孝心的

三兄弟，迅速游到离岸很近的地方，猛力一甩，把小三甩到岸上。

水兽没入水中，霎时，小三屁股被揭去一层皮，当时昏死过去。老大老二在乡亲们的帮助下，把三弟抬到家中。经过精心医养，渐渐康复。

事后，群众议论纷纷，皆说小三孝心感动水兽。至今，这个故事仍在传讲！

讲述者：	魏振会，男，1943 年 6 月，莱城区羊里镇东魏庄村，小学，中医
采录者：	李慧，女，1984 年 4 月，莱城区凤城街道矿煤阳光花园，大学
采录时间：	2012 年 6 月
采录地点：	莱芜市莱城区羊里镇东魏庄村

附记

瀛汶河西岸魏家庄与东岸的山口庄一河之隔，是个出孝子的地方。这个故事是魏振会听他爷爷和奶奶讲述的，他也在邻里和子孙间传讲着。他奶奶曾多次对他说："行善积德，老天看护；作恶多端，老天必除。"行善积德成为了老魏家的优良家风，代代相传。

10

孝侄

许多年以前，有个姓张的中年汉子为养家糊口，撇下妻儿去闯关东。后来，遇上了战乱，与家人失去了联系。他边做生意，边打听妻儿的下落。经过十几年的苦心经营，他有了不少积蓄。不久，也打听到了家人的下落，知道发妻已经死去，儿子也长大成家。他非常歉疚，觉得对不起妻子和儿子。他决心变卖所有财产，回老家去找儿子，以弥补过去的损失。

归心似箭。他以最快的速度变卖了家产，折成银两。当天夜里，张老汉便打点行装，因为当时世道还很乱，常有路匪抢劫。为了安全起见，张老汉打扮成叫花子，把银两放在破棉袄里，一路乞讨着往家赶。

终于，张老汉回到了阔别十几年的老家，并找到了儿子。当张老汉说明自己的身份与儿子相认时，儿子和儿媳见是一个白发苍苍、灰头土脸、衣衫破烂、穷困潦倒的干巴老头。夫妻俩顿生厌恶之情，冷言冷语地接待张老汉。虽是冬天，却让张老汉吃剩饭，喝凉水。

十冬腊月，张老汉还穿着那身破衣服，睡在外屋的光席炕上。小两口在里屋的火炕上还抱怨个不停，故意说话给张老汉听。儿媳说："不栽树，光想来乘凉，心里想得挺美。"儿子接着说："在外面混好了自个享福；混穷了，才想起来找我这个儿子。真不嫌害臊！"儿媳说："就是吗！小时候他没怎么管你。咱现在不欠他的，哪有闲饭养活他。"

张老汉听后非常伤心，可还是忍着住了下来。他帮儿子干活，想感化儿子和儿媳。哪知道儿子和儿媳就是不领情，越看他越不顺眼。没几天，就狠心地把他赶出了家门。

张老汉万万没想到，自己的亲儿子会把他轰出家门。他眼里含着泪，万般无奈地来到侄子家中。侄子侄媳见到张老汉这般光景，非常可怜他。侄子忙生火做饭，侄媳赶忙缝制了一身新棉衣。并让张老汉睡在里屋的火炕上，两口子睡在外屋的席炕上。虽说家境并不富裕，却宁可自己受苦受累，也侍候张老汉吃好穿好住好。

日子一天天过去了，侄子侄媳始终如一地对待张老汉。张老汉过着舒心安逸的日子，脸上常挂着幸福的笑容。

一天，侄子侄媳正在地里干活。邻人跑来相告，说是张老汉病了。当夫妻俩急忙赶回家中时，张老汉已被众人抬到床上，奄奄一息。侄子忙去请来最好的医生，抓来最有效的药。经过救治，张老汉的性命终于保住了。

自从上次生病后，张老汉的身体一天天衰弱下去。侄子侄媳更加细心照料他，平时总留一个人守在张老汉身边。生怕他有个三长两短的，跟前没个人。对侄子侄媳的一片真情，张老汉看在眼里，记在心上。

这天，自知不久于人世的张老汉把侄子侄媳叫到炕前。他从炕头上拿出那件破棉袄来，双手一拽扯开里子，掏出一个布包。张老汉小心翼翼地打开布包，原来是一些黄澄澄的金子。他含着泪颤声对侄子说："侄儿啊！你两口的心比这金子还珍贵呀！多亏了你俩让我度过了幸福的晚年。这是我一生的积蓄，留给你们好好过日子吧！"

讲述者： 孔繁湘，男，1933 年 12 月，平阴县东关村辛庄街，教师

采录者： 孔震，男，1951 年 2 月，平阴玫城丽都，教师，大学

采录时间： 1968 年 7 月

采录地点： 平阴县东关村辛庄街

11

孝母秀才

附
记

张老汉带着满足永远地去了，但孝顺侄儿的故事却广为流传。

后来，人们为了弘扬学习他忠厚耿直孝敬老人的崇高品质，就把这个村子称为孝侄村。再后来，又将村名改为孝直，并一直沿用下来。

孝直村原来叫孝侄村，据 1998 年在孝直村南出土的唐代后期，咸通年间（860 年 11 月—874 年 11 月）的李云墓志铭记载：孝直村系"维山之岗，维水之傍……翔鸾之乡，孝直其里，既孝且直，子孙其嗣，积善传芳，终天无已"。

从前，有一个王秀才。他娶了个老婆姓刘，生了个男孩叫王公子。刘氏生王公子的时候中了风[1]，不到一个月就去世了。

一年后，王秀才续娶邻村老秀才的女儿李氏女。老秀才几年前就去世了，李氏女和哥哥嫂子生活在一起。李氏女自幼饱读诗书、知书达理。过门后，她待公子亲如己出，好像自己亲生的儿子。

王公子与她也很对脾气[2]，天天和她在一起。没想到王公子四岁的时候，王秀才也得病去世了，撇下了李氏女和王公子孤儿寡母相依为命。

李氏女的贤惠和容貌，被邻村一家地主的少爷相中了，托媒来提亲，愿出高额彩礼纳她为妾。李氏女的哥嫂贪图钱财，就劝她改嫁。李氏女却说："哥、嫂，女子讲究'三从四德'。俗话说：好马不配二鞍，好女不嫁二男。再

[1] 中了风：中风，脑病名称。包括缺血性脑卒中（脑梗死）和出血性脑卒中（脑实质出血、脑室出血、蛛网膜下腔出血）。

[2] 很对脾气：投缘。

说孩子还小，我不能丢下一个月没了娘，四岁没了爷的孩子改嫁他人呀！那我还是人吗？"

"妹妹，你就听哥一句话。你知道一个寡妇还带着一个刚满四岁的孩子，有多难吗？"哥哥继续劝说道，"再说，这孩子又不是你亲生的，你至于吗？"

李氏女听了哥哥的话，气得浑身颤抖，刚要痛斥哥几句，嫂子走过来，拉住李氏女道："好妹妹，你不要生气，你哥哥也是为了你好。你自己守寡不说，还给人家养着一个与你毫无关系的孩子。你真想养孩子就听你哥的话，赶快改嫁自己生一个，好歹是自己的亲骨血！再不然的话，你侄子侄女给[1]你挑，你养哪一个都行！"李氏女听嫂子越说越不像话，急忙说道："嫂子，你就别说了，我是不会改嫁的。我不能对不起我丈夫，更不能抛弃他的儿子，他儿子就是我的亲儿子！至于我侄子侄女，你和我哥蛮能养活他们。我要养的是这无父无母的儿子，你们就死了这条心吧，我是不会改嫁的！"李氏女严词拒绝了哥嫂和媒婆。为此，哥嫂也和她断绝了兄妹之情。

王秀才活着的时候家里就不宽裕，男人这一去世，日子就过得更加艰难了。李氏女靠给人家浆洗缝补，勉强维持生活。王公子十岁的时候，凤城遭遇了百年不遇的大旱，粮食歉收。李氏女就每天拿着一个破碗去乞讨，讨啥饭食自己舍不得吃，都是先让儿子吃饱后自己再用，很多时候吃不饱肚子。王公子很懂事，每次母亲不吃自己也不吃。看着懂事的孩子，李氏女只能暗自垂泪。

荒年好不容易熬了过去，母亲呢，已经瘦成了皮包骨。王公子不负母望，十五岁中了秀才，十八岁中了举人。

第二年的时候，王公子要进京赶考，母亲为给他筹备进京的盘缠，因操劳过度，竟病倒了。

王公子不分昼夜地照顾母亲，打算放弃进京赶考的机会。母亲以死相逼，硬是要他去进京赶考。王公子没有办法，只好把母亲托付给邻居照看，踏上了进京赶考之路。

一路之上，饥餐渴饮，晓行夜住。不止一日，来到京城。经过会试、殿试，王公子文章写得好，被钦点为状元，留京城任职。

王公子奉圣命，夸官三日，回家祭祖。他带随从打马日夜兼程，想把这个好消息早一天告诉自己的母亲，好让她高兴高兴。然后，把母亲接进京城，让她老人家享几天清福。可到了家里才知道，母亲已经去世了。邻居告诉他，他母亲弥留之际[2]，嘴里还叫着他的名字。

王公子哭得死去活来，他边哭边说："娘啊！你既是娘，又是我的恩师。没有您就没有我，娘为我受了十九年的苦，这次儿感圣恩高榜得中，日子才要好起来，娘却去世了，我活着还有什么意思！"

从此以后，他从早到晚不吃也不喝。

毕竟是状元，还是朝廷命官。他的师爷一面好言相劝，一面修书一封，派衙役火速送往京城。这个劝那个说，要他爱惜自己的身体，以国事为重，他才吃了一点东西。可是，当他看到母亲当年讨饭用过的破碗，又想起母亲止不住地哭。

皇帝收到书信，了解了事情的经过后，下了一道圣旨，将村名改为"孝母村"，赐王公子已故母亲李氏女"易母"的封号。

讲述者： 亓舜标，男，1929年11月，莱芜市高庄镇五龙庄村

采录者： 亓廷香，男，1954年2月，莱芜市高庄镇五龙庄村，教师，中师

采录时间： 1989年8月

采录地点： 莱芜市高庄镇五龙庄村

附记

亓舜标是俺庄里的"故事篓子"，他拉的呱大多都有根据。他说这个呱是他祖上一个拐弯子亲戚家的事情，曾不止一次告诉我，孝母村的村口还摆放着一只石雕的破碗，旁边御赐牌坊一座，上书"孝母村"，两旁刻着诗句"树欲静而风不止""子欲孝而亲不待"。我到这

---

[1] 给：送给你，随便选。

[2] 弥留之际：病危将死的时候，即临死之前。

个村去过几次，也听村里的老人这么拉。我只见到了残破的牌坊底座，并没看见写有"孝母村"的牌坊，也没有见到那只石雕的破碗。

12

要妈的和要家的

这家兄弟俩，老大是前窝[1]。老二刚娶媳妇不多时，就踢蹬[2]着分家。因为老大有了老婆孩子，老二嫌跟着吃亏呀！

三十多亩地的日子，要分就一分两下哩。老二把小算盘给老大一说，老大说："二弟真愿分，咱就分开过吧！我看咱这样分：咱妈算一份，家产算一份，要家的不要妈，要妈的不要家。两份依着你挑吧？"老二自然是要家不要妈，因为妈是光吃闲饭不能干活哩！

家一分开，财产全是老二的。老大呢，就借了老二两间场院屋子[3]，领着老婆孩子和老妈住下。老大要着吃[4]，要着好的给老妈吃，要着孬的就和老婆孩子吃。

不久，老二对大哥说："场院屋子要卖哩！"老大啥话没说，背起老妈领着老婆孩子就离开了场院屋。

老大带着全家一边要饭，一边走。走啊走啊，也不知

[1]　前窝：与前妻或前夫生的孩子。
[2]　踢蹬：闹矛盾，不好好过日子。
[3]　场院屋子：看打麦场的房子。
[4]　要着吃：讨饭。

走到了什么地方。天黑了，他们就住在庄头的一个破庙里。天又下起雨来，庙里哗哗地漏雨。

这时，来了一个老头，老大就问："老大爷！你行行好，给俺找间破屋住吧！可怜可怜我的老妈！"

老头说："行啊！我有座房子闲着没人住，可不知你们住了住不了呢？"

老大说："要饭的命，还怕什么住了住不了呢！"

老大背着老妈，领着老婆孩子，来到老头的闲屋里。房子不算破，有桌有椅有床，可就是陈土旧灰，满屋净蜘蛛网，一看就知道好久没人住了。

老头给老大端来满满一盆麻子油[1]，盆里一根长长的棉花条。老头说："点着它，一宿就别灭了。"老头又拿来干粮端来饭，让老大全家饱饱地吃了一顿。吃完饭，老大拾掇拾掇[2]就睡了。

虽说不害怕，乍到[3]一个新地方，咋也睡不踏实。半夜里，就听着门外"喔！"进来一个像坛子似的黄脸大汉。"喔！"一霎又进来一个白脸大汉。

老大心话：你们来吧，反正要饭的也没什么想头，顶多就是命一条吧！

老大做好了拼命的准备。黄脸、白脸两个大汉呢，来到屋里就不见了。老大好生纳闷呀：到底是什么玩意儿呢？

他端过油盆子灯，朝墙角砖地一扒：哎！满满一缸金子、一缸银子哩！老大悄么声地[4]把砖盖好，又睡了。

第二天早晨，老头挑着粪筐来了就问："今黑夜[5]怎么样呢？"

老大说："不孬，啥事没有！"

老头心里话：看来这人八字硬，我这个宅子他能住了！

老大呢，从这以后，就让他妈和孩子在家等着，他和老婆出去要饭，这样总算有了个安身之处。

老头脾气不孬，常来找老大聊聊。待了一阵子，老大跟老头说："大爷！俺光住你的屋也不是长法呀！你给俺买间破屋吧？钱，以后俺巴结着还[6]。"老头说："行啊！要不嫌，你就住这房子吧。钱多少我不在乎，反正闲着也是闲着。"

老大说："那敢情好！"给了老头银子，立了卖契，这房子就算老大的了。

有了房子，老大不显山不露水，还是要饭。又待了半年，老大找老头说："大爷，你再给俺买点山坡地吧？俺刨插着[7]种棵南瓜也好呀！"

老头又说："行啊！我那里一片荒坡闲着，多少算个钱，就算你的吧！"

老大又买下了一片山坡地。不到十年，老大有了三十亩地，还雇了俩伙计。

再说老二呢，自从分了家，两口子觉得家当差不离[8]，整天吃喝。今天卖点儿，明天卖点儿，挺好的一处房子、三十亩地，几年工夫就卖光了。后来，两口子就要了饭。

有一天，老二两口子要饭游逛到[9]老大这里。老大知道要饭的滋味，就让家里给了老二不少干粮，还端出一盆饭。老二看这家脾气挺好，就住到这庄不走了，常常到老大家来要饭。

这天，老大媳妇跟丈夫说："哎，我怎么看着要饭的像他叔他婶儿呢？"

老大说："不能吧！"出来一看，果不然[10]，真是老二两口子。十年没见，老得不像样子了。

老大把老二两口子让到屋里，老大夫妻不计前嫌，酒饭招待。老大说："二弟！往后你就别走了，在这跟我过吧？活干多干少尽你[11]，帮我掌管掌管伙计。"

这样，老二两口子在老大家住了半年。

这天，老二猛地里想起他妈来了，就问："大哥，咱

---

[1] 麻子油：麻子油是由大麻子得到的干性油，多用于灯油。

[2] 拾掇拾掇：整理一下。

[3] 乍到：第一次来。

[4] 悄么声地：不动声色。

[5] 今黑夜：昨天夜里。

[6] 巴结着还：想办法还账。

[7] 刨插着：整理土地，种地。

[8] 家当差不离：家里富有。

[9] 游逛到：来到。

[10] 果不然：不出所料，是真的。

[11] 尽你：依你，自己把握。

妈呢？"

老大说："在后院里呢！"

老二说："我想见见咱妈！"

老大说："那我得先问问，要不她老人家会生气呢！"

老大来到后院，向母亲说明来由。老母一听，肺都气炸了，说："我没他这个儿！"

老二呢，再也没脸呆下去了，拖着棍子，两口子又上街要饭去了。

讲述者：　白国臣，男，回族，1914 年 3 月，济阳县店子乡小安村，阿訇，大学

采录者：　关涛，男，1934 年 4 月，历城区文化局干部，高中

采录时间：　1990 年 3 月

采录地点：　桑梓店镇老寨村清真寺

附记

有道是：孝敬父母不怕天，出上粮米不怕官。还有一句老话，就是"家有老，是个宝"。在民间，财迷心窍的人多了去了，因此，也出了很多不要爹娘的忤逆之子，但他们往往都会逐渐由富变贫，甚至家破人亡。采风时，很多老人讲起这类故事，要了妈就有了家，因为妈是家的保护神。该故事原载历城区民间文学集成办公室编辑的《历城民间文学资料本》。

（二）机智人物故事

13

张道一闹玄

（1）妙计放粮

有一年，莱芜大旱歉收。百姓靠野菜、树皮为生，饿死无数。

张道一拿出钱粮，在县衙门前设了粥棚接济穷人。他又组织官宦乡绅筹集钱粮，应付灾荒。还联名上书知县把灾情上报，请求朝廷开仓放粮，救济灾民。

救灾如救火。张道一想尽一切办法，为灾民谋取生存之道，救活灾民无数。这天中午，家人来报，说是京城相爷府有公差求见。

张道一眉头一皱，计上心来，急忙吩咐，把公差接进客厅。公差有两个，胖的叫亓虎，瘦的叫李智。

两人进了客厅，只见张道一正把一块石头往梁上拉，忙得不亦乐乎。两公差纳头就拜，张道一说："无须大礼，快来帮我把石头挂好吧！"

公差走上前去，帮着拉石头。众人七手八脚，把石头拉到屋梁上，才坐下来谈话。两公差先是请了好，接着又问安。从怀中取出个白绸缎子信袋，双手递给张道一

说道："张大老爷！小的奉了相爷令，去济南府投递公文。顺便带来了信袋一个，请张大老爷收阅。"

张道一接过来，只见白绸缎子信袋上还加着火漆。撕拆来看，无非是师徒间请安问好的客套话和思念之情，再就是恳求恩师到京城做客的邀请。

亓虎躬身施礼道："张大人！小的启程前，相爷再三嘱咐，一定要见到恩师。问候您老的衣食起居是否正常，生活是否有困难；相爷非常挂念您老的身体健康，特令小的捎来长白山千年人参一棵，峨眉山百年灵芝两朵，其他补品一宗，请您老人家笑纳。"

张道一喝了口茶，不紧不慢地说道："回去代我问相爷安好，老夫过惯了粗粮淡茶的田园生活，小麦玉米对我来说是最好的补品。眼下老百姓正闹饥荒，连口饱饭都吃不上呢！请你把这些贵重东西代还给相爷，替我谢谢他。现在莱芜灾情严重，我从牙缝里省下来的口粮都派上了用场。告诉相爷我身体很好，等到来年春暖花开时，我可能去京城走一遭。"

李智看了看吊在梁上的石头，不解地问："张老大人，您老为何梁上悬石啊？"

张道一苦笑了一声："此话难以启齿啊！好了，您二位远路风尘。老夫略备水酒一杯，为你们接风送行，请吧！"

亓虎、李智二公差回到相府后，陈廷敬把他俩叫进后堂，问道："你俩此去莱芜面见恩师，他老人家身体、生活可好吗？有什么求助没有？"

亓虎说："回禀相爷，张老大人身体很好。眼明耳聪，精神饱满，没有任何需求。临行前，张大人非要小的把相爷赠送的补品原封带回，一点儿也不留用。"

"恩师高风亮节，令人敬佩啊！"陈廷敬兴高采烈。

李智说："相爷，此去山东莱芜面见张老大人。有件事想了一路子，也没弄明白。俺二人到张府时，见张老大人正往客厅大梁上挂石头，还要我们帮他拉上梁去。小人问张大人此举为何，他苦笑着说难以启齿，不知此举何意啊？"

陈廷敬听了，略一沉思："哎！莱芜灾情严重，百姓无有吃用。恩师告诉我，民众粮紧，向我借粮难以启齿

啊！恩师为了一方百姓的疾苦，可谓用心良苦啊！这样吧，你俩稍事休息。我准备一份救灾物资，你带人连夜送往莱芜交给恩师，先救燃眉之急。我再面奏万岁爷，请求放赈。"

陈廷敬面奏皇帝，陈述灾情。不多日，大批救济物资运进了莱芜。莱芜百姓为感激张道一的救命之恩，为他制作了万民册，送到官衙和张道一的府上。

张道一妙计放粮，传为佳话。

讲述者：　李洪俊，男，1918 年 1 月，莱芜市方下镇张公清村，退休教师

采录者：　李胜华，男，1964 年 4 月，莱芜市方下镇张公清村，初中

采录时间：　1987 年 5 月

采录地点：　莱芜市方下镇张公清村

附
记

李洪俊老人是位德高望重的人民教师，先后在莱芜口镇、方下、牛泉三个镇和街道的小学任教。因接触的老师多，听到的奇闻怪事也就多，尤其是诙谐公张道一的故事，少说也能有三十多个。我小的时候，就多次听他老人家讲张道一。但不知道张道一是干啥的，只是听到他做的事很热闹，也比较受老百姓欢迎。后来，才知道张道一是清朝时候莱芜的一个大官，而且专门为老百姓办事。于是，就把这些故事记录了下来。

（2）发配河南

张道一智杀了害人精杨姑子，尽管是为民除害，却也伤了人命，被判有罪。多亏宰相陈廷敬从中斡旋，才判了个发配河南。

张道一从家丁中选了八个有力气的小伙子说："我杀了杨姑子，本该在狱中伏法，幸亏爱徒廷敬周旋，才皇恩浩荡，恩准在家候判。现在被判发配河南，请你们几位受累，抬我去河南吧？"

家丁问："大老爷，此去河南千里迢迢，俺都拉家带口，盘缠怎么给呀？"

张道一一拍胸脯，笑笑说："大家放心吧！每人发两个铜元，管保路上吃喝痛快。"众人听了，嘴上不说，心里有气。

起程的时辰到了，张道一坐进大轿，吩咐起程上路。

家丁问："老爷，咱怎么走啊？"

"过汶河。"张道一在轿里回答。

过了汶河，来到一块甜瓜地边。张道一吩咐落轿，他慢腾腾地走到瓜棚里，让瓜农摘了十六个铜元的甜瓜。十六个铜元，买了一大堆甜瓜。家丁们放开肚子吃了个饱，还剩下了一小半。

家丁们抹抹嘴说："老爷，赶路趁早，咱起程吧？"

张道一说："你们急啥？我被万岁爷判了充军河南。咱爷们已经进了河南好几里路了，早就到啦，不走了。"

众人恍然大悟，发配河南原来是到汶河南哩！

讲述者：　鹿爱民，男，1958 年 1 月，莱芜市莱城区牛泉镇西五斗村，高中

采录者：　亓学贵，男，1954 年 12 月，莱城区杨庄镇冷家庄村，高中

采录时间：　1994 年 10 月

采录地点：　莱芜市莱城区城市街道办宿舍

（3）认女救婿

在家千日好，出门时时难。

告老还乡的张道一，骑着毛驴游山玩水。赶了一天的路，没吃也没喝，饿肚子的滋味好难受啊！穷山枯水的，到哪儿找填肚子的东西吃呢？看这秃山荒岭，毛驴都饿得

直叫唤，人更无处求经[1]哩！

张道一饥肠辘辘，顺着山间弯曲的羊肠小道，深一脚、浅一脚地往前赶路。晌午的太阳烤得人心烦意乱，加上饥困[2]，更难受得两眼发绿。常言道，"天无绝人之路"。张道一正走着，迎面走来个担挑子的年轻少妇。一头水罐，一头盛饭的条编提篮子。

饥饿闻饭香。张道一吸吸鼻子，停住脚步问道："这位少妇担的是饭吧？"

少妇只顾低头赶路，听到问话抬头看去，见是位老者牵头毛驴站在路边盯着她，急忙回答："是饭。"说着，停住了脚步。

张道一说："我走了半天路，水米未沾，饿得都快站不住了，能赏给我点饭吃吗？"

少妇听罢，犯了难。饭是送给地里干活的丈夫吃的，让他吃了叫丈夫吃啥呀！但看他年老体弱，一副可怜巴巴的样子又于心不忍。

山里人实在。少妇见张道一饿得可怜，急忙放下挑子，热情地说："大爷，您老人家这么大年纪咧！又赶了半天路，跟俺要口饭吃，俺能舍不得给您吗？！粗茶淡饭的您老要不嫌的话，就照饱地吃吧。剩多剩少的，俺再送给丈夫吃也不迟啊！"

张道一见她通情达理和善热情，很高兴。他把毛驴拴在一棵小树上，掀开篮子，拿出热窝头就着萝卜咸菜条，大口小口地吃了起来。

少妇见他狼吞虎咽吃得香甜，顺手拿起个碗，舀了碗饭汤递给他说："大爷，您慢慢吃，别噎着。来，先喝口饭汤润润喉咙吧？"

俗话说得好，"饱时吃蜜不觉甜，饿时吃糠甜如蜜"。张道一连吃带喝，不大霎[3]把个大小伙子吃的饭吞个精光。少妇拾掇着碗筷，关心地问道："大爷，您吃好了没有？"

张道一抹抹嘴唇，笑呵呵地说："我这一辈子，还是头一回吃到这么香甜可口的饭菜。请问你尊姓大名？饭菜

我全吃了，你丈夫吃啥呀？"

少妇回答说："小女子娘家姓刘，丈夫叫姜兴，是个老实巴交的实诚人。他年轻力壮的，晚吃霎饭也不要紧。俺把事情解释明白，他不会责怪的。"

"话虽这么说，事可不能这么揍[4]。"张道一过意不去。

少妇急着回家另给丈夫做饭，见他如此认真，笑着说："大爷，庄户人家一顿粗饭，别拿这当回事。您还是趁早赶路吧，山高路窄的，有个闪失多不好啊！"

张道一的倔脾气又上来了，一本正经地打断少妇的话说："那可不行！咱非亲非故，我怎能白受你的恩惠呢？老话说得有理啊！滴水之恩，当涌泉相报。"

少妇听了为难地说："这咋办，你我本来就不认识呀？"

"嗯，说句心里话，我一个六十多岁的老头子，不想赚你的便宜。你要乐意的话，就认我个干爷吧？那样，咱不就是一家人了吗？"

姜妇听了，心里犯开了合计。我是个孤女，娘家没有亲人。看这位老人慈眉善目的，也不像讨别人便宜的歹人。我认他当干爷倒是怪好，不知丈夫愿不愿意？忽又一想，我成了他的干闺女，丈夫就是他的干女婿了，这么好的事他能不愿意吗！想到这，捯捯衣服拢拢头发，跪在地上连磕了仨响头，脆甜甜地叫了三声干爷。张道一扶起少妇，乐得山羊胡子都笑成了花。

姜妇说："爷！咱家就住在庄皮上[5]。我领您老家去坐坐，再叫您女婿家来，认识认识吧？"

张道一捋捋胡须，乐滋滋地说："闺女啊！按理说我得去认认大门，可是干爷还有急事得赶路。依我看，这回就不家去了。以后，咱爷俩还有见面的时候。如今咱成了一家人，一家人不说两家话。往后遇到要紧的事，就到莱芜城里找我。你的事就是爷的事，我一定帮你办。"

"爷，闺女还不知道您老人家姓啥、住在啥地方，叫我到哪儿去找您啊？"

张道一听了，转身从驴背上的布褡子里取出文房四宝，

---

[1] 无处求经：找不到吃饭的地方。

[2] 饥困：饥饿，饿肚子。

[3] 不大霎：时间很短，一会儿。

[4] 这么揍：这样做。

[5] 庄皮上：庄边。

刷刷点点写了张字条，递给姜妇说："闺女，拿着这张字条，到莱芜城里一打听，就能找到咱家了。我吃饱喝足，又认了个好闺女，心里真恣哩！"说着，解下拴在小树上的毛驴，骑上走了。

姜妇留不住干爷，只好目送他老人家走出很远，才急急忙忙回家做饭。饭还不熟，丈夫姜兴从地里回来了，见着妻子劈头就问："你今天怎么搞的，为啥事误了饭？饿得我好难受哩！"

姜妇见丈夫生气，就乐呵呵地叫他先歇歇脚喝碗水。而后，把刚才送饭路上认干爷的事，从头至尾说了一遍，又掏出字条来让他看。姜兴斗大的字不识半升，看那字写得怪好，就叫老婆把字条藏起来，还埋怨她说："妇道人家做事，就是不叫人放心。咱干爷这么大年纪了，回城的路又远又难走。咋不叫他老人家住下，明天一早再走呢？"

姜妇说："我死拖硬拽的，咱爷就是不肯家来。你又不在家，我不能把咱爷背到家里吧？我寻思着等到农闲的时候，咱俩带上点土特产去看看他老人家，你不就放心了吗？"姜兴觉得有理，两人欢欢乐乐地吃了午饭，同到地里去干活。

天有不测风云，人有旦夕祸福。这年春上，天旱得苗枯地裂。老百姓地里不长庄稼，日子就没法过。不能坐等饿死吧，姜兴约合了几个人，商量着去章丘干几天短工。临走，他嘱咐妻子好生看守家门，有事和对门的王婶商量。

没过几天，有人捎回信说，姜兴在章丘曹范摊上官司，被关押进了局子。姜妇急得没有办法，只是哭哭啼啼。幸亏王婶借了几个钱，陪她去曹范看姜兴。

两人来到曹范，打听到局子，买通衙役来到关押姜兴的牢房。夫妻相见，抱头痛哭。姜兴把事一条一挂地说给妻子听，他流着泪说："唉！是福不是祸，是祸躲不过。咱穷人摊上官司，没钱没势只有受罪。在这异乡外地，四指不摸，不知关押到啥时候是头啊？"姜妇急得泪珠儿成串地往下淌："你关在这里，我一个妇道人家没亲没友，到哪里刷刮钱来赎你出去啊？"

王婶听了，也怪难受。看着小两口哭成泪人，眼泪也像断了线的珠子，吧嗒吧嗒往下落。过了一会，王婶拉了

姜妇一把，说道："姜兴家里啊[1]，俺听说去年你认了个城里的干爷。依我看赶紧去找找他，说不定是个有能为[2]的人。你去求求他，兴许能帮咱的大忙呢！"

姜妇听了，觉得有理。回家取了字条，独身个人的来到莱芜城，求一位教书先生指点。先生打开纸条，大声念道："有缘相认易，无故见面难；父名张道一，莱芜县衙前。我女儿远道进城，请好心人把她送到我家，定当厚谢！"

张道一厚赏了教书先生，亲自把女儿迎到家里。叫出家人认了亲，接进客厅喝茶。一杯茶喝了一半，点心又端了上来。姜妇无心吃喝，流着眼泪把丈夫吃官司、登门求干爷帮忙想办法解救的事说了一遍。话还没说完，双腿已跪在张道一面前，磕头不止。

张道一扶起姜妇说："俺闺女有事求爷，我咋能袖手旁观。这事不很难办，你先在这里安心住几天。等我把事办好后，就送你回家。"说着，叫人给干闺女拾掇房间，备酒饭热情招待，亲如己出。

麦熟一晌。转眼到了开镰收麦的季节，张道一对姜妇说："闺女，你那里不长麦子，别挂家。等咱打完场，扫个场院角就够你吃的了。我看你在家里怪憋闷得慌，饭后就跟他们下地拾些麦子，走时一块带着回家吧？"又嘱咐伙计道："你们给我好好记着，捆麦子的时候，把俺闺女拾的那些单捆，让我看看。"

下午收工，张道一等在场里，问伙计："哪些是俺闺女拾的麦子？"

伙计们指了指说："大老爷，这几捆都是您闺女拾的。"

张道一点点头说："俺闺女手脚勤快，拾得不少。"说着，提起一小捆扔到身边一大垛麦子上说："你们看好了，俺闺女拾的这垛麦子要单打单晒。打不好，我可不依。"

心里有事，度日如年哩！过完麦，姜妇再也沉不住气了。她想念丈夫，吃饭不香，睡觉不甜。

常言道，"心中有事，脸上看得出来"。张道一见状，

[1] 姜兴家里啊：对姜兴媳妇的称呼。
[2] 有能为：有本事。

明知故问：“看俺闺女的气色不好，是不是病了？”

姜妇摇摇头说：“爷，俺跟您老在家里享福。您女婿还关在牢房里受罪，我哪能不心急呀？”

张道一听了，竖起拇指夸赞说：“好一个贤德的闺女！你放心，官司已结。再等几天，事办妥，我打发人送你回家就是。”姜妇无可奈何地点点头。

集赶集，是六天。张道一见姜妇的气色越来越不好，怕憋窝出病来，就把姜妇叫到跟前说：“闺女啊！常言说留住人了留不住心。你着急上火地要走，女婿也等急了。留你住一天，心急十二个时辰。这样吧，明天一早，我打发人送你回家去吧？”姜妇听了，千恩万谢。

长话短说。次日早晨，姜妇拜别干爷就要出门。张道一拦住说：“闺女，别鸡叫等不到天明。再急咱也得吃了早晨饭走，送你走的人正忙着拾掇车子呢。”

时间不大，家人摆好了丰盛的酒席。张公全家作陪，亲亲热热，问寒道暖，如同一家亲，姜妇心里跟吃了蜜瓜一样甜。

吃完饭，姜妇磕谢干爷的救夫之恩。张道一扶起她说：“闺女，咱一家人不说两家话。你今天回去，不知啥时候咱爷俩再聚成堆[1]。好歹城里离你家不远，啥时候想来就来玩几天。咱爷俩头一回见面，也没啥好东西送你。将一些穿不着的衣裳、用不着的家具、多余的牲口，还有你拾的麦子一块带回去吧？”姜妇这才恍然大悟，怪不得要二十多个棒小伙子送俺呢。她再次磕跪在张道一面前，泪流满面地说：“爷，不孝女儿不能朝夕侍奉您老人家，请您老人家保重。有空[2]了，俺再和您女婿来看望您老人家。”父女洒泪而别。

张道一嘱咐伙计，路上好生照顾他的闺女，一行众人出西门而去。

隔着老远，姜妇就看见庄头上站了很多人。丈夫姜兴飞跑着迎了过来，夫妇悲喜交加，抱头痛哭。姜兴见过众人，领他们走进一套刚竣工的青砖四合小院。姜妇觉得奇怪，啥时候盖了这么一座砖瓦到顶的新屋呢？！

[1] 聚成堆：相聚，聚会。
[2] 有空：有时间。

话不说不透。原来，自姜妇进城第三天，章丘知县亲自去曹范结了案，派人把姜兴护送回家。

救人救到底，送佛送到西。张道一又打发人到姜兴的家里，买地、宅基、砖瓦、木料，按图修建了这套四合院。剩下的，我不说大家也能猜得到。

姜兴夫妇每年都去看望义父张道一，有一年还和相爷陈廷敬同坐一席哩！

讲述者： 孟宪花，女，1917年8月，莱芜市方下镇张公清村

采录者： 王俊莲，女，1964年4月，莱芜市方下镇张公清村，高中

采录时间： 1990年3月

采录地点： 莱芜市方下镇张公清村

（4）晒书

农历六月初六，民间有个习俗叫“晒书节”。

张道一告老还乡后，曾在一个村里当私塾先生。他平时好闹玄，教起书来还是处处闹玄。这就是老百姓经常说的：山难移，性难改。别的咱先不说啦，单说他的教学方法就十分怪，怪得让人接受不了。怎么个怪法呢？别的私塾先生除了抄书，就是念书。张道一却不理会这些，采用教书无书法。什么叫“教书无书呢？”就是他教书，从来不拿书，上课时自己背书，让学生跟他学背书，并且记在心里。他有一句很经典的话，就是“记在肚子里的，才是学问”。

有的学生当面向他提问：“先生，学生无书，怎么学习啊？”

张道一笑了笑，回答说：“既然把书记在肚子里了，还要书有啥用？”张道一嘴上这么说，心里却另有盘算。这种教书法好是好，但比别的教书先生要多下力。为啥？因为学生的智商有差距，理解能力也就不一样。有的教一遍就记住了，有的教个十遍八遍，仍然是榆木疙瘩不开窍。

这就需要先生谆谆教诲，反复施教，才能够接受。常言道，"没有白下的力。"这种教学法学生易消化，收获丰富。

有一天，有个走亲戚回来的学生，向他讲了一件事。他在去姥姥家的途中，经过一座学堂。看到那里的先生和学生，正在学堂院内忙忙碌碌地晒书。说者无心，听者有意。张道一听罢突发奇想，竟又闹起玄来。他对学生说："你们都记好了，明天我们也像其他学堂那样，把咱的书晒一晒。"

学生听了，丈二的和尚摸不着头脑，纳闷地问道："先生，咱们没有书，怎么晒啊？"

张道一神秘地一笑，大声说："天机不可泄露。咱的书不晒，更容易反潮。明天晌午，我就带你们去晒书。"

第二天，晴空丽日，万里无云。张道一上完第一节课，太阳已经很高了。到了上第二节课的时候，艳阳高挂。张道一让学生们排好了队，一个跟着一个来到村外的河滩。令他们把上衣都脱掉，齐刷刷地躺在沙滩上。见学生们躺好了，自己也把粗布褂子脱掉，往晒热的沙滩上一躺。大声说道："徒儿们，咱们从现在开始，把所有学过的书都晒它一晒，免得潮湿得发了霉。"

一个学生挺纳闷，大声问道："老先生，咱们这不是晒肚皮吗？怎么成了晒书呢？"

张道一问道："徒儿们，我们学的书都在哪里呢？"

众学生异口同声地回答道："在肚子里呢！"

张道一笑了笑，接着说："那就对了，人家的书在书包里、书架上，自然可以搬放到外面晒。我们的书装在了肚子里，不晒肚皮晒什么？"

学生们被问得如同庙里的神像，个个有口无言。

张道一接着说："大家听好了！我们晒书要晒仔细，要一页一页地翻着晒，才晒得干爽。来吧，咱们先晒《三字经》的第一张，大家一起背诵，开始。"

学生们觉得好玩，闭着眼睛大声背诵道："人之初，性本善……"

背完第一页，又晒第二页。就这样，一页接着一页，晒完《三字经》时，天快晌午头了。张道一坐起身来，看看晒得全身出汗的学生，说：《三字经》，咱晒好了。就是六月里下再大的雨，咱也不怕淋湿了。现在放学吃晌饭，

下午继续上新课。明天中午，咱们接着晒《百家姓》，后天头晌晒《论语》，记住了吗？"

"记住了。"学生们兴高采烈地高声回答。

张道一领着学生，在沙滩上晒书。路过沙滩的人见到这场景，有的摇摇头说："真是要饭吃牵着个猴子，玩心不退。"

有的长叹一口气，说："这老头，又在闹玄呢！哪里有这样教孩子的，好孩子也教瞎了。"

张道一不听走路的说话，坚持自己的教学方法。他不光这么晒书，还隔三差五地去晾书。咋个晾法？看看你就知道了。夏天太阳毒了，张道一领着学童爬山越岭。或在树林里，或在山岗上。让学生敞开上衣，个个袒胸露怀让风吹着。一页一页、一本本地翻晾他们肚子里的书。外人都笑张道一在闹玄，张道一却做得严肃认真，一丝不苟。再看学生，一听说晒书或晾书去，个个都兴高采烈，欢蹦乱跳。

张道一晒书晒肚皮虽然玄，但他的学生学问长进快，体格棒。学生和家长都很喜欢这种教学方法。可毕竟明白者少，这就难怪有人说："张道一闹的就是'玄'，我们参悟不透。"

有一年的农历六月初六，张道一在省里任文教大官的学生到莱芜巡查地方私塾的教读能力。当他随着村长等人来到私塾门口，听到了朗朗的读书声。走进院内，只见一位老者光着上身坐在躺椅上，仰面朝天晒太阳。

巡查官觉得在学堂里光着上身有伤儒化，非圣人授徒之举，准备上前责备一番。来到近前，打了个照面，不禁大吃一惊！"扑通"一下跪在了地上，磕头不止。众人见状，纷纷跪倒磕头。

张道一听到动静，微睁二目，坐起身来。顺手把巡查官一拉，不慌不忙地站起来，领到屋里叙话。

张道一和巡查官来到屋里，按师徒名分落了座。巡查官笑着问道："恩师，您老赤着上身，在院子里干什么呀？"

张道一回答说："今天是民间传统节日'晒书节'，吾师肚内书多，怕日久霉烂，才借太阳之光晒一晒。"

师徒俩久不见面，话自然就多。不知不觉一个时辰过

去了，巡查官指着外面跪着的众人说："恩师，他们还跪在外面呢！"

张道一故作惊讶！说："看我这个记性，快让他们起来吧！"众人听了，如释重负，马上张罗了一桌酒席，抬到了张道一的屋里。

张道一端坐上首，把好菜都端到自己面前大吃二喝，旁若无人。不大霎，就吃了个肚儿圆。

巡查官和众人只是眼看着，没有一个敢动筷子的。

自此，张道一晒书的故事，在民间流传开来。

讲述者：　马洪武，男，1942年5月，莱芜市莱城区牛泉东上庄，教师

采录者：　亓学贵，男，1954年12月，莱城区杨庄镇冷家庄村，高中

采录时间：　1995年8月

采录地点：　莱芜市民间文学研究学会接待室

（5）玉波楼

小曹村王某，祖上是皮匠，靠手艺发了大财，成了地方上首富。

有一年，王某在汶河岸边盖了座二层小楼。竣工这天，请来外地名家为楼取名写匾。

张道一听说王某请来外地名人为楼题匾，就想看看这外来的和尚念啥经。他换了身破烂衣裳，腰里扎着根麦腰子[1]也来凑热闹。

楼上楼下挤满了人，大都不是本地人。胖的瘦的、高的矮的，穿绸的、披缎的，南腔北调，叽叽喳喳，对楼房评头论足。楼下大厅里摆着一张很大的八仙桌，能坐十几个人，桌上放着茶具和文房四宝。当地也有几个能写会画的，站在外面空地上，隔着老远看楼房。张道一看了心里明白，知道他们怕写不好受外地人嘲弄。

强龙还难压地头蛇呢！张道一不管他三七二十一，还

是三七二十八。他走到八仙桌边，见首座无人，就一腚坐了上去。那些江南的、海北的所谓名人，因为谦让都不好意思坐上头。正你推我让的当口，看见一个穿着破烂、灰头土脸的脏老头坐了上首，都非常吃惊。

王某夹杂在名人中间，听着他们海吹胡侃[2]觉得很开心，非常感激他们来捧场。王某在皮匠行里混，自然不认识书画圈里的张道一。再说，他从心里没有打谱[3]请本城的书法名人为小楼题匾。他看到张道一穿的戴的跟大要饭的[4]似的，以为是故意来扫他的兴致，心里像堵了块大石头，压得难受。守着[5]这么多文人墨客，不好意思刨根问底。茶间，王某以貌取人，对请来的外地名人添茶倒水大献殷勤，不把张道一放在眼里。

张道一也不计较，轻饮慢品，自自在在。张道一除非不开口，一张嘴就是西北风刮蒺藜，连风（讽）带刺。众人把他当成神经不正常，都不和他接话把[6]。

当地文人老远看到张道一坐了首位，知道他又要闹玄。都觉得好戏就要开演了，争着往前凑，想看看张道一用什么法子对付眼前这帮子酸文人。

快晌午的时候，王某对众人一拱手说道："在下盖了这座小楼，虽然不很高大，但在莱芜也算是首屈一指的。今天，我斗胆请来各位名家为小的捧场。特别备下匾额一块，请各位大师为小楼赏个名吧。"说着，让两个年轻人抬过来一块金边白底子的匾牌来。

众人听王某这么一说，又谦虚地你推我让起来。有一个年过五旬的文人，指着张道一不无讽刺地说道："有上首的老先生在，谁也不敢班门弄斧！"

张道一咳嗽一声说："我衣着破烂，怕写不了好匾。不过，诸位如此看得起我，只好献丑了。"说着，提笔蘸墨，刷刷点点，笔走龙蛇，在匾上写下了"王皮楼"三个大字。众名人看罢难以理解，不过都被匾上笨重如牛、潇洒大气的字体所折服，知道老先生非一般人物。张道一一把

[2]　海吹胡侃：吹牛，说大话。
[3]　打谱：打算。
[4]　大要饭的：要饭花子，对乞丐的俗称。
[5]　守着：指当着众人面。
[6]　接话把：接着别人的话尾说。此指不与他说话。

[1]　麦腰子：捆麦子用的稻草绳。

笔一放，坐在上首继续喝茶。

王某是个外行，不知就里。见匾上之字，以为是张道一嫌他慢待而借机嘲弄，心中不快。有心问问吧，又怕节外生枝；不问吧，那匾名确实不伦不类。想让别人另写吧，就准备了这么一块匾。他左右为难，敢怒不敢言，只好赔着笑脸给张道一献茶。张道一不理不睬，只顾喝茶。按照行规，匾写完了就要上酒菜谢先生。

不大霎，丰盛的酒菜摆上来了，张道一大口喝酒大块吃肉，旁若无人。酒过三巡，名家们礼节性地敬酒。一位五十多岁的江南名士，端起酒杯来，毫不谦虚地说："在下姓赵，江南名士，不知老先生贵姓大名啊？"

张道一拿着根鸡腿啃着说："乡村野夫，无名无姓。不如你们大名鼎鼎，不值得一提。"

"看先生的字笨重如牛大气不俗，定是个隐居的书法高手？"

"伸腿拉爬[1]，鸡刨狗倒[2]，不值得一提。你还是坐下喝酒吧，这么好的酒菜不吃就瞎了[3]。"张道一用袖子擦擦油嘴说。

众人看他这副邋遢样[4]，都觉得好笑。

江南名士讨个没趣，自顾自地喝起闷酒来。别的名人看张道一举动不凡，知道是个深藏不露的大家，不敢乱说乱讲，怕惹火烧身。酒席上特别静，只听到吱溜喝酒和吧唧嘴嚼菜的声音。

王某似乎看出了门道，笑嘻嘻地为张道一倒满酒，说："老先生，在下学识浅薄，不通文墨。可这匾上之名极不雅致，请老大人另拟一名如何？"

张道一故作生气，把酒杯往桌子上一蹾[5]，站起身来顺手拿笔，在匾上点了四下把笔一扔，指着王某的鼻子说："你就是狗眼看人低，这么好的楼名不用，想用啥的？"

众人抬头看匾，只见"玉波楼"三字跃然匾上。铁树

银钩，苍劲有力。真是眼睛一眨，老母鸡变鸭。众人临楼观望，只见汶水倒流，碧波粼粼，"玉波楼"三字恰到好处，令人拍手称绝。

张道一撇下惊诧不一的众人，倒背着双手扬长而去。

王某目送着远去的张道一，口中喃喃有词："这个脏棒[6]老头子是谁啊？"

这时，有个本地文人走过来说："老人说的不错，你就是狗眼看人低。这位老先生，就是莱城大名鼎鼎好闹玄的诙谐公张道一。"

众人听说是张道一，更加惊呆了。

讲述者：　李乃东，男，1940 年 1 月，莱芜市方下镇张公清村，师范

采录者：　亓学贵，男，1954 年 12 月，莱芜市杨庄镇冷家庄村，高中

采录时间：　1990 年 10 月

采录地点：　莱芜市方下镇张公清村

附
记

诙谐公张道一的传说，在莱芜可算是妇孺皆知。人人都能讲个三五段。1990 年 10 月，我应邀到李乃东老人家走访，说起张道一的故事，李老就滔滔不绝地讲述起来，他善于讲述民间故事，人送雅号"故事篓子"，据他本人风趣幽默地说，自己知道的故事不算很多，也就一肚子两肋巴。他一口气讲了六七个张道一的传说故事，每一个都很精彩耐人寻味，而且讲述中还夹带了方言典故释义，让人听得既明且白。这个故事收录在《张道一的传说》一书，古今奇闻故事杂志社，2008 年 2 月版，亓学贵搜集整理。

[1]　伸腿拉爬：字写得不规整。

[2]　鸡刨狗倒：杂乱无章。

[3]　瞎了：浪费。

[4]　邋遢样：不整洁；不利落。

[5]　一蹾：用力一放。

[6]　脏棒：身着油污破旧的衣服。

（6）吊丧

张道一告老还乡后，经常穿着破烂衣裳，腰里扎根稻草绳子，四处游荡。

这一年，博山赵翰林家出了丧事，张道一骑着头小毛驴前往吊丧。那时候的博山人很讲究穿戴，往往以貌取人。赵家是个官宦大家，来吊丧的人非官即宦，都是些富贵名流。他们不是乘车坐轿，就是骑着高头大马。没有顶戴的，也是一身绫罗绸缎，非常气派。

张道一穿着破旧，牵着头小瘦驴，单人独身来吊丧。办事的人看惯了达官贵族，根本不把他放在眼里，既没人搭理，也无人迎接。张道一站着看了一会，见无人理睬，就径直来到福利桌[1]前，弯腰就往桌腿上拴驴。

办事的人拦着张道一说："哎，你这老头，怎么往桌子腿上拴驴啊？"

"噢，这是桌子腿呀？一根根地竖在那里，我当是马驴橛子[2]咪！"把办事人骂了个面红耳赤。张道一掏出二百钱[3]，往桌子上一放，说："上账吧！"

记账人刚才挨了数落[4]，正一肚子火气无处发。见他上账，就没好气地问："叫啥名字？"

张道一见记账人甩脸子[5]，自然不买他的账。他拿腔作调地说出了三个字："孙呀啊！"哪有叫这名字的？记账人被憋闷住了。

张道一冷冷一笑："怎么，你不会写吗？来，让我自己写上吧！"说着，从记账人手里接过笔来，刷刷点点写上了，把个记账人弄得哭笑不得。张道一没写真名实姓，办事人谁也不知道他是赵翰林的好朋友，见他穿得破旧，自然不叫他坐在上宾席内，只叫他随一般吊客入席。

客席上都是些穿绸挂缎的人，只有张道一破衣烂衫，又是个胡子邋遢[6]的老头，谁也不把他放在眼里。张道一也不计较，眯缝着眼睛听客人们山吹海侃[7]。

酒菜摆上来，分发筷子。张道一对侍候席的人说："这筷子我不使，快叫你家主人给我换双象牙筷子来！"侍候席的人怕惹事，不敢去，只好去找主家换筷子。那人对主家说了，主人不敢怠慢。赶忙拿出象牙筷子，用绸子包了，叫侍候席的人用传盘给张道一送去。

张道一见用绸子包着，连看也不看，就说："是假的，去给我换真象牙的！"

侍候席的人不敢说真假，乖乖地端回去再找主家换。主家觉得奇怪，就问：

"那个要象牙筷子的客人长相如何？"侍候席的人把张道一详细地描述了一番。主家根据长相和穿戴，断定来客是祖上的好友张道一。于是，赶紧让侍候席的人用粗布把筷子包好送去，侍候席的人照办了。

张道一接过粗布包的筷子，哈哈笑了。他一边解粗布，一边意味深长地自言自语说："这就对了！绸缎包的都是狗骨头，粗布包的才是象牙筷子。"一句话，把那些穿绸挂缎的人骂了个狗血喷头。

讲述者：	王富胜，男，1940年3月，莱芜市和庄乡和庄村，农民
采录者：	张章，男，1936年11月，莱芜市苗山镇南古德范村，文化干部
采录时间：	1988年7月
采录地点：	莱芜市和庄乡和庄村

（7）庄稼鞋好

新任县太爷到张道一的府上拜访，二人寒暄几句落座

[1]　福利桌：又称"外柜"，专门登记吊唁人仪礼，一般是一人登记，一人收礼报礼数。

[2]　马驴橛子：拴马、驴的木桩子。

[3]　二百钱：旧制铜钱，1000个制钱为一吊，一吊钱相当于现在500元，二百钱也就等于现今的100元。

[4]　数落：指责备或批评。

[5]　甩脸子：给别人脸色看。

[6]　胡子邋遢：满脸的胡子不修理，很乱，很脏。

[7]　山吹海侃：吹牛、说大话。

喝茶。

两人少不了谈些莱芜的风俗人情，如何治理莱芜的正事。谈论间，张道一看见县太爷穿着的靴子和官衣，连声夸奖。县太爷摸不清这位张大老爷葫芦里卖的啥药，又听说他好搞恶作剧，就囫囵吞枣地应付了几句。不过，言语之中对自己的官衣官靴大加赞赏。

张道一是大风大浪里过来的人，什么样的人也见识过，什么样的衣服也穿戴过。他听县太爷大吹大擂，早就不耐烦了，干咳了两声，说："在俺这里，还是我这种能爬山越岭的庄稼鞋[1]好。"

县太爷听了微微一笑说："张公说的是，我的官靴非常轻巧耐穿。再说我轻易不出门，出门有轿子啊！"张道一连连点头称是。

一天下午，县太爷拜访好友归来，由轿夫抬着过汶河[2]。轿夫很吃力，又担心溅起水来湿了老爷的靴子，正小心翼翼地蹚水走着。

突然，从河中央站起个老头，赤身裸体，领着个光腚子小孩，朝轿子里一看，连忙蹲在水里大声说："这不是县太爷吗？张某不知大人经过，太无礼了，恕罪恕罪！"

县太爷正在轿子里提心吊胆，唯恐轿夫湿了他漂亮的官靴。听到有人说话的声音很熟，急忙掀帘观看，见是张道一，连忙吩咐落轿。他也顾不得一切下了轿，站在河水里给张道一还礼，张道一蹲在水里没法还礼，只是说："县太爷小心，别湿坏了你那漂亮靴子。"

县太爷听了恍然大悟，这老头原来是醉翁之意不在酒，成心出我的洋相。两人不觉四目相视，哈哈大笑起来。

县太爷请张道一坐在轿里，自己踩着满靴水，一走一溅跟在后面回了县衙。

酒菜丰盛自不必说，酒席间，张道一看看这一盘说好，那一盘说妙："没想到县大老爷好口福啊！你今天弄的这菜实在是好。恁师娘见都没见过一次呢！这样吧，你把每样菜倒在我的衣襟里点，我兜回去让你师娘尝尝鲜吧？"

"恩师，我派人给您送一桌去就行了。"县太爷满不在乎地说。

"不用了，这么多菜咱吃不了就瞎了[3]，就把这个拿一点吧！"县太爷听了，不好驳张道一的面子，站起来亲自把那几盘干菜倒在张道一撩起的长袍里。

张道一看了看，指着桌子上的其他汤菜，说道："把那带汤的也带上点，菜没汤不香。"

县太爷很难为情地把几个汤菜倒在了张道一的衣袍上。张道一一手兜菜，一手抹抹油漉漉的嘴唇说："耽搁你的时间不少了，我该走了，你也该休息了！"说着，起身告辞。

县太爷自然亲自送到大门外，张道一看了看兜着的菜，回头对县太爷说："哎呀！到你这里来吃着的拿着的，看我这没出息的样子。兜着这些残汤剩菜，像个啥样？来，你还是再兜回去吧！"县太爷闻听，没有防备，忙不迭撩起官袍接住张道一一抖过来的汤菜。

张道一掸掸衣襟，上面连一点油渍都没有。他看了看呆若木鸡的县太爷，倒剪双手扬长而去。

县太爷愣怔怔[4]地目送张道一走远，才兜着菜回到家，把菜汤倒出来。结果，新官袍油了一大片。县太爷很恼火，细细一想，终于恍然大悟。

从此，他再也不吹夸官袍如何如何好了。

讲述者：	亓延龄，男，1943 年 11 月，莱芜市方下镇嘶马河村，初中
采录者：	李乃东，男，1940 年 1 月，莱芜市方下镇张公清村，师范
采录时间：	1990 年 6 月
采录地点：	莱芜市方下镇嘶马河村

[1] 庄稼鞋：手工做的千层底布鞋。
[2] 汶河：大汶河，莱芜境内有牟、瀛两条河，是大汶河的源头。张道一说的汶河，是指牟汶河莱城段，俗称大汶河，莱芜八景之一的"汶河倒流"。
[3] 瞎了：浪费。
[4] 愣怔怔：惊呆的样子。

（8）撺知县

这一年春上，莱芜县衙来了个姓朱的知县。新官上任三把火。他这三把火烧得邪乎，一把是敛金，二把是敛银，三把是敛粮。他贪得无厌，夜里做梦都是睡在金元宝上。早晨睁开眼，就是想馊主意鱼肉乡里，搜刮民脂民膏。朱知县狮子大开口，今儿催粮、明日催税，时不时娘生日孩子满月就搞个喜庆，变着法聚敛财富。这样一来老百姓可遭了殃，有的人家被搜刮得饭都吃不上了。老百姓怨声载道，敢怒不敢言，整天提心吊胆地过日子。

越怕越来事。这天一大早，衙门里的差官就奔走四乡八镇传下话来，说是明日知县大人生日，要在莱芜城燕喜楼设宴做寿，请四乡八镇名士参加。明人不用细讲，这是又在想花花点子搜刮民财。

隐居乡里的诙谐公张道一，早就耳闻了朱知县的所作所为。只是抓不住知县的猪尾巴，无法为民伸张正义。他听说朱知县又要过生日，也赶来给知县大人拜寿送礼。

张道一隐居后，经常穿着一件破大襟褂子，头戴散了边的破席帽[1]。腰里不是扎根麦腰子，就是系条破布扎包[2]。这打扮，就像个拾大粪的老头子。张道一提着一个裹扎严丝合缝的红纸包，荡悠荡悠[3]地来到燕喜楼。燕喜楼前聚满了人，都提着大包小件，一看就知道是来为知县祝寿送礼的。张道一头不抬眼不睁，把脑后撅梢的小辫一甩一甩，几步就上了燕喜楼。

朱知县身穿大红袍，坐在二楼的大包间里。他瞅着往来不断的送礼人，看着摆得琳琅满目的寿礼，喜得跟海狗似的。自打他到了莱芜，还不到仨月就过了俩生日，收的礼品书房里都快放不下了。朱知县见穿着破烂不堪的张道一闯了进来，也斜着眼问道："老头，你是谁啊？"

张道一晃了晃手中的红包包大声说："青天大老爷，我叫张一耙子。听说你又过生日，特地赶来送礼。请您笑纳！"

朱知县一听是送礼的，两只贼眼一下子亮了起来。于是，换上一副笑脸急忙迎上前去，喜声滑气地说道："有劳张老先生大驾，本县三生有幸，三生有幸！"

张道一打着哈哈，走进了客堂。只见正面白墙上贴着一个烫金大"寿"字，闪闪生辉。自东至西一丈多长的条桌上，摆满狗宝、阿胶、虎鞭、珍珠、玛瑙、古玩玉器等无数礼品。

张道一凑过去，拉住知县咬起耳朵来[4]："大人洪福！我把俺七十七代传家之玉，八十一朝镇国之物，送与知县大人做寿礼，请父母官细细观看。"

知县本来是个财迷疯[5]，一听这礼物，暗自欢喜，心想，今日能得这宝物，真是福分不浅。他口中念念有词："难得厚爱，难得厚爱。"心情一激动便冲着门口大声嚷道："诸位，张老先生带来了珍品，都过来一饱眼福啊！"门外众人听了，呼啦围过来一大片。

张道一把红包包放在朱知县面前的桌子上，小心翼翼地打开红纸包，露出了黄纸包，打开了黄纸包，又是白纸包。众人看着张道一变戏法似的开纸包，都屏住了气，看看里面到底是包的啥宝贝。朱知县的俩眼，瞪得有牛球蛋那么大。他死死地盯着张道一拆纸包的双手，心嘣嘣跳得别人都听得见。张道一好像故意卖关子，他轻轻地咳嗽一声，两手又不紧不慢地拆起了纸包。张道一打开白纸包，又露出了银纸包，打开银纸包又是金纸包，等把金纸包打开了，又是白纸包。朱知县有些沉不住气了，啥样的传世宝贝啊！他恨不得一下子抢过来自己剥开看看。场面似乎凝固了，连一根针掉在地上都能听得见。张道一边揭边说："就要看到宝贝了，就要看到宝贝了，这可是俺世代祖传的宝贝。今天为了给青天大老爷祝寿，豁上了。"揭开皱巴巴的白纸包，只见包里放着一块蒲扇一样黄澄澄的生姜。众人一看，都唏嘘一声说："真是抓住头发辫子打了一顿，是个秃子。我们以为是啥好宝贝，原来是块做菜用的生姜。这生姜在莱芜遍地都是，一文钱几斤，算啥稀罕玩意儿？！"

[1] 破席帽：用编席材料高粱秸皮编成的帽子，用来遮阳避雨，俗称席帽子，散了边的破席帽称"席碴帽子"。

[2] 扎包：布腰带。

[3] 荡悠：物品悬起来摇摆。

[4] 咬起耳朵来：说悄悄话。

[5] 财迷疯：指对金钱过度迷恋的人。

朱知县像泄了气的皮球，立时秕巴了[1]。他恍然大悟，这个脏老头子是来和他摆八卦阵的。顿时，气得面色苍白，咬牙切齿。

张道一不管朱知县是否气破肚皮，他大声问道："县大老爷，你看我这礼算不算天上的龙眼、海里的月明珠，是最上乘之礼品呀？"

朱知县闷了缸[2]，守着众人不好发作，喃喃自语道："这……请张一耙子先生赐教！"

众人听知县叫张道一张一耙子，都差一点笑喷了。有知道张道一底细的，猜测他是为民出气来了，心里暗自高兴；不知张道一底细的，以为脏老头子这是拿着生命开玩笑，都替他捏了一把汗。

张道一不管朱知县是和尚还是道士，举起黄姜在众人面前晃了晃，说道："我以清清白白保江山（包姜山），为知县大人祝寿，你就是珠子满筐，银子满仓，也比不上我这礼品贵重。"

朱知县听出张道一的话里带骨头，被羞辱得真想找个老鼠洞钻进去。他哑巴吃黄连有苦道不出，只好哭丧着脸连连称是。

墙倒众人推，破鼓乱人捶。大家本来对朱知县有气，这下也跟着瞎起哄。呜哇乱叫："好！好一个清清白白包姜山（保江山）啊！这份礼太重了，应该送给当今万岁爷。"

朱知县就觉得眼前金星银星一个劲地乱转悠，竟然一气之下晕倒在地。他被众人送回衙门，趴在床上一病就是半月。等他稍微好一点了，就问师爷那天气他的脏老头子是哪里人。

师爷赔着小心回话说："大老爷，您别生气。那个脏老头子根本不叫'张一耙子'，他是告老还乡的张四教大人，民间称他好闹玄的张道一。他的门生陈廷敬，是现今当朝宰相。"

朱知县听了，差一点吓成了吊线风。他捂着嘣嘣乱跳的心说："我的娘哎！我这不是碰到刀刃上了吗？我说呢，

一个平头百姓哪来的这么大胆子。这回，我这哑巴亏可吃大发了。那他为啥说，他叫'张一耙子'啊？"

"大老爷，他是笑话您的指甲太长了[3]。"师爷捋了捋他那几根山羊胡子，说道，"这个张道一可是个管闲事的祖宗，您可要悠着点。一旦让他抓住了小辫子，可就惹来不利索了。这个人软硬不吃，上不怕玉皇，中不怕霸王，下不怕阎王。"

"别说了，吓出了老爷一身冷汗。记住，从现在起我不再过生日了。看这一回多悬，差一点过成了忌日。"

是猫就避鼠。自打张道一戏弄了朱知县，朱知县还真就夹起尾巴来了。

没有不吃腥的猫。过了没有些日子，朱知县又犯了老毛病。虽然不再像以前那样肆无忌惮，可一早一晚的也去解解嘴馋，盘剥一点零花钱用。

转眼夏季来到，汶河上银波荡漾，水漫两槽。这汶河是一条宽宽的大沙河，河床上黄沙遍地，流水潺潺。别处河水都按天意往东流，偏偏这河拧着脖子往西淌，这一流倒有了名堂，叫作"落日映辉水倒流"，成为莱芜八大风景之一。这河旱季水到脚脖，雨季水深不到三尺。河上没有桥，行人蹚水而过。

这天下午，张道一与小孙子在河里戏水。见城里走出一二人抬小轿，后面跟两个差役。一看便知，朱知县又要到南乡鱼肉一番。等朱知县的小轿颤悠悠走到河心急流里，张道一跑上前去拦轿施礼："张道一拜见知县朱大人！"

一日被蛇咬，十年怕井绳。朱知县一听张道一就毛了爪子[4]，急忙跨出轿来接拜。不想一步跨入水中，成了落水桶张口灌。他被急流冲出一丈多远，乌纱顶子冲出足有一里路。等两个差役把他从水中捞出时，朱知县浑身发抖，嘴唇发青，活脱脱成了落汤鸡，只好打道回府了。小轿过处，滴答答湿了一路。

一天晌午，快吃晌饭[5]的时候，朱知县坐在大堂上打盹。一顽童柳条鞭甩得啪啪响，嘴里"唠唠唠唠[6]……"

[1] 秕巴了：泄了气。

[2] 闷了缸：有话说不出来。

[3] 指甲太长了：指贪欲太大。

[4] 毛了爪子：心慌意乱。

[5] 晌饭：午饭。

[6] 唠唠唠唠：农家唤猪声。

叫着，跑上公堂，大声说："俺爷爷说：有口贪吃的猪跑到大堂上来了。五月十三关老爷磨刀，俺老爷要我赶回家去杀猪敬关公。"

朱知县正要发火，只见师爷一个劲地给他使眼色。一打听才知道，这个小孩是张道一的孙子，吓得屁都不敢放一个。朱知县越寻思越后怕，他好汉不吃眼前亏，连夜卷起铺盖，鞋底子抹油——溜了。

朱知县滚了蛋，莱芜百姓无不拍手称快！

讲述者：　谷增军，男，1964年10月，莱芜市方下
　　　　　镇张公清村，大学
采录者：　李胜华，男，1964年4月，莱芜市方下
　　　　　镇张公清村，初中
采录时间：1990年6月
采录地点：莱芜市卫生防疫站

（9）便条

有一年春天，张道一和几名弟子到章丘游玩。走着走着，张道一觉得内急，环视一下四周，就在一块荒草丛生的山地里大便。

无巧不成书，张道一刚解完手提上裤子，就被年轻的地主人发现了。二话不说，上前一把就薅住[1]了张道一的衣领，气哼哼地说："你这个人也忒不吃人粮食了，竟然跑到俺的地里来拉屎，把俺那庄稼臭得不长了。走，咱找个地处说理去！"说着，死拉硬拽就是不松手。弟子们都上前说好话，可任凭张道一说下大天来，地主人就是不让他走。

张道一心里明白，真是出门没查皇历碰上恶鬼了。他见地主人无理多三分，也有些发火，说："你这人也忒胡搭秧了[2]，我在你的地里大便确实不对，便完了也没办法

呀！再说粪是庄稼宝，不但没糟蹋了你的庄稼，还为你施了肥，该感谢我才对啊！再说人谁也有内急的时候，与人方便自己才方便嘛！你要实在难为我，我也只好花钱把这块地买下了。"

主人见张道一一副寒酸相，浑身上下不值半刀火纸钱。鼻子里哼了一下，待搭不理地说："你真是屎壳郎打呵欠，嘴巴不大口气不小。告诉你吧，俺一家五口人，全靠这二亩地活命呢！卖给你了，让俺去喝西北风啊？"

"多少，二亩地！老天爷，我这一泡屎臭了你二亩地？"

"你知足吧，要是今天刮了顺风，何止才这二亩地啊？别嘴犟了，快掏钱吧？"

"你想要多少钱？"张道一不温不火地问道。

"俺打小父母就教俺读圣贤书，从来不坑人讹人。这样吧，咱公直公为[3]地说。我这二亩地一年能打两千斤粮食，还不说长的那草，能喂两头奶牛的收入，掐头去尾要中间，你就给一百两银子吧！少一蚊子球蛋也不行！"地主人狮子大张嘴，不管张道一受了还是受不了。

张道一听罢，心里明白，我这是碰上劫道的了，还是碰上了一个张开嘴没下巴骨[4]的地痞无赖。哎！强龙难压地头蛇，破财免灾吧！

"你个兔崽子，给我住手。"正在张道一左右为难之时，只听得一声叫骂声。

抬头一看，见一位七旬老者扛着一张大镢健步走来。老者来到近前，把大镢往地上一扔，上前就抓住了青年人的辫子用力一拽。那青年"哎哟"一声，险些摔倒。抓张道一衣领的手，也随即松开了。青年人揉着拽疼的头，委屈地说："爷，这老头子在咱那地里屙屎，把庄稼苗子臭得都不长了！"

"放你那个狗臭屁，庄稼还有怕屎臭的吗？再说，客人的年纪也大了，没有撑劲了。你欺负老人本来就不对，还强词夺理，把我这个老脸都丢尽了。快点给人家赔礼道歉！"

[1]　薅住：抓住、拽住。
[2]　忒胡搭秧了：做事有些过分。

[3]　公直公为：公正。
[4]　张开嘴没有下巴骨：说话信口开河。

张道一听了老者的一席话，满肚子的怒气全消了。"算了，算了。老哥，事已经过去了，也别再训孩子了。请问，老哥贵姓啊？"

"免贵姓王，山下小王庄村的。客人是哪里人？贵姓？"老者说着，从腰里拿出烟袋。装上一锅旱烟，打火点着，吧嗒吧嗒地抽了起来。

"老哥呀！小弟是莱芜人，姓张不称贵[1]。"张道一整了整衣服，让弟子们搬来石块，坐下来拉家常。"老哥，你们的生活可好啊？"

老者吐了一口浓烟，打了个叹气说："哎！老百姓的日子哪有好的，难过啊！我家有六口人，老伴是个瞎子；大儿子从小就是小儿瘫，四十多岁了还得他瞎娘照顾；二儿子因家贫，出了继[2]。这是我的三儿子，打小[3]缺乏教养，常在外面作扒[4]惹事。我还有个女儿，也是个瞎子。哎！现在苛捐杂税多如牛毛，想吃一顿饱饭都难啊！"

张道一听了，心里咯噔一下，对年轻地主人的鲁莽，有了新的了解。常言道，"穷撕咬[5]"。他有这么一个家庭，怎能不心焦啊！想到这，抬头又看了老王爷俩儿几眼，问道："我看到地荒了，能打粮食吗？"

"俺这些山地和老天爷伙着，下雨就多少打一点，不下就白忙活。打一点是一点，指不得。俺总得想办法活吧？"

"你们这里没有水浇地吗？"张道一关心地问道。

"有啊，俺种不起。"

"为啥？"张道一不解地问道。

"哎！一言难尽啊！"老王把烟袋锅在破布鞋底上磕了磕，长出气短收回[6]地说道，"县太爷发了告示，水浇田交双税，山坡地交单税。俺人口多劳力少，好地自然种不起。于是，和三子在这里偷着开了这点荒坡地，能得个

仁核桃俩枣的，也好挣碗糊豆[7]喝。俺爷们吃了上顿无下顿，肚里无食心情就不好，冲撞了客人您，您老弟担待着点吧，别和俺这些种地的一般见识。"

张道一被老王的坦诚感动了，他又看了两眼荒地，说道："老王哥，你的家庭境况也够可怜的了。你说得对，人为了这张嘴就得想法活。这样吧，咱哥俩商量一点事，你把我刚才拉屎的这块地卖给我吧？好歹得些收入，也好给孩子们看看眼，买些粮食渡渡难关。"

"老弟，你可别笑话俺了。这块连兔子都不来找草吃的不毛之地，白给你你也不要啊！"

"老哥，咱俩白胡子一大抔[8]了，吐口吐沫是颗钉，哪能红口白牙说瞎话呢？这样吧，地的价钱，刚才你那孩子也定好了，我也不争不讲了，就一百两银子吧？"

"多少？一百两银子！"老王的烟袋脱手掉在了地上。他指着儿子训斥道："好你个王八羔子，还真敢张嘴要。我那娘哎！一百两银子啊！别说是我这辈子，就是他老爷、老老爷也没见过这么多钱呀！客人啊，小孩子说话，有天无日头[9]。孩子让您生了气，您呢，千万别往心里去。看在我这张老脸的分上，放孩子一马吧。"

张道一说："老哥，你误会了。我说的是真的，我也是穷人家，知道苦日子怎么过。人穷了，自觉得比人家矮半截。我现在过好了，别看我穿得不像样，还有些家底。我的孩子们也争气，光在衙门里当差的就好几个，出一百两银子买这点地震不着腰。再说，咱穷命相连，也算老弟帮老哥吧。不过，我来得仓促没带银子。你看这样好不好？我儿子在莱芜县衙当差，我给你打个欠条，你辛苦一下，到那里去取吧。"张道一使了个眼色，让弟子取来文房四宝，刷刷点点写了一张欠条，盖上印章，递给老王，说："老哥，你亲自去一趟吧，孩子年轻没经过世面，带着这么多钱，我还不放心呢！"

"这可是天上掉下来的好事！不过，我这块地是偷着开的，没有地契咋办？"

[1] 姓张不称贵：莱芜民间说法，玉皇大帝姓张，高贵无比。因而张姓对外不称"贵"字。

[2] 继：出嗣，俗称"过房"，给别人家当儿子。

[3] 打小：从小。

[4] 作扒：做坏事。

[5] 穷撕咬：指贫穷的人家为了生活多吵嘴打架。

[6] 长出气短收回：唉声叹气。

[7] 糊豆：粥。

[8] 一大抔：用手攥两把为"一抔"，一大抔是两把多。

[9] 有天无日头：信口雌黄。

"这个你就别操心了，我有个干儿在您这章丘县衙听差，让他给我办一张就行。不过，还有一事相求。我住在莱芜，地在章丘。山高路远的，来回不方便。麻烦你一早一晚给照应一下，少不了你的好处。"

老王叠着张道一给的欠条，连连称是。只见他站起身来，扭住儿子的耳朵，拽到张道一的面前："你这个逆子，赶快跪下磕头赔礼。"

张道一笑笑说："老哥，咱俩相识，还多亏了这个孩子呢！你就别难为他了。我看趁着天早，你赶紧去莱芜县衙取钱吧，俺爷们，还要到别处看风景呢。"

老王揣着欠条，满腹狐疑地来到莱芜县衙前。只见衙差挂着水火大棍，在大堂门两边站立，那个架巴[1]让人看了不寒而栗。老王心想，看那老弟人不出众，衣不惊人，怎会有在衙差上班的儿子呢？再说，这一百两银子可不是个小数目。万一有个什么闪失，我浑身是嘴也说不明白啊！咋办呀？进，还是不进呢？正当他犹豫不决的时候，正好衙门师爷有事外出。他见老王前走走后退退觉得可疑，就主动凑过来问道："你这老者，好像有事的样子？"

老王抓了抓[2]头皮，似笑非笑地回答说："我是章丘来的，您莱芜张老二买了我一块地，让我到县衙找他儿子来拿钱。"

师爷听了，惊得俩眼瞪得有鸡蛋那么大。"你说什么，莱芜张老二买了你章丘的地，有何凭证啊？"

"有欠条为证，昨天晌午刚写的。不信你看看吧。"老王说着，把欠条掏出来递给了师爷。师爷接过来打开只看了一眼，就合了起来。他满脸堆笑地对老王说："是张老二写的，你随我来吧，他儿子正在里面等你呢！"说着，恭恭敬敬地领着老王进了大堂。

县太爷正端坐公堂，两边的衙差一个个如狼似虎，让人望而生畏。

老王来到大堂上，正要下跪行礼，被师爷一把拉住了，吩咐衙差看座。

县太爷看了欠条，又端详了老王几眼。他起身离座，

[1] 架巴：架势。
[2] 抓了抓：挠了几下头，挠痒。

来到老王面前躬身施礼，请了安又问好，把个老王弄成了个丈二的和尚，摸不着头脑。

县太爷吩咐二堂设宴，亲自陪老王来到二堂，饮酒吃饭。酒足饭饱，县太爷取出一百两纹银，递给老王说："这是家父买您地的银子，您收好了。咱再喝壶茶，我派人护送你回家吧？"

老王手捧着沉甸甸的银包，心里热乎乎的。他悟出了这是张道一变相帮他，感激得热泪盈眶。

县太爷站在衙门前，望着老王远去的背影，看看手中的欠条，风趣地说道："这才是真正的'便条'呢！"

"便条"一词，从那时开始就在莱芜应用，延传至今。

张道一在章丘也有了地，难怪长工上坡前问："大老爷，俺去哪块地干活？"张道一不紧不慢地说："远的去章丘，近的去汶河。"

讲述者： 李洪福，男，1922年3月，莱芜市方下镇张公清村，不识字
采录者： 李胜华，男，1964年4月，莱芜市方下镇张公清村，初中
采录时间： 1989年6月
采录地点： 莱芜市方下镇张公清村

（10）写对联（二则）

①

一天，张道一出门游玩，经过一个村庄时，看见一户人家盖大门，门口上好了却没来得及写对联。为啥？都不会写字！旁边一位老人惋惜地说："这么好的一个大门，不贴副红对联太可惜了！"

主家说："俺想贴，可咱庄里没有会写的。到外庄里去写吧，咱又不认识人家，也就只好这么凑合了。"

他们的对话被张道一听了个明白，他凑到跟前搭话说："您要是不嫌孬，就让我来写一副吧！"

主家上下打量了张道一一番，问道："您老人家会写字？"

"能把红纸写黑了！"张道一笑了笑地回答说。

"那可赶到好了！"主家说着，忙急急打发人去买大红纸。又搬来板凳，让张道一坐下来喝茶。张道一端着茶杯，边喝边与主家聊天。他问了主家的家庭状况，得知这户人家有五个儿子，日子过得有滋有味。

说话间，大红纸买来了。张道一割好对联纸，调好墨汁，蘸好了笔头，问主家道："您想写副啥样的对子[1]？"

"俺不识字，不知道写啥样的对子好。您费力看着写吧！图个吉利就行。"主家边说边用手帮张道一压住对联纸。

张道一说："大门是你的，我不能给你当这个家。这样吧，我写上联，您配个下联吧？"

主家苦笑了一下说："您老人家既然伸了手[2]，就把这副对子全写了吧？"

"那也行，不过可别嫌孬！"张道一再三强调。

"看您老人家说的。您给俺写俺就怪恣[3]，哪能嫌好道歹，您看么着给写吧。"

张道一挥笔而就。他对主家说："上联写好了，您听听行吧？"说着，高声念道："门大好出丧！"

主家一听，心里咯噔一下，我盖大门是个吉利事，咋写了这么个对子呢？正待问个明白，只见张道一笔走龙蛇，刷刷点点写完了下联。他放下毛笔大声念道："代代状元郎。"大家听了，都夸这对联写得好。主家更是恣得合不拢嘴。过了一会儿，主家说："老人家，还有横批没写呢？"

张道一说："这横批我可写不了，通着天呢！"

"为啥？"主家不解地问。

张道一笑笑说："状元郎家的大门横批，世上只有一个人敢写。"

主家好奇地问："谁呀？这个人是谁呀？"

张道一用茶漱漱口，双手一抱拳，朝北方一躬道："金銮殿里的万岁爷！"

众人听了，恍然大悟。急忙跪在地上"梆梆梆"磕起了响头。

讲述者：　刘太胜，男，1946 年 11 月，莱城区城市
　　　　　街道办莲河小区，大学
采录者：　亓学贵，男，1954 年 12 月，莱城区杨庄
　　　　　镇冷家庄村，高中
采录时间：　1997 年 10 月
采录地点：　莱芜市地震局办公室

②

有一个家财万贯的土财主，叫王长乐，家有高堂老母。这个王长乐别看长得鼻子是鼻子，脸是脸的，却是个睁眼瞎[4]，斗大的字不识半升。

这年春上，王长乐老母过七十大寿，亲朋好友见是巴结的机会，都携带礼品前来贺寿。

王长乐不识文解字，可是很要面子，总喜欢在众人面前做出个惊人之举。他想写一副体面的寿联，贴在客厅门口。一是表明老母的寿喜，二是表白自己的孝道。他早就听说邻村私塾里，有位博学多才的老教书先生，方圆十几里都请他写文书和喜（对）联。于是，买上两包点心，亲自登门求写寿联。

这个私塾老先生，就是诙谐公张道一。王长乐拜见了张道一，说明来意。

张道一点头应允，他取过王长乐带来的大红纸，铺在书桌上，把笔蘸好墨，问道："你娘古稀之年，是个喜寿，你打算怎么写这副寿联啊？"

王长乐笑哈哈地说："老先生，我不懂得文词，您老捡好听的写就是了。写啥都行，但有一样得突出俺爹俺娘来。"

张道一觉得好笑，说道："看来你还真是个力巴[5]，这写对联都是暗语，哪有写在当面的？你见谁家贴的对联上，

[1]　对子：对联的俗称。
[2]　伸了手：招揽的意思。
[3]　怪恣：非常高兴。

[4]　睁眼瞎：文盲。对不识字的人的戏称。
[5]　力巴：外行。

写爹载娘的？"

王长乐说："这个俺不管，今天是俺娘的七十大寿。字里行间一定得找到她老人家，要不亲朋好友会说俺不孝顺。"

张道一觉得再解释也是对牛弹琴，略一沉思说道："咱写个'天增五谷人增寿'吧？"

王长乐听了摇摇头说："话怪好听，只是里面没有娘字，你看看把俺娘加上吧？"

张道一笑了笑说："按你的说法，咱写成'天增五谷娘增寿'吧？"

王长乐听了，高兴得拍着手说："嗯，这句话有劲，太好了！下一句呢？"

张道一捋了捋白胡子说："对联讲究对仗，下一句是'春满乾坤福满门'。"

王长乐听了又摇摇头："这一句里没有爹。老先生啊！依我看您就把这句话里，加上俺爹吧。"

张道一知道，今天遇上四六不分的混球。转而又一想，人家就愿意这么写，咱何必操那份闲心啊！他提起蘸饱墨的大笔一挥，在红纸上写下了这副寿联："天增五谷娘增寿，春满乾坤爹满门。"

王长乐听了喜得跟海狗一样，恣悠悠[1]地从怀中掏出十两纹银递给张道一，说："老先生您真有学问！您写的这副寿联说出了我的心里话，真是太好了。这点银子您老收下，买包茶喝吧。"

张道一摆摆手说："老夫我写字从来不收人家的东西，你还是把银子揣起来吧。"

"老先生啊！常言道：一事不烦二主。麻烦您老再给我写一副寿联吧。也和这一副一样，里面有娘也有爹，再过几天俺岳父生日时做寿礼。"

张道一见他如此糟蹋学问，心里很生气，挥笔在红纸上，写下了另一副寿联："娘比南山不老松，爹如东海长流水。"

讲述者：	王俊友，男，1957年4月，莱城区张家洼镇高家洼村，大专
采录者：	王俊莲，女，1964年4月，莱城区方下镇张公清村，高中
采录时间：	1996年2月
采录地点：	莱芜市莱城区张家洼镇高家洼村

（11）斗翟三虎

清康熙年间，山东出了十二家大官宦，其中有孙国志、赵翰林、任尚书、李巡按、张道一、翟三虎等。这翟三虎本人无官无职是白丁[2]，但他仗着"头顶都堂[3]，脚踩翰林[4]"的权势，横行霸道，作恶多端。他曾对翰林的儿子说："你爹不如我爹！"他又对都堂的爹说："你儿不如我儿！"他就是一个这样不知羞耻的家伙。

翟三虎独霸一方，黎民百姓无不恨之入骨。当他听人夸赞张道一是清官时，非常忌恨。千方百计找茬，想给张道一个难看，置于死地的心都有。

这年夏秋季节，翟三虎把家养的马放入张家地界，让马随意糟蹋庄稼林木。更让人气愤的是，竟让马窜入原山张氏祖林中，马踏张家祖坟。这种作为在旧时是天地不容、欺师灭祖的大罪。

张道一得报以后，立即就猜想到是翟三虎的挑衅。他立即叫族间人，把所有窜入本族地界的马匹牵来使用。有的用来拉磨碾子，有的用来拉车耕地。猛使猛打，不喂不饮。天快黑时，把每匹马的耳朵或尾巴上，都拴上张道一亲手写的字条，派人赶送到翟家地界。这些马回到翟家，家人发现了字条，取下来送到翟三虎的手中。翟三

[2] 白丁：没有功名的人。

[3] 都堂：意思是唐尚书省署居中，东有吏、户、礼三部，西有兵、刑、工三部，尚书省的左右仆射总辖各部，称为都省，其总办公处；明代称都察院长官都御史、副都御史、金都御史。又派遣到外省的总督、巡抚都带有都察院御史衔。

[4] 翰林：是中国古代官名。它的由来可以一直追溯到唐朝，唐玄宗时，从文学侍从中选拔优秀人才，充任翰林学士，专掌内命由皇帝直接发出的极端机密的文件，如任免宰相、宣布讨伐令等。由于翰林学士参与机要，有较大实权，当时号称"内相"。首席翰林学士称承旨。北宋时，翰林学士开始设为专职。明代，翰林学士作为翰林院的最高长官，主管文翰，并备皇帝咨询，实权已相当于丞相。

[1] 恣悠悠：恣，高兴；非常高兴。

虎把字条打开来看，只见上面写道："你猜我给谁家拉磨来？""你猜我给谁家拉车来？"字体全是一人所书，经人辨认，看出是张道一所写。欺压别人惯了的翟三虎，立即火冒三丈，定下毒计，要杀害张道一。

这天，翟三虎派人给张道一下请帖，次日午时到翟家赴宴。来人还说："张大人如不赏脸前往，翟少爷将亲自牵万马登门来请。"看罢请帖，族间人纷纷阻拦，不让张道一前去赴宴。张道一想了想，拿起笔来，在请帖上批了四个字"准时赴约"。来人走后，张道一对族间人说："我知道翟家设的是鸿门宴[1]。但我不去不行，大家知道翟三虎是个毫无人性的贼子。他如真牵万马来请，沿途庄稼会糟蹋[2]一光，无辜百姓会受害丧生。再说，他放马过来是针对我一人来的。我不前往，他会认为咱软弱可欺，以后还不知会闹出什么乱子来。我此去赴宴，他真要把我害死，你们可以联合孙国志、赵翰林各家忠臣进京告御状，说不定能除去此害，岂不是件好事。"族间人听张道一说的有道理，但还是不放心，就连夜派人到城南请来本族武举[3]，保张道一前去翟家赴宴。

武举是张道一的本族，又是晚辈，功夫了得。他早就对翟三虎的霸道有耳闻，得信后，武举连夜动身。他独身单骑，空手赤拳，只带了三只袖镖暗器。来到张家台时，天刚放亮。武举见了张道一，行过族礼后说："恕侄儿直言，叔父是文官，动杀机的场面没有经遇过。侄儿陪您老人家前往，您就放心吧！到了翟家，该吃就吃，该喝就喝。千万别在翟三虎面前露出惧色，伸胳膊抬腿的事儿，侄儿全包了。"几句话，说得张道一放心地笑了。他知道这个族侄十八般武艺样样精绝，又是泰山道教的仙门弟子，气功特别出色。因他单手能拉住正在耕地的三头大牛，被人称为"张三千斤"。

二人骑马来到翟府大门外下了马，早有门人把马接去牵走。这时，一个管家模样的家人来到张道一面前说：

[1] 鸿门宴：比喻不怀好意的宴会。

[2] 糟蹋：破坏。

[3] 武举：我国古代科举考试制度中的武科，目的是选拔军事人才。唐时武则天于702年开始推行，考试内容包括箭、弓、刀、石等。以后宋、明、清等朝都有武举。相对于文科考试，中武举者称为武举人，武举第一则称为武状元。

"欢迎张大老爷光临翟府，我家老爷正在客厅恭候您老人家的大驾。张大老爷，您请进吧。"

二人进了大门，门人将大门关上，上了腰杠[4]。张道一一愣，武举压低声音说："叔父放心，这门挡得别人，挡不住咱爷俩。"说话的工夫，进了二道门，二道门也上了闩。张道一不觉打了个寒战，武举说："叔父别怕，走。"二人又进了三道门，三道门也上闩落了锁。

来到客厅前，只见翟三虎站在门口，皮笑肉不笑地拱拱手说："张先生果然言而有信，请问这位是？"翟三虎指了指武举问道。

张道一捋捋胡须说："老夫的族侄，久闻你的大名，跟着来看看，请不要见怪。"

翟三虎冷笑了一声，言不由衷地说道："请。"

在武举的示意下，张道一直接坐了上位，武举站在了他的身边。翟三虎虽然有一肚子的气，但也没说什么，就坐到了下位。

二人话不投机，自然言不由衷，场面很凉。一会儿，上了酒菜。侍女刚把酒斟上，武举便敏捷地把翟、张二人的酒杯子调换了过来，启示道："叔父，翟府盛情款待，就该换杯痛饮双杯才是，也是对翟老爷的答谢。"张道一心领神会，他端杯在手敬了敬，不无讽刺地说："翟老爷，让您破费了。来，老夫敬您一杯。"

翟三虎气得眼珠子都快蹦出来了，他此时正在猜测武举的身份，不敢盲目行动，只好无奈地陪饮。两杯酒饮罢，翟三虎趁放杯子的机会，顺手从袖中取出明晃晃一把匕首，举手就要刺向张道一；武举眼疾手快，一把袖镖逼住了翟三虎。翟三虎没想到，半路上会杀出个程咬金来。一愣怔，伸出的手臂停在了半空中。他自觉失态，立即刀尖往下一转，叉住了盘子中的一块大方子肉，嘿嘿一笑，把肉用匕首挑起来，递向张道一，说："张大老爷，您若是有胆量啃我三口大肉，以往的过节就一笔勾销了。如若不敢，以后这方圆百里就由翟某说了算。"

张道一从没有经过这样的场面，吓得面如土色，不知如何回答好。武举哈哈一笑说："翟老爷盛情，在下替叔

[4] 腰杠：闩门用的粗木棍。

父谢过了！他老人家虽年事已高，齿牙退化，这么好的肉，可是好久没有受用了。翟老爷，我叔父要是啃你三口肉，往后可全由他老人家说了算啊！"

"那是自然，谅他也不敢来啃肉！"翟三虎早被武举的举动吓坏了，但他还是煮熟的鸭子，嘴硬。心里盘算着，如果武举让我敬他叔父啃肉，就趁机杀了他。

武举何等人也，早就看透了翟三虎。"翟老爷，在下就不客气了。"话音刚落，袖镖飞出，"嚓"的一声，插在了翟三虎挑着的大肉上，正好压着他的匕首。只见他手臂轻抖，又一支袖镖顺臂来到手中。他用镖逼住翟三虎对张道一说："叔父，翟老爷炖的肉烂熟，您老就放开量地啃吧，别辜负了他对您的一番美意。"

张道一一连啃了九口，连声说道："好肉，又劲道[1]又美味。"

翟三虎拿匕首的手，一动也不敢动，两眼直盯着武举手中的镖。张道一用手巾擦着油嘴说："族侄啊！老夫我吃饱喝足了。当着翟老爷的面，真人不说假话。以后啊！这方圆百里咱爷们说了算。今天，咱爷们喝了翟家的酒，可也不能白喝。他家那马踩了咱家的祖林，就用这桌酒席顶了吧。马是畜力[2]，咱爷们不和它一般见识。告辞了。"说着，张道一起身就走。翟三虎哑巴吃黄连，有苦自己咽。往日何等霸道的他，在武举的镖下，温柔得跟小猫似的，大气也不敢喘一口。他见张道一离了宴席，刚欲起身，武举拔出肉上的镖，朝他晃了晃说："免送！"翟三虎只好又坐了下来，眼睁睁看着他爷俩朝三道门走去。

张道一爷俩来到三道门前，守门人还不知道是咋回事。只见武举用腔一撅，碗口粗的门杠就断成了三段。二人出得门来，武举用左臂夹起张道一，三步并作两步来到二道门。单手抓门闩，只轻轻一拉，门杠断为数截。门扇闪开，二人又出门而去。很快来到第一道门，武举用脚一踩，只听"咔嚓"一声，杠断门扇倒。武举夹着张道一跃出门外，随即"哗啦"一声，门楼塌了半边。武举四下打量了一下，没有发现骑来的马匹。马匹早已被牵到翟府的马厩里去了。

[1] 劲道：有嚼头。
[2] 畜力：畜生。

在翟三虎看来，马早就是他的财产了。武举当机立断，背起张道——溜小跑，抄原路而回。几十里山路，很快就回到了张家台。

回到家，武举遗憾地说："叔父，可惜那两匹马丢给了翟家。"

"知足吧！要不是你今天陪老叔去，恐怕丢的不是马匹，而是你老叔的命了。常言道，'塞翁失马，焉知非福'。说不定他被你这么一吓，会乖乖地把马送回来的。"正说着，家人来报，说是翟府送马来了。

来人正是那个管家模样的家人，捧着一个大红包，一脸卑躬屈膝的奴才样。见到张道一，他"扑通"跪下来。双手把红包高举过头，说："小人拜见张大老爷！奉我家翟老爷之命，到贵府奉送坐骑两匹，赔偿破坏张家祖林礼金白银一千两，请张大老爷笑纳。翟老爷让小人替他赔罪，说是酒席宴会上慢待了张大老爷，请大老爷责罚，并保证以后，再也不放马到张家地界了。"

张道一让管家起来，一本正经地说："回去告诉你家老爷，就说光不到我这里来放马还不够，听说你们在青州地界也时常随意放马，糟蹋了许多百姓的庄稼林木。今后若还如此霸道，张道一绝不等闲视之。"来人连连答应。

张道一接着说："酒席上老夫已经有言在先，马是畜生，踩踏了我家祖林就不再追究了，也给你家老爷留个面子。你可以回去了！"管家如鸡啄米般，一一答应下来，告辞走了。

后来，翟三虎真的没再来放过马。翟三虎曾让人送过几次邀请单，请张道一过府或自己亲自登门拜访，张道一都没有答应。

讲述者： 张章，男，1936 年 11 月，莱城区苗山镇南古德范村，退休干部

采录者： 亓学贵，男，1954 年 12 月，莱城区杨庄镇冷家庄村，高中

采录时间： 2009 年 10 月

采录地点： 莱芜市莱城区苗山镇南古德范村

诌二大爷

张道一：（1602年4月2日—1694年6月15日），名四教，字道一，号芹沚，莱芜区和庄镇张家台村人。以厚德著名，其父曾积攒粮食三千石，以备饥荒，后果遇灾年，把粮食全部贷出去，并将一千多张借据全部烧毁。万历末年遇大灾荒，县令知其贤良，让其负责施粥，他竭尽职责，救活饥民无数。他从小聪慧好学，清顺治三年（1646年）中丙戌科进士，任山西平阳府推官，在任因"司法平、折狱敏""断狱明决"，仅九个月，抚按交章上奏，以政绩卓异赐貂绣，升任吏部考功司主事、兵部都捕员外郎，皆都胜任，超授山西按察使司金事提学道。课士先看德行，再看殿试，最能知人善任。在陕西泽州时，发现陈廷敬有才，提拔重用，后陈累官文渊阁大学士兼吏部尚书。他曾教诲陈廷敬："千秋事业，一日荣名，得失在人，取舍在己。"张四教在山西秩满，因考绩卓异，升陕西榆林兵备道按察司副使，诰授通议大夫，到任禁科敛、省徭役、招流亡、驭军绥民、兴学劝农，莅任三年，军民大悦。张四教其志，"不怵于上官"，其情，"不夺以豪贵""以直道违时"，因不能事权贵而被罢归，时论为之惋惜。临行之日，布袍肃然，毅然策骑而返。

张道一诙谐幽默，性格坦荡，轻财重义，济困扶危。其长兄因忤县令被追捕，他力解其危；次兄服役临清被拘，他徒行往申，使得获释。李友被逮，他冒险救其出狱。访友长垣，贼陷其城。良友遭俘，同事投敌，独不同流缒城回家。居官期间，公正严明，不受贿赂。将离平阳，百姓苦留更激其谨慎、清廉。罢归，无官身轻，布衣草履，游山玩水，无人不知其为贤官。他一生乐善好施，息事宁人；不恃强，不抑弱。孤甥与人争田，以己田与甥，解其纠纷。蒙师罢官，负债不得归，他卖掉数百只羊，代师偿债，迎师归乡。凡遇苦难，不求而助；尽倾其囊，从不吝惜，众口皆颂之良绅。

张道一晚年置宅院于苍龙峡，取名"乐饥斋"，以昭示人穷志不灭，虽然饥贫，但怡然自乐。1694年病故，寿九十三。葬在苍龙峡南的蟠道山。著有《独宦斋稿》《榆山讲义》，留有《大榆山房集》二卷，其《大榆山房遗诗》由陈廷敬作序，并采入《国朝山左诗抄》。另有《正率讲院碑记》《重修学宫记》等遗文多篇。张四教一生为诸生20年，归休40年，居官仅10年，却"名在世、泽在人、乐在身"。他还是一位传奇式人物，莱芜及周边地区，留下他许多轶闻传说。因他性情坦率，不为礼俗所拘，以诙谐幽默出名，莱芜人称他"张闹玄"。至今，民间仍流传着他很多脍炙人口的传说故事。

从前，东阿县城[1]内有个老秀才，叫诌才广。他才华横溢、能言善辩、口若悬河。由于他经常给人们讲故事，说笑话，说什么都一套一套的。不管是真的还是假的，只要经他一说，就像是真有那么一回事！因此，人送绰号"诌二大爷"。当时在东阿附近十里八乡，知道诌才广这个名字的人极少，而诌二大爷却是妇孺皆知。

话说县城北门里，有个正在读私塾的少年，叫范仕晋。由于记性差，经常背不下课文来而受到先生的惩罚。为此，范仕晋及其家人很是着急。

这天中午，范仕晋放学回家后，倚着堂屋门懒洋洋地背课文，其母正在饭屋里做午饭。忽然，他家的一只大公鸡跳跃着上了堂屋的八仙桌上觅食吃。范仕晋右手一抬，下意识地一声"吵嚎"[2]，把大公鸡吓跑了。可是当范仕晋再继续背课文时，却怎么也想不起来了。他急得满头大汗，顿时大哭起来。

[1]　东阿县城：原驻地平阴县东阿镇，1947年迁至黄河西桐城镇。

[2]　吵嚎：东阿镇一带农民驱赶鸡时的口语。

其母听到哭声，急忙从饭屋里跑出来，问清事由后，安慰范仕晋说："小，别哭了，我有办法。"范仕晋停止啼哭，问母亲有什么办法。母亲说："找你诌二大爷去，他有办法。"母子俩说走就走，二人一溜小跑来到诌才广家中。其时，诌才广正准备吃午饭。他问清来由后，便安排范氏母子坐定。诌二大爷正襟危坐，问范仕晋从什么地方忘的课文。范仕晋用手指了指堂屋门。这时，只见诌二大爷微闭着眼睛，脑袋上下左右慢慢地转了三圈。然后，一字一顿地高声朗道：

堂屋门前立着一杆枪，枪是通天遮地；

地是地上无人事不成，成是城里的妈妈会烧香。

香是香妮她娘，娘是娘长娘短；

短是段青剪径，径是敬德打朝。

朝是朝天镫，镫是镫里藏身；

身是申公豹，豹是豹首环眼。

眼是燕张飞，飞是飞虎留庆；

庆是庆八十，十是十八的大姐好爱俏；

俏是俏冤家，家是家家户户供养着观世音。

音是音公吹火，火是火烧战船；

船是船舱过检，检是检对琅琊；

琅琊床上躺着个狐狸精，精是精灵古怪。

怪是怪头怪脑，脑是脑温曹操；

操是操骨梁，梁是梁山伯；

伯是悲哀不止，止是子弟高升；

升是升官图，图是图财害命；

命是命该如此，此是此句谓"邪居之道也"。

诌二大爷诌毕，将"邪居之道也"写在字条上，交给范仕晋之母。范母拿过纸条，交上两个银圆的"诌费"，领着儿子范仕晋高高兴兴地回家去了。

讲述者： 付朝宽，男，1918 年 1 月，平阴县东阿
镇北张村，私塾，农民

采录者： 付崇阳，男，1954 年 9 月，平阴县东阿

镇北张村，大专，干部

采录时间： 1992 年 12 月

采录地点： 平阴县东阿镇

附
记

吃完晚饭，我和老父亲坐在院内纳凉，他讲了这个故事。我听完后，觉得诌二大爷可谓是个胡诌的高手。但归根结底来说，诌二大爷算是好口才。他就像串珠子，把一些风马牛不相及，相连不相连的字句都串在了一起，让人看了晕头转向，不知所云。有一次，我在大街老槐树下听大家聊天，刘大叔讲了个诌话顺口溜，记得是这么说的："说我诌，我就诌；东西路，南北走，顶头碰上人咬狗。拾起狗来打砖头，砖头咬着人的手。老鼠含着个狸猫跑，口袋驮着毛驴走。"刚说完，那个张二哥接着也说了一段："说我诌，我就诌；八月十五种春豆，大年五更立了秋。长毛的乖子（蝈蝈）雪里叫，发了纸马打黑豆。五月十五发大水，冲了一地秫秫头（高粱穗）。秫秫头上抱燕子（孵燕子），燕子窝里抱犸猴（狼）。"由此看来，诌话也是一门地道的学问。

15

十二岁宰相

从前，有个皇上是个半吊子。有一天，他突发奇想，让大臣们找公鸡蛋。这真是异想天开，大臣们左右为难，谁也拿不出来。

一大臣回到家中，愁容满面。他的小孙子甘罗问："爷爷，你愁什么呀？就给谁该你[1]二斗黑豆样。"

"小孩子，给你说也白搭[2]。"

"你说说看，有法就给你说一个，没法就拉倒[3]。"

爷爷漫不经心地说："皇上叫每人献上一个公鸡蛋，这公鸡蛋往哪里去求啊？"小甘罗斟着脸[4]，眼珠子转了几转，说："爷爷，明天我替你上朝，皇上只准[5]不难为大臣们啦。"

到了朝堂，小甘罗自报家门，慷慨陈词，毫无惧色。

"你爷爷呢？"皇帝急着问。

"我爷爷在家坐月子[6]哩！"

皇帝责问："男人怎么会坐月子？"

"是啊，男人不会坐月子，公鸡怎能下蛋啊？"小甘罗不慌不忙地回答说。

小甘罗的话一出口，皇上惊异，脸色都变了。群臣都为小甘罗捏着一把汗，都怕皇帝恼羞成怒，下令处置他。

"噢，小小年纪，出口非凡，真是个初生牛犊不怕虎！"他捋了一下胡子，又说，"是谁教的你啊？"

"没人教我。我爷爷下了朝，愁得人都矮了一半。我问他什么事，他不说；我再问，他才说。你给他要公鸡蛋，这不是憋人啊？公鸡怎能下蛋啊？"停了停又说，"您说是不是，皇帝爷爷？"

"小甘罗胆量不小！"皇帝脸上有点悦色，笑着说，"这样吧，我给你个官，你当不？"

"什么官呀？那有什么难当的？"

"你就是金鸡里的凤凰，我封你为副宰相！"

这年，小甘罗才十二岁。

[1] 给谁该你：好像别人欠你。
[2] 白搭：白说，办不成。
[3] 拉倒：算了。
[4] 斟着脸：绷着脸，一本正经。
[5] 只准：肯定。

讲述者： 杨书长，男，1904 年 10 月，东平县旧县乡大峨山村，私塾先生

采录者： 黄文俊，男，1946 年 5 月，平阴县洪范池公社苗海村，教师，大专

采录时间： 1968 年 2 月

采录地点： 东平县旧县乡大峨山村

附记

常言道：有志不在年高，无智空活百岁。1968 年 2 月，我到山东省东平县旧县乡大峨山村看朋友，教书先生杨书长老人给我讲了这个故事。我很佩服小甘罗的机智，就把这个故事记在了脑海里，回来后，整理成文字，记录下来，流传至今。

[6] 坐月子：生孩子。

16

师生斗智

老师说："真的？"

范超说："不信，您就试试？"

老师从屋里走了出来，范超哈哈大笑，说："老师！我已经骗您出屋了。"

老师这才恍然大悟！

讲述者：	郝长俊，男，1931 年 8 月，历城区仲宫镇门牙庄农民，小学
采录者：	关涛，男，1934 年 4 月，历城区文化局干部，高中
采录时间：	1987 年 4 月
采录地点：	历城区仲宫镇供电局招待所

　　从前，有个叫鲁博的教书先生，博学多才，他很器重他的高才生范超。有一回，范超请老师到家里喝酒。酒过三巡，老师兴致上来，对范超说："咱师生二人对四句诗，只能说吉利话，我作上句，你对下句怎样？"学生欣然从命。

　　鲁博提笔写道："有个女子不是人。"

　　范超一看皱了眉头，问老师："这是吉利话吗？"

　　老师说："和你的下句连起来就是吉利话。"

　　范超略加思索，提笔对道："九天仙女下凡尘。"

　　老师一看很满意，又写道："生了孩子都做贼。"

　　范超提笔又对道："偷来蟠桃敬双亲。"

　　老师一看对诗难不住他，又出了个点子。对范超说："学生才华过人，为师十分高兴。咱做个斗智游戏好吧？"

　　范超说："老师，您出题目吧。"

　　老师说："我在屋里，你在屋外，不管用什么办法，你能把我骗出屋去么？"

　　范超说："屋外这样寒冷，老师当然不肯出来；假若我在屋内，老师在屋外，我就一定能把老师引进来！"

17

皇帝买货

某朝皇帝发现一店铺，挂着"样样全"的牌子，觉着怪有意识[1]。进店一看，果然货不少，可也不能样样全啊！就想为难一下掌柜的。

皇上对掌柜的说："我要'早得时也，晚得时也'，'得时也，不得时也'。"

掌柜的张口就说有，让他三天后来取货。

掌柜的想了一天，也没想出来。就召集先生和伙计一起想这是什么东西，大伙都想不出。

开店的要赚钱，挂牌子吸引买主。可挂的牌子太大了，就摊上这件事。可掌柜的人性倒也不错，街上有个八九岁的小孩，孤苦伶仃，到处要饭。就可怜他，叫他做半拉工[2]。管他吃穿，不给工钱。让他打扫店内卫生，送开水，喂狗什么的。可喜他聪明伶俐，净说大人话。

这小孩看到人都上一个屋里去了，一上午没出来，就问一个人："您干啥咪？"那人说："给你说也没用。"

[1] 意识：意思。
[2] 半拉工：童工。

中午，小孩问掌柜的："你关上门，不卖东西，干什么咪？"

掌柜的叹口气说："你还小，不懂的。"

小孩不服气地说："三人同行，必有一师。你说说，我听听。"

掌柜的说："皇上要的东西，咱没有。皇上三天来看货，要是没有，那不是坑皇上吗？那咱还有命啊？"

"皇上要的什么？"

"皇上要的'早得时也，晚得时也'，'得时也，不得时也'。我叫大家琢磨，人多心眼多，大伙都不知道。吃完饭，再商量。"

小孩一听，眼睛眨巴着琢磨了一会，问："你许他几天啊？"

"三天。"

小孩说："你说货来了，到时我应酬他。"

掌柜的看着孩子的脸，摇了摇头啥也没说。我受罪无所谓，不能祸害了人家孩子。反正豁上了，到时候就来个死猪不怕开水烫吧！

第三天，皇帝带人来了。掌柜的担惊受怕地请皇上进了店。皇上端坐八仙桌上首，小孩提着一壶水进了屋。放下壶先打拱，再跪下。

"回禀皇上，您要货来了？这货很贵。"

"千两黄金也拿得起，有货即可。"皇上看了小孩一眼，又看了掌柜的一眼，不轻不沉地说。

"货真贵。"小孩又说了一遍。

"什么价？我拿得起。"皇帝大声说，心想，我看你个掌柜的啥花花肠子？让个吃屎的孩子来答对我。如果让我不满意，你可真吃不了兜着走。

"每一样，百两黄金。"小孩不管皇上想的啥，只顾说自己的话。

"不贵，拿真货来。"皇帝见小孩不怕他，心里倒先软了三分。

小孩跪着，直起身子侃侃而言："早得时也，晚得时也，甘罗十二岁当宰相，他早得时也；梁灏八十二岁中状元，他晚得时也。"

皇上一听，不敢小看这个孩子了。

小孩接着说："'得时也，不得时也。'你是一国之主，你坐着，你得时也；我是半拉子工，我跪着，我不得时也！"

皇上听了，高兴地说："小小年纪，心里有套路[1]。你起来吧，给'样样全'四百两金子。"

接着又说："掌柜的，叫小孩跟我去，叫他帮着整理朝政吧？"

掌柜的听皇上买得满意了，身子也不哆嗦了，磕着头说："听皇上旨意。"

小孩也磕了几个头，跟在皇上的屁股后面走了。

讲述者： 路敬又，男，1932 年 7 月，平阴县东阿镇南市村，教师

采录者： 黄文俊，男，1946 年 5 月，平阴县洪范池镇苗海村，教师，大专

采录时间： 2009 年 5 月

采录地点： 平阴县城

[1] 有套路：智慧。

18

神童子

有一天，小李的爷爷老李过生日，当地的一些乡绅名流都来祝寿。小李家里张灯结彩，大摆酒席。这时候，小李才七岁，他跟随他爹大李应酬来宾。来宾当中，有一个田进士。他看到小李眉清目秀，举止文雅，非常可爱。他又听说小李三岁学字，五岁背诗，七岁就能作文章，心里半信半疑。今日他见了小李，就想考考他。

饭后，趁众宾客还没走，田进士就请大李他儿子小李来玩。这样，小李跟着他爹来到客厅。田进士叫他对楹联，小李就心慌起来。他怕当众献丑，就说："我字识不了几个，咋能对楹联，怕要叫老前辈耻笑了。"田进士忙笑着说："不要紧，试试看嘛！"说着，随手写出了楹联的上联：

"墙边柳，枕边妻，无叶不青，无夜不亲。"

小李听了，深深知道这下联难对。正在这时，他看见房檐下挂着几只鸟笼子，里边的百灵、画眉在笼子里跳上跳下，又吃米、又喝水，心里一阵高兴，有了词了。他随手用笔，工工整整写出下联：

"笼中鸟，仓中谷，有架必跳，有价必粜。"

好！这一下子众宾客都高兴了，田进士也笑出了眼泪，连声说："真乃奇才！真乃奇才！"

这时，众宾客又都要求起来："再对一个，再对一个！"

田进士看着小李说："咱再为一个辞官不做的人对一副吧？"小李微笑着点了点头。田进士给他讲了一个故事：朝廷里有一个尚书为官廉正，可是皇上听信奸臣不理朝政。这个尚书几次上书告朝还乡，皇上就是不准，并出了一副对子让他对，说对上就批准。这副对子的上联是：

"口十心思思父思母思妻子"

田进士讲完故事，问他："现在你能给他对上吗？"

小李心想：用一个三结构的字，还要符合本意。咋答对才好呢？他想着，想着，忽然想起一个"谢"字，随即又工工整整地写出了下联：

"言身寸谢谢天谢地谢皇恩"

众宾客看完下联，都齐声称赞起来："真乃神童子，真乃神童子也！"

打那，小李是神童子的故事，就在四方传开了。

讲述者： 孙继广，男，1972 年 10 月，章丘区融媒体编辑，大专
采录者： 李岭，男，1970 年 12 月，章丘区民政局地名志主任，大学
采录时间： 2018 年 10 月
采录地点： 章丘区民政局地名办公室

附
记

故事中的小李，就是章丘大文豪李开先；大李，是他父亲李淳；

老李，则是他爷爷李聪。在章丘一提起李开先，可谓是妇孺皆知。他与莱芜董空壶、青州衡王、河南雪蓑子是好友，如今在这些地方仍然能看到雪蓑子那怪异的书法。这个故事章丘知名作家马威先生曾整理过。

李开先（1502 年 9 月 28 日—1568 年 3 月 13 日），汉族，山东济南人。明代文学家、戏曲作家。字伯华，号中麓子、中麓山人及中麓放客。嘉靖八年（1529）进士，历官户部主事、吏部考功主事、员外郎、郎中，后升提督四夷馆太常寺少卿。嘉靖二十年（1541），目睹朝政腐败，抨击夏言内阁，被罢官。他壮年归田，"龙泉时自拂，尚有气如虹"，希望朝廷重新起用，但又不肯趋附权贵，所以只能闲居终老。李开先的文学主张和唐宋派接近。他推崇与正统诗文异趣的戏曲小说，主张戏曲语言"俗雅俱备""明白而不难知"。

这个故事根据章丘区民政局地名办征集的相关资料整理，因资料征集时，提供资料的作者和讲述者信息缺失，因而在整理该故事时，原讲述者马威身份信息一栏空缺。我在听取了章丘区融媒体编辑孙继广的讲述后，结合马威提供的资料进行了采录。该故事在章丘广泛流传。

19

贾小山

常言说，"有志不在年高，无智空活百岁"。

从前，凤凰城南二十里的一个小山村里，有户姓贾的人家，祖孙三辈人。父亲贾春是个有名气的木匠，做啥啥好，有个赛鲁班的美名。儿子贾小山，不满月就死了娘。是双目失明的奶奶，一跌一磕[1]，端屎把尿，苦挣苦扎地拉巴[2]起来的。都说黄连根苦，没娘的孩子比黄连根还要苦。

贾小山一年小，二年大，日月一晃就是五六年。穷人的孩子早懂事。六岁的小山长得活泼可爱，非常孝顺多病的奶奶。俗话说，"一辈传一辈，老猫屋上睡。忠厚才能传家远！"

都说一技在身，养家糊口不犯愁。可是在那人吃人的年代里，穷人就是有三头六臂也难混个温饱。就拿贾春来说吧，手艺那么好，就是天明干到天黑，也挣不了几个钱。一家三口人，娘老儿小的吃饭都怪困难。本来日子也能

[1] 一跌一磕：生活非常艰辛困难。
[2] 拉巴：抚养。

清汤淡水地打发，只是小山娘病死，拉下了一腔的饥荒[3]。把个薄有的家财，踢蹬得四出两气[4]的。偏巧又赶上歉年，真是干渴了给盐水喝。没法子，只有勒紧裤腰带豁上命地干。

祸不单行。双目失明的娘，陈症候[5]又犯了。缺医少药，眼看就要不行了。贾春急得直流眼泪，可流泪顶啥用，干急不如想法子。这穷年月，家家断烟火，户户有饿尸。千寻思万倒量[6]，还是急得眼冒火星子。看到娘在炕上有气无力的难受样，当儿的心比刀剜还难受哩！

俗话说，"鳖急了扒窝，人急了跺脚"。看到娘难受成这样，还不如把娘扔下山沟去，免得在这里不死不活地受洋罪。娘啊！不是做儿子的不孝顺，是为了娘您少遭些难。贾春心想着，去院里把木推车子[7]拾掇[8]好，和儿子贾小山把娘抱到车子上，说是推着她去求医诊病。

贾春推着病危的娘，真是打掉牙往肚里吞。他闷声不响地推着木车过沟翻岭，穿越树林来到村南的悬崖边。

悬崖深不见底。贾春叫小山下车，帮他把车子推下去。车子就作为老母的棺材！贾小山年仅六岁，脑子可聪明得过了杠[9]，他很清楚爹要干啥。眼泪跟断线的珠子一样落下来，他拉着车把哭泣泣地说："爹，光把奶奶拥下去[10]吧？"

贾春说："孩子，恁奶奶拉扯咱这么大可不容易啊！这车子就算是她老人家的棺材吧！"

贾小山泣不成声："爹呀！我是说，车子不能推下去。待几年你老了，我没车子，用啥把你扔下山崖啊？"

孩子的话如万针扎心，刺得贾春激灵灵打了个冷战。

乌鸦反哺，羊羔跪奶，禽兽还知道养老。我这是干的啥呀！贾春后悔不迭，小心翼翼地把娘推回了家。他抱着贾小山说："孩子，是你爹不对，咱就是砸锅子卖铁，俺

[3] 一腔的饥荒：一屁股债。
[4] 踢蹬得四出两气：折腾得一无所有。
[5] 陈症候：多年的疾病。
[6] 千寻思万倒量：思前想后。
[7] 木推车子：独轮车。
[8] 拾掇：整理、收拾一下。
[9] 过了杠：意指聪明机灵。
[10] 拥下去：推下去。

也把你奶奶的病扎裹[1]好。"

甘罗十二岁拜相，孔融四岁让梨。贾小山呢？六岁妙语救祖母。都说好话不出门，那才是骗人呢！贾小山的故事不就走出家门，传遍了山山水水、村村庄庄的每一个地方吗？只要走得直立行得正，才能众口皆碑。

讲述者： 李胜明，男，1967 年 7 月，莱芜市方下镇张公清村，中专
采录者： 王俊莲，女，1964，4 月，莱芜市方下镇张公清村，高中
采录时间： 1990 年 10 月
采录地点： 莱芜市方下镇张公清村

20

老虎沟

平阴县城南有一个小村，叫十里铺。十里铺村东，是连绵起伏的大山。大山中，有一条深沟通到村边。沟上沟下树木茂密，荆棘丛生。常有虎狼出没，人们叫它"老虎沟"。多年来，丢羊丢猪的事时有发生。

小村中，有一户人家。两口子有一个七八岁的男孩，叫狗剩，还有个年迈多病的老母亲。老母亲不能做太多的活，还病病恹恹的，就念叨："我不中用了，把我扔到山沟里去吧。"儿子、孙子不愿听，儿媳妇不吱声。心里也说，你这老不中用，死了也没有人疼得上[2]。

老母亲这年病了两次，花了不少钱。她守着儿媳妇，又念叨："还不如把我扔到老虎沟里去哩！光吃饭，又不干活。"

"山老鸹，尾巴长，娶了媳妇忘了娘。把娘背到山涧里，把媳妇让到炕头上。擀白饼，蘸雪糖，媳妇媳妇你先尝……"

这是念叨不孝顺儿子的顺口溜。常言说：好儿不如好

媳妇。有的男人是糖面耳朵，谁说的甜听谁的，有的专爱听媳妇的。

这一天，老母亲又念叨说："儿啊，你行行好，把我背到老虎沟去吧。我活够了。"

儿媳妇接过话，说："背就背去！"媳妇也可能侍候够了，横鼻子竖眼的[1]。平时没好饭不说，还净叫吃剩的凉的。

当儿的昏了头，也赖他没主意，偏听媳妇的。叫你背，你就背啊？！还好，他包了几块大饼子，背起他娘真上了老虎沟。他把娘放在沟口高岗上，又从沟里舀了一小盆水，把饼子和水放在他娘面前。他给娘磕个头，说："娘啊，你在这里难过几天吧。"扭头就走了。

他走出没十步，他娘止不住伤心，就大放悲声了。

狗剩回家不见了奶奶问他爹："俺奶奶呢？"

"我把你奶奶，送到老虎沟里去了。"他爹实话实说了。

他家修理枣树的一个拉巴杈爬犁[2]，平日里狗剩好拉着玩。他二话不说，找来根长绳子，拴到爬犁上。搁上一个蒲墩[3]，套到肩膀上，就拉着往村东去了。

"你这么小，来干啥？"奶奶看到孙子，眼泪止不住地流下来。

"奶奶，我来叫你哩！"孙子脆生生地回答说。他拉起奶奶，让奶奶坐在爬犁的蒲墩上。把绳套到肩膀上，抓起爬犁使劲拉，可再使劲也拉不动。

狗剩一回头，身后一只老虎蹲着哩！大眼，厚嘴唇上长着几根长胡子。长长的毛，比大狗还大。狗剩看见，也不害怕。他放下绳，面向老虎，说："虎哥哥，你要是帮我把俺奶奶拉回家，我给你个老母鸡吃，行不？"

老虎点点头，慢慢走过来。

狗剩把绳放长，拴到老虎肩上，老虎拉着就走。真奇怪，老虎像知道路似的走在前。该拐弯就拐弯，一直拉到他家门。

狗剩的爹娘看见老虎快进大门了，吓毛了，马上要关

门。再一看，老娘坐在老虎拉的爬犁上，儿子跟在后头，就让老虎拉进了家门。

狗剩给老虎解开绳，正赶上他家的老母鸡在窝里下蛋。他走到窝里，抱起鸡来就送到老虎嘴里，老虎叼着鸡就走了。

两口子把老太太架到屋里，坐下。媳妇给她娘盛上饭，端到跟前。心想，老娘命大，老虎都不吃她。往后，可不能对老娘孬了。

狗剩在墙上楔了个橛子，把爬犁挂在墙上。他娘想劈了烧锅，又怕儿子不愿意。不问儿子不敢劈，就和儿子商量说："爬犁没用了，咱劈了烧锅吧？"

"不行，有用。"狗剩看着他娘说。

"什么用？"他娘问。

"我娶了媳妇，我要把你背到山沟里。叫你孙子用爬犁，把你拉回来哎！"

媳妇看着丈夫说："往后没那事了。"

丈夫对媳妇说："你看见老虎了吗？到以后老虎不拉咱，就吃了咱。"

媳妇一想，是这样。就在香台子[4]摆上供，烧上香，发誓："老天爷爷，我要再不孝顺俺娘，就让老虎吃了我。"

讲述者： 李宗胜，男，1932 年 3 月，平阴县城人，不识字

采录者： 黄文俊，男，1946 年 5 月，平阴县洪范池镇苗海村，教师，大专

采录时间： 2015 年 12 月

采录地点： 平阴县城文庙

[1] 横鼻子竖眼的：没好脸色。

[2] 拉巴杈爬犁：像相布，古代织布机上的一个拉推部件。

[3] 蒲墩：草编的坐墩。

[4] 香台子：烧香摆供祭祀用的桌台。

21

诸葛井

从前，盆圈村出了个姓李的大财主，心地善良，乐助好施。因村子四面环山，吃水不方便。于是，李财主便出钱打井，解决村里用水难的问题。谁知，钱花了无数，仍不见水的影子。

这天夜里，李财主愁得翻来覆去睡不着。迷糊中看到一个拄龙头拐杖的白胡子老头，笑嘻嘻地说："好心人，你别急，车到山前必有路。你那口井是个很好的泉眼，只因沾染了铜钱臭气，才打凿不出水来。若要井出水，除非十八王子来打井。"这样的梦，李财主一连做了三遍。早晨起来，李财主来到井边，瞅着黑洞洞的井口发呆，为十八王子的事发愁。

李财主有个七八岁的孙子，长得精精明明。他看李财主不高兴，忙问："爷爷，您怎么了？"

李财主就将昨晚的梦，跟孙子说了一遍。孙子想了想，便说有办法。于是，他领着爷爷到了打麦场，指着场园里的十八个碌碡，说："爷爷，这就是十八王子。"

李财主恍然大悟，忙让人运碌碡王打井。当最后一个碌碡推下井时，下面传来咕噜咕噜的冒水声，清澈的泉水直喷出来。李财主搂着孙子，笑着说："有智不在年高，无智空活百岁。俺孙子，比诸葛孔明还能呢！"

李财主请了铁匠，化铸了个厚厚的井盖，铸上了"诸葛井"三个字，还请人刻块石碑立在井边。

讲述者： 于淑玲，女，1965年6月，莱芜市莱城区正顺新东方华庭，高中

采录者： 王俊莲，女，1964年4月，莱芜市莱城区方下镇张公清村，高中

采录时间： 2013年10月

采录地点： 莱芜长勺说唱艺术团演练厅

附记

《诸葛井》，是于淑玲听爷爷讲述的，并且在民间广为流传。我曾跟讲述者淑玲到博莱交界的盆圈村去过，现在的村名叫盆泉村，属淄博市博山区石马镇，我们亲自看了故事里的这眼老井，访问了村里五位老年人，都讲述了这个十八王子打井的故事，有的还说自家就是这个聪明孩子的后裔；还有人说他家老族谱上有这个故事的记载，遗憾的是没见到这个族谱，老井口上留下来十余厘米深井绳磨出的痕迹。在民间，有智者往往被广为传颂，因此该故事才得以传到今天。

22

认姨

说了个小孩叫虎子，从小就聪明伶俐，好闹半吊子[1]。十岁的虎子，去苗山庄拜访学友，途中经过一个村子。他饥渴难忍，打谱[2]在村里买点东西垫垫肚子。庄子不很大，一没有饭铺，二没有百货店。真照了那句话，有钱买不到个饱。正当他左右为难，为喝风咽沫不打饥困[3]犯愁时，忽听前面小巷子里，传来妇女骂街的声音。那声音宏亮，骂得那个难听就别提了。

虎子最讨厌这种低俗的民风，就想劝说几句。他寻声找去，就见一个中年妇女骑在墙头上骂得正欢，一大帮家庭妇女围着劝说。虎子听明白了，中年妇女种在栏[4]墙边的南瓜被人偷摘了。

家庭妇女头发长见识短，她怀疑是邻居所为。她不敢指名道姓，又怕别人听不见。于是，骑在墙头上指桑骂槐地发泄着。虎子实在听不下去了，他走到近前大声说：

"小姨，俺娘叫我来看你了。你这是为啥？咋天呼地[5]的不嫌人家笑话呀？"

中年妇女正愁找不到梯子下，听有人叫她小姨，也就借坡下了驴。她跳下墙头，把虎子领到家里。倒上开水叫他喝，又刷锅子秌火[6]，麻利地做了个鲜椿芽炒鸡蛋。接着，和面烙油饼，招待这个眼生的外甥。

中年妇女做的一手好饭食，不大霎，热腾腾的油饼，喷香的炒菜就端上来了。虎子饥肠辘辘，看着油漉漉的面饼早就按捺不住了，拿起饼来就着鲜椿芽炒鸡蛋大吃二喝，来了个肥饱。

中年妇女看着狼吞虎咽的虎子犯了猜疑，我这个外甥怎么这么面生啊！可是，人家既然叫我小姨，一定是我姐家的孩子。可他到底是我哪位大姐的孩子呢？

虎子吃完饭，喝了一碗水，站起身来礼貌地说："小姨，时候不早了，俺还得去苗山见学友，谢谢您老的热情招待。"

中年妇女把虎子送到大门上[7]，她实在憋不住了，就当着四邻的面问道："外甥啊！小姨今天气糊涂了[8]，你到底是我哪个姐姐的孩子啊？我怎么想了大半天，也没想起来啊？"

虎子看了看四邻八舍的婶子大娘们，声音脆响地回答说："小姨，别想了，您是俺亲小姨。您是骑着墙头骂街，俺娘是骑着屋脊骂街，你不是俺小姨又是谁啊？"

众人听了忍不住大笑起来，中年妇女臊[9]得跑进家把屋门关了起来。此后，她再也没有骂过一回街。

讲述者： 刘汉民，男，1943年3月，莱芜市莱城区苗山镇西勺山村，干部

采录者： 亓学贵，男，1954年12月，莱城区杨庄镇冷家庄村，高中

[1] 半吊子：此指诙谐幽默的人。
[2] 打谱：打算。
[3] 不打饥困：饥困指饿，此意为"不饿"。
[4] 栏：猪圈。
[5] 咋天呼地：大声叫喊。
[6] 秌火：点火烧灶。
[7] 大门上：大门外。
[8] 气糊涂了：气晕了头。
[9] 臊：羞愧。

采录时间： 1995 年 5 月

采录地点： 莱芜市农机局

23

解
学
士

从前，埠村东沟头村出了一个有名的人物，后人称他为解学士。这个人幼时聪慧过人，是远近有名的才子。他不到二十岁便成为一个宠臣，被封为学士。

解学士，在他家里排行老五。他的三嫂，是位很有才气的妇人。琴、棋、书、画样样精通，解学士受她的影响极大。幼时，叔嫂二人常在家中嬉闹。

有一年的五月五日，嫂子看小五弟在家中包粽子，灵机一动随口说："五月五日五弟包吴粽。"

解学士调皮地回答道："三夜三更三哥抱三嫂。"嫂嫂嬉笑着追打解学士，解学士只好跑到村外玩耍。

忽然，他碰到一个道士，那道士慨然长叹："齐鲁多才士！"

解学士不解地问："何以见得？"

那道士说："你将来会成为一个天下有名的才子。"

不料，解学士对此不感兴趣，问道："我能做多大的官？"

那道士说道："回去问你嫂子便知！"

解学士回家问起嫂子，嫂子嬉笑道："当个学士，就不小了。"后来，他真的当了学士。

后来，解学士家境败落，迁居章丘城。母子二人，相依为命。母亲靠卖豆腐维持生计，解学士则在学堂认真读书。恰好，解学士与当朝重臣谢尚书住对门。谢尚书门前翠竹茂密。

这年春节，解学士提笔在大门上写下一副对联："门前千节竹，家藏万卷书。"恰好，谢尚书回家过节。看到对联，心中有气，命家人把竹子砍去一半。解学士看后，改为："门前千节竹短，家藏万卷书长。"谢尚书看后，怒气上升。哼！我看你小子有多大才气。他又命家人将竹子连根除掉。解学士一看又改为："门前千节竹短无，家藏万卷书长有。"谢尚书经过查访，知道这个人确实才华出众，当即派管家去请。解学士当时不过是一个小秀才，赶紧应邀前往。

酒席间，谢尚书用讽刺的口吻说："出井之蛙穿绿袄。"解学士一听明白了，就手指盘中红虾回讥道："落锅虾公着红袍。"经过反复对签，谢尚书叹服不已，小小年纪竟有如此才华。后经谢尚书鼎力举荐，皇帝经过大考，解学士确实才华出众，不满二十岁便成为皇帝的宠臣了。

解学士年轻有为，不免为众人嫉妒。而他自恃清高，不啻一鼻。这年春天，细雨蒙蒙。解学士由于赶路太急，不慎跌了一跤。众臣哄堂大笑，都认为你解学士也有跌跤的时候。

解学士爬起来，挺气愤，随口说："春雨贵如油，下得满地流；跌倒解学士，笑死一群牛。"众臣笑声，戛然而止。

解学士的祖母，认为解家祖辈从来没有人出人头地。如今出了他这么个人物，不仅不是好事，家门将有不幸之灾。便吓得宣布，与解学士脱离了祖孙关系。

不久，解学士与皇帝的一个爱妃下棋，无意中做了一个下流的动作。那爱妃生了气，就说："解学士你侮辱皇妃，当灭九族。"

解学士笑着说："别说灭九族，灭十族我也不怕。"那爱妃怒气至极，禀告皇上。果然，解学士祸灭十族。除他的祖母外，无一幸免，全被杀了。

讲述者：	张清河，男，1955 年 3 月，章丘区文祖镇，退休干部，大专
采录者：	李岭，男，1970 年 12 月，章丘区民政局地名志主任，大学
采录时间：	2018 年 10 月
采录地点：	章丘区民政局地名办公室

附
记

这个故事根据章丘区民政局地名办征集的相关资料整理，因资料征集时，提供资料的作者和讲述者信息缺失，因而在整理该故事时，讲述者身份信息一栏空缺，后根据张清河讲述的故事进行整理。该故事原载于《章丘民间故事》。

24

饮酒作诗

东阿县县官邀于阁老陪来访的官员孟大人，孟大人颇有文才。他喝着酒说："咱三人来个游戏吧。"

二人应："好啊！孟大人说说，怎么玩？"

孟大人喝了一口酒，说："咱每人作一首诗。"叨[1]了口菜，又说："字儿带三点水的多，咱围绕水作，行吗？"

县官说："孟大人，您先试一首吧。"

三人同时喝了一杯。孟大人嚼着姜拌藕，说："我按'清'字儿作。

有水也念清，无水也念青。

去掉清边水，添'忄'变作情。

不看僧面看佛面，不为水情为鱼（于）情。"

阁老和县官同时喝彩："好！"

县官说："咱仨再饮一杯，我试试。"

县官咽下口中菜，将头一抬，"我作'湘'字儿。"

[1] 叨：夹。

有水也念湘，无水也念相。

去掉湘边水，添雨变成霜。

各人自扫门前雪，莫管他人瓦上霜。"

阁老和孟大人同时喊好。孟大人说："该阁老哩！"

阁老说："我用'溪'字儿。

有水念个溪，无水也念奚。

去掉溪边水，添鸟变成鸡。

山间狸猫欢似虎，落架的凤凰不如鸡。"

二人都说："好诗，好诗。"

哈哈了一阵子，阁老默然。

孟大人说："阁老堪比唐朝的徐无杖[2]，两次罢官，两次复出。万岁爷早晚会降旨，请你回去的。"

县官说："阁老忠心扶弼社稷，光明磊落，两袖清风，有什么惭愧的？您老人家也会重新起用，更会名传青史的。"

讲述者：	王鲁夫，男，1910 年 1 月，平阴县东阿镇东门村，农民，私塾
采录者：	马文平，男，1955 年 5 月，东阿镇仁和村，退休干部，高中
采录时间：	2015 年 2 月
采录地点：	东阿镇东门村

[2] 徐无杖：徐有功（640—702）名宏敏，字有功，洛州偃师（今偃师市缑氏镇）人，徐有功是国子监博士徐文远的孙子。青年时期，举明经及第。历经蒲州司法参军、司刑（大理）寺丞、秋官（刑部）郎中、左台侍御史、司刑少卿等。他长期在司法任上，是武则天时期与酷吏斗争的一面旗帜，也是历史上罕见的一位以死守法、执正的法官、清官。《新唐史》对他有"虽千载未见其比"之赞誉。他死后，武则天追赠他为大理寺卿。唐中宗李显登位后，加赠他为越州都督（正三品）头衔，并特下制书表彰："节操贞敏，器怀亮直，徇古人之志业，实一代之贤良"和"卓然守法，虽死不移。无屈挠之心，有忠烈之议"。

25

题诗祝寿

于阁老和孟督堂去泰山，经过肥城某村。这户门前围了很多人，还有吹吹打打的响声。一打听，这家给老太太祝寿哩。

督堂大人好事，说："咱看看再走吧。"

二人下了驴，坐在路边石头上休息。听说这家的儿们挺孝顺，年年给他娘过生日。今年老太太正好八十大寿，还雇了"吹手"[1]。客人不少，有的坐车来，有的骑牲口来，拿鸡、鸭、鱼、肉的都有。

不一会儿，家人出来请阁老二人。他俩见了老太太，说明是过路人，并祝老太太"福如东海，寿比南山"。

客人们听二人谈吐不一般，就邀请给老太太写匾。

二人推托不掉，就由孟督堂写了"寿比南山"的横匾。笑得老太太张开没牙的嘴说："请二位贵客喝茶！"

大伙兴致不减，又邀题诗。

督堂对阁老说："这有什么难的？我题上句，你题下句。"

督堂在铺就的红纸上写道："八十老母不算人。"客人们看了，你看我，我看你，挺惊异。

阁老接过笔，蘸了墨写了下句："观音菩萨下凡尘。"人们看后，眉开眼笑了。

督堂又写道："生的儿子是个贼。"老太太的儿们看了，眉头皱起了疙瘩，还吹胡子瞪眼的。

阁老大人抬起胳膊，大笔"刷刷刷"写出了下一句："蟠园偷桃孝母亲。"

众宾客看了都说好。问哪里人氏，阁老笑而不答。督堂大人口快，说："您上东阿城里，问于小人[2]就行。"

讲述者： 于宪芹，男，1924 年 5 月，平阴县东阿镇小河口村，教师，大专

采录者： 黄文俊，男，1946 年 5 月，平阴县洪范池镇苗海村，教师，大专

采录时间： 1957 年 3 月

采录地点： 平阴县洪范池镇苗海村

附记

于慎行（1545—1608），明代文学家、诗人。字可远，又字无垢。东阿县东阿镇（今山东平阴县洪范镇）人。明隆庆二年（1568）进士，改庶吉士，授编修。万历元年（1573）修《穆宗实录》成，进修撰，充日讲官。后升礼部右侍郎、左侍郎，转改吏部，掌詹事府，又升礼部尚书。万历三十三年（1605）诏为詹事未上任，后朝中推出 7 位阁臣，首为于慎行，诏加太子少保兼东阁大学士，入参机务。万历三十五年（1607）归家，后卧病不起，起草遗疏，请皇帝"亲大臣，禄遗逸，补言官"。数日病死，年 63 岁，赠太子太保，谥文定。其著有《谷山笔麈》（18 卷）、《谷城山馆文集》（42 卷）、《谷城

---

[1]　吹手：又称"吹鼓手"，农村红白公事表演的吹打乐队。

[2]　于小人：于阁老十七岁中举，二十三岁中进士，官越做越大，真当了皇帝的老师。从那，旧东阿县人编了句顺口溜："开了东南门，出了个于小人。"说于慎行是"于小人"，这话并不是侮辱他。他确实儿个头不高，"小人"是当地俚言俗语中对个头不高人的形容，不是咒骂做坏事人的那种"小人"。相反，当地及本县的人都尊称他为"阁老"，是人们心目中的清官、好官。

山馆诗集》（20 卷）、《读史漫录》（14 卷）；编纂《兖州府志》。

于慎行的故事在平阴可谓妇孺皆知，大人小孩都能说个三段五段的。我这几十年就注重搜集整理阁老的传说故事，每次得知一点线索，我就会来个刨根问底，结果就一下子找到一大串。

26

大力士苗猛

从前，有个叫苗猛的，家住颜庄村南岭苗家屋子。他从小就有惊人的力气，成年后，身材高大，力大无穷。五六十斤重的石锁玩弄自如，摞碌碡能摞起三个来。天生的神力，在当地颇有名气，人称大力士。

有一年秋天，家中需要一口大缸。为了省钱，一大早就赶到了瓷缸产地博山。在瓷缸市场转了一圈，了解了下行情。

卖缸掌柜问苗猛："是不是买缸？"

苗猛答："是。"接着反问："能否便宜点？"

掌柜又说："便宜不便宜另说，请问你买什么型号的？"

苗猛答："一号的。"

掌柜又问："用什么家什[1] 运？"

苗猛答："用杠子挑。"

掌柜的心想：两口一号缸四百余斤，用车运也是个力气活，头一次听说用肩膀挑的。他重新打量了一下苗猛，

[1] 家什：指运输工具。

不屑地说："如果你挑着过了青石关，中间不休息，我就白送给你，不要钱。"

苗猛问："此话当真？"

掌柜的说："决不食言。"

于是，苗猛用绳索拴住了两个一号缸，插上杠子正要挑时，掌柜的看他真要挑，就说："再送你两套瓷盆吧。"掌柜的暗思：两个缸四百余斤，两套盆一百余斤，共五百多斤。过青石关，一溜上山，路窄且陡，谅你也过不去。接着说："如果你过不了青石关，缸钱照付。"苗猛答："一言为定。"边说边挑起缸来朝青石关方向一路走来。

掌柜就吩咐一名伙计，紧紧跟在苗猛后边。从瓷货市场到青石关顶，少说也得十多里路，别说挑着五百多斤的瓷货，就是空手徒步也累个不轻[1]哩！

苗猛不愧大力士，不急不躁，挑着五百余斤的挑子，轻松自如，毫不费劲。他上坡如履平地，伙计累得气喘吁吁地跟在后边。路上行人见此情景，无不驻足观看，纷纷竖起拇指夸道："真乃神力！"

到了青石关顶，按理说已经赢了。苗猛让伙计舀来一瓢山泉水，挑着瓷缸站着喝下水，就对伙计说："不用送了，回去告诉你家掌柜的，谢谢他送给我的这担货。"说完，健步如飞地下山去了。

苗猛幼年丧父，是母亲一手抚养大的，母亲从小就教育他，老实做人，勤恳做事。长大后，从不惹母亲生气。他做事谨慎小心，虽有一身神力，从不欺负人。

有一天，一伙泼皮欺负苗猛老实，也想试试他到底有多大本事。五六个人一拥而上，有的抱腿，有的拧胳膊，只想把苗猛激怒。不管怎么打，苗猛就是不还手。最后还被泼皮弄伤了，鲜血直流。

苗猛回到家，娘看见儿子身上有伤，就知道是被人打的，心疼地说："儿啊！都说你力气大，本事强，被人打成这样，怎么不还手？"苗猛说："娘，从小您就教育我，打不还手，骂不还口，我怎么能还手呢？！"说罢，用右手掌朝八仙桌角一拍，桌腿陷入地下足有半尺深。

母亲此时理解儿子不还手的原因，怕用力不妥伤及他人性命。

苗猛听一位经常在外打短工的邻居，说了一件气人的事。新泰寨子有一财主，刁钻刻薄，靠他的工头农活好力量大，两人合谋经常欺负外地给他家干农活的短工。他吹着坺土[2]找裂纹[3]，不是打就是骂，害得短工都辞工不干。这样，正合财主之意，不干就不给工钱，这样不知坑了多少人。

苗猛听后，非常愤怒，决心要治治[4]这个工头。他伙同本家一个身强力壮的兄弟，第二天一大早就赶到了寨子的短工市场。财主家工头正在找短工，一看苗猛兄弟两人就相中[5]了。他们讲好价钱，就随工头上坡[6]担谷。山路狭窄，只能单行人。苗猛兄弟二人如此这般，按计行事。两人一前一后把工头夹在中间，前头快走后边紧追。工头哪里是二人的对手，走了不到三里路，工头就累得气喘吁吁，汗流浃背。换肩时，苗猛看时机已到，瞅准机会，把早已准备好的一把谷粒撒向工头两肩，汗水粘住谷粒，换肩时肩膀被谷粒磨得生疼[7]。担谷中间不能歇息，如此几次换肩，工头的肩膀就磨出了鲜血，被汗水浸泡后，疼得像刀割一般。

工头知道碰到硬茬了，他不敢发作，心里窝火[8]。真是哑巴吃黄连，有苦说不出。到家后，工头就病倒了，差点送了性命。从此以后，工头再也不敢和财主同流合污残害他人了。乡亲们得知此事，对苗猛的行侠仗义赞不绝口。

有一次，苗猛从新泰给颜庄盐店运盐。当走到北城子坡到陈家庄路段时，这段三里多的山岭路，路窄且陡。一路的挫脚沙[9]，推不好，车轮就陷在坑内。别的车夫走这段路要互相帮忙，一拉一，或俩拉一。可他单人向前拱，都比他们走得轻快。

当车队行至半山坡时，头车不小心陷在一深坑内，不

[1] 不轻：这里指很累的意思。

[2] 坺土：方言，尘土。

[3] 裂纹：裂缝。

[4] 治治：教训。

[5] 相中：看上了。

[6] 上坡：去庄稼地里干活。

[7] 生疼：很疼。

[8] 窝火：心里有火没法发泄。

[9] 挫脚沙：指路上的沙子多，踩上后滑脚。

能前行，众人趁此机会停车休息。

但苗猛急于回家，因早晨出门时，母亲身体不适，放心不下。又不能坏了规矩，抢辙前行。他就用点棍[1]顶住木车，卸下轮子，把轮子和盐绑在一起，拱手向众工友说道："家母一人在家，急于回家照看，本人先行一步了。"

说罢，扛起推车，一会儿就到了坡顶。那时的推车全是用硬木做成的，光车轮就百十来斤，车盘子一百多斤，再加上两麻袋盐四百斤，共六百余斤，众人看后惊叹不已，齐声喝彩。

俗话说，"有多大饭量，就有多大力气"。苗猛力气大出名，饭量大同样出名。

苗猛母亲从邻居家买来刚出锅的豆渣，趁热掺上棒子面做成窝窝头。刚要生火蒸，邻居家找苗猛母亲有事相帮。母亲刚走，苗猛就回来了。他看见窝窝头还冒着热气，自己正肚饥难忍，就吃了起来，二十多个就剩了两个。

母亲回来，要蒸窝头时，一看只剩了两个，就问苗猛。苗猛说："趁热吃了，怪[2]香的，给您留了两个。"母亲听后说："我的儿啊，娘还没蒸呢！"

从此以后，苗猛饭量大也出名了。

讲述者：　苗宗水，男，1946 年 8 月，莱芜市钢城区颜庄镇颜庄村，农民，初中
采录者：　吕秉华，男，1949 年 10 月，颜庄镇颜庄村，退休干部，大专
采录时间：　2016 年 6 月
采录地点：　莱芜市钢城区颜庄镇颜庄村

附
记

在钢城颜庄村提起大力士苗猛来，凡是上了年纪的，无人不知，无人不晓。他的传奇故事，至今被村民津津乐道。苗猛在颜庄地区苗氏家族历史上，可以说是个名人。此人出身贫寒，父亲早亡，和年老多病的母亲相依为命，全靠苗猛在外打短工维持生活。此人虽没学过武艺，但天生的神力。苗猛的很多故事一直被苗氏后人津津乐道，我根据苗氏后人苗宗水的讲述，采录了这个故事。

[1]　点棍：支撑木车的棍子。
[2]　怪：方言，很。

27

滚地龙

几百年前，村里有户人家。老太太特别善良，无论街坊还是外村人，她都乐于行善积德。她生了个儿子，自幼身体高大，膀阔腰圆，力大无穷，而且还特别孝顺。娘俩过日子，从不让母亲生气，是个大孝子。因家贫无力读书，空有一身力气，不知道怎么用。因他办事莽撞，人送外号"滚地龙"。

那个时候，农村里的普通人家，都是自己纺棉线，织粗布，而且，很少有人买化学颜料，也都是就地取材。采来山里的黄土染黄色，摘来红花捣泥取汁染红色，采下绿叶捣浆取液汁染绿色。虽然染出的颜色不均匀，大人孩子都得穿。人们只有夏天的上衣或是内衣，才能穿白色。

家中的女人们，忙里偷闲纺棉线积攒起来，请来"刷布"师傅刷线[1]，自己织布。如果一家的棉线实在太少，联合几家的棉线一起请人刷布线。每家的棉线用秤称过，

根据线的重量，各家平均分配织多少尺布。

老太太也不例外，除了做饭，喂猪，喂鸡，抽空就纺棉线。长时间纺棉线，纺线的车子懈榫[2]，直晃悠[3]，纺棉线费劲。她就说："儿子！我的纺车子不牢稳，干活费劲。你从山上弄块石头来，压住车子吧。""娘！您放心吧。上午回家，我就给您搬回来。压住车子，保准牢稳！"他怕娘着急就提前收工，看准山崖上有一块大石头，方方正正好用。就左手拿着锄头，右手搬起石头斜挎在腰上，不紧不慢地回了家。他娘正好在饭屋里忙活，知道儿子回来了，也没在意。等她忙完了到屋里一看，大吃一惊："你这孩子，压车子哪能用这么大的石头？屋里连人都盛不下了！"

平常人连想都想不到，这块石头有多大。两米多长，一米多宽，三四十厘米厚。用现在的秤，足有一吨多重！受到娘的埋怨他也不着急，小声嘟念说："我再给你换一块小的不就行了！不过，现在我饿急了。先给我做饭吃饱了，我搬走就是了。""现在还不到饭时，等晌午[4]一块吃！""反正我等不及了！""饺子还是生的，怎么吃？""我先尝尝吧。"怕石头在家里碍事，老太太发话了："水井敞着个大口，容易出危险，万一伤了谁家的人都不好。你把这块石头弄去，盖在井口上吧。"老太太就是热心肠。儿子应了一声，搬起那块大石头，也没见费劲盖在井口上就回家了。

眼看就要晌午了，老太太准备下饺子，在屋里找了一遍，只找到两个空箅子，着急地问："那两箅子饺子哪里去了？""我不是和你说过了吗，我刚才尝尝就没了！""唉哟！我的天呢！我吃什么？再重新包来不及了！这可怎么办呢！"儿子惭愧地说："娘！都怨我吃得太多，没给您剩下。要不我去烧火，你赶紧和面快蒸大包子！""也就只有这么办了！"娘俩一起钻进了饭屋，又忙活起来。

有几个街坊来打水，看到井口盖着一块大石头。几个

[1] 刷线：织布前的一道工序，叫刷线，就是将480根经线的线头分别穿入织布机刷柱里的每个缝隙，经过缠线、提经等工序，使上下两层经线平整顺溜，为开始织布做最后的准备。

[2] 懈榫：织布机经常使用，卯榫就活动了。

[3] 晃悠：来回摇晃。

[4] 晌午：中午，一般指12点左右。

人用力推了推，竟然是六月里的凉水，一冻（动）不冻（动）。急忙回家扛来撬棍，几个人累出了一身汗，总算挪出一个空，刚好可放入盛水桶的口子。

自此以后，人们安心站在石头上提水，安全多了。力量小的妇女，或未成年的孩子，多数是把绳子靠在石头上拉，图个省劲。时间久了，石头就磨出了深深的槽沟。

清朝末年政府无能，内忧外患严重。国家被搞得怨声载道，民怨沸腾。各地穷苦人乞丐帮，被逼无奈上山当了土匪，骚扰百姓。儿子受母亲的教诲，敢于伸张正义。揭竿而起组织起了义军，靠他的身强力壮，打仗勇猛，赢得了众人拥护，推举他当了首领。

他深知自己有勇无谋，不能决断大事。得知本村内有位读书先生，识天文懂地理，熟读兵书很有谋略，就亲自登门拜请。那人早已经知道"滚地龙"领着几十个人闹起义，干的是保护当地百姓的好事。自己也想干一番事业，能为乡亲们做点实事才能心安，就是不知道"滚地龙"有没有这个天分。自己钻进里屋，翻登[1]出一本《周易》看了好几天，又烧香为他祈祷。然后给他算了一卦，原来他是个异人，前生是一个大土蚕成精，投胎人间。见面后一番交谈，滚地龙只有一股粗蛮见解。待要不去，恐误了一身所学。真要去和他共事，又怕他一味蛮干做不成大事。又一想，既然他亲自来请，就有诚心。只要能听进我的建议，照我的计划去办，打了胜仗他会心服口服，往后也许能成大事。于是，辞家做了义军中的军师，帮助他处理军中事务。他们占据章丘南部山岭地区，招兵买马训练队伍，队伍很快发展到近百人，打出了一片天地。

人马多了，遇到的第一个问题就是粮食。山区人多耕地少，产量低，筹不足军粮。没饭吃军心不稳，开小差的多了。急得他睡不好觉，吃不下饭。请来军师商议怎么办，其实军师也没闲着。滚地龙是桑蚕托生，理应到有桑树的地方发展。相公庄北邻桑园村，符合他的命运。平原地区村庄密集，人口众多，地产丰富，征收军粮容易。所以滚地龙问军师怎么解决粮食，这个军中的头等大事，军师建议军队移驻桑园村，作为根据地向四面发展。滚地龙

却有另外的想法，他认为：山区易守难攻，是军队生存根本。离开根据地，人地两生，头领、士兵大多是本地人也不愿意，都有恋家的想法。我们起义的口号，就是保卫家乡平安。粮食固然重要，可以派出军队四处征集，从外边运进来。

由于他坚持自己的主张，没有采纳军师的意见，盲目向南征战。遇到的第一个劲敌，就是驻扎在邻县莱芜娘娘庙的一股起义军。为首的是一员女将，人称"白凤凰"，手下有三百来号人马。她本是一只白母鸡所托生，正与滚地龙命运相克。再加上滚地龙得知是一员女将，从心里轻敌。

初战打了个平手，双方都损失不大，滚地龙仍心存侥幸。不能及时总结战场未能取胜的原因，改变战场战术。军师的建议他听不进去，还是猛打猛冲老战法。结果对方虚晃一枪，假装败退。

滚地龙误以为对方被强烈攻势所败，驱动全部人马猛追。钻进了一条深山沟，两边都是悬崖峭壁。前敌遇到拼命抵抗，两边山上滚木礌石，居高临下倾泻下来。军队无处躲藏，乱成一窝蜂，自相践踏死伤惨重。滚地龙拼着性命只保得军师和几个头领冲出重围。这一场战役，滚地龙的兵马损失九成以上，只好败回章丘暂时休兵。

对方大获全胜，军械马匹缴获甚多，更加强盛起来。滚地龙经过一段时间休整，虽然伤体有所恢复，但是无论兵力还是头领的斗志都受到严重创伤。军师眼看大势已去，悄然离去。滚地龙一心想报一箭之仇，不顾实际情况，又一次贸然出兵，全军覆没，无一人生还。

讲述者：　单立春，男，1950年6月，章丘市文祖镇三德范村，小学

采录者：　孙永安，男，1949年4月，章丘市圣井镇姚庄村，高中

采录时间：　1995年7月

采录地点：　章丘市文祖镇三德范村

---

[1]　翻登：找出。

章丘南部有个锦屏山，锦屏山下有个三德范村。村里重视文物保存，其中就有一块石头被很好地保护起来。说起这块石头还真有来历，已有几百年的历史。由于原来是盖在井口上，防止人们在汲水时掉入井内。经过多年的风吹、雨打、日晒侵蚀，比原来失去了很多。而且，多年来人们用绳索提水，面朝里的一边，被勒出了好几道五厘米深、五六厘米宽的壕沟，大石头上面也被人们脚踩得很光滑。据说几百年前，这块石头还长，还宽，还厚。该故事，在章丘南部莱芜北部流传。

28

干巴野雀[1]

干巴野雀，姓侯，排行老四，莱芜东部山区桃花峪人。他天生腿短一截，走起路来像一个槌子打鼓，一踮一踮的。

那年头，好胳膊好腿的穷人，讨老婆都好比老虎上天，没门。何况他呢！侯四经常风趣地说："我不光耽误了儿子，连孙子也耽误了。"

到了晚年，他左腮瘦得贴了骨，右腮却长出了一个拳头大小的粉瘤；尖鼻子尖下巴，飘一绺花白山羊胡子。与侯四朝夕相伴的，是他喂养的那条歪脖子黄狗，整天形影不离，相依为靠。冬天，侯四经常倚着麦秸垛晒太阳，逮虱子，光着脚丫伸进狗胯里取暖。更笑死人的是，他领着狗走起路来一踮一踮的样子，右腮帮一低，歪脖子黄狗就跳起来舔他的粉瘤，一歪一舔，那洋相要多喜人有多喜人。

侯四住的村子里有个叫王大胖子的财主，最好拿人取乐，搞恶作剧。王大胖子家大业大，财大气粗，是个豆腐

[1] 野雀：喜鹊的俗称。是雀形目鸦科鹊属的一种鸟类。共有 10 个亚种。体长 40—50 厘米，雌雄羽色相似，头、颈、背至尾均为黑色，并自前往后分别呈现紫色、绿蓝色、绿色等光泽，双翅黑色，而在翼肩有一大形白斑，尾远较翅长，呈楔形，嘴、腿、脚纯黑色，腹面以胸为界，前黑后白。留鸟。

嘴、刀子心的人。他还有一大爱好，常在人面前卖弄，讨人奉承。为了让人知道他体恤孤寡，善待乡里，便雇侯四为他看护大门。见他瘦骨伶仃，就取个诨名干巴野雀，意指虽干巴却是喜雀，能为自己带来好运。久而久之，人们都传开了"干巴野雀"，慢慢地把他的真名实姓淡忘了。

（1）猫不吃屎

王大胖子得了只肥硕的狸花猫[1]，很是得意。舍不得给长工吃肉、鱼，全贡了猫。他还时不时[2]地抱在怀里，阳腔阴调地学几声猫叫。

一天，王大胖子小老婆生的闺女屙了摊屎。狸花猫以为是啥好东西，忙不迭地从王大胖子的怀里窜出去，嗅了嗅，咪咪两声又跑回来。恰巧，干巴野雀和他的歪脖子狗路过，不容分说，歪脖子狗扑上去把屎吞进了肚。

王大胖子见是个耍笑人的机会，嘴尖舌快地奚落[3]起来："嘿嘿！干巴野雀唉，这可真是物随其主哩！我的猫只是闻闻，而你的狗却把屎吃了。哈哈，贱，贱！"

干巴野雀针锋相对，他不慌不忙地踅过来，说："老爷你真会寻开心，谁的猫吃屎呢？我的狗贱就贱在吃了屎长成肉，您那猫吃了肉变成了屎。一个变废为宝，一个是变宝为废，真是物随其主啊！"干巴野雀凑过来又说："我的狗没您的猫乖巧！上一回，我给您去百里外的蒙山后送货丢了它，它自己翻山越岭跑了回来。不知哪个该死的，把它的脖子拧歪了。您的猫呢？唉！上个月我还在庄西彭府里见过，只是他家犯下王法抄了家，又跑到您这里。乖巧的猫，下一个你要换谁家呀？"

[1]　狸花猫：家猫。区别于花狸猫，花狸猫是山猫、野猫。
[2]　时不时：方言。时时，经常。
[3]　奚落：讥笑；嘲弄，使人难堪。

（2）残花拜观音

桃花峪有座光明寺，王大胖子因年过半百无子，出巨资塑了座送子观音。一来求子，二来显示自己虔诚，乐善好施。观音像塑成后，王大胖子邀请地方上有头有脸的人物和乡绅财主举行隆重的典礼。

阳春三月，桃花盛开。王大胖子吩咐干巴野雀去光明寺拜观音时，折几枝艳开的桃花，插在观音的净水瓶里。

干巴野雀一走一踮，摇摇晃晃上了山。他的歪脖子黄狗忽左忽右、忽前忽后地不离他的身边。它生怕主人迷了路，还不时地跨起腿来留下记号。

山区的春天，花草遍地。桃花峪以桃花闻名四方，漫山遍野的全是桃花。干巴野雀来到一棵盛开的桃树下，正要折花，忽一想这么艳的花折了多可惜，还是换一棵吧。

干巴野雀换一棵不行，看一棵不中，如此翻了几道山岭，涉了几条河沟，总也不忍心下手。说也巧，有几个顽皮孩子，折了一地桃花，太阳一晒全蔫了。

干巴野雀随便捡了几枝，匆匆地插在观音手托的净水瓶中，用红绸子盖好。回告王大胖子，嘱托他办的事全妥了。

典礼开始。鞭炮声中，有权势的乡绅揭开蒙观音的红绸子。王大胖子笑咧的嘴马上绷门起来，傻呆呆地看着观音手托的净水瓶中那几枝黑白溜秋的桃枝子，蔫皱的桃花瓣飘落了一地。他顿时火冒三丈，一把抓住干巴野雀的衣领子，臭骂了一顿。

干巴野雀咳嗽了几声，挣开王大胖子的手，捋巴着山羊胡，慢条斯理地开了腔："我说王老爷，你发的哪门子邪火呀？看来是观音菩萨显灵，小少爷顽皮折了桃花吧？"

树怕扒皮，人怕揭底。王大胖子听了如同毒蝎子蜇心，几乎背过气去。他抬手又打了干巴野雀一巴掌，正扇在突出的粉瘤上："我叫你不说人话，冲我的喜！"

干巴野雀捂着火辣辣的脸，说："您别生气，我问你，为什么塑观音？"

"让观音保佑我们平安，发慈悲兴子旺孙。"

"对呀！观音娘娘最慈悲，所以我没敢折盛开的桃花，怕不合观音娘娘的本意，惹得她老人家生气，断了您的香火。"说完，双手合十，念叨一声"阿弥陀佛！"引得众人哈哈大笑。

（3）狗戴银锁子

干巴野雀穷得截不起[1]上吊绳，但他的歪脖子狗有段时期却着实风光了一阵子。因为是戴上了银锁子[2]，说起来还蛮有意思呢。

王大胖子的管家为他去办事，让人家骗去了十两银子。于是，低垂着头跟吊了丧没赴席[3]似的回王府一说。王大胖子是个针鼻里算出二两铁的小气鬼，如何不疼得心蹦跶。他责令管家赔，管家吓得腿抽筋。管家的月工资不过几吊钱，他哪里赔得起，又怎肯愿意赔？王大胖子唠叨着骂得那个全，嫌管家是个酒囊饭袋，榆木疙瘩不开窍。骂够了，就端着小泥子壶喝着水说："我一辈子没受过骗，要不咱当场试试。"说着，对围看的人们说："你们都做证，谁要是在午饭前把我从屋里骗到屋外，我不光不怪管家，还有重赏；要是骗不出去，管家丢的银两照赔。"说着，一腚坐在太师椅上。他从脖子上摘下一把正面写着"长命百岁"，反面写着"富贵齐天"的银锁子来，放在八仙桌上。接着说："看见了吗，就奖这个宝贝。"王大胖子说完，斜躺在太师椅上，呼噜呼噜喝茶。他眼望着天棚，摆晃着双脚不再理睬任何人。

管家抓住根救命稻草，如何不用力？他想起主人好色，便说："老爷，七仙女下凡了，正在前大街歇脚呢，咱爷俩去看看吧？"王大胖子如风刮木头橛，一丝不动。管家见这一招不起作用，又猴子吃辣椒，抓耳挠腮地想了一大通。他知道王大胖子爱财如命，就手拍脑门惊叫道："老爷，有大事还忘了告诉你。昨天，村东王东的儿子王三去放羊。在山沟里拾了个聚宝盆，十二个时辰生一对金元宝

两对银元宝。我想，它今天可能生出个金马驹来了。老爷，您去鉴赏鉴赏？"王大胖子转过脸来，笑笑说："去你娘的吧！我是不上你的当的。"管家没了戏，他又搬出县太爷来访，太太生病有请来诓他，都没使王大胖子欠欠腚。其他想发财的人，把脑袋瓜想扁了也没个好办法。眼看就要吃晌午饭了，管家急得冒了一身冷汗，再也顾不得脸面，放下臭架子，求干巴野雀想办法。

管家平常在府上欺弱讹强狗仗人势，人人都恨他。干巴野雀本来就看不惯管家欺下媚上的德行，但为了出王大胖子的洋相，便应了管家，领着黄狗来到客厅前，说："老爷，您这不就是拿我们穷开心吗！像您这么聪明，谁能把您从屋里骗出来？不过，要是倒过来，您在屋外头，我一句话就能把您骗到屋里来。"

王大胖子听了，一想这干巴野雀也有蠢的时候，从屋里骗到屋外，从屋外骗到屋里，这不是半斤八两？再说屋外是个花花世界都骗不动我，屋里有啥我都知道，你不是瞎子点灯，白费蜡吗！想着，放下小泥子壶说："干巴野雀，我下一个银锁的赌注，你有吗？""老爷，我只有一条狗。再说，赌的是管家丢失的十两银子，我有没有东西无所谓。不过，我准赢。要是输了，我把黄狗扒了炖了给您当下酒肴。"

王大胖子最好吃狗肉，也最恨他这条狗。看来，今天是除掉这条狗的好机会哩！想着，一抬屁股站起来，搬着太师椅来到门外坐下喊道："干巴野雀，你骗吧！今天，老爷非吃这狗肉不可！"

干巴野雀将了将山羊胡子，三步并作两步，进屋把银锁子抢在手，说："老爷，我赢了，我已把您样样正正[4]骗到了屋外，您还有啥话可说呢？"说着，把银锁套在了狗脖子上，念叨着："我的宝贝，差一点被人家吃了你的肉。你大难不死必有后福，这把长命锁你戴上风光几天吧……"

王大胖子恍然大悟，守着围观的人不好食言，只得兑了管家的十两银子，自认倒霉。管家千恩万谢。

干巴野雀说："你谢我干啥，是黄狗用命来给你挣的，

[1] 截不起：买不起。

[2] 银锁子：小孩戴在脖子上的，用银打制的小锁。用于驱邪保平安。

[3] 吊了丧没赴席：精神不振。

[4] 样样正正：在此指心甘情愿走出房门。

还不快给它磕头，谢它挣了十两银子的大恩。"

管家不假思索，梆梆梆磕了三个响头。众人笑声中，干巴野雀领着戴着银锁的歪脖黄狗扬长而去。

（4）"告不倒"倒了

桃花峪邻村，有个姓高的讼棍[1]，这家伙游手好闲，专好惹是生非，欺压百姓横行乡里，无恶不作。人们惧怕他的势力，敢怒而不敢言。干巴野雀早想教训他。他仗着几个臭钱，巴结上县衙里八竿子投不着[2]的一个表亲，自称"告不倒"。教训他，一直没找着茬。

真是无巧不成书。腊月里的一天，干巴野雀为王大胖子去蒙阴送信，与"告不倒"撞遇在一个店里。本来干巴野雀先住下的，这家伙不容分说，就把干巴野雀的铺盖卷扔在门边的床上，自己抢占里边暖和的床位。"告不倒"灌了半斤多老烧酒，吹胡子瞪眼地侃[3]了一通他打官司的歪经后，呼呼大睡。

一夜无话。次日一早，干巴野雀卷起"告不倒"的大红棉被。"告不倒"一凉，猛地醒来见干巴野雀正把自己的被子往歪脖子狗身上绑。他顾不得脸面了，一骨碌爬起来，穿着裤头往外跑，冻得浑身哆嗦。

公说公有理，婆说婆有理。两人唇枪舌剑争得面红耳赤，都说被子是自己的。店家见"告不倒"一脸横肉，干巴野雀踮着腿，手无杀鸡之力。他怕出人命官司，急忙告了官。

二人你拖我拽，进了县衙。县太爷升堂，惊堂木一拍喝道："大胆刁民，你们各自的被子有什么标记，从实招来！"

"告不倒"抢先发话："老爷，被子确实是小人的，我的被子新表新里新棉花……"

干巴野雀等"告不倒"说完，不温不火满脸愁容地

[1] 讼棍：意指挑唆讼事，从中取利的人。
[2] 八竿子投不着：比喻关系特别疏远，或者两者之间毫无联系。
[3] 吹胡子瞪眼地侃：酒后失态，发酒疯说大话。

说："老爷，您可要给小民做主啊！你看，我这么大岁数的跛老头子，给我个胆子我也不敢抢他的被子。老爷，我是个残疾人，日子过得苦。全部家当就这么一床被子，最怕让人偷了抢了，便暗暗做了标记，在每个被角缝了个罗汉钱。请老爷明查！"

县太爷听了，忙派衙役当场勘验，果然如干巴野雀所说，就一拍惊堂木，对"告不倒"吼道："混账东西，新表新里新棉花的被子天下有的是。要不是老爷我明白，这床被子险些让你这个无赖讹了去。来人啊！重打二十大板，轰出去。"

"告不倒"明知是干巴野雀夜里做了手脚，可物证在此，浑身是嘴也说不清。他不敢辩白，眼睁睁地看着被子让歪脖子狗驮走了。只得骂县太爷有眼无珠，怪自己夜里睡成死猪，让跛老头子耍了。

"告不倒"挨了二十大板，窝着一肚子火。他一瘸一拐出了县衙，见干巴野雀正在离县衙不远处的一家店铺边，倚着自己的被子，把脚伸进狗胯里闭眼晒太阳。"告不倒"气不打一处来，真想一脚踢死这个和自己作对的跛老头。一抬脚，"哎呀"腚疼得动不了腿，只好哭咧咧地说："被子是我的。"

干巴野雀睁开眼，慢条斯理地说："我也知道是你的，谁叫你自吹'告不倒'，欺压乡亲咪？"

"你是干巴野雀吗？"

"正是，哪，被子还给你吧，那二十大板就是你欺压百姓的报应。"

"告不倒"早闻干巴野雀的大名，今天吃了哑巴亏，自认倒霉。从此，再不敢称"告不倒"了。

（5）教训财主

干巴野雀制服了"告不倒"，乡民们大快人心，连王大胖子也佩服得五体投地，再也不敢明目张胆地惹干巴野雀。干巴野雀的事迹，一传十，十传百，越说越神，很快传扬开来。穷哥们遇上难事，摊了官司，跑几十里路向他讨教，他有求必帮，乐此不倦。

且说邻村有一徐姓汉子，祖上留下八亩水浇田。他精心耕作，勤俭持家，在邻村也算是小康之家。

徐老汉的邻居，是个拥有上百亩沃田的王财主。常言道：人心不足蛇吞象。王财主早就对徐家良田垂涎三尺，软缠硬磨要用自己的十亩旱地换。徐家小门单户，势单力薄，不敢得罪于他。再说，王财主的地也不错，只是缺水，只要打眼井，就变成高产田了，也就勉强答应下来了。两家交换了地契，地就跟了新主人。

徐家全部出动，早出晚归，忙了半个多月终于打出一眼旺泉井。到了秋上[1]，庄稼长得特别好，王财主见了非常眼红，又要变卦。徐家出钱出力，打井改土，眼看粮食到了嘴里又吐出来，如何肯依。事越闹越大，王财主自恃和知县面熟，便花钱来个恶人先告状。

徐家汉子思前想后没有办法，只好跑到桃花峪亲戚家。有沾亲带故的，东拉西扯，认干巴野雀作表叔。

干巴野雀皱了皱眉头，捋着山羊胡子思忖了半晌[2]说："这王财主仗势欺人，实在可恶。哎！衙门口朝南开，有理无钱别进来。要是经官[3]，王财主财大气粗，你如何赢得了他？咱爷们，你的事就是我的事，咱西瓜皮当水瓢，豁上咧。你先回去准备些铜钱碎银，我自有用处。"徐汉子求亲告友东借西凑，不几日就把银钱交给干巴野雀。

县太爷升堂的前一天，干巴野雀沿县衙，先把钱财散出去。要饭的给两个小铜钱，剃头的给两个大铜钱，饭铺的老板给块碎银子，有身份的给块大银子，嘱咐他们说："明天你们只要看我走过来，只要给我一半的银钱就行，我要为俺表侄打官司讨公道，万望给个面子。"众人都知道干巴野雀这个传奇人物，都很乐意帮忙。

第二天，他们一大早就在街上等着，还约来了他们的好友，看干巴野雀如何打赢官司。

且说干巴野雀牵着歪脖子狗，狗脖子上挂个白布袋，倒背着手和徐老汉、王财主，一路向县城走来，刚到城边，早有要饭的上前来问："干巴野雀大爷，您这是干啥去？"

"别提咧，人家骑在俺侄子脖子上撒尿，我去替他讨个公道。"

"哎呀！是谁这么霸道惹您老人家生气？俺穷帮不了大忙，就把这个小铜钱给您，算是帮您点小忙吧！微不足道，请您老人家别嫌少，收下吧！"干巴野雀接过来，放在狗脖子上的白布袋里。

走不多远，剃头的担着挑子过来了，也给了他一个大铜钱。再往前走，饭店老板送来了一块银子，富商则慷慨地给了大块银子，都如此这般说："干巴野雀大爷，钱不多，您拿去买碗茶喝，润润喉咙好打官司。"离县衙不远了，狗脖子上的布袋里装满了铜钱、银两。歪脖子狗晃起来，叮当作响。每响一声，王财主心就跳几下，肉惊一阵。心里嘀咕，这才走了多远，徐家就有这么多钱，而且，越近县衙，给的钱越多。

常言道，"众人拾柴火焰高"。我王家再富，也抵不上众人帮。自己本来就理亏，我看此去凶多吉少。倒不如靠着崖头下驴[4]，送个方便给人吧！省得计划不周，赔了夫人又折兵。想到这，他打躬作揖道："干巴野雀大叔，徐家老弟，咱邻里乡亲的，抬头不见低头见，何必为几亩地对簿公堂呢？！大人不记小人过，宰相肚里跑大船。那十亩地就是老弟的了，为表我的诚意，再送您一头牛和一具拉水车。"

徐家汉子就要答应，干巴野雀一撇山羊胡制止了他。"不行，都到门口了，是理不是理的让县大老爷给评评呗。"

干巴野雀越不依，王财主越害怕，只剩下磕头求饶了："干巴野雀大叔、大爷、大老爷，晌午我在大酒楼请您。"干巴野雀一把夺过王财主挎着的钱袋说："你的牛、水车俺可受用不起。不过，俺侄子为打官司花了不少钱，你要不打官司，这些钱就算是赔偿。"王财主见钱在干巴野雀手里，万般无奈，只好答应下来，找个话茬溜走了。干巴野雀把王财主的钱，都送给了围观的乞丐和孤寡无助的老人、孤儿，众人皆都称善。

[1] 秋上：秋天。

[2] 思忖了半晌：想了一大会儿。

[3] 经官：动了官府，指如果打了官司。

[4] 靠着崖头下驴：借坡下驴。

讲述者：　杨学宝，男，1962年4月，中国冶金地
　　　　　质第二勘探队，职工

采录者：　王俊莲，女，1964年4月，莱芜市莱城
　　　　　区方下镇张公清村，高中

采录时间：　1994年7月

采录地点：　莱芜市莱城区高庄镇苍龙峡景区

附
记

　　在民间有很多幽默人物，他们秉性善良，诙谐、幽默，地位卑微
而又不畏强暴，仗义执言，好打不平。经常以自己的智慧，置达官贵
人、财绅地痞于丢脸境地，深受广大人民群众的喜爱。莱芜东部山区
桃花峪村的干巴野雀，就是其中的一个。他的故事在当地广为流传，
该故事收录在《莱芜民间故事》（下册），李胜华搜集整理，1998年
4月，泰安市新闻出版局出版。

29

孙羲斗功

　　从前，澜头村有位叫孙羲的。提起这人，十里八乡无
人不知，无人不晓。他自小拜武术名家习武，学得一身好
武艺，十八般武艺样样精通，而且此人行事仗义，侠肝义
胆，是远近闻名的拳师。孙羲成为武林高手，只因澜头村
发生了一件使人不能忘怀的历史事件。

　　"光棍大本营"，是驻扎在蒙山一带的土匪团伙，不仅
在当地作恶多端，而且还到新泰、颜庄一带活动，所到之
处，百姓遭殃。

　　有一次，众匪在颜庄抢劫后，听说澜头村是富饶之地，
于是，众匪就朝澜头村而来。颜庄离澜头村八里路左右，
不一会就到。众匪一看，果不其然，他们二话不说，就开
始抢劫，把所有店铺抢了个遍。临走时，还掳走了十二名
妇女作为人质，要用两万大洋才能赎回。整个村庄被土匪
糟蹋得鸡犬不宁，到处哭声一片，遍地狼藉。孙羲亲眼目
睹了这一切，暗下决心，拜师习武，保护村民。几年的时
间，练就了一身本领，轻功、硬功十分了得，成了当地有
名的拳师。

　　澜头村自从被土匪抢劫后，为了防范土匪再次入侵，

村里主事就召集各商铺掌柜和各姓氏族长发动捐款、捐物，修建了围子墙。孙羲被推为民防团团长，带领民防团查夜巡哨，保护村民。从此，澜头村再无土匪敢踏入半步。

有一年夏天，孙羲和往常一样，在围子墙上巡查至白龙潭时，忽见一人向白龙潭方向急速跑来，后面有一队官差紧紧追赶。飞跑之人由于路径不熟，跑到白龙潭悬崖边上。下面是几丈深的水看不见潭底，已无路可走。此时，官差已追到眼前。那人情急之下，纵身一跃，跳入潭中，朝潭西岸游去。官差顿时傻了眼，无所适从。

孙羲就问官差："为何追捕此人？"官差说："此人略会武功，残害乡里，无恶不作，追捕归案。"说话间，逃犯快要游至潭边。若进入山林，如鱼入大海，就不好逮了。说时迟，那时快，从小练就一身轻功的孙羲纵身朝潭中跳去，身轻如燕，来了个蜻蜓点水，一眨眼的工夫就到了逃犯的身后。又来了个鹞子翻身，挡在了逃犯的前面。用手一抓，将逃犯提上岸来，交于官差。此时，逃犯两眼狰狞，目露凶光，朝孙羲瞪了几眼，就被官差押回原籍了。

转眼，十年过去了。有一天，孙羲戴着破草帽，在村东自家地里锄地，听得身后有人问话道："请问孙羲家住何处？"孙羲抬眼一看，似曾相识。猛然想起，此人就是十年前被官差带走之人。孙羲暗思：来者不善，肯定是来寻仇的，便朝自家方向一指后，就抄近路回家了。

回到家后，马上换上了宽袍肥裤，并稍作准备，告知家人，准备迎客。

不一会，寻仇之人就到了家门口。来人自报名号，双方拱手施礼，进入厅堂，酒菜招待。

原来，此人刑满后，为了报被捉之仇，拜名师，苦练武功。几年的工夫，练就了一身的武功，特别是内功十分了得。

酒过三巡，菜过五品，来人酒足饭饱，拱手告别。孙羲携家人送至大门外。来人用双手朝孙羲胸脯一推说："不用远送，请留步，告辞。"就大步流星、头也不回地走了。

孙羲猛然觉得有股强大的内力朝自己袭来，回到厅堂，脱下外衣一看，自己护在胸前的两片铧头，已被来人内功击为数块。原来，孙羲早有准备。他看此人非等闲之

辈，在迎客之前就把两片犁地的铧头护在了胸前。要不是这两片铧头，自己的内脏早已破碎，命已休矣。孙羲和家人说："此人报仇心切，用功过猛。弄不好，也断了两三根肋骨。"果不其然，此人果真断了三根肋骨，在颜庄调养数日后，南行回家。

又几年过去了，孙羲陪一商人去南方进货，正在市场与人讨价还价，见一人两眼直勾勾地望着自己，似有惊诧之意。世间就有这么巧的事，孙羲仔细端量，原来是寻仇之人。两人施礼罢，寻仇之人暗自纳闷。五年前的那一拥[1]，有千钧之力，此人必死无疑，怎么会毫发无损呢？看来此人武功远远超过我，似有相交之意，不过我还得试试，他武功到底有多强。

他相邀孙羲，到一家牛肉铺饮酒。落座后，只有牛肉一盘，没有筷子。此人从腰间抽出牛耳尖刀一把，叉起一块牛肉，朝孙羲口中猛然送去，礼貌地说道："请您品尝！"孙羲面不改色，沉着应战。他张开嘴就朝刀尖迎去，肉到口中，顺势咬下，嚼了起来，边嚼边说："真是美味佳肴，不过骨头没有剔尽。"说着，张开嘴，用舌尖一顶，寒光一闪，一物钉在梁柱之上。众人上前一看，原来是叉肉的刀尖。

围观者齐声喝彩，相遇之人大惊失色，顿时和颜悦色地说："失敬失敬，在下甘拜下风。"孙羲还礼道："免礼免礼，不过雕虫小技，不足挂齿。"

从此，两人成为好朋友。

讲述者：　吴熙滬，男，1951年9月，钢城区颜庄镇澜头村，木工，小学
采录者：　吕秉华，男，1949年10月，颜庄镇颜庄村，退休干部，大专
采录时间：2018年6月
采录地点：莱芜市钢城区颜庄镇澜头村

[1]　一拥：意为一击。

30

真假大胆

有这么两个人，都说自己胆大。

这个说："房前左近[1]死了人，都请我去穿衣裳、梳头；入殓[2]的时候，我都是抱着死尸穿戴。"

那个说："光吹不行，前天一帮土匪在埝头庄外乱葬岗子[3]上杀死个人。半夜三更，你敢给他喂饭去吗？"

这个一听就知道那人胡扯八蛋[4]，人死了还会吃饭吗？也就是试探试探我这个胆吧！接着说："这点事算啥！"守着大伙儿，两个人打了赌咧！要是不去，输一桌酒席。

到了黑夜，吃饱喝足，这个人提着饭罐子来了。到了岗子上，阴森森的，伸手不见五指。头皮也是一阵阵发麻呵！可还得硬着头皮找。找来找去的，脚底下一软，绊了个趔趄。划着火一看，一领破席碴子盖着个玩意儿。旁边一洼血，知道这就是那具死尸。掀开看看，满脸血糊糊的。

这时候，身子就筛开糠咧！"唉！反正来了，喂就喂吧。"

一只手哆嗦着扒死尸的嘴，一只手舀了饭就喂。勺子刚凑到嘴边上，饭就进去了。还没等着拿开勺，"咕咚！"咽了。吓得他扔下罐子就跑，随跑那汗随滴答。跑到家蒙上被窝，就哆嗦成个蛋[5]了。

第二天，那个人提着罐子来了，他还在床上哆嗦着哩。"怎么着了？"

家里人说："别提了，昨天黑夜他活见了鬼咧！这个命怕是……"

这个人一听，哈哈地笑开了。心里话：你就这么个胆？"伙计！起来吧，那是我装的。"

"你……"他露出焦黄的脸，哆嗦着嘴唇说，"那人满脸是血！"

"唉！那是我杀了只鸡，往脸上抹的！"

[1] 房前左近：指四邻八舍。
[2] 入殓：为死者穿衣戴帽。
[3] 乱葬岗子：无人管理任人埋葬尸首的土岗子。
[4] 胡扯八蛋：胡侃瞎说。

[5] 就哆嗦成个蛋：颤抖不止。

讲述者： 曹会方，男，1907年2月，历城区绣川乡白云村，农民，不识字

采录者： 李全仁，男，1938年1月，第二文化馆干部，高中

采录时间： 1987年6月

采录地点： 历城区绣川乡白云村

附记

该故事原载济南市历城区民间文学集成办公室编辑的《历城民间文学集成》资料本；济南市历城区文化局、济南市历城区区志地名办公室内部出版。2018年11月，再编入《历城民间故事》(内部出版)，陈芳主编。

31

孟氏兄弟

早年间，楼台官庄有个姓李的大户人家，因他待人阴阴阳阳、笑里藏刀，别人送他个外号叫"李闷葫芦"。这个李闷葫芦的祖上是个武举，武艺高强，曾经领兵带将。

李闷葫芦小时曾学过武艺，但不精通，只能算个三脚猫四脚蟹[1]的。他平常里依仗权势，欺压善良。

这一年，李闷葫芦心血来潮，在庄东大兴土木，盖了座四柱两层高的楼。新楼完工时，正是麦子黄梢[2]。他把娘叫到楼上看麦田，说："娘！站得高，看得远。今年风调雨顺，麦子长得怪好[3]，您老人家看看吧！往远处看，看到什么地处[4]，咱今年收麦就割到什么地处。"

李闷葫芦他娘是穷人家出身，心地善良。平时就对儿子的行为很气愤，今天听儿子一说，知道他又要冒坏水。她深知百姓的劳作之苦，随口说："我看，楼下这片麦子就不少。"

[1] 三脚猫四脚蟹：比喻对各种技艺略知皮毛的人，形容水平不高，浮浅。
[2] 麦子黄梢：小麦开始成熟的时候。
[3] 怪好：方言，很好。
[4] 地处：地方。

李闷葫芦听了，三角眼一瞪，趁他娘不备，气哼哼地把她从楼上推了下去。可怜的老太太摔了个头烂身折，哼也没来得及哼，就去阎王殿报到去了。羊羔跪奶，乌鸦反哺，畜生都知道爱母。你看，李闷葫芦是个啥东西吧！

路不平有人铲，事不公有人管。方下河东的孟公清村，有个开油坊的孟氏二兄弟。大哥孟老大，个头高大，两膀一晃有千斤力气。他模样虽跟凶神恶煞一样，却是个菩萨心肠，嫉恶如仇。平日里路见不平，拔刀相助。前几天，听到李闷葫芦横行乡里，就想去教训教训他。因忙于生计，也就把这事搁下了。二弟孟老二，生个白白生生的秀才模样，平日里跟大闺女似的，别看他文质彬彬，可是眼里不揉沙子的耿直汉子，和他大哥一样的性格和脾气。

这天，俩人在上豆饼[5]，听来油坊打油[6]的耿大爷说，李闷葫芦把他亲娘从楼上推下来摔死了。两人再也沉不住气了，孟老大对孟老二说："兄弟，你先慢慢地干着，我就不信砖石瓦块成了精[7]。"

老二说："哥，听说李闷葫芦诡计多端。他手下人艺高胆大的，你一个人去行吗？老话说'双拳难敌四手，猛虎害怕群狼'。"

孟老大笑了笑说："咱善不欺，恶要除。你放心吧，没那个金刚钻，咱不揽这个瓷窑货[8]哩！我去去就来。"孟老大草草吃了点饭，准备动身，就东撒目，西照豁[9]，寻个防身的家伙，接连试了几样也不称心。忽然，瞧见门旁那对七八百斤重的油磨盘。试了几下，怪顺心应手，就一手提着一个上了路。小千斤沉[10]的磨盘，在他手里跟草棒那样轻快。

心中有事走得快，孟老大撒腿如飞，一袋烟的工夫就是十拉多里路[11]。

李闷葫芦那红漆大门关得紧紧的，孟老大大喊几声，声高如雷，里面没人应。又叫两声，还是不见回话。气得

[5] 上豆饼：榨油工序，将蒸好的豆糁装进专用铁圈包内，上榨准备榨油。
[6] 打油：买油。
[7] 砖石瓦块成了精：意思是没有用的东西成不了气候。
[8] 瓷窑货：瓷器。
[9] 东撒目，西照豁：地方方言，寻找东西时的样子，也称东寻西找。
[10] 沉：方言，重。
[11] 十拉多里路：十几里路。

老大举起手中磨轻轻一碰，大门"吱呀咣当"一连串的声响。两扇大门一扇砸了个烂，另一扇歪斜在门洞里。

李闷葫芦正在楼上和他的狐朋狗友喝酒取乐，忽然听见响声，正待去看。家人跑来说："大爷，了不得啦，有人打进门来了！"

"哪个吃了熊心豹子胆，敢到老虎嘴边来求食？"李闷葫芦骂骂咧咧，众酒友拔刀抽剑，随李闷葫芦下楼观看。只见一个胖大的汉子，一手提扇磨盘站在那里，如凶猛的金刚。李闷葫芦刚才那股勇气，如冰遇了火。众人面面相视，跟老鼠见了猫一样。李闷葫芦脑子快，见这架把[1]知道来者不善，善者不来。

常言说，"好汉不吃眼前亏"。李闷葫芦急忙换上笑脸，打躬作揖道："哎呀，我当是谁，是大哥呀！"

"呸！"孟老大狠狠地唾了他一口，"好小子，你狗眼看人低。你知道我是谁？就喊大哥。"

李闷葫芦心里"咯噔"一下，这回可是买了新瓮砸烂，找碴的来了。

"嘻嘻，正因不知您的尊姓大名，才这么称呼您呀？！"李闷葫芦一脸的假笑，心里思想着对策。

"好，告诉你，老子行不更名，坐不更姓，我就是孟公清的孟老大。"孟老大声若洪钟，众人听说他就是孟老大，吓得腿肚子都转了筋。

人的名，树的影。这孟老大的名字，在十里八乡的谁个不知，哪个不晓。他才真是个顶天立地的大英雄呢。

李闷葫芦听了，吓得直打哆嗦，谦恭地说："久闻大名，久闻大名啊！不知是壮士登门拜访，罪过呀，罪过！快请楼上坐，管家、管家，孟大爷来啦，快快备好酒好菜。"

上了楼，孟老大把手中的磨盘一放，砸得楼直晃悠。李闷葫芦叫人撤去残汤剩菜，把孟老大让到上首坐了，亲自把壶倒茶。这才是软的怕硬的，硬的怕横的，横的怕不要命的。那些平日里趾高气昂、欺男霸女的狗东西，被镇得如鞭打的毛驴，个个服服帖帖[2]。

孟老大板着脸，一言不发。李府家丁丫鬟进进出出，转花灯样地上菜。不大霎[3]，桌上杯盘罗列。菜是山珍海味，酒是百年陈酿。

李闷葫芦倒了一碗酒，递给孟老大，孟老大不接，却大声说："快请您家老太太出来相见！"李闷葫芦吓得抽回端着的酒，放在桌上。他驴脸一变，哭声泣气[4]地说："哎！家母不幸坠楼身亡，您有什么吩咐就对我说吧！"

"噢，好一个坠楼身亡。"他双眼紧盯了李闷葫芦一下，端起酒"咕咚"一声喝了个干净，又抓起根鸡腿，慢嚼慢咽。

是猫就避鼠。众人见孟老大这样，吓得不敢喝不敢吃。孟老大故意找茬，自然事事逆着干："嗯，这酒不错。来，换大碗，都陪着我喝！谁敢作对，别怪我不客气。"

众人谁敢说一个"不"字，孟老大说："再抬十坛酒来，我喜欢慢慢喝。"

李闷葫芦不敢造次，叫家丁把家藏的十坛好酒全部抬来。孟老大叫把十几坛酒排好，全部揭开盖。他手拿碗，一坛喝一碗，喝到最后把手里的碗一摔，生气地说："什么破酒这么难喝，纯粹拿老子开心！"说着，俯下身去一个扫堂腿，十几个酒坛扫个稀巴烂，酒淌了一地。李闷葫芦见往日那些诈尸舞掌[5]的酒友个个目瞪口呆，气不打一处来。真格是"酒肉朋友千个有，遇难时候无一人"。事到如今是癞蛤蟆垫鳖子，硬撑了。他满脸堆笑说："朋友，酒不好咱再取好的。既然设宴，咱就不怕大肚子汉。咱今天一定叫你喝足喝好！"说着，急忙吩咐家丁再去取酒。

孟老大坐在上首椅子上，故意拿话气李闷葫芦："你算什么朋友，真朋友千个嫌少，仇人可是一个也多呀！"

"那是，那是。"李闷葫芦点头哈腰，一副阿谀奉承的奴才相。这时，早恼了陪客中的两个人。一个叫丢三，一个叫拉四。两人原是绿林大盗，后因官府通缉，便隐姓埋名投到李闷葫芦的手下。两人原先就恶贯满盈，在这里更是无恶不作。两人见孟老大如此轻视他们，不觉气愤，站

[1]　架把：架势。

[2]　服服帖帖：老老实实，非常听话。

[3]　不大霎：时间不长。

[4]　哭声泣气：悲伤欲哭的样子。

[5]　诈尸舞掌：横行霸道的样子。

起来指问："朋友，咱别敬酒不吃吃罚酒。告诉你，俺也不是吃素的。"说着，两人挥拳从左右打来。孟老大坐着不躲，伸出双手抓住两人的胸膛，抬手往后一扬，就从窗口撇了出去。众人吓得大气不敢出，李闷葫芦走路直打坐。"孟大爷，他俩不懂事，您别和他们一般见识，君子肚里能跑船呢！"

"闭上你的臭嘴，老子我喝酒喜欢清静。"众人鸦雀无声，真个是卤水点豆腐，一物降一物哩！

孟老大又喝了十几碗酒，他想看李闷葫芦的葫芦里卖的什么药，就装着说起醉话来。

李闷葫芦见了，暗自欢喜，咬牙切齿地说："哼，自古好汉子死在癞汉子手里。我让你硬，等一会我叫你死无葬身之地。我李闷葫芦也不是好惹的！"想到这，用刀子叉起块精肉说："孟大爷，吃块肉压压酒吧！"说着，用力朝他的嘴里叉去。

孟老大不慌不忙用嘴接住，稍一用力，只听"咯嘣"一声，刀尖和大肉在嘴里来回嚼动。然后，吐出几块刀尖，说："怪不得这么香，是脆骨肉哩！"

李闷葫芦惊得直冒冷汗！就在这时，楼下急冲冲跑上一个人，进屋就喊："哥哥，你没事吧？我来啦！"来人正是孟老大的弟弟孟老二，只见他左手拿把铡刀，右手提着一把二百斤重的大油锤。

李闷葫芦刚才被孟老大镇得溜手溜脚[1]，如今又来这么个粗壮汉子，这不是要我的命吗？想着，急忙叫家丁再备酒菜。孟老大急忙止住："慢着，咱明人不做暗事。今天，俺兄弟俩来为众乡亲讨个公道，争个天理。酒席免了，你有什么本事，就全部使出来吧！"

李闷葫芦巧嘴滑舌地说："朋友，李某素来敬仰二位大名。今日一见，果然名不虚传。你我相会交个朋友，不是比舞刀弄枪要好得多吗？"

"休得胡说，楼下一试。"孟老大说着，提起磨盘和弟弟下了楼，在院内摆好了架势。

李闷葫芦见大势已去，心想：是福不是祸，是祸躲不过。看今天这个架势，不动真格的是没有完。哎！反正是

个打，不是鱼死就是网破。想到这，立即吩咐所有家丁打手一起上。

李闷葫芦的家丁平日里都是些踢寡妇门，挖绝户坟，欺男霸女出的名。论真打可就是瞎子点灯，白费蜡了。

众人亮刀舞剑，把孟氏兄弟两人围在中间，俗话说：光打雷不下雨。李闷葫芦的家丁，只嚷嚷不上。谁的脑袋不是肉长的！丢三、拉四那么厉害都白搭，咱不是飞蛾投火，自取灭亡吗？

李闷葫芦见硬的不行，只好双膝跪地，磕着响头说："两位好汉爷，手下留情……"李闷葫芦声称：自此后一定弃恶从善，再也不敢欺辱乡邻。并说要派轿，将二位敲锣打鼓地送回家。

孟老大本想把他置于死地，为乡民出口气。见他说硬不硬，说软不软，竟一时没了主张。

俗话说，"好汉不打求饶汉"。但一个人的性格，可是生就的骨头长就的肉，能改吗？对，今天要让他输得心服口服。想到这，他对李闷葫芦说："先让你多活两天，时候不早啦，快备轿送俺兄弟俩回家。"

李闷葫芦像一条摇尾狗，忙不迭备来两乘轿。

孟老大说："轿夫俺一个不用，把你的高手选几个来抬轿。"李闷葫芦点头哈腰，一一照办。孟老大又说："本来我应坐进去，可轿太小，那就光把我的家伙头[2]抬回去吧！"说着，把磨盘放在两乘轿中。四个高手急忙去抬，却哪里抬得动？三抬两抬，把个轿杠抬断了。再换几根还是一抬就断，抬轿的急得团团转。

孟老大说："偌大的村子，连根轿杠也找不到。哎！还是我帮个忙吧！"说完，围着楼转了一圈，弯腰把楼四根一搂粗的顶柱拔了出来，楼全部倒塌了。李闷葫芦吓得大气不敢出，众人费了九牛二虎之力把顶柱绑好，轿又给压烂了。

孟老大叹口气说："哎，既然这样不顺心，我只好自己步行回去了。不过我奉劝诸位，以后如再为虎作伥，这轿子轿杠就是样板。"说完，一手一个磨盘和兄弟说说笑笑地走了。

[1] 溜手溜脚：俯首帖耳。

[2] 家伙头：家什，劳动工具。

等兄弟俩走远了，李闷葫芦才站起身，冲着家丁打手说："你们这些白痴、混蛋，我白养你们这么多年。看看吧，人家兄弟俩就搅得咱没法过了！"

从此以后，李闷葫芦再也不狂气[1]了，那座歪了的楼也没敢再修。天长日久，风吹雨淋，大楼只剩下了一个平台。平台周围有种草，状如灰菜，味醇如酒，是当年孟老大打碎酒坛，酒洒出来泡的。

讲述者：　张士民，男，1970年3月，莱芜市方下镇耿公清村，初中

采录者：　王俊莲，女，1964年4月，莱芜市方下镇张公清村，高中

采录时间：　1989年10月

采录地点：　莱芜市方下镇耿公清村

32

王老汉杀蛇

在早，王氏先人由王家泉迁到此地后就出了一件怪事。每当夜幕降临，村里常有孩童丢失。活不见人死不见尸的，村里就以为是豺狼进村干的坏事。傍晚时分，就不让孩子们出来玩耍了。

后来，成年人也出现了这种情形。再就是东山上那个长流水的大泉子，逢半月干一回，这可让村里人纳闷了。这些事不像是豺狼干的，是不是得罪了哪方神灵，降罪给这方百姓呢？大家烧香上供，求神问卜，但还是人心惶惶的。

出了坏事就胡乱寻思[2]，这些事都是老王家搬来后出现的，他们家莫非是灾星？村里人都用异样的眼光，看他们王氏一家人。

一天晚上，月光如水。王老汉怎么也睡不着，就一个人悄悄地带着把镰刀在街上转悠。心想，我一定把这事弄个水落石出，也为初来乍到的老王家正名，让村里人清楚，和我们家一点关系都没有。这么一想，王老汉心里不再害

---

[1]　狂气：为非作歹。

[2]　寻思：乱想，想得多。

怕，那把弯月镰刀握在手里也更有劲了。

当他快到村南头的时候，忽然听到村西边狂风呼呼响起，声音越来越大。眨眼间，王老汉的身上起了一层鸡皮疙瘩。他心想不好，八成是那个吃人的孽畜来了。王老汉腿都迈不动了，也该他命大，突然发现路边有座废弃的石屋子，就火急火燎地钻进去了。刚刚蹲下，就见两盏绿莹莹的灯笼飞驰而来。他屏住气一看，我的个娘呀！哪是什么灯笼？那是一条一搂多粗大蟒蛇的两个眼珠子。他心里话，我今天算是没命了！

大蟒蛇来到石屋前，好像是闻到了王老汉身上的味儿，它是在寻找时机一下子吞掉这个人。王老汉头发梢都挓挲了起来，手里的镰刀竟不由自主地支棱[1]在门口台阶上，刀刃儿在明月映照下泛着缕缕寒光。可巧，这时候一条野狗发现了大蟒蛇，吓得缩在那里发出一声声怪叫。大蛇发现了寒光凛凛的刀刃儿，猛回头冲着那条狗飞奔而去。只见那条狗，远远地就被吸进蟒蛇的肚子去了。之后，飞也似的一路东去。这一幕惊出王老汉一身冷汗，心里话：乖乖，太可怕了！怪不得大人、小孩都不留一点骨头渣子，罪魁祸首就是这条大蟒蛇啊！

王老汉想，多亏这救命的镰刀。要不是它，说不定进了大蟒蛇肚子里的就是我。既然我命不该绝，不如一不做二不休，看看它到底从哪里来又到哪里去。于是，他就远远地盯着那两盏绿灯影，紧跟在后面。没想到，那大蟒蛇飞跑出没多远，停在东山的大泉子里不走了，还传来"吱溜吱溜"喝水似的声音。一切都明白了，怪不得村人都说，那泉眼边的水池半个月就干一回。原来，就是这个孽畜给喝干的。回去给村里人说开，这事就不蹊跷了。

为了验证大蟒蛇是半个月到这里喝一回水，半个月后他老早就在东山大泉边躲起来。还是在二更时分，那条大蟒蛇又来这里喝水。之后，顺着原路呼呼生风地飞走了。王老汉心里有数了，这个大蟒蛇虽然厉害，只是个走熟路、吞顺食的夯货[2]。

一转眼，又到了三五之夜[3]。王老汉事先在村口大蟒蛇必经之路上，埋上了十把锋利的长刀；又在村头，用粗缰绳拴牢了一头健壮的牛犊子。之后，就悄悄地躲进那间石屋里去了。

到了二更时分，那大蟒蛇又呼啸而来，王老汉反倒不害怕了。村口的那头牛犊子大概听到了狂风的声音，看见了那对绿灯笼眼的凶光。吓得又挣又蹬[4]，哞哞地嚎叫。

大蟒蛇一来就闻到了牛犊子的香味，脑袋一挺直冲着它窜去。只听得"哧啦"一声，就见那大蟒蛇长拖拖的身子让长刀刀大开了膛，软皮条儿似的瘫死在了村头上。王老汉看得真真的，激动地爬出石屋，扯着嗓子就大喊："乡亲们，大蟒蛇叫俺把它拾掇了[5]，再也不能祸害人了！"

乡亲们提着灯笼，举着火把凑跟前一看，搂把粗的大蟒蛇从脖颈到尾巴梢儿都血乎淋拉的[6]，那十把长刀给开了膛破了肚。大家这才知道，村上死的那几个大人孩子是这个畜生给祸害的，这才明白都冤枉老王家人了。

讲述者：　张超，男，1963 年 2 月，长清张夏街道土门村，教师，大学
采录者：　魏文森，男，1965 年 7 月，长清区教师进修学校教师，大学
采录时间：　2019 年 7 月
采录地点：　长清区张夏街道土门村

附记

此故事原载于《卢邑故事（村名卷）》（2003 年 12 月，中国广播

[1]　支棱：立放，竖放。
[2]　夯货：意指笨蛋、愚蠢的人
[3]　三五之夜：一般指十五天，广指十五的晚上。
[4]　又挣又蹬：拼命挣扎。
[5]　拾掇了：杀死了。
[6]　血乎淋拉的：浑身是血。

电视出版社，李良森著）。此次采集在原文本基础上补充而成。口述人张超老师祖籍为张夏街道人，对当地地域风情非常了解。

33

庞髯大战姚反口

有一天，一个外村媳妇回娘家路过姚反口。刚要歇息一下，突然从路两边一左一右冲出两个彪形大汉挡住了去路，嘴里喊着："此路是我开，此树是我栽；要想从这过，留下买路财。"

这小媳妇哪里见过这阵势，顿时吓得两腿直打哆嗦，瘫坐在地上。两劫匪一看是个俊俏的小媳妇，就起了歹心。其中一个大汉，扛起小媳妇就跑。

这时，岚峪村的一个小伙子正在山上砍柴，见此情景，大喝一声："朗朗乾坤，光天化日，竟敢抢夺良家妇女，赶紧把她放下！"

两劫匪被这突如其来的吼声，吓得不轻，但当看到对方只有一个人时，马上就稳下心来。俩人商量道："咱俩还怕他一个不成？先揍他一顿再说。"于是，放下小媳妇，拔出刀来威胁道："劝你少管闲事，不然让你血溅姚反口！"

小伙子冷笑一声，指着两人的鼻子说："就你两个小匹夫？如果现在改邪归正，还来得及，要不然……"

俩劫匪哪还听得进去，一左一右夹击过来。

要说这小伙子，还真不含糊，"嗖"的一下跳出了包围，顺势把路边一棵碗口粗的小树连根拔起，像用扫帚扫地一样，来了个秋风扫落叶。再看这两小子，被"呼呼"的风吹出好几步，顿时打了几个滚儿屁滚尿流地逃走了。

原来，这个小伙子姓庞，是附近岚峪村的。他身材魁梧，年轻力壮，年纪轻轻就长满了络腮胡。因此，人送雅号"庞髯"。他虽然没有正宗学过武艺，但打小[1]就爱看戏。边看还边学着舞台上戏里的武生招式偷偷练习，没想到这次还真派上了用场。

小媳妇被救，自然会感激不尽，并且将事情的原委，讲给娘家和婆家人听。于是，就有了"庞髯大战姚反口"的故事。

再说这庞髯，农闲时又到河西去听戏。看到有一出[2]关于他的戏，连名字都是他的，就好奇地看了起来。当看到戏里把他化装成白脸[3]时他不高兴了，就跳上台去，大声质问："俺就是庞髯，你看俺是白脸吗？"

台下听戏的观众一看这人，霎时，吓得跑了一大半……

讲述者：　张金河，男，1949年12月，长清区孝里街道岚峪村，村民，初中
采录者：　曹建民，男，1958年10月，归德街道双乳村，摄影师，大专
采录时间：　2019年6月
采录地点：　长清区孝里街道岚峪村

附
记

从孝里广里往东到大峰山，要走十几里地山路，并且要经过很长一条山峪，这条峪叫"姚反峪"；再往上走，要路过很窄的一道山口，人们俗称"姚反口"。

清朝末期，黄河边的姚河门村姚家有兄弟九个（一说八个），仰仗着人多起誓造反，被清军在孝里东障村东面一带彻底剿灭了，并株连了姚氏家族，全部被开刀问斩。从那时起，姚河门就彻底没有姓姚的了。后来，人们就把剿灭姚氏兄弟的那一带战场称为"姚家反"。"姚家反"处在南北两座山中间，南面的山叫"陡岭峪"，北面的山叫"羊栏山"，因此人们习惯上称"姚反口"。两座山上长满了杂草树木，很是阴森。山口的东、西两面都是挺陡的山坡，爬上去就会气喘吁吁。从陡坡上向两边看，远处的景色都能一览无余。再往东走二里地，就是岚峪村了。

[1]　打小：从小。
[2]　一出：一般指一折戏。
[3]　白脸：中国戏剧中的反面角色。

34

计惩奸商

老东阿县[1]县长庄守忠，诨号[2]庄大头。他在东阿当县官时，勤政爱民，口碑很好。

有一天，庄县长穿便衣步出衙门，看见一个提着画眉[3]笼子的年轻人正在街上晃荡。他歪戴帽子敞着怀，眼睛看着天，一步一摇地走。县长走近搭话，问他："你提的什么鸟？用啥喂鸟？"提鸟人答："这画眉吃米粒，米粒得用鸡蛋黄子[4]搓了，再晾干，要不它不吃。"

庄县长又问："你的老人吃这么好了不？你对你老人也这么细心不？"提鸟人张口结舌要瞪眼，一看这个人来头不小。问话人四方脸，眼不瞪也比自己的大，吓得也没敢吱声。庄县长又教训他说："放下鸟笼子干点活去，好逸恶劳没有好结果。"

这天，庄县长从河西乘木船过黄河。他看到船头上的船夫趿拉着鞋[5]，棉袄没系扣，右折压左折，只用扎腰的[6]系住。他就烦歪戴帽子斜睖眼[7]的人，就说："河上风大，你系好扣子不暖和啊？"撑船人是姜沟的赵尚春，他说："老爷，我这样是为了跳水方便。您知道黄河在这里拐弯，水急好出事。我这船又小，碰巧有人落水，把棉袄一褪，鞋一踢，跳下河救人方便，要是一个个地解扣子不麻烦啊？"庄县长说："您摆渡的，往后这样打扮就行。"随后，就落了个话把，赵尚春免腰，庄县长特赦。

这天，庄县长微服私访。他从魏院回东阿城里，在山岭子半腰里遇着一个推小洪车[8]的老汉。小洪车磨盘大的木头车架子，米半宽的两个车把，半人高的木头独轮，在石头崖子上咯咯噔噔地艰难地往山上爬。这小洪车掌不正把就要歪，劲使小了就走不动。这个老汉穿得挺破，胡子邋遢[9]白头发。车上装了四捆葱，八成[10]到城里去卖。

县长二话不说，从车子上解下一段绳，背到脊梁上就拉。一直拉到山顶，累得白毛子汗[11]。

有个人认得庄县长，问卖葱老汉："给你拉车子的那是谁啊？"老汉当然不认得，那人就告诉他说："那是衙门里堂堂的庄县长！"老汉听了，惊得头上的热汗淌得噗淋噗淋的[12]。

老汉想：天下难找这样的好县长，我再难过也得感谢看得起俺这糟老头子的大老爷。他卖完葱，把洪车放好，向阮家点心店走去。老汉提上两盒点心来到衙门口，衙役当然不叫进。老头也怪有心眼子，就对衙役说："您说我是那个卖葱的老头。"

老汉感激夸赞，县长谦虚推辞之后，县长问："你买的谁的点心？"

"衙前阮家的。"

"这是多少？"

[1] 老东阿县：现平阴县东阿镇。
[2] 诨号：绰号，外号。
[3] 画眉：鹟科，画眉亚科。为常见鸣禽。鸟的鸣声洪亮，婉转动听，并能仿效多种鸟的叫声。还会学人话、猫狗叫、笛声等各种声音，性机敏好斗。
[4] 鸡蛋黄子：蛋黄。
[5] 趿拉着鞋：把鞋后帮踩在脚后跟下。
[6] 扎腰的：一般指腰带或扎腰布。
[7] 歪戴帽子斜睖眼：不是正经人，多指街痞无赖。
[8] 小洪车：独轮车。
[9] 胡子邋遢：不整洁；不利落。
[10] 八成：可能。
[11] 白毛子汗：方言，大汗淋漓。
[12] 噗淋噗淋的：汗流满面。

"二斤整。"

"班头，你把阮家掌柜的请来。"卖葱老汉丈二金刚，摸不到头脑了。因为，阮家的买卖少斤短两。人人都嫌他家不仁义，赚钱太狠利，县长早有耳闻。掌柜的一到，看见买点心的老头，吓了个脸黄。心想，他是县长的什么人，莫不是他亲戚？

县长说："拿秤来，秤秤这二斤点心。"卖葱老汉又是一头雾[1]。"报大老爷，这两盒点心一共一斤零十四两[2]。"

掌柜的心中有鬼，吓得腿子骨都软和了，生怕县官用板子打他的屁股。只听县长对掌柜的说："每斤点心，纸盒占一两应该，正数里差一两就不行了。你可看了秤了，这二斤点心正好差二两？"

"小人看了，小人知道。"随说随下跪，早有人让卖葱的老汉坐在公案旁的凳子上。

"掌柜的，你一天卖多少？"

"二十多斤。"

县长说："就按二十斤算，你一天就坑老百姓二斤半。一年三百六十多天，你得坑人家九百多斤。"庄县长不但隶书毛笔字写得好，账头也快。他脸盘子大头也大，头大心不闷，怪不得有人叫他庄大头。他平心静气地对掌柜的说："做买卖得赚钱，少斤短两可不该。你这独家点心铺，可发大财了！"县长声不高，可理由充分，证据确凿。他接着说："你把东门里的点心铺打跑了，这个账咱不算。你今天说说，你错在哪里？"

"我赚了黑心钱，甘愿受罚。"

"罚多少？"

"听大老爷处治。"

"这样吧，你做买卖也不容易。罚你五千个制钱[3]，按你一年坑人家的点心钱的一半。你要服气，就领着卖葱老汉去你家，把钱交给他。"扭头又喊过账房先生，接着说："麻烦你跟去，当个中间人。班头，提上一斤点心，你把老汉护送回家。老人家送的这礼物，我留一半。"卖

葱老汉站起来，赶紧推辞说："青天大老爷，我不要！"

"你不要，我更不要。"庄县长端起茶杯，走到老汉身边，真诚地说："你这么大年纪了，别再贩卖青菜了。起五更，跑远路，太吃苦。用这五千制钱买点地，安安稳稳地在家过日子吧！"

庄县长送走老汉，破开那斤点心，说："衙役们，都尝尝本县拉车子赚来的点心。"

孬官难忘，好官也难忘。人们至今还流传着庄县长的故事。

讲述者：　秦笃智，男，1938年1月，东平县旧县乡尹村人，初中

采录者：　黄文俊，男，1946年5月，平阴县洪范池镇苗海村，教师，大专

采录时间：　2018年9月

采录地点：　平阴县城文庙

附
记

秦笃智当过几年民办教师，健谈。在平阴不止一人讲庄县长的事。因为，这位老县长给老百姓办过很多好事，因此口碑好。我见过庄县长写的隶书中堂，很有风骨。我觉得老秦讲的非常生动，也很完整。送走老秦后，我采录了这个故事。

[1]　一头雾：形容摸不着头脑，稀里糊涂。

[2]　十四两：过去16两为一斤。

[3]　制钱：方孔铜钱。

35

盗侠张

有一年，东天宫村[1]里出了一位轰动京城的大盗。

这天，大盗夜入东昌府一大户人家，收拾些金银财宝即行潜出，忽听隔壁有人叫娘！他心头一震，因自己幼年就没了娘亲，最不愿听到的就是"娘"！可最愿意看到的还是娘。他探头瞧见[2]，烛光下一中年人正伏在床前，给一位白发苍苍的老夫人喂水，身后还站着两个佣人。

中年人说："娘要是不喝，儿子又要给您老跪下了……"仔细打量正是这家的主人。大盗心想：这厮虽然搜刮民脂，鱼肉乡民，却是孝子！此人还可教也！见此景，索性把敛的财宝，挂在了老夫人的房门口。包袱上边又系上一个价值连城的福字鼻烟壶[3]，以嘉孝行。

此盗见人行孝，非但不掠其财物，反以鼻烟壶相赠，

[1]　天宫村：在平阴县孔村镇，原名天香村。

[2]　探头瞧见：伸头看到，形容侠客的灵活举动。

[3]　福字鼻烟壶：盛鼻烟的容器，小可手握，便于携带；是集多种工艺之大成的袖珍艺术品；采用象牙、玉石、玛瑙、琥珀等材质，运用青花、五彩、雕瓷、套料、巧作、内画等技法，为珍贵文玩，在海内外皆享有盛誉。

非是平常人所为，更非潜行之人[4]所举。此人特立独行，正是赫赫有名的盗侠张。

天香寺修建于唐代，寺院前低后高，分三进院落。高大的寺门，与护法神阁和钟楼为一进院。佛殿主堂为三进院，殿内正中坐着三尊大佛，两侧站立十八罗汉，二十一尊佛像均为精细石雕。大殿两侧各建东西院落，东院设住持僧堂；西院设禅堂、武房；堂后靠山，有白衣洞、菩济洞。天香寺时为一方名刹；由于连年灾荒，寺内烟火萧条。盗侠张与天香寺的住持宏恩法师交情很好，经常住在寺内。他还和少林寺来往甚密，少林寺山门里，院子左边的碑中也见有他的名字。

初冬的一天，盗侠张夜宿天香寺。法师来了一位好友，急需一部分巨资。因此，法师长吁短叹，无计可施。盗侠张从白衣洞内出来，闻得此事，只对二位说："别愁，稍等片刻。"说罢，飞身便走。

一个时辰的工夫，但见他浑身雪白，满载而归。法师出门看天，却是风清月朗。盗侠张会飞行术，众所周知，但很少有人见过。一个时辰他不知走了多远，弄来了这么多财宝！盗侠张问："朋友，这些银子可否够用？"宏恩法师进房来，说："张老弟呀！这可使不得！"只听盗侠张说："我拿他这些银子，只是他们的九牛一毛，何足挂齿？"

原来，盗侠张常去北京城，出入王府如入无人之境。几大王府的宝贝经常不翼而飞，王爷们感到莫名其妙。

这年中秋节，恭亲王和王妃们正在赏月，只见从月中飞下一人。此人近前向亲王道声吉祥，自言："我从九顶莲花山来，借王爷帽一用。"边说边顺手摘下恭亲王的帽子，又随手摘下妃子头上的一颗夜明珠，把夜明珠放进帽子里面，嘴里还念念有词。亲王一愣，众人都感觉像是看戏法一般。等明白过来，这位九顶莲花山人，已然不见踪影。恭亲王何等身份，感到受了奇耻大辱，找慈禧太后诉说苦衷。慈禧太后给光绪皇帝传口谕，要立即捉拿"九顶莲花山"的"月下飞贼"。

光绪赶快让画师们按恭亲王和王妃们的描述，勾画飞贼形象，下旨全国通缉大盗。

[4]　潜行之人：褒义，行里语，指行窃之人。

按当晚月亮的方位，向北京的东南山区排查。锁定了山东地界，寻找莲花山。

济南府、泰安府、兖州府等地都提供了嫌疑人名单，逐个全被排除。最后，确定是平阴县孔村里"九顶莲花山"的盗侠张。

那天，正好是孔村大集，三名四品带刀侍卫在集市上缉拿盗侠张，众百姓吓得纷纷躲避。却见盗侠张气定神闲，逍遥过市。他长辫上扎着红头绳，走起路来还让辫子左右甩动，红头绳的结扣就如蝴蝶上下翻飞。

侍卫们从街北追到街南，盗侠张疾步如飞，身后辫缨飘摇，又像一柄铁杆红缨枪。追到河边，盗侠张在北岸掏出绳镖，抡圆一圈，施出一个飞龙赶月的镖法。他借力腾空，四五丈宽的河面一跃而过。不料，南岸早已设下埋伏。盗侠张毫不惧怕，凛然说道："我乃莲花山盗侠张，恭王府的事是我干的。人都是娘生爹养，你等也有妻儿老小。我不伤你们性命，把我的顶天[1]拿回去交差吧！"说着，把头巾取下凌空一抛，官兵们以为会有暗器，全都蹲在地上。抬头再看，却不见盗侠张的踪影。

刑部差官探得盗侠张藏身之处，五六百官兵把天香寺围了个水泄不通，反复搜查仍然一无所获。差官下令火烧天香寺，大佛殿顿时火光冲天。正要烧东西两院时，就听山上有人喊"你张爷爷在这里哪！"官兵们立即追上山，最后把盗侠张包围在山顶。

盗侠张指着自己头上戴的那顶王帽说："这顶帽子我还没戴够哩！珠子我早已换酒喝了！"他解开裤腰带，不慌不忙地对着差官撒起尿来。

差官大人看到无礼更无知的张洛蕉，不由得哈哈大笑，说道："盗侠张！今天我看你再往哪里跑？"

盗侠张自己也说："往哪里跑啊？再往哪里跑？"

此时，四周的官兵早已刀出鞘箭在弦，兵器套锁哗哗作响，只等差官发令。

盗侠张头也不抬，好像向地上寻找什么东西，嘴里一直念叨着那句话："往哪里跑啊？再往哪里跑？"

官兵们谁也不敢靠近他，差官看了感到很可笑地说：

"嘿！原来是个傻瓜小子！"就见盗侠张两只手向上猛提裤子，嗖的一声，四周的柏树叶晃动了一下，一道黑影，杳然无踪[2]，只剩下那泡尿还冒着热气。

"月下大盗"这么神，慈禧真想见一见这个人。她对盗侠张还挺感兴趣，认为留着他也许会有用场。刑部差官临来时，已经得到口谕"不要伤他性命"。

盗侠张是当朝钦犯，前后一直捉拿了四年。其间他在北京入皇宫进王府，搅得朝廷心神不宁。盗侠张得知，下令烧毁天香寺的那位差官是肃王府的人，他又去收拾了肃王爷的当铺。

王爷们向慈禧叫苦不迭："小小飞贼，坏我国体啊！戏弄朝廷重臣，搅得宫中不安呐！"

太后老佛爷给光绪皇帝传下口谕："拿不到'九顶莲花山'的盗侠张，你就别坐在这龙位上了。"

光绪皇帝吓坏了，下旨：增派精干人手，严加缉拿盗侠张。

光绪十一年（1885）秋，刑部差官花重金收买了盗侠张的同伙金眼朱四。朱四设计使诈，在衡鱼集[3]一家酒楼邀盗侠张饮酒。盗侠张不喜欢饮酒，爱吃黏窝窝[4]。店小二手托一盘热气腾腾的黏窝窝走来，趁其不备将一盘黏窝窝扣在盗侠张的双眼上，已埋伏好的官兵一拥而上，才将他逮住。

盗侠张两只脚的大筋上当场被掼上钢钉，装进木笼囚车，押解北京。事后得知端黏窝窝的店小二，就是京里的一名四品侍卫。盗侠张受尽百般折磨，被杀害在京城菜市口，时年三十八岁。

"九顶莲花山"因为出了朝廷钦犯"月下飞贼"，地方官将此山改名为"菩萨山"。

盗侠张生有二女，当年官兵抄家时，乡亲们冒着杀头之险将其妻女隐藏，免遭杀害。因盗侠张当年是朝廷钦犯，官家豪绅称其飞贼。张氏家族始终不敢把他的名字写进族谱，灵位也不许埋进祖坟。

[1]　顶天：江湖术语，即帽子。

[2]　杳然无踪：杳然，形容看不到，听不见；无影无踪。

[3]　衡鱼集：今肥城市境内的衡鱼村。

[4]　黏窝窝：地方名吃，用黏米做的窝窝头。

讲述者： 张俊杰，男，1958年9月，平阴县教育局退休教师，大专

采录者： 王大庆，男，1956年2月，平阴杏坛文化艺术中心主任，小学

采录时间： 2018年8月

采录地点： 平阴县杏坛文化艺术中心办公室

36

好汉打虎

附 记

东天宫村在平阴县城南三十五里，村西有座山，因山巅有块九瓣莲花石，故名九顶莲花山；在子日子时，有人曾看到莲花石上面坐有一尊金菩萨。此山东部高耸险峻，山体向西逶迤绵长，山阳的怀抱里坐落着一座古刹，名叫天香寺。山下有一村庄，名叫张家山头。

张俊杰老师是盗侠张张洛蕉故里张山头村人，与张洛蕉是同族，对盗侠张洛蕉的事迹了解得比较详细。笔者随张俊杰老师亲自考察了天香寺遗址，菩萨山普济院（莲花山）摩崖石刻，张洛蕉故居等。为了描写翔实，还查阅了《方志》《拳谱》等资料；在张俊杰老师的带领下，我还走访了张洛蕉的外孙等，证实了很多故事情节的真实性。

民谣说：

一片苍茫三面山，
独村横卧东山边；
强人据险无法天，
恐吓村民不得反。

九十九顶摩云山草深林密，三面是山，只有南面是通外的出路。东边山下，只有一个二三十户人家的村子，就是现在的东古德范村。

山上有一伙打家劫舍、占山为王的强盗。他们把这个村子叫"不得反"，意即不可造反。村民不得不按时给强盗"进贡"，成了名符其实的"不得反村"。

有一天，从南边来了个大汉，将一只老虎追至此地一片酸枣丛生的山峪中，并同猛虎进行了一场生死搏斗。最后，这个汉子用酸枣树将猛虎打死。打死虎的地方，现在就叫作"酸枣峪"。这个大汉打死了老虎，但他也被猛虎抓伤多处。善良的村民就留下这个汉子，在村里养伤。原

来，这只猛虎经常吃人伤畜。这个大汉想为民除害，追了它上千里，终于在此地将它打死。村民称这个汉子为"打虎汉"。

一晃十几天过去了，打虎汉的伤基本痊愈了。他一直住在村长的家里，村民们都隔三岔五给他送些好吃的来。就在打虎汉准备离开的夜里，打虎汉听到村长家里有人哭了半夜。

第二天，打虎汉问村长何人在哭，所为何事？村长哭丧着脸，说："山上的强盗头子看中我的独生女，要强娶作压寨夫人。哎！这可咋办呢？！"

打虎汉听完，怒从心头起，义从胆边生。他安慰村长说："没有过不去的火焰山。你别伤心，我自有办法。"于是，把想好的办法告诉了村长，村长听了，转悲为笑。

过了几天，强盗来抢亲。打虎汉一马当先，带领众村民将强盗打得屁滚尿流，抱头鼠窜。打虎汉警告强盗们不得再来侵犯，并挂出了"不得犯"的大旗。

打虎汉留了下来，教众乡亲们习武强身。村长见打虎汉一表人才，而立之年尚未婚娶，就将他的女儿嫁给了这个打虎英雄。打虎汉则据谐音称自姓为"韩"，并在这个村子小溪的西边盖了新房，这就是现在的西古德范村。现在西古德范村外的村碑上，还记有"人人习武"的文字。

后来，有一大学士出外做了官，觉得"不得犯"作为村名不文雅。于是，根据其谐音将村名改为"古德范"，即"道德模范古矣"之意。再后来，各村遂以方位来命名了四个自然村，即今天的东古德范、西古德范、南古德范、北古德范。后人又有诗赞说：

　　三山四村居其间，
　　村名皆为古德范；
　　古德遗风今犹在，
　　打虎英雄美名传。

讲述者：　张新，男，1968 年 5 月，莱城区原山文化研究中心，主任

采录者：　赵克亭，男，1974 年 1 月，莱城区汶源东大街吕花园小区，诗人

采录时间：　2013 年 9 月

采录地点：　莱芜市莱城区苗山镇北古德范村

37

杜涵三告官

明末清初，杜家水口[1]出了一位才子，姓杜，名臻钰，字涵三，自称"水口散人"，乡里皆呼之杜才子。

杜涵三出身贫穷，少年聪慧，在乡试中一举夺魁，乡里称他为神童。后来，他做了教书先生，辗转施教于齐河的表白寺、济南南关、仁风、曲堤、孙耿、淮里庄等地，真可谓"桃李满天下"。关于他的故事很多，最奇的、惊天动地的要数这个。

康熙年间，山东大旱。杜家水口一带，冬季没下雪，春季又滴雨未下，麦苗全部枯死。朝廷得知后，派出命官，巡视这一带灾情。山东巡抚庚展元，为了保住自己的地位，不顾人民死活，假报功绩。他下令各县知县把青麻染成绿色，冒充麦苗，栽到巡抚经过的路上，以显示其管辖地区之丰饶。

杜涵三得知后，非常生气，联合乡里十几人，准备进京告状。庚展元采取威胁、利诱的方法，用重金收买他们。终于，别人都半途而废了，只剩下杜涵三一个人。杜涵三

[1] 杜家水口：现垛石街道，位于济阳县西北部，距县城14公里。

知道，此去必将凶多吉少，便嘱咐家人为他准备后事。经过充分准备，杜涵三上路了。谁知，到京城后，由于当时朝廷腐败，杜涵三被判为"扰天下大乱"之罪，关进了死牢。

庚展元为除后患，拿银两买通狱卒，对杜涵三施以酷刑，想置其于死地。杜涵三虽身陷魔掌，受到了非人的折磨。但他宁死不屈，矢志不移。为了活下去，他先吃了随身带的几本书，又吃光了身上的衣服，最后吃开了人粪尿。他的精神感动了一个狱卒，狱卒对他说："杜才子的骨气令我佩服！才子可有在朝中做官的亲戚，我不忍心看你屈死狱中。如有的话，我可替你送封书信。"

杜涵三想了想说："我与刑部尚书艾元征，有师生情谊。"狱卒说："很好啊！你赶紧写封信，我替你送去。"于是，杜才子快速写了一封短信，交给狱卒，送了出去。

第二天中午，艾元征命人送来酒菜。晚上，他买通了官吏，在牢中会见了杜涵三。艾尚书生性善良，见老师蒙难，奄奄一息，不由得泪流满面，内疚地说："学生来晚了，您老人家受苦了！"杜才子有气无力地说："为黎民百姓，死而无憾。元征，你记得文天祥'人生自古谁无死，留取丹心照汗青'的千古名句吗？"艾元征哭着说："先生，您放心吧，我一定为您老人家申冤！"杜才子紧紧攥住艾尚书的手说："元征，你要三思而行，不要为我而耽误了你的前程啊！""老师放心，我会小心的。其实，做朝中官员，难得清白，学生我已经做够了。"

由于艾尚书的关心照顾，杜涵三身体渐渐复原了。又隔了一个月后的一天夜里，艾元征派人给杜涵三送来一封信。他展开一看，上面写道：事情已办好，先生快走，迅速返乡……

杜涵三准备好行李，连夜逃走了。第二天早上，他已来到卢沟桥，他又急，又饿，又冷，远远望见一家客店，连忙进去用饭。

席间，杜才子忽然听见三声炮响。他一惊，忙问店主："请问主人家，这是怎么回事？"店主答道："山东才子杜涵三状告庚展元，被打进死牢。三声炮响后，才子命归西天了，可怜啊！"

杜涵三听后，泪流满面。他明白了，原来是学生艾元

征代他杀头了。他悲痛欲绝，连饭也没吃，就走了。

一路上，杜才子沿路乞讨。历经风险，终于回到老家杜家水口。回到家后，历经磨难的老才子杜涵三，终因愤于奸佞当道，哀于学生遇难，悲愤交集，不久便谢世了。

讲述者：	刘功富，男，1940年7月，济阳区曲堤街道东街村，中专
采录者：	刘海友，男，1966年10月，济阳区志远学校，校长，大专
采录时间：	2019年3月
采录地点：	济阳区闻韶社区

附
记

这个故事是刘功富讲述的，他为啥给我讲了两个杜涵三的故事呢？据他说：他听到了不低于十个版本，这个故事是代表而已。关于杜涵三告御状的故事，不仅济阳人知道，周边的商河、济南也有很多人知道的。

38

吴老汉闯贼窝

很久以前，谷家公清村有位叫吴天明的老汉。从河北枣强县搬迁而来，他独身一人。据说，儿女都饿死在了逃荒的路上。吴老汉高不过五尺，白净脸，浑身骨剔肉精瘦精瘦的。他脾气好，待人亲切，四邻八舍的老少爷们都和他合得上来。吴天明早年学过武艺，可是谁也不知道他有多大本事。看他这身量个头，十人有八九不相信他练过武艺。

有一年夏天，吴老汉和十几个小青年在河滩上晒麻[1]。歇歇时[2]，那些踩舍龙踏煞虎[3]，力气像牤牛[4]的小伙子，凑在吴老汉跟前，说："吴大爷，听说您年轻时学过艺，今天给俺露一手开开眼吧。"

吴老汉笑笑说："凭我这小巧的个子，要是躺在地上，

[1] 晒麻：淹好的线麻秆子，放在沙滩晾晒定麻皮。
[2] 歇歇时：休息时。
[3] 踩舍龙踏煞虎：也叫"踏舍龙踩舍虎"，指身强力壮的小伙子。
[4] 牤牛：公牛。

你用干腿子[1]也把我压煞[2]了。"众人听了哈哈大笑，有那不知天高地厚的，故意撩拨[3]吴老汉。

树怕扒皮，人怕将军。吴天明心想：你们这些孩子，仗着个胖身子就觉得了不起，不知自己吃几碗干饭。一旦出了家门不定吃啥亏哩！看我煞煞他们的威风吧。让你们知道，姜还是老的辣。他想着捋捋短山羊胡，笑嘻嘻地说："我今天高兴，和你们玩几手吧。我站在沙上，谁能拥倒[4]我，我心甘情愿拜下风。"

小伙子们听罢，顿时来了精神，个个摩拳擦掌，跃跃欲试。

吴老汉从腰里取出双新鞋穿在脚上，不慌不忙往沙滩上一站说："小伙子们，上吧。"众人排着队，一个挨一个轮番去推。吴老汉如脚下生根，纹丝不动。众人累得气喘吁吁，吴老汉笑了笑，把双脚从沙里拔出来一看，新鞋成了吞沙兽，众人惊得直吐舌头。吴老汉不急不火地说："这不算本事，我躺在沙上，谁能把我抱起来，我便拜他为师。"垂头丧气的小伙子们听了，又都来了精神。心想，你连毛加屎[5]加起来，不超过百十斤，用一只手也能把你提起来。

会打拳的不慌。吴老汉就地一躺，一个叫赛如牛的小伙子，搬块三百斤重的石头如儿戏。他压根没把吴老汉放在眼里，伸手就提。谁知，吴老汉像铅蛋样坠手[6]，小伙子连吃奶的劲使上也没动吴老汉分毫。小伙子们见状一拥而上，你拽我拖。不管使多大劲，吴老汉跟粘在地上一样，众人无不称奇。正是真人不露相呢！吴老汉玩得高兴，一个筋斗飞身跃起，凌空打了个利利索索的旋风脚，竟把一株碗口粗的槐树拦腰踢成两截。众人惊得舌头伸出来收不回去了，纷纷跪拜在沙滩上口称服输。

这一年，吴老汉去青岛经商。青岛是座海滨城市，三街六市[7]分外繁华。吴天明夹在人流中，一面欣赏街景，一面寻行问价。正走着，忽见一伙人围着个哭天喊地的闺女。吴老汉生就的菩萨心肠，见那女子哭得可怜，动了恻隐之心。他分开众人来到闺女面前，高兴地说："闺妮，我可找到你咧。别哭咧，跟我家去吧？"围观的人以为他是闺女的爷，纷纷散去了。

闺女也觉得奇怪，自己在城里举目无亲，愣不经地[8]出来这么个人，也摸不透[9]他是干啥的。

吴老汉见众人都走了，才关心地问闺女："孩子，你为啥哭得如酒醉？"

闺女被触到伤处，哭得更痛。她哭眼抹泪地说："大爷，俺是胶东人，带着一百两银子来城里给俺娘看病。我把娘安排在旅馆里，便到城中求医。刚才有个十八九岁的后生和俺并肩走了几步，俺的银子就不见啦！丢了银子，没钱给俺娘看病，才急得这样哭呢！"

吴老汉为之一动，从腰里掏出五十两银子递给她说："闺妮，在家靠父母，出外靠朋友。这点银子你先带回去，给恁娘看病用。等我找到那后生，讨回银子就给你送去。你住哪个店？"

闺女接过银子磕头谢恩："大爷，俺和娘住在泰康店，门牌38号。"说着，道个万福，一步三回头地消失在杂色人流中。

人找人，急煞人。吴老汉在青岛大街小巷按那闺女说的模样，找了两天也没见影子。

功夫不负有心人。这天晌午，吴老汉见一个后生好生眼熟，就紧跟在后来到无人处。吴老汉说："小哥留步，小老兄斗胆寻你数日。请看在我的薄面上，把那闺妮给她娘治病的银子还给她吧！孤女寡母也真够可怜的！"

那后生听了，先是一愣。他知是来者不善，善者不来的对手，连连施礼说："老师驾到，小生有失远迎，请恕罪。"说着，从腰里取出两包银子递给吴天明："老师，这银子一包给失主，另一包是学生孝敬您老人家的，别嫌少。明天晌午午时，委屈老师您到乾坤街门牌35号学生的寒舍叙话。如果失约，就是看不起学生。"吴老汉接过银子，

[1] 干腿子：小腿。
[2] 压煞：压死。
[3] 撩拨：招惹。
[4] 拥倒：方言，推倒。
[5] 连毛加屎：毛重，总重量。
[6] 坠手：重得提不起来。
[7] 三街六市：泛称各街市。
[8] 愣不经地：突然出现。
[9] 摸不透：不知道。

点头应允。

花开两朵，单表一枝。吴老汉带着银子找到泰康店，母女二人千恩万谢。那闺女在娘的耳边叽咕了几句，娘笑了笑说："兄弟，妮子想给您当干闺女，不知你意下如何？"

吴老汉听了正待推辞，闺女早已跪在地上，"梆、梆、梆"叩了三个响头。吴老汉怪高兴，叫来酒菜，欢欢喜喜喝了个认女团圆酒。

有话则长，无话则短。第二天晌午，吴老汉准时赴约。那后生热情地把他迎入大厅，吴老汉见到处人影晃动，戒备森严，知道进了贼窝。他不动声色，听之任之。

吃了点心，那后生彬彬有礼地说："老师，请到东厢房一叙如何？"

吴老汉点头，摆出一副一切请便的架势。两人一前一后走进东厢房，后生眼疾手快把坚硬的厢房门关闭上了锁。贼人非计，他是想把吴老汉活活饿死在厢房里。吴老汉镇定自若，像什么事也没发生似的。他从门缝里往外看，见那守门的三五成群。手拿长矛短剑，防备严密。

过了一个多时辰，守门的贼子听到厢房里有动静。从门缝往里看，见吴老汉坐在椅子上，八仙桌上放着一大壶酒和一只肥大的烧鸡。吴老汉手撕嘴嚼吃得正香。众人惊得直瞪眼，把此事告诉贼头。贼头又增派了几个武艺高强的贼子，严加看守。

第二天晌午，贼子们听屋里有人说话："老师，您要的三斤豆油七斤猪油，我已煮得滚烫带来啦，请老师受用。"吴老汉说："徒儿，你走吧，待会我也要出去散散心。"贼子们听了，忙不迭[1]加人加锁。正在忙着上锁时，只听身后有人说："别忙活啦，小庙里盛不下大神。我到海边去散散心！"说着，抬腿往门外走去。众贼子齐呼啦追赶，总也赶不上吴老汉。只有贼后生紧追不舍，两人串街过市，来到东海边。

吴老汉停住脚，看了眼大汗淋漓的后生，笑着说："小伢子，你跑得不慢，咱爷俩到水上玩玩吧。"不知啥时候，吴老汉的手里多了条一丈多长的红彩绸，飘舞起来如

同一个巨大的绣球在海上飞转。吴老汉飘飘然在水面上行走如飞，隐约还认出穿的鞋子是青色的。他玩了一会，招呼后生说："小伢子，这海上真宽敞凉快，快来和老汉玩玩吧。人多了热闹哩！"说完，"嗖"地入海不见了。过了一会，又在百多米处出现了。还是那么舞，浑身上下一点湿的地处也没有。后生知道遇上了高人，双膝跪下，口称师傅饶命。只要老师您在，小徒再也不敢为非作歹啦。

有人说，吴老汉投奔了黄巢起义军，是一员功劳显赫的常胜大将军。也有人说，黄巢兵败狼虎谷以后，他隐居了山林，埋没姓名。他的干女儿曾多次前往看他，只有第一次在黄巢兵营里见到过他。以后几次，再也没见到。至今胶东某处还立着吴老汉的墓碑，那是他干闺女为纪念他而立的。

讲述者： 谷林青，男，1928年3月，莱芜市方下镇张公清村，村民

采录者： 李胜华，男，1964年4月，莱芜市方下镇张公清村，大专

采录时间： 1987年4月

采录地点： 莱芜市方下镇张公清村

附
记

莱芜方下镇，有五封丘四公清一说。五封丘的来历，是在孙封丘村西有个丘子林。当地老人说，在早，村西有个大庙，庙里住着很多和尚。后来，和尚变坏了，专门欺压附近村民，糟蹋农家女人。他们的罪恶惹怒了大家，大家集合起来把和尚打死，埋在了一个大坑里，称作"丘子林"。五封丘指李封丘、刘封丘、田封邱、孙封丘和徐封丘。四公清指张公清、谷公清、耿公清和孟公清。20世纪50年代，张公清与谷公清合并成一个行政村，就是现在的张公清村。谷公清村谷姓多，有位老人叫谷林青。据说，他曾学过功夫，而且身手不凡，但很少有人见过他练功。有一年，他在村南河滩上晒麻，就如同故事开头讲的那样。让年轻小伙子用力推他，他却纹丝不动。人们这才相信他真的有功夫，谁也不敢在他面前乱说话了。中午休息的时候，他讲了这个故事，听故事的人都认为故事里的吴老汉就是他的原型。

[1] 忙不迭：急忙。

因为他曾在青岛待过，还有一位中年妇女领着孩子，专程从青岛来看望他。但他说啥也不承认故事里的人就是他，但话也没说死。人们对他的武德涵养，更加敬佩了。这个故事曾多次听他讲述过，也曾听别人多次讲过。为了让更多的人了解这个故事，就把这个故事情节记录了下来。1993 年 2 月，该故事以《吴天明》为题，收录在《凤凰城的传说》一书中。李胜华搜集整理，金陵书社出版公司出版。

39

张稷若故事

（1）墨雨

张稷若少年聪颖，幼年时期在今济阳垛石街道罗家码头姥姥家就读。先拜陈苍屏为师，熟读四书及诗、书、易各经，记忆非凡，智慧超人，深得先生和同学们喜爱。

一日，他正在静读《易经》，顿感不适。闭目掐指，知南京城着了天火。大火凶烈，吞食着一切。众百姓东跑是火，西躲是火，哭天嚎地，正乱作一团。他失言大喊一声："不好，南京城着天火了！"正在静读的先生和众同学，都被这突如其来的喊声吓了一跳。再看稷若，他赶紧研墨。研完，慌忙提起笔，蘸足墨，猛地朝南甩了一下，但见三个黑大的墨点带着风声径直朝南飞去。

众同学和先生面面相觑，"稷若莫不是犯了神经错乱？南京城着火，他怎么知道？"有些同学说："尔岐犯了傻。"而有些同学乍疑，他朝南甩下笔，三个黑大的墨点为啥不落下来，反而带着风呼呼地往南飞呢？

事隔几日，这件事情真的有了答案。一从南京赶来罗家码头老家吃侄儿喜酒的罗先生，在筵席上大谈南京失天火的奇闻。他说："你说怪不？前几日南京城突临大难。一场大火从天而降，全城顿时烈火熊熊，浓烟滚滚。楼堂厅舍着的着、倒的倒，千万民众东躲西跑。处处是火，上天不能，入地不成，眼看被活活烧死的当儿，突然，从北方刮来大风，驾着三块黑云过南京城。一块黑云驰过，下了一阵雨，天火顿时失去了凶猛；又一块黑云驰过来，又是一阵黑雨，天火顿灭；接着，第三块黑云停在了南京城头，一阵黑雨盖住了滚滚浓烟。南京城顿时清洁如洗，恢复了依旧的模样。大火过后，全城民众拥上街头，都说这三场黑雨来得好，来得也怪。有一市民说，这定是哪位神仙施恩，救了咱南京城。话音落下，众民众一起面朝北方跪下，烧香燃纸磕头，万分感谢这位神仙。"亲朋亦点头，先惊后喜。

这话自然传到张稷若塾读学堂，传到陈苍屏老师和众同学耳中。大家联系前几日，尔岐甩墨南京犯傻一事，知必是那三个墨点作为。自此，无不敬重稷若，奉稷若为神童，神童稷若的名字幼时就到处远扬了。

附
记

这个故事搜集记录于 20 世纪 80 年代。采录者为济阳县文化局张廷芬老师，原载《济阳民间文学集成》；济阳县文化局内部印行。本次采录整理者为刘海友。

（2）禾田父

从前，有个在海上运粮的官。一天，运粮官的航船在青岛海港码头，装了满满一船谷物。准备开往海南岛，去给在岛上作战的战船补充军粮。上司指令二十日必须到达，误一日也要杀头问罪。

这天，运粮官拔锚起航了。湛蓝色的港湾，碧波粼粼，海鸥戏水，荡起道道涟漪。举目眺望海面，广阔无垠，天水相连，这里是航海家的乐园。航船徐徐驶出港湾，驶向大海。

俗话说，"大海无风三尺浪"。这天，天公作美。海面上刮起了北风，航船顺风而行扬帆急驰南下，运粮官喜出望外。北风一连刮了七天，航船疾驰如飞。照这样下去，再有天把时间，就可抵达海南岛，提前两天把粮送到。运粮官站在甲板上，默默地向天爷爷祈祷、祝福。

突然，船体剧烈地抖动起来，左扭右晃。原来，风向变了，海上刮起了大南风。运粮官立刻命令船员调整风帆，保持航向。谁知，方向还没调整好，就听"咚"的一声巨响，航船猛烈地一颤，撞在了暗礁上。东倒西歪的船员从甲板上爬起来，一起拥到前甲板，目瞪口呆地瞅着运粮官。海水哗哗地往下落，退潮了。不一会的工夫，运粮船完全露出了水面，搁浅了。这是罕见的大退潮，运粮官蹙着眉头在甲板上踱来踱去。他心里想，潮涨潮落乃海水活力，此次落潮为何这般迅猛，这般大落？往时在这里行船，是没什么问题的呀！有大落潮必有大涨潮，好歹船没撞破，待大海涨上来，航船还可起航。

"全体船员，甲板歇息待命！"运粮官发出了口令。

时间很快过去了两天。时至中午，炽热南风不停地刮着，船体木板发出咯咯的干裂声，要是再不涨潮，船体就有干裂的危险。运粮官越想越害怕，眼巴巴地瞅着海水发傻。

"还有一天的时间，我们该怎么办，总不能在这里等死啊？！"一个暴躁的水手憋不住，跳起来喊道。

运粮官也这样想。是啊！再有一天时间就到了，现在连一点涨潮的意思也没有。与其耽误时间杀头问罪，不如弃船逃命吧！

"弃船逃命吧！"运粮官发出了话。船员们哗的一下跳下船，渡水上岸而去。岸上是片一人多高的茅草地，南风吹来，茅草发出沙沙的声响，荒芜中令人不寒而粟。路在何处？众船员举足无措。

"汪汝粥，这是一片虎狼出没的茅草野坡，再往前走，死路一条。"突然，从茅草地里传来一个铜钟般警告声。

运粮官猛地一怔，寻声望去。只见一个白胡子老头盘腿坐在正前方的茅草叶上，便惊奇地问："先生，您怎知吾辈是汪汝弼？"

"此事莫多问，赶快回船去吧！天到子夜时分，就是你的出头之日。届时潮水大涨，北风再起，你会准时抵达海南。"白胡子老头说。

"请问先生尊姓大名，家住何处？日后也好报答您老救命之恩！"运粮官汪汝弼再问。

"我家住济阳城西，离城十八里。姓禾，名田父。"白胡子老头说完，不见了身影。汪汝弼感激地跪下去，朝着"禾田父"消逝的地方就拜，口中感激道："多谢神仙点化，汪汝弼日后愿以犬马相报！"揖罢，直奔航船而去。他渡水到船上一看，愣愣地一惊，只见全体船员都已集结在甲板上。他问大家怎么都回来了，大家都说，是一个白胡子老头叫回来的。汪汝弼紧蹙的眉头舒展了，立刻下令做好出航准备。

待到子夜时分，果然水大涨。海水哗哗地响着往上涨，航船很快漂起来了。汪汝弼高喊一声："起航！"航船顺风顺浪，扬满风帆，向南急驰。不到半天时间，就抵达了海南岛。军粮准时送到了。汪汝弼立了大功。

皇上听说后，诏汪汝弼进京，封他为军机大臣，赏银千两。

汪汝弼婉言谢绝皇上重用，请求只做个小官，到济阳做个县令就行。皇上大笑后准求，令其休养几月再去不迟。汪汝弼接令，迫不及待，即日启程，赶赴济阳。他想，汪汝弼之所以有今天，是亏了救命的济阳禾田父。

汪县令到济阳上任的第一天，立刻把捕头衙役叫来，说道："家住济阳城西，离城十八里。有个姓禾名田父的老先生，快快给我请来！"

捕头衙役来到城西十八里的平棚店，打听禾田父。结果打听来打听去，压根[1]没有这个人，一个个垂头丧气地来见汪汝弼。汪县令心里不快，愁云满面，一言不发。

有个上了岁数的书吏，战战兢兢地小声说："平棚店柳树王村，当年有个白胡子老头很有造化，远近闻名，可他不叫禾田父。"

"他姓甚名何？快快说来。"汪县令道。

"他姓张，名尔岐，字稷若，号蒿庵。"老书吏答道。

"'张尔岐，张稷若'，蒿庵先生。"汪县令脑子里反复揣摸，突然他大喊一声："找到了！禾田父就是张稷若。"说罢，见众衙役人等发傻，接着解释道："你们看这个'稷若'的'稷'字，左边是个禾字旁，右上是个'田'字，右下是个'父'字，拆开来读，不就是张稷若先生的'稷'字吗？"他高兴极了，传令道："快快去请老先生！"

捕快衙役等人，一个动弹的也没有。时才[2]那个战战兢兢的老书吏，不慌不忙地禀报说："大人，稷若先生已去世半载了。"

汪县令听了，大吃一惊。沉默良久，眼泪扑簌流下来。众人傻了眼，你看我，我看你，丈二和尚摸不着头脑。汪县令一阵难过之后，把先前海上运粮如何遇见张稷若先生的事，细细叙说了一遍，众人听得目瞪口呆。

为了缅怀先生，汪县令亲自为其撰写了碑文。碑文刻石后，令立于先生墓前。立碑的这天，汪县令亲自前去祭奠。仪式很庄重，成千上万的人拥来，大人们来缅怀这位德高望重的老先生，孩子们你追我赶地凑热闹。

立碑时，手下人很快就挖好坑，把碑立了起来。汪县令看后，突然火了，气冲冲地说："这碑乃先生生平，后辈人代代崇拜，历经岁月不衰，岂能草草立起。这坑要重挖，挖得再深一些！"谁敢怠慢？于是，把碑抬起，重新挖坑。坑挖深了，有人问汪县令："这回行了吧？"

"不行！"汪县令说，"再挖深一点才是！"于是，再下挖。挖着挖着，突然有人喊："挖着块碑碣！"说着，递与汪县令看。汪县令接过碑碣，只见上面镌刻着："大清嘉庆癸酉二月十三日，汪汝弼来立碑。"

汪汝弼看罢，惊喜地把这块碑碣抱在怀里，泪如泉涌。他对天自言自语："先生操行出众，才智过人；而且未卜先知，救得愚辈汪汝弼一命，又知今日来给你立碑。前知年五百，后知五百年神人也！"说着，跪下来叩头就拜。成千上万的民众也跪下来，向先生的魂灵叩首。

[1] 压根：根本。

[2] 时才：刚才。

这个故事搜集记录于20世纪80年代。采录者为济阳县文化局张廷芬老师，原载《济阳民间文学集成》，济阳县文化局内部印行。本次采录整理者为周媛。

（3）绣花鞋船

一天傍晚，张稷若先生从济阳城里回家。路过土城渡口时，见一年轻媳妇领着个七八岁的女孩，坐在黄河岸边哭哭泣泣。他走了过去，问："你娘俩为何在这里哭泣？"

年轻媳妇慢慢抬起头来，看看眼前这位慈祥的老大爷，抽泣着说："大爷，俺是河南十八户庄的。今天早晨来济阳娘家，想给俺娘说说，叫俺娘给俺这闺女缠脚。"说着，指指女儿一双好看的脚丫，又说："不巧，俺娘走亲戚去了，等了半天也没回来。俺一看天不早了，怕耽误了船过不去黄河，家里还有个吃奶的孩子呢！谁想，俺紧跑慢跑来到这里，最后一班船也走了。俺可咋回家呢？呜——"说着，就又哭起来。

张先生听罢年轻媳妇的一番诉说，心里既可怜，又生气。可怜的是一个妇道人家领个孩子在黄河边无依无靠，家里还有嗷嗷待哺的婴儿，欲退不能，欲走不成；生气的是她大老远回家，为的是来给孩子缠脚。先生最恨给女孩缠脚，好好一双脚，非要把脚趾折断，压在脚心底。求什么"三寸金莲"，这是哪个瞎规矩！

"娘，俺要回家，俺不缠脚。"小女孩看天黑了，怕娘留下来再给她缠脚，吓得哭了起来。

张先生看一眼女孩，好生可爱。黑黑的头发，圆圆的脸蛋，白皙的小脸蛋上一双深深的酒窝，透着童年稚气的美。好端端一个女孩，要是把这双小脚丫硬硬地折断，求个小脚女人，岂不是成了残废？不行，我要救救这孩子。

"孩子！"先生弯腰说，"这河水很浅，你何不从那边蹚过去？"他指了指不远处一群正在蹚水过河的人。

"爷爷，我想蹚过去，我能蹚过去，可俺娘就是不让

蹚水过去！"女孩说得很干脆。

"这可不行，淹死了咋办？"年轻媳妇说。

"那你领她过去不行吗？"先生说。

"不行，不行！俺一双小脚，到水里还不把脚钻到泥里拔不出来呀？"年轻媳妇慌忙说道。

"噢！要是双大脚该是多好哇！"先生似自言自语感慨道。

年轻媳妇听了老大爷的话，看看一双小脚，害羞地低下了头，而小女孩的脸上，则缀满了笑容。

"这样吧，"先生对妇人说，"我可以送你过河，但你得答应我一条。"

年轻媳妇听说老大爷要送她过河，立马从地上站起来，说："老大爷，您说吧。甭说一条，就是十条俺也答应，俺家里还舍着孩子呢！"

"你不是疼孩子吗？"先生说，"那就先从疼这个孩子说起。只要你答应不给孩子缠脚，放她个大脚自由自在，我保准送你过河去！"

"答应答应，俺答应！"年轻媳妇说着，就跪了下去。

"你包袱里裹的可是双小鞋？"先生问。

"是，是。"年轻媳妇说着忙把包袱里裹着一双尖尖的，用来给女儿缠脚后穿的绣花鞋拿了出来，递给老大爷。

张先生接过那双尖尖的绣花鞋，一用劲就把它扔到河里去了。顿时，那双尖尖的绣花鞋化作了一只大船。

"你娘俩上船，快过河去吧。"先生说。

"是，多谢……"年轻媳妇跪下拜谢，话还没说完，那老大爷不见了。

"今日可真是遇上神仙了！"年轻媳妇领起女儿上了那绣花鞋化作的大船，安安稳稳地渡河而去，平平安安地回到了家。

听人说，后来，那个小女孩长大，真的没缠脚。她出嫁后，还同男人一块领着她那没缠脚的小女儿，来河北边谢过张稷若先生哩！

讲述者：　　孙如卿，男，1932年8月，济阳区二太

平乡孙家店村，私塾

采录者：　孙光玉，男，1964年6月，济阳区二太

平乡孙家店村，高中

采录时间：　1997年2月

采录地点：　济阳县回河镇张稷若村

（4）高粱粥

张稷若先生一生著书立说，弟子诸多，唯有艾元征更出类拔萃，得先生偏爱。

先生曾立誓，只要清家一天不灭，他一天不做官。因而隐居乡里，读经写史，明海后人。而弟子艾元征却十分注重名禄，不听先生劝阻，私自进京科考，一举成名，被朝廷命为"光刑部尚书"。

稷若先生尽管心下不悦，表面上仍一如平水，心下道："人各有志，不可强人所为。"也只好由他去了，不过想是这么想，心里却始终牵挂着元征在京的一切。

艾元征虽得高禄，仍不忘恩师教诲，事事处处检省着自己的一切作为，清正廉明，刚直不阿。然时候长了，潜移默化，朝廷内的闲逸腐败，奢侈浪费，或多或少地给他些影响。

一年的秋天，高粱熟了的时候，光禄刑部尚书艾元征回济阳县孙耿老家省亲，先落轿于恩师张稷若家。下轿后，他就急切切敲门与恩师面谈，一叙阔别之情。

张稷若知元征来了，很是高兴，连忙搁下手中笔去开门，可脚刚迈出一步又收了回来，转头对妻室程氏说："元征身居高官要职，困于污泥腐败之地，食山珍海味，难免染上些毛病。人间的珍肴他都吃腻了，你还是给他点开胃清神的饭吃吃，也好让他忆起昔日清贫生活，发奋做人。这样吧，你去地里割几穗高粱来，给他做碗高粱粥喝吧！"说完，进内屋避而不见。贤惠的程氏深知先生的一片苦心，把元征迎进门来，亲热地叙谈了几句之后，到地里割来了新熟的高粱，给远道而来的元征熬了碗高粱粥，热气腾腾地端了上来。

艾元征接过师母送来的高粱粥，眼含热泪。昔日与先生清贫治学的情景，幕幕浮现在眼前，不由人一阵心酸。恩师博学多识，安于清贫，家境寒酸到如此地步，仍孜孜不倦，治学于精。实为吾辈楷模……看着热气腾腾，泛着土腥味的高粱粥，艾元征直呆呆发愣。师母见此情景，倍觉寒酸，难堪得低下了头。是啊！人家元征是朝廷的大官，如今还大老远地先来看你。你不但避而不见，还给人家不稀罕的高粱粥喝。这像个先生样吗？！她这样想着，不觉扑簌簌掉下泪来。

高粱粥凉了，艾元征欲喝又止。他放下高粱粥，吩咐随从留下银两救济恩师，上轿而去。

艾元征刚走出门，稷若先生老泪纵横地从里屋走了出来。他长叹一声："元征，你免不了杀头之祸也！"

程氏听此一言，再看先生满脸泪花，不觉大惊，忙问何由。

张稷若叹说："我卜到，不久元征要遭人暗算，人家要割他的头。救他的办法只有一个，就是喝了这碗新熟的高粱粥。谁知他杂念诸多，没有喝呢！"

程氏不解地问："为啥喝了这碗粥就能逢凶化吉，免遭掉头之祸呢？"

先生说："你刚才新做的高粱粥不是新从地里割来的高粱头吗？元征若喝了，即为杀头之日已过。这新割的高粱头，权作他的头。这在神学中曰替身契机，定会免遭此难。谁知他，他，咳……"先生仰面长叹，深深地吁出一口气，泪如泉涌，好不悲痛。

果不然，艾元征轿回京都不久，便被朝廷内一群奸臣陷害。头被割掉，无从查落。

如今，济阳一带皆传艾尚书"无头殡葬"之说。究竟艾尚书如何掉头，又怎样掉的头呢，谁也说不清道不明。

这个故事搜集记录于 20 世纪 80 年代。采录者为济阳县文化局张廷芬老师，原载《济阳民间文学集成》，济阳县文化局内部印行。本次采录者为刘敏。

（5）点虫成龙

仁风北街，有个闻名的神庙。神庙之神，在于庙内有小虫。周围百里乡亲，婚丧嫁娶，请神许愿，皆都到此烧香磕头，结果事事如愿。如此，神庙威望越来越高，乃至朝廷命官到此，也都下轿燃香供食，求助神灵。

某年夏，久旱不雨，天热如蒸，庄稼干枯到了见火就燃的地步，老百姓眼巴巴望着刺眼的苍天作傻，盼雨如命。

一日，谙熟《奇门遁甲》的张稷若先生讲学来到仁风，路过神庙时，见成百上千的百姓跪倒在神庙前，鸣锣响鼓，燃香叩头，正在虔诚地求神降雨。

"老天爷，睁开眼看看我们吧！"

"苍天啊，快降甘露，救救我们吧！"

"老天爷，可怜可怜，快下雨，救救孩子们！"

神庙前一片祈祷声。

张稷若见状，十分痛心，不声不响地偷偷进了神庙。但见神庙内供桌上，满摆供食，蜡光通明，香雾缭绕。再看，供桌正中上方供奉着一只装饰精美的玻璃盒。再细看，盒内放着一只像干豆秸一样的干巴小虫。张先生不解！正在迷惑时，庙外锣鼓声和着凄凉悲哀的祈祷声又起，他忽地来了主意。于是，闭目合十，吐出咒语喃喃。咒语即出，只见盒内干巴小虫慢慢苏醒复活，驱动起来。再念，小虫由小变大。再念，再变大。念念念，大大大。小虫变作一条大龙，腾空而起。神龙在空中摇头摆尾，顷刻，天空乌云翻滚，电闪和着雨鸣，大雨倾盆而下。

众百姓望着腾空的大龙，浇着倾盆的大雨，喜出望外，惊愕地叩头，再叩头。

次年，仁风一带风调雨顺，五谷丰登，百姓丰衣足食。

这个故事搜集记录于 20 世纪 80 年代，采录者为济阳县文化局张廷芬老师，原载《济阳民间文学集成》，济阳县文化局内部印行。本次采录整理者为刘海友。

（6）天机不可泄露

张稷若先生有块神奇的小菜地，因为他施肥不比别人多，浇水、耘锄不比别人勤，却年年种，年年收。种瓜，瓜大肉嫩；种粮，粒大饱满。人们猜想，张先生懂天文，识地理，精通物候。他一定预知年景收成，种啥收啥。咱们去问问他种啥好，也好提前准备种子。可谁也不带头去问他，人们都怕先生不说。

有一年春天，播种季节到了。一天，他的小外甥民民蹦蹦跳跳地来了，一进门就喊："姥爷，我来了！"

"你来干啥？"张稷若边说，边喜爱地把小外甥搂在怀里，像捋小狗一样，捋着外甥的后脑勺问。

"俺娘叫我来问姥爷，今年种啥庄稼？"小外甥说，"俺娘说，姥爷说种啥庄稼，俺今年就种啥庄稼。俺娘还说，秋后丰收了，给我买个皮帽子……"

没等小外甥说完，张稷若就乐了。

"好好好！我的小外甥中用了，会学舌了，是个聪明的孩子。你回去给你娘说，今年的庄稼都收！"

小外甥吃罢午饭，蹦蹦跳跳地回了家。回到家后，他把姥爷说的话一字不差地学给娘听了一遍。

民民娘是个聪颖绝顶的女子，听了儿子的学舌，她反复琢磨着："今年的庄稼都收！"几个字，都收，都收，就是什么都收，可庄稼有喜旱的，有喜水的，哪有什么都收的理？不对？都收，都收，都……对了！是"豆"，豆收，收豆子！

这年春天，她的庄稼地里全部种了豆子。秋后，满地的豆子长得跟小树一样高，豆夹子一嘟噜一串的。豆收了，一囤一囤的豆子金黄金黄。

第二年，麦收快要来临的时候，女儿抽空来看父亲。中午，张先生让女儿烧火，他亲自和面给女儿烙饼吃。女儿点着火不一会儿，张先生的饼已经烙好了。

张先生撕下一块递给女儿，说："快吃吧，吃饱饭才有气力干活。"

女儿接过饼咬了一口，含在嘴里咯咯地笑了起来，说："爹，你这是烙的啥饼啊？也不过七成熟，这么[1]能吃？"

张先生听了不以为然，慢吞吞地回答说："就这样七分熟吃吧，熟了就不好吃了！"这是什么道理？聪慧的女儿已经明白了爹爹的暗示，饼是麦子做的，现在地里的麦子正好七分熟，要赶紧收。

她吃完饭，急急地回了家，把七分熟的麦子全部割回家来了。

翌日，狂风裹着枣大的冰雹无情地吹打了麦田，眼看就要到口的粮食被敲打得一干二净，街坊们痛不欲声。

为什么张先生的女儿种豆收豆，种麦收麦？纸里包不住火。人们很快知道了这里面的奥秘，凡遇耕、种、收、割，都请先生指点。

又一年的春天来了，街坊们问张先生："先生，今年种什么好啊？"

"今年有酒喝！"他回答说。酒是高粱做的。对，种高粱，都种高粱。结果，这年的高粱秆粗叶穗大，红彤彤一片连一片。街坊们尝到了丰收的喜悦，个个笑逐颜开。

秋过冬至春又到，转过脸来又一年。街坊们问张先生："今年种什么好啊？"

"嗨！"张先生叹口气回答说，"这年景不好，庄稼人要低着头喝顿饭就知足了！"

这是种啥庄稼？有人不解便再问，张先生就不耐烦了，说："你黏糊啥？我不是说过了吗？"

众人又犯开了猜忌，弯腰低头喝饭？黏糊？谷子、黍子穗头不是弯腰低头吗？做成饭不是黏糊吗？谷子、黍子不是做稀饭喝的吗？对，种谷黍。结果，这年的谷黍大丰收，穷街坊们又迎来个丰收年。

[1] 这么：怎么。

从此，年年种，年年收，人们不再愁吃穿。众百姓感谢张先生，每年丰收之后，都买着酒提着肉去看看他。他总是婉言谢绝，并再三道歉："街坊们，请原谅，恕蒿庵，不能直说何年种啥收啥，因天机不可泄露啊！"

讲述者：　张作昌，男，1928年2月，济阳区回河街道张稷若村，农民

采录者：　刘海友，男，1966年10月，济阳区志远学校校长，大专

采录时间：　2018年10月

采录地点：　济阳区回河街道张稷若村

附记

这个故事是2018年3月，偶去回河街道张稷若村访友时，听村民张作昌老人讲述的。张稷若是俺们济阳民间妇孺皆知的传奇人物。这次来到他的老家，出于对他老人家尊重和仰慕，自然不会放弃了解他的机会。听完这个故事后，我就恭敬地记录下来了。

张尔岐，字稷若，号蒿庵，济阳县平棚店柳树王村（今回河街道张稷若村）人。明万历四十年（1612）出生于一个世代为农的贫苦家庭里。明末为诸生，入清不仕，教授乡里终其身。卒于康熙十六年十二月（1677）。

张稷若先拜陈苍屏为师，熟读四书及诗、书、易各经；15岁拜董之有为师，学诗，学医及老子学说；19岁拜董之朋为师，学史、春秋、杂歌及先秦诸子学说；26岁致力于时文，精研周礼、礼经和佛学的典籍，还涉猎太乙学、奇门学、六壬学、云物风角学等。23岁开始写日记，无论喜怒哀乐何时，从未间断，终身后集日记成册，定名为《日记》。尔岐逊志好学，著述丰富。著有《仪礼郑注句读》十七卷、《周易说略》《四书题备说略》《诗经说略》《书经直解》《夏小正传注》《弟子职注》《老子说略》《蒿庵闲话》《中集》《新济艺文》《纲鉴金丹》加批、《济阳县志》九卷，曾参加编修《山东通志》等。

张先生是山东"汉学"的先驱。许多著名学者志士仁人都给予高度评价。著名学者顾炎武十分钦佩张尔岐先生，偶听尔岐讲学，先是旁听，后是请教，逐成至交，相见恨晚。有次顾炎武写一首题《乙卯夏日重过稷若先生书堂奉赠》，诗曰："缁帏白室睹风标，为叹斯人久寂寥。济水夏寒清见底，石田春润晚生苗。长教六籍传无绝，能使群言自消。窃喜得逢黄叔度，频过听讲不辞遥。"后来，顾炎武在他

的《日知录》中谈《仪礼》时就采用了许多张尔岐的意见。他在《广师篇》中赞尔岐曰："独精三礼，卓然经师，吾不如张稷若。"乐安李焕章读其书赞曰："见其文……沐浴欧、苏，出入曾、王，盖理胜蓄力道学，能文章，正与顾炎武同，是书盖《日知录》亚也。"长山刘孔怀读《蒿庵集》后感赞曰："先生是以经术为根本，以程、朱为阶梯，而疏越质朴之气，直逼秦汉以上，不蹈六朝靡丽之习，复不袭宋人理学窠白，知其寝食于古者深矣。"北平黄叔琳阅其书赞曰："处士于是书删繁就简，劈理分肌，碎皓首穷经之业，乃观其自序之意，不惟不欲以一家言增名山之藏，并不欲以贾、郑功臣自居；而惟明于训诂，不苦于难读，今而后开数千百尘封之籍，家弦而户诵之。"张稷若是济阳家喻户晓、妇孺皆知的地方名人，他在民间留下了大量的传说故事。上面只是选录的部分代表性故事。

40

马小儿挣状元

从前，凤凰城里有户姓马的人家。当家主事的叫马老大，儿子叫马小儿，还有个瘫痪在炕上不能动弹的老婆。穷人怕灾。要不是钱耽误事，小儿娘的腿怎么能废了哩！哎，闭着嘴吃黄连，没法说苦啊！

父子俩在马财主家扛活，吃不饱穿不暖。马财主虽说是他没出五服的侄儿，但对他可真够促血[1]的。辈大小没啥了不起，没有钱可就是床底下放风筝，起不来身啊！这年，马小儿九岁，长得精头精脑。别看他年龄不大，可怪有出息，说的那话，做的那事谁见了谁夸。

马小儿天明到天黑地在九顶雅鹿山上打柴，抽闲还得挖野菜添补家用。娘在炕上张着嘴等饭吃，能不急煞他和爷吗？哎！要不是穷逼的，哪个当老的忍心将几岁的儿子当牛马使？看看人家的孩子穿好吃饱，在私塾里"之乎者也"地念书，小儿能不眼馋吗？

九顶雅鹿山上建有魁星阁，是文人墨客云集的地方。阁前面翠柏丛生，碑石林立。别看在这四不靠的山膀子

[1] 促血：方言，心狠手辣，对待别人特别的坏。

上[1]，还真有儒家书院的气派呢！

马小儿砍柴累了，便在魁星阁前找块干净的石头坐下来歇歇。石碑上龙飞凤舞的字煞是好看，马小儿寻根树枝比着碑上的字写画。功夫不负有心人。天长日久，他竟写得和碑上那字一般无二。

有一天，马小儿正在写画。一个胖和尚走过来看了几眼，大惊道："小小年纪就有这么好的书法功底，可谓神童也！"

马小儿把自己的家世一说，胖和尚很同情："小施主年轻有为，从施主的字里行间透露出一种非凡的骨气。小施主，你能否让老僧指点一二？"马小儿正求之不得，当即磕头拜师。

胖和尚寻来一块石板当桌子，每天等马小儿砍完柴时，教他学一两个字。胖和尚是个世外高人，不仅精通四书五经，天文地理也全都通晓。他还是半个华佗，懂得医术。经过他一番疗治，治好了马小儿娘的陈症候[2]。全家人万分感激，劝导马小儿虚心向大师学习。

这天，胖和尚对马小儿说："小儿啊！师傅领进门，修行在本人。这几年，你吃苦耐劳，艺业进展很快。困在水池里的龙，无法施展自己的本领；关在笼里的鸟，变不成金凤凰。你年龄也不小啦，该到外面闯闯了。要知道'天外有天，山外有山，强人背后有高手'啊！"

马小儿磕谢师傅的教导："师傅，您走的桥比俺走的路多，经遇的露水比俺喝的水还多，您给指条明路吧。"

"小儿，明年秋后京都大考，论你的才华准能一举夺魁啊！"

"师傅，"马小儿为难地说，"家道贫寒，如何去得京都？"

胖和尚鼓励说："苦海无边，回头是岸。路，是人走出来的。当年我佛修身，历尽万千苦难，方才成得正果。"

"师傅，俺明白咧！"马小儿辞别恩师，回家把赶考的事对父母说了。老两口为了难，前心思后倒量[3]打谱[4]

[1] 山嵴子上：山坡上。
[2] 陈症候：多年的疾病。
[3] 前心思后倒量：思前想后。
[4] 打谱：方言，计划。

到马财主家支用几个工钱，给小儿做盘缠。马老大找到财主，话还没说完，财主就笑弯了腰："哼，一个瞎字不识的放牛娃，竟敢到天子脚下去卖狂，真是'癞蛤蟆想吃天鹅肉'。告诉你，俺老马家丢不起这个人。在俺家干活，没有半路支工钱的规矩。趁着天早，你还是想别的办法去吧！不过，一天两捆柴一根也不能少。"

马老大吃了个倒楔锄[5]，又急又恨。他觉得对不住儿子，垂头丧气地回了家。

小儿安慰说："爷，人凭志气铁凭钢。孩儿决心已定，刀山火海也挡不住咱。只是辛苦了您老人家，请受不孝儿三拜吧。"

马小儿赶到魁星阁，当面拜别恩师胖和尚。

胖和尚满面笑容："小儿果然志向不凡！只是老僧跳出三界外，不在五行中。坐读千家诗，不闻凡间声。出家人四大皆空，无力帮你京都御考，罪过，罪过。小儿啊！这套文房四宝跟随我多年了，如今就送你算是个纪念吧！"

马小儿拜倒磕头，一步三回头离开了魁星阁。

马小儿靠卖字糊口，昼行夜住。非止一日，来到了京城。正好离科考还有几日，马小儿兴奋异常，找到考馆报名。谁知，小儿没有秀才功名被拒之门外。马小儿沦落京都，靠卖字为生。

这天，马小儿没有找到要写字的人家。他饥肠辘辘，两眼昏花，走进一家门面普通的饭铺说："掌柜的，行行好，赊我一顿饭吃吧。"

掌柜的见他可怜，便到厨屋里给他找饭。

马小儿百感交集，不觉仰天长叹："哎！京城之大，好人之多，竟没有我这个穷书生的立足之地啊！可怜我心怀大志，到头来却沦落异乡。双亲大人生死难料，真是苍天无眼，害我不孝啊！"说着，泣不成声，双泪涌流。

吃饭的人听了小儿的话，都抬起头来看他。一位中年男子放下碗筷，打量了小儿良久，起身问道："这位书生，你如不嫌弃，请过来一块吃饭吧？"

马小儿走过去施了一礼，坐在那人的对面。中年人推

[5] 倒楔锄：方言，闭门羹。

过一碗饭，热情地说："先吃一点，垫垫底[1]。"

马小儿饥不择食，端过碗三下五除二把饭吃了个精光。

掌柜的取来个剩馍，见小儿坐在贵客席上，就满脸不高兴地说："你这人还自吹识文解字呢！看你穿的这么脏，坐在贵人席上，岂不是要砸我的买卖吗？给你这个馍馍，到一边去吃吧！"

马小儿听了很惭愧，起身要走，被中年汉子拉住："掌柜的，做买卖要和气生财嘛。再取份饭菜来，我一并付银。"掌柜的换上笑脸唱声喏，转身去了厨房。

马小儿诉说了情由，中年人说："你好可怜啊！这样吧，我在京里有几个熟人，可以帮忙说个情，让你参加考试。"

"哎！"马小儿长叹一声，眼角上挂了一串泪珠子，"晚啦，考期已过，远水不解近渴呀！"

中年人和蔼可亲地说："考期虽过，可是还没有发榜。你果真才华满腹，现在施展也不迟。是锥子，装在哪里也能露出锋芒哩！"

掌柜的端来饭菜，小儿真饿极了，不客气地甩开腮帮子一顿狼吞虎咽。中年人要清账[2]，谁知，伸进兜里的手再也抽不出来了。原来，身上带的银子早就用完，他不觉脸一红："掌柜的，我今天的银钱用完，能否暂赊一次？"

掌柜的听了，脸一下子跌泄咧[3]，生气地说："小店本微利薄，您自己白吃不说，还拐上个叫花子。你一走了之咧，我到哪里去找你啊？"

吃饭的人听了呼拉围过来，说啥的也有。马小儿见中年人怪难为得慌，就说："掌柜的，我有一套文房四宝，虽说不是什么宝贝，也值顿饭钱。我先押在这里，俺取钱来赎还不行吗？"

掌柜的不答应："就你个穷叫花子，浑身上下不值半个铜子，别想歪门邪道咧！掏钱吧！三吊铜钱，少一个子也别想出这个门。"

中年人气得脸色铁青，马小儿说："学生身无分文，

[1] 垫垫底：充饥。
[2] 清账：算账付款。
[3] 跌泄咧：也称"跌泄脸"，变脸，笑脸变恶相。

不过有谁让我写字解这燃眉之急，如再生父母的恩德。"

围观的吃客中，走过来一位老年人。他看了小儿几眼说："小兄弟，在家靠父母，出外靠朋友。你就给我写几个字吧。"说着，掏出一条两尺宽六尺长的白绫布递给马小儿。

马小儿蘸足墨，挥笔就写，真是挥毫落纸生云烟。那字铁竖银钩跃然而生，刷刷点点，写了两行龙飞凤舞的大字：

"龙落沙滩遭虾戏，虎落平川被犬欺。"

众人看罢，惊得瞪大了眼珠子。老年人拿起来反复看了几遍，咂嘴称赞说："果然气度不凡，饭资老夫代付啦！"

"刘兄！"围观者中有一人劝老人说，"谁不知你这个穷秀才家贫如洗，几吊钱可不是个小数目，何必在这里逞强斗胜呢？"

老人付了钱说："这叫慧眼识真品！在你们这些人的眼里，只有铜钿的臭气，全无做人的道德。"说罢，收起白绫布揣在怀里要走。中年人一把拉住他说："老先生，我还没谢您呢！走，随我府上一叙。"说完，一手拉着老年人，一手搂着马小儿出了店铺。

三人出了店铺，来到一个无人的小巷。中年人对老者说："老先生！明日午时，你带着我这把扇子到宫里找个姓黄的，他会付给你今天的饭钱，不能失约。"

老年人说："小事一桩，再说我是花钱买这位兄弟的字。要谢，你该谢他。"

"老先生，君子一言驷马难追。你明日午时一定要去，不能爽约。这位小兄弟先住在你家，明天带他一块去就是了。"

"先生，这宫殿能是小民去的地方吗？门口戒备森严，怎能进得去？"

"不妨试试嘛！"中年人看着老年人认真地说，然后扬长而去。

皇帝升殿，文武百官列立两厢。主考官呈上考卷，要万岁爷御笔钦点。皇上说："今年的状元，朕已经御批了。"众文武百官觉得奇怪，皇上自考场出来，初次升殿议事，几时钦点的状元啊？！

这时，值殿官报："启禀万岁，殿外有一老一少两个书生求见姓黄的大人。"说着，呈上纸扇一把。

皇帝接扇在手，高声说道："列位爱卿，随朕迎接状元和探花。"说着，健步走下龙庭，亲自出迎。

老年人和马小儿做梦也没想到，赠扇人是微服私访的皇帝，慌得忙不迭跪倒磕头谢恩。

皇帝在金殿面试马小儿，钦点为状元。老秀才救驾有功，且满腹才华，点为探花。马小儿高官得坐，又和兵部尚书的女儿结了婚，才衣锦还乡。

马小儿父母安好，只是恩师胖和尚去向不明。小儿思念恩师，在当年胖和尚修行的地方立了块石碑，并在石碑上题诗一首：

凤凰城里有古风，
羊倌成了状元公；
千里难寻启蒙师，
魁星楼阁对天空。

讲述者：	吴俊华，女，1964 年 7 月，莱城区口镇山口村，小学
采录者：	李慧，女，1984 年 4 月，莱城区凤城街道办矿煤阳光花园，高中
采录时间：	2001 年 1 月
采录地点：	莱芜市莱城区口镇山口村

41

秀才赠匾斥昏官

从前，有个县官，姓温单字名深，原是一个纨绔子弟。这个人只念过一年书，逃学三百五十九天，只在学校里待了一天，还打了瞌睡。因此，斗大的字不识一个。这个花花公子，整天带着一帮家奴，架鹰玩鸟，寻花问柳；打架斗殴，欺男霸女。于是，人们都叫他"瘟神"。

后来，温深什么都玩腻啦，他想尝尝当官的滋味，就花了三千两银子买了个七品县令的官。

温深一上任，便大摆威风。坐着大轿，衙役们头前鸣锣开道。马弁随从前呼后拥，浩浩荡荡。让百姓敲锣打鼓，鸣放礼炮，欢迎仪式十分隆重。到任后，他从不升堂理事。整天在后堂，怀抱美人，饮酒作乐。几年间审问过一次案，还是收了贿赂，判成一桩冤案。温深还嗜赌成性，输光了就让老百姓加码缴银纳款，刮尽了地皮。他把县里搞得乌烟瘴气，百姓怨声载道。

这一年，温深要调任。临行前，他大摆酒宴，请来全县的豪富士绅、社会名流，想借此机会大捞一把。一些阿谀奉迎、溜须拍马之徒，都送上了一份厚礼。

本县有一位李秀才，写的一手好字。他一向为人正直，性格倔强。温深多次登门求字，始终没能如愿。

原来，李秀才对温深所作所为，非常气愤。他早想找个机会杀杀他的威风，为民出气。温深调任，宾客满堂，李秀才也在其中。等酒过三巡菜过五味，李秀才站起身来，冲着大家拱了拱手说："卑人乃一介书生，家道贫寒，无贵重礼物可送。今日适逢温大老爷奉旨调任，草书几个字做成功德匾送给老爷留念。不成敬意，望老爷笑纳。"

温深听后高兴万分，忙说："李秀才大名鼎鼎，一字千金。能得先生墨宝，真乃三生有幸。我这里文房四宝俱全，请先生当面下毫吧。"

李秀才说："我的字早就写好，请匠人制成了匾额。"说着，举起了"功德匾"。只见，匾上面四个苍劲大字"六天六地"。

人们看了，纷纷摇头，不解其意。李秀才说："温大老爷在本县任职六年，一向爱民如子，为政清廉。他功高如天，恩厚如地，故而写'六天六地'。"众人听后赞不绝口，一阵捧场喝彩。李秀才补充说："老爷的丰功伟绩，我已写在匾后，请老爷闲时自赏。我家有老母重病在床，需人服侍，恕不奉陪。学生先行一步了，告辞！"说完就走了。

温深直喜得合不上嘴，心想，真是知我者，李秀才也！于是，大声吩咐："来人，把功德匾立即悬挂起来。"众衙役答应一声，有的抬匾，有的钉钉，不一会就挂了起来。

温深想："六天六地"这几个大字大家都看到了，何不翻过匾来让人们再看看老爷我的丰功伟绩。他让衙役们把匾翻过来挂，上有六行清秀小字。温深让师爷大声宣读："老爷上任，惊天动地；老爷理事，昏天黑地；老爷回署，花天酒地；百姓遭殃，恨天怨地；听说调任，欢天喜地；今日滚蛋，谢天谢地。"

众人听后，捧腹大笑。温深驴脸拉得老长，气得半天说不出话来。

讲述者： 滕文义，男，1950 年 6 月，商河县张坊乡王佃乙村，中专

采录者： 陈广清，男，1942 年 11 月，商河县文化和旅游局工作人员，高中

采录时间： 1999 年 8 月

采录地点： 商河县文化馆

42

王争中状元

从前，仁和村西十二里有一个村叫鱼山村。村里有一年轻人叫王争，从小刻苦用功，精通四书五经。

有一年，王争准备进京赶考，但对于能否考上心中没底。为此，他怀着一颗至诚的心，背着香火徒步来到吕祖庙，请求吕先师指点迷津。

他献上香火，叩头膜拜，祈求吕先师指点时，扶鸾[1]沙盘上出现了两句话十个字"象鸣是丰年，《藏经》十二篇"。拿到鸾语[2]后，王争感到迷惑不解。心想：我徒步十几里路求您吕先师指点进京赶考之事，您却给了这两句不着边际的话。于是，他记下鸾语，闷闷不乐地回家去了。

在家人亲戚的资助支持下，王争如期进京赶考。月余，录取名单张榜公布，王争榜上有名。在欣喜若狂的同时，王争心里多少对吕先师有些埋怨情绪，认为吕先师也是徒有虚名，没用着您的鸾语俺也考上啦！

[1] 扶鸾：来源于古代占卜问神术，是古代民间信仰的一种占卜方法。扶鸾时，需要有人扮演被神明附身的角色，这种人被称为鸾生或乩身。神明会附身在鸾生身上，写出一些字迹，以传达神灵的想法。

[2] 鸾语：扶鸾沙盘上所写的文字，由旁边的人记录下来，据说这就是神灵的指示。

话说又过了半个月，王争接到通知，要他第二天到金銮殿参加殿试。

第二天一大早，王争和其他参加殿试者三拜九叩头之后，整整齐齐地排在了金銮殿上。皇上兴致勃勃，金口玉言道："今天殿试出什么题目呢？朕得考虑考虑，难为难为你们。"正在踌躇之中，忽听后宫御花园传来了几声象叫，如雷贯耳。皇上灵机一动说道："有了，你们就以此为题，说说象鸣是怎么回事？"皇上让应试者将答案写在答卷纸上，并署上自己的姓名。

应试者面面相觑，谁也不知道该怎样回答。在焦急的思考中，王争蓦地想起吕先师的鸾语。于是，便在答卷纸上写下了"象鸣是丰年"，并且署名"山东王争"。在其他应试者焦急思考时，王争通过监考官把答卷呈给了皇上。

皇上见这么快便有人交答卷，龙颜大悦，随即传王争到近前问话。皇上问道："王争，你答'象鸣是丰年'怎么个讲法？"王争心想，皇上不是愿听好听的吗，那我就顺着杆子爬。于是，王争答道："皇上德高无量，恩泽四方。老百姓安居乐业，天地万物都听皇上调遣。就连大象都在为皇上鸣叫呈祥，预示着今年又是五谷丰登之年。"皇上听后，愈加喜欢，问："王争，你说'象鸣是丰年'有什么根据吗？"王争看到刚才自己的回答已有了良好的反应，看来今天得好好谢谢吕先师了。于是，就把吕先师鸾语后一句信口说了出来："《藏经》十二篇。"

王争的回答，使皇上和在场的监考官员十分惊奇。《藏经》乃经典之作，内容浩繁。当时，在京设有单独的《藏经》书库。皇上当即下旨，组成专门班子，查阅《藏经》。经夜以继日地查阅，终于在《藏经》十二篇中，找到了"象鸣是丰年"这句话。于是，将查阅结果呈报皇上。皇上阅后，当即封山东王争为殿试第一名即状元。从此，王争举家迁至京城，荣华富贵一生。

讲述者： 付朝宽，男，1918年1月，平阴县东阿镇北张村，农民，私塾

采录者： 付崇阳，男，1954年9月，平阴县东阿镇北张村，干部，大专

采录时间：　1992 年 12 月

采录地点：　平阴县东阿镇

43

秀才赶考

附
记

平阴县东阿镇驻地东行三华里，是仁和村。村北有一处坐北朝南的庙宇院落就是吕先师庙，是供奉八仙之一吕洞宾的场所，当地人俗称为"吕祖庙"。

据说，吕洞宾曾在东阿镇一带惩恶扬善，扶危济困，恩惠黎民。后来，人们为纪念他，便选择依山傍水、环境优美的仁和村，修建了吕祖庙。千百年来，人们供奉他、信仰他。有的求官，有的求财；有的求平安，还有的求子，每求必应，屡求屡验。因此，吕祖庙的香火十分旺盛。附近村民说，王争居高官之后，曾多次来到东阿镇仁和村吕祖庙进献香火，以示不忘吕先师指点之恩。

早年间，东庄的牛秀才和西庄的马秀才进京赶考，在京城门外两人相遇。老乡见老乡，两眼泪汪汪。牛秀才嫌马秀才赶考不言语，马秀才怨牛秀才考功名不吱声。相互埋怨一番后，牛秀才拉着马秀才的手说："你我京城相遇算是缘分，仁兄啊！趁着赶考时间充裕，咱们吟诗作赋吧。这一是为了知遇助兴，二可相互切磋学习。老话说：临阵磨枪，不快也光。咱就算是考前练兵吧。"

马秀才听了，正中下怀，忙随声附和道："兄台言之有理！多学多练，才能考试不慌。可咱们以什么为题呢？"

牛秀才笑着说："仁兄博学多才，理应出题。"

马秀才当仁不让，他看了看四周，指着不远处的城墙，对牛秀才说："兄台，我们就以京都城墙为题，怎么样？"

牛秀才附和说："好哇，就依仁兄。"

于是，两人一边走，一边苦心思索。两人都想一语出众，让对方折服。两人东寻西看，走走停停，谁也不想冒昧而吟。走着走着，牛秀才一拍大腿，对马秀才说："兄台，我有了！听我吟来。"只见他双目微闭，摇头晃脑地吟道:"远看城墙像锯锯齿。"

"好诗,好诗!"马秀才听了鼓掌赞叹说,"仁兄果然是满腹经纶,出口成章,佩服佩服。"

牛秀才听马秀才恭维他,笑得嘴比水瓢还要大,连连摆手说:"让兄台见笑了,人家曹植七步成诗,咱快二十步了才仅得一句,羞愧得很啊!"

两人你捧我侃,说笑前行。离城墙越来越近了,马秀才用手一拍脑瓜,看着牛秀才,笑得跟海狗似的,说:"兄台,我也有了。"说着,还故意拍了拍肚皮。

牛秀才急忙停住脚步,看着马秀才得意洋洋的面孔,等着他吟诗作赋。

马秀才倒背双手,迈着四愣步,摇头晃脑地高声吟道:"近看城墙像齿齿锯。"

牛秀才听了,慌忙竖指连口称妙:"仁兄果然是开口绝句,才过子建,不让李杜啊!"

马秀才心里乐开了花,嘴上却含蓄地说:"兄台抬举我了,我不过是偶得此句而已,比起兄台差着十万八千里呢!"

牛马二秀才一路调侃,一路谦让地进了城。两人心里高兴,都觉得自己满腹才华。此次京城科考,定能夺魁。

俗话说,"照了盘算,没了穷汉"。两人信心百倍来到考场,毫不犹豫地把路上佳句抄在考卷上。谁料考官有眼无珠,把两位大才子的卷子扔进了废纸篓。

牛马二秀才把金榜的反面都看了,也没找到自己的名姓。两人金榜落名,不亚于晴空霹雳。为了尽快离开这伤心之地,第二天天不亮,两人就出了城。

来到城门作诗的地方,两人触景生情,泪如雨下。牛秀才边擦泪边说:"老天爷啊!你怎么这么不公道,可惜了我这一肚子的才华啊!"马秀才听牛秀才这么说,一肚子的委屈也化成了眼泪,他顿足捶胸哭喊:"老天啊老天,你咋不睁开眼看看,难道让我这一肚子的绝世才华付水东流吗?"

两人像失去双亲那样哭喊不止,一个早起淘大粪的老头从这里路过,见两个秀才哭得伤心欲绝,就好奇地停下脚步来劝解。

伤心人有人劝,就会愈加伤心。两人争着把自己的伤

心事往外掏,淘粪老头听了半天才明白这是一对落榜秀才,在这里大喊大叫是为了释放一肚子的委屈。

他看了二人一眼,同情地说:"考场落榜就如同将军打败仗一样,常有的事。你俩不要悲伤,回去再好好复习一下,下一科准能金榜题名。"

牛马二秀才听了,哭得更厉害了,边哭边说:"俺俩这诗作得前无古人,后无来者,为啥会名落孙山呢?这是老天爷惩罚俺们寒门学子啊!"

老人听了,心想这才是脚后跟疼怨灶王爷呢?他对马秀才说:"你俩别哭了,就是哭下大天来,也无法弥补今科榜上有名了。这样吧,你俩把作的诗读出来,让我这个老头子听听,让我见识见识你们天大的才华如何?如果真有才华,不怕考不中状元。"

牛马二秀才听老头这么一说,认为千里马遇到了伯乐,都争着把以城墙为题的诗句读了出来。"远看城墙像锯锯齿""近看城墙像齿齿锯"。

诗刚读完,就见老头坐在地上蹬腿搓地,手捶着胸脯痛哭起来。两个秀才见老头号啕大哭,愣怔怔地看着他问道:"老人家,落榜的是俺俩,你哭得这么伤心为了啥?"

老头哭着说:"老头子我活了大半辈子,第一次这么伤心啊!你俩问我哭的啥?我哭我这一辈子淘过无数的大粪,怎么就淘不出你俩肚子里的大粪呢?老天爷啊!你为啥让我遇到这么难淘出粪来的人啊!"

牛马二秀才听了,羞愧得抱头而逃。

讲述者: 吕文举,男,1925年3月,莱城区口镇南江水村,骨医

采录者: 吕全生,男,1946年7月,莱城区口镇南江水村,初中,骨医

采录时间: 1995年6月

采录地点: 莱芜市莱城区口镇南江水村

附
记

家父吕文举喜欢拉呱，不管是给人正骨，还是与人在坡地里干活，都能听到他老人家开心的笑声。每次拉呱他老人家都要先装上一锅自己亲手种植的旱烟，吞云吐雾地边吸边拉。家父的字谜、联谜故事很多，这些故事源自上辈老人、街邻和骨伤患者。他老人家给患者讲这些故事，主要是分散骨伤者的注意力，以此来减轻伤痛。我跟老人学正骨时，老人就多次对我说："一个笑话故事，有时能顶若干服中草药。患者开心了，伤就好得快。这才叫一举两得！"我也学会了老人的套路，遇到骨伤患者，尤其是那些疼得龇牙咧嘴的患者，我也给他们讲个笑话故事，趁他们高兴，一下子就把错开的踝骨矫正了。四邻八舍都喜欢我跟老人学的这一招，有事无事到我这里来，一是听我拉呱，二是偷着来学学踝骨矫正术，还有的是听了人家讲了好呱，来转讲给我听。《秀才赶考》这个呱，就是家父在教我学习踝骨矫正术时，特意讲给我听的。他边讲故事还边加释义，告诉我这个故事主要是说，干啥也要讲究基本功，别一瓶子不满，半瓶子咣当。就像牛马二秀才卖弄才华，惹来一个大笑话。

44

秀才圆房中举人

清朝康熙年间，雪野一带出了一个文举。此人从小聪明过人，喜欢读书。但因父亲早逝，家境贫寒，无法上学。他看到一块长大的伙伴都上学读书时，心里非常羡慕，盼望也能坐进教堂，跟先生学知识。他跑回家去央求母亲。母亲眼泪汪汪地说："好孩子听话，咱家没有钱上不起学。等你长大了挣了钱，咱再去学吧？"

话是这么说了，但过了几年，他还是没能上学。这个文举想读书，简直到了要疯的地步。同伴们可怜他，就想出个办法，让他偷偷地跟在背后到了学堂。但没敢进教室，一人一个座位没有他的蹲坐之处。文举很知足了，因为这样就能够在窗户下面听先生讲课。先生知识渊博，他听得入了迷，并且都牢牢地记在心里。

坐在窗户跟前的小伙伴，有几次答不出先生的提问，他便偷偷地给他们递词。后来，这事被先生发现了。先生没有训斥他，而是把他叫到身边，和蔼地向他提问了几个问题，他都脆生生地答了出来。

先生打心里喜欢上了这孩子，仔细地询问了他的家庭情况，抚摸着他的头说："这样吧，你回家对你娘说，明天先生我叫你来上学。上学的银子，先生我不要了。好吗？"

文举抬头看了看先生，用不相信的眼神看着先生问："这是真的吗？"

先生没说话，微笑着点了点头。

文举高兴地一口气跑回了家，把先生收他的事告诉了娘。娘听了也怪恣[1]，两手一合只念阿弥陀佛。

第二天，娘把他送进了学堂。那番对先生的感激，不必细说。从此，文举终于和其他小伙伴一样，坐在教堂读书了。他知道这学上得不容易，因而特别用功。放学回家后，别的小伙伴都到外面玩耍，他除了帮娘干活外，一有空就伏在磨台上[2]、炕沿上[3]或者小板凳上读书写字。晚上没油点灯，他就把蓖麻子[4]剥开皮，取出里边的仁，用黄草棒子串起来当灯点，就这样一读就是半宿。有时在娘的多次催促下，他才依依不舍地上炕睡觉。

功夫不负有心人。文举刻苦读书，几年下来学业大有长进。到了十四五岁，他已成为一个当地很有学识的少年了。

这一年，适逢县里举行童子试，先生感到这孩子的学业已到了火候[5]，决定让他一试。于是，亲自带他参加了县里的童子试。

果然不负重望，三科考下来中了秀才。这一年他十六岁，全村老少欢天喜地。从此，他更加刻苦用功。"头悬梁，锥刺股""如囊萤、如映雪"的事他都做过。几年后，英俊的文举后生，已是一个四书五经无所不通、天文地理无所不知的才子了。

家里缺少人手，娘托人给他说亲事。四邻八舍的乡亲，都愿意为她帮忙。不久，他与一个邻村的李姓姑娘拜了堂。李氏过门后，勤劳贤惠，孝敬婆母，体贴丈夫。可是一心用功读书的他，却没把娶妻的事放在心上。除了洞房花烛夜那一宿外，都是自己住在那间小屋子里读书。贤惠的妻

子从来没有过怨言，娘看在眼里急在心里。几次开口劝劝儿子，都被李氏拦住了。

时间过飞快，转眼省里的乡试日期已到。先生深知文举的功底，安排让他进省城参加乡试。

家里一贫如洗，好歹济南离雪野不过一百来里路。他简单地收拾点行装，求亲告友借来点盘缠[6]。选个黄道吉日，踏上了上济南的路。

出庄二里之遥，是条从东面而来的大沙河，河面足有二里多宽，他脱了鞋袜蹚过了河。河北岸的地名叫四里碑子，他上岸坐在石头上穿鞋。突然，一个和蔼声音传入他的耳朵。"对面的书生，可是赶考的秀才？"他忙抬头一看，见是一位年过花甲的长者站在面前。文举急忙站起身来恭身施礼，答道："小生正是，不知老先生有何指教？"

老者稍微停顿，端详了秀才一番后说道："老朽有句话，不知当讲不当讲？"

他连忙作揖道："敬请老先生点拨[7]便是。"说完，垂手而立。

老者道："那样便好，你这位秀才。我看你相貌堂堂，才学不浅，定为国之栋梁。然虽已娶妻，但还未有圆房，若如此赶考，前程未卜。"他听了之后，先是一惊。接着，老者又说："从你面上便知，你命中并没有功名，是你妻子有命托你。你若不信，等你回家圆了房之后，再看看你夫人的右脚脚心就可知端倪，望秀才切记莫忘。"说完，扬长而去。

秀才望着远去的老者，陷入了沉思。如若不信，老人之言句句是真，至于她脚心之事，宁可信其有，不可信其无。他权衡再三，常言道：听人劝，吃饱饭。赶考的时间绰绰有余，还是回家一趟吧！

一进门，妻子和老母都感到诧异，齐声问道："你咋回来了？"

秀才笑道："忘了点东西，今天又感到身体有点不大得劲[8]，晚一天去也无妨。于是便回来了，明天再走不

[1] 怪恣：很高兴。
[2] 伏在磨台上：趴在石磨上。老百姓习惯把石磨上面称作"磨台"。
[3] 炕沿上：旧时睡土坯炕，炕沿指炕边缘，现指床边。
[4] 蓖麻子：一种常见的中草药名称，种子能入药、榨油，种子串起来能点灯用。
[5] 火候：比喻修养程度的深浅。

[6] 盘缠：路费。
[7] 点拨：指点，指导。
[8] 不大得劲：身体不舒服。

迟。"妻子和老母自然高兴。

白日无话。吃过晚饭，妻子早早收拾完家务，便到丈夫的小屋铺床展被让他早点休息。秀才见状，忙对妻子说："不用在那屋里铺了，把东西搬来咱们一块睡吧？"妻子闻听，先是迟疑了一下，脸上露出了一丝既喜悦又羞涩的红润。这一夜，妻子睡得格外香甜。

到了半夜，他听到妻子已睡熟了，便慢慢地爬到床脚头，掀开被子，端着油灯仔细观看妻子那三寸金莲。原来，在妻子的右脚脚心有三根很长的红色汗毛。

妻子仿佛觉察到了什么，立刻缩回了脚。

第二天，妻子早早起来摊煎饼。摊完煎饼，天还不亮。她想，这么好的鏊子窝火[1]，我何不给他烧上个鸡蛋，让他点心点心[2]。她拿来鸡蛋放在热灰里，到屋里叫醒了丈夫，让他起床吃个鸡蛋好上路。

不一会，从鏊子窝里传来了"嘭"的一声。妻子跑过去一看，很不是滋味，便对丈夫说："你看看，俺不会烧，一下子爆了！"秀才一听"爆了"很高兴，这不正应"报了"吗？他高兴地对妻子说："不必难过，报得好！我走了。"

结果，不久捷报传来，他真的报了，中了"举人"，也是当时当地唯一的一个文举。这件事传出来之后，又过了几年，附近的一个大户人家也有一个秀才，觉得人家这么做竟应了个吉兆。他也这样做个吉兆，以求如愿。于是，他在去省城考试之前，也让妻子在鏊子窝为他烧鸡蛋。可是一等不爆，二等还是不爆。他有些不耐烦了，大声问正在烧鸡蛋的妻子："怎么还不爆呢？"他妻子回答说："爆不了了。"他一听泄了气，很沮丧地说："我不去赶考了。"

怎么就没爆呢？原来，这位大户人家的妻子很巧。她用黄泥，将鸡蛋包起来烧，这样烧出的鸡蛋，既熟成又好吃，怎么能爆呢？

[1]　鏊子窝火：鏊子下面未燃尽的柴草火。
[2]　点心点心：正餐前吃糕点、面条或水饺，俗称"点心点心"。

讲述者：　王道坤，男，1949年10月，莱城区雪野镇雪野村，干部，大学

采录者：　王新然，男，1945年7月，莱城区雪野镇雪野村，教师，大学

采录时间：　2010年2月
采录地点：　莱芜市莱城区雪野镇雪野村

45

马朝佐中武举[1]

马朝佐是章丘文祖镇马家峪村人，清光绪戊子科武举人。洋鬼子侵略中国后，他加入义和团抗击外寇，并成为章丘的首领人物。

马朝佐身材高大，臂力过人。他自幼喜欢舞刀弄棒，演习武术。每天早上，他双手提着两百多斤的挚石[2]绕村转一圈，且大气不喘。他擅长跑马舞刀，回身射箭。马朝佐谦虚为人，四处拜师访友，使其武功越来越高。重八十斤的大刀在他手中运用自如，只见刀影飞转不见其人，泼水不入。

一天，马朝佐在河崖边上练习骑马舞刀。观看者里三层、外三层，随着精彩表演欢呼声声。突然，人群中有人点燃一串鞭炮扔到奔跑的马头上。马受惊了，一声嘶叫，朝悬崖奔去。就在马要跨下悬崖之时，只见马朝佐猛地腾空而起，脚踏马的左胯把马蹬倒在悬崖内侧。随后又一个

翻倒跟斗落地，避免了一场人毁马亡的大祸。

马朝佐虽武艺很高，却厌恶卖弄，除在家乡和演武场练功外，从不在其他场所张扬功夫。章丘白泉村有一人叫张大户，号称是章丘第一武功高手，骄横野蛮，恃强凌弱。当他听人说马朝佐才是章丘真正的练武之人时，心中气愤难平。马朝佐的马受惊就是张大户找人去使的坏，却没想到马朝佐化险为夷，且名声大震。这更让骄横的张大户气愤难忍。

一次，张大户在家门口截住马朝佐，非要与其比个高低不可。马朝佐连连推说家中有事，拱手请求让路。张大户见马朝佐一直谦让，以为他是害怕胆怯，更是不让马朝佐离去。

张大户为了显示自己，将他家门前的石狮搬到齐腰部。随后，拿眼睛斜视道："你小子有种么？来，试试。"张大户的狐朋狗友们更是嚣张，说马朝佐吓得要尿裤子了。

马朝佐被纠缠不过，便上前一步抓起石狮并举过了头顶，随手一扔又把它放回原处。张大户还不服气，下令手下一起上阵和马朝佐打架。马被激怒了，攥起拳头猛地打在院墙上，那二尺多厚的坏墙竟被打出了一个窟窿。张大户惊得脸色煞白，一帮泼皮无赖一哄而散。张大户服气了，从此再不敢发狂滋事。

这一年，马朝佐赴考武举。按科考规定，第一场飞马射箭，驰马三圈发箭九，三箭中靶即为合格。马朝佐所发九箭八支中靶，引起一片喝彩声。第二场是拉弓比力，弓分十二力、十力、八力三种型号。应试者弓号自选，限拉三次，每次以拉满为准。马朝佐登场时直接选了十二力的强弓，三次把强弓拉如满月，再次获得主考官认可。第二场的第二项是挚石表演。头号挚石三百斤，二号挚石二百五十斤，三号挚石二百斤。科举考试要求考生将挚石提至胸腹，再借助臂力将挚石底部左右各翻露一次，叫作"献印"。马朝佐手提头号挚石，轻松完成了献印表演后，又连连过关。

最后一场，是考走马舞刀。马朝佐披挂上马，舞大刀轻松自如，招式娴熟。然而，此项表演快要结束的时候，马朝佐的大刀突然脱手而出，急坠而下。现场的掌声，立刻变成了嘘声与叹息声。

[1]　马朝佐：1860—1933 年，章丘文祖镇（今文祖街道）马家峪村人，光绪十四年（1888 年）戊子科武举。
[2]　挚石：所谓"挚石"就是长方形石块，一般打制比较平整光滑，两边各有抠手。

说时迟，那时快。只见马朝佐急速伸腿用脚一挑，大刀立刻飞上半空，被他稳稳地接在手中，接着完成了后边几个高难度动作的精彩表演。就这样，马朝佐场场过关，考上了武举。

事后，考场的一位主考官说："章丘考生马朝佐刀法奇异，功夫甚好。"其实，马朝佐这次科考很是惊险。原来，他的右手虎口处长了个脓疮，因用力脓疮崩裂，疼痛难忍，才出现失手刀落。正是因为他艺高胆大，才能临场发挥转败为胜。就在他用脚踢起刀时，脚面被刀撞击骨损皮绽。他强忍疼痛，没让人看出破绽。当他回到下榻处脱下马靴时，居然倒出半靴筒鲜血。

按照清朝科举制度，考中举人就可以为官。但是性格耿直的马朝佐，早就看清了当时社会的黑暗和清政府的腐败无能。他参加武举只是对自己武功的一种考证，中举以后却托病回乡隐居。

为了谋生，马朝佐在家乡开设武术学校，地点在如今的白泉村和李家埠村交界处的一片空地。他出资建起了几间房屋，围起一个大院，常年招生。他的徒弟有几百人，最出名的是文祖镇文祖东村的孙茂堂，武功高超考中武秀才。

洋鬼子侵略中国后，马朝佐带领他的徒弟参加了义和团，与侵略者展开了英勇的搏斗，表现出中国人的堂堂正气。

晚年的马朝佐不再习武练功，而在本村学堂做堂仪，也就是校工。做些扫地敲钟的杂活，直到七十三岁病逝。

如今，马朝佐当年练功的挚石犹存，马家峪村人对它十分珍惜。

讲述者：　孙绪修，男，1947 年 1 月，章丘市文祖镇，
　　　　　农民，初中
采录者：　孙继广，男，1972 年 10 月，章丘市融媒
　　　　　体编辑，大专
采录时间：2007 年 9 月
采录地点：章丘市文祖镇文祖东村老宅

附

记

这个故事是根据孙绪修讲述采录的。原载《齐鲁晚报青未了》，《锦屏夜话》，孙廷华著，作家出版社出版。（孙继广）

46

钱武举好义

大官庄，属安城镇东南部大村庄。这个村四山环抱，地理位置独特，被誉为前凤凰，后锦鸡；左青龙，右白虎，是山清水秀、人杰地灵的风水宝地。

清光绪年间，这村出了一个武举，姓钱名学孟，字占元。钱武举是个彪形大汉，自幼练武，力大无比，年二十就习练一身好武艺。

大官庄又叫钱官庄，现简称大官，是早期东昌府通泰安州的交通要道。钱武举时常在路边观看推车、挑担的大力士。

一年的夏天，有一农夫用木轮车推着四个大瓮[1]自西路经过大官庄。钱武举见他快步如飞，大气不喘，博得乡亲们的阵阵喝彩，他心里很不服气。钱武举年轻好胜，又受到别人的怂恿，执意要和这位老夫比试一下。谁知，他接过独轮车还没推几步，便左拐右晃，险些歪倒，引起一阵哗然。

钱武举放下独轮车，面红耳赤，冲出人群。他想，常

说"七十二行，行行出状元"，真是"人外有人，天外有天"。今天的事说明我应多学别人之长，补己之短，才能习武精湛。自此，他到处拜师求艺，勤学苦练。他虚心好学，坚持不懈，武功长进很快。光绪十年（1884），他到济南府一考中举。

十几年的勤奋苦学，钱武举十八般武艺样样精通。他习武的大刀二百二十斤重，需两个人才能抬得起。

那年，济南府设武场开考"武举"，钱武举骑马提刀前去应考。

考场上，钱武举手提板门大刀，胯下白龙驹，威风凛凛力压群雄。只见马似巨龙腾飞，大刀翻飞飘洒。时而天上削星月，时而地下荡乾坤，赢得观众阵阵喝彩。只见他武得正起劲，不知是一时脱手还是他专门设计的，就在大刀即将落地的刹那间，只见他脚尖轻轻一挑，大刀腾空而起，而后稳稳地接在手中又把大刀舞得呼呼生风银光闪闪。此时全场观众被惊得目瞪口呆，个个拍手叫绝。主考大人当即拍板，钱学孟"武举"中榜。

大官村有一座有名的凹大门，可称四方之最。由于门口高大，上门槛需用几吨重的石料充当。安门上槛那天，几十个石匠聚集在门口。墙上面几十个人拉，下面十几个人往上托。当石料拉起一人多高时，人们已累得筋疲力尽，号子喊得震山响，石料也一点一点地向上去。不料，劲使过了一松劲，大石就要倒滑下来，就在几十个人的生命危在旦夕之际，钱武举正好路过这里，只见他一个箭步飞奔过去，弯腰挺胸用肩膀扛住即将落下的巨石，双臂托石一声呐喊，把巨石托了上去，避免了一场大灾难的发生。

大官庄曾有一油坊，生意做得很红火。农闲时，常有人来这里闲聊观看。

榨油的第一工序是轧糁料[2]，需要套上膘肥体壮的大马，拉着两个一吨多重的碾砣，把豆粒轧成银圆小饼。

有一年，油坊老板买来一匹枣红色烈马。谁知，马刚一套上就拉着碾飞奔起来。伙计们慌了手脚，有一伙计正要往碾上撒豆，一失脚扑倒在碾盘上。如果石碾转过来，就会碾成肉饼。站在旁边观望的钱武举闪电般地冲上前去，

[1] 大瓮：一种盛水或粮食的大口大肚土陶瓮。

[2] 轧糁料：豆子轧成的豆粒饼片。

双手死死地拽住拉杆。大马一声嘶叫双腿腾空而起，但半步也没有前进。当人们救出已被吓昏的伙计时，石碾离他的头只有半寸了。钱武举仍抓住拉杆不放，但脚下的一双新鞋鞋底全被蹬掉。

钱武举活到八十多还健步如飞，见义勇为，路见不平，拔刀相助，被四面八方传颂。

讲述者：　钱吉成，男，1954 年 9 月，平阴县安城乡
　　　　　大官庄村，农民
采录者：　尹燕忠，男，1951 年 10 月，平阴县安城乡
　　　　　让庄铺村，高中
采录时间：　1992 年 8 月
采录地点：　平阴县安城乡大官庄村

47

胥举人打官司

有一年，逢四月初八博山红山奶奶庙会，胥举人闲来无事便带了几个仆人，骑马去了红山赶庙会。一来置办些过麦的农家用具，如杈、耙、扫帚、扬场锨等；二来到会上散散心，会会友。

这一天，他从会上买了几根木杈和扫帚，让家人扛着，自己骑着马往家走。来赶会的人多，拥挤得走不动。正走着，仆人扛着的木杈尖被身后一个体面的中年汉子抓住了。原来，杈尖戳进了那人画眉鸟的鸟笼子。举人一看，急忙跳下马来，向那人赔礼道歉。

谁曾想，那提鸟笼子的人竟然出言不逊。不由分说，抓住胥举人的脖领抬手就要打。提鸟笼的跟班们也推推搡搡，大战一触即发。幸好众人相劝，这才免遭两败俱伤的厄运。提鸟笼的人嘴里还是不干不净地骂着，不管胥方恒怎么解释，就是一口咬定自己的画眉鸟受了惊吓，最少要赔银三百两。否则，没有完。

胥举人身上没有带多少银子，再说真的把鸟吓得不叫了，也不至于要赔上三百两银子。双方观点不统一，又发生了争执。

胥举人不让步，激怒了提鸟人。他横眉一竖，厉声喝道："好一个莱芜小儿，也不睁开眼瞧瞧我是谁？哼——告诉你，本人是博山州官衙内的六班班头侯老爷。我跺跺脚，博山也要抖三抖。你不拿钱？好办！"回头吩咐跟班："给我把他们扣到对面的小店里，不拿钱来甭想走。敢动一动，我也揍扁你。给我滚！"

几个跟班把胥举人主仆推到店里，吩咐人把店门口把住，不让胥举人回莱芜。胥举人没办法，只好派人到博山的一位同榜举人家里求救。那举人来到店中问了详情，听了胥举人的诉说，博山举人十分气愤说："年兄放心，这个侯班头不是个好鸟，我正想要惩罚这个地痞恶棍。"

说起这个侯班头，堪称为博山一霸。他欺男霸女无恶不作，谁家打官司得先走他这一关，否则没门。不知有多少人被他吸干了骨髓，人们对他恨之入骨。

两人商定约几个同榜的举人，联名来告侯班头的状。博山举人很快约来了肥城、章丘的两个同榜举人，写了状子要告官。

侯班头听说莱芜的那个百姓要告他，笑了笑说："哼，打官司可是我说了算。你莱芜小儿，也太自不量力了。咱骑驴看唱本，走着瞧。等你输了，看老爷我不活扒你的皮才怪了，嘿嘿。"

这天，胥举人一行四人身着举人服来到州衙击鼓喊冤，老爷闻鼓升堂。这州官姓陶，人称陶官，他端坐在堂上等候告状人。不多时，只见四个袍帽周齐的孝廉举人举步上堂。不看则已，一看这阵势，惊了一身冷汗。原来，这陶官也是举人出身，且是个捐班。他一见四位同科举人一起来到大堂上，慌忙离了座，口称年兄，拱手施礼。

胥举人呈上诉状，陶官阅了一遍，连忙抱拳施礼，对胥举人说道："原来是年兄家事，都怪我做事不周。不但没亲去拜访，且让你受了委屈。年兄们请坐，待我为你出气便是。"

一旁的侯班头，正偷着乐呢。当见到大老爷下座迎接，早就吓得腿肚子转了筋。他往日耀武扬威的气势，早被抛到了九霄云外。只觉得两腿酸软，上下牙齿一个劲地直打架。

只听陶老爷一声断喝："好你个狗仗人势的猴头，胆敢在我管辖区内大耍淫威，竟然欺负到我年兄头上来了。来人，给我重打四十大板，逐出衙门永不录用！"

三班衙役，对这侯班头也早已恨之入骨。回想自己平时遭他的王八气，巴不得有人给撑腰，也好出出这口恶气。大老爷一声令下，衙役们蜂拥而上将其按倒，结结实实地打了四十大板。再看侯班头，屁股被打得皮开肉绽、血肉模糊，杀猪般地嚎叫不止。

第二天，胥举人连同其他三个同榜举人，在陶官的陪同下离开了博山城。

讲述者：　胥德年，男，1944年3月，莱城区雪野镇雪野村，退休教师

采录者：　王新然，男，1945年7月，莱城区雪野镇雪野村，教师，大学

采录时间：1996年8月

采录地点：莱城区雪野镇雪野村

附记

故事中的胥举人，是雪野胥家第十四世祖胥方恒，他是晚清丙午科举人。此人生性忠厚、谦和，人称憨厚举人。因他朝中无人，又无心用钱捐官，故而在家以耕种为生。胥德年是胥举人的后裔，据他说："逢年过节，家堂上还摆着俺这位老人的牌位，他是俺胥家德高望重的老人。他的传奇故事很多，都是为父老乡亲打抱不平的事。"这个故事当时轰动了博山和莱芜，到处都能听到和看到人们眉飞色舞地讲老人除害的故事。他所到之处受到人们的尊重。直到现在，还有很多人讲起这个故事来。

48

双举人

这年春天，一场瘟疫夺走了康小二父亲的生命。父亲临咽气时，抓住儿子的手嘱咐："儿啊，我走了，我在地下睁着眼盼你中秀才，你记住。"

康小二双膝一跪："爹，我无论如何一定要为您争气。"

人穷志不短。康小二母亲除了种半亩薄地，给财主家当奶妈子，后又帮厨做饭，好歹把康小二送到私塾，再去给财主家干杂活，挣点儿钱粮供儿子继续念书。财主家碾谷子，康小二母亲给主家簸糠[1]，把糠里的谷子再罗出来。碾了半个月的谷子，积攒了四斤米，财主老婆叫康小二母亲把那四斤米拿回家。

康小二去省城考试要走一百二十里的路，母亲给他贴了[2]两锅发面饼子，就是用她从谷糠里簸出来的那些米磨成的面。娘关心地嘱咐儿子说："儿啊，你路上细心点儿，考试别粗心，尽量看好一点儿。"

第一天晚上，他边走边啃饼子。走到住家门口，讨了碗水。主人看他渴了，又给他端来半碗。康小二不以为苦，能参加考试就是最大的想头[3]。

"大娘，您这庄有庙吗？"

"有，你往南走再西拐有个关帝庙。"

关帝庙破门斜立，大窟窿套小窟窿，还有不少豁子[4]。康小二搬了两块破板子，并排靠墙放下。抓了把烂草扫了扫，脱下鞋当枕头，怀里抱着包袱开始睡觉。

第二天刚上路，就遇到一个骑马的后生，他问道："哪去啊？"

"去省城，赶考去。"

"咱兄弟俩一路，我也是赶考。你把包袱递给我，放到马上吧。"

康小二没听骑马人的话，仍自己背着走。从交谈中，骑马者叫陈老大，是他的邻庄，长康小二一岁。陈老大家好过[5]，已娶了媳妇。下午启程，晚上就住在康小二住的关帝庙东边的店里。

"贤弟不必客气，咱是老乡，把你的包袱递上来吧。"

康小二觉得陈老大慈善，就问："你认识周正臣老师吗？"

"那是我姑姑家的小叔子，我喊他叔叔。"

"我在周老师家读私塾四年了，他人性好，学问高……正是在他老人家的教诲下，我才有一点儿长进。"

"那咱更是兄弟们了！"陈老大立即下马和康小二并肩而行，越拉越近乎。

二人共赴考场，同住一店。一天的相处，康小二考验出陈老大的品行。此人虽富一些，但人品好，不是狂妄坑骗之辈。几天来学问的交流、探讨，康小二给陈老大解决了好几个疑难问题。

陈老大看过康小二书写的本子，就说："兄弟，恕我直言。你书写虽快，但不整齐，欠工整。"

"我老师早给我指出，有所改正，但还没改好。兄弟

[1] 簸糠：用簸箕把谷糠簸出来。
[2] 贴了：烙制面饼。
[3] 想头：心愿。
[4] 豁子：此指残破不堪的庙墙有豁口。
[5] 好过：丰衣足食。

直言，真是挚友。"

省城文庙的明伦堂，考生拿笔墨入场。五间的大屋，座无虚席，正巧康小二和陈老大是邻桌。

一个半时辰将近，多数考生已做完试卷。陈老大在自己的试卷上写上了"康小二"展示给康小二看。康小二看到后遇见陈老大的眼神，那眼神分明告诉他："你在试卷上写上陈老大！"待康小二在他的考卷上写上陈老大的名字时，陈老大额首表示满意。

二人趁考官不注意，交换了考卷。康小二一看陈老大做的卷子，这么整齐，怪不得陈老大说我的书面不整齐。如果两卷文章内容都好。判卷的一定判陈老大的考中，自己那乱糟糟的卷子得落榜。再看字体，陈老大的字正是那种欧体正楷字，都蝇头大小，笔画清晰有力，这样的小楷确实少见。康小二心中有愧，想把考卷换给他，可陈老大已经写上自己的名字了，再改就晚了。

交卷的时间到了，迫不得已。康小二只好欠身离座，拿起陈老大换给的考卷向考官走去，陈老大早在门口外等候了。

"陈兄，实在对不起了，我那卷子实在不如你的。叫我判卷，我也得判你的为上卷，我的为下卷。"

"康弟，我晚中三春也无妨。咱走吧。"

二人回店结算了店钱，替换着骑马回家。

"康弟，你的文章，我大略看了一遍，事例不足，文笔也不流畅。你不如回我家，早晚共同温习功课。"

"陈兄，我的文章这般拙劣，怎好再连累你？"

"不妨，我家诗书多，咱二人早晚研读，共同为文习字。我发现你天资聪颖，不消二年，你的文章就赶上我了。"

康小二果然进了陈老大的家，陈老大父母深明大义，给康小二安排了房子住下。二人一起在陈老大房子里习字、读书、作文。陈老大白天不出书房，更不叫下人伺候，他亲自打水端饭。

这一天，康小二村的"地方[1]"送来喜报，康小二考中了秀才。陈老大非常喜欢，但在康小二面前不露笑容，他怕康小二内心羞愧。

陈老大准备了大米、面、油、菜等物，装了满满一车给康小二母亲送去。见到康小二母亲就跪倒磕头，说："娘，我兄弟中秀才了。考官大人留下重用，他没空回来。让我送来这些东西，供您老人家享用。"

陈老大的橱里、柜子里尽是书，康小二如饥似渴地读。读累了，就练欧体正楷。写完一百个字，再按陈老大给出的题目写文章。

有时二人一起写，上午写完，下午修改，誊写。二人互相提缺点，共同切磋。康小二的文章稍差，晚上陈老大回房休息后，他再重写一遍。第二天让陈老大找毛病，陈老大不厌其烦地批阅，康小二大有长进。

陈老大的父亲粗通文墨，看了康小二的字，捋着胡子说："长进不少。"又问康小二："你母亲还给人家帮忙啊？"

"昨天我回到家锁着门，在财主家找到她的。她比以前还舒坦[2]，脸上红润润的，请伯父放心。"

清明节后，陈大伯请先生来考核，先生对康小二评价不低。先生预言："他有才分，不在陈老大之下，参加科考定能高中。"先生还说："陈康二人应走出书房，游名山大川；结交些文友，将大有裨益。"

陈家有钱，老头[3]也不吝啬。一个月让兄弟二人出门一次，大地方的庙宇、书房、书院见识了不少，还让二人逛寺院赶庙会。

陈老大的老婆领丫鬟去二人书房小觑，康小二洗完手甩手上的水，正好甩在陈老大老婆的脸上。她生气地大嚷道："好吃好喝待承[4]你，你反而调戏我，没良心的……"

陈老大走亲戚回来闻听此言，当然不高兴，也没问丫鬟，就说："兄弟，你回家看看咱娘去吧。'儿行千里母担忧'，待两天你再回来。"

康小二心里明白，这是兄长在下逐客令。就啥话也没说走了，陈老大送了一程又一程。陈老大回家看见桌子

[1] 地方：送信的。

[2] 舒坦：生活得很开心。
[3] 老头：陈老大的父亲。
[4] 待承：招待。

上一张纸，拿起一看："康弟无意甩窗纱，兄把小弟赶回家；大堂不懂百鸟语，可是枉断公冶长[1]。"

陈老大问了丫鬟，他才知错怪了兄弟，马上骑马把康小二追了回来。

"不许你到书房边，往后离远一些！"陈老大回家气愤地对老婆说，并把此事告诉了父母。

从那，陈老大一月也不回老婆屋歇息，和康小二睡一铺。

康小二把四书五经等经典书读得很熟了，二人互查背诵的文章，互相勉励。把写的文章再次拿给陈老大先前的老师看，老师鼓励陈老大之后，再次肯定康小二的进步。

陈义帮助康小二的过程，更是自己长进的过程。

第三年上，陈老大中了秀才。

后来，二人同年中举，称为双举人。

讲述者：　丁凤奎，男，年龄不详，平阴县洪范池公社苗海村，私塾先生

采录者：　黄文俊，男，1946 年 5 月，平阴县洪范池公社苗海村，教师，大专

采录时间：　1973 年 5 月

采录地点：　平阴县洪范池公社

附
记

丁老先生是当地有名的私塾先生，他知识丰富阅历深，教出了很多有功名的学生。他非常喜欢我，常来找我拉呱、写毛笔字、说字谜，他慢悠悠的拉呱状态，至今还在眼前浮现。

[1]　公冶长：战国时懂鸟语的人，孔子的学生。

（三）家庭故事

49

枕头计

这个老头三个儿，一处四合院，日子不算好，吃窝窝头的主吧。三个儿都娶了媳妇了，一个住西屋，一个住东屋，一个住南屋，他老两口住北屋。

有一天，老头把三个儿叫到跟前说："我老了，不愿操心了，想跟你们分家。"兄弟三个有愿意的，也有不愿意的，可是都点头答应着。

老头又说："咱这宅子，你兄弟三个各住着三间，谁住着算谁的。北屋我和你妈住着，俺俩多咱死了，你们怎么分怎么算。"地也不多，老头指画了指画，就把家分开了。

分了家就得养老，三儿就说："俺爹俺妈，您愿意要养老粮啊？还是轮着管饭呢？"

老头说："怎么也行啊！只要我和恁娘饿不着肚子就行。"

大儿又说："那养老粮还得做着吃，我看不如轮着管饭吃现成的。"他爹他妈没意见，都愿意。商量好了：一家子管十天，不管轮到谁，把饭端北屋里。

头一轮先跟老大，照应得不孬。天天有面，顿顿有肉。

小的跟大的学，轮到老二老三都不孬，这样轮了几轮。

又轮到老大这里了。这回吃面也少了，肉也不多了。两个兄弟跟着学，饭食都不如从前了。他爹妈也不嫌，给啥吃啥。

又轮了几轮，轮到大的这里。这回就没有肉了，轻易见不着面了，吃谷套子煎饼。老二向老大学，也是这么办；老三更甭说。他爹妈不嫌这不嫌那，还是挺喜欢的，端来啥就吃啥。

又轮了几轮，到了冬天了。老大做高粱、胡萝卜黏粥，往北屋送。先前送的还稠点，后来送的稀了。稀了不说，够也是那些，不够也是那些。他爹妈还是不说这不说那，心里可是不好受了。

这天天不济[1]，下着小雪。老头说老伴："老东西，黑夜把炕烧得热乎乎的，咱睡觉舒坦。"

老伴说："哪天不烧得热热的？"

老头又说："你听我话，还是不听我话？"

老伴说："一辈子了，多咱不是听你的！"

老头说："好！你听着。他兄弟姐妯们都插门睡了觉的时候，咱俩坐到炕两头。弄块砖头，你传递给我，说这是多少两的；我递给你，说这是多少两的。咱光说这个，旁的啥也别说。听我的话咱就好过点儿。你记住了么，老东西？"

老伴不知老头子搞啥鬼，就顺着说："我听你的，记住了。"

晚上，儿子媳妇都插门睡觉了。老两口子一个坐到炕这头，一个坐炕那头。把预先准备好了的砖头递来递去，随递随说这是多少两的，这是多少两的。递给你递给我，一宿也没睡觉。

大儿睡醒了一觉，听着北屋有动静。心里话：俺爹俺妈怎么还不睡觉呢？什么事啊！说的啥也听不清。他就穿上衣裳到窗户根里听去。只听见里边说这是多少两的，那是多少两的。

老大想：噢！俺爹俺妈还有银子啊！回去对他媳妇说："咱爹咱妈还有好多银子哩！轮到咱轮里，叫他们吃

[1] 天不济：天气不好。

好的穿好的，旁人都知不道，叫他们把银子给咱啊！"喜得他媳妇没法，一霎两口子睡着了。

下半夜老二醒来，听着北屋里说话。心想：俺爹俺妈还没睡觉，有啥事吗？出去听听吧。一听也是这一套：这是多少两的，那是多少两的，光说这个。老二也挺灵透，知道这是数的银子，回去给他媳妇说了："往后咱照应老人好着点，他有银子，别人不知道。"两口子欢喜了一阵子，也就睡着了。

傍鸡叫[1]这时候，他三儿又听见了。老三更机灵，回去给他媳妇说："咱爹咱妈有银子元宝啊！老人都是向着小儿，叫他给咱啊！别人又知不道。"媳妇一听，喜得拍得大腿"啪啪"响。

从第二天起，换了饭食了。不管轮到谁轮里，都吃得挺好；也换了新衣裳，老两口子享起福了。

过了三四年，老头的老伴得了病啦。这里请先生，那里请先生，也治不好，就死了。老头还是一天三时，好吃好喝。

又照应了几年，老头也病了。这里请先生，那里请神婆，也治不好，三个儿急得没办法。

这一宿，大儿守着他，说："俺爹，你这病还真难治了哩！先生也不给吃药啦。你留的那银子给我吧，旁人都不知道哇。"

老头这时说不出话来了，用手拍了拍枕头。大儿心里话：俺爹攒的那银子元宝，装到枕头里了。他不咽气，这枕头可不能动啊！

第二天，该老二守着。这天黑夜也说："俺爹，你这病还有闪失了哩！先生不给药吃，神家也不保，你藏的那些银子给我吧。"

他爹也翻了个身，拍了拍枕头。老二也挺灵透，知道银子在枕头里藏着。可是，老头不死没法拿呀。

第三天，轮着老三了。他说："俺爹，你这病，姑娘[2]也不保，先生也不治了。万一到哪一天你知不道[3]了，

[1] 傍鸡叫：临近鸡叫的时间。

[2] 姑娘：神婆。

[3] 知不道：神志不清。

你藏的那银子不就瞎了吗？天下的爹娘，没有不疼小儿的。那银子藏到哪里，你说给我吧。"

老头翻了个身，也拍了拍枕头。小儿心里就有数了。

老头的病越来越厉害，眼看快断气了。兄弟三个都守在炕边，眼睛盯着枕头，谁也不肯离开。到了半夜，他爹死了哩！老头一断气，兄弟三个都抢这个枕头呢！三个人劲都不小，你也抢，我也夺，打成一堆了。

这一闹腾，惊动了他二叔。他二叔和他们一墙之隔，听到动静就想：是俺哥哥不好么？看看去吧。来到这边一看，老头死了，兄弟仨不哭爹，却夺一个枕头，就生气地说："都给我住手！"

兄弟三个谁也不松手。二叔说："这里头有啥？"

兄弟三个齐声说："俺爹的银子元宝，都在这里头哩！"

二叔说："你仨别夺了！把枕头给我，我给你兄弟三个平分。"兄弟三个，这才松了手。

二叔拿过一把剪刀，拆开枕头一看。里头什么财宝也没有，只有一张字条，上头写着几行字。可是他们都不识字。老大想：这纸上准写着银子藏在哪里。老二想：可能银子存到了宝贝店里，这是一张字据。老三想：白纸黑字一定大有文章。二叔说："快请个先生来，看看就知道了。"

一会儿，请来了王秀才。他拿过字条，戴上老花镜，刚看完，兄弟三个都抢着问："上头写的啥？！"

先生说："恁兄弟三个都别问了，赶快把你爹埋了吧！"

老大一听急了："莫不是你看了不说，你想把俺爹的银子要了？"

老二说："先生，你不能向一个，误一个。我没往你嘴里抹屎，他们也没往你嘴里抹蜜。"

秀才说："你们别来不中听的，我看还是赶快把你爹埋了吧！"

二叔说："不行，这个银子不管是多是少，我得给他兄弟三个匀匀。"

老三说："哪怕是个草棒呢，也叫俺叔叔一掰三截给俺们分分。"

秀才一听不念实在不行，就说："好吧。我念，你爷儿四个好生听着。"他两手拿纸，慢慢悠悠地念道：

"枕头里面没财宝，兄弟三个别争了。
不是为爹施小计，高粱黏粥喝到老。"

附

记

该故事在历城区广为流传，20 世纪 80 年代，中国民间文学三集成工作中，就搜集整理了这个故事，先后收录在历城区文化局和历城区区志地名办公室，1988 年 2 月编辑出版的《历城民间文学资料本》；济南市历城区文化广电新闻出版局、济南市历城区文化馆，2018 年 11 月，被收入《历城民间故事》一书中。（内部出版，陈芳主编，田延青编委提供该书资料）

50

季南季北

讲述者： 米兰英，女，回族，1908 年 2 月，党家庄镇党西村，不识字

采录者： 李全仁，男，1938 年 7 月，历城区第二文化馆干部，高中

采录时间： 1990 年 3 月

采录地点： 历城区党家庄镇党西村

季家庄的季老汉辛辛苦苦一辈子，过下了一笔家财。他省吃俭用，拉扯两个孩子季南和季北长大成人。自打[1]老伴过世后，他一把屎一把尿，没白没黑照顾两个不懂事的孩子。吃的那苦、受的那罪，真是不暝眼[2]啊！

皇天不负有心人。季老汉苦熬苦撑，总算给大儿子季南说上了媳妇。这季南是个勤快、有心机的庄稼把式，耕耙锄铲样样都行。季老汉怪喜索[3]老大，更疼爱老二季北。季北生就的书生模样，那个眉，那个眼，那个身子，那个脸，生得怪小巧，乍一看就跟病秧子[4]似的，可内心里却有股子精神劲。

论忠厚实在，老大可就不跟[5]老二。别看老二整天钻在四书五经里，那可是出了名的菩萨心肠。

一年小，二年大，一晃的工夫季北也就十八岁了。季

[1] 自打：自从。
[2] 不暝眼：这里指吃的苦受的罪多得没法说。
[3] 怪喜索：喜欢。
[4] 病秧子：疾病缠身，没有一点精气神的人。
[5] 不跟：不如。

老汉扒帮揭地[1]的，四处托人转面子[2]，好歹说合了一门亲事。是邻村张财主的小闺女，小模样长得怪俊巴，心肠也好，针线活也顶。

到了春上，季老汉准备齐全，吹吹打打把张家闺女娶进了门。季老汉老胳膊老腿，早年还种下了个浑身疼的症候[3]。他觉得是秋后的树叶，没多少时候的晃悠了。最叫他挂挂的[4]，是结婚三年也没生个一男半女，为人处事不大怪好的季南。自己活着啥事都能挡挡，万一口眼一闭腿一蹬，人家还不知怎么除祸[5]他来。二儿子季北是个实诚心眼子，年轻经验少，又是个书呆子，对过日子没价点谱[6]。这大老爷们白搭[7]，指到妇道人家可就城里的耽搁，乡里的误了。为这事，季老汉整黑夜滑溜来盘算去，对二儿子是牵肠挂肚。

俗话说，"老人没有跟儿女一辈子的"。季老汉想趁自己往炕下出溜还不费事把家分了，也让他俩磨练磨练，知道那锅是铁打的。

到了明日[8]早晨，季老汉把大儿、二儿、大儿媳妇王氏、二儿媳妇张氏叫到跟前说："爹我夜来后晌[9]挨到心思了一遍，咱把家分了吧？你们也都掌掌秤头子[10]摸索摸索怎么当家。在成堆胡呼溜[11]，耽搁过日子。咱家穷点，一分成二也能凑合到过。分家后，你两人谁有本事谁使，别挂我老头。我也是秋后上的蚂蚱，没几天蹦跶头了。"

季南、王氏听了没说啥，季北和张氏不愿意分家。张氏说："爹呀！俺娶进门子炕头还没热乎，就分出俺去。俺倒没啥，邻居说话可是好说不好听啊！"

"老二家，世上没有不散的筵席。你初来乍到的也不要紧，遇到办不了的事，我给你说解说解就行。"季老汉

[1] 扒帮揭地：凭借最大的能力。
[2] 托人转面子：求别人帮忙办事。
[3] 症候：得了病。
[4] 挂挂的：此指牵肠挂肚的事情。
[5] 除祸：加害于人，也只暗地里害人。
[6] 没价点谱：过日子没有经验和计划。
[7] 白搭：干啥事也不行。
[8] 明日：第二天。
[9] 夜来后晌：昨天晚上。
[10] 掌掌秤头子：当家主事。
[11] 在成堆胡呼溜：在一起生活，或干不务正业的事。

无奈地说。

王氏委屈地说："爹呀！咱这财产咋分？俺进门可三年了，没有功劳还有苦劳呢！要平均分，俺不就吃亏了吗？"

"我寻思过唎，那栋新宅子你住，你兄弟住这栋破的。到过午[12]，让你邻居刘大叔来当个证人，咱写好分单。"季老汉说一不二，当天就把家分开了。王氏觉得吃亏，季老汉说："你觉得亏，等我死后把我那份也给你算了。"

俗话说，"无巧不成书"。分家的第二天，季老汉得急症候死了。兄弟俩你出衣裳我出钱，你出丧事家什我出棺材板，把季老汉送到林上[13]下了葬。

当地有个风俗，死了老人百日内，家财不能动。王氏怕老公公的东西被老二家吞了，就唆使季南把东西弄回了家。结果四邻指着她的脊梁骂，兄弟俩也生分得成了仇家。

先不说季南如何狡诈不得人心，再说季北他整天埋在四书五经里，又乐善好施。俗话说，"坐吃山也空"。没多长时间，就把家业分散光了。百事好做，一饥难忍。季北急得直搓手，好歹受接济的人家听季北揭不开锅了，就送些东西与他。可受人接济总也不是长法，季北愁得整宿睡不着觉。

好底好帮做好鞋，好爹好娘教好孩。张氏通情达理，安慰丈夫放弃书本，靠双手劳动养家糊口。季北说："娘子，我自幼四肢不勤，五谷不分，把精力全放在这书本上了，叫我放弃怎么行？俗话说：书到用时方恨少，想必我对书本里的东西还没吃摸透[14]。"

"我的书呆子哥，如今咱要饭吃都赶不上门了，还吃摸个啥？没有比吃饭更要紧的事了！你看咱大哥家，人刁也罢横也罢，可真会过日子。你也是一个大老爷们，总不能扎住脖子念五经吧？"

"哎！你说的也怪有理，我除了读书也不会干别的。要不，到明日你回娘家借俩钱来。我到外面转悠转悠，找点事做做，总也比等着饿死强。哎！只是苦了你，在娘家

[12] 到过午：到了下午。
[13] 林上：林地、墓地。
[14] 还没吃摸透：吃摸透，了解。这句话指不了解。

你多咱为吃穿发过愁？！"

张氏眼窝子一热，流着泪说："嫁鸡随鸡，嫁狗随狗。你我夫妻还说这话干啥？俗话说：在家千日好，出门时时难。你在外面不同在家里，什么样的人也有，什么样的事也经遇着。如今我身怀有孕，不知是男是女。你这一走不知啥时候回来，你给咱未出世的孩子起个名字吧。"

"哎！没寻思混到这个地步。娘子，水是家乡的甜，我走到哪里也忘不了你，忘不了这个家。想到孩子一出世见不到爹，我心里就难受煞。娘子，咱老季家就这根苗子了，你千万可要带好他。假若生下个男孩就叫他精灵，生个女孩就叫季红吧？"小两口你一嘴我一句，一宿也没睡着觉。

早晨起来，张氏回娘家借来十两银，几套半新的衣衫，千嘱咐万叮咛打发季北上了路。季北出了家门，不知往哪走，不知去干什么。

饥时想米粮，难时想亲人。早要是听老爹的话，也不至于抛下妻子，背井离家远去他乡。季北不善农活，又不会经商。不几天，他身上的银两就花个精光。树叶落了再发，钱花光了到哪里去挣呢！为了生存，他只好当掉些衣服，买了文房四宝，靠写字卖对糊口。这是份苦差事，不逢年不过节，有几个闲来无事的买字买对联。季北饥一顿，饱一顿，出了城进庄，出了庄又串镇。也不知走出了多么远，也不知自己要到哪里去。

穷人面前一条路，步步通到鬼门关。转眼秋去冬来，寒风跟刀子一样，冻得季北浑身颤抖。衣不遮体风难挡，肚内无食四肢疲。

季北拖着无力的腿，来到一家大院的高门楼下。正要敲门，从里面走出一位老年人。季北迎上去说："老人家，您要写字、写对联吗？"老人看了他一眼，觉得可怜，问道："你是哪里人，年轻轻的怎么干开了这个？嗯！家来写几个字，我看中意否？"

季北跟在老年人的身后进了大院，又走进东厢房。季北把胳肢窝里的笔墨砚台放在桌上，用嘴呵气取暖。老人看他的可怜相，动了恻隐之心。让家人取来热馍馍热菜，还拿来一件半新的夹袄。季北高兴地给老人家磕头谢恩，人在难时，滴水犹如甘泉喷。

季北吃饱喝足，老人取来大红纸要他写副对联。季北才思敏捷，他蘸足墨，挥毫自如，铁画银钩跃然纸上："天增五谷人增寿，春满乾坤福满门。"

伯乐识骏马。老人看了连声叫好，他又叫人取来几件衣服，问季北："你有这样的好笔法，不在家习文，如何落得这等模样？"季北把自己的境遇，如此这么一说。

老人听了，怪同情季北的为人，说："季公子写得一手好字，又没有立脚存身之处。天寒地冻的，倒不如暂时委屈在舍下。帮我抄写些字画，闲时也可干点杂活。我付你可观的报酬，不知你意下如何？"

在家靠父母，出门靠朋友。季北听了正求之不得，谢了老人的收留之恩。老人告诉他，这是谷家庄，庄里的人都姓谷。

从此，季北就在谷府住了下来。半年的磨练，他学会了很多生活。早起来扫院子，打水浇地样样都能干。谷员外怪喜索他，隔个三天两日的赏些酒肉。受人滴水之恩，当以涌泉相报，季北豁上命地干。

这天，季北抄完字打扫院子，听到西厢房里叽叽喳喳，争执不休。他觉得新奇，凑近一听，原来两个账房先生因算不清多年的杂账在争吵。季北同情他们，放下扫帚推门走了进去。账房先生见是季北，就求他帮忙。季北也不推辞，他坐下身来翻翻看看。就见他左右手开弓，不大霎就把账目理了个清清楚楚、明明白白。两个账房先生见季北有这把子功夫，惊得半天没喘过气来。他俩把谷员外找来一说，谷员外也怪欢喜，当场拜季北当了总账房先生。谷员外叫厨房准备酒席，亲自把盏相敬。

花开花落是一春，草绿叶黄是一年。转身的工夫，一年过去了。季北非常想念妻子张氏。俗话说，"端人家的碗，受人家的管"。季北因账目繁忙，怎么也脱不开身。

季北这几天眉头老耷拉着，谷员外早有察觉。他问清季北想家，就安慰他不要急得慌。员外打发个伙计去寻找季北的家，然后把张氏接来。季北很感激谷员外的帮助，更卖力地为谷员外干活。谁知半月后，伙计回家说没找到他的家乡。他听了怪难受，谷员外也替他急得慌。劝说他不要难过，等过了年再打发人去找。再说不知张氏如何，要不咱托媒再给你说房媳妇成个家吧？季北说啥也不应。

自打季北离家出走，张氏那吊着的心多咱放下。平时还强点，逢年过节的，那心里啥滋味谁知道。季北走后两个月，张氏生了个胖小子，取名精灵。精灵长得欢瞪大眼、精里精气的，谁见了谁夸。好歹娘家时常接济，娘俩过的日子也还凑合。

雁来了回去，秋去了冬来。思思念念中，送走了五个春秋。五岁的精灵，虎头虎脑，小嘴甜得跟含着蜜一样。张氏白天下地，晚上纺纱。问星星、问月亮，可曾见过季家郎。恍恍惚惚，送走了一天又一天。

老奸巨猾的季南，见弟弟季北一去五年不归，猜想弟弟在外面发了大财，另立了家。他与老婆盘算出去找找，也好敲诈点银钱用。天明和弟媳张氏一说，张氏犯了合计。虽说这些年和大哥家闹生分，可他俩毕竟是同胞亲兄弟。俗话说，"兄弟没有隔夜恨，遇难才知手足情"。我一个妇道人家，又有个不懂事的孩子缠着脱不开身。想到这，就感激地说："大哥，那可要您受累了。等一霎，俺去精灵他姥娘家给您借个路费来。"

张氏借来十五两银子，交给大伯哥当盘缠，嘱咐见到季北把家里的情况告诉他。人心隔肚皮，做事两不知。季南带着弟媳给的银两，骑着毛驴上了路。他游山玩水，串城过镇沿路打听。费了九牛二虎之力，终于在谷家庄找到了兄弟季北。

兄弟俩见面说不完的亲热话，异乡遇知亲，眼泪泉般涌。季北恁得眼泪止不住地淌，当听到精灵已经五岁时，思乡之心难以控制。听说大哥至今没有一男半女，也不觉潸然泪下，酸甜苦辣，百感交集。

谷员外见兄弟团聚，喜得说话都有点岔音。他嘱咐家人做上好酒宴招待，叫季北陪季南在谷家庄周围尽兴地玩了几天。季南说走，季北不让走。又玩了几天，看实在留不住了，才取了二百两银子递给季南，说："大哥，路上饥餐渴饮，晓行夜住，可千万要保重身子。精灵和他娘俩，全指望您帮忙了。我还忙，一时半时的脱不开身，过个一年半载的才能回家。这二百两银子你留一半，给精灵和他娘一半，让他娘俩好好过日子。"又掏出二十两银子递给季南，说是路上的盘缠。季南接过来说："兄弟，这二十两银子我收，那二百两我一钱也不要，精灵和他娘这些年

也够苦的。虽说每月我给她个一吊半吊，可也是小水救不了大火呀！如今我找到你，也就放心了。自打你走后，我几时睡过一个踏实觉。兄弟，前些年我对不起你。"兄弟俩抱头痛哭，谷员外很是感动，收拾了个小包递给季南路上住店用。季北牵着驴绳，送了一程又一程。

季南回到家时天色尚早，他怕张氏看见，就躲在玉米地里等到天黑才回了家。

第二天，季南找到张氏，说："精灵他娘，我找到弟弟季北了。这些年，他在外面混得饭也吃不上。我要他回来，他说没脸见你，我只得留下你给的十五两银子回来了。想不到我兄弟混到这个地步！"张氏送走大伯哥，难过地大哭起来。

日落了，星月也落了，半年一晃而过。季南挥金如土，把季北给的二百两银子花得不多了，又想去蒙骗弟弟几个钱用。他厚着脸皮来到张氏家，说："精灵他娘啊！我寻思好了，这一回说啥也得把俺兄弟叫回来。你叫精灵跟着我去，他不敢不回来。"

俗话说，"害人之心不可有，防人之心不可无"。张氏从心里不想让精灵去，可架不住大伯哥的花言巧语。只好又到娘家借来银子，打发爷俩上了路。

这天，爷俩来到个四周无人烟的池塘边。季南趁精灵不注意用力推倒他，抓住双腿要往水池里扔。精灵吓得直喊："大爷！您别淹死俺！您不如把俺卖了，得些钱打酒喝。"季南听了觉得有理，就把精灵卖到一家酒铺里，得了些银钱。

季南找到季北，说是要给精灵和他娘翻盖房子。季北非常感激哥哥帮忙操心，招待他住了几天，取出五百两银子要他带回家应急。

季南独吞了银子，又哄骗张氏说："精灵在路上得了个瞎包症候[1]死了！"说着，还从三角眼里挤出几滴答泪来。精灵是张氏的命根子，如今病死异乡，如晴天霹雳般。张氏顿觉天旋地转，叫声："我苦命的儿呀！"身子往后一张昏死了过去。

季南两口子还觉得不过瘾，又商量把张氏卖给人贩子，

[1] 瞎包症候：不治之症。指坏毛病。

说定半月后来抬人。真应了，"不怕贼人偷，就怕贼人算"。张氏蒙在鼓里，怎能想到祸从天降。

自打哥哥走后，季北的心里总算是踏实了，但思念家乡和妻儿的心却越来越大。这天夜里，季北做了个梦。梦见张氏披头散发，满脸伤痕，催他快回家看看，要不就永远见不到了。这个梦，一连做了好几遍。季北觉得奇怪，天明告诉谷员外，员外也觉得不对劲。不大霎[1]，季北一阵眩晕，眼前发黑什么也看不见了。谷员外鞴匹快马多带银两，打发季北回家。

归心似箭，马上加鞭。这天晌午，来到一个镇子。季北觉得怪饥困[2]，就在一家酒铺前勒住马。刚下马，就见店里出来个六七岁的男孩，嘴里甜滋滋地叫着："大爷，您屋里坐吧？我给您喂上马，耽不了赶路。"说着，接过马缰，牵到后面马槽喂上，又回到店房伺候季北。季北见小孩精灵得跟猴似的，非常喜欢，就拉他一块坐下吃饭。他看着孩子问："你今年几岁？怎么不去读书写字？"

精灵提壶倒水："大爷，俺今年七岁了，不是这里人，家住得可远呢！"

季北上下打量了小孩几眼，又问："你是怎么来到这里的？"

"大爷，俺大爷带俺去找俺爷，路上大爷要淹死俺。是俺苦苦求告，才把俺卖到这里的。"

"你是哪里人？"季北放下筷子仔细地看着孩子的脸，他觉得孩子有些像自己的模样，"你姓啥？家里还有什么人？"

"大爷，俺是很远的季家庄，姓季，家里还有俺娘。"

季北听说孩子是季家庄，姓季，就站起身来，围着他转了一圈问："你叫什么名字？你爷叫什么？"

"大爷，"小孩把水壶放到一边，"俺叫精灵，听娘说俺的名字是俺爷给起的，俺爷叫季北。"

"儿啊！"季北一下子抱住孩子痛哭了起来，店主和吃客见了都觉得奇怪。等季北和精灵说完，众人大骂季南禽兽不如。季北找来店主要花钱赎回儿子，店主说："可

恨那衣冠禽兽的黑心人，竟把自己的亲侄子卖掉。老天有眼，怎么不打雷把他劈死！钱我不要，孩子你领走吧！不过，我要收这个孩子做义子，你愿意吗？"

"精灵，快给你干爷磕头啊！"众吃客见了这场面，都情不自禁地掉下泪来。店主收拾了些东西，打发他父子上了路。

爷俩白黑赶路，这天晌午到了家。

风吹尘土起，祸从天上降。张氏听说精灵死了，急得跟疯了一样。张财主听说了，也过来劝导。问季南，季南蛮横地说："老季家的事，用不着老张家管，外亲不当里。"他变着法子把张财主大骂一通，张财主气得胡须乱颤，接女儿回去住了几天。

张氏在娘家住不下就回家里，刚进村就听人们议论。有那好心人，把大伯哥卖她的事告诉了她。张氏闻听犹如五雷轰顶，人世间当真就没有我的活路吗？孩子死了，丈夫活不见人死不见鬼，俺活着还有啥意思。张氏进了家门拴好绳扣，准备上吊自杀。

无巧不成书。张氏刚拴好绳子，忽听大门"吱呀"一声被推开，进来一老一少。定眼仔细看，竟是日思夜想的丈夫和儿子精灵。天无绝人之路。张氏恣地喊叫着丈夫和儿子的名字扑了过去，一家人终于团聚了。

季南听说弟弟和侄子回来了，吃惊不小。想想自己做的事，后怕不止。到黑夜，两口子摸索到季北的窗下偷听，正好听到季北要把这事告知官府。

做了亏心事，就怕鬼叫门。季南吓得倒退了数步，正巧后面有口井，收脚不住，一个倒栽葱插入井中做了水中鬼。王氏见丈夫栽到井里，不敢咋呼，慌慌张张跑回家，再也没脸出门了。

第二天，人贩子来季家庄抬人。村民们都痛恨季南两口子，就把季南的家指给人贩子。

于是，王氏被糊里糊涂地抬走了。

[1] 不大霎：时间不长。
[2] 怪饥困：非常饿。

讲述者： 孟宪花，女，1917 年 8 月，莱芜市方下
镇张公清村

采录者： 王俊莲，女，1964 年 4 月，莱芜市方下
镇张公清村，高中

采录时间： 1992 年 5 月

采录地点： 莱芜市方下镇张公清村

附
记

孟宪花奶奶喜拉呱，喜欢拉善恶报的呱。她老人家的呱很多，只
要一有空闲，她老人家就会讲上一段。尤其是夏天的晚上，四邻八舍
都聚在大街上剥麻聊天。孟奶奶也迈着裹了的三寸金莲脚，抱着麻秆
子来在大家之间凑热闹。她老人家很健谈，几乎是无所不知。老人拉
呱时，面部表情会跟着故事情节而变化，说到伤心处，眼角会落下泪
花来，听的人也跟着流泪，有的还抽泣出声。1987 年 3 月，中国民
间文学三集成资料征集采访调研时，我把奶奶当成了故事篓子，缠着
她老人家讲了很多故事。1992 年 5 月，李胜华计划把多年来整理的
民间故事结集出版。为了故事的完美性，他还把负责莱芜市民间文学
集成资料征集的李志清老师请到家里来，听孟宪花老人讲故事。也就
是在这次座谈的时候，孟奶奶讲了这个故事，我作了详细记录。1993
年 2 月，该故事收入李胜华搜集整理的《凤凰城的传说》一书中。

51

告状得皇姨

从前，章丘有一个姓史的财主，家里经营着盐业，是
当地有名的富户。史财主有一妻一妾，相处得也很和谐。
妻子彭氏，通情达理，还会操持家业，把这家里管得井井
有条，史财主便一门心思做生意。

可这一年，史财主出去要账，却突然死在了外面。好
好的一个家就断了顶梁柱，让史家一下子就塌了半边天。
并且这一变故，还引来了更多的麻烦。

原来，史财主的妻子彭氏，嫁过来多年，并未给史家
生下一男半女。史财主偌大的家产，没个后人。只好过继
了叔伯兄弟家的儿子史老大，来继承史家的香火。后来，
史财主又纳了第二房妻子张氏，才为他生下两个儿子。这
时，史老大也已经有十七八岁了。

史财主活着的时候，就把部分家业交给侄子史老大掌
管。想历练他一下，将来可独当一面。可现在史财主这一
死，外面店铺的一切事务都落到史老大手里了。这个史老
大，从小就在史财主家生活。彭氏没有孩子，就拿他当亲
生的一样疼爱，可这家伙却是个没良心的。史财主活着的
时候，他不敢有所行动，现在事情突变，他就起了私心。

史老大知道，等张氏所生的两个儿子长大，就要和他平分家产。他怎能甘心，就做假账，把史财主的店铺弄成亏损，却暗地里把银子都转到他的名下。

彭氏虽然操持家里有一套，对店铺里的事却一窍不通，张氏更是个没见过世面的。等史老大把假账往这两位婶娘面前一摊，两个女人就傻了眼了。店铺都亏成了这样，以后的日子可咋过呀！

亏了彭氏有心眼，隐约觉出这里面有猫腻。她暗地里找到几个被史老大辞退了的账房先生，证实了史财主死前生意很好，没有一点亏损。

彭氏就又把史老大叫来，狠狠地训斥一番。可史老大死活不认账，并且早已把银子都转到他名下了，彭氏也拿他没办法。

最后，彭氏气急了。她一拍桌子，说："逆子，你不要猖狂，我就不信这天下没有王法了，我要去官府里告你！"

哪想，史老大嘿嘿一笑，说："我的婶娘，你没钱到哪里去告呀？难道你是皇亲国戚？"一甩袖子，就走了。

看着史老大远去的背影，彭氏气得嘴唇都发紫了。她下定决心，一定要把史老大告倒。

一说到告状，张氏也说："你没听史老大说吗，没钱怎么告呀？"

彭氏说："有理走遍天下，咱不能任由这个畜生欺负。难道天下就没说理的地了吗？"

彭氏又对张氏说，她愿意出面去告状，只是需要钱。现在家里日常用度都困难了，到这个时候更需要她们同仇敌忾。她要张氏拿出私房钱来，用在告状上。等状告赢了，都还给她。

张氏也豁出去了，把所有的金银细软、私房钱都给了彭氏，只要彭氏打好这个官司就行。

彭氏也拿出自己的私房钱来，又到娘家借了点银子。便告别张氏，走上了告状的路。

彭氏这一打官司才知道，"衙门口朝南开，有理没钱莫进来"所言非虚。史老大手里掌握着史家所有的钱财，他早就把官府上下都打点了个遍。她那点银子，根本不够给官府塞牙缝的。怎么能打赢官司呢？结果，彭氏拿着状纸从县里打到府里，却没有一个给她说理的。

最后，官司告到济南府衙。彭氏不光打败了官司，还挨了知府的三十板子，被赶了出来。

彭氏的官司，算是彻底败了。她大哭一场，直埋怨史大老爷糊涂。不该过早地把大权都交给了史老大，叫他们孤儿寡母的受这个欺负。哭罢，彭氏又想：难道天底下，就没有说理的地方了吗？县里府里不给她说理，不是还有比他们更大的吗？她就决心到京城里告御状。

彭氏到京城的这一路上，可真是受尽了艰辛。从没吃过的苦，她这一路上都吃了。她本来就没有什么盘缠，刚上来还能买口吃的，到后来只有一路乞讨着往前走。夜里到什么地方就找个草堆或在人家屋檐下，住一晚上。

从山东到京城，路途遥远，她这一走就是几个月。等到了京城，她已经衣衫褴褛，形同一个乞丐，谁也看不出她曾是个贵妇人。

彭氏一进京城，向当地百姓打听，怎么才能见到皇上。

可人们却让她死了这条心，皇上的皇宫从来都是戒备森严的，岂是她一个民妇想去就能去的。就是皇上出来，也有层层御林军保护，想见也见不到呀！

彭氏心凉了半截，难道这状真就告不成了。她横下一条心，一定得见到皇上，就是死也死在京城。她每天都在皇宫外等候，盼着皇上能出来。十几天后，终于等到皇上出宫了。她就死命地扑上去，嘴里还喊着"冤"。可她还没等上跟前，就被几个卫兵架住，扔到十几米外。再起来，圣辇早就走远了。

彭氏还是不死心，再等。可下一次皇上出宫，还是这样，她连接近皇上的机会都没有。

这下，彭氏有些绝望了。这天晚上，她饥肠辘辘，摸黑来到了一处庵前。黑夜里她也没看清那是什么庵，她就想先在这里借宿一晚上。也许是她太疲劳了，竟然眼前一黑，一下子昏倒在庵前，什么也不知道了。

等彭氏醒来，却是躺在一张床上，有一个老尼姑正守在床前。彭氏从床上坐起来，问："这是哪里？"

老尼姑就说："这是观音庵。"

彭氏马上起身施礼，向老尼姑感谢救命之恩。

老尼姑却问她："我看施主一脸的福相，不像是个行乞的人，怎么会落到这步田地？"

彭氏又想起自己的事来，叹了口气，就把自己这段时间的遭遇说了出来。

老尼姑听后，说："施主实在可怜，只是贫尼也帮不了你。施主现在身子太弱了，不如先在这里将养两天，等身体好了再做打算不迟。"

彭氏一想，也只有如此了。她在观音庵里一住就是十几天，身体渐渐恢复了。

这天，老尼姑突然找到彭氏，对她说："明天，要有一个贵人来进香。到时候，你只管站在佛前，负责给那位施主递香就可以了。余下的，我自有安排。"

第二天，观音庵里果然不同往日，来了很多穿官服的人，彭氏被老尼姑安排，就站在大殿的观音像前。

不长时间，殿外便进来个穿得很华贵的女人。等她走到佛前，彭氏就按照老尼姑的吩咐，拿着三炷香迎向那个女人。等彭氏抬头要把香递给那个女人的时候，吓了一跳。面前这个女人，竟然跟自己长得一模一样。要不是衣着不一样，还认为是镜子里的自己。不光是彭氏吓了一跳，那个女人也是瞪大了眼睛，嘴巴张了几下才说："莫非我是在梦中，多谢观音菩萨！让我见到了妹妹。"说着，拉住彭氏的手，就不想松开。

眼前这个女人，竟然拿彭氏当妹妹了。

这时，佛像后面老尼姑闪出来，口颂佛号，说："太后，她的确不是你妹妹。"

那个女人也觉得失态了，缩回手来，说："或许我这些天来太想妹妹了，她简直太像了。"

彭氏正在疑惑间，老尼姑又对她说："见到当今太后，你还不快施礼。"

面前这个人，竟然是太后，就是当今皇上的母亲。这可真是天大的贵人呀！彭氏马上向太后跪倒，说："民女彭氏，见过太后！"

太后对彭氏格外亲切，上前把她扶起来，说："这也算是我们的缘分呀！今天我来进香，就是求菩萨保佑我找到妹妹。没想到一来，就见到了你。我多想有你这么个妹妹在身边呀！"

彭氏眼珠一转，又跪倒了，说："妹妹这厢拜见姐姐了！"

太后更是高兴，把彭氏扶起来说："妹妹，咱自家人，不用这么客气了。"

可彭氏刚被太后扶起来，却又再次跪下了。这让太后都有些蒙了，疑惑地问："妹子，你又怎么了？"

这回，彭氏却对太后说："民女有天大的冤情，请太后为民女做主呀！"

太后再一次扶彭氏，答应为她做主。彭氏就把自己被侄子欺负，和这一路告状的事全说出来。

太后听后大怒，说："这天下还真没王法了，竟然欺负到我妹妹头上来了。这个主，我给你做定了！"

说完了彭氏的事，太后又向观音进香，对着佛像说："多谢观音菩萨，让我找到了妹妹。我以前向您许愿，只要找到妹妹，就给你重塑金身。今天，你把妹妹送到我面前，我一定为您塑金身！"

彭氏便与太后一起回宫，坐在凤辇里就像亲姊妹一样。手拉着手，有说不尽的贴己话。

原来，太后本来还有一个孪生妹妹。可惜在小的时候，由于战乱姐妹俩失散了，就再也没找到。一晃就是几十年，直到儿子登基，她做了太后，还有时能在梦中见到那个妹妹。她曾派人找了好多次都没找到，早就灰心了。于是，她就到观音庵里进香，求观音让她找到失散多年的妹妹，并许愿，如果观音能帮她找到妹妹，她就给观音重塑金身。

可巧，彭氏昏倒在观音庵里。老尼姑一见到她，就觉得跟太后很像。当她知道彭氏的事后，便心生一计，安排她见了太后。这也算是老尼姑积了德！观音庵帮太后找到了妹妹，这事一传出去，庵里的香火也旺盛了起来。

彭氏跟着太后进皇宫后，一切都是按照太后的待遇来安排的。皇宫里的人，都叫她"皇姨"。可彭氏根本就不留恋皇宫的生活，就三天两头地催着太后为她做主。

太后把皇上找来，把"皇姨"的事说了，让他把这事办好。

皇上马上发下圣旨，命令把史家的案子发来京城重审，并且所有与案件相关人员，一律都带到京城里来。

圣旨到了山东，谁敢不听？于是，史老大便被传到了京城。刚上来，他还不在乎。想着到各衙门打点一番，便没事了。可一到京城，就听说皇太后认了干姊妹的事。听人们的描述，越听越像是自己的婶娘彭氏，心里就犯起了嘀咕。

结果一到刑部大堂，史老大见大堂一旁设了把椅子，彭氏就坐在上面，这才知道是坏事了。

刑部的官员一拍法案，要史老大从实招来。史老大就两腿打软，跪在地上，把一切都说出来了。史老大忤逆不孝罪，独吞史家财产，欺负孤儿寡母，犯下十恶不赦的大罪。刑部便把他判了个斩立决，并且将史家一切财产都归还彭氏。

史老大吓坏了，跪爬到彭氏面前。抱住她的腿，求婶娘饶自己一命。彭氏心软了，毕竟是她从小养大的呀！就求刑部赦免了他的死罪，史老大捡了一条命，再也不想财产的事了。他给婶娘磕个头，头也不回地跑了。

接下来，又审接史家一案的那些官员。从县里到府里的官员，凡是吃了史老大好处的，官职都一撸到底，成了平民。

案子结了后，太后还想留彭氏多住些时日。可她家里还有事呢，太后就给了她一道凤冠。只要她想起京城这个姐姐来，戴上凤冠就如太后亲临，各地官员都要盛情接待，一路上畅通无阻。

彭氏回到家里，收回史家的家产。她让张氏的那两个孩子，顶史家的门户。她有皇姨这个名分，虽是妇道人家，却谁也不敢招惹。

一年之后，临近太后的生日。彭氏便戴上凤冠，去了趟京城。果然，一路畅行无阻，所到各地官员都会盛情款待。

彭氏去了京城，太后见了很高兴，她早就想这个妹妹了。

等彭氏给太后过完生日，太后把她送出皇宫，又让太监拿出个锦盒来。太后悄悄对彭氏说："你大老远地来了，姐姐也没什么好送你。锦盒里有一样东西，保管你下半辈子，安心享福，并且子孙后代，也都衣食无忧。"

半路上，彭氏打开锦盒，见里面有一道圣旨。圣旨上说得明白，以后章丘的盐务都交给史家来做了，并且是世代相传。

彭氏回家后，就做起了盐务的买卖。并且史家世代在章丘做盐务，一直做了很多代，章丘便有了"史家铁盐务"的说法。

彭氏又把那个凤冠，供在史家祖庙里。她深知到京城告状之苦，便规定，山东百姓谁要是遇到冤情，要告御状的，可以到这里来请凤冠。带上凤冠到京城，便一路没有阻碍，顺利见到皇上。由于这个凤冠，山东各地官府，竟然没出现冤案的，都害怕有人到京城告御状，自己官位不保。

彭氏自打给太后过了寿后，就再也没去京城去看姐姐，直到她寿终。那两个孩子经她抚养成人，也都顶起了史家的门户。

讲述者：　王振珠，男，1942 年 9 月，章丘市刁镇南芽村，高小

采录者：　王乃飞，男，1973，6 月，章丘市刁镇南芽村，小学

采录时间：　2011 年 6 月

采录地点：　章丘市刁镇南芽村

附
记

在章丘，旧时候流传着这样一段话："金旧军，银回村，铁打的刁家庄，还不如史家铁盐商。"旧军、回村、刁家庄，这都是当时章丘的富庶之地，或有商贾巨富，财源滚滚；或出特产精品，生财有道。其中的"金旧军"，指的就是孟氏家族，在当时可谓是富甲一方。其中最著名的，就是有"东方商人"之称的孟洛川。而史家铁盐商又是怎么回事呢？这里面又有一段什么样的故事呢？

关于章丘史家铁盐务，在我们这一带早就尽人皆知。这段故事里，有一个奇女子，为了告状千里跋涉到京城，并且还得了"皇姨"的名分。这是我老父亲听单位里一个同事给他讲的故事。我觉得这则故事很有传奇色彩，就原汁原味地记录了下来。后来，《皇姨传奇》有幸发表于《故事林》（2018 年第 23 期）。

52

陪嫁枣红马

平阴县某村于家，有辆大马车。辕马枣红色，嘴叉子大，懂人性，救过于大爷的命。

两年前，于老头出门拉货。他坐在辕马后赶车，正呼噜呼噜地下崖子[1]。他一不留心，从车上滚到马脸前。枣红马低下头叼起他的肩膀，一直叼到崖子根。辕马打住辔，等车慢慢停下，马才松开口。于老头站起来，惊出一身汗。

要不是辕马用嘴叼起他，马踏、车轧，早就不喘气了。即使不死，也得腿折、胳膊断，在床上躺半年。他坐在地下歇了好一会儿，扑扑[2]身上的尘土，站在马跟前，像感恩神灵似的动情地说："马啊，马啊，是你救了我的命啊！"说完，又搂马脖子把脸贴了上去。

枣红马扑闪扑闪[3]眼皮，一点头打了个响鼻，算是回应。

当天喂马时，老头多给它一勺子碎豆饼，每天早晨给马用炒瓢冲两个鸡蛋茶。老头想，我这一大家人家，这么大的家业，要是没了我，谁来支撑？儿子们又年轻。从此，他精心喂他的枣红马。

这匹马身子长、力气大，又齐整又稠密的鬃毛往两边分，十分好看。于老头精心调养，马上膘了，浑身像火炭一样红，比那匹前梢子马[4]英武好几倍。

马戏团来这庄演出，领班见了这匹马，一天两回来相看。爱马人知道马的习性和特点，这匹马的身量、毛色、口裂都属上等。尤其那马的眼梢，馋得口水都拉了老长。领班找到于老头，问："卖不？"于老头说："不卖。"

领班说："我给你演马戏的这两匹马，另外再给你五十块现大洋，行吗？"

于老头说："你给匹金马也不行，它是我的命根子。"扭过脸自言自语地说："它要是死了，我给它打大棺材，埋个坟头，再立个碑。"

领班不死心，想了个新点子说："你的马要是能拉动我闺女，就把闺女给你儿当媳妇，咱就搭亲家；要是拉不动，你就得卖给我。还是那话，我演戏的两匹马，外加五十块现大洋。"

老头看马戏时，听别人说那个演气功的，长得俊的大闺女是领班的闺女，是她爹的摇钱树。他这时想：一个黄花闺女有什么本事，一定能拉得动。我二儿还没媳妇哩！把她拉动了当我的二儿媳妇，还赔本了啊[5]？他心里掂量又掂量，心想，他这闺女连毛加屎[6]也不过七八十斤，我这么一匹高头大马，没有拉不动的道理。

在这件事上领班说的真话，老头也当了真。领班对老头说此事时，他闺女就在身边。于老头也叫着自己的儿子，到一边商量了一番。两边都说，得找个保人。

两家的事全村人都知道了，村长当了他俩的保人。

演马戏的大场院上，看热闹的人比赶会的都多，都要看看这场比赛的，看看谁输谁赢。

保人在姑娘站立的周遭用石灰撒了磨盘大的白圆圈，

---

[1] 下崖子：下坡路。

[2] 扑扑：拍打除尘。

[3] 扑闪扑闪：眨眼。

[4] 前梢子马：辕马前面拉车的马。

[5] 还赔本了啊：赔不了本。

[6] 连毛加屎：此指身上所有的东西都加起来。

姑娘站在当中。今天领班的姑娘穿了一身红。红褂子、红裤子，和她要比赛的枣红马就要比高低。

于老头套上他那匹枣红马，把鞭子递给年轻气盛、英姿勃勃的儿子。爷俩双目对视，相互传递着战者必胜的信念。

说起领班的闺女，十八岁的年龄。中等个儿，白生生的瓜子脸，胸前饱满，臀部微翘，一根黑油油的大辫子在脑后不安地扭动。观看的人都夸她的演技和俊脸蛋儿，更别说青春年少的小伙子。

姑娘站在圆圈中也不吱声，面色像湖水那样平静。她虽不出声，但二目炯炯有神；虽是平静，胸中似乎装有十万雄兵。

于老头的儿子，早相中领班的闺女了。他上等个子，粗眉毛、大眼睛。今天，他打扮得很精神，拿一根长马鞭，鞭杆外头又特意拴了一束红穗头。你看他，左手牵马缰绳，右手拿鞭，由枣红马衬得更英俊。虽不耀武扬威，却也胜券在握。

等保人站定后，于老头的儿子说："马儿啊，马儿啊，你用劲拉，给我拉来个好媳妇吧？"

"哈哈哈""哼哼哼"。看热闹的都笑了。

"开——始——"随着这声音，所有人都瞪圆了眼睛，生怕看不清楚。

小伙子举起胳膊打了马屁股一鞭子，那匹红马腿一坐，四个有力的蹄子往前扒起来。

那姑娘早就运好了气，听见"开始"声，"嗨"的一声喝，双脚一跺，像扎了根一样不动了。

任马再刨蹄，再使劲，那姑娘在原地纹丝不动。眼看着姑娘往地下沉，就好像在地下楔了根木头橛子。

"叭"，小伙子把长鞭又打了一下，马儿又扑下身子使足了劲。任凭马四条有千斤力量的腿再扒地，还是没拉动。

"使劲！使大劲……"观看的人也都七嘴八舌地为本村的小伙子鼓劲。

小伙子跳起来，"叭——"又打了一响鞭"你使大劲——"

这时，姑娘往上一蹦，跳出圈外。马儿一个前驱，马嘴接地，前腿下跪，趴在地上了，拉得姑娘也向前跟跄了好几步。

紧张的比赛结束了，观众喊喊喳喳地议论着："这不是吕布戏貂蝉吗？""八成是这闺女看上我二哥啦！"

这姑娘是领班的摇钱树，长得俊俏不说，从小跟她爹学了一身好气功和武艺。闺女本身到了谈婚论嫁的年龄，在马戏团里却没有如意的可谈可说，谁知她的心事？爹爹光顾挣钱，买不成马，反把自己押到赌里，要不是看着于家小伙顺溜[1]，心中定然大不悦。可是，"儿从父命"难以违抗啊！本该为爹争过对方，又想于大爷家是正儿八百的好人家，况且他儿子机灵，长相英俊……

今天临上场，姑娘又想，我白天演出，晚上练功，钱我挣得没数了，可爹就是不想我的事……自己辛辛苦苦，这应该，早晚也该有个归宿，哪有老到家里的闺女！

"噢，可能爹爹一半是许诺，一半是打赌。"姑娘终于悟出了另一个意思。所以，等小伙子打完第三鞭，她猛地跳出圈外。闺女似乎说：生气不当闺女了，当婆婆去。但是多年的媳妇熬婆婆，不当媳妇怎么当婆婆？

回想以往，自己的气功，观众也是叫了好的。一块三十多斤的长条石头，运足了气，右手能把石头推断。

一个中年观众说："给你块砖，你能用手指头钻个眼吗？"

"我试试！"待她运足了气，左手拿砖头，用右手的食指照着砖头当中就钻。又运了一次气，再钻砖头的那面。她绣鞋一跺，一阵子猛钻，把这块旧砖头钻了个圆眼儿，拿起来围场子一圈向观众展示。

"好啊，这闺女神了！""她的手指头成了金刚钻了！"赞扬声，此起彼伏。

去年在南方，两个骡子一匹马没拉动她。也是这样打赌，先是两个骡子拉，庄主许她爹一百块现大洋，没拉动。

庄主说："加上我这匹马，要是拉动了，现大洋就不给你了；要是拉不动，不光现大洋归你，连那匹马也归你。"

赶马的也上了劲，响鞭一打，响声像撕锦裂帛，三个牲口拉得地上像用镢刨了一遍，硬是没拉动。这不，演赵

---

[1]　顺溜：指小伙子长得英俊帅气。

子龙的人骑的那匹白马就是那次挣来的。

"拉出来了！""老头赢了！"宽阔的场院上，人人紧张的面孔都松弛下来，喜上眉梢。"小伙子拉出来个好媳妇。""咱庄上又多了口人。"

"亲家，咱家走吧？"于老头胡子邋遢的，脸上红润润的，脸上虽没笑容也止不住地溢出笑意。他走到领班前，弯腰作了个大揖，第一次发出了邀请，也是头一回喊亲家。

村长这个保人又当起了媒人，成全了两家亲事。

散席时，领班对于老头说："我把闺女给你当儿媳妇，你把马给我吧？"

"你牵着就行。"于老头很干脆地说。其实他心里打算盘呢，有道是肉烂了在锅里。这马跟着你和跟着我一个样，又没上人家去。

姑娘对小伙子说："刚才你说你的马拉出我来的，真是拉出我来的吗？"

"是！"于小伙张口答了一个字。

姑娘说："你再挂上你那匹前梢子马，用两匹马拉拉我试试！"

还是那个场院里，姑娘自己用石灰撒了个比上午的圆圈更小的白圈。两手拿着系了一个大疙瘩拴了两匹马的长绳，还是那个保人宣布"开始"后，任小伙子，不，是小女婿打几次马，任马的蹄子在场上刨多大的坑，也没拉动姑娘。姑娘脚底下陷下去了四指深，就像一棵千年大树牢牢扎下了根。

拾掇完场子，领班要牵走那匹枣红马。姑娘走到她爹面前，撒娇地说："爹——你什么也不用陪送我，就陪送这匹枣红马吧。"

看看吧，还没正经八百地结婚呢，就胳膊肘子往外拐了。

讲述人： 黄广玉，男，1955 年 2 月，平阴县洪范池公社苗海村，不识字

采录者： 黄文俊，男，1946 年 5 月，平阴县洪范池公社苗海村，教师，大专

采录时间： 1966 年 2 月

采录地点： 平阴县洪范池公社苗海村

附记

黄广玉是俺村里有名气的一个故事篓子。1966 年 2 月的一天，我们偶尔在一起用餐。饭前说到江湖艺人的生活和绝技时，黄广玉就讲了这个故事。我那时候就非常喜欢搜集整理这些新奇的故事。为了故事的完整性，我多次提出一些疑问让他解答，他就详细地告诉我故事的来源。我又问了关于故事的一些细节，他说这个呱是他外老爷给他讲的，在他脑子里搁了好几十年了。要不是听说我喜欢这些故事，还真没打算讲出来。

53

丢女教妻

很久很久以前，汶水岸边有一个村子，村里居住着一个淳朴善良的李姓老头。他不惑之年[1]才喜得一女，实指望等女儿长大点再添一男丁，顶门立户。但事不遂愿，女儿三岁那年，媳妇就因病去世了。同宗家人及邻里大嫂大婶们都劝他续弦再娶一房妻子，帮他拉扯女儿长大成人。可他怕女儿受气，始终不允。一个人既当爹又当娘，一把屎一把尿地拉扯着女儿。

他对女儿很疼爱，可以说女儿就是他的命根子，真是捧在手里怕摔了，含在嘴里怕化了。

父女俩苦度春秋，艰难度日。女儿长大了，生得如花似玉。到了出阁的年龄，自己已是年逾花甲[2]了。老李头心想："我一辈子只养了这么一个独生女儿，我要为她择一个好女婿，寻一户好人家，也好为我养老送终。"

媒婆送走了一拨又一拨，老李头终于给女儿找了个好婆家。女婿是个秀才，当教书先生。女儿出嫁时，他几乎卖掉了所有的田地，置办嫁妆，风风光光地将女儿嫁了过去。

俗话说，"嫁出去的闺女，泼出去的水"。绣花的被褥铺满床，嫁了丈夫忘了娘。女儿出嫁后，有了称心如意的丈夫。小日子过得甜甜蜜蜜。刚出嫁时，还时常想起老李头，三天两头地走趟娘家，给老爹送些吃食。再后来，在丈夫的催促下，个月二十天地偶尔回娘家一趟。

转过年，又有了一个可爱的女儿，就渐渐地嫌弃起老李头，几个月也不回娘家一趟，几乎把老李头给忘了。

这一年冬天，下着大雪，凛冽的寒风呼呼地刮着。老李头一个人蜷缩在屋内，感到非常的孤独。这时，他想起女儿和小外孙女，就打算去女儿家看看。

一路上，风雪交加，刮得他睁不开眼睛。七骨碌八跌[3]，不知摔了多少个跟头，好不容易来到女儿家。

女儿正在灶屋烧火，看到老李头站在门口，就埋怨说："爹，这么冷的天，你咋不在家里烤火？真是有福不会享！"

老李头听了，还以为女儿疼他呢，说："闺女啊！爹想你们了，再冷的天也想来看看你们。你快去屋里给爹烫壶酒，让我喝了暖和暖和。"

女儿一听，眉头一皱，不耐烦地说："这么冷的天，酒缸早就结冰了，怎么舀得出来呢？！"

老李头听了，心里一凉，心道："俗话说，'小孩不冷，酒缸不冰。'哪有酒缸结冰的道理！难道是女儿变了？"

老李头又一想："不对，我最疼爱的女儿，可能是和我开玩笑的。"

这时，炖肉的香味传到老李头的鼻子里，老李头还想试探一下女儿，就说："酒缸结冰就算了，我到灶屋里帮你烧火，烤一烤就暖和了。"

女儿连忙拦住他说："不，不，我馇[4]的猪食，你冻得僵手僵脚的，烫着就不好了，你等会！"说着，也没让爹爹屋里坐，自己就上楼去了。

老李头想亲自去探个究竟，走进灶房，掀开锅盖一看

[1] 不惑之年：指人活四十岁。
[2] 年逾花甲：指年龄超过六十岁的老人。
[3] 七骨碌八跌：跌跌撞撞。
[4] 馇：熬煮猪食用语，边熬煮边搅和。

惊呆了。原来，锅里正炖着肉呢！老李头顿时全明白了，老泪止不住地往外流，老伴死时他都没有这么伤心过。趁女儿没下来，他颤颤巍巍地走到堂屋里，拿起女婿的笔，蘸墨膏笔，在墙上写了一首诗：

我说世人莫痴呆，卖田嫁女不应该；
煮肉谎称馇猪食，酒缸结冰打不开；
后悔当初心太实，饿死不到闺家来。

老李头写完，把笔一丢，含着眼泪回家去了。

不一会，女儿下楼来，见老爹不在了，就喊了几声："爹！爹！"叫了几声，无人回答，她跑到门口一看，哪还有爹爹的影子，也没再做理会，急忙进屋去了。

她刚进屋，丈夫就回家了，抬头看见墙上的诗，就问媳妇："咱爹来过？"

"不知道什么事情得罪他了，我到楼上拿火盆，他就走了。"媳妇烤着火，懒洋洋地说。

丈夫一听，顾不得理会媳妇，就追出去找岳父去了。

凛冽的寒风夹杂着鹅毛般的大雪，落在凹凸不平的大地上。

老李头身上冷，心里更冷。他连气带冻，手脚僵硬，深一脚浅一脚地走着，女婿没追多远就追上了。向他说了一大堆的好话，老李头此时心都碎了，任凭女婿怎么劝解，他就是不回女儿家。

女婿没有追回老岳父，怒气冲冲地回到家里，也不理会妻子，直接跑到摇篮边，掀开被子，就把小女儿抱起来冲到门外，一下丢到雪窝里。

妻子刚开始惊呆了，接着像疯子一样跑出去，喊道："哎呀！不得了了，冻死我的小宝贝了！"

丈夫生气地喊道："我就是要把她冻死，辛辛苦苦养大她，将来落得我岳父那一样的下场！后悔晚矣！"丈夫说着，流下了痛恨的泪水。

妻子听了，悔恨得低下了头，只好求丈夫和自己一起把老爹爹接了回来，赡养终生。

讲述者：　亓坤标，男，1951 年 5 月，莱城区高庄街道办事处五龙村，初中

采录者：　亓廷香，男，1954 年 2 月，高庄街道办事处五龙村，中师，教师

采录时间：　2002 年 10 月

采录地点：　莱芜市莱城区高庄街道办事处五龙村

附
记

2002 年 10 月的一天，我们几人在一起喝茶聊天。说起教育子女的话题，亓坤标感慨地讲了这个故事，他还说："俗话是实话，爹有娘有不如自己有，老婆汉子不如手里攥到。人老了，谁也指望不上，还是多做善事，来个善始善终。"邻居亓二哥接话说："你说的也不全对，世上还是好孩子多。怨这个怨那个，到头来只能怨自己教育孩子不到位。"通过这个故事，感悟到孝德教育一定要从孩子抓起才是根本。

54

风雨缘

农历七月二十一日是大喜的日子，李家庄的大财主张灯结彩、披红挂绿，迎接赵家庄赵财主的儿子来抢亲。

傍晚，赵家庄一班娶亲人马，在一片鼓乐声中进了李家。

新郎跟岳父岳母相见，行了参拜大礼，刚要请新娘子上轿，突然间西北风带着麻秆子雨[1]就下来了。雨越下越大，麻秆子雨成了一瓢浇[2]，娶亲的一班人可就走不了啦。

过去的时候娶亲很封建[3]，吉日良辰不可误。李家赶紧打发人拾掇房子，让闺女和女婿在自己家里拜堂成了亲。婚礼完毕，人们都先后休息，洞房里就剩下新郎新娘两个人。

屋外大雨哗啦啦，屋内俩人不搭话。新娘坐在炕上等新郎来揭蒙头红，新郎坐在椅子上不敢动。过了一个时辰，新娘沉不住气了，偷偷掀开蒙头红瞧了瞧新郎：哎呀！长

[1] 麻秆子雨：中到大雨。
[2] 一瓢浇：大到暴雨，就像用瓢子浇水一样。
[3] 封建：愚昧的思想意识。

得真俊啊！他怎么不说话呢？噢！这是来俺家眼生，我得先说话。新娘下床来到桌前，轻声慢语地说了声："天不早了，咱歇息去吧。"

见新郎还是不动，又向前拉他的胳膊。不拉不要紧，一拉拉哭了。新娘纳闷，赶紧安慰他说："你想家吗？明天咱就走。"不说回家还好，一提回家新郎哭得更厉害了。

新娘猜不透什么事，问这问那，直问得新郎放声大哭起来。大雨下了一整夜，新郎哭了大半宿，新娘纳了一夜闷。

天刚亮，新娘开门到上房找爹娘，把这个闷[4]一五一十地讲了个仔细。父母也闹不清楚，就打发刚从外地要账回来的儿子李识恩去劝妹夫。

李识恩来到洞房，见妹夫低头不语，走到跟前和气地说："兄弟可好？为兄讨账路上遇雨刚回来，请兄弟原谅哥哥。"

新郎一听语音耳熟，慢慢抬头一看，四目相遇，两人都愣了神：

"是你！"

"这不是拾我包袱的兄弟吗？！"

"你在这里住？"

"你怎么来的？"

这一问怎么来的，新郎又哭起来，边哭边把他与李识恩分别前后的经过，一五一十地叙说了一遍。

"哥哥，我叫王小才，父亲叫王爱财，家住河南王家庄。父亲以卖布为业，养活母亲和我三口人，供我上学。父母对我疼爱，让我一心只读圣贤书，家务活从不让我干。长到十八岁，也没赶过一回集。一是怕我累着，二是怕耽误学业，三是怕到集上要这买那花钱耗费。去年七月，我要去赶集，爹不愿意。我说到集上不乱花钱，只跟爹学生意，这个样才答应我去赶集。那天，我是头次赶集，心胜，推着布车子跑得快，一气出去十几里，累了一身汗。回头看看不见爹的影子，我就在道路旁一棵大柳树下停车歇脚。一看石头上放着个小包袱，四下看看没人，知道是有人忘了这里的。我把小包袱拿起来，放到车子布底下。一

[4] 这个闷：心中之谜。

霎的工夫，哥哥你跑来了，问我拾到东西没有，我拿出包袱给了你。你走后，我爹赶来了，我把拾包袱的事说给他。他一听，就问包袱里盛的什么，我说是钱票子，爹又说：'你拾到这么多钱，得吃一辈子。'我说：'那个哥哥说，包袱里一张就够我吃一辈子的，他给我我也没要。'爹听到这里，气得胡子都扎煞起来，骂我傻瓜，随手拿起根车棍子照我头上砸下来。我觉得当时'轰'的一声，就知不道了。等我醒来后，见躺在高粱地里边。沌混了一霎[1]才明白，是爹一气之下打的我。我也不敢回家了，就一路要饭来到山东刘家集镇，在那个卖水面的炉子后边过夜。有一天，我拾到卖水面的掌柜的一把菜刀。我怕丢了刀人家着急，就把刀交给一个皮鞋匠，托他转交给卖水面的掌柜，我就到外边要饭去了。第二天，皮鞋匠把刀还给卖水面的掌柜，又说我怎么好。卖水面的掌柜过意不去，见我心眼好，就找到我，领到他家当了小伙计。转眼又到了七月，赵家庄的赵财主要娶儿媳妇，一切都准备好了，只等新郎上轿去娶亲。不料，那个公子忽然肚子疼得直打滚，实在没法来了。不知是谁出了个心眼，让我穿戴起来替公子娶亲。我不愿意来，经不住掌柜的劝说。在人家手底下当伙计没办法，只得来了。谁想到一进门，大风大雨也赶来了，走不得，就当地拜堂成亲。你想想我成人之美、替人娶亲，洞房之夜我能坐得下吗？更不知道是你的妹妹，你看这是什么事，这……咳！"

李识恩听后，一切明白了，忙说："原来如此，妹妹和你婚事有缘，这个亲就成了。"

"这可不行，赵家还等着哩！"

"这个好办，我马上跟父母妹妹商量去。"李识恩带王小才到上房与二老一一引见，说明详细经过。

全家听了都欢喜，当即打发人去赵家庄找赵财主退亲。王小才与李识恩的妹妹李识秀定为夫妻，华堂已拜不再重复。

李识恩和父母感王小才的恩，喜王小才的貌，赞王小才的德，决定把李家家业分一半给王小才。

王小才不应，双方争执不下。争来争去推不掉，还是

[1] 沌混了一霎：清醒了一会。

王小才有方，只要了一个杂货铺和一个布店，小两口从此定居李家庄，开起了店铺。

几年下来，王小才的布店货真价实，薄利多销，名声四扬，方圆几百里的买卖人都慕名来购货。可巧，王小才的父亲王爱财也来了。

王小才见父亲来了，派人留下他，安排住宿，每天好吃好喝招待着。几天过后，王爱财坐不住了。买卖人以挣钱为本，虽说吃住不拿钱，每天不挣钱也受不了，他强着要走。王小才让人把他请到上房，父子相见，父不认子。

"爹！你老可好？"

一声"爹"把王爱财喊了个愣，心话：这是谁？怎么叫我爹呢？我的儿吗？他死了啊！

王小才见爹不认得他，就脱了帽子掀起头发，让王爱财看了看。

王爱财一见头上的伤疤，心里"咯噔"明白了，是儿子！

他拉起儿子："孩子！我对不起你呀！"

父子俩哭了一阵子，儿子问："我娘她好吧？"

"你娘还算好，就是整天想你。孩子，你回家看你娘去吧？"

王小才说："不用了，娘今天就来到。"

"她知道吗？"

"三天前，我打发人赶车去接她老人家了，估计今天就到。"

果真，不大霎，他娘也接来了。母子相逢，婆媳相见，亲家相识，皆大欢喜。

从此以后，王小才一家在李家庄定居，全家团圆，过上了好日子。

讲述者： 郭家安，男，1951 年，10 月，莱芜市莱城区口镇郭家镇村，大学
采录者： 杨永军，男，1969 年 2 月，莱芜市莱城区口镇南街村，大专
采录时间： 1995 年 10 月
采录地点： 莱芜市莱城区口镇郭家镇村

55

老光棍得儿子

长清城东北有个村叫赵庄，村里有个老头儿叫芦老二。芦老二打了一辈子光棍，卖了一辈子棉籽油。如今七十多了，油担子挑不动了。他租了二分地种着，一年挣个仨瓜俩枣的[1]，饿不死就知足常乐了。

有一天，有个街坊远远地喊他说："芦大叔，有个年轻的[2]来找你认爹哩！"他知道这是哄着他玩的，拿他开心，就呲呲牙说："找咱认爹是个好事儿，可惜咱这耳朵垂子薄，没那福分啊！"街坊说："我不是给你开玩笑，是真的哩！"

芦老二出门一看，还真有个年轻的在等他哩！便说："我就是卖棉油的芦老二，小伙子，你找我有事儿吗？"那年轻的一见他，就趴到地下磕头叫开了爹。芦老二当时蒙了，闹不清是怎么回事。

小伙子就说："二十年前，你把俺送给一个过路的大官人，名字叫张老三，有这回事吗？他老人家临咽气儿

前给我说'你亲爹就是山东长清城东北卖棉油的芦老二'，俺这才找了您来！"

芦老二猛地想起来了，当初卖棉油起早串乡，在漫洼里[3]拾了个满月里的小孩。正赶上有个大官人儿路过这里，给了芦老二十两银子，把孩子抱走了。年轻人说："那家人对俺挺好[4]！给俺起名叫张大，供俺上学念书。这不，头年里考中了，大小的也做了个官儿。今儿俺费怎么大劲找到亲爹，就是为了骨肉团圆。那边也没什么人了，俺就寻思把家都搬回来跟爹一块过。"

芦老二听了喜得闭不上嘴，老光棍子一下子变成老太爷了。张大雇了一帮木匠和瓦匠修建了阔气的宅院。之后，把家眷也接了来。

儿媳妇见了芦老二，"爹长爹短"叫得别提多甜了。张大害怕老人家伤心，有关他娘的事一概不问。

在一块过和和美美的日子，有一段时间了。张大就给芦老二商量说："爹，咱这房子也修建好了，俺还有个事儿给您老人家商量。俺娘养儿一场也不容易，她没了这么些年啦，俺想买上火纸高香的，到坟上祭奠祭奠。"

芦老二一听着慌了，这辈子压根儿就没娶过老婆，叫张大上哪里去祭奠呀？没别的法儿，今儿明儿后儿地往后拖。光拖也不是个办法！芦老二琢磨来琢磨去，还真想出个法来。庄东大柳树下有个无主坟，坟上的乱草、葛针丛生，多少年也没人在坟头添锨土。他就给张大说："庄东大柳树下，就是你娘的那坟。"

那坟果真无主吗？不对！坟里还真是埋了个女人哩！她男人姓胡，叫胡来，老家是山西的。胡来到苏杭做买卖路过赵庄，家眷得了个急病咽气了。无奈，就把她埋到庄东大柳树下了。打那，胡来就再也没回来过。

芦老二觉得这个办法天衣无缝，就择个日子，让张大买上纸、马、香、锞，带上媳妇和下人到庄东大柳树下去上坟。

张大一出庄，就见大柳树下有人忙活，到跟前一看是起坟的。这伙人怎么大胆敢刨俺娘的坟。张大一看就急了，

[1] 仨瓜俩枣的：很少的收入。
[2] 年轻的：小青年，小伙子。
[3] 漫洼里：野地。
[4] 挺好：很好。

赶紧拦下来。一个满口山西话的年轻人说："这里埋的是俺娘，俺大老远的是来起坟的。"张大就说："明明是俺娘，怎么成你娘呢？"两个人你一言我一语，争得脸红脖子粗。

有人给芦老二送信儿，他一听就傻眼了，埋怨这个起坟的，早不来晚不来，偏偏这时候来？就问那个年轻人："你是姓胡吧？"年轻的愣了，心里话，他怎么知道我姓胡？芦老二见真把他问蒙了，又问："你怎么知道这里埋着你娘？"

年轻人说："是俺爹临死前，特意嘱咐给俺的。"

胡来死了，芦老二心里更有底了。看来只能看风驶船，将错就错了。于是，就顺着杆子往上爬。说："别先急，我今天就给你们一五一十地说清楚。三十多年前我娶了个媳妇，她姓赵。后来，芦赵氏给我生了俩儿子。大的一岁多，小的刚满月。正赶上闹瘟疫，媳妇摊上了，没出三天就咽了气。下葬那天，正赶上一个山西胡掌柜做买卖路过这儿。胡掌柜说想抱养个儿传后，我就把大的给了他。天荒地灾的，我和刚出满月的小儿子也不好过，就把他也送给了过路的官员张老三，算是给孩子找了个活路。打那开始，我就孤身一人，靠卖棉油糊口。"

芦老二编得很圆撰[1]，当真伤心地掉了几滴眼泪。山西小伙子和张大听罢，心里说，闹一阵子，俩人还是一奶同胞哩！坟也不起啊，就跟着芦老二一块儿回了家。几天后，小伙子变卖了山西的家当，带上媳妇奔长清而来。

芦老二这个老光棍儿，老来得了个子孙满堂，真是好心人终究得好报啊！

讲述者： 房泽民，男，1946年2月，平安街道北汝村，文化馆退休，大专

采录者： 魏文森，男，1965年7月，长清区教师进修学校教师，大学

采录时间： 2019年7月

采录地点： 长清区教师进修学校

附 记

此故事原载于《长清民间文学集成》（1988年12月，长清县民间文学集成办公室编）。

[1] 圆撰：合情合理。

56

天作之合

亓小明，莱芜鲁西庄人。说话满嘴跑舌头[1]，信口开河，不假思索。他年轻聪明，是个买卖行里的人，经常和几位乡亲外出经商。

有一天，亓小明经商来到单县，途中遇了大雨，众人跑进附近村庄的一家大门底下避雨。

亓小明拧着湿衣服，看着外面瓢泼似的麻秆子雨，信口说道："天下雨，身上凉；岳母大人做姜汤，送给女婿压压凉。"门洞里说话，屋里有人听。他的话声音不很大，却被主人家听了个一清二白。

不大霎，一个六十多岁的老人戴着雨具，来到门洞里，亲热地说："诸位，天下大雨工夫多，都请到屋里坐坐，煮锅姜汤驱驱寒。"众人推辞，说在大门里避雨就够麻烦了，还是不家去的好。

老人执意不肯，硬拽着[2]往屋里让。盛情难却只好跟老人来到大厅，一一施礼落座。刚坐好，茶叶点心就端上来咧。一老年商人说："老人家，咱们萍水相逢，非亲非故，何必如此招待伺候[3]？"

老人笑了笑，大声问道："请问哪位是我的姑爷？请上首入座吧。"

众人听了大惊，暗为亓小明捏着把汗。亓小明想：是福不是祸，是祸躲不过。事到如今我一人做事一人当，不连累同伙的兄弟爷们，想着，站起身来说："老人家，话是我说的。您打也罢，骂也罢，对着我来就行啦！"众人齐呼啦地站起来，赔礼道歉。

老人仔细地打量了亓小明一番，热热乎乎地把他让到上首坐了。吩咐家人杀鸡宰羊，大开宴席招待姑爷。一时间家人忙忙，厨师碌碌，刀剁案板响。不多时，美味佳肴摆了个满桌。

众人的怀里如揣着二十五只老鼠，百爪挠心。哎！年轻人，嘴上没毛，办事不牢。今天，西瓜皮当水瓢，豁上咧！陪客一个劲地劝酒让菜。

酒过三巡，菜过五味。老人站起身对众商客施了一礼，说："老天爷做媒，把姑爷送到我家大门底下。今天，老夫请众位做证。在下有一小女，年已二八没有婆家。请诸位做主，我愿把女儿许配给这位后生。"众人一看老人动了真格的，也不便推却，叽叽喳喳一盘算，便应了下来。原来，老人有一小女。长得脸蛋肌白肉嫩，眼睛大而清秀，身材高而不胖不瘦。只是一处不足，先天带下一缺陷，两条腿有一层薄薄的肉皮连接，像鸭爪上的蹼一样。本想用快刀割开，又怕女儿受疼，下不得狠心。耽来搁去的，一晃就是十六年。

男大当婚，女大当嫁。可求媒托人忙活了一段日子，人家听说闺女不能动弹，竟没有一家应的。

天无绝人之路。老天爷把姑爷送到了大门里，老汉能不高兴吗？

亓小明听了暗自叫苦，泼出去的水收不回来哩！老人怕夜长梦多，取出万年历一查。丁是丁，卯是卯，当天成亲当天好，说办就办。天黑时，亓小明和老人的闺女就成亲入了洞房。

---

[1] 满嘴跑舌头：说话信口开河。

[2] 硬拽着：用手拉。

[3] 招待伺候：待为上宾。

过了几天，亓小明推着老婆往家走。路遇大山，山陡路滑，稍不小心两人双双滚下山来。老婆滚落在一块锋利的石尖上，只听"哧啦"一声，双腿连着的皮肉划开了。亓小明扶她站起，竟然行走自如。夫妻俩又惊又喜，欢欢喜喜地回了家。这正是：有缘千里来相会，天公有眼助佳人。

附记

老话说得好！有情人终成眷属。这个故事是 20 世纪 80 年代和 90 年代参加中国民间文学三集成工作时，采集到的一个爱情故事。有一天，我到村北遇到了张清顺老人。正巧有一件事需要老人家帮忙解释，就随地找了个土堰坐下来。先解释了求助的问题，又讲了这个故事。采录后发表在《凤凰城的传说》（1993 年 2 月，李胜华搜集整理，金陵书社出版公司出版）。

57

义女嫁吴

讲述者： 张清顺，男，1939 年 2 月，莱芜市方下镇张公清村，村干部

采录者： 李胜明，男，1967 年 7 月，莱芜市方下镇张公清村，农民，中专

采录时间： 1987 年 7 月

采录地点： 莱芜市方下镇张公清村

这年夏天，汶河北岸盘龙村段家降生一女婴。由于偌大家业需要有人继承，加上世间浓厚的重男轻女观念，一家人除了其母李氏和她的二叔二婶外，都不待见。以至于几岁了连个名字都没给她起，家人都是以"小妮子"称呼她。

在乡村叫"妮子"的太多了，大街上一声叫，竟有几个姑娘应声。为了显示区别，乳母根据她出生时，门前荷塘莲花正开的时节，就给她取了个"青莲"的名字。

小姑娘虽然有了名字，也活泼可爱，聪明伶俐，可上至老爷奶奶，下到亲生父亲，一个好脸也不给。一家人就盼着李氏赶快生个儿子，加上有人恶意附会说这女孩妨弟弟，爷爷奶奶和父亲就是见了她也懒得理[1]。

一天，李氏有事到邻居家，没人看护的小青莲独自走到大门外。来到湾塘边，一不小心滑到水里。在湾塘东南边洗衣裳的侯家赵氏大声呼救，段家的家丁闻声跑来，这才下塘救出了青莲。

[1]　懒得理：不理睬。

看到一身泥水差点淹死的孙女，段老母很自责。加上乡间有"灵透孩子不长命"的说法，更担心了。为了孙女不再出事，按乡间例行做法，便吩咐儿子儿媳托人给青莲认个干娘或订门娃娃亲，以此来"押扶[1]"孙女平安。

一家人早就听算命的说，汶河南东港村吴家将来大富大贵。又知道本村侯家与吴家是两乔[2]，于是决定让他牵线。如果吴家有个女孩，就认干亲；如果有个儿子，双方订娃娃亲。儿媳李氏就奉婆婆之命，借感谢侯家赵氏之机，向她托付了这件事。赵氏自然乐意妹妹家与大财主攀上亲戚，就把妹妹家添了一个小子的事说了。李氏闻听大喜，力托侯家赵氏保这个媒。侯家夫妇应承，表示尽早去吴家提媒，李氏千恩万谢地拜辞。

乡间百姓听说豪门段家与贫寒的吴家订了亲，很是惊异，一时议论纷纷。好多人说吴家有福，与富得流油的段家结亲，富起来还不是早晚的事！

然而，事情的发展并没有像人们预料的那样。本来就穷得叮当响的吴家，竟连遭三次火灾，一家人不得不借住族人的房子。面对如此家境，为了不拖累段家，吴家通过媒人主动提出退亲。消息传到盘龙村后，本来对这门亲事不看好的青莲父亲，知道吴家的态度后，立马"接就崖头下驴"，不顾二弟夫妻俩的劝阻，毅然决然退亲。结局虽说顺了两家的意愿，但世人总免不了为"人情冷暖，世态炎凉"叹息，对吴善继有福的说法产生了怀疑。

之后，吴家在亲朋的帮助下，勉强修缮了被大火烧坏的房屋，一家三口搬回了自家的院子。为了尽快改变家境，吴家人除了种地外，还向亲戚借钱，做起了豆腐生意。小来朝拾柴烧火，尽量帮助父母干活忙家务。长到十五岁后，他从父亲手里接过了担子，走街串巷卖豆腐。

再说段家姑娘青莲，几年前从外人的风言风语中听说，自己小时候曾与河南吴家孩子来朝订过娃娃亲。后因吴家遭火灾，自家与吴家退了亲。生性忠厚善良的大小姐，对父母的嫌贫爱富不满意，老少关系处得很不好。所以，青莲有事就和二婶说说。

这天早晨，她听到老槐树上传来喊呼"卖豆腐"的声音，感到奇怪。于是，走到大门里，从半开的小门中望到一个少年在树上还在喊呼"卖豆腐"。一开始她认为这少年也太贱妄[3]了，怎么爬到树上喊呼卖豆腐？眼光落到树身下，只见自家的那只恶狗正趴在树身上，龇牙咧嘴呢！她明白了，卖豆腐的少年是被恶狗撵上树的。为了给卖豆腐的少年解围，她把狗唤到门口，把它赶进了院子里。

回到闺房里，青莲正为她解了卖豆腐少年的围而欣慰。突然想起了夜里她做的那个梦：她梦见一只大鸟飞来落到树上，大声鸣叫！仔细回忆，大鸟和少年竟是站在同一股树杈上！怎么这么巧？她越想越觉得奇怪。于是，决定抽空问问婶子，让老人家圆圆这个梦。

再说匆忙从树上下来的来朝，在万分感谢这位为自己解围姐姐的同时，赶忙收拾豆腐挑子，想尽快离开这个地方，免得院子里的恶狗再跑出来咬他。当他正准备拾起担子往肩上放时，一位中年男子拿着碗走来，招呼买豆腐。

来朝不好拒绝，只好硬着头皮，重新放下担子，敞开包袱。急待这位大叔说要多少，他好切割称重。可是看这位大叔并没有说要多少豆腐，而是目不转睛地打量他。来朝只好焦急地等待着，心想，不认不识的这么看我干什么？

原来，这位中年男子就是青莲的二叔段老二。因为他之前听说曾经的侄女女婿每天走街串巷卖豆腐，看年龄估摸眼前的少年很可能是与侄女订过亲的吴家孩子。于是，他认真盘问起来。当他得知眼前的俊俏少年就是东港吴家孩子时，对散了的娃娃亲很是惋惜，不易察觉地叹了一口气！看到来朝急切的样子，这才回过神来，说买多少豆腐。来朝迅速切割，称了斤两。段老二付了钱，端起豆腐一步一回头地走了。

来朝急忙收拾好豆腐挑子，担起来也急匆匆地串街巷去了。

段老二回到家把见到来朝的事和妻子刘氏说起，夫妇俩叹了不少气。夫妻俩正议论这门早就散了的娃娃亲，侄女青莲登门了。坐下后，青莲便说起所梦所见的巧事，并

---

[1]　押扶：冥冥中予以保护。

[2]　两乔：又称"连襟"，姐夫与妹夫互称或合称。

[3]　贱妄：小孩子多动，不安分。

让二叔二婶圆圆这个梦。叔婶听罢侄女的叙说也觉奇怪，段老二告诉侄女他问过了，卖豆腐的少年就是与她订过娃娃亲的吴家孩子来朝。

青莲一听，脸羞得通红，忆起那少年的英俊，对所梦所见更关心了。段老二夫妇见侄女很在意这门散了的娃娃亲，不约而同地泛起这门亲事还能成的想法。二婶子问侄女道："据你叔说，吴家孩子长得端正，可就是家庭还很穷，如果重提这门亲事，你愿意吗？"青莲之前听说给自己订的娃娃亲散了后，一直对父母的嫌贫爱富不满意。现在忆起梦境和相遇，对吴家孩子的好感已写在了脸上。不过，侄女做的这个梦喻示了什么，叔婶一时也不明白。二婶提醒丈夫让本家私塾老师秦先生圆圆。二叔说："如果此梦是重续娃娃亲的兆头，就动员哥嫂挽回这门亲事。"青莲虽说不好意思表态，但对吴家孩子的钟情当叔婶的也看得出来。

长话短说。秦先生圆梦说："当朝文官官服绘鸟，武官官服绘兽。梦中的鸟象征卖豆腐的少年，将来会有文官前程。"有了秦先生的吉言，段老二夫妇就开始动员哥嫂重续这门娃娃亲。

从骨子里瞧不起吴家的段员外，自然是一口拒绝，训斥二弟道："多少富家提媒，我都没应。咱能丢了西瓜捡芝麻吗？"

段老二说起侄女所梦所见，特别是秦先生对梦的圆判吉言，认定吴家孩子有大出息，便带着反驳的意味，对哥哥道："做事，是不能丢了西瓜捡芝麻，可将来谁家是西瓜，谁家是芝麻，谁又能说得清呢？"段员外自然不信秦先生圆梦说的话，所以兄弟俩每每说起此事，就是一顿吵。

青莲自做了那个梦，继而见到吴家孩子，听了秦先生圆梦的话后，魂不守舍，铁了心要跟吴家孩子成亲。可父母的态度无一丝松动。一个大姑娘家也不好明说。数月下来，精神恍惚，像是着了魔似的。

为了浇灭女儿的妄想，打压二弟与吴家续亲的心思，段员外召集青莲的三位舅舅和两位姑姑来个"三堂会审"，结果不但没有压服女儿，反遭青莲顶撞，弄得下不来台。气急失态的段员外扬言说："如果女儿跟了吴家，就不能踏进段家的大门槛！青莲的婚嫁让二弟看着办。"从此，不再认这个女儿！

早就看不惯父母势利眼的青莲，接就父亲的气话，住到了二叔家。当叔婶的几次说和，都无效果。"既然大哥让我代办侄女的终身大事，何不借机与吴家续亲！"段老二主意一定，就和妻子盘算侄女的婚事。好说歹说，总算请老媒人侯家出山，到吴家重续亲事。

出身耕读世家的吴家，虽然贫寒，但乐善好施，素有"吴佛"之称[1]。富豪权势，在他眼里不屑一顾。所以，面对连襟倒提媒[2]重续旧亲，自然是摆手不同意。可当他听到段家姑娘的处境和"天下好人"段老二主办侄女的婚嫁时，还是软了心。他想起老爷"这门亲事最终能成"的预言，终于同意，重续了早就散了的娃娃亲。

段老二怕大哥反悔变卦，也考虑侄女住在叔家不是长法。于是，他通过媒人与吴家协商好，择了个吉日良辰，段老二夫妇亲自把青莲送到吴家与来朝拜堂成了亲。

段员外知道后，暴跳如雷，可自己已表态让二弟代办女儿的婚嫁，有气没处撒了，剩下的就是固守最后一道防线，不允许跟了吴家的女儿踏进段家的门槛！

青莲嫁到吴家后，用自己的私房钱供丈夫上学。来朝天姿聪慧，童试、府试、院试，都以优秀成绩高中榜首，获廪膳生员的资格。后被荐为岁贡生，入读太学。消息传出后，城乡官民纷纷登门祝贺。

作为当地场面上的人物，面对吴家的火爆，段员外坐不住了，恨不得马上认这门亲。可他说了狠话，下不来台了。固守父亲"不能踏进段家门槛"绝话的女儿，婚后二十年果真没踏过娘家门槛，倒是没断了去看望二叔和二婶。

为了让女儿走娘家，段员外费尽心思。他请风水先生编了个"锯门槛有益家门"的谎话，以最大的诚意和破天荒的决心，锯掉了门槛。以此打动女儿，给她个台阶回娘家。此后通过老媒人侯家疏通，女儿得知父亲为了她能回娘家，付出了如此代价，非常感动，终于同意归宁[3]。

[1] "吴佛"之称：见《周季平先生文集》。

[2] 倒提媒：本来是男方去女方提亲，却反过来女到男家提亲。

[3] 归宁：回家省亲。多指已嫁女子回娘家看望父母。

这年的二月二搬闺女的日子，段员外派两个儿子四个孙子，加上两个马夫八人到东港村，以隆重的仪式搬青莲回到阔别二十年的娘家，其场面惊动四外八乡。

讲述者： 段伦景，男，1939 年 7 月，莱芜市莱城区鹏泉街道办侯盘龙村

采录者： 吴熙禄，男，1947 年 12 月，莱钢退休教师，大专

采录时间： 2008 年 8 月

采录地点： 莱芜市莱城区鹏泉街道办侯盘龙村

附
记

段吴联姻，天作之合。由于耕读世家的熏陶和段青莲的相夫教子有道，几十年后，除了丈夫吴来朝和长子吴鸿渐为贡生外，子孙两代"一门三进士，父子五登科"。祖孙三代五人均为人人称道的贤官，吴家一跃成为莱芜第一家族。段家这一支后人，不忘门槛子与老姑奶奶的这段感情扭结，后来新盖房院干脆不置门槛了。这一家俗一直保留到 20 世纪 30 年代！而大家小姐段青莲下嫁寒门吴家，旺起名门望族的故事一直流传至今！我多次到故事的发生地侯盘龙村，采访熟知情况的村民段伦景。

58

红绫被

一个十八岁的小子，撅着[1]粪篮子拾粪。看见苇坑边一个布包，他破开包，里边是个月娃[2]，还有两吊铜钱。他想，八成是在苇坑里生的偷偷子[3]。

他把那两吊钱揣到怀里，举起粪叉子[4]，一下子就把小孩子的头拍扁了。

六月里下大雨，地里干活的人都往山上的石头屋子里跑，这个拾粪的小子也朝小屋跑去。"喀嚓嚓……"一个响雷，瓢泼大雨下来了。雷响时，人们看见那小子身后一个又长又粗的黑东西紧紧地追上他，他就趴在那里不会动弹了。

雨住了，人们拉他时，他就像蚯蚓一样没骨头了，又像剔了骨头的一扇子[5]猪肉，脊梁骨都软乎了。人们发现

[1] 撅着：用肩背着。

[2] 月娃：新生婴儿。

[3] 偷偷子：私生子。

[4] 粪叉子：拾粪用的工具，形如三股叉。

[5] 一扇子：一片子。屠夫将屠好的生猪，取中一分为二，称两扇（片）子。

他腰脊椎下部有两个带血的小窟窿，还洇着血水[1]。人们说，他的筋被龙王抽了。那小子在炕上躺了一个月左右，就到阎王那里去了！

再讲一个小伙子，也是拾小孩的。

这小伙，姓亓，无名，咱们叫他"亓子"。

亓子父母都去世了，跟着伯父过活。伯父也死了老婆，对小侄的管束不细心，也不严厉。这亓子跟不正当的人来往，学会了赌博。输了就去偷，偷了东西换成钱再去赌。没偷头[2]，竟把睡奶奶庙里，睡奶奶盖着的红绫被偷去了。

这睡奶奶庙一般不大，庙里有一盘炕，睡奶奶就侧身睡在炕上，盖着红绸子做的被子。露着头，笑绵绵的，也露着小脚儿。

睡奶奶没被子了，这可是件大事！人们都议论，有规矩的孩子不会去偷，并猜测是亓子干的，应该送官府法办。

亓子伯父听到后，对亓子说："你愿死愿活？"

亓子问："死怎么讲？"

"你愿死，官府逮了你去，先揍四十大板，揍个半死不活，再扔到监牢里。"

"那愿活怎么着？"

"要活，你就别赌博了。你下关东逃跑吧。"又凑到他耳朵上说："官家要抓你哩！我有几吊钱，给你贴上一锅饼子，你要着饭走吧。"

临走，伯父又嘱咐："在路上，好天，你别吃饼子，要饭；赶上雨天，你就住下，吃饼子。"

亓子就背上饼子和简便行李，告别伯父下了关东。过去闯关东，没火车汽车，连自行车也没有，都是步行。一走半年六个月的，东北路远天冷要包上脚再穿上袜子，打上裹腿。

这天晚上，亓子来到一家庙门，闩着大门进不去，就蹲在门下靠墙抱着饼子睡觉。他住的不是和尚庙，是姑子庵[3]。听到庵里，咯咯叽叽[4]地说话。天快亮时，一个姑姑子[5]抱着一个布包出去了。不一会儿又回来了，怀里的包没了。

他听到有个姑姑子说："有善人抱去就活了！"

天放明时，亓子走下庵门，看到路边上放着个旧布包，包里有一个刚出生的小孩。旁边放着一匹布，破开包，里边还有七八吊钱。他扛起那匹布，抱起孩子就走了。加上伯父给他的钱共有十吊了，卖了布又是钱，亓子就敢下店了[6]。他来到一个小店里，买了一个豆腐菜，要了一壶酒，烫了，就看孩子。解开包一看，是个白白的胖小子，哇哇地哭。

开店的说："你一个男的，背着个月娃儿[7]，怎么养？"

"我夫妻二人要饭，老婆生下孩子，受风死了。我死了老婆，不能再舍孩子。"说完，用筷子蘸点菜水往孩子嘴唇上放。

店主说："俺这里有姓张的一户，家里人不生养。到明天，我问问他要不要？"

亓子随口说："你好心眼，就给孩子找个主吧。"

第二天，店主说："张家要孩子。白给[8]，就不要；你卖，人家才要哩！他还说，'俺买了，不许你再来'。"

张家给了八十两银子，亓子说："我真舍不得，没法，我奶不活[9]他，给孩子找个活路吧。这匹布就送给孩子吧！"张家又掏出二十两银子，算是布钱。

亓子先到北京赁了两间房子，开了个小饭店。一开始光卖粥，后来也炒菜，再后来连酒席也敢揽了。

这天，家乡来了几个人。其中一个说："你不是亓子吗？"亓子很亲热，给这几个人整了[10]吃喝。其中一个

---

[1] 洇着血水：流血。

[2] 没偷头：没有可偷的东西了。

[3] 姑子庵：多称为"尼姑庵"，指比较小的庙，特指女性修行者居住的寺庙。庵主，或者住持，俗称"师傅"。

[4] 咯咯叽叽：指很多人说话。

[5] 姑姑子：姑子庵里的姑子。

[6] 下店了：住店，现在叫"旅馆"。

[7] 月娃儿：不满月的婴儿。

[8] 白给：不要钱。

[9] 奶不活：养不活。

[10] 整了：做了。

开玩笑说："你在这里开店，家里要是来了人，你还跑得了啊？"

亓子偷红绫被的事，在当地不算小事。他真害怕了，把店卖了下关东。

晚间，住到一户大门下。他蹲到大门下的墙角，大门没闩。这家两个长工闹别扭，一个长工以为亓子是他的同伙，对亓子说："你生气了蹲在大门外，你有志气蹲到天明[1]别进门。"亓子不吱声，就以假充真。

睡到半夜，亓子听到有人开大门。一个大闺女出来了，小声对亓子说："咱快走吧。"亓子站起来，糊里糊涂地跟着走。墙外拴马桩上拴着一匹马，闺女上了马，小声说："你快牵马哎！"亓子从拴马桩上解下缰绳，一手牵马，一手拍马，就出了庄。闺女说："快着点！"亓子往马腚上一拍，马和亓子都小跑起来。

这家的闺女在学堂读书，和一个俊俏公子好上了。两边老人贫富悬殊，都不愿意。二人离家出走，到外边成亲。半夜从墙头上递出装着好多金银的马套[2]，让长工鞴好马，待家人都睡熟之后，她悄悄地出了家门。不想那公子年轻贪睡，睡过了头，闺女把在门口借宿的亓子当成了她相好的。

二人一口气走了四十多里地。天亮了，闺女在马上越看越不像公子。"坏了，还真不是！"闺女张嘴就哭了。

亓子问："你哭啥？"

闺女说："你不是那个人……"断断续续哭了半天，亓子好歹劝住。

"呜呜，我认命了，你叫我当你什么人，我就当你什么人吧。"说完又哭，边哭边说，"我私自出门，不敢回家了！"擦了把泪又说："我爹说，我要是再提那个公子，就打死我。"

亓子一看，挺俊俏的闺女。白生生的脸儿，黑黑的眉毛，泪水泡着两颗黑葡萄。红夹袄里露出红柳条，绿夹裤口探出鲜辣椒。看模样，她顶多十七八岁。

亓子想：这个女的挺叫人可怜！自己相中的，爹娘不

愿意，私奔出来又没找上对茬[3]，落在了我手里。多不幸啊！我快四十了，还是光棍一条，我要她当媳妇蛮可以，身上有百十两银子也能过日子。但又一想，我可不丧那个良心！我这牛粪上可插不起鲜花。

我偷红绫被也是没办法，让赌徒们逼的。不偷还不上输掉的钱，偷了，要送我蹲大狱。我从家跑到北京，又从北京来到这里，也是落难之人。我受罪，不能再叫这闺女雪上加霜。好人有好报，放着好人不当，何必当孬人？

亓子边走边说："你不用害怕，我快四十了，当你的爹也使不清的劲[4]，你就是我妹妹吧。以后我给你找个好女婿，只要你相中了。"

闺女家是豪富，马套里塞了不少银子。闺女听了亓子的话，满心欢喜。她想：我遇见好人了。张口就说："咱歇歇再走吧。"

闺女下了马，"扑通"就给亓子磕了个头："我就认您当干爹吧？"说完，脆生生地喊了声"爹"。两人走着，拉了会儿呱[5]，爹长爹短地叫得挺口甜。"上马吧，闺女。"亓子住了马，把腿一弯，叫闺女踩着他的膝盖，一手扶着闺女，就上了马，一气[6]又走了七八十里。

二人住了店，店小二给喂上马，亓子嘱咐店家精心伺候。他要了酒菜，二人饮茶喝酒。闺女又倒茶，又倒酒，一口一个爹地喊着。

正吃着饭，听到隔壁有哭声，亓子一问才知情由。哭的是东邻居的公子。几个媒人给说了四五个对象，公子都不愿意。今天上午相见的这个，他还是不愿意，毁了[7]不少钱。他娘拘抱怨，他爹打了他一顿。大概把他打疼了，所以啼哭。

亓子说："麻烦店主，让他看看我这闺女行不？"

说来也巧，公子一看就同意了。闺女见了，眼光里不住地往外淌满意。店主是想当然的媒人，两边一说，两家无一处不依着对方。

[1] 天明：天亮。
[2] 马套：垫在马背上的褥子。

[3] 对茬：这里指不是自己的心上人。
[4] 使不清的劲：年龄大，指能当别人爹的年龄。
[5] 拉了会儿呱：说了一会儿话。
[6] 一气：不停地走。
[7] 毁了：在此指花了很多钱。

见面时，闺女说："我爹没人，得把我爹养起来。"

公子慨然应道："咱有处闲宅子，就在后院，让岳父大人去住，早晚也好有个照应。"

俗话说，"千里姻缘一线牵"。第二天订婚，第三天就过门。公子家就着订婚的家什、热锅，再办娶媳妇的酒席。这闪电式的婚姻，也招来了好几桌贺喜的，吹吹打打，热热闹闹。亓子连坐了好几天酒席，把个亓子喜得给[1]莲花瓣样。

这家公子娶了如意媳妇，二人恩恩爱爱，公子学习上进。两亲家天天在一起喝酒，游玩。公子的父亲说："我可有个酒友了，省得我自己喝闷酒。"

过了一个月，亓子想起家中伯父来，他打算要回家看望。亲家给足路费，鞴好马就出发了。

亓子快到他家了，忽然想起他偷红绫被的事，怕地方上不放过他，就不敢进庄了。到了天黑才进庄，悄悄拍大门。伯父开门一看来人，头戴礼帽，身穿大褂，还牵着马，这是什么人？

"大爷。"亓子扑通跪到伯父脚下，把自己的帽子都碰掉了。

伯父拉起亓子，说："孩儿唻，我想你想得都快疯了！"

伯父闩上门，给侄儿做饭，二人一直拉呱到天明。伯父听侄子没受大罪，变忧为喜。天明后，大伯把马和亓子都藏了起来。一家人都老实本分的，怕有意外。

第二天，伯父买酒买菜宴请庄里有头有脸的人。几天后又请，一问，没啥事。到了第三回，人头[2]说："你不说啥事，俺就不去了；你告诉俺什么事，俺再落座。"

伯父说："唉，俺亓家独门独户，我就这么一个侄儿。俺那侄儿有信了，叫他回来行不？"

"咳，这点小事，何必费事。"

"没事，叫他回来吧！"

伯父把亓子从夹皮墙子里[3]拉出来，给大伙挨个认识，给大家倒酒，大家都很欢喜。

赌徒们听说亓子回来了，又叫他去赌。亓子不干，赌徒死磨赖缠[4]，亓子经不住诱惑，又偷偷地赌开了。

亓子给闺女找的那个女婿，原来是读书人，中举以后在本县当官。县官儿、县官太太来看亓子，惊动了全庄的人，却找不到亓子。他伯父从地窖里[5]把侄儿拽出来见了面。爷俩又买酒又买菜，很热闹。闺女架着亓子的胳膊，左一个爹，右一个爹地叫着，爷爷长爷爷短地把亓子的伯父喊得迷迷糊糊的。把爷俩乐得满脸的笑，一嘟噜一嘟噜地往下掉。

乡亲们找桌子的、搬凳子的、打水的，都来捧场。邻居送鸡送鱼、拿米给面的，借盘子送碗的，看热闹的，把大门挤得进不去人。

人们心里都疑惑，亓子是个老光棍，哪来的闺女？从那，亓子也不偷着摸着地去赌博了。

话分两头，再说亓子卖的那个"儿"。

关东那家买的小孩，又带起来[6]一个兄弟。多嘴[7]的乡人给他兄弟说，你哥哥姓亓，是你爹娘用八十两银子买的。

买小孩的就不愿叫别人说买的，况且是本人。兄弟俩打了架，哥哥向爹娘告状。他爹训小儿："谁说的？那是你亲哥哥。"又指着小儿的额头大声说："往后不能胡说八道，再胡说，就不要你了。"

当哥哥的脑瓜灵，吃苦，上学进步快。十六岁中秀才，二十一岁当举人，二十六岁中了榜眼[8]，在河北做官。

这天，亓子的村庄马队来了一档子又一档[9]八抬大轿停在亓子门口。原来，亓子卖的那个"儿"来找老家了。

亓子和伯父自县官女婿来了以后，乡亲们也没人小看

[1]　给：像的意思。

[2]　人头：村里有头脸的人，指族人或村长。

[3]　夹皮墙子里：双层墙，也称夹壁墙。

[4]　死磨赖缠：缠着不放。

[5]　地窖里：也称"地窖子"，在地下挖成的，可以储存酒等。

[6]　又带起来：又生了一个。

[7]　多嘴：说闲话。

[8]　榜眼：是科举时代的一种名次称号。即在中国科举制度中的殿试中，取得进士考试第二名的名称，与第一名状元、第三名探花合称"三鼎甲"。

[9]　一档子又一档：一队接一队。指官府马队。

了，和他断路[1]的老亲戚也上门了。私塾先生[2]自告奋勇，教他爷俩官府的礼节。又卖了那几间矮屋，买了一处大宅院。

饮酒时，榜眼儿子问亓员外，他母亲的坟在哪？要给母亲上坟。亓子一时转不过弯来，要领儿子上坟去，村上哪有媳妇的坟头？自己在家活到四十多岁，连媳妇也没找上。又想，就照以前的事说吧。"那时逃荒在外，你母亲受了风寒，埋到李堂村姑姑子庵前了。"

榜眼说："既然这样，那更得迁回来安葬。"

门外又来报："县官大老爷来了。"

原来，上次县官来，亓子没把卖儿的事告诉闺女和县官女婿，也没想到孩子能成大气候[3]。县官听说亓子家来了许多客人，坐着八抬大轿，因公务缠身，饭后才赶来。

姐弟俩第一次见面，还是亓子做介绍。两个官员行了参拜礼。县官长榜眼十八岁，为姐夫，榜眼为内弟。二人商议，后天随父亲去寻母亲的尸骨。

榜眼、县官儿找娘的坟，人马轿夫塞满了乡村窄窄的小路。亓子领他们到了李堂村姑姑子庵前，三座轿落地，榜眼、县官、县官夫人都戴上了重孝。三人一脸凝重，跟着亓子来到村东乱葬岗子。看热闹的把姑姑子庵和乱葬岗子[4]，围得里三层外三层的。大小姑姑子们，都出来看热闹。

像出家当和尚的一样，家里好过不出家，自己不受憋不受委屈不出来当姑姑子；凡出家人不是穷，就是家庭不和顺，治气出来的。

头发花白的亓子，在榜眼儿子、县官女婿、闺女的拥护下，一步步走到自己拾小孩子儿的地方。

"那时逃荒在外，你母亲生下你就没气了，我把她埋到了这个地方。"亓子指了指眼前一个长满草的矮矮的小坟堆。

姑姑子庵里的大姑姑子[5]一听，亓子说的年岁时辰，都跟自己舍孩子的事相符，这都是她生私生子[6]的事。她心里说："该我走运，这分明是我生的孩子……今天当了大官了，来找娘了。"

她大起胆子，挽起袖子，走到亓子面前，朝亓子脸上打了一巴掌。

"你这个没良心的……我生了孩子，你两把土就把我埋了……好狠心的男人啊！"一屁股坐在地上大声地哭起来。看热闹的都以为是真事，都向她投去怜悯的目光。

榜眼儿子明白了，上前跪下磕头说："母亲，您受苦了！"

闺女、县官也都认为真是他母亲，跪在"母亲"面前直磕头。

亓子一看，顺势假戏真唱，蹲下扶着大姑姑子的肩膀安慰说："孩他娘，你受罪了，都怨我，都怨我……你别哭了。"

大姑姑子哭了好一会儿，才停住了哭声，哽咽着说："我醒来，满天的星，想起身，身上有土……我喊你，没人回答……我爬到庵大门外，亏了这里面的老师傅救了我。"

亓子和闺女把大姑姑子拉了起来，亓子指着仍跪在面前流泪的榜眼儿子说："这是咱儿。"

榜眼甩掉孝衣孝帽，跪行到母亲面前哭着磕头说："母亲，您老人家受苦了。"

"这是咱女婿。"亓子指着县官介绍，"扶着你的，是咱闺女。"

"岳母大人，您受苦了。"

闺女也流着泪又喊："娘！俺找到娘了！娘！"

榜眼儿子、县官女婿恭恭敬敬地扶二老坐上自己的轿子，一家人欢欢喜喜，浩浩荡荡回家了。

亓子老来得福，有了闺女，有了儿子，还有了老婆，有了钱和地位，再也不是光棍了，该享清福了。

[1] 断路：意指不再往来的亲朋。
[2] 私塾先生：古代中国，儿童启蒙阶段的教育多由遍及民间的私塾来承担。私塾的教师即塾师，俗称私塾先生或先生。
[3] 能成大气候：能成人才，做大官。
[4] 乱葬岗子：指埋葬外地不明身份人的地方。
[5] 大姑姑子：老尼姑或尼姑庵师傅。
[6] 私生子：俗称"私孩子"，非婚生育的小孩的一种称呼。

讲述者： 李宗胜，男，1932 年 3 月，平阴县城人，不识字

采录者： 黄文俊，男，1946 年 5 月，平阴县洪范池镇苗海村，教师，大专

采录时间： 2015 年 12 月

采录地点： 平阴县城文庙

59

烽火台

附记

李宗胜老人是平阴县城人，2017 年去世。他喜好走亲访友，因而接触的人多，听来的呱也多。我看护平阴文庙大成殿时，他来找我拉呱、喝茶。他边喝茶，边给我拉这个呱。拉到高兴处，竟然用力一放茶碗，用手比画着，像个说书人那样，声情并茂。因这个呱怪长，喝透了一壶茶才拉完。他走后，我就趁热打铁赶紧整理。

古时，齐长城每个烽火台上，都有五至十人不等的守兵。守兵有台帅和台子之分，而且台子也有细致分工。如瞭望、点火、收柴粪、报信等等。台上储有一个月的食粮和水，备有柴草、狼粪、羊粪等易燃物。每人装备一把短刀和长枪，每人备有弓一张，箭三十支。台上备有羊头石，以备还击之用。

刘三就是胡家庄这座烽火台上的一个守兵，他家与胡家庄一岭相隔，他姥姥家就是胡家庄的。

有一天，刘三正在值勤。忽然发现烽火台下不远处，有一老者和一个姑娘正在干农活。他仔细辨认，认得出是舅舅和表妹。于是，他急匆匆向台帅说了声，下了烽火台，一溜烟跑到了舅舅和表妹面前。

自打刘三当兵之后，爷俩有好几年没见面了。舅舅已经五十多岁，表妹张二妮也十七岁，出挑成大姑娘了。刘三亲切地叫了一声舅舅，又叫了一声表妹，舅舅和表妹一下子愣住了。

刘三知道好几年没见面，自己又穿上了这身号坎，他们一时不会认出自己来。于是，他又说道："舅舅、表妹，

我是刘三呀！"这爷俩方才明白，三人围在一起又说又笑。

刘三比张二妮长两岁，二人从小就很要好，算得上青梅竹马，刘三是打心里喜欢这个小表妹。几年没见面，刘三对表妹也是日思夜想。今天意外见到了表妹，刘三心里就别提有多高兴了。

因为多年来已没有发生过战争，平日里烽火台的官兵也只是例行公事。他们与周围的老百姓素有来往，相处和睦。

从此，刘三便时常到舅舅家走走，也时常给烽火台的弟兄们带回点好吃的，或急用的东西。这样，烽火台上的弟兄们都成了这个村里的好朋友。

刘三喜欢表妹张二妮，老人早已看到眼里，喜在心里。

好事不瞒人。这好事，也早被台帅看出来了。有一天，台帅把刘三叫到一旁说："我看你与表妹挺有意思，也怪般配。要不，我给你俩撮合撮合吧？"

刘三闻听自然喜出望外，赶忙趴在地上给台帅磕了仨响头，并说："事成之后，我一定报答你的恩情。"

次日，台帅带了些礼物来到张家，并说明来意，合家欢喜。于是，这门亲事就定了下来。从此，这烽火台上的人与胡家庄的人是好上加好。

有一年，因为到处闹饥荒，各村时常有盗贼出没。这天，胡家庄也来了几个盗贼，他们进村后就大肆掠夺，弄得鸡犬不宁。到了张家，居然把张二妮给绑了起来准备掳走。有人急中生智，跑到烽火台上报信。

烽火台上的人闻听，特别是刘三简直气炸了肺。台帅立马安排二人留守烽火台，以防意外。其他人跟随刘三，一阵风似的下了山。

正在闹事的强盗，做梦也没想到齐国的军队来了。顿时吓得魂飞天外，抱头鼠窜，张二妮得救了。从此，这村里再也没来过强盗。

经过这件事之后，张家就和台帅、刘三商议早日把婚事办了。刘三听了，自然满心欢喜。不久，便择吉日良辰、下聘礼办了喜事。

办喜事那天，烽火台上燃起了平安喜庆狼烟，周围好几个烽火台都来贺喜。这喜庆的狼烟与村里的鞭炮声融为一体，更增添了几分喜庆。

从此，他们俩便在胡家庄安了家，直到白头偕老。胡家庄烽火台，成了一座真正的友谊台。

讲述者：　陈业冰，男，1963 年 8 月，莱芜区茶业口镇船厂村，高级教师

采录者：　贾春燕，男，1973 年 7 月，莱芜区雪野镇官正村，高级教师

采录时间：2019 年 3 月

采录地点：济南市莱芜区茶业口镇船厂村

附记

齐长城横亘于齐鲁大地，始建于春秋时期，距今已 2500 余年。西起黄河，东至黄海；东西蜿蜒千余里，几乎把整个山东南北分为两半。经实地测量齐长城全长 618.893 公里，共翻越 1518 座山峰。主要有长清、泰安、莱芜、五莲等遗址，其中保存最好的莱芜段 57.832 公里。齐长城上有很多烽火台，大多数烽火台都已毁坏。雪野西北胡家庄附近的这处烽火台，连同那段长城现在保存完整。烽火台见证着官民的友好情谊，人们至今把这座烽火台称作"友谊台"。

60

火龙衫

八里沟庄有个老财迷，姓张名爱钱。这个张爱钱有五十来岁，是个爹亲娘亲不如钱亲的吝啬鬼。他日子过得怪宽绰[1]，却并不富有。他有三个闺女一个男孩，大闺女嫁给了个有钱有势的阔秀才；二闺女找了个舞刀耍剑的武举人，吃不愁，穿不愁的；三闺女却找了个老实巴交的庄稼汉。

张爱钱掂量过来掂量过去，觉得老三闺女家不中用。俗话说：骨头捡那有肉的啃。三闺女的日子就像挂起锅子当锣敲[2]，别说沾她光，不搭东西就算烧高香了。人家和尚跟着月亮走还图沾点光，俺把闺女给了他是狗毛驴毛没捞着[3]。哎！说起来还是大闺女和二闺女家，你看看人家过的那日子，秤砣都是银的。二女婿手里的剑，怎么也比三女婿那锄杠[4]看着顺眼。看看吧，穷女婿遇到了这样的老丈人，不倒霉才怪哩！

[1] 怪宽绰：不缺吃穿。
[2] 挂起锅子当锣敲：日子过得贫穷。
[3] 狗毛驴毛没捞着：什么东西也没得到。
[4] 锄杠：农具，锄把。

闲谈闲聊的工夫，到了张爱钱的生日，他这生日和腊八节伙到[5]。腊七腊八冻煞[6]叫花，今年天冷得格外出奇。

闺女是个大酒瓶。张爱钱过生日，三个闺女都要备了酒肉点心来贺寿。大闺女二闺女家富足，自然备办东西不愁得慌，可三闺女家就不行了。十冬腊月，还是那件旧棉衣。人穷偏逢事也多。年关数着算着的日子，又赶上岳父的生日。吃的饭都不可堆[7]，到哪儿去讨还过生日的礼物！可日子过得再穷，这寿礼也得办。只好东唰刮西捻伙[8]，好歹凑了几样子礼，便和妻子八明不醒[9]地赶路。原来，他隔到[10]岳父家有很远的路。

腊八的天，风吹雪飘冷得怪结实[11]。大女婿穿着皮袄，二女婿披着羊皮大衣，三女婿却穿着个灯笼裤[12]，破棉袄还七八色的补丁，当腰系着根草绳子。老丈人喜声欢气[13]和两个大女婿闲聊，瞅一眼白一眼的[14]，瞪着三女婿待搭腔不搭腔[15]的。三女婿不傻不痴[16]，这种事心里再明白没有了。他长叹了口气，心想，谁叫咱穷呢，人穷了就啥话也别说。

好好歹歹吃了饭，大女婿的家跟三女婿的家差不多远，当天赶不回去，只好住下。二女婿是邻村，吃了饭说了霎话[17]就回去了。二女儿没走，她和姐姐妹妹还没亲够呢，所以住下了。

到了晚上，大女婿被安排在生着火炉子的大暖房里，三女婿却被领到七透风八漏气的破东屋里。光板子床上一领破席，一床被子比命还薄。张爱钱说："恁姐夫，夜里冷，被头可得裹严些。嘻嘻，嘿嘿。"听听他这挑到舌尖上说的话多气人吧！

[5] 伙到：在一起。
[6] 冻煞：冻死。指天气非常寒冷。
[7] 不可堆：数量不够，在这里意指粮食不够吃。
[8] 东唰刮西捻伙：东拼西凑。
[9] 八明不醒：天不亮。
[10] 隔到：距离。
[11] 怪结实：此处指天气非常寒冷。
[12] 灯笼裤：破单裤。
[13] 喜声欢气：高兴。
[14] 瞅一眼白一眼的：不用正眼看。也指看不起人。
[15] 待搭腔不搭腔：不乐意和别人说话。
[16] 不傻不痴：正常人，头脑清楚。
[17] 说了霎话：说了一会儿话。

三女婿坐在床上冻得怎么睡得着觉，看看人家大暖屋里嘻嘻哈哈，又暖和又热闹。哎，心里啥滋味呀！冷得实在坐不住，就披着被子在屋里走来走去。屋角放着个石碌碡，三女婿冻急了，就扔掉被子掀动碌碡取暖，翻来覆去就这样不住工地干了一宿。累是累，身上还是怪热乎[1]。

早晨起来，张爱钱吃了点心去看三女婿冻成啥样子了。一开门，正巧三女婿把碌碡掀到原处，回到床边坐下擦汗。他不禁十分吃惊，忙问："恁姐夫，你这是干啥热得这样？"

三女婿听丈人问，肚里窝火。他眼珠一转说："岳父大人哪里知晓，都怪俺这火龙衫，热得喘不过气来，刚解开扣子凉快凉快就叫你看见了。"说着，故意把棉袄一掀扇了几下说："啊！十冬腊月好热的天呀！"

张爱钱听了忙急急地退出门来，让老伴赶紧炒菜，又找来三个女儿，陪着三女婿喝酒。喝着喝着，就说要用皮袄皮裤换三女婿的火龙衫。大闺女、二闺女帮着劝，三闺女心里怪烦。心想，都是势利眼把人逼到这份上。于是，气呼呼地说："俺穷家破院的，就这一件宝贝物，还能再给您？"

张爱钱忙赔着笑脸，闺女长闺女团[2]的，叫得甜丝丝、暖烘烘的。

三女婿喝口酒吃口菜，慢吞吞地说："岳父大人，要是别人要那是没门。既然您老人家开了口，就是要头我也得连膀子卸下来，谁叫咱是知己亲亲[3]呢？可有一样，就怕您不听我的话。"

"恁姐夫，有恁两个姐姐和弟弟当证人，我绝不反悔。"

三女婿见钉子楔进了木头里，便脱下破棉袄递给岳父。他换上了岳父的皮大衣说："这件火龙衫穿在身上，一霎也不能在屋里。它欺生，我穿了它这些年还动不动叫它热得喘不过气来呢！你刚穿上它不出门，用不了多久就会烫死。你得不断地顺着大路遛达，才会安全无事。"

岳父信以为真，换上火龙衫出了村。刚打热屋里出来还不觉得冷，走出庄后，西北裂子风[4]一刮，再加上年老不抗冻可就支撑不住了。碰巧路边有棵空心槐树，原先槐树周围堆着很多柴禾，不知谁引火把柴烧了，空心槐被烤得焦糊[5]。岳父见了像抓住根救命稻草，钻到里面管头不顾腚。天越来越冷，岳父这个贪得无厌的老丈人，被活活冻死在了树洞里。

三女婿和众人在家里，一等不来，二等不回，急了眼说："坏了，咱爹不定躲到哪里去了。他老人家不懂怎么使唤[6]火龙衫，别热死了啊！人一死，我这件宝贝就完了。"众人听了都很急得慌，出门四处去找，最后在空心槐里找到了冻死的老财主。

众人见那树烤得焦糊，都信爹是烫死了。小内弟大声哭喊说："爹啊爹！皮袄皮裤你不穿，偏穿姐夫火龙衫；热了不往水里跳，偏偏往那火里钻。"

讲述者：　　吴俊华，女，1964 年 7 月，莱芜市口镇山口村，小学

采录者：　　李胜明，男，1967 年 7 月，莱芜市方下镇张公清村，中专

采录时间：　1990 年 2 月

采录地点：　莱芜市口镇山口村

附
记

原载李胜华搜集整理的《凤凰城的传说》一书，1993 年 2 月版，金陵书社出版公司出版。

[1]　怪热乎：很暖和。
[2]　团：圆的意思。
[3]　亲亲：亲戚。

[4]　西北裂子风：非常寒冷的风。
[5]　焦糊：大火过后留下的黑色痕迹。
[6]　使唤：使用。

61

火龙单

话说过去有个王财主，家里牛羊多得数不清，骡马成群结队的。光好地就有近二十顷[1]，宅院两三处。也算是方圆百里有名的大户人家了。富归富，他最大的毛病[2]就是贪心不足蛇吞象[3]。打听到哪里有块儿好地，他总要想尽千方百计弄到手。听说谁家有头好牲口，拐弯抹角也要变着法儿弄到他家里来。不管什么人，但凡有个稀罕的物件[4]，一旦弄不到手，就吃不下睡不着。这些也不算是大毛病，最让人讨厌和气愤不过的毛病就是疼人吃[5]。俗话说："犯罪砍头，还得给吃个饱饭哩！"

有一年刚过春节，王财主家来了一个新长工，名叫张栓。张栓年轻，正是吃壮饭[6]的时候。初来乍到的，也不知道王财主家有什么破规矩。吃饭的时候就多喝了一碗汤，

多抄了[7]一根儿咸菜，惹得王财主生气不高兴了。

王财主平常给[8]这些长工、短工生了气，就要惩罚他们多干活儿。可眼下正月刚过去，农时不到，地里没啥要干的，家里也没啥要做的，王财主就在那里生旁气[9]。

琢磨来琢磨去，王财主就想：这穷小子初来乍到就犯了我家的规矩，不给他点颜色[10]瞧瞧，他都不知道马王爷长着三只眼呢！让他干点儿啥事儿，才能让他永远记住俺家的规矩呢？

这王财主在院里转来转去。呼呼的小北风吹来，在倒春寒[11]的日子像刀割一样难受，冻得他不住地打寒战，脖子一伸一缩，身子一抽一放的。

谁想到这一冻，倒把他的鬼点子冻出来了。这点子可是太阴损缺德了，他让张栓晚上去看守磨坊。张栓心想，看就看呗，反正在哪里也是睡觉。可财主提了一个苛刻的要求，为了防止张栓晚上睡懒觉，不仅不准带铺盖卷儿，身上的棉袄、棉裤也要扒个精光。只准上身穿小褂子，下身穿小裤头儿。我那乖乖，哪有这个天气在透风撒气的磨坊里不穿棉衣光穿单褂和裤衩的？明明就是折磨人。要在这里过一夜，不得冻挺了[12]，这滋味真会让张栓刻骨铭心的。这个时候，雇主不太好找。胳膊拧不过大腿。张栓只好穿着小褂子和裤衩，在后院冰窖一样的磨坊里看守了。

王财主家的磨坊太大了，宽阔的场屋里除了支着一盘石碾，三盘石磨外，空荡荡的。磨坊的墙是用秫秸编起来的，里头抹了一层稀薄的泥。小北风嗖嗖地往里灌，里边的温度和外边差不到哪里去。

张栓这个冷啊，冻得他哆哆嗦嗦直筛糠。他想，王财主这一招真够狠啊！在这里活活地待一宿，还不把俺冻死呀！这么一想，脑子就活泛了[13]，也开窍了。

[1]　顷：市制地面积单位，100亩为1顷。
[2]　毛病：缺点。
[3]　蛇吞象：俗语，人心不足蛇吞象。意指贪得无厌。
[4]　稀罕的物件：值钱的东西。
[5]　疼人吃：别人吃他饭多，他心疼。
[6]　壮饭：吃饭长身体的年龄。

[7]　多抄了：夹菜，多夹了点。
[8]　给：跟或和。
[9]　生旁气：生闷气。
[10]　颜色：方言，规矩。给个下马威。
[11]　倒春寒：指初春（一般指3月）气温回升较快，而在春季后期（一般指4月或5月）气温较正常年份偏低的天气现象。
[12]　冻挺了：冻僵。
[13]　活泛了：意思是指遇事头脑灵活；应变能力强。

俗话说得好，"冻煞[1]闲人，饿煞馋人"。这磨坊里不是有磨有碾吗？俺冷了就推碾，推烦了就换磨，兴许还能糊弄过[2]这一宿去，明天再想明天的办法。就这样的，张栓冷了就推碾，推累了就歇歇换磨，这一宿就没停过。累是累了些，张栓年轻不怕，起码没冻出毛病来。好不容易熬到天快亮了，张栓也在左右盘算着，这时候王财主指准[3]快来了，我得想个办法，整治一下这个狼心狗肺的黑心肠。他就想啊想，竟把推磨是为了暖身子这事忘了，也不知道累了。就没有住下歇歇脚，一个劲儿地推着碾跑。一会，身上都大汗淋淋的，伸手一抹汗，扑哧一笑，糊弄王财主的计策有了。

王财主一觉醒来，瞅瞅天亮了。心里话说，我这屋里点着火炉子，烧着火盆子，炕上铺着厚褥子，盖着压风被子，还觉得不暖和呢！张栓那小子别给冻死了，要是真把他冻死，惊动官府就麻烦了。又得花不少银子，来平息这件事。就赶快起来，穿上羊皮羔[4]的厚棉袄，屁颠屁颠往后边儿磨坊里跑。走到磨坊墙的时候，他扒拉开秫秸缝一看，吓傻了。只见张栓正光着膀子，挥着巴掌扇着凉快哩。心里想，是不是冻出毛病，神经不正常了？我现在穿着羊皮大棉袄还冻得直打战哩！他咋还光着膀子扇凉风呢？

王财主就赶紧跑进去，对张栓假惺惺地说："小伙子，这一晚上没冻着吧？"

张栓回答说："你这说的啥？到现在我还热得淌汗哩！明天我还是看磨坊吧。太恣了[5]。"王财主上下打量着张栓，疑惑地问："你没病吧？"张栓说："东家，您这是什么话？"一面用手擦着胸口的汗水，一面指给他说："东家，你摸摸，我这身子多热啊！""那你为啥不觉得冷呢？"王财主问。

张栓立刻把挂在碾杆脐上的小褂子紧紧地攥在手里，脸上也露出几分害怕来，吞吞吐吐地说："谁说不冷？那是胡说闹着玩，俺这不是冻得打哆嗦吗？"张栓还故意打

[1] 煞：死。
[2] 糊弄过：熬过。
[3] 指准：指定时间。
[4] 羊皮羔：小羊皮。
[5] 太恣了：非常舒服。

了一个喷嚏。王财主看见张栓当宝贝似的攥着那个小褂子儿，头上明明滴着汗珠，却又装出冻得发抖的样子，心里就更加疑惑了。

王财主脸上却装出一副郑重其事的样子，吓唬张栓说："看样子你一定是偷了我家的啥东西，这身汗是吓出来的。"张栓一听王财主这样说，立刻急眼了，举着手里小褂儿辩解说："俺偷你啥东西，你查查去。俺这一身汗，是穿火龙单给热出来的。"王财主心里咯噔一声，脸上立刻变成笑模样说："火龙单，我还是第一次听说，让我瞧瞧行吧？"

张栓把火龙单藏在身后说："这可不行，这件火龙单是俺老老爷爷传下来的。俺爷爷临死前就告诉俺爹说，咱家里就是穷得卖光宅子卖光了地，也不能卖这个小褂子。别看这件小褂不起眼，可是一件火龙单。火龙单平常不显灵，可真的冷到没法没法的[6]时候，它比火炉子大皮袄都管用。你也看到了，俺刚才多穿了一会儿就捂出一身汗，热得俺只得光着膀子扇凉风了。"

王财主一听高兴了，原来是这穷小子叫我一吓唬说实话了。不行，这宝贝我怎么也得弄到手。真是人不可貌相，海水不可斗量。谁寻思[7]这个穷小子身上还穿着一件火龙单哩，这可是无价之宝啊！于是，假惺惺地说："张栓啊，反正你穿着这小褂子热得也没法干活，倒不如把俺的羊皮大袄给你咱俩换换吧？"

张栓一听直摇头说："不行，不行，绝对不行。别说一件羊皮袄，就是十件、百件驼绒袄，俺也不换。"王财主直勾勾地瞅着火龙单，眼珠子都红了，就问："要不，我借你的火龙单穿一天行不行？"张栓仍然还是摇头说："不行，不行，你穿身上不给俺了怎么办？"

王财主一看，空手套白狼的把戏玩不成，就给张栓商量说："要不，你把火龙单卖给俺行不？"张栓仍是直摇头。王财主看着张栓摇头不是那么坚决了，就缓一步说："你只要卖给我，我可以多给你银子。"

张栓还是装作有些舍不得，一边拎着小褂，似乎有点

[6] 没法没法的：没有办法时。
[7] 谁寻思：没想到。

动摇地说："给多少钱也不行，俺要是卖了，老祖宗也会骂我是个败家子儿，这个骂名俺得背上一辈子。"

王财主一听这语气，心里真是有底了，又装作没事人一样。心话说，这个小长工还是没有多少见识，看来只要多给他点银子，就能买下这件火龙单来。火龙单那可是无价之宝啊，我怎么也要把它弄到手。一旦到我家里，这一倒手，白花花的银子就流进来了。于是，就试探着给张栓商量说："俺给你十两银子，卖不卖？这可是十两银子呀！你知道十两银子值多少钱吗？能买两亩多好地哩！"张栓摇摇头说："十两银子？你这是打发穷要饭的！"王财主咬咬牙，恶吱吱[1]地说："一百两！一百两银子了不得了吧[2]？"

张栓继续摇头，慢吞吞地说："还是不行，你当我是集上摆摊卖破烂的？"王财主心里想，这个穷小子还真他娘的有主意哩！狠狠心又说："五百两，五百两银子忒多了，我也豁上了！"张栓听到这，慢慢悠悠地说："五百两银子行倒是行，可咱说好了，要是俺哪一天后悔卖给你了，你得答应俺还能拿银子赎回来。"

王财主一听，心里暗笑道，傻小子，愣头青。宝贝到了我手里，你还能赎得回去吗？在太阳底下做梦吧！他觉得不能让张栓继续在他家里打工了，万一哪会儿不留神把火龙单给偷回去，或者赎回去，我可把老本儿都给赔光了。就说："行、行、行，依着你。你啥时候觉得吃亏了想要了，再拿着银子往回赎。可是今天咱说清了，一手交钱，一手交货。之后，你得离开俺家，走得远远的。"

张栓一听到这，心里偷着乐开了花。这话还用你说吗？你不说俺也得脚底下抹油，溜之大吉了。

王财主得了火龙单，高兴得不得了。每天晚上都要从锁着三层锁的箱子拿出来瞧瞧后，才能睡个安稳觉。王财主总盼着有个合适的机会，给其他财主们显摆显摆。

可巧了，邻县的一个大财主亲戚过五十大寿，给王财主下了请帖。到了那一天，天刮着东北风，飘着雪花。王财主不听从家人的劝告，脱下了厚厚的棉衣外套，骑着高

头大马耀武扬威地就去了。刚出家门，王财主觉得身上有点儿冷。他才不怕哩，他记住了张栓说的话，火龙单平常里不显灵，真到了冷得没法儿没法儿的时候，才比火炉子还管用。他就继续扬鞭，催马向前。没想到越走越冷，身上就开始筛糠哆嗦了。

后来呢，火龙单就是不生热。王财主在马上再也坐不住了，脑瓜子也一阵一阵地迷糊了，最后竟东倒西歪地一头栽到雪窝里冻死了。

王财主到死也没明白，这么金贵的火龙单穿在自己身上怎么不管用哩！

讲述者：　李良森，男，1947 年 7 月，长清区万德街道，大专

采录者：　魏文森，男，1965 年 7 月，长清区教师进修学校教师，大学

采录时间：　2020 年 7 月

采录地点：　长清区机关宿舍

[1]　恶吱吱：方言，舍不得，心疼银子而又要面子。
[2]　不得了吧：行了吧。

62

儿娶媳妇娘出嫁

拉呱先说人。说这个人姓韩，叫韩信；住在哪里？港沟北神武这块地。韩信他一个姑姑找[1]到邢村，相隔五六里地。这个韩信不大，十来岁，常上他姑姑那里去。这越长越大了，他姑姑就在邢村给韩信说了个媳妇。他两个人认得，可没说过话，那霎不兴拉拉[2]。

沿着[3]这日，韩信姑姑这个庄唱戏哩。他姑姑给韩信捎信儿来，叫娘家侄儿看戏去。韩信他妈想：找的媳妇是那个庄的，我得给他做件好衣裳。怕女家笑话穿得孬了，他妈就给韩信做了个褂子。他这个妈活儿特别好，做得特别合身。

吃早饭这工夫[4]，他妈说："韩信啊！你姑姑庄里不是唱戏么？叫你看戏，你去吧。"

"行啊！吃了饭我就去。"

[1] 找：嫁到这里。
[2] 那霎不兴拉拉：那时候不能私自见面谈谈。
[3] 沿着：方言，碰巧或正好遇到的意思。
[4] 吃早饭这工夫：吃早饭的时候。

他妈说："你去呵[5]，穿上那个才做的褂子。"

"行啊。"

韩信穿上褂子，就跑去看戏啦。到了那里就开戏喽，看了一头晌午[6]戏。刹了戏[7]，这个韩信就上[8]他姑姑家吃饭去。那会儿呢，晌午吃了饭，到了快热的时候，就上庄外头凉快凉快。庄外头是他丈人的一个园子，他可不知道呢。他丈人在会上忙买卖，叫他闺女在那里看园子。韩信逛游逛游，就上这菜园子里来啦。

菜园子里一个园屋子[9]，挂着个帘子。他心想："上那个园屋子里凉快凉快吧。"一掀帘子，他那媳妇在那床上躺着呢。他媳妇一看他去了，就赶快起来，拿个杌撑子[10]叫韩信坐下。这工夫，两个人他看她她看他的。这韩信就鼓不住劲[11]儿了，就扑头上脸地闹[12]啊！他那个媳妇不干。他媳妇不孬，可怎么着也缠磨不过他，就说："行是行，你得把你那个褂子脱下来，我得铺上。"

韩信那工夫年轻，那个急劲儿，别说褂子，脱下那个裤衩子铺上也行啊！把那个褂子脱下来，给那个女的铺在身子底下。玩了一畔子[13]，听见那个庄里打鼓了。他再给他媳妇要这个褂子，怎么也要不过来，哀告也白搭[14]，说："开了戏了，我得看戏啊。"

她说："开戏也不管，不开戏也不管，这个褂子是要不回去啦。"

"不给我，我上我姑姑家去啦。"韩信就光着膀子，跑着上他姑姑家去啦。

他姑姑问他："韩信，你那褂子呢？"

"别提了！姑姑。怪热的，我出去凉快凉快。到了那个井台子上，我把褂子脱下来，搭在井梁石上，就歪

[5] 去呵：去的时候。
[6] 一头晌午：一上午。
[7] 刹了戏：演完了。
[8] 上：去。
[9] 园屋子：看菜园的房屋。
[10] 杌撑子：板凳类的座位。
[11] 鼓不住劲：沉不住气。
[12] 扑头上脸地闹：冲动地动手动脚，图谋不轨。
[13] 一畔子：一段时间。
[14] 白搭：不行，不同意。

在[1]那里睡着了。醒了，这个褂子就没了呢！"

他姑姑就埋怨这个娘家侄："你看你妈刚给你做了个新褂子，你这孩子这么大意！没了没了吧，穿上你姑父的吧。"

他就穿上他姑父的褂子，跑出去看戏了。看了一个晌午[2]的戏，刹了戏也没上他姑那里去。穿着他姑父的褂子跑了，家走了。没了褂子，落了[3]家里一顿埋怨。后来，也轻易不到[4]他姑姑那里去了。

俗话说："三月的孩子，过不了年啊！"待着待着这就腊月里了，韩信的媳妇生了个孩子。这孩子一生下来，急得她娘家妈没法没法的。在先[5]，她那个娘家爹看出事儿来，就骂。嫌她娘家妈看得家不济[6]，就给这个闺女气吃。一添了这个小孩呢，她妈就跟闺女商量说："咱把他埋在园子里，埋得浅点儿，叫那狗刨叉了[7]也就算了。"

她闺女说："怎么着？给我埋了？不行！我这是有主的。"

"什么？你还有主的？你这是嫌我死得慢啊！"

"不行！你到那边叫俺姑姑来。"

她妈无可奈何地，跑来叫她姑[8]，说："俺家小妮子，叫你去一趟。"

她姑姑卯里卯榫地[9]也扫听到了[10]，知道闺女快月子[11]了，就去了呢。去了，开了屋门，一个小孩呱呱地哭。她那个娘家侄媳妇，就在炕上搂着孩子，说："俺姑姑，你来了么？"

"来了！"

"俺姑，你还得送我去呢。你开开那个柜，拿出那个褂子来。"

[1] 歪在：躺下。
[2] 个晌午：下午。
[3] 落了：挨了。
[4] 轻易不到：不经常去。
[5] 在先：前些日子。
[6] 看得家不济：没看好家。
[7] 狗刨叉了：让狗扒了去。
[8] 她姑：韩信的姑姑。
[9] 卯里卯榫地：从其他人口里听到消息。
[10] 也扫听到了：听说了。
[11] 月子：生小孩。

一看这褂子，她姑姑就明白了七八分，就说："送你去，就送你去吧。"

她姑姑拿着褂子，她抱着孩子，就来到神武庄头上。她姑姑说："你在这里坐着等我一霎，我先到家里。"

一进大门，韩信他这个姑就喊："嫂子！"

"么？他姑姑？"

"那回唱戏呵，韩信掉的褂子，我给他找着了。"

"找着了好啊！"

"你看这褂子是吧？"

"是了。"

"可是这么着，你看准，大估量估量[12]，是你的你留下，不是你的你别留人家的。"

韩信这个妈呢，她个人做的活儿到多咱[13]她也认得："啊！说一千道一万，就是我做的那个褂子。"

"这么着你留下这个褂子，我可得给你道喜哩！"

她回头就把她娘家侄媳妇领回家来了："嫂子！你赶紧拾掇个铺，叫孩子歪倒睡觉[14]。"

韩信他妈慌天忙地地拾掇屋子拾掇铺，就叫她儿媳搂着小孩在屋里睡觉了。

媳妇去他家的时候，正是做后晌饭[15]的时候，韩信在坡里干活儿不知道啊！天黑了，韩信回家。那些放不住话[16]的人就说："你媳妇抱着小孩上你这里来了。"

说不说的他不信，扛着家伙[17]家去。一推屋门，他那个媳妇搂着个小孩呢。这个韩信别说了，臊得站也没站住，一扎猛子[18]就跑出去二三百里地。做么呢？他嫌丢人，嫌不济。可你早干么去了？

韩信心里话：跑得远远的，可就找不着我了。待了多少年哪？出去待了十六年，也没上家打信[19]。出去这十六

[12] 大估量估量：仔细看看。
[13] 到多咱：到什么时候。
[14] 歪倒睡觉：躺下休息。
[15] 后晌饭：晚饭。
[16] 放不住话：好说闲话。
[17] 家伙：农具。
[18] 一扎猛子：头也不回地跑了。
[19] 打信：寄信。

年，韩信正而规结[1]地做事儿，混的钱不少。

再说，韩信一跑了，他这媳妇拿着他妈比韩信待这里[2]还强哩。人家娘们挺结缘，就拉巴着[3]这个小孩。一年小二年大的，就给韩信这个儿说了个媳妇。

到了十六年的光景呢，韩信寻思他媳妇早嫁了人家，小孩也早死了，就想着回家。带着个钱来到济南，相隔神武还有好几十里呢！没太阳了[4]，不敢走啊！怕有断道[5]的，就在那里住店了。第二天早上，爬起来就走，天不明就到家了。到了庄子边上，就听到庄子里有鼓手吹拉弹唱挺热闹。

"这是什么事儿啊？还有轿啥的？"赶到韩信迈进自家大门，唉，正沿上他儿子娶媳妇。

韩信他妈一见，两手一扎煞："哎哟！俺那个好儿！你还回来呀？你扑拉扑拉腚[6]走了，家里撇下老的老、小的小，可多亏了你媳妇啊！到如今人家还梳着抓髻子[7]，容易么？"他媳妇光在一边抽搭[8]，这邻舍百家[9]也有数落的，也有圆成的。就中[10]有人出了个主意，说："别嚷嚷了！反正是已就[11]了。浪子回头金不换。咱截就[12]娶媳妇这个轿，把她婆婆妈娶了吧？"

大伙子七手八脚地把韩信媳妇打扮了打扮，拥到轿里。鼓手吹着，在庄里转悠一大遭。这就叫"儿娶媳妇娘出嫁"。

讲述者：　李兴业，男，1931年10月，历城区仲宫
　　　　　镇路村，农民，高小
采录者：　井安祥，男，1952年6月，文化站干部

[1]　正而规结：实实在在。
[2]　待这里：在家。
[3]　拉巴着：抚养。
[4]　没太阳了：太阳落了。
[5]　断道：抢劫。
[6]　扑拉扑拉腚：拍拍屁股。
[7]　抓髻子：旧时未婚妇女发型。
[8]　抽搭：哭泣。
[9]　邻舍百家：左邻右舍，邻居。
[10]　就中：其中。
[11]　已就：定性了，确定。
[12]　截就：迁就。

（仲宫镇门牙村），初中
采录时间：　1987年7月
采录地点：　历城区仲宫镇东路村

63

要瘫的还是要端的

从前，婚姻讲求父母之命，媒妁之言。有时到了揭起红盖头的那一刻，才能看清夫妻双方长得什么样。过去，男女讲究授受不亲。这婚姻只有靠媒人的一张嘴从中说合了。掂量掂量男女双方家庭情况，虽不苛求非得门当户对，也要肩膀大差不差[1]一般齐。

媒婆的嘴，骏马的腿。人们常说：媒婆媒婆，死人说活。作为一种职业，媒婆也是个技巧活儿。说成一桩婚姻，媒婆从男女双方两家都能得到收益。即使说不成，最不济[2]也得吃顿饭，酒肉招待一番。民间有做媒人"成不成、四两瓶[3]"的说法。

长清老城在早有一个村，叫郝家洼。村西老郝家，生了两个闺女。大闺女小时候得病下身瘫痪了，只能双手按着地走，平时就蹲在灶间里烧个火什么的。二闺女倒是健全，就是长得又矮又黑的，一点也不俊。

俗话说："男大当婚，女大当嫁。"这俩闺女就成了爹妈的愁肠[4]！无奈，只得多次找人保媒给两个孩子说婆家。过去有风俗，只有老大嫁人后，老二才能出嫁。所以，就急着给大闺女找个婆家嫁出去。

赶巧了，十多里外有个村叫乔家老屯。屯东老乔家有个小伙子，长得挺高挺壮的。小时候爹妈下地干活去了，没人照料，在炕上被老鼠啃掉了鼻子，到现在鼻子还塌塌着。老大不小的，因为有这个缺陷，一直也不好找个媳妇，爹妈都快愁死了。

郝、乔两家都打听到这附近张家寨子有个张王氏，保媒拉纤很有一套。他们就前脚、后脚地找上门来，各自说了自家的情况和要求。这张王氏眉头一皱，计上心来。既然乔、郝两家同时找我，我何不把他们家的孩子撮合撮合[5]，说不定能成一桩好婚姻哩！她先跑到男方家里说："我手头上，还真有户好人家。一母生百般。这大闺女是多么多么漂亮，就是大两岁。二闺女和大闺女一比就差裂瓢[6]了。抽个时间，小伙子他娘装成他姊子，跟着我去相相[7]，相中哪一个我就给说哪一个。"男方家人一听，更是对媒人好吃好喝好招待了。接着，张王氏又跑到女方家，把小伙子高大健壮，聪明过人，庄稼地里的活更是没说的……夸奖了一番。之后，话音一转说："就是眼下没东西。"女方家长一听明白了，当是家里穷点吧。穷又没有根，身大力不亏的，又挺聪明，穷点这都不是事儿。再说闺女出嫁时，多陪送一些嫁妆就行了。女方一家照样好好地伺候张王氏。张王氏临走吩咐了一声，说："下个集上，我陪着男方的姊子过来看看。"

赶集的日子来了，装作孩子姊子的小伙儿母亲，就跟着张王氏来到郝家。赶巧，郝家正在做煎饼。只见大闺女在鏊子边一面烧火，一面舀着糊子摊着煎饼。摊好后，二闺女就往正房里端。这男方母亲把俩闺女看得真真的。这摊的长得真叫个俊，这端的那个丑就别说了。饭后，和张王氏就急着回乔家老屯。回来的路上，张王氏就问男方母

[1] 大差不差：条件基本相等。
[2] 不济：不行。
[3] 四两瓶：说成说不成，都得设酒宴感谢一下。四两指四两好酒。

[4] 愁肠：犯愁。
[5] 撮合撮合：指介绍一下，两好搁一好。
[6] 差裂瓢：差距很大。
[7] 相相：看看。

亲，是相中了那个摊的，还是那个端的？男方母亲接连说："要那个摊的，要那个摊的！"

转眼间，就到了娶亲的时候。当八抬大轿娶来媳妇准备拜堂时，双方都傻眼了。男方确实是"眼下没有东西"，是个塌塌鼻子；女方真是个"瘫的"，站不起来。这男女双方，就都抱怨起媒人来。

这时，只见张王氏站出来理直气壮地说："俗话说，媳妇上了床，媒人靠南墙。按说没我什么事了，你们双方都想理论理论，那咱就说道说道。想当初，我都征求了你们双方的意见了。我说这男的'眼下没东西'，你们女方说那不叫个事。我反复问这当婆婆的'要那个瘫的，还是要那个端的？'你说了两遍'要那个瘫的！'我说话没毛病吧？"

事已至此，生米煮成熟饭，只有嫁鸡随鸡、嫁狗随狗了。双方都不再言语，在司礼[1]人的说和下，婚礼继续进行，拜堂成亲入洞房。

结婚后，小夫妻恩恩爱爱，非常的美满幸福。其实婚姻这事啊，长相并不多重要，得有好心眼儿。一日夫妻百日恩，白头到老靠的是亲情恩爱。

讲述者：　尹国营，男，1972 年 5 月，张夏街道石麟小学教师，大学

采录者：　魏文森，男，1965 年 7 月，长清区教师进修学校教师，大学

采录时间：　2020 年 8 月

采录地点：　长清区张夏街道石麟小学

附
记

八月的一天，尹国营邀请文友聚会。尹国营讲述了这个故事，我开始以为他要讲个幽默故事，却没想到讲了一个巧嘴子媒婆的故事。我讨厌媒婆那张嘴，死人说活了，活人说神了。我感慨地对尹国营及

好友们说："国营讲的这个故事，最后一句话说得非常好。其实婚姻这事啊，长相并不多重要，得有好心眼儿。一日夫妻百日恩，白头到老靠的是亲情恩爱。有的人贪恋了女方美，男方帅，结果不过日子，好端端的家庭就败势了。实在人家不挑拣，实心实意过日子，虽然双方貌不惊人，过的幸福日子，却惹四邻羡慕。但说来说去，还是特别佩服媒婆的那张嘴，说瞎话不红脸，还让人家双方厚谢她。因为，她做的事情天衣无缝，主要是抓住了双方的心理，使用了谐音手段，让你有口难辩。"

[1]　司礼：古代婚礼主持。

64

人　和

有一年一开春，毛老汉从毛家窝搬迁到三德范村居住。当初只有夫妻二人和几个光腚孩子，家境十分贫寒。他的处境引起了邻居齐老汉的同情，便挤出[1]些米面等生活用品多次济助。

一晃几十年过去了，毛家的孩子都长成了虎势势[2]的汉子，又置宅院又买田地，人财兴旺家景红火。而邻居齐老汉却因妻子多病、孩子又多，家境变得十分贫寒。孩子们长大了，需要分家过日子。但宅院狭窄，便想借毛家的滴水盖屋。几次托人同毛老汉协商，毛老汉说啥也不同意。他认为老齐家虽对毛家有恩，资助些钱物即可，宅田物业寸土不让。齐家则认为毛老汉忘恩负义，开始指桑骂槐，最后，两家大打出手。齐家是坐地户[3]，人多亲戚广，把毛老汉的头部打伤了。在亲戚们的纵容下，齐家强行在毛家的滴水上建起一堵墙。

面对突发的祸灾，毛老汉气愤不过，便回老家毛家窝和祖家商议，准备打官司。正巧，两广毛总督奉旨回家祭祖。毛老汉这才得知，毛家出了一品高官，便把事情原委与总督说了个清楚。

毛总督听毛老汉说完，备盛宴招待。饭后却支走了丫鬟仆人，独自洗刷起碗筷来。毛老汉不解其意，上前帮忙，弄得满盆碗筷梆唥唥直响。毛总督[4]语重心长地说："大哥啊！邻居们在巷道里共同生活，就像这满盆的筷碗，你说谁能碰不着谁呢？"毛老汉略有所悟，连连点头称是。总督又说："大哥，你回三德范村安心养伤，弟自会为你做主。"于是，毛老汉悄悄回到了三德范村，等毛总督为他出气。

几天以后，三德范村来了一个麻贩子[5]，领着个小伙计沿街巷卖麻。来到一巷内，见一群人挥镐动锹要拆一堵新墙，便上前问一老者："老人家，这墙刚垒不久，为何又要拆它？"老者长叹一声："唉，客商有所不知，我家闯下大祸啦！"这位老者便是齐老汉。原来，毛老汉回村后没有声张，但儿媳却把公爹见毛总督的事给捅了出去。

这事传到了齐家的耳朵里，才知是铸成大错。经族家商议，决定先拆掉强行砌的墙，再看毛家怎样处理此事。

麻贩听完齐老汉的诉说，微微笑着说："我有一招，可使你家不用拆墙，又可消灾免祸，不知老人家可愿听否？"

齐老汉立刻把麻贩请进屋里，安排泡茶，并连连作揖道："愿听先生指教！"

麻贩令伙计从背褡里取出了纸张笔砚，挥笔写完后装进一大信封，交给了齐老汉，说："你带到毛家先赔礼道歉，然后将它交给毛老汉，一切皆休也。"说完后，麻贩领着伙计扬长而去。

[1] 挤出：拿出。

[2] 虎势势：方言，身强力壮。

[3] 坐地户：意思是当地土生土长的人家。

[4] 毛总督：毛鸿宾，字翊云，号菊隐，济南历城人。道光十八年（1838）中进士，被选为翰林院庶吉士。毛鸿宾性格刚烈，不避权贵。在清朝国难当头之际，他得到了朝廷的重用。咸丰四年（1854），毛鸿宾弹劾帮办军务大臣的罪状，请求严厉查办。后来，他的官越做越大。被授翰林院编修、监察御史、给事中，一路高升。咸丰十一年（1861），毛鸿宾升任湖南巡抚，后又高升为两广总督，终成一代封疆大吏，成为山东历史上为数不多的清朝高官。毛鸿宾虽然位居高官，但他关心民间疾苦，主张与民休养生息。1865年因过革职回籍。逾年病死。

[5] 麻贩子：贩卖线麻的商贩。

齐老汉将信将疑地领着儿子们来到毛家，先赔情道歉后，又将遇到麻贩子的事讲了一遍。最后，取出信封交给了毛老汉。展开一看，竟是两个大字"人和"。毛老汉想起毛总督洗碗时说的话，顿时明白了。

毛老汉又问："那贩麻人呢？"

齐老汉说："已走一个多时辰了。"

顿时，毛老汉捶胸跺脚，"哎呀！那就是我那兄弟，两广毛总督啊！"刹那间，齐家爷们和在场的毛家人都惊呆了。

此后，毛齐两家重新和好。为弘扬毛鸿宾宽厚待人的精神和教育子孙万代，毛齐两家建起了一座石阁门，刻上了"人和"二字。

从那时起，三德范村人把"人和"作为处理邻居关系的一面镜子。

讲述者：　郑立恩，男，1935 年 5 月，章丘县文祖
　　　　　镇三德范村
采录者：　孙廷华，男，1954 年 1 月，章丘县文祖
　　　　　镇文祖东村，高中
采录时间：　1990 年 6 月
采录地点：　章丘县文祖公社三德范村

65

休妻报

陶镇有户人家，全家五口人。祖上传下来几间茅屋，几亩薄地。男人陶老大起早贪黑在地里种植拾掇[1]，老婆缝补浆洗，操持家务。日子不很富裕，但也能秋接秋，麦接麦。

陶老大的大儿子成家，另立了门户；二儿子陶气从小上学，又长了个好模样，四村八乡的大闺女都爱和他搭话[2]。有的闺女说："俺这辈子找个像陶气这模样的男人，就是不穿棉袄也能过三冬。"还有的闺女说："陶气要是喜欢俺，哪怕今天喜欢明天俺死了也值！"

这年秋后，陶气结了婚。老婆娘家怪富裕，衣裳被褥和家具陪送得不少。晚上，陶气走进洞房。老婆和他开玩笑说："你把那臭脚丫子洗洗再上床，别脏了俺的新被子。"

说者无心，听者多意。陶气想：她这是嫌俺贫呵！一时气上心来，也不上床，赌气出去了。自此，音信皆无。

[1]　种植拾掇：在地里耕种、浇地除草等劳作。

[2]　搭话：和别人说话。

老婆守了活寡，后来就干脆回娘家去住。娘家虽然很富有，不料一场无情的大火，把家业烧了个片瓦不留。闺女回来添个活口[1]，日子更难过了，只好在大路边上开个小店谋生。

一天，来了个富商，带着若干随从、马匹和行李，在小店里住宿。他把老两口叫到跟前说："我在外面混惯了，晚上得有个年轻闺女陪着过夜才好睡觉。我出五十两银子，请您给我物色个漂亮闺女吧？"

老两口见钱眼开，把主意打到了女儿身上。可闺女死活不干，两口子把脸一沉，软磨硬泡地说："闺女啊！五十两银子咱爷仨一年都挣不上。好歹就这一回，又没人看见，就是女婿家来也不会怪罪你的。"

女儿无奈，只好同意。富商对她很亲热，拐弯抹角地问陪过几个男人了，为啥这个岁数还不找个婆家，干些正事儿？她想想自己命苦，只是流泪不语。

这个富商正是赌气出走十几年，没有一点音信的陶气。陶气回到家，父母自然万分欢喜。问起老婆与自己别后之事，父母信口回答说："自你走后，你妻子回娘家帮她爹娘开了个店。"

陶气听了，心里明白。他立即写了休书一封外加一根绳子，叫侄子送了去。

陶气老婆怎知祸从天降，看完休书又惊又恨。她一赌气，女扮男装上了山西。几年以后，她发了财在一个大城镇上开了个商店。

有一天，来了个衣着破烂的年轻人。他说是老家山东莱芜陶镇，来这里做买卖亏了本，回不了家，想找个活干。她一眼就认出青年人正是陶气，便冷冷地说："我这个店本小利薄，只能管吃管穿开几吊小钱。"

陶气走投无路，只好答应了下来。从此，他便在店里干小活。

日子过得很快，转眼到了八月十五。掌柜的叫人做了几个菜，请陶气来喝酒。几盅酒下肚，她发了话："我说陶气，今天的月色真好真圆。我这个人有个嗜好，八月十五的晚上喜欢看别人的腚棰子[2]。如果你脱下裤子，让我瞧瞧你的腚锤子是瘦的还是胖的，是黑的还是白的，我给你白银十五两。"

陶气听了很高兴，看看腚棰子就给十五两银子，这种便宜哪里找去。他毫不犹豫地脱了裤子，撅起腚来让她看。她又气又喜，抬起脚来一脚踢了过去："好一个黑腚棰子！你这个没良心的，那时我不得时[3]，你出五十两银子买我陪你一宿。如今你不得时啦，我只用十五两银子就买得你脱了裤子，真是贱物！"

陶气听了此话，方知店掌柜的原是结发妻。他又怕又羞，双腿跪下磕头如同鸡啄米般忏悔。

老婆见他很诚恳，原谅了他，本来夫妻就没有隔夜仇！

从此，两人重归于好，共管店铺。

讲述者： 孟宪花，女，1917 年 8 月，莱芜市方下镇张公清村

采录者： 李霞，女，1971 年 2 月，莱芜市张家洼镇孟公清村，小学

采录时间： 1991 年 3 月

采录地点： 莱芜市方下镇张公清村

附
记

常言说："开玩笑，要分时候也要分人。"1991 年 3 月的一天，奶奶孟宪花教俺们几个打袼褙，袼褙是用破布和浆糊一层一层粘起来的。打好后，在太阳底下晒干，揭下来就成了布板，用来裁剪制作布鞋帮子鞋底用。制作袼褙时，奶奶就边干边给俺们拉呱。奶奶说："人说话，要三思，不能张口就来。要不是新媳妇这句话不投丈夫的可心眼，她也不会气走丈夫守了活寡。嫁出去的闺女，泼出去的水。娘家再好，也不是闺女常住的地方。"1993 年 2 月，该故事收录在李胜华搜集整理的民间文学集《凤凰城的传说》一书，金陵书社出版公司出版。

[1] 添个活口：增加了一口人。

[2] 腚棰子：屁股。

[3] 不得时：时运不好。

66

禿子找媳妇

别忘了戴那花草帽。"

这时，秃子醒了，怎么摸也摸不着帽子，急得说了话啊："伸手摸也摸不着，叫俺心里干发躁。"

他妈说："你屋里别的没有人，跟你媳妇要。"

他媳妇说："俺才娶了这几天，俺啥也不知道！"

讲述者：	陈玉遂，男，1916 年 5 月，历城区彩石乡大龙堂村，农民，高小
采录者：	李宗斌，男，1957 年 10 月，第一文化馆干部，中专
采录时间：	1987 年 5 月
采录地点：	历城区彩石乡大龙堂村

过去不好，找媳妇不许见面。有个说媒的，给一个秃子说了个媳妇儿。娶了以后，秃子妈妈怕人家再不愿意咋办，就给他出了个主意说："我给你戴个花草帽子，花草帽戴上就看不见秃头了。黑了天睡觉的时候，你先关灯，再摘帽子睡觉。到早上起来，赶快戴上。"

秃子说："我要是忘了咋办呢？"

他妈说："我叫你。"

"你叫俺，不让俺媳妇听见了吗？"

他妈说："俺这样叫，她听不懂。"

"你咋叫俺？"

他妈说："'忽听公鸡叫，别忘了戴那花草帽。'你戴上了，我也就不叫了。"

果真头几天挺好，一点差也没出。又隔了几天，他媳妇多了心眼啊，心里话：这是啥呢？他妈天天早上这么唠叨。

又隔了两天，他媳妇知道这事儿了。到了晚上，等她男的睡着了，她把他那顶花草帽给他藏了。

到了明天早上，他妈又照样叫开了："忽听公鸡叫，

67

哑巴告状

你知道哑巴是怎样告状的吗？

天地之大，无奇不有。有一胖一瘦俩公差押着个发配的犯人[1]，在凤凰城一家茶店里喝茶歇脚。见街对面一群人，围着个哑巴。哑巴年纪不大，头上顶着个木传盘[2]，传盘里放着笔墨纸砚，纸上边压着两吊制钱。周围的人指指点点，议论纷纷。品茶的老年人说："哑巴有天大的冤枉，想求人写状子告状哩！"

犯人听到茶客议论，胸有成竹。他问二差说："两位差爷，你们想喝点酒吗？"

"谁个不想！"胖公差抱怨说，"咱仨是要饭花子请同行，一个穷样。连饭都快吃不上了，哪有闲钱喝酒。快喝杯茶赶路吧。"

"两位大人，有人给咱准备了酒钱，咱不能不收吧？"犯人拐歪转圈[3]地说。

[1] 犯人：对犯罪分子的俗称。
[2] 木传盘：端菜用的长方形木托盘。
[3] 拐歪转圈：不直截了当地说。

"哪有这样的好心人啊？"瘦公差喝着茶，头不抬眼不睁地说。

"您要想喝酒，就去拿过哑巴传盘里的两吊钱来，喝顿酒使不了[4]啊！"原来，犯人是个足智多谋的讼师。他因诉讼得罪了人，被豪强诬告吃了官司，正往知府衙门押送。

两位公差知道犯人很有智谋，没有金刚钻谁敢揽瓷器活呀！不大煞，哑巴被领过来了。瘦公差除去犯人的镣铐，讨水化开墨。犯人抓笔在手，刷刷点点写了十三个字："告状人是哑巴，差人捉他四邻家。"

哑巴千恩万谢，到县大堂呈上状子。知县看了恍然大悟，差人将哑巴邻居传来。众邻居怕挨板子吃官司，争着说了实情。

原来，哑巴的娘和一个老光棍私通谋杀亲夫，被哑巴撞见。两人怕丑事败露，阴谋杀死哑巴灭口。哑巴被逼无奈，到县衙求官救命。因无状纸，又说不清道不明案由，县官不受理，邻居又不敢代写。

哑巴急中生智，想出来这个办法。

知县审出真相，捉拿了杀人犯，为死者伸了冤，给哑巴报了仇。

讲述者： 程来芳，男，1927 年 12 月，莱芜市寨里镇寨东村，干部，高中

采录者： 王俊莲，女，1964 年 4 月，莱芜市方下镇张公清村，高中

采录时间： 1990 年 8 月

采录地点： 莱芜市方下镇张公清村

附记

这个故事，是程来芳老师来走访座谈时讲述的。他干过教师、后

[4] 使不了：有剩余。

在市民政局负责地名志的编审工作。他对民间文学非常热爱，搜集整理了很多民间传说故事。在20世纪80年代和90年代的"中国民间文学集成"工作中，他提供的传说故事稿子有百余篇之多。曾与好友房洪德编辑出版《汇滨野话》多期，在当地知名度较高。他说，《哑巴告状》这个故事，在民间广为流传，曾听他爷爷、姥爷、父亲和邻里、同事多次讲述过，有一定的社会传讲度。1993年2月，这个故事被收录进李胜华搜集整理的民间文学专辑《凤凰城的传说》一书中，金陵书社出版公司出版。

68

三个瘸子女婿回门

　　过去有户诗礼人家[1]，三个女儿一年之内先后出嫁。当然，一个诗礼的家庭，为闺女找婆家要讲究门当户对。绝不能找不识字的文盲为婿，也必须是知书达礼的读书人。

　　可能有点巧合，三个女婿都是腿脚有点毛病的瘸子。大女婿走路，脚一颠一跛的；二女婿走路，一条腿先在地上转个圈再着地；三女婿一条腿抬不起来在地上拉拉着一只脚走。

　　当地有个风俗，就是结婚后新夫妻要到娘家回门。这时，娘家庄上的人，像姑娘结婚到婆家来看新媳妇一样，都来看新女婿。正月初四，他们共同约定这一天都来回门。这是个大户人家，三个女婿一齐来，又都听说他们腿脚不好，这就更惹人注意了。这天下午，客人快要走时，在他们岳父家门口外面，路两旁聚集着许多来看新女婿的人。

　　这三个瘸子新女婿，虽然腿脚不好，却都文绉绉的[2]。酒席散了，将要告辞走的时候，他们好像还在研究讨论着

[1]　诗礼人家：世代读诗习礼的人家。

[2]　文绉绉的：文质彬彬。

一篇文章。有的说好，有的说很好，有的是反面看法很不好。

那时评价文章是用毛笔画上红色点、圈或用笔抹掉来表示，主人和陪人[1]把他们送到大门外告别后，他仨还在激烈地争论着。

大闺女女婿说："这篇文章写得好，应当点点！"随即用脚边走，也在那有暄土的路上画了一趟点。二闺女女婿说："文章确实写得很好，应当画圈。"随即边走边在路上，用脚画了一趟圈。三闺女女婿说："我觉着写的很不好，应当抹掉。"随即在后边拉拉着腿，横着脚把他俩画的点、圈都抹掉了。

就这样，三个瘸子边说边走，在这些看新女婿的人面前，自然大方地走过去了。

讲述者：	王建民，男，1933 年 7 月，平阴县安城乡东凤凰村，小学
采录者：	展恩华，男，1962 年 10 月，平阴县府前街，大学
采录时间：	1993 年 5 月
采录地点：	平阴县安城乡东凤凰村

[1] 陪人：又称"陪客"，主家请来陪贵宾的人。

69

烟花

河南时相公，虽然成家立业了，还要进京赶考，求取功名。当他路过烟家庄时，天色已黑，住在了烟府外的一家店铺里。

次晨，时相公一大早就起了床。他出了店在街上游玩散心，不知不觉到了烟府的后花园。他被五颜六色的花草吸引住了，就停下来观看欣赏。忽然，从绣楼上吐下了一口唾沫，正巧落在他身上。他抬头一看，见一位美丽的小姐，从绣楼窗外往下看，这就是烟员外的女儿烟小姐。烟小姐看到自己的唾沫落在了相公身上，觉得不好意思。她用小手绢包了一块银子扔了下去，以补过失。时相公看到扔下来的手绢，抬头又望烟小姐，正好烟小姐往下看，两人眼睛相对。他看到了如花似玉、美貌漂亮的烟小姐，心里特别痛快，真想多看几眼。可是，烟小姐已关了窗门。

时相公回到烟家店，也没吃饭。他一心想见烟小姐，一连几天吃喝不下，也无心再去赶考。时相公相思过度，身子慢慢由强变弱。他整天唉声叹气，卧床不起。店主也不知道啥原因，有心叫他走吧，又怕他不给钱；不叫他走吧，如果人死在店里了怎么办？人命关天呀！他就问：

"相公，你好几天吃喝不下，心里到底有什么事？说实话，我能帮你办的，我一定尽力给你办！"时相公听后，有气无力地把在烟府遇到烟小姐的事，一五一十地告诉了店主。他一把攥住店主的手，求他牵线搭桥，再见烟小姐一面。如事办成了，赏银十两。

店主听后，心想："银子是小事，你别死在我店里就行！"他就安慰时相公，答应到烟府去试试。店主和烟员外有点拐弯亲戚，出入烟府也不费事。他来到烟府，到了绣楼和烟小姐说明来意。烟小姐说："你又不是不知道，我大门不出，二门不进。别说到你店里，我连俺家大门都很少出去。"

店主说："事由你引起，总不能见死不救吧？这样吧，明天一早，我把相公领到楼下，你去窗口探一下身子，怎么样？"

实际上烟小姐也已看中了时相公，就那一表人才至今还在脑海里闪动。可男女授受不亲，一个待在闺阁里的黄花闺女，怎好赴这样的约会呢！但又一想，如果时相公有个三长两短，传扬出去自己怎么见人呢！为了安全起见，烟小姐就大胆地对店主说："你看这样行不行？你直接把相公领上绣楼来咋样？"

"那能行吗？叫员外知道了，你我能担当得起吗？"店主没想到小丫头胆子这么大，怕这种招蜂引蝶的事一旦败露，闹不好会伤了两家和气。

"我一个黄花闺女都不怕，你一个大男人害怕啥？这样吧，前几天我和父母说过要找个丫鬟，你叫他男扮女装，打扮成丫鬟领来见我，不就神不知鬼不觉了吗！不过，你让他在你店里先试两天，说话走路真要像个女人了再来。"店主听后，心里非常佩服小丫头的聪明。于是，约定了时间，谢过小姐，便回到店里。

店主把在绣楼上和烟小姐商量的经过，告诉了时相公。他听后，精神立即振奋起来。立马穿上店主拿来的女儿装，练习起做丫鬟来。两天后，店主和他来到了烟员外府上，说给小姐找来个丫鬟，叫烟员外两口子看看。相中相不中，他们看着办。员外和太太见时相公搓脂抹粉，是个很标致的二八女子，都觉得很好很顺眼，就说："只要女儿相中，就行了。你领来的这个闺女长得很好，你领去叫

她看看吧！"店主听了，出了一口气，悬着的心也就落了下来。他和烟员外续了几句亲情，就领着时相公上了绣楼。烟小姐见后，上下打量了一番，从脚跟看到头发梢，也分不出男女。她抿嘴直笑，喜得合不拢嘴。时相公付了十两银子给店主，店主知趣地退了出来，找烟员外品茶去了。

相公、小姐相互问了安，两人郎才女貌，越看越喜欢。

时间过得真快。半年过去了，烟小姐怀孕了，肚子慢慢大了起来。有个丫鬟看出了毛病，便告诉了员外。员外大发脾气，太太说："你不分青红皂白，发的哪门子邪火？是真是假，咱先弄明白再说。"太太上绣楼见了烟小姐，细细一看，确实没有假。就问烟小姐内情，可是什么也没问出来。太太憋着气下了楼，和员外说："看来女儿用的丫鬟有问题，把丫鬟杀了了事。"员外说："丫鬟是咱亲戚找来的，杀人家不对。依我看把他撵走，杀掉女儿为好。府里出了这么大的丑事，叫人家知道了，还不笑话死咱。"两人越说越气，眼睛都红了。

"杀掉女儿，外人不知里案也会有疑心。""杀了她，再烧楼，就说不小心失火烧死了。"不等太太说完，员外又说。

说办就办。员外先把时相公撵走，然后拿着绳和刀子上了绣楼，对女儿说："来！你这个没骨头的东西。长是绳，短是刀，任你选一条路子。"烟小姐一看父亲来逼命，咬着牙，瞪着眼，没说一句话，没掉一滴泪。她拿过绳子，套住了脖子，悬梁自尽。员外一下楼，绣楼上火光冲天，浓烟滚滚，顿时成了一片火海。

女人心软。大火灭后，太太爬上楼，哭着找女儿的尸首，烟小姐早已烧成了灰。泪水满面的太太，只找到了女儿压在砖底下的一条腰带。下了楼，进了花园，把腰带放在开放的月季花坛里，伤心地哭着走了。

时相公回家后，整天想烟小姐，闷闷不乐。一天夜里，他梦见烟小姐泪水满面地诉说了他走后的事情。告诉他，她的一条腰带被母亲放在了花园的月季花花坛里。请他去拿来，放在床头上，晚上两人就会永远地在一起。时相公醒来后，胡思乱想，一夜没睡好觉，天一亮就奔烟家府去了。

时相公取回腰带，晚上果真烟小姐来了。两人见后，各自痛哭，泪水相连。虽然白天不在一起，晚上可如鱼得

水，比在绣楼上生活得还愉快。时间长了，没有不透风的墙，结发妻送晚饭时，知道了此事，趁白天相公出去散心时，偷拿了腰带，用铁锨捣碎，埋进阳沟[1]。

到了晚上，相公像往常一样，等待小姐的到来。一等不来，二等不到，就找腰带，一翻席腰带不见了。他知道是结发妻拿去了，急得满屋团团转。他气得咬牙切齿，恨不得立即找她来算账。刚脱衣睡觉，烟小姐满脸是泪，浑身是血地来了，哭眼抹泪地说："相公，这回我永远不会和你在一起了。我的身子骨也被破坏，头部受了无数伤，被埋在你家阳沟里了。看在咱夫妻一场分上，请你把我挖出来，埋在你家林里[2]了事吧？"说完，满脸泪水走了。

时相公挖出了腰带碎片，找到结发妻大发雷霆，说："你在两天内必须把棺材做好，把腰带连接起来，做上一身女儿装，放在棺材里。再雇上吹鼓手，披麻戴孝，把它（她）送到林上。如不依，我就把你碎尸万段，死得比她还要惨。"结发妻看到相公动了真，哪还有胆气来顶撞，只好忍气吞声，一一服从。

从此，时相公心里像坠了块大石头，天天在坟前哭。哭得没劲了，就睡在坟前，简直就成了个疯迷人[3]。

三天后，坟上长出了棵香草，草的香味使他脑子清醒了些。后来，长出了一个小葫芦似的果，叫人闻到喷香。他把果实拿回了家，放在供桌上，见果如见人。以后，他又在屋前种上了这花草，人们闻到他家有特别的香味，就问他有啥宝贝。他把事情如实说了一遍，用针刺开果实，果实流出白水，人们争着闻，越闻越有瘾。后来，人们把这种花草起名为大烟草，又叫烟花。

讲述者： 毛廷安，男，1931 年 2 月，莱芜市和庄乡荣科村，村民

采录者： 黄象浩，男，1955 年 3 月，莱芜市和庄乡下洼村，大专

[1] 阳沟：老百姓家排水的下水道。

[2] 林里：祖坟林地里。

[3] 疯迷人：疯子。

采录时间： 1988 年 6 月
采录地点： 莱芜市和庄乡荣科村

附
记

和庄一带是黄烟的种植区，这里的黄烟质量好，远销到省内外。采烟的季节，我来到和庄乡荣科村种烟专业户毛廷安的烟地，一边帮他采集烟叶，一边听他讲故事。说到黄烟，毛廷安就给我讲了这个故事，他告诉我说，这个故事当地烟民都会讲，是老一辈一代一代传讲下来的。

70

高员外考儿交权

早先，章丘城西关有个高员外。他有三个儿子：大奎、二奎、三奎。这一年，高员外已年过七十，操家理业感到力不从心，就想把执掌家业的大权交给儿子。

不过，这权只能由一个执掌。需要考考他们，选出一个合适的。

这一天，高员外把三个儿子招来。他坐在上首，手捋胡子，对站在面前的三个儿子说："我们高家是远近有名的大户人家，前辈们辛勤经营几辈子。今后就看你们的了！"说完，令家人取来三百两银子，每人分给一百两，看谁咋花掉它。儿子们各人心里装着只算盘，就拿着银子出去了。

过了三天，大奎来见父亲，很惭愧地把一百两银子原封不动地交给了父亲。他认为，高府家值万贯，要啥有啥，啥也无须再买。

又过了两天，二奎哼着小曲来见父亲。先是给老爷子鞠了一躬，接着把花银子的头头尾尾说了一遍。原来，他拿到银子后，觉得老爷子也太小题大作。别的可以考

验，这花银子用得着吗？他恣戛悠[1]地走出府门，到了城里隅首东街。见对面走来一个年逾花甲的老汉，背着捆棒子秸，慢慢朝这边走来。二奎走到老人跟前，二话没说，一下子把老人背上的柴禾推下来，把他按倒在地，说："来，驮着老子走一程，给你赏钱！"老人求他："二少爷，我……我哪能背得动你呢？饶了我吧！"二奎哪顾这些，朝老人屁股上踢了两脚，骂骂咧咧："老东西，真不识抬举！"骂着摸出银子扔在地上说："看见了吗，天下哪有这乎[2]便宜事，拿去吧……"还没等二奎说完，高员外气得脸色变紫，话不成句，手指二奎的前额："你……给我滚！滚！"二奎灰溜溜地出去了。高员外气得大病一场。

又过了几天，三奎也回来了，见到父亲开口道："我把银子花掉了。"接着，他把经过说了一遍。

起初，三奎接过银子，心里想的很多。他知道这一百两银子分量挺重，高家几代人经营起家业，不易啊！父亲已经老了，把操持家业的大权交给我们。可我们咋能叫老人家放心呢？他决定走出去，到各买卖店铺转一遭，把家庭里里外外的家业弄个清清楚楚。

高家在省府里开着盐行、粮店、饭庄、绸缎店十几家。这一天，三奎来到如意斋饭庄。刚走到门口，就被伙计们迎了进去，端茶备酒忙活起来。他与众人正说着话，忽然发现一个年轻的伙计在一边抹泪。见少爷来了，他忙擦干泪水，强作笑脸，迎了上来。三奎问他："你叫啥名？莫非有啥事为难，这样伤心？"

"回三少爷，在下名望祥，有件心事很是为难。"

原来，他母亲前几天得了一场大病。儿子为母亲治病，求了远近名医，钱花了不少，快要倾家荡产了，母亲的病也不见好转。正在这时，他媳妇又生下孩子。这本是件大喜事，可是粗茶淡饭都没有保证。产妇缺乏营养，孩子生下来一直没有奶，饿得哇哇直哭。可有啥法子呢？

三奎听完，很是同情，但一句安慰的话也说不出来。他赶忙掏出银子，双手递给望祥，让他回家给母亲治病，给媳妇买点营养品滋补身体。望祥收下银子，"扑通"跪

[1] 恣戛悠：高兴。

[2] 这乎：这种或这样的意思。

倒在三奎的膝下。

在场的伙计们都受了感动，大家都很钦佩他。三奎对众人说："哪位还有啥难处请直说吧！我一定尽力相助！我们高家能有今天，还不是诸位的功劳吗！有些地方还真对不住大家哩！"随后，他又把携带的私房钱分给了伙计们。

高员外听完三奎的叙述，频频点头，很是满意。他从三儿子身上看到了高家的希望。他赶忙回到客厅，召集府内家人奴仆，把高家大权正式交给了儿子三奎。

讲述者：	宁荫棠，男，1949 年 2 月，章丘市明水街道禹家村，考古研究员
采录者：	李岭，男，1970 年 12 月，章丘市民政局地名志主任，大学
采录时间：	2012 年 6 月
采录地点：	章丘市民政局地名办公室

71

三女婿拜寿

很久以前，孟家庄有个姓孟的老汉，白发如霜，性格古怪，敬富欺贫。他有三个女儿，大女儿嫁了个文官，二闺女配了个武举，三女儿却找了个土里来泥里滚、老实巴交的庄稼汉。

孟老汉日子过得富足，怪叫人称奇的是去年春上，老胳膊老腿的老伴又生了个白胖小子。老来得子，真是喜上加喜。孟老汉恣[1]得连自己能吃几碗干饭都不知道了。

日头接日尾，一晃就是好几个月。眼见得孟老汉生日来到了。大女婿、二女婿家大业大，寿礼也就特别。三女婿家勒紧腰带过日子，备办寿礼无疑是个难关。可这是正事又不能不做，只好东刷锅西捻伙[2]好歹凑了一份礼。谁知，礼送上了，丈人和岳母鼻子不是鼻子，眼不是眼[3]地给了他个下不来台[4]。真格是，穷光蛋比人家矮三级。好歹三女婿怪有肚量，自然不和势利眼的丈人一般见识。

[1] 恣：高兴。
[2] 东刷锅西捻伙：东拼西凑。
[3] 鼻子不是鼻子，眼不是眼：不给别人好脸色看。
[4] 下不来台：不留面子。

说话的工夫，酒菜也就摆好了。

孟老汉坐个上首，用手指指点点："恁大姐夫，坐到我左边；他二姐夫坐到我右边，三女婿坐在我对面。"

好饭好菜受吃，冷言热语难咽。三女婿不动声色坐下来，又忙着倒酒倒茶。

大女婿、二女婿财大气粗，坏心眼子一大包。今日酒席上，自然不放过夸耀自己、挖苦别人的机会。两人一拍即合，几乎是异口同声道："岳父大人，喜逢您老大寿，咱何不作些诗句助助雅兴？"

孟老汉偏爱这两个富女婿，自然言听计从。他将胡子瞪眼地说："列位门婿言之有理，不过老夫有个规矩。今天的诗里，得有'好看，千万，精爽，冲散和二乎'。作上来的喝酒吃肉；作不上来的，到桌子底下啃骨头吃鱼刺。怎么样？"两个女婿嘻嘻哈哈，连声称好叫绝。

大女婿为长，自然先作。他满腹才华，信口吟来：

窗外的石榴花好看，
叶子千万，
家雀来了精爽，
老鹰来了冲散，
都说老鼠变蝙蝠，
我看二乎。

众人听了齐声叫好，大女婿得意忘形。

二女婿站起身，倒剪手踱了几步，发现屋里有个大粮囤，张嘴诗来：

粮食囤好看，
装得麦粒千万，
老鼠来了精爽，
花猫来了冲散，
都说屎壳郎变知了，
我看二乎。

众人又齐声称妙，二女婿得意洋洋。

该三女婿了，他虽胸无点墨，脑子可很好使。正当他东寻西找诗题的时候，岳母抱着小儿子凑上来说："老三家，该你啦，最好别钻桌子吃鱼刺！"

三女婿气坏了，他打量了岳母几眼，随口吟道：

岳母头上的花好看，
招得奸汉子千万，
奸汉子来了精爽，
岳父家来冲散，
都说你怀里抱的是俺小舅子，
我看二乎。

讲述者： 亓怀荣，男，1953 年 7 月，莱芜市城区办事处北十里铺村，高中

采录者： 李胜华，男，1964 年 4 月，莱芜市方下镇张公清村，初中

采录时间： 1989 年 3 月

采录地点： 莱芜市城区办事处北十里铺村

72

打
唬 [1]

有个老妈妈过日子挺狠，有两房儿媳妇。好东西舍不得叫儿媳妇吃，她妯娌俩就偷着吃哩。

有一回家里推磨，妯娌俩想推去。老妈妈怕她俩偷面，就说："找的你大婶子的磨和驴，我推磨去吧。你俩在家里纺线，上午糊饼子、熬饭。"

做晌午饭的工夫，她妯娌俩商量着糊上两个白面饼子，不让老妈妈知道，她俩偷吃了。可是锅里饼子糊满了，她俩就把白面饼子放到炕底下烧一烧吃。

做中了饭，她妯娌俩又上炕纺线。这时，老妈妈推完磨回来了，也上炕纺线。大儿媳妇忽然想起锅底下烧的面饼子，守着婆婆不敢说，就对兄弟媳妇说："妹妹，我打个唬给你听？""行啊！"弟媳干脆地应答。

嫂子说："嫂子纺线嗡嗡嗡，打个唬来你试听；二人做的那桩事儿，不定熟来不定生。"

兄弟媳妇一听，想起锅底下烧的面饼子，停下纺车到饭屋里一看，半熟半生，她翻了翻回来了。

老妈妈看出事来了，装着要出去解手，到饭屋里看一看，老头子扒出那玩意儿吃着哩。她问："你吃的么？"

老头说："白面饼子，你吃点儿吧。"

老妈妈想：一定是她妯娌俩偷嘴吃烧的。她又回去纺线去了，对妯娌俩说："我也打个唬给你妯娌俩听。"

"行啊！"

"老妈妈纺线嗡嗡嗡，打个唬来你俩听。二人做的那桩贼羔子事，饭屋里撑煞你公公。"

讲述者：　刘振禄，男，1914 年 3 月，历城区郭店镇合二村，农民，私塾

采录者：　李宗斌，男，1957 年 10 月，第一文化馆干部，中专

采录时间：　1987 年 8 月

采录地点：　历城区郭店镇合二村

[1] 打唬：猜谜。

73

一石砸出铁铜沟[1]

从前，棋山南面有一个小山村，叫长沟村。村里住着两姓人家，是要好[2]的左右邻居。两家有一个相同的问题，就是奶不住[3]孩子，看了很多郎中也查不出毛病[4]来。

这一年，两家的媳妇又同时怀孕，各自生下一个男婴。为了好养活，东邻家给孩子起名叫铁柱，西邻家为孩子取名叫铜柱。不知是名字的原因，还是两个孩子本就长命，不仅没有瞎了[5]，反而长得非常的结实。

两家人都对对方的孩子非常疼爱，两个孩子也形影不离地在一起玩耍，有时还吃住在一块，应了那句老话，不是亲兄弟胜似亲兄弟。村里人都羡慕不已，竖指夸赞。

常言道："千里搭长棚，没有不散的宴席。"这年开春，两家因为地基撕破了脸皮。先是斗嘴，继而大打出手，差

点闹出人命来。一场争斗，好邻居成了老死不相往来的仇敌。

一转眼十几年过去了，俩孩子也长成了小伙子。

这一天，东邻家孩子铁柱上山砍柴，一会就砍了一大捆。他看看天近晌午，就把柴刀往腰里一插，背上柴下山回家吃午饭。走了几十步，忽然脚下一绊，一块黝黑的石头出现在眼前。石头颜色虽不光亮，但形状酷似一只破晓的雄鸡，甚是好看。于是，铁柱弯腰把石头捡起来，拿在手中沉甸甸的，他左看右看爱不释手。到了自家门口，正巧碰到邻居铜柱出门，从身边走过。铜柱看铁柱背着柴从身边经过，就把脸一奔拉[6]，扭头冲着旁边"呸"了一声，这声音还非常大，分明就是冲着铁柱来的。

铁柱当然也不示弱，气愤地说："拉屎要找好地方，人家门口能随便拉吗？"

"我吐口唾沫，碍着你哪里了？你还拉屎要找好地方，你从嘴里拉屎吗？"铜柱说着，便扑向铁柱。

铁柱年轻气盛，见铜柱向自己扑来，也是怒从心头起，扔掉了柴捆，举起刚刚捡到的石头，狠狠地砸在了铜柱的头上。

"哎哟！"一声，铜柱顿时栽倒在地，两手抱头血流如注。

铁柱见铜柱被自己打倒在地，连忙扔掉手上的石块，呆呆地站在那里。往日的好朋友躺在地上不停地边骂哀嚎，自己的心里也不是滋味。

铜柱的父母听到惨叫声，急忙跑了出来。见铜柱满脸是血躺在地上，铁柱正不知所措地站在那儿，就知道是被铁柱打的，气急败坏地瞪了铁柱一眼，骂道："小崽子你等着，我会让你加倍偿还的！"铜柱的父亲气哼哼地背起铜柱，快步赶往几里外的棋山观[7]。

棋山观里的老道士精通医术，乐善好施。见有人背来一个满脸是血的人，后面还跟着一位满眼泪花的中年妇人。急忙上前查看伤势，处理伤口，进行包扎。

老道士一边包扎伤口，一边对铜柱的父母说道："不

[1] 铁铜沟：村名，据说很久以前叫长沟村。自从发现了铁矿石，改名为铁铜沟村。1970 年 1 月，莱芜钢铁集团在此地建厂，冶炼钢铁。

[2] 要好：两家关系处得非常好。

[3] 奶不住：养不住孩子。

[4] 毛病：此指病因。

[5] 瞎了：夭折，这里指未成年就死去。

[6] 奔拉：甩脸子，面色阴沉。指给别人不好的脸色看。

[7] 棋山观：棋山脚下的一个道观，道观内有许多精通堪舆学、医学的老道士。

妨事，没伤着骨头，只是划破头皮流了不少的血。我开几剂草药给他保养一下，就没事了。"包扎完毕，老道士开出药方，铜柱父亲又到附近医馆抓了草药回家调养不提。铁柱见铜柱被父母背走，也扛起柴捆来到家中，跟父母说了刚才发生的事情。父母听了怪儿子不该动手打人，但事情闹到这一步，只有在家等着铜柱家人前来吵闹。

铜柱父母回到家中，就找到了村里的里正[1]，让里正给他们做主，说："铁柱那小崽子这么小就敢明目张胆行凶伤人，如不给以惩罚，让他长长记性，再大点，就敢杀人放火。"

里正听了，感觉有道理。于是，把铁柱绑送到县衙里。县太爷开堂审理，将铁柱杖责二十，责令他家赔偿铜柱家五两纹银。

这天晚上，写结案文书的时候，段师爷把那件凶器，也就是那块鸡形石头拿在手里，翻来覆去地看着，看着看着竟高兴地自言自语道："真是个千金难买的好宝贝！"

第二天，段师爷早早起床。他吃过早饭，向县太爷请了假，骑着一头小毛驴来到了长沟村铁柱家里，手里拿着那块石头向铁柱询问道："哎！铁柱啊，这块石头你是从哪里弄来的？"

铁柱躺在炕上，心里非常焦躁[2]。他把铜柱给打了，自己也被抓到县衙杖责了二十。挨打受疼罪有应得，可这五两银子罚款可真是要命。自己家里生活这么困难，到哪去弄这么多钱呢？于是，就跟段师爷没好气地说道："这案子都结了，你咋还问个没完没了的？你要是觉得判得不公道，干脆把我杀了吧。"

铁柱的父亲听铁柱这样说，吓了一大跳。急忙把段师爷拉到旁边，赔着笑脸说道："师爷大人，这年轻人火气大，不懂礼节，您大人不记小人过，千万不要往心里去啊！唉！说起来也不怪我儿子，这五两银子也不是个小数目。您看我们这农户人家靠天吃饭，地里刨食，一年到头落不下几个铜板，到哪里弄这五两银子去啊！唉！师爷大

[1] 里正：古时乡官。里长。春秋时，以里中能治事者为里正。北齐以来多置之，明代改名里长，后来的地保，也叫里正。
[2] 焦躁：着急而烦躁不安。

人，他心里烦，其实我心里更烦啊！"

段师爷本想张嘴说几句话，可是听到这里把话又咽了下去。心想："看来铁柱的怨气很深，如不帮他解开这个扣，想问他点什么是不可能了。"

想罢，他告辞铁柱父亲，转身出门来到铜柱家。正好铜柱和父母都在家，他们见段师爷前来，都笑脸相迎，让到屋内落座。段师爷也不客套，直接说明来意，讲了冤家宜解不宜结的道理，要求两家和好。

铜柱全家听师爷说的在理，觉着自己小题大做了。本来两家就是好邻居，为了鸡毛蒜皮的小事闹得反目成仇。于是，就按照师爷的指点，摆了一桌子酒席。段师爷亲自出面，把铁柱父子请了过来。铁柱父子碍于段师爷的面子，极不情愿地来到西邻铜柱家。段师爷让他们两家父子都落了座，说道："我听说你们两家邻居，原来处得挺好的，只是为了点芝麻绿豆的小事，反目成仇，实在不值。常言道：远亲不如近邻。你们两家一墙之隔，抬头不见低头见。天长日久，你们就不觉得别扭吗？"段师爷说着，举起酒杯道："还请大家看在我段某人的薄面之上，干了这杯酒，化干戈为玉帛，一笑泯千仇，岂不美哉！来，干！"

铜柱父子率先举起酒杯，铜柱父亲说道："是啊！段师爷说得对，远亲不如近邻。以前的事情呢，我家也有不对的地方，干了这杯酒，过去的就让它过去吧！"父子二人一仰头，非常爽快地就干了这杯酒。

其实，铁柱父子心里也是这么想的。他见别人都痛快喝了，也就借坡下驴，举起酒杯，一仰脖干了杯中酒。

一杯酒下肚，多年的梁子[3]解开了，气氛融洽了起来。

段师爷趁机调解赔偿之事，刚要说话，铜柱插嘴道："其实那天要不是我先唾了铁柱一口，铁柱也不会对我说脏话，更不会打起来。这是我的不对，五两银子俺不要了，就算我向你赔礼了。"

铁柱听铜柱这么说，一肚子怨气全消了，急忙说道："不行，那天我不该说你脏话，更不该拿石块打你，是我的错，该赔。"

段师爷见两个当事人都承认了自己的错误，就从中调

[3] 梁子：矛盾。

解按照实际的费用赔偿。铜柱的医药费没用到一钱银子，就按一钱来赔偿，其他营养费就算了。至于县衙里结案，段师爷去通融一下就行了。

铁柱家的难题解决了，一家人都非常高兴。晚上，铁柱家也做了一桌丰盛的酒席，回请了铜柱父子。

天色已晚，段师爷就在铁柱家歇宿，睡前，与铁柱聊天道："铁柱啊！这回你该告诉我，这块石头是从哪里捡来的吧？"

铁柱疑惑地问道："师爷大人，一块石头您为何念念不忘，还有啥神奇之处？"

段师爷笑着说："这个嘛！天机不可泄露，我现在还不能告诉你。"

铁柱说："这是从俺村外山上捡来的，明天我带您上山去看看。"

吃过早饭，铁柱带着段师爷上山，来到捡石头的地方。段师爷山上崖下到处查看，满脸兴奋，捡了不少块石头放进褡裢[1]里。他告别了两家父子，骑着毛驴回县衙去了。

过了几个月，段师爷带着几个官差，来到这山里，这里敲敲那里看看，折腾一阵就走了。

又过了几个月，又来了不少官差。召集民工匠人，开始在山下搭房建屋，开采铁矿。

铁柱他们这才得知，砸人的那块石头是铁矿石。原来段师爷祖上是采矿的，能够分辨出金银铜铁各种矿石。

那天晚上，他看见打人的证物，一眼就认出是铁矿石。后来到了山上，发现这里矿藏储量非常丰富，就捡了许多的铁矿石，通过县令上报朝廷。

朝廷派来官差查探，见此处矿藏质好量大，最后决定，开采冶炼。

县太爷和段师爷上报有功，得以升官和物质奖励。

铁柱和铜柱二人，又成了形影不离的好朋友，被招做了第一批采矿人。

这一天，段师爷令衙役请来铁柱和铜柱二人，置办酒席，邀请二人吃酒，感谢二人帮助他为朝廷找到铁矿之功。三人对坐，段师爷为他们二人斟满一杯酒，道："来，让

我们共同举杯，为长沟村铁铜二柱重新和好干杯！"

铁柱和铜柱二人，端起酒杯齐声道："干杯！"说罢，三人一仰脖，一饮而尽，干了此杯。

段师爷再次为二人斟满酒道："这次请二位前来，一是祝贺二位和好。二是因为这次在你们村发现的铁矿石，是我县有史以来首次发现金属矿藏，为了让人们记住这个地方，我想出了一个具有纪念意义的名字。因为这次发现铁矿石，你们两人功不可没。二位的名字带有铜铁，地处的山沟储藏铁石，我把你二人名字中，各取出一个字，将长沟村改为铁铜沟村，如何？"

铜柱略一沉思，手指铁柱道："铁柱你行哈，这不是一石头砸出来个铁铜沟吗？"

两人听了都哈哈大笑起来。

从此，铁铜沟的名字沿用至今。

讲述者：	张家明，男，1953 年 6 月，莱钢工业集团退休职工，电力工程师
采录者：	亓廷香，男，1954 年 2 月，高庄街道办五龙村，中师，教师
采录时间：	2021 年 8 月
采录地点：	济南市莱芜区高庄街道办五龙村

附 记

讲述者张家明，出生于 1953 年 6 月。1970 年 1 月，莱芜钢铁集团在铁铜沟建厂时，被招为第一批工人，当时他只有 17 岁。自参加工作到退休，43 年来一直从事配电工作，职称是电力工程师。铁铜沟成了他的第二故乡，耳濡目染，听说了很多出自铁铜沟的故事。《一石砸出铁铜沟》，就是当初听本地工人师傅讲给他听的。张家明的老伴，是我本家的一个堂姐。2021 年 8 月的一天，堂姐夫妇二人，回村探亲戚，我们一起喝茶聊天，讲述了这个《一石砸出铁铜沟》的故事。

[1]　褡裢：长方形口袋，中间开口，两头缝合，一般挂在腰带上或搭在肩上。

74

父子对诗

儿子回家一看父亲的回复，知道没了盼头。后来，他在父亲教导下勤俭持家，安心做事，成就了一番事业。

讲述者：　孙绪修，男，1947 年 1 月，章丘区文祖街道，农民，初中

采录者：　孙继广，男，1972 年 10 月，章丘区融媒体编辑，大专

采录时间：2016 年 12 月

采录地点：章丘区文祖老宅

从前，文祖古镇有一位普通村民，说话诙谐幽默，善于赋诗作对，尤其拿手作打油诗，用来针砭时世教育乡人。他的儿子在他影响下，也能即兴作诗，可惜游手好闲，不太喜欢做事。

儿子已经虚度二十五岁，尚未娶妻，非常着急，但又不好意思和父亲直说。有一天上午，儿子看到父亲外出，心生一计，在家中的影壁墙上大笔一挥，

写道："儿子今年二十五，衣服破了没人补。"写完，出门而去。

父亲中午外出归来，看到儿子的题诗，心道：儿子这是要我给他娶媳妇啊！可你这么大了，还是一事无成，如何成家？他稍作思考，在后面加上两句："要想衣服有人补，还得再等二十五。"

不久，儿子回家，看到影壁上父亲的诗句，不由大为着急，随后，续诗向父亲提出疑问："行人路上七十稀，哪能五十才娶妻？"接着，又抽身而出。

父亲从屋内出来，看到影壁墙上儿子的诗句后，马上答复写道："陈抟一觉八百八，你才是个小娃娃。"

75

作诗答对

老私塾先生的老伴去世了，半年后又忻[1]了个年轻的媳妇。

有一天，老先生发现小媳妇和他的一个年龄大的学生偷情，很生气。可除了这一条以外，小媳妇其他方面都不错。他决定先忍耐一时，慢慢处理。

先生院中有一棵大槐树，每天鸟飞鸟落挺热闹。这天，先生听见鸟叫起了床，把外门弄出点响声就藏在门后。

小媳妇以为先生走了，就用长竿子轰树上的鸟。大学生一看师母又轰鸟哩！准是老师起床走了，就又进了师母的门。

学生说："师母，你的皮肤给母蛐[2]的肚子一样，真暄头[3]。"

师母说："你的光腔，也怪滑溜。"

学生问："我老师的呢？"

[1] 忻：娶媳妇。
[2] 母蛐：雌性蝈蝈。
[3] 暄头：柔软。

"您老师的，像老枣树皮一样。"

老私塾先生在窗下都听到了，忍一忍，没吱声。

到了中秋节，这个大学生往老师家中喝酒。老师心里憋屈，想找个机会敲打敲打学生，就说："今天喝酒，咱作诗答对？"

喝了一会儿酒，大学生说："老师，您先作？"

老师放下酒盅，慢悠悠地说：

太阳出来向正东，
乌鸦一叫有人轰；
母蛐搂着滑溜睡，
老枣树皮屋外听。

小媳妇想，看来我做的事他知道了！也就随着老头提的这件事，接上了茬。

太阳出来向正西，
老汉忻个少年妻；
赖老东西不中用，
还赖别人找食吃？

学生知道纸里包不住火，心里直扑通，听了师母作的诗后，心里反而不怎么怕了，作就作吧，随口吟道：

太阳出来向正南，
你说这话有半年；
亏得老师肚量大，
海涵海涵再海涵。

学生一认错，老师也没怎么样他。从那，这个大学生再也不敢去了，小媳妇也收敛了。

讲述者： 于宪瑞，男，1914年3月，平阴县洪范池公社苗海小学教师

采录者： 黄文俊，男，1946年5月，平阴县洪范

池公社苗海村，教师，大专

采录时间： 1981 年 5 月

采录地点： 平阴县洪范池公社苗海小学、周河联中

76

蛤蟆算卦

从前，有这么一个人，他聪明伶俐，就是成天价[1]游手好闲，不干正事，人送外号"蛤蟆"。这个人挺走运，早早地娶上了媳妇。媳妇叫二妮，倒是勤快，就是有个好吃的毛病，蛤蟆不在家的时候净偷吃。

蛤蟆听别人说自己的媳妇好偷吃后，就想教育教育她。他就故意不出门，媳妇没机会偷吃，馋得不行。

这天，蛤蟆对二妮说："媳妇呀！我跟着别人出门跑个买卖，做点儿小生意挣钱去，五六天才能回来。你好好看家。"

二妮说："放心，我会好好看家的。你就抓紧走吧。"二妮麻利地给蛤蟆把行李收拾好，就打发蛤蟆走了。

蛤蟆这一走，二妮的馋虫可就上来了。她拿出偷藏的钱，一路小跑到镇上买了韭菜和鲜猪肉，还买了一只扒鸡[2]。回到家，把大门一插，先啃了几口扒鸡。把扒鸡

[1] 成天价：意指天天。

[2] 扒鸡：是山东省的代表菜之一，也是传统风味特色名吃，属于鲁菜，制作材料有鸡、砂仁、丁香、玉果等。

扣在盆子下面，就开始包韭菜水饺。一下子包了两盖垫[1]，包完后就去饭屋烧水去了。

这时，蛤蟆翻墙进到正屋里，查了查两盖垫水饺共218个，还查看了水饺是么馅的[2]，又把盆子下面的扒鸡看了看，就悄悄地翻墙走了。

几天后，蛤蟆真挣钱回家来了。吃过晚饭后，就问二妮："我不在家这几天，你有没有偷吃啊？"二妮赶忙说："没有，绝对没有！"蛤蟆说："你要说实话。"二妮说："真的没有！"蛤蟆说："真的没有？这次出门，我碰到了一个大仙，我跟他学会了算卦。现在我掐算了出门那天，你偷吃的东西。两盖垫水饺，韭菜猪肉的，我还知道有218个。还买了一只扒鸡，啃了几口扣在盆子下面。对不对？"二妮一听："我的老天爷，他怎么算得这么准啊！"赶紧承认说："你算得真准，俺以后再不敢偷吃了。"

半个月后，二妮娘家养的一窝羊没了。全家人很是着急，这窝羊可是家里主要收入啊！二妮想起蛤蟆会掐算，就给她娘家爹说："爹，蛤蟆能算出羊在哪里。"二妮的爹就把蛤蟆叫到他的家里，让蛤蟆抓紧算算羊到底在哪里。蛤蟆一听，心里话，"我哪儿会算啊！"可是，他又不能说自己不会算，就装模作样地对老丈人说："你抓紧准备好酒好菜，我只有吃饱喝足后在睡梦里才能算。"

酒足饭饱后，蛤蟆就把自己关进一间屋里，告诉大家不能打扰他。他熬到半夜三更，夜深人静的时候，悄悄打开屋门，自己找羊去了。你还别说，还真让他找到了。他把羊藏在一个破旧的院子里，回去继续呼呼大睡。天明后就对老丈人说，羊在哪里哪里，你去把它们赶回来吧。

蛤蟆掐算羊在哪里的事被大家传神了，就送了他个"半仙"的外号。

一天，县太爷派人来把蛤蟆叫了去。他的三姨太收藏的珠宝被偷了，让蛤蟆算算找回来，并承诺如果找回珍宝就给蛤蟆一个小官当当，如果找不回来就按骗子论处，要杀头的！

蛤蟆一听，心说："俺的个娘哎，让俺上哪里给找回珠宝啊！我的命恐怕是保不住了。"可是，这些都不能说。他故作镇静地说："大老爷，你容我几天的时间，我一定给你找回珠宝。找不回来，任凭你处置。"

说来也巧，当天晚上那个小偷又来了。这个小偷听说县太爷把"半仙"请来了，小偷怕被掐算出来，就悄悄地来找蛤蟆。小偷对蛤蟆说："半仙啊，我把珠宝送回来，你可千万别把我供出去啊！"蛤蟆一听真是天助我也，这是好事啊！就说："我不会把你交给县太爷的，你把偷去的珠宝放在一个地方就行了。"

第二天，蛤蟆让县太爷派人在放珠宝的地方拿回了三姨太的珠宝，县太爷当即就给了蛤蟆一个师爷的差事干。原来的师爷去打杂了，蛤蟆混上了官饭吃。

蛤蟆轻而易举地当上师爷，那些衙役们都不服气，就对县太爷说："大老爷，让他当着咱们大家的面算一卦。若是准，就让他留下。若不准就扣他个欺诈之罪，拉出去立马砍头！"

县太爷让人蒙上蛤蟆的双眼，把一物扣在一个大碗下，当场让蛤蟆说出碗下面扣的是什么东西。

蛤蟆没法了，只能硬着头皮说："蛤蟆呀，蛤蟆，今天你要命丧大老爷之手了。"

县太爷一听，拿起那个扣着的碗。碗一拿走，碗下面扣着的那个蛤蟆"呱呱"地蹦跶着走了。

从此，蛤蟆就成了县衙里的人了，吃上了官饭。

讲述者： 王丰江，男，1958年8月，长清区平安街道高垣墙村，高中

采录者： 庄庆奎，男，1961年6月，长清区平安街道高垣墙村，高中

采录时间： 2020年9月

采录地点： 长清区平安街道办高垣墙村

[1] 盖垫：锅或瓮的盖，用高粱秸秆钉制而成。
[2] 么馅的：什么水饺馅料。

77

七月十五过半年

农历的七月十五日，是莱芜地区民间传统的节日"鬼节"，又叫"七月十五""过半年""孝子节"等。民间有"八月十五是人节，七月十五是鬼节""七月十五是中元，阎王开放鬼门关"一说，是莱芜地区一个独有的民间传统节日。

节日这天，家家户户像过年一样。打扫庭院，摆设家堂[1]，准备祭祀用品。上午请家堂供奉，下午送家堂、放鞭炮。与过年不同之处是不贴对联，互不拜年。

天爷爷对人间的福祸，都已经安排好了。什么时候在哪里下雨、下雪，刮风、地震，先涝后旱、先旱后涝，瘟疫、冰雹，等等，都有定数。这些天灾大祸，不定期地在人间不同的地方轮回。这就是人们常说的：天有不测风云，人有旦夕祸福！

是福不是祸，是祸躲不过。上天降下的灾难，总是在人们意想不到的时候或地方发生。

这一年春天，灾难降临到了莱芜。先是旱得大地龟裂，庄稼树木全都枯死；后又大雨肆虐，山洪暴发，冲庄淹寨，人们生活在水深火热之中。

福无双至，祸不单行。七月初，瘟神瞒着天爷爷下界作乱，他走到哪里就把瘟疫散布到哪里。早晨还好好的人，中午就不喘气了。一时间，村村灵堂不断，户户哭声不止。起先是年纪大的和小孩子，接着又是年轻力壮的青年小伙子。有的正和别人说着话，头一歪就不喘气了；有的正走着路，往前一趴或往后一仰就倒地死去了。刚开始的时候，死了人还有人来埋。后来，再也没有人抬尸埋葬。家里和街道上，到处都是得瘟疫死去的男女老幼，散发着浓烈的尸臭味，场面惨不忍睹。

瘟神不走，百姓不得安宁。怎么办呢？老人们聚在一起，开了个"诸葛亮"会议，商量驱赶瘟神的办法。商量来商量去，谁也想不出好门道来。怎么办，真是天灭人不可救吗？人们眉头紧皱，一副凄苦无助的可怜相。

俗话说："天无绝人之路。"正当人们一筹莫展的时候，惊动了一位在莱芜修行的仙人。谁啊？他就是在蓬莱仙人山上挂单的安期生[2]。安仙人化身成老态龙钟的老人，挂着一根龙头拐杖，来到老人们聚会的地方说："大家不要慌，老朽有办法。"

众人起身让座，老人也不客气，一屁股坐在上首[3]的板凳上，将龙头拐杖竖放在两腿之间。他捋着雪白的胡须，把在场的人逐一看了一遍，轻咳了几声说："大家别怕，事不论大小，有前因定有后果。莱芜有劫难，这是定数。但灾难达不到灭绝人畜的程度。这里边有鬼啊！依我看，这是瘟神趁火打劫，涂炭生灵！"

"老人家，您活的年纪大阅历深。您一定要想办法救救我们啊！"众人齐刷刷跪下来求救。

老人打着手势，让大家起来。他将捋着白胡须接着说：

---

[1] 家堂：家堂是莱芜春节和七月十五中元节祭祖习俗的重要习俗仪式，请家堂，是把祖先请到家中来祭祀；家堂桌，一般是指八仙桌，上面摆放祖先牌位、酒茶和瓜果菜肴。家堂轴是家堂的重要标志，有两种之分，一种是彩轴，一种是素轴。彩轴配的对联是彩色的果盘。素轴多配文字联，例如"耕读继世长，忠厚传家远"等等。

[2] 安期生：亦称"安其生"。一名安期，人称千岁翁、安丘先生，琅琊人。师从河上公，是秦汉期间燕齐方士活动的代表人物，黄老哲学与方仙道文化的传人，秦汉间传说中的仙人。安期生在莱芜修行的遗址遗迹和传说故事非常多。

[3] 上首：贵宾位。

"办法是人想出来的！瘟神私下凡间，触犯了天条，应该受罚。可老天爷坐在九天之上，对此事一概不知。求神仙禀告吧，又远水解不得近火。这样吧！咱们大伙齐心合力，来个先斩后奏。"

"老人家，小民都是些凡夫俗子，如何先斩后奏？"

"对啊！等天爷爷知道俺们遭难，俺们恐怕就都死绝了。"

老人笑了笑说："你们只知其一，不知其二。告诉你们吧，据我所知，这老天爷一年只升一次殿，从正月初一至正月十五。升殿这一天，天下的神仙都要到殿听点，不到者按天规严惩。过年放的鞭炮，就是老天爷升坐金銮殿的号角。这样一来，办法就有了。瘟神最怕过年放鞭炮！下界鞭炮一响，皇天之上，老天爷坐金銮殿，所有的神仙都要聚到金銮殿，听候他老人家的调遣。我认为啊！放鞭炮驱瘟神是个上策。"

"老人家，您老说的有道理。可这不逢年不过节的，如何燃放鞭炮？"

"这话问得好啊！你们只知道逢年过节放鞭炮有由头吗？"老人瞪着眼问道，"我来问你们，过年是为了什么？"

"祭祀祖宗，阖家欢乐！"

"你们的祖宗现在什么地方啊？"

"不知道，不过他们都入土为安了！"众人七嘴八舌头地抢着回答。

"刚才我说过了，你们是只知道其一，不晓得其二啊！据我所知啊！你们祖宗的墓穴里，只埋着一副腐烂的空皮囊。而他们的灵魂却有的在天堂，有的在地狱，受着他们的因果报应。还有一件事，你们知道吗？"

"老人家，常言道：'救人如救火。'现在我们大难临头，需要您老人家解救，您老人家还是别卖关子了。"

"好了，我告诉你们吧！今天是农历的七月十四日，明天是十五日中元节。中元节是道教的说法，古代以一、七、十月之十五日分称上元、中元、下元。上元是天官赐福日，中元为地官赦罪日，下元为水官解厄日。也就是说'七月十五是中元，阎王开放鬼门关'。我们明天就像过年一样，摆好家堂，供奉从鬼门关里回家来的祖先。一是敬奉祖先尽了孝道，二是用鞭炮驱赶瘟神，这就叫'请家堂，放鞭炮；驱瘟神，保平安！'这样一来啊，既驱赶了瘟神，又供奉了祖先，可谓一举两得。大家觉得如何？"

"好啊！"众人听了，纷纷竖起大拇指，都说这是个好办法。大家起身跪在老人面前，磕谢救命之恩。

老人起身要走，大家拉着不放。正在礼让时，老人大笑一声化道白云飘走了。众人正在惊咋之时，空中传来吟诗声："贫道修身朝阳洞，安期真人是我名；只因瘟神降灾难，逢凶化吉指迷津。"

众人恍然大悟，是仙人安期生前来普度众生，解民于灾难之中。大家朝着仙人山的方向磕头不止。

七月十五日请家堂，放鞭炮，驱瘟神。人们相互转告，积极准备。

到了十五，大家就按安期生真人的说法，像过年一样家家户户请家堂，拜祖先。

鞭炮震天响，烧纸灰漫天飞舞。香烟飘渺，直上云霄。瘟神正闹腾得开心，忽闻鞭炮声四起，又见香烟缭绕，直冲云霄，以为玉皇大帝升坐金銮殿。吓得一溜跟头上了天，瘟疫随之云消雾散。人们用智慧战胜了瘟神，度过了生死难关。

自此，每年的农历七月十五日，莱芜地区的家家户户都请家堂祭祀先人，送家堂燃放鞭炮，以此敬奉祖先，祈祷平安幸福。此习俗沿革至今，形成了独具特色的地方习俗文化。

讲述者： 李洪俊，男，1918 年 1 月，莱芜市方下办事处张公清村，退休教师

采录者： 李乃东，男，1940 年 1 月，莱芜市方下办事处张公清村，师范

采录时间： 1985 年 7 月

采录地点： 莱芜市方下办事处张公清村

附记

在俺莱芜地区，老百姓对七月十五过半年这个节俗很重视，规格仅次于春节请家堂。德高望重的老人告诉子孙说："七月十五请家堂这个节俗，只有咱莱芜有。咱这个节日是为了敬奉祖先，不像别处祭祀无主的鬼魂那样。你们要记住，等会把祖先请来了，人人都要说吉利话，虔诚地敬奉老人茶酒，也好让老人看着咱们家庭和睦，高高兴兴地保佑咱们过好日子。"老人是这么说的，也是这么做的。祭祀礼俗的每一个环节都做得非常到位。从挂家堂轴到把祖先请来，脸上总是笑容满面。等把家堂摆好敬奉了酒茶，老人就指着祖先的牌位一一地告诉子孙，每一位祖先的为人处事，丰功伟绩，介绍家风家训的来历，让子孙把优良的家风家训传承下去，成为了一堂生动的孝德教育课。

请家堂仪式过程：七月十五日早晨，家家户户打扫庭院，摆设供桌，挂上家堂轴。男主人写祖先牌位，牌位用一张烧（草）纸叠制成长方形，上端折成三角形，把上三辈的先人名讳、夫人姓氏写在牌位上。牌位的安放：中间为"高祖""曾祖""先考"，由中间往两边分。女主人带领子女用金银纸叠制元宝锞子，以备祭祀用。特别注意的是，有身孕的妇女、刚刚生育的妇女不能参加祭祀活动。

上午十时左右，家中男老人携儿子焚香（按供桌、家仙桌、灶王爷各三炷，每个门口一炷点好），提着酒壶到村外大道上迎请祖先。

选择好请祖先的地方，一般是在庄头大路边。用土堆成香炉，倒满一盅酒，作个揖。将一炷香插在土香炉上，酒浇在地上。回家后，将手中香先插于大门上一炷，称为"引导香"。用木棍拦在门内，意为挡住邪魔鬼怪不进家门捣乱。其他门房也插香，用木棍拦在门口。插完家仙、灶王供桌，最后三炷香插在家堂桌的香炉内。将供桌牌位前的酒盅、茶杯，按供奉祖先的辈分大小顺序依次斟满酒、茶。摆上炒菜、水果、点心、馒头。之后，续点供香。中午吃饭时，敬酒，敬茶。然后，全家人团聚在家堂桌前共进午餐。

下午五点左右，准备送家堂。男主人亲自或吩咐儿子打纸、花纸。女主人煮好素馅水饺，用茶碗装盛，一个牌位前放一碗，每碗放两个素水饺。

送家堂时，将牌位前摆放的酒、茶、水饺一一浇敛，把牌位由"高祖"到"先考"按大小顺序收起，放在簸箕或传盘中。带上烧纸、酒、茶、水饺和鞭炮。拿香炉中燃香的人在前，全家老少依次一起到村外的大道上送家堂。出门时，将拦门的木棒拿开。据说挡门的木棒不拿开，祖先的灵魂出不去，以后家里会出离奇的怪事。

选好送家堂的地方后，先用沙土堆起个香炉，把手中的燃香插在上面。将高祖牌位放在前面，按大小依次排成一条线，每刀烧纸上放一个牌位，用一炷香压住。将烧纸、牌位画半个圆圈，点燃烧纸。烧完后用酒、茶、水饺汤从半圆圈口浇过去。全体朝高祖方向磕头，燃放鞭炮，祭祀礼结束。

送家堂的场面很隆重，全村的男女老幼聚在一起，香烟缭绕、纸灰飘扬、鞭炮齐鸣。这家送完那家接上，直到傍晚仍能听到鞭炮声。

2021年5月，"莱芜中元节习俗"被列入第五批国家级非遗项目名录。

（四）生产生活故事

78

常发财

早年间，寨里东村乔、刘、褚三人，小时候就结拜成了生死弟兄。过了几年，他们都成了家立了业。家无财产难度日，三人一商量，合伙干起了买卖。小到针头线脑，大到骡马驴羊牛猪。三人财盛气壮，干啥啥发。不几年，就混成个家大业大的土财主。

手里有了钱，心里烧作得难受。闲着没事便商量着闹玄[1]，干点蠢事，赔点本欢气欢气[2]。那年头，干啥也赢利。三人商量来、划算去，从口镇买了三小车红土，推着进了北京。

到京住店，腚还没坐稳，掌柜的问："三位客爷从哪里来呀？"

三人异口同声地说："山东。"

掌柜的听了又问："既是山东客，可曾带红土来吗？"

三人忙问："要红土干啥？"

掌柜的说："客爷们不知，这京城每隔几年就得将官家的宫墙粉刷一次。今年官家计划不周，红土不足，价格昂贵。你们要是有，可发大财呢！"三人满心以为赔本，却意想不到这次又发了大财。

三人回到家，越寻思越喜人。红土能刷墙，黄土可无用吧，便又从庄东崖头上装了三车黄土，雇人送到济南。住店的当天夜里下了场大暴雨，挨到天明出门去看，官邸御道冲刷得十分严重。正赶上钦差出京，说不定啥时候到济南府。知府下令，从速修好御道。三车干黄土，成了稀罕营生[3]。官府不问价，三人也心甘情愿献上。知府听说黄土来自几百里以外，每车加赏了很多银钱，三人又发了个大财。

没有不赔的买卖。三人千方百计地闹，就是不赔本。

人多点子多。思来想去，三人学文人墨客游山逛景，开开眼界，盲目地买了些花椒、姜、葱、蒜、茴香，高兴时就推，走够了便雇人。走走停停不知过了多少时候，来到杭州。卖掉佐料，又发了个大财。

真是苍天无眼，害得三人没法赔本。在杭州玩了几天，悟出个买卖，花钱买下三推车子蒸包，推着往回走。这蒸包是肉馅的，回莱芜千里迢迢，不臭了才怪哩！这回呀可赔定啦！

三人又是饥餐渴饮，晓行夜住，走了一个多月才回了家。三人洋洋得意，心想包子还不知烂成啥样了。揭开一看，只见包子全都风干，掰开一看，里面一条蜈蚣又肥又胖，再掰开一个，都是一样大的蜈蚣。当时，中药铺里缺这味药，听说后都来争着买，结果仨人又发了大财。

乔、刘、褚为了留个纪念，自费买料雇工修了一座"三义士阁"，后改成"文昌阁"。

讲述者： 房洪德，男，1932 年 12 月，莱芜市寨里镇寨东村，高小

采录者： 李胜华，男，1964 年 4 月，莱芜市方下镇张公清村，初中

采录时间： 1987 年 3 月

采录地点： 莱芜市寨里镇寨东村

[1] 闹玄：不干正事。

[2] 欢气欢气：高兴高兴。

[3] 稀罕营生：非常珍贵的东西。

79

赵财主打猎

附记

这个呱，是寨里东村房洪德讲的。他不光讲了这个故事，还亲自带我们到原"三义士阁"遗址去考察。他对我们说："运来了，厚墙是挡不住的。乔、刘、褚一心想干赔本买卖，结果每次都发财！这可是一条经商秘诀。"房先生是当地文化名人，知道的故事很多，"中国民间文学集成"采风时，他就提供过很多故事线索，多被采用。

从前，章丘县文祖镇上有个赵财主。他见猎人常背狐兔之类回家，心馋眼热，便买了支猎枪打起猎来。因他枪法不行，打了一年猎，只给人们留下了一首打油诗。

赵财主他枪法好，
漫山遍岭天天跑；
三年磨烂十双鞋，
没伤半根兔子毛。

赵财主听了，又气又恼。一天，他见猎手提一只死兔回家，灵机一动，便花钱把死兔买下，悄悄塞在自己地堰边的桑树墩底下。然后，他站在村头上，大喊大叫："谁说我枪法不准，是我心善不愿杀生。今天露一手，让你们这些穷光蛋瞧瞧。"

庄头上立时围上一帮看热闹的人，赵财主威武地扛着猎枪，挺着肚子，好像是一位要出征的将军。他来到地堰边，装模作样地用枪瞄了半天。随着枪响，桑墩下窜出一只野兔，惊慌地窜进棒子地里。赵财主惊呆了，嘴里喃喃道：“死物咋让我给打活了呢？”

原来，他往树墩下塞死兔时，被卖兔的猎人瞅见，便把死兔拿走了。碰巧，又来一只兔子躲在桑墩下乘凉呢！猎人把这事挑明了，人们又给赵财主编了几句顺口溜：

赵财主他枪法好，

花钱藏兔自己找；

瞄了半天开一枪，

死兔被他打活了。

讲述者： 孙元秀，男，1891 年 2 月，章丘县文祖
公社文祖东村，农民，私塾

采录者： 孙廷华，男，1954 年 1 月，章丘县文祖
公社文祖东村，高中

采录时间： 1963 年 5 月

采录地点： 章丘市文祖公社文祖东村

附
记

该故事采访于 1963 年 5 月，1998 年 8 月整理。载《锦屏夜话》，孙廷华著，2009 年作家出版社出版。

80

稻草也硌人

民国时期，在济南府有个“宝祥布店”，是个百年老商号了。老掌柜孟裕掌管店面几十年，生意一直很兴隆。

可后来孟裕一病不起，眼看不行了，不得不把店面交给他儿子孟祥经营。孟裕把孟祥叫到面前，对他说：“儿呀，这个店是咱们孟家几辈人创下来的。我现在交到你手里，你一定要好生经营呀！”孟祥记在了心里。

孟裕又说：“我死后，你只当大掌柜，光管收账进布料的事；就叫柴三当二掌柜，店里的事全交给他管。他跟随我多年有经验，一定不会错的。”

孟祥心里就嘀咕，父亲都把店交给自己了，为什么又不让自己管店里的事呢？可他又不好问，只好闷在心里。

随后，孟裕又叫来柴三，握住他的手，再三叮咛，一定要把这个店管好。不几天，孟裕便死了。

处理完孟裕的丧事，孟祥便依照父亲的遗嘱，让柴三当了二掌柜，掌握店面，自己不插手。他只是走动走动那些老客户，再是找一些新客户。在酒店里吃吃喝喝，就没什么事了。孟祥成天在外面过得潇洒，回来倒头就睡。心想，还是当老板舒服呀！

而柴三当上那个二掌柜，也是尽心尽力的。每天晚上都准时到孟祥那里去报账，账目清清楚楚的，店里的生意也跟父亲在时一样的红火。这说明柴三真有那个能力，父亲没看错人。

可没过几个月，就有人来找孟祥了，来的是他小舅子。孟祥接管这个店后，就让小舅子在店里负责管布料。小舅子对孟祥说："姐夫，柴三这个人千万不能用的，早晚他得把你的店给败坏掉。"

孟祥不明所以，明明柴三干得不错，怎么还有人告他的黑状呀！

小舅子便说了一大通柴三的坏话，说柴三瞧不起店里的员工，对谁都不抬眼皮，并且他一个最大的毛病，就是不许伙计们晚上出声。一有出声他就不愿意，说是搅了他的梦头。又说："这个柴三有多尊贵呀？自己睡觉还不让别人出声，这也太霸道了吧？"

小舅子说了半天，孟祥觉得也不算啥大毛病，就想，也许是他小舅子妒嫉柴三，想在他面前挑拨，就没放在心上。

又过了几个月，柴三还是每天晚上来报账。账目都清清楚楚的，孟祥看不出一点不对的地方，就对柴三更加放心了。

可不久后，管家却悄悄地对孟祥说了一件事。

原来，有天晚上，柴三躺在床上怎么也睡不着。在床上翻来覆去的，就是闭不上这双眼。老是说床上有什么东西硌着他，把老婆叫起来给他打扫床。可老婆给他扫了床，他再上床，还是辗转反侧地睡不着。说有东西硌着他，再叫老婆起来给他弄床。如此三番地折腾了好几次，也没找出床上有什么异物。

最后，柴三老婆从被子里找出半根指头长麦草秸，说："是不是这根麦草秸硌着你了呀？"

柴三就说："噢，原来是这根麦秸硌着我了呀！怪不得我睡不着呢！"

这件事，偏偏被一个夜里拉肚子的伙计听了去。柴三不叫伙计们夜里闹出动静来，结果他拉肚子就蹲在厕所里没敢回去，把这件事听了个原原本本。

回去后，他就对伙计们说："咱二掌柜真是个讲究的

人呀！麦秸都能硌得他睡不着，皇宫里的皇帝也就这个待遇吧？"

北方天冷的时候，爱在床上铺上草褥子。是用麦秸装起来的，因此床上出现麦秸也是最常见的。而柴三叫一根麦秸硌得睡不着，这也太夸张了吧？！

孟祥听了这话，不敢轻易相信。可他又打听了店里很多伙计，他们也都是这么说的，看来这件事是真的。

不久，小舅子又来找孟祥："姐夫，看他在睡觉上都这么讲究，别的地方还能不讲究吗？像他这么讲究的人，当着二掌柜，每月就拿那么点薪水，他能过得下去吗？"

小舅子这话，好像在提醒姐夫柴三在账目上有问题。孟祥也有了警惕，毕竟柴三是个外人，虽然跟随他父亲多年，但谁也不能保准他不变心。可孟祥又说："柴三每天都来我这里报账，没见过账目上有差错呀。"

小舅子就说："姐夫，单从账目上你看不出什么来。他在店里多年了，要想作点假还不容易？要是糊弄老掌柜或许有点难度，想糊弄你还不跟闹着玩似的。光看他睡觉的毛病，就可以知道他生活是怎么样的。这么些毛病，能没有花销？"

小舅子的提醒，让孟祥对柴三多少有了些顾虑。再三考虑，他就做出一个决定，让小舅子管店里的钱，其他事务还是让柴三来管。这样既能牵制柴三，还能让柴三继续发挥作用，应该算是个万无一失的策略。

可孟祥刚做出这个决定不久，柴三就来找他辞职。柴三说："我跟随两代老东家，又跟随少东家这么久，本来是想等少东家能够掌管整个店再走的。可我老了，晚上又睡不着，白天没精神，我想着回家养老。"

孟祥隐约觉得，柴三的辞退可能跟自己的决定有关，便再三挽留。可柴三去意已决，孟祥没办法，便只有同意他走了。

柴三这一走，担子一下子都落到孟祥身上。他既是大掌柜又是二掌柜，店里店外都是他一个在忙活。孟祥就想，我大掌柜都当了，二掌柜还当不了吗？我一定要把这个店干好，最起码不能低于柴三干着的时候，要不就叫人笑话了。

可孟祥这一干才知道，当个二掌柜，并不是那么简单

的事。哪里都要他来操心，一个地方想不到就玩不转。再说关于店里生意的料理，他根本就不会。还有那些伙计，今天你有事，明天他有事，都要由他操心。自己当大掌柜的时候，每天看看账就没事了。店是他的，他却睡得踏实。现在店还是他的，他再躺在床上，却老是能想起一些事来。不是这件事没办好，就是那件事疏忽了。忙了一天，到头来还是有这么些事。虽然有个小舅子在身边，可这个小舅子什么都不会，根本不能给他分忧。

孟祥忙活了一个月，到月底一算账，买卖明显下滑了，比以前少赚了不少。他就纳闷，柴三在的时候也是这么干的，自己又没偷懒，为什么到自己手里就下滑呢？

孟祥真后悔，柴三走的时候，没向他讨教几招经营秘诀。小舅子还安慰他："干买卖就是有赚有赔，并且现在是淡季，说不定下个月咱就狠赚它一笔呢。"

孟祥也只能这样想了，他已经把柴三辞退了，也不好意思再去找人家，只好咬着牙干下去。

可孟祥再往下干，却一个月不如一个月了。到最后竟亏损了起来，连伙计薪水都发不出去了。

孟祥真犯起愁来，照这个干法，这店迟早得关门。这个百年老店就这么毁在自己手里了，自己怎么能对得起九泉之下的父亲呢？孟祥急得成天茶不思、饭不饮的。

有一次，他要到南方进绸缎，就把店里的事交给小舅子，匆匆一个人去了南方。

这一天，他在晚上住进了一家客栈。孟祥跑了一天了，晚上倒在客房里，想睡个好觉，可他躺下却怎么也睡不着了。他想一会儿店里的那些事，又想想这次出来，还不知布价如何，能不能买到称心的绸缎布匹……这么三想两想的，竟睁着大眼连点睡意都没有了。明知困得慌，就是睡不着。他突然觉得床上老是有个东西硌着他，起来看了看，没发现有什么异物。可他再睡在上面，还是觉得有东西硌着自己。

最后，孟祥实在忍不了了，就喊店家来，说："这个床铺太硬了，我睡不惯呀！能不能给我换个好一点的房间？"

店家摸着头皮说："我们店里都是这样的床铺呀，还没有哪个客人说床铺硬的咪！"

可孟祥要求换个床铺，店家只好给他换了一间。

这回他躺上去觉得松软了许多，可睡个好觉了。可孟祥再躺上去，仍然睡不着，还是觉得有东西硌着他。他又叫来店家，说："你这床怎么了，怎么老是有东西硌着人呀？"

那个店家也被孟祥折腾得有些烦了，就把被褥拿出来抖，看有什么东西，然后，又用手在床上划拉。黑灯瞎火的，他这一划拉还划拉着了东西，拿在灯下一看，却笑了，说："客官，你也太娇气了吧，一根稻草也能硌着你呀？"

孟祥凑近来一看，确实是根稻草。店里的床铺一律都是用稻草铺的草垫子，床上有稻草也是常有的事。稻草这么软的东西，怎么能硌着人呢？

孟祥看着那根稻草，就想：看来人要是心里有事，一根稻草也硌人呀？突然，他又想到当年柴三床上那根麦秸，他一下子明白了……

第二天一早，孟祥去办布匹。他先去一家有着多年老关系的商铺，等到了地方，眼前却见到一片瓦砾。那个大的绸缎庄，这会儿都烧得不像个样子了。孟祥就很吃惊，见那个掌柜正坐在地上愣神，就上前问："怎么了？"那个掌柜就哭着说："昨晚有个小伙计饿了，半夜里到厨房做夜宵。他不慎引着了火，有火星子蹿到店里，又引着了布匹，就酿成了这场大火。"

孟祥看着那个大火后的商铺，突然想起，当年柴三夜里不让伙计们闹出动静，还以为是他的毛病，现在都明白了……他匆匆安慰了那个掌柜两句，又给他两个钱，转身就走。他这回也没心思办布匹了，而是往家里赶。经过这几天的思考，他已经做好了决定，一定请柴三出山。

孟祥回去后，没来得及回店就雇了条毛驴，带着些点心礼物去拜见柴三。这次他决心拉下情面，不管柴三说什么，都要把他请来。

孟祥一路问着，到了柴家村找到柴三家，见是一处简易的茅草房，里面烟熏火燎的。便想到，当年真冤枉了柴三，他要是拿了店里的钱，早盖起大瓦房来了。可孟祥来得正不是时候，家里人说，他到地里干活去了。

柴三家里有三亩薄田，他回家后就每天在地里劳作。孟祥迫不及待，就赶到地里。

孟祥到地里后，就见有锄头扔在地里，却不见人。四处一看，发现地头上一个人正躺着睡觉。头枕着土坷垃，睡得那个香。孟祥想向那个人打听一下，可走近一看，那就是柴三。

孟祥就上前摇撼柴三："先生快起，先生快起！"

柴三被孟祥推醒了，伸了伸腰，说："这个梦做得好呀！这是谁呀？搅了我的好梦。"再一看是孟祥，忽的一下就从地上坐起来，说："原来是少掌柜呀，店里不忙了吗？"

孟祥却笑了，说："柴先生，以前我听说，床上有根麦秸都硌得你睡不着，现在枕着土坷垃怎么就睡着了呢？"

柴三就说："少掌柜，以前在店里，我面对的都是些人呀！人心难测，谁知道谁肚子里是啥肠子呀？你一时算计不到都不行，有一个疏忽这店就转不下去。所以，晚上就睡不着呀！现在我面对的都是些土，随便你怎么摆弄都成。自然心无二事，睡也睡着了。"

孟祥听柴三这话，觉得一阵脸红，就说："先生，我是诚心来请你出山的，店里不能没有你呀！"

柴三却站起来，拍打了一下身上的尘土，说："可是我舍不得这块地呀！我现在过着神仙般的日子，舒舒坦坦的。再去当你的二老板，恐怕当不成呀！"

孟祥就问："你是说这店不好管吗？"

柴三叹了口气说："不是店不好管，我跟着几代掌柜多年，这店我就是闭着眼睛也能摸清，只是人不好管呀！"

孟祥就会意地一笑，说："我知道你的意思，我决定把我小舅子他们给辞退了。以后店里的事由你来决定，一切事务都交给你管，你看怎么样？"

柴三又伸了个懒腰，说："既然少东家真心要我去，我就再让麦秸硌我一次。"

孟祥感动了，流着泪水说："柴先生，那就委屈您了！"

就这样，孟祥把店面交给了柴三。自己还当那个大掌柜，再躺下就能睡着了。而柴三因为没有了别人的猜疑，可以放手干，他也能睡着了。柴三来后不久，店里又恢复了生机。几年后，"宝祥布店"就成了济南数一数二的布店，买卖越干越大，还在全国设了好几个分号。而柴三呢，最后还是辞职回家。那时候，孟祥已经能对店面全盘掌握了。这家布店一直开到抗战前夕才关门，而这"一根稻草也硌人"的说法，却一直流传到现在。

讲述者： 夏树芬，女，1941 年 3 月，章丘县刁镇南芽村，高小

采录者： 王乃飞，男，1973 年 6 月，章丘县刁镇南芽村，小学

采录时间： 1988 年 7 月

采录地点： 章丘县刁镇南芽村

附
记

这是一则我在童年就耳熟能详的故事，我家离这有着"东方商人"之称的旧军孟家不远，自然就会听到关于当年孟家的各种故事。这则故事虽然说的是睡觉的事，却也道出了为商做买卖的小心翼翼和其中的各种艰辛。我小时候，便听我母亲给我讲过很多次这个故事，我便把它整理出来，发表于《上海故事》月刊，2016 年第 8 期。

81

吴能为经商

新泰县伏丘庄有个叫吴能为的人，听人家说河北的花生怪贵[1]。他就从当地买了些花生，用毛驴驮着到河北去卖。那时候，经商全靠两条腿，吴能为赶着毛驴上了路。

在家千日好，出门时时难。新泰去河北得翻山越岭，经莱芜去章丘。这天早晨，吴能为牵驴来到云台山。山高路陡，驴子驮的又沉，好不容易才爬到山顶。上山容易下山难。那驴筋疲力尽，下山不小心，失蹄从崖上翻到崖下。后来，人们便把此地叫作驴翻崖。

那驴子的腿摔坏了，一瘸一瘸的。山高路远不能不走啊！费了九牛二虎之力好歹过了风门子口。毛驴怎么也走不动了，吴能为只好把花生卸下五斗，这里后来就叫成了五斗。又走了几步，驴子还是不走，只好又卸下五斗来，这里便也叫五斗。人们为了把两个五斗分开，便把前一个叫东五斗，后一个叫西五斗。花生卸光了，只好牵着驴往回走，过了东五斗，往前走了三四里地，到了一条大沟，驴子趴在地上伸了几下腿死啦。吴能为只得把驴扒了

[1] 怪贵：很值钱。

皮卖肉。他卖掉肉，垂头丧气地回了家。自此留下了段顺口溜：

吴能为，不担财，
做买卖到了绿凡崖。
东五斗，西五斗，
扒了驴子往回走。
人家挣钱他赔本，
活活气煞吴能为。

讲述者： 李洪俊，男，1918 年 1 月，莱芜市方下镇张公清村，退休教师

采录者： 李乃东，男，1940 年 1 月，莱芜市方下镇张公清村，师范

采录时间： 1989 年 10 月

采录地点： 莱芜市方下镇张公清村

附 记

20 世纪 70 年代中期，李洪俊曾在牛泉镇东五斗小学任教。晚上，他在学校门口与附近邻居聊天纳凉。说起这个村为啥叫这个名字，邻居吴老汉拉了这个呱，说现在的"绿凡崖""东五斗""西五斗""八里沟"这四个村名，都与这个故事有关联。

82

定云进棺

从前，港里庄有个姓刘的老汉，年近半百，儿孙满堂，生活过得很惬意。老汉一生对天书《奇门遁甲》很有研究。有人说他能呼风，有人说他能唤雨，但是谁都没见过！

有一年春天，他的邻居盖房子。休息时，大工和小工喝茶谈笑。兄弟爷们到成堆[1]，说话无拘无束，自然正话没几句。笑声一阵接一阵，不用说又谈那个啥上去啦。

刘老汉上了年纪，高的怕伤腰，沉的[2]拿不动。光在家里坐着也闲得难受，就到盖屋的地处[3]凑热闹。

小伙子们年纪轻轻，想搞恶作剧的点子可不少。早就听说刘老汉神啊道地[4]，可惜没眼福看到。今天他老人家来了，就叫他露一手吧！人多面子重。他不能一推六二五，扫了大伙的兴吧？想着，跟一小伙子[5]麻雀寻食似的叽叽喳喳闹腾开喽。这个喊大爷，那个叫二叔，也有的喊爷爷。

[1] 到成堆：聚在一起。
[2] 沉的：重的东西。
[3] 地处：地方。
[4] 神啊道地：指精通奇术或说有降妖擒魔之术。
[5] 一小伙子：一小群。

老汉应接不暇，很是得意。早有人让出座，端敬茶水。刘老汉最爱热闹，也好健谈。坐下来说了没几句，就从人家门口拉到了北京城。

一个年轻后生插话说："大爷，听说您老人家神通广大，会呼风唤雨。今天当着这么多人的面，您老就露一手吧？"一语百应，这个说，那个劝，叽喳了一阵。

好人不耽搁三劝，好话不重两遍。刘老汉见众人吹的吹、捧的捧，自然得意忘形。他捋着胡须，朝天空观看。一朵白云，由南向北匆匆而来。老汉笑了笑，说："小伙子们，快取盆凉水来，看我把这片云定在这里。"众人听了，皆大欢喜。早有那快腿青年，飞般取来一盆清水。老汉接过碗，脚迈八字步，口中念念有词，而后口含清水仰天喷出。说来也怪，那白云应声静止不动了，众人惊得眼珠子在眼眶里一动不动，好半天才啊出一声来。有人夸老汉是神仙，有的说老汉法术高明。话三说两拉，岔子也就多得不知说哪里好了。一霎东北的人参、貂皮、乌拉草；一会又西藏高原羊皮袄。上说天，下讲地，没完没了。

主人家说："刘大叔，别拉咧，咱们吃饭吧？"

娱乐嫌天短。众人听了这才觉得天已过午，刘老汉忽然想起那片白云来。忙急急抬头看，那白云由白变灰色，由灰色变黑色，大惊："哎呀！坏了大事啦，都怪我逞能把天爷爷的使者拘在这里。泄露了天机，罪该万死！你们看着，我如果放开白云，白云往北走，便安然无事；倘若回头南去，来年的今日午时我命休矣！"说罢，静面清口，念念有词嘟念一霎[6]，含口水朝天喷去。那云朵如释重负，飞一般向南而去。老汉七魄[7]掉了五魄，顿觉全身酥软。他跌跌撞撞，鼻涕眼泪痛哭失声。众人见刘老汉这样，吓得话都不敢说。

打这以后，小伙子们常碰到老汉，开玩笑地问："老爷爷，您还活几天呀？"

刘老汉正儿八经地屈指一算，说："不多了，还有一百天吧！"众人听罢，不当回事地暗笑说："好端端模

[6] 嘟念一霎：自言自语念叨一会儿。
[7] 七魄：人的精神分而可以称之为魂魄，也就是常说的"三魂七魄"，魂有三，魄有七，一魄天冲，二魄灵慧，三魄为气，四魄为力，五魄中枢，六魄为精，七魄为英。

样，棒棒的身体，怎么会死人呢！"

数着过的日子快如箭。转眼工夫，一年就要圆起来。刘老汉心里有数，暗暗地安排好后事。打棺材，修坟坑，做送老衣裳[1]。

眼见日期已到，刘老汉公事公办。他把邻居和自家的亲友近分找到家中商量后事，又派人向亲戚家报丧。大女儿拿铭旌，二女儿送挽联，其他都抬祭品来。两班吹鼓手，带着大锣和礼炮。

众人多咱见过出活丧，都觉得很有意思。他们嘴上应得干脆，干起活来稀儿汤迟[2]，就跟给洋鬼子干活应付公事一样。他们想："刘大爷鬼迷了心窍，活蹦乱跳的怎么会死呢？"

婚丧嫁娶，在乡下可是头等大事。送丧奠礼跟真的一样，吹鼓手嘀嘀哈哈[3]，礼炮隆隆。儿女们披麻戴孝，号啕大哭。可是不管张的嘴多么大，喊的声音多么响，都淌不下泪来。唱戏的胡子，假的。

刘老汉精精神神在灵堂桌[4]前坐着，哪个能哭得动心。

刘老汉端坐在椅子上，看到儿女们虚情假意的样子，气得两股眉毛竖成堆，说："这些不孝子孙，真是可恶！"唯有他的大外甥哭得很痛。因他的牙疼又发作了，所以痛哭流涕。刘老汉高高兴兴地夸了他一番！

好事不出门，奇事传千里。刘老汉活生生地出丧，惊动了四邻八乡。大家携老带幼赶来看热闹，把个港里村东西大街塞了个满满当当。

人多嘴杂，说啥的也有。见到刘老汉坐在灵堂上，没有一个不笑得肚子疼。

从开丧到午时，吹鼓手换了一曲又一曲，吹完一调又一调，送走参灵吊孝的一批又一批；那花祭，顶灵祭摆得花里胡哨，让人看了眼花缭乱。

刘老汉亲自尝了祭品，看了铭旌，和亲戚朋友一一握手道别，然后，穿上寿衣躺在棺材里，说声"走吧！"众

人定睛一看，老汉已死得挺挺了。儿女们再哭，他也不知道咧！

讲述者： 亓延龄，男，1943 年 11 月，莱芜市方下镇嘶马河村，农民，初中

采录者： 李胜华，男，1964 年 4 月，莱芜市方下镇张公清村，初中

采录时间： 1988 年 4 月

采录地点： 莱芜市方下镇嘶马河村

---

[1] 送老衣裳：寿衣。
[2] 稀儿汤迟：干活漫不经心。
[3] 嘀嘀哈哈：吹奏的哀乐声。
[4] 灵堂桌：放遗像和摆祭品的桌子。

83

踢纺车

这一家子是亲兄弟俩、亲妯娌俩，和睦家庭。这天，兄弟俩商量好上东北打铁去。老大掌钳子，老二抡大锤。到了东北买卖挺好，光图着挣钱就忘了回家。

妯娌俩在家里也很勤劳，白天种地，夜晚每人门前一辆纺车，一边拉呱，一边嗡嗡地纺线，天天如此。

他兄弟俩在东北干了快一年了，钱也挣得不少。这天，俩人商量着回家看看。说走就走，很快就家来了。妯娌俩一看男人家来了，挺高兴，给他兄弟俩做了好吃的。

晚上本应该早点睡觉，她嫂子却想：过去都是晚上纺线，今晚要不纺了，不叫兄弟媳妇笑话了吗？勉勉强强地把纺车搬出来应付，纺了一霎还是想睡觉去。

兄弟媳妇本来无心纺线，看看嫂子在外面纺着，也只好把纺车搬出来，嫂子一看更不好意思睡觉去。

这兄弟俩呢，觉得这么久不在家，今天回来了，该和媳妇儿亲热亲热，说说心里话。怎么就不来睡觉呢？这里"哼哼哼"，那里"嗡嗡嗡"，越听越烦。

兄弟媳妇听听嫂子还纺着呢，她就再纺；嫂子听听兄弟媳妇儿还纺着呢，更不好意思停下，都怕谁先睡觉第二

天挨耍笑。

哥哥在炕上翻过来掉过去睡不着，心里纳闷啊！大老远家来了，媳妇怎么不理我呢？很生气。

他兄弟更心焦，恨不能揍他媳妇儿两下子，实在沉不住气了，装着出来解手，"噔"的一声，把他媳妇的纺车踢了。

他媳妇说："怎么踢了俺的纺车呢？"

"不踢了留着干吗？！"

他哥哥听见了，忙喊道："连你嫂子那辆也给她踢了！"

讲述者：　封长贵，男，生卒年月不详，历城县姚家镇窑头村，农民

采录者：　封玉斗，男，1939 年 7 月，洪楼文化馆干部，中专

采录时间：　1986 年 3 月

采录地点：　历城区姚家镇窑头

84

木匠与狗

晚清时期，章丘文祖有一个木匠，手艺高超，远近闻名。

有一次，木匠在家中院子里干活，用大锛[1]砍木头。因为一点小事，与老婆吵嘴。木匠大怒，拿锛作势朝着老婆头上砍下。刷的一声，一物落地，老婆后脑勺的发纂[2]被锐利的锛贴着头皮削落。老婆大惊失色，问："死老头子，你真的要打死我？"木匠笑道："怎么会呢？我是木匠，打老婆是有分寸的。"从此，便有了这样一个坎子[3]："木匠打老婆，有分寸的。"

木匠这把锛，这次差点要了老婆的命。还是这一把锛，后来又救了木匠一命。

有一次，木匠被邀请到邻村甘泉去干活。东家是一家

张姓人家。张家家庭殷实[4]，有子有女。女儿出嫁，儿子也已经结婚一年。木匠干了几天活，发现家中儿媳妇不受待见[5]，公婆不给好脸子看。

后来，有邻居来串门，木匠才听说儿媳又馋又懒，经常趁着家中其他人外出的时候，独自在家偷吃大油[6]。过去炒菜全靠买肥猪肉熬油，叫作大油。大油一般都是装在瓦罐中，瓦罐放在碗橱中。儿子悄然问妻子，妻子矢口否认。但这种事情已经发生多次，每次都是这样，儿媳妇一人在家的时候，大油必然见少。面对事实，时间一长，丈夫也难免对媳妇产生怀疑。

经过几天的观察，木匠发现张家的媳妇非常勤劳。在家做饭烧水，织布做衣服，一天不住点[7]。而且为人很朴实，说话很礼貌，不像偷奸摸滑、又馋又懒的人。难道是公婆故意难为儿媳？但老张夫妻也是那种老实本分的人，不应该出现这种情况。

这天下午，老东家夫妻有事外出，儿子也出门干活。除了木匠，家中就只剩下了儿媳。儿媳在家出出入入，刷完了锅碗瓢盆，就去偏房织布去了。

按照地方工匠习俗，木匠每晚都要在张家吃过晚饭才回家。晚上，儿媳早早地做好了饭菜。全家人都回到了家中，老张爷俩陪着木匠一起吃饭。过去，女人不能上桌与外人一起吃饭，但这天木匠非要她们一起入席。大家一起喝了几口酒，谈了一下木工活的进展情况。木匠忽然话锋一转，对老张说道："你的儿媳知书达理，勤劳善良，非常贤惠。你们冤枉她了！"

突然说起这个，全家人都非常吃惊。木匠说："你家罐子里的大油，是你们养的大黄狗偷吃的。"

原来，下午老张走了以后，一直趴在墙根晒太阳的大黄狗忽地[8]爬了起来。它悄无声息地朝着正屋走去，用头碰开了屋门走进了屋内。它来到碗橱旁边，用嘴叼着拉手打开了碗橱门，再用嘴打开瓦罐盖子，非常享受地偷吃起

[1] 大锛：指木工用的一种平木器、削平木料的平斧头。一般是双刃，一刃是横向的用于削平木材，另一刃是纵向的用于劈开木材。一般用于去除树皮或加工成大概轮廓的粗糙加工。

[2] 发纂：也叫"发髻"，把长头发盘在脑后挽起来形成的结。

[3] 坎子：调侃。

[4] 家庭殷实：不愁吃穿，生活富足。

[5] 不受待见：不讨别人喜欢。

[6] 大油：猪油或肥猪肉提炼成的油。

[7] 不住点：干活勤快，不闲着。

[8] 忽地：突然。

大油来。它吃了几口，舔舔嘴唇。然后再用嘴盖好瓦罐盖子，关好橱子门。最后，从房内走出来，还没忘记把屋门用嘴巴关好。这一切做得非常熟练，显然是惯偷。大黄惬意地舔了一下嘴唇，朝着木匠龇牙笑了笑，又跑到墙根晒太阳去了。这是一只老狗，老狗成精。

木匠把下午大黄狗偷大油的整个过程描述了一遍，又说："早就觉得你家儿媳受了委屈，却苦于没有证据。今天下午我看到大黄狗趁着家中没人进了屋，就赶紧跑到窗户边，从外面看了一个清清楚楚。"

全家人这才明白了事情真相，一阵唏嘘。儿媳更是哇的一声，哭了起来。

老张跑到院子里，喊了几声大黄。大黄也许意识到情况不妙，慢慢悠悠磨蹭到主人身边，摇着尾巴，跪倒在地，用头蹭着主人的腿，声音呜咽，满含着祈求。老张忍无可忍，拿来木棒，狠狠地打了黄狗一顿。黄狗趴在地上，一动不动，但眼睛中充满了仇恨，冷冷地瞄着旁边的木匠。

吃完了晚饭，木匠回家。临走扛起了锛，说家中有点小活需要用锛。甘泉村离着文祖有五里路，一路上非常荒凉，还要经过一片河沟树林。木匠一路上非常警惕，总觉得好像有什么事情发生。果然，当他进入树林的时候，忽然有一个黑影，带着风声朝着他扑来。这个凶猛扑来的黑影，正是老张家的大黄狗。

大黄狗身高体大，扑到木匠身边，瞄准木匠的咽喉，张口就咬。显然想一招致命，报仇雪恨。

木匠一直把锛扛在肩上，双手抓着木把。看到黑影扑来，举锛顺势朝着黑影砍去。"咔嚓"一声，狗的脑袋就被削去了一半。那黄狗连哼也没哼一声，就倒地死去。原来，木匠早从大黄狗挨打后看他的眼神中，猜出了它的意图。这才说是家里有小活需要用锛，结果还是大锛救了他的一条命。

讲述者： 孙绪修，男，1947 年 1 月，章丘区文祖街道农民，初中

采录者： 孙继广，男，1972 年 10 月，章丘区融媒体编辑，大专

采录时间： 2019 年 10 月
采录地点： 章丘区文祖老宅

附记

狗是一种很聪明的动物，也是与人类关系最亲密的动物，尤其一些老狗，不但能听懂主人说话，还会思考。有的狗，还会栽赃陷害！父亲给我讲这个故事的时候，还特意加上了前面这一段话，故事中的木匠很有名气，围绕他的故事也有很多，而尤其以这个木匠与狗的故事精彩。载 2019 年 11 月 17 日《今日章丘》。

85

县令过孙家店

清朝乾隆年间，德州孙翰林前来探望我家先辈进士孙嶙。这天头上午[1]，翰林与进士正在品茶聊天，忽听门外大街之上，传来锣声响动。翰林问进士："是谁如此大胆，不曾前来拜访，从你门前响锣而过？"进士答道："我也不知道是谁。叫家人前去打探，看看是谁不就明白了？"说完，唤过家人说："去，到大街上看看，是哪家官员从咱家门前响锣而过。怎么不先来拜访？"

家人快步走出门外，来到大街上一看，一队人马已到遇头上了[2]。家人快步追上，来到这队人马前面拦住，问道："请问，是哪家大人从此路过？"队内走出一人说："是济阳县大老爷！"家人又问道："县太爷您老可知，从孙家店路过，可要先拜访当朝进士大老爷？！"

只见轿内走出济阳县令，汗水已从脸上淌下来，看来是吓坏了！济阳县令高呼："济阳县令，前来拜访进士大老爷！"说罢，便赶紧跪下磕了一个头。就这样，走一步

[1] 头上午：临近中午的时候。
[2] 到遇头上了：已经过去了。

就高喊一声："济阳县令，前来拜访进士大老爷！"还得跪下磕一个头，一步一高呼，一步一个头，随家人就这样进了进士大老爷家的大门。进到客厅，赶紧作揖下跪磕头，口中高呼："济阳县令，前来拜访进士大老爷，还望进士大老爷恕罪！"进士说道："恕你无罪，起来吧！"

济阳县令起来抬头一看，见上方还坐着一位老先生，赶紧问进士大老爷："大老爷，不知上方坐着的这位老人家是何方客人？"只见上方坐着的这位老先生，用手一捋胡子说："做你济阳县的官，管你济阳县的民，你管不着我德州来的孙翰林。"济阳县令一听是孙翰林，是皇帝的老师。那还了得，又吓得赶紧下跪磕头，请求翰林恕罪。翰林笑了笑说："你胆挺大，从进士门前走，你不前来拜访，还敢响锣而过。你不把当朝放在眼里，你没看到大门上方的进士大匾吗？"济阳县令一个劲地磕头，望二位大人恕罪……

进士说道："起来吧！去办你的事吧！"济阳县令这才站起来，低头躬身，双手抱拳。他倒退着出了客厅，才转身慢步走出进士大门。来到遇头点上，便把县衙差役们训了个遍。

讲述者： 孙如卿，男，1932 年 8 月，济阳县二太平乡孙家店村，私塾

采录者： 孙光玉，男，1964 年 6 月，济阳县二太平乡孙家店村，高中

采录时间： 1998 年 10 月

采录地点： 济阳县二太平乡孙家店村

附记

在明朝永乐年间，先辈孙氏兄弟从河北枣强来到此处。兄长孙守用，兄弟孙可用，择水而居。在河西岸边，大道南北，开店诚信经营，名声远扬。时长日久，孙家店即成村名。清朝乾隆年间，孙家又出功名之人，当朝进士孙嶙。据说，先辈曾在翰林院教过太子。说翰林院有位翰林患病，先辈孙嶙进翰林院替这位患病翰林教太子三天。据济

阳县文史资料记载：清朝乾隆年间，孙家店村孙氏家族出过功名，进士孙巘，官为青州知府教授。关于济阳县令，从孙家店路过这个故事，在我们当地辈辈相传。到我这一辈，已经十一辈了。

86

一家戏迷

一个家庭，除一个不满周岁的婴儿外，都爱上了戏，也都迷上了戏。全家人只要听到有戏，不管家务再多农活再忙，撂下活就去听。听了就学着说、唱、作、打地模仿起来。时间久了成了习惯，切菜剁菜等也要有锣鼓点，说话也用台词。爹叫闺女说："女儿走来。"答："忽听爹爹唤，急忙到堂前。爹爹唤儿什事？"年轻女子学花旦迈着小碎步走路；小伙子翻跟头打旁练，耍棍棒学武生；老太婆学青衣或拄根棍子当拐杖学老旦；老头迈着八字步，摇头晃膀学老生或胡子生。他家成了个小戏台。

老头约上一伙爱好者，搭上台子唱戏。没有戏衣只找一顶官帽戴上，自编台词上台说："我正在家里捣粪，二大爷叫我上任；老爷来得慌慌，戴帽没换衣裳。"短短四句话，把没有戏衣遮了过去。接着喊了声"升堂"。四个大兵本应每边两个，可是一边站了一个，一边站了仨。他用手拉过一个，但有一个也跟着过来，这边又成仨了。他就唱："一边一个一边仨，拉过来一个，跟过来一个，还是一边一个一边仨。咱转悠转悠回去吧，丢人不是我自家。"就这样下了台。

这家的主妇，是五十来岁的老太婆，嘴里成天哼唱着各种戏词。对当时演唱的时装戏《纺棉花》唱词，记得很清。就坐在棉花车子怀里，右手拧着纺车把摇着车子转，左手拿着棉花布绩两个手指掐着从锭子上拉出线头，嘴里唱着："新社会的新花样，日行千里路。男女平等应当讲自由……"两手与嘴配合一抽子、一抽子地纺棉花。

闺女在新成立的供销合作社里当营业员。晚上不上班，就一台一台地连着看戏。连着看了几台《西厢记》，对戏中小丫鬟红娘记忆很深。白天营业，去了个顾客交上钱，买了二斤红糖，她给写发票时竟误写成"红娘二斤"。

儿媳妇已有几个月的小孩，在家看孩子做家务。可是每到晚上，只要有唱戏的抱起孩子就去。这天吃完晚饭后，听到戏台上打"头铜"，她却慌了心。到炕上抱起孩子大步流星地向戏台赶，路过一块南瓜地，一脚踢到南瓜上，把她绊倒，连孩子也摔到了地上。赶快起来抱起孩子又走，赶到台前正好开戏，这才稳下心来。也想起怀抱的孩子，就给他喂奶。掀起褂子递奶头时，却把奶头扎了。仔细一摸，抱着的不是孩子而是个南瓜。这就慌了手脚，顾不上看戏了，顺着来的原路回去找孩子。到了南瓜地里摔倒的地方，在月光下一看，没有孩子只有自己炕上的枕头。拿着枕头回了家，进屋一看孩子正在炕上哭哩！

儿子每天晚上到外庄转着台口去看戏，到半夜才回家，早晨睡大觉不干活。不是学着唱就是学着做戏，倒是学了点本事。

外庄六月六有庙会，黑白唱戏。这正是农忙的时候，他干脆连活也不干了，就跟着戏班去了。那时，妇女都不下地，地里长满了草，只有他爹一个人干活忙不过来，就去戏班里找他。

这时，他就在戏班里跟着唱起了戏。上了装正在台上唱着，从远处看到爹气势汹汹地找来了。爹的脾气爱好自己知道，如不想办法这顿打跑不了，他就与掌鼓板的说，等他爹来到台前时，打上几个顶板。看着走到台前，就与掌鼓板的使了个眼色，接着打了两个顶板。

他爹一听急了，移怒于掌鼓板的。他气呼呼爬到台上，对掌鼓板的发起了脾气说："你把俺儿的嗓子葬了呢！"

说着，将他拉到一边，夺过乐具自己坐在那里掌起了鼓板。

直到把戏唱完，卸了妆叫着儿子才回了家。

讲述者：	王建民，男，1933 年 7 月，平阴县安城乡东凤凰村，小学
采录者：	展恩华，男，1962 年 10 月，平阴县府前街，大学
采录时间：	1993 年 5 月
采录地点：	平阴县安城乡东凤凰村

附
记

这个故事发生在 20 世纪 50 年代的一个农村。当时，京剧、豫剧、河北梆子、吕剧、拉魂腔等，纷纷登台。弦子、大鼓、快板、评书等各种艺人走乡串村撂场说唱。好戏连台，百花齐放。当时的生产是以户为单位的小农经济，干活没有约束，自由随便。唱戏只有戏台广场，没有院墙不卖票。想来就来，愿走就走。基本都是古装戏，很少有时装戏。除庙会、物资交流会白天唱戏外，一般都在农闲季节的晚上。

87

吃
面
饼

讲述者： 陈和春，男，1959年4月，文化站干部
（华山镇菜园村），高中

采录者： 封玉斗，男，1939年7月，洪楼文化馆
干部，中专

采录时间： 1987年9月

采录地点： 历城区华山镇菜园村

　　从前，有家子财主对长工挺狠[1]，吃的饭比猪狗吃的强不了哪里去。才过了麦[2]，大热的天，扛活的在太阳底下榜地[3]，连顿面也不给吃。

　　有一回，财主往地里送饭，见邻家的长工吃的白面饼，遂吃着问他家的长工："伙计！过完麦吃了几顿面了？"

　　他家的长工说："没见面啊！"

　　这个财主回到家就对他老婆说："人家那边让长工吃的白面饼，咱也得弄顿面给长工吃啊！"

　　第二天晌午，财主又送了饭来，说："伙计！吃饭吧！"

　　长工放下锄头，一掀篮子，见是白面饼，趴到地上就哭开了。

　　财主说："今天晌午[4]吃面，你怎么哭呢？"

　　长工说："哎哟！见了这回面，多咱[5]再见面啊？！"

[1]　挺狠：霸道，不体谅别人。
[2]　过了麦：麦收结束。
[3]　榜地：锄地。
[4]　晌午：中午。
[5]　多咱：什么时间。

88

坐席

告老还乡的赵相爷，为人谦虚，没有官架子。他好诙谐，不露相，经常骑头毛驴到处游逛[1]。有时还学张果老倒骑着往后看，惹得行人指指点点说笑不止。

有个乡宦[2]是出了名的孝子，和赵相爷关系密切。这年母亲大寿，赵相爷不失礼，派人送去寿礼祝寿。当地有个风俗，送寿礼的人不一定同在一处[3]喝酒，不管三亲六故、官大官小，都按寿帖上的指点坐席。赵相爷按寿帖上注明的时辰、席号前去赴宴，他穿着布衣戴顶小帽，和乡宦的亲戚朋友一起候席。

三城五乡的陌生人碰成堆[4]，叽叽喳喳问名道姓。不是同路人，不进一家门，三言两语便谈得投机起来。赵相爷年纪大，穿得朴素，达官贵人看不起他，和他说话的也不多。他也不拿这当回事，竖着耳朵听那些人吹牛。官吏守着骆驼不啦羊[5]，吹得暴土[6]满天。

赵相爷听了别扭，故意咳嗽几声，把那些人气得直拿白眼珠子瞪他。

有个外乡官直接把话说到他脸上："乡村野夫，缺乏教养。"认识赵相爷的人都知道他的脾气，不论在啥场合不准称呼他相爷。

这会儿，赵相爷见乡官狗眼看人低，气不打一处来。他话中有话地说："人老了，毛病多，惹人嫌，俺是井底的蛤蟆不见天。要不是嘴馋，这把子年纪啦，也不能在这里坐着叫人说三道四。"

那个乡官听了很是得意，一副盛气凌人的架子。有的人谈天说地，三说两说也就拉到了赵相爷身上，说他如何好恶作剧。赵相爷听了哭笑不得，随口问道："你们认识赵相爷吗？"言谈的人听了摇摇头："光听到他的传说，没见这个不知天高地厚的浑人[7]。"赵相爷点点头，啥也没说。

开席了，众人让座。赵相爷年纪大，众人推他上座。他也不推让，一屁股结结实实地坐在了上首[8]，那个看不起他的外乡官屈坐第二。他觉得别扭，一说话西北风刮蒺藜连讽带刺，他本想当面激激[9]赵相爷。常言说："常在官场坐，鬼心眼子多。"他见赵相爷不屈不卑，到嘴的话又咽了回去。他心里明白，凡到这里做客的，大大小小都有些来头。心里有事不说，闷在肚里难受，他那脸比紫茄子还难看。

有当官的，就有舔腚的。下首[10]的几个阔少爷见乡官的脸色不好，就知道矛头对着上首老头来的。趾到鼻子上脸，这不正是巴结乡官的好机会吗！有个阔少爷嬉笑着问道："老先生，您活了这把子年纪，坐过几回上首啦？"

那乡官听了也火上浇油："对呀，老先生，说给俺们听听吧！"

[1]　游逛：游览；为消遣而闲走。
[2]　乡宦：旧称乡村中做过官又回乡的人；泛指退休回到家乡的官宦之人。
[3]　一处：一起。指在一个酒宴桌上。
[4]　碰成堆：聚在一起。

[5]　守着骆驼不啦羊：有大的不说小的。
[6]　暴土：尘土。
[7]　浑人：做事不按章法的人。
[8]　上首：主宾的位子。
[9]　激激：激将，也指笑话别人。
[10]　下首：酒宴下面，一般都是坐小辈。

赵相爷是大风大浪里过来的人，这几个人心里想的啥，尾巴朝哪翘、往哪飞，心里一清二楚。只因在朋友家做客，自己又一大把年纪怎能和他们一般见识。但听他问话，又不能不答复。他欠欠身子笑着说："老朽无才，经遇的事少，坐的上首也不多，一共就是四回。"

话一开口，众人都七嘴八舌头地问他是哪四回，在啥地方？

"第一回。"赵相爷不紧不慢端起酒盅子喝了一口，又夹点菜慢慢嚼着，大家竖着耳朵静静地听着。有人见赵相爷不吭声，差点笑出声来，以为老头子在思想着编，说不准是碰到了俺这伙仁义的少爷，才侥幸坐个上首。赵相爷咽下菜，抹抹嘴说："是结婚后，到岳父家认亲。"大家听罢，被他诙谐幽默的回答逗笑了。众人争着说："凡是找上老婆来的，都坐过哩！"

乡官干笑几声，又问："老先生，第二回呢？"

赵相爷见大家哄笑，头不抬眼不睁，不慌不忙喝酒吃菜，一副旁若无人的架把。过了一会儿，他捋捋白胡子说："第二回，可能是在琼林宴[1]上。"大家听了，都成了张飞纫针，大眼瞪小眼。谁不知道坐在琼林宴首席上的，只有状元公。

乡官听了，重新打量了老者几眼，换上笑脸问道："老先生，那第三回，您在啥地方坐的呀？"

赵相爷见问，忙端起一碗水，漱漱嘴说："那第三回吗，是圣上登基。"众人听了，更是大惊。皇上登基，只有首相才有资格坐首席。而附近有资格的只有告老归乡的赵相爷，难道他就是赵相爷吗？众人忙不迭打恭施礼。赵相爷继续说："第四回，可能就是这一回啦。"

乡官听了，吓得忙不迭地跪倒磕头请罪，嘴里道歉不止："相爷休怪，小人有眼不识泰山。相爷，您君子不和牛治气，您那肚子里能撑船，您老人家别和小人一般见识。相爷，俺给您磕头啦。"

赵相爷一伸手，示意让他起身坐下，说："咱们都是来做客的，平起平坐。这个上首谁坐也行，我不坐也得有人坐。我年纪大点，坐在这里也不为过。"说完，一笑

了之。

众人见赵相爷肚量这么大，悬着的心这才落了下来。他们恭恭敬敬地让酒让菜，嘻嘻哈哈，像啥事也没发生似的。

纸里包不住火。没几天，这件事在街头巷尾传开了。正应了老百姓常说的那句话，人不可貌相，海水不可斗量。

讲述者： 李乃东，男，1940 年 1 月，莱芜市莱城区方下镇张公清村，师范

采录者： 李慧，女，1984 年 4 月，莱城区凤城街道矿煤阳光花园，大学

采录时间： 2003 年 9 月

采录地点： 莱芜市莱城区方下镇张公清村

[1] 琼林宴：本指皇帝于琼林苑设宴款待进士。后泛指在礼部宴请新科进士的宴会。

89

头炷香

很久以前，在雪野有一位很会做买卖的张姓人，人们都称其为张掌柜。此人极善经营，买卖有方。但他财运一般，多年来虽未折过本，但也未发过大财。他看看那些腆肚捧腰的大掌柜，心中十分羡慕。总希望有朝一日，也与他们一样腰缠万贯，令众人眼馋。

他听人说，每年的正月初一早晨，谁能去泰山烧上第一炷香，谁就会财运亨通，一年内必定发大财。

张掌柜打定主意，打谱来年除夕夜就上泰山，一定烧上新一年的第一炷香。主意打定，他就像小孩盼过年一样等着过年。人就这样，越盼啥越觉着慢。太阳就像被钉在了天上，就是不往西山落。盼星盼月亮，好不容易等到了腊月二十三。他买了很多糖瓜来辞灶，意思是把灶王爷的嘴用糖糊住，也好上天言好事，回宅保平安。

打发灶王爷上了天，张掌柜也不闲住。赶四集准备年货，拾掇家堂桌子。他把家里的事情安排好之后，腊月二十八晌午，一家人围坐在一起吃了顿团圆饺子。张掌柜

牵出自家的头勾[1]，驴不停蹄地来到了泰山，找一家旅馆住下。他打算好好歇歇脚，准备爬泰山烧第一炷香。

腊月二十九，早吃了晌饭。张掌柜就背着香纸金银锞子，往泰山上爬。他盘算着时间绰绰有余，就不紧不慢地往前走。

十八盘是最陡峭的路段，有"紧十八慢十八，不紧不慢还十八"一说。张掌柜看到太阳已经落了山，再看看十八盘上从上看到下就他一个人，心里美滋滋的，认为烧头炷香是瞎子擤鼻涕，把里攥着的事。当他爬到山顶上时，见到处空无一人，时间正好在半夜时分。

过了南天门，张掌柜兴高采烈地迈步进了碧霞祠的正殿，要烧他梦寐以求的第一炷香。

进门一看，立时傻了眼。香炉里正燃着一炷刚刚点燃不久的香。他一下子掉进了闷葫芦，心里话：我从山下一路上来，并未见一个同路人，也未遇上一个返回的人，真是活见鬼了。咋就有人抢先烧了这第一炷香呢？！

张掌柜自认倒霉，只好烧第二炷香。他虔诚地点上香，磕完头，祷告完毕，十分扫兴地回了家。

这一年生意平平，不但未发上大财，还时常遇上些烦心事，不过也无大事。他下了决心，明年我一定早走早到，我一定烧上这第一炷香。

光阴似箭，不觉一年过去了。又过了小年，他准备去泰山。临行前，他对妻子说："我说孩他娘，我这就去泰山吧。我坐在碧霞祠的正殿里等着，不信谁能比我更早。"

张掌柜还是骑着驴子，兴冲冲地上路，又兴冲冲地爬上了山顶，满怀热望地进了大殿。他简直不相信自己的眼睛，一炷高高的香，又在炉中冒着缕缕青烟，在静静地燃烧，眼见的要落香帽子呢！

张掌柜像是吃了朝天椒，五脏六腑都火热起来。他苦恼极了，弄不明白这回又是谁比他早呢？无奈他只好又点上了第二炷香，耷拉着脑袋回了家。这一年的买卖依旧，并无多大起色。

这泰山烧香，有个不成文的规矩，那就是连烧三年，否则说明你不诚心，则神不灵。

[1] 头勾：毛驴。

张掌柜暗暗地下了决心，明年我就去住在泰山顶上，我看到底谁能抢过我！我就不相信，我烧不上这一年的第一炷香！

转眼期间，第三年的除夕又来到了。张掌柜下午寅时，就让妻子给准备好干粮和烧香的礼品。他骑上自家的快马，迎着落日的晚霞，踏上了爬泰山的路。一路上他仔细观瞧，看有没有同来烧香的人。这回他放心了，一个人也没有。当来到山顶之后，一人皆无，到处静悄悄的，只有山下不时传来炮仗[1]声。

张掌柜踏进了大殿，四处看了一遍，确信无人。又伸出头来，向殿外四周扫了一遍，也确定无人。他这才放心地进到大殿内，坐在香炉旁边，为神灵们守起夜来。只等着凌晨时分，那个烧头炷香的时辰的到来。

泰山离雪野也有近百里，加上爬山劳顿，张掌柜确实感到有点累了。但再累也不能睡，否则这头炷香又会成为泡影。

也不知过了多长时间，他的耳边传来了一个老人和蔼的声音，说："孩子，恭喜你的真诚，不过今年你又只能烧第二炷香了。这头炷香，已被贵县城南一个火烧铺的韩智礼烧上了。"说完，那老人笑嘻嘻地走了。

张掌柜激灵地打了个冷战，霍地站起身来，睁开双眼，原来自己是从梦中醒来。他定睛一看，可不是吗？这头一炷香，烧得正旺呢！

张掌柜心里很不是滋味，后悔自己咋又打了盹呢？他极不情愿地烧上了第二炷香。下山来骑上马，无精打采地踏上了回家的路。眼瞅着踏上莱芜地界时，他忽然萌发了要到城南找寻韩智礼的念头。他要亲自看看这是不是真的。于是，掉转马头，来到了城南。城南有好几个村庄，这打火烧的也不止一个，那韩智礼的火烧铺究竟在哪？他跳下马四处打听，嘿！你别说这韩智礼以孝顺而出名，一提到他，这里的人大都知道。在人们的指引下，没费多少事就找到了韩智礼。

张掌柜来到韩家时，只见这位韩智礼与自己的年纪相仿。中等身材，相貌端正，一看就知道是个忠厚老实人。

二人相见，韩智礼热情地将张掌柜让到正房屋内。就见正房屋的东间炕上，坐着一位八十多岁的老太太，这便是韩智礼的娘了。

张掌柜说明来意之后，二人都笑了。张掌柜接着说："这三年烧头炷香，我咋就抢不过你呢？在泰山我也没看到你呀？你啥时候到的山顶？到的殿内呢？"

韩智礼听后，不觉一愣，说："张大哥，我实话告诉你，我从来也没去过泰山，也未去烧过香。若真有此事的话，想必是那泰山神灵在保佑我。"停了停又说，"说真的，我也没啥功德。我只不过做了我应该做的事，就是咱这穷日子也没啥来孝顺老人，我把每天打的第一个油火烧送给俺娘吃。俺两口子从来不让俺娘生气，这正堂房的炕头，永远是俺娘的！"

张掌柜听了，这才真正明白了。百事孝为先，岂在头炷香。他感慨万千，告别了韩家火烧铺。回到家中也像火烧铺的韩智礼那样，把年过八旬的老娘接到自家炕上，每日让家人尽心精细地照顾。自己除了买卖上的事之外，也常常陪伴老娘聊天，一家人相处十分融洽和睦。

从此，这张家的买卖也一改过去平平淡淡，如日中天那样红红火火起来。

讲述者：　吴茂俊，男，1953 年 1 月，莱城区方下镇王家义村，退休干部

采录者：　杨庆国，男，1977 年 3 月，莱芜市莱城区方下镇冶河村，大专

采录时间：2010 年 6 月

采录地点：莱芜市莱城区方下镇冶河村

附

记

"烧头香"，又称"烧头炉香"，意在抢福。是拜佛、敬神的表现方式。信徒赶早到寺庙、道观或神祠，争取烧第一炷香，以示虔诚。

[1]　炮仗：方言，也称"爆仗"，即"鞭炮"。

烧头炷香的风俗由来已久，在宋代已盛行。所谓头炷香，即是第一炉的第一炷香。有人说新年的第一炷香功德最大，可以得到最佳的保佑和祝福。因此，善信在除夕午夜之前已预先排队，争烧第一炷香。时至今日，大家已将头炷香理解为争做第一位上香者，并成了特有的新年习俗。

90

铁手和王八爪子

拔麦子的时候，一个掌柜的到短工市里雇人。摸底细的都不来，知道他这碗饭不好混。怎么不好混呢？凡是短工，早晨都得干一畔子[1]活才吃饭呢。早晨这畔子活儿跟不上趟[2]，连饭也不管，叫白干啊！不跟趟的就被饿跑了；真能跟趟的，干下一天来才给工钱。

那些不知道底细的就跟着来了，一领领来二十多个。拔了一早晨，饿走了一多半，剩下也就五六个了。吃了饭又干了一畔子，领工的还是没落下人家。掌柜的心里话，还真想拿我这个钱吗？

到了歇着的时候，送了水来喝了喝，抽了袋烟，歇歇完了又干。领工的甩开膀子撒开欢儿咧，有一个短工紧贴着他一步也不落。到了地半截[3]，短工觉得肚子咕噜咕噜的要拉稀，于是去解了大便回来。不大一霎[4]，又想去拉。他知道坏了，直起腰来冲着那些拾麦子的妇道人家说：

[1] 干一畔子：干很长一段时间的活，一般在一到两个小时。
[2] 跟不上趟：赶不上前面的人。
[3] 地半截：地中间。
[4] 不大一霎：时间不长。

0211

"大婶子！大嫂子！大姐大妹子的！你们都先上别的地里去拾吧！东家让我喝了瓦松水[1]咧，我得褪裤子了[2]！"这些女人家就都躲了。

短工把裤子褪到大腿根上扎住，光露着腚，"吱喽吱喽"地蹾开鞭杆子[3]咧。随拉随拔，使了使劲儿，拔到领工的头里去了。把腚往领工的麦趟上一撅，蹾得麦秆子上净薄屎，再一磕打土，连屎带土都糊上了。

那个领工的摸一把黏糊糊、臭烘烘、滑溜溜的，再加上晌午太阳又毒，又累又热又窝囊，真也没法干了。

掌柜的一看：坏了！这就得打仗。赶紧说："不干了！不干了！快都别干了！"于是，大家都放下了手里的麦子。

掌柜的邀着大伙儿说："走！走！走！都家去！闪下[4]这点儿过晌午[5]再干，不慌！"

到了家，掌柜的弄了酒菜，让大伙都坐下，随喝随拉呱。

"我介绍介绍，"掌柜的指着领工说，"他姓王，是这一带有名的王八爪子[6]。"

那个短工说："我姓铁，叫铁手，是专门来会王八爪子的。"

王八爪子一听：怨不得这么厉害！

掌柜的说："下力的[7]都是一家……"

铁手说："王八爪子，你听见了吗？下力的都是一家！别仗着自己有力气，欺负那些混穷的[8]兄弟们！"

掌柜的说："哪里话？！叫我说，你俩拜个干兄弟吧，都在我这里干算了！"

铁手说："方圆左近谁不知你家的饭不好吃，你家的钱不好拿？！留着给王八爪子吧！"说完，把酒盅子往桌上一扣，抓起褂子走了。

[1] 瓦松水：长在屋面瓦缝里的一种草，用它泡水喝了利便。

[2] 褪裤子了：脱裤。

[3] 蹾开鞭杆子：往外喷溅。

[4] 闪下：剩下；留下。

[5] 过晌午：下午。

[6] 王八爪子：此指对手脚勤快但心术不正人的称呼。

[7] 下力的：干活的。

[8] 混穷的：下苦力养家糊口的人。戏称。

讲述者： 王湘莲，女，1919 年 2 月，历城区孙村镇谢家村，农民，不识字

采录者： 朱宝珍，男，1945 年 10 月，文化站干部（孙村镇埠东村），初中

采录时间： 1987 年 4 月

采录地点： 历城区孙村镇埠东村

91

道士赠金牛

从前，溪水旁边一户人家，老两口，育有一子，从小娇生惯养，取名宝娃。一家人除了那点山岭薄地外，只能靠上山砍柴下河捉鱼而生。

寒来暑往，转眼宝娃长大成人，到了谈婚论嫁的年龄。老两口省吃俭用为宝娃说了门婚事。婚后几个月相处还算融洽，但宝娃好吃懒做，不到年尾就将家底弄了个精光，随后将两位老人赶了出去。二老没有办法，只能在小河南岸盖了间草棚，暂时住了下来。这样，宝娃在河北，二老在河南，倒也相安无事。

这一天，从东山过来一个道士，手拿拂尘，身背木剑，步履轻盈，沿河而来。待到得宝娃屋前，打手势道："无量天尊！居士[1]，贫道来自东山祥云观，一路走来又饥又渴，眼看天色将晚，可否讨杯水喝？"宝娃躺在竹椅上，翻翻眼皮，懒洋洋地说："我一天还没喝口水，没吃一顿饭呢，我管你？"原来，宝娃与老人分开住后，好吃懒做的性格依旧未改。他天天与媳妇吵吵闹闹，这两天媳妇赌

气回娘家了，他现在正为吃喝发愁呢。道士看罢摇了摇头，朝河南岸走去。

到了老人草棚前，一样说明来意。老婆子忙将道士迎进屋内说："老头子上山砍柴去了，道长先喝着水，太阳下山老头子就回来了。"

日落西山，老人家果然背着一捆劈柴摇摇晃晃回来了。看着老人走路蹒跚的样子，道士说："老人家，就你老两口过日子吗？"老人指指对岸说："那就是俺儿子。真是应了那句话：山老鸹，尾巴长，娶了媳妇忘了娘。把媳妇背到炕头上，把爹娘撵到南山上。"细问之下，老人将伤心往事对道士说了，道士连连摇头。一看天色不早，道士要走，老人拦住说："前面山高路远，杳无人烟。道长还是在此住下，歇一晚再走吧。"

道士被二老真情打动，决定住了下来。可就这一间草棚，自己住尚且不足何况留人住宿。吃罢晚饭，两位老人对道士说："远来是客，今晚道长你住棚里，我们老两口住棚外。"道士一听忙说："那可不行！你二老偌大年龄，哪能住在外边，我们都住在棚里吧。"老人拗不过道士，搬进棚里，感觉棚里比平时宽敞了不少，却又说不上来咋回事。

更深夜浓，皓月当空。道士翻身，忽听外边有声。起身查看，见两位老人在半夜磨面。忙问咋回事，老人说在为道长置办明天早饭。道士一听，甚是感动，说："看你二老起早贪黑，甚是劳累，我送一头黄牛帮你上山背柴下地犁田吧。"只见道士拿出一张黄纸，用手中桃木剑在纸上画画点点，口中念念有词，然后往纸上吹口气。就在这时，天空闪过一道金光，霎时间彩霞满天，香气怡人。再一看，院子里多了一头金光闪闪的老黄牛。

道士对老人说："这本是天上仙物，我作法让它下凡来帮你。你千万别让人知晓，否则我罪犯天条。"随后，又将秘诀告诉老人："老人家，这是头金牛，一个月只能喂三次，一次喂十粒黄豆，不能多不能少。月起东山放出来，日出东山收起来，切忌白天放出！此物白天识得返天之道，一见日光就会踏云而去。"

老人问："道长啊！这晚上出来咋耕地？"道士神秘地一笑，说："天机不可泄露！只能告诉你这些，切记切

记。"说完，驾云而去。老人晃眼中认出，原来是八仙之一的铁拐李云游到此，点化有缘人。

自此，每当三旬月之时，老人都会放出金牛，喂它十粒黄豆，在院子里遛达遛达。随后，又念咒语，把牛变作黄纸，收在床下。说来也怪，自此家里粮缸再也没有空过，怎么挖也是满满的。有米有粮，家中日子过得渐渐有些起色，老人也不再上山砍柴。周围穷人谁家有借米借面的，他也概不拒绝，都是给人挖得满满的，也不要人家还。

这种日子不久就传到河北岸的儿子那里，他百思不得其解。这老头咋回事，日子过得比我还宽裕，我得去看看。这天，他来到老人家里，看到二老其乐融融，日子过得有滋有味，宝娃心里甭提多窝囊了。他四下里看了又看，就是没看出啥门道来。他挤挤眼泪说："爹呀！你的儿实在是过不下去了。家里是媳妇闹孩子哭，你孙子到现在还没吃饭呢！"

都说可怜天下父母心，老人一听急忙去屋里挖了瓢面，递给儿子说："宝呀！你赶紧回家给孩子做饭去，可别饿坏了我小孙子。"宝娃一看白面，眼珠子瞪得比牛蛋还大。心想，我的那个天，这年头我都不认得面是啥样子啦，他们还有面吃。莫不是发了大财？宝娃边走边回头，究竟是咋回事呢？

回到家里，叫过媳妇，两口子叽叽喳喳一下午，终于想出了个主意。等到晚上，宝娃偷偷潜到老两口窗下看看到底是咋回事。可一连几天，老两口啥事没有，吃罢饭，拉会闲呱就睡觉了。这可把宝娃闷了个葫芦！

话说这一天，宝娃又去了。本来也没想有啥收获，呆在窗边恹恹欲睡[1]，就听屋里老头念念有词："黄牛黄牛吃粒豆，有米有面过日头。"忙从窗子向屋里观看，只见老头拿着张黄纸嘟嘟囔囔[2]。就在这时，一道金光，屋里出现了一头黄牛，金光闪闪。老人拿出豆子，细心地喂着它。外面的宝娃看得呆了，张着大口气也不敢喘。过了好大一会儿，老人和黄牛亲够了，才又念咒语，把它变成黄纸，小心翼翼折叠起来，藏在床底下。直到这时，宝娃才长长

舒了口气，悄悄离开了。

回到家里，宝娃把看到的和媳妇说了，媳妇惊讶得合不拢嘴。二人商量了大半夜，也没寻思出啥办法，糊里糊涂就睡过去了。

第二天一大早，孩子的哭声惊醒了小两口。宝娃计上心来，与媳妇咬了会耳朵，宝娃就慌里慌张走了。不大一会儿，媳妇大声叫着朝对岸跑去。老两口听见迎了出来，媳妇说："快去看看吧，你孙子生病了。你儿子上山砍柴没回来，咋办呢？"老两口信以为真，跟着媳妇就向河北跑。这时，宝娃快速从老人屋后折进院子，进屋翻出黄纸就窜了出来[3]，一溜烟就没了人影。

回到北岸，宝娃躲在树后，看到老两口从自己家里出来后，急忙折进家里，掏出黄纸向媳妇邀功。媳妇拿着黄纸翻过来调过去地看，也没看出个所以然来。

她随手一扔，瞪着杏胡子眼说："糊弄谁呢你！"宝娃大叫一声："你老娘们懂得个啥！"忙捡宝贝似的捡起来，也学着老人念念有词"黄牛黄牛吃粒豆，有米有面过日头"。果然，一道金光闪过，屋里出现了一头黄牛，金光闪闪。宝娃大喊："快拿豆子，快拿豆子。"媳妇随手拿起瓢，挖了一瓢黑豆，递给宝娃。宝娃端着黑豆就喂了起来。边喂边看自家的粮缸。果不其然，粮缸一会儿就满了。开头小两口高兴得手舞足蹈，可不一会粮食多得就满屋满院都是。宝娃大喊够了够了，可粮食越来越多，死活没有停下的意思。这时，黄牛吃得滚瓜溜圆，劲儿也足了，开始朝外跑去。宝娃死死拽住黄牛尾巴，丝毫没有撒手的意思。

黄牛腾云驾雾向东南方向飞去，由于吃的不是黄豆，仙气不足，又加上宝娃拽着牛尾巴，黄牛有些吃力。这时，只见天上闪过一道亮光，一根金灿灿的拐杖从山顶划过，将黄牛慢慢拉了上去；同时也将山划了一条大口子。可是黄牛吃了太多的黑豆，开始淅淅沥沥地拉起牛粪来，黑乎乎的牛粪恰好将大口子填满了。宝娃呢，随着牛粪被黄牛甩到了河北岸。这样牛粪落下的地方变成了铁矿石，这座山人们也就叫它铁山子啦。

[1] 恹恹欲睡：形容精神萎靡、昏昏欲睡的样子。

[2] 嘟嘟囔囔：口中念念有词。

[3] 窜了出来：飞速跑出来。

人们在铁山子开采铁矿石，只能顺着老黄牛落粪的位置开采，别处一点也没有。铁矿石就像牛粪一样一坨一坨的，另外河北岸宝娃落身处也有点铁矿石，但很少。他们开玩笑说："这儿子太不孝顺太差劲了，干吗非得喂黑豆；要是喂黄豆，咱们这里不就成了金矿了吗！"

讲述者：	和进祥，男，1949 年 8 月，莱芜市钢城区艾山街道寨子村，初中
采录者：	吴兆臣，男，1971 年 1 月，艾山街道旅游史志办主任，大专
采录时间：	2009 年 7 月
采录地点：	莱芜市钢城区艾山街道寨子村

92

铁算盘失算

这年春上，从济南来了一个逃荒的[1]，名叫赵山。领着妻子儿女，想在山沟村落户。村里的财主铁算盘得信后，觉得是个捞油水的好机会。就打发人把赵山一家子领到家里，装出一副善模善样，又是让座又是递水，还动不动问寒问暖。

他拐弯转圈[2]地引赵山上钩："赵山呢，你拉家带口来到俺这里，人生地不熟的没有个依靠可不行啊！这样吧，村北有我的几亩二等田，地质怪好，你先租种了吧？咱人心都是肉长的，我是看你可怜才打算租给你的，地租多少以后再说吧。"

赵山虽是个庄稼人，却很爱动脑子。他经常对老婆说："人穷咱不怕，就怕没志气。扔掉要饭棍和他们一样高，不矮其谁。"他听铁算盘这么一说，就料知是黄鼠狼给鸡拜年，没安好心。自己初来乍到让他欺下了[3]，这一

[1] 逃荒的：意思是指旧时遇到荒年，无法生活，逃到异乡去求食。

[2] 拐弯转圈：不直截了当地说。

[3] 欺下了：吓怕了。

辈子也就难抬头了。想到这，他微微一笑说："东家的好心俺领了，我看咱还是把丑话说到前头，把地租讲定吧，免得以后节外生枝，伤了和气！"

铁算盘见来者不善，眼珠一转计上心来。他改变了以往的剥削方式，看着赵山说："赵山呢，看你也是个实诚人，咱明人不做暗事。以前租给他们的地是四六分成，我六他四。今天呀我开开善心，你包的地咱对半分成，这一季子你要地下的，我要地上的怎么样？"

赵山略一思索就答应了，铁算盘见赵山轻易上了钩很得意。他生怕赵山反悔，当即叫来管家做证立了契约。赵山画完押，又问东家道："东家，田地归我，种植什么由我决定，你只要到时按约收租就行了。"铁算盘连连点头，心满意足。

铁算盘做梦也没盘算到，赵山种的竟是地瓜。铁算盘傻了眼，看到赵山把大红地瓜收回家，自己只得了些地瓜秧子。

铁算盘不甘心，当场拍板定约从下季起改变契约。他要地下的，叫赵山要地上的，赵山又痛快地答应了。

这一季，赵山把所有地里种上了麦子。铁算盘自然只刨了点麦茬。他又气又恨，但仍不死心。他拉着赵山的手说："从下一季开始，我要两头的，你要中间的吧？"赵山又痛痛快快地应允了，他预料这次赵山一定摔个大跟头。

不料，赵山下季子种上了玉米，把个铁算盘气得差点儿见了阎王。

讲述者： 王元芹，女，1970 年 12 月，莱芜市方下镇王方下村，初中
采录者： 王俊莲，女，1964 年 4 月，莱芜市方下镇张公清村，高中
采录时间： 1992 年 6 月
采录地点： 莱芜市方下镇王方下村

93

哥仨斗财主

从前，在云台山下有家姓吕的大财主，家中过得十分富足。他自己守着大把家业，啥也不舍得吃。大鱼、大肉宁可放臭了，也不舍得尝一口。而他自己钟情的，却是他老老爷传下来的那个破旧的石头蒜窝子，俗称"蒜臼子"。其实，这个祖传的蒜臼子，只是个摆设。因为这个蒜臼子是祖传，不敢用坏了。就到集上买那些缺边少沿的残品蒜窝来用。活了五十来年，光蒜窝子用漏了八个，眼看这个又要透明[1]。为啥这么费呢？因为他不光砸蒜吃，还常砸芝麻盐。把芝麻盐卷在煎饼里，再放上一棵小葱，吃一口时还把葱往外拽一拽。煎饼吃完了，葱还剩下一大截。接着，再吃第二个煎饼。他对干活的短工却更加抠门，结果干着干着就没人了。

别人家的地都锄完两遍了，他家的一遍还没锄，因为谁也不愿意给他家干。他好说歹说许下口愿，管两顿饭，白面馍馍管够。结果，来了经不住诱惑的人还是哥仨。

哥仨在家吃了早饭来的，明知晌午饭管白面馍馍。吃

[1] 透明：漏了底，用坏了。

早饭时，老二和老三就留了肚子[1]，唯独老大有经验，在家吃饱了。

兄弟仨提着老财主熬的绿豆汤就下了地，老二和老三想想白面馍馍，干活特别能吃苦，一点都不惜力气，恨不得一畈子[2]活就干完。而且还急不可待地催促大哥，老大却仍是不紧不慢地干着，一点都不着急。不一会，老二和老三肚子里就叫唤起来了。不到饭点，只能喝绿豆汤。兄弟二人轮流着就喝光了一罐子，光觉着撑得慌，可就是不撑肚，转身一泡尿就没了。

好不容易熬到了晌午饭，兄弟仨回到财主家。刚进门，老大看见财主老婆端着一盖垫子[3]馍馍进了房屋子[4]去了。老财主却放了空，放在桌子上的净是剩煎饼和咸菜、芝麻盐，好的是还有一碟咸烤鱼子。老财主说："馍馍没蒸熟，得等到后晌饭[5]吃了。"兄弟仨气得直瞪眼，老三眼看站起来就要发火，被大哥一把拽住了。剩煎饼又干又散，兄弟仨直着脖子好歹算是凑合了一顿。

吃过晌午饭，哥仨来到地头，把锄一放，在树底下睡了大觉。约莫[6]着过了一个时辰，老财主也不放心，就到地里来看，一见此情景，他连推带拉把兄弟仨拽了起来。

他们拿起锄开始干活，老财主在树下看着。只要他仨不停歇，早晚把工夫找回来[7]。干着干着，一棵苗就被锄下来了，草还在地里好好的。不一会，又有苗子被锄下来，眼看着一块地里苗子怪稀稀拉拉[8]了，老大拾巴拾巴[9]都扔到了荒里[10]。

老财主过来检查工作，一看庄稼苗子都不稠了，就急了眼，责问道："苗子哪里去了？怎么这么稀呢？"就听老大不紧不慢地说道："全都到房屋子里去了！"

[1] 留了肚子：故意不吃饱。
[2] 一畈子：一段时间。这里指不休息把地里活一气干完。
[3] 盖垫子：用高粱秸秆做的锅盖，也用来盛放食物，如水饺、面饼等。
[4] 房屋子：里屋；也指卧室。
[5] 后晌饭：晚饭。
[6] 约莫：大约。
[7] 把工夫找回来：把耽误的时间补回来。
[8] 稀稀拉拉：指庄稼苗残缺不齐。
[9] 拾巴拾巴：捡起来。
[10] 荒里：没有庄稼苗的地方。

老财主自知理亏，急忙回到家拿来了白面馍馍。兄弟仨吃上了白面馍馍，好歹把这天的活干完了。

讲述者： 亓日才，男，1948年3月，莱芜市莱城区高庄街道五龙村，小学
采录者： 亓福忠，男，1968年9月，莱芜市莱城区高庄街道五龙村，高中
采录时间： 2018年7月
采录地点： 莱芜市莱城区高庄街道五龙村

94

智斗公鸡毛

说是有一个姓潘的地主，家财万贯。他是个铁公鸡，一毛不拔。背后大家给他取了个绰号，叫"公鸡毛"。此人一顿长工吃的午饭，也要精于算计。午餐少不了稀饭，这顿午餐菜算是好的了，是炒豌豆。

饭菜上桌之前，"公鸡毛"吩咐厨子，豌豆用盘子装，说清楚只准"骑马[1]"，不准"坐轿[2]"。饭菜上桌，"公鸡毛"满脸堆笑说："伙计们要吃饱。"待他一离开，长工们三下五除二，一盘子豌豆没了。

这顿饭吃完了，他盘算要怎样对付这帮"饿鬼"。晚上，"公鸡毛"翻来覆去想出了一个办法：用礼坛[3]装豌豆。那就坐不了轿，只能"骑马"了。午饭时间到了，稀饭和礼坛盛豌豆摆上了桌。

长工们相互递了一个眼色，一个拈完了，另一个又把筷子伸进礼坛，撮起一颗豌豆，慢慢品尝。一顿饭，相当于往天[4]吃三顿饭的时间。

"公鸡毛"嘴上不好说，心里气。又算计怎么收拾长工。他看太阳偏西好远了，说道："今天那块地不多了，你们挖完，就早收工回来休息。"

长工们都知道要保质量完成，挖到半夜也干不完，还说早收工呢！到了地里，长工们合计，要完成也不难，"公鸡毛"是不到地里的。我们只能做假，挖"猫盖屎[5]"，就这样，长工们天没黑，那块地就挖完了。

讲述者：　李勇，男，1965 年 3 月，莱芜市莱城区
　　　　　红石华府，大学

采录者：　鹿爱民，男，1958 年 1 月，莱芜市莱城
　　　　　区牛泉镇西五斗村，高中

采录时间：　2013 年 7 月

采录地点：　莱城区红石华府

[1]　骑马：筷子竖着撮。
[2]　坐轿：筷子放平撮。
[3]　礼坛：口小肚大的器皿。
[4]　往天：昨天或前天。
[5]　猫盖屎：挖很浅的土掩盖没挖的地。

95

小长工斗东家

从前，有个年方十六岁的小长工，名字叫郭聪，这孩子也真如他的名字一样聪明伶俐。因他年纪尚小，东家除让他干些杂活之外，还让他给在上坡[1]的人送饭。因而，他一霎也不得闲。就这样，动辄还遭东家打骂。这小郭聪也不是盏省油的灯[2]，总是变着法子斗东家。

一天晌午，他又挑起了挑子给在地里干活的人们送午饭。按说是等大伙吃完饭后，他再收拾好返回。他偏不，到了地里放下饭挑子就空身回了家。一进家门，他就跑到茅厕里小便去了。便完以后，故意大声唱着小曲再返回地里去收拾饭挑子。

东家一看便气红了脸，对着郭聪说："在坡里立草挡人，为泡小便还回家，真是岂有此理。"

郭聪听了，应声道："是。"

郭聪又去送晌饭[3]，偏巧东家的老婆也来到了地里。

郭聪放下挑子，从旁边拔了棵小草，插在地上就小便。东家的老婆见状，立刻惊叫起来。她气呼呼地责问郭聪："为啥这么没礼貌？"郭聪说："老爷告诉我立草挡人。"一句话说得大家哈哈大笑。东家老婆讨个没趣，屁颠屁颠地走了。

有一次，东家出门。临走安排他打水[4]、垫栏、割韭菜、墩墙头[5]，郭聪点头答应。下午不早了[6]，东家回到家抬头一看，韭菜扣在了墙头上；推开栏门[7]一看，满满一栏坑水，弄得东家哭笑不得，狠狠教训了他一顿。

打那之后，郭聪变得沉默寡言，很少跟人说话。这时，东家又嫌郭聪不说话，便对郭聪说："你咋不说话？你不是叫声应声吗？"郭聪点头答应着。

一天早上，他正给摊煎饼的东家老婆们端糊子盆。东家一见郭聪，便想让他端完糊子盆去浇园[8]。于是，东家高声叫喊"郭聪"。

话音刚落，只听得"啪"的一声。原来，郭聪两手一松，糊子盆落了地。

东家正要教训他，他对东家说："你不是叫我[9]叫声应声吗？"

东家被他气得不知说啥好了！

讲述者：	王维圣，男，1909 年 4 月，莱芜市莱城区雪野镇雪野村
采录者：	王新然，男，1945 年 7 月，莱城区雪野镇雪野村，教师，大学
采录时间：	1999 年 2 月
采录地点：	莱芜市莱城区雪野镇雪野村

[1] 上坡：到地里去干活。
[2] 不是盏省油的灯：比喻不是省事的人或不是好对付的人。
[3] 送晌饭：送午饭。
[4] 打水：挑水。
[5] 墩墙头：修墙头。
[6] 不早了：快黑天的时候。
[7] 栏门：猪圈门。
[8] 浇园：到菜园里浇地。
[9] 叫我：让我。

96

露头怕被狗咬

方下镇孟公清村，小学

采录时间： 1999 年 8 月

采录地点： 莱芜市莱城区方下镇孟公清村

财主家插蒜，为省钱省饭就雇了几个小孩来干活。吃饭时，财主把孩子们关在屋里，不让他们和院子里的长工一块吃。饭菜很不像样，为了让孩子们看不到长工吃的饭菜，就吓唬小孩说："你们在屋里吃饭，别露头看院子，防狗咬到。"

常言说：人小鬼大。财主的做法，早被孩子们识破了，他们就商量了个办法。下午插蒜，孩子们就把蒜瓣头朝下插进地里。

过了几天，长工插的蒜都发芽了，可孩子们插的蒜却一个芽子露头的也没有。财主扒出来一看，发现蒜瓣子都是头朝下插的，就生气地去问孩子。

孩子们说："就该这么插，露头怕被狗咬。"

财主听了，哑口无言。

讲述者： 李苹，女，1973 年 5 月，莱城区张家洼镇高家洼村，小学

采录者： 李霞，女，1971 年 2 月，莱芜市莱城区

97

万羊张

很久以前，村里有一姓张的大财主。他房屋百余间，土地上百亩，有羊上万只，号称"万羊张"。因羊多天天放牧需要很大的坡场，常常到一岭相隔的泰安放牧。那里山场面积大，山草茂盛，羊很快就能吃饱。

回来时，头羊已到羊栏子地，羊群后尾还没过岭，沿着崎岖的山路连绵十余里。恰逢盛世，羊肥体壮繁殖无数，实不知具体只数，估计一万有余。

大小羊栏子地便是圈羊之地，地名由此而来。

人在盛时，往往得意忘形，出言狂妄，反而乐极生悲。

一天，财主差扛活的小工随他进城买锁。回来的路上，他骑在马上看着驴上驮着钥匙马上驮着锁，小工牵马前行，便狂言道："驴驮钥匙马驮锁，哪年哪月穷了我。"

小工斗趣接声道："三天两头出人命，十天半月着把火。"

财主怒激，扬马鞭猛抽小工，小工不慎滚落崖下当场毙命。

财主摊上了官司，后来接连几把大火，伤人伤命，财产损尽。大小婆姨变卖家产，携子带女各自奔命，真是树倒猴狲散。到头来，房无一间，地无一垄。前日里山珍海味吃不尽，今日里吃了上顿没下顿。从前的富有，眨眼间成了过眼的烟云。他不禁仰天大吼："从前何其有，天意穷了我。"吼罢！气绝毙命。

讲述者：	苏李氏，女，1898 年 6 月，历城区王舍人镇苏家庄
采录者：	苏宝珍，女，1950 年 7 月，历下区东关大街历园新村
采录时间：	1997 年 8 月
采录地点：	历城区王舍人镇苏家庄

附记

济南市历城区西营街道大南营村，位于风景秀丽的济南南部山区。村西南有两块大地，名叫大羊栏子地、小羊栏子地。"万羊张"的故事一代一代流传至今，大小羊栏子地也成了长辈人教育晚辈人的活教材。穷没有苗，富没有根。穷不失志，富不忘本。十年河东，十年河西。这类说词，不计其数。

98

长工戏财主

张三和李四是一对好兄弟，他们二人给财主钱虱子干长工。钱虱子又抠又黑，饭管不饱不说还经常克扣工钱。兄弟二人打算要调理一下老财主。

这一天过午后，他俩在屋里说话，听到老财主在窗外偷听。张三故意小声说："兄弟啊！今黑夜[1]我揍[2]了个梦，梦到一个老神仙。他和我说，后院里那棵青杨树上有俩'野雀'[3]窝。上面高的那个窝里有根灵隐草！他说这根灵隐草不光避风挡雨，人拿在手里，还能隐身咧！"李四小声问："哥啊！啥是隐身？"

张三神秘兮兮地说道："就是别人看不见你！"

李四应着说："噢！那明天咱兄弟俩拿下来。以后出门想要啥就有啥，谁也看不见咱。有了这个宝贝，强起在这给他累死累活地干长工！"

张三赶紧制止说："小声说话，可别叫东家听见了！"

---

[1] 今黑夜：就是今天晚上或夜里的意思。
[2] 揍：做。指做了个梦。
[3] 野雀：喜鹊的俗称。

财主钱虱子听了个明明白白，心中大喜，翘腿迈脚[4]就溜走了。过了好大一会，他故意咳嗽一声，进了长工屋里。他笑迷糊[5]地说："你二人这么子[6]干得不孬！每人发十吊钱，回家看看老婆孩子，我多耽[7]捎信你俩多耽回来！"二人一听，接过铜钱赶忙谢过东家转身就走了，心中暗暗大喜。

眼看太阳快落山了，街上也没走路的人了。老财主扛着梯子，老太婆扶着，颤颤歪歪[8]好不容易爬上了高处的树杈。他从野雀窝里拿出一根草棍就问老太婆："看见我了吗？"老太婆说："看见了。"

于是，他又挑出一根，又问老太婆"看见我了吗？"……反反复复问了不下二十回，眼看着天就要黑了，野雀也都回窝了，轮流用嘴啄老财主，把他啄得鼻青脸肿。他又挑了一根很特别的草棍，又问老太婆"看见我了吗？"老太婆早就烦透了，随口就说："看不见了。""好咧！就是这根'灵隐草'啊！"他揣进怀里，哆哆嗦嗦下了树，乐得一宿没睡着觉。

第二天中午，他拿着"灵隐草"就去了集市上。正巧有个瞎子在卖烧饼，一文钱一个。他也不说话，过去拿了一个就走。瞎子也没问，钱虱子一看大喜。看来，这灵隐草还真隐身唻！他又去旁边摊子上拿了一个鸡蛋，卖鸡蛋的老头平常就怕他，也没敢搭腔，由他去了。钱虱子心头大喜，这些小东西咋能过瘾！我何不去县衙，拿个大印也过过官瘾？

他拿着"灵隐草"，大摇大摆就进了县衙。当差的都认识他，因为他常来给大老爷送礼，所以都没搭腔[9]！他更以为"灵隐草"管用了，也不和大老爷说话，径直奔着桌子上的大印走了过去，揣在怀里往外就走。

大老爷正在打盹，忽然看见有人拿走大印，不由勃然大怒："大胆的钱虱子，你来就来吧，不光不拿东西来，

---

[4] 翘腿迈脚：轻手轻脚。
[5] 笑迷糊：满脸堆笑。
[6] 这么子：这段时间的意思。
[7] 多耽：啥时候，何时的意思。
[8] 颤颤歪歪：爬高时双腿打哆嗦。
[9] 没搭腔：没说话。

还竟敢偷老爷我的大印。来人，给我拿下，揍他五十大板子。"噼里啪啦一顿大板子，钱虱子被打得嗷嗷直叫。

后来，还是那兄弟二人把他抬回去的呢！据说，老太婆还给每人赏了二十吊铜钱呢！

讲述者：　亓曰才，男，1948 年 3 月，莱芜市莱城区高庄镇五龙村小学

采录者：　亓福忠，男，1968 年 9 月，莱芜市莱城区高庄镇五龙村，高中

采录时间：　1995 年 12 月

采录地点：　莱芜市莱城区高庄镇五龙村

99

智惩王员外

从前，李家庄有这么一户人家，兄弟俩，哥哥李大是个很有学问的文人；弟弟李二，是个性格耿直、好管闲事、打抱不平的粗鲁武夫。兄弟俩和和睦睦，生活得很惬意。

李大在邻村王员外家教书，王员外是个刻薄的吝啬鬼。李大辛辛苦苦教了一年书，年底领工钱时，却被王员外七除八扣算了个精光。李大垂头丧气地回到家，把此事告诉了弟弟。

李二听了很气愤，怕哥哥难过，忙安慰说："哥，别把这事放在心上，明年我去教，管保他给两年的工钱。"李大听了，苦笑道："谁不知兄弟你目不识丁，算啦，咱还是咽了这口气吧！"

李二听罢，只是微微一笑没有回答。

第二年，王员外照例贴出榜来聘先生。李二第一个揭了榜，王员外讲了一大堆条件，李二都痛快地应下来。

王员外怪高兴，问李二有什么条件。

李二回答说："我的条件只有两个：第一，我只要教会你儿子写，年底工钱得全部付给俺，不许拖欠；第二，不准过问我的事，如有违反必须付给我双倍工钱，中途辞

退得给两年的工钱。"王员外盘算自己的，把这两个条件爽快地应了。双方公事公办，画押签字。

李二走进教堂，先点遍学生的人数后，在黑板上写下个"Ⴘ"，要学生们反复比着写。

过去了四五天，李二又在黑板上画了个"ↄ"，还是让学生反复比着画。

数天后，李二擦掉黑板上的"ↄ"，换写成了"oↄ"。学生们倒也听话，老老实实地比着画。

王员外一连半个多月听不到孩子们读书，有些纳闷。看看孩子的作业，满是图画，觉得奇怪。几次想问问李二，又怕被他抓住把柄，赔上两年的工钱。后来，他实在憋不住了。王员外叫厨房做好一桌像样的酒菜，亲自请李二赴宴。李二也不推让，甩开腮帮子大吃二喝。桌上只剩下残汤，才一抹嘴唇站起身说："谢谢员外赏酒，小人教书去咧。"

"慢！"王员外笑容满面，叫住李二说，"李先生，老夫想请教一下你的文章，不知……"

李二打断王员外的话说："咱可有言在先啊！教书事情不能过问，谁破了此规可要受罚的。"王员外想了想说："如果李先生文章解释得好，两年工钱全付足也值啊！"

"好！一言为定，请问吧。"李二干脆地回答。

王员外乐哈哈地取出孩子的作业本，指着"Ⴘ"问："请教李先生，这个字念啥？"

李二微笑着答道："我说王员外，亏你活了这么大年纪，怎么连烙煎饼的鏊子都不认得，这个字念'鏊子'。"

王员外翻了翻白眼没言语，指着"ↄ"问："那么这个字念什么？"

李二看也不看道："员外，这个字更简单，是你家用来挖屎的'勺子'。"

王员外听了怒容满面，因惧怕李二的武艺才没敢发作，只是长出了一口气，手指移到"oↄ"上。李二站起身，大声回答说："这个字叫'刀砍狗头'。"说着，用力一把抓住了王员外的脖领子，气愤地咬着牙数落道："我哥哥辛辛苦苦在你家教了一年书，被你盘剥个精光。今天，你碰到我的手里，要钱还是要命？"

王员外知道李二的厉害，一个劲地回答说："请好汉先生饶命，钱一个子儿也不缺你的。"

真格是软的怕硬的，硬的怕横的，横的还怕不要命的哩。光棍不吃眼前亏。王员外递给李二两年的工钱，心比刀剜还难受。李二取过工钱，生气地说："饱汉子不知饿汉子饥。你仗着有俩臭钱为所欲为，真是瞎了你的狗眼。有本事冲我来，我李二陪你骑着毛驴看唱本，走着瞧呗。"王员外点头哈腰，尽拣好话说。

强龙压得住地头蛇。王员外眼睁睁目送李二带着银子走出门，不知是吓的，还是花了银子心疼的。他"咕咚"一声瘫在地上，老半天没翻过白眼来。当地百姓听了，编首顺口溜到处传唱：

王员外，算得精。
煎饼鏊子把儿坑；
挖屎勺子墙上挂，
刀砍狗头显威风。

讲述者： 王俊和，男，1946 年 6 月，新汶矿务局鄂庄煤矿职工，高中

采录者： 李胜华，男，1964 年 4 月，莱芜市方下镇张公清村，大专

采录时间： 1992 年 3 月

采录地点： 新汶矿务局鄂庄煤矿班中餐食堂

100

牧童智斗黑老财

从前，有个吝啬财主，他荞麦皮里算计油，骨头里算计肉，是个出了名的铁公鸡。到了年底，为了赖掉他家长工一年的工钱，绞尽脑汁想了一个歪主意。

第二天，财主把他家所有的长工叫到一个很大的池塘旁边，说道："限你们在三天之内准确地告诉我，这池塘里有多少桶水。但是，你们既不准将水桶放进池塘里去装量，也不准将池塘里的水抽干后装桶量。答出来的我发双倍工钱，答不出来的一分钱工钱也别想领到！"

长工们心里明白，这是财主想赖工钱耍的鬼把戏，但为了领到一年来的"血汗钱"，大家还是无奈地答应了。两天转眼就过去了，长工们想了许多办法，还是无法得到确切的数字。

第三天的下午，长工们正在一筹莫展之时，一个牧童赶着牛来到池塘边给牛饮水。他看到长工们一个个愁眉苦脸地坐在池塘边上，感到很奇怪，便向前询问。长工们就把财主如何动坏心思刁难他们的事情，如此这般说了出来。

牧童问明缘由后，眉头一皱，计上心头。他笑着对长工们说道："请各位叔叔不要着急，我有办法来对付这个

吝啬鬼，保证让大家领到工钱。现在，就请带我去见这个黑心财主吧。"

这几天财主见长工们一筹莫展、无计可施的样子，看在眼里喜在心头。眼看计策就要成功，要飞出手的铜板又要重新落入自己的腰包，心里非常高兴，不由自主地哼起了黄梅小调。正当财主高兴之时，只见长工们领来个放牛娃，心里十分好笑，心想："你们一个个身强力壮的大小伙子都无能为力，一个小小的放牛娃能奈我何！"

他们来到财主面前，牧童一锛砍到墨[1]地问道："财主老爷，你那问题我若能答上来，你能不能遵守诺言给他们发双倍的工钱？咱男子汉大丈夫，可要说话算数！"

"我说话当然算数！"财主满不在乎地拍着胸膛说。他心里明白：这么大个池塘有多少桶水我都不知道，你一个小屁孩蛋子，能知道个鸟[2]？再说，我这个问题又不是第一次问，根本没有知道答案的。想罢，一口应允。他接着反问道："你要是说得不准呢？"

"我赔你一头牛！"牧童更不含糊，也学着财主拍着小胸膛，嘻嘻一笑道，"但我要是说对了，你也得赔我一头大牛。"

财主一听，心想：哈哈！老爷我今天要发大财了，不仅长工一年的工钱省了，还白得一头牛！他怕牧童反悔，急忙道："男人说话吐口唾沫是颗钉，不准说娘们话[3]！咱一言为定，敢击掌吗？"

"敢，咱一言为定，不准草鸡人[4]！"

财主见牧童钻了他的套，就嬉皮笑脸地说："谁草鸡人，谁就是这个。"说着，用手学了一个乌龟爬。

牧童干脆地与财主三击掌，说："咱别打嘴官司了，是骡子是马咱就拉出来遛遛吧。"

财主听了点点头，捋着稀疏的几根山羊胡，问道："好啊！你现在就告诉我，这池塘里有多少桶水吧！"

牧童不慌不忙，张口答道："这要看你家的水桶有多大，如果水桶与池塘一般大，那池塘里就有一桶水；如果

[1] 一锛砍到墨：说话不绕圈子，直入主题。
[2] 鸟：啥。一般是用来骂人的话。
[3] 娘们话：在这里指说话不算数。
[4] 草鸡人：要赖。

水桶比池塘小一半，那池塘里就有两桶水；如果水桶是池塘三分之一，那池塘里就有三桶水；如果……"

财主听牧童这么一说，圆脸蛋变成了猴子腚，他做梦也没想到，看不上眼的小牧童竟然这么聪明。顿时，鸭子吃筷子，直了脖。

长工们见财主鸭子吃糠卡了壳，高兴地拍起手来。

财主明白众怒难犯，对牧童说："老爷我愿赌服输，我认输！"嘴上这么说，心里疼得淌血。这才是偷鸡不成蚀把米，赔了夫人又折兵。他赶紧让管家兑现承诺，长工们捧着血汗钱，牧童牵着赢的牛走了，财主看着众人远去的背影，瘫倒在椅子上起不来了。

讲述者：　　孟宪花，女，1917 年 8 月，莱芜市莱城区方下镇张公清村

采录者：　　王俊莲，女，1964 年 4 月，莱芜市莱城区方下镇张公清村，高中

采录时间：　1995 年 7 月

采录地点：　莱芜市莱城区方下镇张公清村

附记

孟宪花老人不识字，却能拉很多民间故事。这里是产麻区，麻又是家庭生活的经济来源。到了晚上，四邻八舍就抱着麻秆，凑在路灯下扒麻聊天。这时候，邻里的小媳妇们就缠着孟宪花老人拉呱。老人家也不推辞，边扒麻边拉呱。她的故事太多，张口就来，而且不带重复的。说到感人处，她们就随着故事情节流露出感慨的表情。这天晚上，我听到了这个《牧童智斗黑老财》的故事。

101

那是一定的

金家庄有个财主叫金满斗，这人家大业大，却十分小气，专在坑骗穷人上动心机。村里有个叫王良的穷汉，因为父亲得病借了他二十吊钱，被他横算竖算，三年的工夫便弄得倾家荡产。

王良没法过，就进城去找舅舅。舅舅也是叫金满斗坑害得过不下去，才进城混穷的。听了外甥一席话，更是气上加气，可又没有钱帮助王良。他想到金满斗这人又财迷又愚蠢，灵机一动，想出个既解恨又发财的办法，跟王良一商量，王良说："行！行！"

过了几天，金满斗正在村外树荫下乘凉。俊俏的小丫鬟给他扇着扇子，捶着脊背。这时，王良提着鸟笼子里的八哥走过来，说："八哥！你说这里有银子，可是真的？"

八哥说："那是一定的！"

王良用手扒起来，扒了个小坑，果然扒出了银子。他不声不响地拿着银子，提着鸟笼子走了。

金满斗在一边看得清清楚楚，他惊呆了，心想：难道这是神鸟？我要有这么个鸟，岂不更要发财？！

第二天，金满斗在河边钓鱼。王良又提着鸟笼子来了，

来到离金满斗不远的地方停下，问笼子里的鸟："八哥！你说这里有金子，可是真的？"

八哥说："那是一定的！"

王良用手扒了一阵，什么也没有扒着，又问八哥："怎么没有呢？难道还不够深？"

八哥说："那是一定的！"王良又扒了一阵，果然扒出一块金子。

金满斗看傻了眼，两只眼睛死盯着王良手里的金子，恨不能一下子夺过来。王良拿着金子，提着鸟笼子便走。金满斗扔下钓鱼竿，急急忙忙追上去说："王良，别走，别走！"

王良停住脚，板着脸说："什么事？"

金满斗笑嘻嘻地说："你这鸟是从哪里来的？"

"坡里逮的。"

"它知道哪里有金子？"

"没有的事！"王良说罢，把金子装进口袋里，赶紧走开。

金满斗紧追上去说："你别瞒我，我都看见了。"

王良悄悄地说："实话对你说吧，这是俺舅舅家的一只神鸟，名字叫金不换。"

金满斗装得很近乎地说："借给我用一天怎样？"

王良大声说："可不行，俺舅舅只借给我两天，今天就得送回去。"

"我买你的吧，多给你钱。"

"那我怎么向俺舅舅交代？"

"你就说它飞了。"

"你给多少钱？"

"一头毛驴钱怎样？"

王良哼了一声，回头便走。

金满斗紧追不放："哎！我给你一头牛钱，行吗？"

王良连眼皮也不抬，回头又走。

金满斗一把拉住他说："慢走，好商量！"

两个人讨价还价，最后金满斗答应给他三十亩地，再把那个最俊的小丫鬟给他当媳妇，王良还不愿意。金满斗再也舍不得加价了，吓唬王良说："这神鸟一定是你偷的，我上衙门告你！"

王良暗自高兴，装作害怕的样子说："金老爷别生气，那就依着您老人家说的办吧！"

金满斗说："空口无凭，得立字据。"

王良满口答应，跟金满斗回到家里，找了中间人，立了字据，办了交接手续。

金满斗得了神鸟，喜得眉飞色舞，心里说："亏了俺爹给起了个好名，过了不久，金子就会真的装满斗了。"

他想起老爹在世的时候曾经说过，有一年兵荒马乱，在堂屋地下埋过一个金元宝，后来没有找到。他便提着鸟笼子，指着他爹说过的地方，问八哥："金元宝是不是在这里？"

八哥说："那是一定的！"

金满斗找了个铲子挖起来，挖了一大阵也没有挖着。又换了个地方，问八哥："金元宝是不是在这里？"

八哥说："那是一定的！"

金满斗拼命地挖起来，累了个满头大汗，还是没有挖着。

他生气了，一发火把鸟笼子摔了个稀巴烂。笼子破了，那八哥一翅子飞出去，落到楼角上，趴在那里一动不动。

金满斗眼睛一亮，问八哥："难道金元宝埋在那里？"

八哥说："那是一定的！"

金满斗又在楼角下挖开了，挖了好久还是挖不着，又问八哥："挖得不够深吗？"

八哥说："那是一定的！"

金满斗实在挖累了，就把三个儿子叫来一起挖。

坑越来越深，"轰隆"一声，楼角塌了，把老财主和他的儿子全砸死了。

原来，八哥只会说这么一句话，是王良他舅舅教的。王良挖的那金子银子，都是他预先在金满斗常去的地方埋的。

讲述者：　李金标，男，1906年2月，历城县高而乡南高村，农民，私塾

采录者：　李全仁，男，1938年7月，第二文化馆干部，高中

采录时间： 1986 年 4 月

采录地点： 历城县高而乡南高村

102

胡干作诗

清朝年间，咱莱芜吕向贞，当了河南花县知县。新官上任，立下规矩，百天不打人。

为了招贤纳士，吕知县一上任就贴出告示，请文人学士来作诗答对。作得好了，赏银十两。这时，有个姓胡的，叫胡二，多少识些字。他看了告示，就来应试。见了吕知县，说明来意。吕知县很高兴，就指着桌上的一个大青皮西瓜说："你就拿它作一首吧。"

胡二看着西瓜，想了想，吟道：

青皮西瓜圆溜溜，

五花瓜瓤在里头；

大老爷吃了里头肉，

把瓜皮扔到门外头。

吕知县听了，虽然说的不怎么好，但也无伤大雅，就指指门外挂的大鳖，叫胡二再作一首。胡二想了想，又吟道：

> 大鳖长得圆溜溜，
>
> 五花大肉在里头；
>
> 大老爷吃了里头肉，
>
> 把盖卖到药铺里头。

这时，吕知县又指了指门外拴的一只白山羊，叫胡二再作一首。胡二想了想，又吟道：

> 山羊长得白似银，
>
> 光吃麦苗和麦根；
>
> 大老爷留它有何用？
>
> 不如送给我作诗人。

胡二连作三首，虽然不很好，但还说得过去。吕知县当场赠了十两银子，又叫他把羊牵去。胡二非常高兴，谢过吕知县，牵着羊，拿着银子走了。

走在路上，遇到一个叫胡干的人。他一听胡二作诗得了县大老爷的赏银和羊，也要去作诗。胡二知道胡干不识字，就劝他别去。胡干非去不可，问了问胡二怎么作的，就走了。

见了知县，说明来意。这时，正好有条黑狗路过门前，吕知县就叫胡干比着那狗作一首。

胡干答应一声，就说：

> 黑狗长得圆溜溜，
>
> 五花大肉在里头；
>
> 大老爷吃了里头屎，
>
> 把狗皮扔到门外头。

吕知县一听就气火了，喝令衙役就要打。这时，夫人出来喝止住衙役，问吕知县："老爷，咱吕家为官，百日不打人。为何要打作诗人呢？"

吕知县把情况说了一遍，夫人说："你就不会再叫他比着别的东西另作一首吗？"吕知县听了，对胡干说："夫人为你讲情，你就比着夫人作一首如何？"

胡干答应一声，又开了腔：

> 夫人长得圆周周，
>
> 五花大肉在里头；
>
> 大老爷吃了夫人肉，
>
> 把盖卖到药铺里头。

这会儿把大人和夫人给气得，喝令衙役又要打。这时，小姐出来喝住衙役。说："爹，娘，咱吕家为官，百日不打人，为何今日就要打人？"夫人把前情说了一遍，小姐说道："就叫他另作一首好的吧。"知县听了，又对胡干说："既然小姐为你讲情，你就再比着她作一首吧。"

胡干听了，看小姐一眼又开了腔：

> 小姐长得白如银，
>
> 光吃麦苗和麦根；
>
> 大老爷留她有何用？
>
> 不如送给我作诗人。

这下，把知县全家都气火了。衙役们连推带打，就把胡干轰出了衙门。

讲述者： 李明立，男，1939年2月，莱芜市苗山镇南古德范村，农民

采录者： 张章，男，1936年11月，莱芜市苗山镇南古德范村，文化干部

采录时间： 1989年7月

采录地点： 莱芜市苗山镇南古德范村

附
记

采录者一生从事民间文学、民俗学研究，他从20世纪50年代末开始文艺创作，在省级以上报刊发表作品；70年代末，开始侧重

民间文学的搜集整理，参加了"中国民间文学三集成"工作。代表作有民间文学集《泰山石敢当》《鲁中民间故事选》《拉呱九十九》《张道一借皇粮》《摩云山民兵传奇》等。

103

教书先生走人

从前，东阿县城[1]里有一位教书先生，十分迂腐穷酸。他没有多少文采却总爱作诗答对，以显示他多有知识的样子。这位教书先生的私塾里，总共才二十多个孩子，年龄从七八岁到十四五岁参差不齐。每天从早到晚，学生跟先生拉着长秧[2]念《三字经》《千字文》《上论》《下论》《上孟》《下孟》等。孩子们学得枯燥无味，很没有兴趣。

教书先生则总爱作首诗或题个对联什么的，叫学生对答。孩子们不是答不上来就是答得文不对题，时常受到先生的责备训斥。越是这样，教书先生就越觉得自己很有本事。总是大言不惭地批评孩子们："叫你们读书吧，你们烦得慌；叫你们对诗吧，不是对不上来，就是不合仄押韵。你们是干什么吃的？也不嫌丢人。"一次次地批评，孩子们没有一个作声的。时间长了，孩子们对教书先生的批评也就习以为常，不拿着当回事了。越是这样，教书先生也就更加有恃无恐，信口开河。

[1]　东阿县城：原县驻地平阴县东阿镇。

[2]　长秧：拖腔，形容念课文念到每句最后一个字时故意拉拖腔。

话说这年仲春，乍暖还寒，天气阴冷。有一天，孩子们正在私塾拉着长秧念书。忽然，院子里飘起一片片雪花，无声无息地落到地上。不一会儿，又化成了雨水。看到这种景观，教书先生顿时来了灵感，诗兴大发。他蓦地站起来，一敲警堂木，大喝一声："别念了，都给我停下。"顿时，私塾里鸦雀无声。只见教书先生眼望着窗外，倒背着双手，在讲台上慢慢地来回踱着步子，脑袋一摇一晃地慢声吟道：

天公下雪不下雨，
下到地上变成雨；
下雪变雨多啰唆，
不如一下就下雨。

吟完，他十分满意地点点头。好大一会儿，才转过身来面向孩子们。然后，一字一句地解释刚才他即兴吟诗的内容，并叫孩子们仿照他这首诗各吟一首，诗的内容可以涉及各个方面。

孩子们面面相觑，都趴在桌子上不敢吱声，生怕教书先生叫着自己回答。看见孩子们这样，教书先生更加洋洋得意，口出狂言："你们当中要有能对上我这首诗来的，我就卷铺盖走人。"傲慢之态，溢于言表。私塾里仍是一片肃静，孩子们还是没有人回答。看到这儿，教书先生又发话了："怎么样？有答上来的吗？我说话可是算数的。"说完，私塾里又是一片沉默。好大一会儿，待教书先生又要发话时，坐在最后一排的一位高个孩子举起手来，大声说："先生，我回答！"

教书先生鄙视地冷笑一声，说："好，你说。"

只见这个高个孩子不慌不忙地从座位上站起来，一字一顿地高声朗道：

先生吃饭不吃屎，
吃到肚里变成屎；
吃饭变屎多啰唆，
不如一吃就吃屎。

高个学生答毕，私塾里孩子们哄堂大笑。只见教书先生面颜由黄变红，由红变紫，额头已经浸出了汗珠。在孩子们哄堂大笑中，教书先生无地自容地慌忙敛起书本和教具，匆匆离开课堂。回到宿舍卷起铺盖，立马走人了。

讲述者：　付朝宽，男，1918 年 1 月，平阴县东阿镇北张村，农民，私塾

采录者：　付崇阳，男，1954 年 9 月，平阴县东阿镇北张村，干部，大专

采录时间：　1992 年 12 月

采录地点：　平阴县东阿镇

104

屠夫吟诗祝寿

从前，东阿县[1]黄石村有一个老秀才。六十多岁了，仕途不畅，在家闲居。虽说老秀才不在官场，但他有一个作诗答对的爱好，十里八乡颇有名气，人送绰号"对诗王"。

王秀才有三个女儿，个个长得像出水芙蓉，如花似玉。天公作美，大女儿找了个文官女婿，二女儿找了个武官女婿。对这两桩婚事，王秀才颇为满意。唯独三女儿阴差阳错，偏偏找了个屠夫女婿，这成了王秀才的心病。平时，凡有人提及大女婿二女婿时，王秀才满脸堆笑，口若悬河，有说不完的话题。而有人若提起三女婿时，王秀才的脸则马上晴转阴，嘴紧闭，一言不发。平时大女婿、二女婿颇受王秀才钟爱，三女婿则时常受到冷落。

话说这年端午节，正是王秀才六十五岁大寿。王秀才大设宴席，招待前来贺寿的亲朋好友。宴席在院子内的帐篷里，摆了二十多桌。

三个女婿是贵客，当然与王秀才一起坐在了主桌。在

---

[1] 东阿县：1947年前，县治在平阴县东阿镇。

众多亲朋好友的祝寿声中，王秀才诗兴大发。他站起来，面对全体客人。提出三个女婿谁若要贺寿祝酒，必须吟诗一首。吟诗时，每句必须用上固定的套词，即第一句用"圆又圆"，第二句用"少半边"，第三句用"热闹闹"，第四句用"静悄悄"。诗句既要合仄押韵，诗意又要连贯完整。

在众人欢呼声中，大女婿首先彬彬有礼地站了起来，高声道："适逢岳父六十五大寿，特吟诗一首表示祝寿。"接着，拉着长腔吟道：

十五的月亮圆又圆，
过了十五它少半边；
天上的星星热闹闹，
星星下去了静悄悄。

话语刚落，一片叫好声此起彼伏，王秀才满脸堆笑地说："好诗，好诗，喝酒，喝酒。"全体客人共同举杯祝贺。酒毕，二女婿从容不迫地站了起来道："鄙人才学浅薄，献上一首诗给岳父祝寿。"二女婿说完，摇头晃脑地吟道：

一个烧饼它圆又圆，
吃上几口就少半边；
烧饼上芝麻热闹闹，
全吃完了就静悄悄。

二女婿说完，连连向各位客人点头，赢得了一片掌声。王秀才微笑着说："好诗，好诗，喝酒，喝酒。"全体客人又举杯饮净。

这时，人们不约而同地把目光投向了三女婿。看到屠夫踌躇不安的样子，知道其底细的客人，还真为他捏了把汗。在众目睽睽之下，三女婿极不情愿地慢慢站了起来，右手挠着头皮说道："我想说十五的月亮吧，叫大姐夫说了；我想说一个烧饼来又叫二姐夫说了，我说什么呢？"听到这里，众人哄堂大笑。屠夫环顾全桌，蓦地一举手："有了。"接着大声说：

咱爷四个圆又圆，

死上一个少半边。

话音刚落，只见站在屠夫身边倒酒的小舅子，伸手一拍桌子大声吼道："揍他。"屠夫挥了挥手道："兄弟，别急别急！你不提揍我，我还真没词了，你这一揍倒帮了我的大忙啦。好，有了。"说：

咱要揍起来热闹闹，

都揍死了就静悄悄。

说完，屠夫扑腚[1]坐下。这时，整个酒场静极了。人们都将目光移向王秀才，只见王秀才皱着眉头，脸青一阵红一阵的。待了好大一会儿，才慢慢地站起来。说道："三女婿吟的诗，虽说诗意不大吉利，但诗句也倒合仄押韵，喝酒吧！"

讲述者： 付朝宽，男，1918 年 1 月，平阴县东阿镇北张村农民，私塾

采录者： 付崇阳，男，1954 年 9 月，平阴县总工会工作人员，大专

采录时间： 1992 年 12 月

采录地点： 平阴县东阿镇中心中学

附
记

付朝宽是我的父亲，他早年上过几年私塾，后来读过许多古典书籍。从我孩提起，记得父亲经常在生产队的打谷场、田间地头、农舍里给大家讲故事。这是我采录整理的其中的一篇。

105

巧对诗

在早里[2]，有个有才分的人出了个题，用地名对对子[3]，说："曲阜酒使郯城博兴泗水。"

郯城、博兴、泗水都是地名，凑合到一块儿意思是：曲阜的酒使坛子盛着，那个薄性劲儿就和水一样。

上联用的四个地名，下联也得用四个地名，还得有讲头，不大好对。可就有对上来的，对的什么营生呢？是"新泰女怕日照寿光无定"。新泰是个地处，日照在东面海边上，寿光、无定府也是两个地名，可要是总的讲起来就不大好听啦！

还有个对子是说南边杭州出龙井茶，那里有个茶楼叫天然居。有人借茶楼的名字对了副对子，很有意思。上联是"客上天然居"，说是天然居茶楼很高，客人喝茶得上去。对下联的呢，也很有学问，又反过来是"居然天上客"。这个茶楼高吧，就像天上来客一样啦！"客上天然居，居然天上客。"

[1] 扑腚：东阿镇一带的土语，形容坐下的速度快捷。

[2] 早里：意指以前，从前，很久以前。

[3] 对子："对联"的俗称。

再说青州府有个资本家，找德国人帮助在这里开了一个电灯公司，需要工人。他来个以文招工，出了个对子，谁要对上就算考上了。出的什么题呢？说是："猫在房上睡，风吹毛动猫不动"。意思是那个猫趴在房上睡觉，风吹过来，刮得它身上的毛动弹，猫趴在那里没动弹。要是猛一听，这个对联不为奇。可是放考两天，百十号人没有一个对上的。

对不上，招不了工。紧接着他又出了个灯虎[1]，谁要打开[2]就算考上啦。这个灯虎是什么营生呢？就一句话："春雨连绵妻独宿"，打个字。

这回考上的就有十来个。人家是怎么打开的呢？是这么推断的："春雨连绵"，春天下雨是无日呀，"春"字去了日，还剩下三道横和一个"人"字；"妻独宿"，妻子自家睡觉没有丈夫，去个"夫"字，三横和一个"人"字，去了个"夫"字，还闪下一道横，就是"一"字。这么着，就把这个灯虎打开啦。

讲述者：　曹会方，男，1907年2月，历城区绣川乡白云村，农民，不识字

采录者：　李全仁，男，1938年7月，第二文化馆干部，高中

采录时间：　1987年6月

采录地点：　历城区绣川乡白云村

[1]　灯虎：又称"灯唬"，历城方言。灯谜；谜语。
[2]　打开：说出谜语答案。

106

仁先生住店

仁先生，一个教书，一个看地宅，一个看病。一天，他们一齐住了店。

住了四天，到了早晨起来。店主一算账，仁人你看我，我看你，都掏不出钱来了。店主一看，说："看来您仁，都断盘缠了。没有钱不要紧，我打个手势，你们猜。谁要是猜对，这住宿钱我奉送了；若对不上，扒衣服也得拿钱。"

仁先生说："打吧。"

店主往上一指，往下一指；往前一指，往后一指；往左一指，往右一指。伸了三个手指头，又伸了四个手指头。然后，摸了摸心口窝。

教书先生说："好了，我先对！上不怨天，下不尤人；瞻之在前，顾焉在后；如在其左，如在其右。三十而立，四十而不惑，从心所欲。"

店主说："不对！"

风水先生说："他没说对，我说。上有来龙，下有去水；前朱雀，后玄武；左青龙，右白虎。三十年发，四十年塌，万般归于心田。"

店主说："也不对！"

看病的先生说："上交火，下寒冷；前痛，后痔；左疝，右瘓。三片姜，四个枣，空心送下。"

店主说："你也没说对。"

仨先生说："俺仨说得都不对，店主你说呢？"

店主说："上有青天，下有黄泉；俺跑前跑后，站左站右；您三个人吃了俺四天饭。不拿钱，良心何在？"

讲述者：　赵延华，男，1947 年 6 月，华山镇政府
　　　　　职工，高中

采录者：　陈希木，男，1953 年 1 月，华山镇文化
　　　　　干事，高中

采录时间：1987 年 5 月

采录地点：历城区华山镇政府

107

补鞋匠巧对三先生

有风水、行医、算命三位先生，和补鞋匠四人同于雨亭避雨。无聊之中，三位先生自恃才高，联合阴谋勒索补鞋老匠。

于是，便出了一组字"天、地、前、后、左、右、三十六、七十二、三、五、心"作为嵌字对，并规定所对要有自己行内的特点，若对不出，罚钱五百。

第一是风水先生，他应声而起，念道："天来灵，地去脉，前山后案；左青龙，右白虎，天罡三十六，地文七十二。三年之内，五子登科，随心所愿。"

行医先生排第二，他略一思索，也说："有了。"即念："天门冬，地骨皮，前硝后朴；左手心肝肾，右手肺脾命。阳证三十六，阴证七十二。三碗煮五分，服后去心火。"

第三排到算命先生，他随口念道："天生成，地注就；前穷后富，左逢凶，右化吉。食过三十六，享年七十二。三牲果品，五百铜钱，以表诚心。"

最后排到补鞋匠，他苦思无对，急得满面通红。三位先生欲上前索取五百钱，补鞋匠人受启发，即道："我也

有，我头顶青天，脚踏实地；前无视，后无顾。左思右想无计策，自己三十六，老母七十二。恁三人想食我五百钱，良心何在？"

三位先生一听，面面相觑，只可扫兴而归。

讲述者： 靳启庆，男，1964 年 1 月，钢城区颜庄镇中当峪村，影协主席

采录者： 吕秉华，男，1949 年 10 月，颜庄镇颜庄村，退休干部，大专

采录时间： 2016 年 3 月

采录地点： 莱芜市钢城区颜庄镇中当峪村

108

县太爷求雨

这一年，天大旱，三个月没下一滴雨，庄稼已经绝产。县太爷外出巡视民情，来到了莲花山下，他见很多人在龙王庙前耍着辇[1]求雨。

为了表示诚意，他亲自在炎炎烈日下向上天祈祷。

天过午时，眼看着西北乌云密布，不多时就阴了天，雷声响起。当差的为了拍县太爷的马屁，告诉百姓："今天县太爷在此临时居住一晚，明日与黎民同庆大雨。"

当天下午无话，吃过晚饭就睡了觉。谁知天阴到后半夜，光打雷不下雨。不一会云开雾散，一弯明月高挂天边。当差的急忙进屋小声叫醒了县太爷："老爷，天没下雨，晴了天了。"

县太爷也一惊，急忙打开窗户一看，明月当空，心想："坏事了，不如走了的好，这事弄得多没面子。"思思想想，也没睡着就明了天。

[1] 辇：莱芜求雨习俗的一种搬请黑龙王的礼仪用具，形如轿，又如皇宫龙辇，一般是四人抬。最热闹的是耍辇，就是抬辇的人把辇高举过头，让辇高速旋转，彩色辇罩五彩缤纷，飞速飘展，特别好看。

县太爷急忙起身，他不想惊动百姓，打算赶快一走了之。于是，招呼当差的悄然开了大门。

不料他大吃一惊，只见老百姓黑压压跪了一大片，口呼："老爷，别走。一切全凭老爷做主。"当差的急忙摆开架势，准备驱散人群。

忽然，人群中站起来一位老学究[1]。只见他前走一步，对县太爷吟诗一首：

老爷来求雨，
当天云遮日；
半夜开窗望，
明月！

县太爷好不羞臊，觉得颜面尽失。他大喝一声："来人，把他给我带走。"差人过来抓住老学究，把他带回了莱芜县衙。

回去以后，县太爷吃完饭升坐大堂，吩咐把那个老学究带上来，仔细看看那人也不像恶人，气也就消了不少。

他的夫人见老爷脸色不好看，正好出来问问。她的身段婀娜多姿，金钗玉佩，但走路很快。

县太爷灵机一动。让老学究以夫人为题作诗一首，听两句奉承话也就算了吧。那人抬头一看夫人，张嘴就来：

婀娜一娇娘，
叮咚出玉堂；
三寸金莲足，
横量！

县太爷听头三句话很高兴，心里美滋滋的，最后半句他又皱起了眉头，勃然大怒："大胆刁民，竟敢取笑本县，来人，给他戴上枷锁，充军发配千里之外的辽阳。"

消息传出，不多时，当地的老百姓都来求情。他的舅父也在其中，只是年事已高，还有眼疾，一只眼看不见。见外甥就要远走他乡，泪水顺着那只好眼如断线的珍珠。

县太爷也只是想吓唬他一下，并非真心充军发配，于是就说："你临行前以你舅父为题，再作一首诗。假如本县一高兴，或许免你一罪。"

老学究前走一步，来到舅父面前，上下看了一眼转向县太爷：

充军到辽阳，
见舅如见娘；
临别千滴泪，
单行！

县太爷听完，再看看老学究的独眼舅，哈哈大笑。认为堂堂一县之主，怎能和这种半吊子[2]人一般见识。县官下令说："给我打他二十大板，轰了出去。退堂。"

讲述者： 亓廷举，男，1937年3月，莱芜市莱城区高庄街道五龙村，小学

采录者： 亓福忠，男，1968年9月，莱芜市莱城区高庄街道五龙村，高中

采录时间： 2018年4月

采录地点： 莱芜市莱城区高庄街道五龙村

[1] 老学究：意思是阅历很广、年纪较大（65岁以上）、知识比较丰富的男人。

[2] 半吊子：做事不着边际的人。

109

王小五作瘸腿诗[1]

提起王小五，大家公认是个才子，见事论人都成诗。但此人逢人揭短，人都得罪光了，结果毁掉了大好前程。这一切都是他那张口就来的"瘸腿诗"惹的祸。

有一年，春季大旱。县官太太来寺庙焚香烧纸，跪拜求雨。正在祈祷时，王小五在一旁吟诗曰：

天上蒙僧僧[2]，
好似下雨声。
抬起头来看，
月明。

听了前两句，官娘子暗喜以为是助兴，听了第四句脸就沉下来了，这明月当空自然是祈雨徒劳了，她扫兴地回去了。

听了官娘子的回报，县官并没有生气。他首先看重的是王小五的才气。心想，现正在用人之时，如若真是个才子，何不推荐录用？于是，第二天就把王小五叫到县衙，亲自测试。

县官与小五正在交谈之时，官娘子从室内走出来了，县官灵机一动出了第一道题："你就以我太太的肖像为题作一首诗吧。"

小五仔细看了一眼立在门前的官太太，即刻成诵，吟道：

翠环叮当响，
妇人出绣房，
三寸小金莲，
横量。

按照封建社会的审美观，"三寸小金莲"最美，横量三寸，就不知有多长了，分明是羞辱官娘子了。县官仍表现了大度，要再给他一次测试的机会。

县官的第二道命题，是以他的名讳为题作一首诗。小五问明县官的大名叫"西坡"后，踱步思考片刻即吟成了，诗曰：

古时有东坡，
如今有西坡，
东坡西坡比，
差多。

大胆小五敢冒天下之大不韪，如此羞辱县官，县官西坡忍无可忍，怒发冲冠，遂命左右把他充军发配，驱逐境外。

在充军途中遇到生母舅，患难之时见亲人，自然倍觉亲切。交谈数语，双双落泪，悲痛之余，途中遇舅的诗又吟成了，诗曰：

发配到宁阳，

[1] 瘸腿诗：瘸腿诗是妙趣横生的一种，它也叫十七字诗，句式为"五五五二"形式。瘸腿诗，亦称"无赖体"，就是人们通常所说的"三句半"，为一种独特诗体。其诗前三句合辙押韵，最后由两三个字、似半句话的一句收尾，读来颇为滑稽可笑，令人忍俊不禁。

[2] 蒙僧僧：天空雾气蒙蒙。

见舅如见娘，

二人齐落泪，

三行。

~~~~~~~~~~~~~~~~~

原来，他生母舅只有一只眼。小五灵感一来，连舅的忌讳都不顾，舅父大为不悦。

讲述者：　吕子元，男，1910 年 8 月，莱芜市钢城区里辛镇东田庄村，初小

采录者：　吕克勤，男，1936 年，10 月，莱芜市钢城区里辛镇干部，大专

采录时间：　1999 年 7 月

采录地点：　莱芜市钢城区里辛镇东田庄村

110

书生作穷诗

有一年，旱涝灾情不断，庄稼连年无收。无助的村民变成了灾民，纷纷逃往外地要饭求生。

平阴地有三个年轻的书生，无奈也去外地逃生要饭。三人共住在东昌府某地山脚下的一座破庙里，这破庙也就成了他三人的藏身之所。

到了年三十，他们商量着如何过年。一年来三人共积攒下了几枚铜钱，买来了二两酒一碗菜。这酒只够一人喝的，于是三人商议，以赋诗说穷为约。谁说的身无衣着，这酒就归谁喝。

甲说："我头枕门槛铺着草，身上盖着个破棉袄。"

乙说："我铺着地来盖着天，头下枕着块半头砖。"他说完，就想喝酒。

丙连忙拦着他说："慢来，慢来，等我说完。你虽然赤身露体，但还有一块半头砖。你听我说：'我铺着脊梁盖着胸膛，头下枕的是手巴掌。'"

说完后，三人同时大笑。最后，还是共饮此酒为乐。

讲述者： 祖母，女，1890 年 2 月，平阴县孝直公
社柳滩村

采录者： 阴中元，男，1946 年 5 月，平阴县孝直
公社柳滩村，中专

采录时间： 1964 年 3 月

采录地点： 平阴县孝直公社柳滩村

111

樵夫巧对

　　上游庄，下游庄，是莱芜城北的两个小村，在瀛汶河上游峡谷。一到雨季，山清水秀，鸟语花香。上游庄二七逢大集，山民从四面八方云聚来此，叫买叫卖争争讲讲，好热闹哩！

　　上游庄西临通天河，北靠锦阳关，齐鲁通衢穿镇而过，新、蒙、章三县的商贩往来南北。庄里，饮食杂货，酒店油坊，摊贩相接，旅店邻毗。山间，怪石奇峰，珍禽异兽，招引来无数文人墨客。白天游览山水，夜居旅店，茶余饭后，琴棋书画，歌啸吟咏乐而忘返。

　　这天，张秀才和李秀才大集相遇，酒后聊对。张秀才说："这里山明水秀，是所难觅的世外桃源，心头酝酿的佳句，不吐怎快。"说着，就出了个上对："马鞍[1]虎踞迎日出。"

　　李秀才点点头，张口对来："雕栏[2]龙盘送月归。"

[1]　马鞍：指马鞍山。

[2]　雕栏：指雕栏山。

张秀才连声称妙，又出上对说："鹿鹤鱼雉上游[1]真上游。"

李秀才思索片刻答道："兵匪荒歉桃源[2]非桃源。"

张秀才笑笑说："咱兄弟俩真个是半斤八两，挑到云南也不偏沉。我还有一联要对：'上游庄，下游庄，上下游庄分上下。'"李秀才皱眉思想很久，也对不出合韵的佳句来，不自然地笑笑说："兄弟才疏学浅，还请哥哥别卖关子，把底对说出来吧。"张秀才不好意思地回答说："偶尔想起，下联还没个谱哩！"

李秀才说："动脑子愁不煞大活人！依我看，咱把此对写挂在店门口征对如何？"

张秀才双手赞成，铺纸磨墨，写好挂在了店门口。谁料，接连挂了两天，竟没有一个人答上来。

第三天傍晚，有个醉醺醺东歪西倒的樵夫来到店门前，乌里哇啦[3]地说能应对。张李二秀才出店来，见一群人围着个醉汉说笑，气得转身要回屋，忽听醉汉大声说："别走，我给你对。"

张李二秀才赶紧以礼相待，醉汉指指东，又指指西说："东酒店，西酒店，东西酒店列东西。"果然出口不凡，众人大吃一惊，连声夸好。

张李二秀才心悦诚服地请醉樵夫进店品茶，醉樵夫哈哈大笑几声，扬长而去。后来，又有人改为：上游庄，下游庄，上下游庄游上下；东当铺，西当铺，东西当铺当东西。

讲述者： 吕全生，男，1946 年 7 月，莱城区口镇
　　　　 南江水村，骨医，初中
采录者： 周俊，男，1970 年 5 月，莱芜市莱城区
　　　　 口镇山口村，初中
采录时间： 2012 年 8 月
采录地点： 莱芜市莱城区口镇山口村

[1]　上游：上游村。
[2]　桃源：桃源村。
[3]　乌里哇啦：说话口语不请。

附
记

吕全生居住的南江水村与俺们的山口村隔着文峰山，走近道也就六七里路。山口村是个大村，排三逢八是大集。每个月老吕最少来赶三次集，赶完集就到我承包的文峰山来歇脚喝茶。老吕喜欢讲故事，对周围的传说故事了如指掌。八月的一个山口集，老吕赶完集来我这里歇脚，喝茶聊天自然是天南海北拉一通，说到地名诗，老吕讲了《樵夫巧对》这个故事。

112

胡二马月

说是有这么兄弟俩，当哥的叫胡二，称弟的叫马月。胡二是个财主，家趁千金万两银；马月穷得叮当响，吃了早晨无后响[1]。

有一天，马月去胡二家借高粱种子。胡二不像别的财主那样六亲不认，很痛快地把半袋子高粱借给马月。马月正要走，胡二伸手一拦笑着说："不急着下地，我最近得了个宝贝戒指，老哥我让你开开眼吧！"说着，从内衣口袋里掏出一个金戒指，捏在手里让马月看。马月说："你这屋里太暗，看不清是金的还是铜的。"胡二听了有点堵心，脸一沉说："我好心好意让你看，你还怀疑我？拿着到门口好好看看，别瞎说。"

马月见哥哥生了气，紧忙借坡下驴，拿过金戒指到门口看了看，回头准备递给哥哥，却见胡二掀开内室门帘进去了。马月等着种高粱，就把戒指放在桌子上，说声："哥，我种高粱去了。"边说边背起口袋走了。

马月走得急，戒指没放好丢在了地上，正巧一只馋嘴鸭子进来，把戒指吞进肚子里出去了。

胡二从内屋出来，见马月走了，心爱的金戒指也不见了，猜测是马月拿走了。胡二心里的气就大了，真是穷人没志气！我好心好意借给你高粱种，你还偷我的金戒指。看我不骂你个狗血喷头才怪呢！想到这，气呼呼地出了家门，去找马月理论。

胡二找到马月，没好脸色地问："老弟，你咋把我的金戒指拿走了呢？"

马月听了一惊，说："哥，我只拿的高粱种，金戒指放您桌上了。"

胡二说："你的意思是我讹你了，桌子上啥也没有！你快把戒指还给我吧，这可是我心上的宝贝。"

马月有口难辩，又好面子，就说："哥，我把戒指给俺老婆了，我回家给你取。"胡二听了，说了很多咸话[2]，倒背着手走了。

马月回家跟老婆一说，他老婆也急了眼。可再急，没钱也买不来戒指。没办法，马月狠狠心把老婆卖了，换来一个新戒指给胡二送去。

胡二拿过戒指一看是个新的，正要问却不见了马月。他刚要去追，就见鸭子在面前拉屎。说也巧，拉下来的正是他的金戒指。胡二见了恍然大悟，知道冤枉了弟弟，于是赶紧追赶弟弟说："老弟呀！戒指不是你拿的，是俺家鸭子拿的……"

讲述者： 李勇，男，1965年3月，莱城区红石华府，大学

采录者： 张玉玲，女，1974年1月，莱城区文化南路兴盛街，高中

采录时间： 2019年10月

采录地点： 济南市长勺说唱艺术团文化广场

[1] 后响：此指无晚饭。

[2] 咸话：此指很难听的狠话。

（五）巧女故事

113

聪明的媳妇

从前，商河城北有个绿城刘家，村里住着独门独户的一位石姓老头，生有一子，性情老实憨厚。过于老实的人，给人的印象就是愚。可是，石老头的憨儿子却娶了一位既聪明又贤惠的好媳妇。过门以后，公婆疼爱儿媳，儿媳孝敬公婆。夫妻俩恩恩爱爱，一家人相处得十分和睦。

一次，石老头想调换调换牲口，让儿子去赶集卖牛。那时侯，牲口行里有个不成文的规矩，当集成交，来集付钱[1]。一为了买卖双方，不至于出现叉乎头[2]。经纪人[3]就地捡一片瓦，磕砸成两半。双方各持半边作为凭证，但等下集对瓦片茬结算。

下午，儿子赶集回来，石老头问："咱家好牛卖给谁了？"

儿子答道："卖给了'东北风，二十五辆大车下东京'。"

[1] 当集成交来集付钱：这一集买的牲口，下一集来付款。
[2] 叉乎头：防止出差错，便于调换。
[3] 经纪人：买卖双方的中间介绍人。

石老头一听非常生气，骂道："不中用的东西，真是个三斧子劈不开的枣木疙瘩。你也不想想，合天下[4]有姓东北风，叫二十五辆大车下东京的吗？你个笨蛋，准是叫人骗了！"

这时，他儿媳妇从屋里走了出来，劝道："爹，你甭生气，不要紧的。"

"啥？一头牛白白地丢了，我能不生气吗？二十两银子啊！没名没姓找谁要钱去？"

"卖给谁，我知道。"媳妇不紧不慢地说。

石老头说："你一没去赶集，二没见到其人，你咋会知道？难道会算不成？"

儿媳妇说："我不会算，是我猜出来的呗！"

老头见儿媳说得挺有把握，便说："快说说看。"

媳妇说："我猜这个人一定爱开个玩笑，是有意逗你儿子。他说姓东北风，就是姓韩，东北风不是寒冷吗？名字叫二十五辆大车下东京。一辆大车有四个车钏[5]，二十五辆大车正好一百个车钏，此人真名一定叫韩百钏，是个赶大车跑京城的买卖人。他做买卖逢集必赶，集上准能找到他。"

这天，又逢集。石老头的儿子带上那片瓦暗[6]，在集市里找到了买牛人。此人正是韩百钏。他正在吃早饭，白面单饼卷大葱，就着一包猪杂。憨小子一见面，就喊："韩百钏大龄[7]，咱算那牛钱吧。"

韩百钏听到叫声，回头一看愣啦！心想：凭这小子的呆劲，我的名字他是猜不出来的，便问道："是你爹告诉你，我叫韩百钏的吧？"

"不是，是俺媳妇猜出来的。"

韩百钏暗想：真是好汉无好妻，赖汉娶仙女。傻小子有福，娶了一个聪明灵透媳妇，我再逗逗他们小两口。于是，他顺手拿了一棵大葱，又从猪杂里[8]捡出一块肺头[9]，

[4] 合天下：全天下。
[5] 车钏：指车上所用的金属环。
[6] 瓦暗：交易凭据，两片瓦完整对在一起，就是缴费的凭证。
[7] 大龄：指年龄较大的。
[8] 猪杂里：猪下货，看肉。
[9] 肺头：猪肺。俗称"窝囊肺（废）"。

包起来递给憨小子，说："小子，我看你媳妇挺精明，想再考考她，看她还能不能猜出来。"

憨小子还算听话，回到家把那包东西偷偷地塞给了媳妇，说："韩大龄夸你精灵，这包东西让你再猜一回。"媳妇打开包一看，立即就明白是什么意思。是说她一个聪明人却跟了一个废（肺）头，分明是嘲笑自己。心想：自己的丈夫也太憨了，小两口因此短不了吵吵嘴。夫妻之间经常顶嘴骂架[1]，好好的一个家庭却闹得鸡飞狗跳。

俗话说："清官难断家务事。"作为一家之主的石老头，干着急没办法。家务事成了他一块心病，整天愁得吃不下饭，睡不着觉。不久，真的病倒了。

一天，他的表弟甄秀才前来探病。问起了病因，石老头就把来龙去脉讲了一遍。甄秀才是个精明人，一听就明白了八九分，然后说："要想让侄媳妇回心转意，非去请韩百钏不可。因为解铃还需系铃人嘛。"

石老头听了表弟的话，便亲自到集上去请韩百钏。老韩也不推辞，骑了匹好马就来到了石家。石老头好酒好菜，热情来招待。席间，两人只是天南海北地扯了些闲话。

午饭后，韩百钏放下饭碗就要告辞。石老头心想：我不是请你来白喝酒的，我是有事请你帮忙。因此，一个劲地执意挽留。韩百钏心中有数，硬是假装不理，非走不可。说着，大步走到牲口栏，牵出那匹马。急得石老头直咂摸嘴[2]："你看看……你这个人……"

韩百钏接过话茬说："石大哥，我这小人就这个脾气，爱和人逗着玩，千万可别拿起棒槌当针（真）。"

石老头也弄不清韩百钏说的话是啥意思！只是随声附和胡答应："没当真，没当真……"

韩百钏接着说："石大哥，我想向你借副马鞍。"

"有，有。"石老头说着，急忙从屋里拿出来递到他手里。

韩百钏将马拴到当院[3]，鞴上自己的马鞍，又想给那匹马鞴另一副马鞍。说来也怪，那匹马竖起前蹄，仰天哝

唆嘶叫[4]，又蹶又踢，就是不让配。韩百钏挥起皮鞭就打，一鞭重过一鞭。

石老头在旁目瞪口呆。这时，石老头儿媳妇从屋里走来，很有礼貌地劝道："韩大爷，别再打啦，好马是不备双鞍的啊！"

韩百钏听后笑了笑说："对、对，还是侄媳妇懂理儿啊！"说完，骑上马走啦。从这以后，媳妇又像从前一样贤惠孝顺。

过了几个月，甄秀才又来表哥家串门。石老头乐哈哈地说："也不知为啥，自韩百钏来了以后，你侄媳妇变好啦！"

甄秀才好奇地问："韩百钏有什么好法不成？"

石老头说："喝了两顿酒，说了一句'还是侄媳妇懂理啊！'"他便把韩百钏鞴鞍打马，说了一遍。

甄秀才边听边点头，听完后，竖起大拇指说："高！大哥，韩百钏打马配鞍里面大有名堂，那是开导侄媳妇。侄媳妇聪明过人，通情达理。她还不懂好马不鞴双鞍，好女不嫁二男吗？"

讲述者：　　杨培卿，男，1937年2月，商河县人

采录者：　　陈广清，男，1946年11月，商河县文化和旅游局退休干部，高中

采录时间：　2015年12月

采录地点：　商河县人民公园

[1]　顶嘴骂架：吵架。

[2]　咂摸嘴：吧嗒嘴巴。

[3]　当院：院子里。

[4]　哝唆嘶叫：马叫声。

114

儿媳有才不说九

王家庄有个王老九，娶了个有才分[1] 的儿媳妇。儿媳妇很敬重和忌讳公爹的名字，过门从来不说"九"这个字。

王老九和朋友张老九、李老九一块儿喝酒，拉起这个事儿来，夸奖儿媳有才学。两个朋友不相信，当时约好到九月九这天去试试，考考他的儿媳妇。

转眼重阳节到了，张老九约李老九来到王老九家门口，问道："王老九在家吗？"

王老九的儿媳妇开门出来："二位有事吗？"

李老九说："有点儿事。"

张老九问："你爹在家吗？"

"他老人家在家。"

李老九说："你给他说，我叫李老九，他叫张老九，今天是九月九，请你爹王老九到山上去喝酒啊！"

话刚说完，王老九出来了，问儿媳什么事。两个朋友有心试探王老九儿媳的才学，就抢着说："都和侄媳妇说了，让侄媳妇说吧。"

王老九心里可有点担心，生怕儿媳丢了丑。只见儿媳不慌不忙地说："一个张三六，一个李四五，二人背个水葫芦。今天是个重阳日，请你老人家到山上去喝俩二一个五啊！"

两个朋友听罢，相对一笑，大拇指一伸："嘿！侄媳妇真有才分，到底没说一个'九'。"

讲述者： 曹会方，男，1907 年 2 月，历城区绣川乡白云村农民，不识字

采录者： 李全仁，男，1938 年 7 月，第二文化馆干部，高中

采录时间： 1987 年 6 月

采录地点： 历城区绣川乡白云村

附记

民间这类才女很多，有人就讲了这么一件事。说是有个儿媳公爹的雅号叫"起子"，这个儿媳非常忌讳公爹的这个雅号，从来不说这个名字。有人不相信，就故意试探地问："你公公喝瓶装啤酒，用什么打开？"那个儿媳妇想也没想就回答说："用螺丝刀。"

[1] 才分：聪明伶俐。

115

没有面的面条

一个庄稼老头子，有三个儿子，娶了两房儿媳妇了。老头呢，爱说个笑话，不管跟谁都是这样，没大没小的。

四月里看过麦[1]，两个儿媳妇拿上东西走娘家去。大儿媳妇问她公公："东西俺都买好了，俺打谱[2]走娘家去。您老啥时候[3]叫俺回来啊？"

老头说："你圆月了回来吧！"

老二媳妇问："爹，俺呢？"

"也圆月了吧。"

大儿媳妇又问："俺回来给你拿点什么来呢？"

老头说："骨头包肉。"

老二媳妇问："俺给您老拿点啥呢？"

"肉包骨头！"

俩儿媳妇一听，心里骂开了：这老东西，说点儿人话

行吗？真没个公公的材料[4]！就都嘟噜着[5]走娘家去咧。

俩儿媳妇正好走一路儿。走到半道上，她俩都为老公公的话嘀咕[6]呢，正好被一个姑娘听见了。这个姑娘就对她俩说："别犯愁，这是一对谜啊，我说给你们。"就给她俩说了。

月到十五这天，俩儿媳都回来了。老大拿了鸡蛋，老二拿了黄杏。

老头一看，回来的日子、拿来的东西都对啊！就问她俩："谁说给你们的？"

老大媳妇说："在道上，一个姑娘说给俺的。"

老头听了，知道这个姑娘不凡，就花了好多钱，把这个姑娘给老三娶了来咧。

过门三天，该老三家做饭了。早晨起来，老三媳妇说："爹，您吃啥饭啊？"

老头子知道老三家脑子好，就难为她，说："我想吃蹲搭子饭[7]！"

儿媳一听，就弄了一摊[8]狗屎，撒上面粉，也没价煮[9]，端上去了。老公公一看，也没吃。他能吃下去吗？

到了晌午，媳妇又问："吃啥饭啊？"

老头子吃了亏，急咧，说："二九一十八样子饭，不生不熟的！"

老三媳妇也不说话，到了菜园子里。她割了一畦子韭菜，切了一半儿，煮了煮，盛到碗里；又把一半儿生着切了切，盛到碗里，端给老公公："俺爹，这不生不熟、二韭一十八样子饭做好了，您老人家吃吧！"

老头子没吃，可他服了，心话：我咋着也不能输到这黄毛丫头手里啊！

到了后晌，老三家又问："俺爹，您吃啥饭啊？"

老头说："我喝一柱子[10]没面的面条！"

三儿媳妇也不作声，到了屋里，就动起手来。老头纳

[1] 看过麦：当地习俗，麦子收割后，媳妇要带上礼品回娘家看望老人，告诉老人麦子收获情况，也好让老人放心，不要牵挂女儿家的生活。

[2] 打谱：打算。

[3] 啥时候：什么时间。

[4] 材料：样子。

[5] 嘟噜着：小声自语。

[6] 嘀咕：小声说话。

[7] 蹲搭子饭：狗大便时要半蹲，难为做饭人的歪招。

[8] 一摊：一堆。

[9] 没价煮：不生火蒸煮。

[10] 柱子：擀面杖。

闷啊：我叫她做没有面的面条，她能做出来吗？就趴到门缝里瞅。正好，儿媳妇一擀面杖打来，"嘣"的一声，她公公捂着头呲牙咧嘴地"哎哟"开咧！

老三媳妇说："俺爹，一柱子够不？要不，再来一柱子？"

讲述者：　权受本，男，1912 年 10 月，历城区十六
　　　　　里河镇涝坡村，不识字

采录者：　赵延君，男，年龄不详，史志办工作人员，
　　　　　中专

采录时间：1988 年 3 月

采录地点：历城区政府招待所

116

三媳妇猜谜

从前，有这么一个刁钻的公公，他经常出难题有意难为儿媳。

有一天，大媳妇要走娘家，临走时问公公捎点什么东西回来。公公气哼哼地说："我最爱吃骨头包肉。"大媳妇猜不中公公要的什么。一路上愁眉紧锁，低头想事，一位老婆婆在树荫下乘凉，见她气色不好，像是有心事。主动上前拦住问："闺女，有啥不顺心的事，年轻轻的可要想开。"

大媳妇见有人问话，把原委一说。老婆婆听完笑着说："这事不难，你只要带回一些……"于是，她把谜底附耳告诉了大媳妇。大媳妇听后很高兴，再三谢恩，才上了路。

二媳妇娘家兄弟结婚，要她去住几天。走时问公公吃什么，顺便捎点来。公公板着脸，阴阳怪气地说："年纪大了牙口不好，想吃麻线串水。"二媳妇听了，皱着眉头出了家门。路上也碰见了那位好心的老婆婆，同样得到谜底，回了娘家。

三媳妇见两个嫂子都回了娘家，也想去娘家看看。临

走也问公公吃什么。公公拉着长腔说："大媳妇骨头包肉，二媳妇麻线串水，三媳妇也去娘家，老爹要去心吃皮。"三媳妇也一脸愁容地走了，路上同样碰到好心婆婆得到谜底。

数日后，大媳妇回来了，带回一篮大核桃。

二媳妇回来了，带来一筐大葡萄。

三媳妇也回来了，带着一提包杏和桃。

公公见没有难倒三个媳妇，觉得奇怪，逼问是谁点破的谜底。三个媳妇说是一位老婆婆，公公听了很生气，要她们把那多嘴的老婆婆找了来。

老婆婆来了，指着公公的鼻子大骂：

"你个老畜生，

你个老狐狸。

大媳妇拿来的骨头包肉。

二媳妇提来的麻线串水，

三媳妇带给你去心吃皮，

我给你的是巴掌扇臭嘴。"

说着，抬手就是两巴掌。老公公白挨了扇，一句话也没说。原来，老婆婆是早年改嫁的婆婆。

从此，老公公再也不出鬼点子难为三个媳妇了。

讲述者：　李苹，女，1973 年 5 月，莱芜市张家洼镇高家洼村，小学

采录者：　王俊莲，女，1964 年 4 月，莱芜市方下镇张公清村，高中

采录时间：　1992 年 10 月

采录地点：　莱芜市张家洼镇高家洼村

117

儿媳妇作诗请公公

张老汉现在七十七岁，妻子有病死了。三个儿子都娶了媳妇，一个个都分家过日子。各屋里都有小孩子，成了四个锅里吃饭了。

这年，到了腊月二十九这天。张老汉心中悲痛，不由眼中流泪哭道："我今年七十七，哭声老伴早死去；去年过节咱两个，今年过节我自己。家家户户喜喜欢欢把年过，看我怎么过初一。"

张老汉一哭，被三个儿子听见了。大儿说："小他娘，快叫咱爹到咱屋过年吧。"二儿、三儿都各叫各的妻子去，请她公爹到自己屋过年。妯娌齐到上房，拉着公公不松手。这回难着了张老汉，说："原来没人叫我，怎都不来。这时都来争着叫我去过年，互不相让。跟大媳妇去，二媳妇不让；跟二媳妇去，三媳妇不依，这不叫我作难吗？"张老汉心生一计说："这样吧，怎三人都作诗一首，谁作上来，我跟谁去！"

儿媳妇们说："以么[1]为题？"

[1]　以么：什么。

张老汉说："恁一人一个娘家，以娘门[1]为题。"

大儿媳作的诗是：

《易经》《诗经》和《书经》，

儿媳上房请公公。

公公不跟儿媳去，

再带上《大学》和《中庸》。

张老汉听罢，一笑说："还是书香人家的闺女，出口成章，合辙押韵，那就跟大的去吧！"

二儿媳作的诗：

甘草黄连和麦冬，

儿媳妇上房请公公。

公公不跟儿媳去，

再添上荆芥和防风。

张老汉听了二儿媳妇报药名报得好，又说："那就跟二儿媳去吧！"三儿媳妇不高兴了，说："她俩说得好，我还得作哩！"

"你娘家是给驴马挂掌的，"张老汉心中暗笑，说，"你愿意作就作吧。"心想："看你如何作。"三儿媳则慢条斯理地念诗：

捞着尾巴攉着鬃[2]，

儿媳妇上房请公公。

公公不跟儿媳去，

带上拧子加劲拧。

张老汉不无高兴地说："别拧啦，我去吧！哈哈哈。"

讲述者： 尹彬祚，男，1901年3月，平阴县安城公社让庄铺村，农民

采录者： 尹燕忠，男，1951年10月，平阴县安城公社让庄铺村，高中

采录时间： 1976年8月

采录地点： 平阴县安城公社让庄铺村

[1] 娘门：娘家。

[2] 捞着尾巴攉着鬃：抓着摇动。

118

争公爹

这个老头有仨儿，都娶了媳妇分家过日子。老大有俩孩子，老二一个孩子，老三才娶了媳妇，就小两口过。老头和老妈妈一起过，日子过得挺舒坦。

快过年了，老头家里牛羊肉咧，细作菜咧，买了不少，推[1]下的面半年也吃不了。老妈妈想：头一回买下这么多好东西！可惜孩子们分了家，不能在一块儿吃了。一烦恼就病了，也没治好。离过年不几天，老妈妈就死了。光落了老头子自家咧，难为得他不得。

这三个儿媳妇看着老公公的东西眼红啦！大媳妇对自己的男人说："不如叫咱爹跟着咱过年？咱爹买下这么多好东西，咱大人孩子的也跟着沾点儿光。"老二媳妇也这么想的；老三媳妇不用说，也这么盘算着。

第二天一大早，三个儿媳妇都上老头屋里去了。

大媳妇说："爹！没俺妈了，跟着俺过年去吧，俺当老大该管你。"

二媳妇说："爹！跟俺去吧，俺挺富裕，你想吃么给你做么。"

三媳妇说："爹，俺没小孩，屋里干净也不乱得你慌，可清心哩！"

老爹说："你仨说得都挺好，我跟谁去呀？不能有偏有向啊！"

大儿媳妇认几个字，有点儿小才分，她说："爹，你出个题目，俺仨作诗吧？你掂量着谁作得好，你就跟谁去过年。"

老爹说："我是个大老粗，不会出题目。"

大儿媳妇说："随便你出个什么题目都行。"

老爹说："好，你们娘家爹是干吗的？就琢磨着你们娘家爹的事儿作吧。"

大儿媳妇说："行啊，俺娘家爹是教书先生，我先作：《诗经》《书经》和《易经》，晚上上房请公公。要是跟俺过年去，好吃好喝好照应。"

老爹一听，说："你的不孬。我给你们大嫂过年去了。"

二儿媳妇说："我还没作呢，说的谁作得好跟谁。"

老爹说："那么你再作吧。"

二儿媳妇说："好！俺爹是个行医的先生，我作咧：木瓜黄连和麦冬，晚上上房请公公。若是跟俺过年去，犯了痨病有蜜炙甘草路路通[2]。"

老爹说："我有痨病，俺二媳妇想得挺周到，我跟她过年去。"

三儿媳妇不让了："你上哪走啊？我还没作呢。"

老爹说："你作，俺再听听。"

"俺爹是给牲口挂掌[3]的。"

老爹一听吓得倒退了三步。三儿媳妇上去就抓住他的辫子咧。老爹"哎哟"一声，她又抓住老爹的胡子，说："拽住尾巴抓住鬃，我上上房请公公。若不跟我过年去，戴上嚼子狠狠地拧！"

老爹一听吓得浑身发抖，只好跟着三儿媳妇过年去了。

[1]　推：将小麦用磨磨成面粉。

[2]　路路通：中药名。

[3]　挂掌：给驴或马的蹄子下面加一层铁质的或者橡胶的保护，防止牲畜蹄子磨损。

讲述者： 曹会方，男，1907 年 2 月，历城区绣川
　　　　乡白云村，农民，不识字

采录者： 关涛，男，1934 年 4 月，历城区文化局
　　　　干部，高中

采录时间： 1987 年 7 月

采录地点： 历城区绣川水库招待所

119

稚子传书

　　从前，有一个年轻的读书人。他被一大户人家聘去教书，学生是这家刚满六岁的男童。学生的父亲两年前因病去世，其母二十多岁守寡。经族人出面议定，教书先生在这家的前院教书。生活自食自炊，每月以五两纹银为酬。学生的母亲是个识文断字的大家闺秀，可惜命运不济。家业虽丰，难免孤独凄凉，只有守着这根独苗过日子。

　　教书先生是个二十多岁的风流才俊，只教一个学生很有空闲。教书之余温习文章，以备自己将来科举之用。

　　一日，学生的母亲送客至二门以外，先生第一次见到这家的主人。他隔窗窥望，见女主人长得端庄秀丽，温雅可人。于是，便萌生有恻隐之心。暗想，世间怎会有如此的俊俏之女！

　　下午放学，先生专门给学生布置了一句上联诗句的作业，让学生回家思考着对下联。他明知学生对不上来，意思就是要考考学生母亲的学识。学生回家后不会联句，闹着要求母亲替他对下句。其母接过上联一看，写的是："窗外细竹竿竿绿。"心中暗暗埋怨老师出题太深。她略加思索写出了下句："池内荷花朵朵红。"

并让儿子用自己的笔迹，写在后面。

学生把作业递给了先生，先生一看便知是其母所作。心中虽明，但并未言破。放晚学时又布置了新的作业，还是一上联句："六尺丝绦三尺系腰三尺佩。"学生回家又让其母替他对下联，其母沉思良久对曰："一幅锦被半幅遮体半幅闲。"

第二天早，先生一见其下联句心中暗喜，认为其母有思嫁之心，放晚学时又出一上联句："密林深山叫樵夫如何下斧？"其母一见此上联句脸有愠怒，知先生别有心思，又暗忖，先生毕竟是个年轻小伙，有爱慕之心人之常情，但须断其念想，于是，对了下句："水尽石现劝渔翁急忙回头！"

先生见此下联甚是后悔，知自己的心迹被识破，并知其女无另嫁之心。于是，自己给自己调了调面子，又让学生捎去上联："竹本无心乃妄自多生绿叶。"

第二天早晨，学生拿回了下联，乃是其母亲笔所写："藕虽有眼乃嗟乎不染红尘！"先生见其女的笔迹工整俊秀，其敬佩之心油然而生。

从此，他对教育学生更加刻苦用心。三年后，教书先生科举高中。学生长成后也一举成名，师徒两人终生修好，学生的母亲成了福寿双全太夫人。

讲述者：　祖母，女，1890 年 2 月，平阴县孝直镇柳滩村

采录者：　阴中元，男，1946 年 5 月，平阴县孝直镇柳滩村，中专

采录时间：　1964 年 4 月

采录地点：　平阴县孝直镇

附记

这个对诗故事，是我的祖母于 1964 年 4 月讲给我的。祖母知道的故事非常多，以笑话、善恶报故事为主。老人家讲故事绘声绘色，吐字也清晰，表情随着故事情节而变化，让我听得身如其境。祖母于 1971 年去世，终年 81 岁。

120

三姑娘上寿

山西太原有个赵员外，他有三个姑娘，前两个姑娘是员外当家给她们找的主：大姑娘找了个文状元，二姑娘找了个武状元。

三姑娘到了找主[1]的时候，老两口子就商量。女的说："那两个闺女找主是你当的家，这个最小的闺女，我得当家，我给她找个种地的。"男的说："好，那就依着你吧。"她给她小闺女，找了个种地的。

这一次，正赶着赵员外的生日，三个姑娘都来了。赵员外挺高兴，心里话：不离儿[2]，都没忘了我。就说："不孬！我那生日，你这伙[3]年年都想着。"

过去[4]，员外家的姑娘都念过书啊！能说两句文话。她爹一说，三个闺女说："父母之年，岂可不知也！"意思是父母的年龄生日还能忘了吗。

赵员外一听更喜欢咧，赶着说："小时候都让你们念

了几年书，到这忘不了。不错！这样吧，我出二百钱，谁把四书文史上找出一句从'有'字开始，末后落在'者'字上的话，这二百钱给谁。你三个谁先说？"

大姑娘说："有子曰：其为人也孝弟，而好犯上者[5]。"

二姑娘说："该我咧。"她说："有澹台灭明者[6]。"

三姑娘说："该我说咧。"

"你说吧。"赵员外高兴地说。

三姑娘拽着她爹那胡子，围着当面转了一圈，说："有牵牛而过堂下者[7]。"

老头一听怪生气，心说：拿我当了牛咧！你女婿是个庄稼汉，来了我出个题非难为他不可。

待了一霎[8]，三个姑爷也来了。倒上茶，喝了壶水。老员外说："这不你们三个也来了，刚才她姊妹三个来得早，我拿出二百钱考了考她们。你们来了，我也拿二百钱做个东家。我出个题你们对，对得上，坐下；对不上，咱让他端盘子提壶。"他这个意思，大姑爷是文状元，二姑爷是武状元，都没说的。就是三姑爷是个种地的，准对不上啊！让他提壶满酒[9]。

大姑爷说："好吧，老岳父你出题吧。"

"我出的题是：我买了一匹马，看看谁说它跑得快。说上的坐下，说不上的端盘子提壶。"

大姑爷说："我是为大的，我得先说。"

老丈人说："当然你得先说。"

大姑爷眨巴眨巴眼说："火炉子里面烧鸡毛，岳父大人骑马上了洛阳桥；来回足够一千里，回来鸡毛还没烧着。你说这马跑得快不快？"

都说："快！快！快！"

"我再说说。"二姑爷说，"水瓶子里捞钢针，岳父大人骑马上了天津；来回足够两千里，回来钢针还没往下沉呢。你说马快不快？"

"快！可是快！"

该三姑爷咧，三姑爷本是个种地的。他拉不出怎么着来，急得在屋里乱转。

这时，那三个姑娘都在门外头窗户底下听着。大姑娘说："你看俺男的说得怎么样？"二姑娘说："俺男的也对得上咧。"都激三姑娘，三姑娘急得不得了。

最后还是丈母娘疼姑爷，上了屋里去，想说说这个事儿。意思是不对这个，再对别的。赶得巧呵，进门她放了个屁。

三姑爷说："有了。"

"有了？你说吧。"

他说："丈母娘进门放了个屁，岳父大人骑马上了无锡；来回足够四千里，回来臭味儿还没下呢。老岳父，你说俺三个谁说得你那马快？"

"哼！这个……你说的我那马快。"

"那二百钱……"

老丈人说："别慌，我再出个题。对得上，就给你。"他说："你们三个再说天上飞的、桌子上放的、地下趴的、门口站的。说的得是个东西，还得合辙押韵。"

大姑爷说："天上飞的凤凰，桌子上放的文章；地下趴的绵羊，门外头站着个姑娘。"

二姑爷说："天上飞的斑鸠，桌子上放部《春秋》；地下趴着个黄牛，门口站着个丫头。"

三姑爷说："这个嘛……你听：天上飞着个鸟枪，桌子上放着盆火；地下趴着个老虎，门外头站着个嫩小伙子。"

那俩姑爷说："这个不押韵。"

三姑爷说："拿我这个和你俩的加起来就合辙押韵了。你听：天上飞的鸟枪，专打你斑鸠、凤凰；桌子上放着盆火，专烧你《春秋》文章；地上趴着个老虎，专吃你黄牛、绵羊；门外站着的嫩小伙子，专娶你丫头、姑娘。"

老丈人没有法，把二百钱给了他咧！可还是不死心啊！说："钱我给了你了，我还得出个题。"意思就是要他三姑爷难堪。

大姑爷、二姑爷说："你出吧。"

他说："先说个尖的，再说个圆的，最后说出你是干什么的。"

大姑爷寻思寻思，说："我这个笔尖尖又尖，写出字来方又圆；单等南科[1]开了选，万岁爷钦点我文状元。"一听，就是个念书的。

二姑爷说："我这个剑尖尖又尖，拉出弓来圆又圆；只要武校场里开了选，万岁爷钦点我武状元。"甫问，是个练武的。

三姑爷一掭手里那二百钱，有了！他说："我买了根鞭梢尖又尖，我那大车轱辘圆又圆；等着那五谷丰登收成年，我大囤淌来小囤满。"

大姑爷摇头晃膀地说："还是咱行啊，状元！"

二姑爷翘着大拇指："咱也不赖，武的。"

门外头他们那俩媳妇，也冲着三姑娘挤眉弄眼[2]的。三姑娘急了，一步跳进来，撸起袖子说："我给你们说个尖圆听听：我这十指尖又尖，戴的镯子圆又圆；别看俺当家的是个庄稼汉，俺俩的恩情如泰山。待上三年并五载，我给他添上两个小儿男。把大的送到南学把书念，把二的送到武学把弓端。单等着万岁皇爷开了选，钦点我儿文状元来武状元！"把她两个姐夫骂得不轻，老丈人也白瞪眼了。

讲述者：　封万林，男，1936 年 8 月，历城区姚家镇窑头村，农民

采录者：　封玉斗，男，1939 年 7 月，洪楼文化馆干部，中专

采录时间：1988 年 3 月

采录地点：历城区姚家镇窑头村

[1]　南科：此指京城科考。

[2]　挤眉弄眼：意思是用眼睛、眉毛示意。此指看不起人的眼色。

121

哑女说话

从前，有这么个大闺女。一天她在屋里做花鞋，接二连三打了几个喷嚏，就心烦意乱地说："想你等你你不来，不叫你来你又来，耽搁人家做花鞋。"

屋内说话，窗外有人听。她的话被隔壁做针线活的嫂子听到了，就故意大声说道："墙内有花墙外开，开花引了蜜蜂来。"

闺女听了羞得满脸通红，放下鞋，抱起小侄子往外走。刚到大门口，见位秀才骑着白马走来，慌忙躲在门后。

秀才见闺女的衣裙露着下半截，不觉吟诗出口：

双扇门，单扇开，

一朵鲜花门后栽；

没见擦得满脸粉，

只见一双绣花鞋。

闺女听了气不打一处来，从门后闪出身子说：

一匹白马绿辔头，

经常由此下扬州；

旁有大路你不走，

多说闲话烂舌头。

说完，转身回了家，秀才碰了一鼻子灰，打马走了。

闺女回到家，把这件事对娘说了。娘说："疯丫头，谁叫你抛头露脸呢！这么大个闺女咧，也不知道害臊是啥！"闺女呢，从此发誓不再说话。

过了年，闺女出嫁了。婆婆见媳妇子样样都好，就是不说话。以为她初来乍到，人生面不熟的不好意思开口。时间长了不说话，公公婆婆怀疑媳妇是个哑巴，鼓动儿子把她休回娘家。

儿子满心不愿意，架不住娘爷双管齐下。他违心地推着媳妇，往丈母娘家走。路上，一只咯咯鸡[1]俯身叫嚷："咯咯鸡，咯咯鸡，王八羔子去休妻。"连叫几遍，小伙子生气地放下车子，一点棍把咯咯鸡打死了。闺女"噗嗤"一声开了腔："让你休妻不休妻，点棍打死咯咯鸡。"

小伙子又惊又喜："你这不是会说话吗？"

夫妻没有背着的话，闺女一五一十把自己不说话的原因告诉了丈夫。小伙子又惊又喜，调转车子头推着媳妇往家走。

一进庄，娘正在推碾，见儿子又把哑巴媳妇推回来了，气得点着指头说："孩子大了不由娘，叫你往东你非往西。看你以后咋和她过？"

小伙子笑着说："娘，娘你别气，她不是哑巴，说的话可好听呢，不信你出个题来考考她。"

娘听了似信非信，指着手中的簸箕对媳妇说："就以它为题吧。"

媳妇下了车子，出口成章：

乍看是把条，

巧匠编得牢；

双手轻轻晃，

[1] 咯咯鸡：一种咯咯叫的鸟，体形如鸡而名。

糠皮出了朝。

———

娘听了笑容满面，亲自扶媳妇坐到车子上，叫儿子推回家去。小伙子兴冲冲往回走，没走几步，迎面碰上从地里干活回来的爹。

爹倔犟着脸[1]，粗声大气地问儿子，为啥又把媳妇推回来？儿子说了，爹不信，指着肩上扛的锄叫媳妇说说。媳妇信口[2]诗来：

———

铁裤木把一龙头，
草兵反了你当头。
大小兵将不在眼，
杀得草兵百万休。

———

爹听了，喜得抬头纹[3]都开了，嘱咐儿子说："慢着点走，别颠着恁媳妇，回家叫她好好歇歇。"

小伙子进院放下车子，正待扶媳妇屋里去，正巧嫂子从厨房里出来，一见小叔子劈头盖脸就说开了。

小伙子据理力争，嫂子不信，指着推磨棍叫弟妹说说。
闺女不慌不忙，开口说：

———

土里生，土里埋，
没有手脚叫人抬；
虽说不是你的夫，
每每都得搂在怀。

———

嫂子听了又气又臊，顺手抓起推磨棍去打弟妹。弟妹一闪，把个喂猪食盆[4]打了个粉粉碎。闺女火上浇油，笑着气她，幸灾乐祸地说：

———

棍头打烂聚宝盆，
气煞嫂子你这人；

[1] 倔犟着脸：脸色不好看。
[2] 信口：张口，不假思索。
[3] 抬头纹：脸上的皱纹。抬头纹开了，指脸上的皱纹舒展开来。
[4] 猪食盆：俗称"猪食槽子"，民间把猪食盆称之为"聚宝盆"。

六月里来发大水，
饿死栏里猪郎君。

———

从此，一家人和和睦睦生活得很美满。

讲述者： 李霞，女，1971 年 2 月，莱芜市张家洼镇孟公清村，小学

采录者： 王俊莲，女，1964 年 4 月，莱芜市方下镇张公清村，高中

采录时间： 1990 年 8 月

采录地点： 莱芜市张家洼镇孟公清村

附记

这个故事听多人讲过，很佩服这些女人的口才。李霞讲的这个故事，很接地气。老百姓都说，能够出口成章的女子就是才女，才女给家庭带来了欢乐，促进了家庭成员的和谐。这个故事反映了才女两个家庭的不同生活，也透露出那个年代的社会环境。出口成章的口才，化解了她与婆家因不说话产生的矛盾，也表现了她丰富的生活阅历。这个故事编入李胜华搜集整理的《凤凰城的传说》，1993 年 2 月，金陵书社出版公司出版。

122

媳妇巧对先生

从前，有个老师领着学生出去游玩。到了一座大桥上，有个人骑马过来，马蹄子踩得木桥咚咚咚地愣响[1]。

先生一听，就寻思了寻思[2]，说了一副对子的上对[3]："马走吊桥蹄打鼓。"叫他学生对，这个学生呢，想了半天也没对上。

他老师说："给你一后晌空儿[4]，你必须得对上。对不上，就罚站。"

学生到了家，他媳妇叫他吃饭也不吃，问他："咋着咧？每日家来都挺欢喜的，今日家来咋这个样呢？"

他就说："俺老师给俺出了联对子，说是'马走吊桥蹄打鼓'，叫俺对。对不上，回去就罚俺站。"

他媳妇就说咧："我寻思多大的事儿咪。你就给他对'鸡啄铜盆嘴敲锣'！"

到了早晨上学去，到了学校里，先生问："对上

了吗？"

"对上了。"

"对的啥呢？"

"鸡啄铜盆嘴敲锣。"

先生一听，说："你家去的时候，鸡都宿了，哪来的鸡啄铜盆呢？你说实话，谁给你对上的？"

他就说了实话了："俺媳妇叫我这么对的。"

先生想：对得绝啊！既然有文才，人才也孬不了。就想会会这个小媳妇，又给他出了上联："六尺丝绦，三尺围腰，三尺垂着。"

学生拿了家去，他媳妇一看，说："一幅红绫，半边遮体，半边闲着。"

先生又出了个对子，说是："树枝高，叫樵夫，如何下手？"

拿回去，他媳妇一看，想：先生太混蛋，起了坏心咧。就给他对了这么一句："站江边，劝渔公，枉费心机！"

先生还不死心，又出了一联："竹本无心，外边多生枝叶。"

媳妇又回了一句："莲藕虽空，不沾半点污泥！"

先生这才明白自己遇上了不好惹对手，自此，他对对子再也不敢心术不正了。

讲述者： 魏礼，男，1941 年 2 月，柳埠镇亓城村，助理工程师，高中

采录者： 李全仁，男，1938 年 7 月，第二文化馆干部，高中

采录时间： 1987 年 10 月

采录地点： 历城区柳埠镇亓城村

[1] 愣响：历城方言，形容声音很大。
[2] 寻思了寻思：想一想。
[3] 对子的上对：对子是对联的俗称。上对：上联。
[4] 一后晌空儿：一晚上的时间。

123

状元妻对句皇帝

有一年，通州胡举人进京赶考。三榜三甲，得了头名状元。皇帝爱他一表人材，想招他为驸马，不料被胡举人一口回绝，说已有结发之妻。

皇帝听说新科状元不肯，心中不快，心想："好一个不识抬举的胡状元，请你上轿你不上，我倒要看看你原配夫人何等美人，又有何等学问。"于是，宣胡氏进宫。

胡氏马上赶赴京城，皇帝率三宫六院七十二嫔妃召见胡氏夫妇。胡氏农妇装束，青布衣裙，蓝布长衫，举止大方。进殿跨槛时，轻撩裙角，启口道："乡女村妇一条草裙，千万别污了万岁爷的金槛。"

皇帝听了，大吃一惊，万万没想到一个村妇竟如此大胆又有礼法。他上下打量，见胡氏相貌平平，皮肤黝黑，体高魁梧，裙下露出一双大脚。皇帝脱口说："其足之大，天下无双，男子莫及，见所未见。"

胡氏见皇上取笑自己，不慌不忙，从容答道："脚大胜似舳舻履惊涛[1]。"

皇帝说："依你说是脚大好了，那么朕宫中嫔妃婕妤，人人是金莲小足，你说如何？"

胡氏应道："足小宛若画舫过浪巅。"

皇帝知道讥诮[2]小脚行走不便，但又佩服其口才，便吩咐宫女奉茶。胡氏啜一口[3]，随口吟道："饮啜香茗遥念故乡水。"

皇帝被胡氏的思乡之情所感，传令摆宴为状元夫妇洗尘。胡氏接着又说："食俸皇粮当恩耕夫辛。"

皇帝佩服胡氏才华，便出上联要她对下联："远闻通州出才子。"

胡氏应道："近观皇宫多佳人。"

皇帝又出一联："冠授官，官戴冠，官被冠管。"

胡氏沉吟片刻，大声应道："仁教人，人压仁，人受仁欺。"

皇帝听了，心悦诚服，暗赞胡氏才思敏捷，更赞新科状元不图高贵，不弃前妇，是难得的大才子。他拿起笔来写下了"翰墨竹梅"四字，叫工匠刻在匾上，赠与胡状元夫妇，以表敬意。

讲述者： 尹彬祚，男，1901 年 3 月，平阴县安城公社让庄铺村，农民

采录者： 尹燕忠，男，1951 年 10 月，平阴县安城公社让庄铺村，高中

采录时间： 1976 年 8 月

采录地点： 平阴县安城公社让庄铺村

[1] 胜似舳舻履惊涛：舳舻，船头和船尾的并称，多指前后首尾相接的船。本句释义为如行驶于江河中的大船不怕狂风大浪。

[2] 讥诮：冷言冷语地讥讽，讽刺。

[3] 啜一口：啜，饮。此指喝了一口茶。

124

对诗清河桥

尹彬祚老人拉的这个呱，是他邻居讲给他的。有一次，我与尹彬祚老人品茶聊天，他又讲了这个故事。从小就爱听长辈们讲民间故事，平时注意搜集，这是众多故事中的一个。

有一年，一个和尚与一个秀才进京赶考路过这个村庄。时值六月天气，忽然一阵大雨，无处躲闪，二人急忙进入了路旁边的一间破庙避雨。此庙年久失修，墙倒屋也塌，好歹在檐下暂避。此情此境，二人诗兴大发。

和尚先来："东墙倒、西墙倒，城隍爷披了一身草。"

秀才接着说："判官丢了生死簿，小鬼淋没了一根×。"二人说完，相视大笑。

不一会，雨过天晴。二人迈步走出破庙，顺着大街准备过桥。值此季节，河两边黄花菜[1]长势正旺，含苞未放。这时，一个非常俏丽的少妇刚采摘完黄花菜，在清澈见底的河水中洗菜。

二人原本是狂傲之徒，觉得有点学问，也想戏耍一下这位村妇。和尚手捻佛珠张口说道："无水念青，有水念清，去水添米念作精；小精精，真是乖，我爱吃新人洗的黄花菜。"

[1] 黄花菜：黄花菜是人们喜吃的一种传统蔬菜。因其花瓣肥厚，色泽金黄，香味浓郁，食之清香、鲜嫩，爽滑同木耳、草菇，营养价值高，被视作"席上珍品"。

秀才也不甘心示弱，折扇一摇随口便说："无水念可，有水念河，去水添女耳念婀；婀婀婀，真可爱，我更爱吃新人洗的黄花菜。"

村妇一看这两个好色之徒，没怀好意，站起来用手指着桥上的二人，不紧不慢说道："无木念乔，有木念桥，去木添女念做娇；娇娇娇，更可爱，我胸前多了两大块，一个奶和尚，一个奶秀才，把你二子管个饱，何必吃那黄花菜。"

二人见事不妙，灰溜溜地逃走了。从此，当地的人们管此桥叫作"清河桥"。

讲述者： 亓曰才，男，1948 年 3 月，莱城区高庄街道办五龙村，小学

采录者： 亓福忠，男，1968 年 9 月，莱城区高庄街道办五龙村，高中

采录时间： 2017 年 3 月

采录地点： 莱芜市莱城区高庄街道办五龙村

125

兄弟分兔

从前，凤凰城南郊有兄弟三人，父母早亡，撇下些财产。兄弟仁分家，分来分去，分到五只兔子时犯了愁。每人分两只缺一只，每人分一只剩两只。老大和老二心怀鬼胎，想占个大便宜。刁奸的老大提议以胡子为题吟诗分兔，奸猾的老二拍手叫好，唯独忠厚老实的老三听之任之。

老大自以为长，首先吟道："老兄俺胡子一大把，五个兔子我要俩。"

老二也不示弱，张口吟来："我的胡子一大挓[1]，五个兔子我要仁。"

憨厚的老三，见兔子没有了，叹口气，低垂着头回了家。聪明的妻子听丈夫一说，气不打一处来。拉起老三，来到分兔的地方。老大老二正乐滋滋地收拾着兔笼。弟媳笑着说："大哥的诗好，二哥的诗绝。但老三虽小，也得听他的诗作得如何吧？"

老大、老二交换一下眼色，同声说："如果三弟的诗好，我兄弟俩情愿认输。"

[1] 挓：一大挓，两手弧合的数量，相当于三四把撮的数量。

老三媳妇听了，不慌不忙地说道："大哥、二哥，您俩知道你弟弟的本事，那嘴笨得跟棉裤腰一样，说话都不顺溜，哪里能作诗。如果大哥二哥同意，弟妹我愿意代劳，如何？"

老大、老二心想：老三一个大老爷们作诗都白搭[1]，你一个妇道人家会作啥诗？于是，头点得跟鸡啄米一样，连连说："行，弟妹只要作得好，俺弟兄俩都认输。"

老三媳妇伸了一下大拇指，说："两个哥哥真仗义！请哥哥把刚才的诗再作一遍吧。"

老二抢着说："行！我的诗是：我的胡子一大抔，五个兔子我要仨。"大哥听了，皮笑肉不笑地说："弟妹，我是这么作的。老兄俺胡子一大把，五个兔子我要俩。"

弟妹听了，问道："两位哥哥的诗真好！还改吗？"

两人异口同声道："不改了，弟妹你作吧？"

老三媳妇上前一步，说："我的胡子没有点，五个兔子全拿来。"吟完，提起五只兔子和丈夫高兴而归。

讲述者： 孟宪花，女，1917 年 8 月，莱芜市方下镇张公清村

采录者： 王俊莲，女，1964 年 4 月，莱芜市方下镇张公清村，高中

采录时间： 1993 年 6 月

采录地点： 莱芜市方下镇张公清村

附记

孟宪花老人很喜欢讲故事，茶余饭后、闲暇的时候，都会给晚辈们讲上两个。有的故事短，一会儿就讲完了。有的故事长，两三后晌（晚上）还拉不完。她老人家不识字，但知道的还就真不少，尤其是家庭生活这类故事，可说是张口就来，而且每个故事都富有哲理，让人听了回味无穷。老人家声音洪亮，表情丰富。她讲的故事容易记，好传讲。《兄弟分兔》这个故事听了很多年了，至今记忆犹新。

[1] 白搭：不行。

126

马二邪古

刘家庄的马二邪古有四个儿子，已娶三个儿媳。马二邪古，性格古怪，净刁难三个儿媳。儿子知道爹的脾气，个个敢气不敢言。只好告诫妻子，尽量少招惹爹爹，以免惹些不愉快。

一天，大儿媳要回娘家，便来到爹的房间问："爹，眼下是农闲。俺多日不见爹娘了，想求您老人家答应让俺去看看年迈的爹娘。"

马二邪古头不抬眼不睁地说："那就去呗！"

"爹，俺去待几天呀？回来时，给您老带什么好吃的东西呀？"

马二邪古翻翻眼皮，阴阳怪气地说道："你待二八天。回来时，给我带些麻线串水吧。"

大媳妇没言语，回到自己房间，用纳鞋底的麻线，反复在脸盆里试，可怎么也串不住水，急得一点办法也没有。

二媳妇听说大嫂回娘家，也想到娘家去看看，求马二邪古应允。马二邪古也答应了，说："可待三七日，来时带回骨头包肉。"二媳妇，也愁没了门。

三媳妇见大嫂、二嫂回娘家了，也想一块去。马二

邪古也答应了，说："你待四六天，回来时带些翻天盖地来。"

三个儿媳妇，心事重重地离了家。一进马家庄，便见一穿红戴绿的大闺女，挑着一担空筲[1]走过来。大闺女见三人愁眉苦脸，便驻足询问。三人说出缘由，大闺女眉眼一动，就告诉了三位媳妇。三人听了恍然大悟，连连道谢，欢天喜地而去。

三个儿媳妇一块回来了。大媳妇带的是葡萄，二媳妇带的是核桃，三媳妇带回的是烙饼。马二邪古大吃一惊，猜想一定是三个儿媳求了聪明人才得了谜底。马二邪古一再追问，三个媳妇就把遇到姑娘的事说了。

马二邪古听了，便求人到马家庄的姑娘家，为四儿子说媒。四儿媳妇进了门，马二邪古想报前仇，净出些坏点子来为难四儿媳妇。

四儿媳妇问公爹："爹，中午咱吃啥？"马二邪古阴阳怪气地说："吃杂面汤。"四儿媳妇听了没说啥，转身走了，回到了厨房，马上忙活起来。

马二邪古好奇地依窗偷看，只见四儿媳妇先用罗罗了些草木灰，掺了些面粉，擀制起来。面汤煮好了，四儿媳妇盛上一碗放在公爹面前，自己取了一根擀面杖站在公爹的后面。马二邪古吃一口，四儿媳妇便揍他一面杖。马二邪古问："我吃面，你凭啥打我？"

"砸面汤吗？不打怎么叫砸面汤？"

马二邪古让四儿媳妇治服了，从此再也没难为四个儿媳妇。全家人和睦相处，过起了好日子。

讲述者：　亓延翠，女，1940年1月，莱芜市莱城
　　　　　区方下镇张公清村
采录者：　王俊莲，女，1984年4月，凤城街道办
　　　　　矿煤阳光花园，大学
采录时间：　2004年6月
采录地点：　莱芜市莱城区方下镇张公清村

[1]　空筲：空水桶。

附记

20世纪80年代末和90年代初，参加中国民间文学集成采风工作时，发现在民间，巧媳妇斗公婆的故事很多。上了年纪的老年人，也喜欢讲这类故事。当然，醉翁之意不在酒。有的老年人讲这样的故事，是卖弄自己管理儿媳妇的本领。因为她教育的儿媳妇没有和她抬杠的。还有的老年人，只讲人家的儿媳妇不听说，或者把她们的公婆治服了，闭口不谈自家的儿媳妇。亓延翠老人就是四邻八舍公认的好媳妇，而且还多次被当地政府评选为"好媳妇、好婆婆"。她照顾公婆无微不至，从来没和公婆红过脸。她老人家喜欢唱"莱芜小调"，还是这个小调的传承人。我记录过她老人家近百首莱芜小调唱词，几十个精彩民间故事。

127

先生推磨

从前，有个叫田家庄的小村。七八十来户，百儿八十口子人，像片树叶似的孤零零地挂在汶河边上。田一根就是田家庄有名有姓的汉子，中等个头，踏煞虎踩煞龙[1]的身体，让人估摸不出他有多少劲。田一根相貌平平，脾气却很好。平时助弱扶危，大人孩子都很尊重他。田一根的老婆叫巧花，是邻村刘员外的闺女，长得水灵灵的。小两口你敬我爱，生活过得很甜美。

阴历五月初五，刘员外到闺女家看端午[2]，田一根打酒买肉招待老丈人。翁婿俩推杯换盏喝了个痛快。刘员外喝了三巡酒，把酒盅放到一边说："他姐夫，有件事在我心里掂量的时间不短了。今儿咱爷俩再掂对[3]一下，不知你乐意否？"

"爹！一家人不说两家话。有啥事，您老人家就直说吧。采星摘月，只要您女婿办到的，一定为您老人家办好。"

"他姐夫，你内弟春发年龄到入学的时候了。雇个私塾先生教吧，又划不来；不这么办，又怕耽误了他的前程。我听说你村里的教书先生教得不错，我和你岳母盘算着让他到你村里来读书，一早一晚你也替我照应着点。不知贤婿意下如何？"

"这事还用得着您老犯愁吗？俺春发弟那小脾气小性子和我很合得来。再说，我有时不在家，也让他和巧花做个伴。这一举两得的事，打着灯笼都不好找哩！咱说定了，明儿个我就去把春发弟接过来。"

教书先生是个心术不正的人，早就听说巧花人品貌相千里挑一，只因无缘贴近而苦恼。见田一根领着他内弟来上学，认为是天赐良机，不禁牵动了他的花花肠子。可心急喝不得热黏粥，只得咽口水灭心火，瞪着眼珠盼日子。

一天放学，先生把巧花的弟弟留下来，先是指点了一些作业，而后又皮笑肉不笑地说："春发呀！你回家问一问你姐，你姐夫啥时候不在家。我想单独找你姐玩，问她愿不愿意。"

小孩不懂事，他回家后当着姐姐姐夫的面学了一遍。姐夫田一根，是个直肠子的血性汉子。一听先生打歪主意，气得俩眼直冒火星子。他挽袖子攥拳，要去找先生评理。巧花一把拉住他说："你这个人咋属爆仗[4]的，一点就炸？你怎不思前想后呢？万一得罪了先生，咱弟弟吃屈是小事，耽误了学业可是大事哩！常言道：歪心邪治。他动心眼子，咱也活络个办法教训教训他，让他自找苦吃。"

"那怎么办？"田一根一拍大腿，蹲在门口吐闷气。

"办法是人想出来的，你急啥？快吃了晚饭歇着去吧。这事不用你操心，我自有妙法！"

过了五天，巧花对吃完午饭要上学的弟弟说："小弟，到学堂对先生说，我今晚请他来吃饭。你告诉他说，你姐夫出远门了。"

巧花弟到学堂，把姐姐的话说了一遍，先生高兴得几乎背过气去了。他恨太阳落得慢，一下午看了几百次，好不容易盼太阳钻了山。他急忙把学生打发走，自己洗了脸

[1] 踏煞虎踩煞龙：形容身体非常强壮。
[2] 看端午：有莱芜端午节看出嫁的闺女的习俗。
[3] 掂对：考虑。
[4] 爆仗：鞭炮。

梳了头。对着镜子这边照了那边看，才满意地穿上衣服，提着准备好的点心去巧花家。想想要和梦寐以求的人相见，高兴得心如大海翻浪子。巧花热情地把先生迎进屋，抹桌子、泡茶叶，还不时送个笑给先生。先生觉得巧花比传说中还漂亮，魂都勾飞了。他两眼瞪得大大的，借着闪动的油灯光，仔细端详着如嫦娥般的巧花，直咽口水。

"先生啊！我小弟蒙您教养，让您操心了。您喝点茶，我下厨给您炒几个小菜，暖壶酒。他姐夫不在家，我陪您喝几盅。"

"哎，行。别忙活了，家里有啥咱随便吃点就行咧。"

"那可不行，您是贵客，说啥也得炒几个好菜招待您。您先坐，一会就弄好。"

长话短说。巧花刀剁案板响，不大霎就炒了六个菜。又暖了一壶酒，摆在先生面前的小方桌上。巧花边让先生吃菜边倒酒，先生乐得都不知东南西北了。他一手把筷，一手端酒杯刚要喝。忽然，一阵急促的敲大门声音。先生一惊，巧花说："这时候了谁还来啊？"便起身把门拉开了一条缝，问道："谁呀？"

"我！"田一根瓮声瓮气地回答说，"才黑天[1]，怎么就插了门？"

先生忙放下筷子酒盅站了起来，结结巴巴地说："这可咋办哩？"巧花看了先生一眼，关心地说："先生，俺当家的回来了。你先到西磨坊去推磨，他要问，我就说是借邻居二大娘的驴子拉磨。等他睡下了我再放你。你可千万按我说的办，要是让他看出破绽来就麻烦了。他那驴脾气一发，非杀了咱俩不可！"先生体似筛糠，光哆嗦说不出话来。只得言听计从，随巧花进了磨坊，推磨磨麦子。

田一根大声说道："怎么这么长时间才开门，做啥见不得人的事了？"

"我借二大娘的牲口推磨，刚套上你就来了。你说三天才回来，咋这么快就家来了呢？"巧花故意大声问道。

"可累死我了，晚饭做了吗？"

"早做好了，六个菜一壶酒。快吃喝好了，上床歇着吧。"田一根坐下来，边吃边喝边说话。先生抱着木棍累

得气喘吁吁，汗流浃背。实在挺不住了，便停下来歇歇脚。刚停下来，就听田一根说："老婆子，我咋听磨坊里没动静了？是不是牲口偷吃粮食了？我去看看，欠揍！"

先生听了，吓得用力又推起来了。到了夜半更深，巧花觉得差不多了，便高声说："大概磨完了，我把那牲口给咱二大娘送回去吧？"

"行，可别让牲口撞了你。你把门后的鞭子拿上，不听说就揍。"

巧花推开磨坊，小声说："先生，俺当家的上栏解手了，你快趁空走吧。小声点，千万别让他看见。等有机会，我再让我弟弟告诉你。"

先生累得晕天晕地，听巧花这么一说，就跟得了赦令的囚犯一样，猫腰低头溜走了。

过了两三天，巧花又打发弟弟请先生。先生捶着腰说："回家告诉你姐，三天不可能把一百多斤面吃完……"

讲述者：　亓怀荣，男，1953年7月，莱芜市城区办事处北十里铺村，高中

采录者：　李胜华，男，1964年4月，莱芜市方下镇张公清村，初中

采录时间：　1989年7月

采录地点：　莱芜市城区办事处北十里铺村麻纺厂

附　记

旧时，家家户户过得贫穷，端午节包粽子看闺女，意思是麦收刚过，父母不放心女儿家的日子，亲自或者打发孩子们去女儿家看看收成如何，能不能吃饱肚子。后沿革成端午节包粽子看闺女的习俗。民间还有"端午节看闺女，娘家人撑山"一说，如果这一天娘家人不去看闺女，婆婆就以为儿媳为人处事不行，降低了儿媳的身份。其实，看闺女的意义远不止这些，亲家相聚增进亲情，兄弟姐妹团聚欢乐聚会，既增进了亲情又显示了和谐，可谓一举多得。

[1]　才黑天：刚黑天。

128

小媳妇掌击饿狼

颜庄东泉村有一王姓姑娘，名叫王妮子，长得眉清目秀，招人喜欢。十六岁时，经媒人说合，嫁入颜庄西边的唐家宅村张家为媳。

王妮子自来到婆家后，恪守妇道，在家孝敬公婆，推碾拉磨，洗衣做饭，不用婆婆操心；上坡下地，锄镰锨镢，样样能干，是公公的好助手。

就这样，公婆还不满意，时不时地找媳妇的茬[1]。骂是经常，有时还打。但王妮子打不还手，骂不还口，照样做好媳妇的本分[2]，成了远近闻名的好媳妇。

有一年秋上，王妮子帮东泉娘家削地瓜干[3]。婆婆嘱咐道："不准在娘家住宿，早晚要回来。"

王妮子在娘家一直干到夜半，才削完地瓜干，就急急忙忙地往婆家赶。当快来到石棚沟[4]底时，看到前边路中央有四点蓝光在晃动。走近一看，原来是两只饿狼拦住了去路。黑夜里，狼的四只眼睛寒光闪闪。王妮子并不害怕，像没事一样大喊一声："好个孽畜，敢拦我路。"一只饿狼嗥了一声，两只饿狼龇牙咧嘴，目露凶光，一左一右朝王妮子扑来。王妮子稍稍一闪，瞅准机会，手起掌落。将右边扑来之狼，拍了个脑浆迸裂；左边的狼看同伴已死，如同疯了一般。张开血盆大口，一跃腾空，直奔王妮子而来。王妮子并不慌乱，沉着应战。等饿狼扑到面前，王妮子稍稍[5]一蹲，让过饿狼，狼尾已在眼前。说时迟，那时快。王妮子顺势抓住狼尾，一个转身朝地上摔去，狼霎时[6]气绝身亡。

王妮子看二狼都已毙命，理了理头发，拍了拍身上的尘土就回家了。当走到唐家宅槐树时，有几个邻居还在槐树处闲聊。见王妮子这么晚才回来，就说："你这妮子胆子真大，石棚沟狼多你没碰见？"王妮子说："碰见了，还拦我路，让我拍死了。"邻居不信，王妮子说："不信你们去看。"邻居们说："我们可不敢去，要去，你陪我们去？"王妮子前面走，众邻居后边跟。不一会，就到了石棚沟。王妮子用手一指说："那是被我拍死的两只狼。"众邻居战战兢兢上前观看，一只脑浆崩裂，一只七窍流血，众邻居骇然。

王妮子用掌拍死两狼之事，一传十，十传百地传开了。人人都竖起大拇指赞道："张家找了个能文能武的好媳妇！"

公婆听了大吃一惊，万万没想到，一直逆来顺受的儿媳妇，竟然是个不露声色的女中豪杰。想想平时那么虐待她，她温顺得像只羔羊。如果逼急了她还手，俺老两口岂不成了那两只恶狼。寻思寻思，还真有点后怕。

自此，公婆一改过去的态度，对王妮子好了起来。

---

[1] 茬：亦作找碴，意思是吹毛求疵地进行挑剔、批评。
[2] 本分：分内的事情。
[3] 削地瓜干：红薯在当地俗称"地瓜"，秋后成熟后，用专用工具把地瓜加工成瓜片，在野外晒干俗称地瓜干。
[4] 石棚沟：地名因此沟有一石棚，据老人讲此石棚原来有百十平方米，现已坍塌，不足三十平米，故名石棚沟。
[5] 稍稍：指稍微。
[6] 霎时：刹那，极短的时间。

讲述者： 吕根祥，男，1906 年 7 月，莱芜市颜庄
镇颜庄村，农民

采录者： 吕秉华，男，1949 年 10 月，莱芜市颜庄
镇颜庄村，干部，大专

采录时间： 1993 年 6 月

采录地点： 莱芜市颜庄镇颜庄村

129

三
妮
儿
杀
猪

附

记

在钢城区颜庄地区有一俗语，就是"东泉的狗也会打拳"。虽然此话不雅，但东泉人尚武是事实。童时，依稀记得该村武术教练总领着一伙人在汶河旁沙滩教练武术。听了吕根祥老人讲述这个王氏媳妇打狼，而这个王氏媳妇就生在东泉，因此，她掌击恶狼就不足为奇了。

从前，有个杀猪的女子，名叫三妮子。那个年代，女人是不抛头露面的，更别说是个女人杀猪了。三妮儿长得袅袅婷婷细杆杆[1]的个儿，雪白的瓜子脸上生着一双水汪汪的大眼睛。笑意从眼里漾出两洼子水来，叫毛头小伙子[2]看了心里直打颤悠儿[3]。

有好多相中三妮儿的长相与脾气品格的人，但三妮儿相不应[4]。

她二姨给她说了个主儿在西平村，名字叫二脆瓜，长得虎头熊脑的，日子过得倒暄透厚实[5]。今天，她跟二姨去相看一下子。

二姨小脚儿，仗着路不太远，踮脚翘后跟[6]的，和三妮儿不大一会儿就到了村子里。

[1] 细杆杆：苗条。
[2] 毛头小伙子：小青年。
[3] 颤悠儿：顿生爱慕之心。
[4] 相不应：不合心意，看不中。
[5] 暄透厚实：家庭生活很富足。
[6] 踮脚翘后跟：紧跟着走。

时值腊月，适逢忙年迎年置办年货。一进门赶上了二脆瓜家正在忙着杀猪，整个院子里围了一大堆人，有十几个人正拿龙捉虎[1]地逮猪。前边截猪往右转，又左转，摁住猪头了。一使劲把二脆瓜拱了个仰八叉，摔得直咧嘴龇牙，嘴里骂骂咧咧的，旁边人吓得往后打趔趄。

王木胡大爷一个劲儿大声吵吵，闪一闪，闪一闪，碰一身血喽，猪咬着喽哈！猪直蹿，不时停一下。好像说：怎么样，人多也不当鸟事也！俺老猪可不是瓢巴茬儿[2]！前边大憨九牛拦住，后边友子大耳朵抓住了后腿子。脆瓜抓住了猪尾巴，猪一挣楞[3]，把他甩了个个子[4]。

此时，东黄山上响起了喊杀声，是土匪撒野了。

人们惊悸起来，脸都蜡黄了。

说时迟，那时快，只见三妮儿如闪电般腾身跃起，把那些吃才喝叱一边去，说："枉为男人，还不替鸟猪死了去？"

脆瓜看出了是前天相的那个娇娇女，鲜花牡丹一大朵哟，不由咽了口唾沫星子。他知道三妮子爹是个杀猪厨子[5]，也叫宰把子，还叫杀猪的。

只见三妮儿风闪过，用手抓住猪尾巴一掀一甩，猪像门板一般，咣当歪倒了。三五九花[6]，几人把腿拴了。宰把子手哆嗦成一个蛋[7]。三妮儿拿过刀子咻溜一家伙撸进[8]猪脖子里去，咕噜噜冒出了血泡子。脆瓜长出一口气，唉呀祖奶奶咪，这么个弱美女子撂个猪给[9]玩似的，俺要了三妮儿，可玩不了哩！

宰把子令人把猪架到大火锅里，拿出刀片把猪刮了个大白光腚猴儿，死猪脸子上露出了笑意。大开膛，取出了心肝五脏，猪血浸在黑瓷盆子里。旁边围了几十个买猪肉户，留下一点脆瓜家里用，还留出给三妮儿打礼[10]的肉。

宰把子老迈了，把肉挂在架子上，长时间用秤过不好一块肉。三妮儿说："大爷，你去一边抽袋烟去，好生歇歇去吧。"

三妮儿让脆瓜报数，张三李四各要多少。这个说我要，那个说我要！三妮儿用利刃割一块扔八嫂怀里，又割一块二斤的扔木头手上。他们往秤上一试，分量毫丝不差。

几声枪响，几声马嘶，土匪来了。一个胖土匪说，山寨王要吃肉，把肉留下！吓得要肉者把肉扔了。

土匪把两片子肉架上大马篓里，骑上马要跑。

脆瓜吓趴了，三妮儿手疾眼快，嗖嗖嗖扔出几把小飞刀。只听"哎哟，哎呀！"三个土匪被飞刀扎翻，伤口冒出了鲜红的血浆。

三妮儿命人把死尸扔进了滔滔河水里，浊浪翻滚，涛声震天。

三妮儿莹白如玉的脸上浸出汗珠珠，一笑，灿烂如霞。

讲述者： 刘召云，女，1955 年 8 月，平阴县安城乡让庄铺村，高中

采录者： 尹燕忠，男，1951 年 10 月，平阴县安城乡让庄铺村，高中

采录时间： 2010 年 6 月

采录地点： 平阴县安城乡让庄铺村

[1] 拿龙捉虎：使出浑身解数。
[2] 不是瓢巴茬儿：不是软蛋；不是好惹的。
[3] 一挣楞：身子用力甩动。
[4] 甩了个个子：摔了个仰八叉。
[5] 杀猪厨子：屠夫。
[6] 三五九花：五花大绑。
[7] 哆嗦一个蛋：颤抖。
[8] 撸进：捅进。
[9] 给：跟。
[10] 打礼：指定亲礼。

（六）傻儿傻女婿故事

130

曹二半吊子进京城

说是朝里有个大官叫刘墉，就是大名鼎鼎的"刘罗锅"。这个人可不是满族人，是个地地道道的汉人。他爹是三朝元老刘统勋，做的官儿比刘墉大多了。

这一天，刘墉换上一身粗布衣裳。也没带当差的，就出了京城前去山东私访。正赶上春夏之交，旱灾、蚂蚱灾重合在一起。地荒粮少，刘墉看到这样的情况后，心情自然也是非常沉重。他正走着，不知不觉那太阳就落了西山。这时，刘墉猛格丁[1]地就看见西北天空上狼烟子古洞的[2]。一会工夫，电闪雷鸣下起雨来。

他一抬头，发现前边不远处有个村庄。于是，紧跑慢跑地赶过去避雨。见村头有户人家，也没分说就进去了。进门一看，发现这家日子过得非常贫寒，两小间漆黑的草屋，吃饭睡觉全在里头。土坯炕上铺着半块席茬子，跟那花油似的一床被套在炕头上堆着。

[1] 猛格丁：突然间。
[2] 狼烟子古洞的：乌云密布。

刘墉进屋，就给炕沿根里[3]纺线的老嬷嬷[4]施了个礼儿，说在这里避避雨儿。老嬷嬷就说："俺家里穷二巴稀的[5]，要是不嫌弃，你就在这里避雨就是了。"刘墉连声致谢，说话的工夫就把湿衣裳扒下来，找了一个地方晾上。

这家子姓曹，就娘儿俩过日子。儿子成天上南山拾柴禾，换俩钱儿称米打盐儿[6]。山东这二年闹歉年，衙门里不是要这捐就是敛那税，老百姓这日子过得非常清苦。

俩人正说着话呢，就见打外边进来一个三十多岁儿的男人来。这人长得五大三粗，有些愣头愣脑的。要是走黑道儿碰见他，可能把人吓得够呛。就见他翻了翻眼皮，瓮声瓮气地对刘墉说："你一个男爷们儿，天都黑了，还往俺家胡串串[7]。俺爹没了，你知道么？"老嬷嬷一听立时就急了，没头盖脸地[8]吼道开了："人家这个先生，是来咱家避雨儿的。你咋呼么[9]？"老嬷嬷返回头，又给刘墉说："先生别见怪，俺这个儿啊！天生是个半吊子[10]。别看他说话没质没量的，待俺可是挺孝顺的。"曹二半吊子听娘这么说，恣得[11]咧着嘴笑开了。

天黑雨大，刘墉走不了了，所以只能住下来，睡觉就跟曹二半吊子通腿睡[12]。刘墉这个时候从褡子里掏出一些银子给娘儿俩，好叫他们置办点衣裳，打点油称点盐过日子。这可让娘俩高兴得不轻！随后，曹二半吊子非拉着刘墉磕头拜把兄弟，刘墉也觉得这家子人挺厚道，拜就拜呗。刘墉岁数大点儿，是哥。曹二半吊子一口一个哥地叫，叫得还挺甜。

刘墉在山东待了不少日子，查出贪官的好多证据，就要回京报告皇上去了。老嬷嬷可舍不得他走，眼泪汪汪地

[3] 炕沿根里：床边。
[4] 老嬷嬷：老年妇女。
[5] 穷二巴稀的：非常贫穷。
[6] 称米打盐儿：买米买盐。
[7] 胡串串：串门。
[8] 没头盖脸地：当面训斥。
[9] 咋呼么：叫喊什么。
[10] 半吊子：旧时钱串一千叫一吊，半吊为五百，不能满串，又称半调子。指不通事理，说话随便，举止不沉稳的人。
[11] 恣得：高兴。
[12] 通腿睡：在一个被窝里，一个头朝里，一个头朝外。

0273

故事·山东卷·济南分卷
生活故事

送刘墉到村头上。曹二半吊子跌斜着脸[1]闷闷哧哧的[2]不吱声，刘墉心里也不是滋味儿！临分手的时候，就嘱咐曹二半吊子到某天某日，咱北京的老母亲做生日。你到某街某胡同就是咱府，一定要去给咱老娘祝寿。

曹二半吊子别的话没听清，但把这句嘱咐记准了。刘墉走后，他成天掰着手指头算日子。离那一天还有好长时间，就急着要起程。娘儿俩盘算来盘算去，上北京祝寿拿点么好呢？对了，自己树上结的小枣，又甜又肉头，就带上一布袋小红枣吧。头天[3]晚上，到东院他二大爷家借了头小毛驴，包裹好行李就躺下了。第二天天还没明，曹二半吊子就起来了。他一抬腿骑上那驴，但无论怎样喊，这驴光尥蹶子，就是不挪地儿。下来一看，原来缰绳还没解开。曹二半吊子心里话，这么个小毛驴，光驮着我就够载了，这布袋小枣说么也不能再压到它的身上了。干脆，我替它扛着再骑到驴上。然后，就向北京方向走去了。

走了好些天后，曹二半吊子终于赶到了北京。别说，京城就是京城，街道上非常热闹，纷纷扬扬的全是人啊！有男有女，有胖有瘦，有买有卖，有的骑马，有的坐轿。

曹二半吊子长这么大，还是头一回见这么多人。他"嘚儿"的一声，从驴上蹦下来，拽着个驴缰绳在人空子里钻。京城里人多，什么人也有啊！曹二半吊子眼不够使的了。别人搭眼一看，就知道他是个"乡瓜子[4]"。有这么俩小偷，一挤眼[5]儿就跟上他。他光顾往前挤了，小偷用小刀把缰绳割断，牵着驴就跑了。另一个小偷悄悄接过缰绳头，在他腚后头跟着。转了个弯儿把手撒开，扭过脸去装没事人儿去了。

曹二半吊子猛然间觉着手里的缰绳怎么轻了，回头一看傻了眼。原来，毛驴没了，光剩半截缰绳头还在手里攥着。把兄弟[6]刘墉还没找着，先把驴给没了，急得他跺着脚地骂开了。街上就有那好闲儿的人，过来问他，要找的

人是谁？什么长相？曹二半吊子就说开了，俺把兄弟姓刘，叫刘罗锅。旁边这些人琢磨，他找的人十有八九是当朝的刘墉。因为刘罗锅时不常[7]地打扮成平常人去下面私访，结交了好多基层的民众。这准是他私访的时候，拜了这么个把兄弟。

那两个偷驴的听了这个信儿后，吓得差点尿到裤子里，赶紧把毛驴还给了曹二半吊子。因为这小偷心里很明白，知道惹着大官儿闹不好就没命了。曹二半吊子找到驴，心里好受多了。顺着别人指给的道儿，不大会工夫就找到了刘府。抬眼一看，油漆大门锃明瓦亮，两大溜当差的在门两旁守着。门旁里，金顶轿、银顶轿、蓝轿、红轿放了一大堆。大门口出出进进全是些大官，个个儿都竖眉立眼的，囤着肚子瞅着脸。

曹二半吊子牵着驴就想往里闯，叫当差的一嗓子给喊住了："你小子是干么的？知道这是什么地方吗？为么牵头驴向里乱钻？"曹二半吊子无论怎么说，当差的就是不信，一个劲儿地往外轰。什么把兄弟啊！什么刘罗锅啊？这伙人愣是不信，刘墉会有这号穷亲戚。曹二半吊子实在没法了，就牵着驴在门前转悠。

那年头，大官坐的轿两边轿窗上已经镶上玻璃了，能坐着轿打量外面的情况。这号轿就是玻璃轿，是有来头的人坐的。曹二半吊子牵的这驴是头叫驴[8]，不大老实。它离轿近了，玻璃里头照出个驴的影儿来。它心里话，这不又来了个驴吗？驴见驴，好亲驴。它"呕哇"一声地叫唤着，照着玻璃扑过去，怎么拽也拽不住。这下子可不得了，这个驴一头碰碎了玻璃钻到轿里去了。当差的乱作一团，大伙连拉加推，才把驴从轿里给拽出来。

这一闹腾，曹二半吊子算是倒了霉，大家撸袖子攥拳围起来要揍他。但他还不在乎，还吭吭哧哧地说："你们人多俺也不怵你[9]，屎壳郎倒多，俺一泡尿不也滋跑了。"这伙人听他还骂人，更来了气。有个小子一伸腿，就把他给绊倒了。这下子倒好，掐脖子摁腿地把曹二半吊子绑起

---

[1]　跌斜着脸：哭丧脸，不高兴。

[2]　闷闷哧哧的：气鼓鼓的不说话。

[3]　头天：昨天。

[4]　乡瓜子：农村来的憨小子。

[5]　一挤眼：使眼色。

[6]　把兄弟：结拜兄弟。农村也称之为"干兄弟"。

[7]　时不常：经常。

[8]　叫驴：公驴。母驴称为"草驴"。

[9]　不怵你：不怕你。

来了。把他吊到马棚里，轮换着用皮鞭子抽他。但他就是不怕，人家抽他一鞭子，他就说一声："揍吧，不怕。"

刘墉呢，他一边应酬着那些拜寿的大官儿，一边自己犯嘀咕，俺那山东的把兄弟怎么还没来呢？打听外边当差的吧。当差的心想，老爷的把兄弟肯定也赖不了啊！就说："小的们格外留着神儿呢。"刘墉心里话，俺那穷把兄弟，别说坐轿，能骑个驴来也算不赖了。刘墉想出去看看，刚到马棚就听见里头噼里啪啦的皮鞭响，又听见有人嘟囔："揍吧，揍吧！"他问当差的："里头打的是什么人？"当差的就说是这么这么一回事。刘墉往马棚一瞧，嗨，吊着的这不是俺兄弟吗？怎么给吊着打起来了？就把几个当差的熊了[1]一顿："你这帮可恶的东西，他就是俺山东的兄弟啊！"

大家伙这下子都傻了眼，吓得嘀量哆嗦[2]，紧把力儿地[3]把曹二半吊子放下来，趴在地下磕头求饶。刘墉象征性地惩罚了一下手下后，曹二半吊子就跟着刘墉到后堂拜见老娘去了。见了面，先趴下磕了三个头，然后就说："娘，俺哥真不愧当官有钱啊！你看你保养得白里透红，扎裹[4]得跟小媳妇儿差不离儿。"听听，奉承人有点快让人笑掉大牙了，要不怎么叫半吊子呢？

刘墉一看兄弟带了些小枣来，这可是山东的土特产啊，京城里的人可当成稀罕物儿。就叫人送到厨房厨师那里，人家那厨师也会鼓捣[5]，一霎的时间就做成蜜炙小枣儿端席上去了。

这些官儿平常里山珍海味都吃腻了，乍一换口味大喊过瘾，不多会光剩下空盘子啦。要说，还是人家刘墉心眼子多，站起来问这些官儿："起先咱吃的这蜜炙小枣儿，口头怎么样呢？"大家都说好，太好咧！刘墉又不紧不慢儿地说："这枣是俺山东的兄弟，千里遥远从家带来的。咱今天吃了可不能白吃，总得给俺兄弟表示表示对不对？这么办，都查查自己跟前的枣核，有一个算一个。"这些

官都不知什么名堂，都仔巴细儿[6]地查了查。有说七个的，有说八个的。刘墉又说了："咱就按一个枣核一两银子算，不偏不向，多吃的多拿，行吧？"

这下子可好了，好多人心想吃这枣还真不划算。嗨，反正这些官儿也不拿银子当回事，再说了为这事得罪了刘宰相那就更不值当的，拿就拿吧。一阵儿的工夫，光银子就收了好几箱子。曹二半吊子这下就真有钱了，从此娘儿俩吃花不愁，享了一辈子的福呢。

讲述者：　李良森，男，1947 年 7 月，长清区万德镇店台，大专

采录者：　赵福平，男，1963 年 11 月，长清区文昌街道长兴苑，摄影师，中专

采录时间：　2010 年 8 月

采录地点：　长清区文化馆

[1]　熊了：训斥。
[2]　嘀量哆嗦：浑身颤抖。
[3]　紧把力儿地：赶快。
[4]　扎裹：打扮。
[5]　鼓捣：制作。
[6]　都仔巴细儿：特别认真。

131

傻女婿回门

从前，黄河岸边有一家姓郑的财主，家里只有一个儿子叫郑大壮，长得五大三粗，是个四肢发达头脑简单之人，尤其不会说话。可是，他却娶了一个能说会道的媳妇。

结婚后第一年，一对新人要回门[1]，郑财主喊来车夫把礼物搬到车上，准备送夫妻俩去看望亲家。

临上车的时侯，大壮媳妇教大壮说："你到了我娘家，见到堂屋里放的一张八仙桌子，就对我爹你岳父说，你这个桌子光溜溜，明淅淅，看样子还是个梨木的，本地木匠不会做，是山西木匠做的吧？"

大壮学了好几遍，把这几句话牢记在心里。于是，两人就坐车上路了。

来到岳父家，一家人都迎了出来，把新女婿郑大壮迎进屋里，沏上茶，茶罢搁盏。大壮站起身走到八仙桌子跟前，摸了摸桌面说："你这个桌子光溜溜，明淅淅，看样子还是个梨木的，本地的木匠不会做，是山西木匠做的吧？"

大壮岳父一听心说："都说我门婿不会说话，这不是说得很好吗？"于是，笑着说："门婿儿，没事到外边走走，熟悉熟悉环境。"

大壮听了岳父的话，就往门外走去。刚一出家门，正碰上他舅嫂[2]抱着个不满周岁的孩子要进门。他一看小孩长得挺好，还光着腚，挺招人喜欢的，就说："这个小孩光溜溜，明淅淅，看样子还是个梨木的，本地木匠不会做，是山西木匠做的吧？"

舅嫂一听，非常生气，白了大壮一眼，生气地抱着孩子走进了家门。

大壮遭了舅嫂的白眼，也不嫌害臊，看着孩子挺好玩，嘿嘿笑着，回身就跟着往家走。

这时，岳父从厨房里出来，一阵风把帽子刮跑了，露出了刚剃好的光头。他一看，就对岳父说："你这个肉头光溜溜，明淅淅，看样子还是个梨木的……"

话还没说完，他岳父就火冒三丈，抓起根竹杖[3]劈头就打，大骂他太不会说话，就这样郑大壮饭也没吃就被赶了出来。

讲述者： 梁化民，男，1965 年 1 月，莱芜区牛泉镇蔺家庄村，高中，经商

采录者： 亓廷香，男，1954 年 2 月，莱芜区高庄街道五龙村，中师，教师

采录时间： 2021 年 6 月

采录地点： 莱芜区凤凰家园小区

[1] 回门：新婚夫妇去女方娘家回礼。

[2] 舅嫂：大舅哥的媳妇儿。

[3] 竹杖：挑水用的竹担杖。

132

济褂子不济人

从前，庄户人家一年到头穿不上一件新做的衣裳。就是过年，也只是拆洗拆洗就算干净了。

话说有一户人家，好歹买了一块布，做了一件新褂子。老子穿太小，小儿子穿太大，只有老大穿正好。

有一天，他家闺女要回门。这回门得娘家兄弟去送，要走亲戚，这穿着可就显得重要了。大伙盘算来盘算去，也只有让老大去了。因为那件褂子只有他穿着正好。

于是，大伙子商量决定济褂子不济人，让老大送闺女回门。

定是定了，可又愁坏了当家人。原来，这老大是个半痴不傻[1]的二吊子[2]。让他去，弄不好真丢人。全家人从晚上到早晨，都在教他到了亲戚家应该怎么着。他一边听一边点头，表示记住了。最后，他姐姐对他说："见了俺婆婆，你可叫表大娘。"他也点头。

第二天雇上毛驴，老大穿上新褂子，姐姐骑上毛驴便上了路。

不多时，姐弟二人就到了家。家里人早就在大门外等着迎接，远远的姐姐就对弟弟说："你看见了吗？站在门口的那个老娘子，就是俺婆婆，你可要叫表大娘，并问大娘好。"

说话间，来到了门前。众人牵过毛驴，扶下媳妇，转头问媳妇说："这位是？"

他姐姐赶紧说："这是俺大兄弟。"又转头对弟弟说："这是大娘。"

真不错，这傻子开口就说道："大娘好。"

这可把姐姐和表大娘都恣得不轻，很快就端上酒菜招待客人。这傻小子从来没见过这么多好吃的菜，不由分说，上一盘他拉一盘来，低下头便扒了起来。

这表大娘一看心里老大不高兴，便对傻小子说："我说你这孩子，你咋这么吃，你表大爷还没坐下呢？"

那傻子一听，把眼一瞪说："熊样，还俩名字，又是俺姐她婆婆，还是俺表大娘。"

他姐一听架不住了，伸手打了他一巴掌。这下傻小子可火冒三丈了，一步蹦到天井[3]里，高声嚷嚷道："拌不得你了，你在家生了孩子，叫咱爹打得你哇哇哭。"

讲述者： 王道利，男，1929 年 6 月，莱城区雪野镇雪野村，手艺人，小学

采录者： 王新然，男，1945 年 7 月，莱城区雪野镇雪野村，教师，大学

采录时间： 1997 年 2 月

采录地点： 莱芜市莱城区雪野镇雪野村

附记

傻子故事很多，真正的傻子闹了笑话，我们也不能怪他。因为他

[1] 半痴不傻：傻子。

[2] 二吊子：也称"半吊子"，说话不按章谱，信口开河。

[3] 天井：院子。

心里有啥就说啥。我们正常人听了认为说话不好听，其实他这是实话实说。还有一种人，叫聪明过了头，做出事情来还不如傻子呢！采访中，听到这么一个故事，有个人聪明得过了杠，说话挑到舌头尖上，而且还好卖弄。有人给他介绍了一个对象，女方提出要看看他，媒人就让他去了。嘱咐他第一次去女方，一定要文雅一点。说话举止要稳，千万别说卖弄话。

按照地方习俗，男方第一次来要吃点心。这个点心，是下挂面（细面条）荷包鸡蛋。这个人在家里有个习惯，好蹲在板凳上猴坐着吃饭。女方很重视，专门找了陪客。喝茶时，陪客就问他家里和个人情况。他就说："家里就俺自己，一个人吃饱了全家人不饥困。俺庄里光棍子怪多，就是我找上来了。"陪客听了，觉得话别扭，因为婚事八字还没有一撇呢！正要再问，点心端上来了。陪客就让着他吃，他在椅子上坐不住，就猴蹲在上面。然后，端起碗用筷子挑了几下挂面，发现下面有荷包蛋。就把碗往上一举，嘿嘿笑着说："我那亲娘哎！你们快看，这底下还有好营生（东西）来！这回可叫我逮住了，不吃白不吃，吃他个小舅子。"不用我说大家也明白，这婚事肯定是黄了。

133

傻姑爷探病

话说，有这么个傻姑爷，丈母娘病了，他媳妇子让他去看看。探病总得送点东西吧！媳妇子说："把咱家那两只鸡拿去吧。"于是，傻姑爷拿上鸡，绑好了装进筐里就上路了。

走到半路，对面来了一个人，对他说："大哥，我的马跑了，快帮我找找吧。"傻姑爷把筐撂下，就去找马。等找到马回来再拿筐，鸡不知啥时候跑了，只剩下个空筐。傻姑爷只好空着手，回家了。

回到家，媳妇子问他："这么快就回来了？咱妈的病好点了吗？"

傻姑爷答道："没去成。半道上我帮人找马，回来发现鸡跑了。"

媳妇儿就骂道："你傻啊，你搁块石头压着筐不就行了吗？"

媳妇儿生气也没用，又给了他十二个鸡蛋装筐里，他又去了。走到半路，傻姑爷又碰到一个赶驴的驴跑了，让他帮忙找驴。这回傻姑爷记住了媳妇儿的话，拿了块大石头"咣当"压筐上了。等找完驴回来一看，一筐鸡蛋全碎了！

回到家，他媳妇儿又把他骂了一顿。然后，又拿出半袋小米让他再去，并叮嘱道："记住了，走道少管闲事！"

傻姑爷背着米出了门，路上心里一直想：这回我再也不管闲事了！他走啊走，米口袋不知咋的漏了个窟窿。有人告诉他："兄弟，你米袋漏了。"傻姑爷瞪了那人一眼，说："少管闲事！"继续闷头走。一连好几个人告诉他米口袋漏了，他都说："少管闲事！"

到了丈母娘家，傻姑爷嚷道："妈，我给你拿了点儿小米，你熬点小米粥吃吧。"说着，张开口袋往锅里一倒，一共只倒出来七粒米。丈母娘见状气得要死，刚要张嘴骂。这时，一只苍蝇又飞进屋，正巧落在丈母娘脑袋上。

傻姑爷想起以前老婆说的话了："碰到苍蝇就要拍！"于是，他操起锅，上去就是一顿拍。苍蝇没打着，却把丈母娘给拍晕了。

讲述者：	李乃东，男，1940年1月，莱芜市莱城区方下镇张公清村，师范
采录者：	李胜华，男，1964年4月，莱芜市莱城区方下镇张公清村，大专
采录时间：	1995年2月
采录地点：	莱芜市莱城区方下镇张公清村

134

痴女婿拜寿

汶河岸边有个村庄，庄里有家姓郗的人家，他有一个儿子，从小人们都小郗小郗地叫他，叫长了[1]就叫成"小痴"了。这小郗还真是个痴儿，都娶媳妇了还不会说一句完整的话。整天流着鼻涕跟在他媳妇的身后，缠着他媳妇要去走亲戚。他媳妇看他痴迷傻呆[2]的样子，又不会说话，从没带他走过亲戚。

"小痴"的岳丈要过六十大寿，"小痴"又缠着媳妇去给岳丈拜寿。媳妇被他缠得没办法，就拿出四两银子，对他说："今儿个[3]你拿着这四两银子到外面学学说话，明儿个[4]咱就去给我老爹你岳丈拜寿，学不会不许去！"

"小痴"一听，那高兴劲甭提啦，接过银子就蹦蹦跳跳地出了门。他走着走着，来到一片树林里，树林里各种各样的小鸟叽叽喳喳乱叫。"小痴"左看看右瞧瞧，觉得挺好玩。

[1] 叫长了：称呼时间很长。
[2] 痴迷傻呆：痴迷，就是糊涂。指脑子不灵活、糊涂，反应慢。
[3] 今儿个：指今天。
[4] 明儿个：指明天。

忽然"砰"的一声枪响，把"小痴"吓了一大跳，小鸟也呼啦一下子都惊飞了。接着从林中走出来一个扛着鸟枪的猎人，手里还拿着一只肥大的山鸡。

"小痴"上前问人家："大，大叔！刚才小鸟叫得很欢，你一来，咋都不叫啦？"

猎人看他那痴呆样，就故意逗他，说："一鸟进森林，压住百鸟音。"

"小痴"听这话顺耳，赶紧掏出一两银子给了人家，买下了这句话。

他又往前走，走不多远，看到河边有几个人扛来根大木头在河上修桥，他过去就问："几，几个大叔，你们修这干啥？"

其中有个中年人对他说："你不知道吗？双木桥好过，独木桥难行。"

"小痴"听了，嘴里嘟囔着这句话，感觉挺好，扔给人家一两银子就走。走着走着，一条大黄狗夹着尾巴不时回头龇着牙从前边跑过来，后边有个人手里拿着根木棍一边追一边骂："不用你老狗大龇牙，明天差人把你拿。"

"小痴"一听，觉得这句话也不错，掏出一两银子，硬塞给了人家。

"小痴"花了三两银子，学会了三句话，想到明天就可以跟着媳妇去给岳丈拜寿了，心里很高兴，扭头往家走。到了村口，看到三个人，其中一个人对另两个人说："大哥、二哥回去吧，明天大堂上再说话。"这回，"小痴"把剩下的一两银子又给了人家。

寿日这天，"小痴"跟着媳妇到岳丈家拜寿。到了岳丈家里，"小痴"进了客厅，客厅里有很多客人，大家都说说笑笑很热闹。"小痴"一进去，大家你看我，我看你，都不出声了。

"小痴"这时想起自己学的第一句话，便大声说："一鸟进森林，压住百鸟音。"

岳丈一听，不胜欢喜，心想："人人都说我这女婿痴呆，这话说得不是很好吗？"

拜罢寿，寿宴开始，岳丈心想："都说我门婿傻笨痴呆，通过进门说的那句话，哪像痴呆？挺精明的呀！"于是就想再试试门婿到底缺不缺心眼，就给了他一根筷子。

"小痴"看了眼那根筷子，说道："你不知道吗？双木桥好过，独木桥难行。"

岳丈一听，心里更加高兴，不由得放声大笑起来。笑的时候，一嘴白牙全都露了出来。

"小痴"见了，张口说道："不用你老狗大龇牙，明天就差人把你拿。"

岳丈一听，心里是又气又怕，还以为自己门婿做了官呢，也没再怠慢他。

吃过饭，"小痴"和媳妇要回去。大舅哥和二舅哥把他送到村外。

"小痴"又想起最后学的那句话还没说，就两手一拱，说："大哥、二哥回去吧！明天大堂上再说话。"

两个舅哥一听，慌忙跑回家去，见了父亲就说："爹，妹夫把咱告下啦，明天就得上大堂！"

老父亲一听，吓得脑血管崩裂当场死亡，寿日变成了忌日。

讲述者：　李维昌，男，1967年2月，莱芜区高庄街道办事处五龙村，高中

采录者：　亓廷香，男，1954年2月，莱芜区高庄街道办事处五龙村，中师

采录时间：　2022年8月

采录地点：　济南市莱芜区高庄街道办事处五龙村

附记

讲述者李维昌，经营莱芜土特产花椒多年，经常走街串巷，穿梭于农村的千家万户，与百姓洽谈花椒生意，拉闲呱。他和我既是亲戚又是好朋友，每次听到新奇的故事，都要讲给我听。这个故事，是在一次小酌时他讲给我听的。

135

傻姑爷拜年

说是有一地主的二闺女，嫁给了一个傻子。快过年了，愁着回娘家傻子不会说话让人家笑话，就想了一个办法，叫傻子出门学说话。

傻子带着银钱，跟着一个秀才来到一片树林。树林里百鸟争鸣，热闹非凡。忽然，一只老鹰从空中而下，万鸟俱静。秀才见此情景，张口便说："一鸟进林，万鸟哑音。"傻子听了，就记住了秀才说的这句话。他又往前走，看见有人过独木桥，秀才便说："双桥宜过，独木难行。"傻子听了，又用心记下来。他又跟在秀才的屁股后面，不紧不慢地往前走。

有位渔翁在一湾边打鱼，拉上网来一条鱼也没有。秀才说："一湾好水没有鱼。"傻子听了，也把这话记了下来。他继续往前走，看见一片棉花地，棉花上面都开了白白的花蕾。因为天旱地里裂了一条条地缝，秀才就说："上面花蓬蓬，底下一条缝。"傻子嘟念着记住了。再往前走，遇见一漂亮女子。秀才感慨地说："雪为肌肤花为容，君子好逑美人搂。"傻子怕忘了，一连背了几十遍，总算记住了。再走，看见一个少年打他的父亲。秀才说："儿子打老子，岂有此理。"那少年不是他父亲的对手，便说："三十六计，走为上策。"傻子把秀才和他爷俩说的话都记下来，回家了。

到了年初二，傻子来到老丈人家拜年。一进门，看见许多人正在说话。大家一见傻子来了，正说着话都闭口不言了。傻子便说："一鸟进林，万鸟哑音。"大家一听，都大吃一惊。谁说二姑爷傻，说话很有韵味嘛！老丈人很高兴，吩咐大摆酒宴，盛情款待。

上了几个菜，有个陪客故意少给了傻子一根筷子，看他怎么办。傻子看了一眼说："双桥宜过，独木难行。"大家都惊呆了，都认为他是个人才。接着，一碗鱼就端上来了。大家不等拿筷子，就把鱼吃光了，只剩下了一碗鱼汤。傻子看了，皱着眉头说："一湾好水没有鱼。"大家听了，齐声喝彩，都说二姑爷是个人物。

小姨子们听大家夸赞二姐夫，都跑过来看。她们个个花枝招展，头上都插着一朵朵白花，下穿绿色裙子。傻子看了她们一眼，张口说道："上面花蓬蓬，底下一条缝。"小姨子们一听，分明是骂人，气得叽叽喳喳喊来傻子的老丈母娘评一评理。

老丈母娘虽说年龄已高，但丰韵不减当年，仍有几分姿色。傻子见了便说："雪为肌肤花为容，君子好逑美人搂。"老丈人在一旁气得实在是忍无可忍，上去就是一耳光。傻子摸着腮帮子，说："儿子打老子，岂有此理。"陪客的实在是看不下去啦，便都起身来打傻子，傻子一看情况不妙，便说："三十六计，走为上策。"傻子说完，一溜烟跑了。

讲述者：　李乃东，男，1940年1月，莱芜市莱城区方下镇张公清村，师范

采录者：　李胜华，男，1964年4月，莱芜市莱城区方下镇张公清村，大专

采录时间：　1995年2月

采录地点：　莱芜市莱城区方下镇张公清村

136

『二杆子』[1] 奔丧[2]

我在采风过程中，经常听到人们讲这类故事，我采录的这个《傻姑爷拜年》，是李乃东老人讲述的，他是村里出了名的"故事篓子"。不论是田间地头，还是晚上路灯下扒麻聊天，都能听到他讲的故事。

有一天，二杆子姥娘家来报丧，说他舅舅死了，三天后出殡。按照礼节，亲娘舅死了，二杆子和媳妇两人都应该前去奔丧。沉思半晌，媳妇对二杆子说："根啊，咱舅死了，按说咱俩都得去给他送葬，我若也去了家里没有个人也不行，喂猪捯狗的事也不少，你就自己去奔丧吧。"媳妇停顿了一下又叮嘱说："你到那里，见事做事，别让人笑话。"

二杆子答应着拿上银钱，急匆匆去了。

二杆子迈开大步，翻过村前的一座小山，蹚过一条小河，来到一片庄稼地边。突然，一只白兔"嗖"地从他面前窜过，二杆子看那只白兔怪好看，也忘记去奔丧了，撒腿就追起来。

追呀追呀，忽然间白兔不见了，却看见从前面来了伙出殡的，正抬着棺材向坟地走去，后面哩哩啦啦[3]跟着一

[1] 二杆子：通常指为人不靠谱，跟"二"有同等意思。

[2] 奔丧：意思是从外地赶回去参加或料理亲属的丧事。

[3] 哩哩啦啦：排成单行行走的人群。

群穿白孝服的人。二杆子走过去有礼貌地问："你们看见一只白兔子吗？浑身都是白的？"

那些穿孝服的人认为二杆子故意骂他们是白兔子，于是就不管三七二十一地把他揍了一顿。

二杆子哭着回家，把情况一五一十地说给媳妇听。他媳妇说："根啊，你咋那样说呢，你要是先作个揖，再磕俩头哭两声，人家就不会打你了。"

二杆子听了，觉得有理，点点头又上路了。

二杆子迈开大步，还是翻过村前的那座小山，蹚过那条小河，来到了一个村庄，正好遇到一家娶媳妇的。二杆子想起了媳妇的话，就赶紧朝着新娘子作了个揖，又磕个头大哭道："我的亲娘哎，你咋就死了呢！"

这可把众人惹恼了，心想："这多不吉祥呀！只有对死去的人才这样做呢。"

一群人围上来，又把他揍了一顿。

二杆子又哭着回家了。他把情况又一五一十地告诉了媳妇，他媳妇说："根啊，人家是新媳妇，你怎能那样做呀？你要拍着巴掌喊花花黎黎[1]真好看！人家还会打你吗？"

二杆子听完媳妇的话就又上路了。

二杆子迈着大步，还是翻过村前的那座小山，蹚过那条小河，又来到一个村庄，正好遇见一家失火的，火势可大呢，把那家人家的家什物品全都烧毁了，一群人正忙着救火呢。

二杆子想起媳妇的话，连忙拍着巴掌喊："花花黎黎真好看！"

失火的人家东西全烧坏了，正心焦呢，他还喊好看，人家能饶他吗？于是，人家就拿起一根着火的木棍，劈头盖脸地打了一顿，还泼了他一身水，冻得他直打哆嗦。

二杆子看到自己的衣服也弄脏了得换身衣服，就回到家里。他把情况说给媳妇后，他媳妇说："根啊，人家着那样大的火，你怎能说好看呀？你要是帮人家泼几桶水，人家不但不打你，还夸你呢！"

二杆子听了，换了一身衣服又上路了。

二杆子迈着大步走原路，进了一个村庄，遇见一个打铁的，铁匠生火用了很长时间，拉着风箱刚点起火来，用钳子夹着一块铁往炉火中放，等烧红了铁准备打农具呢。

二杆子忽然想起媳妇的话，看到旁边有半桶验火用的清水，就赶紧跑过去提起那半桶水，浇在了铁匠的炉子上，把费劲生起的炉火给浇灭了。老铁匠可恼了，狠狠地给了他几拳头，把二杆子打得躺在地上起不来了。

二杆子费尽全身的力气爬起来，又哭着回家了。他把情况又说给媳妇听，他媳妇说："人家老铁匠好不容易才把炉子点着了，你倒好，一桶水给人家泼灭了，人家能不气吗？你要是帮他打几锤头，备不住人家还会夸你呢。"

二杆子听了，非常懊悔，在媳妇的催促之下他又上路了。

二杆子迈着大步又翻过村前的小山，刚蹚过那条小河，又遇见两个人在打架，那两个人都抡着个大拳头，打了个你死我活。

二杆子又想起了媳妇的话，就每人打了两拳头，那两个人见来了个吃生米[2]的，架也不打了，把拳头一齐向二杆子挥来，于要二杆子又吃了一顿拳头，鼻子被打破了，眼睛也被打成了熊猫眼。

二杆子又哭着回家了，把情况又一五一十地告诉了媳妇，媳妇说："怪不得人家都叫你二杆子，你看见他二人在打架，你就不会给他们拉拉架吗？真是的！你这样折腾来折腾去的，什么时候能赶到姥娘家？还赶得上给舅舅送葬吗？"

二杆子听了，心说："媳妇说得对，这次回去，再也不管闲事了！"

想罢，他又上路了。二杆子迈着大步刚翻过村前的小山，就遇见两头大黄牛在抵架。二杆子又想起了媳妇拉架的话，把自己不管闲事的想法，忘得一干二净。他赶紧跑到两头牛的中间去拉架，两头牛一齐向他抵来，牛角抵破了他的肚皮，肠子都淌了出来，可怜二杆子一命呜呼，追随大爷能到西天做继子去了。

[1] 花花黎黎：五颜六色。

[2] 吃生米：比喻粗野、自私、不通情理。

讲述者： 亓廷敬，男，1959 年 11 月，莱芜区高庄
街道办事处五龙村，高中

采录者： 亓廷香，男，1954 年 2 月，莱芜区高庄
街道办事处五龙村，中师

采录时间： 2021 年 3 月

采录地点： 莱芜区高庄街道办事处五龙村

137

傻子学话

泰山脚下有个老太婆，她有个傻儿子，整日傻里傻气的，村里大人小孩都拿他寻开心。老太婆为这傻儿子整天愁得吃不下饭，睡不好觉。

一天，傻儿子在院子里尿尿和泥巴掇哇呜[1]。老太婆看见了，心想："难怪我儿子傻，整日被我关在家里玩泥巴，不傻才怪呢！"

老太婆决定让傻儿子出门学乖巧，她把傻儿子叫到跟前说："儿啊，我给你仨元宝，你出门去学乖人[2]说话吧。"

傻子嘿嘿笑了笑，拿过仨元宝就往外走。走了不远，就看见一户人家正在扒屋子。屋山墙[3]眼看要歪，只听有人大声喊道："快点起来[4]，屋墙要塌了！"

傻子过去就问人家："你说啥？"

那人一听很不耐烦地说："让你起来，你就起来，你

[1] 掇哇呜：儿童玩泥巴游戏。

[2] 乖人：能说会道的人。

[3] 山墙：房屋的边墙。

[4] 起来：方言，躲开的意思。

管那么多干啥？！"

傻子龇着牙笑笑说："你给我说一遍，我给你一个大元宝。嘿嘿！"

那人觉着挺合算，就给他说了一遍，傻子也跟着学说了一遍，给了那人一块元宝，嘴里嘟嘟囔囔地一边说一边往前走。

没走多远，碰见有个赶猪的人。猪不老实到处乱跑，那人边撵边说："黑头老母猪上[1]哪跑！"

这话又叫傻子听到了，就问："你说啥？"

那人正没好气，不耐烦地说："我说的老母猪，又没说你，你管那干啥？"

傻子说："你再给我说一遍，我给你个大元宝。嘿嘿！"

那人一听很合算，就给他又说了一遍，傻子给了赶猪的一个大元宝。

傻子走到一个庄园跟前，看见有个老爷子领着孙子玩耍。孙子很淘气，上去打了老爷子一个嘴巴。只听那老爷子说："打爷爷不给买包子吃。"

傻子听到了，上前问老爷子："你说啥？"

老爷子正在气头上，就没好气地说："又没说你，你问个啥？"

傻子说："你给我说一遍，我把这个元宝给你。嘿嘿！"

老爷子就给他又说了一遍，傻子学说了一遍，把元宝给了老爷子。

傻子花完仨元宝，学会了三句话，高高兴兴地往家走。

回到家，看见老娘在厨房里和面，就大声说道："快点起来，屋墙要塌了！"

他老娘听了，大吃一惊，赶快往外跑。

傻子接着又说："黑头老母猪往哪跑？"

他娘一听，气得浑身打哆嗦，上去给他一个耳光。

傻子捂着脸又说："打爷爷不给买包子吃。"

[1]　上：往。

讲述者： 亓廷文，男，1959年8月，莱芜区高庄街道五龙村，高中，经商

采录者： 亓廷香，男，1954年2月，莱芜区高庄街道五龙村，中师，教师

采录时间： 2022年6月

采录地点： 莱芜区高庄街道办事处五龙村

（七）为人处事故事

138

锯树留邻

从前，长清南部山区的神山儿脚下，有一个叫永平村的。村子里张禄、王旭两家左右为邻，张禄在西边住，王旭在东边住。两家隔着一道墙，王旭家在靠西墙的北侧、北房的前面栽上了一棵枣树，生长特别旺盛。没几年的工夫，这棵树就长成了一丈多高的大枣树，结了不少果子。枝枝杈杈越过墙头，伸到了张禄家。每到七八月间，枣儿成熟。那一簇簇像小红灯笼似的枣儿把树枝压得弯弯的，在阳光下闪闪发光。要不是那墙撑着，恐怕早就着了地。

张禄家生有一个娇儿，全家人视如掌上明珠。这年七月底，正值娇儿两周岁。他见枣儿可爱，就想吃枣。张禄说道："邻居家的枣又不是咱家的，怎么能随便吃？"虽千哄万劝，不懂事的孩子哭闹着执意要吃枣。张禄的妻子就抱娇儿出门玩耍，想把吃枣的事搁放一下，谁知孩子由于没有吃上枣哭声震天。

"孩子要吃，你就摘两个让孩子吃呗！"随着话语声，王旭两口子每人捧着一捧鲜红的枣儿，送到了张禄妻子的怀里，孩子吃着香甜的枣儿可开心了。张禄两口子看在眼里，急在心里。两人商量着要不带着孩子，到岳父家住一

阵子。待到王家把枣收了后，再领孩子回家来。

张禄两口子商量的时候，虽然声音很小，但还是让王旭听到了。于是，王旭就对妻子说："咱们家的这棵树，虽然结的枣子又香又甜。但弄得老张一家子不安，还要出走去岳父家。不如咱把这棵枣树锯掉，孩子也就不闹着吃枣，不就留下邻居了吗？"

王旭的妻子见丈夫说的有道理，就和丈夫趁张家没人的时候，找来锯子把枣树锯倒。又把树枝上，所有的枣子采摘干净。以便把这最后的枣儿，送给西邻的孩子吃。当王旭两口子刚把树枝树干裁截堆放完毕后，张禄两口子带着孩子从外面回来了。

张禄两口子一眼就发现东邻王旭家的枣树没了，心里大吃一惊。他们不知道发生了什么事情，急忙到东邻家去问个究竟。当知道王家锯树的来龙去脉后，张禄两口子感动得流下了眼泪。

从此，张王两家亲如一家。"锯树留邻"的故事一代代相传，永平村及周边村庄诚挚相处，互帮互爱的和谐气氛蔚然成风。

讲述者： 张良合，男，1953 年 8 月，长清区归德街道永平村，教师，中师

采录者： 赵福平，男，1963 年 11 月，文昌街道长兴苑，摄影师，中专

采录时间： 2018 年 4 月

采录地点： 长清区归德街道永平村

139

扁扁井口

讲述者： 孙元秀，男，1891 年 2 月，章丘县文祖
公社文祖东村，农民，私塾

采录者： 孙廷华，男，1954 年 1 月，章丘县文祖
公社文祖东村，高中

采录时间： 1963 年 5 月

采录地点： 章丘县文祖公社文祖东村

　　从前，文祖庄里有个李老汉，非常善良。他在门前挖了一口井，让街坊邻居都去挑水吃。谁知李老汉死后，他的儿子却非常吝啬，故意把井改造成扁扁井口，把水筲改成扁扁筲。这样一来，只有自家能吃这口井的水。街坊邻居都很生气，给他起了个外号，叫"吝啬鬼"。

　　吝啬鬼的孩子在厨房里玩火，一下子点着了柴火，顿时火光冲天。吝啬鬼和他老婆跑到街上，拼命大喊："我家起火啦！快来救火啊！"

　　街坊邻居本想不参加救火，可一想李老汉在世为人很好，看在他父亲的情意上，大伙儿还是挑起水筲赶到现场。可是，井口是扁扁的，大伙的筲都放不进去。只能靠吝啬鬼的扁扁筲提水灭火。这怎能行呢？火越来越大，眼看要殃及到正房，吓得吝啬鬼魂不附体。幸亏两个壮汉急中生智，把扁扁井口掀掉，大伙才一齐提水扑灭了这场大火。

　　从此，他把扁扁井口又改成了圆井口，允许街坊邻居都来挑水吃。大伙儿见他不吝啬了，再也不叫他是吝啬鬼了。

140

敖天官让墙

采录时间：　1987 年 4 月
采录地点：　历城区唐王镇老南村

　　咱济南府敖家巷出了一个敖天官，在京城为官多年咧。有一天，他接到家中兄弟的来信，信上说："街对过的人家垒墙，没留滴水[1]，占了街道，咱垒墙也占了一点儿，这样巷子就窄咧。街坊邻居都不愿意，大哥你说咋办？"

　　敖天官看了信，就回信写了这么一句："千里遥远为一墙，让出一尺又何妨？"

　　他兄弟接信后照着做了，扒墙让进去一尺。那家见他让墙，也挪进去一尺。从此，敖天官让墙成了美谈咧。

讲述者：　张焕平，男，1919 年 12 月，历城区唐王镇老南村，农民，高小

采录者：　徐文水，男，1948 年 6 月，文化站站长（唐王镇殷家村），初中

　　　　　　李宗斌，男，1957 年 10 月，第一文化馆干部，中专

[1]　滴水：为了房檐上排泄雨水而留下的空地。

141

陈善人和王二贼

说是河北有个姓陈的，他叫么[1]咱不知道，都喊他陈善人。他是天津这边农村的，四十多岁，好行好[2]。他这个庄有三十来口人，他是个头，干么呢？就是吃斋念佛，行好。过罢年，送了家堂，年初四早上起来，打着旗子上泰山行好去。

行了二十多年好，这一年他又去啦。他在泰山奶奶跟前烧香、烧纸，跪着念叨："泰山老奶奶，我打二十来岁就上你这来行好，年年来给您烧香磕头，你连个仙兆也没给我啊！"说了，他磕个头就走啦。到了夜里，他在这山上店里住下。

住下啦，泰山老奶奶黑下[3]警他："某人，你别看你上泰山来烧香磕头。你这人不是来烧香磕头，是来逛我的山景。别看你烧了二十多年的香，赶不上俺山后那个王二贼呢！"

[1] 叫么：叫什么名字。

[2] 好行好：喜欢做善事。

[3] 黑下：夜里。

这个姓陈的就在梦中问她："王二贼他怎么好呢？"

"人家劫富济贫啊！"泰山奶奶就讲开了，"有一个姓黄的，在山沟里住，家里很穷。他家一共三口人，两口子有一个儿，才四五岁。混不上吃，男的出门，走了两年啦。到了年下[4]，人家都买的香、请的纸，过年啊！她呢？没钱，就寻思：人家都买香买纸，年五更发钱粮，我没钱怎么办呢？她到屋里看看，有个锄杠，这个锄杠是个柏木的。就弄了个锤子，把这个锄杠退下来。弄了个盆子盛了些沙，把锄杠埋到里头就点着啦。点着得发钱粮啊！落的那些杨叶，胡拉了[5]一筐头子[6]，点着发了钱粮。磕个头，娘儿俩就睡去啦！这个王二贼呢？他寻思，我得到处耳闻耳闻[7]，谁过不去年啊！我得增福增福[8]他啊！"

泰山奶奶继续说："小山沟里没大门的很多，山沟两边净房子。'哎，挺香啊！'越闻越近，越闻越香。心里话，这是谁呀？有钱有银子，你看人家买的香多香啊！他闻了闻，奔姓黄的这院儿去了。

'哟！这家过得准不孬，你看他这个香多高啊！'到了香台子跟前一看，还是个柏木锄杠哩！那个柏木不是挺香嘛。看了看那个灰，还是些杨叶。

'哦，这家人是穷到底了……'他这里正寻思着，那个孩子说话了：'妈！'

'干么？'

'怎么人家过年那个包子皮儿是白的，咱家过年那包子皮儿是红的呢？'

'小呵，你还不知道。二十八那天，我跟你大娘借了一升高粱。我轧了轧[9]，弄了个胡萝卜包的包子[10]。'

王二贼一听，这家是穷到根儿了，爬叉起来[11]走啦。走出去百把里地，到那个有钱人家，把银子偷来二百二十两，他拿着上黄家去啦。把饭锅里那个锅盖掀开，就把

[4] 年下：春节。

[5] 胡拉了：收集，此指收集了一些树叶。

[6] 一筐头子：条编盛装东西的用具。

[7] 耳闻耳闻：打听打听。

[8] 增福增福：帮助。

[9] 轧了轧：此指用石磨磨成粉。

[10] 包子：此指水饺。

[11] 爬叉起来：站起身来。

二百两银子放到锅里走了。剩下二十两，买了个长褂子给孩子，旁的穷人，给个三两几两的。

等到早上起来，这个女的一掀锅，还有银子哩，二百两！就把它拿到屋里放起来。到了十来月[1]，她男人回来了。王二贼听说啦，就想：不行！这个事儿我得找他去！

他找了去说：'大嫂在家吗？'

'在家呢，你是哪里的？'

'我不是小津口的王二贼嘛。'

'有事吗？'

'我有点事。'

'你有什么事？'

'那年年下我上你这里来，见你烧的柏木锄杠，发的杨叶钱粮，吃的红高粱面的包子。我一听啊，你是真穷。我到外头偷了二百二十两银子，给你放到锅里二百两。我听说你掌柜的[2]回来了，怕你们打仗。你男的备不住寻思：我出去两三年都没混这么多银子，你怎么混的呢？他就琢磨你不济[3]啊，他琢磨你不济，他不打你吗？他要打你，你要寻死了，我还不如不给你这些银子哩！我不丧德吗？我是来说给你掌柜的，这银子是怎么来的。'"

泰山奶奶讲完了故事，道："你听听人家王二贼这个心，你再看看你！"

这个姓陈的，叫泰山奶奶熊得[4]连个大气也不敢出啦。

讲述者：　李全运，男，1914 年 1 月，历城县高而
　　　　　乡南高村，农民，不识字
采录者：　李全仁，男，1938 年 7 月，第二文化馆
　　　　　干部，高中
采录时间：1986 年 4 月
采录地点：历城县高而乡南高村

[1]　十来月：阴历十月份。
[2]　你掌柜的：一家之主，主人。
[3]　不济：此指不规矩，不守妇道。
[4]　熊得：训斥。

142

巧惩歪铁匠

清朝同治末年，文祖村里来了一伙铁匠，在街头安炉打锄锻镢。正是春天用家什的季节，一连几天，铁匠们生意红火。为首掌钳的铁匠姓钱，因个头高大，人称钱大个子。他见活很多，便抬高了工钱，还专门拣应手的活计干。人们非常气愤，纷纷指责。但因急用农具，还是有不少人前来送活。

这天中午，马家胡同的马寡妇拿来铁，要打一把剜苗的小锄。钱大个子却要一把大板锄的钱。马寡妇哀求说："钱掌柜，看在俺是孤儿寡母的分上，少收点工钱吧？"众人也纷纷求情。钱大个子横着脸说："不行，只要是打锄头，就是大、小锄头一样收钱。"人们再为度日艰难的马寡妇说情，钱大个子还是置之不理。

这时，一位身着长袍马褂的人来到了铁匠炉前，说："钱掌柜，马大嫂家景贫寒，就照顾一下吧。"钱大个子把眼一瞪，气汹汹地说："俺打的锄头就是大小一样价钱，没第二个价儿。"

这位中年人见钱大个子态度蛮横，便向身边的人耳语一番。不一会儿，就见四个伙计抬来了两大筐铁。中年人

0293

故事·山东卷·济南分卷
生活故事

指着两筐铁说：“钱掌柜，既然是大小锄头一样价钱，就用这些铁给我打把大板锄吧？”周围打农具的人也都说自己的活儿不慌，先打这把大板锄。

钱掌柜望着满满的两大筐铁，顿时惊呆了。

这位中年人是何人呢？他便是家住文祖村的清代监生大宾[1]李世墉[2]。李世墉虽官位不高，却以行侠仗义、勇于除恶扬善而出名。这几天，李世墉听闻说钱大个子打铁抬价欺人，早已心中有气。这日，又见敲诈马寡妇，更是气愤填膺，便决心对此人教训一番，杀杀他的傲气。

钱大个子见李世墉用两筐铁打把锄头，知道碰上了硬茬。但因自身理屈，便和伙计们开始炼铁打锄，足足用了两天的时间，才打好了锄坯。只因锄板太大，打了这边凉了那边，无法捻刃沾火[3]。最后，只好向李世墉请罪，并把多收的工钱全部退回。

李世墉义正词严地对钱大个子说：“铁匠本是穷家人的生计，应与百姓同于水火。像你这般见利忘义，岂不损坏了咱章丘铁匠的名声？望你好自为之吧！”说完，付足了工钱，将簸箕般大的锄头毛坯抬回了家中。

从那，钱大个子不仅改掉了见利忘义的毛病，还专门为乡亲们做些义善之举，在文祖村又流传下了一句歇后语，李世墉打锄头，大而无用。

讲述者：　孙元秀，男，1891 年 2 月，章丘县文祖
　　　　　公社文祖东村，农民，私塾
采录者：　孙廷华，男，1954 年 1 月，章丘县文祖
　　　　　公社文祖东村，高中
采录时间：1964 年 1 月
采录地点：章丘县文祖公社文祖东村

[1]　监生大宾：监生，是国子监学生的简称。国子监是明清两代的最高学府。大宾，
　　　1.周王朝对来朝觐的要服以内的诸侯的尊称。2.泛指国宾。
[2]　李世墉：章丘文祖南村人，生于嘉庆十五年（1810 年），享年 87 岁。此人耕作
　　　农田，开挖煤窑，为人豪爽侠义，扬善嫉恶，周济穷人。有“排人忧、济人难、
　　　救人急”的高度评价。
[3]　捻刃沾火：此指锻打锄刃和淬火。

附
记

1958 年“大炼钢铁”时，家家户户都把钢铁成品上交集体。章丘文祖街道文祖南村李庶美老人上缴了一把簸箕般大的锄板毛坯。这样大的锄板无法锄地，它又有何用呢？人们个个纳闷。看了这个故事你该明白了吧？这个故事爷爷 1960 年到 1963 年间给我多次讲过，1981 年 5 月，我才整理完成。

143

好心人

很久以前，历城南部山区有个穷汉。一家三口人，娘、老婆和他自己。全家共有半亩地，穷汉只好靠给人家扛活谋生。虽说日子过得紧巴点，但穷汉对娘却非常孝顺，和媳妇也十分恩爱。按理说，这样的家庭该是和和顺顺的。可是，不哩！偏偏碰到婆媳不和。两人在一起，互相看着不顺眼。整天为鸡毛蒜皮的事拌嘴，把个穷汉夹在中间拔不出腿来。真是老鼠钻进风箱里，两头受气。受了气没处撒，只好把气憋在心里。

转眼，秋收秋种已过。穷汉又要外出做工，心里想：这次外出一去就四五个月，她娘俩这样闹下去，万一出什么意外，可就不得了啦！一同外出的王大谋，看他愁眉苦脸的样子，心里明白了个八九分，将他叫到一旁，凑着他耳朵低声交代了一番……

穷汉临走这天，走到了夫妻俩住的房间，交代了几句，然后，叹口气说："咳！做好人难呀！"

媳妇听他这话，莫名其妙，问道："做人有么难的？"

穷汉说："怎么不难？你和娘见天吵嘴，我想，不如把老不死的早送西天，免得她唠叨个没完，让人心烦。咱俩以后也过个安生日子！"

妻子试探着说："哼！你这个大孝子，能舍得让她死？让她死，还不如让我死了，家里就安生了。"

穷汉说："你我夫妻恩爱，俗话说：'一日的夫妻百日的恩嘛。'我能舍得让你死？再说，你死了我再上哪里找像你这么好的人？娘早晚要死，不如早点把她送西天。"

媳妇见他讲得实心实意，连连点头。穷汉见媳妇信以为真，接着说道："不过，这事查出来要偿命的，要不露山不露水地办。我外出好几个月不在家，你要装出个笑脸，好好伺候她，让外人看出你变好了。等我回来，带点毒药给她吃。那时，街坊邻家不会怀疑是我们害的，反说是她没福，担不得你的孝心哩！"媳妇想想这话在理，咬咬牙答应了。

穷汉又回到娘的屋里说："娘，我这回一去就是几个月，真舍不得你，挂着你受气。我横寻思竖琢磨[1]，俺媳妇不成器，不如将她卖了算啦，日后再讨个孝顺的。"

他娘听后，白了他一眼，说："那怎么行？你媳妇对我再不孝，也不能把她卖了哇。我是土埋到脖子[2]的人啦，还不如我早点咽了这口气，省得让你挂心！"

穷汉说："娘说哪里去了？！人活一世，生身娘只有一个。妻卖了再娶，再说卖了她，也省得你整天受窝憋气。"

娘一听就说："好！你既然真卖，就把她卖得远远的。任人打、任人骂，来世再做牛又做马。让她尝尝苦滋味，狠狠心再折腾折腾[3]她。"

穷汉见时机已到，就对娘说："我恨不能现在就把她卖了，可不行啊！一是找不着买主，二是她会记恨。不如晚些日子，我外出做工时，找好了茬，找好了老婆，再回来卖她。我走后，你待她好一点儿，烧饭、洗衣你帮着，让她觉得你对她好。等我回来，我再卖她，她就不会记恨你啦。"娘皱皱眉，也应了。

一切安排妥当，穷汉和王大谋就走了。媳妇压着一肚

[1]　横寻思竖琢磨：前思后想。

[2]　土埋到脖子：形容年龄比较大了，离去世不远了。

[3]　折腾折腾：就是没事找事，无事生非。

子气，装出笑脸，对婆婆说："娘你歇着，我去洗衣。"她洗的衣服多，一洗洗到日近午。

婆婆也记得儿子的话哩，把饭做好，压着火气招呼说："快歇歇，我晾衣，你吃饭吧！"

这一来，媳妇反倒不好意思了。媳妇婆婆各人揣着各人的心事，都显得格外热乎。媳妇知道婆婆年老体弱，好吃的都让给她吃；婆婆见媳妇里外忙活也争着做些家务活。日子一长，两人都觉得双方顺眼了，街坊邻居见了都夸赞说："不像从前的婆媳俩了！"

转眼过去了四五个月，穷汉外出做工回来了。娘接过儿子换下的脏衣服去水沟洗，妻子忙里忙外烧了一锅面条盛了三大碗。穷汉一声不响地从包里摸出一小瓶黑乎乎的东西就要往其中一碗里撒。妻子见了一把抓住，急忙问道："你这是干啥？"

穷汉说："毒药。给娘吃了，让她早点上西天吧！"

妻子一愣，眼珠转了转说："啥毒药，我看看。"说着，顺势一把抢过去，一下扔进了火炉里。

穷汉问："怎么？你害怕了？"

妻子说："不是害怕，娘可好了，前些日子是我待她不好。让娘快快活活多活几年吧！"

穷汉说："好，好，依你的。往后你再吃气，可别向我诉苦，我把娘接来吃饭。"

穷汉出去到水沟边，从口袋里摸出十吊钱，对娘说："我将她卖到一个偏僻小村上了，这是卖她的钱，媳妇我又寻了一个。"

娘吃惊地叫了起来："啥？你疯了？！前些日子是我待人家不好，她挺有孝心的。快快把这钱退了！要不，我就撞死在你跟前！"

穷汉笑着说："行，依您的，快回家吃饭吧。"

一家三口亲亲热热坐在一起，吃了一顿团圆饭。看着媳妇和娘确确实实和好了，穷汉才把真情实底亮出来。原来，那一瓶毒药是假的，那十吊钱是扛活挣来的，根本不是卖妻钱。至于又寻了媳妇，那更是没影的事喽。外出前，他把家中的事都给王大谋说了，大谋说："自古清官难断家务事，其实也不难。一般婆媳闹气，会越看越不顺眼，越不顺眼越事多。只要两人都谦让点，天大的气也会消。"

于是，教给了穷汉这个计策。

婆婆和媳妇听了，对王大谋这位好心人感激万分。从此，一家三口亲亲热热，日子很快富裕了起来。

讲述者： 李明绪，男，1922年6月，历城区绣川乡石门村退休工人，私塾

采录者： 李宗斌，男，1957年10月，第一文化馆干部，中专

采录时间： 1987年6月

采录地点： 历城区绣川乡石门村

144

银角

讲述者： 吕松林，男，1938 年 5 月，钢城区颜庄
镇颜庄村，农民，小学

采录者： 吕秉华，男，1949 年 10 月，钢城区颜庄
镇颜庄村，干部，大专

采录时间： 1995 年 6 月

采录地点： 莱芜市钢城区颜庄镇颜庄村

故事发生在清末民初，颜庄一当铺。

一日，一当主[1]拿了个银元宝来取当。掌柜为了保险，用剪刀剪下银元宝的一个角以察看真假。到了晚上掌柜的结账时，发现银角不见了，就问当时在当铺打杂的孙姓伙计，有没有看见银角，孙姓伙计说没见着。但是掌柜的一直怀疑孙姓伙计偷拿了银角，于是对孙姓伙计处处保持着戒心。

过了一段时间，掌柜办公柜旁的废纸篓满了。掌柜就叫孙姓伙计背着纸篓，到河边把废纸烧掉。孙伙计到了河边，倒出废纸，点着火就烧了起来。随烧纸灰就被顺河风刮走，烧完以后，纸灰随赶着都被风刮没了。孙姓伙计忽然发现一物没被刮走，拿起一看，原来是一个银角。回当铺后就把银角交给了掌柜。掌柜接过一看，正是找不到的那个银角。

掌柜内心非常惭愧，原来错怪孙伙计了。以后，对孙伙计以诚相待刮目相看了。

[1] 当主：在当铺里当东西的人。

145

善恶到头总有报

东庄有个张三,西庄有个李四,二人言行正好相反:张三坑蒙拐骗,李四行好[1]行善。

正巧,这天两个人都出远门做买卖。来到一座荒山根的树下,猛然从荒草中钻出一只大狗熊,朝他俩奔来。二人一见,都吓了一大跳。张三心眼来得快,赶紧爬上树去了。李四见张三上了树,也想上去,可来不及了,就趴在地上不动装死。狗熊来到李四跟前,上下左右嗅了一遍,也没吃李四,就夅悠夅悠[2]地走了。

张三哆嗦着从树上滑下来,忙问李四:"狗黑子[3]怎么没吃你?邪门[4]吧?"

李四起来拍打着土垃说:"狗黑子嗅着我有人味,就没吃我。"

张三又问:"你不害怕吗?"

"不做亏心事,不怕狗熊吃。"

随说着,两个人又往前赶路。张三边走边琢磨:我可得小心点,说不定还遇上狼虫虎豹,我在他后头走吧。

二人一前一后来到一块大石头前。李四刚走过去,石头后头就蹿出一只大老虎,朝着张三扑去。张三急中生智赶紧趴下,一动不动地等老虎来嗅人味。哪知老虎一下子就咬住了他的脖子不放,那血"哗"地就出来了。

张三疼得大叫:"我有人味啊!"

老虎见张三喊,"哞!哞!哞!"哼了三声,好像是说:"没人味!""喀嚓!""喀嚓!"一会儿就把张三吃了个一干二净。

这就叫:善恶到头总有报。

讲述者: 田起俊,男,1907 年 6 月,历城区柳埠镇长岭村,干部,小学

采录者: 李全仁,男,1938 年 7 月,第二文化馆干部,高中

采录时间: 1987 年 10 月

采录地点: 历城区柳埠林场

[1] 行好:经常做好事。
[2] 夅悠夅悠:摇头晃脑,慢悠悠地走。
[3] 狗黑子:狗熊的俗称。
[4] 邪门:意指奇怪。

146

义子打幡[1]

某村老太太六十岁了，没闺女，五个儿子分开过。老头在世时，给儿子们都盖了新房，娶了媳妇。老头一走，这五个儿子都各过各的，谁也不管老太太的事了。老太太住在三间屋的老宅子里，幸亏有口井，她就在院子里种菜。吃不了的就卖，卖菜的钱也够吃够喝和平时零花的。

后邻居有俩小子，平日里时常帮着老太太干点活儿。邻居的二儿子勤快，老太太叫干啥就干啥。老太太是小脚[2]，俩小子把菜担到集上，给老太太弄菜、背粮食。街坊邻居们都说："这亲儿没做到的，人家的儿子都干了，像老太太的亲儿一样。"说者无心，老太太听了倒有了意。

过春节，老太太的儿子们也不来和她见个面。老太太很生气，让她的娘家兄弟管管她的儿子们。她的那些儿子们当面不敢反驳，过后还是那样不孝顺。

老太太年纪大了，就和娘家仨兄弟商议了几回，立下字据。百年之后，宅子是义子的。老太太和三个兄弟，都按了手印。

这年，老太太得急病死了，她的五个儿子和儿媳妇都来了。

他们的仨舅都很生气，二舅瞪着眼大声说："你们是来伺候恁娘的，还是来分这房子的？你们还是你娘的儿子吗？怎么都不管她的事？我来了这些趟[3]了，就没见过你们其中的一个人，就连过年也不围着你们的老娘过。……你们不是俺的外甥。"

大舅拿出字据："这是恁娘让写的。"又拉过邻居的老二，说："这个才是俺的外甥。你们去打听打听，这些年来是不是他帮着干活？浇园、担菜，伺候俺姐姐。这房子你们能分吗？"

发丧的那天，叔伯舅们连孝帽也给那五个不孝子摘下来扔了。朝他们的屁股上踢了脚，让他们"滚！"老太太娘家的女人们，也没让那五个不孝顺的儿媳妇戴孝。来看发丧的人不少，纷纷指责光着头[4]哭的那五个儿子和儿媳妇，说他们"没人味""没良心"。

在几个舅的主持下，老太太的义子打的幡，摔的老盆[5]，而且哭得"吭吭"的。

丧事过后，老太太的五个儿子把义子告到了县衙。县官经过调查，老太太的五个儿子自从老头死后，确实没管过老太太，没侍候过她，连生病取药的钱都没拿过。

最后县官判决：房子是义子的。谁再争，就把谁法办了。

讲述者： 于宪瑞，男，1914 年 3 月，平阴县洪范池乡纸坊村

采录者： 黄文俊，男，1946 年 5 月，平阴县洪范池乡苗海村，教师，大专

[1] 幡：又称"招魂幡"，丧葬习俗中所使用的器具。竖立于死者灵柩之侧或悬挂于屋外。出殡时，由孝子在棺椁前引魂。

[2] 小脚：旧时女人都要裹三寸金莲脚。小脚，指裹了脚的女人。

[3] 这些趟：此指来了很多次。

[4] 光着头：指不戴孝帽、盖头。

[5] 摔的老盆：俗称"摔老盆"。出殡时，由孝子摔坏一个瓦盆。然后灵柩起杠，叫"摔丧"，亦称"摔老盆"。

采录时间： 1979 年 3 月

采录地点： 平阴县洪范池乡纸坊村

147

没量心

附
记

给岳父过生日时，老爷子喝高兴后，酒后他讲了这个故事，听了都说好。回到家了，我讲给四邻八舍和好友们听，他们也都说老太太的兄弟和县官做得对，都夸邻居是好孩子，也印证了"远亲不如近邻""亲子不如义子"的说法。于是，就把这个故事按照岳父老爷子的讲述，和邻里八舍的评价记录了下来。

从前，有一个手艺很好的木工师傅。凡是人间的木工活，他没有不会做的。在他周围方圆几十里地，他是一个最好的木工师傅。因此，他的活最多。凡是他做的家具，供不应求。

就这样，年复一年日复一日。师傅的年龄大了，体力也有所减退。于是，就盘算着找徒弟。

这找徒弟的事一传开，前来应聘的人可真不少，都希望跟师傅学门手艺，养家糊口。木工师傅对前来学手艺的人，挑来拣去，最后看中了一个。别看这木工活不是多么高尚，但也得具备很多条件才行。第一脑子要活，记忆力要强；二要会爬树杀树；三要有想象力；四要吃苦耐劳，才能做木工。如果是个笨的，记性不好，不会计算尺寸，永远也学不会。没有想象力，做的家什不吸引人也没人要。不吃苦耐劳则干不了大活，就没人请做木工活，就会失业。

在众多青年中，只有一个是老木匠中意的，就留下了。果然，老木匠的眼力不错，这个青年人勤快，木匠活看几遍就会，而且十分聪明。几个月就通路了，干了一年多一点，他就能接一些简单的家具活了。

他跟老木匠干了一年半的时候，他便自己能承担一些活计了，除了十分精确的东西，他都能自己完成。这下他有点得意忘形了，他利用老木匠不在，或一早一晚，偷偷地照着师傅的样子，做了一套工具，大锛、锉、锯、斧、尺码、寸杖、刨子等等，又抽空偷偷地拿回家。

有一次，他与师傅干完了活，就说自己有点不舒服，想回家休息几天。师傅同意了，于是他便回家了。回家后，他谎说是师傅让他回家的，又说师傅如何的凶狠，什么活都让他干。回家还得给师娘推磨、推碾看孩子，早上还得端尿盆，受尽了委屈。说着说着，就哭起来了。这一哭把他娘疼得不轻，一边埋怨他爹，一边说再也不干了，就是穷煞也不让孩子受这份罪。

就这样，青年回家后，就自己干起了木工活。开始自己做件简单的家具，后来又给邻居做，慢慢地也出村干木工活挣钱了。

老木匠自从小木匠走后，自己干没有帮手了。一个人拉锯，又费劲又慢又累。他苦思冥想，设计了个简单的机器人。利用杠杆原理，加上弹簧吊链，这个木头就动了起来。让它干啥它干啥，像真人一样。这样，老木匠轻快多了，效益也提高了。老木匠很得意，既轻松又赚钱。

后来，小木匠听说师傅有了木头人帮他干活怪着急。心想：我回来早了，做木头人没学会。自己干活不方便，找人帮忙不划算，怎么办呢？他千寻思万考虑，就是没想出法子来。再说是自己跑回来的，又没和师傅说一声，也没脸见师傅，愁坏了。

这事让他爹看在眼里，既心疼孩子，又生他的气。气的是学期没满就跑回来，十分的丢人。在理上也说不过去，也没脸去见老木匠。

姜还是老的辣。他爹打听到老木匠的生日快到了，让孩子去给师傅过生日。这样去合情合理，只要去就是对师傅的尊重，又是孝敬，老木匠是不会赶他出来的。他越想越得意，便把儿子叫过来，说明他的意思。孩子一听也十分高兴，总算有个台阶下了。

到了这天，他爹亲自上集市上买了一只鸡，一条鱼，一块肉。想到老木匠好喝茶，又称上一斤大黄叶茶，这份礼够厚重的。

吃了早饭，小木匠提着礼物，别有用心地去给师傅过生日。果然不错，老木匠家来了好多客人，亲戚朋友的一屋子人。小木匠的到来，大家心知肚明，又不好发火，只得强打笑脸表示欢迎。这小木匠也真有一套！只见他进门来，放下礼物，见了师傅一头跪下给师傅请安，祝师傅高寿。接着又给师娘叩头请安，祝师娘身体健康。这样一来，把师娘乐得忙把他拉起来，说："这孩子，快起来，快起来！"小木匠顺势起来了，给客人倒茶，递烟。问这个好，问那个安。又屁颠屁颠地到厨房帮两个姐姐做菜，洗菜。接着，又扫天井又刮地，打水灌缸一直干不停。客人们直夸他能干，机灵懂事理。

到了中午，酒席开始了。席间他的勤快更不必说，自己也不喝酒，很自觉。饭后又收拾桌椅碗筷，扶师傅师娘回房休息。于是，他瞅准机会急忙跑到师傅的木工房，去看师傅的木头人，这才是他来的真正目的。进房后把木头人从上到下、从左到右看了一遍。又拿出自己早已准备好的尺子量了一遍，记了下来。又把木头人操作了一遍，觉得十分应手。他心里高兴极了，便神不知鬼不觉溜出了木工房。

师傅醒来后，小木匠到了师傅面前。师傅说："你回去吧，我也没急活。"小木匠听了很高兴，但还不能表现在脸上，还得低调一些。这就是他的精明之处，既达到了目的，还不能让人觉察出来。他说："师傅啊！您老有啥活尽量安排就是！"师傅说："回去吧，一旦有大活，我给你捎信去！"小木匠高兴地走了。

回家后，小木匠马上照着做了个木头人，做得很精细，尺寸把得很准确，比师傅做的精致多了。两三天的时间，就把木头人做好了。可一试，白搭，木头人根本不听使唤。不是拉不起来，就是拉起来坐不下，不能用。小木匠急得抓耳挠腮，浑身是汗，一遍遍查来查去就是找不出毛病来。

他爹说："你学艺不精，理上不通。看一看就会那怎么可能，还是找师傅去吧。"小木匠不服气，又研究了几天，还是没成功。最后让他爹陪着，又带着礼品找师傅去了。

见了师傅，老爹一直赔不是，小木匠只能叩头求饶。师傅这才说了话："你灵是灵，就是骄傲自大，不谦虚，自以为是。你量了尺寸，看了样子不等于会了。你只量了外表，可没量心。里面怎么样的结构，你不知道。尺寸外表怎么样都不管用，关键是里面。你想学会，不能没良心。你的这点小心眼，我早已估计到了。"小木匠听了，痛哭流涕，决心痛改前非。

老木匠见小木匠真心实意认错，又收留了他。老木匠实心实意地教，小木匠踏踏实实地学。几年后，小木匠也像老木匠一样成了一名好木匠，受到了人们的尊重。

讲述者：　宋福英，女，1950 年 4 月，莱芜市莱城区口镇南江水村

采录者：　吕全生，男，1946 年 7 月，莱城区口镇南江水村，骨医，初中

采录时间：　2018 年 6 月

采录地点：　莱芜市莱城区口镇南江水村

附　记

宋福英的祖上是当地有名气的木匠师傅，打得一手好农家木器活。宋福英说："这个故事里的事情，说的就是俺的祖上木匠。我父亲告诉我，有一年，祖上收了个年轻的徒弟，这徒弟模样长得好，人也很精灵。但有一点小毛病，就是好表现自己。这个徒弟做的事，就和故事里的一个样。自此，《没量心》这个故事就从俺家里往外传讲开来。人们为了批评木匠徒弟心术不正，就把没量心，谐音成没良心。这个故事，至今仍在匠人之间和民众口中传讲。"

148

最美的儿媳

东李子顺的李明义去世得早，身后留下孀妻[1]和幼子李耿。李明义妻姜氏对儿子视若掌上明珠，在她的千般呵护下终于长大成人。孤儿寡母，日子过得十分拮据[2]。到李耿十八岁时，还住着四面透风、八面透气的破房子。加之李耿从小娇生惯养，到长大成人都不肯出工下力。所以，他家成了出了名的困难户。

儿子到了成亲的年龄，连个说媒的都没有，这可急坏了李耿娘。要房没房，要田没田，要钱没钱，谁愿把自己养的宝贝女儿嫁到这样的人家？李耿娘想起李耿爹，就心酸地哭。哭来哭去，就把眼睛给哭瞎了。

常言说，"老天爷饿不死瞎眼鸡"。果不其然，机会来了。

有一年，黄河发大水，从黄河上游冲下许多的木料、牲禽和杂物。在人们抢捞这些"外财"的时候，有一位打鱼郎意外地捞上一个大姑娘。

[1]　孀妻：指寡妇。

[2]　拮据：意指手头不宽裕，钱不够用。

打鱼郎早就有妻，且有三个儿女，这个女人自己无论如何都不能要。不要，又不能扔回河里去。思来想去，想到了李耿。何不给李耿当媳妇？给李耿娘一说，这事就成了。

这位姑娘叫荷花，长得不俊不说，还有些丑。人是丑点，但她心地善良。她看李家给了自己一碗饭吃，从心里感激不尽。婆婆眼睛看不见，她十分着急，就千方百计想治好婆婆的眼疾。

有一天晚上，一个自称是药王的白胡子老头托梦给她。说是莲花山顶有一池水，水里有一株荷。只要能天天采集到荷叶上的露水，用之洗目，婆婆的眼定然会复明。荷花每天一早就上山，用一个茶罐去采荷花露。回来后，给婆婆小心擦拭眼睛。如此这般，整整七七四十九天。第五十天的时候，荷花的婆婆突然睁开了眼，眼前的一切看得十分清楚。她高兴地唱起了本地的小曲《采莲调》。

荷花因婆婆的眼得以复明，禁不住哈哈大笑了两声。这笑声引起了婆婆的注意。她看到自己的儿媳，大眉头、大鼻子、大嘴巴，还有两排包也包不住的大牙，一股邪火从心头生起。心说，我的儿子怎么能娶这样的老婆？

于是，她责令儿子休妻。

这些日子，在荷花的帮助下，李家的日子有了很大好转。李耿虽说很感激老婆，但又不敢违背母亲的旨意，只好下了休书。荷花以泪洗面，但又无可奈何。只好默默地搬出了李家，在村边搭了一间草房，独自谋生。

李耿娘又为儿子张罗了一个媳妇，这媳妇长得俊，眼是眼，眉是眉，嘴是嘴，唇是唇，怎么看怎么好看。但就是有一点，这女人好吃懒做，脾气暴躁，一不如意就连打带骂。李耿受不了这种气，又拿老婆没办法。一天，他连句话都没说，不知跑到什么地方去了。

俊儿媳根本不把婆婆当人看，婆婆当牛做马她还不如意。轻则大骂，重则拳打脚踢。李耿娘天天到李耿爹的坟上哭，没有多长时间，眼睛又看不见了。

俊儿媳一看李耿娘无用了，就干脆一不做二不休，把老娘赶出了家门。李耿娘正无处可走，想寻短见。这时，荷花出现在李耿娘的面前。她把李耿娘带回家，好生侍候。为了给李耿娘治好眼睛，她依然天天去莲花山采荷露。又

过了七七四十九天，李耿娘的眼又复明了。姜氏拉着荷花的手，对着荷花看了又看，说："荷花，你才是天底下最漂亮的女人，你才是天下最美的儿媳妇。"

又过了几年，俊媳妇走了，李耿回来了。李耿到外地做生意发了笔小财，回到家和老娘、荷花一起过起了幸福快乐的生活。他们养了三儿两女，都很有出息。人们说："这都是荷花带来的福报。"

讲述者： 李衍军，男，1969 年 10 月，平阴镇宋子顺村，中专，教师

采录者： 展恩华，男，1962 年 10 月，平阴县府前街，大学

采录时间： 2010 年 5 月

采录地点： 平阴县平阴镇宋子顺村

149

巧治地虱子[1]

从前，燕子村里有一农夫姓李名老实。他从小老实巴交，为人和善。四十多岁了，从没和别人吵过嘴，闹过纠纷。他勤勤恳恳，种着祖上留下来的三四亩地。一家人尊老爱幼，和和睦睦，日子倒也过得去。街坊邻居没有一个说孬的！

可天有不测风云，人有朝夕祸福。李老实的父亲不幸身患重病，四处求医，医治无效，离开了人世。他找了个风水先生，正好选了自己的地作为墓地，就把老人下葬了。

李老实家有一地邻，人称外号"惹不起"，是个远近闻名的地虱子。而且，还是个死不讲理的刺头儿。惹不起一直就想霸占李老实家地。可李老实他爹在时不敢下手，现在李老实他爹没了，就开始了占地计划。没过两年，就侵占了李老实家近一亩地。就连李老实他爹的坟地，也成了惹不起家的了。李老实不敢说，不敢言。明争怕他，暗斗不是他的对手。李老实左思右想，心生一计，告官。

第二天天不亮，李老实就上路了。到了县衙，擂鼓喊冤告状。县太爷命衙役把告状之人带上堂来，就问家住哪里，姓啥名谁，状告何人。

李老实跪下给县太爷磕了头说："大老爷，小的家住城南燕子庄，姓李名老实，状告我的父亲。"

县太爷一听，把惊堂木一拍道："好个刁民，定是个不孝之子，哪有状告父亲之理。"县太爷正要叫衙役杖打李老实，师爷忙阻止道："老爷，既然儿子状告老子，定有隐情。请老爷查明原因，再打不迟。"县太爷就对李老实道："有何隐情，因何状告父亲，从实招来？"

李老实道："大老爷，我父亲已死三年了。"

县太爷就问："既然你父亲已死，为何还要告他，告他何事？"

李老实道："状告父亲溜门[2]子。"

县太爷道："荒唐，已死之人，怎么会溜门？纯属胡说八道。"

李老实答："老爷明鉴，的确溜门了。下葬时在俺地里，现在溜到地邻地里去了。"

县太爷听后就明白了，就命衙役传地邻上来，问道："李老实他爹的坟地，怎么溜到你家地里去了？怎么回事？从实招来。"

惹不起狡辩道："大老爷，是他埋到俺地里的，俺正要告他呢。"

县太爷把惊堂木一拍，命衙役："大刑伺候，重打四十大板，看你招也不招？"衙役们就把惹不起绑在行刑凳上，把裤子褪到腿弯处，重重地打了起来。打了二十大板，惹不起就受不了了，大喊："大老爷，别打了，我招。"

惹不起有气无力地说："李老实是我的地邻，我一直就想占他的地。他父亲在时，没敢下手。他父亲没了后，地邻老实好欺负。我就每年挪地基[3]，今年春天，我就把地基挪到李老实他爹坟地那边去了。"

案已查明，县太爷判案：石基挪回原处，惹不起赔偿李老实纹银五十两。

[1]　地虱子：视土地如生命，恨不得把别人家的地占为己有。

[2]　溜门：串门。

[3]　地基：地界。

这就是：

老实巧告状，地虱遭了殃；

便宜没占着，挨打赔银两。

讲述者：　谭业龙，男，1942 年 5 月，莱芜市钢城
　　　　　区颜庄镇颜庄村，小学

采录者：　吕秉华，男，1949 年 10 月，莱芜市钢城
　　　　　区颜庄镇颜庄村，大专

采录时间：　2018 年 5 月

采录地点：　莱芜市钢城区颜庄镇颜庄村

150

贼有妙计

很多年前，有一个老贼头。他经验丰富、颇懂偷盗的伎俩，从未失手。

在一个月黑风高的夜里，他把一家有钱人的驴牵走了。主家睡梦当中蒙蒙眬眬似乎听到有动静，等起来一看，贼已骑着驴跑远了。急忙叫起兄弟们，打着灯笼火把分头追了出去。

将近天明，这几伙人说定在汶河南某村会合。说来也巧！这头驴也上了"犟脾气"，因为它的嘴被贼用麻茎子绑住了，憋得难受。它走走停停，打着坠往前蹭，也没走出多远。眼看天快亮了，老贼头有点上火，马上到嘴的肥肉要丢掉，真是太可惜了。

真是无巧不成书。他忽然听到身后不远处，有几人说话的声音很耳熟。刚想快跑，又见前面不远处，也有说话声。看来这回真跑不了了，不如做个顺水人情。这老贼头不枉此虚名，就见他急中生智跳下驴来。在后追的人似看又看不清的时候，倒转驴头，牵着往回走，还一个劲地咳咳嗽嗽。等双方刚靠近，老贼头很自然地先说话："你们这伙是找驴的吧？我走闺女家回来得早，在那边看见两人

赶着驴。我一眼就认出是你们家的，我揍了那俩贼一顿，把驴给你牵回来了。以后要好好地看家，要不是我碰见，指着你们早没影了。"众人心知肚明，也无话可说。既然找到了，也没受损失。表面上还得和他说客气话，也许他说的有影。回到家，主家不得不请他吃喝一顿。

从此以后，这家人提高了警惕，加强了看管。为了保险把驴棚门上换了一把大锁，晚上还拴上大黄狗，轮流睡觉。半年多过去了，相安无事。

俗话说，"不怕贼偷，就怕贼惦记着"。又过了半年多，这家人逐渐放松了警惕，认为已经太平无事。谁知，问题这就来了。主家有一个最大的毛病，每天早晨打开驴棚抽出钥匙，就把锁敞开着挂在门鼻子上。

这天傍晚时，有人用同样的锁和他的锁调换了。他收工后喂好，饮完驴也没看，咔嚓一锁，放心睡觉去了。到了半夜以后，正是人睡觉正熟的时候，主人家隐隐约约听到大黄狗叫了一声。主家还有点烦，认为半夜里叫唤太烦人，转身接着沉沉睡去。

第二天清晨，打开锁，一看就傻了眼，大叫驴踪迹不见。门锁得好好的，墙也没有拆，驴是怎么没的呢？他的老婆认为得罪了神仙，趴在地下直作揖叩头。正此时，他的邻居来找家什使。他两口子对着邻居不住地表白，那人一看大黄狗直挺挺躺在一边一动不动，口有黏沫。过去仔细一看，早死多时了。在嘴边有一根骨头，上面绑着一小块像白蜡烛似的东西。此人很明白，说："这是'八步紧子'，一种剧毒药，见血封喉，只要是牙一碰马上就死。这是贼用薄刀拨开大门栓进来后，防止狗叫先把狗毒死。然后开开锁牵出驴，再把你的锁锁上，他的锁又拿走了。"此时，这家人才如梦方醒，后悔不已。一家人四处找了一天，也没见到一根驴毛，也就叹口气自认倒霉算了。

谁知，第二天早晨一开大门，就见门缝里掉下一张小纸条，上面歪歪扭扭地写着几个小字："你的驴是老贼头偷的，我看见睐，请相信我。"看完字条，这可让此人彻底蒙了圈。

老贼头确实真看闺女去了，相距三十里路，已走了五六天。难道他会分身法？他有前科，也许是他？不对，是别人栽赃陷害？他久思不得其解。

这个丢驴的一直到死，都没解开这个谜团。

讲述者： 亓廷举，男，1937 年 3 月，莱芜市莱城区高庄街道五龙村，小学
采录者： 亓福忠，男，1968 年 9 月，莱芜市莱城区高庄街道五龙村，高中
采录时间： 2018 年 8 月
采录地点： 莱芜市莱城区高庄街道五龙村

附记

常言道："贼人不富。"因为他觉着东西来得容易，就不珍惜。采录中，亓廷举还讲了这么一个小故事。若干年前，村里有一个好吃懒做的人。他不学无术，经常和一些有钱的人在一块"打骨牌"。人家都会出"老千"，让他略尝甜头，入了迷就再也不叫他赢了。每次他掷的骰子点子最背也最小，总是 1 点或 2 点。过不了多时，他输光了家里所有的钱财和粮食，仍想着"翻点"。他老婆一看不好，管又管不了，就收拾衣裳回娘家去了。这下他可好，吃饭也成了大问题，就打起了偷的歪主意。他经过踩点观察，发现了目标。这家人的粮食在宅子东面小北屋里，无人在里面睡觉。墙是用土坯垒的，风吹雨淋已经脱皮。他决定从这里下手，过半夜之后，他用小铁锹撬开了土坯，拆了个大洞，进去把人家整整一"对口瓮"粮食偷了个净光。主家是一对老夫妻，第二天发现被偷当场急昏了。一病大半个月，差点要了命。这个贼也没富了，几天就输干净了，最后欠人家一屁股债，被逼无奈就上吊死了。

151

贼
人
非
计

赵家楼庄有对老夫妻，丈夫叫赵老大，妻子周氏，没有儿子，只有一个闺女嫁给邻庄方家叫方小二的小伙子。方小二人物个头都长得顶呱呱，帅棒棒。美中不足的是三只手的功夫怪到家，今天偷东，明天偷西。没多少日子，便在四外八乡臭得发黄。老夫妇为闺女捏着把汗，怕女婿被抓住闺女受罪。

一天，方小二提着礼品来看望岳父岳母。赵老大拐弯抹角，话中有话地劝说一通。贼人脸皮厚，方小二听了不以为然地笑笑说："爹，您老人家这么大年纪了，别再为俺这些小年轻的操心了。俺大错误不犯，小错误不断。不欺贫压穷，零打碎敲的手摸点不义之财，也没啥见不得人的。老话说三百六十行，行行出状元。俺的第三百六十一行也怪精通，您老人家就等着享清福吧。流水样淌来的钱，不拿白不拿哩！"

赵老大听女婿说得有鼻子有眼，心里也痒痒起来。谁个不是吃腥的猫，这垂手便得的财宝真是叫人羡慕。他话头一转，眉开眼笑地说："妮她夫，俺说的话你也别往心

里去。俗话说，爹有娘有不如自家有[1]，老婆汉子不如手里攥着。只要真有本事，没有穷煞的人薄煞的地。这样吧，我厨屋里有口锅，三天内如你偷去，往后我不劝你不说，还拜你为师哩！"

方小二说："爹啊！这一日行窃，终生是贼。您老这把子年纪了，在这上头摔了跟头，可就床底下放风筝，多咱也起不来了。您好生寻思寻思[2]再说吧。"

赵老大说："妮她夫，说出口的话，泼出去的水，如钉子砸进木头里。俺既然说了，就西瓜皮当水瓢豁上咧！这事就如寡妇嫁给光棍汉，就这么办哩。"方小二听了点点头说："您老人家决心定啦，咱爷俩就试试吧。您老可要千万看好锅，别咱爷俩打赌叫人家得了利，那可就赔了夫人又折兵哩！"

赵老大点了点头说："你放心吧，你有啥本事全都使出来，是骡子是马一遛咱就知道。"爷俩你劝我让喝了阵酒，各自干自己的事去了。

方小二走后，老两口可就想开点子了。姜还是老的辣。人当然是年纪大的心计多，风闻女婿的手段怪利索，不得不严加防备。有道是：贼偷一更，防贼一夜。

谁个看得这么周到？老虎也有打盹的时候。真叫女婿把锅偷了去，话好说不好听哩。干脆一不做二不休，搬不倒葫芦洒不了油。我在锅台上搭个铺，用身子压着锅。女婿的能为[3]再大，也靠不到跟前，想偷锅比癞蛤蟆上天还难。

晚上，方小二神不知鬼不觉地来到岳父家。见两口子睡在锅上，心里一个劲地骂。他不急也不慌，先是悄悄地围着院子转了一圈。他见猪圈里有头大黄牛，一把耩子靠墙竖着，耩把上挂着个大葫芦。方小二眉头一皱，计上心来。他找了根长杆子把葫芦挑过来，用块破布包住葫芦把，挑晃[4]着吓唬老黄牛。初一、十五的月亮怪明[5]，老

[1]　自家有：自己有。

[2]　好生寻思寻思：认真想一想。

[3]　能为：本事。

[4]　挑晃：用杆子挑着摇晃。

[5]　怪明：很亮。

黄牛正自在地嚼磨[1]，冷不丁[2]见个怪东西摇摇晃晃靠过来，立时吓惊了，在猪圈里扑隆扑隆[3]，不住工[4]地闹腾。方小二看看火候差不多了，躲在一旁等时机。

夜静传声远。赵老大听黄牛乱碰乱叫，心里咯噔一下。难道是贼女婿偷牛不成？庄户人家没了牛，就跟当官的丢了乌纱帽一样。他叫起[5]老婆子，提着根短棍到猪圈里看究竟。只见黄牛气喘吁吁，上来下去闹个不停，大葫芦被踩个稀巴烂。老两口好不容易稳住牛，赵老大说："看样子是挂着的葫芦掉下来吓惊了牛，你先回去睡吧，要紧的是咱那口锅。"

"你这老东西，土都埋到脖子了，还曲心和酱[6]地跟女婿闹腾啥。"老伴嘟嘟囔囔地回厨屋，蒙头裹脑地睡了觉。

贼女婿三天没露面，赵老大恣悠悠[7]地说："是猫就避鼠。我看咱女婿也是个稀松平常[8]的二把刀[9]。"老婆听了瞅他一眼说："别高兴得太早了，没有罗汉腿，上不了佛爷墙。咱这女婿是个精灵鬼，年纪不大心眼子可一大包哩！"话还没说完，就见女婿顶着口大黑锅，哼着小曲子走了进来。赵老大一见，心哆嗦一下说："妮她夫，真的假不了，假的真不成。你巧嘴说不过潼关去！你扛来的锅不是俺的，俺那口好好地躺在火灶上咪。"

方小二放下锅，不急不慌地说："爹，您看看要不是您的锅，俺就扛回去。"赵老大麻利地掀开床板一看。顿时，眼瞪得比铃铛还大。火灶上只有一个黑洞洞，哪里还有锅的影子？方小二端起锅放好，说："爹呀！千防就怕一时漏。俺笨手笨脚的，您老千万别笑话俺。"赵老大心服口服，叫老伴赶紧炒菜暖酒，死皮赖脸地求告女婿教他贼技。方小二说："爹，孩儿走的路没您走的桥多，小

[1] 嚼磨：反刍，把粗嚼后咽下去的食物再返回到嘴里细嚼，然后再咽下。
[2] 冷不丁：突然间。
[3] 扑隆扑隆：乱蹦乱跳。
[4] 不住工：连续不停。
[5] 叫起：喊醒。
[6] 曲心和酱：在这里是一门心思的意思。
[7] 恣悠悠：高兴。
[8] 稀松平常：非常一般。
[9] 二把刀：来源于泥瓦匠或厨师行业的用语，意思是技术不过关。

小贼技怎敢班门弄斧。一旦失了手，您老的脸上可就抹黑了。"

"妮她夫，咱一家人不说两家话，一个锅里摸勺子这么多年了，你还拿啥架子呀？今天你教也得教，不教也得教。"方小二见岳父动了真格的，也就答应下来。爷俩谈东拉西，热乎乎地喝起酒来。从早晨喝到晌午歪，两人脸红脖子粗，守着骆驼不说羊，吹得暴土满天飞。末了，方小二说："爹呀，西庄的饭店里吃饭留宿的多，银钱好酒也不在少数。酒是英雄胆，今天夜里咱去取些来贴补家用吧。"

赵老大哇啦着舌头说："老徒弟听少师傅的，做啥事你看着办就是了。"晚上，翁婿俩不费吹灰之力进了西庄饭店。夜深人静，两人很快收拾了一包银钱。不料，女婿偷了钱并不走，他打开一坛好酒放倒在桌子上，酒咕嘟咕嘟往外淌。女婿凑过去顺着淌下来的酒溜子张嘴就喝。赵老大怪会过日子，见女婿把酒洒了一地觉得可惜，走过去抱住坛子就喝。本来他喝多了酒，酒劲正往上撞，头重脚轻稳不住身子。一不小心，酒坛掉在地上摔了个粉碎。店铺守夜的伙计听到响声，喊叫着围了过来。

好事多磨。赵老大慌忙抱起银钱包拔腿就跑。他老胳膊老腿的，哪能跑得快。出门没几步，就叫人家追来的人拦腰抱住了，他吓得没人声地叫喊说："妮她夫，快拉我一把，我的腰叫人家抱住了。"

方小二头也不回地说："抱住腰不要紧，就怕捏住鼻子。"逮住赵老大的人听了，忙松开手去捏赵老大的鼻子。赵老大趁机把手里的包袱一扔，溜之大吉。翁婿俩像挨了枪吓的兔子，飞跑到庄外一个树木交叉、荒草很高的坟地里。赵老大累得趴在大坟包上，张着大嘴呼哧呼哧喘粗气。他又惊、又吓，肚子疼得站不住。他带着哭腔说："妮她夫，今晚上真是切菜刀剃头，悬呀！我上了年纪，浑身不听使唤，一步也走不动了。"

方小二说："爹呀！头一回就出师不利，我看您老别学这一行咧。您稍等一霎[10]，我去偷头驴来给您骑。"说着，独自出了坟场。他先折了根树枝，又摸索着拾了些石

[10] 等一霎：等一会。

头抱着到了庄边，把石头扔进庄里。狗听到石头落地的声音都咬起来。

一犬咬声，百犬咬音。不大霎，满庄的狗都咬着追出庄。方小二放重脚步，朝坟地跑来，边跑边喊："逮住他，这个贼，刚赶走了又来。看我不扒你那皮，抽出贼骨头来才怪哩！"到了坟地边上，他用力抽打一块石碑说："我叫你偷，看你那脊梁硬还是我这棍子硬。"接着，又学着挨打的哭腔说："哎哟，您别打我了，您那钱不是我偷的，是坟上那老头偷的。这工夫，他正在坟头上点钱哩。哎哟！俺亏呀，别人吃了馍馍叫俺来还账啊！"

赵老大听了，暗骂女婿不讲人情，爬起来跌跌撞撞跑回了家。他满头大汗，气喘吁吁，衣裳湿得能拧出水来。

老伴见他这模样，又是气又是疼，搬个座位给他歇歇脚。腚还没挨到板凳，女婿推门走了进来："爹，您回来啦，还肚子疼吗？"

赵老大瞪着大眼问："你不是叫人家逮住了吗？"

"哪有的事啊，我去给您借驴去咧！"

"你借的驴呢？"

"您老不是骑回来了吗？"

赵老大听了一寻思，忍不住笑出声来。打那，他再也不缠着女婿学贼技了。贼人非计，脑袋瓜里装着使不尽的鬼心眼子哩！

项目传习教育基地召开非遗项目学术研讨会。休会时间，大家一起喝茶聊天。亓玉峰说："村里招贼了，偷了一位老人家的古代花瓶。"就着这个话题，与会者各自讲述着关于贼偷东西的信息。亓玉峰讲述了这个《贼人非计》的故事，他说："贼技不在偷上，是在他的智谋上。方小二使用的就是这一套，他算是个有品位的人，为了阻止岳父学贼，竟然使出了这一手，不得不让人佩服他的谋略。"

讲述者：　亓玉峰，男，1959 年 7 月，莱芜市莱城区方下镇孙封邱村，高中
采录者：　平安忠，男，1961 年 5 月，莱芜市莱城区凤城街道西关村，高中
采录时间：2016 年 10 月
采录地点：莱芜市莱城区方下镇孙封邱村

附
记

2016 年 10 月，莱芜市民间文学研究学会在孙封邱村手拍武非遗

152

撑煞也要吃了这块饼

有一年的夏天，章丘曹范镇寨山后村某户人家来了一位客人。正好男主人不在家，女主人在家招待客人。他们家庭条件不是很好，仅仅[1]还有半碗面。这可如何待客？女主人感到非常为难。

按照惯例，招待客人需要找一位本村有威望的人陪同。女主人来到邻居家，请邻居去陪客人吃饭，并说出了家里的情况。邻居说："没事，你回家赶紧去做上一锅绿豆汤，再用那点面烙上一张薄饼。我马上过去，保险[2]给你陪好客人，让他吃饱喝足。"

邻居来到家中，和客人握手寒暄。然后一起坐在桌前，天南海北拉家常，彼此说一些各自家乡的风土人情。很快就到了中午饭时，女主人先把一锅绿豆汤端到了屋里，给客人和邻居一人盛上了一大碗，马上回到了厨房。

邻居端起饭碗，说道："客人啊，咱先喝喝[3]再吃！"

绿豆汤不凉不热，喝起来正可口。因为正是夏季天热，客人觉得有些口渴，很快就喝光了一大碗绿豆汤。

邻居没有喝汤，留着肚子。他看到客人喝了一碗，接着又给客人盛上了一碗。邻居端起饭碗，一边喝绿豆汤，一边劝客人喝，就如同酒桌上敬酒的模样。两人各自喝下一碗绿豆汤，邻居马上又盛上了一碗，说："客人远道而来，不成敬意。家里条件不好，还请多多包涵！大哥又不在家，我代表他敬您一碗。"说话间，客人已经连干了三大碗。

邻居不失时机地喊道："嫂子，饼做好了吗？吃饭了。"女主人赶紧把一张热乎乎的白面薄饼拿来放在桌上，还有一碗小咸菜。

邻居非常客气地劝道："客人，请吃饼。"

客人抚摸着自己圆溜溜的肚皮，说了一句："其实，我也不太饥困[4]。"这句话是客气话，也是实话。

邻居一听，拿起那张薄饼一撕两半，自己留了一块，递给客人一块，说道："您不饥困，也要吃饭啊！大老远来了，你撑煞[5]也要吃了这块饼。"

讲述者： 孙绪修，男，1947 年 1 月，章丘区文祖街道，农民，初中

采录者： 孙继广，男，1972 年 10 月，章丘区融媒体编辑，大专

采录时间： 2019 年 6 月

采录地点： 章丘文祖老宅

附记

这个故事连同《曹范大爷难伺候》，都是我的父亲孙绪修同一时间给我讲述的。我喜欢听父亲讲这样轻松幽默的故事，他老人家也乐意拉。老父亲说："这样的故事他听得很多，故事不长，道理却深刻。

[1] 仅仅：只有。

[2] 保险：保证。

[3] 喝喝：喝点水，或喝茶。

[4] 不太饥困：不饥困，不饿。

[5] 撑煞：撑死。

反映了老百姓的聪明睿智，别人也喜欢听传。"原载 2020 年 1 月 9 日《章丘晨报》。

153

把兄弟

有这么个人，好吃懒做，把家业丢了，他就到处要饭吃。吃饱了就躺在树底下晒太阳，看蚂蚁上树。

这一天是个大集，一个赶集的人看他在这里挺悠闲，就过来和他拉呱。一拉挺投脾气，就弄了一堆土当香炉，插上根草当香，拜了把兄弟。

懒汉说："大哥！你没有事儿的话，就到我这里玩两天，有啥难处尽管说。"

那人说："没有啥难处啊！"就各自走咧。

懒汉到了家里，说："我拜了个把兄弟，你到邻居家给我借百八十个鸡蛋，我去看看他去。"

他媳妇邻居家借了鸡蛋，煮熟了，他拿着就去了。

到了把兄弟那里，一看，坐北朝南的大门，就上前去叫门。等了一会儿，听见里边一个女人说："何人拍打天花板？"

他一听，这女人不简单，还有文化哩！开开门，他问："你是俺大哥什么人？"

妇人讲："我是你哥哥的事事如意[1]。"

进了家，见屋子修得挺好，他就说："嫂子，房子修得太好咧！"

"哎！多亏了街里街坊帮助。"

到了屋里一看，床上坐着位老太太，挺富态。他心想：这老太太有福啊！刚坐下，一个小孩跑到屋里来。看样子六七岁，白白胖胖。他就说："嫂子，你侍弄[2]得老的、孩子不孬[3]。"

"不是我，是老辈子里积德积的。"

懒汉听了，寻思开咧：大哥这媳妇真不赖[4]，我得回去叫俺家里[5]学着点儿。

一会儿，大哥回来了。俩人一猛子[6]喝到快晌午[7]，他嫂子就往桌上端饭菜。

乡里也没啥稀罕[8]的。下的面条，在盆子里盛着，没寻思一根面条在盆沿上[9]奄拉着[10]。

他说："俺嫂子还是文化人呢，哪里也不孬，就是这一条……"

女人没等他说完话，小脚一抬，"得儿[11]！"面条就钩到盆里去咧，嘴里还念叨："叫俺兄弟吃条金钩钓鱼！"

他坐不住咧，就家去咧。懒汉想想人家媳妇能说会道，看看自家的老婆，笨嘴笨舌，气头子[12]上来咧。

媳妇问他："回来咧？"

"不回来，还死在外头吗？"

"你这是跟谁怄气[13]啊？"

"跟你还怄不过来呢！"

"跟俺怄气？俺摊上你，还不倒了八辈子霉呀！那么大一份子家业，都丢净了，你还能做点儿啥？"

"我能做啥？你除了干活哪条还行啊？人家把兄弟他老婆能说会道，你咋比呀？"他就把去把兄弟家，咋着叫门，咋着开了门，咋着老人孩子，咋着吃面条，人家老婆咋着应对的，理理清清地说了一遍。

他媳妇说："我也行。"就在家把那些话背了半月，说："行了，叫咱哥哥来吧，我也露一手。"就捎了信去。

这一天，有人叫门。懒汉说："我可藏咧？"

他媳妇说："你光等着露脸吧！"

这时，门环一个劲地响。女人在大门过道里说开了："谁拍打俺这棺材板啊？"

懒汉一听：坏咧，头一句就差咧。

开开门来，朋友问她："你是俺兄弟什么人？"

本来她买了两个柿子，准备着忘了答的时候，看见了柿子，就说"事事如意"。一看见两个柿子，赶紧说："我是你兄弟的烂柿子。"

他大哥心话：俺兄弟媳妇咋这么说话？

到了屋里，床上坐着位老太太，她说："这是咱那老该杀[14]的。"

把她男的气急啦，也不藏咧，就出来了："还不快给俺大哥做饭去？"意思是把她支使走[15]，别在这里丢人现眼了。

她想咧：说话不行，做饭可行呢。就去擀面条。人家她嫂子擀得又细又长，她擀得又粗又宽。擀好了，故意把面条奄拉在盆沿上一根儿。端上来，也想露一手。她那脚又大，鞋带也没系上。一抬脚钩面条，把鞋也踢到盆子里了。

朋友实在忍不住了，就问："弟妹！这一手怎么讲？"

女人说："这叫鲇鱼大喝汤！"

[1] 事事如意：俗称"媳妇""内人"，就是老婆。
[2] 侍弄：照顾。
[3] 不孬：很好。
[4] 真不赖：非常好。
[5] 家里：老婆。
[6] 一猛子：一直，不停。
[7] 晌午：中午，吃午饭的时候。
[8] 没啥稀罕：粗茶淡饭，没有好招待的东西。
[9] 盆沿上：盆口边上。
[10] 奄拉着：垂着。
[11] 得儿：用脚一下子挑起来。
[12] 气头子：生气了。
[13] 怄气：生闷气。
[14] 老该杀：对老人不尊重的诅称。
[15] 支使走：支开。

讲述者： 李兴业，男，1931年10月，历城区仲宫镇东路村，农民，高小

采录者： 李全仁，男，1938年7月，第二文化馆

干部，高中

采录时间： 1987 年 6 月

采录地点： 历城区仲宫镇东路村

154

秀才吐元宝

　　早年间，云台山下有一个村庄叫靠山屯。这一年，村里同时出了两个秀才。人们为了显示该村是个风水宝地，激励后人努力进取，将靠山屯改名为双秀村。

　　两个秀才一个姓李，人称李秀才；一个姓王，人称王秀才。村里有好事之人[1]看他们是同科秀才，提议并经两家人同意要让他们两人结拜为异姓兄弟。

　　这一天，他们一行人来到三义庙[2]，面对刘关张三义塑像，摆上供品，净手焚香，大礼参拜。结拜完毕，一序年庚，李秀才长王秀才一岁为兄，人称"大秀才"；王秀才小李秀才一春为弟，被称"二秀才"。王秀才又拜罢义兄，不提。

　　三更灯火五更鸡，正是男儿读书时[3]，双秀村里的两个秀才自结拜以后，两人都胸怀大志，起五更睡半夜发愤读书。冬去春来，寒来暑往，从不间断。功夫不负有心人，

[1]　好事之人：爱管闲事的人。

[2]　三义庙：指供奉以忠义著称的桃园三义士刘备、关羽、张飞的庙。

[3]　三更灯火五更鸡，正是男儿读书时：每天三更半夜到鸡叫的时候，是男孩子们读书的最好时间。

经过长期刻苦学习，学问大有长进。

日月如梭，三年瞬间即逝，又到朝廷开科举之时。

这一年秋天，正值科考之际，兄弟两人筹盘资路费，一同进京赶考。

一天中午，秋高气爽，万里无云。天气不冷不热，正是赶路的大好时节。他俩穿过一片高粱地，来到一个小沙岭子旁。二秀才一腚坐在路边的沙地上，揉着胀痛的腿喃喃地对大秀才道："仁兄，歇会再走吧，腰酸背痛的实在走不动了！"

"好吧，贤弟！一上午走了几十里的路，我的脚上也磨起了水泡。"

大秀才边说边解下背上的包裹放在地上，找了块干净的沙石，搬到包裹旁边，正要放下坐在上面休息，没想到这块沙石，是一块表露在地面上风化了的石块，用力一搬，手抓石块的地方承受不住搬动的压力碎成沙粒，石块"嘭"的一声落在地上，大秀才手里攥着两把沙子呆呆地站在那里。

"仁兄，怎么了？"

二秀才正坐在地上闭目养神，忽听"嘭"的一声响，吓得他一哆嗦，睁开眼问道。

大秀才说："没什么，想搬块石头坐下歇息，没想到搬溜手了[1]。"

"砸着脚了没有啊？"二秀才起身走了过来，关切地问道。

"没有！"大秀才回答道，"不过贤弟，你听石块砸地的声音是不是有点不对啊？我怎么听着空空声[2]呢！"

"嗯，是空空声。"二秀才回忆刚才所听到的声音后，回答道。

"哎，仁兄，咱再砸砸看看吧？"二秀才饶有兴趣地说，弯腰搬起石块照着大秀才砸过的地方砸了下去，只听嘭的一声响，果然有空空声传入耳中。

"仁兄，是空空声。咱们扒开看看下面埋的是什么东西！"说着，二人齐动手扒开沙土，露出一块青石板。

[1] 溜手了：手没抓牢东西，丢掉。
[2] 空空声：地面不实发出的空洞声音。

大秀才看了，道："贤弟，在这沙土地上扒出青石板，这说明这地下盖着什么东西，我们掀起来看看吧？"说着，大秀才用手抓住石板的边缘，就要掀石板。

二秀才看了，连忙制止大秀才道："兄长且慢动手，看准了再掀也不迟！下面别是一个坟墓吧。"

"贤弟休要胡说！如果是坟墓的话，我们岂不是成了千人唾万人骂的盗墓贼吗？再说这么小的一块石板盖着，怎能葬得下一个死人呢？"大秀才听了二秀才的话反驳道。

二秀才听了感觉有道理，急忙向前帮忙掀起石板一看，下面是一个深坑，坑内放着一个古瓷坛。掀开坛盖子一看，竟然是满满的一坛子金元宝。数了数，整整50个，两个人高兴坏了。

二秀才环视一周，见四下无人，连忙解开自己的包裹，拿出一个包袱，铺在地上就要往外拿金元宝。

大秀才沉思一会，说道："贤弟呀！我们进京赶考，路途遥远，如果带上这么多金元宝，人多眼杂，很容易遇到强盗。依我看不如就埋在地下，等我们赶考归来，顺便拿回家去，岂不更好！"

"呃，兄长说的有道理，就按您说的做。"二秀才听了，诺诺答道。

兄弟二人把金元宝放回古瓷坛，正要盖坛盖时，二秀才忽然伸手拿起两个金元宝，说："兄长，我们每人拿一个吧！见面分一半，我们不拿一半，每人只拿一个还不行吗？放在这里不保险，假如让人发现都拿走了，后悔晚矣！"

大秀才听了二秀才的话，说道："贤弟呀！我们都带了足够的盘资路费，往返吃住花销过后还有富余。虽然说穷家富路，但是路上拿钱多了也不是好事。有多少在外经商的老客，死在收账的途中啊！还是不拿为好。"

二秀才听了义兄的话，不情愿地把金元宝放入瓷坛中，盖上石板，埋上沙土踩实。再把上面撒上浮沙，恢复到原来的样子。

整理完毕，休息了一会，打理包裹继续上路。一路上，大秀才给二秀才讲了许多文题知识和如何选材写好举试文章。他希望兄弟二人同时中举，考中进士，同时做官显示门庭，光宗耀祖。大秀才侃侃而谈，憧憬着兄弟两人美好的未来。

二秀才表面上点头应承，脑海中却始终想着埋在地下的金元宝，心想："唉！论才华我比不上义兄。这次科举考试，若义兄中举，功成名就，我名落孙山考不上功名，丢人不说，钱却花掉不少，路途之上还辛苦受罪。不如找个因由子[1]，半路而回，把金元宝带回家中独自享用一辈子，岂不美哉！"

不知不觉夕阳西下，两人找家客栈住下。旅途乏累，大秀才头着枕头便进入梦乡。二秀才却翻来覆去睡不着，脑海中金灿灿的大元宝始终萦绕在他的眼前，一夜都在想着怎么才能将金元宝弄回家去。金鸡破晓，东方露出鱼肚白，他才终于想出了两全其美的办法。

天刚蒙蒙亮，大秀才就起床洗漱，发现每日早早起床的义弟，今天却躺在床上没有起床的意思，口中还不停地哼哼。他三步并作两步来到床边，问道："贤弟，你怎么了？该起床了！"

"哎吆，仁兄啊！我生病了，浑身难受啊！"二秀才假装难受的样子道。

大秀才听义弟说自己病了，着实吓得不轻，摸摸额头，不凉不热，心想："可能是连日旅途劳苦，偶得风寒，熬碗热汤喝下发发汗就没事了。"

想罢，连忙让客栈伙计给做了碗姜末疙瘩汤端至床前，安慰二秀才道："贤弟啊！咱们自打上路以来，恐怕耽误考期，急着赶路，可能是累着了，喝碗姜末疙瘩汤发发汗，休息一天歇过乏就好了。"说着，扶二秀才坐起身喝汤。

二秀才让义兄扶着勉强坐起身，皱着眉头喝下半碗姜末疙瘩汤，怎么也不喝了。大秀才没有办法，只得请医治病。请来郎中一看，头不发烧，脉搏正常，琢磨半天也不知得的是什么病，只能胡乱开了一个药方，让大秀才去医馆抓药。

大秀才抓来草药，熬罢，端至床前，道："贤弟啊！药已煎好，快点起来喝药吧。郎中说了，喝下一剂就能见轻，二至三剂就可痊愈。"

二秀才听了义兄的话，心想："哎呦，义兄啊！您可

真是个老实人啊！我根本就没有病喝啥药啊！"但心里想着，却说不出口。

大秀才扶义弟坐起身，端过药汤，喂义弟喝了一口，二秀才皱着眉头道："哎呦仁兄，这药忒难喝了，不喝不喝！"说着把药碗推到了一旁，药汤洒了不少。

大秀才看着洒落在地的药汤，急忙劝说道："良药苦口利于病[2]啊！不喝哪能好得了啊？快把剩下的药喝了，等你病好了，我们也好启程啊！"

二秀才见义兄着急的样子，心想："仁兄啊仁兄，我又没有病，喝的哪门子药呀！"可是瞒的就是义兄，又不能向他直说，怎么办呢？！

大秀才见义弟就是不喝，又气又急道："我说贤弟啊，你就是不喝这药，你的病能好得了吗？你好不了病，你我怎么进京赶考啊！如若耽误了考期，你对得起你的高堂父母吗？"

二秀才见义兄又气又急的样子，心想："唉！我堂堂二秀才，装的哪门子病啊！看看把义兄急得这样子，还真让人于心不忍。"他左右为难，向义兄说实话吧！就怕金灿灿的金元宝落入他人之手。"唉！认命吧，开弓没有回头箭，为了金元宝，喝！我就不信这药能喝死人。"

想罢，说道："义兄，谢谢您！我喝。"说着，接过药碗，一口气喝了下去。

接下来的几天，大秀才又是买药又是熬药，伺候得无微不至，可是仍然不见二秀才的病情好转。

这一天，喝过汤药，二秀才对大秀才说："哎呀！仁兄，眼看考试的日子就要到了，您还是先走吧！我这样，实在是耽误仁兄了。过几日我如果病好了，就随后赶过去。千万不要因为我，误了仁兄的大好前程啊！"

大秀才心想："看义弟这病三五日未见好转，看来再过十天半月也未必能痊愈，这样拖下去肯定要耽误考期。但要留义弟在店中，自己又放心不下！"沉思半晌，也只能这样了。于是，为义弟安排好了食宿，叮嘱客栈掌柜照顾好义弟，又给二秀才留下部分银两，这才一个人无奈地先走了。

[1]　因由子：理由。

[2]　良药苦口利于病：能治疗疾病的药，多苦口难咽。

大秀才走后，二秀才急忙起身，叫来客栈掌柜结算完店饭账，急急忙忙赶到埋金元宝的沙岭子旁。扒去沙土，掀起石板，掀开坛盖一看，顿时傻眼了。哪里还有什么金元宝？而是满坛子的金元宝变成了一坛子清水。

二秀才又急又气，心想："这是怎么回事？明明是一古瓷坛金元宝，怎么就变成了清水？你看这病装的，瞎折腾了好几天，还喝了满肚子的汤药苦水。唉！就是水我也要喝上一口，然后去追赶仁兄进京赶考。"

想罢，抱起古瓷坛咕咚喝了一口。接着，盖上青石板，胡乱地埋上了一层沙土，心烦意乱地起身长叹一声，心道："老天不佑我啊！为了独占这坛金元宝，我欺骗了结拜义兄。常言道：'磕头三次入祖坟，好比同胞一母亲。'我和义兄结拜成异姓兄弟以后，他待我比同胞兄弟还要亲……"和义兄在一起时的点点滴滴浮现在眼前，二秀才自愧不如。他自言自语道："学高为师，身正为范。你不仅是我的义兄，更是我的恩师啊！"

二秀才豁然醒悟，毅然决定重返赶考之路。他要追赶义兄，承认错误，一同进入考场。

当二秀才收拾行囊，准备追赶义兄之时，忽感肚腹胀痛，四肢无力，这次他真的生病了。追赶义兄同赴考场是不可能了，此事只能隐瞒到底，不可透露半句。二秀才拖着病体勉强支撑回到家中，请郎中诊治均无效果，病情日益加重。

大秀才在京城考试完毕，不等发榜就急急返回。经过埋元宝的地方，一看沙土已经松动，等扒开沙土，掀开石板，打开坛盖一看，元宝还在。数了数，少了一个。他想："可能是义弟返回时，钱用光了，这才取走了一个。俗语道，好酒红人面，财帛动人心。义弟不被财宝所动，是个可交之人。我要好生结交于他。"

大秀才想着，背起元宝星夜赶回家中。当天晚上他就去看望二秀才，两人见面以后寒暄几句。

大秀才忽然问道："贤弟啊！你回来的时候是不是拿走一个金元宝？咱们那坛子金元宝少了一个。"

二秀才听了，不觉一惊，心想："这可真是奇怪，我拿时明明是水，而他拿的时候，怎么又成金元宝了？"

知道自己心亏，后悔不已，想说出真话又难开口，可他转念想道："既然我们二人情同手足，就应该真诚相待，要不然算什么兄弟！"

于是，就把自己怎样为贪财假装生病，金元宝变成水，然后喝了一口及肚腹胀痛的经过告诉了大秀才。他虔诚地承认了错误，希望仁兄看在兄弟结拜的分上原谅小弟的无知。

二秀才话刚说完，就觉得肚腹一阵疼痛，"哇"的一声，竟然吐出一个金元宝来。

说来也怪，元宝吐出来，二秀才的病随即就好了。

讲述者： 张丽华，男，1952年8月，莱芜区牛泉镇庞家庄村，剧作家

采录者： 亓廷香，男，1954年2月，高庄街道办五龙庄村，退休教师

采录时间： 2020年10月

采录地点： 济南市莱芜区凤城家园小区

155

买国老[1]

从前，有个姓孟的人，家里很穷。他常年在外给人家扛活[2]，他老婆在家，有时还得要饭。

这年，姓孟的给人家扛了一年的活。到了腊月二十三，应该下工了。但他和东家的关系不错，就帮东家干了些零活。直到腊月二十七，东家又让他喝了点酒，等下工回家时，天就黑了。

姓孟的带着东家给的一年工钱，摸黑往家走。当他摸黑走了一半的路，离家还有五六里路的时候，隐约听到前面有人啼哭。他越走越近，越听越清。这哭声是从路旁一个坟地里传来的，他循声走近时，只见一个十六七岁的男孩，跪在一座坟前，大一阵小一阵地哭。从他的哭诉中，可以知道他是在上吊前向死去的爹娘告别。

姓孟的忙问："你这兄弟，为啥要寻死上吊？"

那男子听到问话，忙说："好心的大哥，你只管走你的路，别管我的事！"

"你这是说的啥！"姓孟的说，"常言道：'见死不救，一场大罪！'你要寻死上吊的，我咋能不管不问就走呢？"

"你快走吧！我这事你管不了！"一听这话，姓孟的不高兴了，说："你有啥事对我说说，我也许能帮你一把！"

那男子听姓孟的说话怪实在，就只好把事情说了出来："我家很穷，只有一点山坡地。我爹死得早，是我娘要饭养我到现在。前几天娘又病死了，连给娘治病加出丧，借下了人家的债。临年靠节[3]了，人家向我催债。不还钱，人家就把那山坡地要去抵债。没了地，我还怎么活呀？"

听了这话，姓孟的又问："你欠人家多少钱？"那男子回答："三吊[4]六十文！"真是无巧不成书，姓孟的一年工钱，正好三吊六十文。他当即拿出钱来说："我正好有三吊六十文钱，你就拿去还账吧！"

那男子怎么也不接，姓孟的诚恳地说："你只管拿去还账就是！你要记住，穷煞[5]是个人，薄煞是块地。往后只要长出息，你爹娘的坟头上就能冒青烟。快拿去吧。"说罢，就把三吊六十文钱全给了那男子。那男子十分感激救命之恩，就问他家住哪儿，姓啥名啥。他啥话没说，就走了。

回到家，天已很晚了。老婆一见，就责怪地问："人家二十三就下工，你到这时才回来。家中生火无粮，我又临月，你心里就没点数吗？还等你拿回工钱来买粮食过年呢！"姓孟的笑笑，说："工钱一个也没有了，用啥买粮？"老婆忙问："你一年的工钱到哪里去了？"这时，他便一五一十地把路上的事情对老婆说了一遍。老婆听了，唉叹一声说："三吊六十文钱救下一条命，也是件好事。只是咱家太穷了，啥也没有。好歹攒了十个鸡蛋，我还把它卖掉了，称了点盐，又给你装了一壶酒，你先喝点暖和暖和吧。"说完，就伸手拿过酒壶递给了男人。姓孟的喝了口酒，看看什么可吃的也没有，就伸手捏了颗盐粒放在

[1] 国老：意思为朝廷里的卿、大夫、士。
[2] 扛活：打工。

[3] 临年靠节：马上要过年了。
[4] 吊：制钱的计量单位。一吊，古代一吊钱是160个一文钱，刚好一斤重，古代一斤是16两。
[5] 煞：死。

嘴里，悠然自得地脱口说道："喝白酒来吃白盐！"就在这时，突然听到半空中有人说道："三吊六十文钱买个国老儿子，好贱的国老！"姓孟的接上说："喝白酒来吃白盐，国老儿子在面前。"到了夜里，老婆果真生了个男孩。

老婆生了个男孩，姓孟的当然高兴。只是家里什么也没有，怎么养月子呢？

他想来想去，最后决定再回东家去借。

第二天一早，姓孟的回到东家。一见面，东家含笑说道："你来得正好！我知道你夜里做了件好事，没有钱了。刚给你准备了些东西，想打发人给你家送去。"姓孟的愣怔怔地问东家："昨夜里我做了件啥事，东家怎么知道的？"于是，东家就把夜里做的梦说了一遍，和姓孟的做的一样。最后，东家又给了他几个钱，他就挑着东西回家了。

姓孟的那个儿子，后来真成了国老。

讲述者：　王济涛，男，1940 年 4 月，莱芜市苗山镇常庄村

采录者：　张章，男，1936 年 11 月，莱芜市苗山镇南古德范村

采录时间：　1988 年 7 月

采录地点：　莱芜市苗山镇常庄村

附
记

在和庄、常庄和苗山周边，能讲这个故事的人很多。我和王济涛是同学，我不仅听他讲过，还听他家老人多次讲过。20 世纪 90 年代，中国民间文学集成采风时，我就把这个故事采录发表在《和庄民间故事集》一书中。

156

见钱眼开

从前，王庄子村有个叫王老大的庄稼汉，从老爷那辈起就穷，到现在也没翻过点来。都说人属槐练蛋[1]的，一节一节的！咋自己的苦就这么长哩！不能守着一亩荒地饿肚子，寻思来，盘算去，把地交给老婆和五岁的孩子，自己扛张锄到外面帮工去了。

王老大辛辛苦苦，省吃俭用地干了两年，得了块小小的金砖。没处搁[2]，没处放。就把锄杠退下来，把金子装进了锄裤里，再把锄杠楔上[3]。王老大好恶作剧！为和老婆开个玩笑，他穿上两年前的衣服回了家。

老婆乐滋滋地[4]把他迎进门，见他扛张秃头锄[5]，还是两年前的打扮，笑容一下子就不见了。

王老大放下锄，猴蹲[6]在屋门口，压低声音问："孩

[1] 槐练蛋：槐树豆角形果实。

[2] 没处搁：没地方放。

[3] 楔上：装好。

[4] 乐滋滋地：高高兴兴。

[5] 秃头锄：锄刀磨成了圆头。

[6] 猴蹲：蹲坐。

他娘，我这两年不转运，对不起你啊！今年咱打了[1]多少粮食？孩子想我了吗？我的鞋做了没有？过年的豆腐出了[2]没有？"

老婆板着脸，噘着嘴，一言不发。

王老大觉得好笑，从锄裤里取出金砖递给老婆，老婆见了眉开眼笑，轻声柔气地用手指头戳[3]了王老大的鼻子一下说："孩子他爷你别生气，刚才俺是恣晕[4]的。今年啊！咱打了七布袋高粱，八布袋谷；孩子想你也没哭，窗户台上鞋两双，想吃豆腐咱明天出……"

讲述者：　亓延翠，女，1940年1月，莱芜市方下镇张公清村，初中

采录者：　李胜华，男，1964年4月，莱芜市方下镇张公清村，初中

采录时间：　1991年3月

采录地点：　莱芜市方下镇张公清村

[1] 打了：收获。
[2] 出了：此指做豆腐。
[3] 戳：用指头点画。
[4] 恣晕：意指高兴迷糊了。

157

十文钱买命

赵兰溪约友苏庭堂，一同游览天下名山胜景。这日，路经一村，见村头一株古槐盘根错节。树叶浓密，枝干虬然，长得十分怪异。是过往行人憩息、避暑乘凉的好地方。两人便来至树下，乘凉解乏。

刚休息了一会，忽然从树上浓荫处滴下水来，浇得两人发湿衣透。嗅之，一股腥臊难闻的气味。两人急忙躲开，抬头向树上搜寻，只见树隙间，朦朦胧胧一顽童，叉腿弯腰向下撒尿。脸上还带着得意洋洋的神色！那尿被翠叶一挡，面积扩大，散洒开来，像仙女散花般纷纷落下。致使两位德高望重的先生，都得了树上恩赐的"雨露"之惠。

苏庭堂虽是文雅之士，但无辜被人撒了一头臊尿，也觉晦气，怒气顿升，对着树上顽童大喝："没教养的东西，滚下来！非好好治治你不可！"

赵兰溪给苏庭堂递了个眼色，笑嘻嘻地说："和个孩子值得发这么大火吗？"他摆摆手，叫孩子下树来。

孩子滑下树，来到赵兰溪面前。他赞道："瞧这孩子多聪明灵气呀！长大准有出息。"随即，从怀里掏出十文钱，递送给孩儿，说："买糖葫芦去吧！"

小孩接过钱，高高兴兴蹦跳着跑了。

苏庭堂大惑不解，埋怨说："你这人，臊尿撒头非但不恼。还给人钱，你葫芦里卖的什么药？"

赵兰溪诡秘地笑了笑："这孩子刁钻古怪，不干正事，大人也绝非善教之人。过路人多一事不如少一事，明哲保身。你和孩子计较，轻则不服，重则生事。再惹出大人，有什么好处？不要坏了我们游乐的好心情！"

"那也不该给孩子钱啊！"

"你忘了欲擒故纵这句话吗？欲得之必先与之。舍得肥肉套得狼，这是买命钱！"

常言说："越吃越馋。"自从这孩子得了赵兰溪的铜钱后，认为找到了发财的门路。天一亮，这孩子就出家门爬到老槐树上，等客商在树下休息，他也好撒尿赚钱。很多人淋了他的童子尿，见他是个乳臭未干的孩童，也就吃个哑巴亏，多少给他几个铜子破财免灾，不和这孩子一般见识。经常从这条路上走的商人，知道孩子的恶作剧，就干脆不在树下休息。这孩子每次吃到甜头，贪欲就会增加，有时候为了得到几个小钱，竟然吃睡在树上。

有道是，"多行不义必自毙"。不知是上天有意安排，还是事出偶然。这天快晌午的时候，大路上来了位骑马的练武壮士，由于天气热赶路急，疲惫不堪。他见大槐树林荫大，就勒住马在树下坐下来休息。刚坐下不一会，就觉得树上洒下水滴来。他以为是知了尿，也没在意。不料水滴越来越大还伴有孩子的笑声。他抬头一看，只见一个小孩，正对着他撒尿。

壮士生气地拔出刀来，指着树上的小孩骂道："兔崽子，往哪里撒尿呢，给我滚下来。"

小孩并不害怕，嬉笑着从树上出溜下来。壮士用刀尖指着孩子说："小小年纪不学好，是不是想找打。"说着，把刀收回鞘，打算狠狠地训斥他一番。

小孩也不说话，把手伸过来晃了几下。

壮士看着孩子一点害怕的样子也没有，倒像个久走江湖的劫道匪，就生气地问道："你这是啥意思？"

小孩说："拿钱来。"

"什么钱？"壮士丈二和尚摸不着头脑。

小孩绷着脸说："你淋了我的童子尿，就该给我钱。快点掏钱，十文。"

壮士瞪了孩子一眼，说："你的尿洒在了我身上，应该赔偿我，怎么还倒打一耙呢？"

小孩说："这是我的地盘，你赶紧掏钱吧。"

壮士本来想发一通火，教训这个孩子一番，但见小孩年龄太轻，与他一般见识，让路人笑话，就想说他两句走人。

不料，小孩不依不饶，步步紧逼。壮士按下的怒火又燃烧起来，心里话：好你一个不知好歹的兔崽子，小小年龄不学好，长大了定会成为为害一方的恶霸。他见小孩一副赖皮的样子，就拔出刀来架在了他的脖子上。此时小孩认个错，壮士也就借梯子下台阶走人。没承想，小孩见他不掏钱还把刀架在脖子上，就指头剜眼地破口大骂。壮士忍无可忍，用力一抽刀，可怜小孩脖子里血流如注，白眼珠上翻，一命呜呼了！

壮士收起刀，跨马而去。可怜孩子为了几文钱，懵懵懂懂做了刀下之鬼。究其源，皆因赵兰溪的十文钱之引诱！

讲述者： 刘海友，男，1966 年 10 月，济阳区志远学校校长，大专

采录者： 孟庆贵，男，1954 年 9 月，济阳区曲堤镇姚集村，高中

采录时间： 2017 年 10 月

采录地点： 济阳区志远学校

158

除病根

张老五家的驴被盗了。眼看秋收季节来临，张老五心急如焚，整日茶饭不思，竟然一病不起。

张老五的媳妇慌了，就劝张老五说："咱家这驴反正[1]没了，急也没用，咱先去看病吧。"张老五长叹一声，点点头。他让媳妇用地排车拉着，来到邻村老中医"赛华佗"家中。

赛华佗一边为张老五把脉，一边问他哪儿不舒服。张老五说："俺的驴没了，浑身不舒服。"赛华佗看过舌苔，就说："是急火攻心，没大碍，先吃服药泻泻火吧。"开完处方，就转回头去抓药。

张老五一听没大碍，赶忙抓住赛华佗的胳膊，哀求说："先生呀！都说你是神医，治病得除根对吧？俺求您再加点偏方，让俺那驴也回家吧？"

赛华佗心说，这人真是，俺又不认识你，这不是拿俺开涮[2]嘛！唉，你不仁别怪俺不义，转身又抓起几个巴豆

加了进去，对张老五说："好啦，这服药吃下去，你那驴就能回来啦。"

张老五满心欢喜，一进家门就让媳妇赶紧煎药。媳妇心想：光听说吃药能治病，还没听说能找驴的，这不作死吗？就悄悄把老先生添加的巴豆挑了几个出来。煎好药，媳妇让张老五喝下，就赌气上炕睡觉了。

张老五唉声叹气哼了一阵儿，觉得肚子咕咕直叫，就赶紧往外跑。不料，这天夜晚正赶上下大雨，破栏[3]没顶子，张老五只好跑到大门底下泻了开来……

泻完一通，回到屋里。张老五脱下衣服，刚倒在炕上，肚子又叫，赶紧穿衣再往外跑……一连三趟，把张老五折腾得两眼发黑腿打战，索性找出一件破棉袄穿上，往大门底下一蹲："哼！屙吧，老子今夜不回屋去了！"

常言说："无巧不成书。"活该张老五不破财！原来，偷他家驴的那贼，就是对门邻居。

这几天，贼邻居总想把驴拉出去卖掉，可惜没机会。今天夜晚下雨，伸手不见五指。再一听对门唉声叹气，像是有病在身，真是天赐良机。

此刻，张老五蹲在大门下，肚子屙空了，可泻欲犹存，憋得直叫唤："该屙（拉）出来了？露头了咋还不出来呀？"

贼邻居刚把驴拉到大门口，一听这话吓一大跳，心想坏了，对门知道驴是我偷的了？不可能呀！再等等。

张老五又蹲了一会儿，仍未见效。就发恨说："俺就不信，今天夜里你不出来！等俺回屋抽袋烟再回来蹲你，看谁熬过谁！"

贼邻居一听，完了！事情已经败露，干脆还给他算了。就解开缰绳，打开大门，把驴放了出去。

张老五一袋烟没抽完，泻欲又来了，赶快再往外跑。忽然，他听到门外有动静，就打开大门想看个究竟。

"哎呀！俺那驴啊，您老人家真回来了！"张老五放开嗓门大叫，"媳妇，快起来掌灯，咱那驴回来啦！"

媳妇半信半疑，披衣下炕来到院中，提起手里的灯笼一看，驴真回来了！

---

[1]　反正：确实。

[2]　开涮：拿人开心；欺骗戏弄人，或者是善意的取笑。

[3]　破栏：破旧的猪圈，又称"茅房"，当厕所用。

"俺就说嘛，人家赛华佗就是厉害！赶明儿一定得去好好谢谢人家……"张老五一摸驴头，发现没有缰绳，就觉得纳闷。

媳妇想了想，就说："也许……煎药时，俺怕巴豆太多伤着你，就拣出了几颗。"

"你这个熊娘们儿呀！"张老五气得直跺脚，"要不拣出去，这驴缰绳也丢不了！"

讲述者：　王景宝，男，1925 年 6 月，平原县王杲铺公社甜北村

采录者：　杨富华，男，1958 年 6 月，平原县王杲铺公社甜水铺村，大专

采录时间：　1975 年 9 月

采录地点：　德州市平原县王杲铺公社甜北村

159

吃药找驴

早年间，从江南来了一个算卦的，说是能掐会算。他在北江城的临街一家中药铺跟前摆了一个卦摊，挂了一个招牌，上面写着"张半仙占卜神算"，这就算是开张了。

这位张半仙不知卦算得怎么样，吆喝得可挺玄乎，什么能算你前三十年爹妈都干了啥事，后三十年儿女的前程；与左邻右舍有啥来往，老亲少友有啥病；哪天出门要有坎，哪天办事不吉利呀，都能算得出来。还更玄乎的是不用花钱买药，他还能求神灵，给你消灾祛病！被算卦的张半仙一忽悠，他身后那中药铺的胡掌柜就坐不住了。

这个胡掌柜根本就不是啥好鸟，半辈子就靠卖假药坑骗人。他卖药少斤短两，天长日久失去了信用。所以，药铺生意萧条快要倒闭了。几天无人前来药铺买药，就怪心焦[1]的。突然又来了个张半仙在门前摆摊算卦，还咋呼着不用花钱买药就能消灾治病！

胡掌柜一听就火了，心想：要是不花钱买药就能消灾祛病，那开药铺的不都得喝西北风啊！不行，乘着他初来

[1]　怪心焦：心烦意乱。

乍到，还人生地不熟，得想办法把他撵走。但是怎么撵呢？他动起了心机，耍开了坏心眼，眼珠子一转悠坏道道[1]来了。

只见他优哉游哉[2]地走到张半仙跟前，道："哈，张先生生意兴隆啊！"张半仙一看是药铺的胡掌柜，心想："你开你的药铺，我算我的卦，咱们俩井水不犯河水。"他立刻站起身，双手抱拳深施一礼，道："噢，是胡掌柜，我这初来乍到还没开张呢！俗话说，在家靠父母，出门就得靠朋友。我借贵店门口这块宝地混口饭吃，还望掌柜的多帮衬着点，哈！"

胡掌柜说："呃，不知道张先生这卦算得灵不灵啊？"

"嗨，嗨，你要问我这卦吗？呃，虽比不上姜太公却不亚于诸葛孔明啊！"张半仙边说边比画，面带自豪道，"这天上地下，我是无所不能，有问必答，百算百准！"

"要是不准呢？"

"请你把我这摊子给砸喽！"

"好！"胡掌柜就是等的这句话，连忙说道："你既然有这么大的神通，那我倒要算一卦试试灵还是不灵。如果灵我就任你在这里摆下去，要是不灵，哈哈！砸摊子这话可是你说的啊！"

张半仙暗暗叫苦，心想：哎哟喂，这不是中圈套了吗？可是他表面上还不能动声色。

"那行，但不知你要算啥卦呀！"张半仙问。

胡掌柜说："你可算得准我今天店里能来几个顾客吗？"

张半仙听了就是一愣，心想：哼，你店里能来几个顾客，我咋知道？这哪是问卦呀！这不是存心找茬，出我的洋相吗？这该怎么回答呢？

张半仙是闯荡江湖吃张口饭[3]人，专门会察言观色。他一看胡掌柜这愁眉苦脸的样子，心想：这个胡掌柜，指定是生意不顺才来找茬的。来几个顾客到他店里去，我哪能算得出来？但说出去的话，泼出去的水，收是收不回

来了，就无可奈何地说："我算算哈，子丑寅卯辰巳午未。嘿嘿！今天有一个顾客来你药店买药。"张半仙扳着手指，口中念念有词道。

胡掌柜又问："噢！一个顾客，啥时来买药？"

张半仙又是一愣，心想：左右是瞎蒙了[4]就顺嘴胡咧咧[5]吧！"哦，是午时三刻。"

"买几个钱的药啊？"胡掌柜赶紧问。

"啊，两个铜钱的。"张半仙回答得很麻利。

胡掌柜一听道："好！一个顾客，两个铜板，午时三刻！我跟你说哈，有一点不对，可别怪我不客气！"说完，胡掌柜进了药店，专等午时三刻的结果了。

张半仙胡说完了，这工夫[6]急得像热锅上的蚂蚁，人家都说这北江城里生意好做，这大老远的来了，却不料今个倒霉，要是头一卦算不准，这张半仙的牌子一倒，这碗饭就难扒拉到[7]嘴里了。

正胡思乱想呢，有个做豆腐的老王头，气喘吁吁地来到卦摊前，边擦汗边说："先生你快点算算，哎！我那毛驴丢到哪里去了呀？哎哟喂，这毛驴身上还背着我刚花七两纹银买的鞍子呢！先生快算算我上哪去找啊？"

张半仙一听，这气就不打一处来，心想："我这闯荡了大半辈子，还没遇见今天这么问卦的。那你要问后代能生几男几女，我就说你要积德行善，必有五男二女。哼，不等生出来，我就不在人世上了，只要钱到手就行，哪管卦灵不灵啊！像这号卦式越多越好糊弄啊！哎！你让我算算这毛驴丢哪里了，我要是能算出来，我早就捡了卖钱了，何必摆这个卦摊啊！我呀，药铺那个掌柜的正让我急得转轴[8]呢！噢，又来了个你。"张半仙皱着眉头，心里面合计着，眼珠子叽里咕噜[9]地转了几下，眨了几眨，点子就来了，只见他扳着手指，口中念念有词："毛驴丢了，呃，这个毛驴吗！啊，子丑寅卯……"

[1] 坏道道：害人的办法。
[2] 优哉游哉：形容神态悠闲、心情安逸。
[3] 张口饭：靠能说会道蒙骗来混吃的人。

[4] 左右是瞎蒙了：信口胡猜。
[5] 胡咧咧：乱说。
[6] 这工夫：这时。
[7] 扒拉到：吃到。
[8] 转轴：没有应对的办法。
[9] 叽里咕噜：眼珠子来回滚动。

老王头急忙问："能不能找着啊？"

"能倒是能，只不过要想找到毛驴嘛！你得吃药。"

老王头一听，心想："还从没听说过毛驴丢了不用找，一吃药就有了，这个卦算得可真奇怪哈。可是，有病乱投医啊！不管那么多了，只要毛驴能找着，吃药就吃药吧！"

老王头拔腿就往外走，张半仙急忙拦住："哎，记住了啊！只有买背后这家药店的药，你才准能药到驴来。"

"好，我就去这家买。"老王头倒也听话，说着又要抬腿就走。

"哎……等等，老爷子，这买药得在午时三刻才行，只能买两个铜板的啊！我算着早一点晚一点，多一点少一点都不行，差一点这毛驴就找不到了。"老王头听了，满腹狐疑诺诺而去。

到了午时三刻，老王头准时进了胡氏药铺，递上两个铜板要买药。胡掌柜这个气啊！那是吹胡子瞪眼，心里直骂娘，心想：你真是个丧门星！你啊，早不来晚不来，偏偏这个时候来，你多不买少不买，恰恰只递两个铜板，这真是活见鬼了。

他压住火，没好气地问："买啥药？"

老王头蒙了，张半仙没告诉他买啥药啊！就随口一说："不管啥药，你抓点就行。"

胡掌柜一听，心想：好家伙！你坏了我的好事，我得好好地调理调理你。

想罢，他就把这胡椒、黄连、巴豆，这几味泻药称了几盘子，包了一大包，递给了老王头。

老王头掂了掂药包的分量，心想：不知这驴能不能找到哈，这药可真便宜，两个铜钱就买这么一大包。

"老头子，咱家的驴找到了吗？"老王头一进家门，老伴就急切地问。

"先别问驴，先熬药。快，快，等喝完药，这驴就找到了！"

"什么？喝完药这驴就能找到了？净他娘的胡啰啰[1]！这是哪个算卦的瞎巴巴[2]？哦，喝了药就能找到毛驴？滚他奶奶的犊子去吧！"老王头这工夫正火大着呢，听这么一说，照着老伴就是一脚，吓得老伴麻溜地[3]把药拿到灶房。她打开一看，竟是黄连、胡椒和巴豆一类的，想不熬吧！怕挨打；你说熬吧，这药要是喝下去，这人能受得了吗！为难了半天，听到老头子在里屋一个劲地催，就偷着往锅里只倒了一半，另一半包巴包巴[4]藏了起来，就这一半熬好的药汤，黑乎乎的盛了一瓦盆。

老伴端进里屋让老头喝，那汤药味忒难闻[5]咧！瞅着满满一瓦盆汤药，这老王头也是眼晕。但是为了能找到那头毛驴，这老王头一咬牙，闭上眼睛，咕咚咕咚一憋气就把药汤喝了下去。刚漱完口，就听见肚子里咕噜噜一阵响。

老王头提着裤子就往茅厕里跑，还没蹲下呢，就拉开了。也不知哪来的这么多粪便，像开闸的洪水一样，蹿出三尺开外，呲[6]得整个茅厕的墙上地上到处都是，直拉得老王头上气不接下气，直不起腰来。他气狠狠地骂道："拉，拉，我叫你拉！拉不死我，赶明儿我找你算账！"老王头越拉越难受，越拉火气越大，这声音也越来越大，左邻右舍都听见了。

再说老王头的毛驴跑到山坡上去啃青[7]，被他邻居苟四给捡到了。这苟四啊！一向爱占小便宜，知道是老王头家的，他寻思着牵回家藏一宿，第二天早早进城，拉到外地给卖了，把钱往腰里一揣，先得起来再说。

苟四牵着毛驴往家走，刚要进院门。这毛驴认出不是主人的家，撅着屁股就不肯走了。这苟四就抓住那毛驴的缰绳，拼命地往院子里拉。可是人的劲头不如毛驴劲头大呀！拉了半天还是拉不动窝。累得苟四满头大汗，就是拉不动，苟四想：不行啊！得赶紧牵回家呀！这要是让老王头看见了，到手的银子就没啦！苟四急眼了，擦了擦脸上的汗水，把缰绳在手上挽了个扣，双手拉住缰绳，叉开双

[1] 胡啰啰：指说话啰里啰嗦，词不达意，与事实不符。

[2] 瞎巴巴：胡言乱语。

[3] 麻溜地：赶紧。

[4] 包巴包巴：包起来。

[5] 忒难闻：不好闻，非常难闻。

[6] 呲：喷溅。

[7] 啃青：吃青草。

腿，做出要拼命拉的架势。

这时，就听墙那边老王头在骂："拉，拉，我叫你拉，拉不死明儿我找你算账！"这苟四一听，心里直敲小鼓：哎哟，妈呀，坏了！他急忙松手，这驴就往外跑。苟四院中有一棵果树，驴背上的鞍子挂在了树上，驴一使劲就挣断了肚带，光着驴背跑回了家。

瞧这边，这老王头正在茅厕里拉得半死不活的，忽听老伴在院里喊："哎呀，哈哈，老头子，毛驴子回来了！"老王头听了也顾不得拉了，连忙跑到毛驴跟前抱着毛驴的脑袋，高声喊："哎呀，真是神仙呐，这药一喝毛驴就自个跑回来了！"

"哎，那驴身上的鞍子咋就不见了呢？那可是咱花七两纹银买的呀！"老伴心疼地说。

那么贵的鞍子丢了，老王头也感到心疼，自己知道心疼也没有办法，于是劝老伴道："哎，知足吧，好歹驴回来了。只要驴在，就算了吧！"

老伴见老王头拉得面黄肌瘦的，特别心疼，就说："嘿，你呀！要不是我，非把你拉死不可！"

"怎么回事啊？"老王头一头雾水地问。

"哎，老头子，那都是些啥药啊！我是真怕你拉得爬不起来，没敢都熬了，就悄悄地留下了一半。"

"哎哟，你这个死老婆子呀！"老王头气得一个劲地拍大腿，撅着胡子就破口大骂，"哎！怪不得驴能回来，背上的鞍子回不来！闹了半天是你这个死老太婆没把那一半药给我熬了啊！你呀！我揍死你。"

讲述者：　亓廷敬，男，1959 年 11 月，莱城区高庄街道办五龙庄村，高中

采录者：　亓廷香，男，1954 年 2 月，高庄街道办五龙庄村，中师，教师

采录时间：2016 年 2 月

采录地点：莱芜市莱城区高庄街道办五龙庄村

160

教书先生不识字

咱拉的这个人，一个大字也不识。还好吹吹乎乎[1]，七十二行不大离儿[2]都干过，没一行干长趟[3]过。这一回他没咒念了[4]，穿上大褂子教书去啦。

他去的这个庄呢，一共十三口人的庄。他在这个庄教着书，抬肉蛋[5]的去了传条[6]。去的个传条是什么呢？是一张灶王爷。抬肉蛋的不识字更不会写字，买了张灶王爷爷拿着当传条啦。

庄里人叫这个先生看看，抬肉蛋的要多少钱。先生到那里一看，没看着钱，看见上面画着十四个人。"坏喽！上边还有我哩！"骑着小毛驴就跑。跑到小山沟里，驴直叫唤。他捏着那个驴嘴说："你再叫唤，我就说是你在那里教书！"

[1]　吹吹乎乎：说大话。

[2]　不大离儿：差不多。

[3]　长趟：长久。此指任何事情都有头无尾，干不长久。

[4]　没咒念了：指对事情没有办法。

[5]　抬肉蛋：绑票，绑架。

[6]　传条：绑匪用的传票，上面标注着赎金。

打这[1]跑了，就不敢回去啦。又找了一个庄教书。教么呢？可得有个词呵。他就教："山水、河水，山水、河水。"学生们就扯着天光念："山水，河水。"

　　有个学生家去，他嫂子问他："你念的什么书呵？"

　　"山水，河水呵。"

　　"光念山水河水吗？"

　　"是呵！"

　　"还有蒙阴泗水哩。"学生就添上"蒙阴泗水"。

　　先生就问："谁教给你的'蒙阴泗水'？"

　　"俺嫂子。"

　　"了不得，你嫂子比我的水还多哩！"

　　正在这里嚷嚷着，一个县官儿出差回来，在教书的庙外头歇凉，听着里头不是教书的样儿，就说当差的："你进去，把他那个嘴唇给我割来！"

　　当差的进去一看，认得。因为这先生在县里当过差，不用他了。他没事干，才跑这儿教书呢！当差的寻思着没法割，回身就走。看见小毛驴正在屋外头叫唤呢，就把毛驴的嘴割下一块，拿回去啦。

　　县官说："割回来了吗？"

　　"割来了。"

　　"怎么还漆黑的？"

　　"不是教书的成天摸弄笔头子摸弄的吗？！"

讲述者：　王世人，男，1927 年 6 月，历城区港沟
　　　　　镇章灵二村，农民，私塾
采录者：　宋其奎，男，1947 年 2 月，历城区港沟
　　　　　镇章灵三村，农民，初中
采录时间：　1987 年 3 月
采录地点：　历城区港沟镇章灵二村

附　记

　　该故事原载济南市历城区民间文学集成办公室编辑的《历城民间文学资料本》；济南市历城区文化局、济南市历城区区志地名办公室内部出版。共三集，第一集出版时间为 1988 年 2 月，第二集出版时间为 1989 年 5 月，第三集出版时间为 1990 年 4 月。关涛、李全仁主编。济南市历城区文化广电新闻出版局、济南市历城区文化馆，2018 年 11 月，编辑出版《历城民间故事》（内部出版），陈芳主编。该故事原文选录，保留了原出版格式。历城区文化馆田延青提供《历城民间故事》。

[1]　打这：从这里。

161

万马苏

苏信[1]是寨里村的大财主。都说世上的财主都黑心，苏信却轻财重义，视金银为身外之物。乐善好施，方圆几里的百姓都有口皆碑。

有一年，莱芜大部地区干旱无收，百姓生活没有着落。苏信便开仓放粮，赈济饥民，百姓为了报答他，在泰安嵩里山为他修了生祠。

泰安祝阳西边有个薄障子岭，岭顶上有个小村，是寨里到泰安的必经之路。从这里西去泰安城，东到寨里都是四十多里。自打[2]苏信在泰安修了房子后，来回都在岭顶上的村西歇脚。

人的名，树的影。村里人都知道苏信经常在庄边歇息，有这么几个好恶作剧的人串通一气，打谱[3]出出苏信的洋相，看他是不是跟故事中那样，身带福金福银[4]。

---

[1] 苏信：字彦孚，号西庵。明弘治八年（1495）生于莱芜寨里。

[2] 自打：自从。

[3] 打谱：计划，盘算事情。

[4] 福金福银：民间信奉有大福气的人，身上随时带着上天赐赠他的金银，而且随用随取。

一个夏天的晌午[5]，苏信骑着马由西往东走来。卖茶水鸡蛋的，老远就打招呼。苏信和往常一样把马拴在一根木桩子上，到茶摊坐坐，喝碗茶水解渴。

歇息一霎[6]，又到麦地里解了个手。苏信解完手刚要起身，却被藏在暗处的几个小伙子团团围住。苏信系着腰带，莫名其妙地问："你们这是干啥？好汉不欺坐汉子[7]！"

为首的小伙子指着苏信的鼻尖，粗声粗气地说："您在俺麦地里拉屎，把麦子臭得不长了。"苏信一听，知是找邪茬的，就满脸堆笑地说："你这小兄弟，这不是吹着暴土找裂纹[8]吗？没听说麦子怕臭的。就算是怕臭，已经臭咧，你说咋办吧？"

小伙子横儿吧唧[9]地说："你用手把屎捧出去吧！"

苏信说："已经臭啦，捧出去也香不了啊？"

另一个小伙子说："你这人不吃人粮食[10]，在人家地里作了扔[11]还满理唻[12]？捧出去也不行，他家就指望着这块地糊口呢！"

人多嘴杂。你一句，我一句，招引来了很多看热闹的。亲不亲本庄人，添了舌头多啦理。众人七嘴八舌头跟麻雀争食一样，叽叽喳喳。只是没有一个给苏信争理的，苏信急得六神无主。

一个卖鸡蛋的老头分开众人，说道："世上没有解不开的疙瘩，你们咋天呼地[13]的干啥？别狗眼看人低，他可是大名鼎鼎的活财神苏信哩！"

大家假装吃惊，异口同声地说："原来是财神爷啊！那就好办咧！财神爷财大气粗，有的是银钱，你就把这块地买了吧。"

苏信见卖鸡蛋的给解了围，真如海水中的蚂蚁抓住了根救命稻草，感激地说：

---

[5] 晌午：上午。指早饭后到午饭前的这段时间。

[6] 歇息一霎：休息一会。

[7] 好汉不欺坐汉子：好男子不欺负人，坐汉子，指弱者。

[8] 吹着暴土找裂纹：找茬子，无中生有。

[9] 横儿吧唧：霸气凌人，凶恶的样子。

[10] 不吃人粮食：骂人的话。

[11] 作了扔：干了坏事。

[12] 满理唻：理由充足。

[13] 咋天呼地：大喊大叫。

"谢谢您老人家劝和！这块地他要卖，我买了也行，不知道要多少银子？"

胖小伙说："二亩地，每亩五百两银子，得要成色好的。"

苏信听了，哭笑不得地问："您也不嫌风大闪了舌头，能臭二亩地吗？"

小伙子硬生生地说："少了不行，好歹碰到你这个活财神爷，三百五百的在您那手里，还不张飞吃豆芽小菜一碟吗？"

苏信说："也不能要这么多银子啊！"

卖鸡蛋的老头说："乡里乡亲的，整天抬头不见低头见。俗话说，'大人大脸，小人小脸'，老汉我给说和说和吧。一亩三百两吧，付现的。财神爷，你觉摸着怎么样？"

"老先生开了口，我没啥说。"苏信回答道。

胖小伙子说："今天，你算是烧着高香[1]啦！要不是俺大爷圆盘子[2]，五百两一亩地，少一厘也不行。"

卖鸡蛋的生气说："你这孩子怎么没有完，还不快点量地写地契。"

于是，量的量，埋石界[3]的埋石界，写地契的写地契。不大霎[4]，就办完了。这时，小伙子却对苏信说："财神爷，现在你不能动，得买完地交出银子，才能从你的地里走出去。"

苏信满不在乎地说："买卖讲信用，自古以来就是一手交钱一手交货。咱岂能言而无信！"

小伙子点点头说："财神爷知书达理，啥事都好办。"说着，把地契递给苏信。苏信看了一遍说："写得不错，只是还差一句话。"

写地契的凑过来问："财神爷，还缺啥？"

苏信指着地里的麦子说："麦子快熟了，地下有石头，得写上地上地下都是我的才行。省得以后出差[5]，伤了两

家的和气。"写地契的接过来，又把刚才的话加了进去，当众念了一遍，大伙听了都很满意。

苏信接过地契，向大家道歉说："今天，大家为我忙活了一晌午，我多谢了。"

胖小伙子说："财神爷，您还没支钱[6]呢！"

苏信说："我决不食言，你给我契约的时候，我就把银子运来了。"众人听罢，吃惊地上下打量苏信，看他把银子放在哪里了。

苏信随手拔出一墩麦子，用手往下面一指，对小伙子说："在此处放着呢！你自己取出来吧。"

小伙半信半疑，蹲下身来双手扒开土，里面果真有光闪闪的银元宝。一共十二只，每只五十两，全是上等的库银，足码足数六百两。

苏信又从地里扒出一锭，递给卖鸡蛋的老头，说："大伙忙活了个晌午头[7]，也都饿了吧？我没工夫在这里待客酬劳，请老先生代我办了吧。买酒买菜痛饮一场，就算是圆了契。剩下的银钱买点料，在我的地头上盖个茅房[8]，大家都方便。至于地，原来是谁的，还由谁种。每年给我二百斤粮食，粗细各半。把粮食存在这里，我来时好用。"众人听了，都佩服苏信的肚量，又把他说的这些话写在了地契上。

苏信笑着拉住卖鸡蛋的手说："老先生，今天要不是您老出面，我非把屎捧出去不可！"

胖小伙子兜着银子，风趣地说："财神爷，今天要不是您啊，咱啥事也没有。"众人听了哄笑一阵，送苏信骑马而去。

好事不出门，奇事传万里。没过多久，连皇帝也知道苏信这个人了。

有一年，皇帝来泰安进香，召见了苏信。皇帝见苏信相貌不俗，打心眼里喜欢。让他伴驾在泰安游览了几天之后，又到曲阜朝拜孔圣人。从济宁乘舟南下，正值风和日丽，柳绿花红；清波荡漾，彩鸟飞鸣。皇帝游兴大发，心

[1] 烧着高香：碰到好运气，在这里意为遇到好说话的了。

[2] 圆盘子：方言，说和，调解。

[3] 石界：又称"石基"，地邻与地邻之间的界石，也称"公道（证）石"。

[4] 不大霎：一会儿，很短的时间。

[5] 出差：出错。

[6] 支钱：付款。

[7] 晌午头：方言，吃午饭的时间。

[8] 茅房：厕所。

旷神怡。忽然，皇帝叫苏信说："苏卿，你现在能给我拿出二十两金子、银子来吗？"

苏信笑着说："万岁，小民的金银都在您的土里埋着。土能生金，船上没有土，我怎能取出金银来呀？"

皇帝好奇，叫太监取来一筐土，倒在船板上。

苏信问："万岁要多少金银？"皇帝说："方才说过，各要二十两。"

苏信伸手从土里取出一锭银子，一块金子，足够二十两，呈给皇帝。皇帝看傻了眼，改口说："我各要一千两。"

苏信笑嘻嘻地说："万岁爷，君无戏言。"

皇帝捋着胡须："爱卿真是个活财神啊！"

苏信跪倒磕头："谢万岁洪恩。"

泼在地上的水收不回，皇帝："苏爱卿，你谢什么恩呀？"

"万岁封我是'活财神'，我怎敢不谢恩？"

皇帝愣了一下，高兴地说："好，好！就封你个'活财神'吧！"

从此，活财神的雅号，就名正言顺地成了御赐的啦！

皇帝和苏信越来越亲近，越亲近越喜爱，就带苏信去见皇后。皇后见了苏信也怪喜欢，一个劲地说："多好的孩子呀！"

皇帝看出了皇后的心思，故意叹口气说："苏爱卿是活财神，你我能有这个福分吗？"

好马加一鞭就知道，好脑袋一句话就明白。苏信何等的聪明啊！听了皇帝的话，忙不迭跪下磕头谢恩。皇上和皇后真是喜出望外！立即传旨，封苏信为御儿干殿下。

苏信平步青云，成了皇太子，经常有钦差大臣来来往往。苏信没有上好的房子接待，就在寨里西街为皇上盖了一座小巧玲珑的行宫。

苏信成了皇亲，家业更富。苏家养着很多马，有六眼饮马井，还有围绕宅子半周的饮马沟，马道和马场。

有一年，皇帝驾幸苏宅，要看看苏家到底有多少马。苏信为了夸富，讨好皇上，把马按色分成队，让它们前门出，后门进。红、黄、青、白、花各种颜色都有。皇帝只看见出，不见进，见色色俱全，马队有头无尾。信口说：

"爱卿真是'万马苏'啊！"苏信听了，连忙向皇帝磕头谢恩。

从此，"万马苏"就成了御赐封号。

后来，苏家和人家闹了官司。树怕揭皮，人怕掀底。人家把他轮流换马，欺君罔上骗取封号的事告奏了皇上。

皇上龙颜大怒，传旨抄没苏家财产，苏家一下子穷下来了。

苏家兴盛时，修有很好的大门楼，上面悬挂着一块"功名匾"，是明朝皇帝御赐的。它的威力大着呢！文官过门要下轿，武官过此得下马。

到了清朝乾隆年间，莱芜来了个姓牛的知县。他每到寨里，总是千方百计地绕着走。一回两回没有啥，时间长了觉得很不方便。

这一年，他又到寨里，步行进苏家宅院看了匾额，说："这是御赐匾额，得好好保存。可惜大门楼子太旧咧，有辱朝廷荣光。"

苏家主人说："只因家贫，修筑不起啊！"

牛知县说："县上给你拨银子。"

苏家大喜，摘下匾额，拆了门楼，重新修好。选个黄道吉日，请县太爷前来悬匾。挂匾这天，牛知县提前赶到苏家。他对主人说："匾无二悬。"

苏家主人方知受了骗，苏家从此也就真正败落了。

讲述者： 程来芳，男，1927年12月，莱芜市寨里镇寨东村，干部，高中

采录者： 李胜华，男，1964年4月，莱芜市方下镇张公清村，初中

采录时间： 1988年10月

采录地点： 莱芜市寨里镇寨东村

附记

苏信，字彦孚，号西庵。公元1495年（明弘治八年）生于莱芜

市寨里镇寨里村。程来芳老师讲述："苏信以贩马为业，人称'万马苏'。时为巨富，又称'活财神'，捐升德藩腆膳官。他轻财好施，循礼好义，睦族和乡，上怡下乐。曾筑五层望烟楼，时常登临眺望，见乡中有断烟之户，便周济钱粮。"明《莱芜县志》记载：1552 年（嘉靖三十一年），莱芜遭遇水灾，饥荒严重。苏信开仓出谷，赈济灾民，救活无数。他不惜千金，建学校，修义仓，助兵饷。受到当时知县傅国壁和泰安徐太守的器重，为其建祠。苏信卒于 1574 年（万历二年）二月初六。

莱芜举人、朝议大夫王守身为其撰写墓志：光禄大夫、少傅兼太子太傅、兵部尚书萧大亨（泰安）为其题写篆盖。其子苏湖，为密云镇守大将军。其孙苏希尧，为蒲州守御千户所吏目，在任淡泊勤勉，清理整顿盐政，后迁郑藩典仪。关于苏信的故事，至今在寨里仍然广为流传。

1993 年 2 月，这个故事收录在我搜集整理的《凤凰城的传说》一书，金陵书社出版公司出版。

162

全大老爷买驴

全大老爷才上任[1] 历城县，他早晨起来去遛早，天还黑乎乎[2] 的。那里一个半大门[3]，卖豆腐的两口子撅着腚[4] 推磨子[5]。

男的说："咱历城来了个全大老爷，是个清官，刚着好咧[6]！"

他媳妇说："好个屁！咱两口子撅着腚推磨，连个驴也买不上！"

全大老爷外头听见了，也没吱声就走了，回来吃了点心[7]，给衙役说："把门外那个卖豆腐的给我传了来。"

一会儿卖豆腐的来了，全大老爷问："你怎么叫你媳妇骂我呢？"

"大老爷！俺还敢骂您老人家吗？"

[1]　才上任：刚走马上任。
[2]　天还黑乎乎：天不亮。
[3]　半大门：简易大门，也称"篱笆门"。
[4]　腚：屁股。
[5]　磨子：石磨。
[6]　刚着好咧：非常好。
[7]　点心：早点。

"今天早晨什么时辰，你两口子推磨子，怎么着怎么着……有这回事儿吗？"

"咳……是，有这回事。"

"那你受打，还是受罚？"

"愿意受罚。"

"好，你上对门那个盐店里，打[1]一斤盐来。"

卖豆腐的拿了钱，出去打盐。在早，盐店里没有给人够秤的。打了盐来，全大老爷让衙役一称，少了二两，就叫人把盐店掌柜传来咧。

"好你个卖盐的！大老爷我买一斤盐就少二两，要是老百姓买，你不定少给人家多少呢！来人！给他算算细账，一斤少二两，一年卖多少盐？少给人家多少？"

这一算可了不得咧，卖盐的掌柜磕头礼拜地光说好的。全大老爷说："你愿意挨打，还是愿意受罚？"

盐店掌柜说："情愿受罚。"

"好吧，你赶紧上段店集上，花二百块钱，买头小毛驴来。"

买了驴来，全大老爷当着卖盐的面，就给了卖豆腐的咧。卖盐的走了，全大老爷就说卖豆腐的："可别叫你媳妇骂我咧！我可给你买了驴咧。"

<table>
<tr><td>**讲述者：**</td><td>任世祥，男，1923 年 1 月，历城区孙村镇埠东村，农民，小学</td></tr>
<tr><td>**采录者：**</td><td>朱宝珍，男，1945 年 10 月，文化站干部（孙村镇埠东村），初中</td></tr>
<tr><td>**采录时间：**</td><td>1987 年 7 月</td></tr>
<tr><td>**采录地点：**</td><td>孙村镇埠东村</td></tr>
</table>

[1] 打：买。

（八）行当故事

163

状元祭

俗话说，"三百六十行，行行出状元"。

莱芜捏面人[1]的王三，就是面人行中的顶尖人物。他三十岁时，在省里组织的捏面人大赛中获得"面人状元"的称号。就那么一块白面，到了他手里就变得神奇无比，能变成活灵活现的孙猴子，也能变成白菜、黄瓜等各种蔬菜，而且逼真得令人难以分辨真假。

在旧社会，王三的技艺再高又有什么用呢？从他手中搓弄出来的那些巧夺天工的艺术品，却换不来个饱肚子。

王三媳妇贾氏，在周边十里八乡贤惠得出了名。别看她是大财主家的闺女，却一点娇气都没有。多亏她一边操持家务，一边出豆腐、卖豆腐，一家人才勉强糊口。贾氏出豆腐，是她嫁给王三后学的。

王三捏面人，正经材料用不起，就用豆腐渣代替。豆腐拿去[2]换钱，渣供王三捏面人，一举两得，确实是很划算。

[1] 捏面人：面塑。

[2] 拿去：意指卖掉。

王三虽是财主的女婿，却也并不怎么引以自豪，倒是为此付出了不少艰辛。不说别的，单是岳母和老泰山的生日，就够他扑腾一阵子的。虽然家境贫寒，上寿的礼品却不少。不然，不光是岳父一家人看不起，就是两个连襟那鄙夷的眼光也够他受的。所以，往往是头几个月就得节衣缩食，紧跑腿地干活，到了跟前说不定还得东挪西借。让他值得自豪的，就是有位贤德和善于理家的妻子。当初，贾财主是冲王三的技艺才就得[3]这门亲事。定亲后，看到王三如此贫穷就想悔婚，无奈女儿死活不干，这才结成了这门不当户不对的亲戚。

这年秋天，来了报丧[4]的。说王三的岳母去世了，要出七天丧。让王三赶紧做打祭[5]的准备，岳父请三个女婿家出花祭。来人还说，祭不怕好，不怕花哨，花多少钱也不在乎，为的是图个名声。说谁家花祭好，为他争了名声长了脸，就给谁一大笔财产。还特别说明，丧上所收礼金也全归他。

这可愁煞了王三，打祭论的是"烧"的多少[6]，就是鸡鱼肉的多少。再按比例配其他的菜。王三过的日子是吊起锅来当钟敲，穷得叮当响。别说没有钱，就是有钱，也比不过两个连襟。他们都是有名的财主，伸出个小指来都比他腰粗。就眼前王三的日子，小打小闹的三烧五烧他还能治得起，也不用雇人做。可他的两个连襟为了显富，三十烧五十烧的也打不住。

王三想和贾氏商量，老婆又被娘家接去了。有些想法，他也只能是茶壶里煮饺子，憋在肚子里。眼看出殡的日子就要到了，王三瞅了个下午去了岳父家。

二三十里路，到时已经天黑了。他托人叫出贾氏来，商量打祭之事。贾氏这几天也没消停过，她也为打祭之事发愁。头几天，她也想试着和两个妹妹借点钱。话没说出口，对方就一个劲地哭穷[7]，还当着和尚骂秃子，把她这

[3] 就得：此指成就婚姻。

[4] 报丧：报丧是人死后的一种仪式。早在周代时就已形成。意为把死者的消息告诉家族或自家的亲朋好友。

[5] 打祭：丧礼祭祀祭品，分为"顶灵祭""顶慕祭""长摆祭""花祭""两边祭"等。

[6] "烧"的多少：丧礼习俗仪式，祭品是一烧为一条鱼、一只整鸡；二烧为两条鱼、两只整鸡，以此类推。

[7] 哭穷：意思是指向别人诉说自己穷困，多指向人装穷。

个当姐姐的糟蹋[1]了一顿。贾氏是个要强的人，她知道指望谁也没有用。

俗话说："求人不如求自己。"所以一听到王三来了，她倒有了主意。两人一见面，贾氏就凑在王三的耳朵上说："打祭的事，依我看咱就这样这样吧。"

王三听了妻子的话，立刻转忧为喜，一拍大腿说："这几天我也是这么想的，就怕你不同意。这下好了，英雄所见略同。没问题，这可是咱们的拿手活。"贾氏又嘱咐了几句，王三说："好嘞，你就瞧好吧！"说完，乐颠颠地往回赶。

出殡这天，两个财主女婿老早就来了。他俩每家都来了几十号人，抬来了十几架食盒的祭品，听说都在五十烧以上。他们商量好了，穷连襟王三肯定出不起祭，到时候他们两家全包了，那"奖金"还不全入他俩的腰包！

眼看快晌午了，大女婿王三还没到。二女婿说："这王三不会忘记出殡的日期了吧？不知是祭没做完，还是没找全家什？"三女婿不怀好意地笑着说："说不定做的'烧'比咱多，抬食盒的人还没找够吧？"

两人见大姨子过来了，连忙问："他大姨，俺王大姐夫怎么还没来？我们正商量着迎食盒[2]呢！"

贾氏明知两人数落她，又不好发作，恰巧有一只狗过来嗅她的鞋子。贾氏一边应付他俩，说："不麻烦你们了，我估摸着俺那口子也快来了吧！"一边一脚踢在狗鼻子上，那狗"哼哼"地叫着跑了。贾氏说："真是狗眼看人低。这畜生也来欺负我，谁高谁低还不一定呢！"

王三来了，是他一个人来的，推着一辆破车子。看样子车子上的东西重了点，他的上衣被汗水浸透了一大半。只见王三的车子上一边一只席篓子[3]，上边用白布盖着，也看不出里面鼓鼓囊囊的藏了些啥。人们好奇地围了上去，王三不让乱动，迎客的人过来接他也不让，亲自推到一个长工房前放下。

人们胡乱猜测着，脸上露出轻蔑的笑："等着瞧吧，

下午准有好戏看！"两个连襟表现出十分的热情，迎上去说："王三来了？推来的啥宝物？听大姐的口气，你可是要把我们比下去呢！"王三不哼不哈，径自向客厅走去。

午饭时，王三大模大样地坐在主席上。连襟以及众人的讥讽他全装没听见，只顾埋头吃喝。岳父沉不住气了，他让人打听清楚大女婿是推来的豆腐渣，心里那个气呀！等王三吃完了，一把抓住王三拽到没人的地方发了话："王三，你叫我说你啥好呢？你没钱打祭我不怪你。你吱一声，我给你钱呀，谁叫你是我女婿呢！可是，你不该推车子豆腐渣来糊弄公事[4]呀！这不挡人眼的做法能糊弄过去吗？你这可是毁我的脸面，你以为你丈母娘是猪呀！你叫我还在这条街上混吗？你快走，现在走还不晚。偷偷地走，别让人看见。到时候，我就说你突然病了，摆不成祭了。"岳父气得胡乱说了一通。

王三听着岳父的数三巴量[5]，不气也不火，反而微笑着说："好好好，我这就走，我绝对不给你丢脸。"说完，起身去了老长工的屋子里。

午后，丧务总理打发人来找三个女婿联系祭桌的事。两个连襟都报了三十桌，找王三找不着。两个连襟说："找不到就别找了，反正推来了辆破车子，到时候把破车子摆上得了。"说归说，执事的得尽到责任，最后在老长工的屋里找到了。王三正在翘着二郎腿喝大茶，执事的问他摆祭用多少桌子。王三端着茶碗子，边喝茶边回答说："我的祭不算大，你给我准备六十张桌子吧！"来人听了吓一跳，这王三真是风大不怕闪了舌头，开玩笑开到丧事上来了。他看了王三一眼问道："王贵客[6]，我可是公事公办，你不能开玩笑。你需要多少报多少，桌子不够我们去找。要的多了，到时候桌上没祭摆可不好看。"

王三把茶碗子往桌子上一蹾[7]，一本正经地说："这是公事，谁跟你开玩笑？我这是从圈里算的，六十张桌子能摆得开就不错了。"来人还是不肯走，王三想了一下说："要不给我弄七十张吧，不然到时候摆不开麻烦了。"执事

---

[1] 糟蹋：寒碜，在此意指被别人笑话。

[2] 迎食盒：丧礼习俗，女婿作为贵客来单独迎接。

[3] 席篓子：用苇子、竹子、高粱秆的皮刮成细长的薄片，编成篓子，用来装粮食等物品。此指高粱秆刮制后制作的装物用品。

[4] 糊弄公事：应付事，意指不拿着当事办。

[5] 数三巴量：数落，责备的意思。

[6] 贵客：对女婿的尊称。

[7] 蹾：放下。

的一听桌子又多了，赶紧走了。他们总共才找了九十张桌子，四外八乡的都找遍了。俩连襟六十张，王三六十张，还得去借三十张，一眨眼又多了十张，够他们扑腾一阵子的。再不赶紧走，又涨了咋办？尽管总理和所有执事的都不相信王三能用这么多祭桌，但是他们不借够，到时候真的缺了，就是他们的失职。总理一边派人去外村找桌子，一边却说："依我看，这王三没好祭，才故意给咱出难题，想要咱难看。好呀，咱就依着他，给他借足，看他拿什么摆满这七十桌。到时候，难看的就是他王三了！"说着，总理亲自来到街上指挥摆桌子，两个连襟六十桌"一"字摆在右边，两家中间隔了十张桌子的距离。左边呢，是王三摆祭的地方，共摆开了三十张桌子，另外四十张还没借来。桌子一摆开，两个连襟就来摆祭了，可王三还没来。

看出丧的人，除了看铭旌、灵前楼子，欣赏吹鼓手的技艺，就是看祭的优劣和奠祭了。特别是大丧局，祭老早就得摆上，为的是让人看让人评。这是丧局的压轴戏，也是最热闹最有看头的。看花祭，不但在"烧"的多少，还有要看制作技艺。祭品越是假的、做得越像真的，越花哨越好。不然，怎叫花祭呢！还有就是奠祭的人要神态步伐稳重，始终不出差错，那才叫好。

两个连襟一开始摆祭，有的人就纷纷叫好。摆到三分之一的时候，王三才推着破车子来到自己的祭桌旁。他将破车子一支，不慌不忙地揭开席篓子上的白布。嗬！露出了满满两篓子豆腐渣！看见的人高声吆喝道："快看呀，王三推着豆腐渣来摆祭了！"在右侧看拜祭的人听了，嘻嘻哈哈哄笑起来。有人说："这王三是摆祭，还是喂猪呀？"听到这话，很多人笑了起来。有道是看笑话不怕场面大，想看笑话的人都凑过来了，嘴里不住地说着风凉话。

俗话说，"姜还是老的辣"。有几位见过大世面的老人，就不像那些说风凉话的，而是慎言慎语道："人不可貌相，海水不可斗量。这个客敢要七十张桌子，一定有他的道理。有道是'鸡不尿尿，自有便处'。""对啊！没有金刚钻，不揽瓷器活。肯定有好戏看，咱别慌，骑毛驴看唱本，慢慢走着瞧吧！"

王三不管人家怎么风言风语，就见他挽起孝袍的袖子，又将下摆揽过来往腰间一掖，从车子脚篮里拿出一个长长

的木盒子，揭去盖放在车厢上。有人伸长脖子一看，里面全是各色颜料及小木棍、小竹节片子。

王三不慌不忙，右手抓起一些渣来。一边双手捏弄，一边念叨："天灵灵，地灵灵，岳母仙逝我心疼；天皇皇，地皇皇，我请来八仙诵经忙。曹国舅抱笏板，富贵经，高声念。瓦舍连亘楼阁崇，金银财宝堆成山。铁拐李，挂铁拐，超度经，念起来。岳母大人成正果，羽化登仙福如海。吕洞宾，出仙洞，高声朗诵永寿经，岳母大人寿不尽，仙寿自与天同。何仙姑，执荷莲，淑女经，默默念……"王三一边念着，一边连搓带捏，又揉又掐，一位位活灵活现、神态各异的八洞神仙便被安放在了同时捏出的神位上。再给他们一节木片，一根木棍儿，就成了他们的笏板和拐杖。何仙姑的手上是一截绿木棍儿，又捏上一朵鲜艳小巧的红荷，斜依在肩，上段微微一弯，像真的一样，只是小而又小。一位位神仙被放在桌上，衣衫鲜亮，面色红润，神态端庄，口微微开启，俨然是在念经。他们或坐或立，或走或卧，姿态自然。他们的八件宝物，或背或抱，或执或挟，虽静似动。观祭的人听到王三念叨，看到王三摆到桌上的人物，慢慢聚拢过来。由闹到静，由少到多，由拥到挤，个个凝神静气地听着看着。人人都瞪大了眼睛，伸长了脖子，拉长了下巴，伸出了舌头。

有位知道王三根底的老人，一迭声地赞叹："好好好！真不愧是'面人状元'！这一辈子，我还是头一回见到这么神形俱佳的面人呢！"

捏完八仙，王三又捏三清，紧接着又捏了三十六天罡七十二地煞，以及唐僧师徒等《西游记》中的人物。最佳的是《西游记》人物，你看那孙猴子站在山的最高峰，一脚踏在峰尖上，一脚踏着一片白云，像马上就要翻筋斗云飞去似的。他那根如意金箍棒，在阳光下金光闪闪地高举在白云之上。再看那猪八戒，腆着大肚子，奋拉着一对大耳朵，看似憨厚老实，眯着一双小眼睛，实则满脑袋馊主意。他的九齿钉耙，懒洋洋地扛在肩头，九根亮亮的钉齿一根不少。唐僧沙和尚紧随其后，各具情态。唐僧师徒前面，是一座崇山峻岭，那遥远处即是"西天"。如来佛双手合十，双目似睁非睁，佛衣飘飘欲起，宝座金光闪闪。八大金刚肚祖嘴咧，笑得自然鲜活。崇山峻岭中的妖洞魔

窟，也时有标出。

捏完《西游记》人物，三十张桌子已用完，借的桌子也陆续到来。这时，日头已西。虽是深秋，日头却毒，看祭的人大汗淋漓，王三更是汗流浃背。有人用自己拿来的遮阳蒲扇给王三扇风，王三更来劲了，精神振奋地高声念诵："诸路神明来送行，瓜果梨枣不可省。咱来上一盘罗汉果，再上一盘山里红。罗汉果，赛罗汉，果肥水足香又甜；山里红，红满山，酸甜可口最解馋……"王三捏制的枚枚山果，都像刚从树上摘下来般，有的还带着水灵灵的绿叶儿。王三的捏面技艺让人们开了眼界，长了见识。观祭者无不啧啧称奇，都夸王三的见识广。

瓜的种类也十分齐全，西瓜、甜瓜、冬瓜、南瓜、瓠瓜，个个鲜嫩硕大，尤其是那块西瓜，瓤红籽黑皮绿，嫩生生水汪汪，在这毒日头下，让人垂涎三尺。

瓜果齐全，又捏蔬菜。先是萝卜、白菜、菠菜、莴苣等地面上长的。接着是地下结的，山药、土豆、甘薯等，都像刚从地里刨出来的。懂行的人都说，最难捏的是那叶儿，王三却捏得跟真的一样。你看那棵白菜，柄白叶绿，翠叶上还趴着一只活生生的蝈蝈，那翅那腿那须，好像还在动呢！

接下来，王三又捏各种饭食和菜肴。有日常宴席上吃的，也有人们只听说没见过的御宴上的菜肴。八大菜系一应俱全，让人们大饱了眼福，最出色的是那满汉全席，使这些眼界狭窄的农村观众过足了眼瘾。食品种类也多，蒸的、炸的、煮的、烤的、煎的，人们见过的没见过的，也都摆上了桌面。所有盛菜和食品的盘、碗、盆、碟，也全是用渣做的，光滑细腻，看着全是景德镇的官窑，没有丝毫渣的粗糙感，引得观祭人连连称奇。当然，就连那烛台、酒具，也无一不是出自那两篓子渣。更神奇的是人们走到近前去闻，不仅闻不出渣的腥味，倒是果有果香，菜有菜味，肉馅包子还能渗出一股肉味儿！你看那些花朵儿，还引来几只翩翩起舞的蝴蝶和蜜蜂呢！

祭摆到一多半时，全村的人都来了，附近村上听说的人也来了，可算是人山人海，比赶庙会大集还热闹。小孩子争看众多传奇人物造型，尤其是孙猴子、猪八戒、哪吒，逗得他们只想去摸。在场的大人好像是守祭护祭的志愿者，

哪能让你摸。年轻妇女围着嚷着，单找那些女角色看。她们看着何仙姑白里透红的细嫩脸蛋儿，问王三："你抹的什么粉？擦的什么雪花膏？"当然，有的大闺女专门挑那俊后生当作偶像来看；有知识的书生、老学究围在他们熟悉的人物造型桌旁，评头论足，争论他们熟悉的人物性格爱好。走南闯北的商界人物和美食家们，正侧耳细听王三的菜系介绍，印证着自己的经验。两个连襟的祭桌旁已无看客，就连他们雇来的厨师跟来的本家，也都擅离职守踱到王三的祭桌旁。两个连襟虽然坚守着自家的祭桌，但也时不时地踮起脚往这边瞧。到后来，人越聚越多。几十米的祭桌旁，挤得水泄不通，里三层外三层，最后边的站在凳子上，爬到了树杈上，站在了墙头上。

再看祭桌上，王三已捏完瓜果蔬菜，又开始捏《三国》人物。那是"刘备东吴招亲"，你看那船行江上，赵云独立船头，威武神勇，吴军哪敢上前！船前激起的浪如雪花，也不知王三咋弄得那么像，看的人无不咋舌。还有"千里走单骑""草船借箭"等等等等。捏完《三国》，又捏《水浒》人物。你听他念叨："……李逵抡板斧，尽砍贪官与强梁。勇武松，好身手，日落偏上景阳冈；斑斓虎，不自量，英雄拳下把命丧。这一位是宋江，济贫扶危服众望。鲁提辖，花和尚，拳打镇关西，力大拔垂杨……"王三捏到兴头上，把渣团儿在手中那么一攥，一揉一捏，放在桌上已成了神形兼备的武侠壮士。一百零八将，他捏了不足半小时。你看他们摆出各种架势，施展各自本领争相献艺。

捏完古典文学名著大家熟知的人物，他又捏了玉帝、王母设宴招待岳母亡灵，他取名叫"瑶池冷月"。你听王三念的："闻听淑女到，王母忙起身，迎接贤惠人。玉帝亲把盏，王母布菜勤。行善有善报，善报在如今……"原来，岳母在世时，乐善好施，常常接济穷苦之人，王三才设计了这场面。之后，王三又捏了亭台楼阁，茶具、酒具、烟具，还有马车、轿子、金山、银山上还有看山的卫士。七十张八仙桌，已摆了个满满当当。王三的一车豆腐渣，也恰好用完。这时，太阳刚刚压山。

再说总理，他派了几拨人去催促拜祭的人都没有回音，就亲自去催。到街上见人山人海围得水泄不通，嬉笑赞叹

声不止。他扒开人群，挤到桌边。他这一看，惊得非同小可，急问旁边的人："这是王三摆的祭吗？不对吧，你们一定是弄错了！"直到他看见王三往桌上放最后一件物品，这才伸出拇指说："哎哟我那娘哎！神，真是太神了！"说着，总理逐桌往前看祭。他看到一半时，天已经黑下来了。为了自己看得真切和完整，也为了让大家多看一会这千载难逢的花祭，吩咐执事的立马借来无数只灯笼，又打起许多火把。在灯光下这些祭品更显得活灵活现，灿烂无比，飘渺而又生动。

有道是"公事公办"。虽然王三的花祭征服了所有的人，但到了出殡的时候，所有的仪式都要停下来，为走灵[1]服务。

灵柩抬出来了，客人轮流奠祭[2]。首先王三和一个连襟陪着顶墓祭，"亡者娘家所出"的人奠祭。王三在几十米的花祭中间一走，人们就发出了赞叹声。那步伐循规蹈矩，沉稳凝重。一举手一投足，都显露出对死者的痛惜与悼念。难怪在事隔十年以后，在其岳父去世时，有那么多人特意来看王三奠祭。可惜王三已重病在身，让儿子代替来的，此是后话。

丧事过后的当天晚上，岳父留三位女婿都住下了。

第二天中午，岳父请来了丧事总理及几位族间重要人物，设宴招待并评祭。还没等族人开口，两个连襟就说："这还用评吗？当然是大姐夫的祭好了。对不起，老泰山，我们给您丢脸啦！"在场的人意见一致，毫无争议。

岳父开口了："大女婿的祭给我们贾家增光了，在此我代表全族人谢谢你！我预先说过，内柜上也已算清，昨天所见[3]礼金共计三千余两。银子已封好，贤婿，饭后由专人护送你以及银两回府。"

王三立即起身致谢，然后说："为岳母打祭，是小婿的本分。我王三虽穷，但这些银子我绝对不能接受，还是岳父留着养老用吧。"岳父再三表白自己不能食言，王三

[1] 走灵：俗称起棺。
[2] 奠祭：丧礼仪式，分为请祭、奠祭和谢祭。祭礼一般为五头六拽。
[3] 所见：收到。

态度更加坚决，岳父只得作罢。

所有在场的人，对王三的技艺和人品无不敬服。

讲述者：　马洪武，男，1942年5月，莱城区牛泉镇东上庄，退休教师

采录者：　李胜华，男，1964年4月，莱芜市莱城区方下镇张公清村，大专

采录时间：　2004年6月

采录地点：　莱芜市民间文学研究学会办公室

附
记

2004年6月的一天上午，莱芜市民间文学研究学会办公室来了位走访的老人，名叫马洪武。他是一位退休教师，喜爱民间文学，搜集整理了大量的民间文学作品。座谈中，马老师讲述了这个《状元祭》的故事。故事围绕捏面人这个民间技艺展开，叙述了王三精湛的面塑技艺和丰富的生活阅历，让人们身临其境，受益匪浅。在市民间文学研究学会的帮助下，马洪武老师申批了三个民间文学市级非遗项目，先后出版了民间文学专辑《黄巢的传说》《秃尾巴老李的传说》，整理完成了民间文学集《毕维地的故事》文稿。

164

徒弟看师傅

很久以前，雁翎关附近有一个很出名的石匠。他手艺很高，各种石雕刻活灵活现。有一个年轻人，拜在他门下学徒。两人关系情同父子，择吉日就磕头拜了师傅。

俗话说，"师傅领进门，功夫在个人"。三年期满，徒弟觉得自己手艺也满了葫芦头了，就想自立门户单干。

当师傅的也不强留，由他去吧。这个徒弟还真争气，不几年名声大振。他生意做得风生水起，几乎和他师傅齐名。

一晃七年过去了，自己也带徒弟了。忽然间良心发现，是时候去看望自己的授业恩师了。

徒弟啥都好，可就是个守财奴。偌大的家业，各种珍藏东西应有尽有，好酒、字画摆满了橱窗。可是看看这瞧瞧那，哪一件也不舍得拿。还是他家那管事的老婆会来事，嘟囔道："看把你愁的这个熊样，不就是看那个糟老头子满[1]。我给你装好包袱了，礼物挺好的，你尽管去吧！"

徒弟也没看是啥，套上驴车起了程。一路颠簸，天不

[1] 满：地方语气助词，"吗"的意思。

过午就来到了师傅家。出门迎接的是师娘，几句客套话，一问才知道师傅出外访友去了。

师娘把徒弟迎进门，接过礼物到里屋子里一看，气就不打一处来。她到外屋对徒弟说："可巧，你师父不在家，你就简单吃点东西。改天你师傅回来，我再隆重招待你吧。"徒弟一脸蒙，带着一肚子狐疑，将就着坐了一番，草草完事就走了。一路上他猜测不定，我师娘怎么成了这样的人呢？

天近黄昏，师傅外出归来。看见自己老婆脸色不好看，忙问什么原因。他老婆气得手直哆嗦："亏了你那宝贝徒弟，今天来看你，拿来的礼物忒贵重了。你自己看吧。"说罢，用手一指炕头上的蓝印花包袱。师傅打开一看就气乐了："这个吝啬鬼，不愧是我徒弟，都是些我用得着的好东西！"

各位，你猜都是啥？原来，包袱里装的是葱根、鱼鳞、鸡毛、蒜皮。师傅笑着对夫人解释说："还是徒弟了解我啊！他知道我有头疼的毛病，用这些葱根煮水喝不正好吗？鱼鳞专治我身上长的这些皮癣，蒜皮煮水正好给我治脚气的臭毛病。那些鸡毛呢，你挑选挑选把咱那风匣子修补一下吧。徒弟拿这么贵重的东西来，你怎么招待的他啊？"师娘笑道："这点鸡毛蒜皮，我还让他吃好的！等着吧！我用头上的银钗子在磨盘上画了十个菜一壶酒，还有俩大烧饼，这已经不错了！"

就见师傅笑道："你这败家的娘们，怎么用银钗子画呢，这不得磨短了二指，得磨去多少钱啊？你就不会用大粪叉子画八个就不少了，顺便羞臊一下咱那徒弟！"

说到头，还是老师傅有经验啊！

讲述者： 亓廷文，男，1959 年 8 月，莱芜市莱城区高庄街道五龙村，高中
采录者： 亓福忠，男，1968 年 9 月，莱芜市莱城区高庄街道五龙村，高中
采录时间： 2018 年 12 月
采录地点： 莱芜市莱城区高庄街道五龙村

165

手拍武

七月里的一天，我和亓廷文上山采石，讲到师傅带徒弟一事，他给我讲了这个故事。讲完故事他还感慨地说："知徒莫如师！古语说'一日为师，终生为父'。师傅对徒弟倾囊相授，视如己出，称师父也不为过。徒弟更应该知恩图报，也许是师傅光抓技术传授，忽略了思想品德教育。教不严，师之惰。说到底都是师傅的过错，但归根结底姜还是老的辣。师娘终究技高一筹！老虎学艺，老猫留一手。可师傅最后的总结更是百尺竿头更进了一步！"我佩服他的观点，也喜欢这个故事，就把它记录了下来，还在很多场合讲述过，大家也都喜欢听。这样的故事在百姓当中经常听到相互串讲，而且版本也较多。

"手拍武"是武术，不是舞蹈。"手拍武"是由万历皇帝御封的"首派武"演绎而来，而"首派武"的前身则是江湖上赫赫有名的"三十六路翻天掌"及附带的"三十六手诀"。

这套掌法兴盛于明洪武年间的莱芜莲花山一带，是亓门族间传承的一套武术功法。按照江湖老规矩，武术门派的功夫是族间或家族相传，传男不传女，传内不传外。亓氏家族严守此规，代代相传。

有一天，李条庄村亓诗教[1] 府上来了位武林高手，名

[1]　亓诗教：生于明朝嘉靖三十五年（1557年），卒于1621年。字可言，号静初，又名龙峡散人，莱芜牛泉镇李条庄人。莱芜人多称亓诗教为"亓老敬"。亓诗教自幼天资聪颖，善学好问，但因家境贫寒，青年时亦不能得志，唯锲而不舍，终大器晚成。明万历二十六年（1598）中进士，历任荆州、淮安二府推官，礼科给事中、吏科都给事中、翰林院提督四夷馆兼太常寺少卿、都察院右佥都御史、河南巡抚等职。万历四十三年（1615）山东大旱，饿殍遍野，千里如扫，饥民流离失所，盗者蜂起。亓诗教奉差归里，见此惨状，上奏《饥民疏》，论述饥荒为盗发的根源，朝廷发放赈灾款项十万两，并从上交税银中留十万两，再免去山东六郡包税二万三千两，约计二十三万两，得到朝廷批准，救活灾民无数，平息饥荒。在万历末年，亓诗教与知县胡士奇共同编纂《莱芜县志》。为莱芜历史文化的延续做出诸多贡献。

叫亓飞虎。是亓家的本门，与亓诗教的父亲亓三顾称兄道弟。此时，亓诗教已是万历皇帝的红人，任礼部给事中。

亓飞虎个头不高，一身的好武艺，且医道精绝。他拿手的功夫叫"三十六路翻天掌"，出自太极内家功法。此功法刚柔相济，出神入化，在江湖上赫赫有名。亓飞虎的祖上是江湖豪杰，走南闯北，助弱扶贫，名飘大江南北。亓飞虎过厌了居无定所、打打杀杀的江湖流浪生活，这才带着徒弟在雁翎关歇了脚。

雁翎关又称"桥山"后谐音成"乔山"，是新泰莱芜界山。雁翎关山有三峰，南北一字排列，与新甫山对峙而立。两山之间有关沟，长两公里。关口两侧均为陡坡，地势陡峭险要，有"雁过拔翎"之势，故名雁翎关。春秋战国时，雁翎关即为齐鲁两国在泰沂山脉边境附近的著名关口，是鲁国的军事要塞，与莱芜区域内的青石关齐名，有"南雁翎、北青石"之称。

关沟两边悬崖陡峭，怪石嶙峋，有一夫当关万夫莫开之说。它是古齐鲁官道南北走向的重要通衢，也是鲁国的东南大门。

常言道，"靠山吃山，靠水吃水"。亓飞虎在雁翎关的西边峭壁上，利用山石砌筑了几间石屋居住。石屋的南面有一个天然的山泉，流量不大，却涓涓不息。泉水顺石壁跌落，流淌进一个椭圆形的大水池里。此水清澈甘甜，如同瑶池琼浆一般。这泉水是亓飞虎和徒弟们的生活之源，用此水沏莲花山茶味道清纯醇香，回味无穷。

亓飞虎有三个徒弟，大徒弟叫亓大、二徒弟亓山、三徒弟亓彪。师徒四人隐居此山，习研功法。劫富济贫，专做善事。在此以前，雁翎关经常有强人出没，拦路抢劫、杀人越货，无恶不作。自打亓飞虎在雁翎关落脚后，盗贼强人顿消踪影，附近百姓这才过上了安定祥和的平安日子，方圆百里的百姓称他们为"义侠"。

亓飞虎和三个徒弟在雁翎关夏练三暑，冬练三寒。习武之余就到山谷间采集草药，炼制丹丸，过着与世无争的自由自在生活。亓飞虎在雁翎关创建了"静慇门"，门口贴着一副对联：呈治病扶贫善；除恶横得光明。横批是：治病救人。他又把祖传的"三十六手诀"绝技，创编成治病救人的健身操。看似简单的舞蹈动作，却对很多疑难杂症有着妙手回春的神奇作用。

有一天，亓诗教从京城千里迢迢回到李条庄家里。他水没喝一口，就让家人陪着亲自到雁翎关去见亓飞虎。

亓诗教为啥要亲自来请亓飞虎呢？原来，万历皇帝的妻哥得了一种怪病，所有的御医都诊遍了，不是看不出病情，就是不敢下药，眼见就要成为西方路上的客。娘娘哭闹，万历没办法就欲下旨从民间寻找名医。

时任礼部给事中的亓诗教觉得不妥，他说："万岁爷，大明朝的名医都在皇宫大院。如果大张旗鼓地到民间寻找神医，必然对皇家的尊严有所损伤。依我看，此事宜瞒不宜扩。我的老家有个雁翎关，此关险峻无比。我的本族是武术世家，就在雁翎关修行。虽然是些健身的套路，想必对国舅爷的奇病能够妙手回春。"

万历听了非常高兴，立即下密旨，让亓诗教轻装便衣，亲自到雁翎关相请，还秘办了丰厚的礼品。

亓诗教接了密旨不敢怠慢，带着几个贴身家人连夜启程。

长话短说，主仆几人晓行夜住，一路鞍马劳顿回到了阔别多年的李条庄。回到亓府稍事休息，亓诗教亲自去雁翎关找亓飞虎。

亓诗教对雁翎关可不陌生，小时候，割草打柴没少爬过。家仆领着亓诗教，顺着羊肠小道来到了亓飞虎的住处。简单的几间房子，收拾得井井有条。迎接他们的是三徒弟亓彪，论亓家辈分要称呼亓诗教为叔叔。先是行了叔侄大礼，恭恭敬敬地把亓诗教让到屋里，沏上香茗热情招待。

事不凑巧，亓飞虎带着两个徒弟去了吐丝口[1]，要明天晌午才能回来。皇上的期限紧不能坐等，只好鞴了快马，由亓彪带领前往吐丝口迎接。

亓飞虎初见亓诗教，尽管有千言万语，却不知从何讲起。两人一见如故，并骑往回赶。亓诗教简单地介绍了国舅的大体病因，亓飞虎唏唏嘘嘘不想进京为皇亲贵胄瞧病，婉转道："贤侄啊！我是练拳脚的，不是悬壶济世的。再说我在雁翎关清静惯了，不想到宦海泛舟。武术与医术有区分，闹不好会惹出大麻烦来！"

[1] 吐丝口：古地名，因蚕丝经营而名，现址为莱芜区口镇街道办口镇村。

诗教说："族叔此话差矣，学武之人讲究个义气。眼下国舅病情不详，很多御医受到了株连，族叔不会坐视不管吧？"

飞虎说："家师有行规，不助富欺贫！更不与官府走近，与百姓疏远。"

诗教笑着说："这些我知道，家有家法，行有行规。可国舅不是一般人物，关系着大明王朝的脸面。依我看您老该出手时就出手，给咱老亓家长长门面。"

"贤侄啊！有你这个礼部给事中，咱老亓家够扬眉吐气了。俺厌倦了钩心斗角打打杀杀的江湖生活，你就让我在雁翎关安静修行吧。"

诗教说："族叔啊！武为弱者强，医为患者兴。族叔的人品及功夫医道家父不止一次提到。虽初次谋面，则言和意投，此时不出山，您老更待何时？"

亓飞虎还想推辞，架不住亓诗教死缠硬磨，万般无奈，勉强同意。

国舅的病其实不大，按老百姓的话说就是闲的。你想想，堂堂国舅爷整日里过着饭来张口、衣来伸手的腐靡日子。手不动，脚不行，加上吃的山珍海味不好消化，不得病才怪呢！既然病不大，御医为何束手无策呢？这些御医整天围着皇亲国戚转，看着主子的脸色干活。除了开些保养之类的方药，其他的病还真不敢随便下方子。

话又说回来，小病不治，大病难医。国舅小病不吃药，大病就难办了。一来二去竟然卧床不起，把皇后娘娘急得一天三次找万历皇帝哭闹。万历没了办法，这才打发亓诗教去请民医。

老话说，"生了病，找郎中"。亓诗教为啥推荐武林高手亓飞虎为国舅看病呢？万一要是出个岔子，可就把天捅破了，谁来补这个窟窿呢？

亓诗教自然有自己的盘算，因为此时朝堂上出现了党派之争。阉党魏忠贤暗地里招兵买马，拉拢大臣，阴谋控制皇上，推翻大明朝政。亓诗教这些正直之臣自然不买魏忠贤的账，于是也暗地里积蓄力量，关键时也好协助皇上打败魏忠贤。

亓飞虎的武术门派在江湖上名声显赫，他们行侠仗义，除暴安良一身的正气，加上他医道高明，又是本家族叔，

这样的人攥在手里，谁还怕魏忠贤那几个散兵游勇。

国舅躺在象牙床上，脸色蜡黄，一副病入膏肓的模样。亓飞虎诊脉观色，做到了心中有数。国舅爷是积瘵成疾，此病非一日之患。要想治好此病，仅凭药石是无能为力的。

亓飞虎对亓诗教说："国舅爷金身玉体，马虎不得。若要治好病，需要他本人的配合，否则无计可施。"

亓诗教问道："大师担心什么？"亓诗教为何称呼亓飞虎为大师呢？原因很简单，在帝王之家除了官阶，绝不能称叔道侄，有辱皇家尊严。

亓飞虎说："国舅爷一人之下万人之上，小的是个乡野散人，恐有得罪之处，轻者掉脑袋，重者祸连九族。在下不敢妄为，请大人做主。"

亓诗教也觉得此事非同小可，就禀报万岁爷定夺。

万历皇帝做事不含糊，提笔写下了"便宜行事"四个字。这就是尚方宝剑，亓诗教拿在手中，喜上了眉梢。

亓飞虎见了圣谕，胆气也就壮了起来。他吩咐把国舅爷抬到府中的平房内，就是家奴住的地方。放在简易的木床上，盖上破单烂被[1]。一切准备停当，亓飞虎开始用功法为国舅治病。他先是运气在手，在肚鼓如石的肚脐眼处用功。就见他手如托球，正转三圈，反转三圈，上行下放如是几十次。就听到国舅爷的肚子里咕噜咕噜响个不停，约有大半个时辰，国舅爷嚷嚷着要大便。仆人取过便盆，国舅爷一泻千里，便了大半盆酱油色的排泄物。他长出一口气，连喊舒服。亓飞虎接着又运气在手，在国舅爷的腹胸处反复捋顺。直到国舅爷的全身热气腾腾、汗流浃背为止。然后，吩咐仆人用薄棉布被将国舅爷裹缠结实。他让人关闭房间门窗，取来三个火炉放在床下一字排开。炉上放砂锅，内置臭蒲[2]，武火烧开文火熏蒸。

亓诗教不明白亓飞虎为啥用臭蒲熏蒸，又不便垂问，也就任其为之。

大约过了一个半时辰，亓飞虎让人打开门窗撤去火炉。他轻轻地把裹在国舅爷身上的薄被解开，就见国舅爷脸色红润双眼有神，全然不是几个时辰前那副病容了。

[1] 破单烂被：破床单烂被子。

[2] 臭蒲：菖蒲草。

亓飞虎让人为国舅爷换上便服，吩咐两个仆人扶他在房内围着木床走动。刚开始走几步就气喘吁吁，连着走了几圈就听不到喘粗气了。亓飞虎让一人扶着国舅爷，还是围着木床转圈。又走了四五圈，亓飞虎暗示仆人松开国舅爷，让他自己走。国舅爷以为身后有人搀扶，也就放心地走着。等转了两圈后，才发现是自己在走路，又惊又喜。卧床大半年一动不能动的他，竟能自己行走了。

亓飞虎又手把手教给国舅爷几个动作，让他反复来做。渐渐地他就觉得浑身上下有了劲，眼也不花了，耳朵也不嗡鸣了，两条腿和双手也不颤抖了。他心里一高兴，大声说道："大师果然手段高明，受我一拜。"

国舅爷行礼，谁受得起啊！亓飞虎和亓诗教慌忙跪倒还礼。国舅爷吩咐备宴待客。亓飞虎急忙摆手说："国舅爷，您刚刚大病初愈，不能食用大补之物，当以粗茶淡饭来养身。"

国舅爷笑着说："我知道，宴席是招待你和亓相爷的，算是个答谢吧！"

亓飞虎在国舅府上待了半个月，直到他完全康复才回到亓府与诗教话别。

诗教说："族叔稍安勿躁，万岁爷还有赏，随我金殿面君吧。"

亓飞虎说："我一介草民武夫，如何登得大雅之堂？"

"万岁的旨意，谁人也不能推辞。请吧！"

金銮殿上，万历皇帝对亓飞虎是大加褒赞。他说："宫廷的御医都没有治好的病，让你这个武林中人妙手回春了。听说你治病不用药，用独创的武术功法调动病人自身的气力，达到以毒攻毒来除瘀的最佳效果，实属罕见啊！这样吧，既然你用武术功法治好了国舅爷的病，朕就封你为'首派武'，门派为'静憅门'，你是该门派第一代掌门人吧？"

亓飞虎听了，慌忙跪倒说："万岁爷，使不得。江湖之大，门派众多。我小门小派担不得天下武林之首的名声，请万岁爷收回成命。您让小民隐居山林，静心修养吧。"

亓诗教也出班跪倒说："万岁，大师言之有理。江湖门派之争惨烈，大师喜欢僻静，万岁爷还是收回旨意吧？"

万历皇帝不高兴了："亓相，帝王金口玉言，难道你们要抗旨不成？"

亓诗教说："不敢，微臣刚才没听明白，万岁爷是封给亓大师'手拍武'吗？"亓诗教故意把手拍说得格外清晰响亮，又双手合拍了几下。万历听了恍然大悟，急忙说道："是啊，就是手拍武啊！他就是手拍武'静憅门'的掌门人啊！"万历皇帝一指亓飞虎，高兴地说道。

亓诗教和亓飞虎几乎是异口同声："谢主隆恩，万岁万岁万万岁！"

同音不同字成就了一个武林新门派，还引不起江湖的争夺，可谓妙口生花。既然是皇帝金口御封的武林门派和掌门人，自然要有相应的官衔与顶戴。亓飞虎说死不受，此封赏也就到此为止。不过，万岁爷倒是独出心裁地下了道口谕，让宫廷御医每人学一套亓飞虎创编的健身武。亓飞虎明白这胳膊拧不过大腿，只好欣然同意。

京城是个是非之地，亓飞虎不敢长待，教完了健身武就告辞回家。临行前，亓诗教把自己的想法和盘告诉了亓飞虎。亓飞虎也不含糊，他拍胸立誓，定与阉党抗争，保大明百姓不受兵变刀枪之苦。

亓飞虎回到雁翎关，把此次京城之行告诉了三个徒弟。徒弟们听说皇帝亲自封了门派和掌门人，都觉得脸上光彩。听说要与阉党作斗争，心里又没有了把握，就他们四个人如何能和京城阉党抗衡呢。

亓飞虎看出了徒弟们的担心，说道："自古兵来了将挡，水来了土掩。咱们潜心行善，定能得到民心。民众之光，众志成城，这种正义的呐喊定然震慑阉党的歪理邪说，这就是以正压邪。明日起，你等就下山到四乡去体察民情，要多到咱亓家走走看看，把相爷的想法和大家说说。"

三个徒弟磕头祝贺了掌门人上任，就做好准备，明天一早下山。

自此，"手拍武"作为一个官方御批的武术门派算是正式命名了。亓飞虎成为了该门派的第一个掌门人，而"静憅门"成为门派的最高权力机构。亓飞虎还请亓诗教为"静憅门"的大门写了一副门联：呈治病扶贫善；除恶横得光明。

天有不测风云。这一年山东大旱，人相食。青州一带饥民作乱造反，砸县衙，劫监狱。莱芜也好不到哪里去，背井离乡、讨饭活命的饥民挤满了官道。尽管莱芜县衙开仓放粮，但是杯水车薪，所济寥寥。

亓飞虎面对饿殍遍地的饥民，带领徒弟下山为病人赠药治疾。可是，大多病人是因饿成疾，药石如何能果腹呢。百姓生活在水深火热之中！恰在此时，亓诗教奉差归里。见此惨状，他冒着罢官和杀头的危险，上《饥民疏》，要求朝廷发放钱粮救灾。此奏得到朝廷批准，救活灾民无数，平息了荒乱。山东人感其大恩大德，在莱芜城西小曹村，为亓诗教修建了生祠，以示纪念。

这年三月，亓诗教辞官归里，隐居塔子村西的苍龙峡。

亓飞虎听说亓诗教回归了故里，带着三个徒弟登门拜访。亓诗教对亓飞虎的大仁大智感慨不已，亓飞虎感激诗教京城相邀，成就了"手拍武"的千功大业，商谈了"静懋门"的创建和发展情况。

亓飞虎说："该门派源自亓氏家族，为了防备以后的混乱，本门决定绝招密功只在亓氏家族中传承。传男不传女，传内不传外。而治疗疑难杂症的武术套路，则随时随地传给疑难杂症的患者。因为人吃五谷杂粮，必生千奇百怪之症。这些套路不能千篇一律，应该因人而异，使更多患者减少病痛，康复如初。"

亓诗教高兴地说道："此举善莫大焉！好，好啊！防身健体的武术秘籍成为医治疑难杂症的回春秘方，可算是武林界的一大奇迹。应该广设门户，大力推广。"

亓飞虎点点头，说道："正合我意，我已安排手下门徒，远走四方，普及'手拍武'，广结善缘。"也就是从这次商谈后，"手拍武"完全退出了武林和江湖，成为亓氏家族强身健体的体育项目。

之后的若干年里，"手拍武"在亓氏家族低调传承。这和当年亓诗教官场沉浮有着密切的关系。为了这门绝技的顺利延续，静懋门特别规定，掌门人和所属徒子徒孙不得与官府豪绅往来。传人不准入仕途，不与江湖人交往。贫穷人家疗伤治病，不收取费用等门规。

讲述者：　亓运超，男，1915 年 11 月，莱城区方下镇孙封邱村，手拍武传人

采录者：　亓玉峰，男，1959 年 7 月，莱城区方下镇孙封邱村，手拍武传人

采录时间：2016 年 8 月

采录地点：莱芜市莱城区方下镇孙封邱村

附 记

"手拍武"诞生于明万历年间，后经亓氏族间数代传承，完整地保留了下来。

"手拍武"族间传承历史渊源如下：亓钺成（1720.6）成为"静懋门"的掌门。此时，"手拍武"已大不如明朝时期鼎盛，为了壮大门派，对手拍武技艺传授有了严格的限制。亓笑灿（1798.5）45 岁时被师傅指定为该门派掌门人。清朝末年，时局动荡不安，亓苍（1865.2—1948.3）接任第三代掌门的第二年，八国联军侵入中国。亓苍觉得振兴"手拍武"的责任重大，就把手拍武传授给亓世永和年仅 12 岁的亓忠豪。亓苍决心重振"手拍武"静懋门时，抗日战争爆发了。为保家卫国他参军入伍，1948 年 3 月，在一次抗击日本鬼子的战斗中，因抢救伤病员不幸中弹牺牲。"手拍武'静懋门'"第四代掌门人亓世永（1883.2—1970.10），为了"手拍武"的传承与发展，他把掌门人之位传给师弟亓忠豪。亓忠豪（1885.7），"手拍武'静懋门'"第五代掌门人，抗日、解放战争时，为抗日战士、军民和解放军战士治疗过伤病。1957 年，他把掌门人的职责交给亓运超。1974 年 5 月定居于青岛崂山。亓运超（1915.11—1970.12），"手拍武'静懋门'"第六代掌门人。他结束了族间传承的历史，把武艺和掌门传给儿子亓玉峰，是为"手拍武'静懋门'"第七代掌门人。

166

鸟虫篆书

皇上朱元璋酷爱书写鸟虫篆书，每天上朝办完公事以后，他就钻进宫殿右侧御书房，自己静静地书写鸟虫篆书法。几年来，把鸟虫篆书掌握得非常流利，行笔如流水，运笔像行船。他的鸟虫篆作品像画又像字，很受文武百官喜欢。但朱元璋从没舍得送给各位大臣一张作品，他对外的作品都是大楷行书。实际上朱元璋内心有个想法，他是想把这些作品送给在前线功劳卓著的将领们。书写的鸟虫篆作品基本属于保留项目，一张也不流入民间。

说来也巧，这一年广东一带闹起一股反叛力量。这伙反贼像蝗虫一样发展非常迅速，不到一个月的时间攻下五县三府。照此下去，用不了半年的时间，就要危及京都。在这江山动摇之际，朱元璋马上意识到问题的严重程度，即刻召开军事会议，亲自派几员大将前去平乱灭贼，并承诺成功之后回朝嘉奖，奖品其中就有他的鸟虫篆书一幅。这可是君子出口，驷马难追。这些将领一听，马上来了精神，纷纷积极请战。朱元璋最后选择了三位强将，张立潮、韩伟和马江。这三位大将接受令牌以后，带领六十万大军分头奔往前线。不到一个月的时间，便收复了沦陷的城池，

反贼全部被消灭。

三位大将马上班师回朝，请功领奖。在领奖前的闲聊时，有位文官轻声地讲了一段鸟虫篆书的来历。

据文官介绍，秦始皇统一六国之后，各国文字共十几种，最后秦始皇保留了秦八体[1]。但秦始皇最喜欢的是一种叫鸟虫篆的书法，这种书法有鸟头笔画，又有虫子的形状。他欣赏后哈哈大笑，大自然的东西也融入了书法，真是一种金贵的书法。从此下令，只能皇家专用，并刻有一个御章，"吉庆有余，益寿万年"。这个御章就是鸟虫篆书，不允许平民书写使用。鸟虫篆书，就是当时的贵族书法。当时全国仅有五名鸟虫篆书法家，所以谁家要是拥有一张鸟虫篆书，就是一个权利的象征。

当时一张鸟虫篆非常值钱，每平方尺少说也价值十两黄金，这是秦始皇时代的价格。

这位大臣话锋一转，小声说："目前，万岁爷写的鸟虫篆书十两黄金可买不了了。这不仅是鸟虫篆书，更是当代皇帝的御笔。每张价值连城，是无价之宝。"大家都惊讶地嘘了一声："哇，这么厉害。"所以，很多官员垂涎三尺，都想得到一张。

嘉奖仪式开始后，三位功劳卓著的将军不仅黄马甲加身，黄金百两，更重要的是领到了一幅朱元璋亲自写的鸟虫篆书。长四尺，宽一尺二，长卷轴，被金黄的绸子包裹，放在很精致的一个紫檀木盒里。其中，马江将军领到的鸟虫篆书写的是"厚德载物"。授此殊荣，万世享运，真让人喜出望外。

颁奖仪式过后，主持颁奖仪式的李公公也很希望得到这幅《厚德载物》的鸟虫篆书。他悄悄找到马将军耳语，并拿出五十两黄金换他这幅字画，将军坚决不同意。李公公觉得很失面子，两人就抢夺起来。李公公顺手抢到后，竟然失态地在宫殿里到处乱跑，一下子趴到御书房的龙床

[1] 秦八体：1. 大篆，即籀书，是西周时期一种文体；2. 小篆；3. 刻符，是官方常用于军事调度的符信，刻于金银、铜、玉上，剖分为两半，彼此各持一半；4. 虫书，是在书写幡旗和刻在青铜器上的象征性的虫、鱼、鸟图画文字，其实是装饰性的金文美术字；5. 摹印，是制印的一种书体；6. 署书，是题写门上匾额用的书体，亦称"榜书"；7. 殳书，殳为兵器，这类书体是刻在干戈上的字体；8. 隶书，是在秦篆的基础上，为书写公文方便，人们创造的一种今文。

上。马将军跳上床骑上了李公公，不将鸟虫篆书物归原主誓不罢休，真乃丑态百出也。

在万岁爷朱元璋眼皮子底下竟然胡来，这可是犯死罪啊！朱元璋龙颜大怒，喝道："为什么如此躁狂？"

李公公扯着公鸭嗓子解释，是因为自己特别喜欢主公写的鸟虫篆书所致。仅仅几句简短的解释，万岁爷朱元璋转怒为喜，哈哈大笑。他高兴地说："既然二位爱卿如此喜欢我写的鸟虫篆书，何必如此失礼，我给你俩一人写一张不就平齐了吗？"

这一闹不仅免了死罪，还得到了皇上的墨宝，两人受宠若惊。二人马上在朱元璋面前下跪行大礼，高呼谢主隆恩。

从此，鸟虫篆书成了可遇不可求的珍贵礼物。

讲述者： 李森，男，1949 年 5 月，济南市市中区民生大街 66 号，大学

采录者： 王奎杰，男，1951 年 12 月，济南市市中区王官庄八区，大学

采录时间： 2017 年 5 月

采录地点： 济南市市中区民生大街

附
记

在我国有很多书法，例如金文、大篆、小篆、隶书、宋体。鸟虫篆，是大家不常见的书法！很少有人见过鸟虫篆书法。这种书法形体像虫，每个字的顶端起笔有鸟头。字体非常稀奇而且非常美观。不但这种书法稀奇，这种象形字还有很多的传说故事。济南市就有一位鸟虫篆传承人，他的原名叫李森，笔名肖石，自幼就爱上了鸟虫篆的书法。

167

李傻子的魔术

（1）家乡献艺

李傻子学艺回到家中，父母兄弟相聚。尽管生活仍旧贫困，却体味到了亲人团圆的欢乐。那时候，玩魔术的行业受人鄙视。十多年的苦难生活，使他深知社会和人世间的炎凉冷暖。有人问起他的生活，他守口如瓶，搪塞而过，从不暴露自己的真实身份。

大年初一，村子里组织民间艺人闹新春。耍龙，玩狮子，锣鼓敲得震天响，人们聚在村边的场园里看热闹。快近晌午的时候，艺人们玩累了，坐下来休息。李傻子拿起一面铜锣敲了几下，那锣声清脆，响在点上。众人听了觉得新奇，纷纷要求他再敲。

李傻子也很高兴，放下铜锣说："今天大伙儿高兴，我也高兴。我也献上一手，给大家瞧瞧凑凑乐子。"说着，走到场园的空地上。只见他身轻如燕，就地十八滚。然后，一个跟头站起，从腰里端出一个大碗，碗里水满鱼跳，滴水不洒，十分利索。众人惊得目瞪口呆，拍手叫绝。

李傻子托着鱼碗围场子走了一圈，说声："走！"众

目睽睽之下，那鱼碗不见了踪影。几个后生围着他浑身上下摸了个遍，也没找到那个盛满鱼水的碗。大家掌声震动，要求再来一个。推辞不过，李傻子从腰里取出一把纸扇，对大伙说："请你们给我提供点儿道具，鞋帽、碟碗都可以。"

人们听了，有递帽子的，也有递老铲鞋[1]的，还有回家取来碗碟的。李傻子选择了一顶棉帽子，一只大铲鞋，一个粗瓷盘子，一只大黑碗。他将四件物品一字儿摆开，隔着两三米远，轻摇手中纸扇，只见那棉帽子先是摇动了一下，接着由慢到快转着飞离地面。老铲鞋也如水中的小船，上下颠动起在空中，与棉帽子上下翻动。接着粗瓷盘子和大黑碗也先后飞转着起到空中，与鞋帽嬉戏。顿时，帽起鞋落，碟高碗低。一会儿东，一会儿西，一会儿交叠，一会儿散开，如同蝴蝶在翩翩起舞，煞是好看。

李傻子边扇边喊道："扇碟子扇碗扇大盘，扇得那破鞋踢帽圈。"众人被他高超的艺术所折服。场园上一会儿鸦雀无声，一会儿掌声雷动。

李傻子越玩越高兴，只见他左右闪动，娴熟的技艺里穿插着过硬的功夫，如：大过梁、茶花盖顶、古树盘根、苏秦背剑、四门斗、拐线，还有大变活人、九连环、宝莲灯、仙人摘豆、鲤鱼变船、大变活鱼、怀中包月、王小赶脚、大（小）搬运等，舞姿健美，调度适宜。

自此，他的大名便在周围传开了，他的身影在乡村中出现了。看过他演魔术的人，都拍手叫好，连走街串乡的民间"玩藏掖[2]"的大家，都丝毫看不出破绽。

（2）泉城飞鞋

李傻子有个儿子在济南当军官，他到济南去看儿子。为了防止麻烦，父子协商，对技艺保密。

李傻子对他儿子说："我来济南若干天了，还没出去逛逛，今天我出去溜达溜达。"

[1] 老铲鞋：莱芜家庭妇女手工做的布鞋，因用料多，有的鞋子重约二斤。
[2] 玩藏掖：魔术演员。

到了中午，李傻子还没回来，就有几个战士绘声绘色地宣传说："李大爷在新市场那里扇破鞋呢！鞋一离地，就在空中转动飞舞，左右上下任意飞旋。时而如白鹤翩翩，时而如羽毛落地；忽而像鹞子转身，忽而像落雁沉鱼，引得观众连连叫好！"

李傻子的儿子一听，就知道是老头子又在外面生事了。可事已至此，真是干着急没办法。

不一会，李傻子回到了营房。他爷俩一见面，儿子就发了牢骚："爷！咱说好了的，您不要生事，这下好了，整个营房沸腾了。"

李傻子装作不懂地问："啥事？"

儿子说："我听几个战士说，在新市场看见你扇破鞋来。回来一传，全营没有不知道的了。"

李傻子说："噢！是这事啊！我本不想暴露的，可一进新市场，就看见两个卖艺的人在扇碟子。我估计可能是本门，上前去联系。谁知，两个同行看不起我。他俩既不应声，也不接洽。我想要是本门，我一露手，他就会来接洽。所以，我就到一个僻静的地方，脱下鞋子扇了几下。观众都赶过来看，我又不要钱。没寻思那两个艺人看了，认为我争他的饭碗，就没好气地拾掇挑子走了。"

爷俩还未交涉完，师部通信员来下请帖，邀请李大爷明天过门献艺。李傻子也知道惹了麻烦，不得已答应了。

（3）无中生有

李傻子应邀到了师政委家里，政委夫妇以礼相见。落座后，叫通信员来"献茶"。话刚出口，又改口对老伴说："你把箱子里我那把茶壶拿来。"不多时，老伴手捧一个小红包袱，从内室出来。政委接过解开，拿出一个用毛头纸裹着的小包。解去一层，又解一层，最后露出一把重枣色"孟臣壶"[1]。室外光线斜映进室，仍反射出浓浓的油光。

政委对李傻子说："李大爷，我这把壶是一位老战友送的，这还是第一次用呢！"

李傻子一见如此珍贵的壶，急忙伸出两手接过来，反复观看。他左右端详，连声夸好。政委听他这么一夸很高兴，谁知李傻子一不小心失手了，茶壶落在了水泥地上。"当啷"一声，摔了个粉碎。

李傻子大吃一惊，说："可坏了，真对不起！"忙蹲下身来，一点一点地捡起每一块碎片，放在小红包袱上说："首长啊！这壶反正破了，我也赔不起新的，我给您锔锔吧？"

茶壶落地时，政委就一腚跌坐在了椅子上，心疼得直叹气。李傻子捡碎片和道歉，他根本没听见。政委听李傻子说锔起来，才稍微有点反应，面无表情地说："这么碎了，还能锔吗？再说，哪里去请锔匠啊？"

李傻子很干脆地说："不要紧的！首长您也别急，咱这里就有。"说着，随手在墙上画了个小窗口。轻轻一拍，就听里边有人问："谁啊？"李傻子答："我！"里边又问："你待揍啥[2]？"李傻子说："我有把茶壶摔碎了，请你给锔起来。"里边回答说："好说，拿来吧！"眼看着窗子里伸出了一只手来，李傻子将小红包袱递过去。就听里边传来嗞嗞的弓钻声，铛铛地钉锔子声。不大一会，就听里面说："锔完了，你看看满意吗？"随着话音，一个小红包袱从小窗口里递了出来。李傻子伸手接过说："不用看，你那手艺我放心。让你下力了，收个手工钱吧？"里面回答："咱俩谁和谁呀！以后再说吧。"说完，窗户一关，没了动静。这些举动，政委全都看见了，但他只是一个劲地心疼茶壶，全没在意。

李傻子递过小红包袱说："首长啊！好歹地给您锔起

来了，您看看中意吗？"政委哪里还有心情看，明知已成废物了，随即盼咐老伴把壶收了起来。李傻子见状，感到没趣，就和政委告别。政委也未远送，就这样不欢而散了。

一段时间之后，有位老领导来访。谈起摔壶锔壶这事，政委仍不高兴。老领导听了啧啧一声问道："怪呀，你屋里墙上哪来的窗口和锔子匠呢？"政委才如梦初醒。一想，是啊！那么这壶到底啥样了？遂叫老伴快去把壶拿来看看。不一会，老伴将小红包袱小心翼翼地托出来，轻轻地放在桌子上。政委慢慢地一层层地打开布包，见那把壶完好如初，根本没有破，更没有锔过的痕迹。

这时，政委才恍然大悟说："这不是'无中生有'吗！"

（4）正点开演

李傻子的"无中生有"，很快传遍了泉城。不久，他被山东省杂技团录用，多次参与国家慰问演出。这年，高层领导和与会人员一致要求观看李傻子的魔术。作为出席大会代表的李傻子，不好推辞，愉快地答应了。定好某日的上午九时，准时演出。

演出这天，观众均提前赶到会场入座。但见台上空荡荡的，大家耐心地等待。八点半了，还不见有人来。观众心急，不时地看自己的手表。

九点过了十几分钟，观众哗然。有的想退场，有的干脆说："连信用都不讲，还能演出什么好节目。"

正在全场骚动之际，从后台走上一位庄稼老人。只见他满头是汗，向观众鞠了一躬，笑嘻嘻地对大家说："可急死我了，差点失信误了演出时间。"

观众小声嘟囔："这老头当面说谎，都快九点半了，还说没误了时间呢！"

李傻子说："好，咱正点开始。"

大伙都愣了，不由自主地再看看自己的手表，并与左右两邻的表一对，确实是九点。

这时，会场大厅里的壁钟当当地打了九下。观众都纳闷起来，这是咋弄的？！

李傻子清了清大嗓门说："感谢各位捧场，演出到此

---

[1] "孟臣壶"：以惠孟臣名字命名的砂泥壶。惠孟臣以擅制小壶驰名于世，所造小壶大巧若拙，移人心目，后世称为孟臣壶。孟臣壶工艺手法洗练，节奏感强，尤其是壶的流嘴，不论长短，均刚直劲拔，有着与众不同的鲜明特色。壶体光泽莹润，胎薄轻巧，线条圆转流畅，成为孟臣壶突出的风格特征。其所制梨形壶最具影响，17世纪末外销欧洲各地，对欧洲早期的制壶业影响很大。

[2] 你待揍啥：你想干什么？

结束，献丑了！"

众人丈二的和尚摸不着头脑，这还没演呢，咋就谢幕了呢？大家相互猜疑，不知老李葫芦里卖的什么药。突然，一个观众高声叫好："演得太精彩了，绝了！这叫'遥控时针'，也叫'时针倒转'！"稍一定醒，会场上响起一片掌声……

讲述者： 李乃东，男，1940年1月，莱芜市方下镇张公清村，师范

采录者： 李胜华，男，1964年4月，莱芜市方下镇张公清村，初中

采录时间： 1989年10月

采录地点： 莱芜市方下镇张公清村

附
记

"李傻子"，是山东莱芜民间杂技、魔术表演艺术家李建业的艺名。因他在表演杂技、魔术时常以"傻子""傻瓜""傻小子"逗人取乐，久而久之，"傻子"成为人们送他的雅号。直到后来，成为一提"李建业"无人知晓，一说"李傻子"妇孺皆知的传奇人物。李傻子是民间公认的、出类拔萃的杂技、魔术表演艺术家，素有"莱芜卓别林"的美称。他朴实憨厚，幽默诙谐。身怀绝技，六路皆通，曾饮誉华夏，驰名东南亚。

李建业（1895—1975），艺名李傻子，济南市莱芜区方下街道田封邱村人。他兄弟三人，排行老二。家庭贫困，8岁那年怀揣五个铜元外出谋求生存之路。贫穷年月，哪里的日子也不好过。他以讨饭谋生，独自在长清、章丘、桓台等地游荡，过着饥一顿饱一顿的生活。他给人当过小伙计，因为年小力气弱被人辞退。帮人放过牛，因牛偷吃庄稼而被人打了出来。直到13岁那年才在济南拜投在一位杂技魔术艺人门下学艺。杂技魔术在民间称为"玩藏掖"。

1929年，34岁的李傻子去山西洪洞县投奔伯父，在那里演出半年后，又南下卖艺。先后到过郑州、南京、武汉、上海、杭州、苏州、大连等地，不管在穷乡僻壤的农村，还是漂亮繁华的城市，他虽技艺超群，拼命卖力，但还是穷困潦倒，朝不保夕。他的一个女儿，活活病饿而死。1934年，他回到家乡，仍以卖艺为生。1937年，抗日战争全面爆发后，李傻子出于爱国之心，42岁就留起胡子不再演出。

1940年，他在大王庄参加了抗日民主政权的"政卫队"，领着一伙人串乡赶集以卖膏药为掩护，宣传抗日政策，备受四邻八乡尊重和欢迎。1944年春，因坏人告密而被逮捕，后由莱芜梆子老艺人张凤水和卖篦子的杨玉山保释出狱，仍靠卖膏药、演些小玩意维持生计。

1959年3月，山东省文化局在聊城举办了一次全省杂技魔术观摩演出，意在为成立山东省杂技团物色演员。李傻子表演的"扇碟子"艺压群芳，赢得了在场领导和观众的交口称好，最终以64岁的高龄被录用。这位在旧社会饱受风霜、受人歧视的流浪汉，一跃成为人民表演艺术家。

1960年，李傻子开始传艺，沈阳杂技团、沈阳军区杂技团、哈尔滨杂技团等，派人来拜师学艺，但均未学成他的扇碟子绝艺，只有山东省杂技团的郑秀凤、李令柱、邱德义三人把"扇碟子"艺术学到了手，并有创新发展。

1960年5月，李傻子参加了慰问三门峡工程的演出；6月，又到东阿参加了慰问"腰斩黄河"工程的演出。

1962年，中央新闻电影制片厂和香港凤凰影业公司合拍了《齐鲁英豪》杂技艺术片，扇碟子是主要节目。片内有拜师的情节，受拜者即是李傻子。新加坡《联合早报》（1984年6月28日）评我影片《气功》的《功夫深厚，但只欠美感》一文中写道："……戏末加插《齐鲁英豪》老艺人扇碟子那段，让人精神轻松，心花怒放。"由此可见，李傻子"扇碟子"这一艺术绝技的影响已涉及国外，成为我国杂技魔术艺术群芳中的一朵绚丽夺目之花。

1975年1月10日，李傻子因病逝世，终年80岁。从此我们失去了一位历尽坎坷、饱经风霜、身怀绝技的老艺人。中共山东省杂技团支部委员会在悼词中写道："李建业同志的不幸逝世，是我省杂技魔术事业的一大损失……"

2008年12月，"李傻子的魔术"列入莱芜市第二批市级非物质文化遗产项目名录。

168

木匠与瓦匠

从前，常听老人们讲，泥瓦匠和木匠是同一个祖师爷，都是鲁班，但他们在一块干活的时候，也常闹矛盾。

有一年春天，云台山下这一家大户人家盖房子。安好门窗，垒完了主体工程就平了口。这时候，就开始上梁。一般老百姓家房屋，都是梁的粗头在前面，细头在后面；寺庙是细头在前，粗头在后，正好相反。民房上梁时当然得前面三四个人，后面二三个人，底下有两个人拽稳绳[1]，防止梁向一面侧歪。嗨嗨呀呀几声就拔上去了，接着迅速放上稳板[2]，用铁耙钉[3]耙住。然后，安上脊檩拉住。主家不能忘了放爆仗[4]，还有一桌供品和酒席。门上贴上一副孔夫子的对联"上梁喜逢黄道日，立柱正遇紫微星"。可是，木匠和泥瓦匠的矛盾就出在这里。

原来，民间上梁都有一份"上梁礼"。近代来说无非就是多少钱和几盒烟，这个礼随着时代变化也不断变化着。

[1] 稳绳：固定木梁的拉绳。
[2] 稳板：固定梁两头的小木板，用铁耙钉子与梁头拉在一起。
[3] 铁耙钉：订书钉样式的耙固钉。
[4] 爆仗：鞭炮。

咱今天也别管当时是什么礼了，木匠认为梁是他做的，于是木装梁[5]时就故意拉下一点小活[6]，就是"站人子[7]"顶上留平，不开槽。等到上梁这一天，把他叫来再开槽，泥瓦匠必须分给木匠一份礼。

可是，今天这位外地来的泥瓦匠师傅偏要逞强。木匠师傅还没到，他自己就动了手。吩咐主家找来锯，他爬上去三下五除二，就开好了槽。接着，放好了脊檩。不多时，稳好了所有的木檩，安插好橡子[8]并和好毛灰[9]，开始钉橡子上耙砖挂小黑瓦。

木匠师傅来一看，生了好大的气，说："该属于我干的活你抢着干了，你算老几？"假如此时泥瓦匠说几句客气话，比如说我们人多怕呆了工[10]，也没等你就自己干了。然后再分给木匠一份礼，那啥事也就没有了。偏偏泥瓦匠不以为然，啥话也没说，把木匠直接晾在了一边。

木匠围着屋转来转去，开始找毛病。忽然，他眼前一亮，在正屋的木檩上看出了毛病。原来民房有说法，就是檩条的摆放很有讲究，都是明间的压着暗间的。如果暗间压着明间，就成了寺庙的干法。正好有一处放错了，这可是千载难逢的机会，何不把泥瓦匠羞辱一番，杀杀他的傲气，也顺便砸砸他的牌子。于是，他拿着锯和大锛爬上了屋顶。

此时，泥瓦匠干得正起劲，摊好毛灰，挂小瓦一推一大趟，二仰二合。泥瓦匠完全没注意木匠，口中还不停地叨咕："看咱这技术，像玩一样，轻轻松松就干了。"这时，木匠说："你给人家干的好活，木檩都安错了！"

听到这句话，泥瓦匠不耐烦地说："你懂得球啥？一边坐着去！"这句话可把木匠气坏了，对着泥瓦匠一口稠痰吐了过去。这口痰不偏不斜，正落在泥瓦匠鼻子上，顺着鼻子往下淌。眼看到了鼻子尖的时候，木匠举起大锛直接砍了过去。更巧妙的是把稠痰刮得干干净净，鼻子一点

[5] 木装梁：制作木梁。
[6] 拉下一点小活：留后手。
[7] 站人子：木梁中间的立木撑。
[8] 橡子：屋顶斜木中的一种，古代建筑用于支撑房顶与房瓦木条。
[9] 毛灰：石灰膏与麦糠均匀地搅和而成的灰泥，俗称"万年灰"。
[10] 呆了工：误工。

没有破皮！这一套动作，不超过两秒钟，泥瓦匠根本没反应过来是怎么回事。他惊出了一身冷汗，两腿哆哆嗦嗦下了架子。

泥瓦匠慌忙给木匠师傅赔礼道歉，好话说了九千六。吃饭的时候，他把木匠师傅让在上首座位，亲自恭恭敬敬地倒茶倒酒。然后，又把上梁礼分一部分给了木匠。

从这以后，泥瓦匠才知道了什么叫"人外有人，天外有天"。

讲述者：	亓曰才，男，1948 年 3 月，济南市莱芜区高庄街道五龙村，小学
采录者：	亓福忠，男，1968 年 9 月，济南市莱芜区高庄街道五龙村，高中
采录时间：	2019 年 10 月
采录地点：	济南市莱芜区高庄街道五龙村

附记

前些年，老百姓为了盖房子省钱，都会请亲朋好友帮忙。有一次，和邻居帮忙盖房子。休息时，亓曰才讲了这个木匠和瓦匠的故事。当时听了，觉得这是工匠之间为了一点小礼品在赌气。后来，又在几个不同的场合听到了这类故事，这才明白是行规。既然是行规，就有它的道理。在整理这个故事的时候，我又找到亓曰才，让他把这个故事又讲了一遍，并结合听到的其他人的讲述，把这个故事整理了出来。

169

焦大勺

清朝年间，在长清东北关大街上，有一处远近闻名的酒家，名叫"焦家饭庄"。饭庄幌子很特别，三角幌子上印着一个大大的酒壶，摇来荡去的煞是扎眼[1]。大门两边的对联也别具风格：南来北往千般客，吃好喝恣[2]快活人。

焦家饭庄的掌柜也是大厨，人称焦大勺，祖传的招牌菜是糖醋鲤鱼。这做鱼的秘诀传到焦大勺手里，已经是第三代了。外人只知道这道菜的主料，必须是黄河里打捞上来的新鲜鲤鱼。虽其他鱼也是野生的，湾坑里的就不行。

从黄河里捞出来的鱼活蹦乱跳的，鱼鳞都泛着鲜亮的金光，鱼尾鱼鳍都是土红色的，有股野劲儿。这样做出来糖醋鲤鱼不死、不柴、鲜香可口。至于倒多少油、糖、醋熬汁，熬制的颜色，炸制的火候，这就是秘方和经验了，焦家人从不外传。糖醋鲤鱼给饭庄带来了财源滚滚，南来北往的，打尖[3]休憩都是冲着这道菜来的。有些吃不起，

[1] 煞是扎眼：非常醒目。

[2] 喝恣：舒坦。

[3] 打尖：住店。

也愿意来凑凑热闹，捧个人场。

店小店大不欺客。这是焦家老掌柜立下的规矩，来者都是客。所以前厅里摆放着条桌，适合贩夫走卒、黎民百姓来这里用餐。赶集上店的庄户人家花不了几个小钱，上盘花生米，再点个黄瓜拌香油果子、大葱猪血肉、辣椒炒豆腐什么的。三五人筛上两壶地瓜干子酒，抿[1]得晕乎乎的也算是活神仙的日子了。后院里有包间雅座，在这里喝酒吃饭也都是上档次有身份的主儿。

中秋节后的一天，临近中午，眼尖、腿勤、嘴甜的小伙计，远远看见一个蓝布青衫书生模样的人。他在门口审视了一番对联后，迈着方步踱进前厅，找了张靠边的条凳坐了下来。

小伙计急忙再抹一遍桌子，给客人倒上一壶茉莉花茶，问道："客官，点什么菜？"那客人也不回答，只是嘴里念念有词。这小伙计犯了难，自己从小没有读过书，也听不出这客人反反复复念的啥。只好到后厨，把这事告诉了焦大勺。

这焦大勺此时正示范着给徒弟们切土豆丝哩，忙放下手里的家什，随着小伙计来到了前厅。当小伙计介绍焦大勺时，这客人仍旧在那里摇头晃脑，念念有词，不拿眼正瞧一下焦大勺。

焦大勺耐着性子想仔细听听客人念叨的啥，心想今天遇到难题了。反反复复听了几遍后，焦大勺听出来了。这客人吟诵的正是唐朝大诗人杜甫的《绝句》"两个黄鹂鸣翠柳，一行白鹭上青天。窗含西岭千秋雪，门泊东吴万里船"。

焦大勺也算识文解字的人，小时候老掌柜把他送到私塾里，三百千[2]和唐诗宋词都背过。都说熟读唐诗三百首，不会作诗也会吟。在私塾里上学时，这首诗背得滚瓜烂熟，到现在都忘不了。这三百六十行，行行有门道，但有一点都是相通的那就是文化。

干么说么，卖么吆喝么。掌勺以后，这饮食文化，焦大勺平时也没少琢磨了。想来这四句诗是客人点的四道菜，

可让他作难了。他一面嘱咐小伙计殷勤地倒水倒茶，一面回到住间里翻来覆去地琢磨怎么做。两刻钟后，焦掌柜恍然大悟，心里有了数，就告诉小伙计，一刻钟后到后厨里端菜。当小伙计利索地用托盘把四个菜摆上桌后，这客人看着这四个菜，脸上露出满意的笑容，伸出大拇指连连称赞。这到底是哪四样菜哩？我给你一一说来。这第一道菜是两个煮熟的鸡蛋黄，刀工处理成小鸟的样子，卧在细长头尖的菠菜叶上；这第二道菜是用熟鸡蛋清，雕刻成大雁展翅的人字形排列成了一行；这第三道菜是把白糖在盘子里堆成蜿蜒匍匐的小山；这第四道菜是从中间一劈为二的六瓣鸡蛋壳，像扁圆的小船漂在盛着热水的盘子里，看上去雾气沼沼的，这四盘菜正是对应那四句诗。

这时，另一个小伙计又端上一盘雕着龙头、龙身、龙尾的秋黄瓜、一壶焦家自酿米酒来，接着说："这青龙卧雪[3]是掌柜的免费加菜，俺焦掌柜说青龙卧雪最有味，还夸奖你这文雅难题出得好，奖励你一壶焦家米酒。"

有一个穿着体面的客人，自始至终看到这一幕，暗暗佩服这焦大勺的聪明智慧。心想，我也给你出个题，看你能不能解上来，就对小伙计说："告诉你家掌柜的，我也点两个菜，做好后就给我送到后面雅间里去。咱不弄那些文诌诌的，胡同里赶猪，直来直去。我要的这俩菜是'骨头包肉，肉包骨头'。"

小伙计就连忙跑到后厨，给焦大勺一五一十地说了。焦大勺就嘟念说："今天怎么着了？刚破了个题，又来了个题。"一边看着徒弟们切肉、顺菜[4]，一面在那里绞尽脑汁地想。当看到大盆里炖好的骨头，和柳筐里煮好的咸鸭蛋时，心里乐开了花。

不一会儿的工夫，小伙计就端着两个菜送到那客人的包间里。你猜这两个菜是啥？一盘是红烧排骨，一盘是煮熟的咸鸭蛋，可不就是肉包骨头、骨头包肉吗？

自此，大家都叫焦掌柜难不倒的焦大勺。

---

[1]　抿：喝。
[2]　三百千：《三字经》《百家姓》《千字文》。

[3]　青龙卧雪：指蘸着白糖吃黄瓜。
[4]　顺菜：把菜切好等弄作半成品。

讲述者： 孙德利，男，1954 年 3 月，长清区文昌
南关村，初中

采录者： 魏文森，男，1965 年 7 月，长清区教师
进修学校教师，大学

采录时间： 2004 年 3 月

采录地点： 长清区南关村

170

锡壶匠王五

王五是博莱一带有名的锡匠艺人，他本名叫王在亮，排行老五。因他打得一手好锡壶，大家都叫他锡壶匠王五。他做的锡壶除了美观大方外，还有两个特点：一是不但用锡在同行人中最少，而且特别结实。你用一只脚踏在锡壶的口上，另一只脚离地将整个身体的重量放在锡壶上，再来个金鸡独立，锡壶都不会变形，被视为博莱一绝；另一个特点是锡壶盖上有哨子，又响又好听。每天早晨村人烧水，水一烧开，热气就吹响哨子。这时候，挨家挨户便响起阵阵水哨声，此起彼伏，美妙动听，为乡邻山村带来了极大的乐趣。

王五用这两手绝活给我们常文人民带来了实惠和乐趣，他还凭着一双好眼力，和一颗爱人之心为广大老百姓带来了平安。

在旧社会，十匠九落的恶习已是路人皆知。所谓十匠九落，是说手艺人不但要通过自己手中技艺挣钱，还要通过一些不正当的手段贪污顾客财物来发财，尤其锡艺匠人则更加严重。

锡匠学艺中第一条，就是如何贪污顾客的锡。所以，

每个锡匠艺人都能在众目睽睽之下，神不知鬼不觉地将顾客用来打造器具的锡料或多或少地落入自己的锡匣中。要想做到这一点，就得做到眼观六路耳听八方、手快眼快。

王五师出何门已无从查考，但这一手他练得可谓炉火纯青。有一次他一时心血来潮，在常庄集上进行了一次公开演练，在场人无不拍手叫绝。不过，从此后王五的生意就越来越少了。其实，王五之所以这样做，除一时心血来潮外，从自己的内心深处是想说明自己是凭正当本事挣钱。然而说什么的都有，王五也没办法。尽管生意冷清，他还是坚持赶集摆摊做活。

俗话说，"人一闲下来，就爱说爱看爱听"。王五平时话不多，就望着满大集的人看热闹。常言道，"会看的看门道，不会看的看热闹"。王五很快发现了在集市上，一伙偷钱小毛贼的偷盗伎俩。于是，他悄悄走到那个小头目跟前，把他叫到一边低声说："我是锡壶匠王五，告诉您的喽啰，不能对老弱贫穷者下手，否则可别怪我不客气。"说完，转身回到自己的摊位。

刚坐下一会，一位破衣烂衫的老太婆提着一把破锡壶来到王五摊前说："五兄弟，我今天真倒霉，换壶底的钱被那些'挨千刀'的偷了。你先给我换上，下个集给你拿钱来。"王五半站起身接过旧壶说："没事的，您到那边坐一坐，我这就给您换。"说完，直了直腰朝着大集骂了起来："你们这些该杀的三只手，连一个孤老婆子也不放过，我这就把你们的爪子剁下来！"骂了一通，便坐下给老太婆换起壶底来。换完后，招呼老太婆拿壶。老太婆站起身，就听"当啷"一声，一个铜板掉在老太婆脚前，老太婆急忙弯腰拣了起来，颤巍巍走到王五摊前小声说："你这一咋呼，我的钱又回来了。"说完，把钱递给王五。

"那就好，那就好。"王五边说边接过钱，顺手把壶递给了老太婆。

自此，集市安稳了不少，王五也逐渐受到大家的尊敬，生意也有了起色。然而人嘴两张皮，说啥的也有。很多人说他是"贼见愁"，但也有人说他是"贼头"，结果找媳妇成了大难题。

有一年大旱，来了一个逃荒要饭的女人，经好心人撮合两人结了婚。谁知，不久这个女人趁王五外出赶集偷着跑了。走时，把王五所有积蓄都拿走了。王五受了这打击，直到去世没再找媳妇。

讲述者： 亓洪斌，男，1948年3月，莱芜市莱芜区苗山镇常庄村，退休教师

采录者： 张新，男，1968年5月，莱芜市莱芜区原山文化研究中心主任

采录时间： 2019年10月

采录地点： 济南市莱芜区苗山镇常庄村拉呱大院

附
记

亓洪斌喜欢和手艺人交朋友，了解手艺人很多的技艺和禁忌。他经常说："手艺人做买卖，技艺最重要，但品德比技艺还要重要。我讲的这个故事中，虽然锡壶匠王五展示别的匠人偷料，不知内情的人，以为他漏了底细，觉得他品质有问题。王五不在乎这些，倒是关注起那些危害社会的毛贼来了。"有人说，这是狗拿耗子多管闲事。其实，他的做法是对的。维护了一方平安，才是真正的高贵品质。这些话，都是在常庄村拉呱大院的老人说的。

171

錾磨匠智斗财主婆

清朝乾隆年间，莱芜与泰安交界处有个高家庄。庄子怪大，有一千六七百户人家。庄子虽大，住着的都是面朝黄土背朝天的庄户人。草房连着草房，看着十分的破落。在这些破草房的中间，十字街路北却有一幢青砖到顶的三层小楼，俨然如鹤立鸡群一般。楼房的主人姓高，是远近十几里路有名的土财主。都说财主的心是黑的，这话一点也不假，这个高财主是个认钱不认亲老子的吝啬鬼，人起外号"高虱子"。据说，他能把荞麦皮榨出四两油来。因此，大家送给他这么个雅号。

常言道，"不是一路人，不进一家门"。高财主家的女人也是个顶个的钱上紧，什么坑爷砸娘的伤人事也能做出来。村里人一提起高财主，就恨得牙顶疼。

有一天，高家庄来了个錾磨石匠。这石匠走街串巷来到高家的楼前，亮开喉咙喊道："錾天錾地，琢耳坠子咪！"

不大霎，高家的朱红大门"吱呀"开了一扇，出来个二十来岁的女人。这女人比门栓高，比碌碡粗，梳了个野雀窝头。脸上的胭脂擦了有二指厚，活脱脱像个吊死鬼。

这妖冶的女人正是财主的小老婆，外号叫"金不换"。

别小看了这个大门不出二门不迈的小女人子，她为人刻薄尖酸，玩煞人不偿命。据说，她的父亲是个江湖骗子，因此懂得行话术语，她的最大嗜好就是要弄手艺人。

金不换见石匠才二十七八岁的年纪，又犯了戏弄生意人的瘾。她打算狠狠讹石匠一把，于是甩开公鸭子嗓门问道："石匠，听说你錾天錾地？"这女人心里明白：石匠说的天地是指的一副磨。上磨为天，下磨为地。说着，用手指在地上画了个磨圆圈："看你能的！我家这一副磨你能錾吗？"

石匠一听，知道这个女人是内行！自己得小心对付，以免丢了丑。石匠不慌不忙地说："能啊！不过你拿块砖头，把磨垫起来，我就能錾！"石匠也在给她出难题哩，地上画的磨盘怎么用砖头垫呀！金不换心里很佩服石匠，就领他到磨房里去錾磨。

石匠一打量，这磨是大号的，钱少了不划算，就张口要了一吊。金不换说："俺管饭只值二百五，不管饭顶多给五百。这是行情，你说是吧？"

石匠说："钱多少不要紧，出门不能带着锅，錾磨东家管饭是老规矩，錾完再说吧。"说着，就动手干了起来。

说话的工夫，到了吃晌午饭的时候。佣人送来一碟盐豆，一碟辣椒，两张干饼。石匠问："午饭就这些吗？"

"是呀！"佣人边说，边把饭菜摆在了磨台上。

石匠不慌不忙，"唰"地把两只破布鞋脱下来，放到端菜用的传盘上，又把一个锤把往鞋上一横，说："麻烦你端给东家娘子，她看了就会明白。"

有人问了，人家饭菜伺候着，咋还把臭鞋放在传盘里呢？

原来，这一咸一辣，两张干饼，是金不换用行规来问石匠的，外行的准叫她困住出丑。石匠走南闯北，肚子里的鬼点子多着呢。他一搭眼，就识破了女人的诡计。石匠来个不动声色，以其人之道还治其人之身。他把一双麻鞋搁上面，叫作"老脚不走样"。说过的话要是不算数，就用鞋底自己打自己的嘴。一个锤把，是既能当锤又能当斧。石匠木匠都拜鲁班为师，这锤把往鞋上一横，就是说：你是懂行路的，千万不要违犯了行规。要不，祖师爷要加罪于你的。

石匠这一招还真灵，没多会儿，金不换就头顶着那个装着锤把、鞋子的传盘来见石匠，单膝跪下说："祖师爷还乡了，请师傅整装迎接。"石匠笑了笑，接过锤把穿上鞋。随后，八大碗的酒席就端了上来。

女人刚要走，石匠念道："好个妖精，让你陪我喝两盅花酒。"

石匠按行道把锤把往上一顶，朝首位一坐。这表示祖师爷升堂。那女人一看，就不敢走了，慌忙对着石匠拜了三拜，只好在下首陪着。

第三天錾好磨，那女人拿二百五十个铜钱给石匠。石匠说："这些钱不行，先明后不争。咱说下的是五百铜钱嘛！我专门叮咛你，钱多少，叫你千万不要太紧，你懂吗？"

女人脸气得通红，一时答不上话，说啥也不添钱。石匠说："小意，这钱我不要啦，送给你留着扎裤腰买胭脂粉。不过有一条，我得在你的大门两旁石墙上凿上两行字，东边'金不换'，西边'二百五'！"

石匠把女人难住了，问"啥是二百五？"

"你给我的工钱不是'二百五'么。你可知'二百五'的意思吗？"

女人说："请师傅指教！"

石匠说："好，索性告诉你吧。春秋战国时有个苏秦，身拜六国为相，一天被人杀了。齐王想给苏秦报仇，就把苏秦的头割下来，挂在城门上，贴出榜文说，苏秦里通吴国，杀了他为齐国除了一害。凶手是位勇士，当赏黄金千两。结果，有四个人来见齐王，争当凶手。齐王问：这事不冤枉您吧？四人咬定苏秦是他们杀了。齐王说：'真勇士也。'千两黄金你四人领去平分，每人可得多少？四人答：'每人是二百五！'齐王一怒：'好，把这四个二百五绑去杀了。'这就是'二百五'的来历。民间说，'二百五'就是半吊子。其实'二百五'比'半吊子'还差一半呢！你愿当'金不换'，还是想当'二百五'？"

女人碰了一鼻子灰，从此再也不敢给匠人盘道开玩笑了。

讲述者：　亓明清，男，1954 年 12 月，莱芜市莱城区凤城街道办南十里铺村，小学

采录者：　平安忠，男，1961 年 5 月，莱芜市莱城区凤城街道西关村，高中

采录时间：　2016 年 6 月

采录地点：　莱芜民俗博物馆

附

记

2016 年 6 月，莱芜市民间文学研究学会在莱芜民俗博物馆召开座谈会，会议谈论民间文学创作与采风时，李胜华会长让与会人员将各自的采风经遇，及具有代表性的传颂的故事讲一讲。亓明清同志讲了这个行当故事，我非常喜欢文中的江湖行话，就把这个故事记录了下来。手艺人都是跑江湖的行家，一些江湖术语就是敲门砖。也就是说懂得行话能够吃天下，不懂得行话别离家。上面这个故事，就是一个走南闯北的錾磨匠用行话术语巧斗财主婆的故事。让人看了耳目一新，明白了江湖艺人的艰辛与睿智。

172

张石匠拜师

从前，莲花山脚下有个张石匠，手艺高超，远近闻名。他认为自己的手艺没人比得上，很爱向人夸耀。

一天，张石匠正对人夸他自己的手艺无人能比，忽然来了一个小伙子，毫不客气地插嘴说："师傅，话别讲绝了，天外还有天哪！"

张石匠听了很不是味儿，心想："哪来的毛头娃子[1]，黄嘴角还没退[2]，敢来教训我？"他咧咧嘴说："我干石匠时，你还没见过石头呢。"众人听了，一阵哄笑。

小伙子瞅了张石匠一眼，不急不恼地说："手艺高的人我见过，可没见过像你这么傲[3]的。"张石匠沉下脸说："怎么，你还懂点手艺？那咱们就比试比试，让大家评一评谁是高手。"小伙子也不谦让，拱拱手，真的要和张石匠比手艺啦。

两人先比刻碑洗字[4]，这活儿张石匠整整干了三十年，手艺精，根底硬。张石匠艺高气粗地对众人说："今天我俩见个高低，输了我拜他为师。"

张石匠先干。他把一纸楷书碑文贴在石碑上，叮叮当当，一会儿就洗好了。活干得干净漂亮，那些字的点、钩、挑、捺，笔笔匀称，秀丽端正，丝毫不走样。众人齐声叫好。

轮到小伙子干了，他请人当场写了一纸草书碑文，写好后他从头到尾细细看了几遍，再把碑文交给别人收好，掂起錾子抡起锤就干开了。没用多大会儿，石碑就洗好了。只见那字个个如龙飞凤舞，似有惊涛骇浪之势。就是那"飞白""转笔"的地方，也洗得干净利落，更使人惊奇的是，和纸上的字对比，大小、章法布局分毫不差。

张石匠看了，心里嘀咕，这刻碑洗字怕是他的绝招，不行，再比一次才能见高低。张石匠搬来两块七棱八不齐的石头对小伙子说："就这料，咱俩一人刻样东西，三天后分上下。"小伙子微微一笑，点头答应了。

三天后，按规定的时间，张石匠和小伙子来到十字路口，满村[5]的人都赶来看热闹。张石匠不慌不忙地从怀里掏出一团东西，放在路边的一块石板上。抖开一看，原来是一条石链。这条石链环环相扣，活动自如，团起来有一捧，拉开八尺有余。再细看那只只链扣，没有一个接口，显然是用一块石料刻成的。哎哟！人们连声叫绝。刻这石链可真是功夫呀！立时，众人都转过头来瞧那小伙子。只见小伙子不慌不忙地把一个小红布包放在张石匠手上。张石匠嘴角露出一丝冷笑，慢慢把红布包打开，他一下子惊呆了。原来，小伙子刻的是个石算盘。粒粒石珠有手指肚大小，拨动起来灵活轻便，乒乒作响。众人啧啧称赞，互相传着细看。

见那算盘的边框上还雕有四季花草，十三位档柱上下没有一点儿缝隙，也是用一块石料刻成的。

俗话说，"不怕不识货，就怕货比货"。张石匠自愧不如，跪下就要磕头拜师。小伙子急忙上前一把拦住说："张师傅，我不是要在你面前露一手，我只想说，艺无止境呀！"

---

[1] 毛头娃子：乳臭未干的小孩。

[2] 黄嘴角还没退：刚孵化出来的小鸟都是黄嘴角，意指未成年的小孩。

[3] 傲：目中无人。

[4] 刻碑洗字：在石碑上刻字。

[5] 满村：全村。

讲述者： 孟宪东，男，1951 年 9 月，莱芜市莱城
区城市街道办孟家峪村，大专

采录者： 亓学贵，男，1954 年 12 月，莱芜市莱城
区杨庄镇冷家庄村，高中

采录时间： 1998 年 3 月

采录地点： 莱芜市文化馆展厅

173

到
口
酥[1]

　　从前，有个叫陈汝喜的土陶匠人，有一手精湛的土
陶技艺。他在离家十拉里路[2]的刘家庄窑货作坊[3]做土陶，
刘家庄的陶器在当地很有名气，大多陶器销到了泰安城。

　　陶器销路好，工作量就大。陈汝喜加班加点地干，有
时赶工时连做饭的时间也没有。为了吃饭做工两不误，他
就把从自家带来的面粉搅拌后，直接放在窑炉上烘烤成饼，
倒是能吃上一口热饭。常年劳作的他患有咳嗽病，靠吃桃
仁止咳。可一旦忙活起来就顾了这头顾不了那头，经常忘
了食用。

　　一天，装完窑炉。陈汝喜忽发奇想，把桃仁用蒜臼

[1]　到口酥：古称"松子饼"，俗称"口酥""大桃酥"，也叫"核桃酥"。因其表面
　　皱裂，酷似核桃并且又添加有核桃，吃起来酥脆香而得名，和桃子没有关系。
　　到口酥，是古代汉族独具特色的面（糕）点。

[2]　十拉里路：十里至十五里路之间的距离。

[3]　窑货作坊：从事手工制作泥土罐子盆瓮的生产的场所，古代有官府作坊及民间
　　作坊之分。

子[1]砸制成细末子[2]，掺在面粉里面烤成饼。这样食用不仅口感好，而且治疗咳嗽疗效极佳。由于桃仁味略苦，他又在面粉中加入鸡蛋、糖和盐等各种口味，吃起来香甜可口。

同作坊的窑友[3]见他烤的饼子色泽焦黄、蓬松酥脆，都争着品尝，纷纷夸赞。

窑友说："老陈啊！你这饼子比点心铺子里卖的大桃酥还好吃呢！"

陈汝喜笑着说："那是，我这饼子比当年康熙爷吃的'口酥'还要好吃呢！哈哈哈哈！"

窑友玩笑地说："老陈，你做窑工太屈才了。要是开个糕点作坊，肯定能赚个大钱[4]。"

说者无心，听者有意。窑友的话点醒了陈汝喜。他的祖上曾开过糕点作坊，很多糕点的做法他都知道。他寻思了三四天，悟出了一个道理。在窑货厂干一辈子，顶多是个干长活[5]的。趁着自己还能蹦跳蹦起[6]，还是把老祖宗传承下来的糕点技艺进一步发展是正事。

陈汝喜心里这么想，脸上却不露声色。一是没把握的事不声张，二是怕窑货作坊掌柜的知道不放他走。

回到家里，他把这个想法告诉老伴，让她帮着谋划谋划。老伴听了说："你是一家之主，掌着定盘星[7]。我觉得你还是多想一想，咱一家七口都指着你这双手吃饭。老祖宗的糕点手艺虽然好，可多年不干了，不知还能不能做好。咱这家可是担得挣担不得赔。"

陈汝喜听出老伴的担忧，可他有个脾气，只要是心里定了的事九匹大马也拉不回头。他考虑到上有老下有小，也不免心里打寒。当年他爷爷做糕点时，挣下了几十间的买卖铺户，九乡十八镇谁人不知道"糕点陈"老字号的名。可后来摊上战乱，盛盛腾腾的家业被抢了个精光，寻思寻

思就疼得慌。爷爷因此事，气病而死。父亲也受了惊吓，只要一提到糕点就吓得浑身哆嗦。为了养家糊口，他让儿子去窑货作坊当了学徒。陈汝喜不敢想这些往事，但他却把爷爷当年制作糕点的技艺都记在了脑海里。他对老伴说："你的心情我理解，咱父亲当年吓伤了，不会同意我再干这糕点营生。"

老伴了解丈夫此时的心情，倒了一碗开水递过来说："哎！你也是为了这个家，为了老少七口人能吃顿饱饭。明着干，咱父亲肯定不同意。我想了想，家东咱二大爷闲着两间房子，你先在那里试试吧。等有了把握，再和咱父亲商量。那时候，老人家兴许不难为你了。"陈汝喜觉着老伴说的有道理，连连点头同意。

二大爷是个性情豁达的长者，很喜欢他这个有闯劲的侄子。他不但同意陈汝喜的想法，而且还帮着他出谋划策。

俗话说，"糕点好不好，火候最重要。糕点烤得好，烤炉是关键"。制作烤炉，可是陈汝喜的拿手活。他在窑厂干了多年，很多烤窑都是他自己设计制作的。他采用土陶瓮[8]做炉膛，把中间对称的两侧，慢慢敲打出一大一小两个圆窟窿。大的窟窿一拃多，小的一弧口[9]。先用土坯[10]垒起一个以木炭作燃料的土炉，把"瓮"侧放在炉子上。大窟窿对着炉口，再用泥巴糊严实。细窟窿朝上留作烟道，并在烟道口留一插板，用来调节炉内温度。最后在四周及顶上糊厚厚的一层泥巴，这泥巴用草或麦秸和好的。这层厚泥巴就是烤炉的保温层。整个炉子外观尺寸，三尺左右。他又请铸造铁匠精做了两个长方形火盘，一个固定在炉膛内炉口上方，起挡火拖烤盘的作用；另一个用来挡炉口保温。再铸造出若干个尺寸略小于火盘的烤盘，用来烤制糕点。

经过一番筹备，陈汝喜在二大爷家开了一个小点心作坊，二大爷给作坊取名"老陈家糕点作坊"。陈汝喜把祖上的口酥制作方法进行改进，形成了自家特色。第一炉糕

[1] 蒜臼子：也叫"蒜窝子"。民间捣蒜泥的专用器具，由一个钵子和一个蒜锤组成，用的时候，握蒜锤，用力敲击容器里的蒜瓣等物体，直到成泥或碎末。
[2] 细末子：细粉。
[3] 窑友：在窑货作坊一起工作的工友。
[4] 大钱：很多钱。
[5] 干长活：长工。
[6] 蹦跳蹦起：身强力壮。
[7] 定盘星：当家主事，说了算。

[8] 土陶瓮：又称"瓦瓮"，用泥土作坯，装窑烧制而成的容器。
[9] 一弧口：又称"一虎口"，以拇指、食指伸张量物的长度，约15厘米。
[10] 土坯：将土放入长方形木制模具，用方石夯打制而成的土块，可以用来盘灶、盘炕、砌墙。土坯分夯打坯和脱坯（用麦草和泥，放进模具用泥板抹平，脱去模具，晾晒成型的土块）两种。

点烤好了，陈汝喜取了一个口酥让二大爷品尝。

二大爷接在手里，翻来覆去看了看说："看这颜色，闻这味道，这斤两头[1]都不亚于你爷爷的口酥，我尝尝口感如何。"说着，将口酥掰了一小块放在了口里嚼了两下，高兴地说道："好好好，比你爷爷做的口酥味道香，口感更酥，越嚼越香甜。"

陈汝喜听了非常高兴，但又不放心地问道："二大爷，您再细细品品。"

二大爷笑着说："别看我上了年纪，这品尝点心的功夫可没减。"

陈汝喜见二大爷说得真诚，恣得差点呱唧腚[2]。他一把攥住二大爷的手说："二大爷，我成功了。"

二大爷高兴得泪都掉下来了，伸着拇指说："我侄子好样的，我眼光没错。看你从小就有个钻劲，将来定能做大事。我以为咱老陈家的糕点断根了，万万没想到你有这么一手。二大爷我真服了，你用得着二大爷的地方尽管说。别看我老胳膊老腿，还能蹦跶得动。"

陈汝喜说："既然您老人家把话说到这里了，您侄子我还真有求于您。"

二大爷把剩下的半块口酥塞进嘴里，边嚼边说："只要你不要我的脑袋，别的要啥都行！"

陈汝喜笑着说："您老人家言重了！我只求您帮我去推销点心，听听老少爷们对咱这点心怎么个评价法。"

二大爷一拍陈汝喜的肩头，说："这卖点心是我老人家的拿手活，不信我给你喊一嗓子听一听，有没有做买卖的腔调。"说着，铿锵有力地喊了一声："点心唻嗨，陈家甜点心唻嗨！"

陈汝喜听了，笑得前仰后合："二大爷，您老这喊卖声可真不减当年，侄儿我可要指着您老人家了。"

二大爷说："好点心得有个好名字，咱老陈家几十年不做点心了，现在喊正宗陈家点心肯定不服众。依我看，咱给点心起个响当当的名字吧？"

陈汝喜看着二大爷说："二大爷，咱家早年间也是经营口酥和桃酥的，哪里还有别的名字？"

二大爷笑着说："口酥和桃酥是两个名字一个点心，老百姓都听腻了。咱是新产品，得有个新名字。你脑子好使，想个好点心名吧，别让大家以为咱是买了人家那点心来卖的。"

陈汝喜点了点头，说："二大爷，您老人家说得对。咱不能新坛子装旧酒，要让人家作坊的口酥或桃酥和咱的糕点区别开来。我觉着您老人家刚才说得怪好，咱的糕点放在嘴里更酥脆，我看咱就叫它'到口酥'吧？"

二大爷连连点头说："好，到口酥比口酥桃酥听着新鲜。我这就挑着去卖咱们的到口酥。"二大爷挑着到口酥出了家门沿街叫卖，陈汝喜的心一直悬着。他不知道自己烤的糕点大家是否喜欢，这第一炮放不响，再放第二炮可就没劲了。

不到两个时辰，二大爷挑着空篓子回来了。看脸上的笑容，就知道买卖很顺利。一进门二大爷就大嗓门地喊："老侄子，咱爷俩发财了！两篓子到口酥没够卖的，还拉下了买主明天一早要去送。"

陈汝喜听了二大爷的话，心里一块石头总算落了地。二大爷亲自做通了陈汝喜父亲的思想工作，陈家到口酥糕点生意终于红火起来。不到两年就成为地方名吃，还打入了泰安城。

一辈传一辈，技艺不断根。陈汝喜觉得体力有些不支，就把"到口酥"及其他糕点制作技艺传给了儿子陈登宪。

到了陈登宪这一辈，陈家的"到口酥"制作技艺已经达到了顶点，制作的"到口酥"供不应求。泰山脚下的老陈家糕点专卖店天天门庭若市，陈家糕点"到口酥"被香客带到了四面八方。

有一年，有位京官来泰山游玩。泰安知州为了巴结京官，亲自到老陈家糕点专卖店买了"到口酥"，让京官品尝。京官在都城什么样的糕点没吃过，根本看不上这些地方小点心。

州官献上陈家糕点，京官瞥了一眼问："这是什么东西？怎么看着油乎乎的？"

州官躬身施礼，说："大人，这是俺们泰安城有名的到口酥。请大人品尝品尝吧。"

[1] 斤两头：重量。
[2] 呱唧腚：拍屁股，高兴时的举动。

京官笑着说："你这老婆腔大的泰安州，能有什么好点心？在京城宫廷糕点我可吃了不在少数，还有皇上亲自御赐的呢！"

州官说："大人，泰安州不大，点心铺户可不少。虽然比不上宫廷糕点，好歹也算是能拿出手的点心，孝敬大人充充饥吧。"

京官见州官如此孝敬，不好驳回面子，就取一个到口酥拿在手里。先是看了看，接着又闻了闻，觉得味道还不错，就放在嘴里咬了一小块。刚嚼了一下，京官就二目放光。看着手里的到口酥，问道："这个点心叫什么？好味道，好酥脆！"

州官见京官赞颂到口酥，也跟着眉飞色舞地说："大人，这是俺泰安州特产'到口酥'，您觉得口味如何？"

京官站起身来，拉着州官的手说："没想到你这里有如此好吃的糕点，真是风水宝地出美食。"

州官见不得京官一惊一乍，他用袍袖擦着脸上的汗，心想，都说伴君如伴虎，我看这伴京官也危机四伏。一句话不投核心眼，就能脑袋搬家。看看吧，刚才还老婆腔大地方没好点心，转眼就成了风水宝地出美食，这孬好的话都让他一个人说了。州官察言观色地问道："大人，只要您吃着可口，我常年供着您。"

京官摇摇头说："你的好心我领了，我想带回一些去，请王爷尝一尝。"

州官听了，高兴地说："大人，您放心吧！我都给您准备好了。等您游览完泰山，我派人给您把到口酥送到京城。"

京官听了，毫不客气地说："好，若是王爷吃了合口，赏钱全给你。"说着，在大家的簇拥下上了登泰山的台阶。

京官把到口酥带到北京城，献给王爷品尝。王爷吃后连连夸好，吩咐管家亲自前往泰安城采购。管家不敢怠慢，连夜赶奔泰安城"陈家糕点作坊"购买到口酥。

这年春上[1]，王爷来爬泰山。突然他心血来潮，顺着古老的御道[2]，找到了"老陈家糕点作坊"。王爷特别喜欢

陈家糕点的松软香甜，更喜欢到口酥的酥脆。他想把第三代传人陈培义请到王爷府专司糕点烤制，却被他婉言谢绝了。

王爷见高官厚禄打动不了陈培义，又想吃到正宗的陈家糕点。就与陈培义协商，每月供给王爷府一定数量的糕点，陈培义毫不犹豫地答应了。

从此，御道上隔三差五就见到身穿黄马褂的王府官差往来，护送的就是陈家糕点。

讲述者： 陈玉平，女，1963年6月，莱芜市莱城区凤城街道办西关村，糕点传人

采录者： 平安忠，男，1961年5月，莱芜市莱城区凤城街道办西关村，高中

采录时间： 2018年6月

采录地点： 山东博康食品有限公司

附记

"陈家传统糕点制作技艺"是传统糕点手工技艺的精品代表，是研究传统糕点技艺渊源、传承和发展的珍贵资料。"陈家传统糕点制作技艺"已有180余年的传承史，其糕点由六大类三十余个花色品种组成。陈家传统糕点六大类：桃酥→月饼→酥饼→油炸糕点→蛋糕→面包。桃酥包括：到口酥、宫廷口酥、蛋黄口酥、瓜子酥、花生酥、芝麻酥等。月饼包括：大白皮、五仁酥皮、食尚酥皮、黑芝麻月饼、姜汁月饼、豆沙月饼等。2016年"陈家糕点制作技艺"被列入市级非遗代表性项目名录，陈玉平是"陈家传统糕点制作技艺"非遗项目第五代代表性传承人。为了"陈家糕点制作技艺"非遗项目传承发展，陈玉平和平安忠在济南市莱芜区口镇北山阳开办了山东博康食品有限公司。

[1] 春上：春天。
[2] 古老的御道：前代皇帝下江南修的道路。

174

嵩山馍馍四红点

明末，农民起义军风起云涌，摧垮了明朝的黑暗统治。清军趁机打进关来，烧杀抢夺。关中难民离乡背井，四处逃难。

这时，从大嵩山村的山东边，来了逃难的一家人。一个四五十岁的汉子，一条扁担两只筐，挑着饿得皮包骨头的兄弟四人。老婆子背着破被子、旧衣服艰难地来到大嵩山村，找了个旧场院住下来。

后来，这老汉子开荒种地、勤劳持家。日子一年比一年强，过年的时候还能吃上白面馍馍。可白面馍馍不可能每人一个大的，便一个分成两个，两个分成四个。后来，就形成了十个一条嵩山馍馍的样子。大家都以为这个办法好，便在全村推广起来。

老汉挑选唐沟的劲麦子为原料，从磨面、发面、杠压制作等，一个程序也不糊弄，所以做出的馍馍越来越好吃，越来越有名气。从此，老汉就开始干起了嵩山馍馍的营生。待四个儿子都成家立业，老汉的年龄也大了，就让四个儿子分家，各自干起嵩山馍馍生意来。

为了区分兄弟四人各自的馍馍，老汉就让老大在馍馍上点一个红点，老二点两个红点，老三点三个红点，老四呢，就点四个红点。

后来，老大、老二、老三做的馍馍偷工减料，质量越来越差，直到关门闭户改行了。只有老四坚持父辈传下的精工细作程序，生意越做越红火。所以，那点着四个红点的嵩山馍馍就一直流传至今。后人就以四个红点，作为嵩山馍馍的标记了。

当年，乾隆皇帝南巡时，路过嵩山住在行宫院内。他亲口品尝了嵩山馍馍后感到味道极佳，就非常高兴，便亲手点上梅花红印，并赏银五百两。虽然没人再敢点梅花五点，但嵩山馍馍更是名声大震，盛名远扬。

讲述者： 巩殿凤，女，1979年6月，长清区嵩云湖小学教师

采录者： 魏文森，男，1965年7月，长清区教师进修学校教师，大学

采录时间： 2020年8月

采录地点： 长清区教体局

附记

大嵩山村位于长清区政府驻地东南13千米处，该村历史悠久，因村北嵩山（玉皇山）而得名。据传说村子的名字原来叫作"白皮关"（或称"白马店"），在村东北二公里处的唐王山上有一座古山寨叫作"唐王寨"。

隋朝末年，朝政腐败，各地农民起义军纷纷揭竿而起。其中李渊领导的起义军声势浩大，被隋朝官军围剿，一直追到济州山茌县白皮关。李渊人困马乏，带领残部在白皮关东北的山顶，筑起一座山寨与隋军相持。最后看准时机，命手下战将秦琼夜探白皮关，打听到敌人虚实。乘敌不备突发奇袭，一举把官兵歼灭。

到了明清，南下北上"九省御道"就在村边经过，清代还在村子里设了嵩山行宫。乾隆皇帝下江南，就多次在行宫居住。一到嵩山，乾隆皇帝必点一道当地美食，那就是"嵩山馍馍"。"嵩山馍馍"只有手指大小，十个一排，每个馍馍上头都点着红色梅花印，吃起来酥脆可口。"嵩山馍馍"的美味源于其制作的考究，它的面粉要选当地唐

王寨产的小麦来加工。唐王寨区域是黑土地，所生长的小麦质量好。选用酒厂用的大曲来制作引酵，这样制作出的崮山馍馍带有一种甜味。制作时要用"压杠"面，把和好的面揉成雏形，再将揉好的一条条雏形面块摆成十个一排的形状，放进口径一米的大锅里。把馍馍贴在锅帮上，放上箅子蒸。这样蒸出的"崮山馍馍"底面是杏黄色，口感酥脆，出锅后粗头朝上，细头朝下，点上"福禄喜寿"的梅花印。这样上白下黄，头点"梅花"，非常美观，芬芳诱人。这梅花印，还是乾隆皇帝亲自点上的。乾隆皇帝南巡第一次驻跸崮山行宫时，当地官员就选送了"崮山馍馍"供皇上品尝。乾隆皇帝品尝后，龙颜大悦，夸赞"崮山馍馍"，并拔下娘娘头上的梅花簪，为"崮山馍馍"点上了象征"福禄喜寿"四个红点的梅花标记，还赏给制作"崮山馍馍"的店家白银五百两，指定为贡品。他还在崮山写了一首传餐诗，以作纪念。

片刻传餐复旧途，那因佳处久耽误。

何当此意未喻众，犹见尔为每渐吾。

从此以后，"崮山馍馍"名声大振，享誉海内。

清宣统三年（1911年），津浦铁路建成通车，"崮山馍馍"随着火车的运转而名扬天下！现在"崮山馍馍"获"山东省名优小吃"称号，远销外地，让远方人也能尝到大崮山的味道！

175

姜氏手擀面

商河县龙桑寺是个远近闻名的大镇，逢五排十的大集更吸引着四面八方做生意的商贩们。每逢集日，天刚蒙蒙亮大街上就有人走动，直到天黑还是人流不断。别处买不到的这里都有，别处卖不掉的这里也能销。故此，赢来"龙桑寺是块宝地"的美名。

集镇上还有几家闻名遐迩的面食店，更增添了龙桑寺的知名度。"姜氏手擀面"，原是"姜氏面馆"镇馆美食。

先听一段顺口溜：去赶龙桑集，记住第一件，不论贵贱也要吃碗姜氏手擀面。有钱的吃，没钱的看。不放油也香，不放盐也咸。三分看做面，七分看容颜。看得口水不停咽，回家能顶三顿饭。

从这段顺口溜，不难看出做面的是个美貌佳人。

从前，这里住着一户姜氏人家，自称是姜子牙的后代。世世代代以卖面为生。直到姜成群这一代已五世单传，掌门人姜母房里供着观音菩萨和送子娘娘，姜成群和妻子刘氏房间的墙上也贴满怀抱公鸡、鲤鱼的胖小子年画。尽管姜母一日三朝拜，早晚一炷香。直到姜成群三十岁上，妻子才身怀六甲。不遂人愿的是分娩时，却是一对双胞胎女孩。

姜母没有失望，她笑眯眯地瞅着这俩女孩，对皱着眉头的儿子说："别不愿意，生儿育女是前世修的。男修女，女修男，这俩胖闺女是你修来的福。男女都是姜氏的血脉，那就一个叫天恩，一个叫天赐。"

"娘，这是男孩子名呀。"刘氏说。

"圣人可没规定，男女名字有别呀。女孩就非叫花了草了的吗？成群，去王银匠家打上两副金镯子，一副天恩，一副天赐，现在就戴上，省得以后分不出大小就麻烦了。"

孩子六岁该缠脚了，姜母说："不缠！"

七岁该扎耳孔了，姜母说："不扎。"

刘氏着急地说："娘，咱孩子大了咋找婆家呀？"

"不找！"姜母胸有成竹地说。

十岁该学纺线了，姜母说："不学，先请个先生读上两年书，知道个子丑寅卯，再学女红[1]不迟。"

天恩、天赐出落得如花似玉，在那种小脚俊大脚丑的年代，她们竟以自己的天足为荣。

十五岁时，她俩已掌握了做面的各种要领。这天，姜母把俩孙女叫到面前问："你俩愿意留在家里，还是嫁出去？"

"不嫁！"天恩、天赐异口同声。

十六岁那年，刘氏的一个叫金城的远房侄子，愿意到姜家做插门女婿。金城的弟弟玉坊说："哥，我也去。"

就这样，十八岁的刘金城嫁给了姜天恩，十六岁的刘玉坊嫁给了姜天赐。姜母当场宣布：不改名换姓，刘金城的后代继续姓刘，刘玉坊的后代改姓姜。她又说："你俩愿意到这个家来是缘分，以后就学做面这套活！"

从选麦子，磨面粉，再用老井水和面到擀面，样样都有规定的程序。金城说："怪不得咱家的面这么出名，是真费工啊！"

不但费工还得讲究，光擀面的作坊就占了三间正房，西间摆着一块三米长、两米宽的梨木案板，那是擀面切面用的。东间凉面，土地面用黍子苗笤帚扫得跟镜面一样光滑洁净。一般情况下都是三斤面粉一轴，把三斤面粉擀成十二印锅[2]盖大的一张薄饼，用擀杖挑着摊在地上洇凉[3]。一小时后卷起搬到案板上，切成弓弦般的细条。

煮面是一口十印铁锅，用的也是老井水。水开后下面，出锅时用一双特制的长竹筷子挑起盘在碗里。吃姜氏的面不是论碗，而是论根。客人先报数，盛面的可以根据数量把面盘成不同的花样。

尽管出锅是清水面，当然还得加上特制的调料。那就是，长短宽窄粗细均匀的葱丝、食盐、付氏香油。放好调料，再浇上锅里滚开的面水，香味立刻弥漫升空。

婚后第二年，天恩天赐各生一对双胞胎女孩。还是姜母起的名字：天恩的女儿是：刘根，刘繁；天赐的女儿是：姜占，姜立。

又过了一年，天恩天赐又各生一对双胞胎男孩。姜母又给天恩的儿子起名刘龙，刘泉；天赐的儿子起名姜桑，姜梓。

一年后，姜母含笑九泉，"姜氏面馆"的掌门人换成了姜成群。

"姜氏面馆"成了龙桑寺的招牌。要吃姜家面就得到龙桑寺来，因为擀面这套程序，必须在姜家的作坊里完成。

正因为这个条件，在刘根、姜占十岁那年，竟引出了一段佳话。

沙河南街有个在外地做官的温知府，回家给母亲过六十寿辰。三月二十八唱三天大戏，他问母亲有什么心愿。温老太腿有残疾行动不便，就说："儿啊，娘的心愿就是想吃龙桑寺'姜氏面馆'的那碗面。"

温知府听后笑着说："这还不容易嘛，请他来给您老做就是了。"

"你忘了？"温老太说，"姜氏的面，只能在自家的作坊里做呀。"

温知府换上便服，由一差人陪同去了龙桑寺"姜氏面馆"。姜成群是在街面上长大的，三教九流都见过。当看

---

[1] 女红：也称为女事，旧时指女子所做的针线、纺织、刺绣、缝纫等工作和这些工作的成品。

[2] 印锅：印锅以锅的直径划分大小，驮锅按重量计算，一驮重20市斤，几个锅为一驮。印锅又分为二、三、四、五、六、七、八、九印，以锅的口径大小而定为几印锅，如大九印锅直径2.6尺（木尺），大八印为2.4尺。

[3] 洇凉：在没有阳光的地方凉一凉（同晾）。

到温知府踏门槛的那只脚，他就心里一怔。知道这位客不是平常客，赶紧让进雅间落坐。

温知府也知道，姜掌柜是见过世面的人。他并没兜圈子，就把自己的身份和母亲过六十寿辰的心愿说了一遍，并强调了母亲身有残疾不能前来的原因。

姜成群听后很感动，忙说："难得大人这片孝心，幸好离寿辰还有三天，我尽量满足老人家的心愿。不过，这事还得和我那俩女儿商量啊！"

雅间的谈话被外间天恩天赐听得一清二楚，天赐拍了下天恩的肩膀悄声说："姐，老爹把咱推出去了，快把你肚子里那些鬼点子掏出来吧？"

天恩眨巴眨巴眼沉思一下说："这可是个难题，作坊在咱家，吃面的在外地……"

"去沙河街砌灶台，端着面去那里煮呗。"天赐说。

"这倒是个办法。"听到天赐的话，天恩顿开茅塞。她眼睛一亮接着说："你还记得杨贵妃和快马送荔枝的故事吗？"

"记得呀！"天赐立刻明白了天恩的意思说，"姐，你真聪明！"

雅间的姜成群对温知府说："大人稍等，我去和女儿们商量此事，再给您回话。"

姜成群刚迈出雅间的门，天恩就笑着朝他招手。姜成群心中暗喜，天赐附在他耳边低声说："俺姐有办法了。"

姜成群听了天恩的计划后竖起拇指说："真不愧是姜子牙的后代，我去告诉温知府。"

温知府听后大喜，拍着手说："太好了。"

他看了一眼跟来的差人，差人会意，忙从褡裢中拿出一锭银子放在桌上。

姜成群说："大人，您小看我了。能给老人家做寿面是姜氏的荣幸，我分文不取。"

温知府听后并未推辞，让差人收起银子走了。

回到家，温知府立即吩咐差人："两日内必须把龙桑寺到沙河街这条路修好，弯的取直，低处垫高，高处铲平。"

姜家人也紧锣密鼓地做着准备，好在龙桑寺是个大镇，用啥有啥。

三月二十七下午，刘玉坊赶着大车来到沙河南街。戏台的东边已扎好大棚，棚顶上方挂着"姜氏面馆"的牌子。刘玉坊砌好灶，安好锅，支好案板，存好水，一切就绪就走了。

三月二十八这天，天公作美。艳阳高照，无风无云。早饭后，一辆枣红马拉着蓝篷子轿车停在"姜氏面馆"棚前。听戏的及做各种买卖的人群，立刻把轿车围了个水泄不通。姜天赐一个旋身从轿车里"飞"出，落在众人面前。所有看热闹的人都目瞪口呆。她黑发高绾一丝不乱，白皙鲜亮的额头、面庞、脖颈就像打了蜡脂一样光滑细腻。一身可体的天青色中式裤褂镶着白边，白地天青色布鞋，鞋面上钉着一朵水红色缨子，俨然一副武士打扮。浑身上下透着一股干净利索，又清秀高雅的气质。真是男人看了垂涎，女人看了咂舌。

她先去戏台前的轿前拜见了温母，再回到棚里做煮面准备。

下一步，姜家这出大戏就要开始了。

龙桑寺到沙河街八华里，按一里路的距离划分，中间要设七个站。八里路由八个孩子各跑一段，男女分隔。先从大姐刘根开始，小弟姜梓断后。一切安排妥当，八个孩子兴奋得又蹦又跳。

八个孩子一样打扮，全是白镶边的大红裤褂，软底大红布鞋水红缨子。男孩头顶留着一个桃形的黑发图案，女孩是双抓髻系水红绸子结，而且，八个人都能相互对望。

第一趟传寿面，天恩拿出了看家本领。擀了六根长长的面条，放在一个带箍的莲花型柳条笸箩里。盖上雪白的笼布，顶在刘根的头上。刘根甩开双臂，撒腿就跑，跑一里路对一个身体健康的孩子来说并不是难事，一霎工夫就到了刘龙面前。男孩子好胜心切，早已等得抓耳挠腮。他探着身子接过刘根的笸箩，边跑边往头上扣，眨眼就到了姜占面前。他说："占姐，我没跑够。干脆你别动，我替你跑下一站吧？"

"休想！"没等刘龙把话说完，姜占夺过笸箩跑了。

面笸箩，依次往下传递。

看热闹的人还没回过神来，最后的姜梓已头顶笸箩来到天赐面前。这时，锅里的水正好滚开。天赐用长竹筷子挑起了六根长面放进锅里，打了个漩又挑出。只见她玉腕翻动，眨眼工夫竟用六根面条在洁白的瓷盘里盘成了一个大寿字，众人叫绝。

刘玉坊赶紧放上佐料，浇上面水。然后双手托盘，和天赐二人来到温老太面前，双膝跪在轿前的红毡上同声说："老人家，请尝面！"

之后，又陆续传来几箩面，都是三斤量的，温知府用来招待祝寿的客人。

饭后，温老太要见这八个传面的孩子。当这八个银娃娃似的孩子站在温老太面前时，老人家惊呆了。她双手合十念了句："阿弥陀佛，龙桑寺真乃宝地也，养育了这么好的后人！"温老太太特别高兴，吩咐每人赏了一两纹银。

温知府亲笔题了一块"姜氏手擀面"的檀木匾额，赠给姜家，并配有对联，上联：龙泉养五谷；下联：桑梓育勤人。

从此，"姜氏面馆"改成了"姜氏手擀面"。

"姜氏手擀面"，一直传到20世纪30年代末。日本鬼子侵占鲁北后，有个大佐想吃姜氏手擀面。幸亏翻译官差一心腹连夜报信，姜家赶紧摘掉匾额，拆除锅灶把面馆改成了茶馆。

"姜氏手擀面"的故事，一直流传至今。

讲述者：　李洪泉，男，1943年6月，商河县龙桑寺镇邱家村，大专

采录者：　周德香，女，1939年10月，商河县沙河乡大胡村，中师

采录时间：　1996年8月

采录地点：　商河县沙河乡大胡家

附 记

这是一个反映劳动人民聪明才智的民间饮食故事，在当地民众中流传，经久不衰。周德香与该故事讲述者李洪泉是同班同学，曾经在上学读书时偶然听李洪泉讲过故事的大概，但当时所讲述不甚详细。20世纪90年代，周德香专心于反映鲁西北地区生活题材的乡土文学创作，于1992年重新邀请同学李洪泉，经详细回忆后，讲述了这个流传多年的故事，并及时整理成书面文字。

176

莱芜糕果

在早，莱芜就有"什么样的客，什么样地待！"一说。

老百姓小门小户不讲究，只要是糕果，在客人面前不丢了面子，那就心满意足了。而官宦人家就不同了，他们家大业大势力也大，在选择待客上十分讲究。常言说的"客分三等"，就源于此。

从前，莱芜秀才李伟进京去赶考，与一位方姓赶考举子同住。方姓举子家中制作点心面食为业。两人脾性相投，谈吐中方举子把点心的制作秘诀告诉了李伟，李伟一点不漏地记录了下来。

科考结束，方举子高榜得中，李伟则名落孙山。他无精打采地回到家中，思前想后，决定放弃追求功名，在村里开个私塾，教几个顽童打发日子。

有一天，李伟整理书箱时，发现了当年赴京赶考，方举子提供的糕点制作秘诀。看着看着心头一动，产生了试做糕点的念头。

说干就干，他按配方准备好所需材料。制作点心的用料很简单，面粉家中就有，其他配料也能够从集市上买到。

李伟先把面粉放在锅里蒸，因为是头一次制作，没法精确掌握面粉蒸制标准。结果不是火候不到，就是火候过了，一连瞎了[1]好几锅。好歹这面粉制作的东西孬好都能食用，没有造成浪费。

李伟不气馁，反复试制，可就是做不出品正味香的点心来。一锅接一锅，蒸出来的面就是达不到要求。按秘籍的制作标准，面粉要蒸到散酥。小攥成球、松手即开。为什么蒸出来的面一攥成蛋，掰都掰不开呢？李伟百思不得其解。

农历的六月六，莱芜地方习俗"吃炒面"。李伟看到家里人用锅炒面，不禁灵机一动。如果使用炒面的方法，来加工糕点用面会是啥样？他取了一些面粉来做实验。由于火候不好掌握，结果不是面不熟，就是被炒糊，根本没法用来制作糕点。看来，炒面和蒸面是有严格区分的。

农历六月二十四，莱芜地方民俗"大典"，就是下雨的日子。这一天，还是一年一度的黑龙潭庙会。方圆百里的善男信女，都到黑龙潭来祭祀祈福。李伟心性好佛道，自然不会放弃这么好的祭祀机会。他给学生们放了假，自己带着一把油纸伞，随着赶会人群朝黑龙潭走去。

李伟混杂在赶庙会的人群中，往黑龙潭走来。李伟对黑龙潭再熟悉不过了，他从小就和伙伴们在黑龙潭周围打柴、割草、放牛羊，春夏季节还在黑龙潭里戏水摸鱼虾。赶庙会的人很多，有去的也有回来的。

李伟来到龙潭，见龙王庙里的人挤成团，就打算找个清静的地方休息一会。他来到照壁山下，这里是著名莱芜八景之一的"龙潭星现"景点。李伟把身子贴在山壁上，斜着脸从一线天处看天上的星星。

这一次，他看得特别清楚，天上那颗星亮晶晶地朝他眨巴眼睛。李伟心头一震，当地老人曾说过："谁要是在晴空丽日的晌午，看到了天上的星星，说明他有仙缘，会有贵人相助。"

李伟不把这些话放在心上，但也想能够见到神仙，问问自己的事业和前程。他想离开"龙潭星现"的一线天，还没转过身来，就觉得肩膀被人轻轻拍了一下。转头一看，只见一位面色黝黑的老人站在旁边，笑着一指龙王庙说

[1] 瞎了：做坏了，没做好。

道："这里人多太吵了，咱去个清静的地处[1]下棋吧？"

李伟喜欢下棋，而且棋艺相当高，十里八乡无人能赢他。他听老人约他下棋，早就憋不住了，跟在老人的后面往前走。走了五六十步，眼前出现一座石头房子，有两间那么大。石头院墙，松柏枝子编成的大门。

黑脸老头把李伟让进屋，屋里的粉墙虽已破旧却也干净，屋当中摆着一个四方石板桌子和四个石凳子。黑脸老头说："你看看，人上了年纪就不讲究了。炕上的被褥懒得叠，屋里灰尘懒得扫，天明到天黑熬着日头玩。来，咱先杀两盘过过瘾。"

李伟坐下来，熟练地摆着棋子。黑脸老头说："老山套里的人不讲究，一会在这里吃午饭吧。我做了蒸面，你保准喜欢吃。"

李伟环视了一圈屋内，问道："老人家，您是啥时候住这里的？我常来龙潭怎么没有见到您呢？家里还有其他人吗？"

黑脸老人笑笑说："我祖祖辈辈住在这里，和你家对门，你不留心罢了。我老伴领着儿孙们赶庙会，坐席喝酒去了。我好静不好动，所以在家里守门看户。来，你先走。"

李伟说："老人家，您是主家，您先走吧。"

老头笑笑说："我老头子有个毛病，从不走第一步棋。你是客人，先走为敬。"

李伟和黑脸老头马走日字象走田，叮叮当当下了起来。李伟好战心切，频频发招，步步紧逼。黑脸老头说："下棋要心平气和，不要贪功好进。否则一步走错，满盘皆输。"

李伟得意地点点头，他发现老头的棋路平常，按照自己的想法用不了几招，就可以摘果子了。

老头盯着棋盘，微微点头道："初生牛犊不怕虎啊！这棋下得有些道道。不过胜负难料，看谁走到最后。"说着，大车开道，马炮紧跟，三下五除二，把李伟的老帅将死了。

李伟大吃一惊，明明是局赢棋，咋就一转眼惨败了呢！

黑脸老人笑笑说道："承让，承让。"

李伟正要客套，突然，一股清香钻鼻而来。他深吸了一口，脱口而出道："真香啊！是什么好东西这么香啊？"

黑脸老头一指门口边的石火炉说道："我蒸的面，我蒸的面熟了。怎么样，尝尝？"

"嗯，嗯！"李伟连连点头说好。

黑脸老头起身，取过一个石碗。他掀开石锅盖子，用石勺子从石锅里掭出一碗面，递给李伟说道："趁热吃，凉了就不好吃了。"

李伟接过来，用鼻子深深地吸了一口，连夸："好面，好香的面啊！老人家，您这面是怎么蒸出来的，怎么就钻鼻子香呢？"说着，用手去捏碗中冒着热气的面。那面一捏成球手松即散，相当松软，李伟心头为之一震。

黑脸老头说道："我活了大半辈子就好这一口，所以自己动手做来吃。我用咱山土地里打来的旱麦，石臼脱皮石磨出面，用细罗过了筛。然后，取龙潭山泉水注入石锅中。腰算离锅中水一指，将筛过的面粉平摊于纱布上，厚薄自定。待把面摊匀时，要在面的中间放个碗，用来接锅盖上积存的蒸汽水。这样做出的面散酥，不会因水汽大而失去了面的松散。一概拾掇好，盖上石锅盖，开始点火烧。这灶中火也有讲究，先武火后文火，必须做到恰到好处。火候不到，面不熟，影响口感；火候过了，面就会老化成饼。蒸面好吃不好吃，全在于火候掌握。再就是这柴草也有讲究，用松树枝子和柏树枝子烧火，蒸出的面味道不一样，一尝就能分辨出来。也就是说果有果味（果树枝），草有草香（柴草）。按照自己的口味来定烧柴，就像老中医熬中药一样，烧柴选择非常重要。我老头子说话啰嗦，不知你听明白了没有？这可是我研究了好几百年总结出来的经验，一般人我还不乐意告诉他呢。"

李伟听了黑脸老头的话，不禁吃了一惊。老人家讲的，正是自己犯愁的蒸面问题，这回算是遇到贵人了。想到这，李伟起身跪倒施礼道："多谢老人家指点迷津，等我做好了点心，一定先送给您老人家品尝。"黑脸老头笑着点点头，说道："我老头子就好这一口，如果再放些糖，那就更能解馋了。"

李伟一转头，不见了黑脸老人。定睛一看，自己正坐在黑龙潭潭边石堰上，周围全是来来往往赶会的人。他觉得奇怪，难道是白天做梦不成。他静心一想，恍然大悟。这是黑龙王爷在指点做蒸面的技巧啊！李伟打算给龙王爷好好地敬上三炷香，表达感激之情。

天过午时，像以往一样，龙潭下了一阵雨。石台阶上湿漉漉的，边上的草叶还顶着亮晶晶的雨珠。

龙王庙门口静悄悄的无一人，大石香炉里香烟弥漫。祭祀仪式之后，上香的人都去游山玩水了。李伟捧着香，来到黑龙王神像前躬身施礼，将香插进香炉里。抬头一看，只见神位上的龙王爷两眼直盯着他，黝黑的脸笑容可掬，嘴唇好像在说话。李伟一眼就认出来了，请他下棋吃面的正是这位龙王爷。

回到家里，李伟按照黑脸老头的指点，轻而易举地蒸出了一锅好面。这面蒸得完全符合点心配方的要求，他又按照配方比例，熬制花生油和糖稀，再将蒸好的面粉掺到油糖里反复搅拌。面和饴糖拌匀后，放进长方形的模具中用木槌或木枕捶打，直到均匀夯实为止。

李伟牢记龙王爷的暗示，在砸实的面上均匀地撒上一层白糖。糖有讲究，白砂糖和白绵糖都行，面糖为佳。不能用红糖，红糖有杂质，做出来的点心色泽不好，影响口感。使用冰糖时，必须将其砸成细粉。李伟把这种点心叫"面糖果"，为食用方便，他把整版的面切成大小均匀的长方条，用草纸包裹。

李伟带着做好的"面糖果"，到黑龙潭龙王庙里拜祭，作为谢师之礼。

李伟的"面糖果"不胫而走，一些大户人家派人上门预定。李伟很纳闷，自己刚学会制作"面糖果"，他们是怎么知道的呢？有人对他说，是龙王庙里的住持到府上化缘，说是受龙王爷之托，受用"面糖果"。主人特派管家上门购买，以了佛道之缘。李伟心知肚明，这是龙王爷在为他推销"面糖果"呢，看来，我这个私塾先生是当不成了。

李伟辞去私塾工作，在家中开了个"面糖果"作坊，取名叫"李家面糖果铺"。为了答谢龙王爷的知遇之恩，特在家中供奉了龙王爷神像。初一十五都要摆供，全家男女老少一起祭拜。自打李伟的作坊开张那天起，李家面糖果是做多少卖多少，没有一点积存。

李伟经营有道，小作坊越来越大。他只好在旧寨西南的"龙王阁"附近，开了家大的"李记面糖果铺"。这个时候，面糖果的应用也发生了变化。不单一地用于祭祀活动，逐渐代表着尊贵，登上了大雅之堂。

当地官宦财主们为了显示对贵宾的尊重，待客时先上四碟"面糖果"，贵宾也以主家如此礼遇而高兴。一来二往，面糖果身价倍增，成了"尊贵身份"的代言。因为是给高贵客人吃用的美食，人们就将"面糖果"称之为"高果"，后随谐音，成为"糕果"。李伟也不失时机地将"李家面糖果"，改称"李家糕果"。

秃尾巴老李曾梦惊很多善男信女，说是他喜欢吃牛头河李家的"糕果"。只要用糕果拜供，定能有求必应。

这一年黑龙潭庙会，供桌上摆上了素（白色）、彩（粉红色）两样糕果。当祭祀活动达到高潮时，天上下起了小雨，当地老人们说这是黑龙王感动得流泪了。

莱芜天旱举办"搬龙王"习俗活动时，"糕果"是首选供品。吐丝口镇山口村魏氏家族祠堂神台上，常年不断"糕果"。因为魏家的神仙姑爷好这一口。再就是村北龙王庙里，摆长供用的也是"糕果"，而且还是专程从东牛头河村李家订做的。

牛头河李家也有家规，凡是供奉"黑龙王"来定制糕果的，一律不收钱。因为黑龙王是李家糕果制作技艺的启蒙师傅，供奉糕果是理所当然的事。李伟家族常年供奉着黑龙王神位，供品都是新做下来的"糕果"，久沿成俗。

讲述者：　李增元，男，1948 年 5 月，莱城区大王庄镇龙尾村，糕果传承人

采录者：　李杰，男，1968 年 8，莱城区大王庄镇龙尾村，糕果非遗传人

采录时间：2016 年 6 月

采录地点：莱芜市莱城区大王庄镇龙尾村

米粉姑娘

"莱芜糕果",是莱芜地区独具特色的传统手工技艺,是当地的祭祀风俗而形成的一种地方美食特产。大清朝咸丰皇帝亲口品尝过,曾作为贡品进过皇宫。糕果作为一种地域性美食,经遇了无数次的地域美食革命,最终以顽强的生命力,位居宴席果点之首,形成了独特的习俗食用品。

民俗有"什么客什么待,光头的伙计啃咸菜"。农村财主待客的规格就分好几等,有头脸的客人为"贵客",待客讲究八顶八的席地,就是八个果碟、八个炒碟,整鸡整鱼,外加十碗菜。有身份的亲友为"至亲",待客用四顶四,就是四个果碟、四个炒碟,八到十个菜。这里说的果碟就是指的糕果,八个果碟就是八碟糕果,四个果碟,是指四碟糕果。白公事(丧葬)用素糕果;红公事(结婚、嫁女)或寿礼宴席要摆粉红面或青红丝糕果,以示吉庆。莱芜俗语"看你这个样,一辈子也吃不了四个碟子",这四个碟子,就是指的糕果。2018 年10 月,"李家糕果制作技艺"被列入市级非物质文化遗产项目名录。

夏商时期,北方夏秋两季潮湿多雨,一场雨常常绵延数日。

长清县的巫山周围,因为地势低洼,随便一阵雨过后,巫山就成为一片汪洋中的孤岛。在文人骚客眼里,这或许是再浪漫不过的景致,但涉及百姓居家过日子,那就称得上是一场灾难了。

一遇到连阴天,别说柴火潮湿无法引火做饭,就是百姓家中存放的粮米,常因受潮而发霉。这就更让人心里发慌!"担得天天旱,受不得一时涝。"这是北方人生活环境的真实写照。

在巫山下的庄子里,有这么一家人。男主人早逝,母女二人相依为命。女儿唤作颖颖,颖颖姑娘年方二八,生得聪明乖巧。无论是女红,还是庄稼里边的活路样样精通。她还对前祖辈使用的纺织器械,或生活器具都进行小革新。这样,各式工具用起来会更顺手,还会提高工作效率。由于这个缘故,全村子的大姑娘、小媳妇,都愿与颖颖姑娘来往,颖颖姑娘也喜欢跟众姐妹们交流。颖颖姑娘一有什么发明创造,会很快在村子里推广开来。

又是一个阴雨连绵的季节，颖颖姑娘的母亲生病在床不思茶饭。人是铁，饭是钢，一顿不吃饿得慌。如果长期米水不进，那可怎么行！这可愁坏了颖颖姑娘。她用储存的面粉做了碗汤面，因面粉的霉味，让母亲刚拿起筷子又放下了。颖颖看在眼里疼在心上，怎么办？家中除了味道发霉的面粉，另外还有多半罐[1]小米。因受潮，气味儿也已不是多纯正。万般无奈之下，颖颖寻思：面粉受潮有异味儿，我何不再用小米做碗面，试试口味怎么样。

说干就干。她取出少许米，放在石碓里捣成粉状。再放入水盆儿浸泡后，装入笼布沥水，除去面粉中的异味儿。最后做成似汤面样的粉条，浇上食醋。粉条表面撒上蒜末，原先只是为遮米粉受潮气味儿采取的措施。这样一碗米粉条，让多日不思饮食的母亲竟吃下小半碗。颖颖见此情景，不由喜出望外。她以后继续如法炮制，尝试多加几味调料。母亲胃口大开，病也就渐渐好了。

快变馊的小米能做成美食，小姐妹们一传十，十传百，整个村子的人都试着做米粉尝新鲜。米粉做成面条黏度高，口感不十分理想。

后来，颖颖请木匠师傅做了一个打满细孔的木板床子，把粉团儿放入床子。这样压出的米粉儿，条长茎细，吃起来更觉可口。因米粉这个重大发明，从此颖颖姑娘的名字很少有人提起，人们都亲切地称她"米粉姑娘"。

孝里米粉问世的年代，如今米粉风行的云贵闽粤等地，尚被中原统治者视为蛮夷之地。由此看来，孝里米粉好像是中国米粉制作技艺的老祖宗。

转眼到了东汉时期，随着孝子郭巨"埋儿奉母"声名远播。巫山顶上的郭氏祠堂，成了天下孝子向往的一方圣土。

到孝堂山朝拜郭氏墓的各色人等，络绎不绝。外来的客流量大了，巫山周围的商机就来了。当地村民就用米粉招待各方来客，孝里米粉这一绝佳的民间传统小吃也就名满天下了！

[1] 多半罐：大半罐子。

讲述者：	王文利，男，1950年7月，长清区孝里街道供销社，退休干部
采录者：	马骏，男，1971年8月，长清区孝堂书院院长，本科
	王守学，男，1966年3月，长清区孝里街道，初中，自由撰稿人
采录时间：	2020年7月
采录地点：	长清区孝里街道孝里铺

附
记

孝里人仍然坚持用传统技艺制作孝里米粉，选用最优质的孝里十八里谷道小米，采用二十多道复杂程序加工而成。口味独特筋道，营养丰富易消化，老少皆宜，深受八方游客喜爱。"孝里米粉"已被济南市贸易服务局、济南市饮食业协会认定为济南名优（风味）小吃，被列入济南市非物质文化遗产名录。

178

油炸鬼

南宋时，北方被金国侵占。宋朝领土的老百姓倍受外族欺凌，每天都渴望能回到祖国的怀抱。万万没想到，爱国将领岳飞被奸臣害死。天下百姓义愤填膺，纷纷指责奸臣误国。由于长期受压迫不过，很多有门路的孝里人，都逃荒到南宋小朝廷驻地临安[1]谋生。

有一个叫许三的孝里人，在一家烤烧饼的铺子隔壁开了一家煎饼铺。每当闲暇之时，许三就踱到烧饼铺王二家串门儿聊天儿。每每谈及家乡被金人强占，父老乡亲惨遭鞑子蹂躏，无不伤心落泪。

烧饼铺王二老板对许三深表同情，叹道："如有岳飞在，岳家军守卫边疆岂能让胡人在我疆土任意胡为？苍天无眼，善恶不分。秦桧夫妻狼狈为奸，与皇帝沆瀣一气诛杀忠良，使天下有志之士寒心，纷纷隐居山野才导致了眼下朝廷偏安一隅、风雨飘摇的局面。"

二人越谈越激愤，王二顺手拿起面板上的面团，捏了一男一女两个面人儿，背对背粘在一起放进滚烫的油锅里。

[1] 临安：浙江杭州。

看到两个小丑在油锅里随翻滚的油花冒突而上下起伏，许三王二会心地笑了。就是让祸国殃民、残害忠良的奸臣贼子上刀山下油锅，也难解胸中之恨。他俩私下商议，把这两个油炸的面人儿，命名为"油炸桧"。

油炸桧由此问世，天下人心知肚明，都为能上临安亲口咬一口残害岳王的油炸桧为快。一时之间，门庭若市应接不暇。眼看顾客盈门应付不过来，王二与许三一商量，就合作开了一家"油炸桧面食店"。

面食店一开，人们痛恨国贼，以油炸奸臣，痛食奸臣肉为快。可时间长了，江浙一带素以大米为主食，面食只能是偶尝新鲜，如果长期食用就感觉很不习惯。再加上面食店命名涉及敏感词，衙门也经常来找麻烦，致使面食店生意红火一阵儿后，渐渐一天不如一天。

生意不好做，自然就会招来烦心事儿。再加上许三年事已高，常年漂泊在外，不由思乡日切，便与王二商量回家省亲。

孝堂山下，庄子还是那个庄子；湄湖侧畔，荷塘依旧莲蓬擎天。家人久别重逢，道不尽的心酸事，拉不完的故国风情。在谈到油炸桧时，家人表示出高度的新奇感，并建议年初正月十六，孝堂山庙会尝试经营。

于是，孝里"油炸桧"横空出世。油炸摊前排起了长长的队伍，人们无一不以食奸臣之"肉"为快。生意红火，捏面人儿实在麻烦。为提高生产效益，许三与家人研究把两条面团合在一起下锅，同样是代表秦桧和王氏下油锅，并加以红糖为作料，口感更觉适口，遂发展成为北方最受人民喜欢的风味小吃。

由于流传时间长了，感觉油炸桧中的"桧"字拗口，遂更名为"油炸鬼儿"，反正秦桧之流是小人小鬼。

年复一年，孝堂山下油炸面食店的生意兴隆。仰仗的是"痛食奸臣肉，一解心头恨"。"油炸鬼儿"，成为孝里地区饶有地方风味的特色小吃。

讲述者： 王文利，男，1950年7月，长清区孝里街道供销社，退休干部

采录者： 王守学，男，1966年3月，长清区孝里

街道，初中，自由撰稿人

采录时间： 2020 年 7 月

采录地点： 长清区孝里镇孝里铺

附记

济南市长清区孝里镇是一座文化古镇，古迹众多，人文故事更是俯拾皆是。悠久的历史文化孕育的不只是帝王将相、才子佳人的传说，提起孝里的美食那也是毫不逊色：孝里米粉、油炸鬼儿，那可是在咱这地界叫得响的品牌。

关于咱孝里"油炸鬼儿"的确切年份儿是说不清了，大约是宋朝晚期吧。"油炸鬼"的名称，是从"油炸桧"演化而来的。很多人知道，那是因为人们痛恨迫害岳飞将军的秦桧夫妇，所以用油炸面条再将其吃掉。当地谜语说："两个兄弟瘦又长，抱在一起下池塘；等到有人来救起，瘦子变成胖又黄。"油炸鬼，现在多叫"油条"，主要材料由面粉、酵母、食用碱等，辅料有水、糖、盐等，口味偏平淡，主要技艺是油炸，讲究外面酥脆、里面绵软。

关于"油炸鬼"的故事，还有一种说法，说是目连僧为了解救困于地狱的母亲，在七月十五这天，借十方僧众之力打开酆都城的大门，救出了自己的母亲。结果，不小心将地狱里的十万饿鬼全都放了出来（这也就是鬼节的由来）。饿鬼来到阳间害人，于是地藏王菩萨派自己的坐骑谛听兽来人间抓鬼。抓到之后下油锅，以示惩戒。于是，民间就有了七月十五吃油炸鬼的习俗。

济南附近的地方风味儿小吃不少，来到长清大家都想尝尝久负盛名的"长清大素包"。长清大素包以油炸卤豆腐、粉条、菠菜、胡椒面儿、香油等拌馅儿，以上好的白面千揉万擀为皮，每道工序都十分讲究。包子出笼，色白皮嫩，透过面皮甚至可以看到包子里面的包子馅儿。吃一口清香满齿，香而不腻。

说来长清大素包，还和清朝封疆大吏丁宝桢有着些许关系。

丁宝桢是贵州人，向有才学，三十三岁中进士。因忠于职守为官清廉，仕途一直十分顺畅。在主政山东的十年，也是他刻意进取，无论事业还是政绩都达到了他人生的巅峰期。丁宝桢是一位优秀的政治家，还是一位美食家。丁宝桢当年因平息过捻乱，被皇帝赐加了个"太子少保"的头衔。"少保"又称"宫保"，所以丁宝桢也被人称为"丁宫保"。济南名吃"宫保鸡丁"，就因丁宝桢名声大噪。那长清大素包，又如何和丁宫保扯上关系的呢？

说来话长。清朝末期，朝廷腐败，百姓纷纷起来造反。同治五年（1866 年），清廷得悉太谷学派的张积中，在肥城、长清两县交界的黄崖山啸聚，有扯旗造反的重大嫌疑，便诏令山东巡抚阎敬铭前往进剿。在东平督办河防的阎敬铭不敢怠慢，即刻发兵。同时，传谕山东布政使丁宝桢先赴黄崖寨一探虚实。接到命令，丁宝桢带领随从从济南府火速赶到长清县，和长清县令陈恩寿一同前往。

来到长清将近中午，陈恩寿把丁宝桢接进县衙，刚要吩咐准备膳食，却被丁宝桢止住。"上方急令，事不宜迟。出去街头店铺随便吃点算了，我要马上赶往黄崖，回来还得复命。"

陈恩寿也是清官廉吏，也不再客气。他引丁布政来到西门里一家"李记包子铺"坐下来，伙计端上热气腾腾的大素包。丁宝桢一尝，感觉与众不同。他身居高位，什么美味没吃过。一来事急赶路，一来饥肠辘辘，这一口下去给他留下了深刻的印象。

丁宝桢一向对美食感兴趣，当得知大素包的馅都是菜头、厨余做成的，他很有感慨。老百姓日子不好过，用这么简单的食材做出如此美味，真是值得提倡。陈恩寿没想到几个包子竟把丁布政哄得如此高兴，便赏了店家几个钱。

吃完后，丁宝桢建议道："包子色味都可称上品，美中不足就是缺辣味儿。俗话说，'咸出香，辣出味'。如包子露点儿辣味儿，就更好了！"

"那不是有大蒜吗？"

"不是一回事儿。大蒜是驱油腻，增进食欲的。馅儿中的辣味儿，是调节口感的。"

"大人是南方人，生性食辣，北方人对辣椒不习惯。"

"这没关系，如嫌太辣加点儿胡椒粉也可起到事半功倍的效果。"

"明公所言极是，这倒可以考虑！"

用罢饭，他们匆匆而去。

谁知说者无心，听者有意。就在丁宝桢与陈恩寿闲谈品评包子优劣时，在包子铺门外摆摊的手艺小贩赵君祥听了个一五一十。

赵君祥是手艺人，善加工会经营，钟情老李家的素包良久。赵君祥也想开一家包子铺，他改良了馅料，请人写了一方大大的金字招牌，名"长清大素包"。店铺一开张，生意爆棚。凡是吃过赵君祥大素包的人，纷纷伸出大拇指。

与李记素包比，有过之而无不及。他们哪里知道，赵君祥只是听丁宝桢与陈恩寿一番讲话。在李记包子拌料基础上，加了一份儿香辛料"胡椒粉"。一味调料，奠定了大素包的基本味道。

后来，善于经营的赵君祥，在济南最繁华的场所大观园北门开一家分店，凭秘方料理和长清大素包的色香味，一炮打响。

自此，长清大素包的美名享誉江北。

讲述者：　赵芳，女，1971年6月，长清区文昌街道西门里村，高中

采录者：　王守学，男，1966年3月，长清区孝里街道，初中

采录时间：　2018年7月

采录地点：　长清区文昌街道

附
记

长清大素包，山东省特色风味面食名点。将豆腐蒸透，取出晾凉，切成1厘米厚的豆腐块，再炸成浅黄色，切成小丁。绿豆粉丝烫透切成末，菠菜切成末。姜片、炸豆腐丁和包有八角、桂皮、花椒的纱布袋放入水锅内，加热至豆腐丁入味，捞出豆腐丁晾凉，与粉丝末、菠菜末、胡椒粉、精盐、芝麻油、花生油搅拌均匀，调成馅料。以发酵面剂包入素馅制成包子，蒸制而成。其特点是个大均匀、皮白暄软，皮薄馅足，馅大嫩香，香辣味醇。长清大素包制作技艺是济南市非物质文化遗产保护项目。

180

三媒六证入洞房

从前，在长清卢城洼一带有三个皮匠。人们也不叫他们的大名，按年纪叫他们大皮匠、二皮匠、三皮匠。他们三人皮子活做得好，还好说媒拉纤。

三个皮匠路过一个叫三合庄的村子，看见一家大门上贴着一副楹联：有志不在年高，无志空活百岁。横批是：志者成也。

三个皮匠一看这副对联，都认为这是有才学的人家。大皮匠说："口气不小啊！"二皮匠说："咱进去看看。"三皮匠说："真有学问，咱跟他交个朋友吧。"

于是，三人就走到这家人家院内。一看里面只有一个相貌端庄的小青年，正在书房读书。看样子有十七八岁，屋里也没有什么摆设，倒是书字满堂。

小青年很客气，请三人喝茶。三人问小青年的名字，小青年说我叫新郎。三人同新郎聊起来，果然新郎学问很高。三人都暗暗佩服，不过三人还想试试这新郎是不是真有学问。

大皮匠说："小兄弟，我们各有一事相托，不知能不能办到？"

新郎说："你们说吧！"

大皮匠说："我想请你捏一个，像太阳一样大的饼。"

二皮匠说："我想请你捏一个，能装下海水那么大的一个缸。"

三皮匠说："请你为我织一匹，像路一样长的布。"新郎点头，满口答应。问三个皮匠什么时候来取，三人说："明天吧。"

第二天中午，三个皮匠来了。

大皮匠问："我托你捏的饼，捏好了吗？"

新郎说："面都和好了，可你没说太阳有多大。你赶紧摘下来，我照样子捏。"

大皮匠一听难住了，说："明天再捏吧，今天是摘不下来了。"

二皮匠说："我要的缸，你捏好了吗？"

新郎说："泥也准备好了，可不知海水有多少斤，你去称称海水我才给你捏。"

二皮匠说："那以后我称了海水再说吧。"

三皮匠问："布呢，我的布你织好了吗？"

新郎说："布织好了，你没说路有多长，没法裁呀！"

三皮匠说："等我量完了路，再给你说吧。"这样一来，三个皮匠倒让新郎难住了。

新郎说："我还得托你们办几件事。"

三个皮匠说："你说吧，我们尽力去办。"

新郎说："你们经常出门在外，请给我买套六证。"

三个皮匠满口答应，心里可一点也不知道六证是什么。大皮匠以为自己不知道，他们俩应该知道。二皮匠、三皮匠也都这么想。所以，嘴上都说行。出大门后，三个皮匠互相问什么是六证，他们谁也没见过。

大皮匠说："别犯难了，有这样说的，就有这样卖的。"二皮匠和三皮匠一听，觉得也对。于是，三个人逢集遇会到处喊谁卖六证。三个人走过了许多路，用了许多天，也没买到六证。

三个人又商量一下，平地里没有，山区可能会有。到了山区遇见一个十六七岁的大姑娘，俊美无比。三人向前就问："姑娘你叫什么名字，求你一件事好吗？"

姑娘说："我叫新娘，你们有什么事？"

三人说："我们要买六证，到处买不着，想问问你哪里能买到。"

新娘说："我家就有，跟我拿去吧。"

三人问："姑娘，你家在哪里？"

新娘说："在东山上，跟我走吧。"

三人跟着新娘，爬上一座山顶。这山很高，白云飘飘。他们在一间茅草屋前停下来，新娘拿出一个升、一把尺子、一个算盘、一杆秤、一面镜子、一把剪子，放到三人面前说："这就是六证。"

三人问："这怎么叫六证呢？"

新娘说："有多少粮食，用升量可以作证。织了多少布，量个长短，尺子作证。家里进了多少钱，算算账，算盘作证。谁长得丑俊，照镜子可以作证。剪子用来剪布做衣服，可以作证。"她看了三人一眼说："为什么不是六证呢？"

三个皮匠一听，认为姑娘说得头头是道，便将六证买下了。

三人拿了六证来到新郎家，新郎一看，心想，天下还真有能人。本来是想难住他们，还真难不住呢！忙问："你们是在哪儿买的？"

三个皮匠说："是个叫新娘的姑娘，卖给我们的。"

新郎说："我托你们做个媒人，替我向新娘求婚成不成？"

三人满口答应。他们找到新娘，把来意说了一遍。新娘说："可以，不过我有个条件。我要一间房子，能办到就嫁给他，办不到就各奔前程。"

三个皮匠说："什么条件？你说吧。"

新娘吟道："不用门来不用窗，无柱无瓦又无梁；上上下下无草木，左右前后自然墙。"

三人听罢说："好，俺回去给他商量商量。"三人又来到新郎家，把新娘的话学说了一遍。新郎拍手大笑说："这好办得很。"

皮匠们都愣了，新郎说："找个山洞当房就是了。"新郎找了个山洞，对皮匠们说："再麻烦三位跑一趟，新娘要真有学问，能理解我的四句诗，她就会跟你们一块来。"新郎吟道："门外百花飘香，室内冬暖夏凉；方向坐北朝南，四季避风向阳。"

三个皮匠又来到新娘家，把新郎的话学说了一遍。新娘十分高兴。第二天就跟着三个皮匠，一块来到了新郎家。

新郎、新娘一见钟情，双方愿结为夫妻。三个皮匠撺掇他们立刻拜堂成亲。新郎、新娘说："还是择个良辰吉日好。"皮匠说："今日今卯，现在就好。"

于是，新郎新娘就站在一起。大皮匠亮开喉咙喊道："一拜天地，二拜爹娘，三拜三媒，四拜六证；新郎、新娘对拜，新郎新娘入洞房。"

这就是"三拜""六证""新郎""新娘""入洞房"的故事。

讲述者：　路公水，男，1949 年 6 月，长清区归德
　　　　　街道路庄村，教师，大学
采录者：　赵福平，男，1963 年 11 月，长清区文昌
　　　　　街道长兴苑，摄影师，中专
采录时间：　2018 年 4 月
采录地点：　长清区归德街道路庄

181

拔会

拔会，按现在的话来说，就是一种凑份子互济互助活动，就叫互助基金吧。过去的时候，遇到个大事小情的，急着用钱，就经常用这种方式来解决。就是一伙人把手中的闲钱凑起来，这回凑了你使，下回凑了他使，这个样子向下轮。每逢凑钱的日子，会头[1]就摆上酒席厚待这些随钱入会的会友，喝酒吃肉，这就叫作拔会。

一天早上，一个主办者派人送了个帖子来，请这个人按时去参加拔会。他把帖子刚抽出个头来，一看写的是初一的日子。一心思，赶明儿就是初一。为了留着肚子饱餐一顿，就一天没吃饭。隔天一大早，这个人就去了，到地方一看，啥动静没有。心想，兴许真看错日子了。初二，这天又去了，还是没动静。回家又把帖子全抽出来了："咳，写的是初三啊！第一眼自己光看到一道杠。"这伙计两天多没吃饭了，饿得眼前一阵阵发黑，心里话："忍着吧，到时候捞本[2]地吃。"

初三这天，他老早就到地方了。七碟子八碗一端上桌，别人还不等拿起筷子，他先把一块大肥肉抄进嘴里了。一会儿，肉丸子汤上来了，他倒怪麻利，一勺子舀了几个送进嘴里。这刚出锅的丸子炆热了，烫得他实在撑不住劲了，只好吐出来用手接着。别人问他："你这是干么？"他找不着词儿，咧着嘴说："我吐出来玩玩儿。"接着，又上大菜"四喜丸子"，这玩艺儿个头大，得夹开吃。这个人可不管那个，又使调羹拨拉了一个到自己跟前占下了。一口吃不下，就放到羹托上等凉了吃。这时，又怕别的菜叫人吃净了，就又忙活别的菜去了。他邻座的那位很聪明，趁机把他占下的那个四喜丸子就抄起来了，一边自言自语地说："凉好了，咱也走个近道儿。"他再想抢也没抢着，就傻眼了。

坐完了席，这伙计吃得快动不了了。回家的时候走得很慢，光怕走紧了把酒菜晃荡出来。也巧儿，过来一阵风把帽子给刮地下了。他想拾起来，可就是弯不下腰。没法儿，用脚踢着走。

正好，前边来了个挺着大肚子的孕妇，这个人就说："麻烦麻烦大嫂子，替我拾起帽子来。"那孕妇也不能弯腰，白冷[3]了他一眼说："你瞎眼吗？"他一听着了急，一打量那孕妇儿的肚子，忽然明白了说："噢，大嫂子，你也刚拔会回来呀？"

讲述者：	房玉金，男，1958 年 11 月，长清区平安街道高庄，大学，教师
采录者：	魏文森，男，1965 年 7 月，长清区教师进修学校教师，大学
采录时间：	2020 年 7 月
采录地点：	长清教师进修学校

[1] 会头：主办人。
[2] 捞本：捞回本钱。

[3] 白冷：蔑视地看。

182

天机不可泄露

有这么一年，风调雨顺，气候宜人，眼看到了麦收时节。太史令邓平有一个女儿，名叫邓敏，已经出嫁到长安不远处的蓝田县。婆家虽然不是官宦人家，却也是附近有名的大户。可谓良田数百亩，商铺数十家，富庶一方。

邓敏这天回娘家省亲，眼看临近中午，父亲还没有回家吃饭。她小的时候，就经常去太史局找父亲玩耍。这次她看到父亲没有回家，就前往太史局找父亲。因为她熟门熟路，太史局门外的兵士看到是邓敏，并没有通报，邓敏就堂而皇之进入了太史局要地。

邓敏听到太史局内有说话的声音，原来是三位太史令要员正在协商大事。邓敏怀着好奇的心情，悄悄伏在窗外偷听。

"今年气候不错，风调雨顺。麦子长势良好，眼看就要丰收了！"太史令唐都说道。

"可惜可惜！"这是父亲邓平的声音，邓敏听得更仔细了，"可惜小麦长势虽好，却丰产不能丰收啊！"

"怎么回事？"唐都问。

邓平说："根据'考定星历，建立五行'原则，上天指令，今年人间麦子虽然丰产，但大众却吃不到今年的小麦。落大人，芒种应该是小麦收获的节令，你查一下，应该是哪一天，会发生什么事情？"

过了一会，才听到落下闳低低的声音："按照节气，今年芒种应该是五月十四。五月十三将会下一场暴雨，而且会持续十几天。人间小麦将会全部发芽霉烂，一粒粮食也吃不上啊！"

唐都道："那，那不是太可惜了？"

邓平说："唉，天命难违。上天让我们吃上粮食，我们才能吃上；上天不让吃，我们是一粒也吃不上的。这是天意，我们要严格遵守，千万不可泄露天机！如果泄露，会受到天惩的。"说到这里，邓平似乎感觉气氛不对，不由得喝问："谁在外边？"外边传来邓敏的声音："爹爹，是我。您怎么还不回家啊？我来叫您回家吃饭的。"

邓敏约着邓平回家，匆匆吃过午饭，推说有事，下午就早早地回到了婆家。

这时候，刚到五月上旬，离着小麦丰收的芒种还有七八天时间。晚上吃饭的时候，邓敏对公爹说："爹，按说离着小麦收割还有七八天，现在小麦还青。可是，咱家地多，到时候找人不好找，怕忙不过来，明天开始，咱家早点收割吧？"

丈夫听了，非常惊讶地问："你疯了吗？正是小麦上粉的时候，这时候收割，不是要减产吗？"

公爹是一个很有见识的人，他觉得儿媳说让收获必然有道理，于是答应下来。

第二天，他家立刻雇来多名短工，去地里收割小麦。引得其他人都纷纷笑话，认为这家人真的是疯了。

不几天，百亩小麦全部收获完毕。正是晴天碧日，割完的小麦经过晾晒立刻打场脱粒。又连续晾晒麦粒好几天，虽然麦粒还不太干，天气也非常晴朗，邓敏却安排收场入仓，再次惹得人们嘲笑不堪。

眼见到了芒种节，小麦已经熟透，黄澄澄的，麦粒饱满，煞是喜人。人们都计划着准备收割小麦。谁知道，芒种节前一天的夜里，忽然风雨大作，一场狂风暴雨，田地间熟透了的麦子都倒伏在地里。阴雨天气持续了十几天，所有的小麦都发霉糜烂在地里。

人们这才明白过来，知道邓敏一家为什么早早地收获小麦了。邓敏一家也暗自得意。邓敏怀着感激的心情，回娘家探亲。

父亲邓平看到女儿归来，非常高兴。大家一起吃了一顿团圆饭。谈话间，邓平笑着说："今年你家丰收了吧？"

邓敏非常高兴地说："是啊是啊！谢谢爹爹。"随后问："可惜还没有晾干。不知道老天什么时候能晴，好把麦子晒干。"邓平掐指一算，说："明天就是夏至了，从明天开始连续晴天三日，要晒粮食正是大好时机，千万不可错过。"

次日，果然天气晴朗。等到地皮晒干，邓敏一家再次雇来短工，把所有的麦粒运出来晾晒。

那天太阳相当毒辣，正午时分，晒得麦粒滚烫滚烫的。邓敏一家人都非常高兴，笑得合不拢嘴。

正在高兴的时候，突然间晴空霹雳，狂风大作，乌云罩顶，倾盆大雨落下。雨水滚滚，把场中晾晒的小麦冲了一个干干净净，颗粒无存。

面对大雨，邓敏全家面如土色。

面对大雨，邓平沉重的心情终于平静下来，脸上露出了欣慰的笑容："唉！天机不可泄露！天意不可违背！上天不让你吃上今年的粮食，就不能吃啊！"

为了记住这个惨痛的教训，邓平三人经过一番细致的天气观察，制定了适合农时农事的二十四节气。

讲述者：　孙绪修，男，1947 年 1 月，章丘市文祖镇农民，初中
采录者：　孙继广，男，1972 年 10 月，章丘市融媒体编辑，大专
采录时间：　2003 年 6 月
采录地点：　章丘市文祖镇文祖村

附
记

二十四节气起源于黄河流域，是古代中国劳动人民长期经验的积累和智慧的结晶。话说汉武帝时期，为了尽快统一历法，汉武帝刘彻特意设立太史局，责成邓平、唐都、落下闳等天文学家为太史令，编写制定历法，尤其要求尽快确立关系到农业生产的节气。那个时候，因为节气还没有最终确定，二十四节气要由二十四位太史令来分头计算，最终确定在这一年的历法中。

183

凶日娶媳妇

清朝年间，博学多识的张稷若来到了"闻韶台[1]"做学问。他谈古论今，指点迷津，皆有独到见解，人们十分崇拜他。称赞他说："当年的孔子又回来了！"

张先生不仅学术造诣颇深，还精通《奇门遁甲》。课后闲暇，经常给曲堤民众相看阴阳，择选良辰吉日。他平易近人，和蔼可亲，更加受到了人们的尊敬。

一日，曲堤街刘姓农夫连水，欢天喜地来"闻韶台"拜见张先生。说他的那根独苗"狗剩"，近日要娶亲，求先生找个大吉大利的日子。

张稷若素日[2]里很敬重刘老汉。刘老汉的命不济，早年丧妻。他又当爹又当娘，一把屎一把尿把儿子养大。学会了做饭，缝缝补补，既做父又当母。好不容易，儿子

"狗剩"大了。两个光棍一床被，日子过得好艰难。但人穷志不短，听说"闻韶台"来了个好先生，就把儿子"狗剩"送去了。他勒紧裤腰度饥寒，供养孩子念书。

"闻韶台"书院里众多学生，都是大家子弟，唯"狗剩"小棉袄子一抽腰，裤子补丁围一遭，自然遭到人家奚落[3]。可偏偏穷人家的孩子争气，就"狗剩"的学业出类拔萃，深得先生偏爱。

刘老汉要给"狗剩"办喜事，先生着实从心里欢喜，赶忙翻开了黄历。他一边看，一边想："穷人家娶媳妇没什么奢侈准备，还是越快越好。但刘老汉为人一辈子不容易，男婚女嫁是家中大事，也该让刘老汉光耀光耀[4]露回脸。"心里想着，手里翻着。突然两眼一瞪，扔下黄历拍案而起，惊叫道："好日子，好日子，黄道吉日！""啥日子？"刘老汉也激动了，忙问。"明天！"张稷若说，"明天是个黄道吉日，千万不要错过。"刘老汉斗大的字认不了几个，十分信奉张先生。张先生说好，就没有歹。他谢过张先生赶忙回家请媒人，贴喜对联，准备迎亲家去了。

翌日晨[5]，清朝皇帝乾隆与大臣刘墉下江南私访，路过曲堤街。偶然听到喇叭[6]声声，锣鼓阵阵，问及何事，知有一农夫娶亲的花轿来了。乾隆皇帝甚是纳闷，对刘墉说："今天是个'鬼日'子，怎么能娶亲？这是哪号野先生[7]给看的好日子？"

刘墉没接皇上的话，只是说："万岁爷，有道是十里不同风，百里不同俗。咱还是入乡随俗吧。"

乾隆皇帝说的鬼日是怎么回事呢？"鬼日"，即鬼神的节日，大鬼小鬼全放假，尽情享乐。鬼日娶亲，最忌新娘上马下马这两关。良辰吉日娶亲，需上马金，下马银，买的是鬼路钱；而"鬼日"里娶亲，上马金、下马银就没用了。因为专司婚嫁的大鬼小鬼都不在岗位，那些专爱作乱的各路鬼神都来看热闹，说不定会闹出什么麻烦来。

乾隆皇帝好奇，领着大臣刘墉，偷偷来到贴了喜联的

---

[1] 闻韶台：济阳县八大景观之最。是一处具有浓郁儒家文化特色的古代人文景观，"闻韶台"坐落在今曲堤街道东街。台高40余米，占地约2800平方米，台顶面积约900平方米，全是用黄土堆积而成。当年，孔圣人周游列国，到达济阳曲堤时，忽闻韶乐，悠扬动听，故止步不前。继而不思茶饭，三月不知肉味，流连忘行。孔圣人路途劳累，脱下靴子，倒了倒靴子里的土，一下子倒了小山似的这么一大堆，这就有了后来的"闻韶台"。

[2] 素日：平常。

[3] 奚落：指用尖酸刻薄的话揭人短处，使人难堪。

[4] 光耀光耀：风光一下。

[5] 翌日晨：第二天早晨。

[6] 喇叭：唢呐的俗称，吹唢呐的叫"喇叭匠子"。

[7] 野先生：走江湖骗财的风水先生。

刘老汉门前，混进了人群，想看个究竟。

迎亲的花轿回来了，顿时鼓乐齐鸣，吹吹打打，好不热闹。新娘下轿蒙头红掩面，羞羞答答，三寸金莲步履轻盈；新郎满面春风，英俊潇洒，同娘子并肩来到香烟袅袅的供桌前。一拜天地，二拜高堂；夫妻对拜，同入洞房。人们欢呼，人们称赞，正是喜气满天，一切都那么顺当自然。

"这就怪了，鬼日里娶亲怎么没遇到一点麻烦？"乾隆小声问身边的刘墉。刘墉摇头不语，道不出个所以然。

站在乾隆身后的一个白胡子老头，这时小声耳语说："虽是鬼日迎亲，但因龙虎坐阵观看，岂有鬼神作怪之理，自然顺当。"

乾隆一下子省悟过来，他身为当朝皇帝是龙，刘墉身为大臣是虎，岂不是"龙虎坐阵"？乃至再回头问那白胡子老头："先生贵姓……"

那个白胡子老头不知何时不见了。再一打听，才知是曲堤"闻韶台"张稷若先生。

自此，这里鬼日娶媳妇，演变成习俗。

讲述者：　孟庆贵，男，1954 年 9 月，济阳区曲堤
　　　　　街道姚集村，高中
采录者：　刘海友，男，1966 年 10 月，济阳区志远
　　　　　学校校长，大专
采录时间：2020 年 6 月
采录地点：济阳区志远学校

附
记

张尔岐（1612—1678 年），字稷若，号蒿庵，山东济阳人，今回河街道张稷若村人，生于明神宗万历四十年（1612），卒于清圣祖康熙十六年腊月二十八，年六十六岁。"张稷若先生的才气，胜过孔子。"曲堤人都这样说。孔子当年到齐国来，在离济阳城东北十三千米的曲堤，有个五十米高四十米见方的土台上，突然听到了"韶"（韶是齐国的舞乐）的乐声。此乐甚是好听，孔子对其迷到了"三月不知肉味"的程度。孔子恋其台，在高台古庙里教书多年。后人为了纪念孔子，元代重修高台，兴建了大成殿，从此起名为"闻韶台"。由于孔子在此讲过学，后来无人再敢在"闻韶台"做学问。清朝年间，博学多识的神人张稷若来到了"闻韶台"做学问。他谈古论今，指点迷津，皆有独到见解，人们十分崇拜他，称赞他说："当年的孔子，又回来了。"正因张老先生在这里做学问，才有了上面这则故事。

184

腊八粥

古代有一对夫妻，勤劳朴实，精耕细作，精打细算，家境殷实。一年四季，吃穿不愁。老两口心地善良，有口皆碑。他老两口经常接济四邻八舍，所以村人对他们是尊敬有加。

但就是这样一对人人称道的老人家，却有个不成器的儿子。小伙子长得五大三粗，身强力壮，却整天无所事事。他东游西逛，饭来张口，衣来伸手，横草不拿，胡吃闷睡[1]。

其实，这都是老两口老来得子、疼爱之极、娇生惯养造成的。小的时候没好好教育，等他长大成人了，再也劝诫无方，只能唉声叹气，寻思着为儿子讨得一房媳妇，指望他成家立业后有所觉悟，改过自新。

谁知老天不长眼，娶到家的媳妇竟然和儿子一个德行，懒惰成性。日起三竿，日西就睡。不动针线，不进灶房，油瓶倒了也不知扶。老两口此时只有拼命为儿子创家业的力气，连埋怨声也出不得了。

虽如此，老人家还是谆谆告诫儿子和媳妇说："孩子们哪，要吃饭，得流汗。勤是摇钱树，俭是聚宝盆。要想日子过得好，勤俭是个宝。"儿子和媳妇却把这话当成耳边风，一句也不往心里放。

后来，老两口年事已高，身患重病，卧床不起，自觉没有多少时日了。老头儿就把小两口叫到床前，嘱咐再三说："要想日子过得富，鸡叫三遍离床铺；男当勤耕作，女应多织布……"话没说完，就咽气了。病中的老太婆承受不了打击，也跟着老头奔黄泉路去了。

小两口在乡亲们帮助下，埋葬了两位老人。看看囤里粮、缸里米，柜里棉花箱里衣，男人说："有吃有喝不用愁，何必下地晒日头。"女人说："夏有单衣冬有棉，何必纺织到日偏。"小两口一唱一和，早把两位老人的遗嘱忘到脑后了。就这样一年一年过去了，田地早变成了草滩，院子里也是野草横生。缸里的米面空了，柜里的衣物没了。小两口只好东家借点，西家赊些，过起了乞讨的生活。乡亲们念在老两口为人良善，不忍心不救济他的儿子媳妇，能帮衬[2]的就帮衬点，这样又度过几年艰难的光景。但就是这样的日子，也不能使小两口醒悟。他俩反倒觉得，既然乞讨也能生活，何不趁此养养神，省省自己的力气呢。

这一年腊月初八，天气奇冷，小两口被冻醒了。加上饥饿，已没了力气出去乞讨。可这肚子"咕咕"地直叫，看来不吃东西不行了。两人极不情愿地爬起来，四处搜索着可以填肚的东西。

还真幸运，他们在炕缝里、地缝里找到几粒豆子；又从囤底找到老鼠没吃掉的，少得可怜的几颗粮食。他俩把这些吃的放进锅里，然后从院子里扒拉些柴草，塞进灶膛，熬了一锅杂七烩八的粥。有小米、玉米、黄豆、小豆、高粱、干菜叶……说是粥，但稀得可以照出人影来，水里的各种粮食粒都数得见。看着这一锅由自己亲手熬出来的粥，小两口这才有所悔悟。想起二位老人的教诲，不禁泪流满面，追悔莫及！

悲悲凄凄地喝着粥，两人蜷缩在一起互相取暖，做着下一步的打算。今后是像父母那样辛勤耕作呢，还是再这

---

[1] 胡吃闷睡：贪吃贪睡不干活，俗称"懒汉"。

[2] 帮衬：帮助。

样年复一年地懒惰下去，靠乞讨打发余生？

还没等他们想明白，今后该怎么做。寒风呼呼肆刮起来，年久失修，破烂不堪的房屋也在这悲凄的气氛中倒塌了。小两口被压在了下面，可他们连呼叫的力气也没有了。等乡亲们赶来，他们已经死去多时，身边还放着半碗早已结了冰的杂粮粥。

人们为了记住这个惨痛的教训，每年的腊月初八，都会熬制一锅小米、红枣米、黄豆、小豆等八种食材和瓜果的腊八粥。

久而久之，形成了过腊八节的习俗。

讲述者：　　马序九，男，1941 年 10 月，章丘市明水街道眼明堂小区，高中

采录者：　　杨巧丽，女，1963 年 3 月，山东省作协会员，大学

采录时间：　2012 年 5 月

采录地点：　章丘市明水街道眼明堂小区

附
记

2012 年腊八节，采访了马序九老师。马老师说：腊八节，是我国民间重要的传统节日。农历的十二月俗称腊月，初八即腊八节。在这一天，做腊八粥吃。过去在北方农村许多地方，腊八粥一般是用小米、红枣、豆子等八种粮食和瓜果熬煮而成，囊括了农人们一年来辛苦劳作收获的五谷杂粮，喝着这样的粥，更能体会"汗滴禾下土，粒粒皆辛苦"的艰辛。腊八粥的故事有着很鲜明的传统文化意义，也是一种很好的节日文化传承与创新的思路。一碗粥虽"小"，但"小粥"也可以"大做"。

185

无影[1]县令

钢城区颜庄自古以来就有正月十五舞龙灯的传统。届时，花鼓锣子、高跷、旱船、毛驴、狮子、花灯、秧歌等大显身手。所到之处，鞭炮齐鸣，烟花灿烂，场面壮观。

为了博得更多的彩头[2]，演出更加精彩，正月初七八就开始排练。总指挥扮演县官，头戴破纱帽，身穿破大褂；手拿破蒲扇，骑在扁担上，由扮演丑角的两人抬着，到哪里演出他说了算。

清末的一年，到莱芜县衙拜年演出，要在大堂上演给县太爷看。扮演县太爷的演员和县太爷拱手相礼，平起平坐。

县太爷就问："你是什么地方的官？"

演员答："颜庄无影县县令。"

县太爷又说："地凭文书，官凭印，你可有印？"

演员答："有。"接着，就从怀里掏出一个用破布包着

[1]　无影：没有的意思。

[2]　彩头：奖赏。

的锄印[1]，往大堂案桌上一放。

县太爷忙抱拳道："失礼，失礼。"

无影县令道："同礼，同礼。"然后，就演出开始。

花鼓锣子、狮子、高跷、旱船、毛驴、秧歌等，就在县衙院内大显身手。龙灯就在大堂舞了起来，舞得人眼花缭乱，目不暇接。一会一个龙翻身，一会一个龙戏珠。最后演了个龙盘柱，技艺惊人。县太爷连声叫好，并命师爷打赏。

从那以后，颜庄龙灯就出名了。

讲述者：	谭守凯，男，1933年2月，钢城区颜庄镇颜庄村，高小
采录者：	吕秉华，男，1949年10月，钢城区颜庄镇颜庄村，干部，大专
采录时间：	2020年3月
采录地点：	钢城区颜庄镇颜庄村

附
记

钢城区颜庄镇颜庄村，自古以来就有正月十五玩龙灯的风俗。有时玩水龙，有时玩火龙，届时锣鼓喧天，鞭炮齐鸣；又有花鼓锣子、高跷、腰鼓、旱船、赶毛驴、舞蹈、威风大鼓等，场面壮观，甚是好看。

花鼓锣子是山东省第二批被纳入省非物质文化遗产名录的，是济南市钢城区颜庄村独有。形成于清末民初，距今已有一百二十余年历史，流传于莱芜区、钢城区等地。花鼓锣子是集打击乐、表演、说唱为一体的民间舞蹈，由于以花鼓、铜锣为主要乐器，故称花鼓锣子。"花鼓锣子"早期演出形式是五名演员，即兴性强，见景唱景，见物唱物，时歌时舞。演出主要动作有"抖肩""弹跳""蹦跳步"为一拍一跳，步步紧凑，摇头晃脑，抖肩晃膀，轻快活跃，并伴有翘胡、调情等滑稽动作与表情，引人欢笑不断。演出时，锣鼓唢呐开场，然后五名演员根据步伐要求依次上场。打腰鼓者领舞（武生扮相），打夹板、打伞者（丑角扮相）、打小锣、打小镲者（花旦扮相，男扮女装）紧随其后。唱词以风调雨顺，国泰民安，五谷丰登，六畜兴旺为主。曲调为鲁中民间小调"拜年歌""画扇面"等。数板多为富有浓郁乡土气息和生活情趣的民间传说和历史故事。演出常用队形有"龙摆尾""8字串花""挖门式""转灯式""跑圆场"等。表演时，打腰鼓者带领本组演员跑"龙摆尾"式上场，"8字串花"后开始说唱表演。"打起鼓，敲起锣（呔），大伙上场乐（呀么）乐呵呵，今天不把别的唱，哎……唱一唱小两口拜年歌。"然后"8字串花"，串花完毕，打夹板者领说数板："正月里来是新年，我给父老来拜年，拜得好了你别夸，拜得孬来你多包涵。"然后，全体演员合说："多包涵。"数板后，演员开始边舞边唱。

[1]　锄印：锄头，锄草的工具。

186

海云得奇书

从前，鲁家庄村出了个叫海云的人，他父母是面朝黄土背朝天、老实巴交的农民，过着日出而作、日入而息的生活。日子过得不很富裕，但家有几亩良田，年吃年穿，多少还有点节余。

海云上有哥下有弟，他们都不善言语，是忠厚老实的种田人。唯独海云自小聪明伶俐，勤奋好学，而且记性特别好，有过目不忘之才。人人都夸海云是小神童，有出息，长大后准能出人头地，是个可塑之才！父母听了非常高兴，暗下决心：节衣缩食，积攒银两，供海云读书，让其考取功名，步仕途，改换门庭，光宗耀祖。转眼到了上学的年龄，父母不惜重金，让海云入私塾读书。几年下来，《三字经》《百家姓》《千字文》"五经四书"……只要是所学内容他都能背得滚瓜烂熟。不仅如此，还能用俊秀的小楷默写出来。对字词句的理解也非常透彻，只要你说出一个字或词，他便能立刻说出其意及出处，并能出口成章落笔成文。海云十五岁参加了童试，成绩优异；十八岁，乡试得了第一名。正当海云父母为儿子的聪明学识而高兴时，一件事却让他们的心彻底凉了。

鲁家庄村西有一条河，是汶河支流，发源于莲花山，河水清澈滔滔北流。附近村庄的人们经常来在河边柳荫下纳凉，洗衣服。

夏天，孩子们脱得一丝不挂在水里捉鱼、洗澡、打水仗；冬天，河水结冰，人们在此滑冰，玩得非常高兴。这一年夏天，出奇地热。这天吃过午饭，海云约几个青年伙伴，顺河而下，来到村北洞湾洗澡解暑。洞湾位于鲁家庄村西北方向，是一个很深的水潭。远看形似水湾，湾的北面紧靠山崖。距水面丈余有一山洞，洞口外左侧山崖突出一截山石。上面是与洞口平行略低一点的一米见方的平台，似现在跳水运动员用的跳板，又如一探海石屹立在深潭上方山崖之巅。

夏秋两季潭里灌满了水，水平如镜，探海石和山洞倒映在水中，湾与山洞融为一体。绕湾一周，不论在何方位，都能看到水中的山洞与山崖上的山洞遥相呼应，让人难以判断哪是真实的山洞，哪是山洞水中的倒影，再配上蓝天白云形成一幅绝美的山水画。

山洞很深，据说与莱芜城北秃山子，也就是九顶雅鹿山上的狐仙洞相通。刚进洞里面还比较宽阔，有石桌石凳，还有石床。老人说是仙人安期生在此修炼时用过，所以又叫仙人洞，内有仙人桌、仙人凳和仙人床。再往里走洞很狭窄，只能侧身或是爬行才能通过。海云他们几个洗完澡，爬上山崖，钻进了山洞。洞里非常凉爽，是个纳凉解暑的好地方。伙伴们有的坐在石凳上，有的趴在石桌上，有的干脆躺在地面上，一边纳凉一边想着心事。海云爬上了石床，想在上面躺着歇歇[1]，却发现光滑的石床上面有一块方石，看样子是从上面石缝中落下来的，方石四周溅有泥土，可能是石块落下与石床撞击所致。抬头望去，发现石缝中露出一长方体木制红色小匣。海云站起身取下红匣，除去泥土，隐约可见红匣上面写有"安期生"篆书字样。"安期生不是仙人吗？怎么会有他留下的东西呢？"海云边想边招呼伙伴们："大家都来看看这是什么。"众人听了，都围拢过来观看。大家见了，都不知小匣里装的是什么东西。只是从小匣上的字来判断：这是神仙安期生留下的东

[1] 歇歇：休息。

西。由此可见，神仙安期生确实在此修炼过。"小匣里装的是什么？""能不能打开看看？""有没有危险呀？"大家议论纷纷，不知怎么办才好。海云见大家也说不出子午卯酉，心想："要想知道是什么，打开看看不就知道了！"他两手掂掂，不是很重。继而又想："神仙留下的东西，是吉祥之物呢，还是拘押的妖魔鬼怪？洞里就这么大空间，人又多，如有危险怎么办？不行，得出去，到宽敞的地方去！"于是，对大家说："我看这样，咱们到前面河滩上去打开，那里宽敞。"说罢，拿起小匣，和大家一起出山洞，下悬崖，来到沙滩上。海云让大家躲得远点，自己小心翼翼地打开了红色小匣。"《奇门遁甲》[1]！"海云忍不住叫出声来。原来，小匣里面放着一本线装古书《奇门遁甲》。《奇门遁甲》又通常被人简称"奇门""奇门遁""遁甲"。民间流传的俗语有"学会奇门遁，来人不用问"。还有的说"奇门遁甲"是修真的功法，有理数奇门和法术奇门两种，尤其是法术奇门传播甚广，呼风唤雨，撒豆成兵；招神聚将，预测未来……

海云早就听私塾先生说过《奇门遁甲》的玄妙，见仙人安期生所留《奇门遁甲》，真是爱不释手。

从此，海云天天手捧《奇门遁甲》，专心致志地研读着。暑到河边柳荫下，寒在室内火盆旁，读得废寝忘食。什么去学馆读书，考取功名利禄，光宗耀祖，早就扔到了脑后。

父母初见海云一天到晚津津有味地读着《奇门遁甲》，也不时地唠叨几句："看的是啥书？""今天不去学馆了？""没有老师指点，你读得懂吗？"起初，海云置若罔闻，不把二老的话放在心上。可是，时间长了，心里便不耐烦了，道："整天就是唠叨，唠叨起来没完，看完就去。"二老心想："看完就去？这么厚一本书，看完得等到猴年马月。这如何是好？！"俗话说："爹亲叔大，娘亲舅大。"二老实在没有办法，便请来海云的舅舅和叔叔，一起劝说海云回学馆读书。但不管怎么说，就是说不到海

[1] 《奇门遁甲》是中国古代术数著作，"奇"是指三奇，即乙（日）、丙（月）、丁（星），"门"是指八门即"开、休、生、伤、杜、景、死、惊"。遁甲则指六甲旬首遁入六仪即"戊、己、庚、辛、壬、癸"。

云心里去。

不上学读书，不下田劳作，怎么办？几人一筹莫展！最后大家一致认为：不孝有三，无后为大。先让他娶妻生子，油盐酱醋茶，吃喝拉撒，等尝到了生活的艰辛，他也就收心了。"对，就这么办！"于是，托媒从本村娶李氏女为妻。令人想不到的是，未结婚之前，到了吃饭的时候，只要母亲叫他吃饭，他还能到桌上和大家一起就餐。可婚后，干脆不到桌上来了。只要一叫他吃饭，他便让媳妇李氏女给送去。二老不让，但是李氏女善良、贤惠，怕海云生气，只能乖乖地给他送去。父母看了只是干生气，毫无办法。斗转星移，日复一日，年复一年，海云一如既往专心攻读他的《奇门遁甲》。

这一年秋天，大豆丰收。家里雇了短工，找来亲戚朋友帮忙收割大豆，忙得不亦乐乎。亓海云无论多忙，照例在家啃他的书本《奇门遁甲》。天到午时，该用午饭了。可人们还没有回家，李氏女便让海云去打谷场上叫人们回家用饭。打谷场上，人们干得正欢。他们有的拿着杈把翻场，有的套着耕牛拉石磋子轧豆子；有的端着簸箕扬场，金灿灿的豆粒小山似的堆了长长的一大溜。李氏女的弟弟也来帮忙，正拿着扫帚掠场，看见海云优哉游哉地走来，非常生气，把扫帚一扔，愤愤地说："哟，这不是大秀才吗？""噢，是李堃老弟呀！怎么你也来下力啦？"李堃是李氏女的弟弟，平时对海云一心只读"圣贤书"心怀不满，曾多次要教训于他。可姐姐贤惠，怕双方老人生气。何况有三纲五常，三从四德的束缚，又怕海云是一介书生身子弱不禁风。如教训不当，有个三长两短，得不偿失。他虽然懒点，怎么也是自己的丈夫，忍让一点也就得了，故不让李堃造次。李堃虽然对海云很生气，但姐姐的话还是要听的。所以碍着姐姐的面子，也不好与海云过于计较。今天李堃见姐夫说话带刺，气就不打一处来，接过话茬道："下力说不着，那是为了我姐；要是为你，你用八抬大轿抬我也不来。"海云见内弟火气很旺，考虑到李堃来到自己门上，又是给自己帮忙，如果闹翻了不仅对不住自己的内弟，更对不住年事已高的老岳父。尽管自己怎样懒惰，妻子李氏女怎样劳累，老岳父也只是看在眼里，疼在心里，从不说自己一个"不"字。不论家里农活多么忙，

也要抽时间让李堃前来帮忙，并且绝无怨言。有时李堃不服，在父亲面前发牢骚，嫌父亲不为姐姐撑腰，惯得海云人活不干，只是死啃那本《奇门遁甲》。老岳父听了，总是说："怎么撑腰？手心手背都是肉，难不成要打海云一顿？自己的女婿，我能下得去这狠手吗？再说，把海云打坏了，你姐依靠何人？海云如此，自有他自己的道理，以后休要提起此事！"今天李堃想借机为难一下海云，道："当着大伙的面，让我姐夫展示一下《奇门遁甲》的奥妙，如果展示得好，让我佩服，他家的零活我包了。"海云听了，笑而不答。李堃见海云不作声，知道海云不敢应战，心想："都说读通《奇门遁甲》，能招神聚将，呼风唤雨，撒豆成兵，还能预测未来。从海云拒不作声来看，都是道听途说，根本没有这回事！"李堃越想越觉得有道理，也越得理不让人，道："大家给我俩做个旁证，如果他不能让我心服口服，这就是他输了。那就叫他老老实实下田劳作，从此不再读什么《奇门遁甲》，大家说好不好？"大家听了李堃的话，都想见识一下《奇门遁甲》的奥妙，但又怕海云输了丢面子。所以，你看我我看你都没有吱声。海云默默走进打谷场，拿起簸箕，走向豆堆。他撮了[1]一簸箕大豆，来到李堃身边，口中念念有词，围着李堃像二月二打囤那样撒了一圈大豆。之后，从头上拔下一根头发，放在嘴上一吹，扔下簸箕说了一声："大家回家吃饭吧。"径直朝村里走去。海云回到家里，等待人们回家吃饭。这时，一人跑得满头大汗，来到海云面前，上气不接下气地说："你快去打谷场上看看李堃怎么了。""李堃怎么啦？"海云心里明白，却故意问道。"你快去看看吧！"来人边说边拉着海云向打谷场跑去。来到打谷场，只见李堃面色蜡黄，浑身是汗，正在自己撒的豆圈里拼命地奔跑着。他不时地回头看看，好像十分恐惧的样子。旁边，人们都焦急地站在那里，有的大声呼叫："李堃快停下，回家吃饭了，你怎么了？"有的向前拉李堃，可是刚一向前，不知不觉已越过豆圈来到对面，回头一看，李堃还在圈内奔跑着。有一老者拿着一把扫帚扫豆圈，刚扫出一豁口，被扫走的大豆又自动滚回原来的地方，急得大家一筹莫展……

大家见海云到来，都用期待的目光看着他。海云来到豆圈旁，口中念念有词，说声："停！"只见李堃立刻停止了奔跑，一腚坐在豆圈内，面色蜡黄，豆大的汗珠不停地从脸颊上流落下来。海云看着李堃面带微笑问道："怎么样？""累死我啦！服了，服了，我算是真服了！"李堃环视一下四周说。"你跑什么？""叫你，你听不见吗？"大家你一言，我一语地问。李堃见大家都问自己是怎么回事，忙向大家说道："我姐夫用大豆把我围困之后，我就好像是进了一口深井内，周围好像是用黄色的大豆垒成的高墙，宙天竖地[2]像一领卷起的大苇席竖在那里，抬头只能看见铜钱般大小的天。一条大蟒蛇在后面张着血盆大口死死地追我，可吓煞我啦！"大家都好奇地看着李堃，不解地问："蛇，哪来的蛇？"

"一条黑色大蟒蛇在追我！"李堃惊恐地喃喃自语，汗顺着脸淌也顾不得擦。

"哪有啊！不就是你自己在圈里跑吗？"大家你一言，我一语地道。李堃若有所思，拍拍脑袋，对大家说："噢，想起来了。我看到我姐夫撒完豆圈，右手向着头顶抓了一把，伸手向前放开手掌，吹了一口气。气过掌心，一貌似蚯蚓的黑色物体随气落地一滚，一条巨大的蟒蛇张口吐舌向我追来，吓死我啦！佩服！佩服！"李堃说完，向着海云伸出了拇指。自此，李堃对海云心服口服，言听计从。

这一年，秋天开始就一滴雨也没下，一冬又没有雨雪，直到来年农历五月份还没下雨。小麦绝产，颗粒未收。

春天树木抽条发芽长出三五片树叶，也都旱得打了蔫，有的干在了树上，一阵风吹过发出哗哗哗的响声。山坡上的草都旱干了，一根火柴就能点着。大地到处是裂缝，用镢头刨多深，没有一点湿乎意思。一阵风吹过，尘土飞扬，迷得人们睁不开眼睛。很多村庄的井里都旱得没有了水，就连常年不断流水的鲁家河也干枯无水成了一条旱河，人畜用水成了困难。很多村庄的人要跑出几里路挑水饮用，为了节约用水，人们把洗衣服洗脸用过的脏水，倒进一个闲盆里，让水澄清后反复使用。

往年这时的大地上，已是到处庄稼绿油油，一派生机

[1] 撮了一簸箕：装东西，此为装满一簸箕。

[2] 宙天竖地：顶天立地。

盎然的景象。而今年却是到处一片干黄，还是深冬的样子，只是不冷罢了。一年之计在于春。谷雨前后，种瓜种豆。春种秋收，农时不等人。俗话说，"六月六看谷秀"。眼看就到五月底了，好的年景，谷子马上就要秀穗了。可今年春季作物还没种上，一年的收成泡汤啦！歉收年景已成定局，看来又是一个灾荒年！年轻的娃子们，不知生活的艰辛，更不知一场饥荒马上到来，整日无忧无虑地度着时光。那些中老年人，见到如此情景，人人都唉声叹气，考虑如何度过这灾荒之年。

有一天，几个老人又聚在一起，商量着如何苦度灾年的办法。一老人说："我们山东大面积干旱，如今小麦绝产，春播作物没有种上，看来明年是个大贱年，还不知要饿死多少人呢。""如此大旱，你就是吃野菜、树叶也没有啊！"一老人愁眉苦脸地说。

一位手拿烟袋的老人，边往烟斗里装烟边说："听说关外三省近几年雨水调和，粮食连年丰收。那里的土地宽满日子很好过，听说已有很多人准备下关东谋生呢！""路费呢？你有路费吗？从我们莱芜到关东千山万水，徒步要走几个月，路上吃喝拉撒都得用钱。青壮年还可以，那些体弱多病的老人和孩子怎么办？雇车得多少钱？人吃马喂……"几个老人你一言我一语，都为来年怎样维持生计而发愁。突然，在门口倚门而坐的李姓老汉左手一拍脑门，道："咱们怎么把他给忘了？""谁？"大家都不约而同地把目光看向李姓老汉，同声问道。"海云呀，他整日看《奇门遁甲》，肯定知道今年收什么。我们去求求他，让他给我们指一条明路，也好帮我们大家渡过难关啊！"李姓老汉说。自从海云豆场戏李堃后，李堃对海云佩服得五体投地。再也不在父亲面前说海云的坏话，并且还时不时地到海云家帮姐姐做一些事。海云也乐得清闲，整日埋头苦读《奇门遁甲》。这一天，海云正在书房内默读《奇门遁甲》，忽然听到敲门声，海云让李氏女前去开门。不一会工夫，领进几位老人。寒暄几句，众人落座，献茶，茶罢搁盏。一位老人也不客气，直奔主题，道："海云老弟，我们哥几个求你帮忙来了！"海云听了，道："都是乡里乡亲的，不用客气。只要我能做到的，我会义不容辞的！"几位老人你一言，我一语地说明

了来意。海云听了沉默不语，心想："收什么庄稼，我知道。只是不能告诉你们，因为天机不可泄露！"众人见海云面露为难之色，也不好多说，个个都低头不语。海云见大家不言语，十分为难，心想：告诉大家吧，怕泄露天机，受到惩罚。不告诉大家吧，对不起众位父老乡亲。重要的是遭遇贱年，不知要饿死多少人，不知有多少个家庭妻离子散。为人一世不能只为个人着想，只要是为大众利益，就是泄露天机，也是情有可原的。权衡利弊，还是要告诉大家，拯救黎民众生。"怎么能既告诉了大家，又不触犯天条呢？"海云想，"哎，有了！我只明说范围，不告诉他们具体庄稼的名称，让他们去猜，还能一猜就着。对，就这么办！"想到这里，道："众位父老，因天机不可泄露，我只能说个范围，具体是什么庄稼你们自己去琢磨，行吗？"海云说完，向大家深鞠一躬。大家都连声称"是"。海云见大家都没有意见，轻声说道："今年收一坡花！"自从海云道破天机后，几位老人聚在一起，围绕着"收一坡花"琢磨花与粮食的关系。考虑什么粮食开什么花，什么季节种什么庄稼。手拿旱烟袋的老人边抽烟边说："现在已经是五月末，马上就入伏了，种什么庄稼也晚了……"

不等抽烟老人说完，一白须老人接过话茬，道："你说到入伏，我想起了一种庄稼。"

大家急切地问："什么庄稼？""荞麦！头伏荞麦，二伏萝卜嘛！""对，对，对，荞麦开花一片白嘛！"众老人言罢，开心地笑了。今年收荞麦的事，很快就传遍了整个旱区，人们都千方百计买荞麦种子，送干[1]种在了地里。六月初下了一场透地雨，送干种的荞麦种子得到了雨水的滋润，破土而出，茁壮成长。到了秋后荞麦丰收，救了山东莱芜一方百姓。海云泄天机救百姓的事，不胫而走，成为人们茶余饭后议论的热点话题。人人都夸海云悬壶济世，普度众生，是灾区人们的大恩人。原来说海云懒的人们，也一改原先的观点说海云是菩萨心肠。这天，李堃来到海云家，正巧海云不在，和姐姐聊了几句闲话，李堃便来到海云的书房内，见书桌上放着一本线装古书。李堃顿时眼

[1]　送干：不用浇水就把种子种到干地里。

前一亮，心想："平时我想看看这《奇门遁甲》，姐夫也不让。每次来到他家，姐夫都是在书房看书。只要来人，他便迎出门外，引入客厅待茶。并且出门落锁，不让他人进入书房半步。今天不知怎么，姐夫不在，房门未锁，正是偷看《奇门遁甲》的好时机！"李堃快步来到桌前，打开线装古书，朗诵了起来。一小段刚读完，就听院中有风雷之声。抬眼向门外望去，只见门外有一庞然大物，一身黑色绒毛黝黑发亮，头似麦斗眼赛铜铃，堵在门口，张着血盆大嘴，嗷嗷直叫。吓得李堃一腚坐在地上，脸色蜡黄，不知所措……正在这时，海云气喘吁吁，一步迈进大门，口中念念有词，说声："去吧！"只见那庞然大物升空而去。原来，读《奇门遁甲》只能默读。如若默读，读上千遍万遍乃至背诵整篇也不会有事。如若朗读，《奇门遁甲》中叫作咒语呼唤，不论声音大小，只要出声，就有妖魔鬼怪被唤至此，并且要有事做，不能叫空。如叫空没有事做，以后就呼之不灵了。不仅如此，假如来者认为上当受骗，恼一恼就可能要灾害性报复。吃过早饭，亓海云正在书房看书，忽然听到有人敲门。"谁呀？"海云放下书本，边出门边问道。"是我呀！"海云开门一看，原来是隔壁三哥和一个陌生人站在门外。"噢，原来是三哥呀！快家里坐！"海云边说边让来人家里坐。"不咧！阁子[1]门外路边你那棵柳树，不是要卖吗？"三哥边问边向海云介绍道，"这是邻村刘木匠，想要几棵柳树解案板[2]。""刘师傅好！"海云礼貌地问好。"好！好！好！""那我们去看看吧！"三哥一边说一边向阁子门走去。三人来到阁子门，看了柳树谈妥了价钱，暂定明天伐树。支付了定金，三哥和刘木匠又到别处买树去了。海云见别无他事，便悠闲地往回走。正在这时，忽然听到有风雷之声。风雷声过后，在自己宅院方向有嗷嗷的叫声。听到叫声，海云心中一颤，心想："坏啦！出门急，忘记锁书房门，谁进书房了？"海云三步并作两步，飞快地跑进庭院，见一庞然大物，这庞然大物叫奇门异兽，堵在自己书房门外，便念动咒语并吩咐道："夜间，你去把阁子门外的那棵柳树拔出

来，除去枝丫放在路边。然后去南山，那里有一块地塌了堰豁子，麻烦你给垒好。去吧！"海云家团山子后坡有一块山地，去年六月份雨水偏急，地堰冲毁一大段。李氏女几次催海云去垒，由于路远又是山地也收入不了多少粮食，所以就没有放在心上，直到现在也没去垒，正好这次派上了用场。奇门异兽领命，呼啸而去。晚间，一阵雷鸣过后，一切恢复了平静。第二天清晨，人们都为夜间晴空的雷鸣之声而感到蹊跷。吃过早饭，刘木匠带人来到阁子门外伐树，只见两搂多粗的柳树连根拔起，已经除去了枝丫、泥土和根系，静静地躺在路边等待着人们前来搬运。再看团山后坡的堰豁子，也已用巨石砌好。

日月如梭，转眼过了麦收季节。也就是到了走亲戚串门子的日子。当地习俗，一年有两次走亲戚的日子。一次是在春节过后。另一次是麦收以后。海云的外婆家居住在对仙门村，因村东西两山似巨门，南对仙人山，北与莱城东关迎仙门遥相照应故名"对仙门"，全村尚姓居多。对仙门村坐落于群山之中，两山夹一峪。东邻吊鼓山，顺峪南接白马峪、岔河口、响水湾等村与莲花山相连，一条小河顺峪而下从村西流过。一条羊肠小道弯弯曲曲沿河通往以上村庄，有几处地方要蹚水过河。对仙门村里没有水井，人畜用水要在天不亮时[3]，从河里挑回干净的水饮用。这一天，海云冒酷暑攀山路，来到对仙门村舅舅家里串亲戚。舅舅不在，只有舅母在家。舅母告诉海云说："最近家里用二百斤粮食买了一片山坡，你舅舅打算在那里开出一片梯田，来年准备种庄稼。""土质怎么样？"海云问。舅母回答说："你舅舅说土质不是很好，石头还很多。但是比起买地来，便宜多了，只是得下力气。这不，你舅舅自打买了这片山坡，就到东关集上购置了大锤、撬镐和石镢，没白没黑地干。手上磨起了血泡，用针挑破扯块布条，包把包把[4]继续干。最近，你舅舅黑了也瘦了！"舅母边说边心疼地抹起了眼泪，"唉，都是穷逼的呀！"海云听了舅母的话，心里像打翻了五味瓶，酸甜苦辣咸，心想："舅舅也是年过六旬之人，到了这年龄又儿孙满堂，本应

[1] 阁子：旧时村庄都有圩子墙，圩墙大门就称"阁子"。

[2] 案板：菜板。厨房切菜用具。

[3] 天不亮时：天一亮，人畜蹚水过河，水就不干净了。

[4] 包把包把：用布包扎。

约几个同龄兄弟夏在户外树荫喝茶、下棋、推牌九；冬在村内向阳墙根取暖、拉家常；闲暇无事，左手牵孙子右手领孙女，门前坐街头站，其乐融融，乐享天伦在家享清福了。可为了一家人填饱肚子，他还拼死拼活地干……"想到这里，海云就萌生了要帮助舅舅开荒的想法。中午，舅舅收工回家。舅母做了几样小菜，海云和舅舅边吃边聊。他们聊了很多，从现实生活的艰辛聊到怎样摆脱贫困，让子孙后代过上幸福生活。总之，离不开土地，海云心想："唉，土里刨食难呐！"吃过午饭，他们又聊了一会家常。海云要走，舅舅送出门。这时，天已未时。海云看看天空对舅舅说："舅舅，我走后你就不要出工了。申时有雨，切记，切记！"舅舅看看天空，万里无云，心想："海云看书看傻了，碧蓝的天空，没有一丝云，哪来的雨呀！"心里这么想，但嘴上却说："好的！这用雨的季节，我们正盼着老天下雨呢！"从对仙门村到鲁家庄村十几里山路，不到一个时辰，海云就回到家中。来到上房向父母道了平安，汇报了舅舅家中情况，父母表示放心后，方才回到自己房中。申时，一阵疾风吹过。霎时，天空乌云密布，雷声大作，豆大的雨点从天而降。风雨交加使田间劳作的人们迭不得[1]收拾工具，就被大雨赶回了家。海云见时机已到，来到书房使用奇门之术，唤来奇门异兽，告诉说："这次唤你来做一件事情，就是要帮对仙门村我舅舅开一片荒地，要按我舅舅开出的样子去做，去吧！"奇门异兽领令而去。雨下了整整一夜。黎明前风停了，雨住了！奇门异兽也完成了开荒的任务，光秃秃的荒坡变成了块块良田。海云用奇门之术为舅父开荒的事，传遍了整个对仙门村。一时间成了街头巷尾人们议论的话题。

正当人们谈论得热闹时，只见东街的尚老爹挑着一担水从村西河边蹒跚走来，大家急忙向前打招呼。尚老爹为人耿直，是对仙门村尚姓家族中德高望重之人。论辈分，论品行，举止言谈，庄重典雅。全村红白理事，张家长李家短，大事小情，拿得起放得下，处理得井井有条。村里上至八旬老叟，下至几岁顽童，都崇称尚老爹为尚姓族长。他放下担子，来到人群之中。一年长者对尚老爹说："平

时你总是在天不亮就挑满水瓮！今天怎么这么晚了才来挑水？""想了一宿的事，也没想出个头绪，临明天才睡着，醒来太阳已升起老高啦！唉，难呐！"尚老爹满脸愁容地说。"什么事把你愁成这样？""说出来咱大家听听也好给你拿个主意！"大家你一言我一语地说。"还不是为了咱村吃水的事！几次打井都没有打出水来，浪费了人力物力！"原来，对仙门村没有水井，吃水要到村西小河去挑。路途不远，就在村边，可是这条河水不干净，因为上游村庄的人进城或是到下面村庄办事，都要走这条唯一的沿河路，有几处还要蹚水过河，尤其是山里人放牛羊者甚多，不论是牛羊到河里饮，还是进城买卖牛羊，弄得牛屎羊粪满河都是，特别是羊群刚过，膻气熏天让人作呕。所以，对仙门村人取水要在清晨无人过路时完成。

为了让村民喝上纯净水，尚老爹组织村民几次打井均未成功。不仅如此，在一次打井时塌方，他还不慎把腿砸伤，至今腿还有点瘸。但是尚老爹不甘心，心想：是对仙门村地下无水还是井打得太浅？听说人家五龙村严重缺水，村里只有一口很浅的水井。一年三百六十五天，就有二百天出村打水喝。有一年，村里几姓族长商议彻底解决五龙村的吃水问题，决定全村老少齐动员，有钱的出钱，有力的出力。找人看水源，备材料，开始了艰难的打井寻水攻坚战。前期自己动手打，井越打越深。后来，自己打不了了就请人打，最后竟一升石渣一升钱。经过几年的奋战，在凿到三丈六尺深时，一股清泉潺潺流出。从此，五龙村告别了无有深水井的历史。尚老爹想：五龙村尚能办得到，难道我们对仙门村就办不到？我琢磨着寻个时机找人商议一下，就是豁上老命我也要让对仙门村人吃上井水，告别吃河水的历史。话是这么说，但打井需要人力物力。人倒是有，但钱从何来？找风水师看水需要钱，买打井工具需用钱，打摇把辘轳买木料、请木工师傅需要钱……总体算来，需大量资金。这笔资金怎样筹集？山里人地薄山穷收入少，多数家庭勉强填饱肚子，怎好开口向他们敛钱打井呢！直到寅时，天色将近黎明时分，尚老爹才沉沉睡去。一觉醒来，已是日上三竿。尚老爹将再次组织打井的想法告诉了大家，让大家说说自己的看法。大家一致认为，组织打井劳民伤财，何况有上几次失败的教训。于是，要求

尚老爹另想办法。尚老爹见大家一朝被蛇咬，十年怕井绳，再看看自己的伤腿，无奈地摇摇头。正当大家为打水井一筹莫展之时，只见海云舅舅扛着锄头从村外走来。自从海云用奇门之术帮他开荒之后，舅舅便在那片地里种上了夏季农作物，现已出苗，而且长势良好。他每天有事没事总要到地里转一转，看着地里的庄稼，海云舅舅的心里充满了希望。假如雨水调和庄稼丰收，全家一年的衣食就不用愁了，可能还有结余。积攒几年，再盖几间像样的房子，孙子孙女大了也该分房住了。所以，他脸上总是充满了笑容。海云舅舅来到众人面前向大家打招呼道："大家这么得闲啊！议论什么呢？"尚老爹说："商议打井之事呢！""打井？"海云舅舅疑惑地看了看尚老爹说，"这谈何容易啊！老爹，你看你的腿，要不是打井能瘸了吗？上次打井塌方你忘了吗？太危险啦！"人们听了海云舅舅的话，回想起塌方的场面，个个面面相觑、无言以对。沉默了好一会儿，尚老爹来到海云舅舅面前，低声说："求求你外甥海云吧？他能用奇门之术为你开荒，就能用奇门之术为我们打井！"海云舅舅听了尚老爹的话，感觉十分为难，但又不好拒绝，道："这……"

"去求求海云吧！"尚老爹用哀求的目光望着海云舅舅说："为了让咱村的子孙后代喝上井水，我和你一起去！""我去。""我也去。"人们纷纷要去搬请海云。最后尚老爹决定，自己和海云舅舅，再加上两个德高望重者共四人，买了点礼品，以看望老姐的名义，来到鲁家庄村。他们首先来到上房，看望老太太并说明了来意。海云见舅舅亲自来请，心里虽然不十分同意，但考虑到"爹亲叔大，娘亲舅大"。老舅来请，没有不去的道理。俗话说，"百善孝当头"。如若不去，就是不孝。何况是为了大家的公益事业。想罢，慨然应允。尚老爹一行五人回到对仙门村，海云考虑到打井是村里的头等大事，选点最为重要。于是，首先召集年长的老人选择打井的地点。不求地下有无水源，只求全村人挑水方便。经过分析斟酌，选在村南头东山根石壁下，前几年没打出水的一口枯井，地址选好了。吃过晚饭，海云沐浴更衣，设祭坛供奉奇门遁甲，请来奇门异兽穿山甲，向它们交代任务道："本次打井不管深浅，力求见水。要求不论天气多么干旱，井水不干为

标准。"穿山甲领命而去。一夜无话，次日清晨，人们来到枯井旁。但见三条穿山甲趴伏在井旁的土地上，累得奄奄一息。再看井里，一股清凌凌的泉水从井壁的岩缝中涌出，冒上水面，泛起水花。海云来到水井旁，见三条穿山甲躺在水井旁，头尾动转不能，看来已无力再回洞府，两眼无神地望着海云，好像在说："主人，你交给我们的任务，我们已经完成了！"原来，穿山甲接受了打井的任务，来到枯井里，睁慧眼往地下透视，看到枯井地下根本没有水，怎么办呢？三条穿山甲钻入井壁东面的岩缝，顺着岩缝钻去，一路上遇到过无数的水路，但是水量不是太大。穿山甲生怕遇到干旱水井干枯，完不成主人交给的任务。三条穿山甲轮流在前面开路向东钻去，一直来到东海之滨，引海水入内地流进枯井。因海水压力大，所以井内水面泛起很高的水花。穿山甲一夜之间开地下水路千里之遥，时间紧，强度大，个个累得筋疲力尽。回来路上多亏海水压力大，推着穿山甲一直来到井里，好不容易爬出水井，但已奄奄一息。海云被穿山甲为对仙门村父老吃上干净的井水，不惜牺牲自己的崇高精神所折服，便与全体村民一起，怀着悲痛的心情，把三条穿山甲埋葬在水井旁边。因穿山甲俗名黑狗子，为了纪念穿山甲的功绩，给水井起名为黑狗泉。多年后，人们嫌"黑狗泉"难听，对穿山甲不尊敬，取"狗"谐音，改名黑沟泉。自此，对仙门村人告别了喝河水的历史，喝上了甘甜的泉水。不过听喝过黑沟泉水的人说，泉水入口是甘甜的，但咽下去品品滋味后隐有点咸。可能是海水虽然经过千里地下岩层的过滤，还是没有把海水中的盐分全部过滤干净的缘故。这一年，海云双亲离世。李氏女由于终日侍奉病人，有时候几天几夜不得吃不得睡更不得休息。久而久之，积劳成疾，身体日渐消瘦。海云和儿女们请名医想方设法为李氏女诊治，最终还是撒手人寰，身归那世去了。俗话说，"最亲莫过父母，最近要数夫妻"。人生中最亲的人走了，最近的人也走了。海云极度悲伤，儿子儿媳想要他过去一起生活，年龄大了也好有个照应。他舍不得离开父母居住过的居室，父母不在了，看着父母居住过的房间，就像二老还活在人间，心里踏实。女儿想让他去她家居住，海云想：出了嫁的闺女，泼出去的水，住闺女家不是长久之计。最后决定

哪里都不去，就住老宅，一日三餐由儿子继祖给送饭。转眼间半年过去了，海云也从悲痛中走了出来。他闲暇无事看看书，偶尔走出大门和同龄人一起喝茶聊天，大家见海云又恢复了以前的模样也都放了心。这年冬月的一天，是海云的六十岁生日。这天中午，全家人在一起为海云过了六十大寿。席间，想起老伴李氏女，不免有些伤感，但看到一家儿孙数人围在自己身旁又感到欣慰。傍晚，儿子继祖送来晚饭，看着海云用餐已毕，收拾好碗筷，铺好被褥，侍奉海云睡下后关门而去。望着儿子日渐消瘦的身影，海云思绪万千，难以入睡，海云失眠了。天气虽然寒冷，躺在被窝里手心脚心全是汗，难受极了。四更刚过又交五鼓，海云才迷迷糊糊进入梦乡。忽然房门"吱呀"一声开了一条缝，闪身走进一位妙龄少女。看她那窈窕的身段，高挑的身材，匀称的腰肢。瓜子脸，高颧骨，尖下颌，圆圆的两只眼睛再配上那浓浓的弯眉，浓黑的长发梳成两条大辫甩在脑后，辫梢垂在腰间。身穿黄色大襟棉袄，灰色粗布棉裤，脚穿灰白相间的绣花鞋，鞋脸上绣着一对红绒球，漂亮极了。真是凡间的尤物，仙界的极品！少女来到房中，便开始收拾起了房间。不一会，地面打扫得干干净净，桌椅条案擦抹得锃明瓦亮，摆放得整整齐齐。收拾完毕，又给海云做了一桌可口的饭菜，转身出门而去。再说海云，五更时分才沉沉睡去。恍惚间，只见老伴李氏女回到了家中，她面无表情也不答话，挽起袖子开始收拾屋子，擦抹桌椅，打扫地面。"怎么回事？老伴你不是死了吗！怎么又回来了？"海云见了倍感亲切。他心想：在没有老伴的这段时间，实在太难了！虽然有儿女们侍奉，他们也都很孝顺，但自己是一老爷们，在女儿及儿媳面前总是感觉不方便。这真是：人在不懂珍惜，失去方知可贵。还好，老伴的去世，原来是我做的一场梦！这说明以前我对老伴太不珍惜了！做一噩梦以示提醒。老伴，老伴，老来为伴。今后，我一定要引以为戒，互相照顾才是！想罢，便和老伴打招呼，但怎么也说不出声，用力呼喊亦是如此。心里着急，想翻身坐起，可身子就像被捆缚一样动转不能，就这样眼看着老伴收拾完房间转身而去。海云眼看着老伴李氏女走了，急得满头大汗，有心把老伴留住，但是老伴已经离去。情急之下，大叫一声翻身坐起，原来是南柯一梦。

他失望地倒在床上，泪如雨下！太阳升起来，新的一天开始了。继祖又送来了早饭，刚进院中就听到有抽抽噎噎的哭声。打开房门，只见房中收拾得条理有序。地面打扫得干干净净，一桌饭菜整齐地放在饭桌上，父亲躺在被窝里抽抽搭搭地哭泣着。"您这是怎么了？怎么还哭成这样？这房子是谁收拾的？"见此情景继祖好奇地问道。"怎么还有一桌子饭菜？这是谁给做的？""是你娘做的！"海云见儿子提出了一连串的问题，止住了哭声，满眼含泪地答道，接着，将梦境告诉了儿子。继祖听了父亲的话，摇摇头说："不可能，绝对不可能！我娘已经去世了，怎么还能为您做饭炒菜？"但看看房间收拾得井然有条，一桌饭菜摆在眼前，还冒着热气，心里信父亲说的话。侍奉父亲起床，洗漱后用过早饭，带着满腹的疑虑走了。自此，每天四更时分，少女准时来到，收拾房间，做一桌饭菜。这一天晚饭后，继祖侍奉父亲睡下。他关上房门，但是他没有走，躲进了柴房要观其究竟。大约四更时分，继祖发现从西南方向，一道白光来到父亲房门外落下，就地一滚，站起一漂亮少女，推门进了父亲的房间。继祖自小以大胆著称，看其情景，不但没有害怕，反而对此产生了兴趣，非要看个究竟，心想："大胆妖孽，竟敢来此惑乱人心。"继祖边想边来到窗前，舌尖点破窗棂纸，睁一目瞄一目，搭眼一看，屋里已点起油灯，这位靓丽的少女正在擦抹桌椅，看她那麻利的动作和对房间的熟悉程度，显然就是该家庭的女主人。收拾完房间，少女来到床边给正在熟睡的海云披了披被窝，顺手拿过一个精致的竹编花篮。花篮用一块蓝色花布盖着，里面放的并不是什么花卉，而是一篮喷香的热气腾腾的饭菜。少女把饭菜端出放在桌子上，用蓝色花布盖好。转身来到海云的床前，用桃形红唇在海云憨厚而宽大的脑门上轻轻地吻了一下，转身刚要离去，发现门口站定一人，挡住了去路。"站住！哪里去，还想走吗？"继祖怒道。这声怒喝，把海云惊醒，他一骨碌坐起，见继祖拦住少女去路，就厉声喝道："继祖，不得无理！"他斥责继祖后，转向少女问道："这位女子，你是何人？为何每晚来此收拾房间还做饭菜于我？"少女听了海云的话，转身来到床前说道："恩公，我是报恩来的，再说我俩还有一段夫妻情缘。"海云听了不解地问道："报恩？夫妻情缘？这话从何说起？""恩公，难道您忘了吗？多年前的一个上午，你救过一位白发老太太。"少妇见海云心存疑惑，便从花篮中取出一物，开门见山地问："您可认得此物？"海云见物心惊道："这不是我的褂襟吗？谁给你的？你从哪里来？"说着，急忙穿衣下床，接过褂襟双手捂于胸前，自言自语道："四十多年了，你又回到了我的身边！花甲之年，花甲之年呐！"

继祖在一旁越听越糊涂，问道："爹，你说什么呢？什么又回到了你身边？"

海云招呼少女和继祖两人入座，讲述了他少年时的一段往事！那是四十五年前夏天的一个上午，天空布满了阴云，海云约几个同龄伙伴到狼嚎峪玩耍。峪内山崖下有一汪山泉，一年四季无论多旱的天气，泉水总是潺潺流淌，浇灌着峪中农作物和各种花果树木。旱季，部分村庄的村民到此取水饮用。夜晚，附近山中野兽都来此饮水。距此地不远有座莲花山，山中野狼很多，为了觅食来此峪中，弱肉强食。野狼不为饮水，只为捕捉弱兽为餐，时常发生争斗，传出阵阵狼的嚎叫之声，狼嚎峪由此得名。海云家在狼嚎峪里有几块山地，栽植了花椒、海棠等果树，平时他跟父亲来过几次。海云和几个伙伴来到峪中，很远就看到在自己地里的花椒树下，好像有人在摘花椒。海云心想："是谁如此大胆，来此偷花椒！"想罢，三步并作两步来到近前一看，原来是一位年逾花甲的老太太正双手抱脚，面色蜡黄，脸上豆大的汗珠顺着脸颊往下滴落。他见此情景，急忙来到老太太面前，问道："老奶奶，您这是怎么了？"

"夹子，夹子。小伙子，麻烦你快帮我拿下来，疼死我了！"老太太边说，边用两手掰弄夹子。原来，前来狼嚎峪饮水的野兽众多，糟蹋了不少庄稼。很多人请铁匠打造了土制兽夹，安放在野兽经常出没的地方，夹死了很多野兔、獾猪、狐狸等野物。没想到，今天还夹住了人！海云连忙蹲下身子使尽全身力气，帮老太太取下了夹子。老太太的脚脖子被夹了很深的两道伤口，反着沿子[1]，鲜血直流！老太太疼得面色苍白，五官扭曲。"海云，海云你

[1] 反着沿子：伤口的边沿。

干什么呢？快走啊！"这时，同海云一起来的伙伴们已经爬上了西边的山岗，见海云没跟上来便大声喊叫。海云摆摆手大声说："你们走吧，老奶奶受伤了，我要扶她回去！"众伙伴说说笑笑，越过西山奔笔架山去了。海云见老太太伤口血流不止，就"哧啦"扯下自己毛蓝褂子大襟[2]给老太太包扎伤口，边扎边问："老奶奶，你是哪里人？怎么来到这狼嚎峪里来了？""唉！"老太太一脸的疼痛相，回答说，"我是城北汞山子[3]人，到莲花山下走亲戚迷路了，误走到此不慎被猎夹夹住，疼痛难忍。喊叫多时四下无人，自己又掰拿不开，正无计可施你来了。"包扎完毕，海云扶老太太站起身，想搀扶她行走，可是老太太疼得龇牙咧嘴怎么扶也站不起来。"怎么办呢？"海云搀扶不起来，就打算背着她走。可自己只不过是一个十几岁的孩子，能背得动吗？唉，试试看吧！他对老太太说："老人家，你搂住我的脖子，我背你下山吧？"在海云的搀扶下，老太太勉强站起身趴伏在海云的背上。海云双手反背，由于人小胳膊短打不住扣手，两手只能分别扳住老太太的两条大腿，努力支撑起身体。海云费了九牛二虎之力，才把老太太背出狼嚎峪来到鲁家河边大路上，他想把老太太背回家，老太太不同意，执意要海云放下她。海云没有办法，只好把老太太放在路边的一块大青石上让她坐下，劝说老太太到他家养伤。可老太太执意不肯，她问了海云的名字和家庭住址后，再三向海云道谢，说："大恩不言谢，我看你是个好后生，我家有一孙女叫胡七妹，与你年貌相当，长得也怪俊，老身有意把她许配给你为妻……"海云没等老太太说完，急忙插话道："别，别，别……婚姻大事父母做主。再说，我年龄还小不想这么早就结亲。""我也没有说现在就叫你们结亲，这亲你们肯定是要结的，但绝不是现在。你们的婚姻则是花甲[4]之年始耄耋[5]初岁终。"老太太说到这里，指了指包扎脚脖的布，也就是海云的褂子大襟继续说："这是你们的定亲

[2] 大襟：古代人们穿的褂子不是对襟，而是有大襟，有底襟，大襟勉过去盖在底襟上面，扣子扣在腋下。
[3] 汞山子：九顶雅鹿山。
[4] 花甲：旧时人活到六十岁叫花甲之年。
[5] 耄耋：八十岁至九十岁为耄耋之岁。耄耋指年纪很大的人。

信物，到时候可要见物娶人噢！"海云只是一个十几岁的孩子，只是听得懵懵懂懂。他刚要说些什么，只见一人推着一辆独木轱辘小车"吱咂吱咂"叫着，从南边走了过来。老太太见了向他招了招手，来人停住车子，海云帮来人扶老太太上了车。临走时，老太太叮嘱海云道："保存好你的褂子，到时两物相对缝合礼即成。"

说完，坐上车"吱咂吱咂"向北而去。

海云说到这里，站起身来到衣柜旁，他打开衣柜，从柜底拿出一件半新毛蓝褂子，抖了抖放在床上。继祖近前一看，一件没有大襟的半新毛蓝褂子呈现在眼前，拿过大襟一对，严丝合缝正是一件。海云看着此物，想起当年老奶奶之言："我家有一孙女名叫胡七妹……"想到这，他看着少女问道："你叫胡七妹？"

少女道个万福，回答说："小女胡七妹，奉奶奶之命前来与你结亲。"

"你真是胡七妹？""是啊！我真是胡七妹。""不对，不对，你不是胡七妹！胡七妹四十五年前和我年貌相当，今年我正逢花甲，你今年贵庚？"海云不解地问。年轻女子听了哈哈一笑，道："这就是凡间与仙界的不同之处。""仙界？"海云一愣，用怀疑的目光看着这位年轻少女。少女道："我是城北汶山修炼多年的狐仙，只因四十五年前我祖母在狼嚎峪受伤被你搭救，并定有婚约，我是应婚约而来同你结亲的。"海云听了，摇摇头说："还是算了吧！我已是年逾花甲之人，又是儿孙满堂，更何况当时自己年龄小不懂事，糊里糊涂默认了这门婚事，回家后也没有告诉父母双亲。我怕父母见到扯去大襟的褂子生气，就藏在了箱底，直到现在！"少女听了道："算了可不行，婚姻大事不可当儿戏。自我祖母被你搭救回去之后，告诉了我与你的婚约之事，还专门请名师教我凡间礼仪、生活方式、洗衣做饭及怎样做好贤妻良母。因为婚约的时间是花甲之年始，耄耋初岁终，这样我整整等了四十五年，也整整准备了四十五年！"少女略一停顿，看了看海云和继祖继续说道："自你六十岁生日那天起，你已进入花甲之年，也就是我俩婚姻的开始。"海云听了少女的话，看了看儿子继祖，又看了看床上摆放整齐的毛蓝褂子，心里五味杂陈，不知如何是好！继祖听了父亲和少女的讲

述，又见了他们的定亲信物，默默地走进里间，端出了母亲在世时用的针线簸篮[1]。他穿针引线，把分离四十五年的褂子与大襟缝合在了一起，虽然针脚歪歪扭扭，大小不匀，但经继祖的手让它又成了一个整体。象征着又组成了一个新的家庭。海云见继祖亲手将褂子与大襟缝合在了一起，知道同意了自己的这门婚事，心里非常高兴，但又考虑到自己已是花甲之人，娶一如花似玉的大姑娘，老夫少妻，见到孙男娣女、庄邻庄乡如何言讲！想着想着，面露难色，不知如何是好！再说那少女见继祖亲手将褂子与大襟缝合，心里自然非常高兴，但见海云面露难色，知道海云心里想的是什么。她信步来到梳妆台前，解开两条长辫，熟练地挽在脑后打成发纂，显然成了一位成熟的中年妇人。自此，两人互敬互爱，生活甜蜜有加，直至海云寿终正寝。

讲述者：　亓曰才，男，1948 年 3 月，莱芜市莱城
　　　　　区高庄街道五龙村，小学
采录者：　亓廷香，男，1954 年 2 月，莱芜市莱城
　　　　　区高庄街道五龙村，中师，教师
采录时间：2015 年 6 月
采录地点：莱芜市莱城区高庄街道五龙村

[1]　针线簸篮：用柳条精编而成，用来放针线的盛器。也称"筐箩"。

187

细辛[1] 不过钱

民国时，章丘城里出了一位叫黑先生的大夫。脸长得很黑，可医术却很高明。不管什么病，只要经他的手，都能药到病除。

当时，章丘城里有两大药铺，一个叫"济生堂"，老板姓高；一个叫"慎生堂"，老板姓黄。这两家药铺都在一条街上，黑先生就被"济生堂"的高老板高价聘请了来，成了坐堂先生。生意便比以前红火，每天来看病的人络绎不绝。相比之下，黄老板的"慎生堂"生意却冷清了不少，很少有人到他那里去拿药的。

黑先生在"济生堂"里，只管开药看病，别的事他一概不管。

这一天，黑先生正在坐诊，就见有几个人扶着一个老人进来。那个老人咳嗽不止，脸憋得通红。黑先生看了一眼，就知道对方是肺痨[2]。又一把脉，心里就有了数，马上拿起笔来写了个方子，让家人去拿药，并说回去后给老人熬了药，当晚便能见效。

老人的家人对黑先生千恩万谢的，到药房里拿了药，就扶着老人回去了。

黑先生一天看病无数，那个肺痨的老人转眼他就给忘却了。

可第二天，那个老人又被家人扶着进来了，并且喘息声不减昨日，力道都有些弱了，看来连喘都喘不动了。

黑先生问："这是怎么回事？"

家人就说："老人回去后，吃了黑先生开的药，依旧喘了一宿，那药一点也不济事。"

黑先生就一皱眉头，就是药再不济事，也不能一点作用也不管呀！他又为老人把了脉，的确是肺痨，又拿出药方来看了又看，也没看出毛病来，每味药下得都很对呀！他就看到，药方上有一味细辛，上面写的是六分。黑先生就想，难道是这味药下得轻了？他就拿起笔来，把细辛六分改成了八分。让家人去拿药，回去继续吃。老人的家人又到药房里拿了药，便回去了。

可转天，那个老人依旧在家人的搀扶下来了，并且喘得比以前更厉害了。黑先生明白了，那药还是不管用呀！他自从行医以来，还没有来找过三次的病人呢，就觉得脸上不好看。等又反复看了自己开的药方，再次盯上了药方上的那味细辛。心想，难道八分细辛还不管事？他又一狠心，把细辛改成一钱。让家人继续吃那药。这可真是猛药了。如果老人再不管用，他也没办法了。

等到又一天，黑先生依旧坐堂。可他还没等看几个病人呢，却听到济生堂外面一片骚乱。还有人在哭，并且哭声一阵高过一阵。黑先生正心疑着，外面就有伙计跑进来，对他说："坏了，先生，死人了！"黑先生吓了一跳，问怎么回事。伙计又说："你昨天看的那个老人死了，尸体就抬在外面了。"他顾不上多问，抬腿到了门口。果然见一具尸体用白布盖着，正横在济生堂门口。那些家人都披

---

[1] 细辛：中药名。又名华细辛、小辛、少辛、盆草细辛等，属马兜铃目，马兜铃科多年生草本植物；根状茎直立或横走，有多条须根；有祛风、散寒、行水、开窍等功效。常用于风冷头痛、鼻渊、齿痛、痰饮咳逆、风湿痹痛等。

[2] 肺痨：一般指肺结核。结核病是由结核分枝杆菌引起的慢性传染病，可侵及许多脏器，以肺部结核感染最为常见。

麻戴孝地在哭。

家人一眼看见了黑先生，上去就抓住他的衣领，说："是你把我爹给看死的，你要偿命。"

黑先生就如遭了雷击，那个得了肺痨的老人真的是自己给看死的。自己行医多年，从没出过什么差池，今天却出了大事了！

再往后，死者的亲人越聚越多，把济生堂的门口封住，一定要让黑先生出来偿命。亏了高老板报了官，县长带着警察队的人来了，才控制了局面。

那个老人的尸体被带到县里，进行尸检。尸体通体发黑，一看就是中毒而亡的，并且又是黑先生那天开的药，这的确是他的责任。黑先生医人不当，致人死命，便确凿无误了。亏了县长对黑先生早就耳闻，知道他医术高明，认为他只是一时的误诊才致人死命，就从轻发落，判了他三年的刑。

黑先生由坐药堂的成了坐大牢的，对他来说就如做梦一般。他在狱里没事就琢磨那件事，到底是哪里出症了呢？他想来想去就想起了一件事，"细辛"。问题就出在细辛上，他从小学医的时候，就从医书上知道"细辛不过钱"。细辛虽然在治疗肺病上有特效，但不可过量，过量犹如服毒。而自己给那个老人一下子开了一钱，人就死了。以前是没有人敢开到一钱的，药开到一钱就等于杀人。这不正应了"细辛不过钱"这句话吗？他就后悔，自己行医多年，"细辛不过钱"早就知道，怎么能犯这样低级的错误呢？看来自己是活该进大牢呀！可他又一想，又觉得有些地方不对，既然细辛的量有些大了，但以前自己给病人的六分、八分这不同的剂量，怎么一点也不管用呢？他隐隐约约觉得这里面一定有蹊跷，但又想不明白。再说自己身陷大牢，也不好去查清这件事。

三年的时间，说好过也好过，很快黑先生就出了大牢。他出来后，第一件事便是奔向"济生堂"，他一定要查清当年细辛的事！

可黑先生一到"济生堂"，却发现那里变了样。房子还是那房子，只是店面改了，成了赵记绸缎庄了。来来往往的不是看病的，而是来买布料做衣服的。

黑先生就问路人："'济生堂药铺'到哪里去了？"有

人认出黑先生来，说："你还记着'济生堂'呢，早就关门了，并且老板也死了！"

黑先生脑子里"嗡"的一下子，差点晕过去。他隐约觉得，"济生堂"的关门，老板的死，肯定跟自己，跟当年细辛的事有关。

黑先生身子摇摇晃晃地走在大街上，跟掉了魂似的，也不知要到哪里去了。

正走着，他就听到有卖烧饼油条的，在那里招呼买卖。黑先生也觉得肚子饿了，就想着去吃点东西再作打算。

黑先生走过去，叫了一份油条吃着，心里想着事。那个卖油条的摊主看了他几眼，却突然叫了一声先生。

黑先生看了那人一眼，见是一个中年人，有几分面熟，却怎么也记不起来了，就问："你认识我吗？"

摊主说："先生，你终于出来了！我们岂止是认识，以前我就是在'济生堂'药房里呀！"

黑先生一下子想起来了，的确是有这么个人。他在药堂里打杂，姓孟，黑先生以前都叫他小孟。

黑先生也顾不上吃饭了，上前一把就抓住小孟的手，说："原来是你，我正想找人问事呢。"

黑先生就说起自己当年那件事，还直说对不起济生堂，也对不起高老板。要不是因为自己一时的差错，"济生堂"也不会关门，高老板也死不了，语气里带着很大的愧疚。

小孟却对黑先生说："先生，其实你没必要这样。'济生堂'的关门以及高老板的死，都与你无关，都是老板的儿子高冲造的孽！"

黑先生就问："这件事怎么会跟高老板的儿子有关系？我记着我在药铺里坐堂的时候，高冲才十七八岁，正是上学的年龄呀！"

小孟叹了口气，说："就是那个败家子呀！"

小孟跟黑先生说了一件事：原来，这个"济生堂"高老板是老来得子，四十多岁上才有了儿子高冲，因此就千爱万宠，恨不能把天上星星摘下来给他。高冲在高老板手里娇宠惯了，长大了就成了个放荡任性的人。高老板把他送到大学堂里念书，本来指望他将来能有一番作为。可他却在外面赌博嫖娼抽大烟样样都学会了，把学业都给荒废了。高老板给他不少钱，却不够他花的，每月还要再从他手里要好几次钱。刚上来高老板还给，到后来也有所察觉了。才知道自己儿子在外面不务正业，气得把儿子痛打了一顿。以后管得也紧了，从来不多给钱。

可高冲却是本性难移，他已经对吃喝嫖赌入了迷，怎么能说改就改呢？他还是会从学堂溜出来，到赌场妓院去。没钱他就赊账，反正"济生堂药铺"谁都知道，也都乐意赊账。到后来，高老板作了声明。以后，高冲再赊账与他没关系了，他连赊账的门也堵了。就在这时候，"慎生堂"的黄老板就盯上了高冲。本来"慎生堂"与"济生堂"两家同行是冤家，平时没少相互挤对。可黑先生这一来，两家的矛盾更大了。黄老板就暗中对高冲好，并出钱让他去赌去嫖。等高冲欠了一定数量的钱，就拉了脸，要高冲还。高冲哪有这个能力还呀！黄老板就挑唆高冲去偷他父亲药铺里的药，以药抵钱。

高冲没办法，就只好去济生堂里偷药。他是老板的儿子，大家都不防范他。他一得空就把名贵药材偷出来，到黄老板那里换了钱来，再去赌场妓院。

时间长了，高冲怕自己偷药的事暴露出来，就买了次等药以次冲好，或干脆拿假药来换真药。而高老板那些花大价钱买来的药材，都被他儿子贱卖到了"慎生堂"。

高冲这一偷药，来买药的人，拿了假药被看出来，就有损于他的名声。再加上黑先生看病看死人这件事，高老板再也不能在章丘城里混了。他也察出儿子偷药的事，就大病了一场。

可他那个不孝儿子高冲，就趁这个机会把整个"济生堂"都卖了，拿着钱出去吃喝嫖赌。高老板知道后，吐血而亡。从此，章丘便没了"济生堂"。

黑先生不禁又问："现在章丘城里的药铺就只有'慎生堂'一家了，生意应该相当红火了吧？"小孟却笑了一下，说："先生有所不知，'慎生堂'在'济生堂'之后不几天也关门了！"

黑先生问怎么回事，小孟就说："'济生堂'为啥关了门？'慎生堂'把那里的药都收购了，以为自己捡了个大便宜。可他却不知道，因为之前高冲经常偷药，以致'济生堂'的药都不辨真假了，那些好药大部分都是假的。"

正巧这时候，章丘军阀张鸣九的四姨太怀孕了。张鸣九非常欢喜，就领着四姨太到"慎生堂"，让黄老板开保胎药。黄老板哪敢大意呀！他亲自开药方，把药铺的好药都用上了。

可他却没想到，那药方子虽不假，可那几味名贵药材都是假的。张鸣九太太吃了药，不但不管事，还口吐白沫，一会儿就死了。这真是一尸两命呀！并且，是军阀的姨太太。这下黄老板摊上了大事！张鸣九的军队把"慎生堂"团团围住，就要把药铺给端平了。逼得黄老板四处求人说情，把他的药铺都卖掉，又给张鸣九的姨太太披麻戴孝，张鸣九才算是饶了他。之后，黄老板也不知到哪里去了。

黑先生听后不禁叹了口气："高老板命不好，摊上个败家子；黄老板心肠阴毒，却三算计两算计把自己给算计进去了，这两个人最终都没把药铺开下去。真是可叹呀！"接着，他问小孟："那么，现在章丘城里就没药铺了吗？"

小孟就说："有一个药铺，就是'润中堂'，并且是章丘唯一的一家，现在开得红红火火，几乎没有第二家能比得上的了。那个'润中堂'的老板，就是以前药铺里掌堂的大师兄于润中呀！"

黑先生说："还是'济生堂'以前的人呀，你怎么没去他药铺里干呀？"

小孟却摇了摇头说："我还是在这里干我的小买卖吧，大师兄这个人，不好伺候。"

说完这些话，黑先生的油条也吃个差不多了，他们又坐在一起闲聊了几句，不知不觉便到了晌午。黑先生这才突然想起，他从监狱里出来，还没回家呢！马上告别小孟，向家里奔去。

在路上，黑先生还想，自己这几年不在家，家里人还不知怎么过来的呢。可到家里一看，家里人都好好的。黑先生就问老婆，她和孩子这几年是怎么过的？

老婆说："这还不亏了你以前在'济生堂'的伙计于润中，是他经常来接济咱。"

原来，自从黑先生入狱后，于润中就经常到家里来。每次都拿着东西，并且看到家里缺什么，就拿什么来。以后他当了"润中堂"老板，也经常派伙计来看他家缺了什么，家里少什么马上就送过来。这几年，家里从来都没为吃喝犯过愁，真是多亏了于润中。

夫妻二人正说着呢，院子里就进来一个人，一进门就喊："先生回来了吗？"

黑先生一眼就认出是于润中，他现在成老板了，穿得也阔气多了。

黑先生马上迎出去，对于润中说："于老板，我一个罪人还让你来看，真是于心不忍呀！"

于润中说："先生这是说的哪里话，先生在我心目中，永远是先生。"

等进屋里，两个人都落了坐，说了几句客气话。黑先生却又把话题，说到当年那件事上来。

黑先生说："我想了半天也没想明白，为什么我头两次给病人用细辛，一点事也不管，而第三次却把人给毒死了呢？"

于润中就说："先生何必再为那件事苦恼呢，这还不都是高冲那家伙偷药偷的吗！上两次你用的是假药，所以一点也不管用。到后来药铺里来了真药，你却一下子开了一钱，自然那人就死了。"

黑先生沉吟了一下，问："真是这么回事吗？"

于润中说："那天的事我记得清楚，先生开一钱细辛的时候，药铺里正好来了细辛。那小子根本没机会偷，就给病人用上了，结果就死了人。"

黑先生就说："看来真是假药害死人呀！人不论在哪里动歪点子，千万不能在药上动歪点子呀！"

于润中便借机把话导入正题："不瞒先生，我此来的目的，就是想请先生出山。你放心，我们'润中堂药铺'的药绝对货真价实，再加上先生的医术，我们联手一定能做成章丘第一大药铺。"

黑先生明白了于润中的来意，突然哈哈大笑，说："虽然你的药是真的，可你的心却掺了假！"

于润中吓了一激灵，说："先生什么意思？"

黑先生说："我突然明白了一件事，书上说的是'细辛不过钱'。那天，我也的确开了一钱的细辛，犯了医家之大忌。但我刚才跟小孟谈话，知道你在戥子秤上做了手脚，每味药都差着那么一分。那少的一分就进入了你的私囊。所以，我当年药方上写的是一钱，实际上也就是九分，

病人吃了应该是没有事。而那个老人却死了，这一定是有人给细辛加了量剂。药房里掌堂的就是你，只有你能做这个弊，把欠着一分的细辛成了实量的一钱细辛，才致人死命。而事后又查不出你来，因为是我开的药方。"

于润中见黑先生点明了，一阵羞愧，说："先生说得不假！我是个孤儿，被师父收养，我和师父形同父子，也是师父默认的药铺继承人。可自从有了高冲，师父便想把这一切都传给他儿子。可他儿子却是个不争气的，早晚这个药铺要被他祸害掉。我心有不甘，就想着让'济生堂'出点事，早点倒掉。正赶上那个机会，我就把细辛多放了点，结果就真出了事。我知道，叫先生白坐了几年的牢，可我这些年来对你家照顾得也算可以，就算扯平了。我这次来请你，却是诚心实意的呀。"

黑先生说："我猜得没错呀？人常言'医者父母心'。你就是再不甘也不能拿着人命开玩笑呀！'细辛不过钱'，既是药理也是人理，我们行医的都不能跨那个界。像你这样的，有资格开药铺吗？"

于润中知道说不动黑先生，起身就走了。

以后，章丘城里又多了一家药铺，叫"益生堂"，是以前著名的黑先生开的。黑先生医名早就打出去了，那个药铺刚上来根本就不能跟"润中堂"比。但人们都挤到那家小药铺里去看病拿药，"益生堂"就越开越大了。时间长了，竟跟"润中堂"差不多了。"润中堂"里的买卖越来越稀松，不长时间那里便关了门，于润中也不知到哪里去了。

几年后，日本人打进了章丘城，领着鬼子进城的那个人竟是于润中。那个于润中做了汉奸，正如黑先生所说的，他的心掺了假了。而黑先生却在鬼子出现的时候，不知所踪了。

讲述者：　王振珠，男，1942 年 9 月，章丘市刁镇南芽村，高小

采录者：　王乃飞，男，1973 年 6 月，章丘市刁镇南芽村，小学

采录时间： 2011 年 6 月

采录地点： 章丘市刁镇南芽村

附
记

这是我老父亲在一个夏天夜里乘凉时对我讲的，他也是在单位里听人说的这个故事。我觉得这则故事很有趣，还知道了"细辛不过钱"这个知识。这个故事发表于《故事会》，2014 年第 1 期，发表时名为《药方疑云》。

188

治水肿

尧舜禹时期，泰山山势崎岖，每年春夏两季大雨滂沱时，大汶河因泥沙淤塞，河水猛涨，淹没庄稼，推倒房屋，百姓因此流离失所，无家可归。此事被舜帝知道了，便要禹分一支治水队伍前往清理大汶河。于是，禹派伯益带队来到大汶河流域治水。

伯益是禹的副手，对治水很有经验。他们来到大汶河，观察了洪水堵塞的原因，采用疏导法，将淤积的洪水疏通到了离黄河入河口几十公里的地方。恰在此时，天旱不雨，又值炎热的夏天，他们因长期劳累，不少人患了水肿病，小便又短又黄。由于患病人多，影响了治水工程。把个伯益急得手忙脚乱，不知所措。

禹听到此事后，亲自骑马前来观看。他带来了最好的治病高手，可是光看病，却无药医治。患病的人如不及时医治，轻的残疾重则丧命。禹急得在帐篷中来回踱步，一筹莫展。他叫来伯益及其他助手商讨对策，但个个面面相觑，无计可施，情况万分危急。

禹看到见多识广的伯益都愁眉不展，暗思此病非同小可。正当他们为难之时，当地一位老人捧着一把阔叶草走进帐来，说："禹王，这种草可救众位兄弟。"

禹大步上前，接过老人递来的草。只见草叶宽大肥厚，两三根青草秆上籽粒饱满，急忙问道："老丈，此草何来？"

老人说："禹王，遍地都是，唾手可得。"

伯益一把攥住老人的手说道："老丈，赶快说说此草的功效吧。"

原来，老人是附近村落养马的人。前天，他经过排水大军的马场时，发现马群中有几匹马撒出的尿又清又长，而其他马的尿却又短又黄。老人是个细心人，他仔细观察马的吃喝拉撒。观察了半天，才发现这些马专啃运送泥沙的木车旁边那些叶子圆圆的草。老人心想："莫非此草能利尿不成。"于是，他扯了一大把回家煮汤，把熬好的草汤端给几个患病的人喝下。昨天，那些人都撒了一泡长长的尿，尿也由黄变清，水肿渐消。老人如获至宝，把家中的大锅扛到工棚，添水放草熬了满满一锅，让得病躺下的每人一大碗，趁热喝下去。

偏方治大病。这些得了水肿病的人，喝下此草汤后，顿觉肚内清凉，浑身轻松了许多。老人见病人大有好转又惊又喜，急忙拔了一些草跑来见禹。

禹听说后连声叫好，吩咐伯益安排人跟着老人去拔草熬汤。

药到真方病自除。患病的人都喝下了此药汤，病体逐渐痊愈。因这种草是在马车前发现的，伯益就为它取名"车前草[1]"。

没过几天，所有的人都恢复了健康。伯益带领他们继续疏导大汶河，不到一个月的时间，大汶河的淤水全部疏通，顺着黄河奔腾而去。

从此，大汶河畅通无阻，两岸百姓过上了幸福平安的生活。

讲述者：　刘忠林，男，1950 年 10 月，莱芜市莱城区苗山镇西勺山村，中专，医师

采录者：　王俊莲，女，1964 年 4 月，莱芜市莱城区方下镇张公清村，高中

采录时间：　1995 年 2 月

采录地点：　莱芜市莱城区苗山镇西勺山村

[1]　车前草：车前草又名车轮菜，田灌草，车轱辘草，车轱辘圆，莱芜俗称"车折子"。它对生活环境要求不很严格，沟边路旁很容易见到它的身影。车前草可以当菜食用，口感不错，细嫩，没有异味。很多地方的人喜欢吃这种野菜。它还是一种重要的药材，其籽有清热利尿、明目清肝、散瘀消肿的功效。

189

土方治大病

早年间，西凤阳村有户姓冯的人家。家有三子，长子起了个女子名字，取名叫冯俊英。这个冯俊英可了不得，他是古时雁翎关方圆几十里有名的儿科郎中。因为他的名气大，老二老三就没有了说道。

冯俊英从小天姿聪明，懂事乖巧，有过目不忘之能。六七岁时，在李条庄村读私塾。先生就发现他与众不同，是个可塑之才。有一次，他与小伙伴们在笔架山附近玩耍。邻居家的大孩子哄着不到两岁的弟弟，忙着摘酸枣。大家都没看见，最小的孩子偷偷把酸枣囫囵吞了进去。可坏了，酸枣卡在嗓子眼里，上不来下不去。眼看小孩翻了白眼，脸色铁青。有那腿快的赶紧回家找来了郎中，郎中也束手无策。大家急得团团转圈，小小冯俊英此时显示出了他智慧的一面。他急忙叫大人把孩子头朝下倒着提溜[1]了起来，用小手连续捶打小孩脊梁。不多时，就见小孩有了呼吸，哇哇地哭出了声。小俊英急忙让人把小孩放下来，从他嘴里掏出来一个大酸枣，孩子转危为安。从此，四邻八乡的

[1] 提溜：提起来。

人无不对他刮目相看。小俊英到了十二三岁，他经先生推荐，被保送到了莱芜最高学府"泉河寺"去读书。在这里他以出类拔萃的成绩，赢得了先生的青睐。万幸的是他有机会从先生的朋友处，看到了很多药典古集。像《黄帝内经》《本草纲目》等。从此，他如入知识的海洋。由于他天资聪慧，用丰富的医学知识不断充实自己，逐渐就成为一位救死扶伤、扶危济贫的民间郎中。这一年，他学业有成回到家，成了一位坐堂郎中。他三弟给他打下手，专管抓药。他从不以此敛财，富人由你赏，中人五斤粮食，穷人可免除。因此，俊英的口碑很好。有一年，不知什么原因，很多新出生的婴儿普遍得了一种病。这种病按现在话说叫"肺炎"，那时叫"长风[2]"。症状表现为发高烧不退、咳嗽、呕吐、泄痢、四肢无力、眼窝深陷。久而久之，很多婴儿就夭折了。牛王泉村有一家姓秦的财主，家道殷实。他六女之后喜得一子，取名叫长胜，被视为掌上明珠。不到几个月大，就出现了这种症状。一家人急得火急火燎！在当地就诊多日，不见好转，眼看着孩子就要不行了。他听亲戚介绍，知道了名医冯俊英擅长儿科，连忙备好厚礼，套上马车来看先生。秦财主来到凤阳村，只见看病的人排队排到了大门口。先生平易近人，没有一点架子，听说来了外地的急救病人，破例优先救诊。他打开小被子，只见婴儿紧闭双眼，睡中突然惊搐，似是受过惊吓。一番望、闻、问、切，因为婴儿不会说话，所以看看舌苔发白，闻一下口内有奇臭。他问明大人最近给孩子用的药，再试试脉搏发现已经很弱，便叹息道："唉！这孩子要是再晚来一天，命就保不住了。"秦财主两口子跪倒在地求救："先生啊！无论如何请您要保住我家这根独苗啊！"冯俊英低声道："我会尽力的，看这孩子的造化了，听天由命吧！"他拿出一枚银针，先扎了一下婴儿的人中，就听孩子哇哇哭起来，但也有气无力。他接过婴儿的小左手，用自己左手托住。掌心朝上，用银针逐个扎手指头指节处，只见流出的全是一些像露珠大小的脓血。扎完了左手又扎右手，然后从里屋里端出一小杯茶水给婴儿灌下。约有一壶茶的工夫，婴儿逐渐有了笑意，而且看着很轻松，还面向着先

[2] 长风：当时的一种流行病。

生嘴里发出"嗷嗷"的呼唤声。

冯先生提笔在手，略加思索，开好了药方。方上的药都是些他从雁翎关、云台山和笔架山上采来，自己炮制的中草药。包括"白花舌草、芍药、黄芩、桑白皮"等，再配上三位药引子，这药引子更是普通得让人不相信。一是朱砂少许，二是猪惊三个，再就是路边脚踩的小荆棵疙瘩一个。他嘱咐秦财主回去后按方煎熬，因为药味苦涩，恐小儿难服，故用蜂蜜调和。三日内，每天来扎针一次，并嘱咐秦财主记住："妇女怀孕六个月之后，可少吃一点狗肉，对预防婴儿长风有特效。平常婴儿发热，不必急着就诊。让老年人用手指甲，常掐婴儿的指关节就有特效。年轻人万不可掐，因为年轻人活力大。"秦财主头点如鸡啄米，把冯先生的话记在了心中。果不其然，秦财主按医所嘱进行调治。七日后，小长胜大病痊愈。秦财主带上厚礼前来致谢，冯先生千般推辞不下，只好收下了。然后，把这些礼物全都分给了庄里庄乡的穷人。冯先生治病救人，悬壶济世的美名，至今还在这一带传扬。

讲述者： 张家德，男，1955年6月，莱芜市莱城区高庄街道五龙村，高中

采录者： 亓福忠，男，1968年9月，莱芜市莱城区高庄街道五龙村，高中

采录时间： 2018年8月

采录地点： 莱芜市莱城区高庄街道五龙村

190

偏方治绝症

从前，莲花山下有一个小山村，村里有个姓冯的老中医，人称冯郎中。冯郎中天资聪明，从小学医，读医书了解药性，问诊采药更是门门精通。

冯郎中家开药铺几十年，各种中草药一应俱全。他凭精湛的医术和神奇的偏方治病救人，尤其擅长治疗老年疾病和小儿肺炎[1]，用针扎扎人中放点血，服少许药就好，一时闻名于莱芜、新泰、泰安等地。他不仅在家坐诊，还经常出诊于四邻八乡，不管多远只要有人请，哪怕再远的路他都要出诊为病人诊治。

冯郎中行医一辈子，大病小病疑难杂症医治好无数。可是，有一个病人却让他束手无策。

莲花山南面一村庄内有兄弟俩，老大叫大郎，老二叫二郎。他俩都是大孝子，以种地为生，早出晚归，勤劳朴实。两人都已娶妻生子，更有六旬老母在堂，身体健壮，一家人三世同堂，和和睦睦享受着天伦之乐。

天有不测风云，人有旦夕祸福。这一年夏天，母亲不

[1] 小儿肺炎：旧时不叫小儿肺炎，叫"长风"。

幸得了一场重病，卧床不起，兄弟俩请郎中医治，日夜守候在床前，煎汤喂药，精心服侍，可就是不见一点好转的迹象。兄弟俩急得团团转，两手抱头叹气不止。

这天吃过早饭，兄弟俩伺候着给母亲喂完药。看看母亲的病情毫无起色，又商量着为母亲搬请医生。哥哥说："咱山南知名的郎中我们都搬请到了，他们对娘亲的病都束手无策，眼看着病情一天比一天严重，怎么办？"

弟弟这时比哥哥还着急，说："去山北搬请冯郎中吧！道路虽然难走，但冯郎中的医术高超，备不住能治好娘亲的病呢！哥，你在家看家，娘亲的身边离不开你，我去去就来。"

从山南到山北，只有从雁翎关到山北一条道路，两边是陡峭的山峰，中间是弯曲的蚰蜒小道。走雁翎关，要拐个大弯多走很远的路。

二郎辞别家人，为了早点请到冯郎中，不至于抹黑路，他没有走雁翎关的道路，而是攀藤萝越山涧，不辞劳苦，翻越莲花山。太阳压山时，来到冯郎中家中。他向冯医生说明了来意，并介绍了母亲的病情。

冯郎中热情招待，吃罢晚饭，看看天色已晚，就让二郎在他家休息一晚，明天一早一起前往。

第二天，二郎同冯郎中回到山南家中，哥哥出门迎接。寒暄已毕，来到母亲的床榻前。

望闻问切是中医诊病的基本流程，通过把脉、看舌苔等一系列检查，冯郎中眉头拧成了一个疙瘩。退出母亲房间，来到客厅落座，家人献茶，茶罢搁盏。

"冯郎中，您辛苦了！我娘亲得的是什么病？好不好治？"大郎迫不及待地问。

"病嘛，我已看透了，只是治疗有点难度。处方治疗只能维持现状，偏方治疗好得较快并能痊愈，但这偏方万无一求，根本就寻找不到！"

"什么偏方这么难寻，不妨说出来咱寻寻看。"兄弟俩同时问道。

冯郎中道："说出来你们也寻找不到，只是耽误你们的时间和你母亲的病情。"

"那怎么办？"大郎问。

"只能服中药维持现状，延长一时性命而已！"冯郎

中一边说一边从兜囊中拿出处方笺和笔墨，蘸墨膏笔，笔走龙蛇开出药方，告诉哥俩说："一天一剂，一次煎熬，分两次服用，早晚各一次，长期服用可续命。"说完，告辞回山北家里去了。

兄弟俩送走冯郎中回到家中，都后悔没有问清什么偏方。尤其是大郎，急得直跺脚，说："怨我怨我，都是我考虑不周，要是问清了什么偏方，咱们尽力寻找，真找不到没有办法，但是咱们尽力了。万一找到了，母亲的病不就能治好了？她老人家生养我们不容易，也好让她享享清福。哎呀呀！"二郎也是后悔不已，哥儿俩懊悔一阵子，回到母亲房中不提。

第二天，天刚蒙蒙亮，二郎就起身拿药方进城抓药。二郎刚走，哥哥大郎就后悔了。大郎想："还去县城拿什么药，找了这么多郎中，都对娘亲的病束手无策，只有冯郎中还有一线希望。我不如背娘亲去冯郎中庄上，找闲房住下，看病吃药也方便。假如冯郎中透露出那什么偏方，我们共同寻找……"

大郎越想越觉得有道理，告诉妻子说："等二弟抓药回来你告诉他，我背娘亲去山北冯郎中家去了，让他放心，等娘亲病好了我们就回来。"说完，收拾个小包，背起母亲就上路了。

大郎背着母亲，也没走雁翎关，直接进了莲花山。莲花山上山崖陡峭，到处古树参天，荆棘丛生，藤萝倒挂。远处时常传来野兽的叫声，听了让人心寒。野兔等较小的动物，不时从脚下窜过。走走停停，好不容易翻过几架山梁，来到一片开阔地。四下看看，前后十几里没有人家。母亲喘着粗气，上气不接下气地说："大郎啊！快把娘放下来吧？我又热又渴，你去找点水来，咱喝了再走吧？"

大郎听母亲这么一说，忙扶母亲坐在大树下的石头上休息。他手搭凉棚四下里看了看，顺着一条小路走去。

高山连绵大无边，树木遮天蔽日，大郎找了很长时间也没找到水。正在绝望的时候，看见前面一处山崖。山崖上突出一块岩石，不停地往下滴水，正好落在一处石坑里。走近一看，见里边有一个老虎头骨，一条不足半尺长的红蛇正窝在里边洗澡。大郎吓了一跳，叫了一声："哎呦

俺娘哎！可吓煞俺啦[1]！"红蛇听到动静，连忙溜走了。

大郎犯难了，心想："这荒山野岭的，唯独这里有水。不给娘亲喝吧，怕渴坏老娘；给她喝吧，这水也太脏了！再说没碗没瓢的拿什么盛水让娘亲喝？"想来想去，也顾不得许多了，就用那个老虎的头骨舀水端过来，一点一点地喂给了奄奄一息的老娘。

半个时辰过去了，老娘亲悠悠[2]苏醒了过来。大郎顿时放下了心，背着她继续赶路。眼看夕阳西下，母子终于走出了莲花山。这时，十几天未吃东西的娘亲觉得肚子饿了，就跟大郎说："大郎啊！为娘饥困[3]了，想吃点东西。"

大郎听了，非常高兴。他脚下使劲，背着母亲来到了一座茅屋前。这里居住着一对老年夫妇，大郎笑着说："大爷、大娘，您好呀！我是山南来找冯郎中给俺娘亲看病的，娘亲饥困了想讨口吃的，麻烦二老了！"

老夫妇心眼挺好，听说大郎背着老娘寻医求药，暗赞他是个孝子。老妇人二话不说，从鸡窝里掏出一只公鸡给了大郎，道："这只公鸡呀！是今年正月十五孵出来的，当时一窝孵了十个蛋，孵出九雌一雄十只鸡。哎，这可是少有的珍品呐，实在难得呀！不是看你是个孝子啊，我还真舍不得给呢！"

大郎千恩万谢，借刀具炉灶做了一锅鸡汤。他把香喷喷的鸡汤肉盛到碗里，端到了母亲跟前，一勺一勺地喂到了母亲的嘴中。不大工夫[4]，他娘就把一只鸡连汤带肉吃得精光。

说来也奇怪，病了这么长时间，粒米不沾的母亲，精神居然慢慢地好起来了，大郎见老娘病好了，心想："娘亲被我背着折腾了一天，病情不但没有加重，而且还这么快好了起来，是不是回光返照[5]呀！不行！我得赶快去冯郎中家，让冯郎中好好地给看看。"

想罢，再次向老夫妇道谢后，背起娘亲，飞快地向冯郎中家奔去。

冯郎中见大郎背着母亲来到家中，见老太太面色红润，精神良好，根本不像患重病的样子。经过号脉检查，发现老人家身体各项功能均属正常。冯郎中觉得稀奇，就问大郎："你背老太太来的路上是不是让她喝了千年虎骨水，红龙洗澡汤，最后还吃了九鸡一凤凰？"

大郎一听，想到路上经历的前前后后，顿时大吃一惊，道："哎哟，对对对，你怎么知道的？"

冯郎中微微一笑，打开医书大声念道："千年虎骨水，红龙洗澡汤；要得病除根，九鸡一凤凰。"

"这就是我说的能根治老太太病的偏方，不是巧合，你到哪里寻去！"冯郎中感慨道。

讲述者：	李文贵，男，1931 年 10 月，莱芜市莱城区高庄镇五龙村
采录者：	亓廷香，男，1954 年 2 月，莱芜市莱城区高庄镇五龙村，退休教师
采录时间：	1997 年 10 月
采录地点：	莱芜市莱城区高庄镇五龙村

附
记

讲述者李文贵是我岳父，他的大嫂（我大娘，也就是大岳母）是文中主人公冯郎中的姑妈。其实，冯郎中还真有其人，他的真实姓名叫冯俊英。逢年过节，冯俊英都要来看望姑妈。当时，我大伯也就是冯俊英的姑父已经去世，每次都要让我岳父作陪。我岳父是老六，比冯俊英小二十多岁，但是两人很投缘，久而久之便成了无话不谈的好朋友，也算是忘年交吧。他每次来家做客，茶余饭后聊天的内容，总离不开给病人看病时的趣事。

有一年的农历八月份，冯俊英来姑母家串亲戚。无疑，又是我岳父作陪。席间，两人推杯换盏，喝着小酒便聊了起来。这次聊的话题，是偏方治大病。他讲了自己亲身经历的一件事：说的是新泰县西北部山区，有一户人家，夫妻俩生了两个儿子，一家四口，小日子过得还算滋润，但不幸的是在小儿子两岁的时候，孩子的父亲去世了。孩子的母亲性格刚强，硬是把两个孩子拉扯成人，给他们娶上媳妇，也有

---

[1] 吓煞俺啦：煞，死。吓死了。
[2] 悠悠：慢慢地。
[3] 饥困：指肚子饿了。
[4] 不大工夫：时间不长。
[5] 回光返照：比喻人将死时神志忽然短暂地清醒。

了孙子。这时，母亲病了。两个儿子很孝顺，不惜一切给母亲看病。哎，也不知母亲得的什么病，新泰知名的医生看遍了，就是不见成效。后来，搬请冯俊英看病，冯俊英也是一筹莫展。因为这个病，在当时来说用中草药根本不起作用，用偏方治疗见效快，还能除根。但是这个偏方很难找到，这个偏方就是：千年虎骨水，红龙洗澡汤，要得病根除，九鸡一凤凰。也就是死了千年的老虎头骨里的红蛇在里面洗过澡的水，喝了这样的水也只能是缓解病情，要想除根还得吃九鸡一凤凰，也就是十个蛋，孵出九雌一雄的鸡中的雄鸡，也就是公鸡，炖了吃肉喝汤，这病才能除根。你说这样的偏方到哪里去找？哎，凑巧在她大儿子背她去冯俊英家时，在莲花山中无意碰到，治好了重病，这可能是兄弟俩的孝心感动了苍天吧。

1997 年 10 月，我去岳父家，喝茶聊天时，岳父把这个故事讲给了我。

191

接声虫

人吃五谷杂粮，没有不生病的。但人有孬好，病有大小。

百嘴红村有个人，得的那病说起来谁都不会相信。这个人叫张老大，是个老实巴交的庄稼汉子。他上有老母，下有子女，是个幸幸福福的和睦家庭。

无事家中坐，祸从天上来。这年春上，张老大得了个跷蹊症候[1]。他说啥，肚子里就有个声音学着说。为这事搅得他昼夜不宁，寝食不安。

男劳力，顶梁柱。张老大害病不能干活，急坏了父母，苦累了子女。有病求医，饥困吃饭。张老大病了，父母妻子哪能坐得住。东奔西走，求医抓药。可是病迟迟不见好，家可是越掏越亏空。人怕生病，猪怕壮。没法子，只得硬着头皮，闭着眼过日子。

百病自有百医治。张老大听说十里路外有个专治奇病的郎中，啥样的症候也敢治。张老大死马想当活马医，便听了父母妻子的劝，抱着试试看的心情，独身一人前去

[1]　跷蹊症候：疑难杂症。症候：生病。毛病（贬义）。

求医。

这个郎中有把子年纪啦，光那白胡子就有一大绺，一说话甜马索索[1]的脸。

张老大和郎中面对面坐着，指指喉咙说："老先生，你给我看看，我得的啥症候？"话刚说完，肚子里有声音把刚才的话又重复了一遍。

久闯江湖见世面，病人多了症候全。老郎中看了张老大一眼说："我才疏学浅，这症候扎裹不了[2]。你得的是绝症，别再东跑西颠花钱取药费工夫[3]了！你回家想吃啥就吃啥，赚个饱死鬼也就知足啦！"

张老大听了，如三九严寒天用冰水浇成落汤鸡，浑身上下凉了个透。我当真就年轻轻的丧了命吗？高堂老母妻子儿女指望谁养活呀！他满心懊丧，耷拉着头[4]从郎中家里出来。

走到一条羊肠子样的路上时，张老大见田地里苗青花红的，心里就更难受。常言道："十七十八力刚全，三十四十才正当年。"看人家踏煞龙、踩舍虎[5]地干这干那，再看自己跟霜打的地瓜叶，蔫儿巴叽[6]的。哎，黄泉路上无老少呀！张老大想想走走，走走想想。他不想死，可摊上这样的瞎包症候[7]，连名医都没有办法，自己不更是瞎子点灯，白费蜡吗！哎，就按郎中的话办吧！想吃啥吃点啥吧。只是富身子穷肚子，天生吃野菜的命。这时，肚子里咕噜噜地叫个不停。张老大见路两边有大肥叶儿的野菜，顺手拔了几棵，塞进嘴里嚼咂。他不敢说话，一张嘴肚子里就会唠叨个不停。

走走停停，来到一条大沟边，沟里长着一棵青枝绿叶的大兰棵[8]。张老大停下来，手捏着兰棵叶说："哎，都说兰棵不能吃，我这样子啥也不在乎了，吃点兰棵吧！"谁料，这一次肚子里没有了动静。张老大觉得奇怪，离开兰棵到一边拔了棵野菜说："再吃棵野菜吧！"肚子里接着话音说："再吃棵野菜吧！"张老大又挪踏[9]到兰棵跟前说："吃点兰棵叶吧。"肚里还和刚才一样，没有动静。难道兰棵是它的克星！张老大顺手撸下几片兰棵叶吞吃。顿时，肚内如海面上起了龙卷风似的，连五脏六腑都大翻了个。他只觉得眼前发黑站不稳，摔倒在地，昏了过去。

也不知过了多长时间，张老大醒了过来。见身边吐了一地，一根白色的长虫，有擀面杖粗、一庹来长[10]，死在呕吐出的黏液中。

张老大顿觉精神百倍，想想郎中的话，又气又根，提了长虫去找郎中说理。刚走到郎中家的大门，就见郎中笑哈哈地迎了出来："老弟，我等候你多时咧！"

张老大说："你怎么知道我要回来找你？"

"我不光知道你要回来，还知道你走的哪条路，吃的啥样东西治的病。你过来看吧。"郎中说着搬出一部厚医书翻了翻，指着上面念道："接声虫，遇兰棵叶即死。其实，我早知了你的病情，还不止一次地研究你是不是走这条长有兰棵的小路回家。接声虫是个很狡猾的东西，我对你那样说是为了迷惑于它。老弟，大凡事物都有它的天敌和克星，回家去吧！家里人正等你回去团聚呢！"

张老大恍然大悟，磕谢了郎中的指点之恩。从此，兰棵叶能治接声虫的偏方传到了民间。这才真格是"偏方治大病呢"！

讲述者： 谷增军，男，1964年10月，莱芜市莱城区方下镇张公清村，大学

采录者： 王俊莲，女，1964年4月，莱芜市莱城区方下镇张公清村，高中

采录时间： 2017年10月

采录地点： 莱芜市卫生防疫站

[1] 甜马索索：喜笑颜开的脸。

[2] 扎裹不了：扎裹，治疗。意指这种病治不了。

[3] 费工夫：浪费时间。

[4] 耷拉着头：低着头。

[5] 踏煞龙、踩舍虎：生龙活虎，身体健康。

[6] 蔫儿巴叽：无精打采的样子。

[7] 瞎包症候：不治之症。

[8] 兰棵：俗称，一种能制作染布颜料的植物。

[9] 挪踏：慢慢走过去。

[10] 一庹来长：丈量单位，两根胳膊伸展开的长度。

192

三
服
药
郎
中

附
记

大千世界，无奇不有。吕全生先生从事骨医几十年，积累了丰富的治疗经验。

他走南闯北，与成千上万的患者打交道，听到了很多别人闻所未闻的跷蹊案例。这个故事是他有一次到雪野附近村里行医，一位九旬老人讲述的。这位老人很热心，还亲自带他去村外辨认兰棵。告诉他因误食兰棵而导致的悲剧，特别嘱咐说："干医生最起码的基础，就是要了解药性。"吕全生先生从事的是针灸矫正骨伤，他的疗法很环保，不用任何药物，就是针灸加按摩。但他喜爱搜集整理民间验方，编了一套《民间杂症偏方》，已收录了二百余个疑难药方。

从前，商河县城东房家屯村曾出过一个有名的中医，名叫孙清亭，人称三服药郎中。他给人看病只开三服药，三服药保证药到病除。在他行医时期，店门前天天车水马龙，求医者络绎不绝。

孙郎中弟兄四个，他排行老三。小时候因为生了一场病，一只眼睛失明，为此，家人没让他去读书。但是，他天性聪颖，极为有心，每每跟在去上学的二哥身后，到学堂后躲在窗外偷听。后来，被老师发现，这个偷听生学会的知识，竟然比在课堂上听讲的学生记得还多。家人见他聪明好学，为了让他日后有个吃饭的本领，就让他到城南班家村拜一个老中医为师，做学徒学医。

旧时的学徒不好做，说是学徒，其实就是给人家免费打工，什么苦活累活脏活都要干。至于师傅教你多少，得看心情，也得看你自己的悟性和运气。孙郎中聪明伶俐，手脚勤快。师傅要做什么，一个手势，一个眼神，他都能心领神会，很讨师傅欢心。师傅爱喝酒，出诊经常被主人家劝酒喝醉。每次喝醉酒，其他人都去躲清闲，只有孙郎中守在左右伺候。有时候师傅要吐酒，他来不及去拿器皿接，就用自己的衣服兜着那些秽物，从不嫌脏，而是帮师傅打扫得干干净净。如此几年下来，师傅被他感动，便将自己一生所学，多年的从医经验，悉数传授于他。学徒期满后，得师傅允许，他便回房家屯开了自己的药房，并坐堂开诊。

师傅领进门，修行在个人。得到师傅真传的孙郎中并不满足，他读遍中医名著，博闻强记，深谙中医理论，熟悉各种药理。他诊病果断，敢于下药。一般的病只需三服药，即可药到病除。

时间一长，人人都知道孙郎中看病只开三服药，为广大求医者所称颂。因为在那个年代里，大部分百姓生活清苦，很多人有病看不起，看了也抓不起药。孙郎中只开三服药便可为人解除病痛，让许多穷苦人看病有了希望。当然，敢下药的前提是艺高人胆大，是他扎实的医学本领，多年的从医经验给了他这份自信。因此，孙郎中很快声名远播，方圆百里都慕名前来找他看病。他善于治疗各种疑难杂症，尤其擅长妇科病和疮疖治疗。

有一次，一位大户人家的姑娘病了，让孙郎中前去把脉诊病。那位姑娘在布帘后面，见这位孙郎中穿着粗布大褂，一副邋遢相，迟迟不肯把手腕伸出来。为了缓解当时的尴尬，陪在一旁的嫂子替她伸出了手。孙郎中一搭脉，便说恭喜恭喜，夫人有喜了。

家人听了大惊失色，嫂子这才赶紧出面澄清，说妹妹不肯伸手把脉，那是自己的手。家人转怒为喜，放下心来。

原来，那位姑娘吃多了寒凉食物，积食不化，所以肚子疼。孙郎中给她开了药方，一服药下去，就泻了出来，三服药就完全好了。

讲述者： 孙为周，男，1971年3月，商河县孙集镇房家屯村，干部

采录者： 李淑英，女，1968年4月，商河县许商街道大李家，中专

采录时间： 2020年6月

采录地点： 商河县孙集镇房家屯村村委会

193

美食变毒药

（四则）

（1）

有一年，谷郎中来到一个村庄。他是地方名医，有个赛华佗的雅称。村子缺医少药，杂症较多。他的到来，无疑是患者的救星。村民千求万拽硬留[1]，请他在此多住些日子。

盛情难却。谷郎中在热心人提供的两间闲房子里住了下来，日夜接诊病人。说也怪，不论是啥蹊跷症候[2]，只要一经他的手，几服药就能除根。外村人听说谷郎中来坐镇，都求亲靠友来请他诊治，门口一直排着一大溜等诊的人。

这天晚上，一位三十出头的男人，手提厚礼走了进来。谷郎中热情地问道："你这位小兄弟，我这里看病从来不收礼，有病就请直说吧。"

来人把礼物放在谷郎中的跟前，软中带硬地说："谷

[1] 千求万拽硬留：虔诚地挽留。

[2] 蹊跷症候：疑难杂症。

先生，久闻先生你的大名。今晚来此是讨教一方，不知肯赐教否？"

"我出诊行医，意在救死扶伤，有啥病就直说吧别绕弯子。看你吞着吐着[1]的，耽搁了治病可不得了啊！"谷郎中严肃地说。

来人奸笑一声："谷郎中真是爽快之人！实不相瞒，我娘六十多岁啦，她碍我婚姻，使我至今仍光棍一条。我想求谷郎中配制一方，让老不死的早点归天。"

乌鸦反哺，羊羔跪奶，生灵都知孝母！可他……谷郎中听来人这么一说，气不打一处来。忽又一想，强龙难压地头蛇。他即起此心，娘亲早晚受他迫害。我何不将计就计，让这个不孝子尽尽孝心。想到这，他满面堆笑地说："嗯，这个简单，医生想药死个人比快刀切豆腐都容易。你多弄几只母鸡，要肉肥的，每天给老太太炖一只吃。"

"母鸡是养人的呀！"来人瞪大了眼睛，不解地问道。

"我还没说完呢！炖鸡的时候，每只鸡外加一斤栗子合炖，先用七分武火，再用三分文火，肉烂为止。你一天让老太太吃四次，要让她吃饱为佳。记住，一天一只鸡，别吃剩下的。否则，药物失效别怨我。"

日子过得很快，不知不觉就过了十天。晚上，这个不孝之子又来了。他一进门，满脸堆笑地竖着大拇指说："谷郎中果真医术高明，此事做得天衣无缝哩！"

谷郎中大惊："怎么，老太太她？！"

"一命归阴啦，哈哈哈哈！"

谷郎中听了，心如刀绞。他自责地叹口气，问道："能否把你炖的鸡肉，取来让我看看？"

"行，你等着，我去取。"那人笑得如海狗，转身走了出去。

谷郎中心里如打翻了五味瓶子，做梦也没想到自己好心做了驴肝肺。他拿来一双筷子，仔细地扒拉着砂锅里的鸡肉和栗子。忽然，一只壁虎从锅底翻了出来。谷郎中大惊失色，原来是此物作怪。

为了防止以后发生类似事情，他把这件事传到了民间。

讲述者：	吕曰强，男，1878 年 10 月，莱芜县口镇公社南江水村
采录者：	吕全生，男，1946 年 7 月，莱芜县口镇公社南江水村，骨医，初中
采录时间：	1966 年 9 月
采录地点：	口镇公社南江水村

（2）

有一年，名医毕郎中接待了一位病人，诊断结果是缺乏营养。他根据病情，随手开了个药方："山药半斤，生蜜一斤合炖。"

病人走后半月，果真恢复了健康。他问毕郎中是否停药。毕郎中详细地检查了病人一番说："再用半个月，就能除根。"

病人走后三天，传来一信说病人死了，病主告了官。毕郎中大惊，果然不出半日，衙门捕快传毕郎中到衙受审。

县官久闻毕郎中的大名，但如今出了人命，向情难向理。他拍拍惊堂木，问毕郎中："你身为名医，为何巧用医药，置人死地？"

毕郎中理直气壮地说："大老爷，我出的药方，在民间沿用了无数年，并没出现死亡。况病人上半月用药身体发育完好，请大老爷传原告把药渣取来一看，便知分晓。"

县官觉得有理，令衙役随原告去取药渣。

毕郎中接过药渣细看，发现里面有些煮得辨认不清的小花，便问原告："这药里的小花是怎么回事？"

原告看了看，摇着头说不知道。

毕郎中问："你是否把山药或蜜放在某种植物的下面了？"

原告想了想说："放过，昨天我打蜜[2]回来的路上要

[1] 吞着吐着：欲言又止的样子。

[2] 打蜜：买蜂蜜。

小解，便把蜜罐放在一棵大麻[1]的下面。解完手，发现蜜里落上了很多麻花，当时我还挑拣了一会哩！"

毕郎中听了，长叹口气说："正是此物作怪。"接着，把麻花、山药和生蜜合熬后的威力，详详细细地说了一遍，县官和原告恍然大悟。

原告当堂向毕郎中赔礼道歉毕，郎中自然是愧疚难当。毕郎中为让后人引以为戒，把这个警示故事传到了民间。

讲述者：　吕曰强，男，1878 年 10 月，莱芜县口镇
　　　　　公社南江水村

采录者：　吕全生，男，1946 年 7 月，莱芜县口镇
　　　　　公社南江水村，骨医，初中

采录时间：1966 年 9 月

采录地点：莱芜县口镇公社南江水村

（3）

从前有户人家，弟兄四个，早年丧父，母亲含辛茹苦把他们兄弟拉扯成人，又为其娶妻立业。老太太到了晚年不能自理，竟成了他们的眼中钉，千方百计想除掉她，好各自过安心日子。

兄弟四人商量来商量去，最后一致决定找串乡行医的郎中开个药方。郎中听罢，自然是气不打一处来。但他不动声色，将计就计说："你们求的事，对当郎中的来说很容易。你们说用大黄[2]把你娘烧死，是很愚蠢的举动。那大黄是五毒之首，服后定然七窍出血而丧生。到那时，官府是不会放过你们的。我倒有一个两全其美的妙计，管保神不知鬼不觉地把你娘除掉。"

兄弟四人听了，自然是欣喜若狂，求郎中快把妙计讲

出来。

郎中不紧不慢，神秘地小声说："用两斤上好羊肉包饺子，老太太见了一定会拼命地吃，不超过两天定会被撑死。你们看怎么样啊？"

兄弟四人觉得是个妙方，就凑钱割了羊肉，又凑了点面，叫自家的老婆凑成堆[3]和面做馅、包饺子。妯娌四人心怀叵测，各自打着算盘。包了十几个饺子，面不够了，谁也不想凑，便从磨坊墙壁上弄了点飞罗面[4]凑合。

三媳妇怕用自己的柴禾烧煮，便到外面捡了些荆棵[5]枝条用来引火。

老太太吃着儿媳笑脸送来的羊肉水饺，心里比喝了蜜还甜哩。不料，吃了没四个水饺，便口眼一闭断了气。儿子、媳妇见娘没了气，恣[6]得手舞足蹈，急不可待地寻找郎中致谢。

郎中听罢悔恨交加，一个劲地埋怨说："哎，都怪我糊涂啊！老父亲曾多次嘱咐我，如果吃了四个角的羊肉[7]，荆条秧烧火，飞罗面做饺皮，必死无疑。我真是好心不得好报，是我害了老太太呀！"

讲述者：　王从启，男，1927 年 10 月，寨子乡贤女
　　　　　庙村，中医

采录者：　王西武，男，1951 年 10 月，寨子乡贤女
　　　　　庙村，中医

采录时间：1995 年 10 月

采录地点：莱芜市钢城区寨子乡贤女庙村

[1]　大麻：当地俗称线麻，一年生直立草本植物，高 1～3 米。茎皮纤维长而坚韧，可用以织麻布或纺线、制绳索、编织渔网和造纸；种子榨油，中医称"火麻仁"或"大麻仁"，入药，性平，味甘，功能：润肠，主治大便燥结。花称"麻勃"，主治恶风，经闭，健忘。果壳和苞片称"麻蕡"，有毒，治劳伤、破积、散脓，多服令人发狂；叶含麻醉性树脂，可以配制麻醉剂。

[2]　大黄：中药材名，味苦，气大寒，阴中之阴，降也，无毒。

[3]　凑成堆：聚在一起。

[4]　飞罗面：罗面粉时，飘浮积挂在墙上的面粉粉尘。

[5]　荆棵：落叶灌木或小乔木；小枝四棱形，密生灰白色绒毛。掌状复叶，叶对生，掌状复叶，小叶 5，少有 3；小叶片披针形或椭圆状披针形，顶端渐尖，基部楔形，边缘有粗锯齿，表面绿色，背面淡绿色，外有灰白色绒毛；花冠淡紫色，外有微柔毛。

[6]　恣：高兴。

[7]　四个角的羊肉：难产而死的孕母羊。

（4）

有一年，有个河南刘秀才，进京赶考与山东新泰贤女庙村王秀才脾性相投，结为了异姓兄弟。两人京考归来，刘秀才就到王秀才家做客。王秀才的父母见刘秀才文质彬彬，礼貌有加，打心眼里欢喜，花了很多钱置办酒席热情招待。

王秀才好厨艺，亲自下厨做了个公鸡大腿鲤鱼腰炒辣椒。刘秀才吃着此菜很合口，大口接小口地吞吃。突然，他"哎哟"一声，七窍出血而死。

喜事变丧事，王秀才自觉难逃干系，就主动到新泰县衙投案。知县知道王家忠厚老实，王秀才不可能菜里下毒药死结拜兄弟的。知县就派衙役请来城里名医协同仵作[1] 到王秀才家察看。

名医和仵作仔细验尸，诊断结果是食物中毒而死。知县亲自陪同名医和仵作仔细地勘察了厨房，名医把调查结果报给知县。知县心领神会，当堂无罪开释王秀才，罚他厚葬刘秀才。

王秀才千恩万谢，问起缘由，名医解答说："在民间，公鸡大腿鲤鱼腰炒辣椒，是远近有名的上等菜，但用了桑木案板生锈刀切做，即成毒药，食后必死无疑。"

王秀才恍然大悟，暗恨自己孤陋寡闻害了好兄弟。自此，这个警示故事传到了民间。

讲述者：　王从启，男，1927 年 10 月，寨子乡贤女
　　　　　庙村，中医
采录者：　王西武，男，1951 年 10 月，寨子乡贤女
　　　　　庙村，中医
采录时间：1995 年 10 月
采录地点：莱芜市钢城区寨子乡贤女庙村

[1]　仵作：旧时官府检验命案死尸的人。

附记

这四则故事是两位中医世家传讲的故事，贤女庙村 1914 年至 1939 年为蒙阴县七区；1941 年划归新甫县，后划归新蒙县；1945 年划归新泰二区；1958 年划归翟镇人民公社；1984 年改为翟镇办事处；1985 年划归新泰市寨子乡；1991 年 1 月划归莱芜市寨子乡；1993 年划归钢城区寨子乡；2001 年 1 月，划归艾山街道办事处管辖至今。2019 年 3 月，划归济南市钢城区。

194

张郎中开药店

伙计心想："我拉匣子抓药多少年，见过成千上万的药方，抓到过人参、鹿茸、灵芝……成百上千种名药，却没见过这药方上的草药。"

正在为难，张郎中从屏风后走了出来，笑着说："你要的药，这里都有。"

御医伸手讨要，张郎中开口大声念道："兄弟仁义'家和散'，父慈子孝'顺气丸'；家有贤妻'消毒饮'，与人方便'妙灵丹'。"

御医听了，心里暗暗佩服，施个礼就走了。

讲述者：	吕文举，男，1925 年 3 月，莱芜市莱城区口镇南江水村，骨医
采录者：	吕全生，男，1946 年 7 月，口镇南江水村，骨医，初中
采录时间：	1995 年 1 月
采录地点：	莱芜市莱城区口镇南江水村

张郎中开了个药店，病人服药后药到病除，很快就能痊愈。四邻八乡的病人都来药店抓药。因此，药店里的生意越来越红火。

有个御医听说此事后，心想："病有多样，哪能百病都治，我不妨去探个虚实。"

这天，御医来到药店门前，一看求药的人确实很多。药店大门上贴着一副对联，上联是：病有四百四样；下联是：药有八百八方。横额是：济世堂。

御医看了，心想："哟，病有四百四样，药有八百八方。一种病，有两个药方治疗，还有备用的方子，口气不小哈！"

御医正看着，柜台里的伙计赔着笑脸招呼他，道："客官是来抓药吗？"

御医也不回答，顺手将一张药方递给伙计，心道："你药店里药方再多，药材品种再齐，我看你怎么给我抓齐这四味药！"

伙计一看，只见上面写着：家和散，顺气丸；清毒饮，妙灵丹。

195

张生学魔术

很久以前的一天，从外地来了一个魔术艺人，在洪范池北面的村里摆场卖艺。他魔术玩得神出鬼没、花样百出、在场的人人喝彩，观众给了不少铜钱。在场的一位叫张生的书生，见到这样的法术就迷住不走了，一心要拜魔术师为师，请求面谈。那艺人推辞不收，说是混生活[1]的人不敢收徒弟，并说自己是从茅山学艺回来的。书生要想学艺，还是到茅山去学。

张生主意已决，他的父母为此事踌躇一番，最终还是决定下来了。告辞了魔术师和他的父母直奔茅山，拜茅山老道为师学艺三年。

张生回家的路上，他走到一个小村庄，感到口干舌燥，想找口水喝。正巧来了一个打水的女子，挑水而来。张生用了一点法术，那打水的钩担[2]就断成了两节。姑娘见是一个青年作怪，非常生气。她用力把两截钩担一对，又成了一根，挑起水来便走。

[1] 混生活：走江湖卖艺。
[2] 钩担：挑水的担子。

张生一看，只觉不妙，便生一计，前行一步说："请小姐行个方便，给点水喝吧？"

女子说："水可以给你喝。不过，你太无礼了！"

张生心里明白，不该折断她的钩担，只得认错。

女子见他心诚，也就消了气，热情地说："你是个外出行路人，我原谅你。你别喝凉水了，到我家喝点开水吧？"

张生赶忙致谢，随她来到家。张生在喝水时与女子同叙家常，才知道女子叫唐菊。父母双亡，没有兄弟姐妹，只有她一人生活。她的舅舅家在本村，舅父也无儿无女，依靠外甥女早晚侍奉。但舅父魔艺高，性情烈。

男女二人通过交谈相互产生了怜悯和爱慕之心，并且私定了终身。可是，唐菊还是踌躇了一番，认为终身大事，要与她唯一的亲人舅舅商量，舅舅认为外甥女办事武断。

唐菊回家对张生说："明天你要去拜见舅父，他的脾气粗暴。你要见机行事，处处谨慎，饭还是不吃的好。走时我给你一把伞，如果遇到危险事，可打开伞去干。"张生点点头，把唐菊的话牢记在心。

第二天一早，张生便起身前往。舅父早在家门口等候。进家后，舅父说："想给你烧水上茶，但烧柴不够，你把槐树上的乌鸦窝弄下来好烧水吧？"

张生出来一看，树上的乌鸦窝很高，实在不好弄。于是，他便把带来的伞撑起来，用一个木杆用力跳起来一挑。忽听"哗啦"一声，从空中落下来一些东西，正好扎在伞上。张生一看，伞上扎的都是一根根宝剑，大吃一惊，没敢吭声。张生回到屋里，仔细地端详，一会儿便说告辞。

舅父再三挽留张生用餐，张生不敢在此逗留。舅父说："你不吃饭也罢，这里有半锅挂面，你喝点挂面，就算是吃饭了吧？"张生不好推辞，便把挂面喝了。

张生吃后，一会儿便觉肚疼，强忍着回了家。他见到唐菊就说："我在舅舅家喝了半盆挂面，觉得肚子疼。"

唐菊一听，大吃一惊，说："不好！"急忙找到一根绳子，系在了张生的脚脖子上。她用力把张生拉到梁头上，弄得张生莫名其妙。但张生这时已是无力反抗，也迷迷糊糊的不知所措。

张生耷拉着脑袋，双足朝上头向下空着，只有任人摆布。唐菊又把香油倒进盆里，按上灯捻，用火点着，用香油的气味熏燎张生的鼻子。不多时，只见张生的嘴里钻出来一条条青蛇，掉进油盆。再一会，张生的肚子不疼啦，完全清醒了过来。

唐菊把张生从梁头上卸下来，抚摸着他的脸孔说："你担惊受苦啦！"张生说："多谢唐姐救命之恩，此处我不能久留。"唐菊点点头，泪流满面："你走我也走，咱们一起走吧？"

两人商量一番，主意已定。夜里三更时分，一起回张生的老家。三更时分一到，唐菊在地上画了一座方城。她双手一并，口念咒语，顿时四方生风，离地升起，两人腾云驾雾，直奔张生家乡而去。

风声连响三阵，两人霎时落地。张生睁开眼仔细一看，已到了自己的村前。二人马上回家看望张生的父母，父母正在想念自己的儿子。儿子真的回来了，全家喜不自胜。不久，张生的父母筹备了银两，给儿子操办了喜事。

因办喜事欠下了债务，家庭生活有些拮据。老人家忧虑成病，经常卧床不起。唐菊对张生说："咱俩来家给老人家增添了负担，老人家有病需要求医，咱得想些办法弄些钱财才是。"

张生说："钱还是官府里多，他们贪赃枉法，银两满库。"唐菊点头说是。到了晚间三更时分，二人进了官府寻找银库。银库严封，而且大锁把门。唐菊在墙上画了一个洞门，叫张生进去取些银子回了家。可是银子拿得太少，还是解决不了问题。

几天过后，二人商量再去银库一趟。这天晚上，他俩带上口袋，趁天黑人静，悄悄地来到银库，画墙为门入库偷银。张生找到银子，撑开口袋使劲地装起来。张生只顾装银，不小心发出了声响，被守护银库的发觉了。唐菊吓跑了，张生被抓入狱。

县官升堂审问。张生一生忠厚老实，不曾有半句谎言，当堂说出实话："是唐菊画墙为门，我才进到库内的。"

县官一听，传令下去，捉拿唐菊。

县官审问唐菊："你会用法术盗窃吗？"

唐菊答："老爷！我不是常盗窃，而是家中困难，一时没有了办法才来干的。这是第一次！"

县官想："不是常盗就饶了她吧！"又说："你的魔术玩好了，赦你无罪；如若骗人，加倍处罚。"

唐菊听罢，应声："好吧！请拿根秫秸来给我。"眼看着她很快用秫秸扎成了一只小船。于是，她让县官叫人在堂前挖了个小坑，在坑里倒满了水，把小船放进了水里。船随风长长[1]，水坑也随风扩大，眼看着长满了堂院。

唐菊喊了声："大家上船。"

县官上了船，晕晕乎乎地招呼衙役："去，快开船。"

只见船身一动，船下水声哗哗。"呀！是条河！"瞬间，大水把县城冲成了两半，因此有了"东阿县，城两半。狼溪河，中间舛……"的歌谣。

讲述者：　刘绍全，男，1948 年 9 月，平阴县洪范池镇苗海村，高小
采录者：　万肇平，男，1955 年 10 月，洪范池镇东峪南崖村，大专，教师
采录时间：　2018 年 9 月
采录地点：　平阴县洪范池镇龙池公园

附　记

浪溪河，黄河下游的一级支流，旧称"狼溪河"，因其发源于狼山（即大寨山）脚下的狼泉而得名。浪溪河是平阴县境内的主要河流，也是发源于平阴县境内的最大河流，流经洪范池镇、东阿镇，在东阿镇大河口村注入黄河。

2018 年秋，《洪范池镇志》付梓，邀曾参与编撰初稿的张型友老师会宴洪范池，并邀原文化站站长刘绍全参加。事前我安排了时任站长周广海吃饭期间应谈论的几个问题。一是，狼溪河的传说故事有哪些？二是，龙泉寺的由来。席间，畅所欲言，谈古论今，无话不谈，主要是龙王庙的传说，狼溪河的传说故事等。张型友老师，德高望重，年老慧智，讲了孟姜女、龙王庙的传说故事。刘绍全，担任文化站站

[1]　长长：变大。

长 22 年，收集了大量关于洪范池境内的传说故事，其中关于"狼溪河的故事"是一位已故 5 年的 97 岁老人王愚常讲的故事。

0416

（九）俗语故事

196

宁要叫街的娘，不要当官的爹

很久以前，京城有一家客栈。这天住进了一个叫秀姑的女人，她说是从山东章丘来的。这个秀姑在客栈里一住就是十多天，大家谁也没留意她。

可十几天后，却发生了一件事。

这天早晨，那个秀姑匆匆从客房里出来，就问客栈老板："你见我的孩子柱子没有？我的孩子今天早晨突然就不见了。"

那个老板却面露疑惑，看着秀姑说："你什么时候带孩子来了？住在客栈里的就你一个人呀！"

秀姑就如遭了雷击一般，说："我是领着孩子来的呀！你忘了，我孩子调皮，专爱摸你的算盘，我还说过他呢！"

那个老板却还是摇头，直说秀姑并没带孩子来，她是一个人住进店里的。

秀姑没再理老板，就跑出去了。她来到一家烧饼铺前，问那个烧饼铺的老板："你见过我的孩子柱子吗？就是我每次来买烧饼，都带着的那个孩子呀。"

那个烧饼铺老板却对秀姑说："你有孩子吗？你到我这里买烧饼，都是一个人来的呀。"

秀姑简直不相信自己的耳朵，她又跑到很多地方，询问那些见过她孩子的人。可那些人都说她没带孩子来，是她一个人。最后，秀姑急得都发疯了，在大街上喊着她儿子的名字到处找。

很多人不知怎么回事！有这么多证明她没有孩子的，那就说明这个女人八成是想孩子想疯了。

几天后，秀姑因为没钱住店，被客栈的老板赶了出来。她就披头散发，破衣烂衫，在大街上游荡，成了一个乞丐。而她还是没忘了找儿子，嘴里不住地喊着儿子的名字。大家见了她又觉得可怜，又觉得很奇怪！明明大家都说她没带儿子来的，她为什么还要坚持自己的儿子丢了呢？

本来一个女人找孩子，也不算多稀奇的事。在这么大的京城，也闹不出多大动静来的。可这个秀姑找来找去，却找到了户部尚书张大人的府门前，嚷嚷着非要进去找孩子，并说孩子就在里面哭，她听到了。

要知道，尚书张大人可是朝廷的一品大员。他的岳父就是当今丞相，他的府邸怎么能随便进呢？结果秀姑就被拦在了外面。秀姑哭着喊着要往里进。

尚书府那些奴才都蛮横惯了，怎把一个女乞丐放在眼里，几次都把秀姑推倒在地上。她碰得头破血流，还是哭着要进去找孩子。

秀姑的哀哭之声，引来了很多乞丐。秀姑见那些乞丐中，很多人都是同乡还有同村的。那些乞丐就问她怎么了。

秀姑就哭着把丢孩子的事情对他们说了。乞丐们就对守门的奴才说："让她进去找孩子吧。"

那些奴才把眼一立睖[1]，说："你们也不看看这是什么地方，是你们这些穷鬼进的吗？"

乞丐们进不去，就在门外齐声喊："让她进去找孩子，让她进去找孩子！"

有的乞丐还打起了呼哨，乞丐越聚越多。那些人一起喊，那声音就大得很。

不长时间，尚书府的大门就打开了。从里面走出个一脸横肉的管家，在管家身后还有些叉着腰的打手。管家向

[1] 立睖：瞪眼。

乞丐们喊："反了你们了，你们想干什么？这可是尚书府，你们这是在聚众闹事呀！"

那些乞丐都面无惧色，说："尚书府又怎么样，尚书府也得叫人家找孩子。"

管家说："你们若再不走，我就以你们聚众闹事为由，把你们都赶走，打死打伤勿论！"

那些打手都气势汹汹的，眼看着一场血流遍地的打斗就要开始了。

这时候，从乞丐群里钻出个人来，身后还跟着几个挎腰刀的大汉。那人上前来说："人家要找孩子犯什么法了？叫她进去找。"

管家一见那个人，吓得浑身一哆嗦，忙上前跪下来，嘴里却喊："皇上！"

管家这一喊，在场的人一下子就跪倒了一大片。原来，那个人是皇上呀！

秀姑趁这个机会，向皇上哭喊："皇上，请为民女做主呀！"

管家向皇上跪爬了几步，说："皇上，你别听她信口雌黄，我们府上高墙大院。别说她儿子不在里面，就是在里面，一个孩子的哭，也不会听到呀。"

秀姑说："皇上，请您相信我，我真的听到了。俗话说，母子连心。就是儿子离得我再远，我也能听到儿子的声音的。"

大概就是秀姑口中的"母子连心"打动了皇上，皇上便对管家说："既然她要找儿子，你就叫她进去找找吧。"

管家见皇上点头了，哪敢违拗呀！马上敞开大门，让皇上领着秀姑还有那些乞丐都涌进了尚书府里。

进了尚书府，皇上让身边那几个带刀的领着秀姑去找人。

过了不长时间，就见秀姑一脸的欢喜，领着个孩子进了大厅，秀姑跪下来说："多谢皇上，让我找到了孩子。"又对孩子说："柱子，快给皇上磕头。"

皇上也很吃惊，他就问那个孩子，是怎么到这里来的？

柱子说："我在母亲怀里睡得好好的，睡梦中就被几个人抱到一辆马车里，并带到了这里。我醒来后，就见在

一间宽敞的屋里，里面的摆设是我从未见过的，我身上也被换了一身新衣服。我就哭着要回去，我身边那些奴仆，却都叫我少爷。那些奴仆对我说：这里就是我的家。我的父亲是户部尚书张大人，我的母亲是当今丞相的女儿，我就是尚书府里的少爷张瑞云。他们这一说，把我都给弄蒙了！我不认识户部尚书，更不知道谁是丞相的女儿。这么过了一夜，我就成了张瑞云了？可那些奴仆们还是对我说：这里就是我的家，我就是尚书府里的少爷……这几天，那些奴仆们变着法子地给我好吃的，跟我玩好玩的。我吃东西玩起来的时候，会暂时忘掉我是乞丐的儿子。可静下来后，又怎么会忘掉我的娘呢？想起来的时候，我就放声大哭。今天，我又想起娘来，就放声大哭起来，这一哭真的就把娘哭来了。"

坐在上面的皇上听了柱子的讲述，也觉得这事蹊跷，就问那个管家："他说的那个张瑞云，是哪个呀？"

管家不敢隐瞒，哆嗦着说："张瑞云确实是府上的少爷。不过一个月前，已经死了。为此，大人和夫人都很悲痛。"

这件事越说越奇怪，皇上就让管家把主人找来，他要问个明白。

不长时间，户部尚书张大人匆匆地来了。他一进门，就被秀姑看了个正着。不由得喊了句："夫君，怎么会是你呀？"那些乞丐中也有认出来的，纷纷说："这不是咱村的张隆生吗？"

张大人见了秀姑，吓得低下了头。

皇上看出了端倪，问秀姑："你说他是你夫君，可要看好了。他可是朝廷一品大员，户部尚书呀！"

秀姑就对皇上说："皇上，他就是我的丈夫张隆生。自家的夫君，怎能认错？"接着，秀姑就对皇上说了一件事。

这个张隆生原籍章丘，十年前秀姑嫁给了秀才张隆生。京城里大比之年，张隆生要进京赶考。在他离家的时候，秀姑已怀有身孕，嘱咐丈夫此次进京无论考不考中功名，都要尽快回家。

可丈夫这一走，却没了归期。张隆生离家的第二年，孩子便呱呱坠地，是一个男孩，秀姑便给儿子取名叫柱子。

秀姑守着空房，不知丈夫在外面怎么样了。直到最近，有人对她说，在京城里见到张隆生，并且他混得很好。她就匆匆领着儿子，到京城来找丈夫。找了十几天，也没找到，儿子却又突然丢了。她真的就要急疯了，却没想到，在这里找到了儿子又见到了丈夫……

张大人在一旁低头不语，脸上却流下汗水来了。

皇上又问张大人："刚才秀姑说的可是实情？"

张隆生只好说："启禀皇上，刚才秀姑所言句句是实。臣有罪。当初为了攀附权贵，不惜抛妻弃子。让秀姑苦等了我十年，实在是罪该万死。"

皇上问："如此说来，那这个柱子就是你的亲生儿子了？你既然当初抛弃了他们，为什么又要偷偷把儿子弄到府上来呢？"

张隆生见隐瞒不住了，就把这件事原原本本地说了出来。

原来，儿子张瑞云在一个月前死后，丞相的女儿经郎中诊断，已经不能生育。张隆生就面临着断后的危机，而他又不敢纳妾。

几天前，张隆生出门，在轿里隔着薄薄的纱帘，他看到了阔别了十年的秀姑，又看到在秀姑身边还领着个孩子。那孩子应该是自己的骨肉，原来自己还有后呀！

张隆生不敢把秀姑母子俩弄到府上，更不敢跟妻子说自己还有亲生骨肉。思来想去，就想出个办法。要让他这个儿子，变成死去的张瑞云。柱子和张瑞云长得很像，妻子一定能接受他的。这样，自己的骨血就延续下去了。

张隆生就在夜里派人把柱子偷出来，又嘱咐秀姑周围的人，让他们说秀姑没有带孩子。这样大家都说她没带孩子，秀姑也就会认为自己真的没带孩子来，也就很快死心了。

柱子被带到家里，张隆生让家人都叫他张瑞云，千方百计地让他忘掉过去，适应这个环境。

在张隆生心里，柱子才八九岁。到了尚书府里，就如进入了天堂。只要对他好些，过去的事他会很快忘掉的，并且秀姑找不到儿子，时间一长也会死心的。

可张隆生却没想到秀姑会发疯地找儿子，并且找到了他的家里……

皇上听了这些，气得直发抖，正想对张隆生发火，秀姑却向前跪爬了几步，说："皇上，以前的事我再也不想追究了，并且再也不找儿子了。我一个妇道人家，孩子跟着我只有吃苦，跟他爹才能得到荣华富贵。我怎么能让儿子跟我苦一辈子呢？！"

常言道："清官难断家务事。"这事，倒让皇上有些为难了。想了半天，最后决定让孩子来做主。皇上让张隆生和秀姑站在两边，对柱子说："今天朕把这个权力交给你，你是要爹呢，还是要娘呢？你跑到谁那边，就是谁的孩子了。"

在场的众人都认为柱子一定选这个爹，可让大家都想不到的是，柱子竟毫不犹豫地跑到娘的怀里，说："跟着娘我才是柱子，跟着爹就要变成另外一个人。我只想当我自己！"

一旁的张隆生，脸红得就如一块红布一般。事情不用多说了，柱子要娘不要爹。皇上也起身要走，张隆生在后面哆哆嗦嗦地送。

临出门，皇上却又回头对张隆生说了一句："张爱卿，你有没有发现，最近京城里的乞丐怎么越来越多了呀？"

张隆生就愣在了原地，京城里乞丐增多，他怎么没察觉呢！他也知道，现在山东遭遇蝗灾，庄稼颗粒无收。这些乞丐其实就是山东的灾民，而朝廷的赈灾银两早就拨到户部了，只是那些钱大都到他的岳父和他的腰包里了。皇上这次微服出巡，看来他也已经注意到这件事了。如果皇上查起赈灾银两来……想到这里，张隆生吓得一屁股就坐在地上。

十几天后，京城里发生了一件大事。赈灾巨款贪污案被查清，户部尚书张隆生畏罪自杀，丞相也被打入了死牢。那些乞丐们，无不拍手称快。

而秀姑和柱子这对母子，却回到了家乡章丘。

从此，我们当地就流传出一句话："宁要叫街的娘，不要当官的爹。"

讲述者： 夏树芬，女，1941 年 3 月，章丘市刁镇
　　　　南芽村，高小
采录者： 王乃飞，男，1973 年 6 月，章丘市刁镇
　　　　南芽村，小学
采录时间： 2001 年 7 月
采录地点： 章丘市刁镇南芽村

197

毁了龙泉，兴了灵岩

"毁了龙泉，兴了灵岩。"

这条俗语，流传在长清区孝里街道龙泉官庄一带。

"金耙齿，银铃铛，龙泉寺[1]里耙和尚。"

这条俗语又是怎么回事呢？

龙泉寺位于长清区孝里街道南部边沿的龙泉官庄村，现早已遗迹不存。这个村子与平阴县搭界，明朝由官氏从山西洪洞迁来建村。现在屈指算来，也有六百余年的历史了。

话说明朝中后期，南方有一个上北京赶考的举子名叫李月河。他一路风尘仆仆走到龙泉寺时，天黑了下来。也许有人会问，李月河放着宽阔的官道不走，为么非要走山间小道呢？

[1]　龙泉寺：龙泉寺建于唐初，占地五六亩。寺内有青砖灰瓦的大殿、雕梁画栋的廊檐、雕刻精美的壁画。寺门钟、鼓二楼东西而立；大雄宝殿、观音殿、天王殿巍峨壮观。院内僧侣众多，香火兴盛。院内有一口神秘的八宝琉璃井。传说外出化缘的僧人如果丢失贵重物品，不必急着寻找，回到寺中从八宝琉璃井里一捞，准能捞出所失之物。龙泉寺被毁后，和尚和香客都转移到了灵岩寺。20世纪 60 年代以前，村里还留有龙泉寺的一些残碑断碣。龙泉寺被毁后，龙泉至今仍汩汩流淌。

原来，这一方地界历来属泰安管辖。自泰安至肥城，从肥城到龙泉寺有一条重要的官道。眼见天黑，李月河敲开寺门央求住持僧能留宿一晚。住持见青年肩背包裹，纶巾[1]布满了尘土，便爽快地答应下来。

龙泉寺就建在肥城陶山西北，龙泉官庄的九顶莲花山北麓，创建年代应是隋唐时期。经过历代住持僧苦心经营，到明朝初期成了上下九重院落，在方圆百里无出其右的大寺院。尤其令人称奇的是，在寺院中有一口八宝琉璃井，这口井遇江吃江遇河吃河。什么意思呢？也就是说，无论龙泉寺的和尚走到哪里化缘，如果收获丰盛不便携带，只需把化来的钱财丢入旅途中的江河或水井中。回到寺中，只要向八宝琉璃井中投下一水桶，诸多善捐都会被一一收回寺中，这也是古寺长年不衰的重要原因。多少年来，龙泉寺的住持都潜心修行，他们谨遵庙规，广结善缘。一座寺院红红火火，善男信女烧香还愿者络绎不绝。当时，龙泉寺在泰山西北是一座香火极盛的大寺院。

就在龙泉寺香火鼎盛，寺院僧众与周围百姓相安无事的日子里，一切事情却在不知不觉中发生了变化！去寺中还愿的女子，被和尚欺侮；租种寺院庙田的佃户，因天旱庄稼歉收交不起佃租。他们眼看着自己的女人遭寺内和尚猥亵，敢怒而不敢言。一时之间龙泉寺名誉扫地，再没有人前来烧香拜佛。就是邻近的妇女下地劳动路过寺院，也是三个一群五个一伙相约同行，深怕受到寺中和尚骚扰。

也许你觉得奇怪。怎么好端端一所佛门清净之地，忽然之间成了藏污纳垢的场所？原来，寺院里新换了一个住持。这个新来住持的身世，没几个人知道。其实，他原本是行走江湖的盗贼。杀人越货，采花盗墓无所不为。作恶多端必自毙。由于受官府通缉无处藏身，只得秘密回到老家黑沙店（广里店）。他心生一计，在一个寒风凛冽的早晨身着褴衫[2]，蓬头垢面来到龙泉寺山门廊檐下蹲下来，装作被冻僵的样子。

早晨，小沙弥[3]打开山门时发现了他，报告给寺院住

持。佛门自古以慈悲为怀，住持命众人把他抬进寺院救治。其实，这个强盗啥病没有。只是穿得单薄得了点风寒，几天后就好了。

住持示意他病已痊愈，可以离开寺院了。谁知，他竟扑通跪倒涕泪交流，说自己父母双亡孤身无靠，四海为家尝尽了世间的酸甜苦辣。今天遇方丈相救，无疑是遇到了再生的父母，今生情愿当牛做马伺候方丈一辈子。住持看强盗哭诉身世十分可怜，被他的假面目所迷惑，就答应把他留下来。强盗磕头如捣蒜，感谢住持收留。从此，强盗算是躲进了保险箱。因为旧时候，佛宇道观是仙家居所，清净之地。没有皇帝谕旨，官府任何一级衙门不许擅入搜查。

这个强盗留下来以后，多方察听渐渐掌握了寺院中的底细。他有时在夜间潜回家中，取出从前劫来的赃物打点住持身边的人。一些人为财所迷，经常在住持面前说他的好话。再加上他曲意逢迎，很是得住持好感。只一年多的光景，在他的请求和众僧的保荐下，住持为他剃度收为徒弟。

强盗第一步计划得逞，故伎重施。他重金贿赂当家和尚，排除异己。最终，取得住持继承人的席位。就在住持一次偶然患病的时候，侍奉汤药的强盗露出了狰狞的面目。他在住持所服的药丸中下了毒，住持服药后当即身亡。

强盗叫来自己的亲信，假扮一下现场。第二天，他宣布住持圆寂。为住持举行过七七四十九天法事后，强盗荣登住持宝座，主持龙泉寺上下一概事务。

强盗把持了寺院的执政大权，立时就为所欲为。喝酒吃肉，奸污进庙上香的良家妇女。他要把近两年进寺庙伪装期间所受的罪，弥补回来。手下与他臭味儿相投的沙弥沆瀣一气，一起糟践附近的百姓。渐渐地龙泉寺臭名远扬，门前行人冷落马蹄稀，再难见到昔日的繁荣景象。

说到这里，再回原来故事开始的话题上来。你想一个强盗转化来的恶僧，怎么这么痛快就答应李月河留宿呢？原来，恶僧是江湖出身。他在李月河的行头上看出了端倪。旧时道路交通不便，平常百姓外出都是以步行为主。如果身负银两过多，行路困难，脚后跟带起的尘土就会飘到帽子上。正是恶僧洞察到了这一切，自然爽快地答应李月河

[1] 纶巾：古代配有青丝带的头巾。

[2] 褴衫：意思是指衣服破烂不堪。形容穿着破烂，仪表不整的样子。

[3] 小沙弥：小和尚；是佛教中对年龄不足20岁，或其他初级出家男子的称呼。

留宿寺中。

进到寺院中，恶僧命小沙弥收拾房间供李月河休息。小沙弥提来井水让李月河洗漱，用罢斋饭。李月河对恶僧的热情招待甚是感激，向恶僧说了许多感谢的话。恶僧假装谦虚地说，这都是出家人该做的。还谦卑地奉承，祝官人金榜题名，日后也好照顾乡野小庙一下。

李月河慨然应诺：如蒙师父吉言得中，一定为贵寺圣像重塑金身。寒暄已毕，恶僧嘱李月河早些休息，不要误了明天赶路，说罢退出。李月河旅途劳累，倒下身就睡着了。沉睡之间，李月河隐隐听到外面有敲门声。赶紧起身开门，却是晚间打水伺候自己的小沙弥。

小沙弥示意李月河不要出声，小声告诉他说住持要图财害命，已在上院准备好三更天就动手。小沙弥是前任住持的侍徒，平时不爱说话，一切是非却看得清楚。现在看到恶僧又要害人，便前来报信。李月河听后大惊，问怎么办。小沙弥说："后院厕所他已立好梯子。上去后，院墙外有棵大槐树虬枝四拃，你攀上院墙可上大槐树，顺树干滑下赶紧逃命去吧！"李月河谢过小沙弥，依言逃出寺院。

寺院外面一边是山岭，另一边黑灯瞎火什么也看不清，前走一段好像是庄稼地。这时，李月河也顾不了许多，为了逃命他一口气走出有五里多地。他连惊带吓，实在走不动了。眼看前边是一个村庄，傍路边一家还隐隐透出灯光。李月河便踉踉跄跄走上前敲门，打算讨口水喝。房门打开，一个妇人露出半边脸。她看到李月河的狼狈相，大吃一惊。李月河把事情经过略述一遍，希望妇人给口水喝！

妇人把李月河引进房内，不由分说，便拿出一根绳子把李月河绑了起来。李月河百思不得其解！这时，捆绑他的夫人从内室唤出一个丫头。只听妇人嘱咐女孩儿说："你把他给我看紧了，我去向你舅舅报个信，他捅了天大的娄子！"嘱咐完毕，妇人转身出门，把门反挂上匆匆地走了。

耳听脚步声渐远，李月河惊魂稍定。抬眼仔细观察女孩儿，这一看不打紧，立时被姑娘的美貌惊得合不上嘴巴。只见这姑娘生得柳眉细眼，粉面桃腮，一张小口紧闭，在灯光的照耀下有一种说不出的娇媚风情。这个时候，姑娘也在偷偷地打量李月河。见他虽装束不整，但眉宇间透着

一股盖世的才情。

沉默片刻，姑娘问李月河从何处来，为何惹着他舅舅？李月河见面前女子举止落落大方，讲话没什么恶意，心情也镇定下来。他把怎么夜宿龙泉寺，寺内和尚谋财害命，小和尚报信，连夜出逃误入女孩家的经过详述一遍。女孩听李月河讲完，不由连声叹息："寺中想害你的不是别人，他是我的亲舅舅。"

从姑娘的叙述中，李月河了解到姑娘名叫素莲。父亲早逝，与母亲在黑沙店开了一家小店铺，供官道上来往客商歇脚食宿。一直以来，生意很不好做，只得做些女红，勉强度日。

两个人青春少年，越谈越觉得脾气相投。素莲说："我母亲已出去一大会儿，她听你从龙泉寺逃出，具体情况也不大了解，如果真把我舅舅引来你可就麻烦了。不如我给你松绑，你逃命去吧。"

李月河闻听素莲义举，不胜感激，问姑娘："我走后你如何向母亲交代？"素莲说："我自有说辞，只是你日后高中还记得我就行了。"李月河指天为誓：绝不辜负姑娘一片深情！素莲连忙给李月河松绑，给他备好干粮。又把后院的毛驴牵出，让李月河骑上，两人洒泪而别。

接下来，就是我们经常看到戏台上出现的喜庆场面。李月河千里迢迢赶到北京，金榜题名。殿试过后，钦点为状元。三个月后，谕旨巡抚山东、江浙一带。临行前，李月河想起进京时的遭遇。他奏本皇上，请示对各级宗教庙宇进行整治。

谁知，皇上看过以后认为是小题大做，随口道："罢了，罢了！"意思是算了。李月河灵机一动说："谢主龙恩。"

李月河来到龙泉寺，宣来肥城县令，传皇上口谕，解来龙泉寺恶僧二十余名。他派人就地挖坑，将和尚逐个埋进土里，只把一颗脑袋露在地面上。牵来两匹马挂上雁耙[1]，只几个来回，就把一个个秃瓢耙了个血肉模糊。

眼见作恶的和尚得到应有的惩罚，其他七八十名和尚吓得纷纷逃散。据说，大多都逃到灵岩寺去了。一时之间，

[1] 雁耙：方言，农田碎土块用的人字形耙。

灵岩寺人满为患。这就有了"毁了龙泉，兴了灵岩"的说法。

皇帝听说后，也顺水推舟，不再追究了。

后来，李月河娶了素莲。夫妻恩爱，终老一生。

讲述者： 王温亭，男，1936年2月，长清区孝里街道龙泉管庄村，农民

采录者： 王守学，男，1966年3月，长清区孝里街道，初中

采录时间： 2019年7月

采录地点： 长清区孝里街道龙泉管庄村

附
记

"龙泉寺里耙和尚"故事的发源地，是济南市长清区孝里街道的龙泉管庄村。故事讲述的是寺院的和尚依仗政府撑腰，对附近村民横行霸道，最后受到应有惩罚的故事。耙和尚的故事，在孝里地区的大峰山三教堂，还有"九亩地里耙和尚的故事"。张夏街道流传有"李侨四禅寺耙和尚"的故事，历城柳埠有"丈八地里耙和尚"的故事，等等。龙泉寺里耙和尚的故事，在长清区孝里街道黄河两岸广为流传。也有人认为故事版本来源于唱词《千里驹》。经查对核实与龙泉官庄流传的故事不同，故不采用。为避免故事名字与其他耙和尚故事的名字雷同，采用"毁了龙泉，兴了灵岩"。

198

借
光

很早以前，济阳一带有个村庄，共有百十口人家。村里的人们虽然贫寒，却勤劳善良。男人们辛勤劳作，早出晚归；女人们在家织布纺线，拾掇家务，日子倒也过得去。

晚上，村里的妇女聚集在一盏油灯下做活，为的是省下一点灯油。大家凑在一块，扯些东家长、西家短，有说有笑，倒也自得其乐。其中，有一个叫春兰的妇女，因家境窘迫，拿不出灯油。她便每天早早来到做活处，为大家擦桌子抹板凳，大家看她勤快老实，也就体谅了她。

俗话说："人过一百，形形色色。"时间长了，做活的妇女里一个叫巧枝的便嘟哝开了："咱们姐妹轮流拿灯油，她凭啥不拿？这又不是三天两天，长了，我们姐妹受得了吗？"

一次，这话被春兰听到了。她又羞又气，忍不住反驳道："各位大嫂，我春兰家穷你们都知道，实在拿不出灯油。我每次早来晚走，替你们拾拾掇掇，不就为的借你们一点'光'使吗？我春兰不来，你们不也照样点灯熬油吗？"

众人一听，纷纷指责巧枝尖酸刻薄。

后来，知趣的春兰便没有再去和大伙一块做活，可"借光"这句俗语，却从此流传了下来。

讲述者： 刘功富，男，1940 年 7 月，济阳县曲堤镇东街村，中专

采录者： 孟庆贵，男，1954 年 9 月，济阳县曲堤镇姚集村，高中

采录时间： 1999 年 10 月

采录地点： 济阳县曲堤镇东街村

附
记

1957 年，曲堤改为曲堤乡，1958 年 9 月为曲堤公社。1984 年 4 月，又改为曲堤镇。2001 年 3 月，原三教乡、姜集乡并入曲堤镇。2020 年，撤销济阳区曲堤镇，以其原行政区域设立曲堤街道，街道办事处机关驻原曲堤镇政府。

199

没有金刚钻，别揽瓷器活

很久以前，奎台有一年轻人，姓李名刚。两口子男耕女织，勤俭持家，生活得很美满。这一年秋后，粮食上囤，小麦种完，李刚闲了下来。

妻子对丈夫说："庄稼汉，半年闲。与其闲着，你不如出去学手艺，多挣点钱回来，咱的日子不是更好吗？"

李刚说："我也正琢磨这事，你说干什么好呢？"

妻子说："我看穷苦人家，破个盆碗缸锅都舍不得扔掉。你就去学做补漏匠[1]吧？这活一定能行。"

李刚说："这活不学也会，说干咱就干起来。"他聪明自负，购置了简单的工具，挑起担子串乡去了。

李刚心灵手巧，干啥像啥，生意很好。这一天，一个财主拿来几件瓷家伙[2]。其中有破盘破碗破茶壶，说："这些东西都是成席配套的，缺一个就不是一套了，请师傅给把破损的锔起来吧？"

财主拿来的这些瓷家伙，李刚见也没见过，因为那时

[1] 补漏匠：又称锔子匠、孤炉担、小炉匠等，专门锔补破损泥陶、瓷器的工匠。
[2] 瓷家伙：家用生活瓷器。

候普通人家用的都是陶器，瓷器家什只有个别财主家才有。他满口揽下了这些瓷器活，怎料这瓷器质地坚硬。钻头废了好几个，可怎么也钻不进去，直急得满头大汗。

"工欲善其事，必先利其器。"这时，一个白胡子老头走到跟前说，"小伙子，没有金刚钻，别揽瓷器活！"

李刚做生意以来，第一次接到一个干不了的活，正急得不知咋办才好。听老人这么说，也不知啥叫金刚钻，啥叫瓷器活。心想，我这里交不了差，你那里说风凉话，便生气地说："站着说话不腰疼，有本事你来干！"

白胡子老头不急不躁，从"万宝囊"里掏出一个小钻头，搭上弓弦，接过瓷茶壶，一边钻一边说："看到了吧，这叫金刚钻，这叫瓷器活，没它你就不能揽它。"不大工夫，他把眼钻好了。然后，拿起锔子一个一个锔牢。那手活，干得漂亮极了。

李刚佩服得五体投地，跪在地上磕头便拜，说："请师父收下我这个徒弟吧？"

白胡子老头道："当徒弟要听师父的话，跟我走吧。"

原来，这位白胡子老头是鲁班祖师。李刚三年学徒期满后，也带出了很多徒弟。从此，有了锔子匠这个行业。

"没有金刚钻，别揽瓷器活。"也就成了这一带人们生活中非常流行的俗语。

讲述者：　刘公君，男，1938 年 2 月，德州市临邑县德平镇陈寨村，小学
采录者：　刘公明，男，1948 年 6 月，商河县供电公司退休干部，中专
采录时间：1999 年 11 月
采录地点：商河县银河路电业局家属院

附
记

锔瓷行业，大约起源于清末民初。人称"锔子匠"，有的地方叫"小炉匠"，挑着担子，一头是火炉子，一头是各种工具材料。走村串户，边走边吆喝着："锔盆、锔碗、锔缸啦！"锔匠先把陶瓷碎片拼接好，用细绳扎紧捆牢。用一把长杆带线绳，能快速旋转金刚石小尖钻，在裂缝两边间隔钻两排小凹坑（只钻一半不透）。再将铜、铁锔子一个个轻轻地骑缝敲入凹坑，裂缝便被锔子抓紧钉牢，有的器物双钉并用。大件厚重瓷器则采用两面双排锔，更为坚固牢靠。功夫技艺精到的锔匠，锔艺美观牢固，锔瓷点滴不漏，马上可以继续使用。

200

曹范大爷难伺候

从前，章丘曹范镇大集就是农历逢五见十。每到大集这天，都有垛庄镇十八盘村的一位中年客商前来赶集，销售十八盘村土生土长的农特产。由于他物美价廉，很受欢迎。曹范镇上有一位和客商年龄相仿的中年人，经常来买他的物品。他们两个说话投机，脾气相投，一来二去成了莫逆之交。十八盘村的客商年龄稍小几岁，以小弟自居。为了故事好讲，我这里分别把他们叫作"十八盘大叔"和"曹范大爷"。

每到曹范大集这天，十八盘大叔赶完了集，中午就到曹范大爷家中吃午饭。集集这样，如此多年。

有一次，又是曹范大集。中午吃饭的时候，十八盘大叔对曹范大爷说："大哥，你看我们认识这么多年了，赶集这天总是在你家吃饭。你什么时候能到十八盘做客，算是我感谢大哥多年来对我的照顾？"

曹范大爷毫不犹豫，一口答应下来。于是，两人约好了日期。商定三日后，曹范大爷去十八盘大叔家中做客。

为了伺候好客人，十八盘大叔临走从集上买了一套崭新的茶具，还买上了半斤上好的茶叶。

三日后一大早，十八盘大叔就把全家人叫起来，忙活饭菜准备待客。他让两个儿子每人骑上一匹大马，去垛庄镇上接客。他告诉两个孩子，曹范大爷的长相特征、衣着穿戴样式，并且特意叮嘱："恁曹范大爷骑着一头小黑驴，接到以后，你们就叫他骑马来。"

弟兄两个骑马来到垛庄镇上，等了一段时间。果见有人骑着一头小黑驴，远远地走来。他们上前一问，正是曹范大爷。哥两个让大爷上马，大爷说他骑驴习惯了，说什么也不换马。于是，哥哥陪着大爷慢走，弟弟骑马回家报信。

正是盛夏时期，虽还不到晌午，天气却已非常炎热。两个儿媳听说曹范大爷马上就到，赶紧烧开了水，准备上茶。让大爷进门，就能喝水解渴。说话间，曹范大爷已经进门，全家人相互见礼寒暄之后，十八盘大叔陪同曹范大爷进屋去了。

那时候，十八盘村交通不便，比较偏僻。十八盘大叔虽是富裕人家，却也没有喝茶的习惯。两个儿媳不知道沏茶，需要放多少茶叶。商量了半天，就随意地捏了一小撮茶叶放在茶壶内。弟媳问："嫂子，沏茶水还需要放上一点盐吗？"嫂子说："不知道呢，还是不放盐吧。"她们沏好茶，弟弟赶紧端着茶水来到屋内，哥哥为大爷倒上茶水。

曹范大爷属于"茶家"，在家是经常沏茶倒水的人。他端起茶碗喝了一口，细细品味，说："嗯。茶不错，可惜太淡了。"意思是茶叶放少了，浓度不够。

弟兄俩赶紧把茶壶端到厨房，说道："曹范大爷说，茶水太淡了。"

弟媳一听，对嫂子说："咱说沏茶得放上一点盐吧？你看，曹范大爷嫌茶水淡了。"妯娌两个赶紧往茶水里加了一把盐，弟弟又重新把茶水端到了客厅。妯娌两个来到客厅窗外，偷听大爷对茶水的评价，为以后沏茶积累经验。

哥哥重新为大爷倒上了一杯新茶。大爷走了一路，早就口渴了。看到茶水已经凉得差不多了，端起来足足地喝了一大口。不由得蹙起眉头道："这茶水……这茶水，太咸了！"

窗外，妯娌两个听了，互相看了一眼，嘀咕道："不放盐就嫌淡，放上盐又说咸。你看曹范咱大爷，真是难伺候啊！"

这便是，"曹范大爷，难伺候"这个调侃的来历。

讲述者：　孙绪修，男，1947年1月，章丘区文祖
　　　　　街道，农民，初中

采录者：　孙继广，男，1972年10月，章丘区融媒
　　　　　体编辑，大专

采录时间：2019年5月

采录地点：章丘区文祖老宅

附
记

在章丘南部山区，流传着一个侃子"曹范大爷，难伺候"。曹范大爷为什么难伺候？来历都在这个故事中。为了这个俗语，我曾采访过很多老年人，根据他们的讲述，进行线索整理和采录，但总觉得不很完美。听了孙绪修老人的讲述，这才把故事完了稿。该俗语故事，原载于2020年1月9日《章丘晨报》。

201

得饶人处且饶人

从前，有一个道士，善下围棋。他开始只在本地与人下棋，时间一长没了对手，便离开本地到外地下。

他走一城赢一城，走一县赢一县。走进京城，他又把当时弈棋的国手赢了。一生中他下棋赢了很多银子，使他成了有名的富翁。

待到老年，他后悔过去下棋过于认真，损伤了很多人的面子。因此，他在诗中叹道："自出门来无敌手，得饶人处且饶人！"

从此，他下棋便心存容让，有意给人留点面子，不让别人大输，便也获得了"国手"的称号。

后来，人们把"得饶人处且饶人"用以比喻凡事能原谅别人时，就宽宏大量一些，别把事情做绝了，现仍然广泛应用于生活当中。

讲述者：　刘希颜，男，1910年4月，德州市临邑
　　　　　县德平镇陈寨村，小学

采录者：　刘公明，男，1948年6月，商河县供电

公司退休干部，中专

采录时间： 2013 年 6 月

采录地点： 临邑县德平镇陈寨村

附
记

　　刘希颜是最早给我讲述这条俗语的，当时我正在整理一个民间故事。故事中就有这条俗语，问了好几个人，都说得含糊不清。我想起了刘希颜给我讲述"得饶人处且饶人"这句俗语来！他当时还列举了好几个例子来佐证。只是年代长，有些淡忘了。为了进一步求证，这才再一次找到刘希颜，完成了这条俗语的诠释。现在，还在很多场合听到这句俗语。

202

老百姓的事不好管

　　关公关云长升天后，被玉帝封为风雨神。他统领着风婆、雷公、云母、雨仙。一时间，使得天下风调雨顺，五谷丰登。老百姓非常感激他，为他建起了关公庙，进行供奉朝拜。一年到头人来人往，香火不断。

　　关公庙旁的土地庙却受到了老百姓的冷落，断了香火。土地爷心里像倒了五味瓶，实在不是滋味，冲着关公庙叫道："不就是掌管风雨的个官吗？有什么了不起啊！"关老爷听到笑了笑，也没有去理他。

　　有一天，关老爷要上天赴王母娘娘的蟠桃会，便委托土地爷暂时掌理风雨事。土地爷想露两手让关老爷看看，也就愉快地接受了。

　　关老爷刚走，庙里陆续来了四个人，跪在土地爷面前祈祷。

　　一个正在晒粮食的说："求求风雨神老爷，这两天千万别下雨，不然我的粮食就要发霉了。"

　　土地爷心想，今日权在手，有权不使过期作废，便一口答应下来。

　　接着，又一个庄稼人祷告说："求求风雨神老爷，请你快一点下些好雨吧，不然，我地里的庄稼就要旱死了。"

土地爷心想，民以食为天，地里不打粮食老百姓吃什么，这雨该下。于是，他又答应了。

随后又一个栽树的人祷告说："求求风雨神老爷，这几天千万别刮风。不然，我刚栽下的树就没命了。"

土地爷心想，庄户人家栽树不容易，这风不能刮，于是也答应了。

这时，又进来一个急着外出办事的人祷告说："求求风雨神老爷，千万要行行好。家母命在旦夕，我要乘船去请医生。请你刮起大风吧。不然，耽误了大事，我吃罪不起呀！"

土地爷心想，人命关天，这事重要。于是，也满口答应了。

四个人走了后，土地爷一想：一个要下雨，一个不要下雨；一个要刮风，一个不要刮风。我怎么全都答应了呢？这怎么办？他正急得像热锅上的蚂蚁团团转，关老爷回来了。土地爷赶忙向关老爷汇报了情况，说："老百姓的事不好管，你看咋办就咋办吧。"

关老爷听罢，伏案批道："白日晴天晒粮食，夜里下雨浇田园；刮风只刮顺河风，请了医生快回还。"

土地爷看了，非常佩服。从此，他再也不敢瞧不起关老爷了。后来，人们一碰到民间不好处理的事，便感叹道："老百姓的事不好管。"

讲述者： 刘公君，男，1938年2月，德州市临邑县德平镇陈寨村，小学

采录者： 刘公明，男，1948年6月，商河县供电公司退休干部，中专

采录时间： 2013年6月

采录地点： 临邑县德平镇陈寨村

附 记

我经常与刘公君在一起交流俗语故事，他对这方面也很热爱，把听到的俗语都摆到桌面上来，然后再一一剖析其内涵。"老百姓的事不好管"这句话，在商河民间，甚至更广阔的民间都随处可听到。人多思想杂，一人难称百人心。就如同清官断不了家务事一样！如果你深入到民众之间，掌握了他们的需求，就不难处理这些事，而且做得人人心服口服。这个俗语故事告诉我们，遇事多思考，就没有解决不了的问题。

203

请神容易送神难

古时候，章丘城[1]里有一个财主，叫高广进。他年过三旬，膝下还没有一儿半女。为此，他没少请名医给妻子诊断，却没一点作用。

这天，高广进听说附近来了个神婆。人们向她求神问卦，十分灵验。高广进亲自套车，把神婆请到家来。

神婆围着高家转了一遭，说："我看出来了，问题不在尊夫人身上，而在你家的神堂。"

高广进特别信神，家里有一间专门的神堂，供着关公。关公在当地是财神，高广进供关公，一是敬仰关公的忠义；二是想让关公保佑自己发财。他就问神婆："哪里出了错？"神婆说："关老爷能保着你家财源兴旺，却不管子嗣之事；再说关老爷拿着大刀，这么厉害，那些投胎的也不敢来呀！"

高广进觉得有道理，就问神婆怎么办。神婆说："你不如把关老爷的神像撤了，请观音菩萨来吧。观音菩萨有求必应，能保佑你早得贵子，诸事皆顺。"

[1] 章丘城：现绣惠街道驻地。

神婆这一念叨，高广进动了心，真就把关公的神位给撤了。撤下来的神像不知怎么处置，就放在左边的门后头。然后，他从外面请来观音菩萨，在神堂里供起来。

供起观音菩萨后，不到半年，高广进妻子的肚子就大了起来，高广进高兴坏了。几个月后，妻子生了个大胖小子，高广进对这个孩子视若珍宝，恨不得把一切都给他。可孩子生下来后经常生病，一夜一夜地哭，请了大夫也不管用。

这时候，高广进听说城里来了一个道士。据说会看风水，还能治病。高广进也是病急乱投医，就把那个道士请来了。道士在院子里看了看，又给他儿子相了面，说："看你儿子的相貌，注定与我道家有缘，可你家里却供着菩萨……"

高广进忙向道士讨教，怎么才能救他儿子。道士说："说来也简单，只需把我教的太上老君请来，你儿子便能平安无恙。"

高广进听了道士的话，又见儿子哭得可怜，一狠心就把观音菩萨给撤了，放在右边的门后头。又请来太上老君，享受他家的香火。

说来也巧。没过几天，高广进的儿子就不哭了。高广进越发相信是太上老君在保佑他家了。

太平日子过了没多久，高家又出事了。家里经常着火，不是前院着火，就是后院着火，还有几个店铺也不明不白地着了火。高广进又迷信起来，暗想：是不是惹着哪位神灵了！正好当地有个算卦的很灵，他就找去了。

高广进把家里火灾频发的事说了，算卦的掐指一算，说："太上老君有炼丹炉，里面略微掉下点火星来就够你呛的，难怪你家里经常着火。"

高广进就请教有什么办法。算卦的说："你家里请的神真不少，但没请到一个正神呀。"

高广进问，什么神才是正神。算卦的说："你别忘了，我们是山东的，当然要请我们山东本地的神。泰山上有泰山奶奶，道号碧霞元君，保佑山东百姓平安，比那些杂七杂八的神都强。"

于是，高广进又请了泰山奶奶来，可太上老君往哪里放呢？只好让他屈尊一下，放到泰山奶奶的神像后面了。

高广进请了泰山奶奶后，家里果然没再失过火。他放心了，看来泰山奶奶是请对了。

这天夜里，高广进正睡觉。一个家人神色慌张地跑来，没头没脑地说："老爷，打起来了，打起来了！"

高广进问："谁打起来了？"

家人说："就是神堂里那四位呀！"

家人告诉高广进，刚才他从神堂前路过，听到有动静。探头往里一看，就见里面关公、观音菩萨、太上老君、泰山奶奶正打得不可开交。他们各拿法宝，横眉怒目，谁也不让谁。

高广进听了大吃一惊，慌忙赶过去，就听屋里"叮叮当当"，还有火光闪烁。他吓得没敢进去，这神仙打架的事，凡人也管不了呀！

第二天，高广进就去请高人。道士高僧神婆法师，能找的都找了，可都不敢接这个活。有人对高广进说："请神容易送神难！当初你怎么请来的？现在想扔个家伙似的一送了之，哪有这么容易的事？"

从此以后，高家的神堂里天天闹个没完，全家没一天安生。

可巧，有一个走乡串户的皮影艺人老张，这天晚上走到这里天黑下来了，就到高广进家借宿。

高广进烦得不得了，哪有心思管这种事。幸亏家人心好，就让他在草棚里暂住一晚上。老张虽然穿得有些寒酸，但谈吐却不一般，一听就是走过南闯过北的。等他吃过了晚饭，听到外面叮叮当当的声音，就问家人："怎么，你们家晚上还打铁呀？"

家人苦笑了一声，说："哪里打铁呀，是神仙打架呢！"就把家里最近发生的事，跟老张说了。

老张听说了这事，把大腿一拍，胸有成竹地说："这事早跟我说呀！我有办法能把那些神仙们送走！"

家人不相信，那些高人都没辙了，他能有什么办法。

老张却又说："你跟你家主人说一声，我自有妙计。"

家人只好把这事跟高广进说了，高广进正烦着呢。一听说这事，尽管他有些半信半疑，但他还是叫家人把他请了来。

高广进就对老张说："请问张先生，你有什么办法把那些神仙送走吗？"

老张大大咧咧地说："这还不好说，你叫我演一出皮影，他们就走了。"

高广进不知道演皮影和送神仙有什么联系，但事到如今，也由不得不信了，就死马当活马医吧。

于是，老张就被领到了神堂前，在神堂前搭上张桌子，拉起幕布来，家里人都跑了来，坐下来看新鲜。

老张从他的工具箱里拿出四个皮影来，分别是关公、观音菩萨、太上老君和泰山奶奶。他一只手里拿了两个皮影，脚下还敲着乐器。这皮影戏就演开了，戏的内容就是四个神仙争一个神位。老张现编现唱，一会儿关公说观音抢了他的神位；一会儿观音说太上老君抢了她的位子……边说还边打。他们各拿法宝，都脸红脖子粗，这通打呀！大家看得眼花缭乱，不知道是谁和谁打了。

可正打得激烈，老张手里的皮影却一下子停下来，脚下的乐器也停了，嘴里却"嘘"一声，指指神堂。大家这才发现，神堂里已经没动静了。

高广进很高兴，看来老张真有两下子！可没高兴一会儿，他就听到神堂里一阵"乒乒乓乓"、破砖碎瓦的声音。高广进吓得跌倒在地，说："张先生，这下坏了，你惹恼了神仙，他们要拆我房子呀！"

过了一阵子，里面又没了动静。高广进不知所措，老张却淡定地说："进去看看吧。"

家人打着灯笼，慢慢推开神堂的门。只见里面只有一堆泥块，神像却不见了。高广进不明白怎么回事，老张笑着说："这是刚才我把他们送走了。他们都是神，却也像人间戏里那样，为了一点小事争来争去的，比凡人还能高出多少？再说，他们的事都被我编到戏里了。要是再不走，我把这出皮影到处去演，让天下尽人皆知了，岂不是毁了他们千年的名节？他们自知害羞，就自毁泥胎，真神早就走了。放心吧，他们不会再来了。"

高广进却又一屁股坐在地上，说："张先生，你可坑苦我了！我让你送神，可没让你把他们都送走呀！现在他们走得一个不剩，以后谁来保佑我呀？"

老张哈哈大笑，说："难道人离了神就不过了吗？像我这样到处行走的，到哪里去请神去？我不照样活得很好吗？我觉得只要守住自己的良心，处处与人为善，心里就不起鬼不生疑，比什么神都管用。"

高广进听了老张的话，顿时茅塞顿开。等老张走后，他就写了一个"善"字，挂在神堂里。他每天都去静坐一会儿，还坚持每天做一件善事，尽量接济身边的穷人。

以后，高广进家虽然没再供神，日子反而比以前更好了。

讲述者：　夏树芬，女，1940 年 2 月，章丘市刁镇南芽村，高小

采录者：　王乃飞，男，1973 年 6 月，章丘市刁镇南芽村，小学

采录时间：　2002 年 6 月

采录地点：　章丘市刁镇南芽村

附记

这是我们当地人经常挂在嘴边的一句话，有着多重的意思。这个故事里的主人公，就是因为没有自我主见，到处随便请神祭拜来保平安。结果，到后来闹得家宅不安，请了多人送神，却怎么也送不走。我从小就听了母亲讲的这个故事，在 2018 年，又把这段故事拾起来，把它按照讲述来进行整理，并发表于 2018 年第 21 期《故事会》月刊上。

204

河溜子垒墙墙不倒

很久以前，五龙村里有一户姓赵的人家。家里开着油坊，按季节雇着短工干活。赵东家精于算计，做买卖就是"铁刷子"，到处都能挣到钱。他老婆就像"皮笊篱"，过日子滴汤不漏。他负责压糁、榨油赶四集，下四乡去卖；他老婆管着家里。典型的男主外、女主内。他还有一样绝活，会干"经纪[1]"。买方多是些外地来的老板，和卖方不好沟通。他扒开牲口的嘴一看有几个大牙，就知道养了几年了。他首先和卖方要价，再和买方还价。总是把五个手指伸到对方袖子里，来个袖里乾坤[2]，真是"袖里出黄金"。出几个指头，二人相互掰扯几下就知道了多少钱。就像"丁一、闷子二、品字三、胡零四、拐子五、挠六""捏七憋八钩子九"，用力一攥就表示成交。外人隔行都力巴[3]，谁也听不懂看不明。在别人不知不觉中做成了买卖，拿走了好处费。

[1]　经纪：类似于当今的中介。

[2]　袖里乾坤：俗称摸秤，经纪人采用的一种讲价形式，在袖子里用手指进行谈价。

[3]　力巴：外行。

他卖油从不用秤，因为他有一杆量油专用的"油葫芦"。俗话说，"经纪到了头，才敢劈麻撩油"。俗话还说"紧提酒，慢提油，不紧不慢撩香油"。赵东家掌握的火候真好！一葫芦八两、二葫芦一斤[1]，丝毫不差。和他挨摊的老田头是个卖麻的，他更胜一筹。用唾沫或准备好的水将手弄湿，明明是七两，用湿手捋几下足码够半斤（十六两一斤），二人多年的交情颇深。

赵家有男十八岁，田家有女整二九。老哥俩门当户对，心有灵犀。对过打锡壶的老李头看在眼里，喜在心上，也是好保媒拉纤的人。有意从中说合，准料一撮即成。

转眼，田家女过门好几年。这年六月，家里南面靠河的院墙被河水冲塌了。赵家找了五六个人来帮忙垒墙，这些人都是他两口子精挑细选的。标准是不抽烟的，不喝酒的；干活多的，吃饭少的。由于干活比较累，天也较热，赵家该好好招待帮工。可是，赵东家和老婆招待干活的很抠门[2]。明明有麦子面，偏要蒸瓜干面窝窝。家里开着油坊，菜里却不见油花。正应了"千万别和会手艺的人算计"一说。这些人脑子也怪好使[3]，就和主家动了心眼，有好石头也不用，专门从河里挑被水冲得溜滑的圆石头，俗称"河溜子"。而且小工垒背面墙比大工还快，当天完活。两盅酒还没喝完，赵东家老婆就收了壶，众人不欢散去。半夜里，老两口正为省了招待钱偷着乐，就听"哗啦"一声，新垒的墙就倒了。

第二天，赵东家重新召集大家还得再垒。今天吸取了教训，亲自磨了豆腐打算晚上用。中午粗面花卷，炒菜用的油不少，但炒的是豆腐渣，把这些师傅噎得伸脖瞪眼[4]，暗气暗憋；下午的活可想而知，墙头封顶比墙根偏了够半尺。为防止再倒塌，就用带齿的大耙[5]顶住墙，就算完了工。这种"豆腐渣"工程，怎能长久。不到半月，赵东家正在墙角方便。"呼隆"一声，墙又一次倒塌了，好悬没把他压在墙下。

这一次，他的儿媳妇田家女终于沉不住气了，她也看不惯公婆如此的吝啬抠门。于是，亲自请来这些师傅。早晨先吃饭后干活，中午白面馒头，炖豆腐，油花二指厚；下午有点心[6]，晚上手擀面条。

俗话说："钱买的身子，饭买的活，伺候不好慢慢磨。"又说，"人心都是肉长的"。这样的待遇，师傅们可受不了了。他们干活格外仔细，把河溜子用锤都砸开用来填缝。双面全是清缝的墙。用白灰和泥、小块河溜子封墙头，活干得既快又美观，人见人夸。这道墙从此固若金汤，过了近百年。

后来翻修宅子时，费了好大的劲才拆去。因此，才有了那句"河溜子垒墙墙不倒"的俗话。

讲述者：	张作文，男，1950年8月，莱芜市莱城区高庄街道五龙村，小学
采录者：	亓福忠，男，1968年9月，莱芜市莱城区高庄街道五龙村，高中
采录时间：	2017年11月
采录地点：	莱芜市莱城区高庄街道五龙村

附记

我的好朋友张作文喜欢讲故事，而且偏爱讲吝啬经纪人的故事，上面这个故事就是俺俩在一次下地干活时，他给我讲述的。都说吝啬经纪人会算计，可你再会算计，也算计不过一伙子（群）人。这个经纪人虽然花费了心机，结果是省了盐酸了酱。亏得儿媳妇出面，将心来比心，才把院墙垒结实。"河溜子垒墙墙不倒"的俗言，在这个村与周边村广为流传，提醒那些好占便宜的人，别聪明反被聪明误。既浪费了财物，又伤害了感情。

故事中提到的河溜子，就是河里冲刷的圆滑石头。而袖里乾坤，是古时经纪人使用的一种谈价方式。张作文说："那时候，古董很贵，遇到个不安稳的时候，药材价格就极高。还有就是，无论是古董还是药材都有打眼（看错）的可能。内行人知道，一般互留脸面，不会说

给行外的人。所以，谈价格就成了关键，不能让外人知道。把手放袖子里，手有五指，一般说来以大拇指为尊，即最高位，然后以此往下顺。基价，即单位。多以十两银子起，当然也有以两起的。如果以两起还要袖里乾坤，说明买家大抵是知道这货有问题了，给卖家一个面子不说破，两边心里都要有数。至于怎么暗示，到底以什么基位起？一个是言语之前有过暗示，另一个是袖里乾坤时的一个动作。但具体是什么动作，好像说各有各的规矩，不是特别清楚。这个时候，两个人的手贴在一起类似交握的动作。手指动得很隐秘，因为不是什么时候都有两个'大长厚的袖子'做遮挡的。"

我对他讲的这些很感兴趣，就问："你会袖里乾坤吗？怎么操作的？"张作文就笑着说："会点皮毛，能知道个大概。每个手指分三节，指尖指肚关节手指上下依次往掌心处捋，表示1到9，但这个也不是特别明确了，老人没说清楚。打个比方说，我有块玉，我出价10万，但这块玉有点问题，不值这个价。买家之前看货的时候会有暗示，那最高位值就是万起了。然后袖里乾坤，买家比如觉得就值个4万多，那就在我大拇指某处触摸，我反触摸他的大拇指某处把价往上抬，直到确定，会有一个动作暗示。然后，开始食指谈千位上的价格，依次类推。"他接着说："这个适用于大宗商品，一般是外行人很难接触的交易。银钱动辄万两以上，或者单件货有问题，值钱又不值卖家开的价格。至于寻常价格，那都是拿算盘开个价而已。"

我感慨地说："看来当个经纪人也不容易，真费脑子啊！"张作文说："任何事情都有它的突出面，就拿这个袖里乾坤来说吧，操作时一般用右手，可能是约定俗成吧。当然，不排除其他的也有这么玩儿的。如果是熟人，就没那么麻烦，会有自己的习惯，两边都明白没有歧义就好。那时候，负责谈的人，基本都是掌眼的人，眼睛要毒，当然砍价砍得也够狠……"他不无遗憾地说："这套老祖宗发明的经商秘诀，传到现在好像几乎没人会了。"

205

人心不足蛇吞象

从前，南山脚下有个叫圈里的村子。村里有对年轻夫妇，结婚不几年便生了两个儿子。大儿子叫象，次子取名叫蛇。

象和蛇不仅模样有区别，就连脾气和处事也有很大的差距。象看上去长得英俊秀气，身高个大的。蛇却长得瘦小玲珑。人见了谁也不说他俩是一对同胞亲兄弟。就拿吃饭来说，象这么大的身量，吃饭平平常常。蛇却饭量大得惊人，吃不吃的不见饱，把父母吃得直颤心哩！庄户人家的清贫日子，担不得能吃。

久而久之，父母对蛇冷淡起来。哥哥象也有一肚子的怨气。父母看着实在养活不了了，就把蛇叫到跟前，含着眼泪说："儿啊！别怪娘狠心。可怜咱过的日子吃了上顿没下顿的，实实在在养活不起呀！叫你整天吃不饱地活受罪，不如叫你哥把你送进山里，你自己找条活命的路去吧！想娘的时候，就家来看看，等咱日子稍好点了，就叫你哥把你接回来。你说这么办行吗？"蛇听完娘的话，眨巴了几下泪眼，觉得有理，便点头答应了。

第二天，大哥象领着蛇走了。路上，蛇对大哥讲了实情。原来，蛇根本不是凡人，而是龙的化身。象听后也没说啥，也没觉得吃惊害怕。蛇又对大哥说："你以后有啥难处，就来找我。说一千道一万，咱俩毕竟是亲兄弟。"象听了很感动，握着弟弟的手久久没松开。象回家后，没有把兄弟是龙的事告诉父母。

过了一年多，万岁爷贴出皇榜寻找龙心，谁要找到龙心可做大官。象知道后暗暗高兴，庆幸自己时来运转了。他眉头一皱，计上心来。马上告别了父母，来到和蛇分手的大山。

象找遍了山里的沟沟穴穴，连蛇的影子也没见着。他又累又急，坐在一块山石上直喘粗气，暗怪弟弟失约。正当他生闷气的时候，只见山后急急飞来一朵乌云落在象的面前不动了。象大吃一惊，以为遇到了妖魔，吓得浑身哆嗦。时间不长，觉得一阵轻风吹过，乌云四散而光。只见蛇满面微笑地站在面前，自然是问好道安客套一番。蛇问象道："大哥此来，有啥要事？"象听罢，哭眼抹泪地编了一套谎话说："母亲得了一种怪病，要用龙心治疗才能得救。"

蛇不知象在捣鬼，一听母亲病重，立即答应献出龙心救母亲，并对象说："哥啊，龙心是我的命根子，如今老母重病在身，不孝儿怎么能见死不救呢！不过，你割心要有数，多割了我会没命的。"象答应了，蛇摇身一变化成一条很粗的乌龙，张开大嘴叫象进去割心。

象早就被富贵迷了心窍，把兄弟手足之情忘得一干二净。他看到血红的龙心有碗口那么大，恨不得一把揪下来献给皇上。他想，看来割得越多越好。说不定皇上一高兴，把宰相位子让给我哩！想着，用力举刀猛的一下，把蛇的心全割下来了。蛇没有料到哥哥会如此狠心，当时就疼死了。那个凶恶的大哥象还没明白怎么回事，就死在了亲弟弟蛇的肚子里了。

正是：人为财死鸟为食亡，人心不足蛇吞象。

讲述者：　亓益堂，男，1950年6月，莱芜市方下
　　　　　镇孙封丘村，教师，大专
采录者：　李胜华，男，1964年4月，莱芜市方下

镇张公清村，初中

采录时间：　1987年3月
采录地点：　莱芜市方下镇公清联中

附

记

我在田野调研采访中，搜集到这则故事的版本非常多，除了亓益堂老师讲的这个故事的版本，还有高岐云老师讲述自古代载入《山海经》中的"巴蛇食象，三岁而出其骨"，就像巴蛇这种传说中的蛇，也需要三年的时间，才能消化一头大象，更何况是那些小蛇，所以，后来就被人们用来比喻那些贪得无厌的人。还有一个版本，是"象"挖蛇肝：从前，有个樵夫在路上捡到一条受伤的小蛇，就带回家精心地饲养。后来，这条小蛇修炼成了一条巨蟒。它将自己的肝脏给樵夫的后代"象"，拯救了员外的女儿。让"象"富裕起来，以此来报恩。但是让巨蟒没想到的是，"象"并不满足。公主也得了怪病想要蛇肝，"象"再次向蛇索要肝脏。蛇就让他顺着喉咙爬进去割，结果就合上嘴巴，再没让"象"出来。后来，人们就用"人心不足蛇吞象"来告诫世人。再就是"王妄挖蛇眼"这个版本，也有其特色。王妄母子精心治疗了捡到的花斑蛇，后来蛇长大了，王妄的母亲受到惊吓。后来，蛇让王妄取下自己身上的三块皮熬汤给母亲喝，才让她醒了过来。再后来，皇帝张贴皇榜想要夜明珠。蛇就将自己的一只眼睛献给了王妄，让他能够加官进爵，以此来报恩。但是后来，娘娘见了也要一颗。于是，王妄狠心地想要再挖蛇的一只眼。之后，蛇便一口将他吞下，贪心的人没有好下场。不论是哪个版本，不管是挖取蛇的哪个器官部位，其结果和教育意义是相同的。有道是：越吃越馋，越学越懒，只要有了贪心，就选择了一条贪欲之路，最终就会自食其果。

206

十五的月亮十六圆

话说，李庄有一个孤老太太，膝下没有一儿半女。经人介绍，杜介立[1]就认老太太做了干娘，他随之改名叫大李。

杜介立是一个很有孝心的人，且老太太长得很像自己的娘。所以，杜介立对老太太是百般孝顺。老太太八十多岁，病卧在床。杜介立三月不离其侧，想尽一切办法让老人家吃好、喝好，开心、顺心。

周围的人都知道，李庄出了个叫"大李"的大孝子。所以一说起李庄，都说是大李子顺庄。时间长了，大李子顺就成了李庄的正式名称。

杜介立的孝顺，让老太太很受感动，临死之前，老人家拉着杜介立手说："儿啊！娘知道你很想家。奈何路途遥远，你又舍不得娘，所以至今未归。儿行千里母担忧。娘就要不行了，等娘过世后的八月十五晚上，你对着月亮祷告。求求李家的仙祖秃尾巴老李，他会帮你回家的。"

[1] 杜介立：唐代大诗人杜甫的族弟。

老太太去世后，杜介立处理好后事。就在八月十五这天晚上，对着天空中那轮孤月求告秃尾巴老李帮自己回家。刚祷告完毕，刚才还是朗月当空，瞬间便天昏地暗，狂风骤起。杜介立惊魂未定，便见一个英俊少年站在自己的面前。那少年说："我就是秃尾巴老李，请伏在我的背上，闭上眼，抱紧我。"

杜介立伏在少年的背上，一会儿就感到腾云驾雾般地飞起。不知过了多长时间，已站在自家的门口。他睁开眼四处寻找秃尾巴老李，但早已没有了他的踪影。

杜介立一家人团聚，见到了父母，也见到了哥哥杜甫。晚上，他们一家在明月下聚餐，发现十六的月亮比昨天十五还要圆，大家更是高兴得不得了。

杜介立的族兄杜甫听了这个故事，很受感动，吟出了"露从今夜白，月是故乡明"的著名诗句。

这就是民间俗语，"十五的月亮十六圆"这句俗语的来历。

讲述者： 李衍军，男，1969 年 10 月，平阴镇宋子顺村，教师，中专

采录者： 展恩华，男，1962 年 10 月，平阴县府前街，大学

采录时间： 1999 年 6 月

采录地点： 平阴县平阴镇宋子顺村

附记

平阴县锦水街道的大李子顺，原名李家庄，后来更名为大李子顺。其中，和中国历史上一个大名人的弟弟有着直接的关系。这个大名人是谁？就是唐代大诗人杜甫。杜甫有一个族弟叫杜介立，年轻时为人侠义，为"济时"救世，敢冒杀身之危。因"得罪永泰末，放之五溪滨（湖南怀化）"。为了逃避追杀，他千里迢迢来到平阴的李庄村，过着"寄食一家村"的日子。杜介立为何选择了平阴？其中也是有原因的。杜甫还有一个弟弟叫杜颖，时任齐州临邑县的主簿。杜颖也是文人雅士，自然也会认识许多像在平阴隐居的张叔明这样的名流，他一

定也看到过平阴这片土地上淳厚的风土人情。所以，就毅然决然地把杜介立给弄到了平阴。

207

无理矮三分

从前，有个人名叫吴礼，生就了一副油嘴滑舌，惯好强词夺理，公共场合总是少不了他。

这一年，德平龙泉寺赶庙会，四面八方的人涌向这里，真是人山人海，热闹非凡。吴礼来到会上，一不上香，二不许愿；三不看戏，四不看艺；五不买卖，六不会友。他是东游西逛，没事找事来了。吴礼游来逛去，看到一个卖鸡的便停下了脚步，说："这鸡不错，多少钱一只？"

卖鸡的说："两吊。"

吴礼说："卖给我一个铜钱的？"

卖鸡的人知道碰上了不说理的，就说："有钱就买，没钱就甭买。这一个铜钱，我咋卖给你？"

吴礼道："狗眼看人低。你敢说爷爷没钱？我是要买你的鸡身上的毛去做掸子，你敢说不卖？"

卖鸡人忍住气道："我没听说卖鸡把鸡毛拔下来卖，那我这鸡卖给谁去？"

吴礼道："你不能不说理吗？我买你的鸡毛还得替你去卖鸡吗？你愿卖给谁卖给谁去，这鸡毛我算买定了。"

真是气死人不偿命！吴礼不急不火地胡搅蛮缠，卖鸡人却气得不知如何是好。二人争闹着，周围堆满了人，品头论足看热闹。

路不平有人铲，事不平有人管。这时，一个白胡子老头站出来了。他抱着息事宁人、把事化了的目的，说："这位老弟，你把鸡毛卖给他吧？这鸡我买了。"

吴礼把这只鸡拔得一毛不剩，血糊淋淋的，丢下一个铜钱走了。

白胡子老头递上两吊钱，提起了那只鸡。

卖鸡人不解地问："老人家，你这是为何？"

白胡子老头说："遇上这种无理取闹的无赖，你不依他，你这买卖还做不做？"说罢，笑笑走了，围观的人们也散去了。

吴礼东溜西转，这里买一个铜钱的肉，那里买一个铜钱的酒；这里买一个铜钱的鞋，那里买一个铜钱的裤。买卖人知道他的德行都让着他，他却吃饱喝足满载而归。

吴礼走着走着，又碰上那位白胡子老头，正提着那只血糊淋淋的鸡走着。他心想这老头也真够二百五的，便问："老头，你是干什么的？"

白胡子老头说："我是相面断命的。"

吴礼道："就凭你也给人相面断命？"

"怎么，你瞧不起我？"

"不敢！既然你能相面断命，你就给我相相断断？相得好断得准我给你一文钱，相不好断不准你给我两吊钱。"他一边说一边想，你算准了我说不准你也没办法，别怪我捞你两吊钱花。

"好！请问高姓大名？"

"高也不高，大也不大，姓吴名礼。"

"噢，吴礼无理，无理见人矮三分。即使和三岁孩子比，肩膀也不一般齐。"

吴礼气得破口大骂。白胡子老头说："莫生气，不信你去比一比。"说罢，化道清风去了。

吴礼浑身发紧，腰弯如虾，先缩头脑，后缩手脚；两眼痴呆，有口难开。人们见他吴礼矮三分，他自己也总是站在别人面前比高低，却又总是和别人的肩膀不一般齐。

此事一传开，人们都知道"吴礼矮三分"。

久而久之，"无理矮三分"也就成了这一带的俗语。

讲述者： 许希平，男，1952 年 10 月，商河县武装部退休干部，高中

采录者： 刘公明，男，1948 年 6 月，商河县电业局退休干部，中专

采录时间： 1997 年 9 月

采录地点： 商河县银河路电业局家属院

208

在家孝父母，何必远烧香

从前，有一个人叫金不换。金不换三岁上死了父亲，母亲立志守寡，带着儿子过日子。她把儿子视如心肝宝贝一般，那真是放到嘴里怕化了，捧在手上怕掉了。无论日子如何艰苦，总是对儿子百依百顺，把一切希望寄托在金不换身上。

俗话说，"骄儿省坟纸"。这金不换越大越不听娘的话，变成了一个游手好闲的浪子，动不动就训斥起母亲来。

一天，母亲不悦，数落起金不换的不是。金不换感到母亲叨叨唠唠的很讨厌，不愿和母亲继续生活下去，就离家出走，去拜访泰山奶奶了。

金不换自小对泰山奶奶很崇拜，他忍饥挨饿千里跋涉，决心要找到泰山奶奶。数日过去，可连泰山奶奶的影子也没见到。

这一天，他在路旁昏过去了。一个好心的老奶奶来到他身旁，一勺一勺地用热汤把他救醒过来，问道："客官从何处而来，到何处而去？为何饿到这般境地？"

金不换感到这位老奶奶可亲可爱，就一五一十地说出了自己的心事。老奶奶和蔼地说："你对泰山奶奶如此虔诚，必有后福。"

金不换问："泰山奶奶在哪儿呢？"

老奶奶说："你回家去吧，你会见到泰山奶奶的。她'身披烂衫反穿鞋，头顶簸箕手捧升。胸中一颗慈爱心，灯光一点照路明'。以后，你敬奉她就是了。"

金不换半信半疑，老奶奶忽然不见了。金不换恍然大悟，知是神仙指点迷津，赶忙跪在地上，望天而拜。然后，收拾行李回家去了。

这一天天黑了，天上下着倾盆大雨。金不换来到自家门口，望着屋内的暗淡灯光，忐忑不安地敲起门来。

自从儿子走后，母亲像掉了魂似的。整日里心事忡忡的，茶饭不思，夜不能眠。这天晚上，她盘坐在炕上剥花生，又想起儿子来。下这么大雨，也不知儿子有没有安身之处。真是可怜天下父母心！想到伤心处，不免暗自落泪。她忽然听到儿子的叫门声，啥也顾不得了，急忙跳下炕来，也不顾正反把两只鞋错穿在脚上，顺手把一件破衣服披在身上，又把油灯放在升里，一手捧着升，一手拿起簸箕顶在头上，去给儿子开院门。

院门开处，母子相见。金不换见母亲这般形象，正是老奶奶所言，顿然醒悟。母亲见到儿子悲喜交加，眼泪不住地往下流。儿子跪在母亲面前号啕大哭，感到对不住母亲，发誓要像敬奉泰山奶奶那样敬奉母亲。

后来，金不换改邪归正，孝名传乡里，人们都说"浪子回头金不换"。也就有了"在家孝父母，何必远烧香"这句俗语。

讲述者：　赵建军，男，1958 年 4 月，商河县建设银行职工，高中

采录者：　刘公明，男，1948 年 6 月，商河县电业局退休干部，中专

采录时间：　1999 年 11 月

采录地点：　商河县银河路电业局家属院

209

跳进黄河洗不清

从前，雁翎关[1]北口有一个小庄子叫田家庄。村里有户人家，老汉姓田，家道早已衰败，人称田太公。田太公原本有几亩薄地，三个儿子又肯下力，一大家人日子过得还能凑合。本以为三个儿子成家立业后，就能过上顺心的日子。可事与愿违，大儿子与儿媳妇赶新泰羊流集[2]，卖完家织布回家，在返回雁翎关途中路遇劫匪，双双死于非命，只留下一个十来岁的半桩孩子，名叫田猛。为此，老太太急火攻心，一病不起。真是福无双至，祸不单行。老天偏偏不佑好人，不多时日，老太太便撒手人寰。

从此，家庭的重担落在了老二家和老三家两口子身上，轮流照顾老人和孩子。

老二为人比较老实，他的媳妇可是个血不讲理[3]的母老虎。她又尖又酸，对公公轻则骂重则打。每次轮到她送饭总是一碗残羹，爱吃不吃。她仗着有几分姿色，养成了

[1] 雁翎关：莱芜区与新泰市的界山，三面环山，地势险要，一夫当关、万夫莫开，有雁过拔翎之说，春秋战国时期为鲁国的军事关隘。

[2] 羊流集：雁翎关南面的一个集市，现为新泰市羊流镇。

[3] 血不讲理：不讲道理的泼妇。

水性杨花的坏毛病，还和本地的一个小屯长打得火热。要想人不知，除非己莫为。这种事时间久了，没有不透风的墙。两人的丑行自然免不了街头巷议，被四邻背后指指点点。

老二天生懦弱，娶进门的本就是个惹不起的"奶奶"。他只好忍气吞声，逆来顺受，装作视而不见，生怕家丑外扬。

老三心灵手巧，会好几种手艺。他的媳妇贤惠懂事，孝老爱幼，四邻八舍都夸奖，特别是她干活麻利，干活时能统筹多样。推着磨，倒着碾，拉着风匣[4]捣着蒜，眼里看着鸡下蛋。美中不足的是个乖哑巴，能听见就是说不出，大家都习惯称她"田三嫂"。庄里无论谁家有大事小情，她都实心实意地热心帮忙。

这一年，官府治理北面的大清河，到处抓民夫。有钱的大户出点粮食，再给屯长拿点小好处，也就免了劳役之苦；没钱的人家，只好被迫服苦役。屯长带着官差来到了田太公家，田太公急忙跪倒在地，笑脸相迎，口称"官差老爷"。屯长比官差还凶，一脸的混里肉[5]，张口就骂："老不死的，滚一边去，按人口你家最少得出三个人去挖大清河。"

这时，老二媳妇走过来嗲声嗲气地说道："唉呀！我的屯长老爷，看你说的啥话？我家公爹都多大年纪了？不是还有我吗？"说完，抛了个媚眼。只见屯长立马眯缝起眼，耷拉着嘴，不怀好意地说："噢！噢！老二家里的说的极是。对！对！"他手指着田太公，凶巴巴地说："该死的老东西，要不是看在老二家里的分上，你是脱不了的。这样吧！老二和老三今日就准备铺盖，明日动身。什么时候干完活，什么时候回来。要是半途而废，小心我要了他俩的命。"田三嫂刚想比画几句，就见屯长把眼一瞪，吓得她赶紧退了回去。

一家人被逼无奈，去两个人也算是幸运。急忙为他哥俩准备应用之物，田太公恋恋不舍却又无可奈何。田三嫂虽然说不出话，可心里啥都明白。她给老三赶缝了一件蓝

[4] 风匣：风箱。

[5] 混里肉：一脸凶相。

底白花的大布褥子，用彩线绣上了一个水瓶、一个马鞍，意为平安。用手比画着嘱咐老三干活要多长几个心眼，处处加小心。千万别单独出去干活，要经常捎信回来。老三一一记在心里，夫妻依依惜别。唯独老二媳妇心中窃喜，终于把老二这个废物蠢货打发走了。从此，她便和麻子屯长有了苟合的机会。

麻子屯长自打把民夫送到大清河边上回来以后，他就成了老二媳妇的座上客。从一开始的偷偷摸摸，到后来的不挡人眼。也曾有好管闲事的人，对田太公委婉地提及此事。可田太公生性软弱，况且又是儿媳妇，怎好意思提及此事。再说，也不敢开口，只好忍气吞声，暗气暗憋，背地里不知流了多少眼泪。最后"火蒙了眼"，啥也看不见了。老大家留下的独子，成了田太公仅有的眼。

田三嫂把这一切看在眼里，气在心里。她深知："一个女人应该孝敬老人，在家相夫教子，懂礼仪、知廉耻，哪能这样丧失人伦，伤风败俗。"但她也是敢怒不敢言，只好和公爹商量看好家门，严防恶魔进来。

这一天晚上，麻子屯长已经有很多时候不来了，老二媳妇早已望眼欲穿。麻子屯长用薄片刀在外面拨门闩，可是田三嫂早有准备。她仗着胆子悄无声息地走到大门底下，看到麻子屯长把第一道门闩拨开，又拨第二道。这时，她慢慢地把第一道又给插上了，等他拨完第二道用手一推，门没开。他心里咯噔一下，又开始拨第一道，如此反复几次，就是打不开门。他心知肚明，看来是有人在里面作梗，就小声骂道："有人要成心坏我的好事，这事不能算完！"麻子屯长气得骂骂咧咧地走了。

第二天，麻子屯长借口盘查有无偷逃回来的民夫为由，进了老二媳妇家。小别重逢，自然少不了一通"苟且之事"。他对老二媳妇说了昨天晚上的情况，老二媳妇气得咬牙切齿："保准又是那个哑巴女人干的，真是狗拿耗子多管闲事。我这就去把她的腿砸断，以免坏了咱俩的好事。"麻子屯长急忙捂住她的嘴，趴在她耳朵上私语一番："你千万不可声张，咱们只需如此这般，这般如此。神不知、鬼不觉就能让咱心满意足了。你知道老大两口子死在谁手里？咱们就要来个'斩草除根、一箭双雕'，你我落得个长久痛快。"老二媳妇嗲怒道："怪不得人家都说

麻子没有好心眼，管你们叫'坑人'，你还就是真坏咦！"

从此以后，老二媳妇对待公公、侄儿和田三嫂百般迁就，从不打骂，就像变了个人一样。这些天，也不见麻子屯长明目张胆地来了。一家人受宠若惊，四邻八舍也对老二媳妇另眼相看。

可谁也不知这段时间，麻子屯长去了大清河边做坏事。他暗中与工地副把总勾结，打算先害死田家兄弟二人。老二不难处理，人老实又是个下苦力的料。那个老三是个精灵头，不好对付。也许是老二命该绝，他不小心染上了疟疾，副把总以传染为由不给诊治，把老二扔进了土沟，还没死透就活埋了。老三还不好对付，因为他有一套分水治河的好本领。他因地制宜，分流筑堤，采用芦苇和青麻做筋骨，石灰面和沙土为原料，门板做夹板的打夯筑坝法，深得工地把总的喜爱，常常不离左右。麻子屯长和副把总一时下不了手，就密谋了另外一条毒计。这天晚上下大雨，他俩把正把总灌醉后，以查寻大堤为由把老三带上了大清河岸边。老三一时大意，被二人推进了滚滚河水中，霎时间不见了踪影。老三之"死"，自然成了一个鲜为人知的谜！

一切随他所愿，麻子屯长对副把总自然少不了一番重谢。当天夜里，他悄无声息地离开工地。几经辗转，潜回了雁翎关。趁着夜深人静，用猫叫春的声音叫开大门，一头钻进了田二媳妇的被窝里。

转眼间过了半年多，老二媳妇已经在四邻八舍的眼中变成了一个好女人。哑巴田三嫂完全对她没了戒心，也不再防备她了。而且，对二嫂的热情她还有点受宠若惊。

这一天中午，田太公吃完饭在北屋里午睡，不多时就鼾声如雷。田猛也被别的孩子约出去，到水湾澡洗[1]去了。老二媳妇扭捏捏、贱嗦嗦[2]地把田三嫂叫到她屋里去喝茶。

田三嫂用鼻子一闻，感觉到喷香也不知道是什么好茶叶。她哪里知道这里面放上了麻子屯长从北边带回来的蒙汗药，她急不可耐地端起来，咕咚咕咚喝了下去。不一会

[1]　澡洗：方言，洗澡。
[2]　贱嗦嗦：轻佻。

的工夫就觉得两个眼睛睁不开直犯困，还有点头疼，渐渐地支撑不住了，扑通摔倒在地失去了知觉。老二媳妇脸上露出来奸诈的笑容，她迅速将田三嫂的衣裳扒光，用胳肢窝夹着衣裳拖着田三嫂悄无声息地推开公公的屋门，把田三嫂放到了公公的炕头上。然后，轻轻倒退着带上房门。回到自己屋子里稳了稳心神，整好了衣衫拿起鞋样子[1]，若无其事地出了大门。

在大门外不远处老槐树底下，有几个人在乘凉。几个年长的男人一看是老二媳妇来了，就站起来走了。不多时，又聚了好几个妇女。女人嘴碎，一看老二媳妇的鞋样子很好看，就七嘴八舌地和她要裁鞋样子。她忙说："行，去我家里裁吧。家里有剪刀和蒲叶。"几个妇女跟着她进了家门。

众人来到西屋落座，重新倒掉茶叶，另沏新茶，茶罢搁盏。老二媳妇打发她的婶子，去公公屋里窗台上去拿剪刀。善良的婶子哪里知道这里面的门道，她急匆匆推开门就进去了，就听见她一声大叫："唉呀呀！丢人啊！这是啥事啊？"

大伙听见她的叫声，急忙走过来一看眼前的情景，顿时明白了七八分，也都大吃一惊。出了这么一档子事，传出去，那可堵不住别人的嘴。老二媳妇一看机会来了，当着大家的面泼口大骂："这个不知道羞耻的臭哑巴娘们，把我家的门风败坏透了，可叫我家如何做人啊？婶婆婆，这事你看怎么办？"她婶子看了一眼躺在炕头上的田三嫂，说："我原本觉得他三嫂是个好媳妇，可今天这事叫我怎么说？快，先把她弄醒，给她穿上衣裳再说吧？"老二媳妇倒是很明白，找来一瓢凉水照着田三嫂头上一浇。凉水一激，田三嫂就慢慢睁开了眼睛，用恍惚的眼神看看这个又看看那个。见自己光着身子坐在公公的炕上，就挣扎着穿好衣裳，呀呀呀地哭了起来。然后，她发了疯似的奔着老二媳妇扑了过来。

这一通折腾，把睡在炕上的田太公惊醒了。他本来被火蒙了眼，又加上耳朵有点背，他听到屋子里的嘈杂声，便问道："像是她婶子在说话，出了啥事？"就见老二媳

妇气急败坏地说道："还啥事？这个不知道羞耻的哑巴东西竟然在你的炕头上睡觉，被我堵在这了。丢人啊！"田太公一听，气得嘴唇哆嗦，脸像蒙上了一块大红布一样哆嗦着说："他二嫂啊，你可千万别冤枉好人啊！什么人干个什么事，大家都心里有数。这干屎可抹不了身上去！"老二媳妇得理不饶人，当着众人的面大骂道："你个老东西也不知道羞耻，还在这嘴硬。要叫我，早寻门道死了算了！"田太公气得嘴唇铁青，说不出话来。田三嫂急得要和老二媳妇拼命，被几个女人硬是拽走了。

田太公独自关在屋子里，越想心中越憋屈。三儿媳妇虽然是个哑巴，可是她懂情理、知道孬好，无论如何也做不出这种坑人不利己的事。老二媳妇和麻子的那些事倒是千真万确的！唉！怪就怪我这个糟老头子死晚了。思来想去，想起被劫匪杀死的大儿子和媳妇，急火攻心死去的老太太，我活着还有啥意思。最后牙一咬、心一横，摸索着拿起窗台上的那个铁蜡烛台，把插蜡烛的尖头对着自己的头顶就穿了下来……

等到有人发现的时候，田太公早已血流满地、死去多时了。

第二天早上，麻子屯长带着几个如狼似虎的官差手持锁链，不由分说把田三嫂带进了府衙。田三嫂急得两手比画来比画去，拒不招供。下面听堂的人也都为田三嫂叫苦喊冤，明知是着了别人的道。麻子屯长怕夜长梦多，一旦有人看出哑巴的手势，岂不让他露了马脚。于是，嘴贴在郡守的耳朵上一阵耳语。就听郡守把惊堂木一拍："大胆的哑巴，你勾引你公公犯淫乱罪属其一，用铁蜡尖杀死人命罪属其二，再不招供，酷刑侍候。"说罢，他把法签向下一扔。两边差役把拶指夹板往田三嫂十个手指头上一戴，皮条子一紧。才用了三成力气，就见田三嫂疼得大叫一声，昏死了过去。

这时，堂下的老百姓乱了套，为田三嫂讲情、鸣不平的声音，隐隐约约地传到了在屏风后听堂的官太太耳朵里。她还算有点恻隐之心，对麻子屯长的横行霸道早有耳闻。人在做、天在看。咱可不能帮他干尽如此斩尽杀绝的勾当。她在后堂小声说道："这个哑巴伤成这样了，对你们也不会有什么大害了。留她一条命，赶出去让她自生自

[1] 鞋样子：做鞋用的样板。

灭去吧。"声音不大，但郡守和麻子都听清了。郡守本来就怕婆子，正好也落得个顺水人情。况且堂下也人嘴乱杂，众怒难犯。随后，就听郡守宣判："念其是个哑巴残缺之人，不予判处死罪。赶出家门，让她逃命去吧！"

田三嫂被人用凉水灌醒，众差官早已退堂。有几个好心人，用门板把她抬到了云台山附近的一座破庙里，从临近找了点吃的东西放在供台上，也怕惹上麻烦就匆匆离开了。

田三嫂迷迷糊糊不知过了多少时候，只觉得天旋地转，手指头疼得钻心刺骨。像是有人在给她灌水，她勉强无力地睁开眼睛。天已暗了下来，隐隐约约觉察到喂水的，是大哥留下的独苗田猛儿。他被狠毒的二婶赶出门来，在外游荡了好几天。田猛终于找到了三婶子，娘儿俩抱头痛哭。抬头看天空中灰蒙蒙不见星月，侧耳听旷野中凄惨惨鬼哭狼嚎。庙堂内阴森森，尘世上好人无助。娘俩在哭声中相依相偎，渐渐地迷糊着了[1]。

过了两个多月，田三嫂的伤势逐渐好转。娘儿俩沿路乞讨，也分不清东西南北，早就掉了向了[2]。反正是背着太阳的方向，一路向前踏上了漫漫的寻亲路。

这一天，来到了一个不小的镇子。逢巧是个集市，做买的、做卖的，吆喝声此起彼伏。小田猛看到卖窝头的馋得只淌口水，一个劲地拽他三婶那褂子。田三嫂心里明镜一样，可哪里有钱买？急得用手直比画。忽然，她机智地跑过去接过女当家的木棍推起磨来。

世上还是好人多。人家给了她几个窝头，娘俩总算吃了顿饱饭。旁边卖茶水的和卖老母鸡的也都是好心人，一看这哑巴娘俩就是远路来的要饭人。卖老母鸡的让煮茶水的煮了两个鸡蛋给田猛吃。田三嫂是个乖哑巴，啥也听得见，见此情景跪下就磕头。卖茶水的赶忙拉起她来，也摆手示意。她感恩相助，抢过旁边的风匣拉起来，炉火随即大旺。她看到挨摊卖盐的用石臼子碎盐忙不过来，接着用左手帮他捣起盐来。老母鸡站着下起了蛋，眼看就掉下来打碎，田三嫂急得伸手接住递给那个大嫂。一时间赶集的

[1] 迷糊着了：睡着了。
[2] 掉了向了：不知东南西北了。

都过来看热闹，从孩子嘴里得知实情，都叫她田三嫂。于是，你给她一棵葱，我给她一头蒜，不多时地下放了一大堆。有嘴巧者就说："田三嫂真是巧人，推着磨，倒着碾，拉着风匣捣着盐，眼里看着鸡嬎蛋。"于是，一传十十传百就传开了。

日复一日，月复一月。娘儿俩就这样晓行夜宿，饥餐渴饮。忽然有一天，遇到一伙衣衫褴褛的人。一打听，原来他们也是去修筑大清河大堤的。田三嫂可高兴坏了，到处瞎撞正愁找不到路，碰巧领队的还是她娘家不远的伯翁。他乡遇乡亲，分外亲切。小田猛七零八落地把家里的事说了一遍，老人也听说过一些，很是同情这个苦命的闺女。于是，蓝巾包头让她扮成男人模样随队干起"火头军"。并再三嘱咐到了工地千万别暴露身份，慢慢打听老三到底在哪一段。

已是六月天，雨季来临，他们历尽千辛万苦终于找到了工地。这伙人替换下来一大批老弱病残，他们被累得不成人样了，有的肯定回不到家了。

田三嫂在娘家伯翁的帮忙下，利用送水送饭的机会，到处打听二伯哥和老三的下落。她哪里知道，老三早在两年前就被副把总推进了滚滚河水了。

这一天，她去正把总住地送饭，一眼看到他土炕头铺的褥子。她发疯似的跑过去，对着正把总咿呀咿呀比画起来。把总先是愣了一会，一下子想起可能是老三的哑巴媳妇，因为老三以前和他是无话不谈的好兄弟。

两年前那天晚上，他被副把总灌醉后，一夜未醒。直到第二天副把总才告诉他，说老三不幸落水被冲走了，还假惺惺挤下来了几滴泪。他大吃一惊，连忙找了一只木筏和一个心腹顺河找了下去。在下游二十里的"王家渡"，使船的老光棍王老六住处终于有了线索。

老三不愧是治水能手，他被麻子屯长和副把总推下河的一刹那就明白了一切，但为时已晚。他急中生智，憋住气把双手一划，腿一蹬，借着水劲朝斜对面冲了过去。说来也巧，正好上游冲下来一根老木头，有碗口粗。他顺势抱住，听天由命。最后，被连人带木头挂在了岸边两块大石头缝上。老三筋疲力尽，费了九牛二虎之力终于爬上了岸边。

好不容易熬到天明，连走带爬二里路，到了一家使船的人家。他没敢说明实情，只说是个干活的不小心落水。求口饭吃，愿意帮忙白干活。可巧这人光棍多年，身体也大不如从前，身边也正缺个人来养老送终。老三乐得做个顺水人情，就当场认了干爹。从此，爷俩相安无事半年有余。

后来，不知副把总怎么得到了消息，派人来捉拿。碰巧老三赶集卖鱼没回来，王老六闭口不招。说这个人确实来过，但几个月前早走了。

王老六打发差人走后，急匆匆找到老三告诉他："此处不可再留，你要赶紧离开。南方有个叫陈胜的要称王，你快去投奔他吧。"爷俩洒泪而别。

这个正把总为人正直，但光挂着名说了啥也不算。因为他不像副把总那样克扣粮饷，贿赂太监赵高。他是李斯的党羽，但劳工们对他格外尊崇。副把总也不好怎么办，还得靠他领人干活。

他把老二和老三的事，从头到尾说了一遍。田三嫂又高兴又难过，一阵喜、一阵哭，哭的是二伯哥早已死去，喜的是老三还活着。她跪在把总面前刚要磕头谢恩，正把总急忙用手相搀，一个趔趄两人身子挨得就近了些。可巧的是，屋里说话屋外有人偷听。原来，这几天副把总看着田三嫂有点可疑，但又想不起是谁。暗中派人监视，有人向他报告，说有人进了把总的屋，他急匆匆赶来一切都听了个明明白白，暗笑道："好哇！正愁弄不倒你这个家伙，机会就来了。"

他一脚踹开门，大喊："来人，把这对狗男女给我绑起来，顺便把那个小兔崽子也看起来。"随着话音，冲进来几个如狼似虎的士兵，不容分说就把二人五花大绑，然后押到河堤上游街示众。当兵的和劳工都心知肚明这是怎么回事，但惧怕副把总淫威，谁也不敢言语。

这时的李斯已经失势，赵高权倾朝野。任凭正把总怎么辩白，一切都无济于事。田三嫂又急又恼，连比画带喊。无端连累好人，让别人背锅，于心怎能忍。她趁人不备，一头扎进大清河岸边浅水湾里去了。

突然间，乌云密布、大雨倾盆，足足下了一个多时辰。眼看着附近的土坡夹杂着泥沙不一会把这个浅水湾旋成了一座大土山。远远望去，就像一座坟丘，埋葬了可怜的田三嫂。小田猛也在好心人帮助下趁乱逃走，去找王老六。

从此，大清河在此处拐了一个大弯，形成了"几"字状。苍天也可怜田三嫂洗不清的冤屈，河水由此改道，当清澈的河水流过田三嫂的坟墓"几"字形河道时，就变得浑浊起来。上千年来河水变得又黄又浑！人们就把"大清河"改叫"黄河"。

讲述者： 亓曰海，男，1972 年 11 月，莱芜市莱城区高庄街道五龙村，高中

采录者： 亓福忠，男，1968 年 9 月，莱芜市莱城区高庄街道五龙村，高中

采录时间： 2017 年 6 月

采录地点： 莱芜市莱城区高庄街道五龙村

附
记

"跳进黄河洗不清"这句老俗语，传了几千年。无非是说某个人所受的委屈冤枉，永远无法解释清楚。讲述人亓曰海，经常去黄河中下游一带访友经商。这个故事就是他从黄河附近听来的，与俺们家乡雁翎关流传的田家兄弟去北方修大清河没有回来的故事吻合。

秦始皇坐拥了天下，一边忙着在郦山大兴土木，一边派徐福去东海寻求长生不老之术。他哪有心思管天下苍生的死活，更不用说治理河道了。于是，全权委托赵高临朝听政，此人刚愎自用、独霸朝纲。赵高可是秦始皇手下手段最大的权臣，他一手遮天、指鹿为马，权倾朝野，无人敢吱一声。赵高从国库调拨大量货币名义上用于治河，实际全部中饱私囊。他又严令地方政府，自筹钱财，就地自备人力，各段各修。他还不时地再命其党羽，从地方上搜刮一点。他们到处抓丁、征粮，这可苦了天下的老百姓。由此而证，这就是修黄河的真正目的。

亓曰海还讲了与其他人在一起拉呱时，关于黄河故事的补充。有位老人是这么拉的：这条大清河后来起名叫"黄河"，只要是一下大雨，河水就泛滥成灾，三年两决口，河两岸百里无人烟，饿殍遍野、白骨千里，各地奏折雪片般地飞报咸阳。

210

眼不见为净

从前，有位孔知县。他爱民如子，是个清如水明如月的好父母官。孔知县注重节时劳力[1]，开荒种地造福百姓。当时有首歌谣传唱道："追不上的是风，讲不过的是理；摊上个好父母官，享福的是我和你。"

开春的第一天，孔知县坐轿到义和庄办公务。刚进庄，就见一座大门楼前放着两桶水，一只大黄狗从小胡同里窜出来朝桶里撒了泡尿。

孔知县吩咐落轿，坐在一家大门前的石头上休息。不大霎，从大门楼里出来个年轻的小媳妇挑起水桶来就走。

孔知县吩咐衙役把小媳妇传来，小媳妇跪在他面前怯生生[2]地问："青天大老爷传小妇人来，有啥事啊？"

孔知县一本正经地问："本老爷我只问你一句话，说对了有赏，说错了要打。老爷我问你，你说以水为净，还是眼不见为净？"

百姓怕见官。小媳妇浑身哆嗦："大老爷，不知您要问啥事啊？"

孔知县说："你只回答我一件事，是以水为净，还是眼不见为净？"

小媳妇听了，想也没想就说："大老爷，是以水为净。不论啥东西，经水一洗也就干净啦。"

孔知县脸一变，说："来人，给我掌嘴。"

衙役不容分说扇了小媳妇两记耳光。小媳妇不知就里[3]，眼泪止不住地往下淌[4]。孔知县又问："你说到底是以水为净，还是眼不见为净？"

小媳妇只是哭泣，啥也不说。百姓听说父母官来庄了，早就围得街满巷满。孔知县叹口气说："本老爷打你是为让你长长见识，我眼见大黄狗往你的水桶里撒上了尿，难道你吃用的水还要用别的水洗吗？"

小媳妇和众乡邻听了，齐刷刷跪下说："大老爷真是爱民如子的父母官啊！"

经一事，长一智。自那以后，老百姓顺口就说"眼不见为净，或再以水为净"两种说法。

讲述者：	张玉玲，女，1974年1月，莱芜市莱城区文化南路兴盛街，高中
采录者：	于淑玲，女，1965年6月，莱芜市莱城区正顺新东方华庭，高中
采录时间：	1999年8月
采录地点：	莱芜市莱城区文化南路兴盛街

附记

这条俗语在莱芜区绝大多数村庄老人口中传讲，张玉玲说："这个俗语故事，经常听母亲讲，母亲说是听她奶奶讲述的，由此来看，俗语的流传年代也很久远。我曾多次听到其他老人说起这条俗语，也从中明白了一个道理，就是眼不见为净较为公认。因为眼见不到的很

---

[1] 节时劳力：农时和劳动力。
[2] 怯生生：害怕的样子。

[3] 不知就里：不知道犯了啥错挨打。
[4] 淌：流眼泪。

难说清楚它的清洁度，正如县官大人说的，这桶中的水是没法再用其他水清洗的。因此，每一条俗语都是一条宝贵的经验和教训。"

211

扁担开花牛上树

俗话说，"运来了扁担开花，运去了豆腐生芽"。

咱孝里西南的广里村也有一个"扁担开花"的故事，讲的是秦始皇修长城的事情。咱当地人都说广里村边的这道土岭子是长城[1]的尽头，叫"岭子头"。俺打小时候就听老人们讲，说这长城是秦始皇修的。

秦始皇修了南北两道长城，南修长城挡大水，北修长城挡大兵。咱村边上这道长城，就是挡水的。雨水挺多，自南而北洪水不断，老百姓没法儿种庄稼。光饿肚子也不行，秦始皇就集合全国的民夫修了这么一道长城来阻挡洪水向北淌。咱这里往西北都是一马平川，大水来了如果依着它的性子下去还不跟灌老鼠窟窿一样。所以，秦始皇就决定在咱这地方的慢赶翘[2]上修长城，阻止洪水北流。

有些人都说咱这个长城是从西边往东修的，人家老一辈子的人都知道是从东边往西修的，要不怎么会有"扁担开花，铁牛上树，逢广就住"这个故事哩！

---

[1] 长城：当地人称此长城为"齐长城"。

[2] 慢赶翘：缓冲的陡坡。

话说秦始皇召集全国民工来到山东海边上，开始修长城。日复一日，年复一年。在监工的催促下，没日没夜地向西赶。

当时，秦始皇统一中国才不长时间，战争留下的疮痍比比皆是。刚刚卸下为军队运送粮草的担子，又被征调来修长城。广大民工士气低落，抵触情绪很高。

监工一看民工们整天死瞑塌合眼[1]地磨洋工熬日头，一天一天不见进展。任你呵斥，甚至鞭打还是不紧不慢地应付。监工实在没了办法儿，只得向上边报告，最后上报到秦始皇那里。

秦始皇了解到情况后并没有着急，他把一枚定阳针交给来人，让他带回施工现场，交代监工把太阳钉住。没有时间出不了功效，你不是磨吗，我有法儿治你。

有人可能会问，秦始皇有那么大本事吗？能把太阳钉住吗？当然有了，秦始皇是千古一帝，是替上天在人间行使权力的。要不就凭他那偏安一隅的力量，就把兵强马壮的六国都收拾了，如没神助他，本事再大也办不了。

监工拿到定阳针，按照秦始皇传授的咒语果然把太阳钉在了当空。这一下可苦了众民工了，一天都吃七顿饭了还不见太阳落山。别说还出力干活，就是光打闲逛，白天这么长你也受不了。当时受煎熬死的民工可不少，民工死后尸体直接砌在长城墙里边，省去了许多开圹[2]下葬的麻烦。

眼看工友受不了折磨，一个个倒下被垒在了城墙里，众人一看斗不过秦始皇，只得妥协。哀求把定阳针撤掉，以后好好干再不磨洋工了。可是，你总得让俺心里有个盼头，光这样没黑没白地干，到底干到哪里是个头呢？

秦始皇听说民工想知道什么时候停工，哼！等到铁树开花牛上树吧！可转念一想，这句话太绝。民工一听没了盼头，真撂了挑子也不好收拾，那就委婉一点儿吧。他嘱咐下属，告诉民工等到“扁担开花，铁牛上树，逢广便住”时，他们就可以回家了。这么一句话似懂非懂，那就慢慢熬吧！总算把定阳针撤了，孬好晚上能多睡一会儿了。

不知熬过了多少岁月，也不知翻过了多少座山岭，涉过了多少条河流。修长城的队伍随着长城的延伸走出大山，来到济水岸边。长时间的山里生活，加上繁重的体力劳动，使民工们心情压抑得喘不过气来。忽然走出大山，闯入平原看到河流，郁闷的心情豁然开朗。

时已进腊月，年关将至，筑城民工听到远处隐隐传来的鞭炮声，不由得黯然神伤。这时，站在城头打夯的民工远远看到一个抄着手、肩扛扁担的男子顺着大道向南边走去，扁担顶端缠绕的绳索上别着两朵纸花。

原来，马上过年了。赶集卖柴的樵子虽挣钱不易，还是要买上两朵纸花儿回家打发小女儿高兴。天太冷了，只得顺手把纸花儿插到扁担绳索上带回家，如不注意仔细看，还以为是扁担开花儿了呢！平时长期在山里施工憋坏了，民工听说今天是广里大集，便嘟囔着要到集市上看蹊跷。监工没法儿，只得同意放假半天。

众民工蜂拥至村边集市口，忽听到一个年轻媳妇在喊：“铁牛，下来吃饭了。”众人抬头一看，原来是一个调皮的孩子爬到树上去玩耍。孩子的名字，就唤作“铁牛”。这时，一个民工忽然叫起来：“扁担开花，铁牛上树，广里大集。这不都全了吗，看来是老天可怜我们要让我们回家过年去了！”一句话提醒梦中人，众民工集也不赶了，纷纷返回驻地打点行李四散回家，监工拦也拦不住。

其实，秦始皇也没想到在长城修建路线中有广里这么一个地方。按他的计划长城要修到广东一带，因为广东古称“广里”。也许是天意正当如此，一座长城修了个半成品，到长清广里就算到头了。

讲述者： 曲传友，男，1961年4月，长清区孝里街道广里村，农民，初中

采录者： 王守学，男，1966年3月，长清区孝里街道，初中

采录时间： 2019年7月

采录地点： 长清区孝里街道广里村

[1] 死瞑塌合眼：没有精神，无精打采。

[2] 开圹：挖坟墓。

212

大明湖的蛤蟆，光鼓肚不出声

俗话说，"蛤蟆打哇哇，四十天吃鼓渣[1]"。意思是当人们听到有青蛙叫声的一个月后，便可收割小麦了，人们可吃到面饭了。所以，蛤蟆在清明后，随着天气的转暖，它们就活跃起来，欢快的鸣叫声接连不断。

按理说青蛙都能叫，可唯独济南大明湖里的青蛙与众不同，不管什么季节，它们从不鸣叫。有人静静地观察过也试验过，它们不是不想叫，只是见其肚皮一鼓一鼓的，就是不出声。也有人把大明湖里的青蛙，和其他地方的青蛙换个个。结果发现，从大明湖里出来的青蛙照叫不误；而新来的青蛙却又干鼓肚皮发不出声来了。这到底是为啥呢？

原来，大明湖里的蛤蟆王，是接了人王地主的圣旨，不敢叫出声来了。这个人王地主，就是清朝的乾隆皇帝。乾隆皇帝风流倜傥，曾三巡江南，一生留下不少佳话。

有一年，喜欢微服私访的乾隆帝又带着喜爱的大臣刘

[1] 鼓渣：一种家常面食。用面搅拌成散碎的小面蛋，放进开水锅里煮熟即食。

墉，出京城朝南方走去。乾隆皇帝打算再到江南去看看，但不知道他这次下江南目的是什么。出京往南走，济南是必经之路。

这天，乾隆和刘墉来到了济南府。济南知府接驾见礼后，就垂手请示乾隆帝："敢问圣上，今日行宫设在何处为好？"乾隆知道济南大明湖风景秀丽，是值得一看的景点。于是，随口答道："那就设在大明湖畔吧。那里水好清静，宜于朕作诗写赋。"

其实，济南知府深知乾隆帝的喜好，早就在大明湖之畔修建了一处富丽堂皇的皇帝行宫。听皇帝一说，自然是喜出望外，暗自庆幸自己的先见之明。

知府立马吩咐下去，把乾隆帝一行安排到了大明湖畔。

那行宫的确不错，不但建筑有特色，设备也齐全。而且面对清澈的湖水，十分惬意。

乾隆帝住进之后，龙颜大悦。第二天，便乘船畅游起来。他一会儿绕湖而游，一会儿到湖心亭上喝茶吟诗作对；一会儿登岸信步远眺，一会儿站在柳下赏莲聊天……这一天下来，乾隆帝玩得十分高兴。

不觉夕阳西下，微微似感有点体乏的乾隆帝，吩咐打道回行宫。待酒足饭饱之后，便吩咐随身妃子为其宽衣就寝。

乾隆帝微微进入梦乡的时候，却被外面阵阵的鸣叫声惊醒。鸣叫声一片片，一阵阵不停地传来，震耳欲聋，弄得乾隆帝睡意全无。

乾隆帝和衣而坐，他十分纳闷这哇啦哇啦是什么叫声，怎么这么响亮？于是，传唤侍从宣刘墉客厅觐见。

刘墉这时还没睡下，正挑灯夜读。听到皇上宣召，他马上疾步来到皇帝落座的客厅，跪倒施礼请安。

乾隆面带愁容，为刘墉赐座，问："刘爱卿，今晚大明湖里是什么怪物在叫喊，竟弄出如此动静？将朕从梦中惊醒，睡意全无。"

其实，刘墉早已明白，也早已预料乾隆帝这个时候将自己召来问及何事。刘墉微微一笑，施礼答道："启禀圣上，此乃大明湖中的蛤蟆鸣叫所致。"

乾隆问："今晚的叫声为何如此大？"

刘墉答道："是蛙王喜见圣上驾到，且亲临巡湖，一

时高兴带领它的子民表示庆贺，便唱起了如此欢歌。"

乾隆闻听，顿感心情舒畅，愁去喜来龙颜大悦，说："此事虽好，但这夜深人静之时，它们这样没完没了地鸣叫，让朕无法安宁！爱卿，你看这事该如何处置为妙？"

刘墉道："此事好办，只要圣上出一道旨意，以示安抚。命其不再鸣叫，也就是了。"

乾隆大喜，便对刘墉说："此法可行否？"

刘墉答道："圣上乃真龙天子，金口玉言，焉有不灵验之理。"又说，"请圣上即刻颁旨，待微臣前往办理便是！"

乾隆将信将疑，遂命上文房四宝，展绢在案。刷刷点点，不一会便写完一道圣旨，交于刘墉去宣读。

刘墉施礼接旨，来到湖边设上香案，对着湖中蛙叫连片的地方大声宣读。

说来也巧，刘墉刚刚宣读完毕，那连片的蛙鸣声竟戛然而止。原来喧闹的湖面，显得格外宁静。

忐忑不安的刘墉心中大喜，立刻高高兴兴地跑回行宫禀报皇上。

皇上听不到那蛙鸣叫声了，等刘墉回宫禀报时，乾隆早已踱到门口笑盈盈地迎接刘墉回宫。没等刘墉施礼，他一把扯住刘墉的手，笑着说："真的好灵验，蛙们真听话，这回可清静清静睡个好觉了。"

讲述者： 　张克永，男，1964 年 12 月，莱芜市莱城
　　　　　 区方下镇张公清村，高中
采录者： 　李胜华，男，1964 年 4 月，莱芜市莱城
　　　　　 区方下镇张公清村，大专
采录时间： 2013 年 6 月
采录地点： 莱城区方下镇张公清村

附
记

这个故事，张克永给我讲过不低于三次。我多次去济南大明湖游玩，听到的也是这个故事。清代《历城县志》记载说大明湖有四怪，一是恒雨不涨，不停地下大雨，水位也不涨；二是久旱不涸，持久干旱也不枯涸；三是蛇不见，见不着蛇类；四是蛙不鸣，青蛙从来不叫。这件事很靠谱，济南当地还有一个歇后语"大明湖的蛤蟆——干鼓肚"，即便是夏季雨后，别处青蛙呱呱叫得欢，大明湖的青蛙却像一群哑巴就是不出声。

213

人
为
财
死
，
鸟
为
食
亡

从前，有个道德高尚的王员外，乐善好施而从不贪别人的便宜。就是借人家个针头线脑，也有借必还。此人望重乡里，无人不晓。

这一个春节，一家老小和家仆院公正聚在一起吃年饭，王员外问："一年过去了，大家好好想一想，我们还欠谁的情，还欠谁的债？有没有借的东西没有还给人家？"

大家说："员外吩咐早已铭记在心，账目来往都是随清的，没曾欠下谁的。"

王员外说："不一定吧？"

大家听了疑惑不解，想了半天没有想起来。

王员外说："我想了好久，一年三百六十天，我们天天吃河里的水，但我们从来没付过一文钱。条条河流归大海，大海由龙王管辖，我们欠下龙王的了。我想派两个人前往海边还这笔债。"家仆院公都愿接受这个差使，王员外便决定由金三钱四带二百两纹银前去还这笔债。

春节过后，两个人上了路。金三钱四，一个好吃，一个好喝。一路上吃吃喝喝，称兄道弟亲密无间。私下里却各怀鬼胎，打开了鬼主意，心想：这王员外傻得不轻，放

着白花花的银子不花往水里扔，扔不白扔？莫如……两人心照不宣。

不日，来到海边。两个人摆下供品，焚化纸钱，拜罢了龙王，金三说："兄弟，这供品扔掉太可惜了，咱吃饱喝足再扔银子吧？"

钱四高兴地说："老兄之言正合我意，扔银子不在那一时半会，吃喝完了再扔也不迟。"

于是，金三拿起点心来可劲往嘴里填，像个八辈子没吃饭的饿死鬼。钱四也不客气，抓起酒坛子咕咚咕咚地鲸吞起来。吃罢喝罢，金三望着钱四笑，喊着"痛快、痛快！"钱四望着金三也笑，也喊着"痛快、痛快！"二人笑没笑够、叫也没叫完，便一块躺在了沙滩上，嘴里吐噜吐噜吐白沫，蹬达蹬达双腿，便结伴到阎王爷那里报到去了。

原来，金三钱四都想毒死对方，独吞这二百两银子。于是，金三在酒里下了毒，钱四在点心里下了毒。不料想机关算尽，反算了自己性命。

时过多日，王员外不见金三钱四返回，心中志忑不安，唯恐两个仆人遇有不测，便派了冯五陈六前往寻找。

冯五陈六不敢怠慢，日夜兼程。不日，来到海边。

辽阔的海岸，渺无人烟。寻寻觅觅，找来找去，好不容易发现沙滩上的两具骨架和一些死去的海鸟。旁边还有一个包袱，打开来白花花的一堆银子。数一数，不多不少整二百两。冯五陈六断定，这两具骨架定是金三钱四的，便用沙子把他们草草地埋葬了。两人完成了此行的任务，回家向员外交差去了。

王员外听了冯五陈六的禀报，叹道："是我害了他们啊！"

二人不解地问："他们命该如此，怎么说你害了他们呢？"

王员外说："我不让他们去送银子，他们怎么会死？唉，你们想过金三钱四是怎么死的吗？"

冯五说："不知道。"

陈六说："是被他人谋财而死的吧？"

王员外摇摇头说："如果是被他人谋财而死，银子怎么分文未动？我想是他们自己见财起意，都想独吞。于是

你害我、我害你，结果谁也没有逃过劫难，各自中毒而亡。唉，真是'人为财死'啊！"

冯五陈六非常赞同王员外的分析，但仍对那些死去的海鸟不知怎么回事。

王员外又分析说："你们想一想，时至寒冬，海鸟觅食困难，见到海滩上有两具尸体岂不争相啄食。人食毒而亡，鸟食人还有不死的吗？唉！真是'鸟为食亡'啊！"

冯五陈六对王员外的分析心悦诚服，感慨地说："言之有理，这正是'人为财死，鸟为食亡'啊！"

讲述者： 李树水，男，1935年7月，临邑县德平镇孟集村，农民，小学

采录者： 刘公明，男，1948年6月，商河县电业局退休干部，中专

采录时间： 1999年11月

采录地点： 商河县银河路电业局家属院

214

天有多高，地有多厚

从前，有个财主想找一位先生教儿子识字，可是找了很长时间也没有找到，这是为啥呢？原来人们都知道他对人不厚道，一肚子坏点子。给他干活的长工一年到头工钱拿不到一分，到头来反倒欠他不少钱。因为这谁也不愿和他打交道。财主请不到先生，急得没法，就到处张贴告示，愿出四十块大洋雇先生。

有一位姓李的穷秀才，看到告示以后，就找上财主的门来。财主见到李秀才很高兴，就说："你好好教少爷念书识字，我不会亏待你的。这工钱嘛，就按告示上说的一年四十块银圆。不过咱有个规矩：到领工钱时老爷我问你两个问题，先生如果有一个回答不出来，咱就扣除全年的工钱。"李秀才心想：我一个秀才还怕你提问题不成，就很痛快地答应下来。

转眼一年过去了，李秀才辛辛苦苦教会了财主儿子不少字，财主也挺满意。李秀才要回家过年了，找财主要工钱。财主说："要工钱，慢着！老爷我还没有问你问题呢！我问你，上天有多高，来回需几天？大地有多厚，挖透得几年？"李秀才一听，傻了眼，想不到财主竟提出这

么没法回答的问题。自己虽说饱读诗书也没有学过这呀，有谁知道天有多高地有多厚呢！

财主见李秀才回答不出来，心里有说不出的高兴，高兴地说："限你三天，如果回答不出来，我就扣除你全年的工钱。"

李秀才又气又恼，无奈地回到家里。弟弟李二见哥哥眼里含泪空手而回，便问道："兄长为何空手而归？"哥哥把经过告诉弟弟，李二说："兄长不要伤心，他不是限你三天吗，明天我去试试。"哥哥听了直摆手说："你去？难道你知道天有多高？地有多厚？"李二笑了笑说："试试看吧。"

李二来到财主家，告诉管家说："请告诉你家老爷，我叫李二，是李秀才的弟弟，因兄长身体不佳，我前来替兄答题。"

管家赶紧禀告财主，财主问："他弟弟是个什么样的人？""一个土里土气的庄稼汉。"财主一听满心欢喜："哼！李秀才还回答不出来，他一个大字不识的庄稼汉，能有多大能耐。真是不知道天高地厚！叫他进来回话。"

李二见到财主便说："我是来替兄答题的。"

财主捋着胡子斜着白眼说："那好吧！我来问你，上天有多高，来回需几天？大地有多厚，挖透得几年？"

李二不假思索地回答说："天高十八千，七日能往还；大地一井厚，挖透一两天。"

财主听了，三角眼一立腰，呵斥道："胡说！你怎么知道上天十万零八千，难道你上天量过不成？"

李二不慌不忙地说："当年孙悟空大闹天宫，一个跟头十万八千里，就打上南天门，上天不就是十万八千里吗？如果我答的不对，请问东家，你说上天有多远？"

财主也根本不知道上天有多远，只不过想以此难为人克扣工钱罢了，结果无言答对，只好红着脸又问："你凭什么说上天来回得七天？"

李二不温不火地说："灶王老爷升天不就是二十三日去，初一五更还家。来回不就用七天吗？如果东家不信可到厨房看一看灶王老爷上面不是写着的吗？"

财主无法反驳，厚着脸皮又问："你凭什么说大地一井厚，挖透一两天呢？"

李二说："东家如果不信，你到井口往下看一看，隔着大地就能看见那头的天，大地不就是一井厚吗？一两天就能挖一口井，不就把大地挖透了吗？"

财主听了，半天说不出话来。他垂头丧气认了输，忍痛拿出了四十块银圆。

讲述者： 王峰，男，1977年5月，莱芜市莱芜区方下街道办鲁西村，大学

采录者： 李胜华，男，1964年4月，莱芜市莱芜区方下街道办张公清村，大专

采录时间： 2020年8月

采录地点： 济南市莱芜区方下街道办鲁西村

（十）断案故事

215

老夫妻婚案

讲述者： 亓延龄，男，1943 年 11 月，莱芜市方下镇嘶马河村，初中

采录者： 李胜华，男，1964 年 4 月，莱芜市方下镇张公清村，初中

采录时间： 1986 年 6 月

采录地点： 莱莱市方下镇嘶马河村

附记

本故事是在 20 世纪 80 年代中期，我参加中国民间文学三套集成普查调研采集时，在莱芜嘶马河村听亓延龄老人讲述的。收录在我的民间文学作品集《凤凰城的传说》一书中，1993 年 2 月，金陵书社出版公司出版。

这个官是个清官，衙门口也好进。这天晌午，县官坐在大堂上，闲来无事，和师爷天南海北拉呱消遣。突然，门外有人击鼓，衙役进来报告，县官即刻升堂。

两边衙役唱喊堂威，老两口你拽我拉上了公堂，见到县官齐刷刷跪下，求断婚。

县官说："有道是一日夫妻百日恩，百日夫妻似海深，都这大把年纪了，还断什么婚？"

老汉听了朝地上磕个头："大老爷！

小人本姓王，家住吕家塘；

有妻不生育，何如养只羊。"

老汉刚说完，那妇人接过话茬说："大老爷！

小人本姓周，家住吕怀沟；

春上他不种，秋上怎么收。"

县官听了"噗嗤"一声笑道："这等事也来麻烦大老爷公堂判断？"说着，一拍惊堂木：

"老爷本姓范，坐镇莱芜县；

耕种家务事，你俩商量办。"

县大老爷站起身，一甩袍袖大声喊道："退堂。"

216

清官巧断家务案

有这么兄弟俩，分家时老大分了里院，老二分了外院，兄弟俩同走一个大门。老大老实巴交的，老二不大拉理[1]。

分家不久，老二不让老大走大门了，非叫他拿二十两银子买伙道[2]不可。老大不拿，老二就不让走，兄弟俩就打官司了。

进了衙门，老大先告状。他说："清官大老爷，俺是亲兄弟俩。我住里院，他住外院。分家讲好了的，同走一个大门。分了家不到一个月，俺兄弟非叫我拿二十两银子买伙道不可，我不拿就不叫我走。请大老爷为小民做主啊！"

县官问老二："既是分家讲好了的，你为何又叫你哥哥买伙道呢？"

老二说："分家讲好了大门是我的，他要走就得拿钱买伙道。"

县官一听，把惊堂木一拍："你们各说各有理，有什么凭据？"

老大说："分家时，俺爹当面说的。"

县官说："好，那就叫你爹来当证人。"

老大说："俺爹，他……他死了。"

县官看了老大一眼，问："这……有分家文书吗？"

兄弟俩齐声说："有。"

县官说："拿来我看。"

二人都把文书呈了上去，县官戴上老花镜把文书一看，上边一字未提伙道的事。这小小的官司把县官给难住了，真是清官难断家务事啊！县官细细琢磨了一番，又问道："这文书是谁写的？"

老二不吭声。老大说："是老二丈人写的，俺庄里就他一个识字先生[3]。"

"噢！你爹是多咱死的？"

老大说："才死了十来天。"

县官想：这是文书上故意写得含糊不清，他爹死了没了人证，所以老二给他哥哥要伙道钱。

县官说："好了，老爷我给你断断案。既然文书上也没写，你爹又死了，拿不出证据。老大拿二十两银子交给老二，我给写字据，有字据在手，老二就不敢不叫你走大门了。"

"这……"老大听了心中很不痛快，也不敢说别的。

县官说："你没钱不要紧，老爷我给你借上。"说罢，叫手下拿出二十两银子交给了老二。又叫文书写好字据，递给老大说："你走吧，你买了伙道了。"

老二觉着把官司打赢了，心里挺恣，手里拿着二十两银子，对县官说："青天大老爷，我也走吧？"

"你先别走！"县官把脸一沉，大声说道。

老二硬邦邦地问："大老爷，我打赢了官司，怎么不叫我走？"

县官说："官司你是打赢了，但是不能走。你亲哥哥和你合走一个大门还要拿二十两银子，我和你不沾亲不带故，你来衙门过了老爷我四道大门，你买伙道来吗？"

"这……"

[1] 不大拉理：不讲道理。
[2] 买伙道：花钱买路走。
[3] 识字先生：能写文书的人。

县官慢条斯理地说："大老爷我不欺负你，过一道门拿五两银子不多吧？你过了四道门，拿二十两银子来吧。"

老二狡辩说："大老爷，依你这个说法，我这官司不是白打了吗？"

"你不仁不义，本应该惩罚你。你若不服气，拉下去给我打四十棍。"

"我服！我服！"老二乖乖地把刚到手的二十两银子交出来，灰溜溜地走了。

讲述者：　刘振禄，男，1914 年 6 月，历城区郭店镇合二村，农民，私塾

采录者：　李宗斌，男，1957 年 10 月，第一文化馆干部，中专

采录时间：　1987 年 8 月

采录地点：　郭店镇合二村

附记

李宗斌老师是当年民间文学搜集整理的主要采编者之一，该故事原载济南市历城区民间文学集成办公室编辑的《历城民间文学资料本》；济南市历城区文化局、济南市历城区区志地名办公室内部出版。共三集，第一集出版时间为 1988 年 2 月，第二集出版时间为 1989 年 5 月，第三集出版时间为 1990 年 4 月。关涛、李全仁主编。济南市历城区文化广电新闻出版局、济南市历城区文化馆，2018 年 11 月，编辑出版《历城民间故事》（内部出版）。（陈芳）

217

水泡案

这年秋收后，张老大打完工，带着东家给的工钱，骑着马往家走。路上，遇到了骑马赶路的李老二。两人一拉呱[1]，竟然是同乡。越拉越觉得怪投缘，就辩伙[2]着一起往家走。一路上两人无话不说，张老大就把干的什么活，认识的人，连村庄家人等，如同杀猪取肠子都掏了出来。有道是：无心难把有心防。张老大的话，被李老二听了个既明且白[3]。

路遇大雨，两人找了个场院屋子[4]避雨。这儿前不着村，后不着店。雨下个不停，两人拿出自备的酒肉，边喝边聊。因走远路，褡裢[5]里准备下烧饼、猪蹄什么的。他们拉家常口无遮拦，张老大连媳妇什么模样，什么脾气也说了。

[1]　拉呱：说话聊天。
[2]　辩伙：做伴。
[3]　既明且白：一清二楚。
[4]　场院屋子：秋麦晾晒粮食的场叫场院，指看粮食和临时存放粮食的房子。
[5]　褡裢：长方形口袋，中间开口，两头缝合，一般挂在腰带上或搭在肩上。

天黑了，两人解下马被套[1]铺到地下都睡觉了。张老大性格实在，经不住李老二的劝酒，喝得多睡得沉。李老二没喝多，也没睡着。他摸到张老大被套里银子不少，就把张老大的手脚捆上了。

"哎，你怎么把我捆上了？"张老大醒来问道。

"我想要你的银子和马。"李老二板着脸说。

"你不用捆，我把银子和马都给你就行了，我自己再挣。"张老大想挣开绳索，捆得太结实没挣动。

"不行！"李老二就要搬石头，想用石头砸死张老大。

张老大想动不能，捆双手的绳子和捆脚的绳子连到了一块，成了倒捆猪蹄[2]，就是自己本事再大也挣不开。他又惊又吓，急出了一身汗。李老二已经把石头举了起来，眼瞅着就要落在自己的头上。

张老大急中生智说："你先别砸，等我说完话，你再把我砸死行不？"他看着门口雨中的水泡[3]说："水泡，水泡，你要给我报仇啊！"说完，就绝望地闭上了双眼。

第二天，天晴了。李老二把张老大的马拴到了自己的马脖子上，他不打算回家了。他盘算了一个更大的阴谋，直接往张老大家去了。李老二从场院屋喝酒时就起了歹心，从张老大口中知道他媳妇长得好看，脾气也好，就动了坏心眼子。

来到张老大家，见了他的媳妇。果然是长得怪俊[4]，馋得不行，就说："嫂子！这是你男人的马。他有病死在了路上，我把他安葬了。"

张老大老婆听了，一边哭一边感谢李老二说："多亏了你帮忙，麻烦你了。"

李老二假惺惺地说："我们是朋友，我叫他哥哥，照顾他是应该的。"

"他怎么死的？"张老大媳妇一双泪眼，注视着李老二。

"吃了早饭，他说头疼。我歇了工[5]带他上药铺，走了没几步路，就不行了。"李老二说瞎话不脸红，编着谎话来骗张老大媳妇。

"这是真事？"张老大媳妇心里觉得这里面有问题，再三追问。

"这还假了啊！我坑你干吗？这是他的东西。"李老二辩白说。

"你怎么不把他治回来[6]？"惊愕怪罪的泪眼，看着李老二问道。

"谁有那个本事？我用苇席卷上，埋到坟地角上[7]了。"

张老大媳妇死了男人，哭得大呼小叫，引来不少邻居。邻居劝住后，她给李老二做了饭。又哭，哭得李老二要走[8]。

"你离家远，住几天再走吧。"张老大媳妇挽留李老二，不让他走，想多打听男人的一些情况。

"俺哥哥待我可好了！俺吃饭，他的钱不分你我，在一铺睡觉。无论谁有点事都是一起办，平时在一块儿玩。"

张老大媳妇想，张老大多半年没回来了，也不捎个信儿。你也不想想我一个人在家种地，过日子多难啊！你的朋友把马和银子都给我送来了。人家对咱可不错呀……人性好，才是好人。钱多就多花，钱少就少花。有人才有东西，有银子。这一夜，她睁着俩眼熬到了天亮。

"嫂子，我吃了早饭就走。"李老二试探地说。

张老大媳妇点了灯起了床，开门就说："兄弟，你起这么早？你跑路[9]跑得怪累，再歇一天[10]走吧？"

李老二巴不得张老大媳妇这么说，他根本不想走，被她的美色勾住了。

吃早饭时，张老大媳妇问李老二家有什么人。

"我家兄弟们多，娶不起媳妇，要不出门挣钱啊！……我回家娶了媳妇，带着她来看你。"李老二搜肠刮肚地应付张老大媳妇。

[1] 马被套：铺盖。
[2] 倒捆猪蹄：屠夫捆猪用的绳扣，非常结实。
[3] 水泡：水面上的球状或半球状气泡。
[4] 怪俊：很漂亮。
[5] 歇了工：干完活或请了假。

[6] 治回来：把尸体运回来。
[7] 坟地角上：别人坟地的边上，也指择地埋葬了。
[8] 要走：想离开。
[9] 跑路：赶路。
[10] 歇一天：休息一天。

张老大媳妇拾掇完桌子，鼓起勇气说："你人好，咱俩一块过吧？"

只这一句话，把李老二美得直冒鼻涕泡。他打心里就没想走，急忙卸下马被套，把自己挣的银子也交给了张老大媳妇。又卖了两匹马，两个人盖起了两间的二层小楼。张老大媳妇给他生了一男一女，两个人挺恩爱。李老二下地回来，得和媳妇拉会儿呱，媳妇天天给他梳辫子。

下大雨的一天，两人对着屋门闲拉呱。拉到高兴处，还亲个嘴。李老二看见院子中漂流的水泡儿，想起了张老大当时说的"水泡，你要给我报仇"那句话。

两个人搭伙[1]六七年了，有了俩孩子。感情深了，都担事了，李老二心里热乎起来。"你知道你男的怎么死的？"李老二自以为拴住张老大老婆的心了，就口言无忌地问。

"你不是说病死的吗？我看着你好，才留的你。"张老大媳妇看着李老二的脸回答说。

李老二说："他挣了不少钱，我把他……"说着，又把话咽回去了，担心她受不了，又怕她告状。

"你把他怎样了？"张老大媳妇漫不经心地看着他的脸，轻声问，"喂狗了？"还笑着用指头戳了他一下。

"不是。"李老二闸住了[2]。

"喂狼了？"张老大媳妇微笑着问。

"哪里！"

张老大媳妇没当回事，离开了座位。可她心里翻江倒海起来，心里的第一个感觉，就是自己的男人死得凶[3]。张老大独门独户，娶媳妇后二人恩恩爱爱。张老大随本村人外出挣钱，挣了不少银子，买了匹马，学会骑后曾回过老家。张老大媳妇不敢多想了，她怕李老二起疑心，就笑脸相迎说些贴心话，稳住李老二。

这天清早下了大雨，地里的活没法干。李老二和张老大媳妇坐在门口看雨点砸起的水泡，看着看着，李老二突然看着水泡笑了起来。张老大媳妇见了，就问："一个水泡有啥好笑的？"

李老二俩眼盯着水泡说："水泡不好看，可有人还指望它给报仇。"

张老大媳妇听着别扭，再看那些水泡，不禁大吃一惊，只见每个水泡上都隐约看到自己丈夫张老大的身影。联想到最近李老二言吐闪烁[4]，似有什么大事瞒着她。难道自己深爱的丈夫是他杀死的不成？

李老二自觉失态，就打着哈哈说："一个水泡一泜[5]就破了，哪有什么灵气可言！等一会住了雨，我到坡里看看庄稼去。"

张老大媳妇赶紧附和说："嗯，行，我给你沏茶去。"

十天后的早晨，张老大媳妇说饭后去买绒布给孩子做花鞋。李老二想也没想就答应了，张老大媳妇趁机回娘家见了爹娘，告诉了她对李老二的怀疑。

第二天，娘家哥哥兄弟来了好几个，媳妇叫回正锄地的李老二。李老二刚进家，县官派的四个公人[6]就把他逮住抓去了。

李老二被审出了实情，他财迷心窍，原想劫他的银子和马匹。经过一夜的考虑，就当张老大的朋友来骗他的媳妇。

李老二被押送到当年他和张老大一块住的那个场院屋，衙役找到附近村庄的老年人询问。有个老人说："六年前，这场院屋砸死了一个人。没人找，头部遭了蛆，俺们就把他埋到北边地角子里了。"

老头领着娘家人找到埋张老大的地方，起出了[7]张老大的尸骨。张老大媳妇向老头磕头致谢，坐到尸骨前大哭一场，一行人回家安葬。

公人押李老二回县衙，打入死牢，秋后问斩。

---

[1] 搭伙：意指姘居。

[2] 闸住了：不再往下说了。

[3] 死得凶：被害的，死得惨。

[4] 言吐闪烁：说半截话，似有什么隐情难以说出口。

[5] 一泜：形容词，指水泡被雨点一拍打就破碎。

[6] 公人：衙役。

[7] 起出了：挖出来。

讲述者：　黄广学，男，1947年3月，平阴县洪范池公社苗海村，不识字

采录者：　黄文俊，男，1946年5月，平阴县洪范池公社苗海村，教师

采录时间：　1962年7月

采录地点：　平阴县洪范池公社苗海村

异文：水泡申冤

从前，高垣墙村的张三和李四格外投机要好。

有一天，他俩商量着到外面闯荡一番，出去挣些钱来。听说下关东能挣大钱，他们就准备到那里去。

一路上，两个人互相照应着。路上虽然辛苦，总算到了地方。张三是一个吃苦耐劳的人，家里还有刚娶不久的媳妇，就想多挣点儿钱给媳妇带回去，让媳妇也享享福。而李四就不行了，他光杆一个，一个人吃饱，全家人不饿。到关东后，虽然也挣了点儿钱，但是只要手里有花的，就不想多下力。因此，多年来他也没有攒下多少积蓄。

在关东生活了几年后，张三挂着家里的媳妇，就和李四商量着回老家去。

李四看到张三的行李鼓囊囊的，知道张三挣了不少钱，也买了好多的东西。再看看自己瘪憋[1]的行李，就不想回去，觉得出来这么多年什么也没有挣下，怕别人笑话自己。

张三说："咱们还是回老家吧？毕竟这里不是咱们的家，你要是怕别人说你，我给你一些东西带回家去。"在张三的一再劝说下，李四同意一起回家。

重载无轻程，他们回家的路上也很辛苦。

有一天，当走到一个前不着村后不着店的地方时，忽然下起了大雨。那雨落到地上起了一层大水泡，看样子雨一时半会儿停不了。他们无法再继续赶路，不得不停下。两人抹了一把脸上的雨水，模模糊糊中看到不远处跟一堵墙似的，就赶紧跑过去了。原来是一大户人家的坟地，有一幢很大的墓碑亭，能遮雨挡风的，他们就暂时在这里避

[1]　瘪憋：东西少，装不满包。

雨了。

这回来一路上的花销都是张三支付的，李四不但不感激，反而起了歹心，想把张三的钱物据为己有。他心想，这大雨真是老天助我。趁着张三不注意，李四猛地从怀里抽出早已藏好的一把刀就捅进张三的后背。张三强忍着疼痛，哀求李四放过他，许诺可以把自己的钱物给李四一半。可李四早已丧心病狂，哪里能放过张三？

张三一看自己的命是保不住了，就冲着大雨中的水泡说："水泡啊！你能救救我吗？如果救不了我，就替我申冤报仇吧！"不等张三说完，李四又狠心地给了张三几刀，张三就这样被自己的好朋友杀害了。李四就把张三的钱物，全部据为己有了。

到家把钱物藏好后，李四他就直接去了张三家，进门就对张三媳妇说："张三在关东光知道自己吃喝玩乐，没有挣到钱，再也没脸回来了，就让媳妇另做打算吧！"

张三媳妇不相信张三就这样把自己丢下不管了，她就一直在家等着张三。就这样过了几年，仍然没有张三的消息。这期间，李四经常来帮着张三媳妇干活。时间长了，两个人也有了感情。张三一直没有消息，张三媳妇就和李四伙在一起过日子了。

有一天，下起了暴雨，就像从关东回来的那场大雨一样，激起很大的水泡。

李四和张三媳妇没事做，就在屋门口看着外面的水花。看着看着，李四突然笑了起来。张三媳妇就问："你笑什么？"李四心想，反正这么多年过去了，她也和自己过日子了，不可能再想着张三了。就把当年和张三在关东以及回来的路上发生的事，一五一十地告诉了张三媳妇。

张三媳妇听后，什么也没有说。她一下子冲出门去，就把门从外面锁上了，也把所有的窗子从外面封上。然后，她冒着大雨跑去衙门报了案。县太爷立刻派人来把李四抓去一审，水落石出，真相大白。张三的冤情解了，雨也不下了。

这还真是水泡给张三平了冤情！

218

韩天秀

讲述者： 庄庆余，男，1943年8月，长清区平安街道高垣墙村，高小

采录者： 庄庆奎，男，1961年6月，长清区平安街道高垣墙村，高中

采录时间： 2020年9月

采录地点： 长清区平安街道办高垣墙村

附记

庄庆余先生虽世代为农，但善于倾听和搜集古代民间传说故事，喜欢把自己掌握的故事讲给别人听，他要是开口讲故事，一次能讲个一天一宿。只要有时间，家里的孩子们都喜欢围坐在他的身边听故事，大人们在忙家务的空隙也抓紧过来听听，邻居们听到他在讲故事也会跑来听。他讲故事表情丰富，抑扬顿挫，风趣幽默，深受大家喜爱。这个故事，就是他讲给大伙听的。

瞎子算命，穷逼的。这是句传了无数年的老话。瞎子不仅会算命，还会杀人哩！不信，看看下面这个故事吧！

从前，风水湾村有个年过半百的瞎子，人们都承认他命算得灵算得准，只是有一样不好，贪财。这个瞎子，名叫韩天秀。

天刚亮，韩天秀背个褡裢，卦锣[1]外出。路过村南小桥时，迎面过来一个少年。那少年见韩天秀过桥困难，忙赶前几步扶他过了桥。韩天秀千恩万谢，问少年哪里去。少年回答："俺回风水湾村，看俺娘。"

"你爹叫啥名字？"

"韩天同。"少年脆生生地回答。

"你叫韩涛？"韩天秀惊喜地说，"我是你大爷韩天秀啊！你爹这些年在外面也不通信回家，怪壮实[2]吧？"

"大爷，您老人家好啊！侄儿给您磕头啦！俺爹经常念叨您老人家哩！"

---

[1] 卦锣：响器，算卦人招揽生意用。

[2] 怪壮实：身体健康。

韩天秀摸索着弯腰去扶，手触到少年肩上的褡裢，不觉贪心又起："孩子，你过来，大爷摸摸你长高了没有？"

虎毒不食子。天亮了，路上行人有那眼尖[1]的，发现水中有具尸体。大呼小叫声，惹得很多人聚拢过来。人多劲大胆子大。等把死尸捞上来时，人群中有人扑过来抱住尸体哭喊，他正是死者的叔叔韩天明。

韩涛被劫银害命，韩天明告到县衙。县官听说出了人命案，亲自带衙役赶到现场验尸取证。县官围着韩涛转了几圈。仵作仔细验过说："死者，先被掐死，后弃尸水中，时间不足三个时辰。"县官调查很多在场的人，叫苦主[2]将死者埋在河边，等抓到凶手，再行决断。结果费了九牛二虎之力，也没理出个头绪来，只得挂为悬案。

转眼到了三九严寒天，县官因公务从风水湾经过，想起韩涛一案至今未结，不觉心疚自愧，抬头从轿窗朝韩涛坟墓看去。这一看，却引出一番好奇来。那坟包上长着一株像花又像草的植物。他急忙吩咐落轿，近前去看，却是株青枝绿叶、金黄穗的大谷子。谷穗被风一吹，一点头、一点头的。县官认真考虑着，三九天水都结冰，此谷穗可有一番来历。韩涛死得冤啊！县官在轿里反复推敲："冰雪天，长谷穗。"冰雪天又称冬天或寒天。长谷穗也叫秀谷穗。县官猛然醒悟。有啦，以上述推断害死韩涛的凶手叫寒（韩）天秀。他传来地保[3]一问，果然有韩天秀这个人，是韩涛的叔伯大爷，三月前外出至今未归。

县官听了即派捕役李飞、王虎带足川资，四处搜索凶手韩天秀。限他们三月内结案，逾期处罚。两人领命，即刻收拾上路。

花开两朵，单表一枝。却说李飞、王虎跋山涉水，穿村过镇，不知不觉一月有余，也没找到韩天秀的影子。地面这么大，找一个四海为家的人，真比大海捞针还难哩。看看隔着交差的日子越来越近，两人急得嘴唇都起了泡。急顶啥用，心急不如想办法。两人一面私访，一面和地方官差联系，协助查找韩天秀。

两个月一晃就过去了，韩天秀仍没有消息。两人如热锅上蚂蚁，坐卧不安。寻寻找找，来到一个大镇。两人又饥又渴，找到一家清静的饭馆喝酒解愁。不料酒落愁肠喝多了量，出的店门东歪西晃往前走。走了十几步，迎面来了个算命瞎子，卦锣当当正敲在点上，卦旗上写着："神机妙算，算不准倒贴卦银。"两人愁闷交加，又值酒往上撞，便寻个地方坐下，唤过瞎子卜卦开心。

算卦瞎子问："先生卜前程，还是问命运、批八字？"李飞哇啦着舌头[4]问："先生的卦文如何？莫不是胡乱讲些杂七杂八[5]，混些不干净的坑人钱？"瞎子听了，气呼呼地说："先生此话不中听，我走南闯北几十年，未曾骗得一人。我韩天秀如干坑人之事，天打雷轰。"

"韩天秀！"李飞、王虎听罢，酒醒了一半，"您可是江湖上人称'卦卦准'的韩天秀先生？"

"在下正是。"韩天秀听了别人吹捧，恣得[6]摇头晃脑，得意忘形。

"老家可是山东莱芜风水湾村？"王虎问。

"正是。"韩天秀一挺胸膛脆声答道。

"好！找的就是你韩天秀，这场官司你打了吧！"王虎说着，一抖铁链子把韩天秀锁住了，厉声说道："韩天秀，你谋财害命，杀死自己的亲侄子，禽兽不如，王法难容。"

韩天秀吓得白眼翻天[7]，一句话也说不出来，只是浑身颤抖个不停。

回到县衙，县官立即升堂。韩天秀供认不讳，把谋财害命的经过详细说了一遍，按了手纹脚印。县官修好案文，报请知府衙门批审。不几日，官文批复。韩天秀就地问斩，以正天伦。

县官来到韩涛坟前，低声说："韩涛，凶手已经正法，你也该在九泉之下闭目了。"话音刚落，只听一声闷响，坟裂半边，里面钻出一条似龙非龙的东西，朝县官点了三下头。"呼哧"一声凌空而起下了正西，转眼不见了踪迹，

[1] 眼尖：眼睛好。
[2] 苦主：受害人家属。
[3] 地保：地方上为官府办差的人。

[4] 哇啦着舌头：说话口语不清。
[5] 杂七杂八：形容事物种类多而混乱。
[6] 恣得：高兴得。
[7] 白眼翻天：吓得翻了白眼。

坟墓又合好如初。

县官感慨万分，轻声吟道："自古善有善报，恶有恶报；不是不报，只是时候未到。天网恢恢，疏而不漏。"

从此以后，县官出巡时，天空总有一朵彩云跟随遮日。

讲述者：	何宝成，男，1955 年 10 月，莱芜市方下镇何家庄，高中
采录者：	李胜华，男，1964 年 4 月，莱芜市方下镇张公清村，初中
采录时间：	1986 年 10 月
采录地点：	莱芜市方下镇财政所

219

杨知县智断家务事

邹平县有一个叫牛江的书生，因为兄弟分家不公，到处打官司。他把哥哥告到县里，结果被知县训斥了一番，一顿板子打出来。他又到济南府去告状，结果知府还是判他败诉，又赏了他一顿板子。

牛江一瘸一拐地往家走。经过章丘县时，他肚子饿了，看到附近一家饭铺，就想先吃点饭再赶路。

牛江要了一碗面，等面的时候，他听到有人喊了一声："伙计，再来一壶酒。"伙计对那人说："客官，你不能再喝了，不如来碗面吧？"

那客人却非要酒不可，拍着桌子大喊："你们这是什么店，我花钱买酒，难道不行？"

伙计为难地解释："客官，不是我们不给酒，是知县大人规定，一人只能给一壶酒。"

牛江在一旁听了，暗暗奇怪：这里的知县怎么管得这么宽，连人家喝多少酒都管。就听伙计继续对那人说："客官，你是外地来的不知道，这个规矩在我们这里实行快一年了。"伙计解释说："以前章丘县的人都好喝酒，酒后打架斗殴的事屡见不鲜。新县令杨学渊到任后，决定整顿民风，就出了告示：只要看到有醉酒的，拖到县衙重打二十板子；有斗殴骂街的，重打四十大板；还规定店家只能卖给客人一壶酒，不然客人喝醉了闹出事来，店家也得连带负责。"

牛江一听说杨学渊的名字，眼前一亮。他早就听说杨知县是个好官，不但清如水明如镜，而且断案富于机智。他想到自己的事，如果这个案子叫杨知县来审多好。他突然想出个办法，心想，豁出去试试了！

这时，伙计好容易把那个客人劝住，牛江就说："伙计，给我来壶酒！"

酒来了，牛江没喝，却把酒往头上、衣服上洒去，洒完后他结了账，专捡通往县衙的大路走。他走路一拐一拐的，再加上满身酒气，路过的差役看见，果然把他当作醉汉拿下了。

来到县衙，杨知县一闻牛江身上的酒气，不由得怒道："好你个刁民，年纪轻轻的不务正业。来人，重打二十！"

牛江忙喊："大人，冤枉呀，我没喝酒呀！"

杨知县把眼一瞪，说："都喝成这样了，还想狡辩，给我狠狠地打！"

牛江被几个差役按倒在地，结结实实地打了二十板子。牛江趴在地上喊："大人，我无缘无故挨了二十板子，总得给个说法吧？"

杨知县说："你无视本官法令，难道不该打吗？"

可是牛江脑子很清醒，没有带一点醉意，问什么他都能对答如流。杨知县问："你为什么满身酒气？"他说："大老爷！我刚才吃饭时，伙计不小心把一坛子酒洒在我身上了。"杨知县又问他："为什么走路摇摇晃晃？"他说："我刚在济南府挨了二十板子，能不摇摇晃晃吗？"

杨知县为官多年，这还是平生第一次误断，就有些坐不住了，说："是本官误判了，给你二十两银子回家养伤，怎么样？"

牛江脖子一梗，说："我不要银子，但您也不能白打了我。"

杨知县问："你想要本官怎么样？"

牛江就等这句话了，立刻高喊一声："小民冤枉，请大人为小民做主！"

杨知县不知牛江葫芦里卖的什么药，让他从实说来，牛江便诉说起来。

原来，牛江铁了心要告他哥哥牛海。他比哥哥牛海小十多岁，哥哥早早地掌了家。等父亲一死，他便提出分家。兄弟俩分的田亩和房子的数目都是一样的，每人分到二十亩地，牛江还比他哥哥多出二分地，房子则是每人十间。牛江觉得很公平，就签字画押同意了。可是，等分完家后，牛江才觉出不对劲来。分给他的是块盐碱地，要比别的地少收四五成，而哥哥分到的都是水土肥沃的上等地。两人分的房子也不同，他分得的那十间房子是土坯老房，早就不成样子了。牛江这才知道哥哥骗了自己，再去找哥哥，哥哥却骂他不知好歹。他又找族里的老人，哪知那些人都替哥哥说话。没法子，牛江就开始打官司，可打了几次都是败诉，到现在他真是走投无路了。

杨知县听罢，接过状纸来一看，上面写得很明白，告状人牛江是邹平县人，就说："牛江，你的事不在我管辖范围内，我就是想管也管不了呀！"

牛江说："大人，我实在是有冤没处诉，求大人想个办法。天下官管天下事，您身为父母官，怎能眼看着有冤情却袖手旁观呢？"

杨知县这才知道，自己是钻进人家套里了。他在大堂上踱了两步，说："这件事，要我帮忙也行，但你得吃点苦头。"

牛江一听这话，知道杨知县已接了案子，就说："只要能还我公道，吃多少苦也不怕。"

杨知县说："那你就告我吧。把我打了你的事写成状子，到济南府告我。"

牛江不明白，杨知县说："这官司你要叫我管，就必须得告我。"牛江只好硬着头皮答应了。

牛江一瘸一拐地到了济南府，知府见是前几天被自己打了二十板子的人，就问："大胆刁民，你的案子已经结了，为什么还来？"

牛江说："回禀大人，我上次告哥哥，这次告的却是章丘杨知县。"

知府糊涂了，牛江是邹平县人，怎么告起章丘知县来了？等看完状纸，他一拍惊堂木，说："牛江，你是民，他是官，民告官，你可知道其中的厉害？"

其中的厉害，杨知县早已告诉牛江了。民告官，不管谁对谁错，都要先把上告的百姓打二十板子。知府又问牛江告还是不告，牛江咬着牙说："告！"

于是，牛江被拖下堂去打了二十大板。知府见牛江这么硬，只好私下传见章丘杨知县。

杨知县来后，知府问他，有没有误打了邻县百姓。杨知县供认不讳，然后悄悄对知府说："这个刁民，他想让我接他的案子。我不接，他就抓住这事不放，实在可恶。他三番五次上告，看来一定有冤情，如果让他告到京城，那咱们都吃不了兜着走。"

知府就问："杨知县，你说这个案子该怎么处理。"

杨知县说："只要您下两道令，先把牛江的案子发回本县重审。随后把我调到邹平县任县令，我便能办好此事，还不推翻您的原判。"

知府说："把案子发回重审，倒也简单。可把你调到别的县，这需要朝廷任命，我这个知府也做不了主。"

杨知县又说："您只把各县的知县暂时调动三天，让他们体验别县的风土人情，这就不需要朝廷的任命了。只要三天，我就能把事办好。"

两个人经过这么一番商量，知府又升堂了：牛江告杨知县的案子暂不审理，把他以前的案子发回重审，让他回去等候结果。

牛江一听，也顾不上身上的疼了，就往家赶。

杨知县被调到了邹平县，他坐堂后接的第一个案子就是牛江的。等相关人等到齐后，杨知县断喝一声："来人，将原告牛江拖下去，重打二十大板。"

牛江如冷水浇头，怎么又要打板子？杨知县说："弟告兄，大逆不道，难道不该打吗？"

牛江被按在地上，可等板子一打到屁股上，只听到"啪啪"响，却没怎么感觉疼，牛江暗自高兴。等把牛江架回来，杨知县这才开审。牛江把哥哥分家不公的事说了一遍，牛海听了直喊冤，族人也都站在哥哥一边，说哥哥怎么会欺负弟弟呢。

杨知县听罢，就和颜悦色地对牛海说："你这个弟弟不懂事，可你毕竟是当哥哥的。他板子也挨了，有些事你应该让着弟弟是不？"

牛海马上说："只要他能好，我恨不得把心扒给他呀！"

杨知县说："既然你弟弟看着你的那份家产好，我就把你的那份判给他，让你们兄弟俩换一下，省得他成天哼哼唧唧，你说行不？"

牛海这才醒过味来，慌忙说："大人，这使不得呀！"

杨知县却说："怎么使不得？既然当哥哥的分家公平，那么换一下又有何妨？"说着，在判决书上写道："牛氏兄弟分家，公平无私。牛江不知好歹，本县判其败诉。但念其年幼无知，让其兄牛海与他交换家产。如牛江再无理告状，定重打不饶。"

案子就这么了结了。几天后，牛江拿着判决书去找哥哥牛海。原来，在判书的后面还写了几句：这次兄弟交换家产的时限只是三年，三年后兄弟再重新分家。哥哥牛海看后，羞愧得无地自容。

三年里，兄弟俩把那处破房子重新翻盖起来，又整了那块盐碱地。三年后，他们找来族里的老人，重新分家。这回分得很公正，兄弟俩谁也没有怨言。

讲述者： 任遵儒，男，1919年9月，章丘市刁镇道口村，高中
采录者： 王乃飞，男，1973年6月，章丘市刁镇南芽村，小学
采录时间：2015年6月
采录地点：章丘市刁镇道口村

附
记

故事中的杨知县，就是清朝光绪年间章丘知县杨学渊。他在任期间为官清廉，对百姓的事秉公而断，敢于得罪权贵，很得百姓的爱戴，并且他还亲自编纂了《章丘乡土志》。2015年，我去拜访道口村任遵

儒老先生，他随口跟我说的这个故事，最初的名为《再加二十大板》，发表于 2017 年第 21 期《故事会》。

220

狡计陷乔公

济阳曲堤镇有位乔公，自幼习孔孟书，讲仁义道，修身养性谦谦君子也。其家是官宦之后，祖上中进士入翰林，曾风光过一阵子，是远近闻名的书香门第。府宅豪华壮丽，地亩广渺，十分殷实。自乔公管家以来，济贫扶弱掘井建庙，德施一方，很受乡民的爱戴，称得上本地一位风雅主持。

镇中有一算命先生，姓郭，人送外号郭鬼子，很有妙招调智，只是好吃懒做，不务正业，爱占小便宜，名声不佳。他整天敲着铜钵游走四方，以算命看相赚钱养生。练就的铁嘴钢牙能说善辩，惯会出馊主意，使坏点子，是个顶风臭十里的角色。

乔公德高望重，郭鬼子臭名远扬。在曲堤镇这个小圈圈里是两个出名的人物。只不过香花毒草，一好一坏，一正一邪。本是两股道上跑的车，泾渭分明。有些人教育子女也拿他俩做例子，说："做人要诚实正派，身后留美名，长大了像乔公那样让人敬仰；不要学郭鬼子满肚子坏心眼，让人背后指脊梁。"

为此，郭鬼子很是羡慕乔公的好名声。日久天长，他渐渐地品出了味道。由羡慕生嫉妒，由嫉妒生仇恨。还自有他的一番歪道理：没有你乔公的正就显不出我郭鬼子歪，没有你乔公的宽宏大量就显不出我郭鬼子鸡肚鼠肠[1]。为这，总想钻空子整整乔公，败坏他的名声，也遮遮自己的丑，以求得自己心理平衡。

冥冥之中，偏偏上天又给了郭鬼子这样的机会。

乔公礼仪之家，最讲究谦恭仁让。可他的大儿子乔虎儿，是扶不正的歪苗。他吃喝嫖赌、造谣生事，不是盏省油的灯。乔公最重家教，为此说薄了嘴唇操碎了心，没少费劲。乔虎儿呢！生就的骨头长就的肉，照样我行我素。乔公绝望地对空叹道："有子如此，辱我门风，天下事不尽如人意也！"

这日，乔虎儿赌博输红了眼，耍性子跟人打了架，被人找上家门。乔公赔着笑脸好说歹说，刚把人打发走，乔虎儿又喝得醉醺醺东倒西歪地回了家。乔公一见，气不从一处来，教训道："你看你这个样子，整天价赌博喝酒惹是生非，还像个正经人吗？"

自古严父教子生愤隙。乔虎儿格愣着白眼说："我就这样，你有本事使出来吧！"儿子竟敢和父亲顶嘴，这是哪家规矩？乔公一时急了，随手摸起扁担就要教训他。乔虎儿平时也有点惧怕，今日酒多昏了头，生了胆。抢上前，借着酒劲夺过扁担，狠狠用力将乔公推向墙角。乔公站立不住，猝然倒地，磕掉了两颗门牙，鲜血淋漓。乔虎儿一见，酒吓醒了。他知道闯了大祸，忙夺门而逃。

乔公爬起来，吐了几口浓血，越想越气，冷透了心。孩子这样无法无天，既无德于乡民，无情于朋友，又无孝于父母祖宗，只是一味地胡搅蛮缠。这样发展下去，那还了得？经过一番思虑与斟酌，决定狠下心把儿子上告官府，免得养虎为患害人害己。

清朝以孝治天下，对忤逆者严惩其罪。乔虎儿自觉惹了祸慌了神，忙托人想办法。正所谓心急不择路，有病乱投医。他竟找到了足智多谋、不怀好意的郭鬼子。

天赐良机，正中下怀。这是郭鬼子梦寐以求的好机会！他心里高兴，却装模作样故作惊讶："有这样的事，

父子吵闹，还上告官府，真是小题大做。自古虎毒不食子，牲畜尚护崽。你父连亲情都不顾了，世上还有这样狠心的父亲吗？"

乔虎儿苦苦哀求："郭先生，你一定要救我呀！"

郭鬼子皱眉沉思了一会儿说："办法倒有，只是我手头这几天有点紧。"乔虎儿忙说："钱不成问题，你需要多少？""五两。""行，快拿主意吧。"郭鬼子诡秘地说："正午，你拿上五两银子，到村北十字路口等我。"

乔虎儿急了，着急忙慌地问道："银子我给你，干吗要拖到中午？大热的天还要出村，救人如救火啊！"

郭鬼子显出高深莫测的样子，说："天机不可预泄。"乔虎儿无奈，求人之事只好依人之约，收起蛮横装孙子。到了中午，偷偷怀揣五两银子，颠颠顶着烈日，前往求计。

正午，烈焰流火，像进了火焰山。人们习惯借凉避暑，在家午休，路上行人绝迹。乔虎儿身穿单衫，无遮无拦，在十字路口热得汗流浃背。脱下单衫，擦汗扇风，焦急地等郭鬼子到来。病急偏遇慢郎中……

午过，遥见一人从村中缓缓行来。只见此人头戴皮帽，身穿皮袄，手提火炉，打扮得奇形怪状，犹如冰山上的来客，又像戏台上唱戏的小丑。六月天，这身逆天背时[2]的打扮，像个十足的精神病人。至近，原来是郭鬼子乔扮。

乔虎儿大惑不解，惊问："大热天你搞什么鬼？打扮得连我都认不出来了，像个外星人。"郭鬼子不答，忙问："钱带来了吗？"乔虎儿赶紧把银子递上。郭鬼子接过银子，说："你看村中失火了！"乔虎儿刚转过身，郭鬼子乘其不备猛扑上前，在他后背上死命地咬了一口。这一口够损的，只咬得鲜血淋漓，肉儿翻张着。痛得乔虎儿连跳带叫："你这是干什么？"

"这就是办法，三十六计中的苦肉计。"郭鬼子慢悠悠地说："你爹把你上告官府，县大老爷升堂问你为何把老爹门牙打落，你就可以说，我虽粗莽，也知情知义，哪敢动爹爹一根汗毛。两颗门牙是他咬我后背，我疼不过，挣扎逃跑时带下来的。"乔虎儿觉得此计甚妙，由被动变主动，且情节有理有据，又问："若县大老爷问我，爹爹为

[1]　鸡肚鼠肠：心胸狭小。

[2]　逆天背时：此指反季节穿戴。

何咬你，我该如何回答？"

郭鬼子阴狠地说："你什么都不用说。去时，用手绢包上一捆草，仅用嘴叼草而已。大老爷就能判你无罪。"乔虎儿听说能判无罪，不知叼草含义也不深问，高兴地领计而去。

果然，第二天衙役把乔虎儿押上公堂。知县大老爷喝问乔虎儿："你这不孝子，目无尊长，竟敢动手打老子，实在可恶。你已犯下大不敬之罪，律法难容。"

"青天大老爷，我冤枉呀！"乔虎儿喊冤。县大老爷斥责："你爹爹两颗门牙被你打落，还敢喊冤。""爹爹两颗门牙是咬我时被带下来的，不信大老爷请看。"乔虎儿转过身，脱去衣服，露出被咬得紫血斑斑红肿起来的后背。

乔公一见，目瞪口呆，心中疑惑，半晌方辩："虎儿不要胡说，为爹何时咬过你的后背？"

乔虎儿理直气壮地说："不是你咬的，难道是我自己咬的不成？谁能咬着自己的后背？爹爹，孩儿不敢与你争辩，事情明摆着嘛！"事实面前，乔公虽屈，却哑口无辩。

知县大老爷又问："你爹爹为何咬你？"乔虎儿摸出用手绢包着的草，无言默默用嘴叼了起来。原来，旧俗吃长草，暗喻公公与儿媳通奸。县大老爷见景顿悟，前因后果一切都明白了，心想，你乔公满嘴的仁义道德，却是一肚子男盗女娼，竟和自己的儿媳通奸，做出这种无廉耻的事。难怪儿子不敬，还有脸告状，让本官怎么审呢？

再看乔公，一见虎儿叼草，如被毒蛇咬了一口，全身一震。他脸色立变，身子颤抖，却发不出话来。脸色由黄变白，两眼呆滞，晃晃欲歪，当堂病倒了。

知县大老爷见状，忙喊退堂。乔老爷由家人扶出堂，抬上车，昏昏迷迷回了家。乔虎儿不敢同归，到亲朋处游荡。乔李氏见丈夫好端端的被气成这样，问陪去的家人到底是怎么回事。

家人把在公堂上的情况，详细讲了一遍。乔夫人也被气得伤心落泪。女人心细，静下心来一琢磨，觉得其中必有蹊跷。凭儿子的本事，绝对想不出这种狠毒损人的办法，背后必定有人捣鬼。乔李氏派家人把乔虎儿找回了家，好言相劝说："虎儿，至亲莫如父子。咱是一家人，血脉相连，荣辱与共。就是有个好歹，胳膊折了在袖里。再说，

哪有老子不疼孩子的。你爹为你费了多少心血啊？管教你那是恨铁不成钢，盼你长出息。你看你把你爹气成这样，万一有个三长两短，咱娘俩儿可怎么过？你爹一辈子爱好要强，把名声看得比命还重，是谁给你出了这样的主意作践他，这不活活要了他的命吗？"

乔虎儿胸无城府，诺诺言道："都是郭鬼子教的。"

夫人把事情经过详详细细告诉了乔公，乔公明白了原委，气愤已极。为了惩治邪恶，弘扬乡里正气；为了自己的清誉，他强打精神，让家人抬着二次到了官府，把乔虎儿如何赌博闹事，如何酒醉顶撞，又如何找郭鬼子出主意，从头到尾详详细细讲了一遍，他要状告郭鬼子。

事关风化，县大老爷立即把一干人等传上大堂，厉声质问郭鬼子："你讹乔虎儿钱财，咬伤其背，叫其诬告亲爹，还出馊主意败坏乔公名声，从实招来！"

郭鬼子无事人似的冷笑着双手一摊："城门失火，殃及池鱼。这是什么事啊！他父子闹矛盾与我有啥牵连，真是莫名其妙。"

乔虎儿上前作证："那天中午，你在村外十字路口，要了我五两银子。说村中失火，趁我回头看时，在我背上狠狠咬了一口，让我谎称是爹爹咬的；还叫我用手绢包上草，县大老爷若问话时只管叼草而已。你怎么都不承认了呢？"

"你说在什么地方？"郭鬼子故意反问。"村外十字路口。"乔虎儿据实言道。

郭鬼子煽动地说："青天大老爷和各位听听，他说我在村外十字路口给他出的主意，这合乎情理吗？出这样的歪主意、损点子，不但不避人，还光明正大地跑到大路口张扬去，这样的话谁会相信呢？说我要了他五两银子，谁人作证？说我在他背上咬了一口，何人看见了？再说一个大活人，能老实地让我咬吗？咱说话办事要凭良心，不能红口白牙地诬陷人。说实话，这辈子我最佩服乔公为人正派，别说编造他和儿媳……就是别人说我还不相信呢，也会站出来抱不平。可他父子怎能这样诬陷好人呢？"郭鬼子嘴尖舌利，句句说在点子上。

乔虎儿急了，狡辩说："你那天穿着皮袄，戴着皮帽子，手里还提着火炉子，怪模怪样的像戏台上的小丑，这

些你能抵赖得了吗？"

郭鬼子哈哈大笑，言道："越说越玄了，这么热的天，我头戴皮帽，身穿皮袄，手提火炉，难道我有病吗？简直是天方夜谭，亏你想得出。乔虎儿我提醒你，这是公堂，是讲理讲法的地方，不要开这样幼稚的玩笑。"

"我刚才说的都是真的，大老爷。"乔虎儿坚持道。

郭鬼子翻脸相驳："我和你家往日无怨，近日无仇，你父子为何捏造事实苦苦相逼？青天大老爷，他们拿国法开玩笑，藐视公堂，您要为民做主啊！"

清朝律法，审案定罪要重证据，案情要逐级上奏，似乔虎儿说的这些有违常理的情由如何上奏呢？而原告却拿不出更有力的人证物证。再说，原告又不能作证人。其实，大老爷心里明白，一切都是郭鬼子设下的圈套。本想惩治郭鬼子，却找不出半点缝隙，于法无奈。郭鬼子一时占了上风，乔公急得跺脚而无由反驳。因为郭鬼子早环环紧扣地布下了陷阱，伏下了后路，设计而待人入。利用时间地点及人们的正常生活规律施以诡计，利用人们的习惯思维而授其奸。这种逆规律现象蒙蔽了善良人的眼睛，不可为反为之，先声夺人。

面对这种局面，县大老爷也犯了难。他深知乔公正人君子，在乡里口碑极好，绝做不出这种有悖人伦的事情；而郭鬼子串东家走西家，欺蒙乡里，是不务正业的刁滑之徒。但具体到这件官司，确是郭鬼子处处占了先机。既是诡谋，也天衣无缝，有无懈可击的道理。于律法无由惩治奸徒，佑护乔公。

县大老爷想来想去，只好推圇圂车，断道："乡里纠纷，低头不见抬头见，应以和为贵。乔公告无实据，本官无法立案。念你仁厚之人，不加训斥。责你回家严以教子，以保祖上清名。郭鬼子乡之游民，惯会鼓唇摇舌，卖弄嘴上功夫，颠倒阴阳，造下多少人间口孽。这次虽无留下把柄，然观其往，知其行，嫌疑最大。本官以劝人为旨，不加追究。凭尔扪腹自问，回家反省。切记，余德德及后人，遗祸祸及子孙，苍天在上，因果自有报应。"

知县大老爷断完，乔公无言，羞愧归家；郭鬼子到底心虚，吓出一身冷汗，更有何言？夹起尾巴，颠颠而去。事情到此，告一段落。

乔公回家后，叹息连声，神情大异。他深恨人世的险恶与龌龊，也恨自己无为而不能洁身保誉。乔公躲进书房，不涉中庭半步。整天不言不语愁眉苦脸，对窗望天呆坐，心生厌世之感。

夫人劝他："遇事要想开些，这样闷闷不乐地糟蹋自己会憋出病来的。"乔公叹道："像我一生严以律己，清白做人。无故受此恶气，丢尽祖宗脸面，能高兴起来吗？自己有理却争不来公道，对世人还有什么话说？白长了这张嘴。从此，我要自囚此室，远离尘世，终了余生。"

夫人哭道："难道你就不要这个家了吗？你就不念我们多年的夫妻情缘吗？"

乔公凄然："我这张老脸还有颜见人吗？红尘烦忧，你就念在夫妻情分上让我清静清静吧。"

从此，乔公闭门绝客，隐居起来。一股闷气入里，愤郁攻煎，渐成心疾。日日形销骨立起来。数月窝憋，呕血数升，竟含羞去世，倒应了好人无长寿的古语。

郭鬼子如了心愿，扳倒旗帜无对比，黑白混淆一锅泥，依然敲着铜钵周游乡里，玩笑人生，戏傲岁月，巧嘴断评。

乔公死后，一位老先生痛之惜之，写道："巍峨蓝天，苍茫大地，为何容不得一正派之人？而任小丑猖器？是非不分枉为天，藏污戴垢羞为地。叹人间，终不平。"

先生结语道：自古有奇冤，正人难识辨。内有阴阳理，傅粉涂背面。

讲述者：　刘功富，男，1940年7月，济阳区曲堤街道东街村，中专

采录者：　周媛，女，1984年3月，济阳区志远学校教师，大学

采录时间：2020年7月

采录地点：济阳区闻韶社区

221

邹知县审问马莲墩[1]

夏初，怡墨绿扶风去，蕾花沁芳引蝶来。冷热相宜的气候，花香醉人的季节。华庭与静悟先生秉此在园中石桌上品茶赏景、感慨人生。当谈到"好人不长寿，祸害活万年"时，静悟先生颇有同感，讲了上面这则故事，以褒其说。这个故事是刘功富老师再述的，刘功富是济阳文史研究工作者，他根据记忆和史书的记载，花费了十多年心血制作了闻韶台模型，由此可以窥探到闻韶台的旧貌。

济南府长清县曾有位县太爷姓邹，这位邹知县身材魁梧，宽额方脸，浓眉大眼，一眼看上去不像个当官的，而是像个习武之人。这位县太爷学识丰富，足智多谋。只因为出身贫寒，朝里无人，又不会巴结上司，所以才被下放到长清县做了个七品芝麻官。

有一天，有人敲了县衙前的登闻鼓[2]，喊冤叫屈。邹知县马上升堂问案。报案的跪在堂口说道："俺叫张安，家住河西齐河县。由于没有田地，一家人指望俺娘和俺媳妇织布过日子。昨天一大早，俺挑着织了大半年的一百匹粗布过河来，想去肥城县城里卖个好价。没想到天快黑的时候，俺刚走到长清城南五股道，猛格丁地[3]从道旁窜出

[1] 马莲墩：草本植物，深绿色，一团团、一簇簇地生长。叶子很长，很密，向四周呈放射状，就像燃放的烟花，它的每片叶都是从底部向天上蹿去，然后向四周喷射、散开。越是贫瘠的地方，马莲墩长得越是茂盛。它是那样从容不迫，不论周围环境多么恶劣，它都能安身，田野路边、干旱的戈壁、石缝间、溪流旁，处处都能看到它的身影。
[2] 登闻鼓：是中国封建时代于朝堂外悬鼓，以使有冤抑或急案者击鼓上闻，从而成立诉讼。
[3] 猛格丁地：方言，突然的意思。

一个蒙面大汉来。那人手里提着根棍子，说'要命还是要布，不要命一棍子就送你上西天！'布是俺全家的命根子，所以俺就抱着粗布给他跪下求情。他二话没说，一棒子把俺打昏，把一百匹粗布给抢走了。老爷，您可得给俺想想办法！要不，俺一家老小可就得饿死了。"

邹知县问："你可看准就是一个贼人抢的？"

张安说："是。"

邹知县对张安说："你好好想想，还有没有别的证据能够记起来？"

张安仔细想想，说："当时只看到那人是从路边一丛马莲墩边跳出来的，其他的再也记不起来了。"

邹知县听后又问："你的布上可有什么记号？"

张安说："俺家以织布为生，特别讲究质量和信誉。平日在集上卖的都是一些质量一般的布，因为咱普通百姓太贵了买不起，够用就行。而这一百块布是俺精挑细选的，都在布角上暗标了一个'张'字哩。"

"很好。"邹知县一听，顿时高兴起来，立刻吩咐差役们备轿并大声说道："捉拿马莲墩，速去五股道。"

到了五股道旁，大家一看确实长着一墩墩茂盛的马莲草。邹知县来到马莲墩前，让张安把拦路抢劫的过程前前后后比画着说了一遍，手指马莲墩命令："衙役们，给我把马莲墩拿下！"

衙役们不明白县太爷为啥要挖马莲墩，但县太爷既然下了命令就得执行。于是，从附近老乡家借来大板镢，又找来一个大抬筐。衙役们七手八脚、小心翼翼地把挖下的草放进大抬筐，又把铐人的木枷放在上边，一路吆喝着："五股道抓住贼人同伙马莲墩，回衙了。"

第三天，长清全县贴满了告示，说大集那天知县要在县衙门口审问马莲墩，百姓都可观看旁听。告示这么一贴，一传十、十传百，不长时间大家都知道了。

到了长清大集那天，天还不亮，看审马莲墩的人就开始往城里涌，人山人海，一眼看不到边。

邹知县看看人到得差不多了，一拍惊堂木，板着脸指着马莲墩呵斥："大胆马莲墩，你伙同贼人拦路抢劫，闹得本县不安，四乡不宁。今天把你拿到县衙，快快从实招来！"

马莲墩哪会说话啊，默默地在大抬筐里熬时光。

百姓们开始好奇，当看了知县那一本正经的模样不觉好笑。心想一个堂堂的县太爷，为何如此大动静地审问一把草？

邹知县见马莲墩不言语，又把惊堂木一拍："大胆马莲墩，本县让你从实招来，你却不语。衙役们，痛打五十大板！"邹知县话音刚落，围观的百姓"轰"的一下笑了。知县这时候还是不笑，又把惊堂木一拍，大声喝道："马莲墩正要开口招供，又叫你们一笑给搅了。来人，把四门紧闭，不准放一个人出城。"

这一下在场的人都傻了眼，心里嘀咕，县老爷连马莲墩都要审，咱们这些大活人还不知道怎么折腾呢！这时候，邹知县不拍惊堂木了，只让衙役们传他的话。今日来看他审马莲墩的人不懂规矩，搅扰了公堂，理应治罪。但法不责众，故从轻处理。一是打四十大板放人，二是找人作保，三天内每人送三块自家织的粗布来县衙。

老百姓于是便纷纷找人作保，四处兑换家织粗布去了。这一下县城和乡下全都热闹起来。家织粗布的价格一路飙升，有些布店的老板竟把价格涨了十几倍。挨罚的人家再贵也得买呀，只是心里不住地骂布店老板缺德，骂知县断案糊涂缺心眼儿。可不管怎么着，三天期限到时，那些取了保画了押的人，还是乖乖地到县衙来送布。

邹知县亲自坐在那里督查，就连张安也给穿上了差役服装，在那里帮着查验布匹。凡交布的人都要将价格和出处一一登记，经张安之手查验过，没有"张"字记号的则一律让布主带回，待日后听候发落。而那些送来带有"张"字标记的，却要连人带布留下来。

邹知县追问那些送来带"张"字标记的人及布从何而来。他们一致说是从刘家布店购得，而且布价高出平日十五倍。知县便速派衙役拘来布店掌柜，店掌柜说是伙计们从城南十里铺周三楞那里购得。

衙役们立刻马不停蹄地到十里铺，捉拿周三楞。差役将周三楞带到大堂后，让张安辨认。张安连连摇头，说那贼盗人高马大，这人身材瘦小，不是他干的。邹知县问周三楞布从何来。周三楞说布是我老婆亲手所织。邹知县又问，既然是你家妇人亲手所织，布上可有印记标识？周三楞说自家织布自家销，做标记何用。

邹知县看着得意洋洋的周三楞，突然把脸一沉，喝道："来呀！大刑伺候。看来不让他尝尝这些刑具的滋味，他是不肯说实话的。"差役立刻把刑具稀里哗啦地扔在周三楞面前，周三楞瞅一眼那些刑具后，腿立马就瘫了，战战兢兢趴在地上磕头如捣蒜，说："老爷，我说实话，那些布是三庄俺姐夫叫俺替他卖的。"

衙役们从三庄拿来了人高马大的周三楞姐夫旺发，邹知县暗暗拿眼神儿问张安，张安肯定地点点头。邹知县立刻便把惊堂木重重一拍，厉声喝道："大胆旺发，竟敢在光天化日之下拦路抢劫，还不把你三天前在五股道马莲墩边做的勾当快快从实招来？"

旺发不但不招，反而连声喊冤。

邹知县一摆手："带证人周三楞上堂。"

旺发一见周三楞便傻了眼，瘫倒在堂上。还没等再审，旺发便一五一十将劫布的事供了个仔细。当堂画押之后，押入大牢。

张安的一百匹布失而复得，跪在堂前千恩万谢。邹知县哈哈大笑说："张安，你一百匹布失而复得是高兴了，可我却把全县的百姓得罪了。"次日，长清全县各地又贴满了县衙的告示，上面说："五股道劫案已破，凡高价购买布匹者速到县衙领取多支布款，凡不愿留存布匹者亦可悉数退还。"百姓们有的退了布，有的领了超支钱，个个欢天喜地笑逐颜开，齐声称赞邹知县官清如水，办案如神。那些高出布价十几倍的银钱，都是让不老实的奸商布店老板支的，也算给他们哄抬物价的惩罚。

从此，长清县的老百姓没有一个不宾服邹知县的，长清县也天下太平，百姓生活和乐。

讲述者： 李良森，男，1947 年 7 月，长清区万德街道店台，大专

采录者： 赵福平，男，1963 年 11 月，长清区文昌街道长兴苑，摄影，中专

采集时间： 2019 年 4 月

采集地点： 长清城区

附　记

此故事原载于《长清民间文学集成》（1988 年 12 月，长清县民间文学集成办公室编），讲述者为孟光普，南王村人；采集整理者为杨洪祥。原故事只有梗概，此次采集在原文本基础上，根据李良森老师讲述进行了整理。（赵福平）

222

张推官断案子 [1]

（1）审公鸡

张推官秉性耿直，不喜欢奉承，也不爱摆官架子。一有空闲就单身个人，穿着老粗布衣裳，腰束一根草绳或破布扎包 [2]，走街串巷查访黎民百姓的疾苦。

一天晌午，张推官吃完饭，换上他经常穿的破粗布衣，扎上一根草绳，从推官府角门里来到熙熙攘攘的大街上，打算到居民区体察民情。今天是平阳大集，赶集的人往来如梭。就见挑挑的、担担的、推车的、卖饭的、坐轿的、骑驴的，牵羊的、赶猪的，背褡子的、抱小孩的来来往往，热闹非凡。

张推官好热闹，跟着赶集的人不知不觉来到了集市。平阳集市很大，买卖铺户齐全，叫买叫卖声时高时低，时

起时落。张推官心情舒畅，想到里面书摊子 [3] 上听段书散散心。他正随着人群往里挤伙着 [4]，就听前面一阵吵闹声。透过晃闪 [5] 不定的人头往前看，只见一伙人聚在一起。有个四五十岁的瘦高个子，挽袖子挥拳头正在殴打一个十一二岁的小孩。小孩身单力薄，被那汉子打得鼻青脸肿，哭喊不止。围观的人有劝架的，也有拉架的，多数是抱着膀子看热闹的。

张推官挤到近前，大声对瘦高个子说："都住手！两虎相斗，必有死伤。你人高马大的，怎么欺负一个弱不禁风的孩子呢？"

瘦高个子乜斜着三角眼，瞪着张推官吼道："吃瓜子吃出臭虫来，你装的哪门子好人！这是你的亲戚，还是你的儿子？老头，你还是闲事少管的好。惹恼了大爷，连你一块揍！"

张推官最讨厌这种欺行霸市的地痞无赖，他清了清嗓子，大声说："有理不在声高，我劝架还劝出不是来了！你当着大伙的面说说，凭啥当众毒打这个孩子？是里是表 [6] 咱得摆个明白！平阳城内自有王法大堂，轮不到你在此施暴！"

小孩听张推官这么一说，觉得找到了救命稻草，用力挣脱出来躲在了张推官的身后。瘦高个子穷凶极恶扑了上来，照着张推官挥拳就打，拳头还没落下，就被巡查的四位衙差拦住。

一正压百邪。瘦高个子见来了衙差，立时像见水的面条，软了下来。他换上一副笑容点头哈腰，指着张推官身后的小孩说："这个有人生没人教养的小东西，光天化日之下竟然抢我的红花大公鸡。你们说我不揍他，他能改吗？"

"那只大公鸡是俺的，我还等着卖了它给俺娘抓药呢？"小孩委屈地争辩道。

张推官说："你俩公说公有理，婆说婆有理。我看这样吧，当着衙差和大伙的面把鸡抱过来，让我这个好管闲

---

[1] 推官：唐代起设置，最早是节度使、观察使等官的属官，多掌理司法，不系京职，后期成为对法官的雅称。元代各路总管府亦有推官，以掌理狱讼。明代各府设推官，掌理刑名，处理民刑讼事。清末，改称推官为"推事"。

[2] 破布扎包：布腰带的俗称。

[3] 书摊子：集市上临时说书的场子。

[4] 挤伙着：往人群里面去。

[5] 晃闪：摇动不止。

[6] 是里是表：是谁的对错。

事的老头子给你们断断吧？"

瘦高个子无理反缠地说："胳肢窝里夹蒜薹，你算哪里的一根青筋？说不定你和那个狗崽子是一窝的，你想来断我还不放心呢！"

"有啥不放心的？有这么多父老乡亲守着，是非公理一辩就知道了。四位衙差，你们觉得如何呀？"张推官压着怒火和气地说道。

"先生说得有理，真金不怕火炼。你快把鸡抱来吧。"衙差指着瘦高个子说。

瘦高个子很不情愿地把一只大红花公鸡抱了过来，小孩见了奋不顾身地抢抱在怀里。任凭瘦高个怎么夺就是不撒手，还高声哭喊着说："俺娘治病抓药，全指望这只鸡呢！你们别听他的，这鸡是俺的。鸡腿上的红布带子，是我亲手拴上去的。"瘦高个子被衙差强行拉开，他吐口唾沫威胁小孩说："你个兔崽子，有你好看的时候，哼！"

张推官听瘦高个撒泼，他看一眼可怜巴巴的孩子，心中有了数。他对四个衙差摆摆手说："这只大公鸡，就先让孩子抱着吧。我来提几个问题，你们谁回答得好，鸡就是谁的。"

这时候，赶集的人把他们围了个里三层外三层，你挤我挤连点风也透不进来。张推官示意众人静一静，他指着抱鸡的小孩说："你还是个孩子，常言道，童言无忌。你先说吧。告诉我，凭啥说这只鸡是你家的呀？"

"先生，俺娘患病无钱买药，只好把自家养的大红花公鸡抱到平阳集上来卖。我把鸡放在地上，正要吆喝叫卖，不料跑来一条黄毛大狗，公鸡受了惊吓'扑啦'一下，抖开红布带子飞跑进了他家的杂货铺子。我赶忙去捉鸡，他拦着不让进，还动手打我。你看把我脸打的！"说着，哭得更痛了。

张推官转向瘦高个子问道："孩子说的话你听到了吗？你再说说这只鸡吧？"

瘦高个子不耐烦地说："衙差在此，你算老几啊？我凭啥听你的胡言乱语？"

衙差领头的很主持公道，他指着高个子点画了两下说："本来要带你们去县衙审问，可就是为了一只不值钱的鸡，没必要兴师动众。我听这位先生说得头头是道，就

让他替我们公断吧。先生问你的话，你可要如实回答，一旦查出有假，大爷我手中的家伙头可不认人啊！"

瘦高个子听衙差这么一说，只好乖乖地作了回答："这只鸡是我老婆一手养大的，邻摊卖盐的张六子可以做证。"

张推官听了，对衙差说："麻烦衙差，把张六子传来对质吧！"

张六子来了，只见他身材瘦弱，脸色蜡黄，一看就是个大烟鬼。他先是对着四个衙差打躬作揖，而后有气无力地回答说："这只鸡是王麻子的，我亲眼看着他把鸡养大的。"

张推官听罢点点头，看了张六子一眼问道："你可要想好了，刚才的话属实吗？作伪证可是要承担责任的。"

张六子一挺瘦胸膛说："男子汉大丈夫，吐口唾沫是颗钉。"

张推官笑了笑问道："王麻子，你知道鸡腿上的红布带子是咋回事吗？"

"那是我老婆拴着玩的，你管得着吗？"瘦高个子强词夺理道。

张推官看了看众人，说道："这事难办了，孩子说鸡是他家的，他娘还在家等着卖了鸡抓药救命；王麻子呢说鸡是他家的，还有张六子做证。一只鸡两个主家，依我看你们有一方说了瞎话。要是不想把事闹大，还是请作假的一方自动退出，知错就改才显得大度。如是错过了机会，等事情水落石出了再幡然醒悟，那可就黄花菜也凉了。我最后再问一遍，希望你们好自为之。孩子，这只鸡真的是你家的吗？"

孩子泣不成声地回答说："先生，这只鸡是俺娘一把粮食两把菜，辛辛苦苦喂养大的。现在，俺娘病得厉害，还指望这只鸡救命呢！先生，您老人家就行行好，千万别让他讹了俺的鸡。"

旁观者有人说："看这孩子哭得多可怜，不像是在讹别人的东西。那位掌柜的你就发发善心，要真是你家的鸡也送给孩子吧！"

瘦高个子说："你真是吃了灯芯草拉呱，说得轻巧。你看他可怜，就拿钱帮他吧？鸡是我家的，谁也别想歪点

子夺走。"

张推官见瘦高个子打肿脸充胖子，心里更有了底，于是，靠前一步问道："你可考虑好，一旦下不来台会很难看的。"

瘦高个子一拍胸脯说："好汉做事好汉当。你要是拿出鸡不是我家的证据来，我不但赔鸡，还倒贴上一百两银子。反过来说，如果鸡不是那个孩子的，就要判小孩给我白干一年的活。"

张六子也晃动着病歪歪的身子说："凭证据说话，如果这鸡不是王麻子的，我也倒贴五十两银子。如果鸡不是那个孩子的，也要判小孩给我白干一年活。"

张推官见两个街痞一唱一和，认为惩治他们的时候到了，于是，大声说道："既然双方各执一词，互不相让，那就只好让鸡自己说话了。衙差们，刚才王麻子和张六子说的话，你们可都听明白了吗？"

众人齐声回答："听明白了！我们都愿意做证，谁也别想要赖。"

围观的人听说要公鸡自己认主，都觉得稀奇，嘈杂的场合顿时鸦雀无声。

张推官指着孩子问道："孩子，你年龄小先说吧，今天你用啥粮食喂的鸡啊？"

小孩哭着说："俺娘舍不得卖这只鸡，为了治病只好狠下心来了。逮它时俺娘流着泪说，咱这鸡喂了快一年啦，临走让它吃顿饱饭吧。里屋罐子里还有一点高粱种，你多捧给它一些，让它吃个够。俺家没有拴鸡的绳子，就把我小时红肚兜上的带子扯下来绑了它。"孩子说不下去了，很多人听得直掉眼泪。

张推官板着脸转向王麻子问道："王麻子，你今天用啥粮食喂的鸡？鸡腿上的红绳子是咋回事啊？"

瘦高个子听罢，打了个愣怔，接着，语无伦次地说："我家喂的大豆，是黄大豆。至于那条红布带子吗？是这样的，我老婆是属鸡的，今年又是本命年，为了图吉利她让我拴上去的。"话音刚落，人群里爆发出了嘲笑声。

一位老者说："自古鸡不吃豆，外甥不打舅。人的本命年还用得着给家禽系吉利绳带吗？笑话，真是天大的笑话呀！"众人大笑不止。瘦高个子自觉失言架不住劲

了，忙急急地更正说："我叫这个熊孩子气蒙了！想起来了，我今天喂的是谷子，是黄澄澄的谷子。"

张六子也接话说："是谷子，我亲眼看他喂的。"

张推官又问了一遍，结果还是一个喂高粱，一个喂谷子。两人唇枪舌剑，争执不下，谁也不让谁。

张推官说："看来只有让大公鸡自己说实话了，请衙差把鸡杀了吧！"

小孩一听说要杀鸡，急得大哭起来："先生，把鸡杀死就不值钱了，俺娘抓药咋办呀？"

张推官说："孩子，你放心吧，抓药的钱不够我给你。这鸡一定要杀，这口恶气也一定要出。"小孩好像明白了，痛痛快快地把大红公鸡交给了衙差。

衙差当场杀鸡开嗉囊，只见鲜红的高粱米露了出来。

瘦高个子和张六子洋鬼子看戏，傻了眼。高个子当啷着头[1]，在众人的怒骂声中再也精神不起来了。再看张六子像犯了羊羔子风[2]，浑身哆嗦站立不稳。

张推官说："像尔等这种奸商，为了几个制钱[3]连小孩子都不放过，其歹毒之心昭然若揭。好在苍天有眼，扶正除邪。"

四个衙差佩服得五体投地，连夸先生断案如神。这时，两棒铜锣声传来，知县途经此处。衙差上前禀报，着实把张推官巧断公鸡案添油加醋地夸赞了一番。

知县急忙下轿，想认识一下这位断案高人，走到张推官面前一看，慌得纳头就拜："下官不知推官张大人微服至此，请受下官一拜。"众人听了，齐呼啦地跪了一地。

瘦高个子和张六子听说管闲事的先生是平阳府推官，吓得三魂走了两魂，腿肚子转筋一软，瘫坐在地上。

张推官让县官收下瘦高个子的一百两银子和张六子的五十两银子，限他俩两天之内离开平阳城，再也不准回来。又让县官亲自带着两个衙差和一百五十两银子，请上最好

[1] 当啷着头：低着头。

[2] 羊羔子风：癫痫病。常表现症状为脑部的神经紊乱导致的癫痫状态，会口吐白沫，常被认为像羊羔疯了的时候一样，人们习惯把癫痫病叫羊羔风、羊癫风、猪婆风等等，叫法虽然不一样，但是有一个明显的特点，就是根据对病人发作症状的直观认识来起名字。

[3] 制钱：明清官局监制铸造的铜钱。因形式、分量、成色皆有定制，故名。

的郎中一块送小孩回家。

小孩趴在地上磕响头，张推官说："孩子，你记着，自古邪不侵正。你是个孝顺孩子，天佑孝子。我也不食言，这是一两纹银，给你娘的抓药钱。那一百五十两银子我也嘱咐好了，让你的父母官监督着给你修缮一下房子，买一点地。等你娘病好了，让你娘送你上私塾学点文化吧。再就是这只鸡，它是你娘一把粮食一把菜喂大的。你带回家去吧，炖上一大锅，让你娘好好补养补养。"小孩听了，千恩万谢。

平阳城除去了奸商恶霸，恢复了往日的平静和繁荣，这一切都是张推官的功劳哩！

讲述者：　刘忠林，男，1950 年 10 月，莱芜市莱芜区苗山镇西杓山村，中医世家

采录者：　亓学贵，男，1954 年 12 月，莱芜市莱城区杨庄镇冷家庄村，高中

采录时间：　1992 年 6 月

采录地点：　苗山镇西杓山村

（2）惩奸

张推官回到书房刚拿起书来看了几页，府衙差役进来禀报说："大老爷，外面有一村妇击鼓喊冤，如何处理？"

张推官说："州有州官，县有县官。此民妇有冤情可到当地衙门申诉，如何跑到我平阳推官府大堂上来了？"

"大老爷，小的去把她赶走吧？"衙差干脆地说。

"慢，一个妇人抛头露面到府衙来告状，看来其中必有冤情，待我升堂查问，果有冤情定为她主持公道。"

大堂上跪着一个三十出头的少妇，长得很标致。张推官一拍惊堂木问道："堂下所跪何人，有何冤情跑到府衙来申诉，地方官难道就不管不问吗？"

少妇磕个头："大老爷，小妇人娘家姓刘，嫁给邻村许家为媳，生有一子今年一十三岁。前年秋天，丈夫在猫眼山干活，遇山石滑落而亡。丈夫死后，孩子野性难束，

小妇人教养不听，就想赶他出门。谁料此逆子，听信他爷爷奶奶挑唆，拒不离家。小妇人无奈告到当地县衙，县官不管不问，一推六二五。小妇人求告无门，才到大老爷的公堂上求助，请大老爷为小妇人做主。"

张推官听了少妇的申诉，觉得奇怪。他看了少妇几眼，问道："常言说，孩子是娘身上掉下来的肉。他才十三岁，尚未成年，难道你就忍心让他有家难归，流离失所吗？再说刑法无情，如果亲生骨肉死于水火棍下，你会很心疼的。依我看，你还是回去母子团聚，尽享天伦之乐。万事和为贵嘛！"

少妇说："一朝被蛇咬，十年怕井绳。大老爷，小女子一定要将这个逆子赶出家门，方解心头之恨。即使他死在大老爷的王法棍下，民妇也无怨无悔！"

张推官听少妇的口气是老鼠吃秤砣，铁了心，觉得奇怪，他又审视了少妇几眼，恍然大悟。好歹毒的妇人心啊！为了自己的一时淫乐，竟连亲生骨肉都不顾，这事我张推官岂能坐视不管？他一拍惊堂木，说："这位妇人，按照律法规定，越衙上告要先交三百两纹银才能受理，你一个妇道人家，如何能凑齐这笔银钱呀？"

少妇磕了个头，回答说："大老爷，只要您能公断，银钱不成问题，我这就回家去取。"说着，道个万福，下堂走了。

张推官叫过衙役班头，让他跟着少妇前往了解情况。班头跟着少妇来到一个不很大的村子，进了一家青砖小瓦的四合院子。班头找到村里的保长，询问四合院子里的住户情况。保长听了吓得脸色蜡黄，支支吾吾似有难言之隐。经过再三追问，保长才吐露了实情。原来，院子的主人，是当地有名的土霸王。他欺男霸女，无恶不作，做尽了坏事。村民们惧怕他的淫威，纷纷敬而远之。班头说的那个告状女子，前些年就和土霸王有一腿[1]，传闻她男人死得跷蹊[2]，可就是没有证据证明其死因。据说，土霸王和知县还有八竿子够不着的拐弯子亲戚关系。有了这层关系，两个人明铺暗盖，就更无人敢问了。哎！苦了老大和

[1]　有一腿：不正当的男女关系。

[2]　跷蹊：奇怪，不明不白。

这方百姓了。班头听了，方才明白少妇为何要越衙上诉的用意，这明摆着是县太爷给出的一条奸计。

张推官听了班头的回报，心里既气又笑，气的是世上竟有残杀亲骨肉的蛇蝎母亲；笑的是尔等不自量力，竟敢戏耍上官。想到这，眉头一皱，计上心来。

第二天一早，张推官刚刚升坐大堂，少妇就把用红包袱裹着的三百两银子一文不少地交了上来。嘴里还甜丝丝地说道："大老爷，你说的银子，民妇送来了，还请大老爷莫食前言，为民妇主持公道。"

张推官听了，心里气得难受，为你主持公道就是伤了天理！他镇定自若地说："许夫人，这王法大堂就是主持公道的地方。你放心吧，老爷会为你主持公道的。请问，你以何为生啊？"

少妇不假思索地回答道："庄户人家，自然靠种地为生？"

张推官点点头："请问，你家有多少田地？"

"五亩水田，五亩旱田。春种秋收，衣食丰足。"

"你靠种地也能攒下这么多银子吗？"张推官惊诧地问道。

"大老爷！种地吃饭，钱是攒不下的，这钱我是借来的。"

"噢，你们庄上还真有趁钱的[1]。不知是哪个财主起了善心，借给了你这么大的一笔银钱呀？"张推官故作惊讶地问道，"要知道，当今社会钱比娘还亲，哪里还有如此发善心的？这个人可真是个好人啊！可惜老爷我没有福气，见不到这么好的善人。哎！"

少妇见张推官唉声叹气，心里觉得好笑，认为是巴结高官的好机会，于是，笑着说："大老爷，您想见此人也不难。他今天送民妇来到大堂，此时正在外面茶摊上喝茶呢。"

"是吗？"张推官故作高兴，"那就麻烦夫人将他请进来吧。"

"大老爷，民妇这就叫他来叩见大老爷。"少妇心里乐开了花，这也正应了民间的一句俗语：人欢无好事，狗欢馋屎吃[2]。

张推官见少妇走出大堂，脸上露出了不易察觉的微笑。此时的他正在编一个除霸大套，等着那个善心的恶霸来钻。半碗茶的工夫，少妇欢欢喜喜地把土霸王领到大堂前。张推官抬头一看，只见来人有四十五六岁，一脸的混利肉[3]，让人一看就知道他不是个好东西。土霸王跪在王法桌前连磕了几个头："大老爷，你唤小民来有何吩咐？"

"听说你是个百年不遇的大善人，本官非常敬佩，故而请来一见。"张推官醉翁之意不在酒。

"承蒙大老爷夸赞，小民受宠若惊。"土霸王喜得跟海狗似的[4]，就差摇尾巴了，真是土地爷爷见不得大世面。

"一看善人面，就知道是个会过日子的人。请问善人，你平时以何为业？怎么积攒下了这么大的家业呢？"张推官故作惊讶地问道。

"我是靠租卖田产为生，助弱扶贫是男子汉的本分。我看她年轻丧夫，儿子又不听话，日子实在难过呀！你说，我不帮她谁帮她呀？"土霸王被夸得找不着北了，挺胸昂头说得满嘴喷唾液。

张推官竖起大拇指连连夸赞："说得好，做得也好啊！"

这时，衙差禀报："大老爷，堂外有一老者喊冤。"

张推官说："传他进来。"说罢，又转向土霸王："善人请一边候着，待本官审了此案，再和你好好叙谈如何？"

"小的听大老爷吩咐就是了！"土霸王以为攀上了高枝，心里美滋滋[5]的，如同骑毛驴吃包子，乐颠了馅。

老者来到堂下，跪倒磕头："青天大老爷，您可要为小民做主啊！小民活生生地没有了生路，实在是天大的冤枉啊！"

张推官关心地问道："老人家，你偌大年纪，有啥事要越衙上诉啊？知道吗？越衙告状要先打四十大板，你不怕挨打吗？"

---

[1] 趁钱的：指有钱的人。

[2] 馋屎吃：狗欢了惹主人烦，不喂狗食物，狗只能找屎吃。

[3] 混利肉：恶相。

[4] 喜得跟海狗似的：满脸不自然的笑容。

[5] 美滋滋：心里特别高兴。

老者哭着说："我孤苦一人，靠二亩地生活。如今地被人家霸占了，我也没了活路了。告天天不管，告官官不问。在家等着饿死，还不如让大老爷打死呢。再说，打死了我就不受苦了。"

张推官同情地说："哎，老人家，常言说得好，这好死还不如赖活着。你年纪大了，又不撑搠，但在这王法大堂上，不搠又不行。这事怎么办呢？哎！对了，律法规定年事已高的老人或者有病的人，挨打时可以找人代替。"

老者哭兮兮地说："大人，您说得轻巧，天底下哪里去找替人挨打的好人啊？"

"原先没听说有，不过，你老人家赶上好时候了。今天，大堂上来了一个天底下最好的人。他能卖掉抢来的田地，借给别人三百两银子，支持人家到我这里来告状，难道还不肯替你老人家挨这四十板子的打吗？你向他作个揖，或者磕个头就行了。"张推官旁敲侧击地戏说，用手暗指了指土霸王。

老者心领神会，走过去深深地朝着土霸王作了一揖，说："老汉我福大命大造化大，今天遇到了大善人。让您替老汉受累了，老汉我一辈子也不会忘掉你的好处。请受我一拜吧。"

张推官一拍惊堂木说道："众衙役听着，大善人要替老者挨板子，尔等要高举起重落下，千万别辜负了善人代人受过的一番好意。听明白了吗？"

"听明白了！"众衙役早就得到了安排，不容分说把土霸王摁倒，抢圆了手中的水火大棍，照着土霸王那两瓣腚捶子[1]就狠狠地打了下来。没打几板子，土霸王的屁股就开了红牡丹花。土霸王被打蒙了，喊又不敢喊，叫又不敢叫，只得咬着牙硬挺着，成了癞蛤蟆垫桌子腿，硬撑。

少妇做梦也没想到有此变故，早吓得花容失色，哆嗦着倒在了一边。土霸王挨了揍，被拖扔在一边。

张推官笑着对老者说："老人家，你的状子本官准了，三天后来听判决。念您老人家年老体弱，又失去了活命的土地。本官做主把善人借给小妇人的银子分给你十两，回家养老去吧！"

老者泪流满面，磕头作揖，千恩万谢。

老者刚刚退出大堂，衙役又来禀报："大老爷，堂外又有一位白发苍苍的老奶奶击鼓喊冤。"

张推官说："今天是个什么日子，这么多打官司的，耽误我和善人拉呱。那就传上来吧，快点审完我还得请善人喝酒呢！"

老太太来到大堂，刚要下跪，张推官说："老人家，您老偌大年纪，就免跪吧。来呀！给老人家看坐。"

老太太哭成了泪人："大人啊！我就这么一个十八岁的孙女，名叫翠花。孩子的命苦啊！三岁死了娘，五岁死了爷，是我这个孤老太婆子一把屎一把尿拉巴[2]成人的。谁知道前些日子孩子上街买东西，被一个叫'土霸王'的贼子抢了去。求地方地方不管，求县太爷县太爷不问。我那可怜的孙女啊！你现在是活着还是死了啊！我怎么向你死去的父母交代呀？大人啊！你可要为我这个可怜的老婆子主持公道啊！"老太太声泪俱下，泣不成声。

张推官说："好可恶的东西，真是该杀。老人家！国有国法，府有府规，越衙到我这里来告状要先打四十大板，您老人家这把年纪也撑不了几板子。我要是不打吧，又违犯了律法，真让我左右为难。"

老太太听了，哭得更痛了："大人，我孙女被人抢走，只剩下我孤寡一人，一点活的希望也没有了。您打吧，打死了我就不操心了，我到阴曹地府和儿子媳妇团聚去。"

"哎，老人家，蝼蚁尚有活命之心，何况您老人家。再说，您就不想亲眼见到你疼爱的孙女吗？您老人家年纪是大了，但律法上有一条，只要有人愿意替您挨打，问题就算是解决了。"

老太太擦擦眼泪，看着张推官说："大人，我活了这把子年纪，只见娘为孩子挨打的，哪里见过孩子为了娘挨搠[3]？恐怕这个世上，没有替人挨打的好人啊！"

"老人家，话可不能这么说。世界之大，无奇不有。您老人家整日烧高香，算是赶上好运气了。您老身后地上就躺着一个大善人，他刚替一位越衙上访的老者挨了四十

[1] 腚捶子：屁股。

[2] 拉巴：抚养。

[3] 挨搠的：挨打。

板子。他替一位素不相识的老者挨打无怨无悔，难道就不能替你分担几十板子吗？您拜他一下，保准答应。"

老太太听了，像找到了一根救命稻草，连忙起身对着土霸王拜了三拜。

衙差们不等张推官下令，就把土霸王拖到大堂中间，噼里啪啦一阵暴揍。再看那两瓣子屁股，真成了麻池里熟过的大麻，烂得不像样了。土霸王被打得皮开肉绽，叫苦连天。

张推官说："你这人可忒怪了[1]，净[2]大处不算小处算。三百两银子你顺手送人都不心疼，这八十大板算个啥。你放心吧，天快晌午了[3]，再也没有上年纪的老人来告状了。没有老人告状，就不需要你替人挨打。不过，我见着一回好人也不容易，有一件事想和你商量商量。你好[4]行善，老爷我也好行善。最近，老爷我要建学馆，凑来凑去还差纹银二百两。今天碰上大好人，我也就不愁学馆办不起了。就是不知你这位大善人肯不肯赏脸？"

土霸王说："大老爷，你这不是砸杠子[5]吗？"

张推官笑了笑说："你说错了，老爷只会打板子，不会砸杠子。不信，咱再来四十板子试试？"

土霸王吓破了胆："大老爷，您别试了。我是知道您老人家的厉害了，二百两就二百两吧。"

张推官说："我看你还有悔过之心，能够药救。否则，你早就到阎王爷那里报到去了。到那个时候，阎王爷可不像我这么善乎[6]。我遇上一回善人还真不容易，本想请你喝一杯水酒，又怕你坐不住。这样吧，我也做回好人，派几个人把你送回去。不过，来而不往非礼也。衙差回来的时候，你一定要让他们把这位老人的孙女翠花带回来。要不然可就不是屁股开花的问题了，那是脑袋搬家的大事啦。"

"大老爷，那个小女子真的不在我家里，抢来的当天

[1] 忒怪了：非常奇怪。
[2] 净：怎么，经常。
[3] 快晌午了：接近午时。
[4] 好：喜欢。
[5] 砸杠子：俗语，指拦路抢劫。
[6] 善乎：心慈手软。

夜里就跑了。"土霸王拉拉着腿[7]，咧着嘴争辩说。

"这个我也知道，如果小姑娘不是逃出了你的魔掌，今天你就要吃上一刀抹平[8]的官司了。怎么样，赔偿苦主家五十两银子不算多吧？"张推官像个商人一样，一个劲地加价。

"大老爷，再拿五十两可就成了二百五[9]了。"

张推官笑了笑："你本来就是个二百五嘛！"

衙役们抬走了土霸王，张推官长出了一口气。他对老太太说："老人家，您不要急。您的孙女早就救出来了，正在大堂后面等您呢。稍后取了养老银子，您就可以领着她回家安度晚年了。来人，扶老太太到后堂歇息。"

张推官狠狠地瞪了一眼吓昏的少妇，气呼呼地说："真是林子大了啥鸟也有啊！人家当娘的为了孩子连命都敢豁上，哪像你这歹毒的蛇蝎女人。为了自己的一时淫乐，竟然要害自己的亲骨肉。来人啊！到街市上找个扒狗的[10]来。"

张推官又派衙役前往少妇家，把少妇的孩子和爷爷奶奶叫到大堂。他亲手把少妇人送交的三百两银子，不，是二百九十两银子，递给孩子的爷爷奶奶。请他们收养孩子，让孩子进学堂读书，做一个有用的人。

该走的都走了，张推官坐在王法桌边，端起茶壶刚要喝，衙差领着一个人走了进来。

衙差回禀道："大老爷，我把扒狗的赵老大叫来了，请老爷吩咐吧！"

张推官对磕头的赵老大说："免礼吧，赵老大，眼下你收的毛狗几文钱一斤？"

赵老大说："大老爷，这狗肉二、十月最好吃。现在天气热，没有吃狗肉的。所以说不值钱，好狗也就是二十多文一斤吧。"

张推官说："这个价钱是公狗价，还是母狗价？"

赵老大说："大老爷，我扒了二十多年的狗，从来不分公狗母狗，都是一个价。"

[7] 拉拉着腿：站立不稳，拖着腿走路。
[8] 一刀抹平：砍头。
[9] 二百五：俗语。常指傻头傻脑，不很懂事，而又倔强莽撞的人。
[10] 扒狗的：俗称"杀狗屠子""打狗屠子"，专门从事杀狗营生的人。

张推官指了指少妇说："你看她有多么沉[1]？"

赵老大摇摇头说："大老爷，我估了狗估不透人啊！"

张推官笑了笑说："你掂掂，有多么沉？"

赵老大卡住堂下的少妇掂了掂，说："大老爷，凭我掂狗的经验，她连毛加屎[2]也就有九十来斤。"

张推官说："二九一十八个钱，总共是十八吊。这样吧，我也不和你争也不和你犟，你给二十吊，交给三班衙差吃酒。付完钱，你就把她领走，愿留就留，愿卖就卖，千万可别生扒了。要是不听大老爷的话，小心我扒了你。去吧！"说完，一敲惊堂木，响亮地喊了一声"退堂"。

讲述者： 李乐顺，男，1938 年 12 月，莱芜市莱城
区口镇三山村

采录者： 刘洪启，男，1962 年 12 月，莱芜市莱城
区方下镇方北村，按摩师，高中

采录时间： 2003 年 6 月

采录地点： 莱芜市莱城区口镇三山村

（3）智除地头蛇

一天，门人突然来报："大老爷，衙门外有人恶语恶言，脏话连篇，大骂'我们'。"

张推官听了，不气不火地说："不可能是骂'我们'，是骂老爷我吧？"

门人忙说："小人不敢说，怕大人您生气。"

"这气可不是好生的。我从小就没学会生气，只知道乐呵！"他看了门人一眼，问道，"你可知，骂我的是个什么样的人？"

门人听了，觉得是巴结讨好张推官的好机会。于是，把自己听来的，添油加醋地抖落[3]了出来："大老爷，门外叫骂的人外号叫'三皮'。哪三皮呢！就是'青皮''泼

皮'加'赖皮'。他自幼不读书、不经商，不种庄稼不下力[4]。要饭讨食嫌小气，最爱打架斗殴耍赖皮。他没了钱缺了物，看谁有钱有物就找谁。招风惹草、寻衅闹事，赖取别人的钱物。因此，庄邻乡亲谁也怕不素净[5]，都躲着他，三皮就成了人人怕。今天一早，三皮来到衙前脏话连连，骂不绝口。我们弟兄说了他几句，他非但不听，反而更加大胆，竟指名道姓地骂起大人您来了。请大人示下，是乱棍赶走，还是捉监问罪？"

张推官听完，若有所思地说："三皮骂老爷我，虽然惹是生非，但总不是骂万岁皇爷，能犯哪条？看来，三皮缺钱花了。这样吧，你去对管事人说，把我的俸银中取出二十吊钱[6]，你亲自给三皮扛去。告诉他骂推官大老爷无事，骂有能耐的可就不行了！"

按张推官的吩咐，门人把钱扛给三皮，并把话原原本本地说了。三皮见钱眼开，立时转骂为笑："这张推官真是名不虚传的大好官！我骂了他，他还给二十吊钱，还说骂他无事，骂有能耐的[7]不行。"三皮说着，心想：谁有能耐？段五虎在城里财大气粗，算是个有能耐的，我没敢骂。今天把大官骂了，不但没挨治，反而挣了二十吊铜钱！对，我先把钱送回家，再去骂骂段五虎。说不定还能挣个百八十吊呢！好，我倒要看他段五虎能把我三皮吃了不成。

说起这段五虎，那可是为害一方的地头蛇。他仗着财大气粗，横行乡里。抢田霸女，夺产害命；无恶不作，为富不仁。因他能通官府走衙门，尽管胡作非为，也无人能问，更无人敢管。这样，他和三皮就成了为害一方的两害。一穷一富，危害乡亲的方法不同，手段各异，造成的后果却都是民不聊生，不得安宁。庄邻乡亲，对这两害既怕更恨！

三皮把钱送回家中，又到酒铺里喝了两碗酒，借着酒气，壮着胆子来到段五虎的府门外。他叫着段五虎的名字，破口大骂："段五虎，你个龟孙子，小娘生的、婊子养的。

[1] 沉：重量，体重。
[2] 连毛加屎：毛重。
[3] 抖落：全部说了出来。

[4] 不下力：不干活。
[5] 不素净：怕惹上麻烦，生活不安定。
[6] 二十吊钱：那时一吊钱是十六两秤三斤半，二十吊重约七十五斤。
[7] 有能耐的：有本事的。

你夺人田产、奸人妻女，天理不容，不得好死……"

门上家丁把三皮的作为告知段五虎，这个段五虎脾气暴躁，平日里骄横惯了，从来没吃过这样的气。没等家丁说完，就暴骂出口："是哪个王八羔子[1]敢虎口拔牙，老子在这一块只有骂人打人的份，还没有哪一个敢来门口叫骂呢！"他肝火顿生，火冒三丈，叫上家奴打手，持棒拿棍，出了府门。

这时，三皮正口喷着唾沫星子[2]跳着高地叫骂。段五爷只觉得血往头顶上撞，大喝一声："好一个狗日的三皮，今日吃了豹子胆了，敢上门辱骂起段爷爷来了。不给你点规矩，你不知马王爷长着几只眼。孩儿们，要死本地[3]揍这龟孙子，也好叫他长点记性。"

三皮也不含糊，拍着胸膛跺着脚："段五虎，你个王八生的。老子正想松松筋骨，不敢打的是孙子！"

"我叫你嘴硬！"段五虎对家奴打手一扬手，"小子们，给我打，看他的嘴硬还是咱的棍子硬。"家奴们饿虎扑食般一拥而上，把三皮朝地上一摁，乱棒打了起来。三皮管头顾不了腚，就听到"噼里啪啦"一阵乱响，被打得满地找牙。这时，三皮要告饶，说好话，兴许段五虎能放过他。但是，他癞蛤蟆垫鏊子，硬撑。仍然骂不绝口，死不告饶求情。家奴没轻拉重[4]地一顿毒打，不大霎，三皮嘴不骂了，身子也不动了。众人一看，他竟四肢硬挺不喘气了。

俗话说，"人命关天"。三皮一死，接着就有人报了地方。地方不敢怠慢，立时看了现场，上报县太爷。县太爷到来，查现场，看死尸，问情由。段五虎自恃有理，加上平日待县官不薄，对三皮的死根本就没放在心上。他恶人先告状，指指点点地对县太爷说："这个该杀的，打着灯笼拾大粪，自己来找屎（死）的。骂人就该挨揍，你看着办吧！"说完，竟若无其事地回府去了。

县太爷心里话："段五虎呀段五虎，这下你可把娄子[5]捅大了。虽然你待我不薄，可这光天化日之下当众打

死人，本县想瞒也不行了。"他转念一想："三皮早就该死，又是他惹是生非。要是能活动一下，也许没啥大不了的。三十六计，快报为上。上边说咋办，对我是个解脱，对段五虎也好有个交代。"于是，县太爷立马写好文书，亲自到推官衙门报告了张推官。

张推官闻听心中大喜，显出无可奈何的样子，说："人为财死，鸟为食亡。三皮就是找财而死。今天一大早，他就到我衙门前指名道姓地骂老爷我。我知他可能是无钱花了，就派人从俸银中取出二十吊送给了他，并再三嘱咐他说骂老爷我无事，骂有能耐的人可就不行了。他咋就不听话呢？段五虎是何等人，你去骂他，不是找死是啥。"说罢，张推官不慌不忙，提笔在县太爷的文书上批道："三皮多年来惹是生非，诈赖钱财，搅得一方百姓不得安宁，实属一害，死有余辜；段五虎为富不仁，横行乡里，霸道一方，也是一害。今又趋使恶奴，光天化日下当街当众乱棒打死人命，律不能容，斩立决。"张推官把文书退给县太爷，严肃地说："法不容情，请大人速办吧！"

县太爷接了批文，只好去照办。

张推官一箭双雕，花了二十吊钱，为一方百姓除了两大害。

讲述者：　张镢业，男，1937年2月，莱芜市苗山镇南古德范村，不识字

采录者：　张章，男，1936年11月，莱芜市苗山镇南古德范村，干部

采录时间：　1989年10月

采录地点：　莱芜市苗山镇南古德范村

[1] 王八羔子：骂人的话。即杂种的意思。

[2] 唾沫星子：意思是口液的细小点子。

[3] 要死本地：往死里揍。

[4] 没轻拉重：下手非常狠毒，不置于死地不罢休。

[5] 娄子：纠纷，乱子。

故事中的张推官，就是莱芜妇孺皆知的诙谐公，字道一。他为人正直，嫉恶如仇，在他的传说故事里有很多脍炙人口的断案故事。采录者张章，是张四教后裔。20 世纪 80 年代和 90 年代的中国民间文学集成工作中，张章老师搜集整理了大量的民间传说故事，先后荣获国家、省、市"中国民间文学集成先进工作"荣誉称号。从这些故事里看到了张道一为民众做了很多公益事，他的故事之所以流传几百年仍朗朗上口，主要表现在他心系民众、为民办事的精神。有的故事看似嬉戏要弄，可仔细品品能悟到很多做人的道理，这些道理就是故事的生命力。

223

审
簸
箩

从前，章丘文祖镇曾为广宗[1]古县。

一日，一位外地客人经商路过广宗。他赶着驴车，住进了客栈。客商卸下驴车，把驴子[2]交给店小二，让帮忙喂上，然后才吃饭安歇。

次日，客商吃过早饭，准备外出经商。他套上驴子，要从店里给驴子装上一点草料，以便路上喂驴，却发现装草料的簸箩[3]不见了。那个簸箩是客商刚刚买的，昨天给驴子装草料的时候，不小心在车上磕了一下，簸箩边沿有一道划痕。

客商很有心计，没有急于寻找，装作整理车内货物，悄悄在店里四处观察。店小二进仓库拿东西，客商朝库房瞄了一眼，看到里面有一个崭新的簸箩。他二话没说，一步走进去，装作向店小二打听路的样子，搬起簸箩看了一

[1]　广宗：广宗遗址在齐鲁古道边小青山。

[2]　驴子：毛驴。

[3]　簸箩：一种藤条编的盛物器具，白色，密实而匀称者佳，一般大小从直径六尺到七寸不等。

下，发现正是自己的簸箩，边沿上还有一道划痕。

客商马上搬起簸箩就出了库房，来到院子里，把簸箩装在了驴车上。店小二自然不愿意，赶紧报告了店主。

店主赶紧跑来，质问客商为什么拿走了店里的簸箩。

客商说簸箩是自己的，夜里还在车上，是被店主偷走的。

二人各执一词，都说簸箩是自己的。为此对簿公堂，来到县衙找县官断案。许多住店的客人和附近的人家，也跟着前来看热闹。

县官升堂问案，先是拍了惊堂木。接着，按照原告被告先后陈述。

客商说："我是外地客商，路过广宗县城，昨夜天黑住进了店里。没想到这是一家黑店，我早晨起来，发现刚买的簸箩不见了。后来，从客店的仓库中找到了，店主人却说这是他的。"

店主说："这个簸箩确实是小人的，这才用了几天，一直放在库房里。分明是这个客人见财起意，讹诈小人的。还请大老爷为小人做主。"

大堂外，那些看热闹的人议论纷纷，都说这个案子不好断。

县官问："你们的簸箩，是用来盛什么东西的？"

客商说："老爷，小人是用来盛草料的。"

店主说："老爷，小人是用来装面的。"

县官问："你们各说各有理，都说簸箩是自己的。叫老爷我没法断案。我看这样吧，叫簸箩自己说话。来人，把簸箩押来见我。"

县衙役接到命令，立刻把簸箩带上了大堂。

县官大声问道："簸箩簸箩，自己说说，你是客商的，还是店里的？"

县官一连问了好几声，簸箩一语不发。

县官大怒道："大胆的簸箩，居然敢蔑视本堂？给我当堂重打二十大板。"

旁边的人听了，都笑县官断案如儿戏了。

衙役立刻上来，问道："老爷，打哪里？"

县官说："打屁股。"

两名衙役把簸箩倒扣在地上，朝着簸箩底就打。虽然县官说是"重打"，但衙役们生怕打烂了簸箩，下手还是很有数的。板子抬得高，落得轻，噼里啪啦，很快打完了二十板子。

县官走下大堂，来到簸箩跟前，轻声问道："簸箩簸箩，你招也不招？"并且俯下身子，把耳朵贴在菠萝上，似乎在倾听簸箩说话。县官说道："好了，谁是簸箩的主人，簸箩已经告诉我了。把簸箩带在一旁吧！"他朝着刚才放簸箩的地方看了一眼，随后回到大堂上。县官惊堂木一拍，朝着店主人喝道："大胆刁民！刚才簸箩已经告诉我了，客商才是它的主人。明明是你见财起意，还诬陷好人？"

店主听了，吓得赶紧磕头认罪，县官把簸箩判给了客商。

这是怎么回事呢？原来，客商说自己的簸箩是用来盛草料的，店主说是盛面的。县官命令衙役把簸箩倒扣在地上打板子，簸箩内落在地上的，都是一些草料的粉末，这证明店主人说谎，簸箩是客商的无疑！

讲述者：　孙绪修，男，1947年1月，章丘区文祖街道，农民，初中

采录者：　孙继广，男，1972年10月，章丘区融媒体编辑，大专

采录时间：　2019年10月

采录地点：　章丘区文祖老宅

附记

中秋节的晚上，我和父亲边赏月边聊天。先是谈了一些家务事，说着说着就说到了聪明县官故事。父亲就给我讲述了这个《审簸箩》的故事，说是发生在俺们章丘广宗县城。广宗县城是南北朝时设置的一个县，是个章丘古县。这个断案的故事，虽然属于清官断案中很小的故事，但表现出了县官的智慧与临场判断能力。原载于2019年11月14日《章丘晨报》。

224

葬马林

从前，莲花池村有个叫杨老大的，从年轻时就在章丘给一商人做长工，常年赶马车东奔西忙。他老老实实，勤勤恳恳，从不惹是生非。

有一年，杨老大遵照东家的吩咐，装了一车货，送往邹平。经过一村庄时，有一户人家正在办喜事，锣鼓喧天，鞭炮齐鸣。这一响不要紧，把杨老大拉车的马惊了。杨老大毫无思想准备，从车上摔了下来，差点被马车压着[1]。幸亏辕马把他叼起来[2]，这才躲过了一难。

经过这个意外事件，杨老大对辕马产生了感情。他经常给辕马洗澡、刷毛，喂料特别精心。辕马也离不开杨老大，一时不见就咴咴乱叫。

几年过去了，马老不能干活了，东家就想把马卖往屠宰场。杨老大舍不得，就对东家说："这马下了十几年的力，对东家是有功劳的。不就搭上几年的草料，给它养老算了。"

[1] 压着：意为车轮轧过去。
[2] 叼起来：指用嘴咬着提起来，放到安全的地方。

东家有些激动地说："养它老？你养，我是不养。"

杨老大心里想：自己也老了，干活也不快当[3]了，不如辞工回家吧，就说："好吧，这马我买下了。"这样，就牵着马回到了家。杨老大把马照顾得更加周到了，宁愿自己少吃一口，也要把马喂好。细料不断，把马喂得膘肥肚圆。这样过了几年，马老死了。

杨老大心里很难过，就在自家地里给马打[4]了坟，把马葬了，还给马立了块碑，碑上刻着"马林[5]"二字。

又过了数年，马林碑上长满了青苔，字迹也模糊不清了。

庄里有个马姓地主，从前几年就想霸占葬有老马的这片地。千思万想，终于想出了个办法。他打发下人[6]，拿着笤帚扫了扫马林碑上的青苔，说："这林是俺们马家的，这地也是俺们马家的。叫你们杨家侵占了这些年，该还给俺们马家了。"杨姓后人不让，马地主恶人先告状，一张状纸递到了县衙。

县太爷接到状纸后，就带着仵作[7]、衙役，直接到了马林。县太爷把原告被告传到衙门，开始问案。县太爷说："此林叫马林，理应归马家。"杨姓后人不服，就把马林的来历叙说了一遍，并说："请老爷开棺验尸，坟里如葬的是人，此地就是马家的；如果葬的是马，就是我们杨家的，请大老爷公断。"

县太爷听后，觉得杨家后人讲的有道理，就命仵作开棺验尸。掘开坟墓，打开棺木，真相大白。里边葬着一匹马，在马尸头部还放着一个小黄匣，里边有一文书上写：

吉地埋马马安详，马家强占上官场；

开棺验看真相显，羞得众人笑断肠。

县官看了一寻思，豁然省悟，大骂马财主不是个东西。

[3] 快当：这里指身体不行了。
[4] 打：意指"挖"或"修"。
[5] 马林：葬马的墓地。
[6] 下人：意为封建社会在官府、权贵人家营生的人，相对于主人来说称为下人。
[7] 仵作：旧时官府检验命案死尸的人。

他把土地判给杨家，又让马财主出钱把马林修缮一新。马财主偷鸡不成，反蚀一把米，成了当地人的一大笑柄！

225

争田案

讲述者： 杨文彬，男，1945年2月，钢城区颜庄镇莲花池村，农民，初中

采录者： 吕秉华，男，1949年10月，钢城区颜庄镇颜庄村，干部，大专

采录时间： 2020年7月

采录地点： 济南市钢城区颜庄镇莲花池村

附

记

此故事在莲花池村家喻户晓，杨老大确有此人，名叫杨信。杨家后裔杨文彬说："我的祖辈杨信长年累月在外给富人家当车把式。因为这个辕马救了他，他感恩不尽，才买下来精心喂养。他从不让辕马干活，每天都牵着它在村外的河岸边溜达。辕马老死后，他老人家亲自建坟厚葬，甚是感人。这马家林里虽然葬的是马，但每年的清明节俺们都要来祭扫。最近这些年，孩子们都嫌村里人笑话他们，不给人上坟倒把牲畜当祖先来敬奉，这才断了林地的香火。没想到让马家钻了空子，让死去百年的马也不得安生，实在是愧对祖先！"从杨文彬讲的故事看，这个杨信不但会赶大车，而且还是个占卜大师。从葬马坟里的文书来看，他知道百年后，马家会侵吞他的土地，因此留下了那四句话，也让后代子孙免去了别人的欺辱。他真是个奇人！

章丘县有一富户名叫吴为，娶了个老婆王氏，聪明贤惠。吴为自幼游手好闲，好吃懒做，赌博成癖。几十亩土地，三处瓦房，不几年输得只剩下几亩薄田。

这天，吴为又输了钱，回家和王氏商量卖地。老婆王氏再三规劝，吴为表示，再卖几亩地还上账不赌了，王氏这才答应。她瞒着吴为将自己多年来的私房钱给了胞弟王卿，让他出面用自己的钱买下吴为的地。王氏将所谓卖地的钱，一半给吴为还了债，另一半作为日常生活费用。谁知，吴为恶习不改，仍然去赌，赌输了就去卖地。不到两年，就把土地全卖光了，而王卿却成了小富户。

吴为已无啥可卖，外边有债，锅里无米。至此，不赌博能行，不吃饭是扛不住的。于是，他求老婆王氏到王卿家去借点。王氏说："要借你去，这么一份家业，不几年都被你踢蹬光[1]了，向人告借多么丢人。"吴为再三恳求，王氏责怪丈夫说："你如早听我劝，到不了这个地步。"吴为表示，只要能吃上饭，保证听你的话，好好劳动，决不

[1] 踢蹬光：指把家产挥霍一空。

再赌。

王氏到了娘家，王卿待理不理地问："姐姐，你来干啥？"王氏说："你姐夫真心悔改了！我来和你说说，把地咱两家种了，临时也拿几吊钱回去好买点吃的用的。"王卿一听，翻脸不认账，气哼哼地对姐姐说："你来借钱，有就给你，没有就罢。至于地，我有文书在手，地凭文书官凭印。"他连饭也不让姐姐吃，就下了逐客令。王氏见一奶同胞的弟弟反目，无可奈何地空手走了。

回到家与吴为商量，并把全部经过告诉了他之后，盘算写状子告王卿。

吴为说："虽是他不对，可不管怎么说他是你的亲弟弟。如打了官司，对得起岳父岳母吗？"

王氏说："告他只不过是叫他承认钱是我的，要回几亩地来，又不难为他。这些地两家种着也够生活的。"

吴为见妻子执意上告，只好写了状纸，让王氏到章丘县衙去上诉。

知县看了状纸，又听了口诉，认为情况属实，但想不出办法让王卿认账，便对王氏说："本县才疏学浅，没法让你弟弟承认。我的好友甄大人，任历城县知县。他有片言折狱之才，你可前往上诉。但他十分小心，恐因不属他管辖不接此案，你可想法激他一下。"

王氏到了历城县，递上状纸。甄大人看了看说："你是章丘人，我是历城官，你可往章丘申诉，本县不受理。"

王氏听了苦苦哀求，甄大人只推不揽。王氏急了，在大堂上大哭大骂起来。甄知县大怒，严斥王氏："大胆刁民，大闹公堂，该打。"

王氏说："我是章丘人，骂你历城官。你光拿俸禄，不为百姓分忧，你历城官管不着章丘人。"

甄知县听了，仔细一想，这个妇女不像无礼之徒，她竟敢在大堂上哭闹，可能是好友推荐来的，便对王氏说："你别闹了，本县受理此案就是，你只管回家听传。"甄知县对此案进行了反复推敲，派人与章丘县取得联系。经过明察暗访，心中有了数。

一天，历城县马厩良马被盗，甄大人派差役四处搜查，在章丘县境内发现被盗之马，并当场将盗马人捉住。捕快追问盗马人有无同伙，盗马人遥指一家门口说："我与这家主人，合伙偷盗多次。"捕快将盗马人，押往历城县。甄知县差人持通牒文书到章丘县，将盗马人所指的同伙拘到公堂，这个人正是王卿。

甄大人问王卿："大胆王卿，胆敢结伙偷盗，还不从实招来？"

王卿说："大老爷，小人是安善良民，从不曾与人结伙偷盗。"

甄大人吩咐带上证人，衙役将盗马人带上堂，问："你可认得此人吗？"

王卿看了看并不认识，随即向上叩头说："大老爷，小人不认识他。"

甄知县问盗马人："你可认识此人？"

盗马人说："他是王卿，俺二人合伙偷盗，偷得钱财折价平分。"

王卿听了不知所措，直喊冤枉。

盗马人又说："我分的东西已输光，王卿分的东西买了宅子和地。"又回头对王卿说："你这人真疵毛[1]，成了富翁就不认我这个穷伙计了？"

甄大人又问："王卿，你还不承认吗？"

王卿说："大老爷，小民冤枉，我实在不认识此人！"

甄大人又问："本县已查明，你原本很穷，很快成了富翁。你哪里来的钱买房子买地？"

王卿分辩说："我买房产的钱，是我姐姐给我的。"

甄大人说："我已查得你姐姐家里很穷，她自己还吃不上饭，哪有钱给你？"

王卿只得将吴为赌博输钱，姐姐给钱买地的情况一五一十地讲了一遍。

甄大人说："可是事实？"

王卿说："句句都是事实。"

甄知县让王卿画了押，派人将王氏传来作证。王氏跪倒堂上，装作不敢做证。王卿跪爬到姐姐身边，要求姐姐看在一个娘的分上做证救命。

王氏说："我家穷得一点地也没有，我的话人家能信吗？"

[1] 真疵毛：指没有道德，不干好事的人。

王卿说："姐姐，你忘了某年某月，你给我多少钱买下你家多少地；某年某月你又给我多少钱，买下你家的宅子，还不让我告诉姐夫。"

王氏说："虽是事实，受官司牵连可是要坐牢的。"

王卿说："听人说，这个甄大人是个清官，绝不会冤枉好人。只要咱说实话，保管无事。"

王氏点头，向上叩头说："大人，我弟弟说的全是事实。"这时，书办将写好的证词当场念给大家听。王氏、王卿齐声说，全是事实。书办让二人画了押。

甄大人据此判定，王卿家中所有房产，确是其姐王氏给钱买的，除留一部分够自己生活外，其余全部退归其姐。这事与盗马案无关，盗马案另议。

王卿心甘情愿，叩头谢恩而去。

原来，盗马人是一侠肝义胆的江湖好汉，因一人命案牵连坐牢。甄知县将他提出，让他如此这般照计行事。事成之后，减刑释放，一并结了二案。

讲述者：	程来芳，男，1927年12月，莱芜市寨里镇寨东村，干部，高中
采录者：	李胜华，男，1964年4月，莱芜市方下镇张公清村，初中
采录时间：	1991年8月
采录地点：	莱芜市寨里镇寨东村

附　记

《争田案》这个故事，是1991年8月，在寨里镇寨东村文友房洪德家，听莱芜市民政局原干部程来芳同志讲述的。程来芳同志爱好民间文学的搜集整理工作，提供了大量的传说故事线索和文章。这个故事是他有一次去章丘外调的时候，听章丘一位老同志讲的。因当时忙于核对外调资料，没有问及老同志的名姓。

226

智破奇案

有一年，章丘危山秋季庙会，发生了一桩盗窃案。

这年庙会，河北一家专门生产铸铁锅的老板带来了式样新颖、规格齐全的生铁锅销售。他带来的锅还真全，带把的小锅，专门用来煎、炸、烹、炒菜；带有两只耳朵的中小型浅锅，既可用来炒菜又能供中小家庭煮饭，还可以烙饼，真是一锅多用，当时备受欢迎。

每当庙会上挤满了人，老板就会拿烟袋锅，用它敲敲大的，又敲敲小的，敲得铁锅当当响，招揽顾客。由于锅有大小，形状各异，厚薄不同，发出的声音也不同。有的高亢清脆，有的低沉浑厚，有的洪亮悦耳，引来众人驻足，倒像是聆听优美的音乐演奏会。

大家围着货摊，看着式样新颖的铁锅就喜欢。一问价格，老板的脸笑成了鲜花，说出价钱来，让人听了就觉得便宜，好像不买一件就舍不得离开。锅的质量好价格低，买卖就兴隆。每天都有很多顾客购买，银圆、纸钞收入颇丰，让人看着就眼热，同行们也都跟着眼红。其中就有两个贼，更是眼馋得要命。他俩就像苍蝇看见血，一连盯了几天，苦于找不到机会下手。因为老板是个久经商场的精明商人，防盗很有经验。

他先在地上放一个小筒锅，锅口朝上，上面盖一口大筒锅。收到钱一抬腔，从前边掀开大锅，顺手把钱放进下面的小筒锅里。平常照应买卖都是坐在大锅上，丝毫不给贼得手的空隙。等到晚上收了摊儿，收齐钱立刻存进钱庄里。眼看庙会再有三五天就要结束，这俩贼急得抓耳挠腮，只打转悠。河北来销货的商贩也不是一家，这俩贼就跑到其他河北商铺前，假装买货闲打听。问了几家，他俩挑肥拣瘦也没有买成一件，却从河北人的口中得知，卖锅的老板有个姐姐，年龄已经大了，而且还有病。她只有一个儿子，日子过得也不宽裕，经常得到这个弟弟的周济，大小事情都离不开弟弟定夺。

却说这两个贼，本是当地的两个惯偷。高个的叫吴良，从小好吃懒做，父母又管教不了，只好由着他。矮个的叫桑心，也是个二流子，两人搭伙偷盗。吴良作案，桑心把风。农民家里没有钱，平常他俩就是偷牛、偷羊、偷庄稼。财主家都是高墙大院，家家都养着家丁，手里都有武器。管理家丁的教头，武艺也不寻常。天天操练，防备甚严。这俩贼不敢招惹。只有危山庙会外地商客多，容易得手，能够偷到钱。这俩贼因为偷盗被官府逮住过，多次"进宫"，官府都有备案。有几次作案，案值较小，虽然报了案，查来查去查不到线索，也就不了了之。他俩吃惯了甜柿子[1]，找机会在庙会上作案。

这俩贼回到家里，经过一宿谋划。第二天下午，正是买卖正旺的时候。只见一个矮个子穿了一身重孝服，背钉白托件[2]，头戴白相帽，脚蹬一双封过白布的布鞋。分开众人，双膝跪在卖锅老板的面前，用河北口音高叫了一声："亲娘舅！"趴在地上就哭娘，哭得是又悲又痛。

那撕心裂肺的哭声，让众人听了都陪着难受，有心软的人竟然流下了泪水。穿孝服的人哭天抢地，老板拉了几次，好话安慰了多遍，那人就是不起来。突然一声口哨响，老板和看热闹的人都不在意。虽然声音不大，那人却抬起头，老板仔细一看并不认识。刚要细问，那人装出认错人

的样子，连声赔不是。不等老板明白究竟是怎么一回事，那人早已不知踪影。

等事情平静下来，老板觉得这事有点不正常，仔细检查过地上的货物，并没有损失，提着的心这才稍有放松。折腾了这一阵，又累又烦。他掏出烟袋，装上一袋烟，点着只吸了一口。他一屁股蹲在锅上，想休息一会儿。猛然想起应该检查一下锅里的钱，激灵打个冷战，就像蝎子蛰了腚，爬起来就掀锅。掀开锅一看，大吃一惊，锅里的钱不翼而飞。老板顿时瘫坐在地上，号啕大哭。哭声惊动了庙会的管理人员，立刻跑过来查问。得知被盗，简单问明情况，立即派人飞马到县衙报案。

第三天，县官传老板到县衙大堂，详细询问被盗时现场情况。老板把有人假冒外甥报丧的细节，详细说了一遍。县官听了紧皱眉头，接着又问河北来没来其他商贩，都是销什么货。你们是不是相互熟悉？报丧者说了什么话？什么地方口音？当老板说出还有几个河北同乡，也有同行，也有其他行业。

县官听到这里引起了重视，嘱咐老板，被盗的事先不要大肆声张，回去后，继续卖货，任何人问起此事，你就说这种无头案，县官也没有办法，只能自认倒霉，以后多加小心。随后又安慰了一番，让他等消息。

回到庙会上，老板立刻开张营业。有人问起此事，他就按县官的话应付。

危山庙会地处章丘中心地段，这里正好是平原与山区交界处，此山三面被平原包围，西面有一条河，南北穿过。这是一条古老的河，古时曾有船队航行，名叫运粮河。往北直通黄河，转头向东直达黄海，交通便利。临近四省商客都来经商贸易，每年为章丘带来可观的经济收益。县官也是进士及第，三篇文章两首诗，满腹锦绣。凭的是真本事，而且颇有智慧。不像花钱捐的官，差不多是睡觉的枕头，满肚子黄麦粮[3]。他深知此案的危害极大，如果不能破案，整个危山庙会就会受到影响，章丘的财税收入也会受到损失。

其实，老板前脚刚走，县官就换上便衣，带领一班化

[1] 甜柿子：指吃到了甜头。

[2] 白托件：孝服的组成部分，用来区分与亡者关系的亲疏。

[3] 黄麦粮：麦秸草。

过装的衙役来到庙会。暗中把其他几个河北商人，传到庙会的一座院落分别询问。有人回忆说："前天，有一高一矮两个人前来买货，光问价钱，不像买货的样子。倒是对卖锅老板的情况很关心，向我们打听得很详细。"县官又问那两人的长相特征，把了解的情况作了笔录。县官叮嘱商人们回去正常营业，不要对外宣扬，再发现那两个人，及时汇报庙会某个管事，如果走漏风声，就治你们的罪。各路口都有便衣把守，严查过往人员，对照相貌特征。其余人员在庙会各处，依据相貌特征搜索犯罪嫌疑人。一切安排就绪，一张大网悄悄张开。两天过去了，仍然没有那两个人的踪影。县官一行人就住在山上，等待两个罪犯的出现。

再说那俩贼，钱来得容易，花起来就狂。不是血汗钱，糟蹋得就狠。分赃后立时割肉买鱼，在家横吃竖喝。俩贼让家人到庙会上探听消息，带回来的消息是商贩自认倒霉。也没看见有官方的人影出现，更没听到官方查问的动静。二人自以为得计，认为作案时都化了装，讲话说的都是学着河北腔。失主又是外地人，就算是报了案，县官还不定管不管。要管早已经派人四处打听，现在没有丝毫动静，就说明县官不愿管这事儿。庙会还有最后一天，再出其不意干它一票，捞一勺子先赚起来再说。

俩贼抱着侥幸的心理，游游荡荡来到庙会上。刚进会场就被穿便衣的衙役发现了，使个眼色，几个衙役就围拢过来。来到人多的地方，走在前头的吴良，顺手掏了一个钱包。刚想传给桑心，衙役们蜂拥而上，捉住手腕，人赃俱获。一群衙役押着俩贼来见县官。县官就在庙会管事屋里升堂问案，证人随传即到。俩贼在人证物证面前，只好低头认罪。连同偷得卖锅的钱，就像竹筒里倒豆子，顺口淌出来。

原来，俩贼作案时互相配合。前边桑心穿着孝服打掩护，趴在老板面前大声假哭，老板自然起身来拉。吴良趁机后面下手，众人的注意力都在前面。老板几次拉桑心不起，是为后面的吴良争取时间。吴良得手后，一声口哨传出暗号，报知桑心撤退。前面的桑心得到暗号，这才起身假装认错人，立刻赔不是道歉，随即走人。

卖锅的老板千恩万谢，给县官连磕三个响头。县官命

人拉起来，嘱咐老板商海多凶险，还须多加小心。危山庙会因为会场秩序好，商贩的财产得到保障，经久不衰，年年为章丘带来丰厚的财富。

讲述者： 孙锡智，男，1902 年 2 月，章丘区圣井街道姚庄村

采录者： 孙永安，男，1949 年 4 月，章丘区圣井街道姚庄村，高中

采录时间： 2005 年 12 月

采录地点： 章丘区圣井街道姚庄村

附
记

章丘危山每年两季庙会，已经延续了几百年。时间选得恰到好处。春季选在农历四月初八，秋季定在农历九月初九。这两段时间多晴天，少雨水。春不热，秋不冷，气候宜人。农民又相对空闲。春季这时出齐了苗子，一年的收成就有了盼头；秋季时节，五谷杂粮都入了仓，一年的日子正好打谱。该当置办的家具、农具、生活用品，庙会上一应俱全。挑选的余地大，家家选择称心如意的商品买回来。临近四省河南、河北、安徽、江苏的商贩都来庙会上销货。顺便也捎回其他省的土特产，填补自己的生活不足。孙锡智，清朝末年，原山后寨危山物资交流大会管委会会首之一，时任东姚庄庄长。孙锡智是我爷爷，这是 1968 年 3 月，他老人家讲给我听的故事。

227

计
破
隐
案

有一天，谭知县清理积案，发现一张墨迹方干[1]的状纸。看罢内容后，知道是侠士所为，不好出面告官，定有隐情。于是，让书童把师爷请来商议，经过反复分析，认为事出有因，决定先摸清案情虚实，再作打算。两人分头微服私访，一月之后，案情基本查清，与状内所言无异。谭知县命人请来韩武举，共同商议了却此案。

谭知县把韩武举迎入内堂，落座献茶，彼此寒暄一番，转上正题，谭知县对韩武举说："年兄，今天请您来研究一桩案子。"顺手把状纸递给了他，韩武举看罢，面带不悦问："此状从何而来？"

谭知县说："我于万历初在故乡矿山子书院读书，一天夜里，梦见一位蓬头垢面的中年妇女，对我哭诉申冤，要我为她申冤。醒来，记忆甚清。当时我想，我一个穷秀才，如何为她申冤。又一寻思，此事蹊跷，定有隐情。便信手拿来纸笔，将案情写成状纸夹在书内。谁知，近日读书，翻出此状，回忆梦中所见，其状甚惨，且近情理，因

[1] 墨迹方干：写完的毛笔字刚晾干。

要查处此案，特请年兄共同协议。"

韩武举问："大人有何高见？"

谭知县说："按状内所说，要想破此案，必须破土探察，只是破土须掀动伯母灵柩……"

韩武举听了勃然大怒，站起身说："无故破土，王法不容。"

谭知县含笑说道："年兄息怒，状上说得一清二楚，怎能说是无故？"

韩武举说："梦中之事，纯属荒唐，不足为信。"

谭知县又道："是实是虚，尚在两可之间。即使不实，也无大害。"

韩武举又说："破土掀动慈母灵柩，我身为儿子，于心不忍。如真有其事，倒无话可说，如属虚幻，那怎么说？"

谭知县郑重地说："我身为一县之长，百姓的父母官，为了给百姓申冤，甘愿受罚。"当即立下令状文书，他邀请各大乡绅监理此事，命人在韩母坟上扎席棚，遮住天日。令工匠破开土层，轻起棺木，再往底深挖，果见一女尸。经件作检验，书办作好记录。苦主亲属早已听说，慌慌张张前来认领。谭知县问韩武举应如何处理。

韩武举早已心服口服，答应承担责任，听凭处理。他主动说出当年修寿坟的人，一共十二人。现在只剩巫二一人还活着，已六十多岁。谭知县下令将巫二抓了来，巫二几天前就听说县太爷二十年前就接了女鬼的状子，吓得天天心神不安。又听说扒开韩母的坟，挖出了女尸，更吓得魂不附体。今天被抓来，哪里还敢抵赖，乖乖地招供："当年，我等十二人给韩家修寿坟。一天中午，我和桑仁留在棚里看守，其余人回家去吃饭。有个民妇前来找水喝，桑仁起了歹心，将其骗至坟坑内强行污辱。那民妇不从，极力挣扎大声喊叫。桑仁害怕被人听见，暴露了吃官司，死死捂住民妇的嘴，把民妇憋死啦。"

谭知县将惊堂木一拍说："大胆巫二，同伙作恶，坐视不理，不是同犯，也是协从。还不从实招来？"巫二连连叩头说："我确实没做坏事，也没帮桑仁，只是民妇死后，桑仁求我帮他挖坑埋尸，我怕受连累，帮了他的忙是实。"

谭知县、韩武举及众乡绅见巫二讲出了真相，与原告状上所诉和调查结果基本相符。命巫二画押，送至大牢，待呈文批回，将其终身监禁。余犯已死不咎。

韩武举虽未被牵连，但因与他修坟有关，实属监理不严，给以警告，并罚其为苦主以礼殡葬，殡葬费用以及扒坟所用一切开支由韩武举负担。韩武举甘愿受罚，事后又为母亲另选了块风水宝地重新殡葬了。

此案了结之后，韩武举与谭知县结成莫逆之交，远近百姓，奔走相告，异口同声称谭知县是位"给千万家百姓造福，为二十年屈鬼伸冤"的谭青天。

讲述者： 亓运超，男，1915 年 11 月，莱芜市莱城区方下镇孙封邱村，私塾

采录者： 亓玉峰，男，1959 年 7 月，莱芜市莱城区方下镇孙封邱村，高中

采录时间： 1995 年 2 月

采录地点： 莱城区方下镇孙封邱村

二 幻想故事

（一）神仙故事

228

下棋

早年间，港里村有个老实巴交的庄稼人，叫刘元翰[1]，人送外号"刘老实"。在庄东龙王庙[2]外种了块西瓜地，在庙前空地上扎了个看瓜窝棚。刘老实真的忠厚老实，待人和切。他乐善好施，看到上了年纪的老人就赠送给他们西瓜解渴。

六月天孩子脸，说变就变。刚才那天还亮晴晴的，转眼工夫就阴得如锅底，麻秆子雨[3]下得叫人眼都睁不开。瓜窝棚扎得怪简单，平常挡个露水小雨的还能凑付[4]，碰到这么大的雨，棚里就跟笊篱盛水。

刘老实没处坐、没处站，只好摘个大西瓜抱到龙王庙里避雨。他把西瓜供在龙王庙神台上，抱膀缩头躲在里面从窗里往外看。天上一个雷一个闪地轰隆[5]个不停。突然，门外走进一个年过七旬的白胡子老头，进了门老人边抖动身上的水珠边说："这个鬼天气，真让人受不了。刚才还晴天红日头的，转眼就大雨浇身咧！哎！一个人困在这破庙里多没意思，要是有个伴该多好啊！"

"大爷，俺在这里呢！"刘老实凑过去帮老人解下破蓑衣[6]说："您老人家想得还怪周到呢！"

"冷拿棉袄，热带蓑衣，这是老规矩。没想到，你躲在这漫洼之中的破庙里。"老人笑哈哈地说。

"俺在这里看西瓜，摊了雨[7]。"刘老实把老人的破蓑衣挂在庙墙的木橛上。

"噢，这供台上的西瓜是你的吧？个头还不小呢，我渴坏啦，赏给我解解渴吧？"老人捧起西瓜，托在手心上拍着说。

"行倒是行！"刘老实有些为难，"大爷，这个瓜俺是给龙王爷的，我到地里再给您摘个吧？"

"你见过龙王吗？"

"没有。"

"既然你没见过龙王，就送给我做个人情吧。"老人说着，从腰里取出一把雪亮的小刀。他三下五除二把瓜割成片，让也不让，狼吞虎咽地吃了个精光，边吃边说："好瓜！真甜呢！只是这鬼天气不住点[8]，闲在这里怪闷得慌[9]，你会下棋吗？"

"会个一点半点[10]，不精通。"

"精通干啥，凑合着下几盘就行啦。"老人把小刀子收起来，笑哈哈地说。

"行，可是没棋啊！"刘老实回答说。

"没关系，老汉我是个棋迷，身上常带着棋子，只是没有棋盘。嗯，就在这个石供桌上画个临时的用用吧！"

---

[1] 刘元翰：莱芜区口镇办事处港里村人，与明嘉靖年间流寓莱芜、章丘之间的书法怪杰雪蓑是好朋友。本文中提到的龙王庙、龙字碑保存完好。龙字碑，斗大的"龙"字是书法家雪蓑子的手书，碑文是刘元翰撰写的"龙虽水族，神奇独最，离潜而出，霖雨及物，识高者无能测其形，因谨志之曰龙"。

[2] 龙王庙：根据港里村《乌江刘氏族谱》（始于明洪武年间）和《莱芜县志》记载，该碑是明朝嘉靖年间流传下来的珍物，距今已有四百多年的历史。庙内竖立一石碑，是明代书法家雪蓑手书的龙字碑。

[3] 麻秆子雨：长时间不停的中雨。

[4] 凑付：应付，应对。

[5] 天上一个雷一个闪地轰隆：电闪雷鸣。

[6] 蓑衣：用草编织成的，厚厚的像衣服一样能穿在身上用以遮雨的雨具。

[7] 摊了雨：遇到了大雨。

[8] 不住点：不停地下雨。

[9] 怪闷得慌：孤独无聊。

[10] 一点半点：会一点，但不精通。

老人说着，收拾起上面的瓜皮。

"大爷，那可是龙王爷的吃饭桌子，不能动啊！"刘老实阻拦说。

"哎，你怕啥，说不定龙王也是个棋迷呢！"说着，老人用手在石桌上快速画了个棋盘，手划过之处入石三分，惊得刘老实直瞪眼[1]。

"年轻人，来，坐下按子[2]吧？"老人拉过刘元翰。

老人的棋艺很平常，双方都有输赢。也不知下了多长时间，外面的雨还是那么大。屋里越来越暗，奇怪的是棋盘和棋子闪着白光，跟白天在太阳底下一样。

"大爷，"刘老实站起来，看了看窗外说，"咱不下了吧？我饿啦。"

"嗯，你不说我还忘了呢，担得百十斤压，担不得饿一霎[3]。我家离这里不远，你等一霎，我去去就来，和你下棋还真有意思咪！"

"大爷，还是我去吧，俺年轻……"

"哎，主不驱客嘛！你坐等，我一会就来。"说着，老人蓑衣也没穿就出了门。

过了一会，老人回来了，就见他双手托着个长方形的瓷盘，里面竟装着个百日婴儿，刘老实吓呆了！

老人把盘子放在棋桌上，催刘老实吃，又用手把婴儿撕成若干块，刘元翰吓得头都不敢抬。

老人狼吞虎咽、大吃大嚼，末了[4]用手一抹嘴说："你这年轻人真没有礼貌，咱俩结交一次总该留个面子吧？你不吃，用手沾沾还不行吗？"

刘老实无奈，只好伸出右手用中指在盘中沾了一下。顿时，手指火辣辣舒服得难受。老人看到刘老实的呆傻样，忍不住哈哈大笑，拍着手说："妙哉，天助也。"

"大爷，您……"刘老实又惊又吓。

"年轻人，从今以后你别种西瓜咧！实话告诉你吧，我就是东海龙王。这些年，一直在庙中过着寂寞的生活。

幸亏您施些[5]西瓜给我，让我尽享了人间温暖。你我相识有缘，本想度你步入仙家，谁知你凡心重，没有造化。不过，你右手中指刚才触到了千年人参果的血浆，它将成为一根奇指。不管什么病，都能指到病除。墙上的蓑衣你可赠给一个肯为你写碑的异人，他将带你名垂青史。老夫告辞了！"门外雨幕中，一声震天动地的霹雳，老人和果盘、棋子都不见了。只有那个手画的棋盘，深刻在石供桌上。

刘老实忘魂失魄，稀里糊涂。看看外面雨停了，才出得庙门回家吃饭。雨后的路一步一滑，好不容易走到庄边，就见南面走来一群人，抬着担架走得很快。刘老实见担架上躺着位年纪很大的老人，身上半盖床被子，抬担架的汉子鞋裤都沾满了泥巴。

刘老实见了，同情地问怎么回事。抬担架的只顾走路，不料脚下一滑险些摔倒。刘老实忙不迭地上前扶住，中指正好触到老人的颈部。老人"哎哟"一声，掀开被子坐了起来，众人惊得赶紧停下脚步。

老人欢喜喜地拉着刘老实的手，说："小兄弟，谢谢您救了我，我这陈年老症候[6]好几十年啦，请了好多郎中也没看好！这不，去李家镇看郎中，郎中说我不行咧，死活不给治。孩子们不能眼看着我死啊！就抬我去吐丝口镇另请名医。刚才你一指头点中我的脖子，我觉得上下顺气自如病全好了。太谢谢您咧！您叫什么名字？改日一定专程登门拜访。"

好事不出门，奇事传千里。刘老实手指头治奇病的消息不胫而走，远近求治的人络绎不绝。刘老实有求必应，百治百愈，穷人家还免收诊费。人的名，树的影。没多久，刘老实的大名就远播东西南北。

且说，东海龙王端坐水晶宫中歇息，忽然心血来潮，心烦意乱。屈指一算，才知是刘老实医艺大进，名噪方圆百里。龙王有些嫉妒，决意收回神指。

这天，龙王变成一位年老的瘸子，来到刘老实家。刘老实仔细问了他的病情。老人不动声色，只是张着嘴"啊啊啊"地喊个不停。刘老实听出是咽喉的症候，便用手指

---

[1] 直瞪眼：惊呆的样子。

[2] 按子：摆棋子。

[3] 霎：一会，指很短的时间。

[4] 末了：最后。

[5] 施些：赠送。

[6] 陈年老症候：多年的疾病。

撬着上嘴唇，想看个仔细。

不料，老人猛一合嘴，刘老实的手指被咬掉了。刘老实疼得头冒热汗，正待训责老人几句，屋里却不见了老人，只有一块白缎放在桌上。上面金光闪闪地写着："刘老实，刘老实，今日还神指；家有百万财，庙有解闷盘。自古贪心最难戒，及早劝阻免邪念。"刘老实看完，恍然大悟。

刘老实虽然没有了指头，找他看病的人仍然有增无减。手里没有金刚钻，不能招揽瓷器活。他只好躲进了龙王庙，闲时在供桌棋盘上摆好棋子。每逢这个时候，他便发现对面坐着个人，还是风雨中的模样。

有一天，一个年轻人从此经过，刘老实热情招待。两人谈吐投机，都有相见恨晚之感。刘老实提出要给庙中立块石碑，那人说能写得几个字愿意献丑。当即在一块无字光洁的石板上，蘸足墨写了个大大的龙字。但见这字铁竖银钩，忽跃忽落，跟条威猛的龙一样。刘老实很满意，把龙王挂在庙里的蓑衣赠给了来人。

这个人，就是后来的民间广为传颂的书法怪才雪蓑子[1]。刘老实花费很多工夫，在"龙"字的下面写了一首碑文，借以思念远在千里之外的东海龙王。

后来，刘老实不见了，周围的人谁也不知道他到什么地方去咧！有人说龙王把他请到了龙宫，也有人说他藏到深山里隐居起来，反正他再也没有露过面。

讲述者：　刘超，男，1973 年 10 月，莱芜市口镇港里村，高中

采录者：　李胜华，男，1964 年 4 月，莱芜市方下镇张公清村，初中

采录时间：1992 年 5 月

采录地点：莱芜市口镇港里村龙王庙

[1]　雪蓑子：雪蓑，本名苏州，自号雪蓑子、雪蓑道人、五湖散人兼三十六洞天牧鹤使者等，世人称为雪蓑。原籍河南杞县，后徙居唐县。生卒年不详。他是明代大书法家、诗人、道人、杰出的思想家，虽没有载入正史，但无论他的思想还是诗词、书法，一致被世人默认。

附记

港里村东首，有一座龙王庙，庙里有雪蓑写的龙头碑。据史料记载："龙"字碑刻，位于港里村东残留的龙王庙内，建于明代，碑为长方形立式。高 1.70 米，宽 0.60 米，厚 0.20 米。阴刻"龙"字为雪蓑子所书，字高 0.80 米。碑额书有："龙虽水族，神奇独最，离潜而出，霖雨及物，识高者无能测其形似，因谨志之曰龙。"随着岁月的流逝，"龙"字碑经历了隆庆、万历、泰昌、天启，一直到了八十多年后的明崇祯十三年（1640）。当时，巧逢天公作美，洪涝灾害减少，又加本村及附近村庄人气旺盛，人们自然就想到了"龙王爷"的"保佑"之恩。于是，以张良辅等人为首，组织募捐，将原来那座破旧简陋的龙王庙进行了重修。正面的龙王大殿，雕梁画栋，飞檐凌空，非常气派；南面的龙王庙亭更是别具一格：中间，四尊阳刻亭联对称成趣，东西两头各嵌以发碹洞门。一座不同年代分别镌刻碑阳和碑阴的"龙"字碑，被人们郑重地嵌在了新建的龙王庙内。如今安放"龙"字碑的龙王庙，是清道光十一年（1831）重修过的南面那座庙亭而已。至今，庙亭脊檩上的字迹仍清晰可辨。这座"龙"字碑虽历经沧桑几百年，但整个碑身及镌刻碑文却风化剥蚀甚微。

229

火神爷显灵

平阴村有一个推小洪车[1]的，他推着东西上山时遇到了一位老头，费力地爬坡，敞着怀[2]还累得出汗。

推车人说："大爷，你坐车上吧，我推着你。"

从前的洪车，半米多高的木头毂辘[3]、木头轴，笨重的磨盘大的木头车架子，两个把离着一米多远。推车人架着宽宽的车把，左扭胯，右扭腚，推空车也得使老大的劲，出不少的汗，就别说上山坡了。一般前头得有拉车的，仗着他体高、腰圆、胯宽，有力气。

老头也不客气，坐到他车上。推车人说："大爷你抓结实[4]。"就咯咯噔噔推着他过了山，又把他送到家。

老头说："我也没钱给你。"

"我不要钱。"

"我有半碗黄豆，送给你吧，我也没地方盛[5]。"老头就倒到他车子上的席篓子[6]里了。

"我不要，大爷。"推车人不喜欢占别人的便宜，又给老头倒回碗里了。

"你喝粥吧，这是我三年前熬的。"推车人没推让，顺手接过来，就一口口喝下去了。推车人推起车子走了十几步，回头一看，这不是火神庙啊！难道是火神爷显灵了。

走了半里地，看看席篓缝里还夹着一颗黄豆，一捏比黄豆还硬，拿出来一看，是一颗金豆子。金子值钱，这一颗够我半辈子用的。那半碗得值多少钱！再回去要去吧，回去一看庙门关了。

他喝了那半碗粥，觉得浑身是劲。走路，推车，担土，刨地，都有使不完的劲。他以往推车子只推百十斤，这回推五百多斤。街坊盖屋上梁，五个人没抬动，他自己扛起来，就把那头放墙上了。找他干活的多了，他也有钱了。好过了，就不正经干了[7]，烧包了[8]。

平阴往东有一条山沟，沟底有一条漫山路[9]，推小洪车的正好能推车子。山顶最窄处有两块很大的石头，左一块，右一块，像二虎把门。

这个人推车到了山顶，把自己的车子放下，就跪到大石头上看那些推车的热闹去了。

正巧，一队推小洪车的推着沉重的货物快到大石头了。这个推车人就来个恶作剧，轻轻挟起一块大石头，放到小石路当中，挡住了车道。

十几个推车人把大石头刚挪出来，架起洪车一看，那个推车人又把另一块大石头摆在路当中了。这块比那块还大，那十几个人再也挪不动了。这个推车人藏到大石头后，喜得咯咯的[10]。

那一伙推车的知道是他，都烦他。他娘听说到点儿音信，劝他"能帮就帮，不帮别人也别看人家热闹"。他只

[1] 小洪车：又叫独轮车，手推车，木头制作的一种搬运工具，农村家家户户能用得上。
[2] 敞着怀：上衣没有系扣子。
[3] 毂辘：木车轮。
[4] 抓结实：用手抓牢固。

[5] 盛：意指装或放。
[6] 席篓子：一种高粱篾编的盛具。
[7] 不正经干了：不干正事了或不走正路了。
[8] 烧包了："烧包"的意思是"有点钱总想花出去"。比喻很得意，有炫耀的意思，也比喻贪图享用不计后果。
[9] 漫山路：上山的小路。
[10] 喜得咯咯的：特别高兴，大声笑。

当耳旁风，就是不听。

这个人把场院子里的三个大碌碡挪到井边上，立起来三个碰着头。一个碌碡三四千斤，三个一万多斤，谁敢弄？弄不巧就掉井里。

他经常办这种事，人们都烦他。这伙推车人和烦他的人凑钱到火神庙上供祷告，说那个力大无穷的人净办坏事。

火神爷就追他，他就逃跑。追上了就推他在地，一下子就把他喝的金丹吐出来了。原来，那年他喝的那碗粥是金丹，喝了力大无穷，是当年火神爷看着他办好事赐给他的。

他吐出金丹后，就没这么大力气了，也没听说再办坏事。

讲述者： 孔庆友，男，1939年1月，平阴县城，村干部，初中

采录者： 黄文俊，男，1946年5月，平阴县洪范池公社苗海村，教师，大专

采录时间： 1968年6月

采录地点： 平阴会仙山

附记

1968年6月，我到会仙山游玩，遇到了孔庆友，那时他是村干部。孔先生问我是哪里人，我说家是洪范池镇苗海村，现在中学教书。我俩拉得热火。爬山累了就坐下来休息。东扯葫芦西扯瓢，他讲了这个小故事，我觉得怪有意思。回学校后，就把这个故事记在了日记本里。

230

百子神兵

石门镇改叫苾村铺[1]小二百年后，这里出了一个大将军叫鲁钦[2]。因为他有勇有谋，村里都叫他鲁化略。他官至少保、左都督，人称鲁少保。鲁少保是一位响当当的人物，朝廷都给入书立了传的。

鲁家世世代代居住在苾村铺，鲁家的大门正对着苾草河西岸的虎头山。一天，一个走村串店的阴阳先生来到苾村铺。他顺着大街来回遛了三趟，在鲁家大门口站住不走了，面对虎头山平摆着罗盘来调线。

大家觉得奇怪，都过来问蹊跷。阴阳先生说："东青龙西白虎，龙主文虎主武，此家正对虎头山，将来必出大将官。"果然自此以后，鲁家出了不少武将，而且都武艺高强，能征善战。

[1]　苾村铺：苾村位于山东省济南市长清区归德街道。
[2]　鲁钦：（？—1626）字承宇。明代济南长清人。出生于武将家庭，青年时期袭任父职，以府军卫身份中武进士。万历年间任山西副总兵，嘉宗天启元年（1621年），改任神机营副将，不久署都督金事，任保定总兵官。天启二年（1622年），彝族土司首领安邦彦、奢崇明在贵州发动叛乱，总理川贵湖广军务杜文焕畏怯称病不出。是年十月，明廷命鲁钦总理川、贵、湖广军务，南下平乱。

鲁钦自小就非同一般，白天习文，晚上练武。读兵书习战策，攻杀战守，逗引埋伏，条条在胸，十八般武艺更是样样精通。鲁钦青年时期接了父亲班，任了武职。后来，还进了武科场夺得了武进士。到了万历皇帝登基，鲁钦升任山西副总兵。天启皇帝继位后，他又改任神机营副将。不久，署理都督佥事，任保定总兵官。

这个时候，大明朝的川贵一带发生了蛮军叛乱。为首的是一个自称"罗甸大王"的人，叫安邦彦。西南告急，管理西南军务的是一个姓杜的官员。这家伙是一个软蛋[1]，畏刀避剑，贪生怕死，干脆称病不出。

国危思良将，大难显忠臣。天启皇帝急得团团转，急中生智，他猛各丁地[2]想起忠勇双全的鲁钦。于是，任命鲁钦为大将军，南下平乱。鲁钦星夜兼程，以最快的速度到了贵州。这时，贵州乱成了一锅粥。巡抚大人都让蛮军给围住了，眼看性命不保。

鲁钦一马当先，身先士卒，冲入敌阵，杀了个五进五出。战袍都染红了，终于打败蛮军，救出巡抚大军。三下五除二，鲁钦在贵州用最短的时间荡平寇盗。在米墩山一带还生擒了叛军头目，焚毁了蛮寨一百七十四座。

蛮军被平，皇帝急召他回京，另有任用。班师回朝的途中，他经过一座大山时，却被蛮军的残兵团团围住。蛮军都红了眼，叫唤着要为他们的头人报仇。

鲁钦身边只带了少量的亲兵，大家奋勇争战，还是寡不敌众。正在万分危急的时刻，突然天降大雾，雾中冲出一百名金盔金甲的天兵神将。这些兵将个子不高，都长着娃娃脸，手持各种武器冲向敌阵。娃娃兵以一当百，奋勇杀敌。蛮军一看这阵势，一哄而散。

正当鲁钦稳定心神，准备去道谢时，却见云开雾散，天兵神将消失得无影无踪。

脱险后的鲁钦回京交差，皇帝大加封赏，并准他回长清老家休养数日。鲁钦回到虎头山下苂草河畔的苂村铺。家乡的山光水色让鲁钦很是惬意，吃得香甜，睡得安然。

一天中午，电闪雷鸣，天降大雨。鲁钦在梦中，看到那一百名天兵神将来到他家。他梦中惊醒，忙起身去道谢。但这些兵将也不答话，转身跨过苂河，直奔虎头山而去。鲁钦在后边紧紧追赶，当追到虎头山山崖下时候，这些人突然不见了。鲁钦很纳闷，忙拨开杂草，细细寻找，他突然发现一个山洞。

走进洞来，只见洞内宽阔平坦，中间地上脚印杂乱，隐约还有呐喊之声。他再定睛一瞧，只见洞的四壁上刻满了密密麻麻的小人，都长着娃娃脸，做着各式各样的格斗动作，很是奇特。鲁钦数了数，正好一百个小人。这时，他才恍然大悟，原来那天救他于危难之中的一百天兵神将，正是虎头山洞壁上的神像所化。这些神像是文王百子的化身，个个神通广大。鲁钦急忙俯身叩拜，并命家人在洞外修庙祭祀。自此，这个洞就叫百子洞了。

至此，故事还没有完。天启六年（1626），贵州又起叛乱，鲁钦又去平叛，不慎陷入重围，无奈拔剑自刎，以身殉国。

有人问，这次为什么百子神兵没去助战呢？当地村民说，因为这一天，与百子洞一沟之隔的天台山上的老子洞开张。百子们前去祝贺，都喝高了，误了事。

鲁钦勇敢善战，为国捐躯，崇祯皇帝继位后，追赠少保、左都督，并为其建"旌忠祠"，谥"忠烈"，入祀乡贤。

鲁钦的曾祖、祖父、父亲，都被封赠少保、左都督；他的儿子鲁宗文，也当到中军都督府右都督的高官。鲁家一门五都督，世代忠良，精忠报国，至今传为佳话。

讲述者：　董杰正，男，1959 年 4 月，长清区归德镇苂村铺村，村民

采录者：　李现新，男，1973 年 12 月，长清一中教师，大学

采录时间：　2018 年 5 月

采录地点：　长清区归德街道苂村铺村

---

[1]　软蛋：软骨头。比喻怯懦的人。广义解释，随便放弃失去精神的人。

[2]　猛各丁地：突然，一下子想起来。

231

斗
黑
鳖[1]

附
记

咱长清的南大沙河过去叫宾谷水，宾谷水蜿蜒曲折一路淌到芯村铺一带，因为这里两山夹一沟，地势低洼，水草丰美，遍地长满芯草，人们就将这一段称为芯草河了。芯村铺以前不叫这个名，还有一更响亮的名字叫石门镇，石门镇是南来北往必经的大市镇，也是兵家必争之地。因铁铉铁参政从这里设伏兵大败过燕王朱棣，后来朱棣坐了殿，石门镇百姓怕这小子来报复，所以改称芯村铺了。这个故事根据芯村铺一带的民间故事，参考《长清县志》关于鲁钦的史料采录。

仙居高山龙居潭。在早，雪野潭里住着个千年大黑鳖。它神通广大，是个无恶不作的大妖精。它除了吞吃家畜，每年的三月三要吃个三岁的男孩，七月七吃个七岁的女孩。搞得雪野村人心惶惶，可又没有办法治它。

雪野村里有个张员外，开着个饭铺子[2]。庄子不大，生意也不景气。有一天，饭铺子里来了个三十岁出头的大汉要找活干。张员外见他人缘好，就痛痛快快地收留了他。

这个大汉姓白，人很勤快。他注重和气生财，不出一年就帮张员外把饭铺子搞得红火起来。

春去了秋来，花开了又落。转眼间，大汉在张员外家的饭铺子里干了三年，也亲眼看到雪野潭里的黑鳖吞吃了三双男婴女童。

这年的农历三月二日，白大汉找到张员外，要求清算三年的工钱，准他辞工。张员外挽留说："干得好好的，

[1] 鳖：爬行动物，形状像龟，吻尖长，背甲椭圆形，上有软皮，生活在水中。也叫甲鱼或团鱼，俗称王八。

[2] 饭铺子：饭店。

怎么说走就走呢？"

白大汉啥也不说，只是叫他清账。强扭的瓜不甜。张员外不情愿地答应了他，让管家把三年的工钱算清，又拿出些钱赏给白大汉。白大汉接过钱来不道谢，也不急着走。张财主觉得奇怪，一再问他，他才把钱又交给张财主，说："东家，我在你家干了三年，没有功劳也有苦劳。今天，我求你办两件事。一是把我这三年的工钱全部买成馍馍和肉；二是把村里男女老少全部召集起来。"张员外不知他要干啥，但还是痛快地照办了。

没用多大工夫[1]，全村男女老幼都集合到了雪野潭边。白大汉站在一块高石头上，先给村民们鞠了三躬说："父老乡亲，兄弟姐妹们。我受诸位三年的恩惠，感恩不尽。为了报答大家，我要大战雪野潭，把祸害你们的黑鳖杀死。我用三年的血汗钱买了馍馍和肉。我求诸位助我一臂之力！现在我需要的馍馍、肉，石头和石灰都已运到了潭边。等一会如果看见潭里白浪翻卷，你们就往里扔馍馍和肉，看到黑浪涌起就扔石头和石灰。我要去了，你们可要一定按我说的办！"说完，白大汉一头扎进潭里不见了。

众人听了白大汉的话都很高兴，尤其是家中有三岁男孩和七岁女孩的人家，早早站在石头和石灰边等黑浪起来时，帮白大汉打黑鳖。

不大工夫[2]，就见潭里波浪翻滚，一会儿翻黑浪一会儿翻白浪。人们按白大汉的话，看见黑浪起就用石头和石灰砸；看到白浪起就扔馍馍和肉。如此周而复始，黑浪和白浪翻腾了七七四十九个时辰终于平静了。人们看到潭水上漂起了一个大黑鳖盖，白大汉却始终没有出来。打那[3]，潭水平静，再也没有危害人畜的事发生。

有一天，张天师[4]路过这里，听了村民们的叙说，就把白大汉叫了出来。原来，它是只大白鳖。

张天师说："你铲除了邪道之鳖，为民除害，天帝准许你加入神籍。现在我代天传旨封你为雪野潭潭主。只要你在就要有雪野村在。"

白鳖千恩万谢，回到雪野潭中。

张天师封完白鳖要走，跪拜的人群中走出一个十六七岁的男孩。他围着张天师转了一圈，尖声粗气地说："我以为张天师什么样呢，原来是个猪头狗耳朵的怪物呢！"

张天师大怒，手指一伸小孩就地打个滚，变成只咴咴叫的黑猪仔。众人见了忙不迭[5]地叩头，为小孩求情。

人多面子重。张天师长出了口气说："气煞我了！看在诸位的面上，我饶他一命，可取只陶瓮来把他扣住，一时三刻即还原形。"

孩子的爹按照张天师的话，取来小瓮把猪仔扣在里面。

张天师走了，众人不知道一时三刻有多长。孩子的爹心急火燎，觉得时间差不多了，便掀开来看。不料时间太短，孩子再也没还原形，成了猪头人身的怪物。

这人不人鬼不鬼的怪物因沾了张天师的神气，竟变成了会变化的几样精灵，专干些坏事。

白鳖离不开雪野潭，只得把这事报知了张天师。

张天师大惊，即派雷震子把孩子变的妖怪劈死在马鞍山下。善有善报，恶有恶报，善恶终有报应时。

讲述者：	亓延翠，女，1940 年 1 月，莱芜市莱城区方下镇张公清村，初中
采录者：	李胜华，男，1964 年 4 月，莱芜市莱城区方下镇张公清村，初中
采录时间：	1992 年 11 月
采录地点：	莱芜市莱城区方下镇张公清村

附记

斗黑鳖的雪野故事版本特别多，但故事情节都大同小异。我曾在雪野一带多次采风，从众人口中听到了不同的故事情节，但结局都是正义战胜了邪恶。雪野潭边旧时有座钟楼，人们就把这个水潭称之为"钟楼湾"。湾内的鳖特别多，最稀奇的就是白鳖。晴朗的天气，白鳖

[1] 多大工夫：多长时间。
[2] 不大工夫：不长时间。
[3] 打那：自此。
[4] 张天师：是道教人，善于捉鬼等不干净的东西。

[5] 忙不迭：急忙。

就在潭边安详地晒盖。它不怕人，当地人也不会去惊扰它。因为它是这一带的有功之臣。这有功之臣的褒奖来历，就是上面的故事。后来，修雪野水库，雪野潭就被留在了雪野水库的库底。水库修成后，人们再也没见到白鳖的身影。不知是搬去了他乡，还是因为改变了生活习惯而不愿意抛头露面。

雪野的传奇故事多得数不过来，都富有较强的地方特色文化气息。这个故事收录在《凤凰城的传说》一书，李胜华搜集整理，1993年2月，金陵书社出版公司出版。

232

红鲤鱼报恩

很久很久以前，垛庄这里原是一片汪洋大海。其中有个小岛，名为海筲。岛上的人口不多，人们向来过着日出而渔、日落而归的平静日子。

岛上有个捕鱼能手，叫王海子。小伙子十八九岁，浓眉大眼，生得高大猛实。他脾性本分老实，勤快孝顺。在海子很小的时候，他父亲打鱼时遇上暴风雨不幸葬身海中。多年来，海子就和因病瞎眼的老母亲相依为命。日子虽不富足，但也算安乐。

去岛西南几里处，有崖高耸入云。崖下有洞，水深不可测。据说，此处可直通东海龙王宫。于是，这座山崖便被当地人称为龙王岭。农历三月十五那天，海子像往日一样出海打鱼，不知不觉来到龙王岭附近。海子撒网半天，竟没打到一条鱼。正在烦恼之际，忽然狂风大作，巨浪滔天。海子见状大惊，准备收网离开此处。

突然，红光一闪，一条巴掌大小闪着金光的红鲤鱼跃出水面，箭一般扑在海子的怀里。海子大吃一惊，还没反应过来，又见浪花翻飞，又有一条巨大的黑鲨冲出水面。它龇牙咧嘴，恶狠狠地直奔海子面门而来。

海子下意识地退后一步，不顾怀中发抖的鲤鱼，双手抄起鱼叉，只听"哗"的一声，奋力向黑鲨刺去。

黑鲨抽身不及，被刺个正着。它一头栽在船沿上[1]，小船斜歪着，硬生生退后几丈远。

海子急忙稳住身子，借势猛力抽回鱼叉。只见一股黑血迎面喷来，海子一跳，闪在一边，险险躲过。

黑鲨吃痛，凶性愈起。它大口一张，向海子咬来。海子借着水势，双脚一踏，小船滴溜溜转个圈，斜斜漂出数丈。再攻扑空，黑鲨显然怒极，竟一跃而起，扑向小船。海子见势不妙，当机立断，纵身跳入海中。只听身后传来惊天动地的一声巨响，黑鲨连同小船一起撞在龙王岭的悬崖上，小船立即撞个粉碎，黑鲨也在大浪中起起伏伏，不知死活。

海子惊魂未定，用上吃奶的力气拼命游回海筲岛。回到家时连冻加吓，海子面色苍白，两腿发颤，连句囫囵话[2]都说不全。惊得海子娘抱住他，连连喊"儿"不止。

海子顿了顿神，把事情的来龙去脉一五一十地给他娘说了一遍。他娘赶紧摸索着到屋外的香台子上点上一支香，连磕了九个头，感谢老天爷有眼，保她家独苗苗大难不死。

等回过神来，海子想起始作俑者。低头一看，咦！小红鲤鱼还在怀里。海子赶紧把它拿出来，见这条鲤鱼生得小巧精致，不禁啧啧称奇。但转念一想，又觉得奇怪，海中竟然有红鲤鱼！这年头啥蹊跷[3]事也有。不知是颠簸过度还是离水时间过长，小红鲤鱼已奄奄一息。海子娘听海子说鱼生得好看，又来得蹊跷，就把它放到水缸里。是死是活，全看小红鲤鱼的造化了。

海子晚上做了一个梦，梦见一个漂亮的女子坐在他的床边，冲着他笑。那女子生得比年画上的仙女还俊上几分！海子很害羞，不知道咋办才好，一着急醒了。他猛地坐起来，只见窗外月光如水，洒在庭院中。周围静悄悄的，唯有院中大柳树的长长枝条在风中微微飘动。海子挠了挠头，不好意思地笑了。

第二天起床后，海子先到水缸前去看看不知死活的小红鲤鱼。他一看，顿时满心欢喜：只见小红鲤鱼已经活蹦乱跳了。它见到海子，像通人气似的飞快游过来。红鲤鱼张开小嘴，冲着他连连吐着泡泡，又连连点头，似乎在表示谢意。海子心中一暖，用手去逗弄小鲤鱼。小鲤鱼不但不躲，反而很亲昵地用小嘴碰碰海子的手指，像撒娇的孩子一般。海子乐得不行了，赶紧喊娘过来看。海子娘笑骂着说："你这孩子傻了？明明知道娘看不见还让娘看。一条鱼有啥好看的？难不成比新媳妇还好看？！"海子一愣，赶紧收回手指，想起自个的心愿，打鱼赚钱替娘治好眼病。他转过身去，使劲甩了甩手说："娘，您放心，俺一定会治好您的眼病的。"海子娘长长叹了一口气，说："傻孩子，娘老了，瞎了就瞎了。你赚份钱不容易，还是攒着娶房媳妇吧。娘如今最大的心愿，就是临死前抱上孙子。等我百年过去后，也好有脸见你爹。"海子脸红了，笑笑说道："俺还小，媳妇以后再说。"

海子吃过饭后照样去打鱼，谁也没想到后来发生的奇事。

晚上，海子很沮丧地回家来，鱼兜里只有两条可怜的小鱼。想到空空如也的米缸，想到可怜巴巴盼着他满载而归的老娘，想到娘的眼病，海子顿觉腿如同灌了铅块一般。刚走到家门口，突然听见一阵好听的琴声。谁弹的琴，这么好听呢？

一进门，海子眼前一亮，只见一个十六七岁的姑娘正坐在小木桌旁，身着海蓝色的衣裙。脸如桃花，巧笑倩兮。她膝上置琴，手抚琴弦轻轻拨弄，琴声悠扬迷人。海子娘痴痴看着姑娘的方向，脸笑成一朵盛开的菊花。

听见海子进门，姑娘笑着站起身，对海子娘说："娘啊，海子回来了。"海子娘连忙叫海子过来，笑着呵责他说："你这个傻孩子，咋媳妇找上门来了娘还不知道呢？亏得你这个瞎娘还巴巴的[4]替你操心。"海子一听就蒙了，媳妇找上门来了，他娘不知道，他更不知道啊！他低着头，面红耳赤，吭吭哧哧[5]半天，也没蹦出半个字来。

---

[1] 船沿上：船帮上。

[2] 囫囵话：完整的话。

[3] 蹊跷：奇怪。

[4] 巴巴的：意指求人为儿子说媒。

[5] 吭吭哧哧：指表达不利落，吞吞吐吐，半天说不出话来，一副犹像的样子。

还是姑娘大方，赶紧让海子坐下，笑着对海子娘说道："娘啊，不是海子不告诉您，是俺不让他说的，俺不是想让娘您欢喜欢喜吗？！"海子低头看着小木桌上热乎乎的饭菜，抬头看看围坐在身旁的娘儿俩，傻笑了笑，觉得自己定然是白日做梦了。

饭后，海子看着还没消失的美景，使劲掐了掐腿，疼啊！抬头一看姑娘还在。于是，他便抡起巴掌朝自个儿的脸上"啪"的就是一下，疼得他咧了咧嘴。海子娘朝着响声方向连问："哪里响啊？"海子抬头一看，人家姑娘正捂着嘴偷笑呢。

海子红了脸，讷讷不知所措。姑娘麻利地收拾完碗筷，扶着海子娘到里屋去了。海子心急火燎，想问个明白，又怕娘怀疑，只得强忍着。终于姑娘笑眯眯出来了，海子赶紧问姑娘到底咋回事。姑娘笑着，说明缘由。

原来，姑娘就是海子舍命救下的小红鲤鱼，她是东海龙王的小女儿。小龙女偷着溜出龙宫玩耍，被黑鲨精怪看中，想掳她为妾室。小龙女誓死不从，拼命挣脱。危急之时，跃入海子怀中。小龙女见海子善良厚道，就一见倾心，自愿留在岛上不想离去。

海子欢天喜地，怕娘担心，也不便向老人家挑明小龙女的身份，只说姑娘是被海浪冲来的，自己无意中救了她，也就无意中捡来了一个媳妇。村里人听说海子捡了个媳妇，纷纷来庆贺。海子娘择了一个黄道吉日，让海子和姑娘成了亲。

海子一家，日子过得美满。半年过去了，海笛岛上琴声悠扬。海子娘的眼睛在媳妇的精心呵护下，竟然渐渐重见天日。村中人认为是海子媳妇孝心感动天地所致，纷纷赞颂不已。

谁知，龙王久寻女儿不见，竟抑郁成病，卧床不起。小龙女偶尔从一只海虾口中知道父王生病的消息后，顿时痛哭失声。海子知道后，就想让小龙女回家探望龙王，但苦于无路可寻。小龙女只说自己回去就行，海子哪里舍得，定要跟从。小龙女拜别婆婆，说想回家一趟，就带着海子偷偷从龙王岭下的暗道潜入东海龙王宫。至于怎么到达龙王宫，海子他自己也说不清。小龙女拉了他的手，让他闭了眼。他只感觉一阵风过，就到了金碧辉煌的龙王宫。龙

王见到女儿大喜，但得知她私自与一凡人成婚，顿时大怒，要杀海子。小龙女百般求情，最后以死相逼，龙王才饶过他。龙王令人蒙住海子的眼睛，让虾兵蟹将把他送回海笛岛。

海子回家后茶饭不思，日渐消瘦。海子娘不明所以，对海子百般劝慰，一心盼着媳妇赶快回来。

半个月后，海子久思成病，卧床不起。他让娘把以前放小红鲤鱼的缸搬到床前，眼巴巴盯着缸不吃不睡。海子娘知道儿子疯魔了[1]，天天跑到海边去等媳妇的消息。村里人觉得事情蹊跷，但也没有办法，只能不时送些吃头来。

这一天，海子迷迷糊糊听见有人叫他。他使劲睁开眼，只见一只老海龟趴在床前。老海龟说："它是看护小龙女的老臣子。小公主派它告诉海子一个天大的喜讯，小龙女已有身孕。三个月后，它会将小主子送来。

海子一听，精神大振，翻身起床，把一锅糊糊[2]喝了个精光。他喜滋滋[3]冲到海边，把娘拉回来，说媳妇三个月后会把孙子带来，让娘好好等着。海子娘抱着儿子又哭又笑，又欢天喜地地踮着小脚，到香台子[4]上给老天爷[5]上香去了。

三个月后的一个早晨，海子娘听到院子里有婴儿的哭声，赶紧跑出去，看见一个粉雕玉琢的婴儿躺在一个小摇篮里。孩子一看见她，竟破涕为笑，吃着粉嘟嘟的小手，瞪着黑黑的眼睛看着她。

海子娘一看这孩子，就和海子小的时候一模一样。嘴中"亲孙子、好孙子"地喊着，双手已经把孩子紧紧搂在怀中，还不停抱怨狠心扔下孩子不管的媳妇。海子从屋里出来，环视一周，看到只有孩子没有大人，不禁泪流满面。他也不敢提起，只好劝慰老母亲，说媳妇儿定是家里有事回不来，让母亲放宽心。海子娘给孩子取名石头，希望孙子能如石头那样结实。

俗话说，"孩子有了，就不愁长"。转眼间，小石头已

---

[1] 疯魔了：得了相思病。

[2] 糊糊：粥。

[3] 喜滋滋：高兴。

[4] 香台子：摆放香炉的台子或供桌。

[5] 老天爷：玉皇大帝。

经十二岁了。他如同他爹一样，长得浓眉大眼，虎头虎脑，每日帮着父亲去海上打鱼，很是勤快。石头发现一个秘密，他爹总是喜欢到龙王岭下去打鱼。他爹最宝贝一个，看上去很普通的鱼缸。他爹在每年的农历三月十五日，总带上一瓶酒一炷香到龙王岭下祭拜一番。石头也曾问过他自己的娘哪里去了，他爹只是默默看着龙王岭，说他娘到很远很远的姥姥家去了，等石头娶媳妇，她会回来的。

说着道着，石头十八岁了。海子娘在一个彩霞满天的黄昏，安静地驾鹤西归。临去前，她支开石头。拉着海子的手，眼含热泪，怜惜地说："傻孩子，娘不迷糊，你那媳妇不是凡人。缘来缘散，老天爷说了算。以后你带着石头好好过日子吧！娘不能陪你爷俩了……"海子听后如梦方醒，无语哽咽。海子娘叫进石头来，又叮嘱几句，说完，含笑而逝。石头抱着奶奶，痛哭不止。

大丧三日，全村人老老小小都来帮忙料理丧事。海子和石头披麻戴孝，见人就磕头，大伙儿不断劝慰说："人死不能复生，老人家神魂已升天为仙，应节哀顺变；过于悲恸，让逝者不忍离去，反而不美。"

入葬时，全村人都听到大海远处传来隐隐约约的琴声。那声音轻灵美妙，哀而不伤，宛如天籁，又如一缕春日阳光照亮了每个人的心房。唯独海子却听得泪流满面！

守孝三年后，石头越发高大英俊。他与同村姑娘杏儿情投意合，这闺女很是俊俏，大伙儿都说他俩是天造地设的一对儿。但杏儿的爹嫌贫爱富，想让杏儿嫁给邻岛富有的李家。杏儿宁死不肯，杏儿爹无奈，就提出一个条件。三月十八结婚那天，石头家必须得摆传说中"四四到底"的大席。否则，甭想娶他家的女儿。

所谓"四四到底"大席，一般指在开席前先摆上糖、瓜子、花生、烟、饼干等小点心。等吃过水饺后，先端上四个热炒的青菜，跟着上一个整鸡，寓意为吉祥如意；接着端上四个或冷调或热炒的海鲜盘子，跟着第二个大碗"鲤鱼"，寓意为连年有余；再接着端上四个冷调的猪肝猪耳朵等内脏拼盘，跟着上第三个大碗"方块肘子"，寓意是富贵平安；最后上四个时令鲜菜炸的盘子，跟着上第四个大碗"肉丸子"，寓意是团圆美满。

这可把海子愁死了，别说"四四到底"的大席食材难

以凑齐，就是用的盘子碗子，全村这几户也凑不齐啊！看着愁眉苦脸的海子，石头咬咬牙，说一声："爹，不行，俺俩就私奔了！"海子摇摇头说："傻孩子，天虽大，哪儿也不是自个儿的家啊！你别管，俺想办法吧。"晚上，海子独自驾船出海了。据说，他去了龙王岭的山崖，第二天很晚才回来。

三月十八，转眼就到了。全村人一大早都到海子家去。很多人都在暗暗替海子捏把汗。

一进门，他们就惊呆了，只见两个喜庆的大"囍"贴在两侧的屋门上。海子借来的几大张木桌上，摆满了色香味俱全的菜肴。看看那大碗那汤盘那调羹，竟统一藏蓝色，花色精美，样式别致，村里人谁也没见过。

杏儿爹一进门就傻眼了，脸儿一阵红一阵白，无话可说。海子走上去，一阵寒暄。亲家化干戈为玉帛，一桩亲事在锣鼓喧天和推杯换盏中圆满落幕。

石头结婚这天，全村人都听到大海远处传来隐隐约约的琴声。那声音轻灵美妙，欢快悦耳，宛如天籁。又如一缕缕和风拂过柳梢，每个人的心头都怒放着朵朵桃花。海子笑得开心，笑着笑着却又泪流满面。

有人看见天不亮海子就从海上回来了，有心人看见他是从龙王岭的方向来的。石头和杏儿起床时，发现全家那漂亮精致的碗盘都不见了。一问，海子说还给人家了。

石头有点遗憾，因为结婚那天，一直盼的娘却没有回来。

以后谁家有事，就央求海子去借盘借碗，但第二天就必须一件不落地还回去。一来二去，大家终于发现这些碗盘竟然是海子从龙王岭那里借来的。借谁的？咋借的？淳朴的村民们都认为这是很神的事儿，不便问，海子也不想说。

有一次，村里有家为老人做六十六大寿，央[1]海子去借盘子碗具。偏巧海子病了，他就让石头去龙王岭去求。一开始，石头认为他爹发烧说胡话，任海子咋说也不信。直到海子发了火，孝顺的石头才抱着试试看的念头，摇着小船来到龙王岭高崖下。石头按他爹的吩咐，先在船头点

[1] 央：求。

上一炷香，口中说道："家有喜事，龙王开恩。请赐碗盘，用后必还。"接着恭恭敬敬叩三个头，说个需要碗盘的总数。只见龙王岭崖下的深水湾中一阵旋涡，很快藏蓝花色精美的碗盘就漂上来了。

回来后，憨厚的石头把这个秘密给村里的人说了。村里人谁家有个婚丧嫁娶的事儿，就自个儿去求。渐渐地，一传十，十传百，四邻八乡的老百姓都知道了。由于民风淳朴，有借有还，龙王岭一直有求必应。

天有不测风云，人有旦夕祸福。一年之后的三月十八那天，海面风平浪静，石头照例很早就出海了。早饭时候，突然一个惊天霹雳划过天际，几乎要震聋人们的耳朵。接着天上乌云滚滚，顿时天昏地暗。惊雷带着闪电，狂风卷着骤雨，海上一个巨浪接一个巨浪冲上天去。海筲岛在狂风暴雨中摇摇晃晃，如同一叶扁舟，感觉一不小心就会被巨浪打翻。没出海的大人、孩子们都在家抱作一团，低声哭泣着，战战兢兢中默默祈祷，求老天开恩，保佑出海的亲人安全返回，求上苍饶过无辜的世人。

三天三夜，持续黑天昏地。没有人看到，海子一个人站在海边的礁石上，双臂高举，神色倔强。或许他曾对天祈祷，或许他曾迎海抗议，或许他在默默等待儿子石头的返回，或许他在静静聆听那一直铮铮作响的激烈高亢的琴声。其中，还夹杂着凶神恶煞般的桀桀低吼声，还有玉珠滚盘般清脆响亮的鸡啼声……这些声音只有他听到了……

在大家简直绝望之际，突然听见一声金鸡啼唱，清脆嘹亮，带着胜利的欢喜。如同一支无形的巨剑，硬生生把黑色的天幕斩开一道偌大的口子。这光明的口子越撕越大，天空渐渐变亮。有胆大的人从门缝里偷偷瞧去，但见一只灿灿生辉的金鸡伸展着遮天的双翼，从海中冲出来，一路划破如墨的乌云，飞向西南方去了。金鸡过后，雷声渐歇，风声骤减，海浪声似乎已经越来越远。

终于，世界安静下来，太阳高悬，晴空万里。胆战心惊的人们瑟缩了老半天，终于相约蹑手蹑脚走出门来。大伙儿一看，个个都傻了眼。

眼前的大海没有了，海筲岛独坐群山之中，只有龙王岭崖下还留着一个小湖。

更令村里人震惊的是，海筲岛的北边一座山峰拔地而起。山顶站着一个人，那明明就是海子。村里的小伙儿赶紧攀上山峰，去劝海子回来。但海子身子僵硬，遥遥望向东方。在那里，就可以看见远方的大海。海子一动不动，他已经化成一方石头。只是眉眼清晰，神情肃然。

讲述者：	王元清，男，1928 年 2 月，章丘区垛庄镇邵庄村，私塾
采录者：	王立香，女，1972 年 1 月，章丘区垛庄中学教师，本科
采录时间：	2017 年 3 月
采录地点：	章丘区明珠东南区

附
记

王元清是我的父亲。作为邵庄村里最年长的老者，父亲擅长讲述类似传奇的故事。2017 年 3 月，父亲在明水家里，给孩子们讲了这个美丽的故事，我把它记录下来，整理编辑，遂成此文。

233

老姜背老婆

很久以前，商河县张坊镇大姜村西北曾是一座城池，称作"鬲城"。北城门前两侧，各放置一座石狮子。

有一天，一位白发苍苍年近古稀的卖油翁来到鬲城。他挑着担子，一边走一边吆喝："卖油噢，卖油噢，两个钱一葫芦，四个钱四葫芦。"

城里人听到吆喝声，纷纷出来争相购买。这个四葫芦那个四葫芦，一霎时便卖了个精光。卖油翁卖完了又回家挑了来，担子刚放下就围了一群买油的人。

这时，有个姓姜的老汉掏出两个钱，买了一葫芦油，然后，凑到卖油翁耳边悄悄地说："老哥，我看你恁大年纪，做个买卖也很是不易。两个钱一葫芦就够便宜的了，四个钱四葫芦你不把老本儿也赔进去了吗？这个卖法不行啊！"

卖油翁毫不在乎地说："老弟，没关系。买卖、买卖，买的愿买，卖的愿卖。"接着，他一边吆喝一边卖起来。

姜老汉见卖油翁听不进他的劝告，叹口气走了。

买油的人见卖油翁糊糊涂涂，就劝他说："按你的办法，八个钱十六葫芦，卖得不是更快吗？"

卖油翁也不计较，便按八个钱十六葫芦卖开了。他来来往往不知挑了多少担油，直到人们不再买了才罢休。

一天夜里，姜老汉刚入梦乡，那个卖油翁来到他面前对他说："老弟，鬲城人家家户户都买了我的油。人人都是好赚便宜的，没人替我老汉想一想，只有你为人忠厚善良。我告诉你几句话，你要牢记'背着老婆下田间，避风避雨到庙前；如要狮子红了眼，千万不要回家转'。"说完，人就不见了。

姜老头梦中醒来，半信半疑，百思不解，心想：老婆反正在家无事，背她去田间也好做个伴，遇到风雨就到庙前避避。

过了几天，这位老汉路过城门，眼看狮子眼真的变红了。他迅速回家，没等向老婆解释，就背起老婆头也不回地往城外跑。跑啊跑，跑了好久……直到再也跑不动了。他放下老婆回头一看，原先壮观的城池果然不见了，身后变成了一片汪洋大海。

后来，这片汪洋大海的地方就演变成了大姜村附近的大洼。当时姜老汉很庆幸，认为自己终于逃生了。

至今村内仍有"六十年，显一显"的说法。据说，这就是当年的城池六十年显露一次。人们都说，这座城池就是当年的鬲城。

讲述者： 姜国新，男，1935年6月，商河县张坊镇大姜村人，中专
采录者： 庞佃军，男，1971年2月，商河县沙河镇烟墩村，大学
采录时间： 2019年11月
采录地点： 商河县实验小学姜国新住所

234

胡山细狗腰

"细狗腰"其实是胡山[1]的一条山沟，狭长幽深，草木茂盛。

从前，胡山南麓的妖精洞里，一个妖精变成美女来到文登，当上了娘娘，过上了衣食无忧的生活。

可是好景不长，娘娘得了一种怪病，经常说胡话发烧。经过无数太医的诊治，也不见好。

有位太医给娘娘开了中药，但需要一味药引"县官的心"。皇上说好办，于是命人去请县官，谎称要给他升职。县官乐呵呵地跟着大臣，就往皇宫走，走着走着，忽见一白发老翁拄着拐杖对他说："你即将有血光之灾啊！"

县官听了顿时吓得面如土色，扑通跪下，求老翁救命。老翁随即在他耳边嘱咐几句，转身不见了。后来，他才知道那是太白金星。

当县令见到娘娘时，他按老翁说的摘下帽子，突然地

上出现了一条细狗[2]，照着娘娘就扑去。

娘娘慌忙逃窜，一直跑进妖精洞。为了防止她再出来祸害人，细狗就留下来，死死守住妖精洞。

过了无数年，那条细狗化作了山沟，被称为"细狗腰"。

讲述者： 张玉茂，男，1947年7月，济南第二副食品加工厂职工，中专

采录者： 张树芝，女，1970年11月，章丘区绣惠学区学校教师，大学

采录时间： 2019年8月

采录地点： 章丘区官庄街道张家庄村

附记

我的老家张家庄村是一个明清古村，现在还有很多古建筑。我正致力于挖掘它的文化内涵，收集一些有趣的传说故事。2019年8月，我回娘家，父亲张玉茂老人讲了这个故事。

[1] 胡山：胡山森林公园（又名古月山）是省级森林公园。它地处泰沂山脉北麓，济南市章丘区境内的胡山脚下，主峰海拔693米。

[2] 细狗：一种腰身细长的猎狗。

235

展
大
王

柳下跖命殒归天[1]后，变成一条金龙，又称展大王，被玉皇大帝封为水部元帅，掌管天下水权。

有一年，天爷爷[2]命令展大王去黑龙江上战黑龙。原来，黑龙在黑龙江上作恶多端，常常发洪水淹没良田，百姓遭殃，受尽它的残害。

展大王接到命令后，腾云驾雾来到黑龙江，降入冰冷的江水，与黑龙搏斗。

黑龙凶恶残暴，金龙机智勇猛。二龙战了三天三夜，直战得天昏地暗，日月无光。最终金龙战胜了黑龙，并将其带至天庭。天爷爷要把黑龙抽筋扒皮，处以极刑。展大王说情，只要黑龙不再作恶，利于百姓的事多做，且不要处以刑罚，让黑龙仍下界到黑龙江，继续掌管黑龙江。

展大王掌管天下水权。山东老家就沾老大光了，年年风调雨顺，收成也好。家乡的人也就特别敬重展大王，逢

[1] 命殒归天：死后。

[2] 天爷爷：玉皇大帝的俗称。

年过节供养[3]他，比对天爷爷还重视。展大王还时不时地回家看看，族人带人恭恭敬敬地迎接这位二祖宗[4]。

展大王老家是展家洼[5]，回来时，都是变成一条尺把长的金色小蛇，驾着一块云彩。小蛇飘飘地落下来，浑身金洒洒的[6]，头上有个"王"字；两只小眼睛，透明透亮。他来到展氏人家，就毫不客气哧溜溜[7]地爬到八仙桌上。老祖宗驾到，展家人早有准备，他们在十分洁净的盘子里铺上一块红布，沐手焚香放在桌子上。金蛇在盘子里盘成一盘，高兴得直摇晃小尾巴。

接受过展氏族人的叩拜敬祭之后，展大王就会驾云归天。展氏族人看着金蛇化作巨龙，腾空而去，族人皆呼"祖宗保祐！"自然，山东一带，有展大王的保佑而风调雨顺。

后来，这事慢慢地叫天爷爷知道啦。他好不生气[8]，心里想，怪不得这几年见不着山东的香火了，闹了半天都敬给展大王啦。好人都叫你为了[9]，往后谁还恭敬我。不行，我得给他点颜色看看。

老天爷这一吃味嫉妒不要紧，山东就得遭殃了。真个的，老天爷传下圣旨啦，叫展大王带水去淹山东。展大王作难咧，自己的家乡不能淹，可天爷爷的圣旨谁敢违啊！违者，轻了罢官摘乌纱帽；重了杀头抄家诛灭九族。展大王左右为难，成天价[10]愁得茶不思，饭不吃。

展大王的妻子有点耳背，见丈夫成天价犯愁，就问："咱日子过得好好的，你愁么[11]？""愁么？天爷爷叫我淹山东，不知是哪股子斜劲[12]使的！""什么？叫你淹关东？"展大王一听，就想给她两句难听的。心里说，聋着个耳朵，还净打听事。哎，脑子一闪，他想出个主意。对呀！我何不带水淹关东，关东荒无人烟，事后追查，我就

[3] 供养：祭祀供奉。

[4] 二祖宗：大祖宗为柳下惠。

[5] 展家洼：今平阴县孝直镇展洼村。

[6] 金洒洒的：金光闪烁。

[7] 哧溜溜：象声词，疾速流动、滑移发出的声响。

[8] 好不生气：非常气愤。

[9] 为了：当了。

[10] 成天价：整天或天天。

[11] 愁么：愁啥。

[12] 股子斜劲：不知道为啥这样做。

说耳背，听讹了，把"山东"听成"关东"啦，先保住家乡再说。

打定主意，展大王带着大水直扑关东。唿唿喽喽，把关东淹了个昏天黑地，

一马平川的关东大地成了汪洋大海。

秃尾巴老李是条乌龙，也是管水的。淹了关东，他知道是展大王要了心眼[1]，到天爷爷那里把展大王告下啦。天爷爷一听，火冒三丈，问："怎么不听号令？"展大王说："我领到命令就把关东淹了！"天爷爷说："我叫你淹山东！"展大王说："山东人都敬重老天爷，全都感谢您的保佑之恩呢！"天爷爷一听，半信半疑地往下界一看，山东大地处处摆放三牲太牢[2]，香烟缭绕，山东人都在跪叩山呼："谢谢老天！谢谢老天！"天爷爷龙颜大展，走下龙椅，拍拍展大王的肩说："爱卿做得好！做得好！"

原来，展大王的妻子偷偷下凡，带着山东百姓一齐叩谢天爷爷，才让展大王躲过了劫难。

展大王在黑龙江战败了黑龙，又奉天爷爷之命，到长江去打同样作恶多端的青龙。青龙战败，却死不悔改。不得已，展大王就把青龙打进了死牢，自己代青龙掌管长江。

展大王这天庭上的水部元帅，兼任了长江总管。自此，长江上下，年年风调雨顺。老百姓感恩戴德，岁岁都祭祀这位慈悲水神。

展大王不仅管水，也管人。几千年来，人们乘船渡江的时候，开船前，船夫要先问船上有没有干过伤天害理、违法乱纪的事的人，如果有就赶快下船。否则，说什么也不开船。

有一次行船，船上已满了人。船夫问时，没有一个说干过坏事，也没有一个人说违过法乱过纪，都是好人。于是，船夫起航，但船到江心时，船身迅速下沉。船上的人，个个惊惶失措，呼天抢地，恐怕葬身到江里。

船夫愤怒地质问船上的人，到底有没有干过坏事和违过法乱过纪的，如果有抓紧出来说。其中有一个人吓破了胆，出来承认说以前在某地干过坏事。众人都说要将此人

投入江中，那人吓得脸如蜡黄，对着江面和众人一个劲地磕头，头都磕出个大血疙瘩。声称回去后服法自首，请求饶命。船夫可怜他，只好把那人的衣服投入江中代替。

衣服被江水吞没，船马上恢复了原状。那个做过坏事的船客，事后主动向当地掌管刑狱的衙署自首服法，改正过错，最后步入正道。他每年夏季要到长江边上祭奠展大王，以报其"不杀"之大恩。

当然，展大王对山东人特别厚爱。只要有山东人在船上，船到江心，总会有两只金鱼跳进船舱，那是展大王献给家乡人的礼物。山东人叩谢之后，总是再把鱼放回江中说："大王的心意领了，这礼万万不能要。"

其他地区的房屋都是起脊的，而平阴一带的屋却都是平顶的，说来还有个故事呢。

展大王曾在泰山占山为王，人称"展大王"。展大王死后变成一条水龙，到了天庭，被天爷爷封为水部元帅。

展大王每年都要回故乡一次，来看望家乡平阴父老乡亲。以前，展大王回家总是天亮就到。可这一年，展大王因途中有事误了时辰。来到家乡时，正是深夜人静的时候。大王走了数千里路，实在劳累困乏，总想找个歇息之处。可是，他却不愿打扰安睡的乡亲。但到了家乡怎么能露宿于野外呢？他绕村转来转去，看看还有没有没睡好的人家。结果，他没看到一个亮着灯的窗口。没有办法，只好另想门路。忽然，他发现一户人家的屋顶是平的，在屋顶的一角还有一个小小的仓屋。他很高兴，心想，有这样一个安身之所倒也不错，就将就[3]一夜吧！

第二天，主人醒来，不禁大吃一惊，以为自己在做梦。原来，自家的茅屋一夜之间变成了窗明几净的砖石砌成的房屋。他绕房看了一圈，惊喜而又怀疑地看着房子。他又抬头望望屋顶，只见屋顶上的小仓屋红光闪闪，他更惊疑起来。他悄悄爬上屋顶，想看个究竟。一看，啊呀，原来是展大王来了，他高兴地喊了起来，急忙向大王磕了个头，又把大王请到屋里供奉起来。乡亲们听说了，也都争相看大王。他们知道大王在外边住了一夜，心里很是过意不去。都说，是啊，咱们的屋顶都是尖的，以后大王万一来不

[1] 要了心眼：故意这么干；动了心机。

[2] 三牲太牢：牛羊猪祭品。

[3] 将就：凑合。

巧[1]，没地方歇息。如果都改成平屋顶，大王来了就是不进屋，也好有个落脚之地！

从那开始，平阴人盖屋都是盖的平顶的，夏天能歇凉，冬天放柴草，秋里晒庄稼，要是展大王来了还能落落脚，用处就更大了。

讲述者：　展昭和，男，1957 年 9 月，平阴县交通局干部，大专

采录者：　展恩华，男，1962 年 10 月，平阴县府前街，大学

采录时间：　1997 年 2 月

采录地点：　平阴县交通局

附记

柳下跖，俗称"展大王""柳大王""河大王"。盗跖 (zhí) 原名展雄，又名柳下跖、柳展雄。相传，他是当时贤臣柳下惠的弟弟，为鲁孝公的儿子公子展的后裔，以展为姓。是春秋、战国之际奴隶起义领袖。"跖"一作"拓"。在先秦古籍中被诬为"盗跖"和"桀跖"。盗跖虽然身为被文献塑造成"割人肝、食人肉"的大盗，但是根据他的生平事迹，应属于一般来说的"侠盗"。对于盗跖的丑恶事迹的记叙，很可能是封建士大夫对于反对封建礼教、封建专制、崇尚自由的正义人士的压迫，对人民精神的禁锢。展昭和喜欢讲展大王的故事，也喜欢搜集展大王在民间的轶闻故事，这个故事他经常挂在嘴边，随时随地讲给别人听。

[1]　来不巧：不是正常时间来。

236

娶龙女

李昌继承父业打鱼，和母亲艰难度日。每次卖鱼回来，李昌除了买米和面，还要给母亲买点儿好吃的。母亲让他也吃，李昌自己却不尝尝。天热蚊子多，他让母亲睡在蚊帐里，自己却穿着衣服睡在外面的板凳上。

这天，李昌划船在黄河入海口打鱼，还没打一网，船桨折了。大风从西北刮过来，一阵子风将他的船刮出去了千把里[2]，落脚到一个海岛上。

这个岛，叫九归国。岛上人倒是不少，就是男的大头，女的大肚子。听说来了个中国人，国王想看看，就让李昌去见他。国王说："中国人好看，长得匀称[3]。"说把他留在自己住的地方，好吃好喝地招待。

九归国国王和东海龙王关系不错，他对龙王说："中国人长得很好看。"龙王也想看看这个中国人。龙王一见到李昌很高兴，要招他当女婿。龙王的女儿见了李昌，一下子就相中了。龙王给女儿办了婚事，李昌就在龙宫住了

[2]　千把里：一千里左右。

[3]　匀称：身体各部位搭配得都很合适。

下来。

在龙宫吃得很好，住得也很好，玩的地方也很多，还有无数的奇珍异宝，都是世间没有的。李昌和龙女和睦相处，日子长了，李昌就常常叹气。

龙女问他："夫君，你还有哪里不如意的吗？"

"这龙宫，吃的、住的、玩的都挺好的，你和龙王还有这里的所有人对我都很好，我就是挂念我的母亲。"说着说着，眼泪就流下来了。他边擦泪边说："我和母亲靠打鱼谋生，我出去打鱼挣了钱，买东西回去孝敬母亲。现在我在你这里享福，母亲肯定挂念着我，她一个人怎么生活啊？！"

"夫君，我本是龙王的女儿，不能到人间去，你也不能在这里长住。你既然挂念母亲，那你就走吧，不要难过，到明天，咱俩就生活了一百天。咱俩相处也只能一百天……"龙女继续说，"院子里有棵梧桐树，这几天正落叶子，你就多拾点带回去吧。这里的东西虽然多、虽然好，你也带不出去。"

第二天一早，李昌在院子里拾了不少的梧桐叶，叠在一起，一小撂一小撂的，包起来就向龙女告辞了。

龙女说："母亲亡故的那天，咱夫妻再重会，我会把咱的孩子送去的。"龙女指了指自己的肚子，眼神里透露出恋恋不舍的目光。

龙女不怕路途遥远，亲自把李昌送到他的村庄，他的家门，李昌和龙女挥泪告别。

李昌还没进家门，叫喊道："娘……我回家来了。"边喊着，边跑进家门。

母亲迎出屋门来，仔细一看，真是自己的儿子。儿子终于回来了，娘俩高兴地抱在一起，喜泪交流。

李昌放下背上的包袱，自言自语道："怎么这么沉啊？刚才还很轻的，怎么一进门就沉重了许多？"

李昌疑惑起来。他放下包袱，打开一看，一片片梧桐叶都成了沉重的像盘子一样的硬东西。李昌拿起一块，摸了又摸，又对着太阳细看。那盘子样的东西五光十色，分外好看，并且每块的花纹还不一样。他惊奇地递给母亲瞧瞧，母亲没拿稳，掉在地上摔坏了一块。

李昌知道这是龙女赠送的好东西，就把那些放了起来，只拿着那摔碎的一小块，上村东头的古董玉器店里去了。

"你在哪里得的这宝贝？"老板吃惊地问。

李昌就把自己被刮到海岛上，龙女赠送东西的事大略地讲了一遍。古董店老板说："这是海翠[1]，是宝贝……身上什么地方痛痒，用它一抹就好；瞎了眼睛的用它一抹，就能看见……你娘俩过日子，要这个也没啥用，你卖给我吧？"

这一小块，老板就给了他几千两银子。李昌想，我家中那些得值多少银子啊！

李昌的母亲去世了，悲痛中忽然想起龙女说的话，李昌就盼龙女出现。第二天没来，第三天、第四天龙女还没出现……

到了第七天，李昌母亲出丧起灵[2]的时候，天上哗哗下起了大雨。李昌在母亲的棺材前头，打着收收幡[3]领路。拐弯的时候，李昌看见龙女在棺材后头吊丧[4]。李昌正哭着亲娘的心，被龙女的诚意感动了，哭的声音更大了。

埋葬完母亲，李昌回到家里，也没看到龙女，只见到一对小男孩在屋里玩。两个小孩子一见了李昌就喊"爹"，把李昌喜得不轻[5]。

"你娘呢？"孩子一起往外走，双手向天空指了指。李昌只看见祥云中龙女乌黑的发髻和漂亮的裙裾[6]，伫立[7]了好长时间，才见到云彩驮着龙女慢慢地飘走了。

李昌请了私塾先生教两个儿子，两个儿子分外聪明，读书快，记性好。到了十六岁，私塾先生就换了好几个。两个孩子竟然同年考中了科举，后来又同年中了进士。他俩都做了官，干了一番大事业。

讲述者：　杨书长，男，1904 年 10 月，东平县旧县乡大峨山村，账房先生

[1]　海翠：接近翡翠。
[2]　起灵：出殡。
[3]　收收幡：招魂幡或领魂幡。
[4]　吊丧：孝子孝服陪灵送行到墓地。
[5]　喜得不轻：特别高兴。
[6]　裙裾：裙子；裙幅。
[7]　伫立：长时间地站立。

采录者： 黄文俊，男，1946 年 5 月，平阴县洪范池公社苗海村，教师，大专

采录时间： 1960 年 4 月

采录地点： 东平县旧县乡大峨山村

237

龙女金公鸡

附记

我的姑家是东平县旧县乡大峨山村，因隔山隔水路程远，不大经常走动。1960 年 4 月，我去姑姑家串亲戚。和蔼可亲的姑父杨书长，早年间是村里大户人家的账房先生。他很喜欢我，问我上学的事，还问我毕了业想干什么工作。我说喜欢当老师，姑父夸我说："你选得对，当教师就是花园里的园丁，能够桃李满天下。再说，当老师风不着雨不着，陪着孩子玩还挣钱。"我当时听了笑一笑，心里说，我姑父三句话不离本行！账房先生天天接触的就是钱和账目。他和我拉了很多呱，这个故事就是那天他老人家讲的。我还问他听谁拉的，他说了个名字，好像是他本家的一个爷爷，名字没记住。他老人家的脾气好，记性也好。只要是他听到的事，多少年以后都能说得既明且白。我记得当时还有几个故事，但都不如这个印象深。

话说很久以前，大地壳震动造成了天塌地陷。天上雨神和龙王无法控制雨量，天连降瓢泼大雨七七四十九天。大地上河流、凹沟水深茫茫，与东海连在了一起。

玉皇大帝大伤脑筋，召集众神和四海龙王及江、河、湖神，急上天宫商议办法。东海龙王接旨后，传来龙太子，吩咐他看好宫门，不让任何人出宫，以免在非常时期惹出事端。还吩咐老龟总管率虾兵蟹将沿海巡查，禁止外界生灵入海。龙王走后，龙太子深知责任重大，下令将出海令牌全部收回锁入箱中，又关闭龙宫大门。

且说东海龙王的三女儿天生顽皮，趁太子不注意，从后门溜出了龙宫。她骑着马，抱着金公鸡在碧浪中任意漂流玩耍。当她见到老龟领着巡逻队查海，便悄悄躲在礁石后面。巡逻队过后，又继续漂流，不知不觉远离了东海。

这时，三龙女想回家了，却又找不到回去的路。她急得想哭，又想，龙父那么大的本领，拥有那么多水族兵将，定会前来寻找，干脆玩个痛快吧！于是，三龙女任凭马儿奔跑，饿了采吃野果；困了，找个暖和的地方休息。

不知过了几天，三龙女从一条大河中逆水而上，来到

群山之中，被一座怪石嶙峋的平顶山峰所吸引，便把马儿牵到平顶峰东侧的丘陵上。她抱着金公鸡，去游逛山景。翻过了一道山梁，见百丈悬壁下有个奇洞，洞口有水"嘀嘀嗒嗒"，声如琴声。洞里面又有洞，深不见底。三龙女正感到累了，便在洞内石床上休息，不知不觉中睡去。

三龙女不知睡了多久，醒来后出洞观看，只见大水已经退去，河沟里露出了铺满鹅卵石的河床。三龙女又去找马，只见马在山岭上已化作岩石。原来，这是匹海马，离水就会僵化。海水退去，马儿急需喝水，马头扎进了山中，那马脖子却变成一道漫长的山梁。三龙女失去马儿，知道无法回东海了，伤心哭泣。金公鸡说："三龙女不要着急，我飞回东海向龙王求救。"说罢，腾空朝东方飞去。

三龙女孤单一人在山洞悲悲凄凄，后悔极了。悔不该任性顽皮，独行至荒无人烟的山中，举目无亲。又担心金公鸡不能飞回东海……

再说东海龙王来到天宫，见玉帝劳累得面容削瘦，脸带忧郁。他少气无力地向众神和龙王及河神们，通报了地动带来的严重后果。一是天庭控制大地失调，风雨无法收拾；二是地下洪水成灾，数以万计的草民百姓葬身于水患之中。望大家齐心合力，想出解决燃眉之急的办法。玉帝说完，回宫休息。

众仙各抒其见，天尊老君把大家的意见综合整理，向玉帝汇报了三条：一是让太乙真人率风、雨、雷、电、云、雾六神和旱神女魃，将大地分为多雨区、多云区和旱区，让大风强行将雨云吹散；二是派使者向西天佛祖如来求援，派罗汉佛将扭曲的地心调整，形成西高东低之势，水往东流；三是让东海龙王领南、北、西三龙王和众河神，将东海定出海拔线，并降低水位，以纳大地之水。

玉帝点头应允，吩咐各行其是。于是，众神仙兵分三路，日夜操劳，经几天忙碌，终将地平调整，排除水患。

东海龙王拖着疲惫的身体回到龙宫，正想卧息。太子禀报说，自龙王上天宫那天，三龙女失踪，多方查找没有音信。龙王大怒，劈头盖脸将太子臭骂一顿。正在这时，突报金公鸡回海，带来三龙女在平顶山的消息。

龙王正要安排龙太子前去搭救，海龟来报，日值神传来玉帝圣旨。原来，玉帝又颁布天条海戒，任何仙人龙族不得私自下凡，执行公务者必须有玉帝手谕。违天条海戒者，个人问斩，族家受贬，并由日值神和夜游神轮流察巡。龙王听后，一声长叹："唉，我女儿暂时无法回龙宫了。待来年六月六日，天又连降大雨，那时我再派兵去接吧！"龙王又拿出一粒仙果树籽，让金公鸡交给三龙女，将其种撒在平顶山顶，以作寻找的记号。还授予金公鸡植树仙法，将树种植入山间，说声"扎根、发芽"，树苗就会破土而出，再说"长大"刹那间就会长成参天大树。并再三叮咛金公鸡，让三龙女注意隐蔽，莫让日值神发现。金公鸡领命，不顾奔波劳累，朝西面平顶山方向飞去。

金公鸡经三天三夜飞奔，离平顶山越来越近。它看见三龙女像块岩石一样立在平顶山峰，激动地高喊起来："三龙公主，我回来了！"这一喊，却把衔着的仙果树种跌落在山涧。

金公鸡把龙王的处境和天条海戒，及龙王叮咛向三龙女叙说一遍。三龙女得知这粒仙果粒是父王来年寻找的标记时，便和金公鸡下山谷去寻找，翻遍了草丛也没有找到。三龙女忧伤地哭了起来。

这时，山谷中突然冒起一股白烟，声音从烟中传出："三龙女公主，你莫悲伤。我是此山山神，特教你解救之法。你要敢于吃苦耐劳，将此山种满树。你父王发现此山与群山不同，定会派人前去察巡，解救于你。再说，此山已成为太上老君之居。用不了多久，他也会来此山，定能想出办法救你。"说完，白烟消失。

于是，三龙女白天躲进洞穴，以避日值神巡察。夜晚，她让金公鸡瞭望夜游神，自己去采集树种。树枝扯破了她的衣衫，手掌被荆刺划出道道血痕。她爬遍了方圆百里的大小山峰，经常摔得鼻青脸肿，两只柔嫩的双手变得粗粗糙糙。三龙女看到日渐增多的柏籽粒等百余种树籽，心中却充满了喜悦。几个月过去了，三龙女已变成了地地道道的山庄村姑了。

第二年的春天来了，三龙女将采集的树种漫山遍野地撒呀，撒呀……还把种子和泥土和成泥巴，扔在岩石缝间，扔在悬壁上。然后，让金公鸡施展东海龙王教的"扎根、发芽、长大"植树仙法，使整个山脉变得山林茂密、郁郁葱葱。更可喜的是那颗跌落在山涧的仙果树种，也长成了数丈高、几搂粗的白果树，树冠遮住了半条沟，能勾住彩云晚霞，美丽壮观。

平顶山一下变成了绿洲，使人们感到非常惊异，也引起了天宫玉皇大帝的注意，派日值神前来查看。

这天，日值神变成了一采药的村妇，来到平顶山中。只见一村姑模样的女子在撒籽种树，便上前询问。

三龙女不知是化装的日值神，就把自己的身份和遭遇一一托出。三龙女万万没有想到，日值神曾因巡海和龙王有矛盾。于是，日值神向玉帝呈报，说平顶山有妖孽胡作非为。

玉帝便派托塔天王前来收拿。天王来到平顶山上空，将手中宝塔抛下。

这时，三龙女正在山涧撒树种，金公鸡的"扎根"仙法使塔失去了收吸作用，正直往下扎去。金公鸡突然感到头顶压来一股冷风，抬头一看，一个巨塔从天上坠下。它立即高喊："三龙女公主，快跑！"

说时迟，那时快，只听得"轰隆"一声巨响，塔扎进了深山地下，震得山动地裂、岩石飞滚。金公鸡也被砸得血肉横飞。说来也巧，金公鸡那巨大的鸡冠竟飞溅到山顶，粘在化作山峰的海马脖子上，刹那间就化成了巨形岩石，形成一道"鸡冠马脖"的奇峰妙景。

再说三龙女听到金鸡的喊叫，转身就跑，只是跑出数丈，就被飞滚下的岩石深深埋住。无论怎样挣扎，都无法脱身。她在地下哭呀，哭呀，泪水化作一股清清的泉水，从石间冒出……

第二年的六月六来到了，老海龟奉东海龙王之命来到平顶山，却无法将埋在山涧的三龙女救出。它又不忍离去，便趴在平顶山南侧的西岭上，静静听着三龙女的哭声。

讲述者： 郑立恩，男，1935 年 5 月，章丘市文祖镇三德范村

采录者： 孙廷华，男，1954 年 1 月，章丘市文祖镇文祖东村，高中

采录时间： 2004 年 3 月

采录地点： 章丘市文祖镇三德范村

附
记

郑立恩是我岳父，该文根据他讲的故事整理而成。收入在《章丘民间故事》2007 年华艺出版社出版，和我的文集《锦屏夜话》，2009 年作家出版社出版，获得济南市首届泉城文艺奖。

238

药姑

话说孙悟空化身牟汶河，王母娘娘命水神小青龙挖河引水入西天王母池。东海龙王妒忌牟汶河滔滔西流，派自己的三女儿小龙女去督察水神小青龙改变河道。最终，小龙女违抗了父亲的旨意，一去不返，与小青龙一道厮守在牟汶河边，下雨降露，造福黎民百姓。

数年过后，东海龙王一直未能改变牟汶河的流向，渐渐放弃了改河的念头。可怜天下父母心，牟汶河改道不成，女儿小龙女音信全无，东海龙王十分后悔当初对女儿撂下的狠心话。于是，就让三儿子小白龙前往牟汶河岸寻找姐姐小龙女。

小白龙来到牟汶河边，见山清水秀，男耕女织，处处是一派祥和的景象，一下子就喜欢上了这里。小白龙一路寻来，不知不觉来到了牟汶河源头。经过四处打听，找到了姐姐小龙女。

原来，小龙女早已和小青龙结为夫妻，居住在九龙山的龙洞里。小龙女生活美满，夫妻二人恩爱幸福，根本没有返回龙宫的打算。

姐姐不肯回东海龙宫，小白龙也放弃了回龙宫的念头，在与九龙山相连的莲花山居住了下来。

小白龙虽然是龙宫出身，但是和他姐姐一样一点也不娇贵。勤勤恳恳，吃苦耐劳，乐于行善。小白龙来到莲花山，发挥自己一技之长，布云施雨。从此，莲花山年年都下七十二场浇花雨，山上树木茂盛，花草满地。

深山出俊女。莲花山下有一位俊秀的姑娘，不仅长得美丽大方，心灵手巧，而且医术高明，乐善好施。她天天上山采药，义务为乡亲们治病，人们都叫她药姑。

一场大雨过后，药姑背着背篓，拿着采药的铲刀，上莲花山采药。大雨刚过，山上处处是湿漉漉的，树枝、草丛、岩石到处滑溜溜的，一不小心就会滑倒。药姑小心翼翼地穿梭在山林中，寻觅着珍贵的药草。

忽然，一棵硕大的灵芝映入药姑的眼帘。如此大的灵芝药姑还是头一回遇到。灵芝长在峭壁岩石缝上，采到它需要攀上峭壁。药姑不顾岩石湿滑，慢慢地攀到峭壁上。眼看就要够着灵芝，不料脚下一滑，连人带背篓滚落崖下，摔坏了胳膊。她一动就钻心地疼，好几次药姑疼得喊出了声。

药姑的喊声，传到了正在山间游玩的小白龙耳中。小白龙循声来到了山崖下，见一位俊俏的姑娘躺在草丛中，一条胳膊不能动弹。

小白龙二话没说，背起药姑就向他的住处走去。小白龙用温水洗净药姑受伤胳膊上的泥土，捣碎山上治疗跌打骨伤的草药，敷在药姑受伤的胳膊上，将药姑送回山下的家中。

小白龙和药姑从此相识，成了要好的朋友。药姑每次上山采草药，都要到小白龙的住处逗留一会儿。小白龙有时下山，也要到药姑家中坐一坐。两人你来我往，时间久了迸发出了爱情的火花。

正当二人准备结婚生子的时候，天爷爷知道了实情非常生气。他是绝不容许神仙和凡人结婚的。天爷爷命令东海龙王召回小白龙回到龙宫，无论东海龙王使出什么绝招，小白龙就是死活不回龙宫。他与药姑结了婚，生下一大胖儿子。

天爷爷大怒，下旨贬小白龙下凡，罚莲花山一带大旱三年。三年不下一滴雨，庄稼颗粒无收，百姓流离失所。

下凡的小白龙早已失去了布云施雨的本领，只能眼巴巴地看着大旱给莲花山一带带来的灾难。

烈日炎炎似火烧，酷暑难挡。山下的男女老少一起跪在地上烧香求雨，一些老人和孩子经不起热晒晕倒在地上。小白龙看到因为自己连累了大家，十分痛心。为了拯救黎民百姓，小白龙决心舍生取义，化血为雨。

小白龙知道自己虽被罚下凡，但仍是真龙身子，他的血液依然可以化为一场瓢泼大雨。于是，小白龙趁人不备，从跪在身边的药姑身上拔出采药的铲刀，狠命地刺向自己的腹部。霎时，一股鲜血喷出一丈多远，小白龙倒地现了原形。

刹那间，电闪雷鸣，山崩地裂，暴雨如泼。一场大雨，解了干旱之灾。大雨过后，大地回春，万物复苏，莲花山一带重现生机勃勃的景象。小白龙喷血倒地的地方，涌出了一股清泉。

小白龙倒地时，把龙须深深地嵌进流向东海的地下河。因此泉水清澈甘甜，常流不枯。奇妙的是每逢阴雨天气，风啸山林，似能听到小白龙低沉的呻吟声。因此，这个清泉被人们称作"龙吟泉"。

几年后，药姑思念小白龙过度，染病身亡。人们念她与小白龙相爱一场，将她埋在龙吟泉边。不久，一棵银杏树拔地而起，茁壮成长，千年不老，似在捍卫小白龙和药姑忠贞不渝的爱情。

讲述者：	赵方会，男，1962 年 5 月，莱芜市钢城区艾山街道九龙庄村，农民
采录者：	石荣臻，男，1967 年 2 月，莱芜市钢城区里辛街道石家岭村，高中
采录时间：	2013 年 7 月
采录地点：	莱芜市钢城区艾山街道九龙庄村

附　记

九龙庄村位于莱城东南 30 千米，莲花山以东、九龙山脚下，南邻庙子村、罗汉峪村，东邻古墩村。在九龙山脚下，有一处常年不干的清泉，名叫"龙吟泉"。龙吟泉下，泉水潺潺流过，汇成小溪，穿过九龙村，顺溪而下，十分壮观。看了上面这个故事，你该知道龙吟泉的由来了吧。

239

命运神

这天，财神爷心情高兴，独自下凡到人间体察民情。他双脚刚一着地[1]，就被保护一方的土地爷拦住去路。质问他为啥不主持公道，滥用职权随意散财，使人间贫富不均？富的朱门酒肉臭，贫的家无隔夜粮。要不改变这种有违天地和谐的状况，土地爷表示要到天庭玉帝面前说个明白，讨个公道。

财神爷听完土地爷的埋怨，一头雾水，他歉意地笑了笑说："你说这话是啥意思？我掌管着天地的财富不假，可从来没有徇私枉法，乱花一文钱。"

土地爷听了，胡子乱颤地说："你还敢说没有徇私枉法？我问你，如果你不偏心，世上怎么会有贫富不均？"

财神爷听出了土地爷话中有话，试探地问道："你的意思是我把钱给了富人，穷人我就甩手不管了？咱说话可要凭良心，我办任何事都是一碗水端平。至于世上有贫富之分，那是他们的命运所致。和我这个管财富的一文钱的关系也没有！"

土地爷见财神爷说话火杠[2]，气更大了："你说这话也不嫌害臊，一样的人一样的命，你若是把碗端平了，哪有这么大的贫富差距。我就纳闷了，难道你散给他们钱财他们不要？难道他们甘心受贫？"

财神爷辩道："你说的一样的人一样的命不假，但富的命里有财推不掉，贫的命里不担财。就像你这个土地爷担不得大供养[3]一样，我有什么办法呢？"

土地爷听财神爷揭了他的短，怒道："你睁着眼睛说瞎话，我咋担不得大供养了？我今天不和你一般见识，有本事你在我管辖的这片土地上，把钱财散给受贫者，我看他们要不要！"

财神爷见土地爷脸都气紫了，怕再多说伤了和气，就借坡下驴，说道："好啊！我不白你的脸，咱们验证一下我说的话对还是错。"两个神赌上了，站在大路边等有人过来捡财。

庄稼人惜时如金，都在自己的土地里勤劳地耕作着，路上少有行人。等了一大会儿，前边路上来了两个游手好闲的乞丐。财神爷立即来了精神，站起来拍拍土地爷的肩膀说："你看，对面来了两个乞丐，他俩可算是人间至贫者。这条路前方有条河，河上有桥。他俩顺路而来，必从桥上经过。我把一锭大金放在桥中央，看他们能不能有命拾去。"

土地爷高兴地说："他们不傻不痴[4]，缺的就是钱，哪有把送上门来的金银扔出去的道理！"

"那就看结果再说吧。"财神爷并不反驳。

这俩乞丐今天运气不错，讨的食物多吃得饱，有说有笑慢慢顺路而来。来到离桥二百米的地方，高个子乞丐突然心血来潮，对矮个子乞丐说："你整天吹自个[5]本事大，今天我们比比吧。看谁能闭着眼睛从桥上摸过去，先过桥者为胜。"

矮个子乞丐，立即赞同。屎壳郎滚粪，也就那点儿能耐。两乞丐说着闹着，快到桥头双双闭上了眼睛。财神爷早把一锭大金，置于桥中央。在阳光照射下金光闪闪，格外醒目刺眼。两乞丐确实都没有命担财，他俩闭着双眼一个从左边，一个从右边摸了过去。那锭大金稳稳待在桥中央，他们既看不见又碰不到。

土地爷见状如同三九严寒天，从头上浇了一桶冰水，从头凉到了脚后跟。他气得咬牙切齿，恨这两个穷命鬼，枉费了自己的一番热心肠。他叹了一口气，骂道："真是不该可怜的穷命鬼，活该吃不饱穿不暖。"一想到与财神爷打赌没给自己留一点后路，恨不得找条地缝钻进去。

财神爷非常大度，他看出了土地爷的不自在，就和颜悦色地说："把金子放在俩乞丐面前，他们闭上眼睛绕着走，说明他们命里不担财，该当受贫；我再把这锭金子埋藏起来，有福担财的人就会来寻它。"说着，指了指桥头左边的一片小树林，把金子埋在了树下。

刚埋好金子，小路上鞭声清脆，马蹄声声，一个美貌少年骑着高头大马急奔而来。来到桥头，"吁"的一声勒住马，左右观看，然后奔树林而去。至树林边，就见他翻身下马，将马缰绳拴在树上。他把马鞭挂在树杈上，解带松裤就地撒尿。可能是憋急了，水急似瀑把地上洇出[1]个小坑。突然，一道金光闪过。美少年低头来看，只见洇出的尿坑里竟有一锭大金。少年意外得财，高高兴兴捡金而去。

土地爷看到这一幕，这才明白财神爷说的话都是真的，他愣在当地[2]，无话可言。财神爷看了土地爷一眼，说："天下贫富不均，为此经常发生偷窃争斗，闹得世间不平。我很痛心，也想改变这种局面，却无能为力。因为像你只管土地，像我只管钱财，而命运之神才是关键。要想解决问题，只能找命运之神。"

财神爷轻轻一推，又把责任推给了命运之神。

命运之神为何？谁又是主宰命运的神呢？

财神爷和土地爷来到天庭，找玉帝问个明白。

玉帝听完两神在凡间的境遇与争论，沉默半晌说："想弄清命运之神，首先要明白'命运'二字。命，生命也！属于形灵性。有思想，会分析，一呼一吸有活动能力，区别于山水矿林等实在的物质。运，指生命的活动历程。盘古开天，女娲造人，开创人寰。自从有了凡间，有了人类，便有了贫富差异，人间又把这种差异归结为命运使然。"玉帝侃侃而谈。

财神爷看着土地爷，土地爷瞪着财神爷。二神听了半天不得要领，又一同转脸对着玉帝说："您讲了一大通，可还是没有把谁主宰命运的事解释清楚。"

玉帝不耐烦了，有点生气地说："天上众神大事小事都要我处理，你们两个还拿人间的事来烦我。不就是贫富不均吗？你们就不会动动脑子，自己到人间去找答案吗？"

土地爷说："下界信奉生死由命，富贵在天。意思是说，上天主宰着人类的命运。我们在人间找不到答案，才来找您问个明白的。"

玉帝灵机一动有了主意，他说："生死由命这话不错，自古就是南斗司生，北斗主死。富贵在天吗！我讲件事你们就会明白的。很久以前，天庭派青龙星下凡，到人间为主。他降生在蓬州罗家，四岁读书，到九岁时诸子百家、天文地理无不精通。一时小有名气，原质显露，被誉为罗衣秀才。罗家离学府有段路程，路上有溪沟相隔，溪上有桥。这年夏天，洪水暴涨冲垮了桥，秀才无法过溪上学。正在岸边焦急时，一位白发老人出现在身后，自告奋勇要背秀才过溪。秀才看老人年迈，正在犹豫。老人轻轻一拉就把秀才背在了背上，从滚滚溪水上踩波而过。到对岸，衣服鞋子竟滴水不沾。秀才惊奇极了，磕头便拜。老人连忙扶住，口称：'小老儿是本方土地神，秀才是青龙星下凡，未来的真命天子，帮助你是我分内的事。'说完，土地神不见了。罗衣秀才知道了自己的使命，那激动的心情难以形容。自思我是真龙天子下凡，天生的帝王命。今后还用读什么书，受什么寒窗苦！从此，便弃学云游四方，不思读书进取。渐渐荒废了学业，远离了人间正道。旧规腊月二十三，灶王爷上天汇报一年人间的善恶。当问起青龙星近况如何时，灶王爷奏道：'陛下，青龙星初时认真读书，发愤进取被称为罗衣秀才；后来土地神泄露天机，青龙星弃学而游，自甘堕落，已无人君之相。'我听后大

---

[1]　洇出：冲出来。

[2]　愣在当地：站在原地不动。

怒，责罚土地神泄露天机，并命太白星下凡，把青龙星龙骨换掉。后来，罗衣秀才真气不举，锐志大减，又不思进取，无法参加科考。他坐吃山空，家道也败落，及至后来一贫如洗。顿悟尘世劳人世态炎凉，无奈之下到高凤寺出家做了和尚。后来，贫穷潦倒一生，最终冻饿而死。再如人间传颂的文龙文凤兄弟二人，经算命先生推八字测定，文凤为状元命，文龙克父为乞丐命。文凤父母基此对文凤自幼娇生惯养，任其胡作非为，不加管束。慢慢地走了弯路，坑诓拐骗，赌偷成性，把偌大一份家业毁于一旦。父母沦为乞丐，有状元命的文凤则成了狱中之徒。文龙是克父乞丐，父亲对他深恶痛绝。认为祸根不可留养，想抛弃或溺死他。儿是娘的连心肉，妻子坚毅不肯。为此，夫妻发生了分歧。父亲竟绝情不尽抚养之责，狠心抛下妻儿出走。母亲在丈夫出走、舆论压力、生活艰困的情况下，不信命不信邪。她自幼对文龙严格要求，要他学先贤立志攻读，脚踏实地不屈不挠，一步一个脚印朝前走。文龙受母亲的熏陶和环境的影响，更是胸怀大志，抗天命舆论。他敬师爱母，刻苦攻读；在艰苦的环境中生发出一种坚韧的信念。劳筋骨苦心志，磨炼自己，终于在科考中脱颖而出，被皇上御点为状元郎。文龙衣锦还乡，被传为一段佳话。"

玉帝讲完这两个故事，对财神爷和土地爷说："人间易学以推八字论命运、测天缘、究富贵，其实不然。天地间没有一成不变的道理，命运与富贵也是可逆可变的，这要看在生命征途中的奋斗程度了。说到这里，你们明白是谁主宰命运了吧？"玉帝站起伸了个懒腰说："回去好好想想吧，我也累了。"

两神重又返回人间，在一家角旗高挑酒字飘的肆馆中坐定，斟酒细谈。财神爷说："婴儿出世，白条条赤裸裸本无区别。长大后，商耕渔樵官千万职业。但行行出状元，这就看自身奋斗的经历了。有人不屈而进，迎难而上，敢于拼搏，勇于创一番事业；有人则畏难惧苦而退，怕风怕雨经不住考验，一事无成。像高矮乞丐目光短浅，只满足于求得一餐之食，更有何为？像罗秀才知天命后，反而纵舒逸、养筋骨，不求进取，难担天赋。文凤一家信命反被命误，文龙不拜神，不媚命，穷不更节，循正求悟，毅志攻攀，终于由乞丐命变成状元郎。从这些实事上看，命运

是可以改变的。不是上天和神主宰着，而是掌握在自己手中，自己才是命运之神！"

土地爷也醒悟地说："人间贫富不均，以前我认为是你财神爷散财不公造成的结果。现在明白了，贫富在自己。种金得金，种银得银。勤劳的人，回报必丰。靠命运赐予必是万事皆空，不懈地拼搏进取，这才是人间致富的真谛。"

财神爷端起酒杯对土地爷说："咱们干了这杯酒，我有事相求。"

两神干杯。土地爷说："有事请讲，何必客气？"

"你既知人间贫富不均与我财神爷无关，请你点化那些迷信命运的人醒悟过来。不靠天地，振作精神，靠自己的双手去创造财富。免得烧香磕头，求财不至而骂我财神爷不灵。财富永远赋予那些勤劳进取的人！"

土地爷心悦诚服地点点头，高兴地说："谢谢赐教，本土地记住了！"

讲述者：	郑洪林，男，1955年4月，德州市临邑县宿安乡，高中
采录者：	孟庆贵，男，1954年9月，济阳县曲堤镇姚集村，高中
采录时间：	1987年10月
采录地点：	德州市临邑县宿安

附
记

我国著名书法家邢侗（1551—1612），字子愿，号知吾，自号啖面生、方山道民，晚号来禽济源山主，世尊称来禽夫子。临邑（山东德州）人，明代书法家。笔者在其故乡宿安（德州市临邑县宿安乡）工作时，一次客饮听到了这个故事。我们三五同事，酣饮一室，善饮的郑洪林，每每饮至耳鸣头沉过量方罢，我劝之："少饮为佳，爱身体，护肠胃，养生之道也！"他不以为然，却说："人，命也！人生在世，担多大财富，有多大寿限，冥冥之中早有定数，非人力所能为也。今日有酒今日醉，不管明日死和生，得乐且乐。"并且，讲了上

面这则故事以佐其说。我不同意洪林的这种观点和说法，因为在我周围有很多不屈于命运的安排，在棘荆坎坷的道路上默默攀登创一番事业的人。在艰苦的环境中勇于拼搏，终于走出一条成功之路的例子很多。事实证明，俯首听命、不努力奋争，将一事无成。反之，将大有作为，前途光明。在这里假借二神和玉帝之口以阐其理，以正视听。

240

王小娶皇姑

从前，王家庄住着王小娘俩，靠租种着一亩二分荒地过日子。娘俩长年累月脸朝黄土背朝天，没白没黑地干，还是吃了上顿没下顿。过的那日子真是吊起锅来当钟敲，穷得当当响。

屋漏偏逢连阴天。这一年，天老爷也和穷人过不去，一春不给下滴雨。庄稼旱得耷拉着叶子，叫人看了怪心疼。

王小娘见今年的庄稼没有了指望，急得心里窜火冒烟[1]。看王小穿得破皮露肉[2]，心中怪难过。自打[3]王小他爷[4]过世，这些年来孩子多咱穿过一件像样的衣服，吃过一顿香喷喷的饭。如今十四五的大孩子了，搁到有钱人家早就成家立业，撑门头过日子了。哎！如今混得瓮里没有隔夜米，灶边缺了烧火柴。三心思两心思，泪水就止不住地淌下来。哎！黑夜心思千条路，耽不了早晨卖豆

[1] 窜火冒烟：心急火燎。
[2] 破皮露肉：衣不遮体。
[3] 自打：自从。
[4] 爷：父亲。

腐[1]。王小娘自语着，边说边用衣袖擦泪。

说者无心，听者有意。蹲在门口磨镰刀的王小听了娘的话，说：“娘，您不是说会出豆腐吗？咱借俩钱当本，出点豆腐卖了赚些渣吃，比等着饿死强。”

王小娘听了，看着儿子说：“我儿说的也是个理，可眼下有几家烟筒冒长烟[2]，到谁家去讨还本钱做买卖呀？”

“娘，人家不是说车到山前必有路吗，您想想谁能帮咱？”

王小娘拖过篮子，抓起把野菜摘根，说：“哎！这穷年月，不知己谁掏钱啊！明天你到恁二舅家去说说，叫他给寻个谋[3]吧。”

王小的二舅是个铁匠，干的生活[4]在四外八乡怪[5]有名。他见外甥来了，忙不迭地放下手中活，倒碗水端给王小叫他坐下喝。王小说明来意，求二舅帮忙。

二舅说：“你有困难我不能不帮，眼下我手头也怪紧巴[6]。这样吧，你回去先和恁娘把屋拾掇拾掇[7]，隔个三天两早晨的我过去一趟，这点小本钱也别愁得慌。”王小告别二舅，背着妗子拾掇的包袱[8]回了家。

隔了几天，二舅送来用具和黄豆，又帮着支上锅头[9]，调理好家什。送走二舅，王小娘忙着拾掇石磨磨豆浆。到了后晌[10]，娘俩烧火的烧火，点卤的点卤[11]，不到一个时辰就压上了豆腐。

第二天，天不明，王小挑着豆腐进城去卖。城门还没开，他放下挑子蹲在路边歇脚。等进城的人很多，背啥的也有，穿啥的也全。好歹挨到开了城门，王小串街走巷吆喝着卖豆腐。王小卖豆腐秤杆头回回戳破天，买主觉得他

怪实诚，一说合，一包豆腐没多久就卖完了。自此，娘俩黑夜出白天卖，赚下的渣吃不了就接济四邻八舍和无人照料的孤寡老人。

一天，王小卖豆腐回来的路上，见一老婆婆躺在路边，蜷着身子“哼哼”不止。他忙放下豆腐担子，扶起老人背到自己家里。王小娘做碗热汤给她吃，老半天老婆婆才不嗨唭了。王小请来先生，抓药煎汤服侍得很周到。老婆婆病好要走，王小说啥也不答应。他直接拜成干娘，养在家里。老婆婆无亲无故，遇到好心人照顾，高兴得眼泪止不住往下淌。打这起，老婆婆住在王小家。说也蹊跷，自打老婆婆住下帮忙，豆腐出得好不说，那斤两头大得不叫人信。吃过他豆腐的人家，一顿没有就急得满城找他。王小卖豆腐从不失信，也不长钱[12]。遇到贫穷人家不是少收钱，就是多给点豆腐。

俗话说，“人心隔肚皮”。也有那爱占便宜的，不是少支钱就是赖账。王小也不和他们一般见识。天明了又黑，黑了又明，不知不觉过了三个月。这天吃完后响饭，老婆婆说：“王小啊！你从明日开始，卖完豆腐到县衙门口看看那对石狮子。什么时候红了眼，就赶快回家，那是要发大水的预兆。”王小记在心里，每天卖完豆腐就去看狮子的眼红了没有。

嘴传嘴，快起腿。没多久城里的人都知道了这件事，有那爱闹恶作剧的，故意用猪血把石狮子的眼染红。王小不知原委，老远看到狮子的眼红了，转头就往家跑。

王小跑回家，把狮子眼红的事告诉老婆婆。老婆婆叫他抽来根秫秸，老婆婆接过来去叶剥皮，拽拽插插，不多时扎了只船，又吹两口气变成只双舱的大木船。然后，叫王小把干粮、衣服、清水全搬到船上。她掐破耳朵地嘱咐王小，到发大水的时候救啥都行，千万别救人，救人就是个黑头蛆[13]。

夜深人静的时候，果然发了大水，人们还没明白怎么回事就做了水中鬼。天亮了，王小发现四周全是水，木船在白茫茫的水面上往下游慢慢漂去。漂着漂着，王小发现

---

[1]　黑夜心思千条路，耽不了早晨卖豆腐：意指夜里想得再好，第二天该干啥还得干啥。

[2]　几家烟筒冒长烟：意指家里无粮没法烧火做饭，不烧火做饭，烟筒就不冒烟。在这里意为，有粮食吃的没有几户人家。

[3]　寻个谋：想个办法。

[4]　生活：指手艺活好。

[5]　怪：当“很”讲。

[6]　怪紧巴：生活困难，意指没有钱。

[7]　拾掇拾掇：整理打扫一下。

[8]　拾掇的包袱：包了一些生活用品。

[9]　锅头：火灶。

[10]　后晌：晚上。

[11]　点卤：让豆浆成豆腐的一道工序，用盐卤或石膏。

[12]　长钱：提价。

[13]　黑头蛆：乱嚼舌头的人，指很坏的人。

一窝蚂蚁聚在几片树叶上。水把树叶打得翻来翻去，眼看蚂蚁要淹死，王小便用笊篱捞了上来。不大霎，又接连救起一窝耗子，一条红花大长虫[1]和一窝金黄色的蜜蜂。

小船在水浪尖上起起落落，左右洸荡[2]。突然，王小看见一个人在水里大喊大叫，样子很可怜。救人一命，胜造七级浮屠。王小早把老婆婆的嘱咐忘了个一干二净，他把那人拖到船上，领到前面的货舱里。被救上船的人，又是作揖又是磕头地感谢王小的救命之恩。他狼吞虎咽地吃了很多东西，又接过王小递过来的干衣换了，央求王小拜见老人。王小怕老婆婆说他不听劝告，就把这事挡了下来。

不知在水中漂了多长时间，这天响午船靠了岸。被救的人跳上岸说："你救了我的命，待我报答你。这里的县官是我的朋友，待我去和他说说。如今船靠了岸也就没用了，不如献给他得些好处吧？"王小说："是这条船救了俺们的命，我不会送给任何人的！"那人讨个没趣，夹在人群中头也不回地进了城。

蚂蚁、耗子、长虫和蜜蜂也开口道别："王小哥，谢谢你救了我们。以后遇到困难时，连叫三声我们的名字，我们会来帮助你的。"说完，四散而去。

王小到舱里扶娘下船，却不见了老婆婆的踪影。不知她老人家什么时候走的，什么时候回来，只得和娘坐下来等。不大霎工夫，被救的那人领着几个衙役走过来，点着王小的头，凶狠地说："好你个王小，偷劫船财，暗伤人命，如今黑头蛆大人把你告了。"说着，把王小按倒绑了，抬着船朝城里走去。王小娘急得喊声"王小儿"，就晕死过去。

穷人见了官，有理也挨扇。瘦县官斜着三角眼，一拍惊堂木，阴阳怪气地问："你就是偷船害命的王小吗？"

王小大声喊冤："大老爷，您可要明察！"

"察个屁，人证物证都在，你还敢狡赖？"县官凶狠地说。

王小如此这般把事情的前前后后、枝枝丫丫说了个明明白白："大老爷，上有天，下有地，俺不敢说瞎话。不

信！你问问那个黑头蛆。"

"那个插船的老太婆呢？"县官问。

"船靠岸时还在，不大霎就不见影了。"王小干脆地回答。

县官三角眼一瞪："大胆王小，在老爷我的三尺法堂前还妖言惑众，搬弄是非。看来不揍你的腔，你是不说实话的。"

王小跳进黄河洗不清，浑身是嘴也说不明。但他一直争辩说："大老爷，那船是用秫秸皮插的。不信，可叫人拿上来咱看看就知道了。"

县官立睖[3]着眼，叫衙役把船抬来。衙役把船抬到大堂上，刚放下船就变成了秫秸皮，吓得县官只吐舌头。愣怔了老大霎[4]，县官又冒开了坏水："来人！先把王小关进监牢狱[5]里，啥时候把牢门外那堆土运到屋里才放他出去。"

饥时想饭食，难时想亲人。王小关在监牢里看着门外几米远的土堆，愁得眉毛拧成疙瘩。这当里[6]，俺娘还不知急成啥样子呢。哎！不听老人言，吃亏在眼前。怪俺不听干娘的话，惹了这么大个麻烦事。那堆土龙年马月也运不进来呀！王小急得眼泪吧嗒吧嗒地往下淌。

"王小哥，王小哥。"王小听到有叫他的声音，四下寻找，只见一只灰毛大老鼠抬起两条前腿比比画画。

王小蹲下身："耗子，是你在叫我吗？"

"是我叫你，王小哥我寻食到那贪官的房里，听他正在设计害你，就赶来看你。王小哥，您别难过，我们来帮你。"说完，从门洞里出去了。

王小躺在潮湿的乱草中，翻来覆去跟煎鱼一样。夜深人静，来了千万只大耗子，出出进进，天不明就把那堆土运完了。

狱卒告诉了县官，县官听完忙不迭赶来查看。那堆土果然运到了里面，地上没有洒落一点。瘦县官惊得直吐舌头，眼珠子在三角眼眶里一转，又想出一计。他把王小关

[1] 大长虫：大蛇。

[2] 洸荡：左右上下摇摆。

[3] 立睖：斜瞪着眼。

[4] 愣怔了老大霎：惊呆了一会儿。

[5] 监牢狱：监狱。

[6] 这当里：这时候。

在另一间牢房里，叫狱卒搬来一斗谷子、一斗草种掺合在一起，倒在王小眼前，说："你再把谷子和草种分开吧！什么时候分完，老爷我就什么时候放了你。"

王小愁得搓手跺脚！这时，一只大蚂蚁爬到面前，大声说："王小哥，你别愁，只管放心睡你的觉，我来替你分。"

夜里，成千上万只蚂蚁来到狱中，只用了半个时辰就把谷子和草种分完了。县官看了，还是不放他。这时，一条红花大长虫钻了进来，围着王小转了三圈，说："王小哥你别愁，我有办法让你出狱。明日晌午，国王的钦差要来巡察。到时候，你就大喊大叫说：'皇姑的病我能治。'他就会把你带进京城。"

"我哪里会看病啊？"王小为难地说。

"王小哥，皇姑的病是我让她得的。你只要用皇姑花园里的第四盆红色月季花熬水给她喝，病立即就好。到那时，皇上给你多少金银你也别要，只要皇上忠实自己的诺言。"

第二天晌午，隔壁人仰马翻乱哄哄的。王小寻思可能是钦差来了，使破喉咙叫喊。不大霎，县官跟舔腚狗似的领着一伙人走来，一个四十五六岁的官，腆着发福肚，操着官腔指着王小问道："刚才咋呼[1]的，可是你吗？"

"是我，皇姑的病我能治。"王小拍着胸膛说。

钦差不敢拖拉[2]，带着王小星夜赶奔京都。

皇姑这一病可不得了，京城跟起了龙卷风一样，几乎请遍了全国的名医，也看不出是啥症候[3]。皇太后急得碰头打滚[4]，皇上更如热锅上的蚂蚁坐卧不安。老于世故的宰相参奏说："万岁爷！皇姑的病可不能给耽搁了。依老臣之见，还是张贴皇榜，说不定我主洪恩有异人相助。"

皇上觉得有理，下旨出榜求医。

风不来叶不响，水不淌沙不走。万岁出皇榜跟春风一样，不大霎就传遍京都。天子脚下人才济济，哪个做梦不想往上爬。结果欢天喜地进宫，垂头丧气出来。打那，再

[1] 咋呼：喊叫。
[2] 不敢拖拉：不敢急慢。
[3] 啥症候：啥病。
[4] 碰头打滚：焦急万分，坐立不安。

也没有人敢在这上头做发财梦了，皇上急得如坐针毡。这日，他正焦躁不安在寝宫踱来走去。传旨官报："吾皇万岁，万万岁，钦差大人从民间寻得一年轻后生，言说能治好皇姑的病，现在宫外候旨。"皇上听了，龙颜大悦，马上传旨进见。

王小自出娘胎，几时见过这么大的气派，腿肚子转筋转得不好使。钦差是个明白人，亲自扶王小穿了九道门，拐了九道弯来到寝宫。皇上见王小长得天庭饱满，地阁方圆，打心眼里喜欢。皇上叫钦差扶他坐下，喜恣恣地问："王小，听说你能治皇姑的病？"

"万，万岁爷，俺会治。"

"王小，你知不知道治不好皇姑的病，会得到什么样的下场吗？"

"万，万岁爷，王小知道。"王小哆嗦着身子，怯生生地回答说。

皇上见王小憨厚老实，打心眼里喜欢。叫人领他去沐浴更衣，又赏了酒饭。

肉山酒海，杯盘罗叠，把王小看得眼花缭乱。

吃饱喝足，皇帝领他来到后宫。皇姑把手从隔壁伸过来，哎呀，那手白得跟刚出水的嫩藕瓜一样。宫女用金盆端过香汤，叫王小洗了手。王小哆哆嗦嗦，装着看病的样子给公主切脉。皇上、皇太后等人，瞪着俩眼看着王小脸上的表情。过了很久，王小才松开手说："这个病不要紧，只是受了惊吓。花园在哪里？"

皇上派宫女领王小去花园，找到了第四盆红色月季花，采下花朵熬成汤，叫宫女端给皇姑喝。对症下药，药到病除。皇姑只喝了三口，病就好了。皇上见王小身手不凡很高兴，把他召到金殿，当着文武百官的面说："王小，你知道我曾亲口说过，谁能治好皇姑的病，就招他为东床驸马。现在你治好了，我也不食言。但有一条，我把皇姑放在十二乘轿子中间，如果你能找到皇姑在哪乘轿里，就算是你的福气。"

王小听了，根本不拿这个当回事。亲娘到现在都不知生死，哪有闲心想娶皇姑。这时，一只小蜜蜂飞在王小的左耳上说："王小哥，你别愁。你看我在哪乘轿前飞，皇姑就在哪乘轿里。"

众朝臣陪皇上和王小来到花园，花园里花儿争相开放，万紫千红煞是好看。那五彩的蝶、百色的鸟，穿插交错，千姿百态，真格是红红绿绿大世界，谁个能辨高与低。

广场上放着十二乘大小、色彩一样的轿子，王小倒背双手从头到尾看了一遍。见两只小蜜蜂在第六乘轿前飞来飞去，便毫不犹豫地掀开轿帘，皇姑果然在里面。

皇上高兴地说："有缘千里来相会，月下老人牵红绳。"当场下旨，招王小做了驸马。

不久，王小找到了母亲，领着新婚的皇姑回到了阔别的家乡。夫妻俩仍然住在破草屋里，你耕我织，恩恩爱爱；孝敬老母，接济四邻，传为佳话！

讲述者： 田克英，女，1950 年 6 月，莱芜市方下镇嘶马河村，识字

采录者： 李胜华，男，1964 年 4 月，莱芜市方下镇张公清村，初中

采录时间： 1992 年 12 月

采录地点： 莱芜市方下镇嘶马河村

附
记

民间关于王小的故事很多，最具代表性的就是"娶皇姑"。1992 年 12 月，笔者在嘶马河采访"韩韶与嘶马河的传说故事"。座谈中，听田克英老师讲了这个故事，对故事中的王小非常喜欢。于是，把这个故事记录了下来。1993 年 2 月，收录在《凤凰城的传说》一书中。

241

水母奶奶

很久以前，大站村有个闺女，叫刘三姑。自幼订婚张家。结婚后婆母见她脚特别大，认为是伤风败俗，便倍加虐待。每日让她去河边挑水，还要挑十几缸，为防她偷懒，婆母把水桶做成尖尖底的，让刘三姑挑水时没法歇息。除此之外，还要铡草喂马喂驴，推碾拐磨，吃不饱穿不暖。

一天，正在挑水的刘三姑在村头遇到一个骑马的白胡子老人，说是马渴了，能不能舍些水饮饮马。善良的三姑听了，二话没说就让水桶的尖尖底着地，肩担着让尖底桶保持平衡，让马喝水。白胡子老人非常感谢，就把手里的马鞭送给三姑，让她把鞭子放进缸内，一抽动马鞭，水就满了缸。白胡子老人说："马鞭沾足水后，对着天空挥动，天就会下雨。"

从那，三姑不用再下河去挑水，水缸却常满着。

婆婆见三姑不下河挑水，水缸却满着，觉得奇怪。她不动声色，一连观察几天看出了门道。认为三姑是个妖精，便派人追杀。三姑见势不妙，急忙出村往西南方向逃跑。来到西王黑村头，她又饿又渴，昏倒在路边，被该村靳老汉救起。

三姑苏醒后，见这里久旱无雨，土地干裂，庄稼枯死，便拿出马鞭伸进水缸。然后，她对天空挥动，随即阴云当空，天降大雨。

正在这时，刘三姑婆家的人马赶到，要将三姑捆绑。突然，一团云彩从天上落下，云中有声音传出："玉帝圣旨，我们前来接驾水母奶奶！"随即，三姑飘然上升，消失在云层里。

原来，三姑的勤劳善良感动了上苍，被玉皇大帝封神为"水母奶奶"。

于是，人们便在靳老汉的门前建殿，塑上了神像，供奉水母奶奶。

刘三姑的生日为农历七月初三，每逢这天，枣园大站村的人们也前来上供，敬奉水母奶奶。

讲述者：	靳成平，男，1951年2月，章丘市文祖镇西王黑村，退休工人
采录者：	孙廷华，男，1954年1月，章丘市文祖镇文祖东村，高中
采录时间：	1995年6月
采录地点：	章丘市文祖镇西王黑村

附
记

西王黑村，位于济南市章丘区文祖街道办事处驻地西2.5千米。当地人口音读"黑"为"hai"，故村名乍一听叫"王海"。该村有很多历史故事和传说，是山东省第三批传统村落。村广场的北面就是水母殿（唐末宋初修建），就是为水母奶奶建修的。靳成平是我小姐夫，该文根据他讲述而整理，原载《守望文祖》，2013年出版，赵兴林主编。

242

土地爷爷搬家[1]

很早以前，土地爷爷和城隍老爷[2]平起平坐，同住在一个大庙里。城隍老爷喜欢管闲事，遇到人们谁有难处了，只要求到他，他准得出手帮忙。这人心都是肉长的，一来二去，大伙事一成，就感激城隍老爷了，还特意做了一块"有求必应"的匾额送给他。大伙除了每天上香以外，还老是送来大鱼大肉供着。

土地爷爷不愿意管闲事，他喜欢清净，成天不是坐在旁边看热闹，就是干脆躲在墙旮旯里睡大觉。常言说：什么客什么待，要饭的吃剩饭菜。就这么的，很少有人供他。就是上供也是什么豆腐啊青菜什么的，很少有像样的荤腥菜。

土地爷爷看见城隍老爷成天大鱼大肉，心里就有些不是滋味。他就寻思着："这人们也真是哈，同样是庙里的

[1] 土地爷爷：土地庙里的神，管着村里的一亩三分地，人们对他的称谓很多。如：土地、土地老爷、土地公等。俗话说：土地管死了的人，村长管活着的人。村里死了人要先到土地庙报到领路引，才能西方路上无阻挡，直到阴曹地府。没有路引，寸步难行。
[2] 城隍老爷：主管城池的神，与县太爷平起平坐。

神仙，怎么还一样客两样对待呢！"

有一天将近黄昏，庙里没人了，城隍老爷开始吃晚饭。土地爷爷一看，这城隍老爷的供桌上又是鱼又是肉，香气扑鼻。城隍老爷坐下来，甩开腮帮子颠起大槽牙一口酒一口肉的就吃上了。

土地爷爷也实在是馋急眼了，就从墙旮旯里走出来，对着城隍老爷说："哈哈，老弟啊！你真有福气。这成天有人来求你保佑，还天天地送大鱼大肉给你吃，你说说你到底有啥高招让大伙这么恭敬你啊？说出来也让我分享一下呀！"

城隍老爷喝了一口酒，然后笑呵呵地对土地爷爷说道："嗨，我呀，没啥能耐，这不就是人们有为难招灾的事求我帮忙啊！我就想方设法给他们出主意，大伙看着我热心肠就感激呗！"

土地爷爷听了就犯心思了，心里暗自埋怨道："这不是净他娘的瞎扯淡吗！我天天看见你老弟喝得红头涨脸地高坐大堂，从来也没看过你皱过眉头动过脑子呀！这不是忽悠人吗？啥也别说了，我看就是你坐的位置好。"

想到这里，他就和城隍老爷商量了："哎，老弟呀！哪天让我过把瘾坐坐你的位子，我也来动动脑筋做点好事，顺便吃点鱼肉荤菜解解馋，你看行不行啊？"

城隍老爷听了，满口答应道："行，行，行！正好赶明日[1]我出门办事。你就坐在我这位子上替我管管事。"

土地爷爷听了十分高兴，心想："赶明日，没有求我办事的便罢，如有上门求我的，我就要大显身手，办几件漂亮事让你看看，我土地爷爷也不是吃素的！"

第二天早晨，城隍老爷有事早早就走。土地爷爷抖了抖他那破衣烂帽子，笑嘻嘻地坐在城隍老爷的位子上等着人们来求事。

过不大一会，有位庄稼人进来了，走到城隍大殿前磕了三个响头，又拜了两拜。然后就低声求告了："哎！城隍老爷呀，老天快两个月滴雨不下了，旱得那河沟都出裂纹了，庄稼都快要旱死了，您替俺求求龙王爷降点甘雨吧？要是城隍老爷有灵帮了我，我置办酒席感谢您，指定

少不了鱼和肉。"庄稼人走了，这土地爷乐呵了，心想：他要天下雨浇庄稼这有啥难的，明天我就通知龙王行雨。

不一会，有一位打鱼的心急火燎地进了庙门。他也在城隍大殿前磕了三个头，又拜了两拜，然后祷告："城隍老爷呀！我这风里浪里出海打鱼，好不容易打了一船鱼没人买，只好卖鱼干了。求求您老，这些天可千万别下雨啊！您让我把这鱼晒干了吧。要是城隍老爷有灵帮了我，我就给您上供，可劲地[2]上鱼上肉！"

这一下可难住土地爷爷了，这一个要下雨，一个不要下雨。越想越为难，就是想不出好招来。

过了一会儿，又有一个看果园的果农进庙门了。他走到城隍老爷大殿前，磕了三个头也拜了两拜。然后低声求告道："城隍老爷呀！我这果树刚开花，求您老可千万别刮风啊！不然的话就坐不了果子了！要是城隍老爷您有灵帮了我，我请您吃三牲大餐[3]！"

等这果农走了之后，这土地爷爷自言自语道："这次和雨无关了哈，他不要风，这好办呐。只要请风神休息一下，不就没事了吗！这大餐我是吃定了。"

又过了不多一会儿，有位船夫走进庙门，在城隍大殿前磕了三个头，也拜了两拜，然后低声求告："城隍老爷呀！我要开船去江南，求您老刮个顺风好行船呐！要是城隍老爷有灵帮了我，我要从江南给您裁来上好的绸缎，做件最漂亮的黄袍赠您穿。"

这船夫刚走啊，土地爷爷就从座位上跳了起来，叹气说："嗨，这一天真倒霉啊！好歹[4]来了四个人，一个要下雨，一个不要下雨；一个要刮风，一个不要风，这叫我咋帮忙啊！"土地爷爷越想越着急，急得在大殿里团团转，一时不知如何办好。

到了晚上，城隍老爷回来了。他看见土地爷爷正在大殿里转圈，就问："土地老哥啊，有啥事呀？好好的座位不坐，在这大殿里兜啥圈子啊？"

土地爷爷只是摇头，唉声叹气地不说话。城隍老爷见

[1] 赶明日：到明天。

[2] 可劲地：多上，指摆的供品丰盛。

[3] 三牲大餐：意思是用于祭祀的牛、羊、猪。

[4] 好歹：总算。

他急成这个样子，就劝他："哎，不要着急嘛！有事慢慢说，我来帮你解决！"

土地爷爷就把这庄稼人要下雨来浇庄稼，渔民要太阳晒鱼干；船夫送客要顺风，果农果树就怕风的祈祷，一五一十地就告诉城隍老爷。最后土地爷爷说："我呀，还是把这座位让归你吧。一切由你来决定，我是整不了这玩意了[1]。"

城隍老爷听了点点头，他眉头一皱便计上心来。他笑着对土地爷爷说："你看我这样处理行不？风刮河两岸，不入果树园；白天晒鱼干，夜雨浇庄田。"

从此，土地爷爷就知道自己几斤几两[2]了，打心眼里佩服，也不眼馋城隍老爷的丰盛大餐，心甘情愿吃素不吃荤了。打那以后，土地爷爷就怕动脑筋。他自告奋勇和城隍爷分开了，把又高又大的庙宇让给了城隍老爷，取名城隍庙。自己搬到偏僻的村边，取名土地庙。土地爷爷心甘情愿地当起了村官，由土地爷爷混成了土地爷。土地庙小门更小，连人都进不去，所以进香的人们，只能在土地庙门前供豆腐啊、窝头啊、青菜之类的食品。

讲述者：　郭俊富，男，1963 年 12 月，莱芜市莱芜区高庄街道办五龙村，唢呐艺人

采录者：　亓廷香，男，1954 年 2 月，莱芜市莱芜区高庄街道办五龙村，退休教师

采录时间：　2021 年 6 月

采录地点：　济南市莱芜区高庄街道办五龙村

附
记

这个呱是俺们村唢呐艺人郭俊富拉的，他经常走四乡参加农村白事（丧葬仪式）。丧事有个重要环节就是到土地庙泼汤，意思就是到土地爷爷那里给亡人报到，他说："土地爷爷喜欢听唢呐，因为唢呐

[1]　整不了这玩意了：办不了这些事情。
[2]　几斤几两：指自己的本领有多大。

一响就有人给他上供，能吃个肥饱。"我问他："为啥人死后，要到土地庙去泼汤呢？泼汤是啥意思？"郭俊富回答说："在民间，迷信者认为人死是犯罪，先由判官从'生死簿'上划去名字，然后由阎王派役鬼拘捕，首先寄押土地庙，为了不使鬼魂挨饿，死者子孙必须一日三餐往土地庙送'浆水饭'，也即'送汤''泼汤'。同时为了死者顺利通过各道'关卡'，少受罪，要给庙神敬献香烛，磕头拜祭，用各种食品、酒类、瓜果等祭品代奉各方大神，贿赂它们予以照顾。泼汤时，吹鼓手在前奏哀乐，重孝、偏孝、亲友一起前往本村土地庙泼汤。说白了，就是送死者到土地爷那里报到。常言说，'活着村委会管，死了土地爷管。土地爷处不报到，阎王爷处不收魂'。也就是说，亡人不到土地庙报到，领不到去西方的路引，魂魄去不到极乐世界。"

243

土
地
爷
求
财

早先，每个村都有小土地庙，土地庙里的土地爷管着啥呢？管着人家死了人，吃点儿供品[1]，喝点儿浆水[2]儿。

这一个村，有个土地爷好长一会子[3]没吃着供品，也没喝着浆水。咋着事[4]呢？这村没死人啊！

土地爷就和小鬼说："这会子[5]也没吃的，也没喝的，也没花的，你说咋办呢？"

"想个法啊！"

"想个啥法呢？"

"赶明日[6]，要是走亲戚的打这里走[7]，我在后头吓唬他；要是他从毛驴上掉下来，你就在后头接着，让他稳稳地落下来，吓不着也摔不着他。这样呢，他准来烧纸上供啊！咱不就有财咧？"

土地爷说："行！这是个好法。"

真格的[8]，到了明天。一个走娘家的，骑着毛驴揽着孩子，她男的撵着毛驴，打这里走。到了土地庙跟前，这个小鬼往外一跳，驴惊了，"嘚儿"的一声就把那个女人闪下来了。土地爷急忙伸手，把她接住了。

她男的过来，说："不要紧吧？"

他媳妇说："不要紧，我觉得像是有人接住我，轻轻地放到地上的。"

"嘻！咱这不在土地庙跟前嘛。甭说了[9]，是土地爷显灵了！"

他媳妇说："咱得好生供享供享[10]啊！"

走了娘家回来，跟她婆婆一说。她婆婆也说得供享供享，就抬着盆子，弄着香火纸马，骑着毛驴上供去了。

土地庙前有个敞棚，一根柱子支棱着。土地庙挺破的，她把驴拴到柱子上，摆上菜，烧上纸，就放火鞭。火鞭一响，驴吓惊咧，"吱嘎！"柱子歪咧，把土地庙砸坍啦，供品香火都砸了，土地爷那泥巴头也碰到一边去咧！

小鬼就说："命里无财强求财，求下财来惹祸灾。驴驹子拉倒土地庙，土地爷脖子碰了个歪！"

讲述者：　王永亮，男，1917年2月，历城区柳埠镇榆科村，农民，小学

采录者：　李全仁，男，1938年7月，历城区第二文化馆干部，高中

采录时间：　1987年10月

采录地点：　历城区柳埠镇榆科村

[1]　供品：专指宗教及信仰的供奉物品，供奉神佛祖宗用的瓜果、鲜花，酒和菜肴等。
[2]　浆水：人死后到土地庙泼汤用的米汤水。
[3]　好长一会子：很长时间。
[4]　咋着事：怎么回事。
[5]　这会子：这段时间。
[6]　赶明日：明天。
[7]　打这里走：从此经过。

[8]　真格的：果然。
[9]　甭说了：别说了。
[10]　好生供享供享：摆设丰盛的供品。

244

土地输妻

从前，小王庄和程家庄的土地庙里，供着土地爷爷和土地奶奶。土地爷爷归天神管，土地奶奶归地府辖。这小王庄土地庙的两口子怪会精打细算，过的那日子轻轻松松，舒舒服服。

人闲着无事干，就五门六道[1]地寻些开心的门路消遣，土地爷们也是这样。这个程家庄的土地有两大爱好，好赌和好色。虽然天条戒律禁止赌，可天高皇帝远的谁管得了这么多。一来二往，小王庄的土地也就染上了赌瘾。

听了甜言易上当，吃了甜头心痒痒。一开始，小王庄的土地老是赢，自然心里皆大欢喜。姜还是老的辣。他做梦也没想到，这点小甜头是程家庄土地放长线钓大鱼的钓饵。

锣鼓长了无好戏，久赌岂不失财气。程家庄的土地见小王庄的土地把饵吃到肚里了，这才收竿。小王庄的土地哪是他的对手，三下五除二把多年的积蓄输了个精光。人在泥里不思上岸，越动就陷得越深。赌输不想悔改，哪有

不倾家荡产的。小王庄的土地也是个热血汉子，一心想把输掉的东西赢回来。结果出师不利，最后连老婆也输上了。

至此，小王庄的土地才明白中了程家庄土地的奸计。然而，已经晚咧。他永远也忘不掉自己结发妻走时的神色。想想吧，土地赌博结局都这样惨，何况人乎！

从此以后，小王庄的土地庙里只有一个土地爷爷，而程家庄的土地庙里却有一个土地爷爷两个土地奶奶。

讲述者： 程来芳，男，1927 年 12 月，莱芜市莱城区寨里镇寨东村，干部，高中

采录者： 李胜华，男，1964 年 4 月，莱芜市莱城区方下镇张公清村，初中

采录时间： 1992 年 12 月

采录地点： 莱芜市民政局宿舍

附记

1992 年 12 月的一天，应程来芳先生的邀请，到他的住处座谈。因为莱芜民间文学集《凤凰城的传说》出版在即，就所选故事题材进行交流。座谈中，程来芳先生讲述了这个小故事，我觉得这个故事虽短，但教育意义较强，尤其是对那些好赌或盼着天上掉馅饼的人是最大的教益。因此选录在卷。程老先生还说："自古赌博就是个填不满的穷坑，文中的土地爷都赌得输了老婆，何况头脑简单的人呢？难怪人们把赌博的人称为'赌博鬼'，一旦染上了赌瘾，真就成了人不人鬼不鬼。这篇文章是对喜欢赌博人的最好劝诫。"我家奶奶也曾多次说过："当年的孩子大起娘！"意思是嗜赌借钱，必定是高利贷，利息如同驴打滚。借时一鸡，隔夜一羊，还时一牛。多么形象的比喻，是不是比魔鬼都可怕。该故事于 1993 年 2 月，收录在我搜集整理的《凤凰城的传说》一书中。

[1]　五门六道：意指歪门邪道，不干正事。

245

土地爷偷锅

很久很久以前，这里没有山岭只是一片平原。自从火龙把这里拱成一条大河后，才有了勃勃生机和人烟栖居繁衍。

常言道，"土地都由土地爷掌管着"。世上的每一片土地都有一位土地爷管着。土地是神界最小的官，相当于现在的村级干部。别看土地爷官职小，却是掌管一亩三分地的主宰者，任何生灵的生死都攥在他的手心里，可称得上是实权派。

一拃不如四指近，天爷爷[1]也有私心。他看着这片土地肥沃，就把自己的一个知己亲戚[2]封在这里掌管。老话说：亲戚不走三年生，朋友不处两年疏。土地爷为了保住自己的荣华富贵，也和别的神仙一样，经常到天爷爷那里联络感情套近乎。土地爷和天爷爷是知己亲戚，论辈分天爷爷还得称呼土地爷表叔。这个表叔不知道是从天爷爷这里论的，还是从王母娘娘那里排的。反正是特别亲，就如同咱们的姑舅亲。

土地爷到天爷爷家做客，王母娘娘亲自下厨，用乾坤锅烹制菜肴。这个乾坤锅是天上的宝贝，说是当年女娲补天炼制五色彩石时用的。一样的菜肴用乾坤锅和普通锅烹炒，那味道可真就一个天上一个地下。

乾坤锅是至宝，王母娘娘平时不搁少使[3]，只有来了知己亲戚和贵客才拿出来用。土地爷早就知道这口锅，而且每次来串门，都能享受到这口锅做出来的菜肴。那味道、那口感让人吃到嘴里香到心里，个月二十天[4]都忘不了。

土地爷眼馋这口锅，可又不好意思抹下皮脸[5]来索要。再说这口锅是王母娘娘的心爱之物，肯定不会轻易送人。常言说得好，贪心之人如同蛇吞象，不达目的不罢休。

天爷爷热情地与土地爷喝茶聊天，询问了一些近况。土地爷一心在乾坤锅上，自然是问非所答。天爷爷以为他心情不畅，也没放在心上。聊了一会，王母娘娘摆好了酒宴，天爷爷邀请土地入席。

土地爷辈分大，坐了上首[6]，天爷爷和王母娘娘一左一右相陪。别看王母娘娘是天界帝后[7]，富有四海，却喜欢烹饪，而且做得一手好菜。土地爷是个小神能够吃到天界盛宴，确实是沾了知己亲戚的光。换成别的土地，别说能得到天爷爷盛请，恐怕连站的地方都没有。土地爷的酒量很大，而且喜欢倚老卖老[8]，不管是天爷爷满酒，还是王母斟酒，都是来者不拒，一饮而尽。

土地爷平时过得日子紧巴[9]，今天守着这桌天界盛宴，自然是端起琼浆喝，张开嘴巴吃，像是靠了八辈子[10]。就见他伸开胳膊抡起筷子，甩开腮帮子吃得满嘴流油，那副吃相逗得王母只想笑。王母娘娘说："表叔，您要是觉得我做这菜可口，就多吃点吧。轻易不来[11]的，吃好喝好

[1] 天爷爷：玉皇大帝的俗称。
[2] 知己亲戚：就是有血缘关系的知己；包括姑表亲、姨舅亲和姻亲。
[3] 不搁少使：不舍得用。
[4] 个月二十天：很长时间。
[5] 抹下皮脸：厚着脸或撕破脸皮。
[6] 上首：主宾。
[7] 天界帝后：玉皇大帝的媳妇，如人间皇帝的正宫娘娘。
[8] 倚老卖老：仗着岁数或辈分大，摆老资格，为所欲为，带有贬义味道。
[9] 日子紧巴：生活清贫。
[10] 靠了八辈子：很长时间没吃到好东西，嘴馋。
[11] 轻易不来：很长时间没来。

玩好吧。"

土地点头说："还是王母想得周全，你做的这菜我吃一回就忘不了，忒好吃[1]忒解馋了。我那地方虽说物产丰富，哪比得上您这桌菜肴丰盛，今天算是开全荤了[2]。"

天爷爷笑着说："咱是知己亲戚，粗茶淡饭，只要您老人家不嫌弃就好。来，我再敬您老一杯。"

土地爷最贪杯，他为了多喝酒就耍起了心眼子[3]。一会儿当客受酒，一会儿又反客为主敬了天爷爷敬王母娘娘，把个不胜酒力的王母娘娘灌得面红耳赤。土地的这番殷勤，自然是醉翁之意不在酒。

天爷爷见土地喝不喝的不变样，就夸赞说："在我的亲戚中，您老的酒量最大，我和老伴加起来也不是您的对手。您老今天就敞开量喝，我好酒管够。不过，咱丑话说到前头，这天庭御酒劲大，您老可要掌握量有个数。千万别喝多了，让众神笑话。"

土地听天爷爷这么一说，心里很不痛快。天爷爷这话是嫌我喝得少，还是嫌我喝得多？人间有以小人之心度君子之腹一说，神仙界也这样。土地心照不宣地说："您放心就是，您是天尊，我心里有数，不会给您丢人的。不过在这酒桌上，我喝多喝少，说话语多言失的您可要担待点！"

天爷爷最摸土地的巧心眼，笑着说："一家人不说两家话。您就放开量喝，敞开来拉吧！"

王母也说："能喝是口福，您就别客气了。等会我再给你们做道泰山上独有的赤鳞鱼汤，这鱼汤可是天界珍品，既能解酒又能延年益寿。"

土地听了，心里巴不得王母马上去做，嘴上却说："这桌菜不少了，别再麻烦动锅了。"

天爷爷也笑着说："您就别推辞了，这赤鳞鱼汤可是她的拿手绝活。一般客还真捞不着吃，您老算是例外的。"

土地听了，鼻子都乐歪了。他受宠若惊地端起海碗说："有道是主不喝客不饶，难得玉帝今天清闲，咱爷俩来个一醉方休吧？"

天爷爷赶紧摆手说："您老海量，我可不是对手。有道是酒分量饮，我点到为止吧？"

土地豁上老脸不要，耍二杆子[4]道："酒逢知己千杯少。咱是亲戚我又是长辈，你该在酒上多与我表示一下。咱不喝一些，先把这碗干了吧？"

天爷爷听土地把话说到这份上了，不好再推辞，就端起酒杯相陪。

土地一饮而尽，他接连喝了无数碗，早已有了醉意，说话也就没了把门的[5]。他把海碗往桌上一蹾[6]，说："都说你老天不公，这话一点也不假。"

天爷爷听了，心里咯噔一下，他把酒杯放下问道："此话怎讲？"

土地说话都有些卷舌头了，他哇啦[7]着说："你看看，到哪里说理去？你的酒量小，却有喝不尽的玉液琼浆；我的酒量大却一无所有。靠得嘴馋了还要到别人那里去赊着喝，您说这公道吗？"

天爷爷听了，不把他的酒话放心上，笑了笑说："你就知足吧，我听凡人说'啥人啥福，土地爷爷住瓦屋'。你是比上不足，比下有余。知足才能常乐！呵呵！"

土地是个能大能小的性格，他虽然说话偏犟[8]，但也怕得罪了玉帝以后给穿小鞋[9]。就话锋一转，嘿嘿笑了两声说："我就是忒认死理了，您别和我一般见识。我在你这里打秋风[10]，图的就是把我这个酒囊管足。来，咱再喝一碗吧？我怎么越喝越觉得香甜呢？"

王母怕场面闹尴尬了难收场，起身笑着说："难得今天您爷俩高兴，我去做个赤鳞鱼汤吧？"说着，离座而去。

天爷爷板着脸说："我把最富庶的地方给了您，你

[1] 忒好吃：非常可口，回味无穷。
[2] 开全荤了：戒斋中也把"荤"分为"全荤""大荤"和"小荤"。全荤，包括一切动物类食品和带异味的植物类食品；大荤，指对人的驯导会作出反应的动物（如畜、禽类）和部分刺激味重的植物（如蒜、韭菜等）；小荤，指对人们的驯导不会反应的动物（如鱼、虾等水产）食品。
[3] 耍起了心眼子：动了心机。
[4] 二杆子：方言，通常指为人不靠谱。
[5] 没了把门的：意指说话信口开河。
[6] 蹾：用力一放。
[7] 哇啦：说话口齿不清。
[8] 偏犟：说话认死理，口气硬。
[9] 给穿小鞋：处处刁难受排挤。
[10] 打秋风：蹭吃蹭喝。

该知足才是。要不然您和别的土地交换一下，感受感受如何？"

土地听了，吓得脚心直冒汗。他慌忙圆场说："是亲三分向。我只是嘴上说说。其实，我心里满意得直冒泡。您放心吧。醉话不能当真的！嘻嘻嘻。"

天爷爷说："天机不可泄露。但你是我的至亲，我给你露个口风吧。你这地方是个独特的风水宝地，将来会成为人间帝王的富贵场。到那时，你会富甲一方，吃不尽的山珍海味，享不完的富贵荣华。"

土地总是火上浇水，说出话来让人下不来台。他哭丧着脸说："这未来虽好，可远水难解近渴。这将来不知道是龙年还是马月，我先把眼前的口福享了吧。来，咱俩再喝一碗吧？"

天爷爷听土地说话扎耳朵，有些不高兴地说："酒多伤身，话多伤人。我看还是适可而止吧。"

土地听这话，知道天爷爷要下逐客令，就噘着嘴说："管饭不嫌大肚汉，我才喝了这么几碗，您就心疼了吗？"

天爷爷一本正经地说："我不心疼酒，心疼你这副身板。一旦伤了身，你如何把地方上的事情做好呢？"

土地听了，心里不是滋味。他不是想的亲戚关系，而是如何替他管好地方。真是人不为己，天诛地灭。土地笑着打诨说："酒壮尿人胆。我喝了你的酒，才会更好地为你出力。"

两个人你一言，我一语，有一搭无一搭地调侃着。王母娘娘为了显示自己的厨艺，竟然亲自端着乾坤锅来到桌前。

常言道，"不怕贼偷，就怕贼惦记"。土地爷一见到乾坤锅，眼珠子瞪得比牛蛋还要大，若不是眼眶扣得紧，恐怕早就掉下来了。他的心怦怦直跳，恨不得一把夺过乾坤锅，装进自己的口袋里。

锅盖掀开，一股香醇之气飘然而出，沁人心扉，更勾引起了土地爷的贪欲。他一提鼻子，贪婪地吸了一下。就这口香气，化解了喝进肚子里的几十碗酒。这乾坤锅果真是宝贝，土地爷馋涎欲滴，这个馋字不是对着赤鳞鱼汤，而是乾坤锅。

天爷爷喝了鱼汤，酒劲也下去了，脸也不红了，说话

也口齿伶俐了。天爷爷头脑清楚了，把个土地爷吓坏了。玉帝酒醒了，他还怎么得到乾坤锅呢！

有道是"有福之人不用忙，无福之人跑断肠"。正当土地爷为偷锅犯愁的时候，有人来报说是花果山反了石猴，正杀奔天界而来。

天爷爷听了，龙颜震怒。他放下酒杯，对土地说："您老先慢慢喝，我去处理一下，回头再来陪您。"说着，和王母一起走出了客厅。

土地见天爷爷和王母娘娘出了门，高兴得差点从椅子上蹦起来。他迫不及待地端起乾坤锅，上下左右前前后后看了起来。越看越喜欢，口水都滴落下来了。常言道：有便宜不占是笨蛋。我何不趁玉帝不在，将这宝锅取回家一用，哪怕是为此掉了脑袋也值！土地四下里望了望，把锅里的鱼汤往玉碗里一倒，也不管锅里还有油没油，往怀里一揣就溜之大吉了。

天爷爷和王母娘娘来到金銮殿，听太白金星如此这般把石猴造反的事说了一遍。玉帝捋须思沉一番说："这花果山石猴乃傲来国灵物，倒也有些手段。有道是，人不和畜生一般见识，但它不自量力，竟与天庭作对。看来不给它点厉害瞧瞧，还真不知道马王爷长三只眼。"说着，派托塔李天王带一万天兵天将去迎战石猴。玉帝安排好一切，就退朝来陪土地饮酒聊天。进了客厅却不见了土地身影，王母娘娘往酒桌上看一眼没见到乾坤锅，心里咯噔一下，顿时，气得面色大变，大声说道："我的乾坤锅怎么不见了？你看咱这好亲戚，咱好吃好喝好伺候，他还偷了咱的锅，气煞[1]我了！"

天爷爷想到土地的冷嘲热讽，气生丹田道："真是知人知面不知心，他比那石猴更可恶。"说着，让人速传太白金星。

太白金星听了玉帝一说，急忙道："玉帝少安毋躁，自古清官难断家务事。此事只可冷处理，不能声张。这家丑不可外扬，免得处置不当节外生枝。我看这事，应该如此这般处理吧。"

天爷爷点点头说："嗯，我这亲戚真是土地爷担不得

[1] 气煞：非常生气，要气死的意思。

大供养，吃了一顿饱饭就狗黑子不认铁瓢[1]了。你亲自去处理此事吧，不管你用什么手法，务必要把乾坤锅完完整整地取回来。"

太白金星领了御旨，驾祥云出了南天门。

再说土地踩云踏雾往家急赶，他心里美得直冒泡泡，手捂着怀里的乾坤锅不舍得拿开。到了自己的一亩三分地上落下云头，脚刚踏进门槛就掏出乾坤锅，直接蹲在真火灶上。他自言自语道："王母做的赤鳞鱼汤好喝，但我没有赤鳞鱼。我不妨到河里捉些白鳞鱼来做汤。我倒要品一品，是泰山的赤鳞鱼汤好，还是我地上的白鳞鱼汤好喝。"

这土地干正事不顶，论起吃来却是个行家。他取来泉中水添在锅里，点燃真火烧水。他跟头把式来到河边，因为馋欲所致，也没来得及与河龙王打个招呼，就下河捉起鱼来。土地的手气还算蛮好，不一会就逮住了两条尺把长的肥嫩白鳞鱼。他在河边把鱼开膛破肚，洗巴洗巴就回到家，把鱼放进乾坤锅里，顺手拿起把蒲扇对着真火扇了起来。

那真火与凡火不同，再说他是烧水在前捉鱼在后。等他往锅里放鱼的时候，水早就沸腾起来了。土地放完鱼，又取了些佐料扔进锅里。只见两条白鳞鱼在锅里上下翻腾，如同嬉戏的顽童。

不大霎[2]，一股清香飘了出来。土地一闻，哈喇子又淌了下来。这可真是人巧不如家什妙，这天锅和地锅的差距怎么这么大呢！土地关了真火，取来汤匙舀一勺品了品。这味道不亚于王母娘娘的赤鳞鱼汤，但绝对不如王母娘娘做得好，可以算是凡间极品了。土地正自高兴，忽闻一声仙鹤长鸣。他不禁大吃一惊，这鹤鸣只有太白金星的坐骑能够发出来。

土地吓得一哆嗦，浑身起了一层鸡皮疙瘩。难道是玉帝发现自己偷了锅？！看来要坏菜[3]。但他转念一想，自我安慰道：我偷锅你没亲眼看到，捉不住手脖子就不算偷。我就和他来个死猪不怕开水烫，凡人说："捉贼不见

赃，等于瞎白忙。"土地的脸皮够厚了，偷了人家的锅还有一肚子的理由。

土地虽然故作镇定，可乾坤锅就在眼前，这如何说得过去呢。一旦让太白金星看到了，就是人赃俱获。土地急得搓手跺脚，抓耳挠腮没了办法。鹤鸣越来越近，土地急中生智，干脆来个一不做二不休，扳倒葫芦洒光油。他端起乾坤锅，带着半锅鱼汤就从窗户里撇了出去。只见乾坤锅飘飘悠悠，倒扣在河北边三四里远的黄土地上。这宝锅与黄土地相接，立马就落地生根疯长起来，转眼就长成了一座倒扣的锅样小山，而且还在越长越大。

太白金星正要跳下仙鹤找土地谈话，忽见那乾坤锅倒扣于地疯长不止。他暗叫不好，急忙挥动拂尘一甩，那山立即停止了生长。

土地见太白金星阻止山长，心里早吓得七上八下。他自知罪责难逃，只得跪求金星发落。

太白金星是公认的老好人，他两头抹拉光滑墙[4]，从不干得罪人的事。再说，土地爷和天爷爷是亲戚，一拃不如四指近。他这个局外人，哪头重哪头轻，自然心知肚明。他走到土地面前，弯腰相扶说："您和玉帝是亲戚，我是个外人，但有句话不得不说。你吃到碗里的看到锅里的，而且连锅也不放过，是不是太贪心了？"

土地说："好宝贝谁也喜欢，我一时酒迷心窍，做了对不起玉帝和王母的事。既然触犯了天条，是杀是剐你就看着办吧！"

太白金星笑了笑说："你有错，但也不是全错。自古人物一理，合该这乾坤锅有此一劫。它既然已与大地相合，我也无法取还给玉帝了。这锅如果再长高三丈三尺，你的罪过可就大了！"

土地听了太白金星的话觉得蹊跷，忙问道："老星君，此话怎讲？"

太白金星说："万物都有定数，这乾坤锅可不是一般的宝物，自然有它的道行。如果再长三丈三尺，世间的动物就会被它一锅烹尽。到那时，凡间动物没有了，天地自然失调，其罪责自然就会落到你的头上。有道是死罪可免

[1] 狗黑子不认铁瓢：翻脸不认人的意思。
[2] 不大霎：时间不长。
[3] 要坏菜：要出大事。
[4] 两头抹拉光滑墙：两边装好人说好话。

0537

故事·山东卷·济南分卷
幻想故事

活罪难逃，你这方土地算是干到头了。按照玉帝的吩咐，把你发配到最贫瘠的沙漠去。那里寸草不长，你想填饱肚子定然会难上加难。虽说日子过得清苦，但比丢了脑袋有账算。你说是吧？"

土地听了，苦笑一声，磕头谢恩。他后悔不迭，但事已至此，也就自酿的苦酒自己喝。

金星跨上仙鹤回天交旨去了，土地深情地看了一眼黝黑的锅山，流着泪前往沙漠上任去了。

讲述者：　周传义，男，1943 年 11 月，莱芜市莱城区口镇山口村，社火传人

采录者：　周俊，男，1970 年 5 月，莱芜市莱城区口镇山口村，非遗传人，初中

采录时间：　2017 年 6 月

采录地点：　莱芜市莱城区口镇山口村文峰山景区

附记

关于锅山的故事非常多，莱芜市民间文学研究学会、莱芜市民俗学会多次邀请相关专家、学者对此山进行考察，并与当地的传说故事进行论证。证实锅山的来历与传说故事有着密切关联。也就是说传说故事有它一定的出处和流传价值，也是当地百姓对这座山的尊重与崇拜。山口村出了很多知名人士，是否与奎星护佑有关，谁也不敢肯定。但在很多习俗文化上，可以找到答案。这可能就是文峰山习俗文化的博大精深，也是我们习俗文化的传承精华。采访中，我们接触了当地很多不同层次的人，听到了不同层次的讲述，因而形成了文峰山独具特色的民俗文化。

246

眼明娘娘

话说大唐东征军集结山东东莱，经过章丘地界时，军士忽然得了眼病。感染者眼睛红肿，像揉进了沙粒，疼痛难忍。一两天后眵[1] 糊眼球，视力减退到连自己伸出的五个手指头都看不清。更可怕的是，这种眼病传染速度极快。没几天，全军上下感染者成倍增长。部队将士恐惶，军心动荡。只得暂时停驻在一座小山上下，派出快骑遍地寻访医者。医者寻来不少，可都"望眼兴叹"，无方可治。

这一天，山下突然来了两个头扎小辫的顽童，蹦蹦跳跳，一边拍手，一边唱道："唐王军，征高丽；害眼疾，行不去……兵和将，跟我走，洗一洗，眼明亮……"

开始，兵将们并没把这两个小童当回事。可是，眼睛疼痛得厉害，经不住两个小童一遍又一遍歌声的诱惑。有道是"有病乱投医"，被眼病折腾得生不如死，几个士兵实在熬不住了，打算死马当作活马医，跟着唱歌的两个小童走了。他们经过一段弯弯曲曲的山坡小路，走进了一条沟壑中。

[1]　眵：眼眵，也叫眵目糊、眼屎。由眼睑分泌出来的一种黄色黏稠液体。

这地方，南边一道石崖，西边一道石崖，在两道石崖的半框内有一股泉水正在喷涌。泉眼有盆口大小，喷出的水柱子足有半人高。水柱忽高忽低，水花四溅，泉水先成湾后成河，然后顺着斜坡向北流去……湾里的泉水清澈，芹草浮动，鱼虾嬉戏。

两小童领着兵士来到泉边，一指喷涌的泉水说："赶紧用手捧水洗眼，眼病先止疼后痊愈，而且比先前更明亮。"兵士听了一拥而上，争着用双手来捧水洗眼。说来神奇，用泉水洗过的眼睛，先觉一阵凉，再觉一阵热，又觉一阵爽，红肿变成了红润。眼球也渐渐黑白分明了起来，明亮了起来，再也没有了沙子的刺痛。微痒了一阵，眼睛完全恢复了正常。向水中看去，他们看到了鱼儿在水中游嬉；抬头向空中望去，望到了鸟儿在空中飞翔，士卒们高兴地跳了起来。

他们高兴了一会儿，这才想起那两个头扎小辫的顽童。等他们四处看望时，那对小童子却不见了踪影。正在疑惑，只听空中有人说道："你们别找了，我俩是眼明娘娘身边的随从童子。今日奉娘娘旨意，特来救护唐王大军。"士卒们抬头望去，只见两片祥云之上，二童子正在向他们招手微笑。士卒们纳头便拜。再看时，二童子飘然消失在蓝天白云中。

唐王大军治好了眼病，准备继续东进。临行前，为答谢眼明娘娘救治之恩，唐王李世民将治愈眼疾的泉水命名为睛明泉，并在泉边修建眼明王庙。庙内塑眼明娘娘像及其左右俩童子像。并下旨地方，四时香火供奉。

在以后的岁月里，老百姓有害眼病者，只要到庙中烧香祈祷，再捧泉水洗目，眼病便能治愈。

讲述者： 于秀坤，男，1925 年 6 月，章丘县普集公社，私塾

采录者： 于夫，男，1947 年 3 月，章丘县矿业局，大专

采录时间： 1980 年 10 月

采录地点： 章丘县普集公社

附
记

644 年，朝鲜半岛的高丽国和百济国联合攻打新罗国。新罗国招架不住，急派使者驰往长安，向大唐皇帝李世民求救。唐王李世民认为这是一个东征高丽的好时机。于是，便征集兵马粮草，兵分两路，一路从辽东陆路跨过鸭绿江向高丽国进发，一路集结于山东东莱乘船于海路直取高丽国京城平壤。原载《章丘民间故事》，2007 年华艺出版社出版。

247

灶王奶奶

王母娘娘每年都要到人间视察，关心百姓生活，对玉帝下达的旨令及天宫诸神的职责执行状况完成的如何。

这一年，王母娘娘又要到人间视察。王母的小女儿也要跟着去，这个小女儿美丽又聪明。她这个自幼待在天上的小公主，看着人间的一切都感到新奇，整天到处游玩。

一天晚上，她又瞒着母亲偷偷溜出门去。这时，老百姓都已经休息了，只有一户人家还亮着灯。她很好奇，便悄悄走了进去。只见一个小伙子正在烧火，热得满头大汗，看起来他老实本分。

这时，小公主突然想起白天见过的一对对恩爱夫妻，心里一动，心想："要是我能和这个小伙子在一起，过上幸福美满的生活，该有多好啊！"

小公主边走边想，不知不觉走进了院门，对小伙子说："小哥，你好！"

正在烧火做饭的小伙子，忽然听到有女子说话的声音，回头一看，只见一位貌似天仙的姑娘站在面前看着自己，脸腾地红了，问道："姑娘你找谁？"

小公主向前走了一步，对小伙子说："我是外乡来的，从小失去了父母，无家无业，流浪到此。看到你家里还亮着灯，想进来讨口饭吃，找个地方睡一会。"

小伙子听了十分为难，说道："姑娘，吃顿饭倒是可以，我熬的是稀粥，一会熟了你尽管吃。别说吃一顿，就是吃个十顿八顿、三天五日都可以，可……可是……"小伙子说着，脸更红了。

小公主听了，好奇地问："小哥，可是什么？"

小伙子鼓足了勇气，说："你在我家住不行！"

"为什么？"小公主问。

"我父母去世多年，家里就我一个人生活。咱们孤男寡女的住在一起，让别人知道了，好说不好听。再说了，我家就是这一间卧室，不方便！"小伙子一边说一边掀开锅盖，拿起勺子搅了搅锅里的稀粥，对小公主说："好了，饭已经熟了。吃饭吧。"说着，小伙子拿来两个碗，盛上稀粥，端到姑娘面前。说："姑娘快吃吧！吃完后，到别家找宿吧。再晚了，就会误了宿头[1]。"姑娘听了也不吱声，端起稀粥吃了起来。

吃完饭，小公主磨磨蹭蹭就是不动身，一腚[2]坐在锅台上道："小哥，说什么我也不走了。再说这么晚了，你叫我到哪里去投宿，你就留我一宿吧？"

小伙子心地善良，觉得这姑娘十分可怜，就叫她在家里留了宿。

几天后，王母娘娘要回天宫时，小公主说自己还要留在人间玩。王母娘娘拗不过女儿，只好自己先回去了。

过了一段时间，玉帝不见小女儿，就问王母娘娘："小公主何在？"王母娘娘就把小公主如何跟随自己下界，小公主如何不愿回天庭留在凡间之事，向玉帝讲述了一遍。玉帝听了，就派天将巨灵神[3]去凡间寻找。

找到小公主，巨灵神道："玉帝旨意下，令小公主马上回天庭！钦此。"小公主听后，告诉巨灵神说："巨灵神，请回天庭告诉我父皇，我已在凡间成亲。过段时间，我们

[1] 误了宿头：耽误了住宿。

[2] 一腚：一屁股。

[3] 巨灵神：巨灵是神话传说中劈开华山的河神，又称巨灵神。《西游记》中，说他是托塔李天王帐下的一员天神战将，所使用的兵器是一柄宣花板斧，体型庞大，身强力壮。

小夫妻就到天庭看望他老人家，请回吧。"

巨灵神回到天庭，将小公主已经和小伙子私定终身、结为夫妻的事告诉了玉帝。玉帝听了，气得浑身发抖，决定给自作主张的小女儿一些颜色看看。于是，下令把小女儿永远贬在凡间，让她跟着穷小子受苦。

王母娘娘听说后，忙去给小女儿求情，说道："看在女儿是我们骨血的分上，你就在凡间给他俩安排一份官职吧？多少有点薪俸，也好对付着生活！"

玉帝也不忍心自己最疼爱的小女儿受苦啊！便改变了主意，心想："那穷小子不是喜欢烧火吗？就让他俩在人间当百姓的灶王爷和灶王奶奶吧！太白金星听令！"

"卑职在！"太白金星出班跪倒。

"朕命你下界凡间传朕旨意，封小公主夫妻灶王爷和灶王奶奶之职。"

"卑职遵命！"太白金星领旨下殿。

从此，小公主夫妻做了灶王爷和灶王奶奶。

灶王奶奶看到人间百姓生活艰苦，就经常回天庭，给老百姓带些吃食及生活用品。王母娘娘知道了，睁只眼闭只眼，装作不知道。

玉帝本来就对女儿下嫁凡间耿耿于怀，知道这些事后，大发雷霆。当即命太白金星传旨灶王夫妻，每年只能在腊月二十三这天回天宫。

这一年，人间发大水，庄稼被淹没了，颗粒没收。眼看要过年了，老百姓呢，却穷得揭不开锅。灶王爷和灶王奶奶也挨饿好几天了，他们都盼望着腊月二十三早点到来。

好不容易挨到腊月二十三，灶王爷和灶王奶奶早早地就准备好了几个大包袱，天还没亮就迎着月光往天宫赶去。

见到玉帝后，灶王奶奶立刻向玉皇大帝诉说了人间的灾情。谁知玉皇大帝不但不同情，反而更加嫌弃一身炭灰的穷女婿。要他们在天上住一宿就回去。

灶王奶奶听了，又伤心又难过，哭了整整一个晚上。

第二天，灶王奶奶让灶王爷先回家，收拾收拾准备过年，自己留在天上想想办法。

腊月二十四日，灶王奶奶忙着绑扫帚，准备带回家打扫房间。

玉皇大帝派人来催，让她赶紧离开天宫回凡间。

灶王奶奶说："催啥？就要过年了，家里还没有豆腐呢！明天我要做豆腐。"

腊月二十五日，灶王奶奶忙着做豆腐。

玉皇大帝又派人来催，她说："催啥？就要过年了，家里还没有肉呢！明天我要去割肉！"

腊月二十六日，灶王奶奶忙着去割肉。

玉皇大帝又派人来催，她说："催啥？就要过年了，家里穷得连鸡都养不起，明天我要杀鸡呢！"

腊月二十七日，灶王奶奶忙着杀鸡。

玉皇大帝又派人来催，她说："催啥？我还没有准备好路上吃的干粮呢！明天，我要发面蒸糕馍。"

腊月二十八日，灶王奶奶忙着发面蒸糕馍。

玉皇大帝又派人来催，她说："催啥？过年得喝酒，明天我要去打酒。"

腊月二十九日，灶王奶奶忙着打酒。

玉皇大帝又派人来催，她说："催啥？一年忙得团团转，连顿饺子还没有吃呢！明天我要包饺子吃。"

到了大年三十这天，玉皇大帝动了肝火，命令灶王奶奶必须立刻回去。灶王奶奶想了想，觉得东西也准备得差不多了，也该回家过年了。于是，她赶紧把这几天准备过年吃的用的拿包袱包好，带回凡间救济百姓。东西实在太多了，灶王奶奶一直收拾到天黑才离开天宫。

这时，凡间家家户户都点着燃香，等着灶王奶奶回来，给他们带些吃的喝的年货。灶王奶奶一到，家家户户都放鞭炮迎接。灶王奶奶把从天上带回来的东西分给大家，人们都吃饱喝足了，欢天喜地地过大年。

从此，灶王爷和灶王奶奶更受老百姓的爱戴了。为了纪念他们的恩德，百姓们约定每年的腊月二十三，准备糖瓜甜点和纸扎的马，送灶王爷和灶王奶奶上天庭；然后，就安排二十四日扫房子，二十五日做豆腐，二十六日割年肉，二十七日杀年鸡，二十八日蒸糕馍，二十九日打年酒，大年三十包饺子，渐渐地这些都成了过年的习俗。

玉帝看到小两口在人间受到尊重，心生嫉恨。当着众神的面指定个观察员的苦差事给灶王爷，要他在每年的腊月二十三日上天庭时，向他汇报各家各户的功过得失，自己再根据报告对人间进行赏罚。玉帝本想以此来挑起百姓对灶王爷的怨恨，可没想到老百姓却把他看成了一家之主。

讲述者： 亓舜标，男，1929 年 11 月，莱芜市莱城区高庄街道五龙庄村

采录者： 亓廷香，男，1954 年 2 月，高庄街道五龙庄村，中师，退休教师

采录时间： 2003 年 4 月

采录地点： 莱芜市莱城区高庄街道五龙庄村

248

漠河沙成仙

从前，云翠山南天观下面的山峪沟里，有一高大的石崖，崖下有一天然石洞。这石洞深不可测，神秘无比，因为一个道士在这里修炼成仙，人们便用他的名字叫作"漠河沙洞"。

那个洞口的石崖上，长着一棵人参，这棵人参不知长了多少年已成了精。有人曾经见过这棵人参挪动[1]，但也说不清楚它到底长在哪里！还有人说它成精后，经常到道观里找道士玩儿。

南天观里有一个小道士叫"底大"，是个子最小、没长大的意思。人们一问他的家，他就好说"漠河沙"。后来，人们称他大号"漠河沙"。底大每天在道观里清扫庙宇，打扫院子。只有八九岁的孩子，每天要干这么多的活，实在是一种罪过。他天真无邪也很单纯，有时因劳累也会发些牢骚。

他打扫到神像间的空当里，转来转去的有些不耐烦。说了句："各位上仙，都给我出去怪好哎！"话毕，神像

[1] 挪动：走动。

真的一个跟着一个有条不紊地都挪到院子里去啦！他不以为然地继续清扫。清扫完后，他发愁啦，怎么能让出去的神仙再回到原位呢？师傅回来了，我可怎么办？他用手挠着脑袋一想，就对着门外的神像说："叫你们出来你们就出来啦，请各位上仙回来就位吧。"话刚说完，门外的神像就一五一十地又都回到原来的位置上去了。

无巧不成书。小道士刚才的这一幕，被回到观里的老道长看了个清楚，也看了个愣怔[1]。神像怎么出来的？怎么他说一句话，这些泥巴胎子[2]就自动走出去走进来呢！他被吓了一身白毛子汗[3]。

底大见神像回归原位，好玩儿地走到了院子里。

老道长已经站在院中，底大吓得出了一身冷汗，面色发黄，一手摸着脑袋不敢说话。道长走到底大身边，抚摸着他的肩膀，和蔼地问了刚才发生的来龙去脉。底大憨笑了一下，扪着头皮，就将怎么把神像请出去，又怎样把神像请回的经过说了个清清楚楚。

老道长思量着：小徒儿自小失去父母，很是可怜。可让他受些磨难，自然也就能成大器。如今出现这样一回[4]，真是了不起啊！我可要试一试他是真金，还是假银。他下了一个决心，让底大一人独自生活，不准与外人接触。说是外出化七天缘，给底大准备了七天的米面，让他好好生活，不能有任何闪失。结果，他真的到了半个月才回来。他以为自己在外面多待了七天，很可能把徒儿饿坏了。可一见面发现底大白白胖胖，脸上一点饥饿样也没有，就觉得十分奇怪。

他把底大叫到身边，对回来晚了很抱歉。他问道："我出走这么些天，给你留下的米面肯定不够，你是吃什么活下来的？"

底大咧嘴笑了笑，回答说："喝疙瘩汤啊！"

"面从哪来的？"

"不用面！"

"那用什么？"

"墙外面的姜不拉石猴[5]就行！"

"沙石也能做成疙瘩汤？"

"能，你看着，我给你做两碗。刚好，您也饿了吧？"说着，端起那带有豁子的洗脸盆子，到了外面端来半盆姜不拉石，给师傅看了看；又到日月泉边淘了淘，洗了洗，端进伙房喊吟哈喇[6]地倒进了锅里。只见他向锅底下伸出一条腿，刹那间，锅下就着起火来啦！

不一会儿，热气腾腾的疙瘩汤熟啦！底大拿起勺子就向锅里舀，因为个子太小啦，鼻涕快要流进锅里啦！他师傅在一旁瞅了个清楚。底大把疙瘩汤端到师父面前，香喷喷，热乎乎，把疑神疑鬼的师傅弄得不知所措。愣是推托说："你先吃吧。我得歇歇再吃！"随后，也就天黑啦。底大给师傅点着灯后，师傅老是催着底大去睡觉。底大睡后，他自己重做了些米饭吃下了。

这一夜，老道长思来想去，翻来覆去，出来进去，不知思考了多少事，提出了多少纳闷的问题。叫神像挪位，用石子做疙瘩，伸腿就着火，这是怎么回事？神啦！是做梦，还是在仙界呐？

第二天早晨起来，他把徒儿叫到面前，和颜悦色地问道："在我外出的这些天中，有没有外人来过？"

"有啊，一个道童来过。他长得白白胖胖的，等到天黑定下更来[7]以后，就来找我玩儿，公鸡一叫之前他就走啦。他会腾云驾雾，从来看不见他的影子。到快走的时候，就和我互相扎辫子盘头发。再一眨眼，就不见啦！"

几天后，道长下山买了些红头绳和丝线做成的穗子，有意穿到针上交给了底大，告诉他："等到夜里，那个伙伴再来时，你想法在相互梳辫子时，用这根头绳给他扎头发，把针别在辫子的结上，你就别管啦！"

道长起来便问："他来过吗？"

"来过，我把针别好，他带走了，线穗子还在那里呐。"听到徒儿的答话，老道士使了个手势，赶紧随着红线追到一百多米的下峪沟底大光华山崖边。抬眼一看，两

[1]　愣怔：惊呆了。
[2]　泥巴胎子：庙里泥塑神像的俗称。
[3]　白毛子汗：除了出汗，汗毛也竖了起来，极度惊恐的意思。
[4]　这样一回：意指突然出现这种情况。

[5]　姜不拉石猴：面馏馇石。
[6]　喊吟哈喇：一下子把东西倒出来。
[7]　定下更来：夜深人静的时候。

条护参大蛇左右对视，炯炯发光的眼睛像四根银针刺向人眼。但它们看似有任务，盘曲游动的身子迅速钻进了漠河沙洞的小孔里去了。

师徒二人并不惊慌，犹如司空见惯。师徒俩看着摇摆的蛇尾，发现了一棵人参苗，旁边的草叶上正别着红色针线。道长便吩咐底大跑回观里取水拿工具，霎时，底大拿来一杆枪头子和半桶水，二人只一袋烟的工夫就把人参挖出来了。

回到观里，道长清理人参的叶子和泥土，底大赶紧到日月泉里取了水，师徒配合得十分默契。不一会，小道士底大闻到了香喷喷的浓郁味，扑鼻香味也被道长在不远处闻到了。稍稍迟疑了一会，道长才赶到厨房，只见底大嘴边还在向里续着人参的须根。近前向锅里一看，人参没有了只剩下汤还没喝，便急着说了句："去，赶快走！"把底大支使走啦。自己只好嘟嘟囔囔地说了句："这都是命啊！喝人参汤吧！"

自此，小道士底大餐风宿露，常在梦中惊醒，说是要等"脚穿的鞋子九斤重时，才能成神仙"。醒后，第一件事就是看鞋子。"哎呀！什么时候才能梦想成真呐？"自己笑笑了之。

忽一日，自己走在山沟里。天气突变，大雨降临。脚下时土时泥，难以前行。正发愁时，山水冲下了两块石头压在了脚面上。这时，空中霹雳巨响，底大身子一抖成了神仙。

老道士亲眼看到自己的徒儿底大飘飘摇摇，时走时飞地向东海方向去了。但在本地，也有人经常见到他的身影。

那道长呢？因为喝了人参汤，成了半个神仙，仍然留在云翠山上继续修炼。

讲述者： 万保桂，男，1925 年 7 月，平阴县洪范池镇东峪南崖村，农民
李永亮，男，1940 年 5 月，洪池镇东峪南崖村，曾为南天观道士

采录者： 万肇平，男，1955 年 10 月，洪范池镇东峪南崖村，教师，大专

采录时间： 2001 年 12 月
采录地点： 平阴县洪范池镇东峪南崖村

附
记

这个故事，多次听万保桂讲起过。有一次，曾为南天观道士的李永亮对这个故事作了补充。热心的他还领着我们到当年和尚挖参的地方去看，指点人参的位置。指着两个黑窟窿，说是当年守参的两条蛇就在这两个洞中。他还带着我们参观了当年底大小和尚请神出庙的地方，烧火做饭的锅灶已残破得不成样子了。日月泉还在，只是里面的水不很旺盛了。

249

兄弟俩种谷

从前，有这么兄弟俩。老大王勤是个土财主，为人处事既刁又奸；老二王俭日子紧紧巴巴，经常吃了上顿无下顿，处事稳重，心地善良。

什么样的人孵什么样的人，什么样的鸟宿什么样的林。老大歹毒，找的老婆也促血[1]；老二善良，娶的媳妇也贤惠。

一人夸好没有好，百人称赞就算好，老二就是受夸的人。亲帮亲，邻帮邻，贫苦人帮穷苦人。本来王俭家就不富足，邻里有事他冲在前面，是个要头连膀子卸[2]给人家的主，家业越过越薄。

兄弟生分不如邻。小时候兄弟俩就不对脾气，大了还是不腻伙。扭三别四，四时八节也没有个走动往来。

这一年种谷的时候，灾荒严重。家家锅头不冒烟，到哪里去弄谷种呢？王俭夫妻急得俩眼直冒火星子。人误地

一时，地荒人一年。滑溜来滑溜去[3]的也没个好主意。老婆说："如今咱没种下地，愁也白搭[4]！都说一拃不如四指近[5]。你和恁哥哥吃一个奶头长大的，求求他，他该是不能见死不救吧？"

"你这不是赶到鸭子上树吗？谁不知我和咱哥从小就水火不相容。穷在闹市无人问，富在高山有远亲。咱哥是什么样的人，我还不知道。"王俭心烦意乱地说。

"话也不能说绝，水还有倒流的时候，人就没有回心转意的吗？"

"哎，人要脸，树要皮。要借你去，俺可丢不起这个人。"

"我去就我去，恁哥又不是老虎，还能把我吃了吗？"妻子也真有些窝火，穷撕咬[6]嘛。

王俭妻赌气来到大伯哥家说明来意，王勤两口子听了不说给，也不说不给，不冷不热地搁着。王俭妻见给这么个没脸[7]，就像含[8]了口烫舌的油吐不出咽不下。好歹她脑子怪活，见两个人眼不是眼脸不是脸的，就说："哥，嫂子！恁有难处我也就不提啦！别为这事惹得恁俩闹别扭。"

王勤的脑子，眨巴眼就能转三百六十圈。他是好办法没有，坏心思撑得筋巴条子都鼓鼓着。"嘻嘻，他婶子，你别想到两岔里去了。我是和你嫂子盘算，借给你多少谷子。我和兄弟一奶同胞，两根手指头咬咬哪根不疼啊！你的困难，就是我的困难。别说恁哥我还有，就是没有我砸锅卖铁也得给你们想办法。你回去先和老二把地铲过来，明天晌午[9]叫老二过来背谷种吧！"

狡猾的是狐狸，凶恶的是狼。老婆回家一说，王俭不信。到了明日晌午去背，谷种早给装好了。王勤也不难为他，说了几句面子话，又假装亲热地送到大门外，守着来

[1] 促血：方言，非常坏的人。
[2] 要头连膀子卸：毫无保留地无私奉献。

[3] 滑溜来滑溜去：方言，思前想后的意思。
[4] 白搭：没用。
[5] 一拃不如四指近：比喻人际关系疏远的总是不如关系亲近的。一拃，张开大拇指和中指两端的距离，长约六寸。四指，四个指头并排的宽度，约三寸。
[6] 穷撕咬：方言，穷人家多为生活而吵架。
[7] 没脸：不给别人留面子。
[8] 含：方言念 hen，含在嘴里的意思。
[9] 晌午：中午。

来往往的邻居们说："老二啊！这点谷种先使着，不够你再来拿。"

王俭回家和老婆汗珠子落地摔八瓣，深翻细种，好歹种完了。过了几天，人家的谷子都出苗，王俭的却在地里一动没动。又过了几天，人家的苗子四指高了，王俭的地里才出了一棵瘦儿吧叽[1]的苗子。后来挖出谷种一看，谷子是炒熟的了。两口子急得在地里碰头打滚，顿足捶胸地号啕大哭，直哭得百鸟不鸣，树木颤动。

这时，一位七旬老人走过来，扶起两人说："年轻人，害人之心不可有，防人之心不可无啊！事到了这个地步急也没有用。看你俩哭得如酒醉，连我这山石心肠的人都动了心了。这样吧，恁俩从明日起，看到人家挖苗你也满地挖苗；看到人家锄草你也锄草。等谷子熟了收割时，你要碢个大场，把这穗谷子放在场中间晒干。然后，朝西南方向连喊三声：'打场了'，我就来给你打场。"

天无绝人之路。王俭夫妇按老人的指点，一天到晚在谷地里，锄草施肥。这棵谷苗也怪，长得有罐子口粗，秀得那穗子有碌碡那么大。

王俭夫妇按老爷爷的指点，碢了个大场。把谷子放在场中间翻过来翻过去，大半天工夫就晒了个干。王俭朝西南磕了三个响头，连喊三声："打场了。"话音刚落，只见西南方向一片白云飞快飘来，来到场边变成了那位老人。他抢起手中的拐杖连砸三下，场上立即堆了半尺厚的谷子。老人又扬起拐杖，被王俭拉住了："老爷爷，俺知足啦！您老人家歇歇，喝口水吧！"说着，叫老婆去端水。

七旬老人高兴地说："你真是天下难找的好心人啊！"说着，推开王俭又砸了三拐杖，场上那谷子又长了半尺厚。老者化成白云往西南方向飘去了，王俭从此过上了好日子。

王勤听说王俭一粒谷子发了家，大骂老婆炒谷时漏了一粒神谷。他老婆是有名的泼货[2]，听了这话如同长杆子捅了马蜂窝，跳着脚指着王勤的鼻子大骂不止。

贫有诚心，富有贪心。第二年种谷时，王勤把谷种炒熟，也放上一粒谷子种到地里。没几天，地里果然只出了一棵苗。两人学着王俭的样子，在地里又哭又叫。不大霎[3]，七旬老人来了。说："你俩不好好种地，在这里咋呼啥[4]？吵得俺一点觉也睡不着！"

王勤装着哭腔说："老爷爷，俺那日子没法过咧！借的人家的谷种，就出了这一棵苗。这让俺怎么活呀？"老爷爷听了，也说了打场那番话。老爷爷走后，两人喜得脖子都拧了筋。

等秋后谷子熟了，王勤和老婆碢了一个很大很大的场。不等谷子晒干，就喊老爷爷来打场。老爷爷刚落下云头，两口子就催他快打场，打完场好晒。

老人打了三杖、四杖、五杖，两人还是不住嘴地催他快点打使劲打。老爷爷说："我老啦！打不动了。"王勤说："你打不动，我打。"说着，去抢拐杖。慌得老爷爷化云起在空中，摇着头说："人心不足蛇吞象，不可救药啊！"说完，驾云朝西南飞去。

王勤夫妇看着二尺多厚的谷子，恣得[5]那嘴咧得跟水瓢一样大。这时，晴空一个霹雳，西南生云，东北起雾。大雨跟下水柱子一样，把场里的谷全冲走了。两人急得脸朝天，压在谷堆上大喊："别下啦，别下啦！"一群大雁飞过，把一泡屎拉在了老大的嘴里。老大一动身子，身下存住的谷子也冲了个精光。只在他老婆的肚脐眼里存住了一粒谷子，好歹没绝了种。

讲述者：　李耐珍，女，1955年2月，莱芜市莱城区张家洼镇高家洼小学，教师

采录者：　李霞，女，1971年2月，莱芜市莱城区方下镇孟公清村农民，小学

采录时间：　1992年11月

采录地点：　莱芜市莱城区张家洼镇高家洼小学

[1]　瘦儿吧叽：细小瘦弱。

[2]　泼货：不讲道理的泼妇。

[3]　不大霎：时间不长。

[4]　咋呼啥：乱叫乱喊。

[5]　恣得：非常高兴。

250

玫瑰花仙子

很久以前，天下流传着一种怪病。人与人之间相互传染，每天都有成千上万的人被病魔夺去生命。如果不想法救治，人类就要在地球上被毁灭。

当地有个刘桥村，村里有个心地善良、美貌如仙的姑娘叫乔翠云。她看到身旁的人一个个被夺去生命，心急如焚，决定独身一人去翠屏山寻求良方妙药。

她走进深山茂林中，天黑了下来，空中下起了大雨。前不着村，后不靠店。只好走进一座古庙中，暂住一宿。睡梦中，一位仙风道骨、满口白须的老人告诉她："要治好这种怪病，非用玫瑰花蕾煎药不可。"

乔翠云听了，心中一惊。玫瑰这东西只听说过，但没见过，到哪儿去寻。老人见乔翠云有些犯难，转身要走。乔翠云想起了乡亲们的痛苦，急忙恳求道："只要能为乡亲们治好病，豁出性命我也甘心。"老人见她心诚，便俯耳低言，教她如何如何……

经过九九八十一天，乔翠云来到了翠屏山上。当晚三更她爬上一座山洞，山洞门上写着"玫瑰花苑"四个大字。推门一看，啊！竟是满园盛开的花草。迎面吹来的风都是喷香的。乔翠云哪里知道，这是天上王母娘娘的一处花园，王母娘娘不定期地带领仙女来游玩赏花。

乔翠云沿着花圃间的小路边走边看，有红红的牡丹，黄黄的菊花，血红的杜鹃花，紫色的蝴蝶花，喷香的茉莉花，一尘不染的芙蓉花，还有许许多多叫不上名来的奇花异草。

乔翠云一边观赏，一边称赞。不觉来到花园中，见有个金砖石砌成的花坛，花坛正中的那棵花树尤其惹人喜爱。那红豆似的花蕾，大红色的花瓣，粉茸茸的花团，多么鲜艳，多么美丽！

乔翠云猛然想起，这不是玫瑰吗？乔翠云急忙拿出金剪银刀，把玫瑰树砍下来，又小心翼翼地摘下玫瑰花蕾放到水晶盒里。刚想转身离去，只见两个身披盔甲、手持长矛的天兵大喝一声，拦住去路："大胆女子，竟敢到此采摘玫瑰花蕾！"说完，不由分说，就把乔翠云结结实实地捆绑起来，就要带走。

乔翠云苦苦哀求："你们行行善吧，我们人间得了一种怪病，每天都有大批的人死亡，只有服用玫瑰花蕾煎的药才能救人性命。"

天兵大声喝斥说："你竟敢私闯王母娘娘的御花园，摘走天下独有的玫瑰花蕾。这可是王母娘娘养精蓄锐、美容养颜的圣药。你犯下这滔天大罪，岂能饶恕。"遂把乔翠云下入天牢。

王母娘娘知道了此事，被乔翠云真情实意感动了，便亲自召见她说："念你舍生忘死，搭救百姓，赦你无罪，并赐给你玫瑰种子。你带回人间，培植玫瑰结蕾开花。但是要使玫瑰生根、发芽、长叶、显蕾、开花，要照着我这道符上去做，不然的话，你就前功尽弃。"

乔翠云回到人间，打开符一看，上面写道："到昆仑山取土，到东海取水，浇灌一百零八天，方能使玫瑰开花。"乔翠云是个有志气的姑娘，为了让玫瑰都开出花来，她去昆仑山挑来土，把玫瑰种子埋在了土里。然后，又到东海挑水进行浇灌。每当满天星斗的时候她就出发，直到月光洒满路上的时刻才迟迟归来。山路上的石头磨烂了她的双脚，满坡的荆棘划破了她的衣衫。她那亮晶晶的汗珠，红彤彤的鲜血洒遍了层层山岭，道道石崖。就这样浇啊，浇啊！一直浇到一百零八天。啊！只见漫山遍野生出了玫瑰，显出一串串红玛瑙似的花蕾，有的已经鲜花绽放。

乔翠云赶紧把玫瑰花蕾摘下来，用大锅煎制药汤，让老百姓喝下去。自此，这种怪病在人间消失了。

后人为纪念为玫瑰开花结果付出艰辛的姑娘，就在翠屏山建起了一座石塔，叫作"仙人塔"。

乔翠云百年之后真正修成正果，成了天上的花神，掌管人间的千花百草。每年玫瑰花开的时候，她都要回来观赏，并为人间带来吉祥。

讲述者：	鹿传铎，男，1942 年 6 月，平阴县史志办退休干部，大专
采录者：	李庆余，男，1950 年 7 月，平阴县环秀小区，大学
采录时间：	2005 年 6 月
采录地点：	平阴县环秀小区

附
记

平阴县境内玉带河流域四周环山，中间谷地狭长，气候温和的地形、气候，造就了浓郁芳香的平阴玫瑰。平阴县盛产玫瑰花，在《中国名胜词典》上称之为"玫瑰之乡"。这里的重瓣红玫瑰，不仅栽培历史悠久，而且以花大瓣厚色艳，香味浓郁，品质优异驰名。1982 年 7 月召开的"全国玫瑰花生产座谈会"上，专家们一致评价："平阴玫瑰香甜如意，芳香四溢，具有香气正、清香、甜香、浓香等特点。"被称为"中国传统玫瑰的代表"。2003 年 8 月 7 日，国家质检总局批准对"平阴玫瑰"实施原产地域产品保护。2010 年 12 月 24 日，中华人民共和国农业部批准对"平阴玫瑰"实施农产品地理标志登记保护。2020 年 7 月 20 日，欧盟理事会将平阴玫瑰列入第二批 175 个中国地理标志名单。

251

野
仙
沟

很久以前，村里有个叫天虎的小伙子，长得浓眉大眼，虎背熊腰，力气特别大。他乐于助人，村里人都很喜欢他。天虎十九岁那年，因从虎口中救下了村中财主薛老爷的千金小姐青青，被人们传为美谈。同时，也获得了青青小姐的芳心。丫鬟秀儿成了他们之间的信使，两人经常在山上偷偷地约会，彼此深深地相爱。可薛老爷是绝不会把如花似玉般的千金下嫁穷人的，青青小姐打算跟天虎私奔。一切准备好了，青青便派丫鬟秀儿给天虎送信。约好第二天一早在南山会面后，一起远走高飞。

天虎得到消息后，兴奋得睡不着觉。他越想越高兴，难得青青小姐对自己这样深情，竟然放着富家小姐不做，要跟自己这个穷小子。天虎觉得自己有的是力气，一定要凭着自己的力量养活青青小姐。宁可自己吃苦，也要让青青小姐过得舒适。天虎翻来覆去，想来想去，干脆起床半夜就上了南山等青青小姐去了。

好不容易等到天要发亮，天虎的心里忐忑不安。他生怕万一被薛老爷发现，青青小姐要出来可就难了。他左等右等，就是不见青青小姐上山。正当他着急地东张西望的时候，不知从哪里冒出两个水灵灵的小男娃，胸前都只戴个红兜兜。两个娃娃你一拳我一脚的好像在练武，一招一式满是那么回事。一会儿这个被摔倒，一会儿那个被制住；一会儿不知从哪里又冒出个白发老人，一身白衣，一头白发，从头白到脚。只见他叫住两个娃娃，指点一下。两个小娃娃就又打起来，这回便不分上下。一连打了几十个回合，不分胜败。突然，一个娃娃向树林跑去，另一个追去，白发老人早已无影无踪。天虎无心追随，见太阳已经落山，还是不见青青小姐的影子，便决定下山探寻。

天虎回到山下的村里，却怎么也找不到原来的家。一问村里人，却又都说没有天虎这么个人。有几个老人倒说有，不过那是六十年前的事。说是有个叫天虎的，一天突然失踪，以后就再也没有回来过。天虎听此，不知是怎么回事。他心里惦念着青青小姐，便急忙打听薛老爷的家在哪里，当天虎急急赶到一看，早已不是原先薛老爷家的模样。本来天虎怕私奔的事露出破绽，可现在根本用不着担心了。因为从下山开始，天虎就没见到一个认识的人。即便是到了薛老爷的大门口，也没看到一个熟人。天虎站在大门口，犹豫了一会儿。正想打听一下，忽见从大门里出来个老妇人，便拦住她问道："老人家，这是薛老爷家吗？""对。""请问，青青小姐在家吗？""你有什么事吗？"老妇人问道。天虎为了慎重起见没敢直说，只回道："有要紧事，见到青青小姐本人再说。"老妇人听后，便叫天虎跟着去见青青小姐，天虎的心咚咚跳个不停。想到要与心上人见面，又紧张又兴奋。天虎跟着那位老妇人，一路走到一处小楼的二楼晾台上。前面带路的老妇人停了下来，天虎也停了下来。只见晾台的圈椅上坐着一位银发贵妇人，那贵妇人正专注地遥望着南山，一点也没发现后面有人上来。

只听带路的老妇人轻声说："青青小姐，有人找你。"那贵妇人头也没回地问道："什么人？""是个小伙子。""小伙子？"贵妇人重复了一句后，微微回头道："找我做什么？""他说有要紧事，非要见到你才肯说出。""噢！"贵妇人已转身站起，同时也发现了天虎，问道："你找我有什么事吗，小伙子？""不、不、不！"天虎连忙说不。他看了一头银发的贵妇人，说："我是找年轻的青青小姐。"

带路的老妇人道："找年轻的青青小姐？可我们薛家大院里，就只有这么一位青青小姐。"天虎一听，又丈二和尚摸不着头脑了。他焦急地自语道："那年轻的青青小姐哪里去了呢？"只听带路的老妇人哈哈大笑道："年轻的青青小姐哪儿去了，倒回六十年就在这里。"

天虎被笑得不好意思，那贵妇人却问道："小伙子，你找那年轻的青青小姐有什么要紧的事？"天虎此时虽说不用保密，但面对陌生人，还是只说半句："我叫天虎，今天一早到南山上等一位小姐，可没等着。"

"你叫天虎，是不是在等青青小姐？"那贵妇人问道。"啊！你怎么知道我等青青小姐？""我不但知道，而且还知道你俩约好上南山见面后，一起远走高飞。"贵妇人平静地回答。"既然你都知道，那你一定知道我的青青小姐在哪里。求求你告诉我，好吗？""哈哈哈，"旁边的老妇人又大笑起来，一脸严肃地斥责说，"好你个胆大包天的泼皮，竟敢到此瞎编故事，来奚落我家青青小姐。还不快滚，想找打吗？"说着，便上前欲赶天虎。

"慢着。"那贵妇人止住道，"我看他倒不像是瞎编。"老妇人接道："可是，约会这事除了那已去世的薛老爷，就我们两人知道。这小伙子怎会知道，而且还冒充天虎？"天虎一旁急道："我就叫天虎，怎么还冒充！"老妇人道："难道你是天虎的传人？""什么传人不传人，我的上几辈人都没叫这名的，就我叫天虎，绝对没错。""这就怪了，六十年前村里有个叫天虎的好小伙，与我们青青小姐私定终身，并约好上南山一起私奔。无奈被薛老爷发现，将青青小姐和我看管起来，误了约会日期。可打那天后，天虎就失踪了。这可害苦了我家青青小姐，任薛老爷怎样劝说，小姐以死拒嫁，一心等那天虎归来。可这一等就是六十年！人老了，头发白了，整天坐在这晾台上遥望南山，思念天虎。可今天，你小子却冒充天虎，到底是什么居心？"

老妇人一席话说得天虎莫名其妙，傻傻地愣在那里。倒是那一直在旁观察的贵妇人向他问道："你既然真叫天虎，可否把你的事原原本本地说来听听？"天虎见那贵妇人很恳切，便将自己如何从虎口救下青青小姐，两人如何由丫鬟引线，直到彼此心心相印。后来，青青小姐约自己私奔，自己在山上苦苦等待，遇到两个娃娃打斗之事统统说了一遍。

两位女人听完后，甚感惊奇。世上哪有如此相同的遭遇？她俩又细细观看天虎，不约而同地说："太像了，太像六十年前的天虎了。""我不是六十年前的天虎，就是今天的天虎。"天虎无奈地说。"噢，我明白了，一定是天虎遇到仙人了。"

"什么仙人？"天虎和那贵妇人一同问道。"那两个娃娃，对！天虎见到的那两个娃娃，还有那个白发老人都是仙人。""仙人又怎么啦？"天虎问道。"听说仙人过一个时辰，人间就是十年。这样的话，天虎在山上遇到仙人后只过了六个时辰，可我们青青小姐却过了六十年，这就对了。"说完，老妇人又看看天虎，天虎也渐渐明白过来说道："这么说，你就是丫鬟秀儿，我的青青小姐就是……"

天虎眼望着等了自己六十年的满头银发、一副老态龙钟的青青小姐，不知如何是好。那贵妇人听后却不相信，非要到南山上去看看。老妇人听了也很有兴致，天虎拗不过两位老人，只好带她们去。

圆圆的月亮已挂上了柳梢，月光下三人悄悄地从后花园的后门出来直奔南山。一路上，天虎扶着两位老人，艰难地向山上爬。好不容易才爬到山顶，便一起停下来歇会儿。月光下，天虎惊异地发现，跟他上山的哪有什么老妇人，竟是年轻的青青小姐和丫鬟秀儿。

三人相视，惊喜万分。天虎和青青小姐忘情地相拥在一起，这对久别重逢的恋人一个劲地流泪，丫鬟秀儿也高兴地又蹦又跳。

以后，村里又少了青青小姐和丫鬟秀儿。有人说，他们三人都成了仙，每逢夏夜，在野仙沟的树林里，还能听到他们的说笑声呢！

讲述者： 孔繁湘，男，1933 年 12 月，平阴县东关村辛庄街，教师

采录者： 孔震，男，1951 年 2 月，平阴玫城丽都，教师，大学

采录时间： 1985 年 3 月

采录地点： 平阴县东关村辛庄街

附
记

平阴县玫瑰镇有个叫野仙沟的村子，这里群山环抱，松柏满山，环境幽雅。传说这里住的全是乡野仙人，天虎和青青就是其中的两个。故事在东关流传，我父亲生前曾给我多次讲过。该故事在我修东关村志时，整理收录。

252

搬龙王

　　莱芜搬龙王求雨，与秃尾巴老李有牵连。秃尾巴老李是汶河南八里沟村人，曾因斗败小白龙触犯了天条，被发配到黑龙江任龙王。期满后回到莱芜，栖身于西北大山的黑龙潭。

　　有一年，黑龙王变成一个年轻人到山口村魏财主家扛活，与魏姑娘相恋。魏姑娘听说他会变龙汲水，就让他当场演示。黑龙王不好意思回绝，就变了条乌龙一头插进水井，摇动尾巴从井里汲水。

　　魏姑娘吓坏了，举起手中的洗衣棒槌用力砸下，把龙尾巴砸断了一小截，黑龙王疼痛而起，一声响雷把魏姑娘震死在井边。

　　这年春上，老天爷一滴答雨也没下，地里干得如同乌龟背，庄稼全被烈日烤枯了。魏财主看着一地的干苗子，愁得差点得了脑溢血。夜里，魏财主做了一个梦，看到女儿回来了。父女相见，自然是喜泪交流。女儿说："爷，不孝女看您来了。"

　　魏财主一把攥住女儿的手腕问道："我的宝贝闺女，你到哪里去了，把我和你娘想死了。"

　　魏姑娘说："爷，您别急，女儿现在生活得很好。我今天来，有一件事告诉您老人家。"

　　魏财主问道："闺女，啥事啊？"

　　魏姑娘擦了擦眼泪说道："爷，在咱家干活的小李就是您的女婿。俺俩现在在黑龙潭生活得很好，您老就放心吧！"

　　"闺女，你是来和我要嫁妆的吗？"

　　魏姑娘笑着说："爷，俺家里啥也不缺，不要嫁妆。爷啊！整个莱芜大旱，眼瞅着庄稼颗粒不收。女儿心里急，来告诉您老人家一个下雨的法子。"

　　魏财主听了女儿的话，高兴地问："闺女，啥好办法？恁爷正为这事犯愁呢！"

　　魏姑娘脸一红说道："爷啊！您女婿小李是龙王，他有办法下雨。您老落落架子，去求求他吧。"

　　魏财主听了，盯着女儿说道："真是闺女大了人家的人，既然他是我的女婿，你让他来为我这个老丈人下点雨不就行了吗？还用我老人家亲自去求他吗？"

　　魏姑娘笑着说："爷，您只知其一不知其二啊！您女婿是神龙，有老天爷管着，不能私自降雨，违反了天条是要抽筋剥皮掉脑袋的。"

　　魏财主听了，脸一摞说道："要是这样，我还求他干啥？"

　　魏姑娘笑着说："爷！您老人家去求他，他一定会有办法。就算是让他送给您老人家的一份见面礼吧！"

　　魏财主听了觉得有理，就问道："我怎么去求他？"

　　魏姑娘说："爷，很简单。您女婿好玩，您老雇个小戏班子到黑龙潭演一场，也算是给俺俩补办个婚礼。小李一高兴，这下雨的事就解决了。"

　　魏财主高兴地说："你这个闺女，还是那么鬼精鬼精的。"

　　魏姑娘咯咯笑着说："闺女随爷。爷，女儿回去了！"

　　魏财主眼看着女儿走得没了踪影，慌忙打火点灯。灯刚点着，老伴就揉着俩眼说："黑灯瞎火的你点灯干啥？好梦让你给搅了！"

魏财主看着老伴问道："你能揍[1]出啥好梦来？"

老伴说："咱家闺女来看我了，说是有婆家了。她让你雇个戏班去黑龙潭演场戏，好让你女婿来下雨。俺娘俩正说着话，被你点灯搅黄了。"

魏财主听了，俩眼瞪得鸡蛋大："妮子她娘，我也是揍了这么个梦啊！"两人觉得奇怪，干脆觉也不睡了。坐起来盘算雇戏班，到黑龙潭见女儿女婿。

第二天，魏财主按两口子盘算好的，准备好丰富的嫁妆，雇来远近闻名的寨里大下村戏班子。让魏家的青壮年抬着嫁妆，吹吹打打去往黑龙潭。附近庄里听说魏财主去黑龙潭为女儿女婿演戏求雨，都觉得好奇，跟在送嫁妆的队伍后头去看热闹。结果越跟越多，一溜长队好几千人。

魏财主夫妇穿着崭新的礼服，来到黑龙潭南边的龙尾村，这里的人们也听说老魏家到黑龙潭为女儿女婿唱大戏，都早早地等在庄边。村里老人还安排年轻人到黑龙潭去打扫卫生，扎戏台子，烧好开水等客人。

龙尾村的人为啥这么热情呢？原来，魏娘娘早就给他们托了梦，说是龙王的岳父来认亲，让大家帮忙迎接。龙王家来贵客，附近村里的人们也觉得光荣。于是，早早就起来忙活。

魏财主的队伍刚到龙尾村，就见黑龙潭方向飘来一朵大白云，罩在魏财主夫妇的头上挡太阳，大家知道这是秃尾巴老李来迎接岳父岳母。于是，都跪下来磕头。魏财主夫妇非常高兴，自打女儿震死在井边，尸体不见踪影至今，老两口第一次笑容满面。魏财主说："多谢贤婿为老夫遮挡烈日！"

就听到半空中有人说道："老人家亲自登门，小婿迎接来迟，请老人家见谅！"接着，又传来女儿甜甜的嗓音："迎接娘和爷，多谢您老给女儿这么重的面子，请吧！"

魏财主夫妇顺着羊肠小道往黑龙潭走去，头顶的那朵白云一直不离左右，直到黑龙潭边，云朵才慢慢飘进潭中不见了踪影。

魏财主让大家把嫁妆抬进龙王庙，就在潭边的小戏台

[1] 揍：做。

上演开了戏。顿时，锣鼓喧天，唢呐嘹亮。魏财主夫妇坐在一棵大松树下的座位上，津津有味地看戏，这时，一个英俊后生领着一个美丽的少女，端着香茶走了过来双手敬茶，笑不言语。老夫妇接过茶，呷了一口，清香透鼻，沁至心肺。

魏财主的老伴目不转睛地盯着少女，越看越像自己的女儿，就一把攥住她的手脖子，高兴得双手颤抖不止，嘴里说道："我的宝贝女儿，想死恁娘了。"少女咯咯地笑着说："老人家，您认错人了。您请喝茶吧，俺忙去了。"说着，拉起后生消失在人群中。

晌午了，龙尾村的老人们早就在龙王庙里备好了丰盛的酒宴。魏财主夫妇被邀为上宾入座，他们的身后就是秃尾巴老李和女儿魏娘娘的神像，这神像塑得如同真人一般，又让老太太掉了好几串相思泪。

老人们轮流敬酒，魏财主高兴万分。当他们喝得正酣，就听到一声闷雷。晴朗的天空，顿时乌云密布，接着淅淅沥沥由小到大下了一场透地雨。这场雨淋了好几千人，大家个个像落汤鸡一般，却都高兴地在雨中欢呼。因为这是一场救命雨。

魏财主夫妇与众人离开黑龙潭往家走，只见两边地里水汪汪，路上却像撒了一些水，虽湿却不泥泞。大家心里明白，这是龙王女婿为岳父大人净水泼的道。

雨后的庄稼都缓过来了，人们感谢魏财主夫妇帮大家求来救命雨，都自愿捐款捐物在山口庄北的瀛汶河畔，盖了一座石板无梁龙王庙，庙里塑了秃尾巴老李和魏娘娘的神像。

从此后，只要是干旱大家就到山口庄请求魏财主帮忙求雨。每求必应，十分灵验。魏财主年事已高，不能再往返黑龙潭。为了帮助大家求雨，他就请来民间艺人教大家学会耍龙、玩狮子、抬辇子、踩高跷等十几种舞蹈。每逢干旱，就让大家载歌载舞到黑龙潭搬龙王，照样逢求必应。

讲述者：　周长忠，男，1944 年 11 月，莱芜市莱城
　　　　　区口镇山口村，小学

采录者：　周俊，男，1970 年 5 月，莱芜市莱城区

口镇山口村，初中

采录时间：　1999 年 5 月

采录地点：　莱芜市莱城区口镇山口村

附 记

莱芜搬龙王这一大型民俗活动，主要兴盛于明清时期。搬龙王，一般选在大旱年的农历六七月份。如果是小旱，还可以选用"取水"。取水的活动比搬龙王规模小，一般有十几个人就可以。主要求雨工具是一个大号的黑坛子，里面插柳枝，用两路杠子绑好，前后各一人抬着。取水的人也要头戴柳条帽，直接到黑龙潭。给黑龙王上供，磕完头把黑坛子装完黑龙潭的水，抬回来即可。取水后，天如果还不下雨，那就得搬龙王了。

搬龙王是大型活动，少则七八十人，多则数百人。主要仪式如下：搬龙王的庄主（又叫山主）是东上崮村，周围有龙尾村、下崮村、杨家庄、康家庄，称为五大庄子。如果请戏班子花一百块钱，庄主要自掏五十元，其他五十元由四个村凑齐。戏楼在龙尾村龙王庙附近，南北长 10 米，东西宽 5 米。黑龙王庙会，是每年的农历的六月初四到初十。

搬龙王的辇是半打的，如椅子样，上有顶子，座上放块红色垫子供龙王爷坐。抬辇的杠子如同轿杠，刷的朱红色，辇的颜色也是朱红色。每乘辇由四个青壮年来抬，抬辇的人穿着黄色戏服。辇和旗牌伞扇、金瓜斧钺等一干搬请用具，都在龙王庙南屋里放着，由专人看管。

外村来搬龙王，要先经过庄主。由庄主负责安排人，到黑龙潭背龙王，一共十二尊神像。背的神像与庙里的塑像不一样，这些泥塑神像尺寸小，重量轻（一般最大的高有六十多厘米，重量在几十斤，不超过百斤），在大神像的一边放着。背龙王的人要脊梁对脊梁，摸到谁就背谁。背龙王的人要实心实意地磕头，不能说闲话。从山里黑龙潭龙王庙里，背到龙尾龙王庙放进辇里。辇在龙尾村龙王庙里放着，再把辇抬到上崮村供桌后面，举行搬龙王仪式。礼仪时间多选在头午（八至十点）。鼓乐队在龙王庙里等着，等把龙王背放辇中，前五班开道，后五班押后。吹吹打打，从一庹宽的石门路上往上崮抬，路窄人多排了很长。（石门路一庹宽直通黑龙潭。）

供品由山主出，费用由搬龙王的村子出。供品一般选用十全大供，就是十个盘，鸡鱼肉等拼成。主请人穿黄马褂，包红头巾，手里拿着拂尘，恭恭敬敬地上三炷香，嘴里说道："天皇皇、地皇皇，因为天旱搬龙王；搬下山来吃了供，一场好雨再谢龙王。"这时，香帽子落了，主请人带领大家磕头。等香烧完，主请人说："起辇。"这时，十棚家什敲打起来（十支锣鼓唢呐队），旗牌伞扇、金瓜斧钺按顺序排

列，黑龙王在前，娘娘在后，龙子龙孙最后。先后起辇，所有搬请龙王的人都戴柳条帽。

送出村来，由来搬龙王的人接过去，抬到自己的村里祭奠。仪式由村里的老人或指定的村长主持，规格如同搬龙王时，下雨后再送回。等到六月六，再请戏班谢雨。

搬龙王需要的人员：抬辇的 48 人，旗罗伞扇、金瓜斧钺 16 人至 24 人不等。前有领路一人（即主持人），拿滚瓜（卦）的一人，锣鼓乐队每队（棚）20 人左右（鼓一大数小，两面大锣，唢呐、器乐等等），再加上维护治安的数十人。

大下、小下村有时一年搬好几回。据说，魏娘娘是他们村的。

二太子恶，不下好雨，全是粗风暴雨。有一次搬龙王，抬着辇耍辇，下崮村有不相信的。结果，抬着辇钻了麻地，破坏得很厉害。自此，很少有人搬二太子。

六月二十四的黑龙潭庙会，与搬龙王谢雨无关。这一天，是黑龙王的生日。

搬龙王仪式，禁忌大姑娘观看。相传，黑龙王爷风流，喜欢大闺女。村里老人说，有个秃头的大闺女，不相信这些。等搬龙王的仪仗经过时，她趴在墙头上观看。结果，被黑龙王看到了。一把抓去，露出了满头的黑发。她倒地死去，被收去当了娘娘。

据寨里镇寨里村房洪德老人回忆：搬龙王的"辇"尺寸，老龙王：宽 80 厘米，高 120 厘米。娘娘辇相同。龙子：宽 70 厘米，高 100 厘米。龙孙：宽 60 厘米，高 80 厘米。辇的四柱上刻有龙图（盘龙），娘娘辇的四柱上刻有凤图，辇顶如同凉亭。

搬的神像，都是坐像。原庙里大像不动，搬的都是炕上的神。老龙王的泥塑像最沉有 80 多斤，太子的 70 余斤，太孙的 60 余斤。

夏天，早晨 2 点半左右，开始搬神。因为搬的人多，山主只好按先来后到安排搬神。到黑龙潭搬神的人，有打灯笼去的，也有光点香进去的。去的人进庙不说话，用手摸，摸到哪个就背哪个。背的人一人一块白布（老白布尺子 3 尺）。背龙王的人不能说沉，一说就背不动了。一路上最好不歇脚，有那歇脚的，再背就背不起来了。背到龙尾龙王庙时，天刚明。按龙王、龙子、龙孙顺序，由大到小安排辇。三太子看家，四太子是恶像，好钻麻沟子，一般人们不搬他。搬龙王要两棚家什，一前一后吹吹打打。

搬来的龙王，放在席棚里。席棚一大溜，又称龙棚。以木柱、草席为主。主请人在香案前举行仪式，上香、祈祷、滚瓜。龙王抬回来后，天近晌午，安置好龙王、娘娘后，开始由体格健壮的人抬着龙子龙孙耍辇。耍辇是个过瘾的娱乐活动，都争着抬，围观的人山人海。转辇时连攀辇的人一块转起来，但没有一个掉下来的。

龙凤大旗，在搬龙王的队伍前面，旗长 4 到 5 米。白旗底子，彩边，龙是金银五色彩。

请戏谢雨一般选在农历的六七月份（河水旱得跟蚰蜒一样时，搬龙王）。

搬来龙王，举行完仪式，如果应时，就见西北起橛子云，不出一

两个时辰就会大雨倾盆。

　　搬龙王仪式举行完以后，把龙王供奉在龙棚里，三时祭拜，择吉日送回。有的地方，不下雨就不往回送。

253

太岁头上动土

　　很久很久以前，人们没有房子住。太上老君想了个主意，要为人们修房子住。

　　修房子需要砖瓦，这怎么办呢？太上老君有办法，他先造了一座八卦炉，又挖土和泥，脱出砖坯瓦坯，然后放进八卦炉里烧起来。烧了九九八十一个时辰，砖瓦就出炉了。

　　青砖灰瓦盖起来的房子既结实又漂亮，住进去冬暖夏凉可好了。人们见此，纷纷拜太上老君为师，烧砖烧瓦盖房子。从此，人们有了房子住，太上老君也就成了烧窑的祖师爷。

　　普天下的窑工这儿取土烧砖，那儿取土烧瓦。哪想到这么一来，竟触怒了管土的神仙太岁。太岁让窑工们这个头疼，那个腿疼；这个哭，那个叫，趴在炕上起不来了。因此，民间有个说法，谁家要破土盖房子，先翻翻皇历，占占吉日，免得碰上太岁生病遭灾。

　　太上老君看见自己徒子徒孙们遭了难，掐指一算便知道是太岁在作怪。他心想，老百姓好不容易学会了烧砖瓦盖房子，他却来发难。我一定要想法制服他，为老百姓出口气。

没等太上老君去找太岁，太岁竟找到太上老君门上来了。太岁见了太上老君，两眼一瞪，满脸的横肉都移了位，大吼道："老头子，你那帮徒子徒孙们整日里东也动土，西也动土，使我日夜不宁。再不约束他们，叫他们给我赔礼道歉，我可要他们的小命啦！"

太上老君一听，这是什么话！天下的土是天下人的，你太岁就主的不让人们用。你向我的徒子徒孙们发难，我还没找你算账呢，你倒找上门来胡搅蛮缠。太上老君忍住胸中火气，笑容可掬地说："好！我的徒子徒孙们得罪了你，明日我设酒席给你赔礼可好？"

太岁一听太上老君要设酒席给他赔礼，怒气顿消，高兴得手舞足蹈起来，连忙应道："明天我一定来，一定来！明日见，明日见！"

太岁应邀前来。他见太上老君真的准备了一桌酒席，山珍海味堆了满满一桌子，美酒一坛散发着醉人的香味。太岁两眼看呆了，腿已不知往哪儿迈步了。

太上老君一声"请坐"，太岁才回过神来，坐在席前。这时，酒席周围燃起熊熊烈火。太岁如蝎子蜇了屁股，一下跳起来怒道："这席怎么吃啊？我不成了烧烤了！"

原来，太上老君把酒席设在了窑肚子里。他笑着说："太岁，你英雄盖世，这点火怕什么？来、来、来，我陪着你！"太上老君说罢，坐在了太岁对面。太岁被将了军，也不得不再坐下。这桌酒席不吃太可惜！吃吧，太吓人了。心一横，不吃白不吃，吃饱了快走，热就热点吧。

太上老君一个劲儿地"夹啊""加啊"！太岁听了忙着夹菜，外面的窑工们听了忙着加柴。那火越烧越大，红色的火舌专门往太岁身上燎，太岁被烧得少皮没毛。

太上老君坐在那儿泰然自若，谈笑风生，好像什么事也没有。太岁再也坐不住了，跳起来就往外跑。他跑到哪里，大火就烧到哪里，怎么也跑不出去。那是太上老君的八卦炉啊，太上老君不让他出去，他怎么能出去。

太上老君笑着道："快坐下来吃啊！没吃饱怎么能走呢？"

太岁这回可厉害不起来了，哀求道："你打开门让我走吧？我，我不吃了！"

太上老君说："我为给你赔礼，筹办了这么丰盛的酒席，窑工们把房子烧得热乎乎的，怎么能走呢？既然来了就安下心来，吃到明月东升。你这么走了，我的徒子徒孙怎么过意得去呢？"

太岁是个欺软怕硬的家伙，被太上老君折腾得早已丢了三魂失了六魄，低声下气地说："谢谢太上老君的盛情款待，我再也不敢为难你的徒子徒孙了。请你高抬贵手，放我一条生路，让我走吧？"

太上老君道："好、好、好！我的徒子徒孙们天天要烧窑，处处要取土，今后你不准再为难他们。"

太岁道："好、好、好！我让你们三里地，让我走可以了吧？"

太上老君伸手一指，烈火顿息，窑门大开，然后毫不客气道："滚吧！"太岁一头钻出窑门，像只丧家犬一样逃窜了。

太岁跑回去后，养了好长时间，还是落下个少皮没毛，歪鼻斜眼，青面獠牙，身上黑红白紫的一副狰狞面目。

从此，太岁只要见到烧窑的，总要躲得远远的。可是庄户人家就不敢轻易动土了，生怕惹到太岁头上，招来灾祸。现在人们不怕它了，也不知道它跑到哪里去了。但是，"谁敢在太岁头上动土"这句俗语仍在民间流传着。

讲述者： 苏传池，男，1908 年 6 月，德州市陵县小苏家村农民，小学

采录者： 刘公明，男，1948 年 6 月，商河县供电公司退休干部，中专

采录时间： 2013 年 10 月

采录地点： 德州市陵县小苏家村

附
记

星期天的上午，我查阅以前的笔记找资料，看到了 20 世纪 70 年代，苏传池老人与我座谈时的一个记录，记载着俗语故事《太岁

头上动土》。我正在整理俗语故事，无疑是个宝贵的一手资料。于是，按照当时记录稿和近期民间采风资料相结合，完成了这个俗语故事补充整理。"谁敢在太岁头上动土"这句俗语不知在民间流传了多少年，看来这太岁够厉害的。既然太岁如此厉害，"谁敢在太岁头上动土"呢？看了这个故事，你该知道只有太上老君和他的窑工们敢动土了吧！

254

蚌姑娘

"一处开花满坡芳，一家煮饭四邻香。"这是赞誉明水香稻的话。那晶莹的米粒，为什么这样香呢？

很久很久以前，明水是一片汪洋大海。只有南面泰沂山区的几座山峰露出海面，形成了几个小岛。其中，有个小岛叫古月岛[1]，上面住着个勤劳勇敢的年轻渔夫，整天驾着木船在海面上打鱼。一天，小伙子打上来了一只很漂亮的蚌[2]，他非常喜欢它，便拿回家养在了水缸里。

这一天，小伙子打鱼回家，一进院就闻到有饭菜的香味。他很奇怪，走进屋里，只见桌上摆着热气腾腾的蒸馍和炒菜。这是谁给他做的饭菜呢？

一连好几天了，每次都是这样子，小伙子心里非常纳闷。

这一天，小伙子假装和往常一样出去打鱼。不一会，他又悄悄回到了家，躲在墙外边想看个究竟。

[1]　古月岛：古月岛即现在的胡山，又称古月山。

[2]　蚌：读 bàng。软体动物，用鳃呼吸，有两扇坚硬的石灰质的壳，生活在淡水中，肉可食，壳可制装饰品或供药用。有的蚌，壳内能产珍珠。

突然，听到水缸里的水哗啦一声响，一个美丽的姑娘从水缸里站了起来！姑娘飘出水缸，在院里拿起笤帚将地扫了个干干净净。扫完地，又去擦洗桌椅。擦洗完桌椅，又去给小伙浆洗衣服，缝补被褥。姑娘勤快的手脚，纤巧的身姿，花般的容颜，使小伙子看呆了。

姑娘干完了活，看看太阳，该是小伙子归来的时候了。她便走到桌前，甩了几下衣袖。桌面上一下便出现了热腾腾的馍，香喷喷的菜。姑娘微笑着，慢慢向水缸走去。

小伙子从惊呆中醒悟过来，猛地从墙外窜了进去，紧紧拽住了姑娘的长袖。姑娘告诉他，她是海里的蚌姑娘。因羡慕人间的生活，爱恋小伙子的勤劳勇敢，所以钻进了他的渔网。其他小岛上的渔民听说了，都划着小船来为小伙子贺喜。

从此，小伙子每天出海打鱼，蚌姑娘在家织布结网，小两口美美满满地生活着。可是，好景不长，这事很快被海龙王知道了，龙王说蚌姑娘犯了"海规"，命令凶残的螃蟹将军把蚌姑娘捉拿回去。

小伙子变痴了，整天划着船在海面上呼喊着蚌姑娘。嗓子喊出了血，可是茫茫大海一片波涛，到哪儿去寻找蚌姑娘呢？

有一天，一朵浪花卷进了他的小船，浪花变成了一个姑娘。姑娘告诉他：她是海里的虾女，蚌姑娘被龙王关进很深很深的牢里去了。想要打开地牢的大门，除非将一万只鲨鱼的骨骼架在胡山的顶上。

小伙子感谢了虾女，握起了猎捕鲨鱼的钢叉。渔民们闻讯，也都纷纷赶来帮助他。鲨鱼非常凶残，猎捕它必须冒着生命的危险。可是，为了救出美丽的姑娘，他们捕呀捕呀！也不知道用了多长的日子，胡山顶上终于架起了九千九百九十九条鲨鱼的骨骼。

龙王知道了这件事，涌起狂涛巨浪，把胡山顶上的鲨鱼骨骼全部卷进了海里。为了不让小伙子再猎捕到鲨鱼，把海水也给退走了。小伙子和渔民们追赶着退去的海浪，悲痛地呼喊着蚌姑娘的名字。

虾女在浪花中又告诉小伙子，蚌姑娘仍然被押在地牢里，就在胡山西北不远的那片青石板底下。

海水退进了东海，小伙子扑倒在那片青石板上，双拳捶动着石面，失声痛哭起来。失去了蚌姑娘，失去了大海，以后怎么生活下去呀！突然，在小伙子泪水流过的石面上，裂开了一道缝。缝里流出了一股清泉，清泉呜呜咽咽，变成了蚌姑娘的倾诉。

蚌姑娘告诉小伙子，她是永远出不了地牢了。蚌姑娘说：龙王退走海水，不光是不让小伙子捕捉到鲨鱼来搭救她，而且还想把这一带的渔民全部饿死。是啊，没有了大海，渔民们靠什么为生呢？

清泉越流越旺，并且涌出了许多珍珠。每一颗珍珠都散溢着浓郁的清香。清泉越涌越大，珍珠越涌越稠，清泉传出了蚌姑娘的声音："快和乡亲们把这些珍珠播种到泥土里！"

小伙子和乡亲们照蚌姑娘的话做了，他们用蚌姑娘的泪水灌溉着泥土中的珍珠。珍珠发芽了，长出了绿油油的苗。凉风吹起的时候，长成了一片金灿灿的稻子。一粒稻籽，便是一粒芬芳的珍珠。

小伙子捧着丰收的稻米，对大家说："这泉水，是蚌姑娘的泪水。这珍珠，是蚌姑娘美好心灵的结晶。这芳香，就是蚌姑娘那一片爱的挚情啊！"

从此，这儿的人们便改渔植稻了，一直种植到今天。

讲述者：　于秀坤，男，1925 年 6 月，章丘县普集镇，私塾

采录者：　于夫，男，1947 年 3 月，章丘县矿业局，大专

采录时间：　1987 年 10 月

采录地点：　章丘县普集镇

附
记

于秀坤老人讲这个故事的时候，非常激动。他说："如果没有蚌姑娘，咱们章丘就没有这么好的水稻，供养我们的幸福生活。"这个故事原载《章丘民间故事》，2007 年华艺出版社出版。

255

东
风
雨

从前，凤凰山上神仙众多。住在重崖之上的山神，每年春三月在崖上晒元宝。他愁着没人给他翻晒，恰巧崖下走来一年轻樵夫。樵夫一抬头，看到崖上闪耀着刺眼的白光。定睛一看，原来是一大堆银元宝。

樵夫放下斧子、担子和绳索，就想攀爬上悬崖捡几个元宝改善生活。悬崖梯陡竖立，爬了三四次也没爬上去。怎么办？离崖顶就差那么一两步，可就是上不去够不着。他眼看着肥腻腻的肉吃不到嘴里，心里有些急躁。樵夫爱动脑子，他想：我人上不去，用柴担子往下拨准能行！他弯腰拾起担子，往上爬到崖边，一手抓住野枣树，一手举起担子伸上去，担子尖刚好够着元宝，他就使劲地捅翻上面的元宝。担子的尖头只能把元宝翻个个，眼瞅着就要掉下来，可担子一松元宝就叮当一响回到原地。樵夫叉着腿，拽着野枣树，一个蛤蟆爬墙的架把，用力地转动扁担来翻动元宝。手脖子累酸了，他就从悬崖上下来歇一歇，然后再上去够元宝。不知道是自己手气背，还是命不担财，从上午一直翻到太阳快下山时，把整堆元宝翻了好几遍，一个也没落下来。

樵夫肚子饿了，手也累得发抖了，再也没有力气够那些元宝了。他看了看那堆元宝，打个哀叹声，拿起斧子、绳索和担子准备下山回家。

刚要走，山神站在山崖上开口说话了："小樵哥，你先别走。我看你也是个实诚人，你给我翻宝晾宝累了一天，我给你俩元宝当工钱吧。"

樵夫听了，赶紧说："老爷爷，您给的太多，一个小的就行，只要能买米吃饱肚子，俺就满心满意了！"山神听了笑笑说："都说世上的人贪财，你咋就不爱财宝呢？"樵夫说："老爷爷，外财不发薄命人。"山神爷听了，捋着白胡子笑着说："这是我给你的工钱，你下力挣的，怎么是外财呢？"樵夫说："俺父母在世时经常教育俺，银子钱有眼，不该得的拿了也攒不住。"

山神被樵夫的真诚感动了，一本正经地说："小樵哥，你真实诚！这俩大元宝你说啥也得收下，就算对你实心实意的奖励。"说着，伸长胳膊把两个大元宝递给了樵夫。

樵夫推辞不过，就接在手里说："老爷爷！恭敬不如从命。这俩元宝就算我借您的，等我过好了一定还您。"

山神听了就说："你若真还，你就送给东风雨吧。"说着，身子一晃不见了踪影。

樵夫回家后，置办土地、耕牛、农具，娶了媳妇成了家。他心眼实善经营，不几年就成了远近闻名的大财主。

一天夜里，他静躺在床上突然想起帮山神爷晾元宝的事。既然承诺自己日子过好了，就把元宝还回去。现在过好了，不能言而无信，我要把那俩大元宝还给东风雨。

樵夫备上盘缠，带上元宝，骑上高头大马去还宝。出了大门才想起来，当年山神让他把元宝还给东风雨，并没告诉他东风雨住在哪里。不知道还宝的地方，到哪里去找这个东风雨呢？

樵夫为了难，他灵机一动就骑马来到山神庙，摆上供品磕了仨头说："山神爷！当年您赠我两个大元宝，我承诺日子过好了就还给您。您当时告诉我把元宝还给东风雨，可没告诉我东风雨住在哪，我咋还呢？"说着，看了看笑呵呵的山神石像。

这时，樵夫听到庙外有脚步声，回头一看，只见一个背着弓箭的猎人站在门口，就问："猎人大哥，你也来求拜山神爷吗？"

猎人说："我是个杀生害命的，山神爷不会帮助我的。你求山神爷干啥？"

樵夫就说："当年，山神爷给了我俩大元宝，我就承诺等日子过好了，就把元宝还给他老人家。我现在过好了，可又不知道怎么还给他了。"

猎人笑着说："你这人就是个木头脑袋，既然是山神爷给你的元宝，你把元宝往他的供桌上一放不就行了吗？"

樵夫说："山神爷告诉我要把银子还给东风雨，可没告诉我东风雨住在哪里，我这才来求他老人家指点迷津。"

猎人说："你这个人实诚得愚了[1]，山神爷没告诉你东风雨住在哪里，就是把这俩元宝给你不用还了。"

樵夫认真地说："如果山神爷不让我还，就不会告诉我把元宝还给东风雨了。"

猎人听了，哭笑不得地说："世上没有你这种钻牛角尖不回头的人，既然你铁了心还元宝，那就该想办法去找东风雨。"

樵夫看了猎人一眼，笑着说："猎人哥哥，我要是有办法就不会到这里来求山神爷了。您长年累月在山上转，一定知道怎么寻找东风雨吧？"

猎人也笑着说："我常年在山上转不假，也遇到过东风雨，可这是刮风下雨，你找的东风雨是个人，这可不是一码事。不过，你的话提醒了我。既然山神爷让你把元宝还给东风雨，这个东风雨就不会离这里很远。你在这座大山周围找，一定能够找到。"

樵夫不解其意，就问："此话怎讲？"

猎人说："每座山上都有山神，既然是这座山上的山神给你元宝，这座山就是他的一亩三分地[2]，照应的也是这方百姓。你说的东风雨这个人，肯定就在周围哪个村里，这不是明摆着的事情吗？"

樵夫听猎人这么一分析，也觉得有道理。但又为了难，为啥，这座山方圆近百里，村庄不下百余个，这么大的地

方找一个人，无疑是大海捞针。但又一想，山虽大，只要出不了这个圈，还是有希望找到的。于是，他谢了猎人开始走村串巷寻找东风雨。

走了一村又一庄，问了千家万户，都没有叫东风雨的人。樵夫又犯了愁，眼瞅着半年过去了，马累瘦了，鞋子磨烂了三四双，连东风雨的一丁点信息都没有。东风雨究竟是何人？他家到底住哪里呢？

一天傍晚，樵夫来到一个不很大的村落。村小没有旅店，只好把马拴在树上，在一户人家大门底下过夜。夜半更深的时候，樵夫听到院内脚步声不断。天将黎明来了雨，刮起了东北风。樵夫觉着身上有了寒意，就把衣服使劲裹了裹。突然，有人来到大门阳沟[3]边倒了两盆水，听到有新生儿的啼哭声。接着，听到一老妇人说："您累了一夜，赶快歇歇吧。我有一事相求，您给俺孙子起个名吧？"有个女人接口说："老嫂子，你孙子出生时刮东风下着雨，有福之人啊！就叫东风雨吧。"

这真是踏破铁鞋无觅处，得来全不费工夫。樵夫听了这话，高兴地坐起身来。

天亮了，老妇人一开门，见门砧[4]上坐着一人，树上拴着一匹马，还没张口问话，樵夫一拱手说："老人家，恭贺喜添孙子！"

老妇人赶紧还礼，说："同喜同喜，不知贵人临门，有失远迎，慢待慢待了！"说着，赶紧一手相拉，请进客厅，吩咐端来一碗热面，让樵夫吃。

老妇人问樵夫为何在门下坐着。

樵夫就把自己的来龙去脉，从头至尾说了一遍。他说："我找了半年也无果，没想到今天终于如愿了。"说着，取出两个大元宝递了过来。

东风雨的奶奶再三推辞不下，这才把元宝收下。樵夫还了心愿，一身轻松地往家走去。路上遇到几个下地的老农，就打听东风雨的家庭情况。老农抢着回答说："这户人家是周围十乡八寨有名的大善人，我们都得到过他的

[3]　阳沟：农户宅院的排水沟。

[4]　门砧：门枕石，俗称门墩、门座、门台、镇门石等，是用于中国传统民居，特别是四合院的大门底部，起到支撑门框、门轴作用的一个石质的构件。因其雕成枕头形或箱子形，所以叫门枕石。

[1]　愚了：变笨了。

[2]　一亩三分地：地盘。

接济。"

樵夫听了，恍然大悟，原来，这财宝是为善心人准备的。

讲述者：　刘茂庚，男，1941 年 10 月，莱芜市莱城
区牛泉镇亓省庄，教师，大学

采录者：　亓立富，男，1948 年 6 月，莱芜市莱城
区牛泉镇亓省庄，教师，中师

采录时间：　2010 年 10 月

采录地点：　莱芜市莱城区牛泉镇亓省庄

附记

亓省庄村周围都是大山，山南的寨山在春秋战国时期曾是柳展雄占山为王的地方，至今遗址犹存。2010 年 10 月的一天，我和刘茂庚老师到山上采集草药。先是围着山寨的断壁残垣转了一圈，边走边寻找采集的草药。累了，就在石臼边坐下来休息，看着周围连绵不断的大山，刘茂庚老师讲述了这个故事。他告诉我说："这个呱是听他爷爷和姥爷多次讲述过的，奶奶也拉过多次。善有善报是故事的主题，曾把这个故事在课堂上给学生们讲过，也给亲朋室友讲过。"由此看来，故事的传讲范围较为广泛。

256

姐妹钟

有一年春上[1]，麻秆子雨[2]下了三天三夜，到处沟满壕平。小河无水大河干，小河有水大河满。如今小河涨满，大汶河的水更是满满当当的啦。蹊跷事[3]就出在这次汶河发大水时。

老天爷的脸阴刮刮的，不时还星星点点再洒些小雨，下了这么长时间的雨他也不嫌累得慌。百姓可遭了难，那年月有几家的房子不漏雨啊！好也罢，孬也罢，淋不倒房子天好了还能再拾掇[4]。可那庄稼苗要是涝煞了，全家人都得扎住脖子喝西北风。就这么着，雨一停，家家户户的男劳力壮闺女扛着家什[5]到地里放水。也就是在这个时候，从汶河的上游冲下来了两口大铁钟。这钟怪就怪在冲不冲的不散伙[6]，还发出震耳朵眼子的响声。"砰砰叭，砰砰叭，

[1]　春上：春天。

[2]　麻秆子雨：中到大雨。

[3]　蹊跷事：神奇、奇怪的事情。

[4]　拾掇：修补。

[5]　家什：农具。

[6]　不散伙：不分开。

姐姐你去刘家庙，妹妹我去高家洼。"怎么听，怎么像说的这话。事奇了看的人就多，汶河两岸上人站得满满的。

那两口钟不紧不慢顺流而下，到了嘶马河与汶河的交叉口又听到钟声变啦，"砰砰叭，砰砰叭，姐姐往西俺往北，到家天不黑。"果然，两口钟分开了，一个顺流往下停在了刘家庙村南，另一个逆流而上顺公清河到了高家洼村南。

钟来得蹊跷，猜得也就神啦。有说是太上老君赠的，也有说是河大王送的。两个庄里的人焚香烧纸，忙着盖钟楼挂钟。

刘庙子的钟先挂了起来，可是怎么敲也敲不响。村长夜里梦见一个黑脸闺女说："等俺妹妹上钟楼，俺才能开口。"

第二天，打发人去高家洼看。见那钟果然还没挂起了，众人正忙活着。一位老人说："夜里钟娘娘给俺托梦啦。她说：'快点挂，快点挂，刘庙子俺姐姐待急煞[1]。'"

于是，高家洼村的人齐呼啦[2]下手，天不黑，钟就挂好啦。在这当儿，刘庙子的钟就开始嗡嗡。用锤一敲，果然就响起来。清脆悦耳，传出很远。

从此，每天早晨钟声响时，都能清楚地听到两个闺女在说话："俺姐是刘庙子。""俺妹是高家洼。"

讲述者：　王俊元，男，1944年3月，莱芜市张家洼镇高家洼村，不识字
采录者：　王俊莲，女，1964年4月，莱芜市方下镇张公清村，高中
采录时间：1990年3月
采录地点：莱芜市张家洼镇高家洼村

1990年3月，我在高家洼村串门。大哥王俊元讲述了高家洼村大庙里挂的这口钟的故事，我就把这个故事记录了下来。在往日的采风中，也多次听到关于这两口钟的故事，再就是刘家庙和高家洼两村的人到一块，第一句话就是："您村里的大钟，早上还说话吗？"

257

青蛙大将

古时，南梨沟村有一个远近闻名的大力神，力大无比，威震四海。在一次远古的大战中，他率领将士打败了不可一世的希斯国军队。天爷爷见他屡立奇功，勇猛无敌，便下诏奉他为天宫的青蛙大将，守护天庭的平安。

这一天，天爷爷过生日，天界的各路神仙、各界名流纷纷前来祝寿，万里天空好不热闹。

太白金星用一个古沉香木的箱子，装了三十块自己炼的元宝状金砖，用一条条金丝带系好带上，骑着龙来到了天爷爷的宫殿。

到了宫前，佣人将龙骑牵到后院，太白金星提着礼盒进入大厅。青蛙大将早已在殿前迎候。行罢礼，毕恭毕敬地接过礼盒，便向后院的仓库走去。走到半路，青蛙见古色古香的礼盒上有一个信封。

他知是礼单，打开一看是金砖元宝。礼盒很沉，他瞬间有些心动：今天光收礼品就快堆成山了，一个普通的生日就如此豪华排场。我家乡的父老乡亲，过着有上顿没下顿的日子。而我一个力大无比的勇士，一个天界的将军，却只能看在眼里、急在心里，不能为家乡百姓出一点力。

我何不趁此机会拿一块金砖藏入怀中，抽机会帮助家乡的百姓改善一下生活呢？一不做二不休，他迅速打开礼盒，捏出一个元宝藏入怀中，又将礼盒系好，走进仓库。仓库保管员迎上，接过礼盒，青蛙大将折回了前厅。到了前厅，他见客人都去了餐厅，就想，何不利用这个机会，将元宝送到家乡去？于是，他离开天界，飞向人间。当他到了家乡上空时，口袋里的元宝一下变大了，成了高二百米，方圆十千米的大元宝。青蛙大将没料到，天界与人间是有区别的。村中无法放，就搁在了村西南头，便折返回了天界。

第二天，保管员在对礼品礼单时，发现太白金星拿的礼单与礼品不符，就向天爷爷如实报告了。

天爷爷便宣召了青蛙大将，核实情况。

青蛙大将本来就是个实在人，知道自己惹的事肯定过不了关，干脆来个竹筒倒豆子，如实招了。他动情地说："我老家的乡亲过着吃了上顿没下顿的苦日子，孩子没钱上学，老人没钱治病，还受着土豪劣绅的剥削欺压。自己空有一身好武力，却不能为乡亲们解困除忧，我深感不安。今天，我做了这件事，并不后悔，愿接受玉皇大帝的任何惩罚。"

天爷爷沉思了一会儿说："念你是初犯，况且是为百姓着想，金砖就不用收回了。但这不能成为原谅你犯错的理由，罚你到地界为百姓服务一百年。过后，再回天庭另有安排。"

当青蛙大将回到家乡时，却发现王财主早已将金山攫为己有，雇家丁当看守。老百姓还是身无分文，过着贫穷的日子。

于是，青蛙大将将百姓组织起来，赶跑了王财主和他的家丁，把王财主的家产分了，把地平均分给了老百姓，将金元宝合理地分给穷人。让人人有地种，家家有饭吃。孩子都有学上，老人们可以安享晚年。

被赶跑的王财主岂能善罢甘休。他纠结外地势力，进行反攻倒算。不久就听说，他纠集了十万人，要来抢劫元宝山。

青蛙大将寻思，来抢劫就要起战争，就会死很多人，家乡就要遭受生灵涂炭。人都有贪腐之心，一座明晃晃的金山在这里，世人都会惦记，有人就会产生邪念，不求进取寻歪门发财。为了制止这场大劫，青蛙大将来到了天庭，向天爷爷作了汇报。

天爷爷也没遇到过这种情况，向众大臣问计。煤炭大臣说："老臣有一计，可将金子都变成煤炭埋入地下，世人就抢不了了。煤炭还是燃烧原料，可以解决百姓的生活问题。"

天爷爷说："是一条好计策，既解决了民生问题，也消除了人们苛求发财的欲望。可怎样让金子变成煤哪？"

煤炭大臣瞥了一眼青蛙大将说："这要让青蛙大将受苦了！"

青蛙大将说："为了众乡亲的幸福，我甘愿受磨难。"

煤炭大臣说："你先回去，到你的山顶小屋里，一晚上别出来，第二天就好了。"

当晚，元宝山火光冲天……

第二天，人们发现青蛙大将在他的小屋里变成了石头青蛙……

金晃晃的元宝山，变成了一座黑亮亮的煤山。许多年以来，南梨沟附近几个村的村民，都靠采煤为生，安居乐业……

讲述者： 亓玉玲，女，1963年4月，莱芜市莱城区牛泉镇亓毛埠村，教师，大学

采录者： 郭华，男，1960年3月，莱芜市莱城区高庄街道办南梨沟村，高中

采录时间： 2010年6月

采录地点： 莱芜市莱城区高庄街道办南梨沟村

258

舍得

很久以前，有这么一家农户，户主名叫李老大。他勤于耕种，不误农时，将田地打理得那叫一个好，地里无杂草，禾苗绿油油，庄稼种啥啥丰收。

媳妇王氏是个持家能手，不仅线纺得好，布织得更好。她除纺线织布以外，还照顾着公婆和孩子的穿衣戴帽、吃喝拉撒[1]，把家里收拾得井井有条，家禽家畜喂得膘肥体壮。整个农家院，充满着一片勃勃生机。

李老大夫妇心地善良，青黄不接时，经常接济左邻右舍，乡里乡亲。他开粥棚，施舍衣食，邻里有口皆碑。日常生活中人情世事[2]需要花钱，李老大从不小气，事事办得漂漂亮亮。两口子勤俭持家、省吃节用，几年后，还是积攒了几两纹银。

这天吃过早饭，媳妇王氏就跟李老大商议说："孩他爹，你说咱们家多少年来都是租牛耕地。现在手头有两个

[1] 吃喝拉撒：吃饭、喝水、拉屎、撒尿。
[2] 人情世事：指日常生活中遇到的世情；情谊、情面等。

钱了[1]，咱不如去集市上买一头耕牛养在家中。春天下田耕地，秋天套车拉拉庄稼，这样既省了劳动力，每年还可以省下一笔租金。你觉摸到[2]怎么样？"

李老大听了媳妇的话觉着有理，点头说："孩他娘说的是，光租人家的也不是个长法。今天就是大集，我这就去集市转转看看，有合适的牛咱就买一头。"

王氏听了，赶紧到内屋去取银钱。李老大拿着银钱来到大集的牲口市，先围着牲口市转了一圈，看见木桩上拴着大大小小十几头牛在卖。李老大挨个看了一遍，这些牛非老即病，长得都不壮实[3]。转了一圈一头也没相中，就盘算着回家下一集再来买。李老大要离开牲口市的时候，忽然被一头卧在地上的青牛咬住了裤腿。

李老大低头看看这头青牛，只见它瘦骨嶙峋，看起来，有一阵风就能吹散架子[4]似的，身上瘦得连个草标[5]都放不住，整个牲口市就它无卖相，被孤零零地拴在木桩之上，也不见有主人在身边，显然这牛主人并不担心有人会偷走这样的赖牛[6]。

李老大盯着这头牛看了一会儿，笑着自言自语道："你这畜生[7]，莫非想让我将你买走？要说你的骨架是真不错，可惜太瘦弱了，恐怕养上两年也不能下田耕作，买你回去终究是白费银钱，你还是另外再找买家吧！"说完，转身要走。

不料这青牛却忽然口吐人言道："你呀，不要看我现在瘦弱，如果你舍得草料将我养壮，我必定以万贯的金银报答你！"

这头青牛竟然开口说话，着实把李老大吓了一大跳，心想："牛怎么还会说话，这真是一头怪牛。"于是，他壮着胆子问怪牛："你如果有万贯金银的话，现在主人为啥还要将你卖掉？"

"唉！我的主人是个酒鬼，他整天喝得晕晕乎乎的，

自己还照顾不过来，哪里还有工夫照顾我。我时常饿着肚子，不长这么瘦才怪呢！其实，主人根本不知道，我瘦的时候就不会有金有银的；只要我膘肥体壮了才能拥有万贯的金银！"怪牛说完，瞪着两只鸡蛋大的眼睛看着李老大。

李老大是个忠厚人，听这头牛说得头头是道，也就信了它的话，打算把它买回家。可他四处撒摸[8]，也不见这怪牛主人的影子，只得在这里陪着等候。

不大雯，就见一个身穿破烂道袍，蓬松的发髻梳在头顶两旁，髯长过腹，袒胸露怀，又丑又老的老头儿手里拿着一个酒葫芦，从不远处的酒坊里出来。走几步，他就拔开酒葫芦塞，嘴对酒葫芦口一仰脖子，"咕咚"一口酒咽下肚，呷巴呷巴嘴，嘟嘟囔囔的也不知说着什么，摇摇晃晃地朝这边走来。

李老大心想：这长得又老又丑道装打扮的老头，多半就是这怪牛的主人了，它说得不错，还真是个不过日子[9]的"酒晕子[10]"。

果不其然，这老头就是牛的主人，他见李老大守在青牛的旁边，就摇晃着酒葫芦，哇啦着舌头问："哎！你这个小哥[11]是看上我这头牛了吧？别看它长得瘦，还有把子力气呢，你买了去不吃亏。"

李老大听了这话有点别扭，你这牛瘦得站都站不起来了，还说有把子力气。若不是你的牛开口说话我才懒得理你呢！心里这么想，嘴上却说道："是啊！我是看上老丈您的牛了，不知你这头瘦牛要卖多少钱？"

老头打了个晃悠[12]，又扬起脖子喝了一大口酒，拍着李老大的肩膀说："小伙子，你可真有眼光，既然你诚心想买，我也不跟你多要，给我五两纹银的酒钱就好，我只要有酒喝，就活得似神仙一般，哈哈哈哈。"酒晕子三句话不离本行，张口就是酒。老头儿说着，又一仰脖喝了一口酒。

李老大听老头要五两银子，就盘算开了，按理说五两

[1] 有两个钱了：手头有点钱了。

[2] 觉摸到：寻思，盘算。

[3] 不壮实：不健康，没有精气神。

[4] 吹散架子：弱不禁风。

[5] 草标：旧时卖东西都插根草，作为要出卖的标记。

[6] 赖牛：不健壮，一副有病的样子。

[7] 畜生：此处意为家里饲养的、用于获利的动物。

[8] 撒摸：寻找的意思。

[9] 不过日子：花钱大手大脚，不会经营家业的人。

[10] 酒晕子：嗜酒如命经常喝醉的人。

[11] 小哥：对年轻男子的尊称。

[12] 晃悠：站立不稳。

银子买头大牛还真够便宜的。可他这头牛瘦得光喘气了，根本不值这个价钱。有道是买卖争分文，他张口要价我坐地还钱。想到这，李老大显得有些犹豫地说："老丈啊！这牛也太瘦弱了，脊背能当刀刃使，根本值不了你说的价钱！"

老头听了，笑笑说："做买卖讲究漫天要价，薄利还钱，你说能值几个钱[1]？"

李老大说："一分钱一分货，我拉起你的牛来遛一圈[2]再说吧！"

老头又喝了一口酒说："行！牛在你跟前趴着，你拉起它来走几步吧！免得说我强买强卖不实在，嘿嘿嘿！"

李老大不喜欢和醉鬼多说话，就来到木桩前，解开牛的缰绳，用力将牛拉起来，牵着走了几步，只见这头青牛的四条腿颤颤巍巍，好像要摔倒似的，就对老头说："老丈您自己看看，你的牛走路都不牢稳[3]，如何下地耕耙？这个牛根本不值五两纹银，我最多给您三两银子。"

老头哇啦着舌头说："不行，少了五两不谈。别看它走路晃悠，到了地里耕耙就精神了！我这头牛就是没喂及时，你回家多添把料，没几天就会膘肥体壮了，到那时五十两银子也值。"老头像是在说醉话，东沟里一犁，西沟里一耙，根本不是个做买卖的。

李老大把牛拴在木桩上，和老头讨价还价起来。一个说是五两，一个说是三两，争来争去，谁也不松口，谁也不让步。这时候，围过来很多人看。老头又喝了一口酒，脚一跺说："豁上了，给你去一两行了吧，四两银子卖，掏钱吧！"李老大见老头松了口，觉得还能便宜，就咬着三两不放，两个人又跟斗鸡一样争执不下。有个经纪[4]就过来当和事佬[5]，他当着众人的面："你们公说公有理，婆说婆有理，这哪里是在谈买卖，倒是像抬杠的[6]。常言说'无经纪不成买卖'，我就给你俩来说和说和吧。

你也别四两了，他也别三两了，咱把一两掰开，二一添作五，三两五成交如何？"围观的人都说经纪圆成得公道。

老头说："买心卖心不同，卖的想多卖，买的想少买，我已经让了一两，他还不知足。我喝酒不给人家钱也不行吧？你们算计一下这半两银子我得喝多少葫芦酒。你们别以为我喝多了不会算账来欺负我。"众人听了哈哈大笑，有的说："你是来卖牛的，还是来喝醉酒胡搅蛮缠[7]的？"经纪说："买卖争分文不假，可一分钱一分货。你的货不行，如何卖出大价钱来？"

老头说："他有钱我有货，他觉得吃亏就别买嘛！"

经纪说："你这话就欠理智了，你这牛站都站不住了，也就是这位兄弟心善，买回家照料，不再让牛吃苦受罪。说句不好听的，你要是不卖，牛不行了你连喝酒的钱也没有了，你算计算计哪个合算？"

老头拿起葫芦灌了一口酒，说："你们都有理，成了我没理了。你们圆盘子[8]不向着老的，反而向着小的。赶紧交银子牵牛，别葬了[9]我的酒兴。"

李老大交了银子说："老丈，你这头牛还不如耽误我的工夫值钱呢！"众人一听都笑了，经纪说："我头一回听说，赶集还有要工夫钱的。"说着，倒背着双手走了。

李老大牵着怪牛回了家，媳妇王氏见丈夫买回这样一头瘦弱的赖牛，便抱怨他没掌好眼[10]。李老大就跟媳妇王氏解释买这头牛的始末缘由，王氏听完瞪大了眼睛，好奇地说："当家的，你不是中了江湖骗子的障眼法了吧？世上哪有牛会说话的道理！这肯定是卖牛的人故意哄骗你买牛耍的心眼子[11]。若不然，这样品相的牛，二两纹银恐怕都没有人要。我看，这三两五是打了水漂了。"

李老大跟媳妇王氏说："孩他娘你莫急，这牛已经买回来了，只需问它一问便可明白。"可是，李老大累得满头大汗，问了上百句，怪牛只是用嘴嚼磨咀嚼[12]着，始

---

[1] 几个钱：多少钱。

[2] 遛一圈：走一圈。

[3] 不牢稳：莱芜方言，不稳固。

[4] 经纪：市场上介绍买卖双方交易，从中获得佣金的人。

[5] 和事佬：调解争端的人。

[6] 抬杠：为了争论而争论；吵架。

[7] 胡搅蛮缠：狡辩，强辩。胡乱纠缠，蛮横不讲道理和原则。

[8] 圆盘子：说和，调解。

[9] 葬了：影响情绪；破坏。

[10] 没掌好眼：看走了眼。

[11] 耍的心眼子：使伎俩；动心机。

[12] 嚼磨咀嚼：动物反刍，将胃里的草料倒上来再嚼一遍。

终就是一语不发。

王氏唉声叹气道："如何？你真的上当了，你赶紧去牲口市找那卖牛的人，把钱讨回来吧！"

李老大赶紧去了牲口市，转了好几圈也没见喝酒老头的影子，问了几个周边的人，都说不认识这个人。去找经纪人，经纪人也不知去了哪里，李老大以为自己真的上当了，唉声叹气地回到家。

王氏一看丈夫这模样，就知道没有找到卖牛的人，就安慰说："夫君，你看这牛瘦得皮包骨头，说不定哪天就没了。依我看咱不如赶紧找个茬卖了，也不至于把钱都赔上。"

李老大听了王氏的话，就将这瘦牛绑上草标，牵到牛市上去卖。一连赶了好几个集，别说卖了连个问的也没有。李老大和媳妇王氏商议说："唉！反正这牛已经买来了，不如先养着吧。万一能养肥，也算没白花钱。"两口子见这牛实在是卖不出去，也就默认先喂养着。

李老大将这头牛养在了家里。饱草饱料喂了这么一年，它看起来也没有长多少膘[1]，只是这毛色比刚买回来时好看了一些。

一天，李老大试着牵它去耕地，可是套上犁耙绳索之后，它却一步也走不动，最后只得作罢。乡亲们听说李老大买了头不能耕地的瘦牛，大家都笑他是嘲巴[2]。可是无论别人怎么讽刺、嘲笑，他始终对这头牛非常好，即使它不能耕田，也照样精心喂养。

日子久了，李老大和媳妇王氏与这头牛也有了感情，几乎将这头牛当成了自己家里的一口人，再也没有了卖牛的念头。

如此过了五年，这头怪牛到底是长满了膘，现在看它那是膘满毛亮，与刚买来时判若两牛。

转眼到了这年耕地的时候，这天，王氏正在打扫牛棚，李老大也在给牛槽添料，这牛忽然再次口吐人言，道："主人啊！你们养了我五年，现在我长得肥壮，是时候报答你家了。"

见这怪牛开口说话了，王氏惊得目瞪口呆，李老大非常高兴，就问它："老牛啊！你说这话是什么意思？"

"主人啊，你忘了吗？当初我曾经说过，如果你能将我养肥，我当以万贯金银报答你的，你现在就将铁犁找来，我到你家的田里犁上两趟地，自然会出现万贯的金银，你也别忘了准备搬运金银的大车和口袋。"

"是不是瞎扯[3]呀！我家祖孙三代都耕种在这片田地里，从没听说过这田里有什么金银。"

李老大心里不太相信，但还是找来了一辆大车，在大车上放了若干条口袋，铁犁也搬在了大车上，让这怪牛拉着车到了田里。然后将铁犁卸了下来，拿出绳索套在这怪牛身上，自己扶稳犁把。随着怪牛在前面拉动，这铁犁将大块的泥土翻了过来，但见随着泥土翻过来的还有数块黄澄澄的金子和亮闪闪的银子，李老大蹲下身子，将金银拿在手中掂量掂量[4]，用牙咬咬，确实是真金白银，非常高兴。李老大又扶犁继续耕地，随着怪牛每前进一步，就有许多金银从土中翻出来。

如此过了一顿饭的工夫，田里被耕出的金银已经不计其数。李老大赶着怪牛继续犁地的时候，却听到有人叫道："牛儿，差不多了，快快随我回家吧！"

怪牛听了这话，就停住了脚步不再拉犁。

李老大循声望去，发现说话之人就是当初卖给他牛的那个身穿道袍长得非常丑的老头儿。只见这丑老头儿正拿着酒葫芦优哉游哉[5]地喝着酒，这老头儿望着一脸惊讶的李老大，就说："李老大啊！你为我舍财，我还你瑰宝。这些金银足够你一生受用和施舍的了，现在就把牛施舍给我吧！不要舍不得，舍得，舍得，不舍不得，舍才能得！"

李老大虽然是一个没有学识的庄稼汉，但也知道这丑老头儿绝非等闲，此时也不敢背拧[6]他的话，当即为怪牛卸下了绳索，摘掉了铁犁，怪牛没有了犁耙绳索的束缚，

[1]　膘：肥肉，多用于牲畜。
[2]　嘲巴：地方方言，形容一个人很傻。傻瓜、呆子。

[3]　瞎扯：胡说，乱说。
[4]　掂量掂量：试试轻重。
[5]　优哉游哉：悠闲自在。
[6]　背拧：违背，脾气拗。违背意愿拧着干。

径直走向这老头儿。老头儿拍拍牛背，它便前腿跪了下去，这老头很轻松地就骑了上去，随后只见这头牛四蹄一蹬，竟然腾空而起，驮着这丑陋的老头儿，消失在天边。

李老大怎么想，也想不明白这究竟是怎么回事，只是隐隐约约觉得，这丑老道跟自己年少的时候搭救过的一个乞丐老道长得非常相似，特别是他说的"舍得"二字，听起来十分耳熟，使他想起了十几年前的一段往事。

事情发生在李老大十五岁那年春天，那天上午，李老大去山上砍柴，砍满一捆柴正要回家时，忽然听到不远处的山崖下有人呻吟的声音。走近山崖边，手扶岩石往下一看，只见一个穿着褴褛乞丐模样的道人躺在山崖下，他发髻梳在头顶两旁，龙睛虬髯，赤红面庞，身边还有一个酒葫芦，头上脸上满是鲜血，显然是不小心从山崖上跌落下去摔伤的。

李老大没有多想，赶紧绕道来到山崖下，将老道扶起来，问道："这位道长，出家在哪座古刹？您是怎么摔下山崖的？"

"唉！这位小哥，贫道在广阳山修道，这次到泰山讲演道法，从此路过，误入此山，不慎摔下山崖，贫道的腿摔折了。"老道指了指自己的左腿道。

李老大想把老道搀扶下山，可他怎么也站不住，更别说搀扶着走下山了。"道长，您还能行走吗？"李老大问道。

"你看我这腿都折了，还怎么走啊？"老道回答道。

李老大心想：怎么办呢？看来搀扶下山是不可能了，只能背着送他回去。于是问道："请问道长，您住店哪家？我送您回去。"

老道听了，为难地摇了摇头，答道："唉！这位小哥，实话告诉你吧，近日来囊中羞涩，饭都吃不饱，还住什么店啊，净露宿街头啦！"

李老大心想：看来这位道长伤势不轻，如不安排个地方好好治疗，感染了可不是闹着玩的。我一个穷打柴的，没钱送他去住店，还是把他背到我家暂住一时，养好伤再说吧！想罢，就说："这位道长，看来您是无处安身，如不嫌弃，先到我家暂住几日，等养好伤再走好吗？"

"好吧，只是麻烦小哥啦！"老道很干脆地答道。

李老大看了看老道，又看了看山崖上面自己砍的柴，说："那好，我先背您回家，然后再回来背柴吧！"

"这捆柴你舍得吗？舍得，有舍才有得。你为我舍弃这捆柴，将来我点石成金送你万贯金银来赔偿。"老道说着，没忘记拿起酒葫芦，趴在了李老大身上。

李老大听着老道的话，只是懵懵懂懂[1]也没放在心上，背着老道回家去了。

老道在李老大父母的精心照料下，静养月余，伤愈而去。

这个老道是谁呢？他就是道教始祖老子，他这次下凡游历凡间，是故作跌伤试探人心，惩恶扬善而已。

李老大嘴里嘟念着"舍得"二字，将金银装上大车拉回了家。媳妇王氏一看真有这么多的金银也是皆大欢喜，方知丈夫当初买回的那头瘦牛是来报恩的。夫妻俩自此变成了一方的富户，他俩牢记老子的话："舍得，舍得，有舍才有得。"

从此，夫妻二人乐善好施，扶危济贫，在乡邻之间名声甚佳。后来，两个人都活了百岁，无疾而终，子孙满堂。

讲述者：　李锡昌，男，1954年12月，莱芜市莱芜区高庄街道办五龙村，高中
采录者：　亓廷香，男，1954年2月，莱芜市莱芜区高庄街道办五龙村，中师
采录时间：2020年12月
采录地点：济南市莱芜区高庄街道办五龙村

[1]　懵懵懂懂：意思是糊里糊涂，什么也不知道。

（二）宝物故事

259

宝盘

老话说："亲兄弟生分不如邻，爷儿俩别扭急煞人。"马庄就有这么兄弟俩，生分得见面如见仇人。老大叫马善，老二叫马虎。

吃一个奶头长大的有能也有愚，有富也有穷。提起他这弟兄俩那可真是一个天上，一个地下。老大马善过得穷，靠砍柴换粮拉巴[1]多病的老婆。马善人穷志不短，厚厚道道，乐善好施。马庄的人谁提起他都伸出个大拇指夸赞，都说他做的好事，三天三夜也说不完呢！

老二马虎，生个虎狼性子，是个头上长疮脚底下流脓[2]的人。他从小就坏心眼子一大包，干的那事鬼神都惊！都说他的爹娘就死在他的手里。马庄的人谈起他，谁都骂咧咧指天画地地说："那个坏熊，促血[3]的草芽子都不发。他那富足的家财不是正道来的。"

长话不能短说。兄弟俩的生分，是爹娘死时闹起的。

[1] 拉巴：照顾。
[2] 头上长疮脚底下流脓：坏心眼的人。在这里指坏透了。
[3] 促血：方言，非常坏的人。指办事不择手段，心地特别歹毒。

俗话说：千日行善善不足，一日作恶恶有余。他俩打小就沙粒子和面，揉不到一起。老大的日子过得紧紧巴巴，和邻居告借也不和马虎伸手。起先，他的日子也怪富，马庄村不受他接济的人不多。他曾出钱照料安葬过好几个无依无靠的老人呢！只是后来老婆生了个跷蹊症候[4]，他东请医西抓药，才好不容易从阎王爷的手里把老婆救回来。打那[5]日子就垮下来了。

这天，马善上山砍柴迷了路。转到山顶时，天就黑下来了。秋后的山风如针扎，马善肚饥衣薄冻得直打哆嗦。东走西闯，南找北寻，好歹摸到了座山神庙。这庙也不知哪个朝年[6]修的，七透风八漏气[7]的。马善摸索着爬到山神像的后面，放下柴刀担子，说："山神爷，您老人家长年累月坐在这里也怪躁得慌[8]。您要不嫌俺穷气扑了您，俺就和您做个伴，给您老人家暖暖脚。"屋破能避四面风，马善蜷曲着身子迷迷糊糊地睡着了。

不知过了多长时间，马善被嘈杂的声音惊醒。睁眼一看，庙里亮如白天。好几个面目狰狞的山妖、邪怪披头散发，脚舞爪动地叫唤不止。马善吓得一动不动，大气也不敢喘，暗中祈祷山神爷保佑。这时，门外一阵疾风怒吼，庙里的群妖登时鸦雀无声。一个长舌吊眼的老鬼走了进来，它径直走到群妖中间，东撒目、西照豁[9]看了一圈，瓮声瓮气地说："好生人味！"众妖听了跪下磕头说："奶奶刚从外面来，怎么会没生人味？这个地方偏僻得很，又有山神爷看家，凡人没有敢来的。"

"说的也是，"老鬼坐在上首的石椅上说，"我今天到了东洋大海转了一圈，会了几个要好的朋友。你们说，天底下的怪事多不多？"

一个山妖赶紧奉承道："奶奶啊！您老人家见识多，自然知道的事不少。您给咱拉拉吧？"

"嗯，老娘我今天怪累，只能给你们讲三个怪事。这

[4] 跷蹊症候：疑难杂症。
[5] 打那：从那时起。
[6] 哪个朝年：不知道啥时候。
[7] 七透风八漏气：破旧不堪。
[8] 怪躁得慌：闲得无聊。
[9] 东撒目、西照豁：东寻西看。

第一个嘛，就是个大好人的事。我说孩儿们，提起这人你们可不要眼馋呢！人世间钩心斗角、争财夺利，哪有咱们无忧无虑过的日子舒服。人要吃饭，啥事都干。不像你们这群王八蛋，净沾奶奶我的光。好啦，咱不东扯葫芦西扯瓢[1]了，就说那个大好人吧！马庄有个马善，那可是个正人君子，连阎王爷都敬他三分。本来他老婆的名字早就上了鬼簿，硬是叫马善给救回去了。不过，他老婆要生孩子得吃咱宝盘里的长生果。"

"奶奶，有这样的好人，您怎么不给她一个吃呢？"一个邪怪问。

"哎，你们懂个屁，奶奶的长生果是有数的。给了她，让奶奶我喝西北风去啊！这个咱先不说啦！你们知道东海里的龟丞相调戏龙女，被龙王爷它发配到哪里去了吗？"

"奶奶，这么大的事，俺这些乳臭未干的孩子怎么能知道！还是您老说说，让俺长长见识吧！"妖精拍马屁拍得真是天衣无缝。

"嗯，说说就说说吧。不过，你们谁也不能走漏风声，要让别人知道了，龟丞相可就没命咧！那龟丞相啊，被海龙王发配到刘家庄庄东的鳖湾里去了。等七月十五圆月当空时，龟丞相到湾边大沙包上拜月。只要悄默声地从后面把它掀翻，就能轻松捉住它。这可是奇宝啊！要是今年它不遭难，刘家庄可就倒霉了。龟丞相只要吃掉十个童男童女的心，就弃壳成精。三十六般变化，七十二种本领，连天兵天将都奈何它不得呢！"

"奶奶，天爷爷咋不管呢？"一个小妖精问。

"凡事都有劫数，天爷爷不捉它，看来凡间有人能降它。这个人必须是个正人君子，还得是个樵夫。他手中的砍柴刀沾上山神爷的灵气就成了开山斧，只有开山斧才能砍开龟丞相的八卦衣，取出它从龙宫带出的三颗神珠，避水珠、避风珠和避火珠。不过，这人可不好找啊！"

"奶奶，还有一件事呢，您快讲啊！"

"好，讲。前些天啊！天爷爷出南天门赏景，一不小心啊！把鞋子掉了一只，那鞋落在了一个大山中入地生根。如果再过四五十年没有人破掉鞋的神气，咱就搬到那儿去

[1] 东扯葫芦西扯瓢：指说话东扯西拉。

住。到那时候，咱可就土地爷放屁，神气多喽。怕就怕有人知道了根底破了神气……好啦，奶奶我累坏啦！快取出宝盘来，奶奶我一天还没吃点东西呢！"

一个红脸山妖从庙角的一块奇石下，取出了个巴掌大的小石盘子。老鬼接在手中，又放在石供桌上，对着盘子喊道："不要山珍海味，不要金银财宝，我要天上的奇果仙丹。"话音刚落，石桌上出现了一盘盘仙果、仙丹，奇香飘荡。老鬼取枚仙果嘴里嚼着，众小妖你争我夺狼吞虎咽，乱哄哄地闹来闹去。突然，山下传来隐约的鸡叫声。老鬼伸了个懒腰，对众小妖说："别闹了，把盘子藏好，随奶奶我下山。"红脸山妖把盘子放回原处，众星捧月般簇拥着老鬼出了庙门。庙里暗了下来，只听得外面山风刮得呼呼响。

俗话说，"路上说话，草丛里有人偷听"。老鬼说的话被马善听了个清清楚楚，看了个明明白白。马善觉得身上湿漉漉的全是汗，他从山神爷的后面走出来，纳头就拜："山神爷，谢谢您救了我！"

山神石像突然开了口："马善，是你善良的心感动了苍天。天机你都知道啦，快取出宝盘回家去吧！"

"山神爷，我给您重修庙宇，再塑金身。"

"马善，天机不可泄露。如今我的灵气，全被你的砍柴刀吸去了。实不相瞒，我今天就要到别的地方去补任。你我还有见面的时候，下山去吧。"

马善磕谢了山神爷的指点，取出宝盘揣在腰里，带上柴刀担子寻着路下山回到家。老远就看到老婆在家门口站着，见他回来高兴地迎过担子说："你到哪去啦？害得我在门口站等了一宿，你怎没换回米来下锅呀？"

"哎，没砍到柴，到哪里去换米啊？"

贤惠的老婆听了也不多问，去锅里拿来一碗热水，关心地说："我不知你啥时候回来，水一直给你热着呢！"知冷知热结发妻。马善喝了水，叫老婆坐下，把夜里的事一五一十地说了一遍。老婆听了笑笑说："也许是你饿晕了想出来的，外财不发薄命人呢！"

马善从怀里掏出宝盘说："不信你看，我把宝盘带回来了。"说着，把宝盘放在桌上大声喊道："不要山珍海味，不要金银财宝，只要热腾腾的白馍，去寒的粗布衣。"话

音刚落，桌上摆了一盘热腾腾的白馍，桌角放着一叠叠好的粗布衣。两口子又惊又喜，拿起白馍，见里面还夹着香喷喷的肉叶子[1]呢！两口子吃完，换上了粗布衣，衣裳不大不小，比量好尺寸做得还合身。

马善高兴地收起盘子，他突然想起老鬼说的话，放下盘子说："不要这，不要那，要个长生果当娃娃。"话音刚落，盘中果然有只绿中透红、个大肉厚的大果子，马善取出来递给了老婆。

老婆说："人心不足蛇吞象。刚吃了一顿饱饭，就烧作得[2]不知天高地厚了。"马善知道天机不可泄露，非要老婆吃掉长生果。老婆说："有福同享，有难同当，这果子一分为二，咱俩吃了吧？"马善收起宝盘藏好，对老婆说："我马善挑柴知道山路苦，过河觉得深与浅。这个长生果是和上仙讨要的药引子，只有你能吃。过个一年半载你就知道了，到时候你打也可、骂也行，我绝不顶撞你。"老婆见他说得一本正经，也就乐滋滋地吃掉了长生果。这长生果肉厚汁多，味道说不出的鲜美，那真是吃在嘴里，甜在心里，浑身上下舒服得没法说。

世上没有不透风的墙。马善得宝盘的事，三传两传传到了马虎的耳朵里。

没有不吃腥的狼，没有不盗粮的鼠。听说哥哥得了宝盘，急得他连耳朵眼子都痒痒。马虎抹下皮脸[3]缠着哥哥，打听宝盘的来历。起先马善守口如瓶，架不住兄弟花言巧语，实诚心眼子一动就和盘托了出来，只是老鬼讲的三件事一字没露。马虎听了，如饿了半月的狗找到一摊屎那样欢气，忙急急回到家去和老婆说。

俗话说："什么样的人猞什么样的人，什么样的鸟宿什么样的林。"马虎的老婆也是个见钱眼开，认钱不认亲爹娘的主。听丈夫把宝盘如何好如何妙这么一说，贪心就按捺不住。催丈夫快去山神庙，也得个宝盘来。

马虎换上了件破衣服，带着根担子、柴刀，按哥哥指点的路上了山。没费多大事，就到了山上。果然有座山神

[1] 肉叶子：肉片的俗称。
[2] 烧作得：烧包；得意，有炫耀的意思。
[3] 抹下皮脸：厚着脸或撕破脸皮。

庙，里面坐着山神爷的石头像。墙角也有那块奇石，马虎把担子和柴刀放在山神爷的背后。用手摸摸怪石的洞里，却没有盘子。他想：神仙还没把盘子带来呢！他走出庙门看看天，见太阳还高挂着没落，急得直跺脚；又走进庙里，四下里观看。庙顶几个大窟窿，蜘蛛网到处是，上面尘土很厚。马虎想："蜘蛛网这么脏落在身上更脏，干脆先打扫打扫吧。"说着，用担子把神像后的蜘蛛网全挑光了。

马虎好不容易挨到天黑，等到夜深人静。不大霎，外面狂风四起，呜呜直响，马虎紧贴在山神爷的后背上。狂风过后，庙里一下子亮堂了起来。众鬼怪一个个饿得面黄肌瘦，有气无力。老鬼最后一个进来，刚坐下就说："今天的生人味这么刺鼻子？"说着，站起身不禁大惊，问道："怎么换了山神爷？天网也破了，地网也烂咧！"

红妖山怪说："奶奶，咱那宝盘也没咧[4]，光剩下夜明珠了。"

"什么？"老鬼听了，急得一跳老高，"孩儿们，快给我找，上天入地也要找到宝盘。"众妖听了四散来找，不必说，一找就找到了马虎，把他拖到供桌前。

老鬼指着山神说："你初来乍到就窝藏生人，看来不知这里的规矩了。"

山神说："你冤枉小神了，小神刚接到御旨到此补任，屁股还没挨到座位，怎知背后有生人呢？"

"前一个山神呢？"老鬼恶狠狠地问。

"我怎么知道，天机不可泄露！你个红毛野鬼，胆敢在天帝御命正神的跟前指手画脚，不怕被打进十八层地狱吗？"山神理直气壮。老鬼丢了宝盘，又不知新任山神的脾气，只好缩脖藏头地软了下来。

老鬼越想越气，越气越急。它跳过供桌，一脚踩住马虎说："我的宝盘是你偷的吗？"

马虎吓得浑身哆嗦，语无伦次："不、不是我，不是我。"

"不是你？"老鬼咬牙切齿地说，"这荒山野岭，连鸟都不来的地方，除了你谁还能来。天网地网都是叫你给毁的，我看你也不像个好人样，待我取出你的心肝来。"说

[4] 没咧：丢失的意思。

着，伸爪把马虎的心掏了出来。老鬼把马虎的心托在爪掌上惊叫道："哎呀！天底下还有这样的黑心人呢！"众妖抬头来看，只见一颗墨黑的心，在老鬼的爪上跳动。老鬼说："像这种财迷心窍的黑心人留而无用，孩儿们给我吃！"众妖一哄而上，吃肉吸血。不大霎，马虎就剩下了一具骷髅。

山神见状，气愤地说："你等妖孽竟敢在天帝正神的面前为非作歹，把个凡人避难的地方搞得一塌糊涂，真是无法无天，看我神法。"说完一抬手，一个大霹雳炸响。老鬼丢了宝盘稳不住身子，化道青光夺门而逃。众妖道薄业浅全被劈死，无一逃生。应了"善有善报，恶有恶报"之言。

再说马善自得了宝盘，仍然过着清汤淡水的日子[1]。见到那有困难的，就跟宝盘讨点米面送过去。没过几天，听人说弟弟死不见尸，活不见人，心中有了数。

俗话说，"亲心不亲心，难时才知道"。马善过府，帮弟媳料理家务。马虎的老婆是个水性杨花的女人。她见丈夫取宝盘一去不归，就在个日月无光的晚上，和个赌棍起了黑票[2]远走高飞。马虎的宅子空闲了，马善和老婆搬了进去。

日子数到算到过，转眼到了七月十五日。马善心中有事就叫老婆好好看家，自己出去走走。多者三天，少说二日。老婆知情达理，历来言听计从，嘱咐丈夫在外注意身体。马善要她放心，带了砍柴刀出了门。

刘家庄离马庄有三十多里地，紧走慢走傍黑天就到了。他没费吹灰之力，找到了远离村庄一里多地的大鳖湾。湾很大，两边柳树一棵挨一棵，粗的有两搂，细的也有一搂半。湾中碧波荡漾，马善找到湾西大柳树边的沙丘。这个沙丘有一领席那么大，半人多高。

晚上的月亮又圆又明，轻风吹得柳枝飘来荡去，马善猫在树后耐心地等着。到了夜深人静、鸡不叫狗不咬的当口[3]，就见湾中水左右一分，从中爬出一个锅盖大的鳖。

它不紧不慢上了沙丘，对着月亮又是磕头又是作揖。马善瞅准机会把大鳖掀了个四爪朝天，取出砍柴刀照着大鳖白澄澄的胸膛砍去。一刀下去，宝光四溅，裂开的鳖肚中有三个珠子闪闪发光。马善用布包了珠子，连夜往家赶。从此，留有鳖尸的沙丘改名叫斩鳖台，又叫丞相丘。

马善回到家，把杀鳖的事和老婆说了。后来，刘家庄的人知道了杀鳖的事，备了丰厚的礼物，吹吹打打送到了马善家。马善说啥也不要，人们更加敬重他的气节。打这起，夫妻俩男耕女织，和和睦睦。

打闪纫针[4]的工夫，一年过去了。马善添了个宝贝儿子，全村的人都替他高兴。马善给儿子取名马宝。说话的当口，又过了六七年。马宝六七岁了，在私塾念书。这孩子天资聪慧，过目成诵，谁见了谁喜，谁见了谁爱。

这年的七月十五，天阴得跟水嘟噜[5]一样，还一个闪一个雷地绞登[6]。马善对老婆说："孩他娘，如今咱日子过好了，马宝也能自己照顾自己。我想去找山神爷把宝盘送去，这么珍奇的东西不能久放在咱家。"

"你不是说山神爷走了吗？"老婆问。

"山神爷走了，可总也有个去处。只要不怕苦和累，就一定能找到他。"马善信心百倍。

"你这一走也不知啥时候能回来？俺娘儿俩……"

"哎！咱庄上有这么多好心人，你怕啥？"

一夜有话不说。第二天，马善带着宝盘、宝珠和砍柴刀，告别妻子和邻居上了路。他打谱[7]到蓬莱山，听说蓬莱山上有仙人，他们一定知道俺这山上的山神爷到哪儿去了。问着信，就不怕他在天涯海角。

马善翻山越岭，蹚河过沟。饥餐夜住，问问走走。非止一日，来到座一眼望不到边的火焰山。那火焰山上烈焰飞腾，烤得周围烫乎乎的。一位上了年纪的老人告诉他说："这座山，叫青石山。老辈人说，山上有个青石窝。青石窝边住着两个神通广大的蜘蛛精，守着窝里的避火珠。有一年，两个蜘蛛精闲来无事就商量着到很远的一座山上

[1]　清汤淡水的日子：平淡的日子。

[2]　起了黑票：私奔了。

[3]　当口：时辰。

[4]　打闪纫针：形容时间过得快。

[5]　天阴得跟水嘟噜：形容天上乌云密布，要下暴雨的征兆。

[6]　绞登：形容电闪雷鸣如大海里的波浪滔天。

[7]　打谱：打算，也指盘算计划。

去会友。谁料，它前脚刚走，避火珠就被偷走了。没有了避火珠火神就管不住火种。从此，这座山就燃起了熊熊大火。那两个蜘蛛精被玉帝砸碎身子撒到地上，变成了数不清的小蜘蛛。到现在，这座山也不知烧了多少年，害了多少生命啦！"

"你知道避火珠到哪去了吗？"马善问。

"说不上啊！都说珠子在东海底，到底有没有谁也说不清楚。"老者叹了口气，"也不知这神火哪年哪月才能灭啊？！"

马善听了说："老人家，我知道避火珠在哪里。可不知道怎样才能用珠子灭火。"

老人听了，笑着说："从这往南五里有个山神庙，庙里有块石碑，碑上有只石鸟。老辈人说石鸟吃了石盘里的石谷石米就能说话，它知道怎样用避火珠灭火。"说完，老者不见了踪影，马善这才明白是神人帮助。

马善按老人的指点，南行五里果见有座破旧的山神庙。门破窗烂，墙上千窟窿百洞。里面没有山神，只有一块半人高的方石碑。石碑上正格地[1]有只待飞不飞、待站不站的石鸟。离鸟一拃[2]远的前面有个石盘，盘里有很多谷子样的石粒子。马善见了，心说："怪不得鸟不吃米，隔得这么远想吃也够不着啊！"想着，他走过去，把石盘端到石鸟的嘴边。说："石鸟、石鸟快吃了米，告诉我怎样灭火焰山上的大火吧？"鸟听了一动不动，马善纳闷，细细想想才又说道："石鸟啊，这青石山上的火啥时候能灭呀？"话音刚落，石鸟真的动了起来，先是叫了几声，那声音很好听，引来无数的彩鸟。石鸟吃了石盘中的石米，拍拍石翅子开了口："我是青石山的山神，你求我有事吗？"

马善听了高兴地说："山神爷，俺是来送避火珠的。"石鸟听了高兴地说："谢天谢地，我总算有出头的日子了。刚才慢待了您，您可别往心里去啊！自打蜘蛛精失职丢了避火珠后，天爷爷就把我点化成这个样子，要我耐心等待避火珠回来。已经五百多年啦，我整天望眼欲穿地盼啊

[1]　正格地：真的有。
[2]　一拃：拇指与中指张开的尺寸。

盼！刚才我听你只说火焰山，以为不是叫的我，实在是慢待了。您叫什么名字？家住什么地方啊？"

"山神爷，我叫马善，是很远很远的马庄人。"

"马善，快把避火珠给我，等我灭了青石山上的火，咱再仔仔细细地拉吧？"

"山神爷，我有三枚宝珠，不知哪一个是避火珠呀？"马善取出珠子。

"闪红光的是避火珠，闪白光的是避风珠，闪绿光的是避水珠。不知这三枚宝珠怎么一下子都到了你的手中？"石鸟惊喜地问。

马善把杀鳖得珠的事一说，石鸟叹了口气："果然不出天爷爷的所料，幸亏它被罚到了人间，若不我永无出头之日啊！"

马善取出闪着红光的珠子递给石鸟，石鸟双翅一展起在空中用嘴叼着避火珠从窗口飞了出去。不大霎，火焰山上的大火烟消火尽了。一片乌云飞来，降下了大雨。转眼间，火红的山石变成了青石。绿树小草见风就长，青石山恢复了五百年前的风采。聚在庙旁的百鸟，鸣叫着飞进树林里选找做巢的地方。

石鸟飞回来了，嘴里叼着一株很大的灵芝。它把灵芝放在马善的手上，说："马善，这枚灵芝已经生长了一千多年啦！当年天爷爷就说，谁送来避火珠就把灵芝送给他。"

"山神爷，灵芝我不要。只要你告诉我，俺村南山神庙里的山神在哪里就行。"

"这好说，你们村的山叫啥名字？"石鸟问。

"俺不知叫啥名，都叫南山呢。"

"这就难咧，光南山的山神爷就有十万八千个，谁知哪一个在您那南山上坐过。这个忙，我实在帮不上。你先到东洋大海去吧！东海龙王管着天上下雨的事，长年累月在尘世上奔跑，他兴许能知道。不过到东洋大海千里迢迢，你能走到吗？"

"能，一定能，那我就走咧。灵芝是青石山上的镇山之宝，你还是留着吧！"马善说着，把灵芝还给石鸟。

石鸟摇摇头："这是天数，你日后有难，这枚灵芝能救你的命。哎！我这个山神爷，就管这老婆腚大的地方，

实在帮不上你的忙呀！哎！"

马善带着灵芝，辞了青石山山神，径直朝东洋大海的方向走去。无非又是饿了吃饭，黑了住宿，走过冬又是春。

皇天不负苦心人，马善终于来到了东洋大海。海水碧绿，波浪滔天，那浪高得跟小山一样翻下来砸得水花四溅。岸上没有船也没有人，马善正在左右为难的时候，突见大海深处红光一闪，顿时水平浪静，水面上飘来一朵比房子还大的白莲花。

说话不及的工夫，莲花到了岸边。花瓣四散平铺在水面上，一位美得无法说的大闺女踩着莲花走上岸。这俊闺女样样都好，只是绷着冷若冰霜的脸。转眼的工夫，闺女到了眼前。马善迎住问道："这位大姐，请问去东海龙宫怎么走？"

俊闺女停下脚，上下打量了面前这个衣衫不整的汉子，问道："去东海龙宫没有路，你去龙宫有事吗？"

"我要见龙王，问他知不知道俺南山上山神现在哪里。我好把宝盘还给他。"

"你真是个好心人，千里迢迢的一定受了不少苦吧？不过，你来得不是时候！自从我丢失了避水珠以后，龙王的脾气一直不好，谁也不见。"

"什么，避水珠是你丢的？"说着，取出闪绿光的珠子递给俊闺女说，"我正是为送此珠而来。"俊闺女见了也很高兴，笑得泪水都淌下来了，高兴地说："果然是我丢的避水珠，快随我去见龙王吧！"说着，接过珠子领马善上了白莲花，那花瓣收起，飞一样向深海处飘去。

龙王和龙宫跟传说中的一模一样，龙王在水晶宫里接待了马善，夸赞说："你真是个好心人！自龟丞相盗走了避水珠后，东洋大海一直动荡不安，我这龙宫全凭这颗避水珠定着。马善啊，你那南山上的山神现在御鞋山任山神。此去御鞋山十万八千里，你能走得到吗？"

"龙王爷，山神在天涯海角我也要找到他。"马善一杆子捅到底，中途没有拐弯的念头。

"你真是个正人君子，为感谢你送回避水珠，我派青龙送你十万里到龙界山，那八千里还得你自己走完。"

"谢龙王！"马善如何乘龙走了十万里路，咱按下不说。

且说，马善走了五天五夜，翻过龙界山。又过了一马平川的大平原，又翻过几座小山来到一条大江边。

江水滚滚，白浪翻腾。马善随游人搭船过江，船到江心时遇了大风。周围几条船接连翻沉，只有他乘坐的客船纹丝不动，顺顺利利地过了江。船到了对岸，船主跪下磕头说："哪位客爷身上带着避风珠，请出来咱看看吧！"说着，磕头不止。马善见状，把珠子取了出来。顿时，风溜溜[1]的江上一丝风也没有了。船主磕谢救命之恩，乘客也都感恩不尽。马善把避风珠递给船家说："干你这一行，风里来水里去也不容易。珠子带在我身上没有用，就赠给你吧！"船主感激不尽，磕头不止。

马善辞了船主继续赶路，非止一日来到了御鞋山下。那鞋山自然跟鞋一个样，有帮子也有底子，撑天竖地，梯陡竖崖，石壁光洁上不去。转来转去，好歹找到一个跟鞋缝样的地处[2]能插脚，就试探着往上爬。爬了一天一夜，等天明往上爬时，上面的石壁光洁如玉，无处抓无处拽。马善被困在山半腰，上不去下不来。撑个一时半会的还能行，时间一长也就支撑不住了。他只觉得眼花缭乱，手脚一松从半山中掉了下去。等他醒来时，见自己躺在山上的山神庙里，这庙是一块石头凿出来的。一个老者正慈眉善目地看着他，见他醒来高兴地说："马善啊！真难为你千山万水来找我。要不是你身上带的千年灵芝，你我就再也见不到面了。"

马善听了高兴地说："山神爷，我可找到你了，这叫大难不死定有后福呀！山神爷，我是来给您送宝盘的。这些年我靠宝盘的帮助，日子很知足，只是怕那老鬼再祸害人呀！"

"马善，我都知道啊！你兄弟马虎被老鬼祸害了，但他财迷心窍，做事丧尽天理，也是咎由自取，死不足惜。那老鬼早被押进了十八层地狱，永世不得翻身。应了'多行不义必自毙'一说！宝盘我收下，也不留你了，回去享你的清福去吧！"说罢，照着马善的后背轻轻一拍。马善

---

[1] 风溜溜：刮着小风。

[2] 地处：地方。

觉得身不由己，飘飘飞了起来。

不知多长时间，也不知过了多少架山多少道河，落下身时已在一个高大的门楼前。门旁有上马石、下马镫。他正在惊疑，见里面出来个中年妇人。近前一看，不禁一惊，原是自己的老婆。两人见了悲喜交加，拥抱在一起。

这时，从里面走出一大帮子人，齐刷刷跪下磕头。马善赶紧扶起来，身着官服的后生一口一个爹，叫得清脆香甜。老婆高兴地说："自打你走后，俺和马宝天天等夜夜盼，一等就是十二年。前年，咱马宝京城赶考得了个头名状元，还和宰相家的千金结了婚。万岁爷听了你的事怪关心，三天两头打发人问你回来了没有。刚才，我打了个麻拉[1]，见一白胡子老头说，你已经到大门上了。我出门就碰见了你，俺那宝他爹哎！你可想死俺了。"

讲述者： 李乃东，男，1940年1月，莱芜市方下镇张公清村，师范

采录者： 李胜华，男，1964年4月，莱芜市方下镇张公清村，初中

采录时间： 1989年8月

采录地点： 莱芜市方下镇张公清村

附　记

宝盘这个故事，从孩提时代就多次听老人讲述过。李乃东老人是村里有名的故事大王，有"故事篓子"的雅名。他的阅历丰富，故事题材广泛，深受广大群众的喜爱。部分传说故事收录在《凤凰城的传说》《民间故事精选》《莱芜民间故事精选》《古今奇闻故事》等书刊中。

260

宝葫芦

过去，有一家兄弟三人。这天，老大把两个兄弟叫成堆[2]说："咱兄弟三个都长大成人了，到了分家的时候了。"俩弟弟都同意。老大又说："分是分，咱三个得出去混一年，挣些钱来再分。"两个弟弟点头称是。

兄弟三个动身就走，来到三岔路口。眼前三条路，都不知向哪走好。好心的老三让两个哥哥挑。老大挑了一条有树的大路，老二挑了一条有水的宽路；剩下一条是又窄又难走的山路，老三只好走这条路了。

三人约定一年后来这里碰头，就各自去了。老三望着两个哥哥走远了，自己也沿着山路一步一步爬上去。老三看不到人家，心里犯了愁。这里前不着村，后不挨店，天快黑了咋办呢？他转来转去，找不到出路。这时候，老三又饿又累。他就爬到一棵大树上，从怀中拿出一支短笛吹了起来。笛声在林子里，传出很远很远。

过了一会儿，林子后面传来了一阵说笑声。老三停下吹笛，回头一看，林子深处走出一些人马。几个穿着绸缎

[1]　麻拉：迷糊了一小觉，或睡了一会。

[2]　叫成堆：约到一起。

的漂亮姑娘，围着一个神色不凡的老者走来。老三知道，这是财主人家。

那一帮人来到树下，其中一个姑娘指着树上吹笛的人说："这么好听的笛声，就是他吹的。"老者点点头，微笑着问年轻人是从哪里来的，为啥不回家？老三一一回答了，老者听了点点头。那姑娘说："让他到咱家去吹笛吧？"老者点头同意了，就这样，老三跟着这伙人向林子深处走去。果然是富贵人家！老三从来没见过这样的高楼大院。他呆呆地看了一会，就拿起笛子，吹了一支最好听的曲子。这家人听了都很喜欢。老三便在这家留了下来，除了每天为财主吹笛外，还为家里干些杂活。他起五更睡半夜，很受这家人的称道。

眼看一年期限就要到了。一天，财主的女儿把老三叫到一边说："等你走的那天，俺爹给你啥也别要，你只要墙上挂的宝葫芦。那是件宝物，要啥有啥！"老三记下姑娘的话。等走的那一天，老财主拿出了米面、金银，老三全不要。问他要什么，老三指着墙上的宝葫芦说："就要它。"

老财主犯了难，心想，我就这件宝贝给了他，我要啥。姑娘站在一边见爹不想给，就说："爹，我看大哥要，就给他吧。人心换人心，难得他一年给我们尽心尽力。"就这样，老财主就把宝葫芦给了老三，一家人打发老三上了路。

走了半天，老三累了。他想起了宝葫芦，心想这玩艺是宝贝，我试一试。他就对宝葫芦说："给我出一台四人小轿。"话音刚落，果然四个壮汉抬着一顶小轿颤悠悠地走来了。老三高兴得不得了，他坐上轿吹着笛，一路上欢欢喜喜。又走了半天，老三有些饥困[1]。他收了轿，叫出一桌酒席来，老三大吃一顿收了席。他又叫出一匹大马来，骑在上面向家赶去。他一溜烟来到三岔路口，一看哥哥们还未到，就收了马等着。他忽然想起要和哥哥们开个玩笑，就向宝葫芦要了一张狗皮和一身破衣服，打扮成一个穷要饭的，躺在路边等着两个哥哥。

过了一会儿，大路上来了两个人。一个骑着高头大

[1] 饥困：饿了。

马，一个骑着一匹骡子，全穿着花花绸缎。老三一看正是大哥二哥。他俩来到跟前，见三岔路口躺着一个穷要饭的。走近一看，认出是三弟，心里瞧不起他。大哥说："老三，你混了一年，混了一张狗皮，回去不让人家笑话吗？"二哥哼了哼说："这种无能的人就知道让别人养活，咱走咱的不管他。"二人气呼呼地打马走了。

老三见两个哥哥走远了，爬起来向宝葫芦要了一匹马，一阵风追上去。等超过一段路，他又装扮成穷要饭的，照旧躺在狗皮上。两个哥哥又是一阵嘲笑，扬鞭走了，老三暗自高兴。

到了村头，家人出来迎接。大嫂二嫂高高兴兴把自己的丈夫迎进家，老三媳妇见自己的丈夫没带金没带银，手里光拿了张狗皮，就流下泪来。老三安慰她说："别难过，我有办法。"

第二天，老大把一家人叫成堆要分家。老三便对两个哥哥说："家里东西我一点也不要，我只要河滩那个闲院子。"两个哥哥听了，自然高兴。老三不顾妻子哭闹劝阻，硬是搬进了那个闲院子。

晚上，老三拿出宝葫芦说："给我来一套青砖瓦楼，外带一个小花园。"立时河滩上出现了一座未见过的高楼。老三妻子见了只觉得怪，不知丈夫是怎样弄来的。二人高高兴兴地搬进楼房，老三又说："给我出十二美女，吹拉弹唱舞一段。"果然，全按老三的意思实现了。二人吃着酒菜，看着歌舞，满心高兴。

天亮了，村里人见河滩上一夜间起了一座小楼，都感到奇怪。一传十，十传百，河滩上挤满了看热闹的人。老三拿出礼物，招待众人。

事情传到两个哥哥那里，他们半信半疑地跑来一看，全呆得说不出话来，便问三弟怎么弄来的。老三打趣地说："是老天爷给备的料，土地爷给动的工，请来天兵天将一夜间就盖好的。"两个哥哥就求告三弟说："咱们换换吧！俺俩的家产换你一个。"三弟听了就说："换是换，以后就永远不要再倒换了。"两个哥哥一口答应。

大哥二哥欢喜地搬进楼房，老三搬进了两个哥哥的家园。

等到半夜，大哥二哥家人全被冻醒了。他们睁眼一看，

原来全都赤身露体地躺在河滩上。

老三夫妻俩却过上了好日子。

讲述者： 刘广厚，男，1948 年 12 月，章丘区文祖
原财政所所长，高中

采录者： 李岭，男，1970 年 12 月，章丘区民政局
地名志主任，大学

采录时间： 2018 年 10 月

采录地点： 章丘区民政局地名办公室

261

黄石头

从前，有个叫王小的，娘俩过日子，家境很穷。娘俩种着二亩薄地，一天还做一包豆腐到外庄卖去。王小每逢担着豆腐路过土地庙时，就打下一块[1]放到供桌上供享[2]。

有一天，财神爷来查账本，对土地神说："你吃了王小一年豆腐了，不增福[3]人家吗？"

土地神说："好！增福就增福。"立刻吩咐小鬼到宝库里拿宝贝。

小鬼不敢怠慢，大跑小跑一阵好跑，来到宝库门前，打开三簧锁，拿出一块四方四角的黄石头交给土地神。土地神接在手中，把黄石头掂了掂[4]放到供桌上。

这时，王小又从这里路过。打下一块豆腐，放在供桌上供享。他见供桌上有块黄石头，挺黄而且锃亮，觉得好玩，就拿起来了。王小卖完豆腐回到家里，他娘说："小

[1] 打下一块：用刀割一块。

[2] 供享：供奉，祭祀。

[3] 增福：指帮助，馈赠。

[4] 掂了掂：试了一下重量。

啊！你去榜榜[1]东坡里那二亩谷，我看你姥娘去。"说罢，拿上五十个馍馍走了。

王小到坡里榜了一阵子，天气很热。他到树荫下乘凉，躺下睡着了。

这时，家里那块黄石头"啪"一声开了，从里边蹦出一个小巴狗。小巴狗黑亮的毛，在地上打了个滚，变成了一个美女，像天仙一样俊。美女朝西南方向念了三遍箴言咒语[2]，又叫了三声"来"，立刻黄风黑风拧成绳滚滚而来。风过去，来了个十四五岁的小孩，端着一瓢面。美女就接过面瓢，打发小孩驾风回去。美女洗手和面擀面条，擀完了又刷锅添水引柴烧水。一把柴火没烧完就开锅了，美女赶紧下面条。面条熟了，再加上油盐酱醋盖好锅。她把锅台拾掇利索，又上了北屋，披上那狗皮一滚，又变成小巴狗。小巴狗用嘴一拱黄石头，黄石头"啪"开了，小巴狗钻进去，又变成了一块黄石头。

王小收工回家，见锅里有面条。心想：准是娘回来了。可找了一阵儿没找着娘，就去问邻居二大娘："大娘，你在俺家锅里下面条来吗？"

二大娘说："俺没锅吗？在你家下面条？"

他回到家，把面条盛到碗里吃起来，而且觉得口味挺香，吃完了面条也吃饱了。

第二天，他又去榜地。草很多，天气热。歇息的时候，他想着昨天吃的面条，心想：今天要能吃上包子才好哩！

晌午，王小回到家里，一进饭屋就闻到了饭菜的香味，他自言自语道："嗯？这么香呢，是俺娘回来了吗？"找了一阵，没人。东邻西舍挨着问了，都说不知道。王小回到家掀开锅一看，是他最爱吃的包子。他一连吃了九个，觉着吃饱了，再看锅里包子也没有了，他心里觉着奇怪却没在意。晚上睡觉的时候，他想：明天再能吃顿包子多好！

第三天，他不上坡了。他从二大娘家借了个梯子，竖到后墙上，看看到底是谁给他做的饭。

待了一大畛子[3]，王小看见大桌子上那块黄石头"啪"的一声开了，从里面蹦出一个小巴狗，黑亮黑亮的毛。小巴狗在地上打了个滚，竟然变成了一个美女，俊得天仙一样。王小惊得大气不敢喘，他揉揉双眼，看到美女朝西南方向箴言咒语念三遍，唤三唤，立刻黄风黑风拧成绳就过来了。那风像旋风一样落在美女跟前，风一落地就见一个十四五岁的小孩，端着一瓢面、一盆肉馅子。美女接过来放在桌子上，用手摸摸小孩的头，旋风就又刮起来朝西南方向滚滚而去。美女急忙洗手和面，一霎就包了一盖垫子[4]肉包子。美女又去饭屋里刷锅、添水、烧水……这时，王小悄悄进院到北屋里，把那张狗皮藏了起来。

美女做中了饭，回到北屋，不见了狗皮有些着急。她见王小站在屋里，就给他要："给俺衣裳。"

王小说："不知道！俺家里怎么会有你的衣服？"

这样你一言我一语，耽误了时间。过了时辰，美女就回不去了。

美女越看王小越顺眼，反正也回不了原形，就说："王小，该着咱俩成夫妻。以后，咱不卖豆腐行吧？"

王小说："不卖豆腐吃么？你来了，我家就成三口人，仅有二亩薄地，咱们根本不够吃饭的。"

美女说："不要紧，我能变戏法。我念个咒地下就有门，你下去拿银子吧？"说罢，箴言咒语念三遍，脚下果然开了个门。

美女说："你下去拿银子时，千万别睁眼。"

王小听了点点头，拿个簸箕从门里下去，闭着眼装了一簸箕银子。美女递下绳子拉他上来，一睁眼还是平平的地。他用这银子买米、买面，买酒、买肉，从此不卖豆腐了。

日子久了没有不透风的墙，这事儿被县官知道了。县官坐着四人小轿找上门来，问王小："你这么穷，哪来的银子？你媳妇是怎么娶来的？谁家的闺女？"王小不说。

县官说："你不说，我罚你！"

王小问："罚我什么？"

[1] 榜榜：锄地。
[2] 箴言咒语：法术的一种，是人类表达意念的一种语言，史上曾记载源于一种巫术行为。

[3] 一大畛子：时间，约合现在一个小时。
[4] 一盖垫子：锅盖样的厨房用具。

县官说："我罚你平地里出河，河里流水，水里有鱼。水多深鱼多深，一抓一把。"

王小犯愁了，给媳妇一说，媳妇说："不要紧，好办。"

她从头上拔下一根簪子，念了三遍咒，朝空中一划，天上立刻打了个闪，地上就出了一道河，这河一转一道弯。她又念了三遍咒，把簪子扔到河里，簪子立刻变成一条鱼。这鱼一变十，十变百，百变千，千变万，万变万万。

县官一看，见河里有水，水里有鱼。水多深鱼多深，一抓一把，可是县官翻脸不认账，对王小说："还不行，还得罚你！"

王小说："罚我什么？"

县官说："罚你河里有水，水里有柳树，柳树上有黄雀子叽喳乱叫，多得没数。"

王小又跟媳妇商量，媳妇说："不要紧，你去给我买黄表纸[1]来。"

王小买来黄表纸，媳妇糊了二十簸箕黄雀。把河里栽上柳树，吹了三口法气，柳树一下子长得比屋脊高了；又吹了一口法气，二十簸箕黄雀子一齐飞上树，满树上叽叽喳喳乱叫。

县官来了一看，水里有柳树，柳树上有黄雀，满树叽叽喳喳，多得没数，可是他又翻了脸，说："我还得罚你！"

王小问："罚我什么？"

县官说："罚你一万两银子，三天拿出来！"

王小回家对媳妇一说，媳妇说："不要紧，你再到银库里拿去。"说罢，念了三遍咒，地下门开了。王小进了银库，忘了媳妇的嘱咐，睁开眼了，一看四面全是墙。外面有两个看银库的，听着里边有动静，打开库门，把王小逮住了，押到县衙门，县官一看是王小，心想：我早想杀你找不到理由，这回可落到我手里了！给他定了死罪，午时砍头。

快到午时的时候，王小媳妇来了，给县官行了个礼，请求最后见王小一面。县官正盘算着杀了王小就把小美人留下，因此答应了她。

王小媳妇说："老爷，我能把高粱粒种到砖缝里，让它立刻生芽、长高、秀穗。"

县官不信，派人拿了高粱种来。王小媳妇拿一粒放到砖缝里，浇上无根水[2]，那高粱粒眼看着冒芽、长叶、长高、打苞、秀穗，一会儿就成熟了。县官看傻了眼，嘴张着合不上了。

王小媳妇说："看我叫罪人变成鸟，吃高粱穗。"说罢，箴言咒语念了三遍，用手一点，捆在王小身上的绳索"哗啦"落到地上，王小立刻变成了一只家雀，飞到高粱穗上吃起高粱粒来。

县官正看得目瞪口呆，王小媳妇忽然变成一只鹰，抓瞎了县官的眼，然后，抱着家雀远走高飞了。

讲述者：	郝长俊，男，1931 年 8 月，历城区仲宫镇门牙庄，农民，小学
采录者：	关涛，男，1934 年 4 月，历城区文化局干部，高中
采录时间：	1987 年 4 月
采录地点：	历城区仲宫镇供电局招待所

附
记

该故事原载济南市历城区民间文学集成办公室编辑的《历城民间文学资料本》；济南市历城区文化局、历城区区志地名办公室内部出版。共三集，第一集出版时间为 1988 年 2 月，第二集出版时间为 1989 年 5 月，第三集出版时间为 1990 年 4 月；关涛、李全仁主编。历城区文化广电新闻出版局、历城区文化馆，2018 年 11 月，编辑出版《历城民间故事》(内部出版)，陈芳主编。

[1] 黄表纸：祭祀用的烧纸。

[2] 无根水：一般指雨水。

262

石龟下金蛋

江南有个姓彭的客商，经常来东阿县做买卖，每次来就在旧县御道边的康家客栈长住。客栈掌柜对过往的客人亲切和善，饭菜实惠，住店的旅客感觉就和在自己家里一样舒服。

这年腊月二十三，彭客商对康掌柜说："老兄，今晚我有要事相商，饭后你到我屋里吧？"

掌柜说："老兄，咱俩相处二十年了，什么事没说过？还有什么要事可言？"

彭客商是湖南人，做竹子和阿胶生意，就是从湖南拉竹子来，卖完后再将阿胶带回湖南销卖。商人都这样，行话叫来回脚挣得多。彭客商是个老商人，他的太太不生育，纳妾后只生一女。虽有万贯家产，可膝下无子嗣。妻妾都近"知天命[1]"之年，还有什么指望？去年，他就想把一个天大的秘密告诉康掌柜，但考虑再三，还是闭嘴不谈了。

一个久闯商场的老商人，能有什么秘密告诉不同行的康掌柜呢？原来，彭商客五十三岁这年的大年三十，他从

杨柳镇方向回旧县客栈。走到东阿县城北门时，城门早已关闭禁夜了。他打算绕西关直奔南墩，走了大半宿才来到南墩门外，就坐在石墩上歇脚。他取出腰间的扁瓶喝两口酒，借以取暖和壮胆。夜黑风大，冻得他坐不住，就起身顺着高低不平的泥巴路向西南走去。走着走着，就看到南边地皮上有一点儿亮光，像是萤火虫的屁股一闪一闪的，越往前走亮光越真切。奇怪，这亮光怎么在直插夜空的旧县大碑底下，难道是鬼火吗？难道是鬼怪在作祟不成！彭客商犯了猜疑，本来就胆毛心颤，遇到这种情况更让他进退两难。走吧，遇到邪魔鬼祟咋办；不走吧，在这荒野之地吓不死也会被冻死。

彭客商又拿出扁瓶喝口酒，心说：横竖是个死，犹豫不前不如冒死过去看看到底是咋回事。想到这，他提了提棉裤腰，大步朝正南的龟驮大碑走去。离大龟碑约有十步的光景，再定睛细看。这回看清楚了，像星星的光亮还真就在驮着石碑的龟腚上，光亮也越闪越大越来越红了，样子像是铁匠从红炉里夹出来烧得通红的炮锤。突然，那火红的炮锤"骨碌"离开了龟腚掉在地上打了个滚。哎呀！大乌龟是石头的，怎么能下火蛋啊？彭客商吓得脑袋都大了，冰冷的寒天让他出了一身热汗。火红的光亮慢慢变成了金黄色，而且越来越淡。彭客商目不转睛地盯着，跺着脚不敢近前。

附近村庄的爆竹砰砰啪啪的给他壮胆，挂在树上的天灯闪着光亮。彭客商足足在龟腚下待了一袋烟的工夫，他才伸手试试那是个什么东西。他不信神不信鬼，蹊跷事[2]也遇到不少。自己虽然走南闯北，可眼前这种事从没听说见到过。

他一摸那个放金光的东西还有点儿温和，手指一用力，还翻了个个儿。把他冰凉凉的手放在上面暖得挺舒服，于是，干脆握在手里，顿时双手和全身都暖和了。哎呀老天爷哎！这不是个金蛋也是个宝蛋啊！旺财不旺丁的彭客商高兴地托起了金光闪闪的宝贝"金蛋"，这金蛋比鸡蛋大不了多少，却沉甸甸的，比砸石头的十斤炮锤还重，一只手拿就坠手脖子。

[1] 知天命：五十知天命，五十岁的人一定会常常感悟人生。

[2] 蹊跷事：奇怪的事情。

彭客商明白这是石龟赠给他的礼物，于是双膝跪下来，磕了三个头说："神龟，我把您的金蛋占时[1]拿到康家客栈。我是那个客栈的长住客商，叫彭友善。你什么时候要，就什么时候去拿走。我不财迷，我谁也不冒犯，您什么时候要，就什么时候去拿！"念叨完，又磕了个头。此时，他也开始信神了。

自此，他每到年三十深夜，彭客商就到龟驮碑拾金蛋。自此，他不论年呀节的常去这里磕头。他认为这是神灵填还[2]他，就把去年拾的金蛋变换成钱在家买地，盖宅子，成了地方上的大财主。

彭客商看着自己着实[3]老了，怕把老骨头撒在外边，就决心回家了，这才约康掌柜谈话。

康掌柜来到彭客商的屋内，茶水正热。彭客商热情地拉着康掌柜坐在自己身边，亲切地说："康老弟，咱俩相处一十八年，我还有一事相托付。"康掌柜喝着热茶，高兴地说："咱俩是老交情，你说吧，能办的就办。"

彭客商就把拾金蛋的故事讲了一遍，惊得康掌柜张着嘴支着耳朵听。"我膝下无子，偌大的家业谁来继承？我这次回去，再也不回来了。"彭客商咽了口唾沫，又说："老弟你善良诚实，是真正的好人，你是我唯一可以托付的人。"

"那我拾了金蛋也不要，给你送去吧？"康掌柜从惊呆中清醒过来问。

"我回湖南就快下阴朝地府[4]了，你也找不到我的家！"彭客商急得喝了口热茶，又赶紧吐了出来，一把抓住康掌柜的手说："老兄弟，你不要就别去拾。再说，你拾了给要饭的也行，我一概不管！"说完，一腚[5]坐在板凳上不说话了。

话说到这份上，康掌柜只好接受了托付。按照他指点去拾金蛋，彭客商这才高兴地与康掌柜畅谈一番。第二天一大早，彭客商就告辞回家了。

彭客商走后的这一年年三十，夜天寒地冻，黑咕隆咚，康掌柜按照彭客商的指点果然捡到了金蛋。

常言道："有命挣，没命花。"不知康掌柜不担财，还是就该着这步命运，秋后冬前竟病得卧床不起。为了完成彭客商的嘱托，就把拾金蛋的事告诉了儿子。

这年年三十夜，他儿悄悄地来到大碑下，坐在大龟附近的黑乎影里[6]，等石龟下金蛋。当金蛋从龟腚里出来一半的时候，他儿发财心切，慌着用手去抠。大石龟的腚一撮[7]，石龟把蛋缩回肚子里，他的两个手指头也被夹去了一对。他挓挲[8]着血淋淋的手，回家去了。

从那，大碑下的乌龟再也不下金蛋了。大龟腚上有屁股眼吗？没有。可当地人都知道，它屁股眼处有许多野蜜蜂筑成的小土窝。没人敢动，怕蜂子蜇。

讲述者： 张忠谊，男，1940年8月，平阴县洪范池镇长尾崖村，小学

采录者： 黄文俊，男，1946年5月，平阴县洪范池镇苗海村，教师，大专

采录时间： 2016年5月

采录地点： 平阴县城文庙

附
记

这个故事说到的于慎行碑，就立在贯通南北的御道旁。它向路人标示，碑后直线四华里，就是享誉县内外的园林胜地"于林"。碑高十二米一，宽一米七，厚九十厘米。它坐落在御道左侧，矗立在一个巨大的石龟上。石龟高两米，大碑前后的龟背上均能站十个人。龟颈上伸，头高昂，虎视眈眈，威震四方。张忠谊老人来文庙参观，我问他旧县龟驮大碑的情况，他就给我讲了这个故事。

[1] 占时：暂时。
[2] 填还：帮衬；赠与。
[3] 着实：真的。
[4] 阴朝地府：阴曹地府。
[5] 一腚：一屁股。

[6] 黑乎影里：阴暗处。
[7] 一撮：收缩。
[8] 挓挲：伸展。

263

河
石
璧

早年间，响水湾村就有两个水潭，由盘龙河的瀑布冲击而成。瀑布落到水潭，水花四溅，响声哗哗，故曰小响湾、大响湾。小响湾深不见底，人说直通东海龙宫。有人说，响水湾村是东海龙王之子小白龙的小舅舅家。

小白龙特别爱听响湾的"哗哗"瀑布声。每逢大雨过后，便来到响湾玩耍。有时还变成小孩儿，和响水湾的小儿童们一起玩耍嬉戏。在玩耍过程中，他交了一个好朋友叫董礼。

董礼的父母身体不太好，因此家里很穷，小白龙就暗中帮助他。每逢两人在一起玩耍时，都会让董礼无意中碰到一些鱼。董礼让小白龙带回一些去，小白龙就会说，他们家不喜欢吃鱼，叫董礼都拿回家去吃。董礼知道这鱼可不是天天都有的，每次拿到鱼，都是想办法留着让父母吃。没想到自从父母吃了一段时间的鱼后，身体渐渐好了起来。父母的身体好了，日子也慢慢好了起来。

很快到了成婚年龄，好心人给董礼说了个媳妇准备结婚。本来两家说好了简简单单吃顿饭就行了，可是小白龙登门说："董礼哥，我是东海龙王的小儿子。十几年来你陪我玩耍，体贴照顾，你的恩情我永远不会忘记。眼看你就结婚了，所以我才以实相告。这响湾，原来是我小舅玩耍的地方。他长大后，就把这里让给了我。如今你和我都长大了，以后玩耍的机会就少了。再过两天就是你的大喜之日，我提前给你两个金元宝表示祝贺。另外，结婚那天，所有餐具窑货，可直接到小响湾去拿。用完后，你再一件件放回去就行了。记住，取窑货时轻轻念'小白龙，小白龙，董礼有事向你求；借俺窑货多少套，用完速还不用愁'。"董礼听后连说不用，可小白龙坚持让董礼收下，董礼没法只得收下不提。

小白龙走后，董礼这才明白，自己和小白龙玩耍时，为什么总会碰到鱼。父母吃了鱼后，为什么身体会好那么快。更重要的是这几年常文一带风调雨顺，连年丰收，也都与小白龙保佑有关。因此结婚时，并没有用小白龙所赐元宝举办婚礼，而是在三元宫修建了一座白龙庙。动工这天，他请众乡亲前来磕头答谢小白龙保佑之恩。仪式上所用窑货，是根据董礼安排从龙宫借来的。一件件精美的瓷器祥光闪耀，为动工仪式增添万般光彩。仪式结束后，大家把器具仔细擦洗干净，点香磕头送到小响湾。

小白龙得知后，更加敬重好友董礼，也非常佩服常文人的忠实守信。从那以后，凡是常文人家有需要，都是有求必应。在小白龙的保佑下，常文地区年年风调雨顺，成为方圆百里的世外桃源。大家在这世外桃源里你敬我爱和睦相处，过着幸福愉快的生活。小白龙看在眼里，喜在心里。

有一天，他突发奇想，要是能把这种风气，推广到整个中华大地该多好啊！后来，他终于想出了一个好办法。他掐指一算，董礼的祖先为嬴姓家族。在嬴姓家族中有一位很有修养的先人，其死后尸骨流落在今南文字村西的石峡中。要是把这些尸骨取来，放在龙宫的水晶棺里，再将水晶棺葬于石峡谷底的石匣中，董礼的后人就能出一个旷世奇才。

想到这里，小白龙说干就干，一切工作很快就绪。农历六月某日深夜，麻秆子雨下个不停。他让虾兵蟹将抬着水晶棺材，由小响湾拉出水面向石峡进发。青蛙变成了道士在前面开路，八只乌龟托着水晶棺材紧随其后；虾兵蟹将左右前后护卫，敲锣打鼓逆水而上。不到半个时辰，便来到西沟崖村东的熟石湾。

忽然，一道闪电照亮了河面，只见一团血衣从上游冲了下来。你道这是什么？原来是西沟崖村一妇女生下小孩后，将血衣胎盘埋入室外土中。谁知，经雨水冲出流入河内。神鬼水族，最怕此物。说时迟，那时快，虾兵蟹将丢下水晶石棺拔腿就跑，跑得快的回到小响湾，跑得慢的被冲到下游桃园村一带，没法再回到龙宫，就变成了石块。青蛙变成的道士因在最前，被水冲到了桃园村河段的西岸上，变成了石头道士形状，当地人称其"干巴道士"。这块奇石就在路边的石堰上，颇像一个身穿黑衣的道士。水晶石棺，则一直冲到桃园村河东侧的河床上。

后来，这块巨石被一个南蛮子[1]发现了。他知道这块石头中有宝，就买来当时桃园村有名的一块马家豆腐，在半夜用豆腐角敲下巨石的一角，取走了石棺里的宝贝。

这个南蛮子在发现棺材石有宝之前，每年都来一趟，住在北古德范村一刘姓人家，自取走宝贝后就再没来过。

临走时，他对北古德范老刘说："我这回走了就不再来了，我每年来一趟的目的是寻找'河石璧'。如今'河石璧'已经找到，所以我就不再来了。这几年，我在你们庄东河旁发现了一个金沙窝，每年可攒金沙二三两，能够我一年多开销。感谢这几年你对我的照顾，我告诉你，金沙窝就在河沟西黑石头下面的黄石中间。你每年的七月十八晚上，月亮出来之时，它就会一闪一闪地放光。你顺着金光便会找到，然后用手一点点捞出来就行了。拿到金沙，再到金子铺去换钱；如果遇到阴雨天，也可以用灯光来寻找。"

到了七月十八这一天，老刘按照那个南蛮子的话，果然找到了金沙，到金沙铺里换回了不少的钱。

有道是，"人心不足蛇吞象"。这个老刘太贪心！换钱后，他觉得沙窝太小，就用钻头将沙窝开大了一些，想等明年多得一些金沙。可他哪里知道，他破坏了石窝的灵气。好不容易等到来年七月十八晚上，结果沙窝里一粒金沙也没有，只是一湾清水泛着银光而已。

---

[1]　南蛮子：是常文一带对南方来山东等地看风水人的称谓。

小白龙擅自动用水晶石棺受到东海龙王的处罚，被禁闭于淄河上游的瓦泉思过。但它仍暗中帮助常文地区人民，每逢大旱少雨之年，常文人都会到瓦泉将小白龙请回小响湾，举行求雨庙会。一般当天就会有四指雨降临，这个习俗一直传承至今。

讲述者： 王济涛，男，1940年4月，莱芜市苗山镇常庄村，退休干部

采录者： 张玉新，男，1949年4月，莱芜市苗山镇常庄村，退休教师

采录时间： 1990年7月

采录地点： 莱芜市苗山镇响水湾村

附记

汶河支流盘龙河桃园段，有块巨型大理石，远看近看都是一座石棺横于河床之中。桃园村上游先后有西坡、响水湾、西沟崖、南文字、古德范数个自然村。

1971年春夏交换之际，我去考察这块棺材石头时，这块巨石的东北角有一个缺口。奇怪的是缺口处丝毫没有人为敲打过的痕迹，也没有自然形成的石滑。缺口呈正方形，边长大约八十厘米，高大约六十厘米。更奇怪的是巨石缺口下方就有块方形石，石质与巨石相同，大小与缺口完全相似。在我的印象中，如能把这块石头放在巨石上基本吻合。方石下面是否有凹凸，不得而知。当地老人们说：小白龙擅自动用水晶石棺，受到东海龙王的处罚，被禁闭于淄河上游的瓦泉思过。但它仍暗中帮助常文地区人民，每逢大旱少雨之年，常文人都会到瓦泉将小白龙请回小响湾，举行求雨庙会。一般当天就会有四指雨降临，这个习俗一直流传至今。20世纪80年代末，仍有祈雨庙会举行。只是从那以后，小响湾借窑货的事再不灵验了。

"河石璧"实际上就是历史上传说的"和氏璧"，而发现"和氏璧"的"卞和"，就是那位南蛮子的化名，取自河边上下寻找之意。

后来，这块"和氏璧"到了嬴姓后人秦始皇手里。他将它刻成国家玉玺，统一了中国，成为中国第一代皇帝。

264

如意鞋

从前，有这么个怪穷[1]的放羊娃，整天起早贪黑在秃尼子山上给财主放羊。他穿的破皮露肉[2]，吃的霉饼酸渣窝头。放羊娃叫刘小，山脚下山阳庄人。他下生时就没了爹，是个遗腹子[3]。刘小和体弱偏瘫的娘住在一间七透风八漏气的破草屋里，过着饥一顿饱一顿清汤淡水的苦日子。

无爹的孩子早当家。十二岁的刘小为给母亲看病，偷偷把自己卖给村里的王财主。一个半桩孩子[4]才卖了半吊[5]铜钱，可见王财主狠心齐啬到啥杠[6]。

端谁家的碗，听谁家的管。自此，刘小没白没黑给财主家放着好几十只羊，挣那糟米团和酸渣窝头养娘糊口。那些羊也故意和穷人过不去，七零八散满山满峪地疯跑，一天赶放下来累得腰酸腿疼。破鞋子早就帮底分了家，两

[1] 怪穷：贫穷。
[2] 破皮露肉：衣不遮体。
[3] 遗腹子：父亲死后出生的孩子。
[4] 半桩孩子：未成年的孩子。
[5] 半吊：意思指二百五，古代一吊为五百钱。
[6] 啥杠：什么程度。

只脚被硌得七泡八裂[7]疼痛难忍。

老虎也有打盹的时候。一天，刘小放羊回家，一查羊竟少了一只。财主大怒，叫家丁剥光他的衣裳吊在羊栏里，用放羊鞭抽打得他死去活来。幸亏好心的长工大伯求情，好歹保住这条小命，一年的工钱却泡了汤。刘小打掉牙往肚子里咽，一瘸一拐地回到家。他不敢和娘说挨打的事，真是口含黄连，有苦说不出哩！

巧儿子瞒不过心细的娘。人瘫眼亮着呢！她见刘小走路不得劲[8]，心里明白孩子受了委屈。她眼含着泪说："孩子，你过来，娘怪想你咧。"她拉着刘小的手，一下掀起褂子，条条鞭伤在身上清清楚楚。娘的泪再也忍不住了，扑簌簌淌了下来。孩是娘身上的肉，谁个不心疼，可心疼又顶啥用呢！自己的孩子归人家管，本身就是娘的错。哎哟，我的老天爷呀！娘这么一心思，眼泪如断线的珠子，吧嗒吧嗒往下掉。

黑夜寻思千条路，耽不了明晨卖豆腐。天不明，刘小支撑着酸疼的身子去王财主家放羊。他跌跌撞撞把羊赶到山上，那羊还是像往常那样漫山遍野地跑。刘小心有余而力不足，只得任其疯跑。心急上火迷了窍，不知不觉晕倒在山上。也不知过了多少时候，他醒过来了。只见羊群都静卧在身边，自己却倒在一位鹤发白胡子的老人怀里。

那老人见放羊娃醒来，面带笑容说："孩子，你可醒过来咧。"说着，从腰里的丫丫葫芦里取出两粒亮闪闪的红色药丸，用水送进放羊娃嘴里。刘小觉得一股热力通遍全身，浑身增添了无穷的力量。老人笑着说："孩子，你的底细我了如指掌。"说着，从后腰取出一双青色布鞋递给刘小说："孩子，念你忠孝双全，送你这双鞋穿，日后定有富贵大运。切记做事要善始善终，切莫中途见利忘义败坏名节。回家把鞋穿在你娘身上，一时三刻残病即愈。日后放羊穿上此鞋，只须如此如此念些咒语，羊群四散而去，天黑时自己归拢。"

刘小跪谢，问："老人家，不知您老是何方神仙，日后送鞋也好有个奔头。"

[7] 七泡八裂：脚上磨起的水血泡和划裂的伤痕。
[8] 不得劲：不舒服。

老人说："送你一枚佩环，日后发迹，可到泰山寻觅自有分晓。"说完，招呼来一朵飞跑的白云飘走了。

长话短说。刘小医好了母亲的病，上山放羊用老人家教给的办法，果然早散晚拢。没有多长时间，羊群肥膘了，个个胖得赛牛犊。王财主见羊个个精壮，只只肥胖。他觉得奇怪，就暗中派人盯梢。

害人之心不可有，防人之心不可无。刘小做梦也没想到王财主派人跟踪，照例用老人教给的办法放羊。王财主得知刘小放羊的底细，眉头一皱奸计生成。

晚上，王财主特意备了桌酒菜，笑容可掬地把刘小迎到客厅。他猫哭耗子假慈悲，令人取来上好衣裤，又叫使女给他洗搓了身子，恭迎到上首坐下，亲自把壶倒酒。

刘小见王财主一反常态，知道他是黄鼠狼子给鸡拜年没安好心。酒过三巡，菜过五味。王财主捋着山羊胡子，皮笑肉不笑地说："刘小啊！咱爷们这些年没风没火的[1]，虽说让你吃了点苦头，可勺子没有碰不到锅沿的，你也别往心里去。老话说，亲不亲本庄人。听说你有双宝鞋，我想用全部财产来和你换，你觉得怎么样啊？"

刘小知道王财主是屎壳郎爬玻璃，又奸又猾的主。他摇着头说："俺一个穷放羊的，哪有穿宝鞋的福气，别听那些长舌人胡咧咧[2]。"

"哎，刘小啊！你瞒了别人还能骗了我吗？你若嫌全部家产不称心，我再把闺女许给你，咱两家合一家；你总该满意了吧？"

"你空口无凭，俺不信！"刘小提防着王财主，不相信地说。

"我即刻就写契约。"说着，叫来管家刷刷点点写好了一份文书，当场念读按了手印递给刘小。刘小收放在兜里，把别在后腰上的布鞋交给了王财主。

王财主鸡叫等不到天明，他迫不及待地当堂把鞋穿在脚上。顿时，王财主觉得腋下生翅，身子腾空而起从门口飞了出去。他只觉得腾云驾雾般，不大霎竟来到了波涛汹涌的东洋大海上，王财主吓得连喊带叫。此时，鞋魔法失

效。他一个倒栽葱插进大海，葬身了鱼腹。恶有恶报，王财主终于自食其果。

刘小选个良辰吉日，和王财主的独生女儿成了亲，又把病好的娘接进王宅过上了好日子。

这天，刘小备了香纸银两，告别娘和新婚妻子，独身一人到东岳泰山去寻觅赠鞋老人。他走了一庙又一庙，庙里的神像都没有佩环。刘小不灰心，爬上十八盘挨庙逐殿细细地寻找。

功夫不负有心人。刘小终于在玉皇宫里找到了和佩环配对的神人，他恍然大悟。赠鞋老人正是东岳大帝。刘小真心焚香虔诚磕拜。

回到家，他把部分家财送给左邻右舍和无人照养的孤寡老人。王小姐美貌善良，尽心孝敬婆母，全家人和和睦睦，生活得幸福美满。

正如那句话所说：黄河尚有澄清日，穷人岂无转运时。

讲述者：　张克武，男，1959年3月，方下镇张公清村，建筑工，初中

采录者：　李胜华，男，1964年4月，莱芜市方下镇张公清村，初中

采录时间：1989年3月

采录地点：莱芜市城市规划局建筑工地

附记

1989年3月，我走访了当时任建筑工头的张克武，相约在莱芜城市规划局建筑工地。座谈中他讲述了这个故事，说是听南山里的一位老人拉的呱。因为当时的话题是穷人与财主之间的故事，他讲这个故事的时候，神情跟着故事的情节上下波动，可见他对这个故事的喜爱。当时，我将这个故事记录了下来，打算收录在《莱芜民间文学集成》中，因这本书没有经费出版，计划泡了汤。几年后的1993年2月，把这个故事采录进我的民间文学专辑《凤凰城的传说》一书。

[1]　没风没火的：平安相处。

[2]　长舌人胡咧咧：搬弄是非的人乱说。

（三）魔法故事

265

残疾人

从前，有个掌破鞋的[1]。光他两口子过的时候，日子不好。裤穿不上，袄穿不上的。自从他媳妇怀了孕，买卖一天多起一天，喜得他没法。生下他闺女以后，日子更好。买卖是风雨不透，阴天下雨也有来的，日子过得挺舒坦。

这个人可不能光走好运呵！他媳妇有了病咧，这就想法看病。看了很长时间，也没治好。他女的死了，就和他闺女爷儿俩过。他闺女在家做饭，日子过得倒也不错。和他一把儿的人[2]就和他说："现在靠你闺女做给你吃，女孩子可是一年小二年大。过后出了嫁，谁做给你吃、做给你穿？你不如找个人？"

他想了想，也是这么回事。上哪里找去呢？有人说："某人谁刚死了男的，你看我给你拉拉[3]行吧？"

"行啊！"

一问这个娘们，正愿意找他哩。可是这个娘们有点儿

不大老实，有点儿飘……这人心里话：人家跟着我，咱也不在乎别的。

说成了，过了门。她拿着闺女不错，闺女拿她也挺好，妈啊妈的叫得挺亲。掌破鞋的觉着也不错，出门干活儿也放心。

日子长了，他这个女的出了闲心了，看见那些漂亮小伙子就想引进引进[4]。时间长了，他闺女也老大不小了，就有点儿碍事。掌破鞋的在外一天不家来，她在家里一风流就是一天，还不尽着她吗？她心里话：到晚上我给她爹说说，得给闺女找个主儿。

晚上睡了觉，俩人就说起来了："你这个闺女可老大不小咧，得给她找个主。你要不给她找，咱先说下，你可别怨我看的家不好。今天这个来了，明天那个来了，我都不敢说。要真出了事，可就不好办了。"

掌破鞋的说："我这个闺女小是不小了，可挺老实，不会有什么事。"

娘们心里话：这个眼药还点不上哩！罢！这就包了个包袱，里边放上几件衣裳，放到这里又和她男的说："你再不给她找主，就得跟着人家跑了！你看这不是包袱？我好歹才夺下。"

男的一看当真了："不行！不能尽着她，给我弄领箔[5]来，用铡铡了她！我不能丢这个人。"

女的说："你这个人啊！她死了妈咧，要是铡了她，外人不说吗？我给你想个法，你拿把刀，把她两只手剁下来，推出她去，让她死在外头与咱无关。"

掌破鞋的这就把闺女叫来，"喀嚓！喀嚓！"剁下手来，推出门外说："十里以内，不许你要饭。"

这个闺女要饭没有手，就用两根胳膊拱着吃。这一天，要饭来到李家庄。李家庄有个公子念书，晌午放了学，在道上看见很多人围着一个要饭的残疾人。看上去这闺女不过十六七岁，心里话：天下什么人也有，这么漂亮的闺女没手。一问还是她爹给她剁了去的，这号人值得可怜！

看着看着就忘了回家了，一直看着残疾姑娘吃饱了。

[1] 掌破鞋的：鞋匠。

[2] 一把儿的人：同龄人，好朋友。

[3] 拉拉：此指说媒，介绍对象。

[4] 引进引进：勾引。

[5] 箔：苇子或者秫秸编成的帘子。

回到家，他妈问："怎么回来这么晚？"他说："放学不晚，在街上看见个残疾人要饭，也就是十六七岁，怪可怜的！"

他妈问："没有脚？没有腿？"

"没有手。"

他妈说："咱家挺富裕的，叫她上咱家来吃吧？"

学生说："上咱家来吃也是没有手呵！"说完了，也没吃饭，光喝了碗水。

他妈说："你怎么不吃了呢？"

"我还吃呢，像那残疾人，非饿死不可！"

他妈一听，这孩子是可怜那残疾人，就说："要不，把她叫到咱家里，行吧？"

学生说："要这么着，咱也算行个好积个德。"

学生把残疾姑娘接到家，高兴地大吃二喝，吃饱了说给他妈："你给她拾掇[1]个屋，让她住下。"

每逢放了学，先到残疾人屋里问问："吃得怎么样？住得怎么样？"

他相中了这个残疾闺女了，他妈看出这个事来了。两个人也不小心，一来二去也就怀孕了。

这一年，赶上京里大考。他妈问："你去考吧？"

"我去，可我就是挂着那残疾人啊！"

他妈说："你去！有我在家里，还能饿着她吗？"

学生说："我这可放心了。"拿上银钱，进京赶考去了。残疾人怀孕后，生了个小子。

再说残疾人她爹，把残疾人推出门外。掌破鞋的买卖一天不如一天，日子也一天不如一天。他女的说："咱不干这个了，在官道那个地方盖上两间房，开小店吧？"就在官道上开了个小店，维持生活。

回头说这个学生，进京赶考中了，做了官。他打发两个跑围的[2]，背着黄包袱家来送信。这天，来到掌破鞋的店里。掌柜的一看是京里来的人，就问："你这是上哪去？"

来人说："你这里有个李府吗？"

"有啊！今晚你赶不到了，在店里住下吧。"弄了点菜，俩人喝上了。

店家两口子背地里就说："我听说，咱那闺女就落到李家庄。也不知这送信的去找谁，这准是在京里做了大官。要真是咱闺女那家，可就坏了。"

他女的说："咱用迷魂药酒把他俩灌醉了，拿出信来看看。要真是，咱给他把信改了。"

这么着，两口子打开信一看，还真是哩！这就给它改咧。改的啥呢？改成：为什么中了进士没给家来信，就是因为家里有这个残疾人，我不能家来祭祖；要是把她轰出去，我就家来。

改好封好，两个送信的第二天送到李府，说："你那儿子中了进士，大伙儿都来道喜。"到了晚上拆信一看，就耷拉了头了[3]。信上写着不要残疾人，要是要她，他就不家来了。

儿是明的，残疾人是暗的。别说当了官，不当官也得要儿，李家人就把残疾人推出去了。

残疾人心想：我这辈子真苦啊！碰上李公子不孬，才生了这个孩子。这不又得走，上哪里去？走到一个庄头上的庙里，两只胳膊托着个孩子就哭。

正好这庄里一个卖豆腐的，一看一个残疾人托着个孩子怪可怜的，就问："早晨怪冷的，你在这里干啥？"

残疾人一五一十地说了："我抱着孩子，只有跳井跳湾，再也不好活了。"

卖豆腐的一听，软了心："罢！要不你娘俩上俺家去吧，俺就是老两口，你当我的干闺女吧？"

残疾人赶紧磕头叫了声爹，正好豆腐也卖完了，爷俩家来了。没等进门，老婆子就说："今天卖得这么快？"

"不光卖得快，还得给你道喜咧。"

老婆子说："咱一个卖豆腐的，能有啥喜事？"

两口子说了个笑话，老头就说残疾人："这是你干妈，赶快磕头。"又对老伴说："我给你认了个干闺女，还有个干外甥。这不是一大喜吗？"老婆子赶紧给她做吃的。

打这，她干爹的买卖越干越好。豆腐做一个卖一个，

[1] 拾掇：此指打扫房间。

[2] 跑围的：旧时，跑腿送信的。

[3] 耷拉了头了：垂头丧气的样子。

运气就在这闺女身上。

这个学生头里送信，后边就家来了，到残疾人屋里一看，人、床都没了，就问："妈！残疾人呢？"

他妈说："你这孩子，你不是来信让把她轰出去吗？不轰她走，你不家来。"

"唉！我来信是说好好照应她，快月子咧！那信呢？"拿出信来一看："咳！俺妈你可好咧，我的笔迹你还不认得吗？这不是叫人给改了吗？！"

这就赶快地写告示：有一妇一小，要有人知道在什么地方，送个信儿给五两银子；有人收容起来，一天五两银子；要有人把残疾人送到李家，给五百两银子。

告示贴出去，卖豆腐的不认字，大伙就给他念了一遍。他心里有数，晚上吃了饭就说起这个事来咧，残疾姑娘说："干爹，您老去跟他说，先把银子要了来。"

卖豆腐的来到李府一说，真把银子要了来咧。李进士说："老人家，你领我到你家见见她。"

真格的领着进士来咧！一跟残疾姑娘说，好！她来了派头了，今天不见！

李进士一听真在这里，也就放了心咧。第二天又来了，姑娘说："来轿子了吗？"

"来了。"

残疾姑娘说："得让男的抬着轿杆，把我接回去和他成亲。"

李进士挺高兴，这就看了个日子，家里扎彩棚、张灯结彩，把卖豆腐的当她娘家爹，把残疾姑娘娶过去成亲了。

家里人来人去的，到了晚上没了人。这时，来了个白发老娘娘，说："我也看看新娘子。"到了屋里一看："哎哟！这个新人的手呢？怎么这么些血？我给她洗洗。"端了水来，三洗两洗地一摆弄，两只手长上了。再找老娘娘，不见了。

全家人问起改信这个事，又打发人进京叫了那两个送信的，问："你都是路过哪里？住在哪里？"

两个人说："是在店房里出的事。"

这就把掌破鞋的两口子叫了去，掌破鞋的都说了实话了。这事得问新夫人怎么办。新夫人说："先把俺爹叫他在这里当个佣人，不管怎么说是我亲爹啊！把俺后妈休出

门外，叫她远远地去，赶到三百里以外。"

又把卖豆腐的爹娘叫了来，说："这是我的恩人！要不是俺干爹干妈，你那孩子也活不到现在，李家的香火也传不下去。这两个有年纪的，得和咱那老的平起平坐。"

李进士非常愿意，照夫人说的一条一条地叫人办理去了。

讲述者： 钱凤义，男，1932 年 5 月，历城区港沟镇章灵二村，农民，高小

采录者： 宋其奎，男，1947 年 2 月，历城区港沟镇章灵三村，农民，初中

采录时间： 1987 年 3 月

采录地点： 历城区港沟镇章灵二村

266

奇香果

早年间，那些卖百货的叫货郎，挑着副担子，一头一个半人高的条编筐子，分若干层摆无数货，手拿拨浪鼓[1]走街串巷；也有的不用鼓直接用嘴喊："破布、破鞋、破裹脚，麻绳头子换洋火[2]。""换针换线，换彩头绳扎大辫。"杂七杂八，无奇不有。

咱今天这个呱，就是个走街串村的年轻货郎。这货郎年纪十八九岁，长得欢颜笑眉，一表人才。五年前，父母双双下世，他就接过了父亲肩上的百货挑子，走街串巷。时间长了连他叫啥姓啥都忘了，只好喊他"卖货郎"。

有父有母身在福，没父没母日子苦。货郎起早贪黑走东串西，换个仨铜板俩制钱，饥一顿饱一顿，冷锅热灶混日子。

送走了春，迎来了夏。一天，货郎在李家庄摇鼓卖货。正巧，李员外的独生闺女李小姐绣花线用完，听到拨浪鼓声，和丫鬟下楼来买线。李小姐生得笑嘻嘻的眼，油红嫩

白的脸，墨黑墨黑的头发插着个小巧玲珑的簪。亮闪闪的玉珠脖子上挂，金光光的耳环两边悬。不高不矮的中等个，不粗不细的杨柳腰，不肥不瘦的贴身衣，不长不短的护腿裙。走路就像风摇柳，不紧不慢挪金莲。货郎一见傻了眼，走村串庄这些年，多咱[3]见过这么俊的大闺女。李小姐选好线支了钱，见货郎不眨眼地看她，一下子臊红了脸，扭转身进了大门院。

打这起，货郎觉着吃饭饭不香，喝水水不甜，脑袋瓜子尽是李小姐那张甜瓜瓜的脸，这叫害了相思病。有道是："世上百药全，治不得心里悬。"人家李小姐是个大家闺秀，货郎是个房无一间、地无半垄的穷汉子。门不当户不对，水灵灵的大闺女能下嫁穷货郎吗！这不是癞蛤蟆想吃天鹅肉，想得美够不着吗！

思念成疾，货郎病倒床上。蒙蒙眬眬，他看到李小姐踩云踏雾朝他走来，那俊美的脸像雨后的牡丹花样新鲜。他想入非非，如痴如醉。

不知不觉五天过去了，这天夜里做了个梦，梦见个白胡子老头拄着根龙头拐杖，捋着过胸的雪白长胡子来到面前，说："想不到世上还有你这么种痴情郎，待我助你一臂之力吧。货郎、货郎，别急别忙，想要娶到李小姐，南山去找奇香果。"

"老爷爷，这奇香果到哪里去找啊？"

"孩子，待要找到奇香果，南山巅上去找我。千难万险，曲曲折折，你有胆量爬上去吗？"

"老爷爷，只要娶到李小姐，命搭上俺也乐意。"

"孩子，心诚则灵。这三七二十一难，可不是用嘴说说就过关的。你要记住，往南往南再往南，遇到石猴顺藤攀。上了龙头穴，顺洞再往南；出了百魔洞，往南是山巅。途中回头身变石，险中后退命难保。"说着，倏地不见了踪影。

货郎仔细地品味着老爷爷的话，灯不点不明，路不指不知。他躺在床上思念，还不如按老爷爷的指点去南山找回奇香果。

挨到明了天，货郎收拾一番，背着一包袱馍馍就锁门

[1] 拨浪鼓：货郎卖货用的响器。

[2] 麻绳头子换洋火：麻绳头子，烂麻绳。洋火，火柴。用烂麻绳兑换火柴。

[3] 多咱：从来没见过。

闭户去了南山。阳春三月，叶绿花红景色宜人，百彩的雀鸟鸣着婉转动听的歌起伏飞旋。货郎无心观看四周的景致，只有一个信念，闯过艰难险阻，得到奇香果，娶到李小姐。

南山方圆数百里，山峦起伏，重重叠叠，剑削的山峰，插入五彩的云中。

山上的石尖跟刀子似的，稍不留心就被划个皮破血流。翻过了万仞山，蹚过了清水峡谷，前面是一座刀砍剑削般的青石山。山上不长树木，光秃秃的一片凄凉，一条羊肠小道弯弯曲曲伸了上去。道左边有块石头像只坐立的猴子，上山要拽着倒垂下来的野藤。那野藤长得也怪，叶子不多，硬邦邦的尖刺却不少，用手一抓扎得手火辣辣的疼。当地人把这种藤条叫"喊断藤"，就是说不管怎么扎得慌[1]也不能喊疼，一喊疼那藤条就要断，轻则摔伤，重则丧命。货郎咬着牙，忍着疼，一步步艰难地往上爬呀爬。手心被扎得千窟窿百洞，鲜血一滴滴洒落在青石上，疼得他双眼直冒火星子。

不吃苦中苦，难得甜上甜。货郎不知爬了多长时间，也不知流了多少血，终于爬上了一个高大的山腰洞口。洞顶上的檐石像喷云吐雾的龙头，这就是白胡子老头说的龙头穴。

货郎擦擦头上的汗，坐在东边一块光洁的石头上，看着黑咕隆咚的大山洞想心思。他从包袱里掏出个馍馍来，刚啃了一口，见洞里有两盏灯，一闪一闪，忽高忽低，忽左忽右靠了过来。

到了近前，货郎才看清是个锅口大的龙头，长须甩来甩去，两只灯笼大的眼珠跟月亮星星一样闪着光亮。粗大的身子隐在黑洞中，不知有多么长。那龙停下来，突然开了口："好香的馍馍味！货郎、货郎，把你的馍馍给我吃了吧？我好几千年吃不到东西了。"说着，馋得龙涎淌了出来。

货郎说："我这干粮是去南山顶拜神仙吃的，你吃了，俺吃啥？"

"货郎，吃了你的馍馍，你叫我干啥我干啥。"

"只要你把我驮过洞去，我就给你馍馍吃。"

"行啊，货郎快给我个馍馍吃吧？我快馋死了！"青龙可怜巴巴地央求说。货郎取出两个馍馍扔到它的嘴里，青龙吧嗒了几下嘴巴说："香，真香啊！好几千年吃不到这么香的人间饭了。快，爬到我的背上来吧。我走得快，一定抓紧千万别抬头。"说着，青龙驳转头驮着货郎往洞深处爬去。

货郎紧趴在青龙身上，觉得两耳生风。

不大霎，眼前亮了起来。青龙停下来说："货郎，你顺着小路往南走就是百魔洞。洞里的魔头很凶，你可要留心呀！过了百魔洞前面就是万丈洞，洞的对面就是南山顶，上面住着你要找的神仙。但有一样，不论你遇到的事多么凶险都不要怕，稍一胆怯你就会变成石头，再也还不了原形。我走啦，谢谢你的馍馍！"

货郎顺着陡峭的山路往前走了几十步，见一个不很大的洞口，洞里妖雾弥漫，阴森的叫声令人胆战心惊。

周围没别的路，货郎硬着头皮钻了进去。冷风凉气迎面扑来，入骨三分。千奇百怪的声音不断传来，货郎觉得身上有说不出的难受，仿佛千百只利爪在抓挠撩拨他。走了几十步，只见前面过来两盏蓝莹莹的灯，好说不及的当口[2]，那灯来到了跟前。一个青面獠牙、血盆大口、眼大如球的妖怪摇晃着两只锋利多毛的爪子，说话瓮声瓮气："好香的馍馍味！你是谁？到我的洞里干什么？"声音如同霹雳一样，震得耳朵眼子生疼。

"我是货郎，身上背着馍馍从你的洞里经过，到南山去找神仙。"

"我是洞主，要想从此过，得拿馍馍让我吃！"妖魔瞪着铃铛眼，舞动双爪，样子十分可怕。

"请你放我过去吧？"货郎商求着说。

"只要你给我馍馍吃，我背你过洞。"货郎听了，急忙取出两个馍馍递给它。妖魔恣得手舞足蹈，它吧唧着大嘴说："香，真香，有这俩馍馍又能撑它一万八千年呢！货郎，快上我背上来吧。"

货郎爬上妖魔的背，觉得跟在棉花堆上一样舒服。妖魔撒腿如飞，不大工夫就到了洞口。火红的太阳挂在蓝蓝

[1] 扎得慌：针刺扎手。

[2] 好说不及的当口：转眼间，很短的时间。

的天上，前面是个宽不见边、深不见底的大山涧，没有上的道也没有下的路。

货郎急了，开弓没有回头箭。可前面无路怎么走呢！正当他急得没有办法的时候，天突然黑了下来。抬头一看，是只很大很大的山鹰展着宽大的翅膀，飞到货郎面前，问道："我闻来闻去，闻到你身上有股怪香的馍馍味。给我一个馍馍吃吧，吃了你的馍馍，你叫我干啥都行。"

货郎说："我要到南山顶找神仙，你能背我过深涧去南山吗？"

"能，快把馍馍递过来吧！"货郎从包袱里取出一个给了它，鹰吃完馍馍，拍打着翅膀说："我的老天呀！好长时间没吃到这样香甜的人间饭啦，我觉得周身增添了使不完的劲！货郎，快到我的背上来吧！"

山鹰的劲很大，像支离弦的箭朝前飞去。不大霎，就落在了花香草绿的南山半腰。鹰说："货郎，我只能送到你这里了，离神仙住的地方还有几里路，你自己去吧！"说完，展翅飞走了。

货郎站在山半腰东看西瞧，这里树木林立，奇花异草争芳斗艳，香气迷人。软绵绵的白云从脚边飘过，山石发出柔和的五光十色，令人心旷神怡。货郎正不知如何上山，忽见一只五彩缤纷的凤凰飞了过来，落在货郎的面前："货郎，我已经等你很长时间了，你很勇敢，闯过三七二十一难。赶快给我个馍馍吃，我驮你上山顶见神仙。"

货郎取出最后一个馍馍，递给了凤凰。

凤凰俯下身子让货郎爬到背上，只见它五色彩翅上下扇动，把货郎送到了山顶。山顶上楼亭瓦舍，金碧辉煌，煞是好看。货郎顺着白玉铺成的路往前走，走着走着，见前面站着一个白胡子老头，拄着根龙头拐杖，笑呵呵地说："货郎，你果然不失信。精诚所至，金石俱开。"

货郎跪倒磕头："老爷爷，千辛万苦我不怕，就怕您舍不得奇香果。"

"孩子，心诚则灵，志坚则成，历尽磨难才得正果。你随我来吧！"

货郎跟随老者走进一座高耸的玉石砌墙，琉璃瓦盖顶、珠宝封梢的大门楼，院内奇树异果花红叶绿。珍禽异兽，

白云飘荡，不是天堂哪有这般景致；不是神仙，谁人能有这样的福气。那穿肠通胃的芬芳，叫人忘掉了奔波的疲劳。转来转去，老者领货郎走到一株一人高的，长着金银双色叶子的树干边。几十片树叶闪闪发光，上面长着两红两绿、樱桃般大小的鲜果，香味扑鼻，说不出是一种什么样的香味，叫人馋涎欲滴。

白胡子老头说："货郎，我决不食言，这就是奇香果。它一千年开花，一千年结果。老夫被你的真诚感动，才助你一臂之力。这两枚果子，吃一只红的和一只绿的，头上会奇痒，长出两只角又长又硬，如再食剩下的两只果子即可复原。"说着，摘下四只鲜果，撕块白云包了递给货郎。白胡子老头把手中的拐杖化成一条青龙，这青龙扬眉吐气跟龙穴洞里的青龙一般无二。老者拍着青龙的头说："货郎，你有骑龙乘凤的福气，可坐此龙回去与李小姐巧结奇缘。"

货郎谢了，骑在龙背上，老者口中念念有词，青龙张牙舞爪起在空中。俗话说："龙生云，虎生风。"那青龙排云挤雾，飞一般往前疾走。正行间，货郎听到后面有人叫他，猛一回头，顿觉身子悬空跌落了下来，正巧掉在自家的柴火垛上。

货郎面朝南望空八拜，见天色尚早，就不顾劳累挑着担去了李家庄。人逢喜事精神爽，货郎就觉脚下生风，不大霎来到了李员外的大门外摇响了拨浪鼓。真是无巧不成书。这天，李小姐正专心致志地绣那幅"百鸟朝凤图"，那五彩的小鸟千姿百态活灵活现，仿佛听到迷人的鸣叫。矮树红花中一只精爽的凤凰头刚刚绣完，正要绣那红红的鸟冠时却没有了花线，李小姐急得翻箱倒柜也没找到。

俗话说："有福之人不用慌，无福之人急断肠。"正当李小姐找不到花线发急时，门外传来了货郎的拨浪鼓声。李小姐喊来丫鬟，两人嘻嘻哈哈走下绣楼来到大门外，喊住货郎买花线。

货郎放下担子，嘴甜手快地帮李小姐选好线。趁她不注意把一红一绿两只奇香果塞进线中，用纸包了递给李小姐。李小姐接过去，小丫鬟知趣地要去拿线，小姐却捧着转身进了院门。货郎两眼如钉，目送她走进大门才喜滋滋地挑着担子回了家。

李小姐买好花线，打发丫鬟去后院取东西，自己拿着花线上了绣楼。她坐在绣桌前打开花线包，一股从没闻过的香味扑鼻而来。她情不自禁地拨开彩线一找，见一红一绿两只小果，红的透明，绿的发亮。心想："闻着这么香，吃起来一定很合口。"这么寻思着，手已把小果送进了嘴里，一口一个吃得香香甜甜，嚼得津津有味。果香味一个劲地往上翻，香得她直咽口水。她喜滋滋穿针引线绣了起来，绣了不几针就觉得头皮发痒。她急忙放下针，用手去头上抓挠，却摸着长出两个硬角来。李小姐越寻思越害怕，不觉哭出声来。

丫鬟从后院取回东西，听到小姐哭忙不迭地跑上楼去，看到小姐的怪模样，吓得掉头跑下绣楼，急三火四地前院后院找李员外。

穷家人的男孩，富家人的千金，这是命根子。李员外听丫鬟一说，慌忙和老伴走进女儿的绣房。只见女儿头顶数尺长的灰色尖角，人不人，鬼不鬼，活脱脱一个丑八怪。当爷的急，当娘的哭，乱成了一锅粥。

李员外急得搓手跺脚，嘴里不住地说："这是哪辈子留下的罪孽啊！"老伴哭哭啼啼不敢靠近女儿，李小姐肝肠寸断，痛不欲生。李员外赶紧打发家人四处聘请名医，结果越治李小姐头上那角长得越快。李员外没了办法，前寻思后倒量^[1]，万般无奈只好写了几张求医榜四乡张贴。榜上说："有谁能治好我女儿的病，乞丐、老翁、残疾人，都可招为门婿。"医榜贴出，名医、异人蜂拥而至，结果费了千辛万苦，落得一场"情"空。

再说货郎回到家中，左等右盼不觉三天过去了，李府一直没有动静。难道李小姐没吃奇香果，货郎焦躁不安。这时，有人告诉他，李家庄李员外张榜求医。货郎听了心中欢气，高兴地说："天助我也！"忙急急带上奇香果，直奔李家庄。

货郎径直走进李府大门，有人听说他是为治李小姐的怪病而来，差点笑得喘差气。有的说他是癞蛤蟆想吃天鹅肉，也有的说手里没有金刚钻，不敢招揽瓷器活。李员外死马当活马医，说不准谁能医好闺女的病，自然笑脸相迎，

宾客相待。

货郎胸有成竹，但他有意气气那些傲慢的名医，他对郎中说："我看病与众不同，用一根红线系在小姐的左手腕上，我坐在这里不费吹灰之力就能查出病因来。"众人觉得稀奇，鼓动快去取线，想出出货郎的丑。

不大霎，系在李小姐左腕的线就拉了过来，货郎捏着线头来回捻动。过了一袋烟的工夫，货郎放下线头说："我当是啥了不起的症候唻，原是小姐误食了奇香果。好治，好治！"说着，他取出一只绿色奇香果，叫丫鬟送给李小姐服用。

满堂名医惊得大眼瞪小眼，悬丝吊线试脉只听传说过，这货郎却如此得心应手，不能不叫人吃惊。过了一顿饭时节^[2]，丫鬟高兴地回来说："小姐头上的角，没有了一只。"

李员外抓住货郎的手，感动地说："货郎，我决不食言，只要你治好俺闺女的病，就招你为上门女婿。你若不信，咱可当场立约。"

货郎说："只要您言行一致，我马上让小姐恢复原样。"

李员外听了，立即吩咐家人备置嫁妆，收拾新房，单等货郎治好闺女的病，就立即成亲入洞房。

货郎见李员外没有赖婚之意，便取出红色奇香果让丫鬟送给李小姐。过了半个时辰，丫鬟回来说："神了，怪了！小姐头上的角全没了，人也比先前更漂亮咧！"众人听了皆大欢喜，把货郎敬为上宾。

最高兴的还是李员外，他见货郎有这么大的能耐，打心眼里欢喜，立即吩咐家人张灯结彩，请朋聚友，给货郎和女儿热热闹闹地举办了婚礼。

货郎和李小姐婚后你敬我爱，和和睦睦，孝顺父母，接济四邻，传为佳话。

讲述者：　王传义，男，1934年1月，莱芜市莱城区苗山镇西勺山村，小学

采录者：　李胜华，男，1964年4月，莱芜市莱城区方下镇张公清村，大专

---

[1] 前寻思后倒量：思前想后。

[2] 一顿饭时节：一顿饭的时间。

采录时间： 2007 年 11 月

采录地点： 莱芜市莱城区苗山镇西勺山村

267

芙蓉花

附记

2007 年 11 月，莱芜市民间文学研究学会与莱芜市莱城区苗山镇西勺山村委合作，在"长勺之战古战场遗址"竖立"长勺之战纪念碑"和"曹刿论战纪念碑"。仪式完成后，在村委会喝茶聊天。老书记王传义和我聊天时，我就问他除了长勺之战传说故事外，这里有没有奇异的故事？王传义问我哪一方面的，我告诉他只要是奇异故事就行，王传义边喝茶边给我讲述了这个故事。他说这个故事还是听他奶奶讲的，在周边四邻八乡知道这个故事的人很多。于是，我就把这个故事记录了下来。

从前，有个少年叫张三，父母早亡，与哥嫂相依为命。

张三的嫂子心狠手毒，说话都带辣味。张三白天上山砍柴，晚上担水浇园，吃的剩饭汤，穿的是破衣裳，还时常遭嫂子的打骂。

这一年的正月初一，嫂子刚包好包子[1]，便叫张三上山砍柴。张三看着白花花的包子，流着口水走出了家门。

山坡上雪深没膝，寒风刺骨；山坡下小伙伴们在追逐游戏，燃放鞭炮。张三的心更冷了，他缩作一团，像个小刺猬。

张三饿得肚子咕咕叫，柴没砍到就空着手回到家来。嫂子见他一根柴也没砍回来，先是一顿臭骂，接着便拳打脚踢。张三一手护着自己的小脸蛋，一手抓起一个冰冷的包子就要往嘴里填，还没到嘴边，就被嫂子一巴掌打掉了。嫂子一边打，一边骂："你这懒虫也配吃包子？"张三实在受不了了，只好逃出了家门。

[1] 包子：当地有两种叫法，"水饺"叫"下包子"，"蒸包"叫"大包子"，莱芜民间统称"包子"。

张三边讨饭，边行路，不知走了多远。这一天，来到一家姓张的员外家讨饭。张员外见他长得很机灵，便问张三为什么出来讨饭。张三就把自己的身世，一五一十地告诉了员外。张员外听后哈哈大笑，与夫人耳语一番后，对张三说："张三，我如今已六十有三，膝下无子。你若愿留在府中，将来可继承家业。"张三一听，高兴地磕头答应。

张员外为张三安排了房间，又请来教书先生教他认字读书。

张三经常听教书先生说员外家的旧院子里有仙，觉得很新鲜，决定去看看仙到底是什么样子。

这天晚上，张三偷偷地把旧院子的门打开，进屋点上灯，然后读起书来。突然，门被推开，随后走进一个漂亮的姑娘。张三心想：莫非这就是仙？姑娘走近张三，拍了他的肩膀一下说："张三，你可来了，我已等你三年了。你不必害怕，我不会伤害你的。"接着，姑娘又把张三的身世说了一遍。张三心想，我的身世她怎么知道得这么详细？便问："你来这里干什么？"姑娘说："我是来搭救你的，这里不是久留之地。这个张员外做事太损，心黑如锅，你应该尽快离开这里。"张三也不知道姑娘又说了什么，就糊里糊涂地睡着了。当他醒来时，发现自己躺在软床上，铺盖全是新的。姑娘忙走过来说："趁天还没亮，你赶快回去。晚了员外会打你的，往后有事就来找我。"张三刚起身穿完衣裳，姑娘和床就不见了。

到了晚上，张三再到旧院子来。姑娘还是这样伺候他，一连几天都是如此。

常言道，"纸里包不住火"。张三自觉来去不露马脚，还是被张员外发现了。张员外把张三叫到客厅，手里拿着小鞭，生气地问道："这几天夜里你到哪里去了？不说，我打死你这孬种。"张三害怕挨打，便把事情的前后经过说了一遍。员外一听，气不打一处来，怒瞪着俩眼，恶狠狠地说："你这个不识抬举的东西，给我滚，别再让我看见你，现在就滚！"

张三被员外赶出了家门，他又来到那旧院子找那姑娘。姑娘早已等候在这里。没等张三开口，姑娘就问："员外赶你走了，是不是？"张三说："是，可我上哪去呢？"

姑娘说："你朝西北方向走，就会转运的。"说着，姑娘交给张三一个布包，里面装有一朵芙蓉花，说："路上饿了就向它要饭吃，想睡觉就向它要房子。"

张三告别了姑娘，把芙蓉花扎在腰带上上了路。一路上，他照姑娘说的做，果然饿了有饭吃，困了有房子住。

这一天，张三来到一家姓刘的员外大门前，想要方便一下，便走到厕所旁，解下腰带和芙蓉花进了厕所。这时，员外家的小姐看到厕所旁金光闪闪，就打发丫鬟下楼看个究竟。丫鬟看到是一条腰带上系着一朵芙蓉花，就拿上楼去了。

再说张三从厕所出来，找不到腰带和芙蓉花，焦急万分。没了芙蓉花，吃饭睡觉咋办？但也无可奈何，只好找根草绳扎上腰再往前走。河水泛着浪花，挡着了去路。张三正在发愁过河，突然听到有人说话："张三，不用愁，我来背你过河。"张三抬头一看，见是一只大乌龟。张三爬到乌龟背上，不一会就来到河对岸。

张三继续往前走，他来到一座大山下，只见满山都是果实累累的果树。张三心想：这回可要饱吃一顿了。他"噌"的一下，蹿到一棵果树上，摘下了两个红果子，丢进嘴里大吃起来。刚刚咽下，头上竟长出了一只又尖又长的角盘在树上；当他把第二个吃下，头上又长出了一个角，也盘在了树上，张三急得大哭起来。这时，那位姑娘走来了。她笑着问："张三，好受吧？"张三哭丧着脸说："难受死了。快来救我！"姑娘不慌不忙地从树上摘下两个青果子，让张三吃下。张三吃了青果子，头上的角没了，一下子从树上滑下来。张三刚要开口把路上遇到的事情向姑娘诉说，姑娘开口了："这些我都知道，背你过河的乌龟是我安排的，抢你芙蓉花的刘家小姐是你媳妇，你应当快去和她成亲。成婚后，你要好好料理家业，到你孩子满月的那天晚上，再到南山找我。"

张三按照姑娘说的，摘了两个青果子和两个红果子，来到刘员外的大门前吆喝卖果子。

刘小姐在楼上闻到了诱人的果子，打发丫鬟去买两个红果子。买回之后，小姐抓过红果子刚放在嘴边，两个果子却自动滚进了嘴里，直滑到小姐的肚子里。霎时，小姐头痛难忍，两只尖角从头上长了出来，盘在桌子上。

这一下，刘员外家炸了锅，一家人大呼小叫，四面求医都无济于事。最后刘员外只好贴出告示，说谁能治好小姐的病，就许给谁为妻。张三立即揭下告示，进了刘府。

刘员外带着张三来到小姐房内，便退了出去。张三问小姐："你爹贴出的告示你知道不？"小姐说："知道。"张三又问："我给你治好了病，你愿意许给我吗？"小姐顾不得害羞，忙说："愿意。"

张三便掏出那两个青果子让小姐吃下，小姐头上的角很快消失掉了。刘员外喜不自禁，当晚为他们完了婚。

来年春天，刘小姐生了个大胖小子。满月那天，张三来到南山，见姑娘已在等候。姑娘说："你已跳出火海，芙蓉花我收回了，日后要多行善事。"

张三回到家中，精心料理家业，夫妻恩恩爱爱，生活和美。

一天，张三正与妻子在窗前聊天，发现楼下来了一对讨饭男女。张三觉得面熟，认了半天，才说："哥哥，嫂子，我是张三呀！"嫂子羞愧难当，悔恨不已。张三忙说："过去的事就别提了。"他忙把嫂子让进屋里，盛情招待，并与妻子商量，让哥嫂也住在这里。兄弟哥嫂团聚，和睦度日，直到百年。

原味的讲述进行采录。1990 年元月，这个故事编入和庄乡自印资料本《和庄民间故事集》一书中。

讲述者：　王富胜，男，1940 年 3 月，莱芜市和庄乡和庄村，农民

采录者：　黄象浩，男，1955 年 3 月，莱芜市和庄乡下洼村，大专

采录时间：　1989 年 3 月

采录地点：　莱芜市和庄乡和庄村

附
记

这个故事是我在 20 世纪 80 年代，参加中国民间文学三集成采风时，在和庄乡和庄村听王富胜讲述的。当时，我负责和庄乡民间文学集成搜集整理和编审工作。我听到这个故事后，就根据王富胜原汁

268

暗
换
朝

咋叫暗换朝？我拉拉[1]这个意思。

说是在早，没有秤和斗。买卖东西，就是一个拿银子，一个给东西，给多少是多少，要多少拿多少。后来，人们学乖了，光想多拿银子少给人家东西。

这个事儿叫天老爷知道啦，打发神仙下凡，装扮成道士来到山东李家庄。李家庄有个李员外，一大片产业，子孙满堂。有一个小孙子长得最灵透，正在学屋里[2]上学。

这个道士，来到李员外大门上就念经。李员外吩咐家人给他米，米不要；给他面，面不要；给他银子，银子不要。李员外就出来问他："道长，你到底要什么呢？"

道士说："我要东海大的一缸油，再要泰山大的一块玉。"

这可把李员外难住了，东海大一缸油，泰山大一块玉，上哪里淘换[3]去？愁得李员外眉头不展，在厅房里来回地

[1] 拉拉：拉呱儿，闲谈。
[2] 学屋里：私塾、学堂。
[3] 淘换：寻找。

逛游[4]。这空里，李员外的小孙子放学家来，瞅着爷爷不欢喜[5]，就问："爷爷！你这是愁的啥？"

"咳，你是知不道啊？大门外边，来个道士化缘。给他米，米不要；给他面，面不要；给他银子，银子不要。他要东海大一缸油，泰山大一块玉，这不是难煞人吗？"

小孙子说："爷爷你别管啦，你歇着去，我打发这个道士。"

说着，小孙子就弄来张纸，铺在桌子上，下笔就画。画了个撇子[6]，就是那个斗；又画了个秤，画上秤杆，画上星子。他画个什么样，就叫木匠做个什么样。府里木匠多了，也有做撇子的，也有修秤的，一霎[7]就做好了。

小孩拿着撇子和秤来到大门外，对道士说："道长！你要的东西好办，给你这个，你先称称泰山多么重，再量量东海多么沉[8]，俺好给你准备去。"

道士听了哈哈大笑："好！好！我要的东西全了。世人心不正，才要斗和秤呢！有了这个才有了数，不能再坑人家啦！"又说："快把你爷爷叫来！"

道士见了李员外，就说："老员外！你这个小孙子很精[9]，我给你提门亲吧？"

员外说："那敢情好，是哪里的？"

"山西刘员外家一个孙女，长得挺俊，我给你提提？"

李员外就问："离这里多么远呢？"

"八千里。"

一个山东，一个山西，它不八千里地嘛，远了去啦[10]。这么说完了，一转脸道士就没了。

没了怎么的呢？原来，道士上了山西，来到刘员外大门上，他又念开经啦。

刘员外见是化缘的道士，赶紧让家人给他米，米不要；给他面，面不要；给他银子，银子不要。刘员外就出

[4] 来回地逛游：来回走动不止。
[5] 不欢喜：不高兴。
[6] 撇子：斗的俗称。
[7] 一霎：时间不长。
[8] 多么沉：多么重。
[9] 很精：非常聪明。
[10] 远了去啦：路途遥远。

来问他："道长！你待要么[1]呢？"

"我要蒙天一块布，把天蒙上。"

这可愁坏了刘员外，蒙天的一块布，上哪里淘换去呢？

刘员外正愁得没法，他的小孙女从学屋放学家来。一问爷爷，怎么来怎么去。小孙女就说："爷爷！你上一边歇着，我来打发这个道士。"

小孙女弄个纸，铺在桌子上，使个笔画，长的是五尺杆子，短的是量布的尺。拿到木匠那里，一霎就做好了。小孙女拿着五尺杆子和尺来到大门外，跟道士说："道长！你要的蒙天一块布好办，你先用这个量量天有多么宽、多么长，我好给你截布[2]去。"

道士听了哈哈大笑："好聪明的小妮儿，快把你爷爷叫来。"

见了刘员外，道士就说："老员外！你这个孙女很精，我给你提门亲吧？"

员外说："那可好哩！"

道士从根到梢一说，刘员外挺同意，就挂着："这么远，怎么娶亲啊？"

"不要紧，看好了日子我来迎亲。"说完话一转脸，道士又没了。

没了，他又上天啦。待了一阵子，看个好日子。他又下到山东，到李员外家说："那门亲事就了[3]，得马上到山西娶亲去。你在家里赶紧搭棚挂灯，准备酒席，雇上吹鼓手，伺候着迎亲吧！"

李员外喜得没法，沏上好茶给他满上，道士端起碗来光呵气。你想啊，他是个神仙能喝凡间的茶吗？也就是闻闻那个味就行啦。

道士说："这么着吧，快打发你小孙子吃巴饱了。洗洗，换上新衣裳，跟我迎亲去。"

吃了后晌饭，天也黑了。道士领着小孩出来庄里数地，在土垃地里[4]画了个十字。叫小孩站上，又递给小孩个青

秣秸[5]，这可是件宝贝！对小孩说："孩子！你闭上眼，多大的动静也不能睁眼，一睁眼就了不得。我吹三口气，咱就上山西。"

真格的，小孩闭煞眼[6]。道士吹了三口气，"呜"的一阵风就到了山西。来到刘员外府上，也就是半夜子时左右。道士就喊："刘员外！快开门。"

里边问："谁呀？"

"你家贵客来喽！"

刘员外开开大门迎进去，他孙女还不知道哪里的事呢，直埋怨："俺这个爷爷，你咋不早给俺个信，俺也好早准备准备啊！"

这就赶快洗脸梳头，吃了点么，就出了庄子。走出去里数地，道士画了两个十字，叫他俩站上。又送给他俩一人一截青秣秸，"噗！噗！噗！"吹了三口气。"呜呜"地腾云驾雾，又回到山东。

来到李家庄庄头上，也就是鸡叫刚明天。真格的，那吹鼓手、花红轿，呜里哇啦地迎出庄来。把新人接进府里，拜罢天地，入了洞房。

成亲以后，小两口好得和一个人似的。好着好着可就来事啦：这个小孩光在家守着媳妇，书也不念，活儿也不干，谁说也不挪窝[7]。

转眼过麦啦，他媳妇说："你出去看看，咱觅[8]的伙计拔的麦子怎么样？"小孩拨浪拨浪头，就是不挪窝。

他媳妇寻思，这玩意儿不行，就说："你上那屋里呆一霎[9]，再过来。"

小孩前脚走，他媳妇随后在桌子上铺张粉连纸[10]。照着镜子比量着自家的脸就画，画得和真人一模一样。画好了把纸竖在椅子上，她就躺到床上蒙头睡了。

小孩回到屋里，见他媳妇坐在椅子上。他喊也不答应，过来用手一拍打，还是张纸哩。他媳妇爬起来说："有这

[1]　待要么：想要什么东西。
[2]　截布：买布。
[3]　就了：成了。
[4]　土垃地里：在地上。

[5]　青秣秸：绿色的、去掉穗的高粱秆或玉米秆。
[6]　闭煞眼：闭上眼。
[7]　不挪窝：不动地方。
[8]　觅：雇人。
[9]　呆一霎：等一会儿。
[10]　粉连纸：一种一面光的白色纸，比较薄，半透明，可以蒙在字画上描摹。

个行了吧？"

"行啦。"

"把它叠起来装到腰里，去到坡里[1]没人的时候，打开看看；有人的时候千万别看，看得出事。"

"啊！"小孩嘴上答应得挺好，来到坡里就忘了。他刚打开纸待看，伙计们就围上去说："呦！这不是咱那女掌柜的吗？画得真俊！"

伙计们你抢我夺，三夺两夺，来了一阵风就把画刮到天上。画转着圈下了北，上了北京城，落在金銮殿里。

皇上一看眉开眼笑，相中啦！他寻思有这么张画就一定有这么个人，这就让手下人比着这张画做了个印板，印开印开[2]；又找来些变戏法的、唱戏的、抽签的、算卦的，吩咐他们带上画到处里选娘娘。

这伙子跑江湖的，有的上南，有的下北；有的奔山东，有的奔山西，选了半年也没选着。

事儿也碰巧啦。有一帮玩马戏的，来到山东李家庄。在庄头找了个大场院，当中间竖上杆子爬刀山，底下拉开场子跑马戏。转遭[3]蒙上布帷子，招来看热闹的真不少。

嗯？那个爬刀山的，爬上去朝庄里一瞭。瞭见一个女的和画上的一样，赶紧顺着绳子溜下来，没命地咋呼："选着娘娘喽！"

呼啦啦，大队人马就把李家庄围了个里三层外三层，指着画要娘娘。小孩听说傻了眼，哭得眼泪都没了。还是他媳妇有主见，就说："事情到了这一步，你哭也白搭[4]，干脆我跟他们去。到北京城皇上那里，我就长病。长病不能拜堂，我就等着你。我走了以后，你就生豆芽，再绣上豆芽衣裳、豆芽裤、豆芽帽子、豆芽鞋，浑身上下都是豆芽。你记住，我一走就生豆芽，豆芽扎了根你就到北京，到那里你听我的。如今这个皇上做到头啦，咱想法换他的朝。"

这么一说，小孩不哭啦。他媳妇一走，他弄上豆子就生豆芽，绣豆芽衣裳、豆芽裤。看看豆芽出齐啦，使个小

车子[5]推着，白黑地走了二十来天，才到了北京城。

俗话说，"十七、十八生豆芽，二十七、二十八就下锅炸"。这空里[6]，豆芽扎根扎得老粗的哩。他就推到午朝门外，吆喝着："卖金丝豆芽咪！"

正吆喝着，从皇宫里走出来个丫鬟，说："新选的娘娘有旨意，要吃你的金丝豆芽治她的病。"

小孩心里话：有门！这就推着车子来到后宫。皇上听说来了个卖豆芽的能治病，也赶了来。这个媳妇就说："皇上啊！别叫这个卖豆芽的走喽！多咱[7]吃完这车子豆芽，我的病就好了，好了咱就成亲。"

皇上连声说："行！行！行！只要能治好你的病，你说咋着[8]就咋着。"

这么着，就把卖豆芽的小孩留下。格外[9]给他出了个铺，守着他的金丝豆芽。厨师见天做豆芽。哎！这个媳妇吃上一碗病见轻，吃上一碗病见轻，恧得皇上不住嘴地问："豆芽快吃完了吗？"

小孩看看豆芽下去不少，也沉不住气，偷偷地催他媳妇快拿主意。他媳妇说："你别慌，我自有办法。"暗地里嘱咐贴身的丫鬟，找上两个可靠的刽子手，单等皇上再来，听她的号令行事。

转过天来，皇上又到后宫，就问："娘娘的病好利索了吗？"

媳妇说："心病好了不少，可是这头……"

"哟！头又咋的啦？"

"头疼。皇上！我一见你穿的这身花里胡哨[10]的，我就眼晕，就头疼。你看人家卖豆芽的穿的那身，绣的那豆芽根是根、梢是梢，水灵灵的多喜人。干脆你俩换了吧？"

"啊！这个……"皇上有心不换吧，又恐怕心爱的人真的头疼，有个好歹；有心换吧，这豆芽衣裳如何赶得上

[1] 坡里：庄稼地地里。

[2] 印开印开：印了很多画像。

[3] 转遭：周围。

[4] 白搭：没有用。

[5] 小车子：独轮车。

[6] 这空里：这段时间，这时候。

[7] 多咱：什么时候，几时。

[8] 你说咋着：你说怎么办。

[9] 格外：单独。

[10] 花里胡哨：形容颜色过分鲜艳繁杂，也比喻浮华而不实在。

龙袍玉带哪。

皇上这里一打愣[1]，媳妇在那边又咋呼："哎哟！疼煞我啦。皇上！你麻利地换下来，好了病咱立时成亲。"

"好！好！马上换。卖豆芽的，快脱下你那身衣裳。"

小孩这霎又拿了一把："俺这身衣裳别看不起眼，可是祖辈传留的宝贝。"

"什么宝贝不宝贝，换过来有你的好处。"

这么着，皇上就穿上了小孩的豆芽衣裳、豆芽裤，豆芽帽子、豆芽鞋，活生生是个卖豆芽的。小孩呢？头戴皇冠、脚穿朝靴，龙袍玉带一扎刮[2]，比皇上还像皇上。

看着小孩穿戴好了，他媳妇大声喊："来人啊！"刽子手就上来啦！说："把这个卖豆芽的给我杀啦，可气煞我咧！"

丫鬟也催促着："娘娘有旨，赶快地杀！"

皇上一看要坏事，就喊："别价！别价！我是皇上。"

小孩他媳妇说："大胆！就凭你这身穿戴还敢冒充皇上？！快拉出去！"

"是！"这就推出午门开刀问斩。

转过脸来，他媳妇就冲小孩说："皇上！如今我这病也好啦，咱拜堂吧！"

"不挑个日子？"

"甭挑甭拣，今天就是好日子。"

小孩说："娘娘请！"

他媳妇说："皇上请！"

这就"暗换朝"啦。

讲述者： 赵圣朝，男，1923 年 11 月，历城区港沟镇章灵二村，农民，不识字

采录者： 何希清，男，1946 年 8 月，文化站站长（港沟镇有兰峪村），初中

采录时间： 1987 年 3 月

采录地点： 历城区港沟镇章灵二村

[1] 一打愣：愣神。
[2] 扎刮：也称"扎裹"，梳妆打扮。

269

柚公子

很久以前，莲花山脚下有个张家庄，庄里有家老油坊，叫张家豆油作坊。看作坊里用的家什[3]估算，最少也得三辈子[4]以上了。附近村庄的人家都吃这里的豆油，因为这个油坊里的豆油从不掺杂使假[5]，因此豆油的质量特别好。再说老少几辈子一直吃这里的油，吃出感情来了，再换新的还不习惯。

经营这个油坊的是一对姓张的父子，父亲今年五十来岁，名叫张大山；儿子却才十八九岁，名叫张一丁。他爷俩为啥年龄间隔这么长呢？说起来也是他老张家人丁不是很旺。从他老老老爷那辈起就是单传，而且丫头多男丁少不说，还很难怀上。因此，就这么老猫屋上睡，一辈传一辈地延续了下来。

干油坊是个力气活，单凭他爷俩身单力孤也玩不转转[6]。但他祖上还有一说，就是用人先顾及自家的女婿，

[3] 家什：指家庭生活和劳动用具。
[4] 三辈子：此指三代人，约有百年的历史。
[5] 掺杂使假：造假；把不合格的东西掺在里面，以次充好。
[6] 玩不转转：干不动；力量达不到。

其次才轮到亲朋好友。有人肯定要问了，老张家人丁单薄，为啥还给儿子取名张一丁呢？这是你的想法，人家张家的意思是长一丁，意在再添一丁。

轮到他张大山这一辈，油坊就由张大山掌舵。他的姐夫年纪大了，妹夫和自家女婿是主力。张一丁年轻力气小，就负责赶四集下八乡[1]卖油。这个张一丁小伙子长得乖滑溜[2]，高个头，四方脸，那真是天庭饱满，地阁方圆，人见人爱。他每次出去卖油，打油[3]的都是些大闺女小媳妇，打完油也不走，就是为了看看他这帅模样。有人还给他起了个雅称，叫"油公子"。叫来叫去竟把他的大名淡忘了，雅号成了他的门面。按理说这么多喜欢他的大闺女，找个媳妇比喘气还容易。可单单就是没人提媒，就这么不冷不热地搁起来[4]了。

油公子走村卖油，经常翻越莲荷峪到纪家庄去。莲荷峪是一条多水的山峪，从红石瀑下来的水经峪沟流进莲花河。因为瀑水激流的冲刷而形成了很多大小不一的水湾，湾内生长着野莲藕。莲花开的时候，整条山峪红白相间的荷花争芳斗艳，清香透鼻，人们就把这条山峪叫成了"莲荷峪"。油公子为什么喜欢从莲荷峪穿越去纪家庄呢？因为他从小就喜欢出自污泥而不染的莲花，每次闻到莲花清香，心情就特别舒畅。

油公子喜欢上了莲荷峪，还有个人也喜欢上了莲荷峪。这个人是谁呢？说出来你肯定不信，她竟然是个仙女。这个仙女是从哪里来的？为啥知道这里有条莲荷峪呢？

原来，王母娘娘打发她手下的白荷仙女到莲花山给莲花仙子送礼物。白荷仙女到了莲花山，就闻到了莲花的香气。她以为是莲花仙子池塘里的莲藕，并没在意。可当她踩着祥云来到莲花山山巅时，立马被一条红白相间的莲花山峪所吸引。除了王母池里的莲花，白荷仙女还是第一次见到这么神奇的莲花峪。她把礼物交给莲花仙子，莲花仙子要设宴招待被她婉言谢绝了。她出了仙子宫，就直奔莲荷峪来赏荷花。她降下祥云轻挪碎步，仔细地观赏着盛开

[1] 赶四集下八乡：赶周边村里的集市，到周边村里去经商。
[2] 乖滑溜：英俊潇洒，一表人才。
[3] 打油：买油。
[4] 搁起来：放下了，收藏起来。

和含苞欲放的花朵。也就是在这个时候，油公子也挑着油从此经过。两人一见面，就被双方的英俊和娇美所吸引。白荷仙女忘了赏荷花，油公子忘了放下肩上的油挑子。两人四目双对，足足看了对方一盏茶的工夫。两人一见如故，坠入了爱海。

白荷仙女帮忙把油公子肩上的油挑子放下来，两人坐在荷边的山石上交谈起来。白荷仙女问："公子是哪里人，挑副担子去哪里？"

油公子赶紧回答道："小姐姐，我是山峪那边张家庄人。我家开着油坊，我是去这边纪家庄卖油，碰巧遇到了小姐姐在此赏荷。"

白荷仙女又问："看公子年龄也就在个二九年岁吧？"

油公子听小姐姐说话，嘴里飘出莲荷的香味，更加喜欢了，就说："小姐猜的是，小生今年一十九岁。敢问小姐姐是哪里人士？到此寻亲还是访友？"

白荷仙女不敢说实话，就笑着回答说："小女子是山那边白家沟人，姓白叫白荷花。今年正逢二八，来山这边安仙村看望姑母。"

张一丁听小姐姐说自己叫白荷花，心里更加喜爱，认为这是上天赐下的缘分。两人情投意合，难分难舍。一个忘了去卖油，一个忘了回王母池交差。谈着谈着，不觉红日西坠。张一丁说："小姐姐，眼看天色将晚，如不嫌弃就到我家去如何？"

白荷仙女早把回瑶池交差的事忘得一干二净，她不想离开心爱的油公子，油公子也舍不得这位美若天仙的小姐姐。两人一商量，就回到了张一丁家。儿子领回了一个水葱一样鲜嫩的美女，把张一山的父母高兴得合不拢嘴。就这样，白荷仙女就在张一丁家住了下来。

王母娘娘见白荷仙女到莲花山送礼物迟迟不归，一开始以为她迷恋莲花山，在莲花仙子宫里住几天就回。可过了一天又一天，就是不见白荷仙女回来。王母知道大事不好，掐指一算，不禁气生丹田。好你个不知好歹的小丫头，竟然背着我老人家在外私自招亲，看我把你弄回来不打断双腿才怪呢！想到这，立即召来天神，前往莲花山擒拿白荷仙女。

天神来捉拿白荷仙女，早就惊动了莲花仙子。她做梦

也没想到白荷仙女会节外生枝，若是从她眼皮底下捉走了白荷仙女，她会觉得很没面子，也没法在王母面前露面了。于是，她迎住天神把他请进了宫里，好酒好菜款待。莲花仙子是王母娘娘的干闺女，天神自然要网开一面。

莲花仙子说："劳您的大驾亲临莲花山，但此事与我有关，如果您强行捉走白荷仙女，我自然会陪着丢面子；若是不捉拿，又没法向我母后交差。"莲花仙子故意把母后说得格外响亮，天神听了立即有了反应。他笑着说："在公主的眼皮子底下，小神可不敢动粗，全凭公主做主！"

莲花仙子听了，觉得达到了目的，就亲自给天神满酒说："这是我的家事，由我来出面解决吧？你是回瑶池交差，还是等我处理结果？"

天神一听，犯了合计。公主刚才说是她家家事，我在这里等算是咋回事！闹不好让她到王母那里告一状，我可是吃不了兜着走。这顺水人情不送白不送！于是，赔着笑脸说："公主亲自出面处理此事，小神我求之不得。我这就回瑶池交差，告辞了！"

送走了天神，莲花仙子马上变身年轻少妇来到张家庄老油坊。油坊里只有老掌柜和干活的，根本没有白荷仙女和张一丁的影子。于是，她走到张掌柜面前问道："掌柜的，今天大集上怎么没见'油公子'出摊子呢？"

张掌柜说："噢，今天吾儿和他的未婚妻去安仙她姑家了。"

莲花仙子听了，笑着说："掌柜的，那就辛苦您给打一葫芦油吧？"

张掌柜马上接过葫芦去打油，回来一看少妇不见了，桌子上放着一锭银子。张掌柜纳了闷，怎么打了油不要呢，再说一葫芦油也不值这么多钱呀！

莲花仙子出了油坊门，不觉得有点生气。这个白荷仙女咋被一个卖油的小子迷住了？再说，安仙她也没有亲戚啊！边走边思想，不觉来到了莲荷峪。正值莲花盛开的季节，整条峪里飘着莲荷清香。正走着，突然听到有说话的声音，而且还是一男一女在说话。莲花仙子急忙循声望去。真是踏破铁鞋无觅处，得来全不费工夫。莲荷池边说话的正是白荷仙女和油公子，再看油公子长得那帅气，不禁看

傻了眼。难怪白荷仙女豁上处罚也要与油公子交好。想着想着又醋意起来，这么好的英俊少年在我眼皮底下，我怎么会不知道呢！小鲜肉被外人捡去了。

白荷仙女正与油公子说得开心，全然没注意到站在身边的莲花仙子。莲花仙子故意咳嗽一声，两人才从爱海里醒来。白荷仙女见了莲花仙子，知道是鞋子脱帮漏了底，慌忙起身跪拜："小女子拜见公主！"

莲花仙子说："你不是回瑶池交差了吗？怎么还在这里？"

白荷仙女说："公主，小女子被这莲荷迷恋。赏荷时遇到了心上人。求公主成全！"

莲花仙子说："你这个小妮子，违反了家规不说，还在此强词夺理。看来不动家法，你是不思悔改！"

白荷仙女说："公主，请您高抬贵手，成全了我吧。就是与我心上人成一天夫妻，我死也瞑目了。"

张一丁见心上人跪在少妇面前苦苦哀求，急忙上前施礼道："这位大姐，我的小姐姐如何得罪了您？请看在我的薄面上放她一马吧？"

莲花仙子听张一丁叫白荷仙女小姐姐，心里很不是个滋味，说："你是个外人，俺家里的事不许你多嘴。"

张一丁看了莲花仙子一眼，说："天下事天下人管，我的小姐姐这么虔诚地求你，你难道是铁石心肠不成？"

莲花仙子说："你是只知其一，不知其二啊！"

张一丁问："此话怎讲？"

莲花仙子说："有道是家丑不可外扬！若不是我拾揽此事，你的小姐姐早被绳捆索绑押回家去享受家法了。"

张一丁说："世上没有解不开的疙瘩，你和我小姐姐到底有啥过节[1]？"

莲花仙子第一次见到男人保护女人，心里特别敬佩张一丁，暗夸他是个好男人大丈夫。可男人再好与她也没有啥关系！倒是让她心里乱七八糟了。她定了定心神，看着白荷仙女的可怜相，倒起了怜悯之心。她话头一转，问道："你这个不要脸的小妮子，我来问你，你真的喜欢眼前这位少年吗？"

[1]　啥过节：什么矛盾。

白荷仙女点着头说："公主，小女子与他一见如故，就是当牛做马也要跟定他！"莲花仙子听了，很受感动，就说："有情人终成眷属！这样吧，我回去请示一下母后，如果母后答应了，那是你的造化；如果母后不答应，只怪你的命苦！如何？"

白荷仙女听了，赶紧磕响头感谢："谢谢公主成全，小女子一辈子也不会忘记您的大恩大德。"说着，又起身拽过张一丁给莲花仙子施礼。莲花仙子见帅哥给她行礼，一肚子的醋意气愤顿时烟消云散了。她立即把白荷仙女和张一丁领到了她的豪华府邸，张一丁见了府邸觉得奇怪！他几乎天天到莲花山来，咋不知道啥时候修的这么一座富丽堂皇的宫殿呢？

莲花仙子安顿好白荷仙女与张一丁，自己赶紧来到瑶池见王母娘娘。王母娘娘正在气头上，见了莲花仙子就甩脸子[1]。

莲花仙子笑着说："母后啊！人家有句话说'歪了车子怨榜牛的[2]'，您老知道是啥意思吗？"

王母的脸开始阴转晴，她指着莲花仙子说："你这个小妮子，我老人家走的桥比你走的路都多，啥事不知道？"

莲花仙子笑着说："母后既然啥都知道，咋还凶你女儿呢，我可是真冤呀！"

王母脸一沉，说："你别跐着鼻子上脸！我来问你，我派天神去捉拿白荷仙女，你为啥拦住不让他逮？"

莲花仙子说："母后，还不是为了咱娘俩的面子，有道是家丑不可外扬。您老想一想，您的侍女到你女儿那里办差出了点小差错，您老要是大张旗鼓地去捉拿，大神们会怎么看？"一句话说到了王母娘娘的心里去了，暗怪自己做事忒武断[3]，差点因小失大！

王母娘娘瞪了莲花仙子一眼问道："依你看，此事该怎么办？"

莲花仙子说："母后啊！依女儿之见，此事该大事化小，小事化了。您把白荷仙女名正言顺地派给我，就一美遮百丑[4]了！"

王母娘娘苦笑了一下说："我算是被你这个小妮子算计了，我派侍女去给你送送礼物，反而把送礼的人给搭上了，我这不是成冤大头了吗？"

莲花仙子笑着说："咱娘俩谁和谁，肥水不流外人田嘛？"

王母娘娘苦笑了一下，说："你这个小妮子，赶紧自己快走吧！要是派人送老娘我又要搭上一个！"说着，哈哈大笑起来。

莲花仙子赶紧借梯子下台，回了莲花山。她把白荷仙女与张一丁叫到跟前，把此事一说，白荷仙女感动得痛哭流涕。张一丁却恍然大悟，暗自欢喜自己竟然找了一个仙女。

莲花仙子说："你俩赶紧回去，选个良辰吉日成婚，免得夜长梦多坏了菜[5]！"

两人千恩万谢告辞了莲花仙子，高高兴兴地回了家。张一丁把此事对父母一说，张大山夫妇自然是非常高兴。当然，张一丁没有告诉父母自己的心上人是个仙女。张大山赶紧找人请来先生，查了黄道吉日，单等吉时拜堂成亲。

常言道："乐极生悲！"就在张一丁吉时婚礼拜堂的时候，祸事来了。晴朗朗的天空突然乌云密布，一个大黑爪子从乌云中探了下来，抓住新娘子提了上去。接着一个大闪雷，刮起狂风推着乌云往西北而去。

张一丁见媳妇被抓走了，就打算赶紧到莲花山上去求莲花仙子。他顺着山道往上走，头不住地看着远往西北飞去的黑云。走着走着，一不小心跌进了路边悬崖丧了命。

这到底是怎么回事呢？好端端的一桩喜事，咋就转眼成了悲剧呢？原来，多嘴的莲花山山神听说白荷仙女要下嫁凡人，怕王母娘娘追究下来没他的好果子吃，就跑到王母那里告了刁状。其实，这是山神爷脱了裤子放屁，多此一举。莲花山由莲花仙子掌管着，就是出了塌天大祸也和他没有半点关系。

---

[1] 甩脸子：给难看的脸色。

[2] 歪了车子怨榜牛的：自己做错事怨别人。

[3] 忒武断：没有充分根据，只凭主观判断。

[4] 一美遮百丑：一件好事可以遮挡很多丑事。

[5] 坏了菜：坏了事。

王母娘娘听了山神的话，怒火填胸，立即把此事告诉了玉皇。按照神仙规矩，仙女是不准下嫁凡人的，董永和七仙女就是很好的例子。玉皇大帝龙颜震怒，立即派应龙下界，把白荷仙女捉回了瑶池，关进了嵩里山地牢。莲花仙子也受到了相应的处罚，但仍回莲花山思过。莲花山山神自知闯了大祸，连夜卷铺盖跑了路。自此，莲花山上一直没有山神。

　　莲花仙子散步到了张一丁滚落山崖的地方，只见一种新树苗长了出来。树苗子身不高，嫩滑的枝条，犬牙交错的树帽，非常好看。莲花仙子明白这是张一丁变化的，因为他的雅称叫"油公子"，莲花仙子就借口传音，把此树命名"柚公子"。

　　莲花山的柚公子非常旺盛，开花结果后，种子被鸟或者风送到了别的地方，它落地就生根发芽。不多年，就遍布了莲花山。还有的被刮送到了其他山上，照样入土发芽，茁壮成长。有心人发现柚公子的主枝干总是朝着西北泰山方向，这是张一丁在怀念他的爱妻白荷仙女。

讲述者：　董瑞吉，男，1949 年 9 月，莱芜市高庄镇小洼村，中专

采录者：　李胜华，男，1964 年 4 月，莱城区方下镇张公清村，大专

采录时间：　2019 年 8 月

采录地点：　莱芜区莲花山景区

附记

　　柚公子树树叶深绿色，树皮黝黑，木质非常坚硬，纹理细密美观，可制作各种精美器具。每年的五一前后开花，整个树满冠如雪，如挂银绣一般，花绣如烟丝状，香味芬芳四溢，在数公里外就能闻到香味。如果用树的花瓣或树叶泡茶饮用，香气沁人肺腑，绝对胜过茉莉花和龙井茶的芳香。另外，还有舒筋活血、降压降脂，治疗冠心病的疗效。所以，每年当花谢叶落之季，远道慕名而来的客人和附近村民都来抢拾。

（四）精怪故事

270

孙大烟袋

很久以前，有一个姓孙的老头，也不知他叫什么，人们都习惯地叫他老孙头，也有叫他"孙大烟袋"的。

这个老孙头也没什么特别的地方，只是他手里老拿着一根大烟袋，这便成了他独特的标志。老孙头的烟袋比别人的要长出一截，紫铜的烟袋锅子，分量比普通烟袋重很多。

可别小看了这烟袋，故事就出在这杆烟袋上。

烟袋是老孙头的宝贝疙瘩，早晨天还不明，他就从床上坐起来，捧着烟袋吧嗒吧嗒抽一袋，才肯起床；晚上躺在床上，还要抽一袋烟才睡觉。日子长了，那烟杆都被摸得光滑发亮了。

老孙头除了烟袋放不下，还有件事放不下，那就是听戏。每次村里来了戏班，他都一次不落地到场，吧嗒着烟袋听着台上唱戏，别提多享受了。

这一年，村里又来了戏班，是县里有名的得胜班。老孙头来了劲，老早就来了，坐在最前排。

可是，得胜班一上台，却让所有人大失所望。怎么呢？演员的唱功那是没的说，只是唱着唱着，就唱串了戏词，正唱着《借东风》呢，却不知不觉地串到《铡美案》的戏文里去了；唱着《四郎探母》，不知怎的又串到《玉堂春》里去了，要不就是忘了词，演员站在台上愣半晌儿。唱了好几出，都是错误百出呀！

台下看戏的不满了，嘘声不断。吓得演员不住向台下作揖道歉，直说真是中邪了。在别的地方唱得好好的，怎么到这里就唱错了呢！

老孙头在台下看着，觉得这事有些蹊跷。老孙头经常看戏，也有了一定的欣赏能力。知道得胜班的这几个角都是好手，那唱功做派都没的说，他们怎么能犯唱错戏文这样的低级错误呢？老孙头仔细观察了一下四周，隐隐地感觉到这场子里有些异常，但到底有什么问题，他也说不上来。

戏唱到第三天，演员上台一张口就又唱错了，引来台下一片嘘声，惹得喝倒彩的声音不断。老孙头再也坐不住了，提着烟袋从人群里挤出来。

老孙头围着场子转了一遭，在一棵大树下发现了个白发老者。树下太暗，没认出老者的面目。老孙头觉得可疑，这老者不到人群里看戏，在大树下干什么？这时，老孙头听到老者嘴里不住地哼哼着，凑近了一听才知道，他唱的也是戏，并且跟戏台上唱的是同一出。可那老头唱得不好听不说，还东一句西一句的，各 [1] 戏里的戏词都拼凑到一起了。

老孙头悄默声地在那老者身旁点了一袋烟，抽了几口，那烟就袅袅地向大树下飘去。树下的老者闻到烟味，提了提鼻子，说了声："哪里来的香味呀？哎呀，这会儿要有袋烟抽才好呢！"说着，就抬起脸来闻香味的来源。老孙头借着烟袋的火，看清了那竟是一只狐狸的脸！同时，他还看到老者屁股上有一条尾巴在不停地晃动。

老孙头终于明白了，这是个成了精的狐狸。不知它从哪里学来几句戏文，头上一句腔上一句地在这里唱，让台上的演员受到了影响，也跟着唱错了。

老孙头二话没说，举起手里的烟袋，朝那孽畜就砸了过去。老孙头那杆烟袋，烟杆又长，烟袋锅子分量又重，

[1]　各：众多的意思。

一抡起来呼呼带着风声。这一烟袋下去，打在那家伙头上就"嘣"的一下子，打得它在地上一溜滚。然后，就变成了一只披着火红皮毛的狐狸。

那狐狸精从地上爬起来，摸着脑袋冲老孙头喊："好你个老孙头，竟然坏我的好事，我要叫你断子绝孙！"

狐狸精被老孙头打跑后，台上的演员唱戏就再也不串词了。戏班为了答谢老孙头，又加了两天戏，让老孙头过足了戏瘾。至于狐狸精说的那句"断子绝孙"的狠话，老孙头早就抛到脑后去了。

几天后，老孙头在外地做活的儿子回来了。儿子半年前结了婚，媳妇长得很俊俏。俗话说，"小别胜新婚"。儿子这一走就是几个月，回来见了媳妇就想亲热，可他们刚刚躺在床上欲行夫妻之礼，就听到外面屋顶上"嗷"的一声，有一个尖细的声音在喊："大家快来看呀，老孙头家儿子儿媳妇不要脸了，脱光了在床上滚呀！"那声音在夜里传出去老远，全村都听到了。

儿子和儿媳被这一声，吓得都从床上滚了下来。等他们穿好衣服走到屋外，却发现屋顶上什么也没有。这两口子再回屋里便没了兴致，匆匆往床上一倒就睡了过去。

老孙头在屋里也听到了那声喊，他还辨出那声音就是那只狐狸精的。他这才明白，那天狐狸精说要他"断子绝孙"并非戏言，看来狐狸精真要跟自己作对了。

第二天夜里，儿子又憋不住要跟媳妇亲热。可他们刚抱在一起，就听到外面屋顶上一声喊："乡亲们快来看呀，老孙头家儿子儿媳脱光了，又要干那种不要脸的事了！"这句话，把两个激情中的人"腾"的一下就分开了。

再往后，老孙头的儿子只要一摸着媳妇，狐狸精就开始喊，弄得他们两口子连挨着碰着也不敢了。两口子在一起本来再平常不过，可被狐狸精这么一喊，给公开了。嚷嚷得全村都知道了，弄得这两口子跟做了什么见不得人的事似的。儿媳为这事成天哭哭啼啼，儿子也阴沉着脸没笑容。而心里最窝火的还是老孙头，因为说到底，这祸根是他惹来的呀！老孙头心想，狐狸精这招还真绝！要这么闹下去，真让自己断子绝孙了也说不定呀！

从此后，老孙头就沉默寡言了，也不出门了。他每天躲在屋里抽他的烟袋，一袋不离一袋地抽，弄得屋里烟天

烟地，让人没法进去。

老伴见老孙头成天只会抽烟，就骂他："你个死老头子，光知道抽烟，没事你招惹狐狸精干啥呀？要是咱家真的断子绝孙了，我可跟你没完。"老孙头还是一声不吭地抽烟，有时候被骂急了，就喝住老伴："你女人家懂什么？滚一边去。"

老孙头的烟抽得越来越厉害，每天都抽到深夜。有时候，一天能抽一筐箩烟叶。十几天后，老孙头眼看着就瘦了下去。村里人看到老孙头的样子也纳闷：他这是为啥呀？可别为了儿子的事想不开，自己再抽出个好歹来。

老孙头把自己关在屋里，一抽就抽了半个月。这天夜里，他抽得更凶了。那烟袋就没熄过火，到最后那烟袋锅子热得都不能用手碰了，到了再续烟都不用点火的程度。

到了深夜，屋里一点动静也没了。老孙头的耳朵却突然支楞[1]了几下，很自然地朝身边的囤[2]靠了靠。过去农村屋里都放着一个囤，里面放着家里一年的口粮。老孙头家的囤，就放在他的椅子旁。

就见刚才还静静抽烟的老孙头，突然大喊一声，做了个"举火燎天"的动作，猛地把烟袋向囤顶上捅去。只听上面"嗞啦"一下子，接着传出"嗷"的一声叫，那个狐狸精就从囤顶上掉了下来。它在地上打了几个滚。只见狐狸精两条后腿间，都被老孙头的烟袋给烫糊了。

狐狸精忍着疼痛说："好你个老孙头，我只闻了闻你的烟味，你就烫了我这去处。你好狠呀！"说完，在地上打了个滚，就没影了。

等狐狸精一走，老孙头就瘫软在地上。老伴被惊醒了，赶来看到这一幕，赶紧把老孙头扶起来，老孙头这才说出了原委：

狐狸精接二连三地来他家捣乱，老孙头早就犯起了愁。要是个人还好对付，可这是个来去无踪、蹿房越脊[3]的家伙，又能怎么得了他？最后，老孙头想出用烟来引诱狐狸的办法。上次狐狸精闻到自己的烟味直说香，可见那只孽

[1] 支楞：竖起来。

[2] 囤：用竹篾、荆条、稻草编成的或用席箔等围成的盛粮食的器具。

[3] 蹿房越脊：在屋顶上行走。

畜是有烟瘾的。老孙头就天天拼命抽烟，让那狐狸精每天闻着他的烟味，瘾头越来越大。渐渐地，狐狸精趴在屋顶上闻着不过瘾了，便到房梁上来闻。后来，在房梁上闻也不过瘾了，就干脆趴在老孙头身旁的囤顶上，伏下身子来闻烟味。老孙头一步步地把狐狸引到身边来，到最后，其实已经是老孙头和狐狸精对着抽了。老孙头呼出来，狐狸精就吸进去，狐狸精完全进入了沉迷状态，已经忘了和老孙头的敌对关系了。所以，老孙头这一烟袋戳过去，狐狸精根本就没提防，这才让老孙头得了手，烧糊了它的下身。

几天后，老孙头听到到外面的人回来说，在几十里地外，有一只火红的狐狸，像人一样行走着，下身却用块布裹着，边走还边说："好你个老孙头，你这是让我断子绝孙呀！"老孙头心里也就有了数。

自从经历了那件事后，人们发现老孙头再也不抽烟了。那杆从来就没离开过他的烟袋也遭了冷落被放在床头上，烟杆也失去了昔日的光滑。

一年后，老孙头家里有了婴儿的哭声，儿媳妇生了个大胖小子，老孙家算是有后了。

再往后，人们便见老孙头成天抱着孙子在街头转。有人就问他："你这样的烟鬼子[1]，以前离开烟一刻也没法过，怎么现在说不抽就不抽了？"

老孙头说："别再提了，我那阵子为了引那只狐狸，抽烟抽得呀，差点把命给搭进去！现在，我一看到烟袋就直犯恶心。"

大家看着老孙头那削瘦的身子，也就不说什么了。再以后，村里抽烟的人就少了。

讲述者： 陈道英，女，1917 年 5 月，章丘市刁镇
　　　　南芽村
采录者： 王乃飞，男，1973 年 6 月，章丘市刁镇
　　　　南芽村，小学
采录时间： 2008 年 5 月
采录地点： 章丘市刁镇南芽村

[1]　烟鬼子：烟瘾大的人。

附　记

在我童年听到的那些故事里，有很多关于狐狸精和人的故事，这便是其中一个有趣的故事，是人战胜精怪的一个比较有趣的故事，并且通过这个故事，还说明了吸烟对人无益。这是在一个夏天的夜里乘凉时，奶奶对我讲的。我奶奶虽然没文化，但这些故事来自民间，都是一代代口耳相传的。等我从事民间文学工作，进行故事创作后，便把奶奶给我讲的这个故事写了出来，并发表于《故事会》，2010 年第17 期。

271

貔狐精

从前，文笔山下有一石洞，人称马虎窝。这里住着一只老貔子[1]。它日久年深，修炼成精，常幻化人形。怎奈道行尚浅，不能修炼成人。它也知道需借得人语才能成功。它急着修炼，为此它若见单身男人上山，就会走上前来，问道："大哥，大哥，你看我像人不？"企图借得人语变成真人，你若说它像人，它从此就能脱离兽迹，幻化成人；若是识破它本来面目，痛骂一顿，它就一溜烟跑掉，再进洞修炼。

偏偏东关人个个精明，不管貔子精如何变化，准能识破它本来面目。所以，一见到它，就会骂它个狗血喷头。因此这貔子精几百年也没修炼成功。它恼恨人们。但只怕山东一个好汉，它常说："我天不怕、地不怕，只怕山东李半侠。"原来，这李半侠是个侠客，专会捉妖拿怪。东关村热血青年李九便外出寻请李半侠前来捉貔子精。

李九寻了好久也没寻到，却在泰山遇到一位樵夫。樵夫教唱李九一首歌："两头尖尖中间扁，妖怪遇到原形

现；一尖叉下去赶集，包你卖个好价钱。"这李九没有请到李半侠，却学会了这首歌。回到家乡他常琢磨：两头尖尖中间扁是个什么东西？后来，恍然大悟，这不正是樵夫的扁担吗！

从此，李九便造了扁担上山打柴，然后挑到集市去卖。冬去春来，靠劳动也积攒了不少钱财。这一天他又去上山砍柴，来到文笔山下。只听得崖下有声响，李九侧耳一听，只听到："今天我遇两头尖，跟他集市转一转；自此人们不骂我，只留毛皮在人间。"

李九向下一看，原来是只貔子，肚皮朝上正晒暖。这李九拿过扁担用力一插，扁担铁尖正好插在了貔子的喉咙，那貔子便一命呜呼了。

李九背起貔子下山，正巧这天是平阴大集，赶集的人们看见那么漂亮的貔子毛皮，便学会了做毛皮大衣，做毛皮围脖。用貔子毛皮做的皮大衣，用貔子尾巴做的围脖，又松软又暖和，据说还能蔽雪花[2]。

这不正好应了貔子那句话"只留毛皮在人间"了嘛！

讲述者： 孔繁湘，男，1933 年 12 月，平阴县东关村辛庄街，教师

采录者： 孔震，男，1951 年 2 月，平阴玫城丽都，教师，大学

采录时间： 1985 年 6 月

采录地点： 平阴县东关村辛庄街

附记

这个故事是孔繁湘老人讲的，他有很多这方面的故事。他有一个朋友是猎户，对打狐狸很有经验。据他说，打狐狸要沉着机智，因为狐狸是灵性动物，了解猎人的一举一动。他每年都猎获很多狐狸，凭的就是智慧。这个故事是他在捕猎到一只狡猾的老狐狸时，讲给孔繁湘老人听的。他说有句老话说：再狡猾的狐狸也逃不过猎人的眼睛。

[1] 貔子：音 pízi。方言，狐狸。

[2] 蔽雪花：雪花飘不到上面去。

这个故事里的貔子，自以为修炼多年，没有了任何天敌，就骄傲起来，不把人放在眼里。这个行为如同得势的小人一般无二，结果为此付出了惨重的代价。人物一理，不管做人还是精怪，都要夹起尾巴来，虔诚修炼，才能终成正果。

272

狐仙的预言

有一年，河南道御史、翰林院编修钱琦，章丘知县蔡应彪还未考中进士时，曾被朋友吴某请到家里去喝酒。吴某家也不是达官显贵，只是与常人有些不同。别人家供天地君亲师，他家供的是狐仙。

吴某的风格也和狐仙类似，等两人和其他宾客来到吴家后，天色暗下来。大家肚子都饿了，但桌上也是空空如也。不知他葫芦里卖的什么药，心中十分不解。

又隔了好一会，吴某才出来，面带愧色说："今天本来是请大家喝酒的，但下酒菜都被狐仙拿走了，真不知道怎么办。"

宾客们心想，自己又不是傻子，肯定是吴某为了省钱故意这样说的，这人真是个小气鬼。但蔡应彪说："既然主人家说被狐仙取走了，这肯定是真的。不信咱们到厨房去看个究竟吧。"

众人觉得有理，就来到吴某的厨房。果然看见炉灶里的火还没熄，碗筷杯碟以及各种调料俱在，这才相信了吴某没有撒谎。但上千年的祖老先人都没来拿吃的，狐仙却真拿了，其中也必有缘故。

当宾客们准备离开时，蔡应彪突然又想起了重要问题，大声地喊道："如果这里真有狐仙，我有个问题请教下。今年是乙卯年，秋天就要科举考试。我们中的许多人是考生，如果其中有一个人中了进士，那么狐仙就要把酒菜还给我们；如果一个进士也没中，那么狐仙就心安理得地吃掉算了。"说完后，蔡应彪便大跨步走了出去。

正当宾客们在庭院里闲谈时，吴某大笑着跑出来说："各位快来喝酒啊！酒菜都在桌上了。这也意味着乙卯年的科举考试中，我们其中一定会有进士产生。"

于是，宾客们高兴地跳了起来，直到深夜才散席。

果然，就在乾隆乙卯年的秋天，钱琦和蔡应彪都考中了进士。

讲述者：　刘长波，男，1965 年 12 月，章丘区刁镇刘官村，大专

采录者：　李岭，男，1970 年 12 月，章丘区民政局地名志主任，大学

采录时间：　2018 年 10 月

采录地点：　章丘区民政局地名办公室

273

狐仙的智谋

古时候，有个姓王的猎人，经常在雅鹿山上打猎。这天，他见一只老狐狸正在石板上熟睡。他蹑手蹑脚走上前，一下子就逮住了。做着美梦的狐狸，被惊醒了，赶紧求告说："你行行好，把我放了吧！咱俩天天抬头不见低头见。我不会忘了你的好处。"

王猎人不答应，老狐狸就一个劲地哀告说："只要你把我放了，我一定保证你一辈子吃香的喝辣的。"说完，还赌咒发誓。王猎人听老狐狸这样说，而且还发了毒誓，也就软了心松开了手。

老狐狸活动了一下身子，问王猎人："你打算长吃还是短吃？"

王猎人反问道："长吃怎么吃？短吃又怎么吃？"

老狐狸看了王猎人一眼，说："这长吃，就是一天六个馍馍，四碟菜，一壶酒；短吃，就是我一集给你二百钱，你自己买着吃。"

王猎人想了想，说："我先长吃看看能否满意？"

老狐狸听了，点点头算是答应了。自此，老狐狸就每天给猎人送来六个馍馍，四碟菜和一壶酒。王猎人过了一

段饭来张口的日子，觉得十分熨帖[1]后，又寻思着赚几个钱花花。他就对老狐狸说："这长吃我吃腻了[2]，咱再换换短吃吧。"

老狐狸没犹豫，直接点头说："行，没问题。咱们明天就开始短吃吧。"

第二天，老狐狸真的送来了二百铜钱。

第三天，王猎人庄上有人家娶媳妇。王猎人就提着老狐狸给他的钱，到结婚人家去祝贺。主人家接过钱来一看，觉得串钱的红头绳很眼熟。仔细辨认，正是昨天丢失的那一串。主人家要抓贼，王猎人不认偷。庄上人最恨偷人家的贼，就把王猎人送进了县衙。县太爷见证据确凿，一拍惊堂木，大喝一声："你这个偷钱贼，到了大老爷这里还敢狡辩。来人，给我重打二十大板。"

王猎人熬不过板刑，只好光棍不吃眼前亏，招认那钱是他偷来的。

二百钱不是什么大案，打了二十板子，又被县官训了一顿，也就放他回家。王猎人浑身是嘴说不明，跳进黄河洗不清。只好忍着疼痛，一瘸一拐地往家走。走到半路上，正好碰见那只老狐狸。王猎人正要骂它，老狐狸却开口说道："人是贱骨头，天生吃苦的命。我好酒好饭伺候你长吃，你贪心不足蛇吞象。怎么样，你觉得这长吃好啊，还是短吃好啊？"

王猎人一肚子的委屈，竟然无言以对了。

讲述者：李耐珍，女，1955年2月，莱芜市莱城区张家洼街道办高家洼，教师

采录者：李慧，女，1984年4月，莱芜市莱城区凤城街道办矿煤阳光花园，大学

采录时间：2015年4月

采录地点：莱芜市莱城区张家洼五矿东区

[1] 熨帖：这里指舒服。

[2] 吃腻了：吃得太频繁，倒了胃口，已经讨厌，再不想吃了。

274

狐新娘

这一年春上，西王黑村的靳老汉去埠村赶集，看中了张家的闺女秀娥，便托媒给儿子定下婚姻。娶亲这天，靳家雇上两台大花轿和一帮吹手，在埠村女方家吹吹打打、热热闹闹。新娘的过门时辰为寅时[3]，所以刚交丑时，娶亲队伍便离开了埠村踏上回家之路。因在女方家闹了半夜，娶亲的队伍已是人困马乏，行走中只能听到脚步声。

张家派的两个送路客[4]在酒席上吃了几杯酒，多少沾点酒意，在新娘的轿两旁伴随走路也有点踉跄[5]。行至山老婆崖半途拐弯处时，突然刮起一阵旋风。行人们感到凉飕飕的，身上都起了一层鸡皮疙瘩。靠河崖的送路客恍惚感到有什么东西从轿中滚了出来，仔细揉眼看看，地上什么也没有，以为自己因吃酒产生了幻觉。

大门前花轿落地，准时过门。靳家人开始忙着置办酒宴，招待送路客和其他来宾。临近中午，新郎新娘准备拜

[3] 寅时：为古代十二时辰计时法之一，一个时辰相当于现在的两个小时。寅时是早上的3点到5点。

[4] 送路客：女方派送嫁女的贵客，俗称"官客"。

[5] 踉跄：指走路不稳。

天地。突然有人慌慌张张进门，对着家人耳语一番，主事的靳老先生脸色陡变。

原来，有过路的人路过山老婆崖时，听到荒草深处有动静。走近观看，却有个穿着嫁衣的女人在地上打滚儿。她的腿脚都被藤条捆着，嘴里还塞着青草。路人为其松绑掏出嘴里的一团草，那女人哇的一声哭了。说今夜她出嫁路过这里，突然昏厥，醒后就成了这副样子。于是，路人将这个衣冠不整的新娘带到了西王黑村上。主事的靳老先生沉思一霎[1]，把这个新娘领到邻居家里安顿好。随后找送路客和新郎官，叫他们不动声色，仔细地去观察这两个新娘，以便分出真假。随后，又安排两匹快马去了新娘的娘家。

婚礼场面上突然出现两个新娘，村上一下炸开了锅。仗着人多，人们在远处指指画画，但谁也不敢靠近新娘了。

经过新郎和送路客辨认，他们看到的是俩新娘长相、胖瘦一模一样，分不出真假。只感到先来的新娘光彩照人，后来的新娘脸上神情哀怨。靳老先生捋着胡子"嗯"了一声，不再说什么。

靳老先生安排人把两个新娘请到院里，后来的新娘见到有一个和自己一模一样的人，"嗷"的一声愣住了。先来的新娘，则口口声声说另一个是狐狸精。靳老先生从新娘口中听到了"狐狸精"三字，朝着新娘凝视一会，随后对两位新娘说："第一，你们俩人要拿出证明自己是新娘的证据；第二，要说出自己最爱吃什么；第三，说出在娘家什么常在身边。"话音刚落，先来的新娘掏出了荷包，说："看，这是我的证见。"后来的新娘一见荷包，说："这是俺一针一线绣的！那天，在山老婆崖下锄地时绣完了最后一针，挂在地头去锄地，傍晚回家时却不见荷包了。"俩人争执起来，纷纷指责对方是妖精。靳老先生喝住她俩，让其回答第二个问题。先来的新娘说自己好吃鸡，后来的新娘则说，庄户人家爱吃的是渣豆腐[2]。

靳老先生听着她俩回答问题，不言不语，只是仔细观察这两人表情，心里暗道，是真是假马上就有眉目了。

接着，靳老先生要她俩回答第三个问题。先来的新娘说："丫鬟常跟在自己的身边。"后来的新娘则说："家中大黄狗常脚前脚后地跟随。"听到这里，靳老先生指着后来的新娘厉声说："你就是那个狐狸精。来人，把她绑起来。"小伙子们一哄而上，把她绑了个结实，带出了大门。先来的新娘，看着高喊冤枉的被绑新娘冷笑起来。

靳老先生把被绑的新娘带到邻居家里后，马上为其松绑，并说："孩子，你受委屈了，你才是真正的新娘。"就在这时，去新娘家的快马回来了，还带来了一只大黄狗。那只大黄狗见到新娘，上前嗅嗅脚，立即摇头摆尾，一会儿伏在地上，一会又去舔新娘的脚面。靳老先生捋着胡子笑了，哈哈一笑说："爱吃野菜渣豆腐的人，才是咱实实在在的庄户人啊！"

突然，这个新娘站起来，喝了一声："大黄，走！"就风风火火地出门，朝新郎家奔去。

再说那个先来的新娘被请进洞房，一位老妪[3]搬来一把椅子，说："新娘子，马上就要上拜了，你先坐下，我去给你端鸡，好好吃上一顿吧。"新娘子坐下，连声说："这个椅子真热乎。"一会儿，老妪端来炖得热乎乎的一大碗鸡，却没搁上筷子。老妪道："新娘子，你就好好享用吧。新郎官等着拜天地呢！"随后，老妪吩咐众人退下。新娘子见屋里只剩下了自己，美美地笑起来。偷了一个荷包，以假乱真，就成了新娘，人间恩爱将会享受。笑完，她伸手抓起鸡腿，狼吞虎咽地就吃。不一会儿，一碗鸡就吃没了。她又端起碗，咕噜咕噜连鸡汤喝了个精光。这一切，被在门缝里窥视的老妪看得一清二楚。

这个新娘吃饱喝足了，伸着懒腰想站起来，却怎样也抬不起屁股。就在这时，院里传来狗"汪汪"狂叫声，是那只大黄狗龇着牙来了。就这一霎间，这个新娘嗖地现了原形，原来是只浑身红毛的狐狸。

狐狸一挣一挣要逃窜，无奈怎么也起不来。狐狸急了，又猛地一抬腔，忽的一下挣起来。屁股上鲜血涌出，一片皮毛粘在椅子上。狐狸精一溜火光[4]窜到院里，大黄狗绕

[1] 沉思一霎：想了一会儿。
[2] 渣豆腐：用豆粉或豆渣与大白菜等蔬菜熬制而成的美食，既当菜也当饭。

[3] 老妪：中年妇女。
[4] 一溜火光：形容速度非常快。

着院落紧追。就在狐狸要窜上房檐的时候，身子软绵了，一下重重地摔在地下，被大黄狗上前撕碎了。

原来，靳老先生看透狐狸精后，在椅子上涂上了热胶水，又在鸡汤里放上了迷魂药。双管齐下，终将妖孽除之。

事后，人们都说靳老先生足智多谋，能识别妖怪。他哈哈一笑说："人之善，妖孽永远学不了去。"

讲述者：　靳成平，男，1951年2月，章丘市文祖
　　　　　镇西王黑村，退休工人
采录者：　孙廷华，男，1954年1月，章丘市文祖
　　　　　镇文祖东村，高中
采录时间：1995年10月
采录地点：章丘市文祖镇西王黑村

附
记

章丘文祖街道西王黑村与埠村街道搭界处有个大崖头，叫作"山老婆崖"。古来一条小道弯弯曲曲在崖上盘桓，两旁树木林荫。崖北侧是条狭窄的河沟，沟内草丛荒芜。因此，人行至此处都感到阴森森的。这个故事就发生在这里，当地百姓讲述得有鼻子有眼。靳成平给我讲完这个故事后说："我多次听到这个故事，让我们明白了'高手在民间'的俗话。再狡猾的狐狸，也败在了人的面前。"原载《深涧笛声》，孙廷华著，2013年线装书局出版。

275

炸
仙

从前，有个人好打猎。

这一年，大年初一吃了包子[1]没事干，他就拿起猎枪要去打猎。家里人都劝他不要去，他也不听，把猎枪一扛，就上了山。

他来到山上转了一会儿，就听到有哭声，听声音是个女的。他寻声望去，就见前面一个山头上，坐着个东西，上下一身白，在那里抱着头哭。他想：这大年下[2]，谁跑到这山上来哭？听声音也不像人声，准不是个好东西！于是，他就端枪瞄准打了一枪，那东西一溜火光就跑了。打猎人紧追着去找，他追到这边，那东西就跑到那边；他再追到那边，那东西就又跑到这边，怎么也追不上。这时，突然有人喊那打猎人："某论[3]什么人，你快回家看看吧，你家出大事了！赶快回去！"

猎人听了，只好赶回家。回到家一看，好几口人都

[1]　包子：水饺。
[2]　大年下：新年，指正月初一。
[3]　某论：某某，指猎人的名姓。

躺在地上没了气。邻人[1]马上帮着找来了神婆[2]，神婆一看大惊，说那猎人："哎呀，是你得罪仙家[3]了，赶快烧香！"邻人们一齐动手，拉下桌子烧上香。那神婆念巴[4]了一会儿，躺在地上的人才渐渐醒过来了。

这时，那神婆说："这事你要许大愿[5]，得杀猪宰羊上大供[6]，还得扯多少布，多少香火钱。"只要人好，什么也得应。最后神婆又说："得使个三瓮子[7]，盛满高粱做香炉。"说完，又约定了日子，神婆和众人就走了。

应归应，猎人心里有数，神婆子是在敲竹杠[8]。于是，他把三瓮子里盛满黑药，上面盖了层高粱。到了上供还愿的这天，一家人拿着供品，抬着那口三瓮子，由神婆领着，就到那山上来上团圆供。

这山上有个很深的山洞，洞里住着许多山猫野兽。神婆把他们领到山洞口，叫他们把供品摆上。她亲手点上香，插到三瓮子里。这时，猎人就对神婆和家人说："仙家会出来领受咱的供品，咱在这里不方便。你们也很少到这山上来，我领你们去转转看看，等一会再回来不迟。"这样，猎人领着所有人离开了山洞。

人们一离开，藏在洞中的山猫野兽闻到了猪羊的肉香，就都从洞里出来争食。这时，猎人领着人们也就绕过了山头。突然听到"轰"一声巨响，众人都不知发生了什么事，只有猎人心里有数。他赶忙领着他们回来一看，那三瓮早炸碎了，洞口的石壁也塌了一片。山猫野兽死的死，伤的伤，躺了一地。猎人也不说什么，把地上的野兽收拾收拾，叫家人抬的抬，背的背，一家人就回家去了，那神婆子白忙活了，什么也没捞着。

讲述者：　张镰业，男，1935年2月，莱芜市苗山镇南古德范村

采录者：　张章，男，1936年11月，莱芜市苗山镇南古德范村

采录时间：　1989年10月

采录地点：　莱芜市苗山镇南古德范村

[1]　邻人：邻居。
[2]　神婆：指具有迷信色彩的女巫的俗称。
[3]　仙家：指仙人。
[4]　念巴：指神婆的咒语。
[5]　许大愿：许下很大的誓言。
[6]　大供：就是丰厚的供品，一般指三牲，"三牲"有大小之分。大三牲指牛、羊、猪，后演变为鸡、鱼、猪。小三牲指鸡、鸭、鱼，后演变为鸡、鱼、猪。道家以獐、鹿、麂作为三牲。
[7]　三瓮子：盛装粮食用的一种土陶器皿，分大、中、小三种，三瓮最小比水桶大点。
[8]　敲竹杠：利用别人的弱点或用某种借口抬高价格或索取财物。

276

两颗粪蛋子

很多年以前，村里有一个人姓马，叫什么名字忘了，大家都叫他老马。

老马在年轻的时候，落下了个腰疼的毛病，不能干重活。就只有一个活适合他，那就是拾粪，他就成了一个专业拾粪的。拾粪人要具备三样工具，一个是粪铲子，一个是扫帚，再一个就是盛粪的粪筐子。这三样工具，他一样也不少，并且因为他腰疼，弯不下腰去，粪铲子还比别人的长出一截。

这一天，天还没亮老马就出去拾粪。拾粪虽然轻快，但也不能偷懒，需要起五更爬半夜。头天晚上有行车的，就有粪摆在路上，起晚了就叫别人拾去了。

老马走了一路，到天麻麻亮[1]的时候，就拾了半筐子了。不知不觉，就走到一片荒地前。他正拾着粪，却老远地就听到有人说话的声音。有人在喊着吃呀喝呀的，还有划拳的声音，好像正在喝酒。老马就一皱眉头，周围几百米内都没有人家，怎么会有人喝酒呢？这里面一定有什么蹊跷[2]。

老马也不拾粪了，循着那声音就走了过去。奇怪的是老马越往前走，那声音就越细小了，到最后竟一点也听不到了。

难道是自己听错了？老马还是往前走，眼睛四处寻找着，终于在一片荒草间看见一个人，吓了他一跳。

那人老马认识，正是村里的皮货商小五。只见小五两只眼睛木木呆呆[3]的！此时他正跪在地上，两只手划拉着地上的土，拼命地往嘴里塞，脸上还很兴奋的样子。平时小五精得跟猴似的，身上连点土渣都不带沾的，今天怎么在这里干起傻事来了？

见此情景，再联想到刚才的声音，老马就预感到小五是中了邪[4]了。大家都说，这一带有一只狐狸。它在人世间活得久了就成精，会说人话了。经常在夜里用它那一套戏法来迷惑人，已经有很多人上当了。

小五可能就是被狐狸精给迷惑了。小五此时吃的这种土叫观音土[5]，土很暄，能入口。在闹饥荒的时候，就有人吃过。不过，这东西到肚子里却消化不了，又排不出，有很多人都被活活撑死了。

小五这么吃观音土，这不是要出人命吗？老马就丢下粪筐子，向小五喊："小五，别吃了，醒醒吧！"

不管老马怎么喊，那个小五却没一点反应，好像还在酒席上，尽情地吃着。

老马意识到必须制止小五，要不真的出人命了。就在小五张开大嘴，双手去抓观音土的当儿，老马灵机一动，他拿起拾粪的粪铲子，从粪筐里铲起两颗粪蛋子，嗖的一下就丢进了小五的嘴里，小五感到嘴里有东西，就开始吧唧嘴，嚼着嚼着，眼里就有了神。突然，他哇的一下就吐了起来，扒在地上那一阵吐，把刚才吃进去的观音土都吐出了不少。

小五这才算是醒过来，见老马在，就问老马："老马哥，这是怎么回事呀？我怎么到这里来了？"老马就问小

[1] 天麻麻亮：蒙蒙亮。意思是形容早晨天刚发亮。
[2] 蹊跷：怪事。
[3] 木木呆呆：形容二目无神，呆呆的样子。
[4] 中了邪：鬼怪缠身。
[5] 观音土：一种白色黏土，荒年时灾民常用以充饥，能济一时之困，唯多服则凝结。

五："你刚才干什么来？"

小五回忆了一下，对老马说："今天我起了个大早，挑着皮货担子往集上赶。走到半路上，影影绰绰[1]的有个人跟我说话，说是认识我。我到底也没想起是谁来，可那个人却挺热情，不住地跟我套近乎，非要请我到家里喝酒不可。那个人这一说，把我的酒虫给勾起来了。心想不管那是谁，叫我喝酒又不是坏事，为什么不去呢？我就糊里糊涂地跟着那个人走了。走着走着，我就见满桌子的肉，这可是我过年也很难吃到的，那个人一个劲地让我吃，我也不客气了，就甩开腮帮子吃开了……"

小五说完了，又听了老马说他刚才的样子。一琢磨，这才知道是怎么回事了，心里很是悔恨。

小五着了狐狸精的道这事，很快便在村里传开了。老马用两颗粪蛋子救了小五一命，也被村里人讲成了传奇。

话还要分两头说，那个戏弄小五的就是大家传说的狐狸精。它在人世待的时候长了，会说人话了，并且还很逼真。它在山洞里耐不住寂寞，就出来戏弄人。以利相诱，请人喝酒，果然就有不少人上了它的套。

而这次让小五着了它的道，正高兴着呢！却半路里杀出个程咬金来，让老马把它的好事给搅了。

狐狸精就根老马多管闲事，想找个机会也叫他尝尝苦头。

老马照样每天拾他的粪。这天天还不亮，老马又起了个大早去拾粪了。当他拾到一块地头的时候，就看到不远处影影绰绰的有个人跟他说话："我说老马哥，我可想死你了！"老马就问对方是谁。

对方说："哥呀，怎么不认识我了？我就是那一次和你一起出门的那个兄弟呀！咱哥俩可是好了那么长时间呀！"

老马一听这话，心里就格登[2]一下子。对方的话让他起疑，别人一生可能出过几次门。可老马因为有腰上的毛病，却没出过一次门。而那个人却说是在外面认识的，这让他想起上次小五那事。他忽的一下子就明白了，这一定

是狐狸精又来套自己呢。

狐狸精又继续说："现在咱有几年不见了吧？一见到你真高兴呀！这里离我家很近，就到我家喝两盅吧？"

老马不慌不忙，将计就计。对在暗处的狐狸精说："好呀，兄弟几年不见了，也怪想[3]的，是该喝点了。那你的家在哪里呢？"

狐狸精见老马上了它的套，就高兴地在前头领着，老马不紧不慢地跟着狐狸精，就到了上次小五吃观音土的地方。

老马一见那些土块，就装着惊讶："兄弟，你咋弄了这么多菜呀？怎么能吃得了呀？"

狐狸精就说："老马哥，你头一次到我家里来，这点菜算什么呢？你就尽管吃吧，千万可别客气呀！"

老马一屁股蹾[4]在地上，就像坐在酒席上的样子。那狐狸精一坐下就拿起块土来作了个吃的姿势。老马也拿起土来，作势[5]往嘴里填，却都放进了袖子里。那狐狸精见老马"入戏"了，就高兴了。它光作着吃的样子，嘴里净说些客气话，让老马尽情地吃。

老马并没光顾给狐狸精作样子，一只手却悄悄地抓起身旁的粪铲子，并顺势从粪筐里铲起两颗马粪蛋子。趁着狐狸精正张着嘴作吃的样子，一甩手，那两颗粪蛋子就向狐狸精的嘴里飞去。

这些年来，老马玩得最多的就是粪铲子，比玩筷子还熟，手里就有了准头。

那狐狸精也真是低估了老马，它光知道作样子引诱老马了，却没防备老马有这一招，那两颗马粪蛋子就飞到它嘴里。那粪蛋子本来外面就很光滑，再加上狐狸精张的嘴也大了点，一到嘴里它就糊里糊涂地咽了下去。

狐狸精一咽下去才觉出不对劲，嘴里还有一股马粪味儿，它这才知道上了老马的当，这跟头可栽大了。它也顾不了别的了，卡住喉咙拼命地往外吐，可它只吐了一摊水，怎么也没吐出那两颗马粪蛋子来。再看老马，早就走没

[1] 影影绰绰：朦朦胧胧，似见非见。

[2] 格登：形容突然受惊而心脏猛地一跳。

[3] 怪想：非常想念。

[4] 蹾：坐。

[5] 作势：装着，做样子。

影了。

老马戏弄狐狸精的事，在村里更传成了奇闻。以前都是人受到狐狸精的戏耍，现在终于狐狸精被人戏耍了一把，大家都觉得解恨。只是一件事不明白，问老马是怎么识破狐狸精那戏法的。别人看着那些土还有砖头瓦块什么的都是肉，为什么单他就能看出不是肉？

老马说："这也没什么！狐狸精那套戏法不错，但它找错人了。大家又都知道，我从来不喝酒，一沾酒脸就红。它却要请我喝酒，我并没为喝酒高兴得昏了头。所以我脑子里是清醒的，看着那些土自然就是土了。说白了，只要你不想着赚那个小便宜，它那戏法再好也迷惑不住你的。"人们一听觉得有道理，便觉得狐狸精也没什么道行，倒是人的贪心惹的祸了。当时在场的就有小五，听了老马的话，脸红得像块红布似的。村里谁不知道，这个小五就有个"蹭酒[1]"的毛病。

再说狐狸精，它不光栽了个大跟头，并且自从它吞了老马的马粪，再说话一张嘴就从嘴里冒出一股马粪味来。不管它怎么漱口，都去不了那股味儿。可狐狸精还是不知悔改，照样还要出来戏弄人。

这一次，狐狸精在路边拦住一个路过的，上前就套近乎："大哥，咱有好几年没见了，可想死你兄弟了。"

黑影里那个人就说："你是谁呀，我怎么不记得你了？"

狐狸精又上前套近乎："大哥，你怎么不认识我了。你想想，那几年咱们在外面认识的……"

那个就装作恍然大悟，说："噢，是你呀！"

见那个人上套，狐狸精又进一步说："大哥，咱可有些日子没聚在一起了，喝点酒吧？这里离我家很近，不如就到我家里去吧？"

而那个人却说："好呀，我得叫上老马一起去呀。"

狐狸精一听老马，心里就有些紧张，说："叫他干什么呀？"

那个人就说："你就别装了，我已经闻出你嘴里的马粪味来了。看来你吃马粪还没吃够呀！我得叫上老马再喂

你点呀！"

狐狸精见被人识破了，羞得无地自容，一下子蹿[2]没了影儿。

从此，狐狸精再也不出来戏弄人了。它嘴里的马粪味一张嘴就出卖了它，谁还会上它的当呢？

不光是狐狸精不戏弄人了，村里占小便宜、喝蹭酒的人也少了起来。

讲述者：　陈道英，女，1917 年 5 月，章丘市刁镇南芽村
采录者：　王乃飞，男，1973 年 6 月，章丘市刁镇南芽村，小学
采录时间：2003 年 1 月
采录地点：章丘市刁镇南芽村

附
记

在我童年听到的那些故事里，狐狸精和人的传说最多，这便是其中一个有趣的故事。故事里狐狸精常以假象来迷惑人，利用人类贪婪的本性来戏耍。但人类终究能够战胜这些狐狸精。这是秋天的傍晚，在大门外的槐树下奶奶给我讲的。我奶奶没文化，但讲故事却绘声绘色，就像说书人那样口齿伶俐，我听得入了迷。我从事民间文学工作，进行故事创作后，便把奶奶讲的这个故事写了出来，并发表于《章丘民间故事》一书，2007 年，华艺出版社出版。

[1]　蹭酒：不花钱买酒，喝别人的酒。

[2]　蹿：跑。

277

貔子精[1]

从前，在张家峪紧里边有两重院落。一座在谷底，是朱月的家；一座在南山坡，是貔子精的洞府。两家比邻而居，当然少不了来往。

朱月是山外东障村的农夫，身强体壮，诚实厚道，在张家峪深处建了两间小屋，拉起围墙就成了一个农家小院。每年三月底，他就牵着两头牛在小院儿里住下来拾掇他的土地。一直到秋后，农事完毕才回家。

朱月平时好架着一杆旱烟袋锅，还好侍弄一杆防身土枪。至于貔子精，不知是从哪儿搬来的。据说已修炼到了八成，都有几分人形了。它大概是看准了张家峪地方好，就在峪南坡盖了两间屋跟人儿似的和朱月做了邻居。

一天晚上，朱月吃过晚饭坐在院子里吸旱烟。貔子精不知从哪儿弄来顶皮帽子戴在头上，走进院子来。它对朱月说："老朱，你看我像么[2]？"它本来是想借口传音，如果朱月说它像个人，它立马就会成了人。

"像你奶奶个腔！"朱月不知道它的用意，吐了口烟开着玩笑说。

"奶奶个腔？"貔子精懊恼地自语着，"我苦苦修炼了这些年才像个腔？"貔子精恼了，扭头就跑出了院子。事后，朱月才知道精灵在修炼期间，如果让人说一声"像人"，就功德圆满了。无怪乎一句话，把貔子精惹恼了。

过了没几天，貔子精在家憋不住了。晚上它又悄悄来到朱月院子门口一瞧，朱月正坐在院子里吸着旱烟摆弄土枪。于是，貔子精走上前笑嘻嘻地说："老朱，前天你惹我生气了！今儿晚你给我上袋烟，算给我赔个不是吧？"

朱月了解貔子精的脾气，知道它在跟自己拉谈儿[3]，就接话说："好吧，那我今晚儿就给你上袋好烟。你坐下，张开嘴闭上眼，尽情地享受吧！"

貔子精按朱月说的坐好，朱月赶紧把土枪插到貔子精嘴里一搂扳机，"咚"的一声枪响了。

"什么好烟呀，怎么这么冲呀？"

"这袋好烟别人可抽不上，也就你吧。"朱月嬉笑着说。当然，朱月知道土枪是伤不了道行高深的貔子精。

貔子精睁开眼一看是土枪做烟犒劳自己，才知道又被朱月耍了，就追打着朱月满院子跑起来。

从此以后，朱月和貔子精又成了好邻居。每逢秋后朱月回家，貔子精还到村子里看他哩！

讲述者： 王立福，男，1920 年 3 月，长清县孝里镇大街村，农民，私塾

采录者： 王守学，男，1966 年 3 月，长清县孝里镇，初中

采录时间： 1990 年 12 月

采录地点： 长清县孝里镇大街村

[1] 貔子：狐狸的俗称。
[2] 像么：像什么。
[3] 拉谈儿：找台阶下。

278

皮狐仙[1]

王立福讲的这个智斗狐狸精的故事，在济南乃至山东境内的其他地方也有传讲。莱芜区羊丘山，也有这么一个类似的故事，只是借口传音上有些不同而已。莱芜这个故事是这么说的：羊丘山上有个老狐狸，经常在山上叫着干活人的名字搞恶作剧。人们正干着活，听到有人叫他。抬头一看是狐狸，就骂它还拿起石头打它。狐狸就跳着高，学着人的笑声跑了。有个老猎人决定除掉这个畜生，就想法接近它。有一天，猎人坐在一块石头上擦枪。狐狸精靠过来问："某某人，你看我像个啥？"猎人说："我看你像排牛屎。"狐狸精懊丧地说："辛辛苦苦五百年，修了一排牛屎咪！"于是，就和猎人搞起恶作剧来。猎人也不怕它，总是想法让它丢丑。狐狸精没了办法，就又和猎人套近乎。它看着猎人抽烟袋，就和他商量抽上一口。猎人不动声色，悄悄地把猎枪塞在它的嘴里，一扣扳机。就见狐狸精咳嗽着问："这是什么烟这么有劲？"说着，一溜火光下了西北。自此，羊丘山上再也没有狐狸出来叫着干活人的名字搞恶作剧了。（李胜华）

很早以前，李家峪里有一狐狸，人们俗称"皮狐"。这皮狐由于年岁已长，不断修炼，已成道业，能说会道，经常出山找人挂号[2]，人们又把它称为"皮狐仙"。那时候，肖马村[3]有四大伙[4]，每天很早就到南山耕地干活。

有一天，四大伙的人干活休息时，皮狐仙随即带着衣裳来到他们跟前挂号，问他们说："伙计，褂子怎么穿？"四大伙的人知道皮狐仙又来挂号，就成心不和它说实话。对皮狐说："从腿上穿。"于是，皮狐仙把两条腿伸进褂子袖子里，又问："裤子怎么穿？"人们又告诉它从头上穿，皮狐仙又把裤子抹到头上。穿好以后，感到不对劲，觉得很不舒服，知道伙计是在捉弄它。嘴里念叨着"低气低气[5]"，走了。

[1] 皮狐：貔狐。

[2] 找人挂号：挂号即与人搭讪，想借人气蜕变为人。

[3] 肖马村：肖马庄村位于山东省莱芜市钢城区政府驻地以西4公里处，因肖、马两姓建村得名。

[4] 四大伙：当时指给富裕人家扛活种地的。

[5] 低气低气：晦气的意思。

某村，有一张氏村民在李家峪常年种西瓜，皮狐仙经常到西瓜地里吃西瓜。老张很生气，就想把皮狐仙毒死，剥下它的皮来卖个好价钱，发个财。

皮狐仙又来到西瓜地里，老张把事先准备好的，装上毒药的西瓜抱在手里，招呼皮狐仙说："这个瓜最甜，快来吃吧！"皮狐仙过来接过西瓜闻了闻，摇头晃脑地说："有怪味，有怪味。"放下西瓜走了。老张见狐狸狡猾，不能得手，只好另想他法。

又一天，老张走亲戚喝醉了酒往瓜地里走，路上正碰上皮狐仙。走着走着，老张就吐开了酒。皮狐仙见状赶紧过来，欲吃老张吐出来的秽物。心想，从他肚子里吐出来的一定没毒。哪想老张见状，一边吐酒，一边悄悄地从怀里掏出随身携带的毒药撒在上面。等皮狐仙吃完后，感到肚子里不好受，方才知道上当了。皮狐仙临死之前用火柴点着了自己的毛发，把身上的毛烧了个净光，只给老张留下了一张不值钱的狐狸皮。

讲述者：　吕克勤，男，1936 年 10 月，钢城区里辛街道，退休干部，大专

采录者：　吕秉华，男，1949 年 10 月，钢城区颜庄镇颜庄村，干部，大专

采录时间：2015 年 3 月

采录地点：莱芜市钢城区颜庄镇颜庄村

279

人狐姻缘

古时候，嬴牟[1]大地宫山脚下有一个小山村，村里有个叫兴旺的小伙子。乍听这名字，人们可能会联想到这个小伙子的家庭人丁兴旺，是个家大业大的殷实之家。

可是，事实并非如此，小兴旺三岁丧父，五岁丧母，是爷爷奶奶将他抚养成人。三年前爷爷奶奶也因病亡故，只剩下兴旺孤苦伶仃，艰难度日。

一天，兴旺正在田间劳作，忽然看到一个白衣女子跌跌撞撞地跑了过来，扑通一声跪倒在地，上气不接下气地向兴旺乞怜[2]道："这位小哥，后面有人追杀我，请您救我一救！"

"好！这位姐姐请到后边站，我看是谁如此大胆！"

兴旺一看这位女子，也不知从哪儿来了股子力气，当场就答应了。他往前一站，护住那白衣女子。

女子看了，急忙说道："小哥，不可使用蛮力[3]，你不

[1]　嬴牟：莱芜的旧称。

[2]　乞怜：意思是求人怜悯、帮助。

[3]　蛮力：笨力气。

是他们的对手，要有力使力，无力使智。"她左右看了看，见旁边有一个草垛，就一头钻了进去，让兴旺打个掩护。

兴旺将那女子遮盖严实之后，继续干农活。

瞬间工夫，从西北方向追来两个黑脸汉子。这两人一高一矮，高个肥胖矮个瘦小，好像一头巨象牵着一只瘦猴。他二人凶神恶煞一般，高个子举着铁锤吓唬兴旺道："哎！这一农夫，看到一个穿着白色衣服的妖女吗？"

兴旺看到这个高个子如此凶恶，吓得结结巴巴地说："看……看……看到了，往……往山那边跑了。"说着，手往山下的一片树林一指。

两个凶神恶煞拔腿就要去追，矮个子尖着嗓子冲着兴旺说道："你要是敢骗我，这就是你的下场。"说着，一只小手拍向一棵水桶粗细的大树。一掌下去，树身折断，整个树头甩出多远，只有树身孤零零地站在那里。

高个子也手持大铁锤朝兴旺挥了挥，意思是如果欺骗了他们，就要让他在锤下做鬼。

兴旺的心被吓得突突直跳，心道："这么小的一只手，拍在这么大的树身上一掌拍断，要是这大锤砸在身上不得砸成肉酱呀！"

眼看着一大一小两个人旋风般地走远了，兴旺那心才渐渐平静了下来。四处望望，没有了动静，来到白衣女子藏身的地方，轻声道："小姐姐，出来吧！他们走远了。"

女子出来了，可能是长时间被追杀的缘故，刚一出来便晕倒了。

兴旺赶紧将她背回家中，舀了瓢凉水给喂了下去。半炷香的工夫[1]，女子才慢慢苏醒了过来。

女子说："我叫胡小妹，是一只狐狸。今天是我的劫难日，如能度过今日即可成仙，度不过就命丧黄泉。"胡小妹停顿了一下，继续说道，"那两个人还会找到这里，你要是愿意帮我，就关门闭窗。不管外面发生什么事，切记万万不可开门开窗，更不要说话，只要能熬到鸡叫天明，我就安全了。你要是怕麻烦那我现在就走。"

兴旺想：救人救到底，送神送到家。哪怕是死，也要救她一救。

天色未至黄昏，兴旺和胡小妹早早就关门闭窗，静观其变[2]。

到了夜里，屋外果然是一阵杂乱，两个煞神[3]踢门砸窗外加恐吓，还制造出电闪雷鸣狂风大作。声称兴旺如若不开门，就将他家夷为平地，将他碎尸万段。

两个煞神说归说，也不敢轻举妄动，违犯了天条，也是要遭严惩的。杀不了狐狸，最多是办事不力，挨两句骂而已。两个煞神虚张声势，在外面折腾了一个晚上，兴旺没有开门开窗。等到鸡叫天明了，这俩煞神悻悻而去。

胡小妹度过了劫难，入列仙班后，法力大增，精力自然就恢复了。她本应该立即回到狐仙洞听差，却一不小心，喜欢上了这位救命恩人。她见兴旺心肠好，不惧威胁，镇定自若，很合她的胃口，就决定留下来和兴旺搭伙[4]过日子。

宫山上的狐仙洞内，居住着一群得道的狐仙，狐王便是胡小妹的父亲。胡小妹劫难日这天，狐王和众狐仙们都希望胡小妹能度过劫难列入仙班。

劫难日过去了，胡小妹已列仙班，却未见她回狐仙洞报到听差。狐王掐指一算，得知胡小妹跟救命恩人已结为夫妻，违反了狐狸不能和凡人成亲的家规。狐王勃然大怒，差派小狐调胡小妹回山未果。狐王再派小狐下山并下了最后通牒[5]，如若再不回山，就杀了兴旺，断她的念想[6]。

知父莫若女呀！父亲的脾气怪得很，说得出也做得到。为了保住救命恩人的性命，胡小妹只好哭泣着对兴旺说："夫君，父命不可违啊！我要走了，看来我俩的缘分已尽，你跟我一块去见我父亲，他要当面答谢于你。"

来到狐仙洞，见了狐王，兴旺连忙跪拜，道："岳父大人在上，小婿兴旺给您见礼了！"

"胡……胡……胡说八道！人有人道，狐有狐路。仙凡两条道，你们是走不到一块的，你救了我女儿，我们全家永远感恩戴德。要说婚姻之事，免谈！"说着，狐王让

[1] 工夫：指做事所用的时间。

[2] 静观其变：意思是不动声色地观察事情的变化。

[3] 煞神：迷信者所说的凶恶可怕的神。

[4] 搭伙：指合伙；结为伙伴。

[5] 通牒：限期答复的通告。

[6] 念想：意思是想念。

一个小狐女端出一盘黄金，道："一点心意，够你花几辈子了。"

兴旺看也不看，站在那里与狐王对峙。

狐王又命小狐女端出一盘珠宝，皆是价值连城之宝物。

兴旺还是连眼皮也不眨一下，瞪着眼看着狐王。

狐王见了大怒，厉声说道："小小山民，这也不要，那也不要，你到底想要什么？除了我女儿，你要什么都可以，说吧！"

兴旺说："黄金再多也有花完的时候，珠宝再好也是身外之物，一旦露财还招引杀身之祸。"

"那你想要什么？"

"我要两个字。"

"那两个字？"

"如愿！"

兴旺环视一下四周，继续说："我依靠自己的双手挣吃挣喝，逍遥自在也不会有灾难和顾虑，岂不美哉！"

狐王听了抚掌大笑："呜……哈，哈，哈……这真是神仙之言语，好吧，本王答应你！"

回到村里后，街坊邻居都说兴旺傻，狐王要给你金银珠宝你却不要，你非得要什么空头支票，真是赔了夫人又损财，得不偿失啊！

兴旺却心安理得，每日辛勤劳作，果然事事如愿。几年工夫，就成了赢牟一方首富，那说亲的媒婆都把他家的门槛给踏断了好几根[1]，兴旺就是不娶。

从狐仙洞回家后，兴旺每日都祈祷上苍，希望和胡小妹夫妻团圆，永结同心。

这一天，兴旺正跪地祈祷，忽然听到身后有人说道："贤婿心诚，本王已将小女送来，望你们永结连理，白头偕老。岳丈去也！"

回头看望，狐王已去，只有胡小妹站在眼前。兴旺不敢相信眼前的一切，呆呆地站在那里喃喃自语道："娘子回来了？这是真的吗？"

胡小妹娇笑一声，道："夫君，是真的。是你的诚心打动了上天，也感动了我父亲，终于同意你我的婚事，让

我们永远在一起了！"

兴旺喜极而泣，夫妻俩向着宫山的方向双双跪拜在地，口中默念："一拜天地！二拜高堂……"

讲述者：　亓长生，男，1902 年 12 月，莱芜县高庄人民公社五龙大队，农民

采录者：　亓廷香，男，1954 年 2 月，莱芜县高庄人民公社五龙大队，学生

采录时间：　1973 年 3 月

采录地点：　莱芜县高庄人民公社五龙大队

附记

这个故事的讲述者亓长生是我爷爷，是一个地地道道的老农民，虽然识不了多少字，但他博学多才，对各地的风俗人情、地理环境、神凡两界的传说故事掌握颇多，在我的心目中他就没有不知道的事情。《人狐姻缘》这个故事，是我爷爷听宫山脚下的一位同志讲述的。1973 年农历三月的一天，我们几个年轻人，到我村北面山沟掀蝎子，发现了一个狐洞，从里面掏出了一只小狐狸，带回了家中。爷爷发现后，给我们几个讲述了人狐姻缘的故事，还告诉我们人不仅与家禽家畜是好朋友，与野生动物也是好朋友，要爱护它们，并让我们几个把小狐狸送回到了狐洞，让它回到了母亲身边。

[1]　好几根：很多根。

280

王宝卖锅

王家庄的王员外，家不穷也不很富。虽说没有千金万银的，可也大钱不足小钱有余。这个王员外懂天时，知地利，他种庄稼旱涝年都能有好收成。

王员外有三个儿子，都成家立业。俗话说，"五个指头有长短"。何况这大大小小的弟兄仨，一人一性一脾气嘛。

不说王员外的大儿、二儿如何，且说他的三儿，娶妻李氏，生养了个胖儿子，取名叫王宝。这王宝长得天庭饱满，地阁方圆，是个聪明伶俐的精豆子[1]，街坊邻居谁见了谁夸。

孩子大了，爹娘也就老了。人老了，身子骨也就不扛病了。这年春上，王员外老两口子也不知得了啥症候[2]，药石难治双双下了世。王员外儿孙满堂，丧事自然小不了。

一天抬出两口子去，在周围大大小小十几个庄子里还是头一桩。来看出丧的人山人海，塞满了大街小巷。

王员外活着时人缘怪厚道，口眼一闭了参灵吊孝[3]的自然多。再加上三个儿子的亲戚，从早晨开丧到日落西天，一帮吹手就没住住工[4]，鼓得那腮帮子跟气蛤蟆似的。

真个是福无双至，祸不单行。一波未平，一波又起。孝服还没脱，王宝的爹又病了，不疼不痒的，就是起不来炕。

王宝娘东求先生，西抓药。谁知，医生请了无数，中药吃了若干，也不见病有好转。本来日子过得就不怪富足，怎么能架得住这么零摘巴[5]，不足一年，便把家折腾得瓢干瓮干[6]了。

穷在闹市无人问，富在深山有远亲。人穷了喝凉水也塞牙，亲兄热妹脸上也不是正道色。王宝娘是个硬铮铮[7]的妇道人家，她不求亲，不告友，千难万苦肚里咽。她经常对王宝说："咱穷煞[8]是个人，薄煞是块地，扔掉要饭巴棍子[9]和人家一样高，不矮起谁。"话虽这么说，事到如今还不是癞蛤蟆垫鳌子腿，她不硬撑谁硬撑。

王宝爹花光了家产，病也没治过来。寒冬腊月雪花天，口眼一闭没了气。这一年，王宝九岁。王宝娘哭得如酒醉，好歹两个哥哥帮忙把王宝爹下了葬。王宝爹重病在炕不能动弹也罢，不能说话也罢，王宝娘心里踏实，日子穷过着也有劲。这一走心里空荡荡的，娘儿俩孤儿寡母，过那水腥淡气[10]的日子没啥意思。有心随着丈夫去，可怜的宝儿谁来养，宝儿没了爹不能再没了娘。闭闭眼咬咬牙过吧。王宝爹拉下的那腔饥荒[11]，过年了债主天天来要。人有啥也不能有病，缺啥也不能缺钱。王宝娘寻思千条路、万条道，解决不了眼前的大困难。没办法，只好把宅子和地卖给了两个哥哥，娘儿俩搬到村西头的场院屋子[12]里去。这年咋过的，我不说大家也能猜到！

[1] 精豆子：又俗称"人精"，指特别聪明伶俐。
[2] 啥症候：什么病。
[3] 参灵吊孝：参加葬礼的人。
[4] 没住住工：一停不停。
[5] 零摘巴：杂事多。指花钱的事一个接一个。
[6] 瓢干瓮干：一无所有。
[7] 硬铮铮：形容性格刚直。
[8] 煞：意指"死"。
[9] 要饭巴棍子：讨饭棍。
[10] 水腥淡气：清贫如洗的生活。
[11] 那腔饥荒：债务。
[12] 场院屋子：秋麦二季看粮食场的房屋。

天涝偏逢连阴天，衣单正遇雪加霜。王宝娘数着还债剩下的几个制钱[1]，盘算下一步的日子怎么过。俗话说，"吃不穷穿不穷，不会细算就是穷"。王宝的命苦呀，可我的命也不甜。可自己命再苦，也不能让宝儿一辈子也扔不掉这个穷字吧！思前想后，王宝娘借钱买了锅和用具，娘俩出豆腐卖，赚渣吃填肚子。苦挣苦熬，转眼就是四年。娘俩细心经营，日子不算好，可勉强能吃饱。

有道是，"照了盘算，没了穷汉"。这年春上，天老爷一滴雨也没下，庄稼苗子旱煞[2]了，树木烤干了，是个百年不遇的大灾年。穷怕生病，富怕失财。遇到这样的年成，吃饭都赶不上嘴，谁还有钱买豆腐。娘俩的日子可就并着腿走路，紧起来了。

数过来算过去，可就到了腊月二十九。王宝娘愁得眼冒火星子，穷人的年是鬼门关。王宝娘看着冷锅热灶，心像刀子割一样。新年大节的谁家那孩子不穿新衣，放鞭炮。可俺那王宝穿的是啥，吃的是啥。哎！千寻思万琢磨，把王宝叫到跟前来说："宝儿啊！咱有好长时间不做豆腐了，赚的渣也吃得差不多了。明天就是年，年货咱还没买一点……"

"娘！"王宝拾掇着柴筐，见娘发愁接过话来说，"我去和俺两个大爷借点银钱吧？"

"宝儿，那可不行。你大爷当不了你大娘的家。平日里你大爷给你个一文半文的[3]，回家都不敢吱声。这新年大节的，你这不是去难为[4]他吗？"

"娘！"王宝依在娘的怀里，"俺大爷有的是银钱。"

"孩子，谁有也不如自己有，老婆汉子还不如自己手里攥着。自打你爷死后，你大爷多也罢少也罢，四时八节的话怪暖人心。宝儿呀！赶明日你把咱做豆腐的锅扛到集上卖掉，买回点年货，也好凑付着把年关打发过去。你老爷、奶奶，还有你爷在外游荡一年，不能连炷香也捞不着啊！"王宝娘说着，眼泪止不住地往下淌。

"娘，卖掉大锅，年后出豆腐咱用啥？再说新年大节

的谁愿背这口黑锅？"王宝拉着娘的手说。

"宝儿呀，过一时说一时吧，你去试试看。"娘的眼泪滴在王宝的脸上，话也说不成堆了[5]。

第二天天不亮，王宝顶着大铁锅出了家门。他专拣小路走，怕年三十卖锅别人笑话。深一步，浅一脚，王宝走到一个山岗上。

天还没亮，他又饿又累，想坐下来歇一会。突然，他隐约看到一块光石板上躺着个大黑东西。凑近一看，竟是只飘着酒味的大狐狸。

王宝又惊又喜，真是天无绝人之路啊！他小心翼翼地用大锅一下子把狐狸扣住，坐在锅上盘算逮住狐狸，皮卖多少钱肉吃多少天，起码娘不用卖锅也能打发过年关去。

聪明的猎人，逮不住狡猾的狐狸。王宝是怎样轻而易举地把狐狸扣住了呢？原来，这是只修行千年的狐狸大仙，因昨晚在一家酒店里贪杯，醉倒在山石上睡着了。它伸伸腿没蹬动，慌忙睁眼一看四周漆黑，掐指一算才知道被王宝扣在锅里了。都说狐狸仙神通广大、变化多端，这铁锅怎能扣住它？说来也巧，醉酒的狐狸怕铁锅，合该王宝有这步财运。

狐狸仙敲敲锅说："王宝哥、王宝哥，你扣住我干啥？"

王宝正盘算着怎样逮住狐狸，听到狐狸在锅里说话吓得直咬手指头。狐狸一个劲地问他，王宝怯生生地说："只因俺家里穷，娘让我把锅卖了买些年货来过年。这年三十了，谁还来买锅。没有买锅的，俺这年就过不去。正好遇上了你，皮和肉能让俺娘俩过个好年。"

狐仙听了，笑着说："王宝哥，是这样呀！不就是愁着过年吗，小事一桩。你也别杀我了，锅也别卖了，我包你过个好年就是。"

"都说你怪有心眼子[6]，我要一掀锅你跑了，我咋办？"王宝不相信地问。

"哎呀，王宝哥这得分和谁。这样吧，我要是说话不

[1] 制钱：铜钱，意为很少的钱。

[2] 旱煞：旱死。

[3] 一文半文的：一文钱，是小钱。指很少的零钱。

[4] 难为：出难题。

[5] 说不成堆了：说不成话。

[6] 怪有心眼子：很有心计。

算数，天打五雷轰[1]。"狐狸精指天画地，赌咒为誓。

王宝掀开锅，狐狸仙出来摇身一变成了个年轻后生。它作揖磕头[2]谢了救命之恩，又堆土为炉、插草为香[3]，和王宝结拜了生死兄弟。狐仙说："王宝哥，如今咱是一家人了，一家人不说两家话。你别去卖锅了，赶紧回家去吧。到家后，看人家干啥你就干啥。年初三，我去给咱娘磕头。"说完，化道青光不见了。

说话的工夫，天已快晌午歪了[4]。王宝扛着锅往家走，娘老远看见儿子顶着锅回来，心里难过得跟针扎似的。娘把锅接下来，又安到锅灶上。王宝擦着汗说："娘，这回咱可得过个好年啦！"

娘听了更加难过，添把火给王宝热渣糊糊[5]吃。王宝三下五除二，把娘端来的渣糊糊喝光。然后，他坐在场院里的碌碡上，看村子里人家干啥。见人家扫屋，他也把破罐破盆破衣被拾掇出来扫屋。见人家贴对联他急了眼，到哪去弄对联呀！

偏在这时，大爷家的小儿子和二大爷家的小闺女穿着新衣服，围着新围脖走来说："王宝哥，俺爷和俺娘说，今年收成不好，没啥帮你，给你副对子过年新鲜新鲜吧。"说完，帮王宝贴上对联，又给婶子磕头。

按理说孩子磕头，做长辈的得支喜钱，王宝家的日子吊起锅来当鼓敲哪有钱。两个孩子说："婶子，俺不要磕头钱，您留着过年吧！"说完，到别处放鞭炮玩去了。王宝娘看着人家的孩子再看看王宝，寻思寻思刚才两个孩子说的话，心里好难受啊！过年了，宝他爷爷、奶奶和他爹，当真就沾不上一炷香的光吗？心一想，眼泪就掉下来了。

每逢佳节倍思亲。俺那宝他爹，你看俺和宝过的这是啥日子！你跟着咱爹咱娘到咱哥家去吧，没你的座就站着，总比在这里看俺娘俩难过强。哎，对不住你呀，也对不住咱的宝儿呀！

不说王宝娘想这想那，且说王宝见人家扫地他也扫地，见人家请家堂，他也端着破茶壶到外面转了一圈，放在屋里的破桌子上。没有香，他就掐来三根草棒充当，嘴里嘟嘟念念也不知说的啥。

晚上，娘俩又吃了些菜渣糊糊，早早上床睡了觉。

王宝忙活了一天，眼一合就睡着了。

娘听到外面零零星星的鞭炮声，翻来覆去睡不着。想想孩子的举动，心里难受，折腾到很晚才迷迷糊糊睡着了。

娘俩蒙蒙眬眬听到有发纸马[6]的鞭炮声，忙睁开眼。嗬！娘俩简直不敢相信自己的眼睛。只见被子盖了好几床，身下垫着毡毛毯。枕边放着衣服若干件，全是绸丝和缎子。屋里屋外灯火通明，屋里多了好几张桌椅，家堂桌[7]上摆着珍稀的供品，铜香炉里燃着高香[8]。娘俩急忙起身，旧衣怎么也找不到，只好穿上新衣服，蹬上备好的新棉鞋。瓮里全是白面馍，又白又大又暄和；墙上大肉少说不下三十斤，是个剔了骨的猪后座。鲜鲤鱼足有二尺长，一挂就是三四个。屠好的鸡鸭供桌上摆，肉蛋丸子还冒着热气。一锅盖水饺放在破桌上，几刀分好的纸，拆好的鞭炮拴在一根竹竿上。还有这样那样的菜，一坛老酒封着盖。出门看，院里圈起了篱笆墙。成群的鸡，成伙的鸭，棚子门口还拴着两只大山羊。饭棚里，劈好的木柴一大堆，一支蜡烛闪着光；炉灶里着到火，掀开锅盖水沸正好下水饺。王宝娘做梦也没想到，这真是眼睛一眨，老母鸡变鸭。大财主家过年，也没这光景呢！王宝说："娘，夜来我和您说咱过个好年，您老还不信呢！"于是，把赶集卖锅拜干兄弟的事简单地说了一遍。又说："娘，俺兄弟初三来咱家，给您老人家拜年。"

娘俩欢天喜地，煮好饺子发纸马，放了鞭炮。那水饺

---

[1] 天打五雷轰：一种诅咒，如果失言将会受到五雷的惩罚。五雷指金雷、木雷、水雷、火雷、土雷。金雷是指刀剑、金属、铁器、车祸之类。木雷是指棍棒、高处摔下、树木压住等之类。火雷是指火烧、电击、雷击之类。水雷是指溺水、水淹、在行走中出意外、生病等之类。土雷是指土埋、房屋倒塌、高处掉物之类。

[2] 作揖磕头："作揖"，传统行礼的一种形式。两手抱拳高拱，身子略弯，表示向人敬礼，对人以示尊重。"磕头"，跪在地上两手扶地，头挨地，磕头的礼仪形式，按照对象和场合的不同而有不同的规矩。此指一种答谢礼俗。

[3] 堆土为炉、插草为香：捏碎土块作为香炉，插上一株草作为香，这是要与人结拜的节奏。

[4] 晌午歪了：过了中午。

[5] 渣糊糊：用豆腐渣做成的稀粥。

[6] 发纸马：年俗礼仪，烧纸马迎接神仙来家，也说迎灶王爷回家。

[7] 家堂桌：过年祭祀先祖的供桌，上面敬奉列祖列宗的牌位，摆放着茶酒点心，三供（整鸡、整鱼和方子肉）菜肴、水果和馒头等。

[8] 高香：比普通香高，寓意为烧高香纳年福，祈祷新的一年五谷丰登，福寿康宁。

全是鲜肉的，只掺了一点点葱花。娘俩家堂桌上添了供[1]，年头一磕就是整十个。吃了早饭，王宝说："娘，我先去给俺两个大爷拜个早年吧？"娘高兴地点点头，顺手取过两大包糖，说："宝儿呀，这两包糖一家一包给你哥姐弟妹吃。昨天两个孩子来磕头，这就算是磕头钱吧。再告诉你的俩大爷，初三陪客别耽搁了。"

王宝高兴地应着，抱起两包糖进了庄。

王宝先来到大爷的大门前，一推门门顶着，就大声喊了几声。大娘正在下饺子，不让丈夫去开门。嘴里嘟念说："大年初一图吉利，这穷鬼来扑咱的财气。真倒霉，哼！来得可怪早[2]，先别给他开门。"

大爷的心有点软，说："天不好，地不好，他可是咱的亲侄子。人家要饭的来，咱还得给他点东西吃呢！再说饺子不够咱给他点别的，要不饥困得难受，谁八明不醒[3]的来敲门。"说着，不管老婆怎么嘟念，还是去开了大门。王宝见着大爷，跪下梆梆梆就是仁头。请了三声好，问了三声安。大爷愣住了，王宝穿的衣裳还没见一回呢！忙让王宝家里坐坐。

王宝说："大爷，我不家去坐了。我还得到俺二大爷家去拜年，这包糖给俺哥哥和妹妹吃。俺娘说到初三您去给俺陪客，我干兄弟来给俺娘拜年。"说完，递给大爷糖就走了。

来到二大爷的大门口，门也没开。晃了几下，里面没动静，就叫几声二大爷二大娘。二大娘听了，生气地说："这个催命鬼，早不来晚不来，包子刚下熟就来了。嘴倒怪长，别给他开大门。"

二大爷心里觉得王宝怪可怜，就说："大年初一是个行好的日子，打发要饭的还得给个馍馍呢！他这可是咱的亲侄子啊！"

"什么狗屁侄子，素长里[4]他来过几回啊？过年了，又装亲生的了。"二大娘嘟嘟念念不住声，不住气。

二大爷生气地说："把我那碗包子[5]，匀给王宝吃。"说着，径自去开了大门。他见王宝穿的、戴的比富家人家的孩子还阔气，不觉吃了一惊。王宝看见二大爷，跪下就是仁响头，二大爷长，二大爷短地问了好，请了安。又把糖递给二大爷，叫他给姐姐、弟弟吃，还把娘嘱咐要他初三陪客的事情讲了一遍。二大爷接过糖，拉王宝家里坐坐。王宝说："二大爷，俺不家去坐了，回去晚了俺娘躁得慌[6]。"说完，转身就走了。

吃了早饭，大爷觉得事稀奇，出门找二弟；二弟觉得事跷蹊[7]，出门找大哥。弟兄俩碰面到街头，一问都是为王宝的事。二大爷说："哥呀！该不是咱兄弟媳妇不规矩吧？"大爷说："二弟，这新年大节的，你胡咧咧[8]啥，咱兄弟媳妇可不是那乎人[9]。要不，咱去看看吧？"两个人说着话，不大霎[10]就出了庄。老远就看见破场院屋围了篱笆墙，听到鸡、鸭、羊的叫声，又见好几个穷家媳妇抱着纸包从王宝的家出来，兄弟俩更觉着奇怪。

王宝娘见两个哥哥来到院内，忙不迭地施礼迎接。先是问了哥哥好，后又问了嫂子安。两个哥哥见院里鸡飞鸭胖羊也壮，又见弟媳绫罗绸缎身上穿，惊得不知说啥好。场院屋是王员外在时盖的，有两间小房子大。二人被王宝娘迎到屋里，见里面新桌子新椅子，供桌上摆的那东西都叫不上名来，连爹娘、兄弟的牌位都是用金字写的。再看破炕上的铺盖，挂的那鱼肉，摆的那粗菜，看得眼花缭乱。大爷问："宝他娘，咱宝儿干啥去了？"

"大哥，王宝说今年过好了，去挨家挨户拜个年磕个头。有那实在过不去年的，叫他们来取点东西回去，热热闹闹地过个年。"两个哥哥听了，惭愧地低下了头。哎！真是狗眼看人低。大爷想：人是属槐练丹的，一节一节的。说苦苦得那样，说好好的这么奇。昨天还见王宝顶着个破锅从外头家来，一宿的工夫就富成这个样。就是神仙，也

[1] 添了供：把煮熟的水饺摆上供桌，祭祀先祖。
[2] 怪早：很早的意思。
[3] 八明不醒：天刚亮。
[4] 素长里：平时。

[5] 包子：水饺。
[6] 躁得慌：牵挂。
[7] 跷蹊：奇怪。
[8] 胡咧咧：乱说。指说话不吉利。
[9] 那乎人：指不是那种不守规矩的人。
[10] 不大霎：时间不长，一会儿。

过不了这么快啊!

王宝娘把王宝赶集卖锅,结识了个怪肥头的生死兄弟的事说了一遍。实际上王宝娘也不知道王宝结识了个狐仙,这事王宝也没露。王宝娘说:"大哥、二哥,您是王宝的长辈。王宝他兄弟头一回来,到初三可别耽搁了陪客喝酒。"[1]两个哥哥爽快地点头答应,说了几句过年话[1]就要走。王宝娘赶紧大包小包地递给两个哥哥,说:"给孩子带着点,没有就稀罕。家里就我和王宝,也吃不了这么多。"兄弟俩抱着东西出了大门,寻思寻思过去,心里绞登得乔难受[2]。

话还没说完的工夫,到了初三早晨。两位大爷先来了,王宝沏好茶奉上,说:"大爷您先喝着茶,我去看看俺兄弟来了吗?"

王宝出门走了二三百步,只见一个年轻的后生挑着担子迎面走来。担子上下跳动,"咯吱咯吱"一个劲地响。走到跟前一看,真是狐狸兄弟。王宝急忙迎接过来,问长问短,问寒问暖,亲得跟一奶同胞一样。狐狸兄弟拜了娘,又拜了两位大爷。然后,请俩大爷上首坐了,献茶倒水,手脚忙个不停。王宝娘见他长得眉清目秀,打心眼里喜欢。

上了酒菜,爷四个喝开了酒。

大爷问:"贤侄的家资好几百万贯吧?"

二大爷说:"多亏贤侄帮忙,王宝和他娘才过上了好年。"

"二位老人家,俺哥哥救了我的命。俺没啥报答,这些东西都是我的一点心意。大爷,俺年轻不懂得怎么过日子,还得靠您老人家掌掌秤[3],指指路。"俩大爷点头应允,暗自夸赞孩子礼貌有加,听听人家说的话,跟三九天喝馄饨一样舒服。

本来是客气话,老兄弟俩却听得有些架不住劲,脸上火辣辣烧作得难受。

又喝了几轮酒,狐仙说:"大爷,如今我哥只有吃喝穿,没有地种也不是个长法,坐吃山也空呢!我看二位老人出面,给买点地吧?"

王宝娘一听傻了眼,心想,咱可是破罐子贴金,里面空着外面新,连吃穿都得沾你的光,咱哪有钱买房买地。

大爷听了,咂哒咂哒嘴说:"贤侄说的话有理!这不,原先俺三家的地、房子一样多,后来您爷生病拉下了很多债没钱还,就把房子和地典给我和你二大爷了。俺俩盘算等王宝娶媳妇时,俺给他宅子,你二大爷给他地,算俺俩给宝儿办件好事。如今当着你的面俺兄弟俩把宅子地全给他,一厘钱也不要。你说呢老二?"

"哥哥说的都是我心里的话!"二大爷顺水推舟,送了个人情。其实,他俩搞的啥鬼,心里盘算的啥,别人没有数,狐仙还能没有底吗,他可是个能掐会算的主啊!

"哎,大爷,话可不能这么说,您老的好心俺领了,地、房子卖给谁也不要紧,咱可以再花银子买回来,买房子和地的钱我带着来了。大爷,您说多少钱吧?您老不要钱,俺就买别人的闲房子和地。"

"这!"二大爷来事快,急忙接话说,"要是贤侄这么说,俺就收当年的本银吧,一共二十两零八钱银子。"

"二大爷,您老有价就好说。王宝哥,你取个筛子来。"狐狸兄弟说。

王宝取了个破筛递给狐弟,狐弟接过来掀开炕上的被褥和毯子,说:"娘,年三十晚上我就给您带银钱来了。见您和俺哥睡得怪香[4],也没惊动您。等把俺爹和老爷、奶奶供上,烧完三炷香走时忘了告诉您,害得您老过年没有银子支喜钱,这是孩儿的错。"说完,用手画了个圆圈,从里面往外取大元宝。众人傻了眼。不大霎取了满满的一竹筛。狐仙说:"娘,就这些银钱,您老可别嫌少啊!"

"我的孩子,知足者常乐。娘有吃穿就行咧,这银子俺可不要。"王宝娘热泪直淌,连连摆手说。

"娘,要不是宝哥救我,我见也见不着您老人家啊!"说着,拿起四锭银子递到二位大爷的跟前,笑着说:"大爷,小侄初来乍到,这二百两银子是小侄给老人家买茶叶的钱,您老可千万别嫌少啊!"说着,又取出一锭银子说:"这五十两银子是房子和地钱,您老人家收下吧?"

---

[1] 过年话:吉利话。

[2] 乔难受:不舒服。

[3] 掌掌秤:方言,指导的意思。

[4] 怪香:香甜。

边说边让两人装起来，两人也就厚着脸皮接了过去。俩大爷嘴上不说心里可难过，平时给王宝的钱加起来买不了仨火烧。你看人家，这每人一百两银子得是个什么样的户才衬啊！哎，比耳巴哆脸的滋味还难受呢。

"大爷，俺宝哥的旧宅基也不大。这样吧，那宅基咱不要了，就在这场里盖吧，只是这场是咱三家的？"

"老贤侄啊！"大爷乐呵呵地说，"就在这场院地里盖吧，明年俺到别的地方使场去。只是这盖房子的木料买不全呀！"

"大爷，您放心吧，所有用料我都备好了，这工夫快运到山南边了，今天夜里就能到家盖起来。来，我敬二老一杯酒。"

到了晚上，娘三个谈天说地，拉到很晚才睡着。这时，只见外面灯火通明，锤响马嘶，一片忙乱……

第二天，王宝和娘醒来，见自己睡在一间宽绰漂亮的大房子里，里面的家具贴金挂银，比大家贵族还富有。出门看，东西配房，羊栏、牛圈、大门楼、大门口还蹲这个狮子大小的白毛看家狗。王宝娘高兴地一个劲地哑哒嘴，眼里的泪不自觉流了下来。

狐仙问："娘啊，您这回可知足满意了吧？"

王宝娘擦擦眼泪，说："孩子，娘早就满意啦。"

"不！"狐狸仙摇摇头，拉着王宝的手说，"娘，俺还不知足呢，等俺王宝哥把媳妇娶到家，才真正知足了呢！娘啊！我来时见张家庄张员外的小闺女怪漂亮，性格也好，是周围百儿八十里地难找的好媳妇。这闺女和俺哥有缘，俺自作主张没和您老人家商量就定了亲。只等选个良辰吉日送礼上门，便可迎娶新人。这不，我昨天就把喜礼挑来了，只等您老人家发话呢！"

王宝娘听了忙说："一切由你做主就是，我和你哥还不是多亏了你才有今天吗？"

狐狸仙说："娘，善有善报，这是您老和俺哥的福分。这样吧，明日黄道吉日，我去张家庄定亲，让俺宝哥找好人准备迎亲。"

第二天一大早，狐狸仙挑着礼品去了张家庄。快晌午时，狐狸仙回来说，送亲的人已经到了半路，快让王宝哥带人去迎。

狐狸仙围着洞房转了一圈怪满意，就和王宝去迎亲。家中由两个大爷、大娘，还有众邻居帮忙备办酒席。

不大霎，就听到西边大路上锣鼓喧天，嘀嘀嗒嗒吹着喜乐把新人送来了，众人忙着张罗酒席招待。张小姐长得真跟仙女一样俊，性格跟白云一样温柔。两人拜天拜地拜父母，又跪谢了狐狸仙的大恩。狐狸仙取出一对赤金镯子送给王宝夫妇说："我在这里天数也不少了，这对镯子算是给哥嫂的纪念物，你们会过得更幸福的。我得走了，家里还有很多事等我回去办。"说着，一一拜别，众人一直目送他不见了人影。

打这以后，王宝全家过着无忧无虑的幸福生活，还时常想念起狐狸兄弟来。

讲述者： 李乃翠，女，1952年4月，莱芜市莱城区凤城街道办北十里铺村，小学
采录者： 李慧，女，1984年4月，凤城街道办矿煤阳光花园，大学
采录时间： 2008年5月
采录地点： 莱芜市莱城区凤城街道办北十里铺村

附
记

莱芜有端午节看闺女的习俗，我跟父母去姑奶奶家。姑奶奶见了娘家人很高兴，说话拉呱时，她老人家讲了这个故事。她说这个故事还是听俺老奶奶讲的，她不知道给别人讲过多少次了，听的人都说这是个好呱，他们也讲给别人听。因此，这个故事在莱芜民间广为传讲。

281

王学生娶蛇精

很久很久以前，马山洞在年三十的半夜，鸡不叫狗不咬的时候，洞门会自个儿就敞开了。过一个时辰后，自个又自动关上。有胆大的人进去过，可再也不见出来。后来，人们说洞里有妖精，这话风传开了，就再也没人敢进这个山洞了。

马山下边村里有个学生，就叫王学生。他有十七八岁的样子，长得眉清目秀，聪明有点子[1]，五经四书背得滚瓜烂熟。听说马山洞里有世间少有的壁画和文字刻录，就非常好奇，想进去看看。小伙子年轻气盛的，也不管有没有妖精的传说。终于盼到了年三十这一天，太阳还没下山他就约了几个同窗好友，在马山洞边等着。好不容易到了半夜子时，猛格丁[2]地看见洞口闪了一道金光，紧接着就是"呜呜"的一阵旋风，洞门真就慢慢地开了。

王学生当头儿跑在前面，几个伙伴跟在腚后。进洞一

[1] 有点子：心机大，智谋多。
[2] 猛格丁：突然间。

看，铮明剔亮[3]的，就是掉地下根绣花针也能看得见。抬头看看洞壁上，不是刻着字就是绘着画，净是凡间没见过的好文章好图画。王学生看得入了迷，随看随往洞里边走，这一处更比一处好。一起来的几个伙伴惦记着关门的时辰快到了，就一个劲地催着王学生往回走。可王学生舍不得这么好的壁画和文字图案，着迷似的还在那里聚精会神地看。几个同学也不等他了，他们出了洞。等王学生混沌过来[4]已经晚了，只听得"呜呜呜"的一阵风响，他还没有迈出洞门，咣当一声洞门就关闭了，洞里就变得一片漆黑。

王学生真急啊！扯着大嗓子喊，没人丝毫应声儿。接着用拳头"咚咚"地捶那石门，也是纹丝不动。心里想，这回完蛋了。别说是有妖精，就是没有，来年这工夫，饿也饿干巴了[5]。又想起老爹、老妈要知道了，光气光急也得病了，谁来管呀？越想越没招了，"扑嗒扑嗒"眼泪就掉开了。

正哭着抹眼泪的时候，猛格丁瞥见前边儿有一丁点亮光。心里说，说不定碰上么妖怪了。咳，是福不是祸，是祸躲不过。反正豁上咧！大不了就是个死，便朝亮光的地方往前走。

约摸一袋烟的工夫，模模糊糊地看见有人来回地走，像个镇上的集市，只是没有叫卖的嘈杂声。王学生就大着胆子再往前走，还真是个镇上的集市哩！他东撒西瞭[6]地在人空里往前挤。有买的、有卖的，就是都不说话。这些人走道跟风刮的一样，又轻又快。买的把钱放了[7]摊子上，拿着要买的东西就走，谁也不搭腔。王学生靠近看，这些人脸上都没一点笑模样儿。两眼直勾勾的，眼珠儿不动弹，跟死鱼眼似的。王学生觉得就数自己个别，给吓得头也不敢抬，赶紧离开了这个集市。

出了集市，看见路边儿有片宅子修巴[8]得挺阔气。他抬腿就往里走，没有一个人出来拦挡。进了院子后，看到

[3] 铮明剔亮：特别明亮。
[4] 混沌过来：明白过来。
[5] 饿干巴了：饿死了。
[6] 东撒西瞭：四下里看。
[7] 放了：放在。
[8] 修巴：修建。

上房里边摆设那叫讲究。桌子、椅子都是红木的，锃明瓦亮的，都能照出人来。王学生这一天折腾也够累了，坐在椅子上不一霎就迷迷糊糊地睡着了。

等他一觉醒来，吓了一跳。哎哟，我的娘，跟前怎么坐着恁俊[1]的个大闺女？这闺女长巴得[2]那个俊呀！不胖不瘦，不高不矮，六红四白[3]，俩眼就跟两洼清水儿似的，正含羞看着王学生哩！见到王学生醒了，就笑眯眯地问："王学生，你看俺家好吗？"王学生这可纳闷儿了，百思不得其解。我和她没见过面儿，她怎么知道俺是王学生哩？这闺女看出了王学生的心思，笑嘻嘻地说："你甭纳闷了，都是俺爹告诉我的，他时不时地到你们庄上去。听说你困在了马山洞里，他就嘱咐俺好生对待你。这是你命里的灾数，躲不过去的！过了这场大难，你就好起来了。"说完，就给王学生摆上酒席，说给他压压惊。

王学生高兴得了不得，就问："能告诉我你爹是谁吗？我一时半会想不起来了。"那闺女抿着小嘴笑得和吃了蜜似的说："俺爹常年不在家，家里就是我自家。你以后在这里吃，在这里睡，闷得慌就到外边转悠转悠[4]，俺也陪你说说话。"王学生心里想，别看俺被关在马山洞里，倒比以前还舒坦哩！他就连忙给这闺女作揖施礼。闺女说："你别过意不去，哪个没有个三灾五难的？以后，我给你送饭的时候，在百步外就喊你的名字，走一步喊一声，你别忘了答应。回回答应[5]一百声，你的灾数就消得更快了。"王学生挺恣的，就说："行，这个准没问题！"王学生厚道老实，也没多想想这闺女是怎样也到马山洞的。

打那起，每逢吃饭的时候，那闺女就喊一百声，王学生就应一百声。过了一两个月，王学生不光答应得有气无力的，身上也六十四下里[6]不舒坦，身子也瘦得皮包骨头似的。他心里这个纳闷啊！天天吃得都不孬，玩得挺恣，怎么还越吃越跌膘[7]哩！

有一天，王学生自个儿到外边溜达着玩。三转两转的，来到一个山旮旯[8]里。山旮旯里有座石屋，石屋里坐着个老嬷嬷[9]正在纺棉花。看见王学生来了，就把他让到屋里坐下来。看着王学生那把瘦骨头架儿，便说："孩子，你死到临头了还不知道吧？"王学生忙问这话是么意思。"么意思，你不是两月前关在马山洞里的那个王学生吗？""是啊，俺就是王学生啊！""你知道天天陪你的那个闺女是谁吗？""不知道啊！""你别看它长得怪俊啊！你还不知道它是一个修炼了五百年的大长虫[10]吧？它爹住在南山上，有两千多年的道业。它是被马山奶奶[11]逮住关在马山洞里的。它给你送饭时喊你一声你要答应，就喝去你身上的一滴血，这叫'声血'。等到一百天你那血喝净了，你也就送命咧！最后，再把你整个儿吞到它肚子里去……"

王学生听完了赶忙过去给老人磕头，说："您老人家可得救救我呀！"老人说："孩子，别害怕。我说给你个办法，你回去还是装作不知道。它送饭的时候，你可千万别答应，你躺在那里装睡着。等它蹲在你眼前时，就一猛劲掐住它的脖儿梗，憋得没法，它就吐出一个蜡衣红丸子来。你把小红丸吞下，它就没了命咧！"王学生听完，一个劲儿地给老嬷嬷磕头。等他抬头再找老嬷嬷，屋子、纺线车子全没了。王学生才混沌过来，碰到神仙了。

回来以后，王学生脸也不洗、衣裳上的泥土也没拍打，装作非常疲惫的样子，呼噜山响地歪在椅子睡觉了。那女的依旧过去那种喊叫，可王学生就是不醒。那女的只好放下饭碗，蹲下身子上前拉王学生。

那女的刚一蹲下，王学生猛地起来，上去就把那女的摁在地上，掐住脖子就是不撒手。那女的脸憋得通红，翻着白眼珠儿，果然吐一粒小红丸子，王学生抢过来就塞到嘴里。他刚想咽下去，就看那女的两眼紧闭、脸色蜡黄，

[1] 恁俊：很漂亮。
[2] 长巴得：长得。
[3] 六红四白：方言，粉面桃腮，意指非常俊美。
[4] 转悠转悠：漫步；闲逛。
[5] 回回答应：每次都要应答。
[6] 六十四下里：浑身。
[7] 跌膘：瘦了下来。

[8] 旮旯：狭窄偏僻的地方和角落。
[9] 老嬷嬷：老年妇女。
[10] 长虫：蛇。
[11] 马山奶奶：马山奶奶一般指马山圣母，名叫丰施候。传说马山圣母与泰山圣母、五峰山圣母称为三姐妹。马山位于山东省济南市长清区马山镇。当地老百姓年年供奉马山圣母。在马山山顶有马山圣母殿，半山腰有马山圣母影堂。在当地老百姓心中有崇高的地位。马山圣母又被称为马山奶奶。

在地上打了几个滚儿后变成了一根小长虫。它全身哆哆嗦嗦，眼看就死了。王学生霎时倒起了怜悯心，心里话："好歹也是一条性命啊！可不能死到我手里。"他越看越不是滋味儿，就又把那粒小红丸子又送到小长虫的嘴边。

小长虫像是闻出了什么滋味儿，把嘴张开了。王学生就把丸子塞到它嘴里去，待了一霎，小长虫就缓醒过来，立刻打了几个滚，又变成了起先那个俊俏模样儿。那女的这会儿可是满脸羞臊，低着头抽抽答答地哭开了。它一边哭一边说："大哥，你是世上少有的好人。俺当初陷害你，你却不计前嫌救了俺。俺一辈子也报答不完你的深情啊！"王学生说："过去的事，就让它过去吧！"那女的说："你对俺的深情天高地厚，俺愿一辈子为你铺床叠被，就怕王大哥你嫌俺……"

王学生一听，心里可翻腾开了。这女的虽是长虫变的，怪吓人的，可它的心也是肉长的。俺对它好一辈子，它也不会有歹意了。到了这个节骨眼上[1]，就随天由命吧。于是心一横，就答应和这个女的成亲了。那女的一看王学生不嫌弃它，高兴得了不得。就给王学生换上一身新衣裳，拜堂成亲。从此后，两个人恩恩爱爱，日子过得像吃了蜜一样。

咱前头说过，那女的它爹是个极有道业的老长虫，么事儿也瞒不过它。有一天，它掐指一算，女儿嫁给了一个凡人，真气坏了，咬牙切齿地要害王学生。这一天，它派手下送来请新姑爷的帖子。女的心里明镜似的，可又不能不叫丈夫去。

王学生临出门的时候，女的扯着耳朵叮咛他："俺爹心忒狠[2]，今儿请你准没好事，你到那里要处处小心。席上的菜和饭千万不能抄一筷子[3]，吃一口。"

王学生到了那里，拜见了老丈人。老丈人装着挺高兴，让酒让菜那个亲热啊！不管怎么劝，王学生就是不动筷子。

老丈人这一看王学生滴酒不沾、饭菜不动，脸上立时阴沉下来。命人撤了酒席，端上面条来。那一根根面条细

得像头发丝似的，香油、葱花、姜码都放得很全乎。喷香喷香的，一个劲地往鼻子里钻。王学生这工夫也真饿得前胸贴后背了。老丈人就说："你酒不喝，饭可得吃点。么也不吃就走了，你来干么哩？叫我这老脸往哪搁？"王学生也寻思，一点不吃，确实让老丈人面子上过不去！就抄起了两根面条。谁知，面条刚放在嘴边儿，出溜一下子，自己就钻到嗓眼儿下边去了。这一霎，老丈人脸上才有了点笑模样。

王学生好歹应付完就起身告辞了。老丈人也不强留。他刚出了门，就觉着肚子里疙瘩狼球拧着花[4]地疼。他一口气跑到了家就受不了了，疼得他在地上翻打滚。媳妇问明白后，就埋怨开了他："你吃的哪里是两根面条呀？分明是两根一公一母的长虫。这工夫正在你肚子里生小长虫哩！过不了多长时间，就把你肚子生满了。"王学生这可吓坏了，那个后悔啊！可再埋怨也没有用，再后悔也晚了。媳妇就拿根绳子把王学生两脚拴住，倒吊到一棵歪脖子树上。下面支口大锅，锅里舀了半锅油，又点起柴禾，把油烧得"嘎嗒嘎嗒"开了。这连熏加控，这小长虫就从王学生嘴里就往外爬开了。媳妇就使夹子夹住长虫放到油锅里炸，这一阵子就炸死了几十根。等肚子里控巴干净[5]了，王学生吊得也够难受的。媳妇把他放下来，慢慢扶着躺下，养了好几天，才算顺过劲儿。

这一天，媳妇对王学生说："俺爹这回没把你害死，不会善罢甘休，还会来算计你。它会掌心雷，要犯到它手儿里你就完了，我看还是趁早逃走吧？""怎么个逃法哩？""今天是二月二龙抬头，长虫和龙是一家，咱借这个吉利的日子，兴许能从马山洞里逃出去。""行，就怎么办[6]！"媳妇叫王学生搂紧它的腰，千嘱咐万嘱咐他千万不能睁眼，一睁眼就坏事了。接着，他媳妇念动咒语，现出原形。原来是一个两三丈长、木桶粗细的大长虫。只见它攒足了劲儿把尾巴一拧，"咣唧"一声就从山洞最薄的地方震开一个大劈缝[7]，挤挤身子就钻出了马山洞。媳妇

---

[1] 节骨眼上：关键时候。比喻重要的时刻或者环节。

[2] 忒狠：心狠手辣，特别坏。

[3] 抄一筷子：在这里意指不要动筷子。

[4] 疙瘩狼球拧着花：绞着疼。

[5] 控巴干净：全都没有了。

[6] 怎么办：这么办。

[7] 大劈缝：大窟窿。

这才叫王学生睁眼，他们已经安安稳稳落地下了。

山洞外边一片春天的景色，太阳晒得浑身上下热乎乎很舒坦。两口子正高高兴兴地坐在一块石头上说话。他们往南一望，突然，电闪雷鸣的，天就阴了下来。

媳妇说："不好了，准是俺爹撵来了！"就哭得伤心欲绝地说："咱俩成亲日子不长，可是恩恩爱爱的，强似成神成仙。本打算和你白头到老过一辈子，没想到俺爹它却不依不饶。它的脾气我清楚，今天咱们可能凶多吉少。只求以后别忘了我，也算没白做夫妻一场。"咣当咣当的雷声越来越响，猛格丁地打了个闪，照亮了半边天。媳妇猛地把王学生一推，这一下子推出二里开外。接着，老长虫"咣啷、咕咚、乒乓"三个掌心雷，把山震得直颤抖。

不一霎，老长虫走了。风停了，雨住了，天晴了。媳妇被掌心雷震得昏死过去，不动弹了。这王学生背着媳妇连爬带跑地回到家里，扑到媳妇身上放声大哭。哭了一阵子，摸摸嘴边好像还有口气儿。赶紧地又掐人中又弯胳膊活动腿的，忙忙活活了很长时间，媳妇这才慢慢地睁开眼儿看看王学生，眼泪又唰唰地淌开了，有气无力地说："刚才三个响雷，全打在俺身上了。"

王学生仔细一查，可不哩！这老长虫太黑心了。媳妇的腿上、腰上、头上都有个巴掌大黑紫黑紫的印盖儿。轻轻一摸，里边都硬邦邦的。媳妇说："这都是要命的地方，要不把这三个疔子[1]除了去，等它化成脓溃烂了，我这小命就完了，只是可怜你了。""媳妇，快说说，有办法治吗？""有倒是有，只是你得太受苦受累了！""嗨，别说受苦受累，为了你，就是刀山火海俺也得闯闯呀！"媳妇说："你赶紧上山砍一百担柴禾，再准备个蒸笼。你把俺放到笼屉[2]里蒸上七七四十九天，俺身上这疔就能全没了。"

"行！"王学生说声就砍柴去了。没白到黑地砍柴，双手都磨出了伤口，不多久就砍够了一百担。之后就把他媳妇抱到笼屉里，点上火就蒸开了。蒸到三十七八天的时候，王学生沉不住气了。心想，都蒸这些天了，笼屉里

[1] 疔子：毒疮。

[2] 笼屉：蒸煮食物的器具。也称为"蒸笼"。

什么动静也没有，万一把它蒸死了怎么办？越琢磨越不对劲儿，就把笼屉掀开点缝往里瞧，见媳妇还喘着气儿呢，就放心了。又把笼屉盖好继续蒸。就听见媳妇在里头说话："俺头上、腰上的都蒸没了，光剩下腿上的了，你这一掀破了气咧，再蒸一百天也不管事了。"王学生后悔死了，急忙把一瘸一拐的媳妇扶了出来。

王学生的爹妈这么长时间没看到儿子，是死是活也不知道，正在家里哭啼啼地犯愁的时候，看见儿子平平安安回来了，还领回这么俊的媳妇来，真是喜从天降，高兴得又掉下泪来。

从那以后，一大家人这日子过得愣舒坦[3]，小两口对老的那是没说的。

咱今天看到的这个马山洞，就是当初王学生两口儿逃出来的时候挤出来的。原先那个马山洞呢？据说，是马山奶奶因为这事生了气，多咱也不许再开了。

讲述者： 李光宝，男，1962年10月，长清区马山镇马东村，中学教师，大学

采录者： 魏文森，男，1965年7月，长清区教师进修学校教师，大学

采录时间： 2020年7月

采录地点： 长清马山脚下

附记

长清城南四十里地界有座山，叫作马山。为啥叫马山哩？就因为从远处看越看越像匹马。这山太陡了，陡得像刀削的一样，除非从西北角那条小羊角道上才能爬到山顶上。马山浑身上下都有故事，最具代表性的就是这个马山洞。现在的马山洞是个石窟窿，没么好看头。很久很久以前的洞里头，别提多好了。石壁上净是壁画，自开天辟地以来的事都刻画着哩，那些字画别提多金贵了。王学生就是在洞里遇到了蛇精，马山奶奶因此事生了气，多咱也不许再开洞门了。此故事

[3] 愣舒坦：很舒服。

原载于《长清民间文学集成》（1988 年 12 月，长清县民间文学集成办公室编），讲述者为李其斌，长清豫剧团团职工；采集整理者为房泽民。此次采集在原文本基础上，加入李光宝老师的讲述。

282

忘恩实义

　　从前，有个走街串乡挑担卖油的，进村就喊"打菜油喽……打……菜……油"。

　　民间食用油有菜油、豆油、棉油等，菜油就是用油菜籽榨的油。卖油人为了省事，用葫芦给买油人打油[1]，就不用秤了。过去都以十六两为一斤，油葫芦有大小之分，二两、四两、半斤的都有。

　　"一葫芦四两，四葫芦半斤。"这个卖油老头只有一个四两的葫芦，他不会算账，四葫芦该一斤啊！他每天都这样卖，那不太傻了，买卖就赔了。只要这个老头一来，人们就都买他的油，不买别人的了。他油桶里的油也不见少，却是天天出现在周围几个村庄，这不是怪事啊！

　　早先没有磨碾，捣碎粮食用对臼[2]。臼城一带地势很低，臼是窝，是低矮的意思。大河从西边流来，绕臼城地段北去。这地区的土地肥沃，收成好，人们过得不错，还有不少财主。

[1]　打油：卖买油，此指量油。
[2]　对臼：石臼，舂米的器具，用石头或木头制成，中间凹下。

要饭的来到财主家，进门就喊："大娘，给点吃的吧？"

"还不到饭食[1]哩！"

"给个馒头吃也行，我饿得眼都花了。"

"那个馒头还给孩子擦腚哩！"

南方北方人路过，要个煎饼、白饼的，张财主说："俺还得给孩子当褯子[2]哩。"张财主就是这样为富不仁。

老天爷知道了这件事，就派太白金星化装成卖油老头儿，整天在这几个庄转悠着卖油，看看这里的人是不是为富不仁。

石意的爹走得早，母子俩相依为命，过着缺衣少食的日子。这天，小石意锄地回到家。母亲说："孩子，咱半年没沾过油星了，你看看抽屉洞里还有那俩钱吗？你打半斤油来，老行市[3]，一个钱四两。"石意找出盖了厚厚灰尘的油罐子，攥着那两个钱找到卖油的老头。

"爷爷，俺打半斤油。"

"一葫芦四两，四葫芦半斤。"石意递给爷爷俩钱，老人给了四葫芦。

"哎，爷爷，我给了你俩钱，你给打两葫芦，你怎么给打了一斤啊？"

爷爷眼一瞪，高兴地说："好，好！遇到好人了！"

"爷爷，你说的什么意思？"

爷爷弯下腰对小石意说："我卖了好几年油，我算错账多给人家油，没有嫌多的，都爱占便宜。就是你诚实，你是好人，你有好日子过。"

这一天，住破庙的游方和尚往石意家要饭，石意端给和尚一碗通红的高粱粥，又给他一块熟地瓜。和尚津津有味地吃了下去，合上手掌说："施主善良，善有善报。"

临走嘱咐石意："小施主，两天后，你城隍庙的狮子要是红了眼，这几个村庄必定有大灾难。"

"什么灾难？那怎么办？"

"天机不可泄露。你扎个秆秸瓢小筏子[4]，灾难降临时

你闭上眼，两手合十念叨：'小筏小筏快救我。'连念三遍，你母子二人就能逃生。"

那和尚低下头嘱咐："灾难来了，牲灵[5]可救，人不可救，施主切记。"

和尚有好，也有坏。这个人慈眉善目，像穷苦出身，凡穷人多有慈善之心。和尚扭过脸又说："人心隔肚皮，有的人不做好事，上天要惩罚那些坏心肠的人。"

石意到庙里和小孩们敲贝壳比输赢。他一会儿去庙门，一会儿又去庙门张望石狮子。

泼皮甲问："石意，你一趟趟地出去干什么？"

铁头说："他上庙门看石狮子。"

泼皮甲和泼皮乙一人扯着石意的一只耳朵问："你看什么咪？说实话！"

石意说："有人说，庙门的狮子红了眼，咱这里就有大灾大难。"

泼皮乙坏笑着走了，他跑到宰坊里弄了点猪血，就把两个狮子的四只眼珠抹红了。等石意再来看时，狮子的眼真红了！他撒腿就往家跑，从墙搁台里[6]拿出巴掌大的小筏子放到地下，双手合十念叨起来："小筏小筏救救我，小筏小筏救救我！小筏小筏救救我……"

石意睁开眼，小筏子真的变大了，长宽都有檩条尺寸。这时，乌云密布，雷声隆隆，眼看要下大雨。石意把母亲背到筏上，又拾掇了点儿衣服被褯锅碗和吃食。不一会儿，倾盆大雨劈头倒下，石意赶快用褯子盖在母亲身上。

院子的水大了，筏子漂了起来。大雨从上午到下午竟没停止。大水涨起来了，自家的土坯房倒了，筏子漂到街上。

这家"扑腾"，那家"哗啦"，到处是房子倒塌的声音。这儿喊爹，那儿喊娘，人喊马叫，呼天喊地，大水溺死很多人；牛在水里打扑腾[7]，狗在水中游来游去，小牲灵吱哇怪叫。梁檩、柜橱、席片、柴草随水漂流，有的人骑在树杈上，树也倒了。

[1] 饭食：吃饭的时间。

[2] 褯子：包裹婴儿的衣被。垫婴儿屁股的布片也叫褯子。

[3] 老行市：和原先一样的价钱。

[4] 秆秸瓢小筏子：用高粱秸插成的小船。

[5] 牲灵：方言，牲口。

[6] 墙搁台里：墙上的壁橱。

[7] 打扑腾：挣扎。

大河上游的水头像小山似的翻滚着追过来，压下来，大水淹没了整个村庄。死人、死牛、死狗、破被褥、烂席片随着巨大的波浪卷进去，翻上来。富人家砖垒的屋，像给死人扎的花屋子轻易被大风摧毁，整个村庄被大水淹没了，塌陷了……这是老天对这几个村庄，对为富不仁的人们的最大惩罚。

夕阳西下，雨由大变小，到处一片汪洋，石意的小筏划向南方的山峰。一个小孩抱着一块破木板从激流中旋过来，"救人！""救……救……救！"

石意的母亲看到了，流着眼泪说："儿呀，把那个小孩救上来吧？"

"娘，和尚说不能救人，很多人的模样好，心肠孬。"

"儿呀！咱不管他办好事还是办孬事，先救他不死再说。"

石意划过靠近的木板架上即将死去的小孩，拉上了筏。一个大蜜蜂窝被大水冲得滴溜滴溜打转转，石意一笊篱把蜜蜂蛋捞上了筏子。

小孩歇过劲儿，睁开了眼。他叫王恩，从西方冲来的，父母都被大水淹死了。石意给他一块菜窝窝，他大口大口地啃完窝窝头，跪向石意母子："哥，你救了我的命，你是我的亲哥哥。大娘，我也当你的儿子，行吗？"说完，双眼看着石意母亲的脸，虔诚地说："娘，你就认下我吧？"

筏子在石意笊篱的划动下继续向南游去，臼城东的荐城禅院被洪水全部冲毁。白山和黄山也被落在筏后，一条小蛇藏在一片高粱叶子下昂起头，眼里流露出可怜的目光，石意拎起小蛇放到筏子上。

王恩说："你捞它干什么？"

石意回答："蛇也是张口喘气的[1]，它不害人，也是一条命。"

小泰山东一个大蚂蚁团像个黑西瓜，随波逐流，石意一笊篱又把它捞到船上。

"别捞那个，都没用。"王恩不高兴地说。

南山辘辘顶到了，水小了。石意扶母亲下筏，把小蛇、蜜蜂蛋、蚂蚁团也放到地上，小声说道："你们都逃生去吧，这里淹不着了。"

娘仁来到烂柯山北的一个大山峪，在沟崖头下的土窝子[2]住下。母亲操持家务，指点两个孩子开荒种地。寒来暑往，粮食够吃的，倒也冻不着。石意诚实肯干活，本来结实的身体更强壮了，也更高大了。

王恩个儿不高，小三角眼一挤打[3]，就是一个心眼，干活好偷懒。

这年秋后的一天，石意兄弟二人上山砍柴。突然，从北边刮来一阵大旋风，草木弯腰，烟尘障眼，飞沙走石。

王恩机灵，赶紧藏到石崖下避风，石意却提起板斧站到一块大石头上。他觉得大风来势太猛，异乎寻常，一定要看看怎么回事。他不惧怕狂风摧残，站稳双脚远望北方，一副凛然不可侵犯的架势。

猛然，他看到黄风中有一个黑乎乎的东西，近了才看清。一个大怪物向山顶飞来，它双腿像走路一样蹬着，一条胳膊朝前伸着，另一条胳膊下夹着一个女人。石意心想，这一定不是个好东西！

"救人啊！"一个女人发出求救声。怪物即将飞到大石头正上方时，石意用斧子朝头顶上的怪物用力劈去。他感觉劈到了一个东西，眼角看到了一个青面獠牙、蓬松长发、凶恶异常的怪物。它左胳膊下夹着一个美女，那美女双腿挣扎着，呼救不止。

石意跳下大石头猛追，到了大天井口不见了怪物，风也息了。石意走近大天井，井口宽一丈多，长两三丈，黑咕隆咚，怪物一定钻到深不见底的大井里去了。

石意一看斧子上有血迹，看来劈到妖怪或女人的身子了。石意往回走时，王恩也从石崖的窟窿里钻出来了。石意低头找血迹，三步一滴，四步一滴，猛然看到一只绣花鞋，哦！这不是被怪物夹的那个女人的鞋吗！

妖怪抢劫了大姑娘，石意、王恩无可奈何，就背着柴禾回家了。

第二天上午，石意担柴去卖。邻村村头一伙人围着墙

[1] 张口喘气的：活命的。

[2] 土窝子：土洞。

[3] 挤打：眨眼。

上的告示指指点点，七嘴八舌地说着什么。石意撂下担子，好奇地走上前去。他听说皇帝的闺女，就是皇姑被大黄风刮跑了，找到者有重赏，而且招为东床驸马；还有人说，谁能找到皇姑，谁就可以把榜揭下来。

石意不但见义勇为，还敢做敢当。他走上前就要揭榜，护榜的兵丁一手就把石意拽了回来，气汹汹地说："你小子大胆，小心你的脑袋！"

"我见皇姑来！"石意说着，上前又伸手揭榜，又被另一个兵拽下来，瞪着三角眼问道："在哪里？要是找不到，小心你的狗命！"

"昨天上午刮大黄风时，一个妖怪胳膊下夹着一个大闺女，随风飞到大天井里去了。你要不信，我领您看看去，我劈了妖怪一斧子，还拾了一只绣花鞋呢。"

原来，亭山头以西是邿国[1]的国都。邿国本来不大，但像麻雀一样五脏俱全。国王的公主在花园玩耍，一老妖精看到刮起大黄风，裹挟[2]起皇姑飞跑了。邿国的都城，离烂柯山也就是三十多里。

这个妖怪在烂柯山北的大天井穴居，修炼了几百年，成了老妖怪，呼风唤雨，祸害牲灵，作恶多端。为了延长生命，近几年又抓人，不过它不在本地抓，吸完人的精气就吃了他。从前它抓人，剜到篮子里就是菜。今天它挑来一个年轻漂亮的，若不是贪年轻，还挨不了这一斧子哩！

第二天，邿国国王就发来了大兵，大兵在大天井以西的山峪安营扎寨。从山峪上山，不上半里就是妖怪藏身之处。将官们带领石意再次察看了地形以后，就锯高树搭井架；借辘轳买麻绳，紧锣密鼓，准备下井捉妖救皇姑。

军需处设在兵营以西有水源的山口，人们都知道烂柯山上有个大天井、二天井，妖怪吃牲灵也人人皆知。皇姑丢失，轰动了周围村庄。山上、山坡、山下，到处是看热闹的人，都要看看妖怪什么样，皇姑是死是活。井口附近成了人的树林，人的海洋。

一个穿盔甲的高个将官，第一个走上井架，对井口

周围的一列大兵说："太子亲临井口搭救皇姑，皇帝有言，救皇姑者有重赏。井架已搭好，施救开始。"

他们的兵静静地听，高个子将军发问："谁下井救皇姑？"

副将、偏将、士兵们，你看我我看你。副将低下头，偏将眯缝着眼，谁都知道妖精的厉害，下井就是送死。

"谁下井？"将军高声呼叫。

"我下！"只见石意大踏步走向井架，他把斧子往腰里一插，噔噔噔几步走上井架，踩得井架一颤一颤的，嘴里还不停地喊叫道："我下，我下。"

将军拍了拍石意的肩膀，竖起了大拇指称赞说："好样的，发现皇姑者是你，劈妖者是你，第一个自告奋勇下井者又是你。你是个大英雄，除了你谁还敢下？"

他手下的将官都不敢，妖怪能把皇姑刮到这山顶上，平常的人谁能斗得过它。下去十个八个的也斗不过呼风唤雨的妖魔，都老老实实地站着，嘴巴闭得紧紧的，生怕露出半句"我下"的话。

"谁下，请站出来？"高将官着急了，声嘶力竭地问道。

将军的眼光落到石意兄弟王恩的脸上，王恩的头和胸脯就接吻去了。

石意不犹豫不彷徨地说："我下。"他来到天井边，看了一眼准备好的柳条筐，先把一只脚伸进柳条筐，再慢慢坐下。

王恩也走过来，扶住辘轳把说："哥哥，你下吧，我在井口等你。"

石意说："下到井底我晃井绳，铃铛一响您就停止放绳。我和皇姑上井也晃铃铛，铃铛一响你就往上绞。"

柳条筐由四个人抬到井口，然后一圈一圈地倒辘轳。无数双眼睛看着石意下井，都为他的生死担心。将军们的心里也没底，一个石意能打过妖怪吗？能活着出来吗？皇姑还活着吗？

石意下到半腰，越下冷气越重，光线也越暗，最后什么也看不见了。

柳条筐下到井底了。石意摸索着站起走出筐，慢慢摸到井壁。井壁的石墙冰凉，湿漉漉的。好一会儿，才发现

[1] 邿国：又名寺国、诗国，出土青铜器铭文作"寺"，《公羊传》作"诗"，是周代东方一个附庸小国，国君为妊姓，位于今山东省济南市长清县一带。

[2] 裹挟：抓住。

没有井壁的地方，石意试探着朝前迈步，继续前行。他脚板儿随高就高，随低就低，不能弄出响声，决不能被动挨打。他两脚交替着不停地探索着道儿，拐个弯儿后手脚并用再朝前摸。

忽然，前方有了点光亮，身上逐渐感到了温和，这大概是接近外界的地方，石意心中升起了希望。再前行，前方似乎有个洞口，洞内一定有妖或有人。前方更明亮了，石意救人心切，更谨慎地前行，千万别弄出响声，尤其身后那把斧子。

"哼哼，哼哼"，这是妖还是人声音？一定是前天，我那一斧子砍中了妖或人的某个部位。

光亮中闪出女人的模样，是皇姑！石意前行几步，隐约看到皇姑的脸庞。再近前，有个大东西躺着，好像皇姑为之察看伤口的样子，洞里清亮了。石意细心地近前观察，皇姑抬起了一只手，果断地往下砍，这似乎是刀切或下砸的暗示，石意一琢磨，心领神会了。

石意慢慢抽出腰后的斧子，一只手半举着，继续往前走，面前果然是妖怪。还好，妖怪头朝着石意这边，不知是睁着眼还是合着眼。石意把斧子举过头顶，对准妖怪的头部，在皇姑向后趔趄身子时，石意双手中的斧子极其准确地劈向妖精的头部。

"咔嚓！"一声，斧头劈进了妖怪的脑壳，血和脑浆溅了二人一身。石意恐怕妖精不死，举起斧子又猛剁了几下子。幸亏前天把妖精砍伤，若不砍伤它，今天石意一人还真对付不了它。

"哎呀！我以为活不了了呢！"皇姑说着，一下子倒在了石头地上。

石意慌着呼唤皇姑，把她扶起："姑娘，姑娘你醒醒。"

皇姑被石意拉起，皇姑急问："还有别人吗？"

"没有，洞里就我自己，"急忙催促皇姑说，"咱快走，这里太冷，咱俩不是冻死，就是饿死。"

石意扶着她进入黑暗的通道，摸索着按原路往回走。皇姑感激地问道："恩人，那天是你在山顶劈了妖精一斧子吗？"

"是，伤着你了吗？皇帝的大兵来了，都在山顶等着呢。"

二人又一起向井底摸索，一切还是漆黑的，石壁还是冰冷潮湿的。石意在前边拉着皇姑的手，摸到自己坐的柳条筐。他让皇姑坐到筐里，皇姑拉住石意的手，说："咱俩都坐下，一起上去吧？"

"你先上，我等下一趟。"不知筐里装不下，还是救皇姑要紧的想法，石意坚持不坐。

机灵的皇姑从头上拔下一根金簪子，折了几下断为两截，把其中一截递给石意说："恩人，你仔细存放这半截金簪。你去邦国皇宫找我，我是皇上的公主，千万别掉了。"

石意下井两个多时辰了，士兵和老百姓耐着性子等待。突然，井绳晃动起来，拴在上面的铃铛"叮叮当当"响了几下。

高将军和绞辘轳的那个人异口同声说："铃铛响了！""快往上拉绳子！"

不知道先上来的是石意，还是皇姑？还是两个人一齐上来？人们心中悬着的石头落地了。

辘轳绞井绳动，筐离开井底了。皇姑再三嘱咐说："恩人，你一定去皇宫找我，别掉了簪子！"柳条筐上升了，石意抬着头在黑暗中目送皇姑上井去了，心中也轻松了。

井口周围的人肩膀靠肩膀，后人的脚尖碰前人的脚后跟，千百双眼睛都望着井架上转动的辘轳和黑洞洞的井口，都盼着石意打死妖怪，都盼着皇姑升到井口。

"上来了！上来了！"皇姑终于出现在井口。她坐在柳条筐里，乌黑的头发白脸蛋，虽惊惧未消，也遮不住她的俊俏；虽惊慌，也压不住她高雅的气质。她默不作声地被绞辘轳的王恩等四人架出柳条筐，又被从宫中带来的宫女扶着走下井架。她毫发未伤，只是光着一只脚。

"有惊无失，我妹大福大贵呀！"太子感叹地说。

皇姑是由石意孤身一人救上来的，在众人的心目中，大智大勇的石意是顶天立地的大英雄。石意虽然还在井下，大家都敬佩他，仰慕他。人们纹丝不动站在井边。他们注视着井口，盼石意安全归来。

王恩亲自转动辘轳往井下放柳条筐，接石意上来。从皇姑一出井口，王恩就打起了小算盘。他似乎看到哥哥石意陪皇姑上京城，还看到哥哥穿上了绫罗绸缎，还想到哥哥和皇姑在鞭炮声中拜花堂……他又想，我和哥哥在山顶看见妖怪，救皇姑是我二人之功。谁救皇姑谁当驸马，这驸马只能由我二人中的一人去当。当了驸马吃香的，喝辣的，有权有势。可是有哥哥的福享，就没我的福享啊！

"哎哟娘哎，妖精上来了！"王恩边喊边撒开辘轳把跑下井架，高个子将军一阵惊愕之后，也无可奈何地走下井架。

"快砸妖怪，快砸……"王恩第一个搬起石头向井口砸去，边砸边大声咋唬："将军，快砸，快……"

那三个绞辘轳的也搬起了石头，都怕妖怪飞上来。士兵们和老百姓们也纷纷搬起了石头，像打麦场上扬起又落下的麦粒一样密密麻麻的，又像大雨下在井口，落进井筒。

众人抬柴火焰高。井口周围的石头都扔光了，妖怪一定被众人的石头砸下去了。至今，大天井口周边没有了碎石头。

石意在漆黑的井底耐心地等待，忽然上边落下来了一块石头，在井筒发出了"咯……咯……"的响声，石意思忖，一定有人谋害自己，反正皇姑已经救上去了，我死在井下也值了，只是老母亲跟前我不能尽孝了。石意急忙闪身躲进了石洞，大石头落在井底发出很响的声音。好悬啊！如果不是躲得快，早就被大石头砸成肉饼了。

天井被石头封住了，石意只好迈开大步往妖洞走去。救走了皇姑，石意一身轻松，他小时候听过大戏，竟学起了城里戏台上的花脸角色，喊起了二黄。"我石意……只身……入魔窟，舍己……救皇姑……呜呀呀……"这喊声虽不成调，竟震得石洞嗡嗡的。

过了老妖的洞，又发现一条道。这条道比妖洞明亮，一定有气眼。洞口透气透光，他爬过去往外一瞧。好家伙，上有青天，脚下有几十丈深的山涧，往南、往东都是直立的悬崖绝壁，要想从这里出去比登天还难。

石意只好转身往回走，想从别处另寻出路。正走着，忽听到"喀哧喀哧"的声音。近前一看，一条小蛇正啃石头。"你啃石头干吗？"石意竟不自觉地说出了口。

"我行错了雨，淹死了无数人口和牲灵。玉皇大帝让

龙王惩罚我，叫我在这里受罚。要我啃透这面石壁，才能让我出去。"小蛇竟然会说话。

"我帮你啃吧？"石意说着，趴下就"喀吱喀吱"地啃起来。不大一会儿，石壁竟然透明了。又啃了一会儿，整个石壁都敞开了。

石意喜出望外，小蛇高兴得跳起了舞。"恩人，这是你第二次救我了。"

石意愣住说："我在哪里救的你？"

"水淹臼城时，玉皇大帝下令拿我，我藏在高粱叶下，是你把我救上筏子。到了山上你放下我，我又被捉住了。玉帝罚我在这里啃石头，看，从这儿到那边，都是我啃的。"

小蛇爬到石意面前，又说："我想这得啃几十年哩！没想到你一啃，这石壁居然透气了，咱就可以出去了，请你把我脖子上的黄符弄下来吧！"

黄符一离小蛇的脖子，"呜"的一声从气眼石窟窿里飞走了，发出一道金光。

"恩人，你忠厚善良，帮助人不图报答，天下的人都像你一样就没有欺诈，没有争斗厮杀，天下就太平了。"

"咱想办法出去吧？"石意问。

"恩人，这里悬崖百丈，肉体凡胎根本出不去。妖怪住大天井，二天井住小妖，小妖供老妖吃饭，给它当差，咱就是找到二天井也出不去。"

"啃透这面石壁，我的受罚期限就到了。摘掉黄符我就自由了，你搂住我的腰，我带你出去吧。记住，无论有什么声响，你千万不要睁眼。"说完，小蛇变成了一条水桶粗的龙，眼像大白馒头，放射金光，爪子异常锐利。石意搂住它的腹部，合上眼。

"轰隆隆……，咯嚓嚓……，喵……哗……"几阵惊天动地的响声之后，石意又听到七零零咣当当的声音，继而又是呼呼的风声。无论多大变化和声响，石意就是不敢睁眼。不大会儿，石意眼皮亮了，身体也感受到了温暖，双脚接触到了石头。

"恩人，你睁开眼吧。"石意睁眼一看，这儿正是和王恩兄弟砍柴的地方，南边是大天井，不远就是烂柯山的磨斧钓和王质下棋处。刚才，龙劈开的这个石头窟窿，就叫

三天井。

"恩人！"龙又说话了，"你劈妖精进魔窟，是为民除害；你救皇姑，是大义大德。你蒙难井下我不救你，老天也得救你，好人会有好报。你弄下我脖子上的黄符，让我恢复自由，你是个有道德的人，老天和神灵都器重道德高尚的人。"

"快快回家看你老娘去吧！她再哭俩眼就都要瞎了。我要回东海了，咱们还有见面的时候。恩人，分别了。"晴朗的天空立时乌云密布，雨点噼里啪啦落了下来。龙腾起空，乘着云雨，飞上半空朝着石意点了三下头，盘旋一圈后，向东方飞去了。

石意走到大天井旁，只见天井被大大小小的石头堆满了。石意想想就害怕，如果不是小蛇龙的帮助，就算没被石头砸死，也会被封在魔洞里活活饿死。他想到了娘，转身飞奔下山。他跑进屋门，抓起老娘的手高兴地说："娘，我回来了。"

"石意啊，你想死娘了。都说你死在井里回不来了。"娘见了石意泪流满面，惊喜万分。

"娘，我这不回来了。"石意两眼看着娘，给娘擦了把泪。

"我儿回来了，我也死不了啦！王恩说你被妖怪吃了。上山看热闹的人说，是你下井救上来的皇姑。走路的都说是王恩咋唬[1]妖怪来了，是他先撒的辘轳把。"

歇了会，娘又说："一个拾柴禾的说，你兄弟叫往大天井里填的石头……还不如当时不救他来哩！"

"王恩呢，娘？"石意急切地问道。

"王恩要了那只绣花鞋，跟着皇姑和太子走了。"娘攥着石意的手说。

"娘，我要去皇宫找他。"

娘生气地松开攥石意的手说："他都把你闷到大天井里，你还要去看这没良心的人啊？儿啊，你怎么出来的？"

"娘，大天井半山腰里有洞口，我搂着一条大蛇出来的。娘，您给我贴几个饼子吧？我上邽国去，在路上吃。"

[1] 咋唬：叫喊。

"儿啊，你上那里干么去？咱有饭吃，有衣穿就行，不图别的。咱不去，在家过太平的日子吧？"

"娘，咱什么也不图。皇姑在大天井里给我这截金簪子，她叫我去找她，我答应了就得去。"一边说，一边给娘看金簪子。

邽国都城城门楼高耸，锦旗飘扬，大门洞开。宽阔的街道两旁瓦屋相连，店铺毗邻，行人如梭。

皇宫院墙顶呈凹凸状，两扇大门上的铜馍馍钉闪闪发光，大门两旁的十几个卫兵拿着刀剑，虎视眈眈。

"兵哥哥，我找烂柯山救皇姑的高个子将军，我叫石意。"

一顿饭工夫，有官员出门盘问石意，又回去禀报。半个时辰后，将石意接进皇宫。宫内戒备森严，兵丁林立。高个将军端坐一室，接见身着布衣土裤的石意。

石意将重返洞穴，帮蛇啃石头，龙劈开山把自己带到山顶，回家探母的过程一一讲明。高个儿将军捋着胡子笑道："勇士，你的大福大贵到了，老夫一定向皇上如实禀报。"

原来，王恩随太子下山，跟石意娘要了绣花鞋给皇姑穿上，就随大军来到了都城。

皇帝高兴，愿将公主许配救皇姑的勇士王恩。无奈，公主生闷气，一天到晚不作声。王恩住在馆驿里见不到皇帝和公主，也听不到皇宫的消息，只能忐忑不安地等待。

皇上听了高个子将军的禀报，疑惑地再问太子，才答应接见石意。毕竟有王恩先占了头功，经太子和高将军的证实，石意是独身下井救皇姑的英雄，可皇帝又别出心裁地出了主意。

他让人把一斗芝麻和一斗小米掺在一起，分别让石意和王恩一夜之间分开。芝麻里不能有一粒小米，小米里不能有一粒芝麻。

夜幕降临了，石意面对掺在一块儿的一大堆小米芝麻，着急地说："明知我下井救人，为何还让我挑芝麻？我没别的要求，见上皇姑一面我就回家。"话刚说完，密密麻麻的蚂蚁大军来了。它们兵分两路，衔芝麻的光衔芝麻，衔小米的光衔小米，不到半夜就分完了。米一堆，芝麻一堆，清清楚楚，小米里没有一粒芝麻，芝麻没有半个米粒。

石意笑道："谢谢蚂蚁大军，请回吧！"

王恩屋里就一盏油灯，他孤零一个人往外捏芝麻和小米。天快亮了，才挑出两小碗。

"陛下，石意把芝麻和小米完全分开，芝麻里无一粒小米，小米里没有一粒芝麻；王恩只挑了一小碗小米，一小碗芝麻。"监视人员向皇帝大声禀报。

皇帝听了微微一笑说："午后，再让他二人指出公主坐的大轿吧。"

宫门前十六座[1]大轿一字儿摆开，这些轿一样的颜色，一样的花纹，一样的锡疙瘩[2]，也一样的流苏[3]。典礼官传达皇帝旨意，叫石意王恩二人各找出皇姑坐的轿。

王恩从东走到西，又从西走到东。十六座一模一样的大轿让他看傻了眼，抓耳挠腮地左顾右盼，一顶也不敢指。

典礼官说："王恩没有认出，石意上前认轿。"

石意小声念叨："皇姑，你坐的哪座轿？"说完，走下了台阶。忽然一只小蜜蜂飞到石意耳边，细声细语地说："我们飞到哪座轿顶上，皇姑就在哪座轿里。"

石意抬眼看这十六座轿，"嗡嗡嗡"一群小蜜蜂一齐飞到中间一座轿上方，落在轿顶的疙瘩上，石意大步走到那座轿附近，用手一指，大声说："皇姑就在这座轿里。"

丫鬟掀开轿帘，搀起身着华丽衣服的皇姑，皇姑笑嘻嘻地走出轿门，正好和前来的石意四目相对。

石意抬起捏着半截金簪子的手，自信地伸到皇姑面前。皇姑的纤纤玉手捏着那半截金簪子，也正好向石意面前递去。

皇姑接过石意的半截和手中的半截，将两个茬口对在一起，严丝合缝，正是自己头上用的那根簪子。

"你怎么出来的？"皇姑关心地问。

石意随口回答："井口被碎石头填满了，我回到洞里找到了一条小蛇，帮它啃起了石壁，小蛇变成龙带我出来的。"

皇姑听口音和那天井下救自己的口音一样，心中大悦，

由衷地深唤一声："恩人……"皇姑婉转的声音里透出真挚的感谢之意，她对着身旁的典礼官大声说："这正是下大井劈死妖怪，救出我来的大恩人。"

皇姑向石意回眸一笑，由两个丫鬟接走了。

石意对典礼官说："请你告诉高个子将军，我回家了。"

典礼官对石意说："石义士，请听完皇上的安排再走不迟。"

高个将军迎过石意："请义士跟我到偏殿进餐吧？"

皇姑被大风刮走之后，皇后到处找寻，又哭又叫，像得了神经病。公主回到母后身边，皇后再也不叫女儿离开半步。皇上要把她许配拾绣鞋来皇宫的王恩，公主不高兴，也不说话。

听说石意来了，公主才把石意相救的经历一五一十地告诉母后。

从那，公主话也多了。

父皇让她坐到轿里，叫王恩石意相认。她很自信，这么好的石意一定不会被难住。她叫丫鬟用眼色或神情暗示给石意，只是石意没有别的心思，不会看丫鬟。

庄严肃穆的朝堂上，皇帝再次听了太子和高个儿将军陈述当日救皇姑的惊险过程，至此才明白公主不说话不喜欢的原因。皇帝决定第二天早朝，接见救出女儿遭人陷害的石意。

宫殿上戒备森严，庄重肃煞，典礼煌煌。百官文东武西，横成队，竖成行。"皇帝到……"值殿官喊道。

百官齐呼："吾皇万岁，万万岁！"

"石意撑起面来[4]，待本皇细看！"

石意二八年纪，面皮不白却透出英气，二目不大，却神采飞扬，穿戴虽朴素却散发聪慧气质。抬头向皇帝一看，刚毅的目光闪现出果决的神气。他向前走了两步，从容镇定，落落大方，不卑不亢。

皇帝看罢，龙颜大悦。

典礼官说："石意义士，可自报家门。"

石意前行一步，弯腰作揖："我家在臼城，现住烂柯

[1] 座：在此指一顶轿子或一乘轿子。

[2] 锡疙瘩：轿顶上葫芦样的装饰品。

[3] 流苏：轿顶上面的穗状饰物。

[4] 撑起面来：抬起头来。

山下。父亲去世早，母亲把我抚养成人。臼城遭灾时，我救了王恩兄弟，他早来都城了。"

太子上前作揖："父皇，石意第一个报名下大天井救我妹妹，也是唯独一个。昨天我妹妹亲口说，石意是她的救命恩人。"太子向前走一步，又说："石意善良、朴实、勇敢、坚强；有心胸，有胆量，能够舍己救人，是不可多得的良才。依儿臣之见，可做驸马。"

"本皇问石意，愿招你为驸马，你可从否？"

石意上前，做了个揖，坦然回答："我是种地的，配不上皇姑，愿立刻回家侍候我娘。"

太子近前说："父皇，石意诚实，不贪图富贵官职，这和他兄弟王恩截然不同。父皇，我朝就缺乏这样的正直人。依儿臣之见，我朝正应该重用这样无私无畏、正直勇敢的人。"

高个子将军走过来，做了个揖，说："我皇，石意这样诚实，舍己为人，实在难得。况且你许诺之事，各位大臣都知道。依我之见，石意堪为驸马。"

皇上笑容满面地说："就依太子和将军之言，将军给石壮士讲清此事吧？！"

高个将军走到石意面前说："皇上将公主许配于你，你愿意当他的女婿吗？你若愿意，你就说'我愿当驸马，谢父皇'。"

石意说："我家老辈种地，这里的规矩我不会，我还是回家种地去吧！"

太子和将军齐声说："我们慢慢教你，也把你娘接来。"

高个将军推石意向前："你跪下给皇帝说，我愿当驸马，谢父皇。"

石意慢腾腾地走向皇帝："我留下倒行，不知皇姑愿意不愿意。"石意松了口，太子和将军走了，文武官员也笑了。

典礼官带石意去更衣室穿上朝服，安排在太子站立的位置下。

武士推上来一个人，正是耍心眼、算计人的王恩。所有的官一齐望去，王恩早被剥掉锦绣服装，又换上原来穿的土布衣。走到朝堂，俩武士朝他腿弯里一踢，他扑腾跪倒在地，夺拉下头，浑身筛起糠来。

"大胆王恩，你赚我公主，欺骗皇上。不念你哥救命之恩，反而加害于他。四罪并罚，判处车裂[1]。即刻下到死牢，待公主大婚后执行。"

皇帝大声宣制，震得朝堂的尘土纷纷下落。文武百官怒视忘恩负义贪天之功骗皇姑的王恩，王恩没听完，就一头栽倒了。

两个武士像提小鸡儿一样，把卑鄙无耻、一肚子坏心眼的王恩提了出去。

皇帝命人把石意的老母亲接来，安排在一个花树繁茂、流水汤汤[2]的大庭院里。又派去男仆二人，女仆二人，厨师一个，一天到晚好生侍候。

皇帝封石意为驸马都尉，整修驸马府。派一千人下江南，为二人采购新婚丝绸服装；派另一千人去辽东，采购美玉奇石装扮新房。选择吉日良辰，给公主驸马举行婚礼大典。

王恩真是忘恩负义，这种人没有好下场；石意实心实意，诚心待人，终究得到了应有的报答。

讲述者： 黄贵生，男，1927 年 2 月，平阴县洪范池镇书院村，干部，初小
孟昭和，男，1932 年 5 月，平阴县洪范池镇小黄村，农民
采录者： 黄文俊，男，1946 年 5 月，平阴县洪范池镇苗海村，教师，大专
采录时间： 2007 年 9 月
采录地点： 平阴县城

[1] 车裂：是把犯人的头和四肢分别绑在五辆车上，套上马匹或者牛，分别向不同的方向拉，这样把人的身体硬撕裂为五块，所以名为车裂。

[2] 流水汤汤：一般是用来形容流水声的。做形容词时多指流水。

附
记

我从小就听奶奶和母亲讲《忘恩实义》的故事，每次听了都会感动好几天。来平阴城后，听忘年交黄贵生也讲了这个故事，而且与我听奶奶和母亲讲的大致相同。我又向孟昭和询问，而后整理成文，在我的故事集《红绫被》上发表。这个故事在洪范和东阿流传很广。大天井、大黄、小黄、荐诚禅院等都是真实地名，我都去看过这些地方。我还多次向群众作了演讲，他们听了都很感兴趣。

283

做梦娶媳妇

很久很久以前，三兄弟外出谋生。一天上午，他们来到了莲花山余脉北坡一个寂寥的山沟里。此时正是春天，阳光明媚温暖宜人。满沟的梨树飘着花香，山沟里的泉水不甘寂寞，叮叮咚咚，和着花香流到山下。

三兄弟走了一夜路，着实累了，就坐在梨树下休息。暖暖的太阳懒懒地扑在他们身上，浑身热乎乎的。老大见身下平坦，春草厚实，耳畔传来泉水的欢歌，他顺势躺下，不一会儿就听到了呼噜声；老二见状，受到了老大的感染，也躺在了花丛里；老三有精神，欣赏着满山妩媚的春色……

临到太阳落山，三兄弟醒了。老大抹了一把脸，意犹未尽地说："奇怪，我做了一个梦，好美，像是真的一样。"老二说："我也做了一个梦，里面有你，有美女，可能是到了想媳妇的年龄了。"老三只是坏坏地笑，不说话。老大说："我的梦好奇怪，跟你俩说说吧。"俩小的点头同意。

老大说："我们来到这山沟里，听到一阵姑娘的哭声。循声望去，见三个姑娘，身单影薄。在崎岖的山路上，她们各挑着两大桶水，浇灌这漫山遍野的梨树。我一看这要浇到什么时候？累死也浇不完。况且，这漫山的水气和灵气，自然滋润着梨花，何必多此一举。这三个像花一样的姑娘，累得让我心痛。我便与其中一个姑娘说：'这满山都有水，自然渗透到梨树下，你们岂不多此一举？'姑娘委屈无奈地说：'我们也不愿意干，有个魔鬼监督着我们。我们停下休息，它就抽打我们。'我说：'哪来的魔鬼，这么恶毒？'她用眼角瞥了一眼远处，说：'就是那个老头。'我见半山腰的柿子树下，真坐了一个老头。

"我想：这么一个老头，能有多大力量，让三个姑娘害怕。姑娘说：'它是一条蛇精。以前，母亲和我们三姐妹住在这美丽的家园。我们一家无忧无虑地生活着，精心呵护着大自然赐予我们的果实。一次蛇精化成人形，经过我们这里，便驻足想吃东西。我们以为他是远方来的客人，又渴又累需要帮助，便热情接待了他。他吃饱喝足后，问：'你们家男人呢？'老三心直口快说：'我们家就四个女人，没有男人。'蛇精一听没有男人，就起了邪心，赖在我家不走了。它强迫我们给它当牛做马，稍不如意就欺负我们，我们四个女人不是它的对手。我们过去与山上的小动物关系和睦，它来了就残忍地杀死它们，血淋淋的让我们做了给它吃。我们想逃离这座山，逃离它的魔掌。它发现了，又把我们抓回来，姑娘说完便哭了。

"我同情她们的遭遇，我想，我们兄弟难道还打不过一个蛇精吗？我说：'姑娘，你别担心，我们一定可以打死蛇精。'

姑娘高兴地说：'太好了，我们一家有救了。'我问：'它有什么本事？'她说：'它力大如牛，有毒牙，就在半山腰那棵柿子树下。'就在这时，我醒了。"老二说："我也梦见三个姑娘，与你说话的是大姑娘。我帮着老二干活，但她话不多，说有魔鬼看着她们，在半山腰的柿子树下。"

"我仔细看了看，在半山腰的柿子树下，还真有个老头。"

老大就站起来往半山腰看，远远地望去，是有一棵柿子树，真有一个老头形状的石头，与梦里的老头一样。兄弟三人走了过，围着石头转了好几圈。老三说："不就一块石头吗？还当真！你们是在做梦，都到了要娶媳妇的

年龄了，想姑娘想的。"

老大坚定地看了看老二，老二也有些迟疑。说："真奇怪，我也是半睡半醒的，而且梦中的老头就是这个模样。"老大围着石头转了两圈，见底下有个洞，说："不管真假，咱把这块石头推倒，看看洞里面有什么。"

三兄弟开始推石头，石头纹丝不动。他们开始想办法找窍门，就东推一会儿西推一会儿，南推一会儿北推一会儿。大约过了半小时，终于推倒了大石头。果然，石头下面的洞里有一条大蛇。他们用树枝挑出大蛇，大蛇一下竖了起来，嘴里吐着火舌，向老大扑去。老二在后面用树枝猛抽猛打，蛇一下子倒下了。老三用石头砸死了大蛇。

三人把蛇打死后，来到了山脚下，见一处农家的四合院。一老妇人站在院门口，对三人说："客人去何处啊？天色晚了，到家里来喝点水吧？"

三兄弟一天没吃饭了，又经过刚才的劳顿，肚子早饿得咕咕叫了。他仨也没客气，就进了老妇人家。

他们喝茶的工夫，一个姑娘给他们端来三碗面条，面条上面还有一个鸡蛋呢！还有一篮子面饼。三兄弟也不客气了，直到吃饱。

吃完饭，老大问老妇人："这叫什么地方？"老妇人答道："难离沟。"他们觉得好奇怪的名啊！

老夫人问："你们这是从哪里来？又到哪里去啊？"老大说："我们从很远的地方一路走来！家里穷，没有活路，出来讨生活的。"老夫人又问："你们都会干啥？"

"我们会干很多活，耕地、种粮、栽果树、修理果树……"兄弟三人一起说。

老妇人又问："你们娶亲了吗？"老大说："没有。"老夫人说："我家里有三个女儿，只是在这穷山沟里嫁不出去。"

老大腼腆，不知如何回答。老三鬼机灵，加上岁数小点，不知道害羞，说："俺们穷人，只要有人愿意跟俺就行。"

老妇人笑着说："我老了，出不去山沟了，也不想让女儿们走远。你们若不嫌弃，就在这里安家吧。"老三麻利地回答："好啊！"

老妇人问："如果你们在这里安家，家里老人咋

办啊？"

老大说："家里二老几年前就病故了，就我们兄弟三个。在哪里过都行！哪里安身哪里就是家。"于是，老妇人拍了三下手掌，三个姑娘从里屋走了出来。老大扫了一眼，正是梦里的三个姑娘。老妇人笑着说："选个吉日，给你们完婚！"三个小伙娶了三个姑娘。

从此，他们幸福地在这里繁衍生息！

讲述者：　郭华，男，1960年3月，莱芜市莱城区
　　　　　高庄街道办南梨沟村，高中
采录者：　亓玉玲，女，1963年4月，莱芜市莱城
　　　　　区牛泉镇亓毛埠村，教师，大学
采录时间：2012年9月
采录地点：莱芜市莱城区高庄街道办南梨沟村

附记

南梨沟是个有故事的村子，村名的来历还有另外的说法。第一个说法较广，说是古时有一粮食贩子用驴子运粮，当行至牛泉镇的绿矾崖（驴翻眼）时驴子累得翻了白眼。好歹走到"东西五斗"处，把粮食卸了一半。待行至八里沟（剥驴沟），驴子累死了，粮食贩子把驴子肉剥完卖掉，骨头、驴头之类的东西在南梨沟处刨了一道深沟掩埋了。从此，这庄取名叫南梨沟（南驴沟）。第二个说法是，过去在土沟的两边栽有梨树，因与北梨沟近邻，故名南梨沟。上面这个故事较为完整，而且村里的老辈们都这么拉。

284

舅变牛

有个人借他姐姐十二银子，姐姐给孩子成媳妇[1]需要银子。就问男人："孩子他舅还咱银子了吗？"丈夫说："没还。"

孩子的父亲得疾病死了。过百天时，孩子对他舅说："舅，人家又来要俺爹的棺材钱哩！你把那十二银子还俺吧。"

舅一瞪眼说："去年还你爹了，我在集上还的他。怎么还和我要呢？"

"没有，你要还俺[2]，俺娘咋不知道啊？"

"我还的那天是八月十四上午，在集市上，你爹回家没吱声吗？"

"兄弟，你还银子的事，你姐夫活着的时候没说过。"孩子的娘插嘴说。

"我要没还，我死了变成个牛填还您[3]。"他舅发誓说，

[1]　成媳妇：给孩子介绍对象或结婚。

[2]　还俺：意指给了，还完账了。

[3]　填还您：给您下力干活。

扭头就走了。从那,两家不和顺[1]。

这一年,舅家报丧来了。下大雨时,他舅在树下避雨叫雷劈死了。正巧,他家的小牛刚下生,娘俩都想起了他舅的誓言。

小牛跟大牛下地干活,小牛不走了,孩子朝小牛喊:"舅,你快走哎!"

他娘说:"你这孩子,可别这样,这事传出去丢人。"

讲述者: 饶化风,男,1910年1月,平阴县洪范池镇苗海村

采录者: 黄文俊,男,1946年5月,平阴县洪范池镇苗海村,教师,大专

采录时间: 1991年3月

采录地点: 平阴县洪范池镇苗海村

285

包脚布告状

早年间,有个穷汉过日子很俭省,一点一滴都怕瞎了[2]。他穿的衣裳老是补了又补,连了又连[3]。他有一双长筒袜子,破得没了底,往上一提溜[4]又当裤衩穿了。他那两块包脚布,穿的年数太多了。洗了再穿,穿了再洗,实在破得不像样子。有一回做饭,柴湿做不中,他就把包脚布塞进锅底下烧了。

这包脚布生气了:"你可是太会过日子了!我跟你这么多年,出了不少力,你把我烧了?!"它决定到阎王爷那里告状去。进了阎王庙,它就喊冤枉。

阎王爷问:"你叫什么名字?"

"我姓包,叫包脚布。"

"有何冤枉?"

"我给主人出了多年的力,他把我烧了!我死得太亏!"

[1] 不和顺:有了隔阂。

[2] 瞎了:浪费。

[3] 连了又连:缝了又缝。

[4] 提溜:往上拉拽。

阎王说："我不能光听你一面之词，还要查访查访。你有邻居吗？"

"有。"

"叫什么名字？"

"叫袜子。"

阎王爷叫小鬼把袜子传来，就问："你有个邻居叫包脚布，你认识它吗？实事求是，别乱说。"

袜子说："认识。"

"它说你的主人把它烧了，有没有这回事？"

袜子说："阎王爷，以前俺俩是邻居，可后来我升了，就不了解它的事了。"

"你怎么还升了呢？"

"俺那掌柜的过日子太省了，把袜底穿没了，往上一提溜，俺就升成裤衩了。"

"噢！"阎王爷一想：袜子升了，还该有邻居呀！

袜子说："阎王爷，包脚布还有个邻居叫鞋子，它应该知道这事。"

阎王爷听了点点头，叫小鬼快去传鞋子。

鞋子被传了来。阎王问："你叫什么名字？"

"我叫鞋子。"

"你的邻居包脚布死得亏不亏，你知道吗？"

"我离它远点，还有个近邻叫袜子。"

"我传过它了，它说它没了底，升成裤衩了。数你和包脚布近了，你说实话吧！"

鞋说："我知道是知道，可不能说哩！"

阎王生气了，喝道："为何不能说？！"

鞋说："阎王爷，你还不知道咧，俺这个主人很厉害，我一张嘴，他就拿锥子麻线缝我。"

讲述者：　封万林，男，1936 年 8 月，历城区姚家镇窑头村，农民

采录者：　封玉斗，男，1939 年 7 月，历城区洪楼文化馆干部，中专

采录时间：　1988 年 4 月

采录地点：　历城区姚家镇窑头村

286

东山上磨牙，西山上磨牙

从前，有一个媳妇舍下[1]三个孩子走娘家。夕阳西下，只听一阵风呼呼作响。霎时天昏地暗，黑云头下露出一个青面獠牙的妖怪来。眼赛铃铛，露着血丝，头赛柳斗。难看的黄毛卷曲着，双胳膊舞挓[2]着跟屋上檩条一般粗，双手指头拨楞楞[3]像权棍似的；它看到这样年轻貌美的俊俏媳妇，口水不觉流下半尺长，说："小娘子，你可跟我做夫妻吧？"这个媳妇早被这妖魔吓得半死，一激灵[4]道："你是何方妖怪？我岂能与你为妻！"

原来，这是一只狼精。它五百年修炼成人，经常在这一带兴风作浪，奸淫妇女，祸害良众。说时迟，那时快，这狼精早已把这媳妇若抓小鸡般擒入洞中。

这狼精摇身一变，变成一白衣仙子。就见他五官端正，风度潇洒，帅气十足，女子心有所动。但洞房中有一股强烈的狼骚味刺激，想到当初妖魔的凶险样，不觉香汗腮边

[1] 舍下：撇下，留下。

[2] 舞挓：舞动，挥舞。

[3] 拨楞楞：来回抓动。

[4] 激灵：颤抖。

流，眼中噙泪珠。

狼精道："我是野狼精！今天愿意也得愿意，不愿意也得愿意。我早知道你是寡妇章氏，今天我要与你同床共枕！"那狼精欲火中烧，喷出一股迷药，将寡妇章氏熏晕强行施暴。她如堕入万丈深渊，浑身瘫软如泥，骨头断裂般巨痛。

原来，这狼精经常变化人形，装成汉子，招摇撞骗，祸害妇女不计其数。此时狼性十足的妖狼精本性不改，又恢复了原形，将章氏玉体碎尸八段。狼精大口吃掉一半章氏的上身，把另一半藏在洞中石壁的木盒里。它摇身一变，变成寡妇章氏模样，挎着篮子，将章氏手指头、脚指头掖在花荷包里。

狼精来到章氏家中，此时已是半夜时分，漆黑一团。它伸出手来，"梆梆"敲门。

三个孩子惊醒了，问："谁呀？""我是你娘，快开门！""回来这么晚呀？""你姥爷爱喝酒，我忙活着炒菜，晚回来了！"声音带着一股野气、蛮气、霸气和杀气，根本不是娘的声音。

三个孩子心惊肉跳，吓得蜷缩在一起。

门被撞得咣当响，大孩子拉着两个小弟弟，走过来刚想开门，从门缝里看到了狼精掌上的毛，问道："娘哎，您手上怎么有毛？""儿呀，我从你姥娘家拿回来几匹麻，给你兄弟仨纳鞋底！"

兄弟几个信以为真，就开了门。只觉一阵凉嗖嗖的风灌进屋里，阴森恐怖，汗毛倒竖，接着闻到了一股血腥膻味。狼精说："娘走累了，赶紧都上床睡觉。"

兄弟仨听了，就战战兢兢地上床躺下。

那狼精也仰巴叉[1]在另一头，只听到"咯嘣咯嘣"一阵碎响，狼精在吃章氏的手指脚趾。

孩子们问："娘哎，你吃么[2]哩？"

狼精说："我心口痛，我从恁姥娘家拿来几个脆萝卜吃了压压！"

孩子们越寻思越不对劲，这哪是自己的亲娘啊！但又不敢泄露真实想法，翻来覆去乱鼓涌[3]。

狼精想，今天你仨天大的本事也跑不出我的魔掌啦！它咬牙切齿，咔嚓咔嚓响，露出本相，恶狠狠地说："东山上磨磨牙，西山上磨磨牙，今天黑夜吃你兄弟仨！"

兄弟仨装呆装迷糊，机智应对，设下圈套，说："娘哎，天这么冷，咱出去玩玩吧？"

这时，天已微明。兄弟一人早出去偷找邻人支上大鏊子[4]，点上火。大槐树上架上吊杆，鏊子上放上水胶，鏊子烧得滚烫滚烫的。孩子们恭敬地说："娘哎，出来烤烤火吧？"

狼精出来一看，孩子们还真孝敬，便来到鏊子边上。早有几个彪形大汉把绞绳套在它脖子上；黑压压庄乡爷们齐声呼喊"一二"，早把狼精吊到十几丈高。一松手把狼精蹾到鏊子上，"吱啦"一声，一股焦糊的味腾空而起，刺鼻难闻。狼精嘶哑嚎叫现了狼形，粘在红铁鏊子上。

众乡邻举起铁锨镢头一起砸，砸了个稀巴烂，替章氏报了仇。

三个孩子将狼精埋在槐树下做肥料，仨孩子给寡妇娘做了个空坟，披麻戴孝埋了了事。善恶需有分，莫把妖做人。

讲述者： 尹彬祚，男，1901 年 3 月，平阴县安城乡让庄铺村，农民

采录者： 尹燕忠，男，1951 年 10 月，平阴县安城乡让庄铺村，高中

采录时间： 1976 年 8 月

采录地点： 平阴县安城乡让庄铺村

[1] 仰巴叉：俗语，意思是身体向后，仰面跌倒的姿势。

[2] 吃么：吃什么。

[3] 乱鼓涌：一刻不停地乱动。

[4] 大鏊子：摊煎饼用的炊具。

附
记

这个故事我是 1976 年 8 月，与尹彬祚老人在村头大柳树下乘凉时听他讲述的。他知道的鬼怪故事真的很多，有的故事晚上听他拉了都不敢走夜路。每次听他讲故事，都要选择正午太阳当头和人多的时候，这样晚上还做噩梦呢！现在想起来就觉得好笑，因为那时候年龄小，没见过大世面，这才让他的故事吓着咧！其实，民间有许多的传说故事，都是老一辈口耳相传的。

287

除妖精

有个村庄，原先挺安稳[1]。不知从哪里来了个妖精，一到半夜三更，就出来伤人，还专吃小孩。村里家家户户，吓得一到傍黑天[2]就插门关窗。光这样不是个长法儿，老百姓就报了官了。

官府里派了当差的来，当差的找这个庄上的地方[3]。地方领着当差的，围着庄子转了一圈。见庙后头一个洞，就琢磨着妖精准在这个洞里。当差的叫地方找了根大长绳子，他可不敢下哩！就叫地方下去。地方也是害怕，不下去又不行。没办法，硬着头皮答应了。

当差的打谱[4]，把地方用绳子续下去[5]。这时，忽然来了个老道士，他问："您这是干啥呢？"

地方人说："俺庄上来了个妖精，净吃[6]小孩。这不

[1] 安稳：平安无事。
[2] 傍黑天：太阳落山。
[3] 地方：庄上的主事。
[4] 打谱：打算。
[5] 续下去：送下去。
[6] 净吃：经常吃，不停地吃。

叫我下去，还知不道是死是活，想在这里吃顿团圆饭。"

老道说："你这回下去是死无活。今天遇上我咧，我也帮帮你的忙。你把手伸过来，我给你画到手上两个小人。不到万不得已的时候，你别张手[1]。"老道这么一说，地方全家人也都高兴了。大伙吃完了饭，把地方拴住就续下去了。

到了底，地方自己解开绳子就往洞里钻。洞里漆黑的啥也看不见，他慢慢地摸着走了一段，看见前边有个灯亮。到了跟前一看，见一个大闺女在那里坐着不动。又仔细一看，不像是妖精，是个凡间人。他还没说话，那个大闺女先说话咧："你这个人到下边[2]来干啥？"

地方说："俺这里出了个妖精，净吃人，我下来看看。你怎么下来的呢？"

姑娘说："我是让那个妖精抢来的，我来的时候不少[3]咧！那个妖精在洞里睡觉哩，它要是醒了就吃你。"

地方说："不要紧，我有法术。"

闺女说："有法术也不行，它有个宝贝。"

"什么宝贝？"

"它有一口大锅，不管什么人，它一掀就得进去。"又说："我看妖精睡着了没，它要是睡实了，我把那锅拿了，你再藏到洞里。"

这姑娘进去先偷出锅来，又把这个地方藏好，才去叫那妖精。妖精一醒，就觉得有生人味，就想吃人。

这个地方害了怕啦，猛一伸手，"咣唧"一声就把妖精劈了。洞里那些小妖精听见动静，都出来想吃他。他又一伸手，把那些小妖也打死了。

这个闺女挺高兴，说："他还有个宝贝算盘，一晃咱就能上去。"真格的，闺女拿着算盘子，地方拿着锅，来到洞口一晃，就上来了。

一说把妖精打死了，还得了两件宝贝，都挺高兴。宝贝交给官府，官府还奖给了地方一百两银子。村里这才又过上了太平日子！

[1] 张手：把手伸开。
[2] 下边：地下；底下。
[3] 时候不少：时间很长。

讲述者： 吕素孝，男，1920 年 3 月，历城区彩石乡韩家峪村，农民，高小
采录者： 李宗斌，男，1957 年 10 月，文化馆干部（孙村镇山庄村），中专
邹连琪，男，1948 年 8 月，文化站站长（彩石乡大龙堂村），初中
采录时间： 1987 年 5 月
采录地点： 历城区彩石乡韩家峪村

288

蟀
妻

古时候，有位书生名叫孟幻。他爹娘死得早，上无兄，下无妹，光棍一条。生活全靠祖传的二亩薄田和三间土房度日。他立志发奋读书，求取功名，改变家里的贫困状态。

这天吃罢晚饭，他刚拿出书来准备诵读，忽然听到有"咚！咚！咚！"的敲门声。开门一看，一位俊俏的女子站在门口。只见她身着翠绿的衣裙，丰满的胸部格外凸出，乌黑的头发上插满了金银头饰。特别是那两边的耳环，大圈圈套小圈圈，让风一刮，发出清脆的银铃声。真是貌若天仙，绝代佳人。

说真的，哪个男人不钟情？所以孟幻见到这女子，心情特别振奋，赶紧把她让到家来问个究竟。

女子说："这位大哥，俺是去陈家沟走娘家路过这里的。天黑了，一个单身女人走夜路，怕出个好歹，大哥行行好，让俺在你家住一宿吧？"

孟幻听了女子的话，觉得左右为难。留下她吧，别人知道了好说不好听，还会影响给自己提亲，谁家的姑娘也不愿跟吃着碗里的看着锅里的人；不留吧，这黑灯瞎火的，出点事怎么办？思来想去，认为做人还是善为先，人正不

怕影子斜。于是，他便把这女子留了下来。

孟幻把自己的床铺让给女子，自己搬到偏房的柴火棚里度过了一夜。

鸡叫天明，月落星稀。孟幻听了听女子还在熟睡，自己便想出了新招，他决定到朋友家躲避一天。心里想，自己不在家，那女子肯定会走的，可事实却恰恰相反。

太阳落山，各家各户的烟囱冒出炊烟。天色已到了晚上的饭时，孟幻高高兴兴地回家来。可推门一看，那女子不但没走，还把晚饭做好了。屋里屋外收拾得干净利索，处处安放得停停当当。他心中特别纳闷，开口问女子："这位妹子，你今天为何还不走？"

女子说："大哥，我年方十八，已到了谈婚论嫁的年龄，俺爹俺娘让我找个忠实可靠的人。我见你只身孤影，人品又不错，能留下来照顾你吗？"

孟幻听了又惊又喜，惊的是真没想到这样美丽俊俏的姑娘会跟着他，喜的是自己平生没有尝过有家人做饭菜的滋味。心里想，有这样贤惠的女人为他料理家务，也算是修来的福分吧！

没费三言两语，两人配对成双，小日子过得和和美美，顺顺当当。

一年之后，妻子怀孕临盆。她再三叮嘱丈夫，分娩时千万不要进入产房，什么时候进入会呼喊他。

孟幻在外面听到妻子一阵阵叫痛声，心如刀绞。一天过去了，不见婴儿落地；两天过去了，不见妻子喊他。孟幻沉不住气了，心想，难道妻子出事了？他再也熬不住了，一个箭步闯进产房，不看便罢，一看吓得大惊失色。

产房里，一个人头大的蟋蟀，露着两颗大白牙，正咬身上的脐带，他眼前一黑，倒在地上昏了过去。

那蟀妻见孟幻昏倒，泪水像清泉一样涌出，滴滴答答落下来，心里说："丈夫呀丈夫，我不是说好了吗，不叫你别进来。这下可好，你冲了红门[1]，我再也不能变人了，咱们俩的日子也算到头了。"

孟幻从昏迷中醒来，耳听到蟀妻轻轻地对他说："丈

[1] 红门：民间禁忌，男人不能进月子房。

夫呀！我是城东陈家沟的蟋仙，号称白牙青[1]。那天我正在场院里玩耍，一只雄鸡想吞吃我。在万般无奈的情况下，是你带领别人把雄鸡赶跑救了我这条命。有恩不报非君子，我修炼成仙，变作凡人，报答救命之恩。咱的孩子起名就叫蟋儿，你要好好抚养他，我不能做你妻子了。"

孟幻慢慢地清醒过来，他捶胸跺脚，后悔不该不听妻子的话。虫有虫情，何况人乎？一步走错，步步难行。

孩子哇啦哇啦地哭个不停，蟋妻说："我给你们留下牙刀一把，这刀就是为妻的牙，如果遇到坏人作孽，你就向牙刀求救。"

蟋妻说完，带着满嘴的鲜血，一道闪光，永远地离开了这里。

孟幻抱着孩子在后面追赶，这生离死别，那嘶哑的喊声和哭声，震荡着天，震荡着地，震荡着每一位有情人。

蟋妻一去不复返，从此他和儿子蟋儿相依为命，那把牙刀，一次次帮他们渡过难关，闯过艰险。

孟幻每怀念蟋妻时，就拿出那把牙刀，那亮晶晶的刀面上，时常还会显示出蟋妻的身影。

讲述者： 谢学智，男，1950 年 7 月，宁津县杜集镇五大庄村，小学
采录者： 谢学军，男，1950 年 3 月，宁津县杜集镇五大庄村，高中
采录时间： 2019 年 3 月
采录地点： 德州市宁津县杜集镇五大庄村

289

戏耍王财主

阿婆的儿子自从娶了"蛐仙[2]"为妻之后，小日子过得财源滚滚，顺顺当当。

儿子耕种着农田，"蛐仙"在家纺线织布，布匹攒多了，还时常拿到集市上去卖。有吃的，有花的，一家人甭提多么舒心。

俗话说，"人有旦夕祸福，天有不测风云"。阿婆家的日子过得好，却惹得别人的眼红，特别是那些有钱有势的人，把"蛐仙"看成是一朵鲜花插在了牛粪上，成天吹着墣土找裂纹[3]，说阿婆和儿子这么不好那么不行，尽往他母子身上泼脏水。

闲话到处有，不听自然无。对外边的风言风语，阿婆一家三口从不理睬，把全部精力用在过日子上。事情往往是这样，你有要强的心，却无要强的命。村东王财主就看上了"蛐仙"，暗地里想点子要把美人得到手。

这个王财主，人送外号叫"惹不起"，仗着家里趁钱，

[1] 白牙青：蟋蟀，属宁津名产，其特点长脚青，牌面一流，周身青光裹体，黄板牙粗厚牙尖内勾，钳形极佳。

[2] 蛐仙：此指蟋蟀精。

[3] 吹着墣土找裂纹：找茬子，无中生有。

买通了官府，纠集一伙地痞二流子，成天惹是生非，胡作非为。他见"蛐仙"长得好看，起了歹心，便心生一计。

这天，阿婆的儿子赶着牛车下地收工回家，正路过王财主的家门口，忽见他一个箭步闯到车底下，硬说把他的腿轧伤了。阿婆的儿子知道他这是在无理取闹，但又无奈，只好托人说事。

王财主来了个狮子大开口，非要两千两纹银不可，如果拿不出，就让"蛐仙"顶账。否则，告到官府，到大堂上说事。阿婆哪有这么多银两，她和儿子急得搓手跺脚就是想不出解决的办法来。

"蛐仙"心里明白，知道这件事是冲着她来的，便心生一计，决定利用王财主色迷心窍的机会戏耍他一番，出出这口恶气，于是她对母子二人说："既然王财主看上我，咱就依了他，我琢磨好了套路，怎么走过去，就让他怎么送回来，叫他当着庄乡的面丢人现眼吧。"

虽然阿婆和儿子听懂了"蛐仙"的意思，但还是有些不放心，儿子说："娘子，你可千万要小心呀！"

"蛐仙"说："这个你们放心，有菩萨保佑呢。"

就这样，"蛐仙"给王财主传信儿，让他来人商谈迎娶之事。

王财主见用计得逞，眉开眼笑，乐得鼻子尖上都是笑窝。他吩咐管家带上聘礼到阿婆家，还把索要的两千两纹银写下字据，一笔勾销。

一切办妥后，王财主通知了所有亲戚、朋友，大喜之日前来参加婚宴。

迎娶"蛐仙"的锣鼓声、唢呐声此起彼伏，在这热闹的气氛中，"蛐仙"随同王财主拜完天地，入了洞房。王财主说："娘子，你略等片刻，我到酒席上敬一圈酒马上就回来。"

不大工夫，他带着酒气、色气跑进屋来，伸手揭开了"蛐仙"的盖头。

他不看则罢，一看吓得魂飞魄散，汗毛孔直立，嗷的一声跑出屋去，并且边跑边喊，妖怪！妖怪！

王财主这一嚷，婚宴上的人们都放下酒杯，围拢在洞房门口看看新娘子是不是妖怪。"蛐仙"站在门口，故意让大伙瞧。面对一个绝色佳人，谁也没瞧出有半点妖怪的

地方。有个人站出来说："我说'惹不起'，今天是大喜之日，说点好听的话都高兴，你喝了几杯酒说啥不行，凭什么说新娘子是妖怪，你说她妖怪在哪里？这么多人都没瞧出来，你是火眼金睛呀！这个喜酒还让人们喝不？"

王财主哆哆嗦嗦地说："她的头，青面獠牙，两颗大长牙就像锯条，吓死我了！"

"蛐仙"问大家："王财主说的对不对？"

大伙都异口同声地说："不对！他这是在说疯话！醉话！"

王财主看着是妖怪，大伙看着是美女，这到底是咋回事？

你可别忘了，"蛐仙"是观音菩萨身旁的"蛐仙"，她这是使的"两面迎"的法术，大家看，就是美女，王财主看就是个大蛐蛐头。

王财主要求退婚，"蛐仙"坐在地上拍着大腿就哭闹起来，边哭边说："舍下俺丈夫跟了你，你叫我的脸往哪里搁？我只好死在你家了！"说着，她的头就往墙上撞，也不知怎么弄的，鲜血顿时布满了脸。

王财主怕闹出人命来，赶紧让管家问问回去要什么条件。

"蛐仙"擦了擦脸上的血迹说："不拿东西人家是不让我进门的，我得带着两千两纹银，你用八抬大轿吹吹打打送回去。"

王财主没打折扣，只要走就行，马上吩咐管家尽快办理。

王财主的婚宴不欢而散，阿婆家大摆宴席迎接"蛐仙"回家。

讲述者： 谢学智，男，1950年7月，宁津县杜集镇五大庄村，小学
采录者： 谢学军，男，1950年3月，宁津县杜集镇五大庄村，高中
采录时间： 2019年3月
采录地点： 德州市宁津县杜集镇五大庄村

《蟀妻》《戏耍王财主》这两个故事是济南市中区王奎杰老师推荐的，而且还专门写了一篇文章《蟋蟀老家在何方？山东宁津陈家庄》。从前，这个村里有个陈老汉，在村西北角种了十来亩地，他在地的中央修了两间简易住房。周围全是菜地和庄稼地。

有一年初秋时节，晚饭后，刘老汉在院子里喝茶乘凉，突然听到一种"呋——呋——呋——喳——喳——喳"的声音，声音顿挫悦耳动听。费了九牛二虎之力，找到了两只透明的翅膀的小虫，发出"呋——呋——呋——喳——喳——喳"的响音。这种小虫头大腿长身子短，两只大眼炯炯有神，整个身体只有一节手指长短，颜色和土色相似，跳跃非常敏捷。陈老汉根据叫声"呋呋"的谐音起名叫"蟀蟀"。

当时流传一个歌谣：

宁津土地是个宝，长的小虫真灵巧；

头大腿长很好看，翅膀一动呋呋叫。

290

王名除妖

从前，王家庄有个叫王名的后生。他自幼经名师传授了一身好武艺，经常干些劫富济贫的生意。久而久之，财主官宦都气他恨他。

这年腊月二十三的晚上，王名来到村外伺机打点秋风[1]。突然，他见远处两盏灯光，一闪一闪地走来。王名以为是过路的官商，就轻手轻脚地凑了过去。到近一看，大吃一惊。只见一个头大如牛、眼如灯盏、大钩鼻子似鹰嘴、嘴有簸箕大的怪物，大爪子抓着根曲里拐弯的大树根，慢腾腾朝前走来。

王名在暗处跟着妖怪，一前一后来到一个大镇上。妖怪串街过巷，来到一家刚办过喜事的人家。

王名提身来到洞房后窗上，用舌尖舔破窗户纸往里看，刚好看到妖怪将新郎用爪子掏心杀死。王名吓得几乎从屋上掉下来，他紧随其后，直到妖怪消失在一片大坟包上，才抱头鼠窜回家。

新婚死了儿，主家悲痛万分，以儿媳妇早有奸情为由

[1] 打点秋风：此指借机索取点财物。

报了官。县官问新娘，新娘只是哭哭啼啼。没有办法，只能先把新娘收押。

这天晌午[1]，一年轻后生牵着毛驴送结了婚的妹妹回婆家。走到坟地时，妹妹要解个手，便到坟包后方便一下。谁知方便完提裤时，发现裤子竟不见了。只得把裙子往下拽拽，狼狈回家。

新郎被掏心，新媳妇在坟后解手丢了裤子的事，很快就传遍了全县。三传两传就传到王名的耳朵里，王名觉得不能见死不救。于是，进城见官，将那夜看到的事情与县令说了一遍。

县令大喜，当即召集衙役去那片可怕的坟地。又派人到四外八乡找来几十名青壮年，将坟场围了个严严实实。

王名和县官在一个两间房大的坟包上，找到了一个洞口。王名转了几圈，肯定那妖藏在里面。县官招呼衙役和青壮年，把那坟墓挖开。

人多好干活。不大工夫，就把坟掘开了。等把盖石[2]一掀，见一只大红厚木棺材还没烂掉。大伙用力打开棺材盖一看，那妖怪正头枕小媳妇的裤子睡得香甜。王名眼疾手快，一斧把妖怪的头砍了下来。一股浓臭迎面扑来，众人盯眼细看，原来是只大獾。从此以后，这一带再也没有发生怪事。

讲述者：	王振华，男，1964年1月，莱芜市方下镇土楼村，高中
采录者：	冯岳山，男，1970年10月，莱芜市羊里镇辛兴西南村，大学
采录时间：	1992年7月
采录地点：	莱芜市方下镇土楼村

[1] 晌午：上午。

[2] 盖石：坟墓石头盖板。

附　记

据讲述者王振华介绍，民间故事《王名除妖》是他听爷爷讲述的，并且在居住地周边广为流传。这个故事也曾听到过不同的传讲版本，其主题基本相同，只是情节有些不同而已。这个故事收录进《民间故事精选》一书中，李胜华搜集整理，1993年6月，泰安市新闻出版局出版。

291

张三放牛

很久很久以前，泰山桃花源的黄石崖边上，住着一个小伙子，名字叫张三。张三不在山里开荒种地，持斧砍柴，而是专给山外十里八村的乡亲放夏牛[1]。

张三放夏牛，从不跟牛的主人讲价钱，把人家赶来的牛当作自家的好生喂养。春耕后赶进山交到张三手里的牛，身上的骨头架子都硌人。经过张三一个夏天的放养，都长得滚瓜溜圆，膘肥体壮的。每当牛群过沟下坎时，牛屁股上的肉蛋蛋儿都是颤忽颤忽的。牛的主人钻进牛群一遭儿一遭儿地转悠，就是认不出哪头牛是自家的。因此，每年春末的时候，大家都愿意把牛让张三来赶。张三赶的夏牛最多，挣的工钱也尽够[2]他一年的吃穿嚼裹的[3]，他也就

一年四季都不用出山。

张三放夏牛从不怕山高路险，就怕一样东西。啥？深山沟"忽拉"一下罩起的"黑瞎子雾[4]"。一提起这黑瞎子雾，眼前什么也看不清，让人头晕目眩的。只听得山沟里洪水咆哮，山梁上阴风阵阵。天、地、人都跟着黑瞎子雾转，人就像被扣在严丝合缝、黑咕隆咚的铁锅里。一旦碰上这黑瞎子雾，光吓也吓个半死，能够死里逃生的就很少了。

那一天，张三和他的牛群就一起被扣进铁锅里了。张三明白碰到黑瞎子雾了，最好的逃生方式就是原地不动，死等到[5]黑瞎子雾最终散去。牛却不听这一套，张开嘴乱叫，瞎着眼乱跑。

张三听人说过，有一个牛倌碰上黑瞎子雾，牛群像没头的苍蝇一样乱跑，八十多头牛全都跌到山崖下摔成肉饼子了。等到云开雾消后，牛倌哭了一天一宿，怎么想也觉得没法给牛主人交代，也纵身跳下山崖了。

张三这时正急得满头大汗，只听得见马蹄声疾，铃声叮当，打远处跑来一匹马。那匹马围着他转一圈后，用嘴拱着他的手直晃动。他心中明白，这马既能摸黑进得来，肯定也能摸黑出去！便将放牛长鞭摸索着系在一头牛的犄角上后，翻身上马。一手揽着马缰绳，一手握着鞭杆牵牛。随着铃声一路呼啸，闭着眼睛愣是跑出了黑瞎子雾。回头一看，那百十头牛一个个咬着前边一头牛的尾巴梢儿，连牛毛也不曾少一根。张三喜出望外，正拉着马儿亲不够，却看见夜里睡觉的石屋里笑盈盈走出一个模样棱俊[6]的姑娘来。

那位姑娘落落大方地走上前来，开口责怪说："张大哥，俺听说你是个老实厚道人。可你今天骑了俺的马救了你的牛，你咋连一个谢字也没有？"张三这才知道，那救命的恩人是这位姑娘，便急忙上前施礼："感谢大姐的救命之恩，今生今世也忘不了你的大恩大德。"姑娘笑着说："张大哥，咱们乡里乡亲的，你帮俺，俺帮你还不是应该

[1] 放夏牛：过去的时候，老百姓养牛只是用来春耕秋耙的，从不轻易地把牛撂倒剥皮杀肉吃，和牛的感情都挺深。一年养下来也就秋天用它个把月，其他时间也得吃草喂料的，对于老百姓来说也是一笔不小的咀嚼开支哩！于是，人们就在春耕结束了，青草半拃高的时候，就折上一根柳枝子把牛轰进泰山桃花源的深山里交给专门放牛的人，直到过了处暑，地里见新茬子了，再把耕牛赶回来，犁田种地，这种营生就叫作放夏牛。

[2] 尽够：足够。

[3] 吃穿嚼裹的：吃穿不愁。

[4] 黑瞎子雾：一种山里雾气。

[5] 死等到：一直等到。

[6] 模样棱俊：长清方言，漂亮。

的？"张三疑惑地问："大姐家是哪村的？趁天早俺把你送到家去吧？"姑娘抿嘴一笑说："山神是俺爹，土地是俺姥爷，俺娘跟着俺爹巡山去了，你把俺往哪儿送呀？"

张三一愣，心想，怪不得她能从黑瞎子雾里把俺救出来。原来是山神的女儿，也就算是神仙了！就急忙趴地上叩头，嘴里一个劲地赔礼说："放牛郎张三有眼无珠，不知道你是神仙姐姐，恕罪恕罪！"姑娘急忙拉起张三，羞答答地说："张大哥，今儿个你脱难共灾。一来是你福大命大，二是爹娘开恩。月老牵线说咱俩有一段美好的姻缘，你要不嫌弃呀，从今儿起俺就给你洗衣做饭，陪你说话解闷吧？"张三听了，连连摆手说："你是神仙姐姐，俺是凡夫俗子，就是天王老子借给俺胆子，俺也高攀不起呀！再说你屈尊下嫁给俺一个放牛郎，日后也会后悔的。"姑娘说："张三大哥，这你就放心吧。俺喜欢的是你这个人，俺只求夫妻恩爱，白头偕老。今天，俺月红也发个誓。石崖作证山为媒，终生相伴张大哥。"

此后，二人就过起了甜蜜的幸福日子。月红有妙手绣花的好手艺，绣的百花引蜜蜂，绣的鸳鸯引鱼跃，绣的鸟儿引伴来。张三除了早出晚归地放夏牛，就是春秋两季的时候，逢集到市[1]的就卖月红的绣品。

眨眼间，两个多年头过去了。这一天是腊月二十六，山外界首镇的最后一个年集。天上飘着鹅毛大雪，路上积雪深没了腿，可张三却邪了门儿似的，执意要去集上买年货。

月红拗不过他，只好唤来那匹救张三逃出黑瞎子雾的小灰马，再给他披上一件又轻巧又暖和的斗篷，掐破耳朵再三嘱咐说："张三哥，你千万记下我说的话。说啥也不要牵马过市，丢啥也不要丢了斗篷；吃啥也不要吃酒，买啥也不要买枪药鞭炮。"

张三说："记下了，记下了，俺又不是头一回赶集。"

月红说："张三哥，俺再给絮叨几句话。小灰马救过你的命，但没见过大世面，惊了它吓着赶集的咱得罪不起。斗篷不值钱，也是俺的贴身宝贝，没了它我就会浑身筛糠冻死在这山里。喝酒肯定耽误事，火炮一放惊山神。这些

[1] 逢集到市：赶集。

都万万做不得，你可千万记住了！"

张三说："你说的俺记牢了，俺要是做不到就叫俺变成个石头疙瘩僵尸人！"张三穿了月红的斗篷，轻快暖和地坐在马上。别看小灰马个头小，却爬山越岭如履平地。眨眼的工夫，就到了界首镇的集口上。

集市上人挤人的，太拥堵了，张三就下马牵着往里走。小灰马却愣是四蹄不动，他这才想起月红"不要牵马过市"的话来，就瞭望[2]着该把小灰马拴在哪儿牢靠。这时，几个庄稼汉子乐呵呵地赶过来。拉着张三的手，亲热个不够。耕牛就是庄稼人的命，大家纷纷说着张三把耕牛救出黑瞎子雾感激的话。其中一个拽住张三胳膊说："兄弟，今儿这集俺也不赶了，你跟俺回家，叫你老嫂子炒上几个小菜，哥哥得正儿八经地敬你三盅酒！"另一个有点不耐烦地说："叫兄弟上你家里喝酒，人家还办不办年货？都别争了，今儿个俺掏钱，请张三兄弟去酒馆里喝两盅，你们都作陪吧？"随后，这个拽，那个拉的。别说张三了，连那匹四蹄不肯动不肯走的小灰马，也给弄到酒馆的院子来了。

掌柜的一见呼呼噜噜[3]进来这么些人，还推着拥着[4]一匹小灰马，心里一乐，嘴上也就格外甜，说着一些过年的呱[5]。那个请客的庄稼汉截住掌柜的话说："大冷天的，别叨叨了[6]，热酒热菜快上来，好给俺兄弟暖暖身子！"

张三是个实诚人，忙说："不急，不急，兄弟我不光不冷，浑身上下还冒汗呢！"那个请客的庄稼汉说："张三兄弟做事厚道，说这话可就不实在了，俺扛着半布袋绿豆走了十多里路，冻得还哆嗦哩[7]。你冒雪骑马迎风，身上倒冒汗？俺才不信哩！""大哥你可别不信，俺觉着自打披上这个斗篷，比穿上老羊皮袄还暖和呢！你看看，从见面到现在，我冻得唻呵[8]来么？""兄弟，你那斗篷就是火龙单呀！"大家都半认真、半开玩笑地恭维着眼前这

[2] 瞭望：四下里看。
[3] 呼呼噜噜：一块来。
[4] 拥着：也当推讲。
[5] 过年的呱：吉利话。
[6] 别叨叨了：不说一些话了。
[7] 哆嗦哩：发抖。
[8] 唻呵：喘粗气。

位恩人。

　　言者无心，听者有意。店掌柜在他们一进门，就注意到张三身上披的斗篷了。大雪纷纷的，可张三披的斗篷上没有一片雪花，没有一滴融水。他原以为被这些庄稼汉子簇拥着，就连小灰马也当成千里龙驹来伺候的，一定是哪家财主的公子哥，言谈之中知道就是放夏牛的穷光蛋。一个穷光蛋里边能穿啥衣物？迎风骑马几十里没冻僵，从气色上看还没事，料想这斗篷可不是简单的物件儿。他一下子想起别人说过的宝贝——火龙单和温凉衫来了。就在掌柜反复琢磨的时候，院子里忽然传来一阵阵的尖叫声。探头一看，竟是拴在柱子上的那匹小灰马，看见了狗洞里的半个狗头。掌柜的一看，这小灰马偏偏头小腿短腰弓着，越看越像一只灰不溜丢的大兔子！便悄悄地走到狗洞前，轻轻提开栅栏门。大黄狗好像明白主人的心思，一下子扑向小灰马。

　　小灰马哀叫几声，瘫软在雪地上，变成一只灰色的野兔子，伏在雪地里瑟瑟地抖。那铃铛竟然也变成一只普通的铃铛，扎眼地挂在脖子上。店掌柜惊得差点掉下下巴来！我的娘，这小灰马原来是个兔子精呀！可他毕竟是个见多识广的生意人，立刻就稳住了神。心想，能捉个兔子当马骑肯定就有大来头。他那件斗篷不是温凉衫，也是火龙单。于是，急忙喝住大黄狗，又给小伙计耳语了一番。之后，就不慌不忙地回到柜台上。

　　张三原本不肯喝酒，可他实在经不住实心诚意地劝说，抿了一点。后来，越喝越投机，张三就全忘了月红的叮嘱。

　　店掌柜看他们都喝得差不多了，便冲窗外大喊一声："小伙计，再给张三兄弟上道拿手菜。"话音刚落，小伙计慌里慌张地跑进来说："不好了，掌柜的，张客官的小灰马变成兔子了！"掌柜的扬手就给了小伙计一巴掌，故意恶狠狠地说："混账东西！你是狗眼昏花了，好端端的小灰马咋能变成灰兔子？"

　　小伙计捂着腮帮，哭着说："俺说的是实话，那灰兔子长得也跟小灰马一模一样呢！"张三他们跟着店掌柜出去一看，可不是呗，小灰马真变成了灰兔子！庄稼汉们感恩的话变成了戏谑的呱："张三兄弟，你真不赖哩！山里的兔子当马骑，闯出了黑瞎子雾，你是半个神仙哩！有空

也教给俺点法术吧？"

　　店掌柜摸索着嘴巴上稀疏的黄胡子"嘿嘿"地冷笑，挑拨喝酒的这伙人翻来覆去地问张三这小灰马是怎么回事。

　　酒酣吹破天，酒后吐真言。张三拗不过他们的盘问，只好一五一十地说出了来龙去脉。庄稼汉们听了眼馋极了，这么好的事都让张三摊上了。

　　店掌柜心眼子多，就琢磨出一些道道来，就问张三："你媳妇叫啥？""月红。""姓啥？""俺没问。""他爹是谁？""是山神。""她娘家哪里的？""俺没问，只说她姥爷是土地。"

　　店掌柜一听，哈哈大笑说："张三呀！你是被山里的妖精给缠住了。你想想山神是谁？土地住哪儿？谁见过土地爷帮咱除灾了？让我说，谁有钱谁就是这一方的土地爷！"

　　听说月红是妖精，张三立刻辩解说："可不能，可不能，媳妇儿待俺可好着哩！香的尽吃，暖的尽穿，月红可是打着灯笼也难找的好媳妇儿！她决不会是妖精，俺看不出一点破绽来，你说的俺不信！"

　　店掌柜的心思是在那件宝贝斗篷上，他越看越眼馋，恨不得一把扯下来锁进他的钱柜里。他看刚才有点腿软心虚的张三又慢慢地恢复些底气，便眉头一皱，冷笑着说："唉，张三兄弟，俺这也是咸吃萝卜淡操心。你媳妇是不是妖精，你就是让妖精吸血吃肉，嚼碎骨头，和俺一文钱的关系也没有！你别拿只兔子当马来诓俺就行了。别说小灰马变成野兔子，就是大犍牛变成野兔子，俺不还是照样开酒店做生意吗？"

　　张三是个老实人，一听这话气得又是搓手，又是跺脚，额头也冒出了热腾腾的汗珠子。心里一急，嘴上便说："掌柜的，你别寒碜俺张三了！实话说，今儿丢人现眼的事，全是俺媳妇添的乱。俺说不骑马她偏叫骑，来集上又不让俺牵马过市……"

　　店掌柜装作关心地问："你媳妇她还说啥来？"张三索性来个竹筒倒豆子："俺媳妇还说来，丢啥也不要丢斗篷，吃啥也不要吃酒，买啥也不买枪药鞭炮。"店掌柜收住笑容，神秘兮兮地说："张三兄弟，你这媳妇可真是个妖精哩！"张三听得浑身一阵一阵地打寒战，更不知道都

一步步地上了这掌柜的圈套。

"掌柜的，救救俺这个实心眼子的兄弟吧？你见多识广的，有没有破解的法子？""那俺就说说怎么破解这斗篷吧？"掌柜的贪婪地瞅着张三身上的斗篷，说："自打你一进门，俺就瞅着你身上的斗篷不是人做的。这又细又软又滑的料子，人间织不出来。这颜色是淡黄中泛着灰褐，人也染不出来。这个皮毛像个啥？是猞猁！我们平时都见不着它。它跑路赛草上飞，爬树如猿猴。脾气暴，性情烈，敢和狼、虫、虎、豹硬碰硬……"

店掌柜这一说，可吓坏了张三和那些一块喝酒的。张三生气地把斗篷一脱，没好气地扔在地上。那掌柜的偷偷瞅了瞅撂在地上的宝贝斗篷，心里窃喜，就假惺惺地扯着嗓子喊那小伙计："快把这晦气斗篷拿出去，把我的羊皮袄给张三兄弟穿上。再整些好酒好菜来，给张三兄弟驱邪压惊。"

张三喝得酩酊大醉，迷迷糊糊中，好像听到掌柜的往他怀里塞了火药筒，说到时候用得着。

直到黄昏时分，张三才醉醺醺地蹒跚到黄石崖的石屋前。一天都冻得瑟瑟发抖的月红急忙迎上前，却被张三把她一下推得倒退了好几步。惊疑之中，月红看见张三身上穿着的羊皮袄，忙问："张三哥，俺的斗篷呢？"

张三没好气地说："丢了。"月红立刻断肠般哭着说："张三哥，临走那会儿，俺跟你三番五次地交代，你咋就把俺的话当成耳旁风了？你知道那斗篷就是俺的命啊！"哭着哭着，又想起小灰马也不见了，就问："张三哥，你骑的小灰马呢？"张三慢吞吞地说："卖了。"

月红哭得就更悲伤："张三哥呀，张三哥！小灰马可是救过你的命呀！你咋狠心把它卖了呢？小灰马可是俺的生死伙伴呀！你咋把俺的心肝宝贝也给摘了去？俺原以为你是个实诚人，谁寻思你也是见钱眼开呀！小灰马呀小灰马，你就是给卖到天涯海角也要立马跑回来。是俺月红害了你，俺月红不该让你去山外呀！"月红哭得格外悲痛。

张三禁不住冷笑道："你的小灰马早就变成下酒菜了，就是猴年马月也回不来了！"月红听了，气得浑身打哆嗦，竖眉怒目地问张三："俺千叮咛万嘱咐，一不让你牵马往那人堆里赶，二不让你进酒馆，三不让你丢斗篷，四不让

你买火鞭。火鞭倒是没看见，你为啥偏偏和俺对着干？你把俺好心当毒蛇胆，俺恨不得咬你几口解解恨！恨不得再让你黑瞎子雾里钻！"

张三吓得直往石屋门口退，一只手也伸进皮袄里头乱摸索，禁不住脱口而出："你、你、你到底是哪路的妖精？"

月红一听就明白了，便知道有人给张三灌了迷魂汤，挑唆着这对恩爱的夫妻。她委屈得泪流满面说："我的丈夫呀！你我如胶似漆，百般恩爱。你到底听了哪个下三烂[1]的挑唆，说出这样混账的话？""不是妖精咋把兔子变成马？不是妖精咋把真叶绣成花？不是妖精咋把猞猁皮子变斗篷？不是妖精咋没有娘家处？"张三说着，就掏出掌柜的给他的半截火药筒，一点火，朝月红的头顶上方扔去。

张三睁眼看时，月红不见了，只听得她在石屋外边惨惨地哭诉："喔喔……张三哥呀张三哥，俺只想跟你恩恩爱爱，白头到老，谁成想你竟对俺下毒手！谁料到你倒是心窄耳软器量小！俺一片真心天知道，可老天爷咋也偏偏看不到……你怀疑俺是人还是妖？一起过了两年零六个月。风里雪里陪着你，暖衣热饭没少过。你拍着胸脯问问心，俺是不是你的亲人，到底是不是个过日子的人？今儿把斗篷给了你，可知俺挨冻直抽筋？你把真情当作无情，爱意当成蒺藜针，俺的心比吃了黄连还苦三分！"

张三思前想后，觉得月红挑不出丁点的地方，觉得是自己糊涂油蒙了心，上当受骗没主见，绝了情意做瞎事。就冲着石屋懊悔地喊道："月红，俺错了，月红，俺错了。你回来吧，你回来吧！"可屋外边哪有月红的影子？张三懊悔的喊声，一声比一声凄惨，一声比一声心酸。终于又在不远处听到了月红的回声："张三哥，你别喊了，月红再也进不了石屋和你一起过日子了。"

张三看不见月红的影，就冲着有声的地方凄厉地喊："月红，你回来，俺可不能没有你。月红，你就原谅俺这一回，往后你说啥俺都听你的！""张三哥，俺跟你说实

[1] 下三烂：下三烂一般指下三滥。下三滥指三个行业：捏脚的，剃头的，按摩的。

0664

中国民间文学大系 4-37

话，俺不是妖也不是神，俺是个千年的猞猁想做人。"影子月红终于说了实话，就是想让张三死了这条子心。可张三听了却跪在雪地里给影子月红赔礼说："月红啊月红，不管你是妖还是怪，是鬼还是神，你是俺媳妇，是俺最最贴己的人！你不回来，俺就跪死在这里！"

影子月红又听得伤心哭诉起来："张三哥，你丢的那件斗篷就是俺身上的皮，俺怕风紧才脱下来让你穿。可你把它丢了，就要了俺的命啊！"张三听到这里，恍然大悟。原来真是钻了店掌柜的圈套，他急得捶胸顿足说："月红，你先进屋里暖和暖和，我这就去找那个酒馆掌柜的算账，把你那斗篷要回来！"

影子月红听了没言语，可牙齿咬得"咯吱咯吱"地响。张三更加懊悔偏听偏信铸下的大错，立刻起身说："月红，你等着，俺要不回斗篷就跳进大海眼里喂老鼋！""张三哥！"影子月红心急如焚地说，"千万不能去，那店掌柜是个黑心肠，你斗不过他！再说，从这儿到界首镇几十里，路长难走的，最快也得大天亮。可半夜以前拿不到斗篷，就再也长不到俺身上了。"

张三说："你放心，俺放夏牛练了一手好腿脚哩！"影子月红说："张三哥，你糊涂呀！你腿脚再快也不如俺月红云里钻雾里去快呀！你在家里等着，俺这就找那个丧良心的店掌柜要斗篷。要回斗篷咱俩还是好夫妻，要是天亮以前不见俺回来，那就是咱俩的缘分到头了。张三哥，临了俺再跟你说句掏心窝的话。都说人间美好，也有那不是人的人；都说神仙最公道，可神仙里也有贪财好色的孽种，霸占着功德庙；都说狐妖鬼怪最可怕，可里头也有许多识人情、讲大礼的。张三哥，俺走了你还得成家立业，娶妻生子；你还得给人做事，与人交往。千万不要只看外表不看内心，千万不要只顾自家不顾他人。你亏人家的心，人家就伤你的心。张三哥，你可记下？"张三哭着说："记下了。""记下了俺就放心了。"

话音未落，影子月红就变成一团蓝莹莹的火焰，忽忽悠悠地顺着出山的小路飘走了，是恋恋不舍，也是愤愤不平。张三预料到月红这一走，就可能永远不会再回来，就不顾一切地跟着那团火焰跑，随追赶随喊"月红"。

那火焰飘到大海子，张三就追到大海子；那火焰飘过核桃园，张三就追过核桃园；那火焰飘过钓鱼台钻进大南沟，张三就追到钓鱼台钻进大南沟；那火焰飘上驴脖子，又翻上白莲石屋，张三就爬过驴脖子，再翻上白莲石屋。再往前走就是油东坡的大车沟了，站在大车沟山顶，就可以看见界首镇上那家酒店的灯光了。蓝火苗终于停下来，说："张三哥你别追也别喊了，你追也追不上，你喊也喊不回。你就在这车沟顶上等着，要是界首镇上燃起了火，就是俺烧了那黑心酒店掌柜家，那就是俺找到了斗篷了。要是看不见，你就别再等俺了。"

张三就在大车沟巅顶上朝着界首方向看，望着界首方向等。等到半夜不见火光起，等到天明也不见月红归。可他已经忘了月红的话，依然在那儿看，在那等。一天、两天，一月、俩月，一年、二年……

张三的身子骨慢慢地变僵，变硬，变作一个躬身遥望、扪心自悔的石头人，那就是游人一踏进桃花源山门，就能看得见的那块"僵人石"了。

讲述者： 李良森，男，1947年7月，长清区万德街道店台，大专
采录者： 魏文森，男，1965年7月，长清区教师进修学校教师，大学
采录时间： 2020年8月
采录地点： 长清区万德街道店台

附记

这个故事是李良森老师讲述的，在长清区万德街道店台及周边地区也广为流传。据李老师说，当地放牛的人都会讲这个故事。而且，还有一个不成规矩的习俗，放牛人一般不进酒店，不喝聚朋酒。这可能是对张三所做错事的警示！此故事原载于《卢邑故事》（2003年12月，中国广播电视出版社，李良森著）。此次采集在原文本基础上进行了充实整理。

292

桃花劫

很久以前，花雨山南有个南峪村。村中田姓人家有一小女，生得娇美聪慧，夫妻视为掌上明珠。看着女儿桃花般的小脸，给她取名桃花。渐渐长大的桃花，不仅天生丽质，花容月貌，而且十分善良，又懂礼节、孝道。日子虽清贫，但三口之家还是笑声不断，尽享天伦之乐。

谁知，天有不测风云。正当一家人沉浸在居家欢乐之时，不幸接踵而至。先是桃花娘得了重病，几天汤水不进去世了。后来，桃花爹又续了个后房，这女人姓刁，是死了前夫改嫁。刁氏还带来了个与前夫生的女儿叫娇妹。刁氏同其姓一样，十分刁顽，对桃花父女二人很挑剔、残忍，受虐的桃花常常暗中流泪。后娘三天两头和爹打闹，她也时常唉声叹气，眉头紧锁。桃花爹也因气恼得了病，很快撒手而去。刁氏见后夫又去了，气急败坏，更加肆无忌惮地虐待桃花。一年四季不让桃花得闲，而且吃剩饭，穿破衣。桃花身单力薄，还要一个人进南山砍柴，砍少了就被后娘斥骂不停。

有一天，桃花走进村南一个密林中，忽然眼前一亮，见这里桃花盛开，芳草鲜美，香气袭人。树林深处有几茅屋，屋前有一大丛木本花，红得像火焰。桃花非常喜爱这些五颜六色的花，她悄悄地走至近前，见茅屋中无人，就喊了几声："屋里有人吗？"屋内无人应答。桃花见那些花非常好看，就忍不住掐了一朵插在发髻上。桃花戴上鲜花就忘记了一切的痛苦，她快活地一边砍柴一边哼着小曲。砍满一捆柴，桃花摸了摸头上戴的花，高高兴兴地背起柴回家了。

娇妹看着姐姐头上插了朵好看的花，便上前拔了下来，插在自己头上。可红花第二天就奄蔫[1]了，娇妹哭着闹着要鲜花。刁氏就呵斥着桃花进山砍柴时，再摘朵鲜花来。桃花无奈应允，以后天天如此。

转眼的工夫，到了初夏。一天黎明前，突降大雨。天还未放晴，刁氏就让桃花进山砍柴摘花。桃花看着阴沉沉的天上还不时落下雨滴，眼含着泪出了家门。走到村东河边，见河水猛涨，河中石墩早不见了踪影。望着咆哮的河水，桃花万念俱灰，哭了一会便要跳河自尽。突然，她发现不远处有两棵大柳树并排倒在了河面上，架起了一座柳木桥！桃花心想：许是[2]老天爷怜悯我，给我架了一座生路。她跪下磕了几个头，走过柳树架成的桥进了南峪。

山中茅草屋里的主人叫吕郎，祖祖辈辈住在这里以捕猎种植为生。因父母双亡，独身个人住在这里传承祖业。这几天，他去山那边走亲戚访友，回来发现精心栽植的花被摘了不少，十分心疼。

他正要打理被摘的花朵残枝，发现来了个砍柴姑娘，便躲在花丛里，看是否是她摘的花。桃花像往常一样来摘花，刚掐下一朵往头上戴，吕郎便从花丛中走出来。桃花见了吕郎先是吃了一惊，接着脸羞得像花一样红。

吕郎悄声问她为什么要摘花。桃花一听，泪如雨下，抽泣着诉说原委，请求原谅。吕郎听了桃花的倾诉，不仅没有责备，还十分同情她的遭遇。他劝桃花，既然后娘如此的残忍，就不要再回去了。如不嫌弃，可先在草舍安身，桃花泪眼含情，点头应允。

刁氏母女见桃花砍柴几日不归，心中纳闷。待河水小

[1] 奄蔫：花朵不鲜艳了。

[2] 许是：可能是。

了，她娘俩便涉水走进南峪寻找桃花。当她在林中发现了吕郎和桃花，还假惺惺地干嚎了几声。谎说几天不见女儿很挂念，怕出啥意外。吕郎见未来的丈母娘来了，热情招待，亲手做了一桌山珍野味，饭后送刁氏和小姨子回家。

刁氏来到了河边，却见一柳木桥横跨河面。刁氏觉得奇怪：来时无桥，回来却有桥？回家后，刁氏想到桃花和吕郎郎才女貌，顿时妒意大生。这么帅气的吕郎，不能便宜了桃花。我要让自己的亲生女儿嫁给他，享受幸福无边的天伦之乐。

几天后，刁氏又怀着鬼胎来到了吕郎家。她发现吕郎不在家，便让桃花来到茅屋外一口水井旁凉快。狠心的刁氏趁桃花不备，一把将她推入井里。等吕郎回来，刁氏又干嚎着说女儿提水不慎落入井中的。吕郎悲痛欲绝，哭喊着心上人的名字要下井打捞。

突然，从井里扑楞楞飞出一只黄雀，叫着吕郎的名字落在他肩上。吕郎又惊又喜，采集了柳条扎了个精致的鸟笼，将黄雀精心喂养起来。笼子挂在屋内，与吕郎终日相伴，听着鸟儿的叫声酷似桃花的声音，吕郎稍感欣慰。刁氏见吕郎精心喂养黄雀儿，却冷落了娇妹，顿时嫉恨交加。

她乘吕郎不在屋里，将黄雀抓出来掐死，连同鸟笼一起用脚踩了个稀巴烂。

吕郎回屋见状，晕倒在地。半晌醒来，他把黄雀鸟儿埋在了井旁。第二天一大早，吕郎来到埋鸟的地方，却见这里长出来一棵小树，上面盛开着一朵硕大的红花，好似桃花的笑脸。吕郎知道这是桃花变的，十分爱惜。花朵在微风吹拂下，不断向吕郎点头。

这事又让刁氏察觉了，她趁吕郎不在，将花树拔出来折成数段，又把大红花踩了个稀碎。

吕郎回来见到折断的小树踩碎的花，知道又是刁氏母女发的坏，就含泪将花埋在院内的窗前。几天工夫，埋花之处竟又长出了一棵桃树，这桃树见风就长，很快就成了大树。树上桃花开花瓣落，桃子挂满枝。接着桃子成熟了，香味扑鼻，每个桃子都像桃花红润的笑脸。

吕郎细心地看着每一个桃子，脸上挂着幸福的泪花。吕郎思念着心上人，和桃子自言自语地说着情话。娇妹见吕郎不理她，就和她娘一样发起泼来。刁氏看在眼里恨在

心中，她要断了吕郎的念想。

这天早上，恼羞成怒的刁氏又趁吕郎外出，用斧子恶狠狠地砍断了桃树。她还觉得不解恨，又用斧子把树身砍得体无完肤。恰在这时吕郎回来了，见状万分悲愤。他忍无可忍，把刁氏母女赶下了山。

吕郎流着眼泪，用桃木做了一架琴，弹出的声音如泣如诉，缠绵哀怨，恰似贤妻桃花之声。

毒似蛇蝎的刁氏现在连吕郎也恨了，她整夜睡不着觉思想报复吕郎的办法。

心怀鬼胎的刁氏偷偷溜到林中茅屋前。她窥视屋中无人，就将琴用火烧了，可奇怪的是，琴火居然不灭。吕郎守着琴火再也不敢离开半步，到了冬天，琴火一直红亮不熄，茅屋里像春天一样温暖。吕郎当然不忍心浇灭琴火，他守着琴火日夜思念贤妻桃花。

到了第二年开春，天气渐暖。吕郎夜里做了个梦，梦见一位白胡子仙人告诉他："你若是牵挂心上人，就要不辞辛苦，从河里担水浇灌琴火六六三十六天，你心上人就能恢复原形。"吕郎听了，非常高兴。他按照梦中仙人所说，每天早起晚睡从河里担水浇琴火。肩膀磨破了，他不喊疼，双脚磨起了血泡，他不喊苦。一天又一天，吕郎挑水不止。让人意想不到的是，燃烧的琴火遇到水不但没熄灭，反而火苗子蹿得很高，好像浇的不是水而是油。每次火苗窜起来，吕郎的心都会跟着跳跃，而且暖暖的。

第三十六天的中午，吕郎跟跟跄跄地担着水来到琴火边，当他把水桶里的水浇向琴火时，火苗子带着浓浓的水雾腾起。雾气中桃花微笑着向吕郎招手。吕郎赶紧放下手中的水桶，双手扶着桃花从雾气中走下来。两人紧紧拥抱在一起，说不完的知心话，道不完的离别情！

再说坏事做绝的刁氏母女，又想出了害桃花的馊主意，没想到的是她俩在过柳木桥时，桥身忽然断裂，将刁氏母女摔入河中淹死了。

勤劳善良的吕郎和桃花终于走到了一起，自此恩恩爱爱过上了幸福的生活。为了纪念两人这段曲折的爱情，两人在断裂的柳木桥位置上砌了坚实的石桥墩，让人们过河更加稳当。夫妻二人同心协力，为了答谢柳木桥为媒，两人在河边栽柳，茅屋周围植果树，还开荒种植庄稼、蔬

菜。人们见这里被吕郎夫妇打造得像花园一样，也纷纷搬来落户。日子长了，人们便把柳木桥两边的村落称为"柳桥峪"。

讲述者：　段登良，男，1934 年 6 月，莱芜市钢城区颜庄街道办柳桥峪村，小学

采录者：　许明华，男，1948 年 4 月，颜庄街道办埠东村，教师，大专

采录时间：　2020 年 7 月

采录地点：　莱芜市钢城区颜庄街道办柳桥峪村

附　记

一个晴空丽日的星期天，我在柳桥峪采风游览，遇到了在沟边柳树下纳凉的段登良。先是询问了柳桥峪的景点趣闻，又把听到的关于吕郎和桃花的故事进行核实。段登良讲述了这个故事，虽然故事有着浓郁的神话色彩，情节离奇，但对于真挚的爱情和家庭生活有着一定的教育意义。这个故事流传了很多年，柳桥峪的村民都能传讲。段登良老人还热情地带我去看了故事中讲到的景点和遗址。

293

蝎子精

从前，有一个小孩和一个老母相依为命过日子。这小孩挺能干，有一天去割草，在山坡上踩翻了一块大石头，石头底下藏着一个蝎子精，小孩使镰把它劈了。

过了几年，这蝎子变成了一个大闺女，她便悄悄到了小孩那个村。那小孩已经出挑成一个俊小伙子，这小伙住在村外茅草屋。

蝎子精来到他的屋旁边，就嘤嘤哭泣。家里老人听到外边一个闺女哭，出来问："你哭什么？"闺女抽搭着说："家里老父母做主给我办理了一桩婚事，那男的长得像丑八怪，俺不愿意，就跑出来了！"

老人听完，心软起来，就把闺女叫到屋里。这时，小伙子还在外边干活。这个变化成人形的蝎子精，红着脸对老太太说："俺就是你的闺女，你是俺娘，俺死活也不走了！"

这时，小伙子背着捆柴回家。闺女就问老人："这是谁呀？"老人说是自己的儿子，这闺女恨不能一下子蜇死他，当初就是叫你砍了我一刀！这蝎子精来的目的就是养

蝎子毒[1]。

过了几个月，蝎子精养得油光粉面，活赛一朵花。老人相上了[2]这闺女，小伙子也迷上了蝎子精。两个人经常眉来眼去的，就拜托月下老牵线，定下终身。老人找人查黄历，选择了阳春三月初十这一天作吉日。结婚这天，两班鼓乐齐鸣，双双进入洞房。

两口子正在难舍难分之际，来了一位相面先生。他看到小伙子的老母在外凉快，便说她脸上有晦气，必有大祸降临。

老人听罢，不觉浑身哆嗦，急问："有什么祸灾？"相面先生道："你家有妖气！"老人并不相信，反怪说："俺全家三口都挺好的，你怎么胡说八道吓唬人！快走开吧！"

相面先生一再劝说，她就是不信，相面先生只好点破："你儿媳妇是蝎子精，专喝你儿子血来养蝎子毒。她和你儿子睡觉时，不知不觉地吸血。待它养肥后，就会把你母子全蜇死！"相面先生又劝道："快把它除掉吧！"老太婆看着儿媳样样好，还是半信半疑。先生随口说道："你回家看看去吧！你儿媳在抹她的伤处。"

老太太回家一看，见一个大蝎子在床上趴着，赶紧跑出去，向相面先生求救。先生说："快去买上二斤香油，熬热它！"这时，被蝎子精吸血吸成骨头架的小伙子，一步一颤地出来。听老母述说一遍，不禁倒吸一口冷气。他赶紧把香油熬热，趁媳妇不在家，便把蝎子毒从席后掏出，投放到油炸锅里炸了起来，随着热油翻滚，还听到蝎毒痛得"吱哟唉哟"乱叫声。

这时，蝎子精回来了，就到席后找她的毒子，翻了好几遍也没有找着。这样，蝎子精没有了害人的家什，母子两个便拿起镢锨把蝎子精砸死了！

打从这，小伙子身体逐渐康复，寻了一个良家女子为妻，和老母三人过起了幸福安康的好日子。

---

[1] 养蝎子毒：用人血来补养身体。

[2] 相上了：看中，喜欢。

讲述者： 刘召云，女，1955 年 8 月，平阴县安城乡让庄铺村，高中

采录者： 尹燕忠，男，1951 年 10 月，平阴县安城乡让庄铺村，退休干部，高中

采录时间： 1998 年 7 月

采录地点： 平阴县安城乡让庄铺村

294

怪

古时候,有个叫阿勇的年轻人,是个打猎的,他家三代打猎为生。有一回他出去打猎,在森林里遇到一个怪物。这家伙形状像黑牛,个头比大象还大,在那里竖直立哩。阿勇躲到树后头,连放了三枪,那怪物一动也不动,他不敢靠近,赶忙跑回家,把这件奇事告诉了爷爷。

年过八十的老猎人听孙子一说,立即泪流满面。他说:"孩子,咱家祖祖辈辈打猎为生,这回算到了头了。听你老爷爷说过,这东西叫'怪',就是妖魔鬼怪的怪。谁碰着它就得被它吃掉,躲也没法躲。咱这一带自从来了这怪物,猎人纷纷逃走。打那以后,咱这里人烟就稀少了。"

阿勇说:"爷爷,我不能连累了全家,让我远远地走吧?"爷爷无可奈何地点点头。阿勇吃饱喝足,拿着一把锋利的刀子,全家人把他送到荒野里。让他钻进一个石洞子,又用大石头把洞口垒住,哭了一阵子就都走了。

阿勇在洞里坐着,里头漆黑漆黑的,四周一点动静也没有。半夜里,他困极了,刚要打盹,就听到洞外有扑腾扑腾的声音。那怪物慢腾腾地来了,阿勇立刻从地上蹦起

来。他紧握尖刀,憋足了力气。只听得"哗啦"一声响,石洞门塌了。阿勇先看见了那怪的腚,原来这怪物的习惯是先进腚后进头。俗语"管头不顾腚",肯定是这么来的!可是那石洞门小,那怪只进了腚,却挤不进肚子。就在这个时候,阿勇朝怪腚上连捅了好几刀,但是都捅不进去。他用手摸着,怪腚上有个圆圆的、铜钱大的地方,没有毛,用手再摸一摸,溜滑。他拼上全身的力气捅了进去,那怪一疼,"嗖"一声蹿出去了,阿勇也吓得瘫在地上。

第二天早上,阿勇全家人拿着纸钱来烧纸烧香,来到石洞跟前,看见洞口开了,地上拉拉着血,就都以为阿勇遭殃了,又是一场痛哭。

哭声把阿勇惊醒了,他揉着眼睛从洞里走出来。这一下可把全家人惊呆了,爷爷用昏花的眼睛望着他,问道:"孩子,你是人是鬼?"

阿勇说:"爷爷放心,我把那怪杀死了。"

他把怎么杀的那怪对爷爷说了一遍。爷爷激动地落下泪来,说:"那怪一定死了,咱们找找去。"

祖孙二人顺着血迹寻找,在森林深处,那怪还是在阿勇看见的那地方,还是竖着直立一动不动,两眼仍闪着亮光,那把尖刀深深地插在腚上,外面只露着刀把。它已经死了。

爷爷说:"孩子,托你的福,咱发财了。这怪是无价宝啊!它的眼睛是夜明珠,它的皮毛刀枪不入、雨雪不沾,它的骨肉能治百病。得到它,往后再也别过这打猎的苦日子了。"

森林里除了大害,从此猎人们能安居乐业了。逃走了的纷纷回来,这一带村庄又兴旺起来了。

讲述者: 权受本,男,1912 年 10 月,历城区十六里河镇涝坡村,不识字

采录者: 关涛,男,1934 年 4 月,历城区文化局干部,高中

采录时间: 1988 年 3 月

采录地点: 历城区政府招待所

无独有偶，在莱芜城乡也流传着一个"魔"的故事。这个夜行怪物，走路像穿着鞋拖拉着走，声音很响。每走一步，口里就喊一声"么"，因而得名"魔"。这魔每晚在不同的村庄行走，但见到它的人很少。据说，这个魔长得周天竖地，看不到头和脚。在它的身上有七十二个口袋，俗称"布袋"。每个口袋里都装着一个宝贝，有带福的，也有带灾的。掏到带福的立马就脱贫成为富翁；如果掏到带灾的，立马就会灾难连连，甚至倾家荡产。有一年，一位张姓商人遇到了魔，壮着胆子从它口袋里掏到了一杆鹅翎秤，从此经商发了大财。这个故事，与"怪"浑身是宝有共同点吧。《怪》这个故事原载济南市历城区民间文学集成办公室编辑的《历城民间文学资料本》，济南市历城区文化局、济南市历城区区志地名办公室内部出版。共三集，第一集出版时间为1988年2月，第二集出版时间为1989年5月，第三集出版时间为1990年4月。

（五）鬼故事

295

鬼婚

说是这一年六月里不下雨，西乡段店一带遭了荒旱，各庄各乡的庄长、首事[1]下了通知：求雨。

求雨怎么个求法呢？管事的说："各家各户在大门口安上桌子，甭管是小桌也好，方杌子也好。写上牌位，插上柳枝，一天三时烧香供享，磕头求雨。"这么着，段店周围这些庄家家户户都烧香求雨。

头天求雨是响晴[2]的天，第二天还是响晴的天，第三天呢？早上连个云彩渣儿[3]也没有。到了过午你甭说了，东南风掉过北风来，天就阴啦。阴合了天[4]打个雷，麻秆子雨[5]就下来了。从过午两点下到傍黑天，不大下了还蒙蒙拉拉[6]的，地里就够使的啦。

庄稼见了雨，就和人吃饱饭喝足水一样，模样格外好看。庄户人家求下雨来挺喜欢，都说："今回天爷不离儿[7]，降下雨来，不该咱这方人遭难。秋里保住了，该吃好饭食。"

过了八月二十九，种上麦子。庄长、首事可就说啦："麦子也种上啦，场院也完事啦，要还愿[8]啊！"请的是庆乐班。

一听说唱戏，四乡八庄都来看。其中有个十八九的小伙子叫马贤，住在城里南营教场东头，他也上段店他姨那里去看戏。到了那里，他姨说："外甥来了？快喝碗水扛条板凳看戏去，刚打鼓[9]。"

马贤就出来看戏，一看看了一天；吃了后晌饭[10]，又看了一晚上灯戏。他姨说："孩子！你别走啦，都啥时候了。"

他说："不行！我得回去，俺妈还给俺留着门呢。"怎么留他也留不住，非挣着走。

走出段店不过二三里地，小伙子心里也后悔啦！前后没个人，自己觉着头发根发乲[11]，有些害怕。走着走着就来到七大马路纬四路，还是没人；再往前走，过去将军府来到杆石桥，看见前面有个人影儿。马贤心里别提多高兴了，心里话：可有个做伴的了。

紧走了几步撵上了一看，敢情是个大姑娘。唉，别管是男是女了，两个人一堆走就壮胆。这么着，那个姑娘在前头，马贤在后头。她紧走，他也紧走；她慢走，他也慢走。来到山水沟间，这个姑娘坐下啦，马贤也就坐下啦。

坐了一䨨，姑娘说："哎！你这个人干么老跟着俺？"

"俺个人走道害怕。"

"你怕啥？"

"俺怕遇上鬼。"

姑娘听到这里笑了，马贤闹了个大红脸，心里话：人家准是笑俺一个大老爷们还怕鬼！其实我胆儿还真是不大，

---

[1] 首事：首要之事。谓为首主持其事。指出头主管其事的人或头面人物。
[2] 响晴：晴空万里。
[3] 云彩渣儿：天上星星点点的云朵。
[4] 阴合了天：乌云遮满天。
[5] 麻秆子雨：中到大雨。
[6] 蒙蒙拉拉：小雨。

[7] 不离儿：还可以，遂了心愿。
[8] 还愿：履行当初求神保佑下雨时许下的诺言。
[9] 刚打鼓：开戏鼓，刹戏锣。意指戏要开始演。
[10] 后晌饭：晚饭。
[11] 发乲：遇到陌生或惊恐的场合，头发竖起来的意思。

这不衬衣都濡得呱呱的[1]。

两个人又待了一畦子[2]，马贤沉不住气。问："天不早啦，咱走吧？"

"你走吧，俺脚疼，一步也走不动啦。"

"我走了，闪下[3]你一个人也害怕啊。"

"反正俺是不能走啦！"

"你要真不能走，我背着你行吧？"

"这……"

"深更半夜的，没事啊！"

"好！俺先谢谢啦。"

马贤背着她过了一条街，又过一条街。问姑娘到家了么，老说没到，眼看快到马贤家啦。

他说："你家到底住哪里？怎么还不到啊？"

姑娘说："俺家住三合街。"

"三合街？这不是走过了么，还得掉回头去送你。"

马贤转过身想返回去，姑娘拦住说："别！我跟着你去你家看看去吧？"

马贤说："俺是个小户人家，有啥看头？！"

"俺看看，相中了，俺就不走啦。"

马贤一听话里有话，心里挺高兴，背得更有劲了。

前面拐弯来到正觉寺街东头，姑娘说："你站住，我下来，咱俩一堆走。"

俩人过了衙门桥，走神庙街，穿过马家道口，进了教场东头。来到马贤家门口，拍了拍门。他妈没睡，囫囵[4]着躺在炕上等他，说："你回来了。"

"回来啦！"

"怎么回来到这时候？"随说着他妈随开门，"啊！孩子这是……"马贤也没答话，拥了拥[5]他妈关上门，三个人就进了屋。

马贤说："这是俺妈，家里就俺娘俩，就这一堆，你看吧。"

他妈忙活着要去热饭，马贤说不饥困，那个姑娘也说不饥困。

马贤家是前后院，马贤住后院。他开开后院门，姑娘就跟着上了后院。俩人坐到炕沿上，拉得很投机。拉拉着，吹煞灯[6]就睡觉了。他妈一看也没多管闲事，这一晚上不提。

第二天清晨起来，洗了脸，吃了饭，姑娘也帮着忙活。看着这个姑娘长得也不丑，脚也不大，穿得也不孬，他妈很满意。就是一问家乡、姓名就不吱声了。不知里面有什么事，娘儿俩也不好深问，就这么过了两三天。

马贤住的屋后头住着个修鞋的，叫张三。他这屋后山上有个吊窗子[7]，从后头能看见屋里。这天张三从吊窗子往里一看："啊！这女孩不是活人，是死人。"张三有年纪，看出来了，到了明天就跟他妈说了，他妈告诉了马贤。

马贤又害怕，又盼着不是真事，赶紧跑到后院问姑娘，三问两问把姑娘问急了，生气地说："哦！你这是嫌俺、撵俺？俺走！"姑娘抬腿就走。

马贤留也留不住，说："你到底住哪里？"

"俺住在三合街南头。"这个女孩就走了。

不出三天马贤又想她，傍黑天偷偷去找她。来到三合街南头，看见挺大的一个院。进去一看，老的、少的，人挺多。东瞅瞅、西看看，好歹找着那姑娘。刚想喊她，姑娘摆摆手，拉着他进了绣房，一头扎到里面就没出来。

再说马贤他妈一看儿子没啦，知道事不对，就请了几个年轻的去找。来到三合街南头，哪里有住家户啊！这里是个会馆，里面净停的灵[8]。顺着一口口棺材找吧，找到这一口。哎？这个箱板[9]盖着半边、露着半边。小伙子们过去一看，马贤躺在里面，边上是个姑娘。

看会馆的跟着一看，是这么个事，赶紧禀报主家。主家是官宦，来了一看，人家大人有气不让啊！就上告啦。

县官就问这个事："你怎么跟死了的人一堆在棺材里？"马贤就把前因后果说了一遍。

[1] 濡得呱呱的：衣服被汗水浸透了。

[2] 一畦子：一段时间。

[3] 闪下：留下，剩下。

[4] 囫囵：完整。此指穿着衣服睡了。

[5] 拥了拥：推了推。

[6] 吹煞灯：把灯吹灭。

[7] 吊窗子：方言，后窗户。

[8] 净停的灵：存放死人的地方。

[9] 箱板：棺材盖。

人家闺女娘家不让，吵吵嚷嚷非叫县官严办。县官这里拿不准主意，那个姑娘说话啦："这事儿不能怨马贤，俺自家愿意的。"敢情那姑娘和马贤一堆过了好几天，受了他的阳刚之气就还阳啦！怕马贤在公堂上受苦，也赶了来。

县官就说："听见了吧，你们也别怨马贤，马贤也别怨你们。这姑娘真不能走假不能走，本官当时没见。再说马贤是把人领家去的，不是拽家去的。对吧？"姑娘守着娘家人点点头。

"这么着吧，你们也别给女孩找主啦，她反正是死去的人又活啦。马贤呢，也别成家啦。这里有个白衣庵，北边还有个松竹观，你俩都出家吧，往后谁也不许告谁。"

县官就给他们把事断了。姑娘到白衣庵带发修行当了姑子，马贤到了松竹观当了道士，隔三五天俩人见上一回面。

讲述者： 权受本，男，1912年10月，历城区十六里河镇涝坡村，不识字

采录者： 李全仁，男，1938年7月，历城区第二文化馆干部，高中

采录时间： 1987年8月

采录地点： 历城区十六里河镇涝坡村

296

兄弟情深

这年夏天，酷暑流火，闷热难耐。刘作梯在宽房大屋的蚊帐里也有点经受不住，自然想到艾元征没钱赁房住宿，屈身于闻韶台路北的王母庙里。寺庙非常破旧，无窗无床也无帐，一尊尊掉了色的泥胎神站的站坐的坐，虽然掉了颜色看着不再那么惊恐，但艾远征夜宿其间，少不了蚊虫作怪，一定很痛苦。

这一天，他找到艾远征便问："艾兄啊！你夜宿破庙中难熬不难熬？"

艾元征豁达地笑笑说："与神佛同室，总能沾点仙气。夜夜黄粱梦，肌骨自清凉。"刘作梯不以为然，认为艾元征闷热口不言，身苦心自知，这是故作轻松。为了让艾元征休息好，刘作梯提出与他换住两宿，艾元征想也没想就答应了。

第一夜，刘作梯头一着枕，便鬼差神使般沉沉睡去。一觉醒来，天光大亮。看身上既无蚊虫叮咬之痕，又无汗水浸渍之迹。一夜清清凉凉，舒舒服服。真如：不在世间炎酷地，神仙度我到天堂。

第二夜，刘作梯犯了思量，看庙外天高星稀月儿明，

丝风不动树叶稳。大地余温蒸腾，蛙声阵阵，蝉唱蚤鸣。庙内却微风悠悠，清凉可人。蚊虫嗡嗡，难近其身。这到底是怎么回事？刘作梯辗转反侧，思绪纷扰，难以入睡。这时，忽听一个站立的小鬼开了腔："此人气味不对，不是文昌星艾尚书！"

另一个小鬼过来，嗅了嗅鼻子，言道："此人是东街刘作梯，他只能做个教谕，不配我们给他打扇。"

第一个小鬼气愤地说："白给他打了一宿的扇子，我要捉弄他一番，免得再来捣乱。"第二个小鬼慌忙阻止道："他是艾尚书的恩人，作梯、作梯，尚书的登天之梯。他虽官职小，但也有星宿护身。我们惹他不起，隐去吧。"

两鬼隐去。片刻，热温烤人，蚊虫齐至，像进了火焰山，再难入睡。好不容易熬到鸡叫天明，刘作梯狼狈离庙回家。他把夜间看到听到的事，详详细细地告诉了父亲。又把艾元征的人品学识极加赞扬，恳请父亲准许他二人结为金兰兄弟，做他的干儿子。老人家思量：艾元征学习刻苦，志向远大。耐得凄凉寒窗苦，经年必为人上人。连神灵都暗中保护他，俗语：天上星宿秀，人间帝王臣。小鬼夜泄天机，我捡个将来做大官的干儿子，何乐而不为呢？于是，愉快地答应了下来。

刘作梯本来与艾元征就十分要好，两人一商即成，也是天意如此。

户增新璋，盈族之喜。必须把场面做大，把风吹出去，以利后来做文章。于是，老人家通知亲邻朋友齐来祝贺。门挂红彩，大摆筵席，锣鼓架具备，在欢悦的吹拉弹唱声中，刘作梯、艾元征正正经经地金兰结拜。

从此，刘作梯、艾元征犹如亲兄弟。食同桌、卧同榻，昼夜相伴，形影不离，成了一对人人羡慕的好朋友。

讲述者： 孙如卿，男，1932 年 8 月，济阳县太平镇孙家店村，私塾

采录者： 孙光玉，男，1964 年 6 月，济阳县太平镇孙家店村，高中

采录时间： 2009 年 3 月

采录地点： 济阳县太平镇孙家店村

附
记

这个故事，连同张稷若的故事一并在济阳流传。2009 年 3 月的一天，与孙如卿老人聊天时，又听到老人讲这个故事。他老人家迷信于神灵相助，认定一切事情都是命里注定的。我说："您老人家肯定是听神话故事多了，把这一套都搬到名人身上去了。"老人认真地说："这个故事可不是我信口乱讲，人家刘家祖辈都这么说的。"我见他老人家讲得认真，就把这个故事记录整理了下来。

297

奇缘

很久以前，李中荣村有个李员外，老年得子爱如掌上明珠，取名李行。这李行生得精精灵灵，十二岁去南学读书。人精脑也灵。李行读书过目不忘，出口成章，先生格外[1]喜欢他。

李行上学要经过一个树林子，树木不多却枝繁叶茂，遮天盖地显得阴森森的。这天，李行正从林中走，听到有个闺妮[2]叫他的声音。回头一看，见一个十六七岁的闺妮长得又俊又俏，正笑嘻嘻地和他招手。李行觉得奇怪，这林子前不奔庄后不着村，一个闺妮在这林子里干啥？寻思着，闺妮到了跟前："李公子，你人不大架子不小呢！"

"你怎么知道我姓李？"李行奇怪地问。

"我家就在前面，你天天从俺门口走，能不知你姓啥叫啥吗？走吧，到俺家去玩玩吧？"闺妮拉着李行往林子深处走，时间不大来到一座小巧玲珑的四合院里。院子拾掇得干净利索，屋里摆得啥也齐全。李行看着墙上的字画

[1] 格外：意指非常喜欢。
[2] 闺妮：姑娘。

入了迷。闺妮出出进进忙个不停，不多时端来一碗热气腾腾的包子[3]，要李行趁热吃。李行最爱吃包子，见闺妮让得紧，也就接过来吃了。包子馅味道格外鲜美，咽下去肚里舒服得没法说。

君子难过美人关。李行被闺妮迷住了，言听计从。吃完晚饭，闺妮拾掇好被褥叫李行歇息。睡到半夜，李行觉得被子乱动。睁眼一看，见闺妮正赤条条地往里钻，这夜云雨自不必说。

天不明，闺妮起床做饭。招待李行吃完饭，取出件黄褂子让他穿在里面，又拿来把扇子给他夹在胳肢窝[4]里。李行顿觉肋下生翅，行走如飞。虽然和闺妮亲吻费时间，可都是第一个到学校。一连几日，天天如此。

且说李员外见儿子几天不回家，心里牵挂，就买了酒肉来到南学。一问先生，先生说李行天天下午放学回家，没有住在学校。两人觉得奇怪，叫来李行查问。李行见瞒不过去，只好实话实说。李员外见儿子面黄肌瘦很心疼，就和先生商量把儿子领回家养息几天。

爷俩回到家，娘见李行病恹恹的[5]，心疼得直掉眼泪。李行几天不见闺妮，得了相思病。整天昏昏沉沉，茶饭不思，急得爹娘团团转。

这天，南大镇上起会，李员外和老伴劝儿子去会上转转开开心。李行也有此意，就牵了小毛驴慢吞吞出庄奔南大集走去。

正走着，迎面过来一位胡子拉碴[6]的老头子。他上下打量了李行一番，叹了口气说："唉，可怜李家公子，三天头上命归阴。"

李行大惊，慌忙施礼请老头把话说明白。老头问："你可与一年轻闺妮厮混过吧？"李行点点头。老头又说："那闺妮是个女鬼，三天晚上将要把你害死。"

李行吓得跪在地上求救命，老头说："我不能见死不救。但治病靠医生，意志靠个人。你答应不再和那闺妮往来我才能救你，不然我也是长胳膊拉不住短命鬼呀！"

[3] 包子：又称"下包子"，方言，水饺。
[4] 胳肢窝：人体腋下部位。
[5] 病恹恹的：无精打采，像得了病的人一样。
[6] 胡子拉碴：满脸胡须。

李行下决心，和女鬼一刀两断。

老头说："今晚女鬼去找你，你还要和以前一样对待她。第二天晚上也这样，到第三天晚上无论那鬼和你说什么你都不要开口。等她接近你的时候，你把口中的金豆子吐到她的脸上，就能化险为夷。"说着，把一粒金豆子交给李行不见了踪影。李行满脸愁云，牵驴回了家。

晚上，李行刚脱衣睡觉，就见门轻轻推开。朝思暮想的闺妮来到床前，板着脸问："李公子，我哪里得罪了你？害我苦等你这些天！"

李行无精打采地说："我身子不舒服，没有去上学。"

闺妮没再问啥，脱了衣服钻进李行的被窝里又亲又吻。鸡叫头遍，闺妮匆匆忙忙穿衣走了。第二天晚上，又是这样。到了第三天晚上，闺妮又来了，问啥李行也不搭腔[1]。闺妮以为李行睡着了，就凑过去看。只见李行嘴一张，一团火光喷了出来，闺妮的眉毛头发全烧光咧！她惨叫一声，指着李行的鼻子破口大骂："你这个没良心的东西！哎！真是痴情女子负心汉啊！我本想你我夫妻百年之好，却谁料棒打鸳鸯两处飞。公子啊！告诉我是谁让你这样做的？"

李行说："要是告诉你也行，但你要答应我一件事。从今往后，你不准再和我往来。"

闺妮指天画地，与李公子绝了交。李公子取出黄褂、小扇还给闺妮。闺妮说："人去情意在，公子日后有难，这两样东西能救你的命！你快告诉我，是谁设毒计害的我？"

李行就把老头的事一说，闺妮气得直跺脚："这个冤家，我和他没完。"说完，化道黑气不见了。

药治不如饭养。李行肚内无病，吃喝又宜时[2]，没多久身体又恢复了健康。李员外夫妻又惊又喜，商量着把李行送到北学，李行依然读书如吃书[3]。

夏天的晌午，同学们约着在一起洗澡。多数学生是穷孩子，穿衣没有讲究，洗完澡胡乱穿上衣服就跑了。李行

穿的绫罗绸缎，等晾干了身子才能穿衣。他正站在太阳地里，正巧被绣楼上的王小姐看见了。她把一块花手巾扔了下来，手巾不偏不斜正落在李行的头上。

无心难把有心防。李行吓了一跳，抬头见一个俊闺妮站在楼窗口看着他喜[4]呢！李行慌忙擦干穿好衣裳，找到楼梯口，上绣楼把手巾送还给王小姐。俩人郎才女貌，一见钟情。王小姐把李行藏在楼上，日夜寻欢作乐。

王小姐一次吃两个人的饭，引起了嫂子的注意。妹妹她平日吃饭少得可怜，咋突然开了胃口呢？每次她去送饭也不见妹妹屋里有啥生奇的地方，难道……

这天晌午，嫂子又亲自送来饭菜。刚走出屋门，王小姐便把李行从床底下叫了出来。两人狼吞虎咽正吃得高兴，忽听嫂子上楼的声音。

王小姐吓得咬指头，忙不迭把李行藏在大衣橱里。刚藏好，嫂子推门走了进来。一看桌上放着两半碗饭，两双筷子，心里就明白了。她说是找针用用，就翻箱倒柜地翻腾开了。王小姐吓得不敢说话，眼睁睁地看着嫂子把李行从衣橱里翻出来。谁知，李行又惊又怕早就吓死了。姑嫂俩见出了人命，急得没办法。人死不能复生，但也不能把个大死人放在妹妹的绣房里。嫂子穿的棉袄多，心眼子也就多。她下楼叫人在楼前挖了个大坑，说是倒脏水用。夜深人静，两人把李行埋在了水坑里。

不说李员外失踪了儿子有多么悲痛，且说王小姐几个月后生了个胖儿子。

丑事瞒不住呀！嫂子把小姑子招夫的事告诉给公公。王员外听罢，差点被气舍[5]。家丑不可外扬，也就只好糊涂事糊涂着办。

光阴似箭。不知不觉过了十八年，王小姐的儿子已经十八岁。他聪明过人，接连中了秀才、举人，京都大考又金榜题名，夺了个头名状元。

那时候，新科状元要到祖坟上进香，可他连父亲的林地都不知道，只得缠着母亲问。

王小姐触景生情，哭着把事情说了一遍，又领儿子来

[1]　不搭腔：不说话。
[2]　宜时：及时。
[3]　吃书：用功读书。

[4]　喜：方言，高兴，笑。
[5]　气舍：气死。

到埋李行的坑前。娘俩小心翼翼地挖着土，当把李行挖出来时众人大惊，他还是十八年前的模样。王小姐见人伤情，抱着丈夫痛哭。她连搓带揉把李行身上烂衣拽开了，里面露出个黄内衣。王小姐解开内衣扣子，李行竟长出了一口气活过来咧！众人帮他脱掉黄内衣，一把小扇掉了下来。

李行眨巴着眼说："伸伸腿，攥攥拳，一觉睡了十八年。"

黄内衣、扇子立时化成灰烬，李行夫妇抱头痛哭。

讲述者： 张兴亮，男，1964 年 4 月，莱芜市方下
镇张公清村，小学

采录者： 李胜华，男，1964 年 4 月，莱芜市方下
镇张公清村，初中

采录时间： 1991 年 6 月

采录地点： 莱芜市方下镇张公清村

附
记

张兴亮是我的邻居，经常到我家来串门。一壶茶泡上，就拉起闲呱来。他说："上个月去岳父家过生日，两乔子讲了这个故事，而且说得有鼻子有眼，好像这件事就发生在他的邻村。这是一则离奇故事，奇就奇在那个大闺妮赠送给李行的黄衣小扇。她预测李行有难应了验，而且黄衣小扇成了李行的护身符，关键时候救了他的命。这闺妮是鬼还是妖，故事中没有交代，但她爱李行的心是真的。"这个故事，收录在我搜集整理的《凤凰城的传说》一书中。该书于 1993 年 2 月，由金陵书社出版公司出版。

298

找
媳
妇

从前，有户人家挺富的。老两口子就一个儿，想给孩子找媳妇。结果，找一个死一个。人家大闺女都不敢找他，都害怕死。后来，他家的老祖就请了个相面先生，给儿子相了相面。这个先生说："您的孩子要找媳妇非上西不行，往西走有个西洋国。"

他家里一听就不愿意让他去，可这孩子饭也不吃、觉也不睡，整天价没有精神。他妈跟他爹说："若不让孩子去，有个三长两短咱也不好；要让他去，也不知道是祸是福。反正咱老两口子命中无儿，不能强求，干脆让他去吧？真给领回媳妇来，也算咱老两口子有福气。"他妈这么一说，他爹也就愿意了。

隔了几天，家里给这孩子备上银钱，还鞴了一匹马，他就骑着马往西走了。

走了几十天，前边有一条大河挡住了道。这孩子坐在河边等了好久，好歹地来了一只船，他就雇了船上去。谁知道这个船是个贼船，上去就把他的钱抢走了。

这孩子下了船，又往前走了几天，算是到了西洋国。走到街上，有个女的正打水。

这时，这个孩子也有点干渴，就上前想要点水喝。他光"大姐"叫了好几声，这个女的连理都不理，低着头走了。人家头里走，他就随后跟，跟到这个女的家里，天就黑了。他问了问人家，就在人家家里住下了。

几天以后，这孩子到街上来玩。得找媳妇啊！到底哪一个是他媳妇呢？这时，街上有个坐着抽烟的老头，对这个孩子说："你这孩子有个祸，今黑夜[1]有害你的。我给你这个小锣，听见动静你就敲。再就是你住的那里，让你吃啥也别吃。我再给你个红布袋，把给你吃的东西装上。赶没人[2]呵，倒在石头上看看。"

到了黑夜，真有个东西来了。他赶紧地敲那个小锣，"当！当！"吓得那个东西跑了，没害了他。到了早晨，这家人叫他吃饭。给他端来一碗面条，他也没吃。一转脸，倒到小红布袋里。出来倒在石头上一看，全是长虫[3]，把这孩子吓得不轻。

其实，这家人家就是他要找的媳妇家。打他来，这个女的她妈就知道是她闺女点化的。又住了这几天，事儿就更清楚了，这才想害他。这一没害成，人家他俩也就明开了。男的认了媳妇，想领着回家。这闺女她妈又出了一计，让这孩子到后院里给她砍竹竿去，干完这点活再走。

临去之前，他媳妇教给他说："到后花园里砍三下竹子就赶紧往回跑，千万别回头。跑出一百步以后，再看。"他按照媳妇说的，到了后院里，照着竹竿砍了三下，就往回跑。出来一百步回头一看，全是些大虫[4]，都死在那里了。这一计，又没害了他。

这孩子还是得走啊！她妈又说："今天你俩到你姨家看看你姨，回来再走。"这孩子说："好吧！"答应了。

他媳妇又说："我给你这一百个鸡蛋，到咱姨门口，你就往回走。走一步埋一个鸡蛋，埋完了再回头看。"他又照他媳妇说的做，走到她姨家门口就往回走，走一步埋一个鸡蛋。埋完了回头一看，两只老虎死在门口，他俩就回来了。

一计一计地没害了他，她妈就下了狠心咧，想连她闺女一堆[5]害死。到了黑夜，这闺女说："咱得走咧，要是不走咱俩都完了。"伸手拿了把伞递给她男的，说："你拿着这把伞，千万可别打开。无论雨再大、天再热，你也别打开。"

俩人说好了，当天黑夜就逃了。明了天，越走越热。太阳跟下火似的，拿着伞也不打。走着走着，下开了雨咧。大一阵，小一阵，不管怎么下，还是不打伞，走路的大人小孩都笑他。

笑得他没法了，心想：打开还能咋着？"扑棱[6]！"这一打开，他媳妇从伞里掉出来。后边她妈那伙，也追上了咧。

他媳妇说："你看咱咋说的咻，咋走呢？非死在这里不可！"弄得他媳妇实在没办法了，从怀里掏出一把筷子，递给他说："你走一步撒一根，撒完这把筷子就好了。"

他一根一根地撒了很长时间，手里筷子还不少哩。他急了，一下子把筷子全撒了出去。这些筷子变成了一些火龙，一霎工夫[7]，就把后头那些东西烧死了。

烧死的是这个闺女的爹妈，闺女也挺伤心的。又一想，她妈净做坏事，就跟着这孩子回到家里，过起好日子来了。

讲述者： 郝长俊，男，1931 年 8 月，历城区仲宫镇门牙庄，农民，小学

采录者： 关涛，男，1934 年 4 月，历城区文化局干部，高中

采录时间： 1987 年 4 月

采录地点： 历城区仲宫镇供电局招待所

[1] 今黑夜：今天夜里。
[2] 赶没人：等没人的时候。
[3] 长虫：蛇。
[4] 大虫：老虎。

[5] 一堆：一块或一起走。
[6] 扑棱：禽鸟拍翅的声音。
[7] 一霎工夫：时间不长。

299

背鬼

张其东是异人张丙懿[1]的嫡孙，他小时就跟着老爷学习《奇门遁甲》之类的奇书，加上老爷喜孙子，教给了他很多降妖捉邪的真本领。老爷去赶集，有人家冲撞了邪毛鬼祟[2]，张其东就能作法除妖，被人们称为"小先生"。四外八乡的人，都喜欢称他为"张先生"。

有一年开春就干旱，地里的庄稼都枯死了。为了一家能活命，他打谱到南边去打工。临走嘱咐了一大圈[3]，不管远近，农历七月十五中元节这天，回家为老人上香。

张先生在新泰宝泉村刘员外家打短工。宝泉村南有一泉眼，常年水流不断。就是大旱年间，所有的水井都干了，这眼泉水也流水不止，庄里人称它为"宝泉"。刘员外在宝泉边有块二亩大的地，因离泉子近，能够浇上水，就取名"水浇地"。这块地土壤肥沃，庄稼长得格外茂盛，打的粮食也比其他地的产量高。刘员外视这块地为命根子，

[1] 张丙懿：本地有名的降妖捉邪的异人，死后任山西洪洞县城隍。
[2] 邪毛鬼祟：妖魔鬼怪。
[3] 嘱咐了一大圈：把家里安排得很周全。

隔三差五打发人到地里锄草施肥。可是，等庄稼长起来了，长工短工谁也不敢到地里去了。为啥？因为这块地里经常闹鬼，几乎所有干活的都碰到过鬼，而且还是个浓妆艳抹的年轻女鬼。

春天庄稼低矮，一眼能看出很远，干活的人还不算害怕。可等玉米长起来的时候，很多人也就不敢到这里来干活了。刘员外家大业大，雇来干活的多。人多了胆子就大，他的地不至于撂荒[4]。其他人小门小户害怕遇到鬼，谁也不敢来地里干活。一年两季也就收个麦，秋庄稼只种不敢管理了。后来，干脆把地卖给了刘员外。

张先生来到刘员外家扛活，他忠厚老实，干活实在，侍弄[5]的庄稼长势茂盛，丰收在望。掌柜的看了很高兴，暗地里伸了无数次大拇指头。

这天吃了晌饭[6]，刘员外打发张先生一个人，到宝泉地里去给玉米上粪。因是农忙季节，人手不够。张先生二话没说，把大镢放在独轮车上，推着粪就去宝泉地。半人高的麦茬玉米[7]，上粪怪费事[8]。再说一大车子粪一个人干确实怪紧巴[9]，又得挑沟子，又得放粪，上完粪还得封沟。张先生忙了这个忙那个，累得满头大汗。眼瞅着太阳就要落山了，还有小半车子粪要上，真是忙得脸上汗水进了眼都没工夫擦。太阳藏进了山后，天渐渐黑了下来。张先生正低头上粪，突然一只手伸了过来，有个女人声音传来："我帮你干活吧？"

张先生抬头一看，只见一个二八岁的女子，浓妆艳抹，打扮得像个妖精。她两眼直盯着张先生的脸，像是在看一部弄不懂的天书。张先生停下手中的活计，也用火辣辣的眼神看女子。女子被盯得心神不定，说道："你这人两眼如火，看得人家心里乱七八糟的。"

张先生也不接话，运用慧眼把女子定住了。看着看着，他的心里明白了。这个女子还真是个鬼，而且还是个冤死

[4] 撂荒：土地不继续耕种，任其荒芜。
[5] 侍弄：此指种植和管理庄稼。
[6] 晌饭：午饭。
[7] 麦茬玉米：收割麦子后种植的玉米。
[8] 怪费事：工序繁杂，占用时间长。
[9] 怪紧巴：时间不够用。

鬼,因为在她身上除了怒气就是怨气。张先生说:"人鬼殊途,你不在地下好好修行,跑到阳间来干什么?"

女子听了,红润润的脸蛋一下子变得惨白,"扑通"跪在地上磕头,边磕边说:"小女子知道张先生的身手,故来相求。张先生,小女子死得屈啊!请先生为小女子做主,昭雪沉冤。"

张先生说:"不知你的冤屈在哪里?"

小女子哭着说:"我是刘家女,名叫桃花。是家里的独生女,父母爱如掌上明珠。我十五岁那年,看上了家里的放牛郎大山。俺两人情投意合,私定了终身。谁知,父母百般阻拦,硬说是大山勾搭小女子,竟然活活把他给打死了。小女子失去了依靠,决定以死殉情。因为父母看得紧,欲死无门。父母又托人把我许给了年长十岁的邻村财主做妾,我万念俱灰。就在一个夜黑风高的晚上,投泉而死,算来已快百年。为了复仇,我就在泉边住下,只要刘家人到地里来干活,我就显身吓唬他们,总想着找个合适的替身,出出我这口怨气。张先生,你看小女子浑身上下都是冤啊!"

张先生听了,沉思了一会说:"常言道,冤仇宜解不宜结。事过近百年,应该大事化小小事化了。等待你怨气全消,再轮回人间。这样吧?我给你做个道场[1],化解了你们之间的矛盾吧?"

女子没有立即回答,她低下头想了一会,点了几下头算是答应了。

张先生说:"我还有半车粪,上完了我就回家办你的事。行吗?"

"行!"女子回答得很干脆。她挽挽袖子说:"先生,小女子帮你干活吧?"

半车子粪两人干,很快就干完了。张先生收拾工具回家,女子默默地看着他,想说话但怎么也没张开口。

天黑得伸手不见五指了,张先生老远就看到刘员外站在大门外的灯笼下,望着张先生回家的方向,见他推着车子慢慢走来,就打招呼道:"是老张吗?"

张先生知道员外很懂行,晚上一般不叫人的大名,以

防邪魔鬼祟应声作怪,就回答说:"是啊!让员外久等了。"

刘员外是个心地善良的财主,对待下人非常热情。别的财主经常打骂欺负长工和短工,动辄不给饭吃。刘员外待下人与自己亲人一般,大家都很敬佩他。刘员外说:"活干不完明天再接着,要是饿坏了咋办?再说泉子地不安全,真让我担心啊!"

张先生把车子放在院子里,一边卸工具一边说:"东家,我想和您说件事。"

刘员外与张先生怪对脾气[2],听他这么说,就干脆地点点头,说:"到我客厅里来吧?你今天干活最多,我让厨房给你加个菜。"

"不用,粗茶淡饭惯了,能吃饱就行。"张先生说的是实话,家里如果能够吃饱肚子,谁舍家撇业[3]地到外地干活啊!

"按说您莱芜是个好地方啊!旱涝保收,衣食无忧。"

"风调雨顺的年成,倒是衣食无忧,遇到了干旱年,地里浇不上水,干看着没有办法啊!"张先生无可奈何地说。

"老张啊!你在泉子地干到这么晚,没遇到什么风吹草动的事吧?"东家两眼盯着张先生问道。

"东家,我找你还真就是为了这块地里的事呢!"张先生不急不慢地说道。

刘员外听了,心里咯噔一下,迫不及待地问道:"老张,什么事啊?该不是遇到鬼了吧?"

"鬼倒是没遇到,碰到了你家的一位祖先。"张先生端起茶杯,喝了一口茶。

"什么,我的一位祖先?"刘员外不解地问道。

"是啊!你祖上是不是有一位叫'桃花'的姑娘,因为婚姻的问题投水而亡?"张先生看着东家的脸问道。

刘员外听了,浑身像是触了电,言不由衷地说:"老张啊!你饿了吧?咱边吃边聊吧?来人啊!备酒菜,我和老张喝一盅。"

[1] 道场:超度亡人的法会。

[2] 怪对脾气:随缘。

[3] 舍家撇业:舍弃家中的一切,到别的地方工作。

菜是现成的，不大霎桌子上就摆了十个碟子八个碗，鸡鸭鱼肉香气扑鼻。有人持壶倒满酒，刘员外热情相让。张先生端起酒杯，将杯中酒浇奠[1]在地上一些，这是莱芜人的习俗，每逢喝酒或喝茶，第一碗（杯）都要浇奠一点，是对天地神鬼的尊重。他喝了一小口酒，把酒杯放在桌子上，夹菜压酒。

刘员外有些等不得了，问道："老张啊！我祖上还真有这么一位叫桃花的先人。不知你是怎么知道的？你说说吧。"

张先生把遇到桃花的前因后果，详详细细地说了一遍。刘员外听了，不知是激动还是吓的，手不停地哆嗦。"哎！先人没文化，愚昧啊！真没想到，她老人家至今还怨怒未消。老张啊！你说得对，冤仇宜解不宜结。就按你对她老人家的承诺，咱们明天做个道场吧！让她老人家在九泉之下也瞑目。另外，此事办好后，泉子周围原先该是谁家的地，我原封不动退给人家，也算是帮先人积点阴德。"

"好啊！东家，您宅心仁厚，合该此事在你的手中和解。再这么僵持下去，您刘家非出大事不可！"张先生非常敬慕刘员外的为人。

第二天，刘员外准备了丰厚的祭品，约齐了村里德高望重的老人，一起来到宝泉边，为桃花先人举办道场。祭祀快结束的时候，就见宝泉里飘起一股烟云。一位浓妆艳抹的少女，踩云踏雾腾空而起，她对着众人深施一礼，飘然而去。

刘员外兑现了他的承诺，把土地和买地钱退还给原主人。大家纷纷感谢张其东，为大伙办了一件大好事！

回到家里，刘员外拉住张先生的手说："老张啊！刘家多亏了您的指点，躲过了一场灾难，和解了一段百年情仇。这样吧，你别打短工了，给我干长活吧？工钱从优。"

"东家，我就是个打短工的麦客[2]，干不了长工。万一家中有事，我就得回去。"张先生婉言谢绝。

刘员外见张先生态度坚硬，也就不再坚持。他打着哈哈说："老张啊！你喜欢干啥就随意吧。"

时间过得真快，眼瞅到要过农历七月十五。张先生找到东家，把回家上香的事说了一遍。刘员外舍不得他走，就说："七月十五中元节俺这里也过，又不是过年，让家里人烧吧烧吧[3]就行了。"

张先生摇摇头说："俺家里的情况特殊，离了我还真不行。员外，您别担心，过了十五我立马就回来，误不了地里的活。再说我这里押着半年的工钱，能不回来吗？"说着，眼泪在眼眶里直打转。

刘员外见他说得认真，又看他要哭的样子，觉得其中定有隐情。他点点头说："等干完地里的活，晚上到我房里来吧？"

刘员外吩咐厨子炒了四个菜，烫了一壶酒端到他的房中。

张先生放下农具，洗了洗手脸，来到东家的屋里。东家很客气地让他入座，张先生见东家宾客相待[4]，有些不好意思起来。

刘员外拉他入座，说："我家的长工短工用了一茬又一茬，像你这么老实肯干的还真没有。不知你急着回家为了哪般？"

张先生说："东家，您知道莱芜中元节为啥叫'过半年[5]'吗？"

刘员外说："不知道，但知道你们那里中元节就像过年一样。能告诉我吗？"

张先生说："东家，莱芜过半年就兴起于俺张家。俺老爷张丙懿现任山西洪洞城隍，莱芜过半年与他老人家有关。"

刘员外听说张先生的老爷是城隍，既惊又敬。刘员外亲自提壶给他满酒，张先生慌忙接过去，把酒杯倒满，接着说："有一年的七月，莱芜闹瘟疫，死了很多人。老爷

[1] 浇奠：方言，把酒水倒在地上，祭祀神灵或祖先。
[2] 麦客：不固定的替别人割麦子的人。
[3] 烧吧烧吧：给先人上香烧纸。
[4] 宾客相待：当贵宾招待。
[5] 过半年：莱芜中元节习俗，这天和过年一样请家堂，唯一的区别就是不贴对联和相互拜年。

听说了，就请仙人安期生[1]出面帮助莱芜人度过灾难。费了九牛二虎之力，总算找到了解救莱芜人生命的好办法，利用过年的鞭炮声驱赶瘟神。这一天，正好是农历的七月十五中元节。这天，莱芜人像过年一样请家堂，把老人请到家去供奉。俗称'过半年'。"

刘员外听了非常感动，亲自把壶斟酒共饮了三杯。"老张啊！难怪你平息了俺祖上的恩怨。常言道，'真人不露面'。你果真是位高人。既然节日对你这么重要，明天你就动身回家吧？今晚我让柜上把你的工钱加倍算好，算是我对你家祖上的敬慕。节后多住几天再回来，误不了收秋就行。"

"男子汉大丈夫，吐口唾沫算根钉。说好过十五回家，十七日早晚回到你家。"两人越说越投机，一直喝到鸡叫头遍才算满足。

吃了晌午饭，刘员外亲自牵着家中的枣红马，来为张先生送行。

马鞍子上挂着干粮和工钱，刘员外拱拱手关心地说："老张啊！骑马回去吧，这样我也放心。"

张先生感激不尽，接过缰绳翻身上马，快马加鞭往家赶。

过了雁翎关[2]，就进入了莱芜地。这时，太阳落下了西山头，天眼见得黑了下来。张先生打马来到李条庄村西的一大片坟地，这个坟地非常大，是明万历年间的礼部给事中亓诗教家的祖坟，占地方圆几十亩。林内松柏参天，荒草漫人，棘针棵子遍地都是，阴森森的。那猫头鹰大白天就咯咯咯地乱叫，人走进这地方，头皮乍，脊梁冷，内心恐惧。

坟地中间横穿一条小路，这是张先生回家的唯一一条路。这条路平时白天走路的就少，天黑了连点人气也没有。虽然张先生会降妖捉魔的功夫，也不免心里敲鼓，脊梁沟子过凉气，头像是大了好几号。这里前不着村后不着店，只好硬着头皮赶路。

其实，张先生心里明白得很。早在几年前，他就听说亓家林地出现了怪事。有人亲眼见到坟地中央出来一个女子，身穿大红袄，扎着绿裙子，脚穿绣花鞋，头扎仁角[3]，口染桃红，坐在路边大声呼叫："谁捎到我？谁捎到我？"叫个不停。坟地边有地的农户，有时听到叫声，都慌慌把地整，张张把地种，急急把草锄，忙忙把肥送。太阳三尺高，扛着家什往家跑。

常言道，"想啥不来啥，怕啥偏来啥"。张先生自己安慰自己，道听途说的事不能信实。天刚黑，阳气还很盛，咋会碰到邪鬼呢！别自己吓唬自己了，快马加几鞭也就过去了。正想着，就听到一阵女人的喊叫声："谁捎到我啊？谁捎到我？"张先生抬头一看，前面不远处的路边，有个女子头上三个发簪插花，身上穿红袄，下身扎着绿裙子，脚穿一双绣花鞋，嘴唇染口红，坐在坟头上大声呼叫："谁捎着我？谁捎着我？"

张先生年轻气盛，血气方刚，戏言道："我家中正缺个二房，如不嫌我长得老丑，请上马来同行，回家拜堂成亲。你要是乐意我就捎着你。"

那女子听了，忽地跳起身来，一个箭步跑到马后，拽着马尾巴跃上了马，和张先生一前一后的同坐马背上。

张先生不慌不忙抽出腰带，将那女子和自己紧紧地捆在一起。他挥手加了一鞭，马飞跑而去。

张先生用手向后一摸，想了解一下女子的底细。那女子浑身冰凉，像是一块冰。张先生连试了几次，虽知道不是个善类，可就是摸不出她的来龙去脉。为了防止女子逃脱，他暗自念动真言，把那女子镇住。果然，女子不再大喊大叫了，老老实实地趴在张先生的脊梁上。原来，张先生懂得降妖的秘诀，把女鬼的命门捆住了。

长话短说。张先生马不停蹄，顺着山路疾走。蹚过大汶河顺着公清河岸，平安回到了家中。到家时辰也就是现在的十点多钟，这个点老婆孩子都已睡了。张先生下马拍打门板，一连敲了十几下，才听到里面传来问话声："谁啊！是孩子他爷吗？"

[1] 安期生：莱芜民间家喻户晓的仙人，修行在凤凰山朝阳洞，曾与秦始皇在洞中谈了三天三夜，后去了蓬莱仙岛。

[2] 雁翎关：新泰莱芜的界山，系古险塞。春秋时建村。此地崇山峻岭，村北有一条长约4公里的大沟，深数丈，地势险要，大有"一夫当关，万夫莫开"、雁过拔翎之势，故名。

[3] 头扎仁角：头上挽着三个发髻。

张先生急忙回答："是啊！快开门吧？"

"噢，你稍等一下，就来。"那时候的女人，睡下了再起来得费点工夫，扎腿裹脚，把衣服穿得周周正正。

半个钟头过去了，妻子才将大门打开。她朝门外一看，吓了一跳，问道："孩子他爷，你这是背回来了个啥？黑乎乎的这么高，怪吓人的！"

张先生说："我背了个捎脚[1]。哈哈，告诉你吧，我在外头娶了个小老婆，一块带回来见你！"

妻子半喜半气地说："多大年纪了，老婆孩子一大窝了还不正经。门口矮，你得大弯腰才能进来。"

张先生笑着回答："夫人放心，某家心中有数。"说着，往后退两步，弓着腰几乎是爬着进了大门。

到了北屋，将腰带解开，把身上的女鬼"咣当"一声扔在地上。张先生回头一看，这哪里是什么如花似玉的大闺女，分明是个掉了大漆的棺材盖子。他怕女鬼脱身，一脚踩在棺材板中间，对妻子说："孩他娘，赶紧抱柴火。"

妻子不解地问道："孩他爷，这黑灯瞎火的你是折腾个啥？不是在路上遇到鬼了吧？"

张先生笑着说："你算说对了，这个还真是个女鬼，快抱柴火！"

老婆不敢怠慢，出门抱来干草、豆秸，张先生指点老婆把柴火放在棺材盖子上，取过油灯点燃。火由小到大，只烧得那棺材盖子吱吱叫，这声音分明是个女子喊救命："张大老爷，饶命啊！"

老婆听了，吓得两腿直哆嗦。"孩他爷，你这是背到家里的个啥玩意啊？"

张其东幽默地说："告诉你了是我纳的小妾，让她和你做个伴吧！哈哈哈。"

棺材板上传出的声音更大了："张大老爷，我再也不敢吓唬人了，你就饶了我吧？"老婆自打进到张家门，只听说过老爷是个异人，没听说丈夫有降妖捉魔的本领。她听女的声音凄凉，就战战兢兢地说："他爷，这声音怪可怜，你就抬抬手放了她吧？"

张先生摇摇头说："孩他娘，此情求不得。"说着，一

指棺材板怒斥道："妖孽，早知现在，何必当初。你搅得一方不得安宁，今日落在我的手中，也合该你咎由自取。"话音刚落，棺材板上就传来一个女人的哭泣声，随之又消失了。啪啪啪的爆火，把棺材板化为了灰烬。

张先生取过火棍，在灰烬中翻来翻去，又端着油灯仔细地观看。只见灰烬中有一条拃多长[2]的虫子焦物。张先生点点头，说道："小孽障，原来你是这么个东西啊！"

原来，那棺材盖子是用榆木做的，榆木有啄木虫。木匠在做棺材时，不小心伤了手，鲜血滴在木板上。因为对了时辰，那啄木虫得了人的精气，变成了女鬼。如果不是遇到张先生，女鬼再祸害两个人就会变成神通广大的邪祟[3]，再降伏它就不容易了，正应了民间大实话："善有善报，恶有恶报。不是不报，时候未到。时候一到，马上就报！"

从此，李条庄亓家林地的坟边，再也没有女子喊叫"谁捎着我了"。

第二天，张先生拾掇庭院，早早请来家堂。他带领全家跪在桌前，祈祷道："老爷，孙子给您老磕头了！"说着，带领大家一起磕头。到了下午，他又带领全家送家堂，放鞭炮，隆隆重重过了个中元节。

到了十六，张先生把家里安排停当，骑着马愉快地回刘员外家去打工了。

讲述者：	张祥德，男，1919年8月，莱芜市莱城区方下镇张公清村，私塾
采录者：	李乃东，男，1940年1月，莱芜市莱城区方下镇张公清村，师范
采录时间：	1996年8月
采录地点：	莱芜市莱城区方下镇张公清村

[1]　捎脚：顺路带回来的东西。

[2]　拃多长：拃，拇指与中指张开的尺寸。

[3]　邪祟：作祟害人的鬼怪。

张祥德老人和张其东都是张公清村六大院人，张先生就是张其东，异人张丙懿的嫡孙。他小时就跟着老爷学习《奇门遁甲》之类的奇书，学会了很多降妖捉邪的真本领。张公清及周边村都知道他爷孙驱鬼赶邪祟的本领，张其东被人们称为"小先生"。关于张其东降魔捉妖的故事，村里人妇孺皆知，至今津津乐道。

300

卖粥翁巧识人与鬼

从前，有个卖粥的老汉。每天夜里做好粥，天不亮就挑到街上卖。

老汉一放下挑子，立即就有许多人围上来买粥。他也不看钱，让买粥人自己将钱放在小钱簸箩里。那时候使的是制钱，一个小制钱一碗粥，很好算账。可是每次卖完粥回来一查钱，总是粥卖出去得多，钱收回得少，并且，每次都发现簸箩里有许多纸灰。一连几天都是这样，这时，卖粥老汉好似想到了什么。

这天一大早，老汉和往常一样，把粥挑到街上去卖。不同的是把钱簸箩换成了一个小盆子，盆中还盛了一半盆子水。谁来买粥，老汉就叫他把钱放在小盆子里。制钱扔进小盆子的水里，既有响声又沉底，老汉就给盛粥。这一来，有不少买粥的人，近前一看扭头就走了。

老汉就用这个办法，巧妙地鉴别出谁是买粥的人，谁是骗粥喝的鬼了。从此，老汉卖粥再也不短钱了。

讲述者： 孙绪沛，男，1929 年 6 月，莱芜市和庄
乡青石关村，小学

采录者： 张章，男，1936 年 11 月，莱芜市苗山镇
南古德范村，退休干部

采录时间： 1988 年 10 月

采录地点： 莱芜市和庄乡青石关村

301

羊鬼

从前，有个人叫朱化，是个羊贩子，靠倒卖羊发了点小财。

有一次，他去新疆买了一批羊，准备送到山东去卖。走到甘肃一个小镇，在客栈里吃饭的时候遇到一个河南商人。河南商人说："你这样贩卖羊赚的是一点辛苦小钱，应该想办法多赚钱。很多商人见到小羊，就认为不可以买，你不知道小羊不久就会变为大羊。从小把它买来，等你卖的时候就大了，这里的利润不是很大吗？相同的本钱，你买大羊一定买得少，买小羊就会买得很多。羊多赚的钱也多，羊少赚的钱也少。"朱化觉得是这么回事，就跟河南商人说："你要是知道哪里有小羊，我就全买下来。"

没过几天，河南商人果真带一个养羊的主人来了。朱化于是又买了一百多只小羊，把大羊和小羊混杂在一起，赶到了山东济南。谁料，走到济南城下，那些小羊就都变成鬼跑了。朱化很害怕，猜不出这是怎么回事。

第二年，朱化又去新疆贩羊，半道上他又遇到了那个河南商人，朱化如同见到了仇人，非要把河南商人送到官府去治罪。

河南商人说："我有什么罪？"

朱化说："你劝我买小羊，我赶到济南城下的时候，都变成鬼跑了，这难道不是你使的妖术吗？"

河南商人说："你贩卖羊，想多赚钱，杀生害命，不知收敛。你犯了弥天大罪，到现在还不醒悟，反而对我发怒。我就是羊鬼，我要替死去的羊报仇。"说完，就不见踪影。

朱化非常害怕，去附近的道观找人帮忙，可还没到道观就死在路上了。

许多年以后，一个道士抓住了一个很特别的鬼，是一只羊鬼。那道士说："世人只知道人死后成鬼，可很少人知道，动物死后也有可能变鬼。"那个道士就把这只羊鬼送到江西龙虎山张天师大殿下压着。后来的道士学驱鬼的，必须去看这个羊鬼，以增长见识。

至今，这只羊鬼还在龙虎山上呢。会道法的人，还能听到这只羊鬼讲朱化的故事。

讲述者：　王奎杰，男，1951 年 12 月，市中区王官庄八区，大学

采录者：　苗龙，男，1956 年 1 月，市中区王官庄，高中

采录时间：　2019 年 10 月

采录地点：　槐荫区槐荫公园

附
记

王奎杰喜欢征集奇异故事，有一次，他到槐荫区朋友家做客。聊天中说起奇异故事，有位七旬老人讲述了这个羊鬼的故事。这真是大千世界，无奇不有。他觉得好奇，就刨根问底。老人说："听来的模糊，讲得也就模糊。"因而，不知道这个羊鬼到底在济南哪个城门，把其他羊变成鬼逃跑的。有一天，他来我的口技工作室，就把这个故事告诉了我。

302

尿盆子[1]喊冤

很久很久以前，南三官庙村王老汉，从集市上买了个便宜尿盆子。到了黑夜[2]，王老汉起来撒尿，忽听到尿盆子里有人说："大爷，你怎么尿到我嘴里呢？"声音虽小，却听得清清楚楚。王老汉吓得赶紧提起裤子上了炕，他仔仔细细地打量了尿盆一番，看不出个子鼠丑牛来[3]。过了半个时辰[4]，王老汉憋不住了，又下炕撒尿。结果还是刚才那个声音，他只好到外面泄了。

回到屋里，王老汉挑亮油灯，对着尿盆子看了很久才壮着胆子问："你是鬼，还是妖？"

稍一霎[5]，尿盆子抽泣着回答说："大爷，我不是鬼，也不是妖，是人。大爷，我死得冤啊！请您老人家帮我去见官吧？我忘不了您老人家的大恩大德啊！"于是，尿盆子哭哭泣泣讲了他的遭遇。

[1]　尿盆子：撒尿用的瓦盆。

[2]　黑夜：夜里。

[3]　看不出个子鼠丑牛来：看不出有什么变化或异样。

[4]　半个时辰：传统计时单位，一个时辰是现在的两个小时，半个时辰是一个小时。

[5]　稍一霎：一会儿，很短的时间。

王老汉听罢，怪同情。他穿好衣裳，锁上门，抱着尿盆子连夜赶奔县衙。

天刚蒙蒙亮，王老汉击鼓喊冤，县太爷升堂断案。王老汉把尿盆子的事说了一遍，县官听了觉得荒唐，传话叫尿盆子自己复述一遍。衙役喊过堂威，尿盆子却闭口不言。

县太爷大怒，责问王老汉戏耍官尊，搅闹公堂，杖责二十大棍。王老汉忍着疼，抱着尿盆子跌跌撞撞回了家。

晚上，王老汉往尿盆子里撒尿，又是那个声音。王老汉摸摸疼痛的屁股，叹口气说："尿盆子呀尿盆子，你有这么大的冤屈，到了公堂上为啥不说话？害得老汉我白挨了二十大棍子，现在还疼痛难忍。"

"大爷，您老受委屈咧！我头一回[1]见到县官，心里害怕。我现在光着身子，嘴里还含着[2]您老的尿，怎么回答大老爷的问话呀？"

"那该咋办呢？"王老汉为难地问。

"大爷，麻烦您老给小侄清清嘴[3]，把我装进口袋去见县太爷，我就把冤屈全说出来。求您老人家了！"

王老汉抱着包好的尿盆子，二次进了大堂。县太爷不由分说，吩咐衙役就打。衙役按倒王老汉，正要举棍行刑，只听一个人高声叫喊："县太爷，手下留情，小人真有天大的冤枉！"

县官传令停刑，吩咐把尿盆子放在公堂上，仔细端详了一霎，才问："刚才可是你在喊冤吗？"

"正是小人所喊。大老爷，小民冤枉啊！"

县官听了惊得睁大双眼，一拍惊堂木虎威威地说："有啥冤枉只管讲来，本大老爷给你做主。来呀，给王老汉看座。"

"谢大老爷。"王老汉如释重负。

县官又一拍惊堂木："尿盆子，昨天你来公堂为啥闭口不言？害得王老汉白挨了二十大棍。"

"大老爷，昨天小民光着身子，嘴里含有污物，怎么面对青天大老爷说话呢？王老爷给小民漱了嘴，穿上了衣服，小民才斗胆包天和青天大老爷对坐面谈。大老爷，小民有天大的冤枉啊！"说着，泣不成声。

"尿盆子，冤有头，债有主，有啥冤枉慢慢讲来，本老爷给你做主。"

"青天大老爷，小民叫张得路，本县吕家庄人。五年前，家贫无法生活，只身一人下了关东。在关东谋了个很好的职业，混了若干银钱。一个月前，我带着三十两黄金回家。走到窑货庄时，口渴难忍，就到一户人家找水喝。这家有兄弟俩，老大叫顶千，老二叫顶万。他俩趁小民喝水，偷看了我的行李。为了劫财他俩合手把小民杀死，又一刀剁如泥烧成了盆瓮罐。求大老爷给小民做主，报仇雪恨呀！"说着，抽泣着哭出声来。

县官听罢吃惊非小，一面派衙役骑快马把顶千、顶万逮捕归案，一面热情招待诚心助人的王老汉，并当面赔罪。

午时，顶千、顶万被带到公堂。

县太爷坐镇堂威，问他兄弟俩如何谋财害命。顶千、顶万以为做得天衣无缝，百般狡赖。县太爷吩咐取来尿盆子对证，尿盆子把经过说了一遍："青天大老爷，小民有物证在此。"说完，尿盆子翻下堂桌摔了个粉身碎骨。衙役倒出碎片，见里面有颗牙齿。顶千、顶万见物证确凿，无法抵赖，只好磕头如鸡啄米求饶命。

县太爷吩咐把两人押入死牢，令人取来十两金子赏给王老汉。

王老汉说啥也不要，县太爷很受感动。听说老汉只身一人，便聘在县衙打杂。县太爷调走时，还嘱咐下任知县要好好对待王老汉。

讲述者： 亓延龄，男，1943 年 11 月，莱芜市方下镇嘶马河村，农民，初中

采录者： 张克永，男，1964 年 12 月，莱城区方下镇张公清村，高中

采录时间： 1986 年 6 月

采录地点： 莱芜市方下镇嘶马河村

[1] 头一回：第一次。

[2] 含：东西放在嘴里，不咽下也不吐出。

[3] 清清嘴：漱口。

303

奴才鬼

从前，有个秀才赶考路上在庙里歇脚，遇到了一个鬼。鬼觉得自己了不起，根本没把秀才放在眼里，说话傲气，举止傲慢，一副旁若无人的架把。秀才虽然手无缚鸡之力，但却博学多才，爱动脑子。他根本不把鬼当回事，认为它不过就是一股形影不定的邪气，还不如人的一个屁，没什么可显摆的。于是，平心静气地和鬼提出打赌论输赢，要求三问两赢为定局。谁赢了谁是老大，谁输了谁当老小。老小要听老大的话，如果不听就要受到上天的惩罚。

鬼觉得自己很聪明，和秀才打赌肯定赢，就满口答应了下来。秀才说："咱们要定个规矩，我问你的问题，你回答时要标明你的身份；你问我问题时，我要说明我的身份，如何？"

鬼自认为自己经验丰富，想也没想就答应了。

秀才就说："既然咱俩打赌，谁先出题谁先答？"

鬼说："你是外来客，我是东道主。按照道理客先问我后答，这样公道些。"

秀才点了点头，伸出拇指夸赞说："没想到你还真仗义，我只好入乡随俗了！那你就说说秀才和鬼有什么不同？"

鬼听了笑笑说："你真是个榆木疙瘩秀才，怎么问这些小儿科的问题。秀才和我最大的不同就是，秀才心有贪欲，我却没有。"

秀才听了摇摇头，说："错了，离咱们规定的要求差了十万八千里。"

鬼说："我说的是实话呀，不对吗？"

秀才点点头说："当然不对，人们常说有钱能让鬼推磨，如果鬼不贪，如何去下力推磨呢？你没有表明自己是鬼的身份，所以就输了。"

鬼听了一脸的愕然，问道："那你说正确答案是什么？"

秀才说："这个问题很简单，秀才我能喘气，叫阳刚之气，你这个鬼不会喘气，只会轻轻地吹气，称为阴气，俗称'小气鬼'。"

鬼听了想辩解，可又没有辩解的理由，只好低头服输。

秀才说："我问了一题，该你再提问了。"

鬼想了想说道："我作为一个鬼，是人喜欢我，还是阎王爷喜欢我？"

秀才想也没想，就干脆地说："秀才我不喜欢你，才叫你讨厌鬼，阎王爷喜欢你，叫作阎王不嫌鬼瘦！"

鬼听了，羞愧得差点掉下眼泪来。

秀才说："我赢了两道题，你该服输了吧？"

鬼瞪了秀才一眼，说："人说话要算一句，这才两题不够三题定输赢。你要让我服气，除非再赢了第三题。否则，就不是正人君子！"

秀才听了，明白碰到了赖皮鬼，也不和它计较，就说："你既然不服，咱就再加一题，你讲讲玩魔术的技法是什么？"

鬼听了，俩眼一瞪，呲牙咧嘴地回答说："玩魔术的技巧，在于手疾眼快！"

秀才讥笑地摇摇头说："你回答的和你也不搭边啊。"

鬼迷心窍，竟然在回答时，忘了把它鬼的身份说上。它反问道："那你说，正确答案是什么？"

秀才笑了笑，说："秀才我把玩魔术的技法称作为'鬼把戏'，老百姓却说是'糊弄鬼'，既表明了我的身份，又点出了魔术师的技法！你难道还不服吗？"

鬼无言以对，只好点头服输。

秀才说："咱们有言在先，我赢了是老大，你输了是老小。从现在开始，我说啥你都要听，让你干啥都要无条件地去干，否则，赌咒就会应验。"

鬼害怕了，跪下来磕了一个头说："我愿赌服输，你现在就是老大，我一切都听你来安排，绝不食言。"

秀才轻轻松松地赢了鬼。常言说得好："有权不使，过期作废。"于是，秀才一会儿让鬼像狼那样吼叫，鬼就仰起头张开嘴高声吼叫；一会儿他又让鬼砸庙里的供桌，鬼就搬起石头用力去砸供桌。

秀才见鬼听说听道，心里高兴，就笑指着鬼的鼻子，哈哈大笑说："你这个鬼没有主见，是个听话的奴才鬼！"

鬼觉得受到了羞辱，非常生气，咬牙切齿要秀才给他一个说法。

秀才心平气和地指着暴跳如雷的鬼说："你别不服，咱就让事实来说话吧。"说着，用手指着自己的脑袋说："我这里痒得很，你赶快来给我抓抓吧？"

鬼听了，俩眼珠子乱转，竟然犹豫不决。

秀才笑了笑，指着鬼的鼻尖说："我说的没错吧，你优柔寡断，任人摆布，不是奴才鬼是什么？"

鬼又气得五官挪位，吹出一口阴冷的气，转身出了庙门。不大霎，鬼又回来了，手里拿着一根污渍斑斑的绳子，在秀才眼前晃了晃，说："我给你玩个游戏吧？你肯定感兴趣。"说着，把绳子头搬上梁头，然后熟练地挽了个死扣，转身对秀才说："你看我搭的扣漂亮吧，你敢和我玩把头挂进扣里这个游戏吗？"

秀才恍然大悟，知道眼前这个鬼是个"吊死鬼"。它这个游戏叫"找替身"，如果跟它学，就会超度它去投胎轮回，而你又会像它这样，在破庙里等你的替身。秀才不动声色，也拿起供桌底下的一根布绳，站在供桌上像鬼那样把布绳挂在梁上拴了个活扣。

鬼看到秀才把绳子拴好了，脸上显得特别高兴，说："你的绳子不结实，你用我这根吧？"

秀才心里明白，如果用了鬼的吊绳必死无疑，就回答说："你的绳子腥气，我不喜欢用。咱俩各用自己的吧，看看到底谁玩得开心。"

鬼说："行，就依着你吧。咱们开始玩游戏吧？"

秀才说："行！你先来我随后。"

鬼的心里乐开了花，它在这座破庙里找替身，一等就是一百年，今天终于熬到头了。于是，把头伸进了绳套里。它转头看了看书生，只见秀才躺在供桌上，把一只脚伸进了布绳套里。鬼慌忙摆手说："错了，错了，这个游戏是套头不是套脚。"

秀才笑着说："没错，你玩的是鬼把戏，我玩的是荡脚术。你生前就错了，死后还一直糊涂没想明白。所以我说是你错了，我没有错啊！"

鬼乐极生悲，不仅没找到合适的替身，还被人家奚落一番。它羞愧难当，本想把头从绳套里拿出来，却不小心脚一滑，把头挂在了绳套里，绳套是个死扣，怎么也挣脱不出来了。

秀才见了，用力一拽腿，布绳活套开了。秀才坐起身来对鬼说："你这个奴才死鬼，这个游戏根本不好玩。你在上面挂着荡秋千玩吧，我还要赶路，不陪你了！"说着，跳下供桌，背上包袱往庙门口走去。

讲述者：　李乃东，男，1940年1月，莱城区方下镇张公清村，师范

采录者：　张克永，男，1964年12月，莱城区方下镇张公清村，高中

采录时间：2013年10月

采录地点：莱芜市莱城区方下镇张公清村

（六）动植物故事

304

凤
和
凰

有一年，天爷爷[1]的六女儿凰姑，见七妹和织女都在凡间找了称心如意的伴侣，也有了下凡之心。通过观察，相中了一介书生，叫凤哥。凤哥是破落财主出身，长得一表人才，俩人一见钟情。几天后，凰姑便悄悄下凡，与凤哥拜堂成亲。

凤哥和凰姑的事很快被天爷爷知道了，狠狠熊了[2]王母娘娘一顿。王母脸红耳赤无话可说，自己已有三个女儿私自下凡，往后怎么管住众仙呢？她怒气冲冲地带着二郎神和神犬直奔凤哥凰姑的洞房。

二郎神抽出赶山鞭[3]一挥，洞房没了踪影。凤哥和凰姑刚想穿衣，神犬叼着衣服跑了。只好双双遮住羞处，向王母娘娘求饶。王母已气愤到极点，命二郎神召来众女儿，恶狠狠地说："谁敢再私自下凡，这就是下场。"用手一指，凤哥和凰姑立即变成了"裸体鸟"。

此时，正是三九寒天，冻得二鸟悲哀号叫。叫声引来了孔雀、鸳鸯、燕子等众鸟，个个都留下了伤心的泪。在孔雀的提议下，众鸟从身上拔下最好的羽毛献给它俩。刹那间，裸体鸟变成了最俊的鸟。孔雀又说："你们一个叫凤哥，一个叫凰姑，我看就像鸳鸯一样，叫'凤凰'吧？"于是，一种新鸟诞生了，百鸟欢呼庆贺。因凤凰[4]最漂亮，大伙选它俩当了百鸟之王和王后。

凤凰当了鸟王，今天这个送礼，明天那个宴请。它渐渐忘乎所以，变得骄横起来。因大公鸡的叫声惊醒了睡梦，罚它变成了家禽。鸭鹅没有宴请凤凰，被罚永不会飞。凤凰的惨无人道惹怒了众鸟，它们纷纷找孔雀告状。于是，孔雀又向百鸟献出了一条妙计。

在一次百鸟会上，众鸟一起冲向凤凰，夺回了自己的羽毛。凤凰又变成了裸体鸟，三九寒天号叫着冻死了。

就这样，凤凰连后代也没有留下，只留下了"凤凰"的鸟名，人们只知道它是天下最美丽的鸟。

讲述者： 孙元秀，男，1891 年 2 月，章丘县文祖
公社文祖东村，农民，私塾

采录者： 孙廷华，男，1954 年 1 月，章丘县文祖
公社文祖东村，高中

采录时间： 1964 年 1 月

采录地点： 章丘市文祖公社文祖东村

[1] 天爷爷：玉皇大帝的俗称。
[2] 熊了：训斥；斥责。
[3] 赶山鞭：一条能赶走山的神鞭。

[4] 凤凰：亦作"凤皇"，古代传说中的百鸟之王。雄的叫"凤"，雌的叫"凰"，总称为凤凰，亦称为丹鸟、火鸟、鶤鸡、威凤等。常用来象征祥瑞，凤凰齐飞，是吉祥和谐的象征，自古就是中国文化的重要元素。在甲骨文中有被商代帝王捕获的记载。凤凰和龙的形象一样，愈往后愈复杂，最初在《山海经》中的记载仅仅是"丹穴之山，有鸟焉，其状如鸡，五采而文，名曰凤皇"。甚至还有食用的记载，《大荒西经》："沃之野，凤鸟之卵是食，甘露是饮。"《证类本草》云"诸天国食凤卵，如此土人食鸡卵也"，宋代凤髓被列为八珍之一。

305

老鼠争属性

附记

孙元秀是我的爷爷，该文根据童年听他讲的故事而整理，收录在《章丘民间故事》（2007 年华艺出版社出版）和我的文集《锦屏夜话》（2009 年作家出版社出版）。

老天爷突发奇想，为了便于管理人类，打算让十二种动物来代表属性分类。可动物种类这么多，名额只有 12 个，怎么分呢？老天爷就想了个办法，下命令到某年某日众动物都来天庭领属性，先到先领，领完为止。

领属性这天，猫记错了日子，游逛[1]时遇到了匆匆跑来的老鼠，就问："鼠弟，到哪天去领属性啊？"

老鼠的小黑豆眼一挤打[2]，说："到明天。"

猫走了，老鼠连蹿带蹦地跑到天上去了。它长得小巧玲珑，善于奔跑，无论在屋里还是在野外，都是赛跑的能手。它第一个跑到天上，领到了人的属性第一位，子鼠。

别看老鼠生性卑微，行为龌龊[3]，可记性大，反应灵敏。哪里有好吃的，它都记着；哪里有点动静，它能及时发现，当即行动。老天爷宣布的委派人属性的日子，它记得很准。猫离开后，它急速奔跑，取得了属性第一的头衔。

[1] 游逛：消遣闲走。

[2] 一挤打：眨眼。

[3] 龌龊：形容气量狭小，拘于小节。

第二天，猫来到天上，老天爷问："你来干啥了？"

"我来领属性啊。"

"昨天都领去了。你怎么才来？"

猫垂头丧气地回来了。问问猪，猪说："我是第十二位。"问问鸡，鸡是第十位，自己懊恼道："我聪明一世，还不如猪和鸡哩！"

从那，它碰到老鼠就咬，遇到老鼠就吃，吃不了就摔死它。从那到如今，老鼠只要被猫碰见，就跑不了它。

讲述者：　于宪芹，男，1924 年 5 月，平阴县东阿公社小河口村，教师，大专

采录者：　黄文俊，男，1946 年 5 月，平阴县洪范池公社苗海村，教师，大专

采录时间：　1959 年 3 月

采录地点：　苗海东分校

附记

于宪芹老先生是我的语文老师。1959 年 3 月的一天，于老师让我留校与他晚上做伴。我和于老师拉了很多话题，他问我的属相，接着给我讲了这个故事。我当时觉得很有新奇感，就把它写在了我的日记里。我曾多次讲给学生和亲朋好友听，他们对这个故事都很感兴趣。于老师很健谈，讲了很多故事。我记得他还讲了《得》《木头人》等故事。

306

老鼋[1]讨封

这一年，有位皇帝出巡，成千上万的人跟着。他逛了山，看了江河后，游兴不减，就来到了一个大湖。湖边早就备好了龙舟，皇帝登上舟船眺望，天水一色，一望无垠。

这时，从湖里钻出了一只千年的老鼋，伸长脖子问："万岁呀！我修炼了千年啦，你封我个啥？"

皇帝游兴正浓，冷不丁出来这么个不伦不类的东西，吓了一跳，游兴顿减："你个千年王八万年鳖，有啥好封的，还不快快滚开？"

"谢万岁封我千年万年。可我啥时候能成正果？"老鼋拍着短尾巴问。

皇帝游兴全无，心中怏怏不乐，你个不伦不类的东西也要讨封，想到这，气哼哼地说："要我封你，除非日出西山！"

老鼋听了，连声谢恩，一个猛子扎到了海底。晚上，老鼋离开海面，一步步往西爬去。

不知道走了多少年！当爬到望福山时，正逢道光年间。

[1]　鼋：鳖科。鼋栖息于江河、湖泊中，善于钻泥沙。

老鼋盼的日出西山是不可能的，便在道光年间抛下沉重的身子，到西天极乐世界讨了封，应了皇上的金口玉言。

从此，"千年王八万年鳖"，成了御封的长生不老之物。

讲述者：　李乃东，男，1940 年 1 月，莱城区方下镇张公清村，师范

采录者：　李慧，女，1984 年 4 月，莱城区凤城街道办矿煤阳光花园，大学

采录时间：2008 年 10 月

采录地点：莱城区方下镇张公清村

307

人头鸟

从前，莱州出了一种人头鸟，这种人头鸟会说话、会唱歌，是孝鸟[1]。

老人头鸟身得大病，卧床不起，请先生搬大夫的也治不了它的病。小人头鸟就偎在它母亲跟前，说："娘啊！你给孩儿说，啥东西[2]能治你的病？我去给你寻找。"

老人头鸟说："有种药能治！日南[3]胶州有一种樱桃，为娘吃了就能好了。就是太远，你不停地飞，也得七天七夜。"

小人头鸟说："为了娘能把病治好，再远，就是天边，孩儿我也去采。"说完，告辞了它娘，走了。

飞了七天七夜，这天来到日南胶州，觉着又饥又渴又累。罢！歇歇再说，一翅子飞到路旁松林的树梢上。

正好一个打柴的李大，把这里路过，紧靠大道有一块官碑，放下担子也待歇着。他刚坐下，背后说了话咧：

[1]　孝鸟：懂得孝道的鸟。

[2]　啥东西：此指什么药物。

[3]　日南：太阳出东方的南边，此指他们居住的东南方向。

"李大哥，你来了吗？"

李大吓了一跳，四下里看看，没有人，还能是鬼说话吗？

人头鸟哈哈大笑："李大哥！吓你一惊了。"说着，一翅子飞下来。

李大一看是个畜生，扁毛小鸟。人头鸟又说："李大哥！不瞒你说，我是个畜生，我能说话。不光能说话，还会算。要不，怎么知道你叫李大呢？"

李大一想：对！还真是个怪物。

"李大哥！你家里也有娘吗？"

"有。"

"我也有娘。我娘有病，上这里来采药。咱俩拜个把兄弟[1]吧？"

李大心话：你是个扁毛畜生，我是个人，怎么好拜把兄弟？就说："又没有纸马香锞[2]，怎么拜啊？"

"咱堆土为炉，插草为香，拜了就成了亲兄弟咧。"

李大一想也行，拜就拜吧。一叙年庚[3]，李大大，称为大哥。好！人头鸟就大哥大哥地叫开了。

李大说："既是兄弟，你得到我家去。"

人头鸟说："是得家去，我得拜望咱娘去。大哥！你挑着担子走，我飞着跟。"

李大说："你跟个棉花穗子似的，才多沉？飞上来，我担着你就行。"人头鸟真的就飞到他那担子上。

一进大门，人头鸟一翅子就飞了。李大说："你这是干吗？"

人头鸟问："家里有猫没有？"

"没有！"人头鸟这才又飞回来。

到了天井院里，人头鸟一翅子飞到屋里，叫了声："娘！"

李大他妈愣了：飞来个鸟，怎么叫娘呢？

李大说："妈！你不知道，这是我新拜的把兄弟。"李大原原本本地说了一遍。老妈妈说："好啊！"就问："你

娘可好？"

人头鸟眼里扑闪着泪，说："俺娘有病好多天咧！我来胶州，就是为俺娘来的。来淘换[4]一种药，叫樱桃，俺娘一吃就好；要淘换不着，怕俺娘……"说着说着，就想哭。

老妈妈说："噢！还是为这个，这还不容易吗？"就叫李大，问："看看咱那樱桃上浆[5]了吗？"

李大看了看说："有几个上浆的。"

"赶紧的，搬梯子上树，摘几个上浆的，多了它也带不动啊！"又问："你怎么带呢？"

人头鸟说："娘！你给我缝个小布袋，装上三个两个的，挂在我脖子上就行。"这就缝了个一点点小布袋，装上三个樱桃，关心地说："你可得吃点东西？"

"娘，我吃好了。"

老妈妈说："千里路远，不吃饱可不行！再吃点吧？"

人头鸟非常感动，流着眼泪说："娘，您让李大哥用小瓢盛点粮食，放到桌上。再使[6]个碗，弄点水。我吃点喝点，就行。"吃喝完了，辞了他娘儿俩，人头鸟就飞走了。

再说老人头鸟，从它孩子走了以后，那病越来越厉害。光咕噜，连嘴也张不开。小人头鸟到了窝里，一拨楞[7]老人头鸟，好歹那爪子还动，没断了这口气。

小人头鸟用小爪，把樱桃从小布袋里弄出来，使嘴扭着樱桃，弄破了点皮，顺着老人头鸟嘴角就擦。擦来擦去的，老人头鸟能张嘴了，就把樱桃给它送到嘴里。

老人头鸟吃了三个樱桃以后，病全好了。她站起来，问："我的孩子，你到了哪里？"

小人头鸟说："娘，我到了日南胶州什么人家。"它如此这般地说了一遍。

老人头鸟说："好！不孬。人家这樱桃也不容易，你这大哥和他娘也是善良的好人。你得报人家的恩，想法周

---

[1] 把兄弟：指结拜的弟兄。年长的称把兄，年轻的称把弟。又称"干兄弟"。

[2] 纸马香锞：祭祀用品，指香、烧纸、纸叠的金银元宝等。

[3] 年庚：年龄。

[4] 淘换：寻找。

[5] 上浆：成熟。

[6] 使：用。

[7] 一拨楞：用手推动。

济周济[1]人家。"

小人头鸟说:"孩儿我心中有这个事,只要你好了我就去。"

老人头鸟说:"我好了,你放心地去吧。"

小人头鸟飞了七天七夜,又回到日南胶州。

到了李家,老妈妈问:"你娘的病好了吗?"

"好了,能大跑大颠[2]地打食了。"

"那你回来干吗?"

"我奉了俺娘的命,回来报答您老人家的恩情。"

"报答什么恩情,你在这多住几天吧。"

李大家很穷,打光棍子[3],指着他打柴卖柴买点粮食过日子。

小人头鸟说:"我有个法子,我会唱歌。咱赶四集、闯四会。我唱歌,你收钱,挣了钱孝顺咱娘。"

李大说:"行!"就弄个笼子,把人头鸟放上,又放食水。到集上,弄个小桌子,放到乱场子[4]里就唱。

你别看这么个小鸟,唱得非常好听。九腔十八调七十二哼哼,学么像么。腔调又洪亮,听着又清楚。

一个鸟能唱歌,都觉得是个奇事,谁都往这里偎。李大就端着个家什[5],转着收钱。下了集[6],人头鸟说:"给咱娘买上十个包子,称上点儿肉;你好喝酒,打上点儿酒。"李大挺高兴,买上东西回来了。

赶了几天集,李大挺恣,有吃有喝的。可是想过好日子还早咧!李大说:"兄弟,光这样想过好可不容易。我想,咱买点布,让咱娘缝起来。赶集上用布插个圈子,谁要想听想看,就花钱上圈里去,省得那些人一要钱就跑。他只要拿上钱,再走咱就不管了。这样,那些外头听的他可捞不着[7]见哩!"

人头鸟说:"光你自己可不行!"

"咱找人啊,管着饭再给他点钱。"

说好了,就缝了块布,找上人。只要唱,哪一回布圈里人都满满的。才上来[8]唱半天,后来就唱整天。头上午[9]在集上或庙会上唱,晌午[10]给买卖人唱,过晌午[11]给那些庄家老头老妈妈唱。

再说,这里有个黄家庄,是个大集,五天一回。庄上有个黄武举,是个恶霸。

这天,李大带着人头鸟来赶黄家集。武举的家人一听鸟会唱歌,唱得还挺好,家去报告了武举,说:"老爷!集上出了个奇事,有个小鸟会唱歌。什么曲子都会,唱得好着哩!"

武举说:"好!我去看看。"骑着马,带着人来了,一进门得要钱。武举抬手一拨楞,要钱的躺下了。进了门,人头鸟不唱了。

李大说:"兄弟!武举老爷来了,你怎么不唱了呢?唱啊,老爷好给钱。"

人头鸟说:"我唱是唱给好人听、老百姓听、买卖人听,你想他恶霸行为,强占人家民女、土地、钱财,这种人我能唱给他听吗?"

人头鸟不光不唱,反而骂开了。黄武举一听,把鸟笼子一砸,把人头鸟揣到怀里走了。

李大毛了,拦住武举说:"武举老爷,你不能走,他是我的兄弟……"

"什么兄弟!""哐啷"一脚踢了李大个跟头,说,"人头鸟,甭让你骂我,回去我让厨子褪了你的毛,剁成肉馅,团成丸子[12],上油锅炸了下酒。"到了家,跟厨子说:"老刘!我弄了个酒肴,你给我做做,我要喝酒。"

厨子接过去就褪毛,褪完了毛刚摸起刀来,就听见有说话声:"刘师傅!你不能杀我。"吓得厨子把刀拽了[13],说:"你是个什么东西?怎么还会说话呢?"又说:"不杀你咋办?"

[1] 周济周济:帮助一下。
[2] 大跑大颠:能走能跑,病好了的意思。
[3] 打光棍子:单身,还没找到媳妇。
[4] 乱场子:集市上不固定的场子。
[5] 家什:家庭用具,如簸箕筛子等。
[6] 下了集:散了集。
[7] 捞不着:得不到。
[8] 才上来:刚开始。
[9] 头上午:早晨后上午前的时间。
[10] 晌午:午时,12点左右。
[11] 过晌午:下午。
[12] 团成丸子:做成肉丸。
[13] 拽了:扔掉。

"好办，这时候有的是雏鸡[1]。你杀个雏鸡，就说杀的我，不就救了我了吗？"

厨子心想：一个畜生会说话，日后准能周济我。真就杀了个雏鸡，把人头鸟从阴沟[2]里放了。

厨子把雏鸡往上端，黄武举一尝："嗬！这味儿真美！"厨子心里话：再美也是雏鸡。

小人头鸟逃出来以后，就上了山咧！找了点儿食吃，找了点儿水喝。正在歇着，山上庙里两个道士打柴，把这里路过看见它了，指着它问："哼！这是什么东西？光腚拉叉[3]的。"一看是个没毛的鸟。"这玩意儿行啊！整天在庙里淡渴[4]得没法，弄回去撒上点盐当个酒头，还不挺赛[5]嘛。"

小道士拿着它上了山了，到了庙里才想拾掇[6]着做，人头鸟说话了："师父！你不能吃我，我是来报恩的。"

"你报谁的恩？"

人头鸟就把如何报答李大，碰见黄武举的事说了一遍，还说："你把我放了，我能周济你。"

"你怎么周济我？"

"你把大殿里的神仙脑袋后头挖个窟窿，能盛下我就行，来了人我在里头说话，让你干啥你干啥。"

小道士真挖了个洞，把它放进去，里头放上粮食、放上水，外头用纸糊住。人头鸟在里边说："赶明天下山，你就说老奶奶[7]这几年出去有事，这又回来了。大伙子有什么灾难、有什么事的，老奶奶是有求必应。他们准都半信半疑呵！赶来了我一说话，他们就信了。信了就上供[8]，上供不就什么也有了嘛，还缺你这师父吃喝吗？"

小道士一听：对啊！第二天，小道士拿着一面锣，找了庄长首事[9]上山，说："昨晚我得了一梦，梦见老奶奶

回来了，让庄长首事上山，老奶奶有话吩咐。"

庄长首事心里话：还老奶奶咧！这几年庙都塌了，还信这个？有个老人说："咱去看看，反正又不远。真要有这么一说，不更好吗？"

几个有年纪的拿着几炷香、几张纸，多少地弄了点供享头[10]。来到庙里三祷告两祷告的，神胎[11]说了话咧："首事们，你们都来了吗？"

神像一说话，把这些老头吓了个怔愣[12]，说："来了，老奶奶有什么吩咐？"

"我这几年有事出去了，这才回来。今天早晨你那里有人说'什么老奶奶、少奶奶，不听这一套'，有的还不愿意来？"

首事们赶紧地说："老奶奶，你别跟他们一般见识。有些人不会说话，久后一日，俺一定……"

"知道吗，我回来是搭救这方人的，不是来害你们的。某年某月那场雹子，该下多大，是我苦苦哀告，才让雹子下到别处去了。"

"还是老奶奶救这方人啊！"

"是啊，我住在你这一方，就得为这方人想。你们给我重修庙宇，重换金身，老奶奶就护佑你们。"

首事们回来一说，修庙塑神惊动了这方百姓。上山烧香拜佛，求神许愿者人来人往。供享的东西，小道士老道士再也吃不了。山上成天价跟赶庙会似的。

这事叫黄武举知道了，就说："咱也上山求求神去。"接着，鞴马上山。

随从一走，人头鸟就知道了，打发小道士下山，就说老奶奶嘱咐，让黄武举一个人上山，别的人不准去。

小道士到了山下，正好黄武举带着四个人也来到山下。小道士上前施礼："武举老爷来了？"

"来了，听说老奶奶回来咧？"

"是回来咧！这不，老奶奶让下山迎你。老奶奶说让你一个人上山，别人不能去，怕泄漏天机。"

[1] 雏鸡：小鸡的俗称。
[2] 阴沟：下水道。
[3] 光腚拉叉：裸体；一丝不挂。
[4] 淡渴：形容很长时间没吃到油水。
[5] 挺赛：很好。
[6] 拾掇：收拾，整理。
[7] 老奶奶：指庙里供奉的神仙。
[8] 上供：敬奉丰厚的供品，如鸡鸭鱼肉、水果等。
[9] 庄长首事：村里说了算的人。

[10] 供享头：供品。
[11] 神胎：神像。
[12] 怔愣：惊呆了。

"噢！还有什么吩咐？"

"老奶奶让你一步一头，一直磕着上山，免灾消难。"

不磕不行啊！黄武举一步一头，一直磕到庙里，跪在那里，祈祷说："老奶奶！弟子黄武举来啦。"

人头鸟说："我知道你来咧！黄武举，你知道你有罪吗？"

武举一听，心想：我有什么罪？还能是打了李大？

还真是这事。不过人头鸟不这样说，它说："你知道老奶奶这几年为什么不来？我是为了你呵！要知道，你黄武举不是肉体凡胎，你是上方的金童一转[1]，偷偷下界。这事儿惹怒了老天爷[2]，到处派人拿你。按说你早到了日期了，是我在老天爷跟前苦苦哀告。你那位子到这还空着哩！你知道吧？"

"我哪里知道？求老奶奶指点！"

"依着老天爷，要把你五雷轰顶[3]。还是我讲的情，要度化你上天。要想成佛成神你就听，不听该遭五雷轰。"

黄武举一听真信了，随磕头随说："老奶奶你怎么说，我怎么做。"

人头鸟接着说："你有四个太太、两处宅院、好地千顷，成群成群的牲畜。前几天在集上你还办了错事，对吧？"

"对！对！"

"对就行。你不能贪恋红尘啊！"

"我不贪恋，把红尘一律扔掉！"

"好！真能扔掉，你听老奶奶我的吩咐。把大太太、二太太给李大；三太太、四太太给刘厨子；把地和牲畜给他俩留足了，其余的分给受穷的老百姓；你的房子，一处给李大，一处给刘厨子；把钱财都分给穷人，多给孝子一些。分完了回来，我度你上天。"

黄武举回到家里，越琢磨越不喜欢，心想：我是武举，吃的喝的、穿的用的、支使[4]的不说，还有四房媳妇，再

[1] 金童一转：金童子转世。

[2] 老天爷：玉皇大帝的俗称。

[3] 五雷轰顶：人干了很坏的伤天害理的事后，自然会受到惩罚。五雷分别是金雷、木雷、水雷、火雷和土雷。

[4] 支使：派遣；命令人做事。

说家财万贯……也是舍不得。又一想：老奶奶点化得清楚，要是贪恋这些，老天爷来拿我，天打五雷轰。那还不如度化成神，当我的金童，准比这强。

他在这里想着，太太们都来了。大太太、二太太说："老爷辛苦咧！"

他心里烦啊，"砰！""砰！"……太太们一个人挨了一巴掌。

他叫刘厨子做了些菜，把庄长首事请了来，说："给你这伙儿说，我不贪恋红尘咧！老奶奶要度化我成神。"

大伙心里话：你恶霸成性，还成神哩！可是没有敢说的，都说："老爷，听你的吩咐。"

他把老奶奶说的全照办了，把人、物、财产都分了，第二天一个人上了山咧。

自打武举下了山，人头鸟问小道士："有斧子吗？"

"有！"

人头鸟说："你磨得快快的。武举来了，我让你干啥你干啥。"小道士就磨好了斧子。

黄武举来到庙里，人头鸟在老奶奶的头后边说："黄武举，你怎么又作恶呢？"

"老奶奶，我没作恶，我都按你说的做了。"

"没作恶？家去你就打了大太太和二太太一人一巴掌，对吧？"

"对！我是打咪。"

"带着这对脏手，我怎么在玉帝面前保你？"

"那怎么办？"

"别的没办法，把两只手剁了去。"

"剁？不疼吗？"

"疼还能不疼吗？！别忘了不受折磨不成佛，我给你念着咒。"

武举伸出两根胳膊，叫小道士两斧子都砍了去了咧！疼得他咧着嘴，淌开了汗咧。

"忍着点，过一霎[5]就好了，"又说，"你那两只臭脚踢了三太太、四太太来吗？"

"踢咪。"

[5] 过一霎：等一会。

"你看那个臭脚，带着能上老天爷跟前去吗？！脱了靴子砍了去。"小道士上去，把两个脚砍下来。

人头鸟心里话：你这可没本事了呢！便从老奶奶头后头钻出来，哈哈地笑开了，问："黄武举！你看看我是谁？我叫你褪了我的毛、吃我的肉喝酒！"

黄武举一看，是人头鸟，连疼带急气死了。

附

记

该故事在历城流传了很多年，上点年纪的人都能讲这个故事。任廷顺讲述，王凤柱采录的这个故事较为完整。故事中说的日南胶州，有的老人解释为：胶州在莱州南边，以日头为准，故称为"日南"。这个故事原载济南市历城民间文学集成办公室编辑的《历城民间文学资料本》，济南市历城区文化局、济南市历城区区志地名办公室内部出版。共三集，第一集出版时间为 1988 年 2 月，第二集出版时间为 1989 年 5 月，第三集出版时间为 1990 年 4 月，关涛、李全仁主编。

308

鸽子找主

讲述者： 任廷顺，男，1917 年 5 月，历城区港沟镇有兰峪村，农民，私塾

采录者： 王凤柱，男，1952 年 3 月，历城区港沟镇有兰峪村，农民，初中

采录时间： 1987 年 3 月

采录地点： 历城区港沟镇有兰峪村

有一天，伯益[1]在山中捕猎。突然，听到有鸟喊救命的声音。他循声望去，只见崖壁上有只野鸽，正被一条三尺多长的红花蛇袭击。伯益立即前往解救，他赶跑了红花蛇，把受伤的野鸽带在身边疗伤。

野鸽非常感激伯益的救命之恩，就对伯益说："仁慈的益啊！谢谢你救了我的命，你就把我留在身边吧。"

伯益说："你的生活非常自由自在，还是生活在你的世界中吧。"

野鸽说："你是嫌我个子小力气弱，无法帮你干活吗？"

伯益说："不是，蚂蚁虽小能搬山。我不想破坏你的生活方式，处处受到人的约束。"

野鸽感动地说："仁慈的益啊！你总是处处为别人考

[1] 伯益：伯益（前？—约前 1973 年），一作伯翳，也称大费。嬴姓，一说"姬姓"。大业之子。因协助禹治水有功，故受舜赐姓嬴，并将姚姓之女许配他为妻。帝舜禅位于禹后，伯益被任命为执政官，总理朝政。伯益后来继续成为夏王启的卿士，地位只在夏王启一人以下，直到夏启六年时，病死，享年一百多岁，时夏王朝给予其隆重的祭祀。

虑，就凭这一点我死心塌地跟你生活了。"

伯益说："人类的生活条件艰苦，经常食不果腹，你能受得了吗？"

野鸽坚定地说："能，虽然我不能帮你干大力气的围猎工作，可我能帮你发现禽兽的踪迹，为你通风报信。"

野鸽的话让伯益灵机一动，对啊！灵巧善飞的野鸽，观察发现禽兽有一技之长。如果进一步发挥它的特长，可成为人的左膀右臂。想到这，伯益高兴地说："欢迎你加入我们的生活中来。这样吧，我一不关你，二不限制你的生活方式，你觉得如何？"

野鸽说："行，我住在你的茅屋下就行。不过，我们不会筑巢，住所你可要帮忙准备，我带着我的家族成员一块来投奔你。"

伯益高兴地说："没问题，我在茅屋边帮你筑个温暖舒适的新家吧。"

野鸽听了，对伯益的安排非常满意，就飞到崖壁把它的家族成员全部带到了伯益部落，住进了伯益为它们修筑的新窝。野鸽得到了人类的保护，不再过那种提心吊胆的生活。为了感激人类，野鸽家族早起晚睡。为伯益寻找猎物，通风报信，成了伯益的千里眼、顺风耳。

随着时间流逝，野鸽越来越熟悉人类的生活习惯。它的种群不断得到伯益的驯化，能够做到远距离的通信联系。为以后协助大禹治水的信息往来，奠定了坚实的基础。

伯益又教他的部落所有人，掌握野鸽的生活习惯，以及通信能力和使用方法。他还根据不同用途，训练出了捕猎、军事和民事方面多功能的信鸽，为部族兴旺添了一支新军。

伯益跟随大禹治水十三年，鸽子成了他与部落首领舜帝交流的纽带，鸽子成为了大禹治水的有功之臣。

讲述者： 韩传建，男，1945 年 11 月，莱城区口镇
下毛圈村，干部，大专
采录者： 鹿爱民，男，1958 年 1 月，莱城区牛泉
镇西五斗村，高中
采录时间： 2018 年 2 月
采录地点： 莱芜官司商场

309

溜沟子

一个马蜂和一个蜻蜓结了婚，婚后生了一个泥鳅、一个马蛇子[1]。

有一回，马蜂出去打食，猛然间看见蜻蜓，跟着屎壳郎飞跑了，马上吃醋咧！心想：蜻蜓是我的老婆，怎么跟人家跑了？又一想：别认错了，回家看看去。回家一看，它老婆真没在家，赶忙吩咐泥鳅和马蛇子说："快找你妈去！"

泥鳅出来大门，就跑到车辙沟里去了。这天刚下了雨，车辙沟里有水，泥鳅在里面出溜出溜[2]地玩恣了[3]，不愿意出来。

马蜂一看生气了，骂道："你这不要脸的东西！你妈跟着屎壳郎跑了，你还在这里溜沟子哩！"

[1] 马蛇子：蜥蜴。
[2] 出溜出溜：在水中滑来滑去。
[3] 玩恣了：玩得高兴。

讲述者： 米兰英，女，回族，1908年2月，党家
庄镇党西村，农民，不识字

采录者： 李全仁，男，1938年7月，历城区第二
文化馆干部，高中

采录时间： 1990年3月

采录地点： 历城区党家庄镇党西村

310

王干哥与刘王

从前，长清灵岩山中有一种鸟，常常成双成对出现。一到天黑，一只呼叫"王干哥，王干哥"，另一只就"刘王，刘王"地应。这叫声凄凄离离的，让人听了顿起恻隐之心。当地人谁也没见过它们长什么样，只是猜测它们是一公一母成对的俩鸟儿。

灵岩山南有个小村庄，庄里有户人家姓王。老太太年轻守寡，拉扯儿子王干哥长大不容易，还给娶上了媳妇，媳妇的名字叫刘王。

家贫出孝子，小两口对老太太孝顺可是没说的。儿子白天上山砍柴，再到集上卖了换俩钱籴粮食[1]。媳妇在家操持家务，把家拾掇得干净利索。虽说婆婆上了年纪，但还能帮衬着做点喂鸡喂鸭、针线之类的活。一家三口，日子穷虽穷，但过得很幸福。

谁料想老太太猛地[2]生了场大病，小两口又请先生又

[1] 换俩钱籴粮食：卖点钱买粮食。

[2] 猛地：突然。

煎药地床前伺候，可愣是[1]不见好，小两口愁得没法没法的。

这天，街上来了个游医，俗称"卖野药儿"的先生。有病乱投医。小两口把游医请到家里去给老太太瞧病。游医一看，老太太抬头纹[2]都开了。心里打了点[3]，老太太这是弥留之际，烧"倒头纸儿[4]"的火势，就是仙丹妙药也够呛[5]了！凡是游医，大多都有个臭毛病，自己治不了不直说出来，人为地给主家出难题，要不显不出他本事来。游医说："老太太这病倒死不了人，只是伤了元气。只要找到上万年的人参，熬汤喝了保准就能好。"

百事孝为先。王干哥心里话，俺娘年轻守寡，一把屎、一把尿把俺养大可不易。只要能治好病，就是上天入地俺也得想法去弄到！他和媳妇商量："你在家好生伺候娘，俺上深山里去找万年参！"媳妇就给王干哥包上干粮，送出大门，看着他顺着小道儿进了山。

王干哥进了深山后，专去那些人迹罕见的地方，到深沟里、陡崖上仔细地寻找。饿了就啃口干粮，渴了就捧口山泉水，困了就睡在树杈上。一闭眼就仿佛看见老人病恹恹[6]地问："儿啊，找到万年参了吗？"愧疚的王干哥忘了饥渴劳顿，继续去找。

有一天，王干哥找到太阳快落山的时候，忽然发现在山坡下的一块空地上，有一个扎着朝天角[7]的小孩正在蹦蹦跳跳地玩哩！

王干哥心里十分羡慕地说："还是小孩子好，成天无忧无虑的。"就在他要去别处找的时候，猛然想起了民间的传说。人参长到上千年后，就能成精变成人形，叫参娃娃。在这深山老林里，怎么会有小孩到处玩呢？莫非我遇到人参娃了？王干哥高兴极了！他极力地靠近那个小孩，鼻子、眼的看得可清楚了，可转眼间又不见了。刚迈

过一个树棵子[8]，小孩又出来了。刚想靠近，小孩一晃又找不到了。正当他四下里再追着寻找时，猛一抬头，看见前边有座寺院。一个老和尚正走出山门，王干哥就上前去打听："师傅您好哇，俺上山找万年参给娘治病，刚才碰见一个扎朝天角的小孩，一霎[9]又找不着了，你见着来吗？"

这老和尚早知道山里有棵万年参成了精，转悠了多少趟[10]也没碰见。一听说跑这里来了，就想支开王干哥好独吞那棵万年参，就说："是不是一个白胖的小孩啊？我见他顺着这里往北边仙人洞里去了。"

那个山洞经常有狼虫虎豹出没，老和尚这一招忒缺德了。王干哥给他娘找万年参心切，也不管天黑路远，就往仙人洞奔去。快到洞跟前才看见一只老虎在那趴着打盹哩！王干哥回头就跑，一不小心掉进几十丈深的山涧里摔死了。死不瞑目的王干哥，想念老娘牵挂媳妇就变成一只鸟，在这山上来回地飞。

那个黑心肠的老和尚支走了王干哥，恣得不轻，也赶紧去找那个扎朝天角的小孩去。跑了老远，也没找到。他想回寺里去，天黑得么也看不见。忽然，看到前面有两个光亮一闪一闪的。他心里高兴，想八成是小和尚打着灯笼来接我了。到了近前一看，这哪里是什么灯笼，分明是老虎的俩眼珠子在冒凶光哩！老虎一阵风似的扑了过来，老和尚登时就成了老虎的一顿美餐。

这工夫，刘王在家真是心急火燎，六神无主。王干哥出去这么长时间也该回来了，就委托别人照看着老婆婆自己去找王干哥。刘王在深山里转了好几天，还是没见男人的影子。

这一天，当她转到灵岩寺东边的山头时，往北一看只有青虚虚、白茫茫的雾，呜呜的风声像有人低着嗓子哭诉。刘王就急得扯开嗓子喊开了："王干哥、王干哥……"余音过后，刘王忽然听见很远的地方有个模模糊糊的回音："刘王、刘王……"

[1] 愣是：就是。

[2] 抬头纹：是额部皱纹。

[3] 打了点：非常吃惊。

[4] 倒头纸儿：人死后，于尸体脚下设丧盆（有的放在头部的前面），不时焚化纸锭，以为死者到阴间去要花钱，将纸箔化成灰即为死者送钱。

[5] 够呛：比喻受不了、忙不过来或担当不起。

[6] 病恹恹：意为此人精神不好，一副病容。

[7] 扎着朝天角：旧时的一种发式。

[8] 树棵子：一棵小树。

[9] 一霎：时间很短。

[10] 转悠了多少趟：找了很多次。

刘王一听，高兴地嘟念道："这可不就是自己男人的声音吗！"心里别提多高兴了，就拼命地向对面山上飞跑。一路上光听见声音不见人，她顿时明白，男人不在了，那泪就像断了线的珠子似的往下流。

刘王两腿一哆嗦，跌了一个骨碌，顺着山坡就滚到光石梁边摔死了。随后，刘王也幻化成了一只鸟。每到一黑天[1]就在树林里"王干哥、王干哥"地叫，另一只鸟就一声一声"刘王、刘王"地应。

它俩一前一后地飞到山崖顶上，打着转悠儿[2]终于找到了万年参！万年参顶上结了许多彤红的人参果。它俩叼着人参果送到老娘的饭碗里。老娘吃了人参果病也好了，后来活到一百多岁哩！

讲述者： 隋继泉，男，1954 年 7 月，长清区万德街道万北村，教师，大学

采录者： 魏文森，男，1965 年 7 月，长清区教师进修学校，教师，大学

采录时间： 2020 年 7 月

采录地点： 长清区万德街道办万北村

附记

此故事原载于《长清民间文学集成》（1988 年 12 月，长清县民间文学集成办公室编），讲述者为李其斌，长清豫剧团职工，采集整理者为房泽民。此次采集，在原文本基础上以隋继泉的讲述为主要故事线索进行了充实整理。这个动物故事在当地流传甚广，而且版本很多，其中有一个版本是"王干哥与刘玉"，但大多版本说是"王干哥与刘王"，故以此为题。

[1] 一黑天：天黑。

[2] 打着转悠儿：转着圈。

311

莱芜黑猪

"流不尽的汶河水，赶不尽的莱芜猪。"这首脍炙人口的民谣至今流传。

很久以前，野猪是数一数二的猛兽，它长面獠牙，个大力沉，是个吃人不吐骨头的妖精。野猪生性贪婪，非常懒惰。得到鸟的报信，它就威风凛凛出洞。饱餐后，又回到山洞中呼呼大睡，等饥困了[3]又四出觅食。

野猪糟蹋[4]庄稼怪厉害[5]，只要看到哪里不顺眼，就来个彻底的摧毁。它来去无踪，搞得人们苦不堪言。

伯益派人到山洞中找到了酣睡的野猪，用藤条将它五花大绑。野猪不服，愤怒地问道："我深居简出，不曾招惹于你，凭啥逮我？"

伯益笑着说："给你指点一条明路，开始新的生活。"

野猪说："我这样就很好！饿了吃人，饱了大睡，过着与世无争的日子，非常舒服！"

[3] 饥困了：饿了。

[4] 糟蹋：破坏。

[5] 怪厉害：很严重；病重。此指破坏性很强。

伯益说："你和人类都是天帝派来的，为的是改天换地。谁料你与人为敌，作恶多端本该命绝。仁慈的舜帝派我来点化你，你不要再执迷不悟了。快些随我回去，修心养性得个善果。"

野猪笑笑说："人这么多，吃几个也无妨，何必小题大做。你放开我吧？咱们以后井水不犯河水。"

伯益说："别再巧辩了，你还是跟我走吧。"

野猪犹豫地皱着眉头，小声说："我吃了那么多人，跟你去只有死路一条。"

伯益说："你放心吧，有我在你不会有生命危险的。"

野猪想了想问道："我到你那里能干什么呢？我除了吃人，可是啥也不会干。"

伯益说："你啥也不用干，跟着人一日三餐，吃饱了就睡，睡好了就吃。"

野猪听罢，笑了："天底下还有这等美差？"

伯益点点头："我说话算数，说到办到。"

野猪眨巴了一下眼，吧唧了几下嘴，又问道："我能带着老婆孩子一块去吗？"

伯益高兴地说："行，你自己一套住处，带着它们最合适了，我保证它们的待遇和你一个样。"

野猪哼哼了两声，又问道："行，让我带家属的话，咱们还有商量。要是我光吃不干活，身子长胖了咋办？"

伯益说："你要是长胖了，我可以让人给你洗个热水澡，然后躺在木床上，让人给你刮毛按摩，这可是比神仙都舒服的事。"

野猪还有顾虑："我要是不同意呢？"

伯益笑着说："那就让人和你抬杠[1]，来帮你助兴。"

野猪好奇地问："啥是抬杠助兴？"

伯益摆摆手说道："天机不可泄露啊！"

野猪看到伯益说得非常认真，也就不再抗拒，乖乖地跟着他来到人的驻地，人们用生藤拴着它的脖子放养，倒也自在。

野猪长得非常胖大了，人们就烧了很多热水让它洗澡。水有点热，野猪跳出来抗拒。这时，有人拿来大杠子，照

着它的脑袋就是狠命的一下子。野猪头昏目眩，重重倒在地上，它这才明白抬杠助兴的意思。

野猪失去了反抗的能力，被人们放在开水里烫了一番，又被用木杠抬出来放在木制床上褪毛，然后开膛破肚。人们恨透了这个吃人不眨眼的妖猪，就用刀子把它割碎烹制食用，为它祸害的人报了仇。

野猪的老婆孩子见野猪被人们零刀子割食，吓得体似筛糠。

伯益安慰说："你们不要怕，只要老老实实地跟着人过，就一定能幸福一生。"

母野猪和它的孩子们明白结局，知道反抗只能加快死亡，只好俯首帖耳，乖乖地跟着人吃糠咽菜，攒粪肥田，再也不敢回到大自然中去为非作歹了。一代又一代，逐渐地改掉了暴虐的习性，变得温顺起来。久而久之，它们成为了人类的好朋友。

伯益带领大家在瀛汶河西岸筑城安家，称为"嬴国"。他派专人养殖畜生和家禽，那时的猪是放养的，与牛羊一起放牧。野猪吃草有些不习惯，就趁放牧人不备，偷食粮食和小动物。伯益知道后，就派人将它的獠牙拔掉了。自此，野猪才收敛了野性，过上了吃糠咽菜的日子。

驯化的野猪在嬴国百姓家落了户，这就是莱芜黑猪的祖先。

讲述者： 刘忠林，男，1950年10月，莱芜市莱城区苗山镇西勺山村，非遗传承人

采录者： 李胜华，男，1964年4月，莱芜市方下镇张公清村，非遗传承人，大专

采录时间： 2017年9月

采录地点： 莱芜市莱城区苗山镇西勺山村

附记

---

[1] 抬杠：在这里意指用杠子捶打或抬着。

莱芜三黑说的是黑猪、黑山羊和黑鸡，是莱芜的地方特产。莱芜

黑猪形成历史悠久，养育历史可以追溯到新石器时代的原始社会，距今5000—6500年历史。莱芜猪肉质好，在山东省地方猪种当中，首屈一指。相关资料记载：莱芜黑猪体型中等，体质结实，皮毛全黑，毛密鬃长，有绒毛，耳根软，耳大下垂齐嘴角，嘴筒长直，额部较窄，有6—8条倒"八"字纵纹。单脊背，背腰较平直，腹大下垂，后躯欠丰满，斜尻，铺蹄卧系，尾粗长，有效乳头7—8对，排列整齐，乳房发育良好。母猪2胎以后表现持续高产，直至15胎并无明显下降趋势，十年以上的母猪仍不舍淘汰，最长有十八年者。关于莱芜黑猪的故事很多，但都大同小异。最具代表性的是伯益驯化野猪演变而来。该故事收录在《伯益的传说》，2017年10月，刘家文搜集整理，古今奇闻故事杂志社编印。

312

猫和狗

很久很久以前，动物王国里的猫和狗是对非常要好的朋友，一块儿吃住一块儿玩耍。后来，为了一件事，双方各持己见反目为仇。

有一年，王母娘娘心血来潮，孤身一人周游起神山仙岛来。她玩着玩着腻味了，便驾起祥云返回泰山碧霞祠。路经大汶河时，因贪恋大地上的奇花异草，一不留心把头上别着的乾坤簪[1]，掉进滚滚倒流的大汶河里。这乾坤簪可不是一件普通的东西，是玉皇大帝赐她的神符[2]。当年织女私奔嫁牛郎，被王母知道押回天庭。牛郎经老牛帮助，挑着两个孩子紧追不舍。眼见要追上了，王母娘娘生气地拔下此簪，划了一道天河。如今此宝丢进汶河里，王母娘娘能不急吗！

王母降下云头，落在汶河边上，看着粼波荡漾的流水发愁。恰在这时，猫跑狗撵游玩而来。王母见了忙打招呼喊它们过来说："我的宝簪丢进水里了，谁能替我打捞上

[1] 乾坤簪：用以固定头发或顶戴的发饰，有装饰作用，此指王母娘娘发饰。

[2] 神符：神灵赋予的统治天下的凭信，符箓；法力无边的法器。

来，我就把谁推荐到十二生肖中任职。"

狗有一副热心肠，乐意助人。见王母很急，就纵身跳进水中。猫有个巧心眼，也较自私。它望着不知深浅的汶河水，胆怯了，心想："还是关门不闻窗外事，少惹是非享清福吧！这么大的水，就我这么小的个子，下去准没命，管它呢！"想着蹲坐下来，盯着在水中打捞的狗，喵呜喵呜，看起稀奇来。

狗一会儿潜入水底，一会儿又在水面忙得不亦乐乎。不知过了多长时间，狗大海捞针般终于找到了金簪。它用嘴衔着游到岸边，放下口中的金簪，抖动着湿漉漉的身子。猫见了，嫉妒之心油然而生，它趁狗不备，一个飞跳抢过地上的金簪，献给了焦急不安的王母娘娘。

狗做梦也没想到，朝夕共处的猫会有这一手，它气呼呼地跑到王母娘娘面前评理。

俗话说，"巧嘴说不过潼关去"。王母娘娘的一双慧眼啥也能看清，她数落了猫一顿。然后对狗亲口许下，它在十二生肖中的位子。猫又气又急，趁狗不注意，用力一爪把狗的两只眼抓开，成了名副其实的四眼狗。

自从狗和猫撕破脸皮后，狗一直不忘撕破双眼之仇，见到猫就咬。辛亏猫有一套爬树的本领，才逃开了狗一次次的袭击。

讲述者： 孟宪花，女，1917年8月，莱芜市莱城区方下镇张公清村
采录者： 王俊莲，女，1964年4月，莱芜市莱城区方下镇张公清村，高中
采录时间： 1993年6月
采录地点： 莱芜市莱城区方下镇张公清村

附
记

孟宪花老人是俺老婆婆，也是公认的故事篓子。我公爹李乃东说：他是听孟宪花老人的故事长大的，老人的故事多得像天上的星星，数也数不过来。轮到我老公李胜华的时候，又是听她老人家拉呱长起来的。两代人都是听她老人家的故事成长起来，可见老人家的故事是多么有魅力。四邻八舍都说孟宪花老人故事讲得有声有色，听了易记易传。尤其她唱的童谣，至今还在广为传颂。该故事原载《民间奇闻故事》1994年第三期，莱芜市民间文学研究学社主办，民间奇闻故事编辑部编辑出版。

313

羊羔跪乳

从前，有一只老母羊生了一只小羊羔子。老羊妈妈老来得子，对小羊非常疼爱。它一会儿舔小羊的毛，一会儿又把奶头送到小羊的嘴里。白天不离小羊左右，晚上让它靠在身边睡觉，生怕小羊饿着或冻着。

老羊白天吃草的时候，小羊就紧跟在老羊身边，形影不离。老羊是个护犊子[1]，一有别的动物靠近小羊，老羊就大声叫着警告对方。而且晃动着弯曲的大角，摆出一副拼命的架势威吓对方。那些小动物被羊妈妈震慑，知趣地离开了。

有一天，羊妈妈正舔着小羊的毛喂它吃奶。

一只老母鸡咯咯咯地走过来，看着温馨的母子俩说："老羊妈妈，我看你这些天消瘦多了。你的儿子长大了，也该给它掐奶[2]了。老这么抽哑[3]，你怎么能受得了？孩子生长重要，可咱的命也怪重要。你看看我过得多舒坦，只要抱完了[4]就让小鸡们自己找吃喝，这样多省心啊！"

老羊妈妈不喜欢对孩子不负责任的老母鸡，听它这么说，就瞪了它一眼："你住嘴，说这话也不脸红。妈妈是孩子的保护伞，你正事不干，天天多嘴多舌！这可是犯下了拧脖子[5]的死罪，难免逃脱一刀之苦。你赶紧走吧，别耽误我的孩子吃奶。"

老母鸡生气地说："你真是越老越糊涂了，我这好意怎么成驴肝肺了？"

老羊说："孩子这个年龄段，是学知识的时候，你这搬弄是非的举动会影响孩子的。你快走吧，不然就让你尝尝我这角的厉害。"

老母鸡生气地走了，小羊听了妈妈和母鸡的对话，非常感激伟大的母亲对儿女成长的关心。它抬起头来，看着妈妈激动地说："妈妈，您老这么疼爱我，我不知道怎么报答您老人家才好。"

老羊妈妈说："我不要你的任何报答，只希望你明白母亲盼子成龙、盼女成凤的苦心，就心满意足了。"

小羊听了妈妈的话，流着眼泪说："妈妈，我一定要好好听您的话，做个孝顺的好孩子。"说着，双腿跪下来，以此行动来报答妈妈的爱子深情。

从这时候起，小羊每次吃奶都是跪着，这就是咱们常说的"羊羔跪乳"。

讲述者：　孟宪花，女，1917年8月，莱芜市莱城区方下镇张公清村

采录者：　王俊莲，女，1964年4月，莱芜市莱城区方下镇张公清村，高中

采录时间：　2003年6月

采录地点：　莱芜市莱城区方下镇张公清村

[1] 护犊子：竭尽全力地保护自己的幼崽不受别的动物的伤害。
[2] 掐奶：给孩子断奶。
[3] 抽哑：吸奶。意指羊吃奶。
[4] 抱完了：孵小鸡。
[5] 拧脖子：拧断脖子的惩罚。

314

莱芜黑鸡[1]

从前，野鸡和凤凰、孔雀是亲姐妹。凤凰为大、野鸡随二、孔雀排三，姐妹三人的美貌，把朝霞与晚霞都臊得红了脸。三姐妹怪会扎裹[2]，天天描眉画睛花枝招展。在天宫中，姐妹三人的名声比哪一个仙女都高。每次王母娘娘开蟠桃宴，姐妹三人都要唱主角，它们的美丽不知迷倒了多少的神仙。

吕仙就被三姐妹迷得三魂出窍，出了很多笑话，被王母娘娘着实数晾[3]了一番。

年龄大了心眼子就多[4]，野鸡开始耐不住寂寞了。凤凰不止一次地警告它，它都当作耳旁风，依然我行我素。野鸡自己乱搞不说，还把妹妹孔雀也拉下了水。本来很多神仙就对三姐妹垂涎三尺，如今野鸡如此放荡正合了一

些下三滥[5]神仙的意。野鸡身边围了很多不三不四的神仙，就连御马监的头都闻着骚味而来，结果把那些膘肥体壮的天马弄得骨瘦如柴。

无巧不成书。天爷爷要讨伐蚩尤，天兵天将因为战马疲惫不堪吃了大败仗。天爷爷震怒了，马上派人调查。其实，除了天爷爷外，几乎所有的神仙都知道放荡的野鸡把天神勾搭得不理朝政了。

御马监是个软骨头，天爷爷还没让动大刑，他那不做主的嘴就把野鸡的事全吐露出来了。天爷爷气得直咬牙，当场就把野鸡和孔雀罚下人间。天爷爷生气地说："不准放荡的野鸡穿华丽的衣服，不准它一夫一妻，让它多妻一夫，看它还如何再淫荡。"从那时候起，野鸡就成了不正当女人的代名词，一直沿用到现在。

野鸡和孔雀被贬下了天庭，野鸡去了北方，孔雀去了南方。野鸡到了凡间，因它道业深厚很快就适应了凡尘的生活环境，繁衍得特别快，大地上几乎随处都能看到它的身影。

伯益领了舜帝驯化野兽的任务回到住处，就听手下的人们怨声载道。一问才知道，他们刚刚培育出来的庄稼被野鸡给破坏了。

说者无心，听者有意。既然野鸡破坏了人们赖以生存的粮食，自然就要付出代价。伯益早在去年就驯化了野猪、马和狗等大中型野兽，像野鸡这么不大不小的动物，还没列入他的驯化计划。

伯益来到被野鸡破坏的庄稼地，正巧赶上野鸡领着它的十几个孩子在庄稼地里捉迷藏。他就直接来到野鸡的跟前说道："你们先别玩了，让我来和你拉拉呱。"

野鸡看了伯益一眼，红着脸说："你这么大个人，和俺这些小个子拉啥？"

伯益说："你们不能由着性子随便破坏庄稼，这是人生活的命根子。"

野鸡笑笑说："这么大一块地俺娘门[6]才吃多少？值得你这么大惊小怪吗？"

[1] 莱芜黑鸡：俗称"柴鸡子""笨鸡""土鸡"，是当地有名的三黑之一。莱芜三黑指黑猪、黑鸡和黑山羊。

[2] 扎裹：化妆打扮。

[3] 数晾：意同奚落。讥诮、讽刺。冷落、怠慢。指用尖酸刻薄的话揭人短处，使人难堪。

[4] 心眼子就多：心想得多了。

[5] 下三滥：指不好、不正经的东西、人。

[6] 俺娘门：指母鸡和它的孩子们。

伯益指着被祸害[1]的庄稼说："你们吃点粮食倒没啥，可不该把庄稼的根破坏了。庄稼的根就如同你的脑袋，如果你的脑袋掉了命就没有了，还谈吃啥香不香吗？"

野鸡说："我天生就有刨地的习惯，一霎不刨就难受。我正在教孩子们练习这一招呢。"

伯益说："习惯成自然。但是坏习惯必须改。否则，就有灭顶之灾。"

野鸡说："生就的骨头长就的肉，你让我怎么改？"

伯益说："你知道凶猛的野猪吗？"

"知道，就是你和它打了两天一宿[2]，长着难看獠牙的丑家伙吗？"野鸡歪着头问道。

伯益点点头："是啊！你和它比谁厉害？"

野鸡红着脸说："这还用说吗？自然是它厉害，我和它没法比。"

伯益笑了笑："这么凶恶不讲道理的家伙，现在都俯首帖耳任人摆布了。你就不想想，为自己找一条生活之路吗？"

野鸡说："我这样生活得就怪恣[3]，累了在草窝里一躺就睡。地潮了就飞到树上接着睡，逍遥自在，神仙也不过如此。哎！你不说我还忘了。回去告诉你的手下，不能再祸害我的家族了。"

伯益哈哈大笑道："你真是个颠倒黑白、不讲道理的主啊！明明你破坏庄稼在前，人们教训你们在后，怎么倒打一耙呢？"

野鸡说："常言道，'大个子不能欺负小个子'。你们就不能担待一点吗？"

伯益说："能啊！依我看你就带着孩子们跟着我过吧？我能对你保证三点，一不缺吃，二不受其他野兽的祸害，三不让你们干活。我让你天天在院子里与人玩，你觉得咋样？"

野鸡眨巴了几下眼睛，歪着头说："条件倒是不错，谁也没和谁过几天试试。你们要是欺负俺，怎么办呢？"

伯益说："你刚才说过，大个子不能欺负小个子的。只要你们不祸害人，人就尊重你们，我说到做到。不过，你要是偷着跑了，怎么办？"

野鸡说："别看俺们个子不大，都很守信用。我可以把飞行翼[4]交给你保管，等你觉得俺们实心实意跟你们过的时候再还给我，怎么样？"

伯益连连点头说："行，行，这样吧，你把你的飞行翼给我，我给你一套黑衣服穿在身上，配你这张红脸最俊了[5]。"

野鸡就喜欢听人们的夸巴[6]，听伯益说它穿黑衣好看，心跳就加快了，连忙问道："你说的衣服在哪里？赶紧拿来我试试合不合身？"

伯益见野鸡钻了套，高兴地掏出一件黑羽毛衣服给野鸡看。这是一套用鸟黑羽毛做成的衣服，是伯益从黑鹰身上拔下羽毛制作的。

野鸡见了非常喜欢，它怕伯益反悔，急忙把自己的飞行翼脱下来交给伯益，迫不及待地抢过黑羽衣穿在了身上。它左瞧瞧，右看看，高兴地直喊道："咯咯哒[7]，咯咯哒。"

小鸡们听到母亲高兴地喊叫，从四面八方聚过来，围着它一个劲地夸赞。野鸡翘着爪子来回走了好几趟，满意地对伯益说："这件衣服太好了，从现在起我就答应跟着你过。不过，你也要给我的孩子一件这样的衣服。"

伯益点头说："行，要多少有多少！"

野鸡给所有的孩子穿好衣服，领着它们跟着伯益回了家。从此，野鸡变成了温顺的家鸡。因为伯益取走了飞行翼，它们再也飞不起来了。

老鹰见鸡穿着用它羽毛做成的衣服非常生气，一见到它们就会俯下身子来叨吃。鸡到死也不明白，如何与老鹰结下的梁子。

[1] 祸害：破坏。

[2] 一宿：一夜。

[3] 怪恣：非常幸福。

[4] 飞行翼：能飞的翅膀。

[5] 最俊了：很漂亮。

[6] 夸巴：表扬。

[7] 咯咯哒：太好了。

讲述者： 孟宪花，女，1917 年 8 月，莱芜市莱城区方下镇张公清村

采录者： 王俊莲，女，1964 年 4 月，莱芜市莱城区方下镇张公清村，高中

采录时间： 2009 年 6 月

采录地点： 莱芜市莱城区方下镇张公清村

315

哄鸡

莱芜人把赶鸡，称为"撺鸡"或"哄鸡[1]"。

很久以前，鸡是伯益哄来的。野鸡的头领听说很多动物都跟着伯益去混了，也想讨个美差。于是，它找到伯益把想法说了出来。

伯益问："你除了用爪子刨地找虫子吃以外，还有什么特长吗？"

野鸡想了想说道："我咋呼[2]得怪好听，不知有没有用？"

伯益说："既然你的嗓音洪亮，那就早晨鸣叫，催人起床下地干活吧？你只要叫三遍，等天亮了你就干完活了，咋样？"

"就咋呼三遍吗？连起来叫还是隔一段时间喊？"野鸡问道。

"连起来叫就乱了，你过了丑时每隔半个时辰叫一次吧。等叫到第三次的时候，天就亮了，咋样？"

[1] 哄鸡：也称轰鸡，一是赶鸡，二是哄骗的意思。

[2] 咋呼：喊叫。

"行啊！我有活了，你再给俺老婆也安排一个好活吧？"野鸡头领又说。

"它能干什么？"伯益明知故问。

"俺老婆的本事可大了，能生蛋还能再把蛋孵出小鸡来。你看，我这么大的家族，全是它的功劳。"野鸡说到高兴处，还鼓起翅膀学着母鸡"咯咯咯"地叫了几声。

伯益说："你媳妇本领这么大，那就把孵小鸡多余的蛋献给人类吧？"

野鸡爽快地答应了，接着它又问："等我叫不动了，俺媳妇下不出蛋来的时候，你怎么安排我们啊？"

伯益说："你们对人类贡献非常大！等到了那个时候，我就让人们把你们的衣服脱了，好好地洗个热水澡。然后，请到大桌子上供起来。你觉得行吗？"

野鸡头领听了非常高兴，满口应允。野鸡做梦也没想到，这脱了衣服洗热水澡，摆在大桌子上供起来，是用它的小命来祭祀人类的祖先。当然，到了那个时候，它是啥也不知道了。

讲述者： 李洪申，男，1921 年 6 月，莱芜市方下
镇张公清村，不识字

采录者： 李乃东，男，1940 年 1 月，莱芜市方下
镇张公清村，师范

采录时间： 1989 年 10 月

采录地点： 莱芜市方下镇张公清村

附记

李洪申老人讲了这个故事，在民间关于鸡的故事很多，莱芜的黑鸡独具特色。莱芜人杀鸡时，上年纪的还要念一个咒语，如"小鸡小鸡你别怪，你是人间一道菜；他不要吃我不宰，阎王对账我没债。站在这里你别动，你动我就要你命"等。莱芜是伯益的封地，舜封伯益赐为嬴姓后，伯益就在现莱芜区羊里镇城子县村北修建了古嬴国国都。伯益在这里驯化了很多动物、培植了很多庄稼。代表性的动物有莱芜三黑，就是黑猪、黑山羊和黑鸡等。

316

鹿狼结拜

山前一只鹿，山后一只狼，它俩拜了把子[1]。鹿和狼磕头换柬[2]忙忙活活，天就不早啦。肚子饿了得吃点儿么[3]，谁去打食呢？

俗话说，"待要好，大敬小"。它俩谁大呢？狼为大哥鹿为弟。狼就说："你在家里看家，我去打食[4]儿，咱不吃点么还行吗。"狼就出去打食儿了。

不巧，出去不远正碰到一伙打猎的，上来把这只狼围住啦，围的时间很长。鹿在家等着急了，就跑出去站在高岗上一看："哟！俺大哥叫打猎的围住咧。"鹿就跑下高岗来，得为地[5]引惑[6]。打猎的一看是只鹿，鹿皮比狼皮值钱啊！这就舍了狼追鹿。

狼解了围跑回家来，感激得没法："今天多亏了兄弟，

[1] 拜了把子：结拜成兄弟。
[2] 换柬：相互交换生辰八字。
[3] 么：指吃点什么东西。
[4] 打食：捕猎。
[5] 得为地：故意。
[6] 引惑：诱惑。

不然就死到他们手里了。"

鹿说："咱兄弟俩别说客气话，你在家歇歇，我去打食。"

鹿出去打食又被打猎的围住啦。狼在家等得不耐烦了。跑出去一看，鹿也让打猎的围住啦。狼就偷偷地蹲到一个空空树[1]里看着。它心想：打猎的光要鹿皮，不要肉、肘子、肚子的，等他们走了，我吃点解解饿就行啦。

这时候，正赶上一群乌鸦落在这棵大空空树上，"哇哇"地叫，打猎的回头射了一箭，没射着，乌鸦都飞啦，箭头落下来正好把狼刺死了。

有人比着这事儿，作了首诗：

山前梅鹿山后狼，二人结拜情谊长。
狼有难来鹿搭救，鹿有难来狼吃肠。
箭射乌鸦腾空起，箭头落在狼身上。
这正是：狼心狗肺不久长。

讲述者： 陈希乾，男，1916年8月，历城区华山镇新开村，农民，初小

采录者： 陈希木，男，1953年1月，历城区华山镇文化干事，高中

采录时间： 1987年5月

采录地点： 历城区华山镇新开村

317

屎壳郎吹牛

一对屎壳郎拱着个蛋儿[2]，拱着拱着害渴了[3]，那个公的就对它媳妇说："我害渴了，你得给我取点水喝。"这个母的哼了一声就走啦，知不道从哪里含来点水，对着嘴叫公的喝了以后，公的挺满意。母的吹起来了，它说：

今天江边去取水，
路上净是神和鬼；
要不是小奴家眼神好，
就叫那马踩煞杨贵妃！

它这一说，那边有个疥蛤蟆，气得鼓着肚子跑过来熊开它啦！说是：

看你生来像块炭，

抓起腚来拱屎蛋[1]；

贵妃要像你这样，

唐王爷怎么坐江山啊？

疥蛤蟆熊了屎壳郎一顿。那自家就别吹啦，可它自家又吹起来啦！说：

我一生来像张生，

住在南洋水晶宫；

昨天嫦娥捎来信，

明天叫我奔月宫。

疥蛤蟆吹的这些个，把树上一个哨前子[2]气草鸡[3]啦，下来熊开它啦："哼！

我看你生来就像个瓮，

骨搐[4]个脖子光着个腚；

张生要像你这这样，

那莺莺还得相思病吗？"

熊它一顿，你自家可别吹了，它也吹起来，说是：

飞行当中数我强，

住在南洋柳树行；

人人都说我有福，

当天换身新衣裳。

哨前子当天就蜕皮啊，它就吹了这么一套。

可它吹得把餐搭木子[5]气草鸡啦，心里说：你甭吹，我比你强。飞下来熊开它啦，说：

看你生来像个树砟子[6]，

成天在树坷垃里[7]胡嘎叽[8]；

你知道你蜕皮作了多少难？

好歹混了这个破大褂子。

熊了它一顿。

人家餐搭木子说得对，说是：

我一生来就好吃肉，

多咱[9]吃肉也吃不够；

我这两天没吃头[10]，

餐搭餐搭[11]你这块贱骨头[12]。

说完，把这个稍钱子吃了。

讲述者： 徐广森，男，1924 年 9 月，历城县仲宫镇仲北村，中医

采录者： 李全仁，男，1938 年 7 月，历城区第二文化馆干部，高中

采录时间： 1986 年 4 月

采录地点： 历城县仲宫镇仲北村

异文：屎壳郎引起的诗

有两个屎壳郎，一个公子一个母子，是两口子。公子

[1] 抓起腚来拱屎蛋：撅着屁股推屎蛋。

[2] 哨前子：蝉。

[3] 草鸡：不行了，受不了了。

[4] 骨搐：蜷缩。

[5] 餐搭木子：啄木鸟。

[6] 树砟子：树枝断掉后留下的凸出痕迹。

[7] 树坷垃里：树枝枝叶间。

[8] 胡嘎叽：乱说话。

[9] 多咱：什么时候，时间。

[10] 没吃头：没东西吃。

[11] 餐搭餐搭：用鸟嘴啄肉吃。

[12] 贱骨头：骂人不知自重或不知好歹。

得了眼症，害眼[1]。母子就到处打听方子[2]给它男人治眼。母屎壳郎打听到一个方子，说用东海的水洗洗眼就好。

东海那么远，屎壳郎啥时才能赶到？为了给公的治眼，母屎壳郎不顾一切地要去东海取水。

这天，母屎壳郎正在路上往前爬。突然，迎面来了一匹大马，眼看着踏着那母屎壳郎了，它就地一滚，滚进了一个马蹄窝，才没被马踩死。它大难不死，心里很是高兴。它顺口吟出四句诗来：

为夫海边去取水，
眼前便是神与鬼；
若非奴家眼色好，
相比马踏杨贵妃。

它这四句诗，被在路边河沟里的一只蛤蟆听到了，很是生气。它想：你屎壳郎算个什么东西？还敢把自己比成杨贵妃！一气之下，对母屎壳郎吟出四句诗来：

看你生来像块炭，
撅起腚来滚屎蛋；
杨贵妃要长你这样，
唐王能失了锦江山？

那母屎壳郎一听，羞得赶紧爬走了。这时，那蛤蟆洋洋得意，觉得自己了不起，便对自己吟出四句诗来：

小生生来赛张生，
家住南园水井中；
喊一声惊天动地，
叫一声神鬼皆惊。

蛤蟆在这里自吹自擂，被树上的一只知了听到了。它想：你不过是只癞蛤蟆，竟敢把自己比成张生君瑞，这还

了得！我得教训教训它！于是，对蛤蟆吟出了四句诗：

看你生得像个蹦，
缩着脖子光着腚[3]；
张生若是你这样，
莺莺岂得相思病。

那蛤蟆一听，羞得立即蹦着走了。这时知了在树上洋洋得意，觉得自己实在了不起了！于是，也对自己吟了四句诗：

飞禽之中数我强，
家住南园柳树行；
脱了裤子换衫衣；
当日就能放舌响。

小知了这里正在自夸耀，被在半空中盘旋的老鹰听见了。老鹰蔑视地看看知了，也对它吟了四句诗：

飞禽之中数你低，
你能算个啥东西；
早晨脱了大褂子，
下午你就胡吱吱[4]。

说完，老鹰一头扎下来，一口就把小知了吞吃下去了。

讲述者： 毛廷安，男，1931 年 2 月，莱芜市和庄乡荣科村，私塾

采录者： 张章，男，1936 年 11 月，莱芜市苗山镇南古德范村，干部

采录时间： 1989 年 7 月

采录地点： 莱芜市和庄乡荣科村

[1] 害眼：红眼病的一种。
[2] 方子：治病的药方。
[3] 光着腚：光屁股。
[4] 胡吱吱：乱喊乱叫。

附
记

这个故事，是 20 世纪 80 年代和 90 年代"中国民间文学三集成"工作时搜集整理的，后发表在莱芜市和庄乡文化站编辑出版的《和庄民间故事集》一书中，黄象浩任该书主编。

318

金童立蛤蟆

狗、猫、鼠，是和人类接触最多的三种动物。猫捉老鼠狗逮猫，似乎天经地义。但过去，它们三个是好朋友。后来反目成仇，都是因为金童立蛤蟆。

很久很久以前，在黄河流域的一个村庄，一对老夫妻有一对儿子。大儿子懒惰奸诈，小儿子勤劳朴实。

这个村子中间有一条河流，河的东岸住着一些贫苦的老百姓，种着贫瘠的山坡地。村的西岸住着一些富庶的人家，种着肥沃的良田。这对老夫妻非常勤劳，本来家在东岸，种着两亩三分地。经过一番努力打拼，他们又在河西岸盖起了一处宽敞明亮的新家，开垦了十亩良田。

大儿子长大了，老两口给他娶上了媳妇。但却没有等到给小儿子也娶上媳妇，老两口就先后去世了，留下了河东河西两处房产和十几亩土地。老父亲离世之前，把两个儿子叫到身边分配遗产，说是让弟兄两个，一个要东岸的老家和两亩三分山坡地，一个要西岸的新家和十亩良田。

老家是一些老物件，新家是一些新家具。老父亲要哥哥先挑选，还特意嘱咐他们，家中的物件不要乱动，选择了家也就选择了家中的东西。大儿子愿意要河西的新房子和十亩地，河东的旧房子和两亩三分山坡地则留给了弟弟。

弟弟今年刚刚十五岁，还未成家立业。父亲希望哥哥能帮助他，把弟弟拉扯成人。哥哥答应得很痛快，但回头就忘了。他们夫妻二人回到河西岸新家，过上了富裕人家的日子。从此，再也不管弟弟了。

原来的时候，他们家养了三只动物，一只狗，一只猫，还有一只大老鼠。嫂子喜欢机灵的老鼠，就把老鼠带走了。从此，弟弟和家中的小猫小狗相依为命，种着两亩三分贫瘠的山坡地勉强度日。

分家的第一年，风不调雨不顺。起初大旱，后来下了一场暴雨，把弟弟种的庄稼都冲毁了，颗粒无收。暴雨还冲毁了连接河两岸的渡桥，阻断了兄弟俩往来的道路。

到了冬天，弟弟缺衣无食，眼看着就要冻饿而死。这天夜里，弟弟饿得头晕脑涨，蜷缩在床上的一床破棉被中。睡得迷迷糊糊中，忽然听到有人叫他。他赶紧一骨碌爬起来，一看原来是父亲回来了。父亲告诉他说："孩子，在你睡觉的枕头中，有一个金童立蛤蟆，是一件宝贝。你想要什么，宝贝都能满足要求。但千万不可贪心，只能在你最困难的时候使用，美好的生活还要依靠勤劳的双手去创造。"弟弟非常高兴，去拉父亲的手，却被父亲闪开了。父亲转身就走出了屋门，弟弟赶紧追出去，被门槛绊了一下，跌倒在地。弟弟猛然间惊醒了，原来是做了一个梦。他拆开枕头，里面果然有一个金光闪闪的金童立蛤蟆。

弟弟手捧蛤蟆，伸出手指揪一揪蛤蟆的舌头，蛤蟆闪亮眼睛，开口说话了："主人主人，你有什么要求？告诉我，我替你去完成。"

弟弟有些不好意思地说："我饿了，想饱饱地吃一顿饭。还有，小狗小猫也饿了，让它们陪我一起吃。"

蛤蟆说："主人，你吩咐的这件事，只是小菜一碟。"不长时间，桌子上就多了冒着热气的四菜一汤，还有一瓶美酒和糕点馒头。弟弟美美地吃了一顿，小狗小猫也吃饱了。

此后，他一日三餐，都是让金童立蛤蟆给准时送来。蛤蟆还为他送来了棉衣棉被，火炉子和木柴煤炭。弟弟非常舒服地度过了这个冬天。

春暖花开，新的一年开始了。弟弟虽然有金童立蛤蟆，但他记得父亲的教诲，不想不劳而获。他开始上山种地，希望能用勤劳的双手去改变生活，迎来幸福的明天。

经过了这个严酷的冬天，哥哥嫂子以为弟弟早该冻死了。他们乘上渡船过河，回到老家一看，弟弟家里早就焕然一新。新被褥新衣服新家具，还有全新的锅碗瓢盆，弟弟吃得红光满面，身高体壮。

嫂子问弟弟，弟弟记得父亲的嘱托，一个字也不暴露蛤蟆的秘密。

后来，嫂子想起一个好办法。深夜带着小老鼠，来到老家。等到弟弟睡熟以后，潜入院中，来到弟弟窗外，听到弟弟正在说梦话："我能吃得好穿得暖，都是因为父亲留在老家的金童立蛤蟆，想要什么就有什么。嫂子问我，我偏不说。"

嫂子伏在窗外问："那么，你的宝贝到底藏在哪儿了？"

"我的宝贝藏得可严实了，就在我睡觉的枕头里面。"

第二天，弟弟又下地干活去了。哥哥嫂子带着老鼠，来到弟弟家，偷走了金童立蛤蟆。因为这是自己的旧主人，小狗小猫可不敢管。

傍晚，弟弟回到家，看到宝贝丢失了，知道是哥哥偷走了。他来到哥哥家中，哥哥嫂子矢口否认，弟弟也没办法。

晚上，弟弟也偷偷潜入哥哥家中，趁着嫂子睡着了，套问她蛤蟆的下落。嫂子说梦话："要问宝贝藏在哪儿？我可比弟弟藏得严实。我大箱子套二箱子，二箱子套小箱子，小箱子里面还有一个盒子，蛤蟆就藏在盒子中。每个箱子我都上了锁，钥匙我总是随身携带。睡觉我都把钥匙拴在腰上，谁也别想偷走我的宝贝。"

弟弟没办法偷回原本属于自己的宝贝，就回家了。他抚摸着小狗小猫说："我们的宝贝蛤蟆在哥哥嫂子的箱子中，我没有钥匙，偷不回来。你们要是能给我偷回来就好了，我一定重重奖赏你们。"

说者无意，听者有心。到了深夜，小狗和小猫就偷偷出发了。小猫会爬墙，就帮助小狗翻出了院墙。小狗会浮水，就驮着小猫过河。到了哥哥家外，小猫又帮助小狗翻墙进入哥哥家中。它们悄悄在家中活动，正好看到了它们的朋友小老鼠。它们请老鼠帮忙，小老鼠不同意，转身要跑。小猫本领比老鼠大，一下子抓住了老鼠。迫于无奈，小老鼠钻进房内，咬开了一层又一层的木箱子，偷出了宝贝蛤蟆，交给了小狗小猫。

可是，它监守自盗。天亮以后，主人发现宝贝丢了，狠狠地打了老鼠一顿。从此后，老鼠就失宠了，再也得不到主人爱抚，连吃的也不给一点。老鼠只好偷一点活命，就养成了偷盗的恶习。

再说小狗和小猫。它们互相帮助，带着宝贝回到了河的东岸。小猫要邀功请赏，独自带着宝贝回到家中，却把小狗扔在门外。

小猫把主人从睡梦中叫醒，献上了宝贝。主人一看非常高兴，拿出最好的食物奖赏小猫，还让小猫在床上睡觉。

小狗独自在院子外边叫了半天，无人理睬。明明是两个人的功劳，小猫却独自领赏。小狗非常生气，就从院子的阳沟[1]钻了进去，脱了一层皮。它看到主人正在高兴地抱着小猫，非常生气。汪汪叫着扑了过去，吓得小猫出溜一下挣脱主人的怀抱爬上了大树。主人很生气，拿起扫帚把小狗狠狠打了一顿。但小狗不会说话，有苦说不出来。

从此以后，鼠、猫、狗，曾经的三个好朋友成了天敌，猫逮老鼠狗捉猫。小猫得到了主人宠爱，总是在屋内吃喝玩耍，还被主人抱在怀中，在主人的床上睡觉。小狗只能蹲在院中吃喝睡觉，还要在晚上值夜班看家。最惨的是老鼠，得不到主人的宠爱，只能自己偷一点东西吃，勉强度日，还要被人们讨厌，老鼠过街人人喊打。

讲述者： 孙淑霞，女，1969 年 2 月，济南市市中区，初中
采录者： 孙继广，男，1972 年 10 月，章丘区融媒体编辑，大专
采录时间： 2020 年 3 月
采录地点： 济南市市中区馆驿街

---

[1] 阳沟：院子的排水沟出口。

附记

狗、猫和老鼠，是与人类接触最多的动物。猫吃老鼠狗捉猫，关于它们的故事很多，版本不同。我听到孙淑霞讲的这个动物故事，是另一个版本。这个动物故事的讲述者是笔者的姐姐。听到以后，我赶紧记录下来，发表在 2020 年 4 月 23 日《章丘晨报》。

319

鱼燕相争

一个村庄里有个小湾，湾边上有个小庙，庙里梁头[1]宿着一窝燕子。

燕子经常从小湾里叼点泥、含点水啥的。水湾里头有条鱼烦啦："我这湾里就一点点水，如何经得住你们来回地用，时间长了就成问题啊！"

这鱼想了个办法，在水皮底下准备好喽。等燕子来了，"啪！"就用尾巴打它一下。虽说没打着吧，时候长了燕子厌烦啦："哟！湾里这么些水，我才能用多么点呢？这个东西太可恶了。好！我也想个办法。"

燕子就整天叼鸡毛叼草的，叼来叼去的攒了不少了，都堆在庙边上。还得想办法点着啊，它看见个抽烟的扔了烟把，高兴地说："行！有办法喽。"

燕子就把烟把叼起来，回去就拽到柴火窝里，慢慢地把这个小庙引着了，村里的人齐声咋呼："土地庙失火喽！快来救火啊！"

要救火，别的水源来不及，就必须打这个湾里取水。

大伙忙了一阵子，火是救下了，庙也烧毁啦，燕子窝也没啦，湾里的水也淘净啦，鱼也露出来叫人给逮去了。

有个有学问的人，就比着这件事作了四句诗：

燕子叼泥去垒窝，水里鱼儿显轻薄。
光顾你俩斗闲气，鱼没住处燕没窝。

讲述者： 魏礼，男，1941年2月，历城区柳埠镇亓城村，工程师，高中

采录者： 李全仁，男，1938年7月，历城区第二文化馆干部，高中

采录时间： 1987年10月

采录地点： 历城区柳埠镇亓城村

[1] 梁头：房梁。

320

雁鹅

嬴汶河[1] 有一群鸿雁[2] 栖息，这是一个很庞大的种群，河两岸几乎随处都能看到它们的身影。

常言道，"近水识水性，近山识鸟音"。伯益非常喜欢这群鸿雁，时常接近雁王与它交谈。

雁王是个称职的族长。它把全部精力用在了雁群壮大上。它像伯益那样时刻为种族的兴旺而操心费力，对年轻小雁的培训非常关心，这是家族兴旺发达的希望，这个艰巨的任务就由雁王来完成。

伯益对雁王的管理模式非常欣赏，有的可直接应用在他的部落管理上。比如，完美的团队精神，细腻的分工计划，周密的幼雁教育。他像雁王那样把年幼的孩子们组织起来，教导他们如何尊敬族长，如何保护自己的人身安全，

[1] 嬴汶河：黄河支流大汶河北支牟汶河的支流，发源于山东省济南市章丘区南部山区官庄街道的池凉泉，沿峡谷蜿蜒南流，穿长城岭进入莱芜市境，经茶叶口曲折南流，纳嵬石河，又西流入雪野水库，出库南流经春秋齐嬴邑（莱城西北20公里的城子县村），故名嬴汶，2021年10月，入选《济南市第一批传统地名保护名录》。西南流至渐汶河村入大汶河上游主流牟汶河。全长86公里，流域面积1326平方公里。

[2] 鸿雁：俗称大雁。

围猎中的一些常识等，促进了部落的整体素质提高。

一天，伯益与雁王终于能够坐下来面对面聊天了。伯益说："雁王啊！咱们是友好的邻居，希望能够和睦相处。"

雁王说："我很喜欢跟人类交朋友，因为生活习惯的不同，我们不能长期生活在一起。"

伯益笑着说："在严寒的冬天里看不到你们的身影，总有一种失落感。我们完全能够再亲密一步。"

"怎么个亲密法？"雁王好奇地问道。

"你可以派一些家族成员到我们居住的家中生活，老弱病残也行啊。"伯益诚恳地说。

雁王感动地说："仁慈的益啊！谢谢你对我部族的关心。可是我们属候鸟，自古就有迁徙的习惯。再说，我们不适合在严寒里生存。"

伯益说："雁王，生活习惯是可以改的，我能帮助它们平安度过冬天。"

雁王低头想了一下，说道："我不想拿家族成员的性命下赌注，可是你又这么诚恳，不好驳回面子。仁慈的益啊！给我一点时间让我仔细地想想吧。"

伯益高兴地说："好啊！但愿咱们能够成为最好的朋友。"

伯益和雁王交谈以后，伯益致力于嬴城的建设。雁王则专心教化幼雏，把这件事就搁置起来了。转眼到了金秋时节，群雁就要南迁过冬了。雁王找到伯益说："仁慈的益啊！你提出的问题我认真地考虑了。我同意你的想法，把一部分自愿留下来的雁交给你来照顾。"

伯益听了高兴地说："好啊！你放心吧，我会像对待我的孩子们那样照顾它们的。"

雁王说："我非常放心，您的大名在人类和动物界威名赫赫。我现在就把孩子们交给你，希望你帮助它们度过严冬。等到明年开春我回来的时候，定会以礼相赠。"

伯益点点头说："你的孩子们我全数接收了，你我的交情无须赠礼。"

雁王高兴地点头无语，当着伯益的面把五十余只老、中、幼雁交给了伯益。伯益告别雁王，小心翼翼地带着七老八少的雁群回到嬴城。野生雁乍来到人群居住的地方，

生活非常不习惯。年老的雁恭敬地听候伯益的安排，没有挑三拣四；中年雁看到老雁俯首帖耳地，也就窝着脖子听从伯益的驯化。只有当年的小雁初生牛犊不怕虎，伯益一驯导就发脾气，而且非常暴躁，伸着脖子扇着翅膀飞来飞去表示抗议。伯益不急也不火，耐心地教导它们。为了防止它们赌气飞走，就在它们的翅膀上做了一个小手术。从此，这群雁再也飞不起来了。

年轻的雁飞不起来，非常焦急，气呼呼地问道："可恶的益啊！俺老祖宗把俺委托你照管，为啥要害我们？俺不会飞了，怎么觅食生活？你们这几个老前辈，为啥不为我讨个说法呢？"

伯益笑笑说："孩子们，我这可是为了你们好。这地方危机四伏，你们飞出去不安全啊！万一有个三长两短，明年开春我怎么向你们的族长交代啊？再说，从现在开始，你们的吃饭住宿都由我来负责。保证一日三餐都有新鲜的草叶吃，每天的午餐还给你们加点香甜的粮食粉。怎么样，满意吗？"

小雁经验少，见老雁和中雁高兴，也就跟着欢呼起来。

伯益派人收集雁爱吃的水草，晾晒干后冬天备用。他果不食言，在中午的草料里加上一些饭粒粮粉，增加了大雁体内的热量，做好抵御严寒的准备。渐渐地大雁习惯了这种张嘴吃饭喝水、休闲自在的生活。

秋尽冬来，这一年的冬天非常冷。人们穿着羊皮袄烤着火都有些冷，大雁更耐不住寒冷冻得直叫唤。伯益听到鸿雁的喊冷声坐立不安，一旦这些雁熬不过冬天，自己无法向雁王兑现承诺还反目成仇。怎么办呢？伯益思想再三，终于想出了一个好法子。他找到林中的鸟王，把遇到的困难告诉了它。鸟王想了想说："仁慈的益啊，你的困难就是我的困难，我会帮你的。"它让手下召集起林中所有的鸟，来个献爱心活动。原来，群鸟抵御严寒不是靠体力，而是利用它们身上的羽绒来调节身体温度。

群鸟在严寒的时候献出维系生命的羽绒，让伯益非常感动并再三致谢。

伯益把鸟王送给的羽绒分给群雁，它们穿上松软暖和的羽绒衣服，顿觉浑身温暖，再也不哆嗦着喊冷了。群雁感激伯益的关心，高兴地磕头致谢。不料地冻如石，

把额头磕起了一个血红的大包，这就是鹅头上红肉疙瘩的来历。伯益又让手下给雁加餐，多放粮食少放菜草。由于营养丰富，鸿雁的身体越来越肥胖，成了走路摇曳的胖家伙。

伯益非常喜欢这群驯化的鸿雁，亲切地称它们为"我的鸟"。他还安排了专人照顾这群鸿雁，一天三次到赢汶河放牧。这群鸿雁很快就习惯了这种生活，身体越来越强壮。后来，伯益就用这句话组成一个字为家驯鸿雁定名，称为"雁鹅"。

春天来了，伯益驯化的雁开始下蛋，不久便孵化出了第一批小雁，不，是小雁鹅。它们继承了父母的基因，能够自主调节羽绒的生长，成为第一批独立抗寒的新品种鹅。

培养出来的优良小雁鹅，继承了祖先大雁的优良基因。在伯益的稻田里，只食用水草不祸害稻苗，而且排出的大便又肥了水稻。有的时候，看到水稻苗叶上有害虫，雁鹅就用坚硬的喙把害虫啄死扔在水中喂鱼。雁鹅和青蛙一样，成为了人类的好朋友。

伯益还把培养的雁鹅圈养在家中，每天为它们采集新鲜的草叶喂养，照顾得非常周到。雁鹅们很感激伯益，就像狗那样帮着人看家护院。

有一天，伯益有事外出。他的小儿子若木在院内玩耍。这时，一条大毒蛇悄然无声从若木背后袭来。眼看着孩子要遭殃！就在这关键的时候，雁鹅扑闪着巨大有力的翅膀，伸着长脖子，鸣叫着朝大蛇扑来。大毒蛇的蛇信子已经触到若木的后背了，雁鹅飞身跃起，猛力扑下，用坚硬的喙叼住蛇头用力一拖，把大毒蛇摔在了地上，若木躲过了一劫。大毒蛇见雁鹅破坏了它的好事，非常气愤，转头往鹅身上扑来。别看雁鹅身子胖，闪展腾挪非常自如，没有三个回合就把大毒蛇玩得筋疲力尽。常言道，"好汉不吃眼前亏"。大毒蛇见雁鹅威猛，只得俯首称败，灰溜溜地逃走了。

从此，雁鹅成了蛇的克星。只要有大鹅的地方，蛇就会绕着走。蛇在篱笆或墙上爬行，听到雁鹅的叫声，身体就会绵软软地掉在地上。有人说，这是蛇被雁鹅吓破了胆。人们为了防备蛇对家禽的伤害，喂养时都要捎带着喂上几只雁鹅。

当雁王看到它的子民在伯益的精心照料下，健康成长的时候，感动得热泪盈眶，说："只有像益这样仁慈和守信用的人才能改造自然，优化物种。"它下令所有的鸿雁都要以人为本，不准祸害人的庄稼。南迁的时候，雁王念念不忘伯益对它们一心一意照顾的情谊。把自己的雁群排成"一"字或"人"字，一路欢歌往南飞去。第二年，雁王又带着它的子民排着"一"字或"人"字，唱着春天的歌飞回嬴汶河，继续与伯益为邻，过着和谐共处的美好生活。

雁王没有忘记去年临走时对伯益的承诺，找到伯益连连致谢。它把一颗籽粒饱满的葫芦种放在伯益手上，说："仁慈的益啊！你抚育了我的孩子，是它们的再生父母。为了报答你，我从遥远的神山上为你求来了一粒宝葫芦种籽。你种下去吧，会有奇迹的。"

伯益谢了，把它种在自己家院内，浇水施肥。小葫芦发芽拖秧，结了葫芦，并且一天比一天大。等到秋天的时候，葫芦长得有半抱那么大，上小口下大肚子的草绿色葫芦非常好看。

雁王来了，看着发出亮光的大葫芦说："仁慈的益啊！葫芦成熟了，你可把它劈开。取出里面的种子，留待明年开春栽种。葫芦瓢晾干能吃，葫芦瓢可当生活器皿来用，这个宝贝你喜欢吗？另外葫芦多籽，象征你的部族人丁兴旺，我祝贺您了。"

伯益听了非常高兴，这可真是难得的宝贝啊！就把葫芦打开，让族人当水瓢用，也当其他器皿用，既轻巧又耐用。又过了两年，部族里的葫芦就到处可见了。伯益与鸿雁交情颇深，鸿雁逐渐识了人气，为人类做了很多的好事。其中"鸿雁传书"成为佳话，流传至今。

伯益在嬴汶河流域驯化出的第一批鸿雁，就是莱芜鹅的祖先。现在，它们仍然在这片水域繁衍生息，家族兴旺。

鸿雁南迁的时候，所有的鸿雁都集中在嬴城东面的嬴汶河，像是等待伯益的会见或道别，场面非常恢宏壮观。第二年回来的时候，也是先在这里集合，然后回到各自的水域。

讲述者： 刘家文，男，1953 年 11 月，莱城区鹏泉街道办地里沟村，大学

采录者： 杨会银，男，1955 年 10 月，莱城区方下镇冶河村，干部，大学

采录时间： 2017 年 5 月

采录地点： 山东普阳集团

附记

2017 年 5 月，莱芜市民间文艺家协会主席团的一次会议，在山东普阳集团会议室召开。会议结束座谈时，从事嬴秦文化研究的普阳集团董事长，市民间文艺家协会副主席刘家文讲了这则故事。故事大意是莱芜的大鹅源自鸿雁，表述了人与动物平安相处的和谐气氛。伯益的封地在莱芜羊里街道办城子县村，至今仍完好地保留着伯益修筑的嬴城遗址，2017 年 10 月，莱芜市民间文学研究学会协助刘家文出版了民间文学集《伯益的传说》，古今奇闻故事杂志社编印。《雁鹅》故事一文，收录在该书中。

321

燕子谢主

从前，张大歪家有良田千亩，骡马成群，丫鬟婆子成帮，金子银子满仓。人心不足蛇吞象，得了太阳想月亮。张大歪就是这种属老母猪的，放进不放出的料。难怪乡民送他个外号，叫"毒蝎子"。

王和与张大歪同庄住，脾性可是天上地下之分。王和心肠良善，要头连膀子卸[1]给你，王和父母在时就拉下了一腚饥荒[2]，账没还两人就先后谢世了。

家贫出孝子。王和东求西借发付了[3]爹和娘，日子过得更加困难。为了填饱肚子，王和一天到晚给张大歪放羊放牛。他吃不饱，穿不暖。住的那房子和天爷爷伙着[4]，白天进太阳，晚上见月亮。最难过的是下雨天，外头大下屋里小下，外头不下，屋里还滴答。晚上回到家，盖个破被套，十冬腊月的时候，啥滋味咱不说您也能猜得到。俗话说："担得十天破，担不得一天饿。"起早贪黑干活，就

[1] 要头连膀子卸：意指全部奉献。
[2] 一腚饥荒：一屁股欠债。
[3] 发付了：安葬老人。
[4] 和天爷爷伙着：房屋露着天。

是为了那顿半饥半饱的救命饭。

这年春上，天气暖得早，燕子也回来得早，成群结队，飞东飞西，叽叽喳喳。有这么对燕子飞旋在张财主的正房里，选地处做窝。张大歪气不从一处来，心想：好檩好梁的房屋，让它们垒了窝怪可惜。于是，拿起扫帚东扑西赶，轰得燕子没处躲没处站，只好钻出窗棂逃命。左飞右转来到了庄西王和的破房子里，选好地处就去叼来淤泥一点一点地垒。王和见燕子在他屋里做窝很高兴，就和泥帮它们垒了个大窝。从此燕子捉害虫，王和放牛羊。

拖不住的太阳，钉不住月亮。打闪点灯[5]的工夫一个月过去了，燕子夫妇产下了四枚燕蛋。又过了几十天，小燕子出世了，齐摆摆[6]的四个小脑袋探出窝边，叽叽喳喳。把个王和恣得一会儿递清水，一会儿捉害虫喂它。

人心对人心，五两对半斤。王和对燕子这么好，燕子对王和也很热情，它经常站在王和的肩上陪他做伴放牛羊，叽叽喳喳唱歌解闷。王和放牛羊家来，带回很多小虫喂燕子，不同类的两个家辩得很和睦。

一天，燕子父母为儿女去捕食，很晚了还没回来，小燕子饿得眼巴巴地看着门口。突然，一只燕子不小心从窝里跌下来把腿摔断了。

王和放羊回来发现了摔伤的燕子，心疼地捧在怀里，淌着泪给小燕子包扎喂食。打食回来的燕子父母，见王和对它们的孩子如此关心爱护很高兴。

王和精心照养着受伤的小燕子，白天去放羊他把小燕子带在身边，晚上睡觉又把它小心地放置在燕子父母的怀抱里。经过十多天精心照料，小燕子的伤养好了，翅膀也练硬了。小燕子万分感激王和的养护之恩，围着王和转来转去，长叫一声飞走了。一连几天没见到小燕子，王和心里很不是个滋味，日日夜夜想念着，祈盼小燕子早点回来。

这一天，小燕子回来了。它围着王和飞来转去，亲昵地用头磨蹭着王和的脸，王和很高兴地让燕子站在手心里。小燕子点了三下头，吐出一粒金光闪闪的瓜子。突然，小燕子说话了："王叔叔，谢谢您救了我。我回报了燕子国

[5] 打闪点灯：时间很短。
[6] 齐摆摆：整齐，整整齐齐。

国王，它令我用这粒瓜子感谢您。请您在我们南回的第二天把它种上，精心培育三天就能得果。"说完，飞回窝去和家人团聚。

秋风凉了，燕子要回燕子国去了。小燕子告诉王和："王叔叔，我们要走咧，爹妈让我告诉您，谢谢您对我们全家的关心。"早晨，燕子父母领着自己的两双儿女在屋子里飞旋鸣叫。不久，燕子们结伙飞走了，王和站在门口一直送到看不见影。

燕子走后的第二天，王和把那粒瓜子入土、浇水、施肥。过了一顿饭工夫，土里钻出一棵碧绿的嫩芽。嫩芽见风就长，王和守着瓜秧，肥绿的瓜叶被风儿吹得来回摆动。太阳落山时，瓜蔓已经满了地。

月亮像个银盘子发出柔和的光，王和守在瓜秧边，又饥又渴，又困又累，实在支持不住躺在瓜秧边睡着了。

肚内无食腹中饥。王和迷糊了一霎，怎么也睡不着就起身来看瓜。淡淡的月光下，他看到有三个瓜跟瓦罐一样大。这仨瓜闪着绿光，不像西瓜、南瓜，也不像冬瓜、北瓜。第二天，王和又施肥浇水，瓜长得跟三瓮子[1]那么大了。

第三天，瓜长得跟二瓮子[2]那么大了。王和按照燕子的指点，等太阳落山就把这三个瓜收了滚到破屋里。这么大的瓜小刀怎么切得开，思前想后只好到张大歪家借锯。

张大歪正在为王和三天不来放牛羊大发脾气，见他来了劈头盖脸地骂上了。吃谁的饭，听谁的管。等张大歪发完了火，王和才说明来意。地主的脸跟六月的天一样，阴阴晴晴变化无常。他听了王和的话，驴样的苦瓜脸挂上了不般配的笑容。他不光干脆地答应借锯，还派了两个大力气的家丁帮王和锯瓜。

十个财主九个坏，千方百计讹外财。王和拿着锯领着家丁欲走，被张大歪一把抓住，死皮赖脸地打听瓜的来历。王和心眼子实，就把事情的全部经过讲给了张财主。张财主听了垂涎三尺，恨自己赶走了宝燕子。

王和与两个家丁用了半晌午的工夫，才把瓜全锯开了。

第一个瓜里是上好的布匹，第二个瓜里是银锭和金豆子，第三个瓜里是籽粒饱满的粮食。王和拿出部分资财，接济了那些孤寡老人和无依无靠的孤儿。自己盖房置地找家口，过上了幸福的好日子。

第二年春上，燕子又飞回来了。张财主烧香摆供，把燕子接到家里，支使[3]长工帮燕子垒窝铺软草。燕子住下后，张财主天天守在屋里。小燕子出世了，财主派长工去捕虫喂燕子，自己坐在太师椅上目不转眼地盯着燕子窝，盼望燕子快掉下一只来。等了好几天，燕子一只也没掉下来。张大歪气火了，搭梯上去抓下只小燕子把腿给掰断[4]，又殷勤地包扎喂食。

等着盼，慢如年。盼星星盼月亮总算熬过了十多天，燕子的腿好了。张大歪说："快去吧，到您那燕子国里给我叼个大瓜子来。"小燕子果真给他叼来了一粒闪着金光的瓜子，张大歪接过来气呼呼地说："别说啦，我知道怎么种怎么摘。你们得走了，要不可就耽搁我种瓜咧。"说着，找来根竹竿把燕子全赶跑了。老财主恣得一夜没睡好觉，天不明就喊起长工挖窝种瓜。

第三天头上，结熟了三个瓮子大的黑皮瓜。张大歪敲敲这个拍拍那个，笑得跟呲牙兽[5]似的。

摘下了瓜，张大歪怕长工锯开瓜偷了金银，就寻个谋[6]把他们全部打发走，自己和老婆闭门锯瓜。从早上锯到晌午[7]，瓜快要开了，就听瓜里传出叮叮咚咚的声音。张大歪擦擦汗，阴阳怪气地说："快点使劲拉，看把元宝挤的。"

两人鼓足力气拉到日落西山，瓜齐刷刷地裂成两半。两人你看我我看你傻了眼，里面两台古装大戏对着唱。不大霎刹了戏[8]，领班过来要赏。

张大歪不给，领班火了。他气汹汹地拉着张财主的脖领子，说："你看了戏不给钱，找着挨揍。"说着，亮出腰

[3]　支使：安排。
[4]　掰断：折断。
[5]　呲牙兽：龇牙咧嘴。
[6]　寻个谋：想了个办法。
[7]　晌午：上午，一般指 12 点。
[8]　不大霎刹了戏：时间不长演完了。

[1]　三瓮子：三号瓦瓮，盛粮食或水用。有半搂那么粗，膝盖那么高。
[2]　二瓮子：二号瓦瓮，盛粮食或水用。比三瓮子大一半。

中佩剑就要刺。张大歪吓得直叫饶命，支了四百两银子的戏钱才算完事。两瓣西瓜皮合在一起飞转，不大霎不见了踪影。张财主气歪了嘴，哎！背着儿媳妇过河崖，受了辛苦没落出人来不说，还搭上了那么多银子。老婆咧着水瓢嘴，骂了他半宿。张大歪不愁也不恼，看着那俩大瓜，心里的小九九又盘算开了。

第二天，两口子早早起来就锯瓜。等到下午锯开一看又傻了眼，一个杂技班和一个魔术班挑灯对台演出。末了张财主又支了四百两银子，八百两银子把张大歪两口子的心都掏了出去了。老婆气哼哼地扇了他几个大嘴巴，腮帮子肿得比脸高出二指。

张大歪不到黄河不死心，把赌注全押在第三个瓜上。两口子早晨起来顾不得吃饭就干上了，拉了半个多小时，老婆说："我看咱别拉了，别再是要账的。"张大歪生气地骂道："你这个丧门星、贱东西，财气全叫你说光了。俗话说，不下苦力难得纯金，聚宝盆准在这个瓜里。"

老婆听了没说什么，两人你拉我拽地锯瓜。等第三个瓜锯开时，两人逃也来不及了。原来，这是个稀屎瓜。稀屎像决了口子的黄河水一样滚滚奔流而出，把两个人活活淹死了。

这两个坏东西死后，七魂不定告到天庭。玉帝点数了他俩的罪恶，仍叫他俩还阳，就成了现在的"屎壳郎"和"臭大姐"。至今这两个小动物还满身臭气，真是遗臭万年哩！

讲述者： 王俊元，男，1944 年 3 月，莱芜市张家洼镇高家洼村，小学

采录者： 王俊莲，女，1964 年 4 月，莱芜市方下镇张公清村，高中

采录时间： 1990 年 3 月

采录地点： 莱芜市张家洼镇高家洼村

异文：种葫芦

一只小燕子落地了，上学的一个学生拾起来一看，它伤了一条腿，还洇出了血。学生用秫秸篾给它绑上，又用布条捆住，把它放到树枝上了。

燕子说："我怎么报答你？"

"你不用报答我，给我叼个胡芦籽来吧。"

这燕子真给学生叼来了一颗胡芦籽，学生种上了。

不久，结了一个大胡芦。等胡芦老了，学生锯开。胡芦这一半是金子，另一半是银子。

另一个小孩听说了，他捉到一只燕子，把它的腿弄折，也用秫秸篾给它捆上了。然后，他对燕子说："小燕子，你给我叼个胡芦籽来吧？"

小孩得到种子种上后，也结了一个大胡芦。他锯开一看，这一半里坐着个老头，那一半里坐着个老太太，都皱着额头。

小孩问："你俩怎么不开心呢？"

老头儿说："我替你犯愁哩！"

讲述人： 于庆香，女，1948 年 11 月，平阴县洪范池镇苗海村，小学

采录者： 黄文俊，男，1946 年 5 月，平阴县洪范池镇苗海村，教师，大专

采录时间： 2016 年 5 月

采录地点： 平阴城

322

家鸭

鸭子不是凡间之物，它来自王母娘娘的瑶池，是守护瑶池的童男童女。因为私自产生恋情，违背了天规才被罚下了瑶池，成了居住在江河湖泊中的野鸭。

伯益协助大禹治水的时候，水中的野鸭已经成群结队。鸭子的嗅觉非常灵敏，几十米以外小鱼小虾的活动都能掌握得一清二楚。它是个不折不扣的食荤者，而且食性很杂，主要以软体动物和草种子为采食对象。

舜帝派伯益驯化野兽，伯益不负众望先后驯化了很多猛兽和凶禽。这天，他来到嬴汶河流域，只见成群结队的野鸭生活在水中。野鸭的毛色非常鲜艳，飞起来如同一朵朵云彩在浮动。伯益看了很久，制订了驯服它们的计划。

伯益驯服动物有两招，一是文驯，就是和准备驯化的对象面谈，商议驯化的条件。如果对方接受，下一步的驯化就简单多了。二是武驯，对那些油盐不进[1]、屡教不改的凶猛野兽，必须采取武力征服的手段，强制它们改掉坏习惯，成为人类的好朋友。

任何动物群体都有一个负责任的头，也称种族首领或王，野鸭也不例外。野鸭也和别的动物一样，强者为王，弱者称臣。王者统治水域最肥沃的地方，主宰它臣子的生存命运。它对待有野心的臣子，从不心慈手软。它会用宽扁的喙把不臣者的羽毛一根一根拔掉，让它变成一个光秃秃的肉蛋，然后逐出族群。

野鸭的繁殖能力很强，对水域的质量要求较低，它是两栖动物之一，水陆皆可活动自如。它是破坏庄稼的高手，因为它们飞跑自由。不管庄稼的果实在什么部位，它都能够轻而易举地吃到。野鸭蚕食过的地方，庄稼颗粒不收，给人类造成的危害特别大。为了阻止野鸭的破坏活动，伯益这才打算驯化野鸭，让危害变成利益。

常言道，"擒贼先擒王"。伯益在嬴汶河岸边的大树下，观察野鸭已经很长时间了。他发现多群野鸭中，有一个体形很大头部绿色背部黑褐色的鸭子非常显眼。而且不断有鸭子飞到它的面前点头哈腰，呱呱不休，像是在说些什么。因为隔得远，伯益也听不清楚说的啥。

伯益打算先找头鸭好好谈谈，给它一些非常优惠的条件，让它们改掉破坏庄稼的坏习惯，跟着人类开始新的生活。于是，他对水中的一只野鸭说："我是益，奉仁慈的舜帝旨意，来找你们的头领谈话，请你告诉你们的头领来见我吧？"

头鸭听说人类和它交谈觉得好奇，带着它的子孙浩浩荡荡地游了过来，一见到伯益，就高兴地扇着翅膀在水中示威，而且声音洪亮地说："哈哈哈哈，伟大的益啊！您的大名无人不知无人不晓，我喜欢与你谈话。"

伯益对鸭王的如此热情，始料不及，赶紧热情相迎，高兴地说："欢迎伟大的凫王[2]，你带着这么多子民应邀我很感动。可是客多嘴杂，对咱们谈话不方便，我只想和你单独谈谈，你同意吗？"

"哈哈哈哈，仁慈的益啊！你的大名如雷贯耳，今天相见非常荣幸。我初次和人类接触，不了解你们，怕受到伤害。"头鸭警惕而又奉承地说。

伯益笑着说："朋友之间需要坦诚相待，你看我是只

[1] 油盐不进：形容十分固执的人或动物。

[2] 凫王：凫，野鸭；凫王，野鸭头领。

身一人而来，就是想实实在在地交你这个朋友。你就放心吧，我从来说话算数。"

鸭王想了想，让所有的鸭子退后，说道："仁慈的益啊！你在岸上我在水中谈吧？"

伯益热情诚恳地说："我恳请凫王上岸，咱俩脚踏实地地谈一谈吧？"

头鸭眼珠子转了几下，说道："仁慈的益啊！我习惯在水中游荡，不想成为走路不稳的旱凫[1]。"

伯益又说："我在岸上你在水中，咱俩怎么能谈到一块呢？你还是辛苦一下，到岸上来吧，我真心邀请你。"

好人不搁三劝，鸭子也不例外。野鸭王被伯益的诚意和执着打动了，笑着拍打着翅膀说道："哈哈哈哈，行，就依你仁慈的益吧！不过你可要言而有信，保证不伤害我和我的子民。"

伯益把手放在心口上，钢棒硬正地说道："尊敬的凫王，我是真心实意来交你这个朋友的，绝不会做出下三滥的事来。你就把心放在肚子里吧！"

鸭王这才放心大胆地跳上岸来，昂着头对伯益说："哈哈哈哈，尊敬的益啊！我上岸来了，谈吧！"

伯益蹲下身来，笑着说："欢迎凫王的到来！咱们这么空洞地座谈没有意义。我想请你到我的部族里去，看看我们居住的条件，也让我尽尽地主之谊，好好地请你吃上一顿美餐，不知你意下如何？"

鸭王听了，拍打着翅膀哈哈大笑："仁慈的益啊！你是在得寸进尺吧？我一旦去了你的部落，可就进去容易出来难了。再说，我守着这么大的一个水域，什么样的美味没有啊！"

伯益见鸭王处处提防自己，是只经验丰富的老油子[2]。他赞佩地点点头，伸出大拇指夸奖道："凫王见多识广，在下佩服。我从不强人所难，可舜帝委托我来请你，你不去我也没法交差啊！这样吧，你推荐几个信得过的小头领，组成一个参观团，到我的部落做客如何？"

鸭王歪着头想了想，认为这个条件还算人性化。人多

势众，鸭子多了也壮胆。它满意地点点头说："这个可以考虑，我还是那句话，你要保证它们的安全。"

伯益又拍着胸脯说："你就放一百个心吧，绝不会出现宰客这种不道德的行为。"

鸭王抬起头，朝着水中的群鸭大声呱呱了几声。伯益听得明白，它正在招呼小头领们上岸。果然，从鸭群中快速游来十只鸭子，五公五母。鸭王对它们说："仁慈的益请客，你们代我参加吧。到了那里多听多看，回来与我详细说道说道[3]。"众鸭子点头哈腰，算是同意。

伯益见鸭王在打退堂鼓，就说："伟大的凫王，人主舜帝让我来请你亲自前往做客，你让它们去我还是交不了差啊！"

鸭王呱呱呱地笑着说："这样已经不错了，舜帝是王你是臣。他让你来请我，可我也是王，你这个当臣的请不动。除非舜帝亲自来，才算公平相待。按照丛林法则，我派臣子随你去是正确的，你如果不同意，我也只好带它们回去了，请客的事就免谈了。"

伯益听了鸭王的话，才明白站在面前的是个处事狡猾的老油子。为了缓和局面，伯益满脸堆笑地说："在下听从凫王的安排就是了，遗憾的是您看不到人间的幸福生活了。"说着，拱手与鸭王道别，带着鸭子代表们走了。伯益在前，鸭子在后一步三摇晃朝部落走去。

伯益早就安排好了，等鸭子们一到就摆宴欢迎。一盆盆欢蹦乱跳的鱼虾和香味扑鼻的拌饭摆了一大溜，鸭子们看到这么多好吃的摆在面前，都本不住[4]架子了，扇着翅膀呱呱叫着，把嘴伸到食盆中抢吃起来。

伯益见了暗自高兴，心说：你们这些贪吃的家伙，会为此付出代价的。鸭子们吃得太饱了，有的直接趴在那里不能动弹。有个小头鸭问伯益："仁慈的益啊！你们这里的生活都这样吗？"

伯益说："天天如此，我们都吃腻了，开始吃蔬菜拌饭，好吃易消化。"

小头鸭羡慕地说："你们真幸福啊！我想留在你们这

---

[1] 旱凫：旱鸭子。

[2] 老油子：指处事经验多而油滑。

[3] 说道说道：汇报。

[4] 本不住：摆不住架子。

里，不知道你同意吗？"

伯益摇摇头说："不同意，我和你们的头领有言在先，要把你们平平安安送回去。"

小头鸭听了，闭上眼睛想了想说："等我回去后，带着我的家族来投奔你，行吗？"

伯益说："你们自己来我当然欢迎了，不知道你们的头领是否同意你们来。"

小头鸭哈哈笑起来："头领管不了那么多！再过几天，我的家族就要被赶到别的水域去安家。那里的条件非常艰苦，比不上你这里饭来张口的幸福日子。别人我不管，明天我就带领家族来。不过，咱俩要立个协议。"

伯益摇头说："我还是怕破坏了与鸭王的盟约！不过，你刚才说过几天被赶到别的水域安家是咋回事？"

小头鸭见伯益好奇，就大献殷勤地说："俺们也有自己严格的等级制度，大王的手下有几十个小头领，分管自己的种群。一旦达到居住条件的上限，就要把其中的一些种群分流到别处去，以保证鸭王有足够的生活需求。分出去的种群各自为王，互不干涉。现在，鸭王的鸭群数量已经达到了分流的上限。前几天，鸭王把俺们十几个小头领召集开会，商量了分流计划。当场抽签决定，结果我抽到了。我知道要去的水域，那里实在太贫瘠，我的子民肯定不会像今天这样填饱肚子。因此，我决定来投靠仁慈的你，请你接受我的种群吧！"

伯益点头问道："你到我这里来，鸭王真的会同意吗？"

小头领用翅子拍打胸脯说："同意，只要我的种群离开它，去哪里它也会同意的。你就放心吧！"

伯益这才心里一块石头落了地，爽快地说道："好啊！只要你乐意来，除了不能祸害庄稼，什么条件我都答应你。甚至还保证冷天让你们烤上火，咋样？"

"好啊！俺们现在就回去了。"鸭子们高高兴兴地走了，伯益立即安排人们做好明天的接待准备。

小头鸭果然不失约，带着它的家族成员飞来了。它的家族不小，有大小百余只组成，遮了半边天。伯益还像昨天那样，用鲜鱼虾和拌饭招待。伯益亲切地说："鱼虾有的是，你们自己捞着吃吧！拌饭长期供应，吃饱为主。"

鸭子们又吃了一个肥饱，伯益让人们把鸭子的翅膀做了一下手脚。它们再也飞不起来了，成了名副其实的旱鸭子。伯益说服鸭子住在了部落中，因为是他驯养的第一种水鸟，就叫它们"鸭子"。

鸭子驯服后，鲜鱼虾不见了，只有野菜拌饭供给它们吃。小头鸭认为伯益违约，就找到他说："仁慈的益啊！你怎不供应鲜鱼虾了？"

伯益笑着说："咱们有言在先，想吃鱼虾自己捞去，蔬菜拌饭长期供应，我并没有失信于你啊！"

鸭子明白过来已经晚了，因为它再也飞不起来了。鸭子好吃懒做，不多日就养成了体形较大的肥胖身体。由于体重过大，两条小腿有些支撑不住，只得一步三摇晃地走来走去。鸭子变得这么丑，怕头鸭笑话它们。就不好意思再到嬴汶河里去游泳戏水，只好躲在小水沟或湾里洗个澡快活一下。鸭子繁殖非常快，不出几个月就成为了一个庞大的群体。伯益就把它们分成若干群饲养。

冬天来了，人们的食物有些紧张，就把鸭子杀了烤着吃，实现了伯益对它们的承诺。伯益直接在炭火、明火上烘烤鸭子，是人类最早的熟制肉食品。也就是说，伯益是烧烤业的鼻祖。

鸭王见伯益勾引它的部下叛变非常生气，就组织手下破坏人们种植的庄稼。伯益也不客气，带领勇士们拉网式地剿杀，最终把野鸭彻底制服。

常言道，"一日被蛇咬，十年怕井绳"。野鸭惧怕人类，再也不敢离开水面到庄稼地里来捣乱了。由于野鸭剿杀过多，至今家族也没有兴旺起来。鸭子由于得到了人类的保护，家族日益壮大起来，在家禽大家族名列前茅。

讲述者：　王振华，男，1964年1月，莱城区方下镇土楼村，高中

采录者：　马腾，男，1983年5月，凤城街道办矿煤阳光花园，大学

采录时间：2015年9月

采录地点：莱芜市莱城区方下镇土楼村

323

鸪鸪鸟

从前，雁岭关北面住着一户张姓人家，小女孩春秀因父母早亡和姑姑相依为命。白天下田种地、采桑，晚间喂蚕织布。日子过得舒舒服服，很有条理。

春秀正和姑姑采桑，忽然西南方刮来了一阵狂风。这风刮得飞沙走石，天昏地暗。过了一会，风停了。春秀揉揉眼，姑姑的桑篓还在，人却不见了。春秀边喊边找，到天黑也没找到姑姑的影子。

回到家，春秀一个人发呆，是不是那阵风把姑姑刮走了？她心想，要真这样，我就是走遍群山也要把姑姑找回来。第二天，天刚亮，春秀带着点吃的朝西南方向去找姑姑。

一路上，春秀见人就问。餐风露宿，起早贪黑，吃了不少苦，也没打听到姑姑的下落。她找呀找，手脚磨出了血泡，嘴唇干裂了，还是一点儿信也没有。费了七七四十九天的工夫，走遍了悬崖峭壁的雁岭关，来到一座高得钻入云层的大山。这座山大得连鸟都飞不过去，高得猴子都爬不到顶，阴森森的树林吓煞人。春秀寻姑心切，顾不了许多，一个人进了山。

翻了几道岭，穿过了无数道荆棘，来到了一个大山洞前。山洞边有一个石屋子，大石门被一把大石头锁锁着，屋子里面传来"呼呼隆隆"石磨转动的声音。春秀爬上了窗子，看见一个女人吃力地推着磨磨石粉。仔细一看，推磨的那女人，正是她日夜寻找的姑姑。姑姑也认出了春秀，隔窗痛哭起来。姑姑哭着问她："你怎么来的？"春秀把自己一路上寻找姑姑的事都说了出来，春秀问："姑姑是怎么到这里来的？"姑姑说："那天风过后，我发现自己在山洞里。原来，是一个妖怪把我抓来做苦力，把我关在房子里整天推磨。今天，妖怪赴宴去了。"春秀问："开门的钥匙在哪里呢？"姑姑说："钥匙在妖怪的枕头底下。"

这时，北边刮来了一阵黑风。姑姑说："妖怪回来了，你快躲躲。东墙下的石板底下有一只刺猬，它可以帮你。"春秀刚躲好，风里走出来一个妖怪。一边走，一边用力闻着说："生人气，生人味。"姑姑说："大王，一定是你赴宴人多味杂带来的。"妖王点着头，醉醺醺地回房睡觉去了。一会儿，山洞里传来了响雷一样的打鼾声。

春秀到东墙边，把石板底下的刺猬放出来，一起来到石洞里。妖怪睡熟了，刺猬爬上床，在枕头底下小心地把钥匙拿出来，又蹑手蹑脚地来到石门前。锁开了，可是太重了。春秀和刺猬用尽全身的力气没有拿下来。春秀急中生智，拿了身边的一根木棍用力顶，锁头掉下来了，"当啷"一声碰在石门上。

睡觉的妖怪被惊醒了，它打着哈欠来到洞外，看见春秀和姑姑要逃走，生气地吹了口气。春秀被刮到了很远很远的地方，再也见不到姑姑了。春秀整天伤心地哭，眼睛里面流出了血，渐渐地身体化成了一只美丽的小鸟，嘴里悲伤地叫着："姑姑、姑姑、姑姑。"鸟儿飞遍了山林，飞遍了人间，寻找她的姑姑。人们知道这个故事，都同情春秀和姑姑的遭遇。无论小鸟飞到哪里，人们都是用最好的粮食喂它。人们给鸟儿起了个名字，叫"姑姑鸟"。

不知过了多少年，也不知是哪朝哪代的文人，把"姑姑鸟"改为"鸪鸪鸟"。

讲述者： 于淑玲，女，1965 年 6 月，莱芜市莱城
区正顺新东方华庭，高中

采录者： 张玉玲，女，1974 年 1 月，莱芜市莱城
区文化南路兴盛街，高中

采录时间： 2012 年 7 月

采录地点： 莱芜市莱城红石公园

324

知了

附
记

鸪鸪鸟的故事曾多次听到过，版本也较多。在众多故事中，这个故事较为完整。在莲花山雁岭关走访时，看到过这种鸟，还访问过当地山民有关这种鸟的生活习性。山民说："你说的故事我也听说过，这种鸟很金贵，平常很少有人见过，尤其是冬天，更难见到它的影子。听老人说，这种鸟好像是南方的一种鸟，为何莲花山上有，就说不清楚了。"

为了找到这种鸟的来历，我查阅过很多资料。鸪鸪鸟即鹧鸪鸟，又名石鸡、红腿小竹鸡，在我国多分布于云南西部及南部、贵州西南部、广西、海南、广东、福建、江西、浙江及安徽。为常见候鸟。栖于低地至海拔 1600 米的干燥林地、草地及次生灌丛。喜群居生活。鹧鸪既是一种非常美丽的观赏鸟，又是一种经济价值很高的珍禽。按照资料佐证，山东不在其生活区域，而莲花山上确有其鸟。

很古很古的时候，知了不叫知了，知了是后来的称呼。那时，知了也像蝴蝶一样美丽，也像蝴蝶一样整天在空中翩翩起舞，非常活泼可爱。开始它还有许多伙伴，有蝴蝶、蜜蜂、蝈蝈、蚂蚱、蜻蜓等等。每天都有伙伴跟随着它在花海中舞蹈，在草丛中嬉闹，在湖面上观赏自己的影子，玩得可痛快了。伙伴们都很听知了的话，知了也很关心众伙伴们。

不知怎的，知了渐渐地变得贪婪、自私、高傲起来，它见蝴蝶穿着漂亮的花衣服，就说："蝴蝶，把你的花衣服脱下来我穿上吧？"

蝴蝶说："你不是有花衣服吗？"

知了说："我要再穿上一件。"

蝴蝶一听就气急了，扇动着翅膀离开了知了。

知了见蜜蜂酿了好多蜂蜜，就对蜜蜂说："蜜蜂，把你酿的蜜全部给我拿来。"

蜜蜂说："我酿的蜜是让大家一起吃的，给你一部分吧？"

知了说："不行，一部分太少，要全部送来。"

蜜蜂一听也气坏了，就嗡嗡地飞走了。

知了又见蝈蝈吹的哨子好玩，就说："蝈蝈，把你的哨子送给我！"

蝈蝈说："哨子是我妈刚给我买的，等我玩几天再给你玩吧？"

知了听了说："不行，现在就给我。"

蝈蝈也生气了，蹦蹦跳跳地走开了，其他伙伴也离开了知了。

知了一个伙伴也没有了，它又着急又羞愧，就一头钻进地里。它在地里打了个洞，靠喝地下树根的汁液生活。又黑又暗又寂寞，知了可犯愁了，愁呀愁呀！四年工夫成了一个尖头弓背的小老头模样。

知了在树洞里实在待不下去了，就趁晚上看不见人的时候偷偷钻出洞来。它急忙脱下打洞穿的工作服，又急忙爬到树上。它看看现在的模样远不如原来漂亮，动作也不如原来灵活，就趴在树上后悔地哭喊起来："知……了，知……了……"意思是说："我知道了……原来是我做得不对。"

从那以后，人们就管它叫知了，它到现在还哭喊着呢。

讲述者：　亓玉峰，男，1959 年 7 月，莱芜市莱城区方下镇刘封邱村，高中

采录者：　李凯，男，1981 年 10 月，莱芜市钢城区颜庄镇瞳里村，大专

采录时间：2015 年 3 月

采录地点：莱芜市莱城区方下镇刘封邱村

附
记

"知了"的故事，曾在 20 世纪 80 年代初期听到过。那时候，农村的经济作物是大麻。晚上，大伙聚集在路灯下扒麻聊天。你一个，我一个讲着自己知道的故事，一拉就是大半夜。那时讲故事讲究原汁原味，因为没有普通话的介入，所以都是标准的莱普，也就是说地道的方言话。只要一个人讲了故事的类型，大家都跟着附和。这天晚上的主题是动物，大家就都跟着拉动物故事。"知了"的早期故事，就是在这种环境下听到的。2015 年 3 月，我们到非遗项目"手拍武"传承人亓玉峰家走访了解项目的传承情况，聊天中，他讲了这个故事。这个故事讲得还算完整，又与原先采录的《知了》片段相比对，将这个故事完整地写了出来。

知了，当地方言叫"哨前子"，幼虫叫"肉蛋"或"哨前狗子"。晚上去捉幼虫，称"抠肉蛋"；逮知了，称为"粘哨前子"。而且还有丰富的歇后语，如：哨前子唱歌，瞎吱吱；哨前子脱皮，变出来了；等等。谚语也有知了的角色，如：知了叫，割早稻；知了喊，种豆晚。雨中知了叫，预报晴天到等。钢城区寨子乡（今属艾山街道）又把哨前子叫作"姐了子"，其实，"姐了子"和"哨前子"是不一样的，因为它的个头小，又被称为"喋了子"或者"独了子"，也称"胡喋了子"，叫起来声音很近。一般人们不会把它捉来吃，捉也不好捉，所以又称之为"小斤斤子"。莱芜圣井称知了为"乌油马子"，当地有个传说，说是皇宫里跑丢了一匹黑马，养马人追踪而来，在山上喊"找马"。但找了很长时间，也没找到马。养马人怕找不到马会遭到灭族，就在山上跳崖而死。他死后，变成了一只浑身乌黑的小昆虫，嘴里喊着"没有马了，没有马了"，人们知道这个昆虫是那个找马人变的，非常同情他，就给它取名"找马子"，后见它身体乌黑油亮，就改称"没有马了"再变成"乌油马子"。小小的知了，竟有这么多的文化内涵。

325

看天喝水的鸡

上古年间，在部落首领虞舜的手下有一位治世能臣，他叫伯益。他精通三略六韬，武能帮舜平定天下，文能助君安邦定国。他不仅有如此的文治武功，还能垦山治水，又能建造房屋、种植庄稼，更有一项特异功能，就是他精通兽言鸟语。因此，他驯服了野牛、野猪、野狗、野马等野兽为人们干活服务。

后来，他发现人们常喝河里的水不干净，容易生病；旱季易断流，无水可用。于是，带领大家挖凿深井。

牛、鸭、鹅、狗等见人们都喝上了井水，也约上"鸡氏家族"一同找到伯益，要求伯益带着它们也挖一口井。

伯益欣然同意，约齐了就干。大家都很卖力，不分早晚，谁也不计较。唯独鸡嘴尖舌巧，光说不干。混在当中，偷懒磨滑，净干眼前活，大家都很生气。大家认为鸭子嘴会说话，于是怂恿鸭子跑到伯益那告了一状。它添油加醋，说了不少坏话。

伯益安慰鸭子说："你们大家都出了力了，鸡不干活，以后它喝水，天就打雷劈了它。"

鸭子回去后把话一传，鸡咯咯叫着就吓跑了。

从此以后，鸡喝水时，喝一口就抬起头来看看天。原来，它是怕天打雷劈。

讲述者： 李同贞，男，1970 年 6 月，莱城区高庄街道五龙村，初中

采录者： 亓福忠，男，1968 年 9 月，莱城区高庄街道五龙村，高中

采录时间： 2018 年 5 月

采录地点： 莱芜市莱城区高庄街道五龙村

附记

有一次，大家聚在一起聊天论鸡。有人接着上面的故事说："伯益建都嬴城，成为了一代人王帝主。他的话就是金口玉言，鸡喝水的样子至今不变。因为它是受了皇封的。"还有位老人也讲了一个关于鸡的故事：说是很久以前，连续好几年干旱，河、沟、湾底都干得裂了缝。老公鸡伸长脖子到外乱窜，想找口水润润嗓子。一天，它在河底下找到一个小水窝，快活得直扑翅膀。它心里话：这下子可解渴啦！谁知，老公鸡伸头刚要喝水，忽听窝子里的鱼说话了："大公鸡，大公鸡，你好无理。这个水窝子里的水是玉皇大帝留给我们保命的，你若要来抢喝，当心响雷打你的头！"老公鸡一听，吓得转身就跑。

俗话说，"饥好忍，渴难挨"。老公鸡转了一圈，没找到解渴的水。心话：还是先顾眼前，不然就渴死了。它壮了壮胆子，又跑回来了。一口水下肚，浑身来劲，但又怕天上响雷来打头。于是，它喝一口水，就朝天上望一下；再喝一口，再抬头朝上瞅一眼。这样，鸡喝水，就有了扬脖子的习惯。

326

蜘蛛和狗打赌

讲述者： 雷印亮，男，1962 年 8 月，莱城区高庄
街道五龙村，初中

采录者： 亓福忠，男，1968 年 9 月，莱城区高庄
街道五龙村，高中

采录时间： 2018 年 8 月

采录地点： 莱芜市莱城区高庄街道五龙村

从前，有一个人仗着肚子里有点墨水，经常当众吹牛，有时还大言不惭。这人说闲话时，滔滔不绝，废话连篇；办正事的时候，就像是茶壶里煮饺子，有货倒不出。

他的一个要好的朋友成心要戏弄他一下，就给他讲了一个故事。

说有一条狗和一个蜘蛛成了好朋友。有一天，它俩在井旁边玩耍，觉得口干舌燥，狗说去远处找点水喝就是。蜘蛛笑道："远水解不了近渴。咱何必舍近求远，你看我的。"蜘蛛说完，爬到井口的辘轳上，绕着辘轳缠了两圈，头朝下，对着狗做了个鬼脸。然后，一条线下到井底喝了个饱。然后，优哉游哉地上来了。

狗一看，这还不简单。它龇着牙说："看我的！"随后，也学着蜘蛛的样子，把狗肠子挂在上面一溜烟也下去了。谁知还不到一半，狗肠子就不够用了。只见狗在井中荡秋千似的倒挂着。

蜘蛛一看大喜，心想，我还以为你有多大本事呢！原来，狗肚子里就这么点东西……

327

懒虫

从前，有个很懒很懒的人，人送外号"懒汉"。懒汉过着一人吃饱全家不饿的光棍日子，真是懒得横草不拿竖草。因此，缺吃少喝，天天像抽了筋似的，不是歪着就是躺着，懒得动弹。

有一天，懒汉听说南山葫芦庙里的和尚有个宝葫芦，想要啥就有啥。懒汉的馋虫被勾起来了，恨不能立马就得到那个宝葫芦，只要有了宝葫芦，就不愁填不饱肚子。于是，懒汉强打起精神，来到葫芦庙门口，跪着磕响头跟和尚讨要宝葫芦。

和尚见他头都磕破了，动了恻隐之心，说："我手里真有你想要的宝葫芦，但这宝葫芦需要用辛勤的汗水浇灌才有灵气，对不劳而获的人是没用的。这样吧，我给你几粒种子，你回家与四邻同时种上，要一刻不停地护理苗秧成长，如有一点照顾不周，葫芦就不会开花结果。等葫芦成熟后，就会对你辛勤劳作给予回报。"说着，从衣兜里掏出一个小布包递给懒汉。

懒汉接过小布包，小心翼翼地揣进兜里，告别和尚回了家。懒汉本来就懒，见包里有十粒种子，就留下一粒，把其余的都分给了四邻。

懒汉和四邻一起种葫芦，邻家先是深翻地，然后点种、浇水、拔草、施肥、扎架、顺藤，管理得非常好，葫芦长得也好。懒汉种时，随便往坷垃缝里一扔了事。等了好几天，懒汉总算看到葫芦芽子出来了。他只是看了几眼，就躺在椅子上做起了美梦。邻家的葫芦爬满了架，懒汉的葫芦秧还没长全叶。邻家的葫芦绿油油长得很大，懒汉的却打着提溜不长，最后竟长出一个很小的秕葫芦。

邻家的葫芦成熟了，摘下来开上个口，要米出米，要面流面。而懒汉的秕葫芦打开口，要啥不见啥。懒汉急眼了，捧起葫芦使劲摇晃着往外倒，倒了半天竟倒出一条指头粗指头长的虫子来。懒汉以为是和尚捉弄他，就带着秕葫芦和那条虫子去找和尚理论。

和尚看了看秕葫芦，又看看那条虫子，对懒汉说："自古种瓜得瓜，种豆得豆。你种上了懒惰，就得到了这条懒虫。这就是因果报应，贫僧怎会捉弄于你呢？！"

讲述者： 王峰，男，1977 年 5 月，莱芜区方下镇鲁西村，大学

采录者： 李胜华，男，1964 年 4 月，莱芜区方下镇张公清村，大专

采录时间： 2019 年 7 月

采录地点： 济南市莱芜区方下镇鲁西村

328

葱花

很久以前，王母娘娘后花园里种养着很多仙花，牡丹、芍药、菊花、玫瑰、韭花、葱花等，她们互为姐妹，欢欢乐乐地生活在一起。大姐牡丹心地善良，非常体贴身边的小妹妹们。

农历的三月三日，是王母娘娘的寿辰，今年这一天正逢三千年一熟的蟠桃采摘，王母娘娘就以蟠桃为主，宴请各方众神众仙，众神仙都来为她祝寿和参加蟠桃会。王母忙于应酬蟠桃会，就无暇到花园来赏花了。

牡丹姐姐和众花妹玩够了游戏，就提议拨开云雾，偷看人间。这一看让姐妹们大吃一惊，原本锦绣山河，令众仙羡慕的人间却正遭受着瘟疫的蹂躏，尸横遍野，满目荒凉。

瘟疫婆子疯狂地跳着舞着，四散传播着瘟疫，搞得乌烟瘴气，怨声载道。姐妹们看了不寒而栗，流下了同情的泪水。葱花更是心情沉痛，她愧疚地说："我们枉为药花，对于人间灾难却无能为力！"

大家围着牡丹花问："大姐，咱们不能眼看着瘟婆子胡作非为，作践人间吧？大姐，您有什么解救办法呢？"

牡丹花摇摇头说："妹妹们，我们就是娘娘园里的观赏花，能有什么办法救人于苦难之中啊！"

葱花说："我们为什么不用自己的精灵，去拯救受苦受难的世人呢？！"

牡丹花说："天规戒律森严，我等爱莫能助。"

韭花说："大姐，葱花姐说得对，咱们到不了人间，可以把自己的精灵洒向人间，一是警告瘟婆子不要胡作非为，二是用咱们的精灵药性杀死瘟毒，这算是一举两得了吧？"

玫瑰、芍药、菊花都表示赞成，牡丹花见大家齐心合力为民解难很受感动。于是，姐妹们各显神通，牡丹姐姐首先舒起广袖，把牡丹花瓣上的甘露全部洒向人间。牡丹甘露一股脑儿洒向人间，瘟婆子正在开心地散瘟，就见天上纷纷飘下牡丹花的甘露精灵，杀死了她的一些瘟毒。她不禁恼羞成怒，挥舞着宽大的袖袍向牡丹姐妹示威。

人间的瘟疫没有被祛除，牡丹姐姐只好哀叹了一声，走到一边去了。芍药又轻轻抖起了长袖，霎时，人间飘满了芍药的落英，馨芳浸染了整个大地。只见瘟疫婆子抖动了几下身子，一阵风把落英吹得无影无踪，并指手画脚对着天空大骂众姐妹。

菊花生气了，她愤怒地甩开了袖子，生出一阵狂风，把菊魂吹到了人世，与瘟疫婆的毒气格斗了起来，可还是失败了。菊花气恼地紧绷着脸。接着，玫瑰、百合、茴香、蒲公英……都使出了自己的仙法，可是都失败了。大家的目光一起投向了葱花妹妹，葱花妹妹望望大家，又望望人间，紧紧咬了几下牙齿。她伸开双膊，绿色的羽衣便在白色的云端里飞舞起来。顿时，天地朦胧，风急雨狂，一股强烈的辛辣味呛得瘟疫婆子喘不过气，睁不开眼。葱花舞呀舞，风刮呀刮，花粉血雨下呀下。半天工夫，天空中的瘟毒浊气被消除得干干净净，大地被洗刷得焕然一新。

葱花耗尽了全身的力量，洒尽了全身血汗，晕倒在云端里。众姐妹望着她那憔悴的面容，哽咽着把她扶回花园。葱花渐渐苏醒过来，慢慢睁开眼睛，望望人间，高兴地笑了。

王母开蟠桃会回来，众姐妹都前去请安。王母问道："葱花为何不来？"牡丹姐姐急忙屈膝向前奏道："启禀娘娘，葱花为世人做了一件大好事。累病卧床，无法前来请安。"牡丹花把葱花妹妹洒血化雨，战胜瘟疫婆的事说了一遍。

谁知，王母听了把脸一沉，训斥道："大胆，这次瘟疫是人间怠慢天庭，玉帝恼怒给的惩罚。小小葱花，竟敢妄作非为，这还了得！马上给我把这个不知天高地厚的小丫头打入下界，牧放石羊！"

众姐妹流着泪眼睁睁地看着葱花被天兵押下天庭，接着在人间的女郎山[1]上，出现了一尊绿色的仙子石像。她手执羊鞭，牧放山上的石羊，这就是被罚下天庭的葱花。她站立在山顶，凝望着山下的乡村田野思想着对付瘟婆子的办法。

瘟疫婆子是奉玉帝的旨意降瘟，为了讨好玉皇自然是卖力地猛干，瘟毒肆虐，害死的人无其数[2]。只见沟沟躺死尸，村村断炊烟。葱花仙子望着人间的苦难，吞咽着伤心的泪水。

突然，山顶上的仙子石像突然变成了一株大葱，深翠的叶，雪白的茎。叶顶上长着一团淡玉色的绒球花。花谢后，长出了一粒粒小黑籽。染上瘟疫的人用鼻子嗅一下大葱溢放出来的芳香，身体马上就会健康起来。人们从四面八方赶来治病，女郎山下人山人海。

瘟疫婆子见葱花仙子与她作对，就把这件事禀报了王母，王母又转禀玉帝。玉帝大怒，派雷公下到人间收服葱花。雷公是个火爆脾气的莽汉，除了听天爷爷的话，从来不动动脑子，更不把人间灾难看在眼里。他来到女郎山上空，把手中的两把大锤一对，就听到震耳欲聋的霹雳雷声响起，把仙子变成的大葱炸了个粉身碎骨。

葱花仙子英魂不散，用力把头顶的黑色种子撒在女郎山下。不久，地上长出一片片葱秧。人们把葱秧带到各地种植起来，再也不怕瘟疫婆子逞凶了。

过了三千年，王母又忙着开蟠桃会，牡丹姐姐和众妹妹才得空偷看人间。只见女郎山下，一片片青翠的大葱，频频向天庭上的姐妹们招手。牡丹仙子愤恨地说："妹妹

们，与其在天庭整日受王母虐待，倒不如去人间和葱花妹妹做伴，过自由自在的生活。"于是，花姐妹们一起离开天庭私奔到了人间。

从此，人间便有了百花和诸花药，为人们驱疫治病。

大葱叶中的汁液，就是当年葱花仙子牧羊时吞咽的泪水。人们为了纪念葱花的无私奉献，就把葱叫成葱花。直到现在，"葱花"这个名字仍被人们广为应用。

讲述者：　于秀坤，男，1925 年 6 月，章丘县普集镇，私塾

采录者：　于夫，男，1947 年 3 月，章丘县矿业局，大专

采录时间：　1987 年 10 月

采录地点：　章丘县普集镇

附 记

大葱是山东人最喜爱的常备蔬菜之一。大葱蘸酱就面饼，是地道的山东风味，尤为广大群众所喜食。大葱又是某些山东名菜的主要佐品，像烤鸭、锅烧肘子等都以大葱调味；葱烧海参、葱烧蹄筋、葱烧肉、葱扒鱼唇等名菜则以章丘大葱为主料；还有葱油泥、葱椒泥、葱油等用葱制成的调味品。人们常说，如言山东菜，菜菜不离葱。章丘大葱植株高大，质地细腻，生食甜脆，烧炒郁香，切剁不辣眼睛，被视为葱中上品。章丘种植大葱历史悠久，明代即在女郎山西麓一带（现在章丘的齐家、马家、石家、高家庄等地）普遍种植。

目前，县内大葱栽培遍及各区乡，以绣惠、刁镇、宁家埠一带面积最大，产量最高。原载《章丘民间故事》，2007 年华艺出版社出版。

[1]　女郎山：在章丘老城北。
[2]　无其数：多得数不过来。

329

杨垂柳

一说到济南，大家耳熟能详，也是张口就能引用的，就是"四面荷花三面柳，一城山色半城湖"，还有"家家泉水，户户垂杨"。

从前，杨柳和垂柳是一对兄妹，他们是天上的树神。哥哥杨柳生得高大魁梧，一派男子汉形象；而妹妹垂柳，长得婀娜多姿，腰肢苗条，特别是她头发长得特别长，垂在腰间，很是动人。杨柳是专门为玉帝站岗的卫士，而垂柳是天上的舞女，天上有什么庆贺活动，她都和那些仙女们，一起在玉帝王母等众神们面前翩翩起舞。

天上的日子虽好过，可这垂柳天生身子就弱，在天上经常生病。看着越来越憔悴了，哥哥杨柳就很担忧，请了很多药神诊治，也不管用。最后，有一个药神对她说："你本来就是树，虽然成了仙，但还是树。你成天生长在没水的地方，有根之木没了水的滋养，怎么能生得长久？如果长久下去，你将会枯槁而死。"

药神的话正中要害，垂柳就问药神怎么办。药神就说："找到一处能滋养你的水，你的病自然就好了。"

这天宫里什么水没有呀！可垂柳找了几个有水的地方，把身子泡在那里，却都不管用。就连瑶池的水也无济于事，她就有些犯愁了。

杨柳就对妹妹说："既然天宫里没滋养妹妹的水，那么人间有没有呢？"

兄妹犯了愁，天上有规定，神仙不能私自下界的，否则就是违犯了天条，那可是大罪呀！

为了救妹妹，杨柳也顾不了那么多了，借他在天门站岗之机，悄悄把妹妹垂柳私放到人间去了。

这垂柳到了人间，看到偌大个地方也犯了愁了，到哪里找滋养自己的泉水去呢？她就看到有一个地方，正在汩汩地冒着泉水。那水看上去挺可爱的，她就飘飘地到了那个地方。到那里一打听才知道，那是济南城，还有个外号叫"泉城"，这里最不缺的就是水。

垂柳到了一处泉边，把身子扎到地里，就浸泡在济南的水里，结果她的根一扎进济南的泉水里，就觉得格外舒服。才泡了一天，就觉得有了些精神。她这才知道，济南的泉水最适合她，看来她是找对地方了。

十几天后，垂柳吸够了泉城的水，身上的病全没了，身子尽情地舒展开了，腰肢也更加丰满了。

可这时候，她却犹豫了起来。原来，她在下界之前，就和哥哥杨柳有了个约定，等她病好了，马上返回天庭。害怕时间长了，如果被天上的神发觉，那可就麻烦了。

而此时，垂柳却不舍得离开济南了。有了济南的水，她才有了生命，如果她离开了这里再到天庭，没了泉水的滋养，她还会生病。再加上她也厌倦了天上那些繁杂的天条，此时最想做的就是人间一株平凡的柳。垂柳想了半天，还是留在济南没有走。

到第二年春天，垂柳那细细的柳条垂下来，显得格外好看。大家都围着她看，说这柳树真美。如果是人的话，一定是个美女。并且有很多人家，折一根柳枝，插在家门口，便能长出垂柳来。这样，济南的垂柳就越来越多了。

垂柳得到了济南泉水的滋养，再加上济南人淳朴善良的民风，她便深深地爱上了这个地方。垂柳在济南一待就是很多年，被济南的泉水滋养得一点病也没了，反而增添了几分妩媚。

垂柳在济南待了这些年，却忘了自己是天上的神仙。

可她离开天庭日久，天上却觉察出来了。

这天，天上举行大型宴会，玉帝和王母请了各路神仙，宴会上自然少不了舞女。于是，那些仙女又出来跳舞。王母看着看着就看出了事。她发现以前跳舞的那些仙女中，那个腰肢最婀娜，头发最长的仙女不见了。平时，那个仙女跳的舞最好，给她的印象最深。

王母就问下面的人，那个垂柳到哪里去了？

那些仙女与垂柳都是好姐妹，也替她遮掩，说："她有病，今天没来。"

王母却觉得不对劲，派下面的人去查，结果一查才知道，垂柳早已下凡间多日。王母就勃然大怒："垂柳也太大胆了，竟私自下凡，这还了得。"说着，就命天兵天将把她捉上天来。

这事很快就叫垂柳的哥哥杨柳知道了，他马上告知妹妹让她回来，免得受惩罚。可垂柳已经被济南的泉水养育得离不开济南了。她宁可不当天上的仙女，也不愿离开济南的泉水。她也知道，天上的天兵们是不会善罢甘休的。于是，她狠心作法，把自己分成无数份，分别扎根到家家户户的门前。凡是有泉水的地方，都有了柳树的身影。垂柳这一招，就等于把她的元神分裂成无数份了，她也就自己蒸发了，天上就再也没了这个神仙。

等到晚上，电闪雷鸣，天上的神下来在济南上空向下一看就傻了眼了。只见济南城里，家家户户都有垂柳，究竟哪个是垂柳仙女呀？他们也没抓住垂柳，就只好回去向王母复命。

垂柳不惜自毁仙名，把自己分成无数份，用支离破碎的方式，让自己在济南安居下来。而且垂柳深深地扎根济南的泉水，这泉与柳便再也分不开了。

讲述者： 王振珠，男，1942年9月，章丘市刁镇南芽村，高小

采录者： 王乃飞，男，1973年6月，章丘市刁镇南芽村，小学

采录时间： 1996年8月

采录地点： 章丘市刁镇南芽村

附记

济南垂柳，夏天可以乘凉，还点缀了城市，已经成了济南的形象代表。著名文人刘鹗在他的《老残游记》中写下"到了济南府，进得城来，家家泉水，户户垂杨，比那江南风景，觉得更为有趣"的句子呢。现在，柳树作为济南的市树，也是实至名归的。这个故事虽然只是个神话故事，却反映了天上的神仙也向往人间，也间接反映了济南景色的迷人，连天上的仙女也有向往在济南长住的美好愿望。这是1996年8月，我听我老父亲王振珠口述的，我就把它采录成这个故事，恰逢山东省旅游发展委员会和山东海岱文化发展中心联合举办"讲好山东故事，守护文化根脉"征文大赛，我便拿这篇参赛，荣获民间故事类三等奖，后又收录于《鲁地情歌》一书中。

330

九孔藕

从前，嬴牟[1] 大地西部有一个小村庄。之所以说庄小，因为只住着一户人家，这家人也只有一口人，还是个嘲巴[2]，就是人们常说的傻子。

至于嘲巴为什么傻，都说是他喜欢吃藕的原因！这种藕是从外地带来的，是七孔藕。北方人是很少吃这种藕的，有一股涩味，说是吃了会变傻。

嘲巴岁数不大，只有十八岁，他是被地主派到这里看护庄稼的。这个村庄没有名字，是附近大村蓝沟崖的佃户村。因为距离蓝沟崖太远，没有人敢来这里看庄稼。不光是远，这里还有野狼会吃人。

可是嘲巴不怕，只要财主家每月给二十斤小麦能填饱肚子，就是被野狼吃了都不怕，总比饿死强。从这一点上

说，嘲巴也不傻。

这一年的秋天，地主家的庄稼丰收，地主家就雇用了很多短工来收获玉米。有一个短工，还把自己未成年的女儿带来了，只有十四岁。短工姓嬴，叫嬴短工，女儿叫嬴慧，就是聪慧的意思。

嬴短工去地里干活，就把女儿放在嘲巴的看护房里，并嘱咐嘲巴看好自己的女儿。嘲巴使劲地点点头，很是认真。

嬴慧很调皮，要嘲巴带着她去树林子里玩。嘲巴没办法，带着她去了。不承想，树林里有一只饿坏了的野狼。见到有人来，便恶狠狠地扑了上来。

嘲巴一看，也是害怕。但为了保护嬴慧，便跟野狼搏斗。终是打不过野狼，嬴慧的腿被野狼咬断了。

嘲巴情急之下，也学着野狼咬，竟然把野狼的肉咬下一大块来。野狼从来没有见到如此勇猛的人，也怕了，就逃走了。

等到有人闻声过来，见嬴慧衣衫不整，腿也断了，嘲巴的嘴上还有血。就有人怀疑嘲巴图谋不轨，硬是说嘲巴欺负了嬴慧。嘲巴本来就傻，也不会辩解。就被村民报官，把嘲巴下了大狱，判了死刑。

这件事本来也就了了，可是天上的九仙女张琴看到了全过程，很是为嘲巴鸣不平。就偷偷下凡，用自己的私房钱买通县官，把嘲巴从大狱里救了出来，并以身相许，要跟嘲巴过一辈子。

张琴的做法，自然是违反了天规，被关进了天界的天牢。可是，张琴放不下嘲巴，怕他太傻吃亏，就跟玉皇大帝力争，玉皇大帝被感动，同意了张琴的要求。但有一个条件，那就是剥夺仙籍，转世为凡人才行，张琴毅然答应。

张琴就把自己的身体变成池塘里的一块藕，不是七孔藕，而是九孔藕。自己的灵魂就附体在嬴慧的身体之内，合二为一。嬴慧的断腿立马就好了，成了一个无比漂亮的女孩子。

具有张琴灵魂的嬴慧，就对父亲说出了当年的真相，并说自己要嫁给嘲巴。父亲被感动，就同意了嬴慧的想法。只是担心跟一个嘲巴过日子，一辈子很难。嬴慧没有计较这些，说自己有办法把日子过好。

[1] 嬴牟：春秋为牟国及齐嬴邑、平州邑地。牟国属于鲁国的附庸国，故址在今莱芜城东 10 公里的辛庄街道赵家泉村；嬴邑属于齐国，故址在今莱芜城西北羊里街道城子县村；平州邑在莱芜西部。秦置嬴县（治所在今城子县村），属济北郡。西汉增置牟县（治所在今赵家泉村），又于牟县东北置莱芜县，因治所设在淄水流域的莱芜谷，故名莱芜，故址在今淄川东南 21.5 公里的太河镇城子庄。嬴、牟、莱芜三县同属于泰山郡。

[2] 嘲巴：智力障碍者。

赢慧找到嘟巴之后，让嘟巴从池塘里挖出一块藕，吃下去之后，嘟巴就变成了一个英俊的小伙子。

赢慧这才知道，嘟巴姓牟，叫牟忠，也是莱芜的大姓之一。

赢慧就告诉牟忠，池塘里的藕全都是九孔藕，只要吃了这种藕，人就变聪明。牟忠很是善良，就把这个秘密告诉了自己所有认识的人。

渐渐地很多人都知道了，就都来跟牟忠一起居住，慢慢地就成了一个大村庄。

吃莱芜九孔藕人会变聪明，就传扬了出去。有些好事之人，就钻死理，非要把外地藕跟莱芜藕比较，果然莱芜藕是九孔的，外地的藕是七孔的。

讲述者：　何银英，女，1933 年 8 月，莱城区方下
　　　　　镇许小洼村

采录者：　杨桂军，男，1964 年 4 月，莱城区方下
　　　　　镇许小洼村，网络作家

采录时间：1996 年 7 月

采录地点：莱城区方下镇许小洼村

331

马山瓜蒌

从前，庄科村有户姓张的人家，只有娘儿俩过日子。日子过得艰难，经常饥一顿饱一顿。

俗话说，"年好过，春难挨"。青黄不接的时候，这日子可怎么过？娘儿俩这个愁哇。

一天晚上，儿子做了个蹊跷[1]梦，梦见个白胡子老头跟他说："咱们是邻舍，俺就住在你家对过儿[2]，没事儿找我来玩吧！"

年轻人醒来后，越琢磨越奇怪，俺家对过儿是块荒地，哪有白胡子老头住在那里哇？

第二天早晨，他又专门到那块荒草地间看了看。除了荒草以外，么也没有。正在愣神儿的时候，突然发现乱草丛里有一棵绿秧子长出来了，嫩绿嫩绿的棱让人喜[3]。

小伙子小心地拔净了周围的野草，隔三差五地还去浇浇水。

[1]　蹊跷：非常奇怪。

[2]　对过儿：对面。

[3]　棱让人喜：让别人非常喜欢。

长清这里春脖子短[1]，转眼就到了夏天。那瓜秧长得真旺，还开着一簇簇的白花，把蜜蜂蝴蝶也都引来了。看着白花，小伙子想到了梦中的白胡子老头。心想，也许是神仙托梦让我转运哩！

秋天的时候，绿秧上结出一个个圆圆的绿瓜儿来。秋风凉，天下霜。那些绿莹莹的圆瓜变得黄橙橙的了，像金瓜一样。

这天晚上，小伙子又做了一个梦，又梦见那个白胡子老头了。老头笑盈盈地对他说："小伙子，你是个勤快的好人。对俺侍奉得太好了，赶明天你把那些瓜摘下来，拿到济南府同济堂把它卖了吧。"

第二天，小伙子就照着白胡子老头说的办了，果然卖了不少钱。听药铺的人说，这是一味中药，药名叫瓜蒌，根儿和仁都是治病的药材。

有了钱，娘儿俩那日子一天好起一天。后来，小伙子还娶了媳妇有了孩子。致富思源，小伙子又把那些瓜蒌移到自己家院子里，好生侍弄。一家人还把那些瓜蒌种子分给乡邻们，手把手地教大伙儿怎么种瓜蒌。

庄科这一片儿的老百姓就都学会了种瓜蒌，坡里、院里、沟头净是瓜蒌。因为马山这个地方是宾谷河的源头，水好、土肥，瓜蒌长得个儿大，仁多，药性大，药铺都抢着要。

后来，老百姓就编了几句顺口溜儿："要讲瓜蒌数山东，山东瓜蒌数长清；长清要数马山好，庄科瓜蒌最有名。"

讲述者： 李光宝，男，1962 年 10 月，长清区马山镇马东村，教师，大学
采录者： 魏文森，男，1965 年 7 月，长清区教师进修学校教师，大学
采录时间： 2020 年 7 月
采录地点： 长清区马山脚下

附
记

瓜蒌浑身是宝，有清热涤痰、宽胸散结、润燥滑肠的功效。清代以前，长清马山一带就开始种植瓜蒌。因气候、土质等原因，马山瓜蒌以皮柔韧、瓤有筋、色橙红、糖性足、焦糖浓而闻名，成为享誉全国的道地中药材。2009 年的时候，农业部还正式批准对"马山瓜蒌"实施农产品地理标志登记保护呢。

马山庄科村种植瓜蒌最早也最有名，已有三百多年的历史了。据说，药圣李时珍就到这里采过药，在《本草纲目》中就写到过庄科的瓜蒌。

[1] 春脖子短：春天短。

332

无根圆形草

梁王冢上草无根，
包治疑难百病身。
信是仙方疗效好，
千家叩拜碧霞君。

讲述者：　陈广清，男，1942年11月，商河县文化
　　　　　和旅游局干部，高中
采录者：　庞佃军，男，1971年2月，商河县沙河
　　　　　镇烟墩村，大学
采录时间：　2017年11月
采录地点：　商河县陈广清住所

附

记

　　从前，梁王冢附近的三十多个村庄突发一场瘟疫。无论男女老幼，一旦染上无一生还。一时人心惶惶，寝食难安。当地名医束手无策，官府更是一筹莫展。

　　三月三日，忽见一身着素衣、腰系红丝绦、手执白拂尘，鹤发童颜的老太太来到一患者家中，说："村后梁王冢，上有无根圆形异草，可医此病。"言罢，朝冢方向飘然而去。患者家人随即召集村人前往梁王冢，遥见老太太立于冢顶之上，面朝正南。及众人爬到冢顶，老太太已踪影皆无。只见一条杏黄色神符留在冢顶，上书"泰山奶奶在此"，一圆形无根草压在符上。

　　众人取仙草回家服用，不几日，各村瘟疫皆除。

　　自此，每逢三月三，方圆上百里的人们纷纷来此祭拜求药。一时间，梁王冢前香火不断，且这两年香火越来越旺。

　　无根圆形草的茎有些弯曲。把这草放进水中，弯曲的小草慢慢地变直了。等将小草晾干后，小草再次变得弯曲起来。

　　有诗曰：

　　这个故事，是商河县文化和旅游局退休干部陈广清讲的。一次文友聚会，认识了陈广清，并应邀上门拜访。先是聊了商河的风土人情，地域文化的特征，又拉了一些热点问题和商河的文化产业发展情况。说到地方特产，陈广清讲述了这个故事，而且说得有鼻子有眼。我记在了心里，专程到梁王冢附近采风，听到了很多当地老人讲述该故事，与陈广清先生讲述一致。

333

山药[1]

很早以前，在一个小山村里，有一个叫牛娃的半壮孩子[2]。他的父母先后亡故，没有亲支近份的帮助，就想到附近的莲花山上出家当和尚。当他走到半山腰的时候，忽然遇到一个俊俏的大闺女。这个大闺女拦住他，非要嫁给他做老婆。

牛娃感到奇怪，在这大山老林之中，怎么会忽地冒出这么一个仙女一样的闺女来，还死皮赖脸[3]地缠着给他做老婆，是梦幻还是遇到了妖邪？牛娃还是个孩子，他断然拒绝了闺女的要求。他本以为自己不要，那闺女就会知趣地走开。谁知这闺女是个黏黏胶[4]，缠住牛娃不放松，软磨硬泡逼着牛娃答应成婚，如果不答应的话就别想从她面

前走过去。牛娃一门心思想出家，现在被个黄花大闺女拦着路当老婆，把个牛娃逼没了办法。牛娃年龄小见识短，被这闺女一缠就没了主张，只好答应了。

这个大闺女说是叫云花，今年十八岁了，比牛娃大了五六岁。云花跟牛娃回到他那间破茅屋里，两人举行了简单的婚礼，就成了一家人。让牛娃没想到的是，云花嫁给牛娃后，非常能吃苦耐劳。白天牛娃到地里干活，云花就在家纺线织布，把家里收拾得井井有条。村里人见牛娃找了个好媳妇，都夸他的福分不浅，白白捡了一个好老婆。

牛娃和云花幸福地生活着，几年之间云花给他生了两个男孩一个女孩。奇怪的是，云花虽然和牛娃一起吃粗茶淡饭，干烦琐的家务活，可还是和刚来时一样年轻美丽。牛娃有娇妻做伴，也早打消了出家当和尚的念头。

俗话说，"天无常晴，人无永好"。这一年秋天，瘟疫肆虐，云花和三个孩子相继病倒在床上。更要命的是随着瘟疫的扩散，村里的人已死去了好多[5]，云花也已经奄奄一息。

这天，云花把牛娃叫到床前，告诉他在这莲花山里，有一种草药或许能治这种瘟疫。她让牛娃去找找看，把这种草药找回来。找到了药不但能治一家人的病，还能救活一村人的命呢！"你把药取回来后，把使剩下的根块栽在咱的沙土地里。这种药的栽法很烦琐，你先在咱家前沙土地挖一条两尺宽两尺半深的土沟，把挖出的沙土再填埋回到沟里，把药的根块栽在填土里，用水浇灌好。等苗子出来后，你就用树枝扎架子，让苗秧攀爬上去。你要记住，秧苗上面结的豆粒就是这种药的种子。你把它采摘下来妥善保存，等到明年开春，把豆粒种在地里育苗，四月份把育好的苗根块，再挖壕沟填埋栽上就不绝种了。"

牛娃问："孩他娘，这根块种下去，什么时候采摘？"

云花说："等到十月份，你就顺着苗沟深挖，就会得到根块。你把收获的根块放在阴凉处或地窖里，能保存很长的时间。别小看了这根块，它的药效功能不亚于深山里的老人参，有了它咱们就再也不怕瘟疫了。"

牛娃说："孩他娘，你说的话我全都记住了。你就放

[1] 山药，中药材名。本品为薯蓣科植物薯蓣的干燥根茎。11～12月采挖，切去根头，洗净泥土，用竹刀刮去外皮，晒干或烘干，即为毛山药。选择粗大的毛山药，用清水浸匀，再加微热，并用棉被盖好，保持湿润闷透，然后放在木板上搓揉成圆柱状，将两头切齐，晒干打光，即为光山药。功能主治为：健脾，补肺，固肾，益精。治脾虚泄泻，久痢，虚劳咳嗽，消渴等。

[2] 半壮孩子：十三四岁的男孩。

[3] 死皮赖脸：形容人厚着脸皮，纠缠不休。

[4] 黏黏胶：像胶水或糨糊等所具有的，能使一个物体附着在另一物体上的物质。

[5] 好多：很多。

心吧，我一定能找到这种药。你在家看顾好孩子，我这就进山采药，救护咱们的孩子和父老乡亲。"

云花深情地看了牛娃一眼，又说："这种药藏得很隐秘，不像其他草药那样好找，你要牢记这两句话'心善春风起，心诚山门开'。时候不早了，你赶紧进山寻找吧，再晚了咱们的孩子就会有生命危险。"

牛娃含泪告别了妻小，带着山镢和条筐进了莲花大山。这莲花山不仅道路崎岖，荆棘密布，而且还有豺狼虎豹，一不小心就会伤身害命。牛娃凭借着丰富的挖药经验，在山上仔细地寻找。他白天满山满峪找药，晚上就爬上大树休息，一连找了两天，始终没有见到妻子说的那种草药。

这天一大早，牛娃顺着山路走着走着，忽然被一座山壁挡住了去路。前面没有路了，牛娃正想往回走，后面竟也忽然立起一座山壁，两座山壁把他夹在当中。牛娃一看前后无路，顿时惊呆了。难道老天爷要把我困死在这里吗？牛娃想到这，心里非常着急。他想：自己被困在这里回不去倒没事，可云花母子和一村患病的人正等着他采药救命呢。正在焦急时，他忽然想起临行前，云花对他说的那两句话来。于是，他平心静气地念诵着那两句话："心善春风起，心诚山门开。"

突然，奇怪的事发生了。只见前面的山崖像是两扇门，从中间慢慢地裂开了一个一人多高的山洞。他想也没想就走了进去，只见里面长着一些从没见过的花花草草，混杂在一起的浓浓药味既舒心又提神。其中有一种像藤条秧子爬满树枝扎成的架子，上面还结了一些大小不一的豆粒。牛娃仔细地看了看，秧叶豆粒都和云花描述的草药一模一样，这肯定就是云花说的能治瘟疫的草药了。

牛娃高兴地把条筐放在地上，用山镢挖开秧苗的根部，只见很多指头粗尺数长，像胡萝卜一样身上长有刺毛的根块挤在一起，他小心翼翼地把这些根块收集到筐子里。最后剩下一根夹在小石缝里，牛娃一拉竟断裂开来，只见里面肉质雪白，黏溜溜的汁液拉着长丝滴落下来。

牛娃觉得有些饥饿，就用舌头舔了一下汁液，味道特别鲜美，令人神清气爽。他用手擦了擦根块上的土，咬了一口根块品嚼，根块肉质特别脆，吃到嘴里香气四溢，美中不足的是土黄色的毛皮有些酥麻感。牛娃采集了满满一

大筐，正准备走，忽又想起妻子云花的话，秧苗上面的豆粒是这种药的种子，他赶紧蹲下身来把那些豆粒全都采集起来，装进一个小布袋里。

牛娃想到生病的老婆孩子和乡亲们，不敢在此久留，看着那些叫不出名来的珍贵药草，心里不免有些惋惜。他看到一摊水边有些椭圆形叶子的植物，散发着一种浓浓的清香，就顺手拔了两棵放进条筐内，挎起筐子拿上山镢走出了洞门。刚出了洞口就听到身后呼隆咣当一声，回头一看，光滑的山壁上根本没有洞口。牛娃明白这是莲花仙子在暗助他，赶紧磕头谢恩。

牛娃带着采集来的草药根和豆粒高高兴兴地回家了，等他推开门一看不禁惊呆了。只见床上没有了云花的身影，三个孩子的身旁摆着一碗和他手里一样的草药根块。牛娃赶紧叫醒孩子，三个孩子见到父亲高兴地哭了，牛娃问："恁娘呢？"

孩子争着说："俺也不知道，俺娘让俺吃了碗里的东西，说是让俺们发发汗，俺们就睡着了。"

牛娃看着欢蹦乱跳的孩子，根本看不到一点病样，就觉得奇怪，问道："我走后，恁娘一直让你们吃碗里的东西吗？"

大儿子说："没有，今天早上才让俺们吃的，娘在流泪，脸色蜡黄，走路也不稳。"

"今天早上？"牛娃随口问了一声，心里咯噔一下，"今天早上正是我在山洞里找到这种草药的时候。难道孩他娘……"

二儿子说："俺娘小声说，可找到了，有救了，不知道找到什么救什么。"

小女儿哭着找娘，牛娃把她搂在怀里说："闺女先别哭，恁娘肯定去照顾那些生病的老人去了。来，帮爷把这些药分给那些得病的人。咱们去告诉他们生吃或熬汤，吃了它病就会好的。"

孩子们个个都很热情，争着抢着去给左邻右舍全村人家去送。牛娃看着孩子的背影，心里说不出的高兴。牛娃带着孩子挨门插户[1]去送药，人们按照牛娃的指点，把

[1] 挨门插户：家家户户。

根块生吃或熬汤，治好了瘟疫病。村里的长者高兴地说："云花不是凡人，是莲花仙子化身来解救众生的。"

夜里，牛娃梦见云花来到了他的面前，笑着告诉他，他采集的这种根块药草只有心善的人才有缘得到。因此，叫善药，草根叫善根。她还用指头点着他的额头说："孩他爹，你是村里公认的忠厚老实人，你这次怎么不老实了？"

牛娃说："我没有不老实呀！一切都是按照你的指点做的。"

云花笑着说："你老实怎么把莲花仙子清口的薄荷药草偷走了两棵呢？"

牛娃脸一红，低声说："我这也是无意的，看着好闻着香，就顺手拔了两棵，这不算偷吧？"

云花笑着说："好歹莲花仙子没有责怪你！"牛娃一把拉住云花的手问道："孩他娘，你撇下孩子干啥去了，弄得儿子喊女儿哭地找你，你赶紧回家吧。"

云花说："夫君啊！为妻我回不来了。你好好带着孩子过日子吧！"

"为啥？"牛娃疑惑不解地问。

云花擦着眼泪说："我是莲花仙子派来拯救你们的，仙子早就知道有这么一场瘟疫灾难，就让我嫁给你来共渡难关。你采的善药就是我的精魂，你把它都采来了，我就什么也没有了。"

牛娃听了很后悔，当时只顾救乡亲们了，根本没有想到这一点，就说："你怎么不早告诉我呢？"

云花微笑着说："天机不可泄漏。我躲藏在石缝里你还不放过我，你这个可恨的人啊！喝了我的血还吃了我的肉，你让我咋回来见儿女啊！"

牛娃听了，肠子都悔青了，赶紧忏悔请求妻子云花谅解。云花说："咱是夫妻还客气啥，合该我有这么一劫。莲花仙子可怜我，亲自到王母娘娘那里取来了还魂丹，五百年以后我还能再现人间。这种善药种植我都告诉你了，你一定要按照我说的办。"

牛娃听了恍然大悟，难怪自己还没找到草药她就先告诉如何栽培种植了。可这霎[1]说啥也晚了，他在不知不觉中失去了心爱的妻子，悔恨的泪水不自觉地流了下来。

云花用手擦去牛娃的泪水，说："时候不早了，我也该回去了。你千万别忘了我教你的如何种植善药，这味药对人们生活很重要。再就是你把那两棵薄荷，种在咱家的水井边，这也是一味奇药，将来能够帮助治病。"说完，挨个给孩子裹好盖头，在他们脸上亲了一口，还从头上拔下头饰，别在女儿的头发上，这才恋恋不舍地挥手告别，飞升而去。

牛娃一觉醒来，细细品味梦中的境遇。他从心里忏悔对不起妻子，起身下床，来到孩子的身边。他们睡得非常香甜，见到女儿头上的饰物时，不禁自语道："这不是梦，我的妻子真的来过，刚才那一切都是真的！"

牛娃感念妻子云花的奉献，把这种善药取名为"山药"，豆粒称为"山药豆子"。按照云花的指点，牛娃把采来的药根和豆粒栽种在房前沙土地里。

第二年四月份，山药根发芽了，十月份采集时，发现地下结了很肥厚的植根。经过反复培植，终于让山药适应了种植环境。

牛娃教给大家如何种植山药，山药种植一直延续至今。

讲述者： 王秀成，男，1946 年 2 月，莱芜市莱城区方下镇张公清村，退休干部

采录者： 李胜华，男，1964 年 4 月，莱芜市莱城区方下镇张公清村，大专

采录时间： 2013 年 8 月

采录地点： 莱芜市莱城区羊里镇东魏庄村魏家整骨诊所

[1] 这霎：这时候。

334

高粱

早年间，高粱叫秫秫，棵子没有现在这么高，秫穗[1]没有现在这么大，秫粒没有现在这么红。它是怎么变成现在这个样的呢？

高家庄姓高的多，高家祖辈以种秫秫为业。传到高家兄弟父亲高老汉手里时，已经历了几十代了。

高老汉种了一辈子地，终因操劳过度，一病不起。临终前，他把两个儿子高大和高小叫到床前，说："我的阳寿就要到头了！你的娘死得早，恁兄弟俩吃尽了苦。现如今，小二还没有成家。我死后，恁兄弟俩要和睦相处，当哥哥的照顾弟弟，当弟弟的尊敬哥哥。恁兄弟俩一定要种好祖上留下的几亩地，日后为小二娶房媳妇，我和恁娘九泉之下也瞑目了。"说罢，咳嗽几声就咽气了。

高老汉死后，兄弟俩按照父亲的临终嘱咐，兄爱弟，弟敬兄，没红过一次脸，没拌过一次嘴，和和睦睦地种地过日子。高大省吃俭用，准备给弟弟娶媳妇。可高大的老婆，是个贪心吝啬的女人。她想，高小年幼，娶媳妇又

得花钱，所以三天两头闹着分家。高大说："弟弟没娶媳妇，爹爹临死时有嘱咐，我怎能把弟弟分出去呢？外人见了，也会说我这当哥哥的没良心。等俺弟弟娶媳妇后再说吧！"高大老婆见丈夫不同意分家，就想把高小害死，独得家产。

有一天，高大老婆对高小说："兄弟，你也不小了，该娶媳妇了。可是咱们家里太穷，你哥哥就是累死，也积攒不下几个钱。我这当嫂子的能不急吗？再说，你娶不上媳妇，外人也会说你哥和你嫂子的不是。"

高小说："叫嫂嫂操心了，我一定帮助哥哥把地种好。"

高大老婆说："咱家那点地种得再好，又能收多少粮呢？人们常说，人无外财不发。咱前山里有的是荒地，兄弟要能到那里去开荒种地，两下里有收成，也好早一天为你娶上媳妇。"

高大一听摇头说："不行，那深山里没有人家，怎么能叫弟弟一个人到那里去种地？"

"这不行，那不行，你说咋办？"高大老婆一跺脚，气冲冲地说，"兄弟是个男子汉，怕个啥？他要是有志气，收不到粮他还不回来呢！"

高大说："弟弟年幼，再说……"

"再说啥？"高大老婆打断丈夫的话，"总不能叫兄弟打一辈子光棍吧？！"

高小听嫂嫂这么一说，是要他离开唯一的亲人哥哥，心里很不好受，泪往心里流。他想：山上没有人烟，到处是杂草树木能长庄稼吗？这是嫂嫂要赶自己出家门！但他不愿因他闹得哥嫂不和睦，叫哥哥为难。高小说："哥哥，就照着俺嫂嫂的话办吧。我要是能在山上种庄稼，一家人会过得更好。"

高大老婆一听兄弟同意，喜得眉开眼笑，忙接着说："还是兄弟有志气。今天我就给你准备好行李和种子。"

高大没有更好的办法说服妻子，叹口气说："弟弟，你愿意去，那就去试试吧。如种不出庄稼，你就早天回来。"

高小含泪，看着哥哥点了点头。

高大走到房里，扛出一袋最好的秫秫种，对弟弟说："这袋种子你带着，这可是人活命的本钱啊！"

[1] 秫穗：果实。

高大老婆见丈夫把家里最好的种子给了高小，心里很不高兴。不同意吧，丈夫不会愿意，传到左邻右舍耳朵里，会说当嫂子的坏话；同意吧，便宜了高小。她想来想去，想出一个坏主意，趁做饭的时候，把种子放在锅里炒熟了。

第二天一早，高大扛着种子，高小背着行李和锅碗瓢勺就进山去了。他们过了一条河又一条河，翻过一座岗又一座岗，来到莲花山一片杂草丛生的向阳山坡。高大帮助弟弟搭好窝棚，犁好荒地，播下种子，这才回家去。

别人家种的秫秫都出苗了，高小的地里还是一片黄土。别人家的秫苗几寸高了，高小地里只出来一棵瘦而巴几[1]的小苗苗。原来这棵小苗，是他嫂嫂炒秫种时绷在锅台上的，因此没有炒熟。高小见出了一棵苗就细心地管理，他猜摸着[2]别人给苗锄草他锄草，别人给苗浇水他浇水，别人给苗施肥他施肥。别人家的苗子都长有尺把高了，他这棵苗子还是黄巴巴[3]的，三寸高也没有。

一天，高大来找弟弟，见地里没有出苗，就说："弟弟，你不会种地啊！还是回去咱们一起过吧？"

高小说："哥哥，这不是出了一棵苗吗？"

高大说："一棵苗将来能收多少粮呢？还长得这么瘦而巴几的。"

高小说："今年收一个穗子，明年再种不就多了吗？"

高大说："你吃啥呢？"

高小说："这山里有野果野菜，我有一双手不愁吃呀！"

高大劝不回弟弟，只好自己回去。

秫秫晒红米时，高小的这棵秫秫才刚刚抽穗。一天，高小给秫秫根上培土。干完活躺在地上看着秫秫，听着秫秫叶"沙沙沙"的响声，不一会儿就睡着了。只听耳边是音乐声、嬉闹声，"快长快长"的说话声。他揉揉眼醒来，已日落西山。一看那棵秫秫，嗬！变成一丈来高。秫秆有手腕子粗，秫穗有一尺多长，秫粒像一颗颗红玛瑙。秫秫熟了，高小兴奋地一个鹞子翻身跳了起来，围着秫秫左转

三圈，右转三圈，越看越喜爱。就在这时，忽然飞来一只雄鹰，一伸嘴把秫穗叼走了。

雄鹰在前飞，高小在后追。高小追得快，雄鹰飞得快；高小追得慢，雄鹰飞得慢。飞呀飞呀，追呀追呀！飞了三天三夜，追了三天三夜。翻过了九十九道岭，越过了九十九道岗，来到一座周天竖地[4]的高山脚下。泉水清清，沿着山涧哗哗地流。山涧两旁长满苍翠茂密的松柏，松柏林里有一座古庙。雄鹰围着庙转了一圈，一头飞进庙里去了。

高小走进庙里，庙里空空荡荡。找来找去，就是没找着雄鹰。天渐渐黑了，他又困又累，在庙门前一块很大的光滑岩石上躺下休息。他刚刚睡着，忽听有人喊道："高小哥！高小哥！"

他睁开眼，抬起头来看，四周没人，心想：这个深山老林里，周围几十里没有见着一户人家，谁来这里呢？大概是耳朵听顺了。他刚合上眼皮睡了，还没睡着，又听有人喊道："高小哥，高小哥！"他站起来四处寻找，刚拐过屋角子[5]，只见一个年轻闺女，穿着红衣、红裤、红鞋，头上扎着红头巾，站在一棵老松树下，两眼望着他笑。高小愣住了，嘴里没说，心里在想：这是谁家的闺女？在这深山野岭里干啥？他长到十八岁还从来没有和大姑娘说过话呢！脸立马红起来了，也心跳起来了，站着不敢动了。

闺女笑着说："高小哥，耽误你睡觉了。"

高小结结巴巴地说："我，我不认识你，你是谁家姐姐？"

"我叫红粱，住在山下。"

"你找我有事吗？"

"有啊！我来接你到我家里去。"

月亮升在山顶上，高小迎着月光仔细一瞧，才看清楚这闺女长得非常漂亮，比桃花娇艳，比荷花水灵，好似月里嫦娥下凡。他越看越想看，越看越喜欢她。

闺女走到高小面前，红着脸说："好心的高小哥，我是高粱的闺女，感谢你为我锄草、浇水，请到我家里去吧？！"

[1]　瘦而巴几：比较弱小。
[2]　猜摸着：心想到。
[3]　黄巴巴：庄稼苗叶发黄，长势不旺。

[4]　周天竖地：意思是托住天，形容坚强高大有力量；形容重大。
[5]　屋角子：房屋墙角。

讲述者： 孟宪花，女，1917 年 8 月，莱芜市莱城
区方下镇张公清村

采录者： 王俊莲，女，1964 年 4 月，莱芜市莱城
区方下镇张公清村，高中

采录时间： 1985 年 3 月

采录地点： 莱芜市莱城区方下镇张公清村

高小心窝里觉得甜滋滋的，跟着闺女向山下走去。他们一边走，一边说着话。闺女说："今晚的月亮多明呀！"高小说："就是还不圆。"闺女说："有缺就有圆。"他们走到一个池塘边，闺女停下脚步，指着池塘边的三间草房说："高小哥，这就是我的家。"

三间草房前后长满鲜花香草，门前树上的鸟儿在欢叫，像是迎接新来的客人。闺女领高小走进屋里，高小到处看了看，桌椅几凳全是新的。桌上的茶壶茶杯，白底红花，非常好看。墙上挂着一个一尺多长的秫穗，正是高小种的那棵秫穗。他正看着，闺女端来了香喷喷的菜，热腾腾的馒头。

高小吃罢饭，见家里没有别人。屋里一张床，床上一条红花被，一个双人绣花枕头。他站起来说："红粱姐，天不早了，我该走了。"

红粱说："高小哥，你住下吧，一块儿过日子。"

高小说："我爹娘死了，嫂嫂当家，她叫我在山上种地。我很穷，连房子也没有，咋好叫你跟我一同受苦呢？"

红粱说："苦怕啥，从你把我种到地里，我就看你是个忠厚老实的人，勤劳勇敢的人，有志气的人。我俩一道种地，还愁没有饭吃吗？"

于是，他俩就拜了天地，成了夫妻，恩恩爱爱过日子。

春天来了，他们将挂在墙上的秫穗取下来，播种到地里。秋后，秫秫长得又高又壮，秫穗子个个都有一尺多长，秫粒像一颗颗红玛瑙。

这件事一传十，十传百，大家都知道高小种的秫秫好，都来向他换种子。

从此以后，小秫秫都变成了现在的大秫秫。因它是高小和红粱种的，所以又叫红高粱[1]。

[1] 高粱脱壳后即为高粱米，俗称蜀黍、芦稷、茭草、茭子、芦穄、芦粟等。高粱是我国传统的五谷之一。属于禾本科高粱属一年生草本植物，是古老的谷类作物之一。有食用及药用多种功效。高粱米是高粱碾去皮层后的颗粒状成品粮。高粱又称红粮、蜀黍，古称蜀秫。主要产区集中在东北地区、内蒙古东部以及西南地区丘陵山地。按其性质分，有粳性和糯性两种，粒质分为硬质和软质。籽粒色泽有黄色、红色、黑色、白色或灰白色、淡褐色五种。中国的名酒如茅台、五粮液、泸州老窖、汾酒等都以红高粱为主要原料。高粱有红、白之分；红者又称为酒高粱，主要用于酿酒，白者用于食用，性温味甘涩。高粱按性状及用途可分为食用高粱、糖用高粱、帚用高粱。高粱是酿酒、制醋、提取淀粉、加工饴糖的原料。

335

五股穿心柏

很久以前，五峰山北的土山村有一大财主，家里雇着很多长工。有一年冬天，财主让雇工在坡里整地干活，但怕大家回家吃饭来回耽误工夫，就让一小伙计往地里送饭。

有一天，小伙计把饭碗和稀饭送到地里。这个小伙计是个非常实在的人，开饭的时候，就认认真真地把所有人的饭给盛上盛满。但想给自己盛饭时，却发现少了一个饭碗。他猛然明白，原来财主是个吝啬鬼。来时他对小伙计说和大家一块在地里吃，却少给一只碗，分明是不想给小伙计饭吃。

小伙计没有碗，又不好意思和大家要碗，只好眼巴巴地看着人家吃。正在这时，有一长工说："小兄弟，我们今天上午在地里挖出一个小盆，就在地边上，你要不嫌弃就用那个小盆盛饭吃吧？"小伙计想都没想就捡起小盆，因为有个家伙儿吃饭就比饿着强呀！于是，把那个小泥巴盆儿[1]随便擦了擦去盛饭。可没想到的是，饭已被大家吃光，没有了。

小伙计这个时候又累又饿，眼泪不住地往下淌。这个时候，有个好心眼儿的长工看到小伙计没有饭吃，正在难过，就把自己的半碗饭匀给了小伙计。说也奇怪，让人想不到的事情发生了。只见小伙计饭盆中的饭越吃越多，要多少有多少。等小伙计吃饱了，饭也没有了。他平生第一次吃这么一顿饱饭，他认定这是一只宝盆。于是悄悄带回了家，放在枕边珍藏起来。

财主给长工们发了工钱，小伙计看着少得可怜的几个子[2]，随手就放在了小盆里。可他再向外拿钱时，盆里的钱竟取之不尽，用之不竭。原来，这是个聚宝盆。有了这个宝贝，小伙计吃喝不愁，过上了富裕的生活。

时间一长，小泥巴盆儿的事最终还是让财主知道了。有一天，财主把小伙计找了来说："听说你有一个聚宝盆，对吧？"小伙计心眼实，承认了。"你难道不知道那是从我的地里挖出来的吗？这个盆子本来就是我的嘛。"小伙计听了这句话如五雷轰顶，但也实在想不出好的办法去应付财主。再说了，这个小盆儿确实是在人家财主地里挖出来的，大家也都知道这件事。

财主见小伙计好糊弄，但又不好意思直接到小伙计手里去抢，于是，就心生一计，他对小伙计说："你看这样，往后我多给你开些工钱，家里的饭菜随便你吃，我把我世代相传的一只金碗和你的小泥巴盆换一下总可以了吧？"小伙计心里虽然有一万个不乐意，但财主能把自己珍藏的金碗和自己交换，感到自己在人家眼皮底下过日子，能迁就就迁就一下吧。

财主虽然没了金碗心疼得要命，但一想到能要啥给啥的聚宝盆，心里还是乐开了花。就在换回泥巴盆的当天晚上，两口子早早地插死大门，准备让这个神奇的聚宝盆当晚就给自己弄来金银财宝。两口子小心翼翼地把泥巴盆放在炕上，在箱柜里拿出积攒的金子轻轻地放进了泥巴盆里，然后满怀希望地等待更多的金子出现。让财主两口子万万没有想到的是，刚才丢进去明晃晃的金子，一眨眼的工夫怎么就突然变成破砖烂瓦？两口子不相信这是真的，然后就又试着把更多的金子拿出来往泥巴盆里扔。但扔多少金

[1] 泥巴盆儿：用泥烧制而成的土陶瓦盆。

[2] 几个子：子，指制钱。意为很少的钱。

子，就变成多少砖瓦块。试了几次后，财主就不敢再试了。

这一夜，财主两口子没有睡着觉。过了几天，两口子终于明白，泥巴盆子不是自己的财富，拿在自己手里没用。于是，就把这只聚宝盆给小伙计送去，心眼好的小伙计又把金碗还给了财主。

有一年，五峰山一年一度的庙会到了，小伙计把宝盆揣在怀中去赶会。进山门一看，赶会的人十分拥挤，他怕挤坏了宝盆，就埋在了路边的地里。为了好找，把一棵生有五个枝杈的柏树枝子插在了上面。等赶完会回来一看，他惊呆了！只见满山遍野都长满五个杈的柏树枝子，聚宝盆的位置找不到了。

说来也怪，五峰的柏树多长五个杈的。人们说这"五股穿心柏"就是那棵记号树，它下面埋着聚宝盆，宝盆已长在了树墩中了，五峰山满山的翠柏都是这宝盆的功劳。

讲述者：　李胜利，男，1973 年 9 月，长清区五峰山管委会主任

采录者：　赵福平，男，1963 年 11 月，长清区文昌街道长兴苑，摄影师，中专

采录时间：2020 年 8 月

采录地点：长清区五峰山景区

附
记

五峰山是长清名山，更是"鲁中三山"之一。如果到五峰山游玩，过五峰山更鸡桥往东不远的路南边，有一座石头打制的将军椅，紧挨着将军椅的石头上刻写着"蔚然深秀"四个俊美的大字。就在将军椅路北位置有一古柏，只见五股苍劲而匀称的树干，像巨人的五个手指同生于一个古老的树桩上，树桩中心有洞，故名"五股穿心柏"。

336

蔷薇

很早很早的时候，天庭里有个叫蔷薇的仙女，膝下有两个女儿，姐姐叫月季，妹妹叫玫瑰。姐妹俩从小聪慧睿智，婀娜漂亮。随着一年一年地长大，姐妹俩更加亭亭玉立，芙蓉出水的身姿，如花似玉的容颜，只有用闭月羞花之美、沉鱼落雁之貌才能形容。

姐姐十八，妹妹十六那年，由于长期深院生活的姐妹俩实在寂寞难耐，决定结伴去天庭外游玩。她们躲过天兵天将层层的盘查和关卡，出深院，过天庭，来到郊外；走进田野，跨过小河，爬上高山。当来到一悬崖峭壁时，低头俯视，正值仲春的人间一派欣欣向荣。高山流水，树青叶茂，禾葱苗绿，袅袅炊烟环绕村庄，人欢马叫沸腾乡里。

两姐妹经不住眼前美色的诱惑，决定下凡看个究竟。她俩展开自己的裙裾，飘飘然来到人间。一路赏景，一路欢歌，空寂的心房渗进暖暖的阳光，一片绿色葱茏让她们眼前一亮，一切的一切都是那么美好。美丽的景色竟使她俩留连忘返，不知不觉间夕阳西下。她俩知道，时值孙悟空大闹天宫，天上四门管控严格，一旦关了门，就是玉皇大帝在门外也不会开门的。

夜色来临时，守门官早已大门紧锁。不能回家的姐妹俩走走停停，停停走走，先前的雅致早已荡然无存，愁容渐渐爬上她们的脸颊。露水打湿了她俩的衣服，衣服紧贴在身上。仲春的寒意向她俩袭来，冻得姐妹瑟瑟发抖。当她俩来到一家门前时，已经没了半点力气，便停下脚步歇息。此时，打短工回家的王大、王二兄弟见到衣冠不整、瑟瑟发抖的姐妹俩，立即喊来自己的母亲，把姐妹俩接到家中。儿子嘘寒问暖，母亲送衣端饭并为姐妹俩安排好床铺。

第二天早上，思母心切的姐妹俩千谢万谢告别王家老小准备上路。突然，姐妹俩开始咳嗽不止，腿就像灌了铅似的，走也走不动，不得已又躺在了床上。这时，王家母亲又是熬姜汤又是泡偏方，让哥俩送至床前为姐妹俩祛病驱寒。王家母亲还东借西挪，弄来好吃的补养姐妹俩身体。由于母子精心照料，两天的工夫姐妹俩的病情基本好转。脸上有了红润，房里有了笑声。平时不爱说话的姐妹俩，话也多了起来。姐姐见到王大问这问那，妹妹见了王二无话不谈。这样一连十几天，姐妹俩再也没有提及回家的事。

自从姐妹俩下凡的那天起，蔷薇就一直找寻自己的女儿。从房里到房外，从天庭这边到天庭那边，一连几天总也没有见到女儿的身影。心急如焚的蔷薇茶不思，饭不想，觉也睡不宁，一直哭哭啼啼，因此一病不起。

这天，风和日丽，万里无云。蔷薇强打精神，不顾自己的病体，跟跟跄跄来到悬崖峭壁。一眼望去，正看到身在凡界的两个女儿。满腔愤怒的蔷薇，立即腾云驾雾来到王家门前。她正要呵斥，却看到温柔体贴的王家母亲正在为自己的女儿梳妆打扮。侧眼看去，老实憨厚的两兄弟还在为自己的女儿端茶倒水。此情此景感动了蔷薇，对女儿的呵斥立即变成了对王家母子的感激。母亲的感激声伴随着眼泪，吧嗒吧嗒打在地上。

看到流泪的母亲，两个女儿一起跪在蔷薇面前，诉说起几天来发生在自己和王家母子之间的事情。这时，蔷薇的眼泪像断了线的珠子，想起了母女孤单、无助的日日夜夜，想起了没有亲情、没有温馨的过去。至此，蔷薇做出了连自己都不敢相信的决定，抗争天庭破除戒律和自己女

儿共守人间。

此时，孙悟空在天庭里做了弼马瘟，动荡的时局平稳下来。

玉皇大帝正在饮酒作乐，突然天兵来报，蔷薇及两个女儿已经下凡为民。玉皇大帝勃然大怒，立即差人下凡捉拿回天庭处置。天兵天将一行人，不顾劳累疲乏，风雨兼程来到蔷薇娘仨面前。他们不顾蔷薇娘仨和王家母子的苦苦哀求，不容分说，扭着挣脱的蔷薇娘仨就走。

事也凑巧，还没走出门槛的当儿，只听天庭里轰轰隆隆地炸响。原来，感觉受到歧视的孙悟空又和玉皇大帝开始叫板，闹得天庭翻天覆地、不可开交。急于救驾的天兵天将，再也不敢和蔷薇娘仨纠缠，放下娘仨迅速回到了天庭。由于忙于战事，玉皇大帝无心派人捉拿娘仨。因此，蔷薇娘仨的事情便搁置了下来。

一年过去了，和王家两兄弟产生了感情的两姐妹分别和哥俩结了婚。两个小两口相敬如宾，争着孝敬母亲。男人早出晚归，女人织布缝衣，家庭和睦，生活温馨，日子红火。

一年后她们都分别有了自己的孩子，置办起自己的田园。富裕起来的她们舍施好善，接济贫民，好的口碑传遍乡里。

这样，红红火火的日子过了好多年。一天，两兄弟下地，王家母亲出门，孩子上学，只剩下蔷薇娘仨在家。

只听"咔啦"一阵响，天兵天将又来到娘仨面前，一定要将蔷薇娘仨捉拿回天庭。蔷薇娘仨坚决不从，黔驴技穷的天将下令放了天火，将蔷薇娘仨葬了火海。大火引来王家兄弟和四邻八乡的救火人，很短时间就将大火扑灭。

这时，王家兄弟喊着叫着四处找寻蔷薇娘仨，却不见了踪影。突然，焦急的人们惊奇地发现，王家门前长出了形同姐妹的两种花木，紧接着路旁园边、篱笆墙角、河岸沟沿、高山原野同样长出了形态差不多的又一种花木。人们正在议论，只见花木由小到大，由低到高，并且魔术般呈现出"密叶翠帷重，秾花红锦张"的景色。微风吹来，是那么的馨香。

人们说，这是蔷薇娘仨的神魂化作花木留在了人间。从此，人们将门前的两种花分别叫做月季花、玫瑰花，门

外的那种花叫作蔷薇花，这样一代又一代一直叫到现在。

337

人参搬家

讲述者： 李言实，男，1956年2月，莱芜市莱城
区鹏泉街道办事处李陈庄村，高中

采录者： 李贞峰，男，1965年10月，莱芜市莱城
区羊里镇贾洼村，大学

采录时间： 2016年8月

采录地点： 莱芜市莱城区鹏泉街道办事处李陈庄村

早来舍[1]，莲花山脚下的一个村子里，有一对靠上山打猎为生的亲兄弟，常年奔波在茫茫的莲花山上。兄弟俩的箭法高超，无论什么样的动物，只要是让他兄弟俩盯上了，绝对没有跑。

这一年冬天，眼看就要过年了。兄弟俩盘算着上山打些野兽好换取过节的年货，两人带着弓箭和干粮就上了山。

谁料，老天不作美。兄弟俩上山的第二天就狂风大作，雪花纷飞。鹅毛大雪下了三天三夜，山路全被大雪覆盖，迷了路的兄弟俩再也无法出山。

他俩在山林里找了一棵有一间房子那么大的空心树来藏身。为了节省粮食，兄弟俩就靠挖草根充饥。

这天，弟弟在树下挖到了一种大拇指粗的草根，形状像人的胳膊和腿，放到嘴里一尝，甜津津的很可口。吃了这东西，兄弟俩感到浑身不觉得冷了，腿脚觉得更有劲了。这种草根不能多吃，一旦吃多了鼻子就会流出血，而且身上燥热难忍，就是光着身子在雪地里睡觉也不觉得冷。

[1] 早来舍：从前，很久以前。

大雪三天两头地下，兄弟俩直到第二年开春才满带着猎物下山回家。村里的人见他兄弟俩进山没回来，以为是被野兽祸害了，或者是被大雪封道冻饿而死。当他们见到兄弟俩又白又胖地回家都觉得奇怪，便问："你们兄弟俩吃了啥好东西，长得这么结实啊？"兄弟俩听了，也不说话，从衣袋里掏出草根给大家看。大伙儿看这东西长得像人的身体，就说道："怪哉！原来是吃'人身'活命的。"

自此，这形如"人身"的根，就被称为了"人参"。

有一年春天，仙人山上来了一个老年道士。他先是围着山转了好几圈，就在仙人山仙人洞里住了下来，每日里在山上采药和炼丹，忙得手脚闲不住。后来，他引度安仙村的放牛娃安小进了道门，成了他的弟子，为他取名安期生。这安小天生的一副聪明脑子，无论多么难的技巧教他一遍就会了，很得老道士的喜爱。

安小有个雷打不动的固定活，就是一早一晚到仙人山下的仙人井里去挑水。师徒二人就这样白天采药，晚上青灯相伴练道术，倒也清闲自在。

又过了两年，老道士觉着仙人洞太小，就搬到凤凰山朝阳洞里继续炼丹修行。朝阳洞坐落在凤凰山南面的半山腰，洞口高3米，阔4米余，深500余米。洞前有一个宽阔的小广场，每天早上老道士和安小在广场上练练拳脚，侍弄侍弄四季花；晚上，师徒俩又在洞外的小石桌上饮酒赏月。无忧无虑，清心寡欲，过着神仙般的幽静生活。

老道士有很多朋友，常常邀请他前去讲道说法。每次去多则半月，少则五天。山上就剩下安小一个人采药炼丹，因为他年龄还小，有时候挑水需要歇息好几次。老师傅为了锻炼他的意志，就把平底桶换成了尖底桶。这样一来安小可就受罪了，那平底桶有时还能放下来休息，可是这尖底桶就不行了，一放下桶就倒，一倒水就全洒了。于是，又得回去重新挑水。安小知道师傅这么做是为了他好，尽管很累他也没有一句怨言。

有一天，老道士要到泰山上去会朋友，来回五六天。临走前，反复嘱咐安小要看好丹炉，浇好四季花，还要定时采药和练功。老道士安排的这些活，安小早起就干，一直干到日落西天也干不利索[1]。

安小目送师傅下了山，就挑起水桶去仙人井里打水。每天早上他要挑三担水，一担浇四季花，一担倒在洞前的石缸里供香客饮用，另一担挑到洞内的石坑里供他和师傅日常使用。这是他的必修课，缺一不可。

安小挑了一担水，浇在四季花池里，又到仙人井挑第二担。当他走到山半腰时，就见一个穿红兜兜的小孩从旁边小道上走来。这小孩年龄也就在个八九岁上，长得四白大胖。两只黑眼珠像是一对黑宝石，头顶上扎着一个朝阳髻[2]，胳膊和小腿如同刚出水的藕瓜，要多嫩有多嫩。要多白有多白。安小起先没注意，以为是香客[3]带来的孩子。

小孩走到近前，说道："安小啊，我帮你干活吧？干完了活咱俩玩游戏。"

安小不觉一愣："你怎么知道我的名字？你住在哪里啊？"

小孩一笑俩酒窝："我听山上那个老道士这么喊你的。俺家就住在山下，离这里很近。"

安小听了也就不再想一些，有个小孩做伴也不寂寞啊！于是，就问道："行啊！你不回家大人找你怎么办啊？"

小孩子扮个鬼脸说："没事的，俺家大人都很忙，我和你玩够了就回去。"

安小问道："你叫什么名字？今年多大了？"

小孩子说："俺叫红娃，今年八岁了。你比我大，我叫你安大哥吧？"

安小高兴地说："行啊！红娃，咱们上山吧？"

小孩子把手放在水桶上，安小顿时觉得轻快了很多。红娃寸步不离安小，这孩子绝顶聪明，安小干啥他一看就会，安小想啥他一看心里也就明白。一个人的活两个人干，自然就轻快不少。干完活，两人就在朝阳洞前的石桌上玩游戏。不管是下棋还是脑筋急转弯，安小都难不住他。

安小问道："红娃，你家里都有什么人啊？"

[1] 干不利索：干不完；收拾不干净。

[2] 朝阳髻：一种古代小孩发型。

[3] 香客：意思是去寺庙烧香的人；朝山进香的人。

红娃歪着脑袋说："家里有爷爷和哥哥黄娃。"

安小又问："你的父母呢？"

红娃说："爷爷告诉我，父母到东北大森山里去干活了。我长这么大还没见过父母呢！"

安小同情地问："红娃，你父母去这么远的东北干什么活啊？把你哥俩撂在家里他们放得下心啊？"

红娃说："爷爷说俺的爹娘都是种植山药的，在那里包了好几座大山种了很多种草药。爹娘也想俺兄弟，想把俺俩接到他们那里去，可是爷爷说东北太冷，不让俺俩去。"

安小看红娃说得认真，也就不再问了。倒是红娃来了个反客为主，问起他来了："安大哥！你在这深山老林里苦苦修行，不想父母吗？"

安小满目凄凉地回答说："我没有父母了，在我很小的时候，父母就病死了，我是邻居的婶子大娘抚养大的。后来，我帮财主家放牛丢了牛挨了打，师傅见我可怜就收我当了他的弟子。"

红娃听得要流泪："安大哥，你修炼好了干什么？"

安小认真地回答说："等我研制好了灵丹妙药，就把它送给父老乡亲，帮他们解除病痛，也好报答他们对我的抚养之恩。"

红娃说："安大哥，你的心真好啊！我想拜你为大哥，行吗？"

安小高兴地说："行啊，当然行！"

红娃说："可是你跳出了三界外不在五行中，师傅绝对不会同意你认我这个弟子的。"

安小笑着说："师傅是个好人，怎会阻拦我认你这个好弟弟呢？"

红娃说："安大哥，你师傅身上好像有瘆人毛[1]，我隔着老远都怕他。这样吧，咱俩的事情你别告诉他，等他不在山上我就来帮你干活，陪你玩耍，你说行吗？"

安小心想，这红娃真是个鬼精灵，这点小事还考虑得这么周全。他捏了捏红娃粉嘟嘟的小脸说："行啊！哥哥听弟弟的。"两个人相互看了一眼，开心地笑了起来。

红娃早上来晚上回，和安小玩得非常开心。

第六天晌午，红娃正和安小玩着。忽然，他指着山下说："安大哥，你师傅回来了。你看！"

安小顺着红娃手指的方向，就见师傅已经快到小红门了。

红娃说："安大哥，咱俩说好的，此事不能告诉你师傅。我回家了。"说着，雀跳般拐上了上山的路，三晃两晃不见了踪影。

安小也不是个石头心眼子人，他总觉得这个红娃有来头。这几天，他不见红娃从哪里来的，也不见他从哪里回去的。再说，他在这里天明玩到天黑，也不见他爷爷和哥哥来找他。不过，和红娃在一起就是很快乐，而且干啥也不累。

老道士回来没过三天，就有鸿雁传书让他到龙虎山天师府交流炼丹术。张天师请客，老道士不敢怠慢。他对安小说："上次我去泰山碧霞祠做客，你在山上干得非常好。你有灵性，会提前得道的。我去天师府往来大约需要半个月，你要小心照顾四季花。一旦有啥情况，马上焚香告诉我。"

安小恨不得师傅快点走，也好与红娃再玩个开心。于是，高兴地回答说："师傅，您就放心地去吧！我一定按您的嘱咐办好一切事情的。"

老道士看了安小一眼说："我发现你的印堂发红，近期要有好运临头啊！"说着，往空中一挥手，师傅的仙鹤振翅而来，驮着师傅走了。安小目送师傅消失在蓝天白云间，正要转身进洞，就听到身后有人说道："安大哥，想死小弟了。"

安小抬头一看，红娃两腮通红，头上冒着汗水站在他的面前，有点不高兴地说："你这师傅真邋遢[2]，说走就走呗，啰啰[3]起来没完没了，让我在山顶上等了这么长时间。"

长话短说。转眼半个月过去了，师傅就要回来，可是安小与红娃已经处得难分难离。可是不该来的还是来了，

[1] 瘆人毛：意指别人看见就害怕。

[2] 邋遢：不利落，说话做事太拖拉。

[3] 啰啰：说话没完没了。

不该走的还得赶紧走。红娃刚离开朝阳洞，老道士的仙鹤就落下来了，也就是脚前脚后的事，安小心中不由得为红娃捏了一把汗。

老道士用清水擦了一把脸，安小敬上香茶。师傅坐在朝阳洞口，看着竞相开放的四季花，喝着茶问道："期生啊！这半个月可好啊？香客往来如何？"

安小高兴地说："托师傅的洪福，这半月四季花开放正常，回魂丹炼制顺利，香客来往不断有增无减。"

老道士说："好啊！当初我就对你没看走眼！不过，徒儿啊！一日为师，终身为父这句话你该明白吧？"

安小心里咯噔一下，师傅怎么说起了这句话呢？"师傅，您对徒儿的大恩大德，我没齿难忘。"

老道士笑着说："好啊！那你为啥有事藏在心里，不告诉为师呢？"

安小大吃一惊："师傅，我……"

老道士说："我上次去泰山回来，就见你印堂发亮，定是遇到了吉祥之物。现如今你的天门已开，七窍全通。别的我就不说了，还是你自己把因缘告诉为师吧！"

安小算是服气了，老师就是老师啊！没有他不知道的事情。可是，出卖了朋友也是一种大逆不道啊！怎么办呢？一头是恩师，一头是结拜兄弟。正当他左右为难之时，师傅又发了话。"人生在世讲究个因缘，祸兮福之所倚，福兮祸之所伏。你可不要执迷不悟啊！"

安小心想，我在和师傅说话的时候，我那个鬼精灵的弟弟一定在某个角落里窥视呢！哎！当着师傅的面还是直说了吧，兴许他老人家一高兴，网开一面同意我和红娃成为异姓兄弟呢！于是，小声地把红娃的事告诉了仙山老祖。

老道士并不感到惊讶，似乎对此事早已了如指掌。他对安小说："小孩子过家家的小事，没什么大惊小怪的。师傅我呀，不追究就是了。"安小听了高兴地一个劲地施礼道谢，感谢师傅的通情达理。

这天早上，老道士把安小叫到跟前说："期生啊！为师又要到泰山走一遭。我有件事要你好好地办一下，就是你说的那个红娃，师傅想了解一下他的来历。这是一根穿好针的红线，你只要把针悄悄地别在他的红兜兜上就行了。放心吧，为师绝无歹意！不过，此事不能让红娃知道。如果泄露了秘密，休怪师傅把你撵出观门赶下山去。"

这可是个鸡蛋里找骨头的麻烦事，既然师傅保证没有歹意，就按着师傅交代的来做也无可厚非啊！于是，痛痛快快地应了下来，并将那带针的红线藏在了身上，准备等红娃回去的时候别在他的衣兜上。

红娃兴高采烈地来了，安小却怎么也笑不起来，要做对不起朋友的事还算个人吗！此时的安小心里很矛盾，本想把师傅的话告诉红娃，又怕红娃遁身了，师傅一生气把他赶出山门。红娃还是嘻嘻哈哈帮安小干这干那，挑完了水就往炼丹炉里加柴或者照顾来进香的善男信女，忙得不亦乐乎。清闲下来的时候，两个人就在朝阳洞前面的青石板上下棋。正下着，红娃突然说："安大哥，你师傅怎么回来了？坏了，我得赶紧回家去。"说着，站起身来就要走，安小趁机把红线的针别在了红娃的肚兜上。因为线和他衣服颜色相同，红娃也没在意。

红娃刚走，师傅果然回来了。当他看到一条细红线顺着山道弯曲而上时，得意地笑了笑，对安小说："期生啊！把采药的铲子拿来，随为师上山采药去吧？"

"师傅，您远路风尘赶回来，歇歇脚喝杯茶再去吧？"

"没事，等挖完了这味奇药回来，再喝茶不迟。"说着，倒剪着双手，顺着红线上了山。安小取来药铲药篓，跟在师傅的后面也上了山。红线从石寨南门前顺着东寨墙穿行，东寨墙外只有一脚的路，下面是悬崖峭壁，一不留神掉下去非死即伤。红线在石寨后面一棵百年大松树下的一株棒槌苗叶上别着，那根银色的针还闪着幽亮的银色。

老道士点点头笑着说："小孽障，让我找了你几十年，却原来躲在了这里。"说着，把红线缠在了棒槌苗上。然后，接过安小递来的药铲，小心翼翼地挖掘起来。大约挖了有二尺来深，老道士从坑里取出一个小孩模样的植物根，上面还有无数的须根，像长了一嘴长胡子一般。小孩样的植物根颜色焦黄，头顶上的根苗如同一个朝阳鬏。这个小孩样的植物就是人们常说的"人参娃娃"。安小的心里猛地一沉，这就是他的红娃兄弟啊！想到这，眼泪一行接一行流了下来。

老道士看到哭眼抹泪[1]的安小，略带生气地说道："没用的东西，不要心太软。"说着，把参娃用红线缠了，用块红布一包放在道袍中，回到了朝阳洞。

老道士吩咐安小赶紧把砂锅刷好，添上水点火来烧。他取出一把雪亮的小银刀，轻轻地把参娃头上的朝阳鬏割下来，放在了朝阳洞的西边石头上。又让安小舀来清水，把参娃反反复复洗了几遍，放进了砂锅内。用锅盖盖得严丝合缝，砂锅上面又压上了一块七八斤重的石板。他吩咐安小先用武火烧半个时辰，再改用文火来蒸炖半个时辰。此时，安小的心情可用曹植的诗来形容：煮豆燃豆萁，漉菽以为汁，萁在釜下燃，豆在釜中泣，本是同根生，相煎何太急！

老道士把一切收拾停当，这才坐下来喝茶观火。看着火苗子在砂锅底下忽高忽低，他不由自主地笑了一笑。这时，突然空中有人说道："仙山老祖听着，王母娘娘请你到瑶池讲道，请速动身吧。"

老道士听了，一脸无奈地对安小说："一切都是天意啊！期生啊！等开了锅再用文火煨着，我不回来你可千万不要揭开锅盖。否则，定严惩不贷。"

安小板着脸，点了点头算是答应了。老道士接连打了三个哀叹，很不情愿地骑鹤而去。

师傅走了，红娃再也没有出现，安小知道锅里的参娃就是红娃，他觉得对不起他，就说道："兄弟啊！不是哥哥要害你，只是师命难违啊。"

时间不长，砂锅里就冒出了大气。这股气醇香无比，吸一口从心底里往外舒服。安小还想再看红娃一眼，就把师傅的嘱咐忘了个一干二净。他搬开锅盖上的石板，揭开锅盖，就见一个闭目打坐的小孩子在沸腾的滚水里翻上翻下，安期生的眼泪再也止不住了，不禁放声大哭起来。

哭着哭着，就见一位老者踩着白云而来，他落在安小跟前说道："小道童啊！咋守着一锅子宝贝哭个不止啊？"

难过的时候最经不起人来劝，安小哭得更悲切了，还断断续续地把和红娃相识相知的前后经过说了出来。老者听了哈哈大笑起来："小道童啊！这是你的福气啊！你还

不知道吧？你的师傅为啥在这座山上修行啊？他就是奔这棵五百年的人参来的。"

"老爷爷，我对不起它呀！是我害了它的命啊！"安小擦着泪说道。

"你和道家有缘，将来定是个嫉恶如仇、伸张正义的好神仙。告诉你吧，正因为你的仁慈，才和这株宝参有缘。你就趁热吃参喝汤，定有奇迹发生。"

"谢谢老爷爷，可师傅嘱咐我，他不回来不能揭开锅。"

"哈哈哈，你不是已经揭开锅了吗？按理说早就违背了师傅的嘱托，你还顾及什么？赶紧把参吃掉把汤喝光，否则就会节外生枝，后悔莫及。"说完，大笑一声，踏云而去。

人参发出的香味越来越浓，有了神仙爷爷的指点，安小肚子里的馋虫早就等不得了，强烈的欲望迫使他去取出锅中的人参娃。尽管锅里沸水滚动，拿在手里的人参却不觉着烫。安小眼一闭，张嘴就啃，味道真的非常好。三下五除二，安小一阵猛吃，把个参娃吃了个精光。此时，他觉得体内燥热无比，口渴难忍。于是，拿起木勺把锅里的参汤喝了个净光。

"徒儿，给师傅留口汤吧！"安小听到师傅的喊声，急忙抬头来看，就见师傅正骑着仙鹤飞快地赶来。他觉得没有听师傅的话，师傅一定会把他赶出山门。于是，就想跳下朝阳洞西边的悬崖一死了之。不料，刚要起跳就觉着身子轻轻地飘了起来。原来，安小吃下参娃成仙了。

老道士眼睁睁看着徒儿把参娃吃了个一干二净，连汤也没留一口，非常非常生气，真是门缝里看安小，把他看扁了。哎！这都是因缘，人不能和命争，合该安小早日成仙啊！好歹他还是我的门生，就由他去吧。

正如那位神仙所言，当年老道士来到仙人山就算计到山上有一对参娃。大的八百年，小的五百年，具体藏在哪里他没有算出来，只觉得能够见到这对人参。于是，就在仙人洞住了下来。事实果不出所料，还真就见到了人参，只是无缘消受。既然安小吃的那株是五百年的红参，那么剩下的八百年黄参藏在哪呢？待我仔细找找吧。

老道士在仙人山挖地三尺，找那株八百年的黄参。这

---

[1] 哭眼抹泪：伤心落泪。

一切黄参娃早就知道了。他亲眼目睹弟弟红参红娃被老道士害了性命，吓得哭个不停。老松树看着可怜，就安慰说："孩子，别哭了，这事都怪我！我曾经不止一次地劝说你弟弟红参不要抛头露面，可他就是不听。万幸的是这个安期生不是什么歹人，只要他一心行正，红参就没有白死。看来啊！这里咱们是住不下去了。我带你到东北找你的父母去吧？"

黄参流着泪说："老爷爷，您这么大年纪了还要陪着我到冰天雪地的东北去受罪，于心不忍啊！"

老松树凄凉地回答说："哪里的黄土也养咱，咱今夜就走吧？在那里，我还能继续保护你啊！"

黄参不哭了，收拾了一些弟弟红参留下的根须，跟着老松树去了东北，在长白山的原始森林里落了户。

仙人山上再也没有出现过人参，可能是黄参把红参的所有根都带走了，仙人山上绝了人参的根本。

第二年，老道士也离开了仙人山，只留下了他在山上修炼时的遗迹。

那么，安小到哪里去了呢？原来，安小腾云驾雾来到了东海三仙山。他虽然成了仙，却一直变化成个卖药翁，在东海卖药治病。他为老百姓办了很多实实在在的好事，人们都亲切地叫他"千岁翁"。

讲述者： 亓怀荣，男，1953 年 7 月，莱芜市城区办事处北十里铺村，高中

采录者： 李胜华，男，1964 年 4 月，莱芜市方下镇张公清村，初中

采录时间： 1989 年 5 月

采录地点： 莱芜市城区办事处北十里铺村

附
记

1989 年 5 月，我陪同亓怀荣老人去莲花山访友，回来的路上顺便登上了仙人山参观仙人洞，站在山顶遥望凤凰山朝阳洞。他老人家给我讲了这个故事。据他说："仙人山因与莲花山通脉，所以有了灵气。山上的动植物非常多，而且几乎都有药用价值。当年，仙山老祖（老道士）和安期生（文中的安小）在此修行，就是看中了山上的天然中药库。"他还告诉我说："当地人说，早年间山上有很多稀有的草药，而且，还有人们做梦都想得到的人参。"我为此还查了药典，找到了人参的解释：人参为五加科植物，味甘、微苦，性微温，入脾、肺两经，具有补气固脱、补益肺脾、生津、安神、益智之功效，可用于重病、久病、大出血或脱水后引起的虚脱等症。根据道家的一些资料，得知道家钟爱人参，吃了人参得道成仙的故事也很多，这个故事就是其中的一个。

三 笑话

（一）嘲讽笑话

338

卖我

凤凰城里有个叫王三的青年，水性怪好。一天在湾里澡洗[1]抓住了只鳖，回家找个黑瓷罐子装着去城里叫卖。他不知道抓住的是只鳖，就信口取名"我"，沿街叫喊："卖我咪，卖我咪！"街上行人觉得奇怪，看这青年长得欢睁大眼，不像个嘲巴[2]，怎么咋呼[3]着卖自己呢？都凑过来，看热闹。

王三用头巾盖着黑瓷罐子，谁也不让看。围着的人七嘴八舌，说啥的也有。一个上了年纪的老人说："你这孩子，卖东西哪有不让人家看的？"王三寻思寻思说："看'我'三文，用手戳[4]'我'十文。"众人听了有嫌贵的，也有等人家花钱看时，凑过去占便宜的。

这伙子人中有个怪肥[5]的财主，听了王三的要价，就盘算开了。花三文钱看，不如花十文钱戳戳合算。他挤到跟前，掏出十文钱递给王三，蹲下身子把头巾掀个缝，伸进手去划拉了几下。结果手被鳖咬住了，疼得他满头大汗。他左甩右挣，好不容易才抽出手来。财主抓住王三的衣领，气狠狠地说："你的'我'，怎么咬我的手？"王三理直气壮地说："你不戳'我'，'我'怎么会咬你的手？"两人你推我拽，谁也不让谁。

俗话说，"看打仗的，不怕仗大"。有那看客挑着舌尖搬弄是非，也有帮腔喊打的。更有那好事的，要两人去县衙求县官公断，推推搡搡[6]，你拥我挤。不大霎[7]，就到了县衙门口。

县官升堂，财主和王三你一嘴我一句。公说公有理，婆说婆有理。县官一拍惊堂木，说："别争，一个个地说。"

王三磕个头："大老爷给俺做主！小人卖'我'他买'我'；他戳'我'的口，'我'咬他手。"

县官是个不学无术的大草包[8]，听了王三的话，一拍惊堂木："嘟，我咬他的手，你还咋呼啥？"

财主听了急忙辩解说："大老爷，不是你咬我的手，是他的'我'咬我的手。大老爷，事情是这样的。他卖'我'，我买'我'，我戳'我'的口，'我'咬我的手。"

县官听了大怒："你自己咬的手，还喊什么冤？分明是搅闹公堂。来人，把他轰出去。"

"大老爷，我是真亏[9]，是他的'我'咬的我的手，不是我咬的我的手，请大老爷明查。"

县官听罢，说道："且慢，把'我'拿上来，让大老爷亲自瞅瞅[10]。"

衙役双手捧着黑瓷罐子放在县官面前，县官揭盖一看，不禁哈哈大笑："你这两个无知的刁民，真没见过大世面，连'我'是'鳖'都不知道，来呀！把他二人轰出堂去……"

---

[1] 澡洗：洗澡的俗称。

[2] 嘲巴：傻瓜。

[3] 咋呼：叫喊。

[4] 戳：用手摸；用指头摸或捅。

[5] 怪肥：指富人；油水大。

[6] 推推搡搡：粗暴地、接连不断地猛推。

[7] 不大霎：时间不长。

[8] 大草包：没什么本事，无能、无用的人。

[9] 真亏：此指冤枉。

[10] 瞅瞅：看看。

讲述者： 亓怀荣，男，1953 年 7 月，莱芜市城区办事处北十里铺村，高中

采录者： 李胜华，男，1964 年 4 月，莱芜市方下镇张公清村，初中

采录时间： 1992 年 12 月

采录地点： 莱芜市城区办事处北十里铺村

339

聚宝盆

附记

亓怀荣老师讲的这个故事非常搞笑，流传也广。有一次，采访几位老人时，一位八旬老人也讲了这个故事，他讲完后，大家笑得前仰后合，有个老人把假牙笑掉了还不知道。等大家笑完了，另一位老人也讲了这么一个故事。说是有个小伙子，在水沟里捉虾摸鱼。摸来摸去，幸运地逮住了一只鳖。他拿到家里去，四邻八舍听说他逮了鳖，都约合着说："走啊！咱上谁家看'鳖'去。"小伙子的父亲听人家这么说，觉得怪难听，就对儿子说："鳖在咱家里，不让人家看不好；叫人家看，人家说的那话怪难听。听说这鳖怪值钱，你拿到集上卖了吧？"小伙子听了，就用个盆子盛了，端着到了集上。刚放下，就听有人说："快来看，这里还有一个'鳖'哩！"小伙子气得直白瞪眼。大伙又笑了起来。那个掉了牙的老人，把牙拾起来用嘴吹了吹，戴到嘴里后说："我也有一个关于鳖的笑话，说给大家听听吧？说是爷仨在地里干活。天气怪热，老二就偷奸耍滑，到地边的沟里去洗澡。洗着洗着，就摸起鱼来。摸着摸着，就逮住了一只小鳖。老二怪恣，就用草绳子把鳖拴了腿，提着来到地里。他父亲看了，就熊他，嫌他不干活光知道玩。老二不服气，顶了父亲几句。他哥哥见弟弟顶撞父亲，就说：'兄弟，你不对，不能不听父亲的话。'老二一生气，就把提着的鳖扔在了地上。老大生气地说：'你这是干啥，咱爷说你是为了你好。'他指着地上爬着的鳖，非常生气地说：'你这是摔咱爷还是摔我？'老二气哼哼地说：'我都摔。'"大家听了，又是一阵捧腹大笑！

有个大地主叫王老财，土地无边，房屋大片。后来地不要了，只留下深宅大院，王老财却更富了。王老财一不种地，二不做买卖，家里哪来的这么多钱财呢？原来，他得了一个聚宝盆。这聚宝盆可真灵性，搁上啥东西，都会源源不断地长出啥东西来，有了这宝贝，真是要啥有啥。

王老财的爹好吃懒做，肥得满身冒油，放屁都能油了裤子。

这一天，王老财他爹吃饱了饭，闲着没事，就围着聚宝盆转悠。他一会儿拿手敲敲，一会儿扒着盆沿往里瞧，三瞅两瞅一个不小心，一头栽进了盆里。

王老财他爹吓得赶紧叫儿子："儿呀，儿呀，快来拉恁爹。"

王老财听见了，赶忙跑来，把爹从聚宝盆里拉了出来。他关心地问："爹，您没事吧？"他爹还没回话，就听盆里又喊："儿呀，儿呀，快来拉恁爹！"王财主往盆里一瞧，哎哟！里面咋还有个爹呀！他赶忙又拉出来，刚拉出这个爹，又听盆里喊："儿呀儿呀，快来拉恁的爹。"

王老财拉不过来，就喊来老婆一起拉。院子里站了很多爹，可盆里还是一个劲地喊："儿呀，快来拉恁爹。"

讲述者：　王峰，男，1977年5月，济南市莱芜区方下镇鲁西村，大学

采录者：　李胜华，男，1964年4月，济南市莱芜区方下镇张公清村，大专

采录时间：　2019年7月

采录地点：　济南市莱芜区方下镇鲁西村

340

公鸡打鸣

很久以前，有一家山里人，好不容易给儿子找了个媳妇，那高兴劲就甭提了。

到了快结婚的日子了，这日子是要讲究时辰的。那时又没有钟表，这可咋办？

聪明的妻子提醒丈夫说："我听人说，公鸡会打鸣，要不你也去买只公鸡来？让它打鸣，我们就不误事了。"

丈夫一听觉得有理，早早起来去赶雪野大集。说实话，他长这么大，还真没见过公鸡，一到集上就见有许多卖鸡鸭的。

他想，公鸡会打鸣，我看哪一个叫得响，便是哪一个。于是，他站在一旁仔细打量，认真听它们的叫声。不一会真有一个发出"呱呱呱……"叫声的。他一听很高兴，马上与卖主谈好价钱带回了家，把它放进窝里用石板挡住。山里野兽比较多，怕给祸害了。

第二天天不亮，新媳妇就会进门，家里人必须提前起床作准备。这回有了公鸡，大伙心里就踏实多了。几天的熬夜也都累了，不一会便进入了梦乡。

谁知，天光大亮了，新媳妇也送来了，众人还没起床

呢！送媳妇的人，便敲起门叫喊起来。

人们一听可慌了神，连忙起床迎新娘。事情过去之后，都很纳闷：怎么这公鸡未叫呢？

人们打开鸡窝，一看公鸡好好的。这是为什么？

于是，赶紧请来了明白二大爷。

二大爷到场一看，不禁大惊失色高声叫道："我说它不叫了，原来是不知哪个熊孩子，把它的嘴给砸扁了，它还怎么叫啊！"

原来，他买回来的是只鸭子。

讲述者：　王维圣，男，1909 年 4 月，莱芜市莱城区雪野镇雪野村
采录者：　王新然，男，1945 年 7 月，莱芜市莱城区雪野镇雪野村，教师，大学
采录时间：　1997 年 3 月
采录地点：　莱芜市莱城区雪野镇雪野村

附
记

该故事收录在非遗项目丛书《雪野的传说》一书中，王新然搜集整理，古今奇闻故事杂志社，2012 年 3 月版。

341

白菜豆腐而已

有一个在深山居住的农人[1]，思想较为通达。有一日，他走出了深山来到了平原地的一个集市上。他像是发现了人间的圣地，看什么都觉得新鲜别异。在集市上，他结识了一个当地的买卖人。两人越谈越投缘，有了相见恨晚的感觉，买卖人邀他去自己家里做客。

到家后，买卖人的妇人为他们做了两个菜，温了一壶酒，两人边吃边聊。这两样菜一样是白菜豆腐，一样是醋拌藕片。山里人从没吃过藕，觉得这菜脆美可口，十分好吃，但又不好意思问这菜叫什么，于是，便客气地说道："咱弟兄初次见面，你做了这么多的菜招待我，实在过意不去。"买卖人答："哪有什么菜啊，只不过是白菜豆腐而已。"

山里人认识白菜豆腐，便把这盘藕片认定为名叫"而已"的菜，并暗暗地熟记于心。临行，他邀请买卖人也去山里做客。说好某月某日，他在山口专等，买卖人答应了他。

[1]　农人：种地的农民。

这日，他把买卖人迎接到自己的家里，也让妻子做了两样菜，温了壶酒。这两样菜，一样是白菜豆腐，一样是白萝卜切成片挖了多个眼。买卖人见了白萝卜挖眼的菜，心中纳闷不解。

吃饭时，山里人对买卖人说："白菜豆腐这菜好做，可这道'而已'菜，俺两口子可真作了大难。从昨日就选好了白萝卜，用纺线的锭杆子钻的眼。钻了大半天，怎么也不如你家嫂子钻得圆。再说，也不如嫂子做的'而已'菜又脆又好吃。"

讲述者： 祖母，女，1890年2月，平阴县孝直镇
公社柳滩村

采录者： 阴中元，男，1946年5月，平阴县孝直
镇公社柳滩村，中专

采录时间： 1964年4月

采录地点： 平阴县孝直镇公社

附记

过去，在平原地居住的人，称在山里边居住的人为"山里边的"；在山里边居住的人，称平原地居住的人为"洼里边的"。两地交通不便，来往甚少，风俗民情各异，衣食住行不同。又加上不通婚，不通商，像是两个被隔绝了的世界。

这个故事是我的祖母1964年4月讲给我的，祖母知道的故事非常多，以笑话、善恶报故事为主，老人家讲故事绘声绘色，吐字也清晰，面部表情随着故事情节而变化，让我听得身如其境。遗憾的是，祖母于1971年去世，终年81岁。

342

吹牛皮的人

这个人，本来家里穷，可他对人说，他家里挺有。每次吃完饭，拿大油[1]擦擦嘴，到集市上，往人多的地处[2]一站，油嘟嘟的嘴，就说："哎哟！今门儿[3]吃的肉太肥咧！"

有一次，他在街上吹。他儿风风火火地来叫他："爹！那块油啊，叫猫叼跑了！"

他说："七十斤的那块，还是八十斤的那块啊？"

他儿说："你见天[4]擦嘴的那块，跟核桃那么大。"

"这婊子生的[5]！我才买了百十斤肉，怎么跟核桃似的？咋不叫你妈撵撵猫去呢？"

"不行啊！你还穿着俺妈那裤呢。"守着一大街筒子人[6]，孩子把实情全抖落[7]出来了。

[1] 大油：炼制好的猪油。
[2] 地处：地方。
[3] 今门儿：今天。
[4] 见天：每天。
[5] 婊子生的：婊子，指娼妓。娼妓生的孩子被认为不是好孩子。骂人的话。
[6] 一大街筒子人：指很多人。
[7] 抖落：把实情全说出来了。

这一天，他吃了饭，又拿大油擦擦嘴，到人家家里玩去。人家叫他吃饭，他说："刚吃了一大碗狗肉。"叫他喝酒，他一气喝了五六两，醉了！本来在家里填了一肚子糠，一吐呢，吐出来一些糠。

人家说："你不是吃的狗肉吗？咋吐出了一堆糠呢？"

他说："俺家里的太混账，没把狗肠子掏弄干净。"

不管他咋吹[1]，人家知道他家里没有营生[2]了。

这一天赶集去，他买了一团线绳子回来。人家问："你咋买了这么些绳子啊？"

他说："没了零钱了，买来串钱用。到下集还买，怕是不够使的。"

又到了集上，他把那线绳子藏在身上赶集去。回来还是鼓捣出[3]那些线绳子，恣嘎悠地[4]摆亮[5]。一集一次，回来就摆亮这些绳子。

这事吹到小偷耳朵里去咧！到了后晌[6]，小偷拨开门，进去咧，说："婊子生的，快拿钱来！"

他说："我没有钱。"

"没钱咋买这么些线绳子？要赖！揍这个婊子生的！"扇了他好几巴掌，拿那些线绳子绑住他，弄到山沟里去咧！

明了天了，他就咋呼，一些种地的发现了，给他松开绳。他说："今门儿后晌，招了抬票的[7]了。"

人家问他："没东西来么？"

"唉！百儿八十斤的银子尽着他拿，我都不疼得慌。可抬了我一抬，比割肉都疼啊！"

讲述者：　封万林，男，1936 年 8 月，历城区姚家
　　　　　镇窑头村，农民

采录者：　封玉斗，男，1939 年 7 月，洪楼文化馆

[1]　咋吹：怎么说大话。
[2]　没有营生：没有东西。
[3]　鼓捣出：拿出来。
[4]　恣嘎悠地：高兴，兴奋。
[5]　摆亮：摆弄，显摆。
[6]　后晌：晚上。
[7]　抬票的：匪贼绑架。

干部，中专
采录时间：　1988 年 10 月
采录地点：　历城区姚家镇窑头村

附
记

故事里吃狗肉那一段，在济南各区县也有传讲。在莱芜，有个人也和这个人的性格一样，在家里吃糠咽菜，用油布擦了嘴后到外面显摆。有一天，有朋友请他去喝酒。他坐下来，就吹自己天天吃大肉喝烧酒，今早上还喝的烧酒吃的狗肉。说着，还故意擦擦他的油嘴。其实，他早饭就吃了一碗糠糊豆（粥）。酒过三巡，这个人因为肚里无食，不胜酒力了。一张嘴就吐了出来，朋友们看他吐出来的是些糠，就问："你不是说早上吃的狗肉吗？怎么吐出来的全是糠呢？"这人还嘴硬说："我吃的是狗肉，那糠可能是狗吃的。"朋友听了，腰都笑弯了，到死没直起来。《吹牛皮的人》原载济南市历城区民间文学集成办公室编辑的《历城民间文学资料本》；济南市历城区文化局、济南市历城区区志地名办公室内部出版。共三集，第一集出版时间为 1988 年 2 月，第二集为 1989 年 5 月，第三集为 1990 年 4 月；关涛、李全仁主编。济南市历城区文化广电新闻出版局、济南市历城区文化馆，2018 年 11 月，编辑出版《历城民间故事》（内部出版），陈芳主编。

343

夫妻争能

从前，有一户人家，夫妻二人生有三男二女五个孩子，都已成家立业，分别过日子。孩子也都又有了孩子，下边又有若干小家庭。虽然都已分居生活，但各小家的事情仍由这对老夫妻管理着。

大事小情，都由他们出谋划策说了算。他老两口都觉着自己能，互不服气碰碰磕磕几十年，不分上下。但在那个大男子主义的时代，男人说了算，都要听他的。如果男人不在家，女人说了算都要听她的。

大儿家喂着头母牛，带着一头一个多月大，没有上笼头的小牛犊。大牛出去干活，把小牛留在家里，把大门关上，它在院子里玩。院子里放着一个瓦罐子，里边有些水。小牛把头钻到罐子里头去喝水，头拿不出来了。又是摇摆头又是抓着蹄子蹦高，头怎么也拿不出来了。

牛头上顶着罐子，满院子里乱蹿乱跑。没办法了，就赶快去向他爹请教。去了把情况向他爹一说，他爹听后斩钉截铁地说："快把牛头割下来。"他急忙回到家，看到小牛犊跑得也没劲跑了，就拿起刀来把牛头剁了下来。牛是不跑了，牛头还是拿不出来。再回去请教他爹。他爹回答

说："再把罐子砸了，不就把牛头拿出来了吗！"他回去一切照办，才把牛头拿出来。

三儿家几个孩子都闹着要吃葱，大人虽然不闹，也是想着吃葱。葱虽然不是紧缺物资和奢侈品，但对于一个连吃水都困难的山庄来说，就要花钱买。不做生意，不买卖，钱从哪里来呀！再说花钱买了葱，一顿就吃净了，以后还是没有，老三就找他爹给想办法。

他爹给他说："买上一棵葱，吊在屋梁头上，到吃饭的时候光看看别吃。大人看两眼，小孩看一眼。"回到家后，就照他爹说的办法去办。赶集买了一棵大葱，把大桌子抬到梁底下，上面再摞上凳子，蹬在凳子上用根麻线把葱吊到了梁头上，并向这个小家庭的成员宣布："在吃饭的时候大人看两眼，小孩只能看一眼。"大孩子听话了，那个小的馋得流口水，多看了一眼，他哥哥挥着拳头说："你是爹啊！你看两眼。"

二儿家用坯[1]支了[2]个火炕，支完以后才知道短了。人躺在炕上，就头脚伸到炕沿外边了，就脚头在炕外边耷拉[3]着，怎么睡都不合适。没办法了，就去找他爹想办法。正巧他爹有事出去了，光他娘在家，把情况说给她。他娘是个善于动脑筋的人，想了想对他说："把两只脚截一段去，不就合适了吗！"回去就照办了。他爹办事回来了，他娘就把情况给他爹说了一遍，他爹问他娘："你怎么说的？""我说的叫他把脚截一段去！"他爹一听急了说："我说你不行，就是真不行。你算算看，截脚得用两贴膏药，要是截头用一贴膏药，不是省一贴膏药吗？这个账就不会算，真笨！"两口子争论起来了。

讲述者： 王建民，男，1933年7月，平阴县安城乡东凤凰村，小学

采录者： 展恩华，男，1962年10月，平阴县府前街，大学

---

[1] 坯：土坯，用模具，石夯夯土制作而成的砌墙材料。

[2] 支了：砌成。

[3] 耷拉：下垂着。

采录时间： 1993 年 5 月

采录地点： 平阴县安城乡东凤凰村

344

贫嘴[1]

这类故事时常在民间听到，有一次采风听到了一个类似砍了牛头砸罐子的故事。说是有一家人，养了一头牛。这头牛因为偷吃粮食，把头钻进瓦罐里拔不出来。全家急得没法，只好叫孩子去请他舅父来。舅父看了一眼就说："这有何难！把牛头砍下来。"外甥照办，把牛头割下来了。大伙儿一看，牛头还卡在瓦罐里，就又问舅父怎么办。舅父说："把瓦罐砸了！"外甥又忙把瓦罐砸碎。果然，牛头骨碌出来了。全家都夸舅父有办法，这时舅父却放声大哭起来。全家忙问舅父为什么伤心。舅父抹了把眼泪，说："我这么大年纪，还能活几天！将来我死后，你们再遇到作难的事，可找谁去呀！"

说话作诗都有学问！话说得好，人家听着也舒服；文词作得妙，人家才开口夸好。林子大了啥鸟也全，文人多了作啥的也有。看看魏后生是怎样作诗的吧。

这件事，有年头了。说是口镇北街有个姓魏的后生，自幼才思敏捷，口齿伶俐，深得爷爷宠爱。

入学后，写字背书总是难不住他。老师夸奖，同学佩服，不到一年就学会了四书。老师见他有才，提前教他吟诗对对、写文章，仍然是一教就会。只是他的作业缺乏生气，诗句离不开穷苦要饭。老师把这事告诉了魏生的爷爷。

爷爷想试试他对对的才学，出了上联让他对："午朝门外列两边，文文武武。"魏生听了不假思索答道："十字路口喊一声，爷爷奶奶。"爷爷听了咂咂嘴，啥也没说。

这天，刚下过雨，人们在街上闲聊。一农民牵牛从垂柳下走过，柳枝搭在牛背上。农民随口念出："柳丝纤纤拂牛背。"

魏生祖孙也在这里，听农民念出诗句连声叫好。农

[1] 贫嘴：形容爱多说废话或开玩笑的话。

民间魏生能否对上下句，魏生听了信口对道："枣条弯弯戳[1]狗牙。"

围观的人听了大笑，从此，众人都说他是贫嘴。

讲述者：　程来芳，男，1927 年 12 月，莱芜市寨里
镇寨东村，干部，高中

采录者：　李胜华，男，1964 年 4 月，莱芜市方下
镇张公清村，初中

采录时间：　1991 年 5 月

采录地点：　莱芜市民政局宿舍

附记

20 世纪 90 年代初，我参加中国民间文学集成征集工作，来到寨里镇寨东村房洪德老师家，他在寨里算是个名人，不仅文采好，更重要的是好友多。他有两个最要好的好友，一个是在民政局上班的程来芳老师，一个是教师退休的张永良老师。当时，他们正编辑着一份油印乡土小刊《汇滨野话》，主要是刊发寨里周边的民俗和民间故事。凑巧，程来芳老师也在，又把张永良老师也叫了过来。这次座谈拉了很多地域故事，上面这个幽默对对故事，就是程来芳老师讲的。后来，该故事载入民间故事集《凤凰城的传说》一书，李胜华搜集整理，1993 年 2 月，金陵书社出版公司出版。

345

肉方子

从前，山里来了一位山夫[2]，挑了一担干柴，到雪野集上去卖。因为家里穷，从未吃过猪肉。他卖完柴后，想起家里八旬老母。心想，我也割上半斤猪肉，回家孝敬孝敬我的老娘吧！

于是，他狠了狠心掏钱割了半斤肉。割了肉之后，心里犯了难，这东西怎么吃呢？一时没了主意。没办法，他又凑到肉摊前，向卖主讨了个吃法。

他怕自己忘了，便求摊主给他写了个小条子，攥在手里。他将肉挂在扁担头上，优哉游哉[3]往家走。蹚过河崖[4]之后，他急着解大便，急忙放下扁担将肉放好，到一块大石头后面去了。

山夫系着腰从石头后面出来，看见一群老鸹叽叽喳喳地争抢他的肉。他心一急，抬手做了一个撇石头的动作。老鸹一害怕，竟叼起肉来飞走了。

---

[1]　戳：捅，用枝条用力捅。

[2]　山夫：山里砍柴的樵夫。

[3]　优哉游哉：指生活惬意，快乐。

[4]　河崖：小河的俗称。

山夫十分气恼，但又没法。他灵机一动，对着远飞的老鸹群喊道："你们叼去了也无用，吃肉的方子在我布袋里呢！"

讲述者：　王道坤，男，1949 年 10 月，莱芜市莱城区雪野镇雪野村，干部，大学

采录者：　王新然，男，1945 年 7 月，莱芜市莱城区雪野镇雪野村，教师，大学

采录时间：　1999 年 9 月

采录地点：　莱芜市莱城区雪野镇雪野村

附
记

这个笑话故事与一个传统笑话相吻合，说是有个人赶集去割了一块肉，人家还写了一个烹制条子给他，上边写着肥肉怎么吃，瘦肉怎么吃。在回家的路上，他忽然想大便，他把肉挂在树杈上，就上一边大便去了。这时，飞来一只老鹰，一口就把肉叼走了。他并不着急，看着远去的老鹰，举着手里的条子对老鹰说："你把肉叼走吧，条子还在我手里，你可不知怎么吃！"

346

念别字

济南芙蓉街往北有座孔庙，这天来了两个逛庙的，一个叫张三，一个叫王五。这两个人挺酸，论文化程度是一瓶子不满半瓶子晃荡。

他俩来到庙前，一进门，看见墙上有块立额[1]，蓝底金字，上写"文廟[2]"二字。

王五说："三哥，你看这字写得多好啊！可能是王羲之题的。"

张三说："这两个字是不错，你知道念什么吧？"

"这不是'丈庙'吗？"

"兄弟！错咧。不是'丈庙'，明明是'文朝'。"

"丈庙！"

"文朝！"

他俩争了一阵，谁也不服谁。张三说："咱俩打个赌，我念对了，你请客；你念对了，我请客。"

王五说："行！行！"

[1]　立额：不是匾，匾是横的，立额是竖的。

[2]　廟："庙"的繁体写法。

俩人往庙里走去。刚到二门，从里面出来个小和尚。小和尚背着个黄兜，兜上绣着两个黑字："打斋。"

"哎！小师父，慢走！"

"什么事儿啊？我这里忙着哩！"

"只有两句话说，立额上那两个字，他念'丈庙'，我念'文朝'，俺俩谁念得对啊？"

"我哪有工夫给你们说这个？我忙着给俺师父'打齐[1]'去呢。"

"呵！你这个小师父！明明是'打斋'，你说是'打齐'，谁教给你的？"

这时候，从南边来了个教书先生，手里拿着本字典。张三就问："老先生，外边有个立额，我念'丈庙'，他念'文朝'，俺俩谁对？这个小师父兜上明明写的是'打斋'，他说'打齐'，是不是错咧？"

老先生说："哎！你一猛问不行，我得查查字凹。"他也念错了。

王五说："好哇！老先生，明明是字典，你念'字凹'。你还是教书的先生，这不是误人子弟吗？！这个事儿咱得打官司！"

他俩加上小和尚，连同老先生就来到大堂了。大堂上有一块大匾，这块匾是给前一任县官送的，上边黑底金字，三个大字：赛东坡。这是奉承该县官的能耐，赛过苏东坡。

县官升了堂，一看这四个人就问："你四个为的什么？"

王五说："俺兄弟俩逛孔庙，外边一个立额，我念'丈庙'，他念'文朝'，俺俩谁对呢？"

"和尚呢？"

"我的黄兜上有俩字，我念'打齐'，他俩说'打斋'。"

"老先生你呢？"

"他仨猛一问我，我也说不上来，我说查查'字凹'。"

县官听罢，把手一扬，说："哎！你们几个都错咧！我说给你们听吧！

'丈庙''文朝'两相异，

和尚不该说'打齐'；

哪有先生查'字凹'，

抬头看我'赛东皮'！"

讲述者： 李金标，男，1906年2月，历城县高而乡南高村，农民，私塾

采录者： 李全仁，男，1938年7月，第二文化馆干部，高中

采录时间： 1986年4月

采录地点： 历城县高而乡南高村

附
记

1987年4月1日，历城县撤县置区，为济南市历城区。李金标讲这个故事已经很多年了，1987年历城民间文学资料征集时才写了下来。这个嘲讽笑话故事发表在济南市历城区民间文学集成办公室编辑的《历城民间文学资料本》；济南市历城区文化局、济南市历城区区志地名办公室内部出版。共三集，第一集出版时间为1988年2月，第二集为1989年5月，第三集为1990年4月；关涛、李全仁主编。济南市历城区文化广电新闻出版局、济南市历城区文化馆，2018年11月，编辑出版《历城民间故事》（内部出版），陈芳主编。（田延青）

[1] 齐：齐的繁体写法。

347

捧着香灰拜阎王

从前，村里有个姓王的，平常里不大干正事儿，却整天烧香念佛求护佑。时不时地愿慰[1]自己死了后，能入天堂享清福。天长日久，光香灰就攒了一布袋。

姓王的经常琢磨，我烧了这么多香，得叫阎王爷看看，让他明白我一片诚心，死了以后叫自己进天堂。他背上香灰，就去找阎王爷了。

俗话说，"远路无轻载"。几天下来，累得他不轻。一天，天黑了，他走进一户人家想借宿一晚上。这人家姓李，是一个光棍儿，为人实诚，就答应让他住下了。晚上，姓王的就拉起了自己的想法。谁知，这姓李的听了也挺高兴，说："我也是成天烧香求佛的，赶明儿[2]咱搭伴儿去找阎王爷去。可有一事我比不上你，才攒了半布袋香灰哩！""不碍事儿，你虽然赶不上我的多，我上天堂后，你给我当个跟班使唤吧？"就这样，两人背着香灰又上路了。

俩人走了老长时间，天也黑了，正琢磨着找个地儿投宿哩！看到大道上站着个白胡子老头。老头儿就问他俩："你们这是到哪里去呀？"姓王的就把找阎王爷的事，仔细说了一遍。老头儿点了点头，说："你俩也先别找阎王爷了，我先看看你俩心正不正再说。要是心不正，就是见了阎王爷也上不了天堂。"

姓王的抢着说："你光看看，咱这满满的一布袋子香灰就清楚了。"白胡子老头摆了摆手说："这个不是凭据，我先得使斧子给你开膛看看，才知道你的心到底正不正。"白胡子老头随说着，就掏出一把大斧子来。姓王的一看，心想，自己办了不少坏事儿，烧纸烧香不过是为了遮人耳目罢了。再说一开膛，还能活吗？越寻思越害怕，就往后退。

那个姓李的是老实人，对白胡子老头子说："大爷，看看俺那心正不正啊。"

白胡子老头二话没说，举起斧头"哧啦"把肚子拉开了，把手伸进去摸了摸："不孬[3]，你心棱正[4]！"说完，用手往肚子上一敷，那道长口子就拉上了，和先前一模一样的。

姓王的一看，噢！拉开膛也死不了人啊！也跑过来挺着肚子，说："你给我也看看？"

白胡子老头举起斧子也给他开了膛，把手伸进去摸索了半天才说："我说怎么找不着心在哪里呀，闹了半天是歪到腋窝下边去了！"

讲述者： 王兴东，男，1977 年 1 月，长清区文昌街道南门里，教师，大学

采录者： 魏文森，男，1965 年 7 月，长清区教师进修学校教师，大学

采录时间： 2020 年 7 月

采录地点： 长清区石麟小学

[1] 愿慰：安慰。
[2] 赶明儿：明天。
[3] 不孬：很好。
[4] 棱正：不偏，很正直。

附
记

此故事原载于《长清民间文学集成》(1988 年 12 月，长清县民间文学集成办公室编），讲述者为刘传华，南门里村人；采集整理者为赵君雁。此次采集在原文本基础上，又根据王兴东讲述进行了充实整理。

348

三个糊涂虫

有一天，有个农民到广宗县县衙击鼓鸣冤。

县老爷升堂问案："你有何事，前来击鼓？"

农民说："老爷，我家的牛被人偷走了。"

县官问："什么时候被人偷走的？"

农民答："明天被人偷走的。"

县官一听大怒，道："你的牛明天被人偷走的，为什么才来报案？昨天为什么不来？"

旁边的衙役听了，忍俊不禁，嗤的一声笑了。

县官气得把惊堂木猛拍："大胆差役，你笑什么？你笑，牛就是你偷的！"

差役一听，感觉事情不妙，赶紧上前一步，为自己辩白道："老爷，他家的牛不是小人偷的。"他抖抖衣袖，双手一摊，"您要是不信，请翻！"

讲述者： 孙绪修，男，1947 年 1 月，章丘区文祖
街道，农民，初中
采录者： 孙继广，男，1972 年 10 月，章丘区融媒

体编辑，大专

采录时间：　2019 年 11 月

采录地点：　章丘文祖老宅

349

张混教读

附
记

这个故事叫作《三个糊涂虫》，与其他版本不同。但我感觉，故事中的三个糊涂虫，一点也不糊涂。农民因为慌张所以口误，引出了县官的幽默诙谐，差役的机智聪明。以前听过三个糊涂虫的故事，但与这篇不同。这篇很短，也很幽默。父亲给我讲述的时候，我忍俊不禁。所以记录下来，与大家分享。原载 2019 年 12 月 12 日《章丘晨报》。

张际庄有个叫张三的混儿，整天游手好闲，贪吃懒做。混来混去混不下去了，便去给人家坐馆教书。教书不认字，只好学南郭滥竽充数，可也真有上当的。

张家庄张财主也是个睁眼瞎[1]，听张混儿胡吹海咧[2]，就把两个儿子交给他教读。

张三挺胸鼓肚，装得满腹学问，头一天上课就对两个学生说："先跟着我念，我念啥，你们就学着念啥。"

两个孩子怪听说，瞪着眼怯生生[3]地听着。

张三清清嗓子道："家前一行柳。"

两个学生高声学念："家前一行柳。"

第二天，张三又换一句："家后一行桑。"

第三天改成："三担六头儿，六担十二筐。"

第四天又叫念："一二三。"

张财主听儿子高声念书，怪欢气[4]。后来听到翻过来、

[1]　睁眼瞎：不识字的人。

[2]　胡吹海咧：信口开河，说大话。

[3]　怯生生：有点害怕。

[4]　怪欢气：很高兴。

倒过去的就这么几句话，很怀疑是不是书。他不好意思问张三，便打发个小伙计带足路费，去省城找先生问问这些话，是不是书。

吃谁家的饭，听谁家的管。小伙计饥餐渴饮去省城，走着走着，对面过来个无精打采的赌博鬼。

久赌神仙输。看样子赌博鬼输得怪惨，瞪着红眼，喘着粗气。小伙计满脸笑容迎了上去："这位哥哥，麻烦您听听，这是不是书？"小伙计说着背诵如流："家前一行柳，家后一行桑，三担六头儿，六担十二筐，一二三。"

赌博鬼输得晕头转向，听了小伙计的话，眼一瞪气冲冲地回答说："这一二三不是输还是赢吗？"小伙计听了，吓得倒退一步。他以为赌博鬼嫌他胸无点墨，其实，一二三在赌场上点子最低，难怪赌博鬼发这么大火。小伙计讨个没趣，作揖磕头谢了，继续往前走。

这天晌午[1]，小伙计吃饱喝足，乐滋滋地赶路。迎面走来一位老大爷，小伙计想：走路问大爷，百事难不着。想着，往前紧赶两步，抱拳施礼："老人家，打扰您咧，请您老指点这是不是书。"于是，把张三教的话讲了一遍。谁知老大爷是个半聋子，只听准了个二三，气呼呼地回答说："你这后生，排行二三不是叔还是你大爷吗？"

小伙计听了急忙还礼说："大爷，侄儿无知您别见怪，只要是书就行。谢谢您老的指点！"

小伙计告别老大爷，欢欢喜喜往回赶。这"家前一行柳，家后一行桑，三担六头儿，六担十二筐，一二三"不是别的，就是书（输）。这回掌柜的保准心满意足了！

讲述者： 李乃东，男，1940年1月，莱芜市方下镇张公清村，初中
采录者： 李胜华，男，1964年4月，莱芜市方下镇张公清村，大专
采录时间： 1988年10月
采录地点： 莱芜市方下镇张公清村

附

记

说起读书来，李乃东老人讲述了这个幽默故事。他还讲述了一个先生教傻学生的故事，说是有个孩子很笨，人家是过目不忘，他是教个十遍八遍，都当了耳旁风。有一次教学生念鸡冠花，正好学生家长来访。先生为了显摆自己的学问，就让学生现场回答。为了安全起见，他在窗台摆了一盆鸡冠花，告诉学生这就是鸡冠花，忘了的时候看看他。家长落了座，先生就问学生："告诉先生和你的家长，咱刚学的什么？"学生早忘了，挠着头皮愣在那里。他想起先生的话，就朝先生看去。先生用嘴暗示他看那盆鸡冠花。学生就大声说："先生，咱刚学的是'狗嘬嘴'。"先生气得差点上了吊。《张混教读》一文原载《凤凰城的传说》，李胜华搜集整理，1993年2月，金陵书社出版公司出版。

[1] 晌午：中午。

350

鸡爪黄连

干什么都不能力巴头[1]，开药铺更不能力巴头。

以前，有个人开药铺，爹懂医道，儿子不懂。儿子跟着爹在这里看药铺，他爹不在家，来了买药的，他卖。

这天，来了个买药的，买鸡爪黄连[2]。他寻思：黄连是有，可没有鸡爪子啊！到了后边鸡窝里掏出那个鸡来，抓住鸡爪子剁下来，包巴包巴[3]给了人家走咧！

中药里有一个方，叫母子保全汤。来了打[4]母子保全汤的，他把老婆带孩子送给人家咧。

在他门口有个姓陈的皮匠，从他卖了母子保全汤，这个皮匠就不敢来了。待了一会子他见着皮匠，说："你在俺门口买卖挺好的，怎么不来了呢？"

皮匠说："买母子保全汤的，你把老婆孩子送给人家；再来个买陈皮的，你还不把我一块儿卖了呵？！"

又一回，人家买大麸皮[5]，他看成大夫皮，就把他爹那皮袄给人家剪了一块。他爹回来问："我这皮袄咋[6]少了一块？"

他说："人家买大夫皮，我剪了一块给人家配了药了咧。"

他爹说："你这才胡扯[7]哩！"

他说："你别说胡扯，过一天有人来买附子、当归的，咱爷俩都得去！"

讲述者：　吕素孝，男，1920年3月，历城区彩石乡韩家峪村，农民，高小

采录者：　李宗斌，男，1957年10月，第一文化馆干部，中专

邹连琪，男，1948年8月，文化站站长（彩石乡大龙堂村），初中

采录时间：　1987年5月

采录地点：　历城区彩石乡韩家峪村

---

[1]　力巴头：外行人。

[2]　鸡爪黄连：黄连的一种，形如鸡爪，故名。

[3]　包巴包巴：用纸包起来。

[4]　打：买。

[5]　大麸皮：大腹皮，槟榔果皮制成的中药。

[6]　咋：怎么。

[7]　胡扯：胡说，乱说。

351

一毛不拔

从前，有个特抠门[1]的人，他成天蹭吃蹭喝。他欺软怕硬，只蹭那些君子圣贤。对刁蛮任性的恶霸，他一向是离得远远的，从不靠他们的边。君子圣贤对他也是毫无办法，所以大家就给他起了个外号叫"聖賢愁"（圣贤愁）。

他抠门的事被天界众神仙们知道了，都笑话凡界圣贤们无能，连这么个蹭吃蹭喝的无赖小人都收拾不了，太可笑了。

有一天，有两个仙人气不过想戏弄他一番。他俩选了一个亭子，摆上一桌酒席，外面挂了个牌子，上面写着三个大字："聖賢愁"。

这个抠门人得知有酒喝，就连忙赶过来。一见这牌子，心想："这不是明摆着让我蹭吗？"想到这儿，心中大悦，大嘴一撇，迈着方步就走进亭子。只见上首坐着一个须发皆白的红袍老人，下首坐着个穿蓝袍的虬髯[2]老者。这个人也不拘谨，上前与二位行礼作揖，道："二位早就到了？"

他一边说一边来到一个空位，也没拿自己当外人，就一腔坐下，准备开蹭。可他一看桌子就傻眼了，因为桌子上光有一壶酒没菜。

红袍仙人道："今天这酒席啊，光有酒没有菜，各位谁能拿出个下酒菜，谁就先喝这壶中酒。"

蓝袍仙人捋捋胡须，吟道："聖賢愁啊！这聖字是耳口王，耳口王耳口王，壶中有酒我先尝；席上无菜难下酒，我割下鼻子尝一尝。"说完，拿出一把锋利的小刀，将自己的鼻子就割了下来，血淋淋地扔到桌子上了。

这人见了，倒吸了一口凉气，心想："为喝这点酒，还动真格的，还真豁得出来！"

在上首就座的那位红袍仙人接着说道："话说这賢字，是臣又贝，臣又贝臣又贝，壶中有酒我先醉；席上无菜难下酒，我割只耳朵配一配。"说完，拿起小刀，一刀割下一只耳朵，扔在桌子上。

这人看了心更慌了，心说："人家喝酒要钱，你俩喝酒要命啊！"他紧张得直挠大腿。"哎，有了！"他接着道："这愁字是禾火心，禾火心禾火心，壶中有酒我先斟；席上无菜难下酒，我拔根汗毛表寸心。"说完，他拔了一根大腿上的汗毛扔到桌子上，抢过酒壶就一饮而尽。

两个仙人看傻眼了，说："哦，我们两人一个割鼻子，一个割耳朵，你拔根汗毛就完事了？"

他抹了抹嘴，笑着说："你二位就知足吧！我在别人家吃喝的时候，我连根汗毛都不拔呀！"

讲述者： 张丽华，男，1952年8月，莱芜市莱城区牛泉镇庞家庄村，剧作家
采录者： 亓廷香，男，1954年2月，莱芜市莱城区高庄街道办五龙庄村，教师
采录时间： 2016年6月
采录地点： 莱芜市莱芜区凤城家园小区

[1] 特抠门：指特别吝啬。
[2] 虬髯：卷曲的连鬓胡须。

附
记

讲述者张丽华，国家一级编剧，剧作家。他平时说话就诙谐幽默，常常能让场合活跃起来，来客笑得肚子疼。这个笑话就是文友聚会时张丽华讲的，这次聚会我们人人都讲了几个笑话来凑趣，场合火爆得能顶破天棚。

352

吝啬人

张老大打算去拜访李老大，心疼花钱，就用根草编成只鸡提着去了。

李老大把张老大迎进客厅说话，李老大用手在桌子上画了茶碗，让张老大喝茶。吃饭时间到了，李老大老婆用手比画了一个圆圈，客气地说："大老远来了，饿了吧？你把这个饼吃了吧？"张老大笑着拿起那只鸡，说："我有鸡，这饼你留着吃吧！"说着，把草鸡放进嘴里，嚼了一下咽进肚里，拍着肚皮说："我吃饱了，该回去了。欢迎你抽时间到我家做客吧？"

李老大正要回答，他老婆抢着说："要我们去你家，等下辈子吧！"

送走了张老大，李老大对老婆大发脾气："你个败家娘们，怎么还给他一个这么大的饼，给他一半就不少！"

老婆心平气和地说："我给他的饼他也没吃，咱也没赔本啊？！"

李老大火气不减，说："你给他的饼虽然没吃，可那只草鸡被他吃了。再说，你老是抢着说话，谁让你给他许日子的？"

讲述者：　高太军，男，1961年3月，莱芜市莱城
　　　　　区高庄镇五龙村，初中

采录者：　亓福忠，男，1968年9月，莱芜市莱城
　　　　　区高庄镇五龙村，高中

采录时间：　1995年2月

采录地点：　莱芜市莱城区高庄镇五龙村

353

秀才串门

　　从前，有两个交情不错的秀才。有一天，姓张的秀才到姓李的秀才家拜访。恰巧李秀才有事出去了，光媳妇一个人在家。她又是让座，又是下茶[1]。

　　张秀才心想：李秀才的媳妇真懂事，真会待客。这时，张秀才看到李秀才的媳妇绣的花挺不错，就夸奖说："夫人绣的花真好看啊！"

　　李秀才的媳妇忙说："您过奖了！现在不行了，我为闺女[2]的时候绣得比这好！"张秀才坐了一会儿，就走了。

　　回到家，张秀才对自己的媳妇说，李秀才的媳妇如何贤惠，如何会待客。把她怎么做的，怎么说的向媳妇学说了一遍。

　　张秀才的媳妇嘴一撇，说："就这些呀？我比她强。不信，等哪天李秀才来咱家。你藏在里屋，看我会不会接待！"

　　这一天，李秀才来张秀才家。张秀才媳妇一看李秀才

[1]　下茶：沏茶。

[2]　为闺女：当姑娘时，未出阁（嫁）前。

来了，大声说："哎呀！李秀才你可来了，可想死我了！"
把张秀才说得满脸通红。

李秀才问："张秀才在家吗？"

张秀才媳妇说："不在家，他有事出去了！"接着，
就把李秀才让到屋里，也是又让座、又下茶的，挺像样。
张秀才在里屋偷偷一看，挺高兴。

这时，李秀才看到屋里的两个孩子，就随口说："夫
人好福气啊！这两个孩子长得不错！"

没想到张秀才的媳妇说："不行，不行，我为闺女时
的那两个孩子比这两个孩子好多了！"

讲述者：　　李维昌，男，1967年2月，莱芜市莱城
　　　　　　区高庄街道办事处五龙村，高中

采录者：　　亓廷香，男，1954年2月，莱芜市莱城
　　　　　　区高庄街道五龙村，中师，退休教师

采录时间：　2003年4月

采录地点：　莱芜市莱城区高庄街道办事处五龙村

354

抬杠

有一户人家兄弟仨，一说话就抬杠[1]。

这天，老大把老二和老三叫到自己家中对他们说：
"咱们兄弟三个，是一娘同胞，常常抬杠也不是件好事，
一来闹得兄弟不和，二来邻里见笑。从今天开始，谁要是
再抬杠，就罚二百文钱。"

老二和老三听后，都表示同意。

兄弟仨谁也不说话了，闷着头[2]喝茶。喝着喝着，老
大就说："兄弟，你俩听说没有？前天夜里，邻庄的鱼塘
被咱村的人偷来了。"老二听了赶紧随和说："怪不得前天
夜里我听见哗哗的水响。"老三反驳说："大哥，你这就是
胡扯了，鱼塘怎么能偷走呢？"

老大听了，瞪了老三一眼说："老三，咱刚定了规矩，
说话抬杠罚钱二百文，你咋身子没转完[3]就违规了呢？"

老三没白为[4]回家去拿钱，老婆问他拿钱干啥用，老

[1]　抬杠：即拌嘴。
[2]　闷着头：低着头。
[3]　身子没转完：此指时间很短。
[4]　白为：反驳。

三就把事情一五一十地说了一遍。老婆还没说话，一旁的小儿子凑过来说："爷，我去给俺大爷送钱吧？"

老三的儿子来到大爷家，进门就喊："大爷，俺家的老母猪生了一头小毛驴。"

他大爷一听，忙说："猪怎么能生出小毛驴呢？"

老三的小儿子听了笑着说："大爷，您又跟我抬杠了，俺爷让我送来的这二百文钱我就带回去了。"说着，就连蹦带跳地跑回家去了。

讲述者： 张克永，男，1964 年 11 月，莱芜市莱城
区方下镇张公清村，高中
采录者： 李胜华，男，1964 年 4 月，莱芜市莱城
区方下镇张公清村，大专
采录时间： 1997 年 9 月
采录地点： 莱芜市莱城区方下镇张公清村

（二）幽默笑话

355

瞎话篓子

来人往梁头上一看，说："你这篓子怎么自家还晃荡呢？里头装的啥？"

张大玄老婆说："那是个瞎话篓子。"

讲述者： 吕洪庆，男，1945 年 3 月，历城区仲宫镇东泉泸村，农民，小学

采录者： 李全仁，男，1938 年 1 月，第二文化馆干部，高中

采录时间： 1987 年 7 月

采录地点： 历城区仲宫镇东泉泸村

张大玄这个人爱说瞎话，靠坑蒙拐骗过日子。有一天在外头又骗了人家，唯恐人家找上门来和他算账。

可巧这时候有人喊："张大玄！张大玄！"

张大玄一听人家真找来了，这玩意儿怎么办？对他老婆说："快把我藏起来！"

他老婆说："藏到哪里呢？咱就这么一间破屋。"

他抬头一看，梁上吊着个大竹篓子，说："我藏到那里头去吧！"他把梯子竖到梁头上就藏进去了。

他老婆刚把梯子挪了，那个人就进来了，问："张大玄呢？"

她说："没在家。"

来人说："我是来看蹊跷事儿的。张大玄说昨天刮了一阵大风，把你家里那口井刮到院墙外头去了，我专门来看看呢。"

张大玄一听不是来找他麻烦的，也就放心了，心里说：我随便开个玩笑，这个人就当真了，可也太实心眼儿了。他想着想着就笑开了，差点笑出声来。这一笑，身子就晃荡，那个篓子就来回摆开了。

356

找烟袋嘴子

从前，村里有个老头经常用烟袋吸烟。有一天，他不小心把烟袋嘴子弄丢了。他的儿媳妇说："爷，找不到你别急，我出去给你吆喝吆喝[1]。"她来到大街上，就高声叫骂了起来："谁家那熊孩子[2]把俺公公那烟袋嘴子拾了去了，你拿回去放到你娘那腚[3]里去了蛮[4]？"

她公公听了忙说："别喊了，找回来我也不使[5]了！"

讲述者： 李玉春，男，1963 年 7 月，莱芜市莱城区高庄镇五龙村，高中
采录者： 亓福忠，男，1968 年 9 月，莱芜市莱城区高庄镇五龙村，高中
采录时间： 1993 年 10 月
采录地点： 莱芜市莱城区高庄镇五龙村

[1] 吆喝吆喝：大声叫喊。
[2] 熊孩子：调皮孩子。骂人的话。
[3] 腚：屁股。
[4] 蛮：吗。
[5] 不使：不用了。

本来是儿媳妇实话实说，可有的话好说不好听，不是笑话也是笑话了。说到这里，还有一个类似的笑话。有一群孩子作（做坏事），毁了人家南瓜。南瓜家女主人就趁晚上家里都有人，在庄里骂街："恁这些熊孩子，你们都伤了天理，怎么祸害了我家的南瓜呢？"接下来，骂的话很难听。她大伯哥听不下去了，就过来劝她说："恁婶子，你别骂了，多难听啊！快回家睡觉去吧！"这女人也骂累了，正好借坡下驴，但又不舍得丢面子，于是，大声骂道："恁这些熊孩子，要不是俺大伯哥约合我家去睡觉，我非骂你们一宿不可。"大伯哥闹了个大红脸，四邻八舍也笑弯了腰。

357

相好

小怪的，他和我儿媳才相好几年？老子和他娘相好几十年了！"店小二听了，惊得差点岔了气。

讲述者： 韩传建，男，1945年11月，莱芜市莱城区口镇下毛圈村，干部，大专

采录者： 杨会银，男，1955年10月，莱芜市莱城区方下镇冶河村，干部，大学

采录时间： 2018年3月

采录地点： 莱芜市莲花山书画院

儿子和他爷说："现在世态炎凉，一吊钱的不和半吊钱的说话，而且以（衣）貌取人。"

他爷不信，爷俩就打赌。他爷穿着破旧的衣服来到一家饭铺，没有一个跑堂的理睬他，他就选了一个角落坐了下来。

不一会，儿子穿着华丽的衣袍走了进来。店小二和跑堂的笑脸相迎，把他安排到贵宾座，端茶倒水。

儿子指着坐在角落里的他爷，对店小二说："坐在角落里的那个老头，你们要好好招待，一切费用我包了。"

店小二看看老头，又看看他问道："为什么，你们是亲戚朋友？"

儿子笑了笑，用手挡着嘴，小声说："我和那个老头的儿媳妇相好。"

店小二心领神会地点点头，端着好酒好菜给老头送去了。老头明知故问，店小二小声对老头说："贵宾席上的先生给您点的酒菜，他说你儿媳妇是他的相好，你不揍他？"

老头喝口酒吃口菜，不急不慢地说："这有什么大惊

358

都
来
看

讲述者：	李玉春，男，1963 年 2 月，莱芜市莱城区高庄街道五龙村，高中
采录者：	亓福忠，男，1968 年 9 月，莱芜市莱城区高庄街道五龙村，高中
采录时间：	2006 年 6 月
采录地点：	莱芜市莱城区高庄街道五龙村

附
记

在俺们老山套里的，听很多人拉起过这个故事。每次听见（到）这个呱，很多人笑得前仰后合，再就是那些嫂子大娘不好意思露着大板牙笑，就用手捂着嘴，笑得两眼眯成一条线。还有人笑得一个劲地擦眼泪，有个小伙子笑得岔了气。邻居大爷就让大伙把他扶起来，奔（扳或抓）着门框打提溜，好歹才让他顺过气来。其实，这是个恶作剧，旧时思想落后，拿着残疾人来耍笑。残疾人是社会弱势群体，需要大家的爱心呵护。

很多年以前，有一瞎厮[1]算卦来到了南山村。大家争着、抢着抽卦、算卦，无非算财运、算婚姻等。

有一个二混子[2]，不务正业。他也想算卦，大家都说他没钱，不让瞎厮给他算。他很生气，决定报复算卦的先生。

这一天，他和算卦的拉呱。先生问他叫啥名，他说："我叫'都来看'。"

瞎厮以为"窦来勘"也没多想，知道这庄里有姓窦的，时间长了就混熟了。

这一天，他二人到大湾里洗澡。二混子偷偷地上岸穿好衣服，并且把瞎厮的衣服也拿走了。好一会儿，瞎厮洗完澡来摸衣裳，怎么也摸不着了，急得他张嘴大喊："窦来勘……窦来勘（都来看）。"

不多时来了一大伙人，大家一看都哈哈大笑起来。

[1]　瞎厮：盲人。
[2]　二混子：讥称高不成、低不就，整天混日子的人。

359

好兄弟

以前，村庄里有一位办事不靠谱[1]的人。有一天赶集去买鞋，要价是三块。他和卖鞋的一番讨价还价后，花了两块五毛钱买了双"解放"牌整球鞋。他觉得很便宜，回到家向他老婆显摆[2]。他老婆一看，就破口大骂："你这不长眼的东西，买了两只右脚的，看你怎么穿？"

再说集上，他买走了以后，卖鞋的一看也急了眼，剩下两只左脚的，这可怎么卖？说来也巧！又来了个买鞋的，一问码号，正合适，价钱两块五也真便宜，觉得占了五毛钱的光，还怕卖鞋的反悔！连看也没看，放到提篮里急忙就走了。卖鞋的一看，妥了，收摊也走了。

到了下一集，他二人都来找卖鞋的。一见面，两人长相还差不多，都是乐天派！二人还真有共同语言，一见如故，都有相见恨晚之意。一个说道："说起马大哈，你庄里是你，俺庄里就是我。咱兄弟俩忒般配[3]了，天下也难

找。"另一个也说："可不，我看咱俩比亲兄弟都亲，就是挑到云南也不偏沉[4]。"

卖鞋的在一边偷着乐，心想，你俩就是一双鞋钱，二百五[5]，于是，笑着说道："我看你二位做事一个样，说话也很投机。我来做证，你俩拜了把兄弟吧？"

从此，二人真成了一对好兄弟。

讲述者：　李清春，男，1959 年 1 月，莱芜市莱城区高庄街道五龙村，高中

采录者：　亓福忠，男，1968 年 9 月，莱芜市莱城区高庄街道五龙村，高中

采录时间：　2001 年 3 月

采录地点：　莱芜市莱城区高庄街道五龙村

附记

我们是个山区村，可算是个四面环山的地方。因为出庄路不好走，很少到其他地方去，唯一的乐趣就是三五成群，在庄里大水沟边老槐树下拉呱。你一个我一个，拉得很高兴。这个故事就是在一起拉呱时，听李清春说的。他说这个呱，在其他村里也有人经常拉起。而且还有人知道这俩人是谁，哪个庄里的，但就是不具体说他俩是什么庄，因为这不是个好事情，怕人缘厚让他们的亲友听到了，传话过去惹气生。

[1]　不靠谱：比喻不切实际的言论、意见、方案、计划、措施等。

[2]　显摆：意思是显示并夸耀。

[3]　忒般配：指人的身份、脾气、性格等相称。

[4]　不偏沉：两头一般重。

[5]　二百五：指傻头傻脑，不很懂事，而又倔强莽撞的人。

360

尸身卖钱

一个富翁病了很久，只因他视钱如命，便撑着不肯请医服药，眼看就要死了，弥留之际，对妻子说："我一生想方设法赚钱，好不容易才攒下这点钱。我死后，可把我的皮卖给皮匠，肉卖给屠夫，骨灰卖给漆店，你要记住呀！"说完，眼睛一闭，死过去了。

忽然，他又微微睁开眼睛，用尽最后的力气，断断续续说："现在、现在的人都不能相信，千万不能赊账，一定要、要、要现钱！"

讲述者： 马洪武，男，1942 年 5 月，莱芜市莱城
区牛泉东上庄，退休教师

采录者： 杨永军，男，1969 年 2 月，莱芜市莱城
区口镇南街村，大专

采录时间： 1999 年 7 月

采录地点： 莱芜市莱城区牛泉东上庄

附
记

马洪武讲述的这个笑话，在民间传讲的版本怪多，有人曾这么讲过。说是有这么一个吝啬人临死前，嘱咐他的孩子说："我死后，你们把我的肉煮了卖掉吧？周围这些庄子都能去卖，唯独你姥娘家的庄千万不能去，你那两个吝啬舅吃了肉不给钱。记住了吗？"说完，两眼死死地看着儿子的脸。等看到儿子点头答应了，他这才慢慢地闭上了眼睛。

361

王先生算卦

附记

　　算卦都是忽悠人的，看看这个王先生说的话，你就该什么也明白了。原载《凤凰城的传说》，李胜华搜集整理，1993 年 2 月，金陵书社出版公司出版。

　　王家庄有个出了名的算卦先生，人称王先生。传说，他算的卦怪灵，求他卜卦的人很多。

　　邻居张婶丢了只鸡，四邻八舍找遍了也不见踪影，只好找王先生卜上一卦，掐算掐算。王先生装模作样地扳弄了几下手指："子鼠丑牛四邻走，正月三十找不到，二月三十不得信，这一月二月吗，就没指望了……"

讲述者：	谷增军，男，1964 年 10 月，莱芜市方下镇张公清村，大学
采录者：	李胜华，男，1964 年 4 月，莱芜市方下镇张公清村，初中
采录时间：	1989 年 10 月
采录地点：	莱芜市方下镇张公清村

362

好婆媳

采录者： 亓福忠，男，1968 年 9 月，莱芜市莱城区高庄镇五龙村，高中

采录时间： 1998 年 2 月

采录地点： 莱芜市莱城区高庄镇五龙村

附记

这个笑话，好像是个实事，因为在俺庄和周边村子里的人经常拉。我听家里老人和邻里也经常拉起，平时只要是看到什么人做事不灵头，就会想起这个笑话故事来。还有一个此类笑话，附近村里有个咨啬光棍子。有一次做粥，水多了面稀，面多了就稠，等不迭了，就说："这不熟就不熟了，趁着热乎喝了吧。"这与上个儿媳妇和面异曲同工。

有一户人家，才娶进门来一个儿媳妇。三日入厨下，洗手做羹汤。这天晌午，她负责擀面汤[1]，婆婆在一边草席上棉被子[2]，公公在一边垒茅厕栏子[3]。她放上面、舀上水，拌来拌去，总是和不匀实[4]，婆婆在一旁指点着："面硬了加水，面稀了加面。"不一会，就满了盆，一家人三顿也吃不了。

这时，婆婆喊了起来："你这个笨妮子，我要是不把自己缝进被子里出不去，非过去打你一顿不行。"公公听了，也大声说："天底下没有你婆媳俩这么笨的，我要是留了栏门，非过去每人踢一脚不可！"

讲述者： 李清春，男，1959 年 1 月，莱芜市莱城区高庄镇五龙村，高中

[1] 面汤：莱芜方言，面条的俗称。

[2] 棉被子：缝制棉被。

[3] 垒茅厕栏子：修建厕所。

[4] 和不匀实：搅拌不均匀。

363

找
水
喝

讲述者： 高太军，男，1961 年 3 月，莱芜市莱城
区高庄镇五龙村，初中

采录者： 亓福忠，男，1968 年 9 月，莱芜市莱城
区高庄镇五龙村，高中

采录时间： 1995 年 2 月

采录地点： 莱芜市莱城区高庄镇五龙村

附
记

这种找茬子走人的事情还真多。有一伙人在树下纳凉，拉呱侃大山。这个人想走，大家都不让他走。都说他拉呱怪好听，还没听够呢。这个人见无法脱身，就说："既然你们喜欢听，我就再给你们讲个三国的故事吧。且说黑面张飞，这天下山去巡防，迎面碰上了黑炭头李逵。两人一打照面，就看着对方不顺眼，伸胳膊挽袖子打了起来。"这时，旁边有人说："你讲错了，李逵是梁山好汉，不是三国人物。"这人听了，立睖他一眼说："说书唱戏别白为（反驳），你说我说错了，那你说吧？我还不伺候了呢！"说着，站起身来，拍打拍打屁股上的土，扬长而去。众人都埋怨这人多嘴，有个老汉说："咱让他拉呱，就是为了拖住他不让他走。张飞打李逵，就让他打吧。他那个脾气，打谁你也拦不住。这回好了，没有呱听了。都走吧，再坐着也没意思了。"大家不欢而散。

老亓一辈子好幽默，这一年他到沟里村出夫[1]。

去的路上，全靠步行。六月天走得又累又热，好不容易到了一户人家。这家人倒是很热情，下了一壶[2]好干烘茶，老亓喝了个心满意足。喝了人家的茶，为了感激就对主家说："给您家添麻烦了，我给您拉个呱吧？算是答谢！"

这家人也很高兴，都支着耳朵听着。老亓拖着长腔说："话说唐僧、沙僧、八戒、悟空，师徒四人到东天取经。"

这时，那家女主人突然说："你说错了，人家是去西天取经。"

老亓一听，就坡下驴说："你会拉你拉去吧，我得走咧。"

说着，起身笑着扬长而去。

[1]　出夫：到外村或外地去干活。
[2]　下了一壶：沏壶茶。

364

肥猪拱栏

有这么兄弟三人，在夜晚做了一个同样的梦，肥猪拱栏。

第二天早上，三人说起相同的梦境，好生纳闷儿。于是，三个人一起到村里一个有名气的解梦高人那里解梦。到了那里，他仁先后把梦说了一遍。

解梦之人是个白胡子老头儿，他分别问清了三人做梦的时辰，然后，捋了捋白胡子，先对老大说："你运气不错，今天你得有顿好饭吃。"又对老二说："你也挺好，要添件新衣服穿。"兄弟二人挺高兴。老三问："我呢？"老人摇了摇头说："你得注意点儿，要不就会挨揍啊！"三人得了结果，回了家。

快到晌午了，老大的家里来了客人，老大赶紧吩咐家人割肉、买菜打酒招待客人；老二呢，他丈母娘来了，丈母娘心疼女婿，给闺女和女婿各买了件新衣裳。

老三回家后，一直闷闷不乐。琢磨解梦老头儿的话，一样的梦，两个哥哥都有好事儿，怎么到了我这里成了孬事儿。我不出门，躲着点儿，还能挨揍吗？一上午过去了，下午该上坡干活去了。他为了躲事儿，一直赖在炕上不起。

他爹见了，就问："身上不得劲儿蛮[1]？"

"没事儿。"

"有病了么？"

"没有。"他爹一听，生气着急地吼道："没病没灾，不疼不痒的，干么不起来干活去！"接着，把老三从炕上拽起来，揍了一顿！

晚上，兄弟仨碰了碰头，问各自的梦应验了没有。都说还挺准呢！三个人暗自佩服解梦人的本事儿后，商量去他家问个究竟，怎么算得这么准呢？

解梦老头儿知道来意后，呵呵笑了两声，慢条斯理地说："老大做梦的时候是晚上十点多，猪拱栏门子，是提醒主人该喂它了，主人就给猪槽子里加食儿了；老二做梦的时候十一点多了，栏门子又响，主人来看了看，噢，猪圈湿了，该垫栏了，于是撒了干土，暖和了；老三做梦的时间是夜里十二点了，栏门子还响，主人来看，猪吃饱了喝好了，圈不湿了，你还拱栏门子，这不是没事儿找事儿瞎捣乱？你想，还不该挨揍吗！"

讲述者：　王成修，男，1933 年 4 月，长清县菌山区范庄村，工人，小学

采录者：　王栋，男，1958 年 12 月，长清县菌山区范庄村，工人，大专

采录时间：　1984 年 10 月

采录地点：　济南市长清县菌山区范庄村

附记

这个故事在很多地方听到过，版本都差不多，其中有一个故事关于挨揍的那一个，第三个人是这么说的。第三人想：你算着我三天内必定挨揍，我这三天不出门惹事人家谁揍我。你算的卦绝对不准！他回到家里，准备了三天吃的东西，就窝在屋里不出门了。第一天，风平浪静；第二天浪静风平；第三天中午饭时，还是啥事也没发生。他

[1]　不得劲儿蛮：身体不舒服吗？

就等到了下午那个时辰过了，去找算卦的理论。吃了午饭，他躺在床上似睡非睡。这时，就听到两只老鼠在屋里打得不可开交。他起身一看，就见两只老鼠在地上跳跃着打斗，除了插别腿还撑老婆架子。他轰不轰的，老鼠就是不走。他气坏了，拿起鞋子就扔过去。老鼠也不怕，叼着鞋子钻到屋门外去了。他很生气，提着另一只鞋撵了出来。两只老鼠还是打得不可开交，打着打着，跳到墙边摞着的瓮上去了。他气火了，顺手扬起手里的鞋子使劲扔了过去。没想到鞋子扔高了，顺着墙头飞到了邻居家。正巧邻居财主的千金小姐从墙边走过，那鞋子不偏不倚正打在小姐脸上。这可惹大祸了，财主带着家丁上门把他揍得差点掉了腔。正应了算卦先生这一说，他不服还真不行了。

365

黄钢招亲

　　黄钢，是钢城区颜庄街道办莲花池村人。他从小好逸恶劳，是村里有名的懒汉。黄钢正事[1]不干，天天和一些不务正业的人在一起逮鱼摸虾，打架斗殴，还打瞎了一只眼睛。祖上留下的二亩薄地他也不种，住着两间伸手就摸着檐头的破草房，四面透风撒拉气[2]。下雨时，外面大下，里面小下，外面不下了，里面还滴答。冬天下雪能飘进雪花来。黄钢吃了上顿没下顿，日子过得很凄凉，但他一点也不在乎，照样我行我素。

　　就这样一个人，有一天交了桃花运。有人要给他说媳妇，女方是寨子村的。那时候说媳妇，男女双方都派人暗暗打听[3]对方的家庭情况。可巧的是，女方派来暗访的人正好碰见黄钢的二大爷。二大爷就热情地接待了来访之人，二人嘻嘻哈哈谈得很投机[4]。二大爷心想：一拃不如四指近，一家人要为一家人着想，我不能坏了侄儿黄钢的好事。

[1]　正事：正儿八经的事。

[2]　撒拉气：漏气。

[3]　打听：寻问、调查。

[4]　投机：投入。

暗访人就问："黄钢家有多少地？"二大爷就说："要说地吗，我说说你听听。

"山子顶上两（凉）块（快）[1]；东庙上两（凉）块（快）；西河涯上两（凉）块（快）；槐树子两（凉）块（快）；还有长步岭上两（凉）块（快），这些地都种不过来。"暗访之人听说这里两块地，那里两块地的种不过来，暗自欢喜。接着又问："宅子[2]咋样？"二大爷说："粉白墙的四合大院他都不住，说是空气流通不畅，媳妇来了还怕没处住吗？"暗访者心满意足地回去了。

没过多少日子，择一黄道吉日，迎亲完婚。拜天拜地拜老人，夫妻对拜入洞房。新媳妇揭开红盖头一看，傻眼了。洞房四面漏气，新郎面貌丑陋，还坏了一只眼睛。就懊恼地说："这里挑，那里捡，跟了黄钢一只眼。"

讲述者：	杨文彬，男，1945 年 2 月，莱芜市钢城区颜庄镇莲花池村，农民，初中
采录者：	吕秉华，男，1949 年 10 月，莱芜市钢城区颜庄镇颜庄村，退休，大专
采录时间：	2018 年 7 月
采录地点：	莱芜市钢城区颜庄镇莲花池村

附 记

这是个以语言谐音错觉发生的故事，虽然有些夸张，但不失为茶余饭后之笑料。我家大门外有棵古槐，树帽子很大。一到晌午，很多上年纪的就到槐树下纳凉拉闲呱。有一天，莲花池村杨文彬来找我借资料，看到树下聊天怪热闹，就也凑了过去。这个笑话故事，就是他在槐树下拉的。有好几个知道这个故事的，还添加了一些情节，这个故事才完整起来。

[1] 凉快：指谐音两块。方言，乘凉。
[2] 宅子：房屋。

366

能人相亲

若干年前，庄里有个懒汉，他怪会[3]说话。他家里过得不好，也没有多少地，只是刚够吃饭罢了。可那时候人结亲，偏偏关注男方有多少地！

有一天经人介绍去相亲，在山坡下一块地旁一见面，女方就问："那块有堰豁子[4]旁边的棉花地是谁家的？"

他不紧不慢答道："棉花是俺[5]的，堰豁子是他[6]的。"

"噢！"女方又问，"你家几块地？都是在哪里？"

他又不假思索地答道："大柏树底下两（凉）块（快）[7]、南山光崖[8]下头两（凉）块（快），加上这块，也就是五块[9]。"

女方一听，很满意。娶进门来，才知道一块地也没有，

[3] 怪会：能说会道。
[4] 堰豁子：被雨水冲了个缺口的地堰。
[5] 俺："垵"的谐音，方言，种的意思，如"垵玉米"，就是"种玉米"。
[6] 他："塌"的谐音。
[7] 两块："凉快"的谐音。
[8] 南山光崖：南山山崖的意思。
[9] 五块："无块"谐音，一块也没有的意思。

可气坏了，就说："你这人是个骗子，不和你过了。"

能人不紧不慢地说："能怨我吗？我不早就和你说了，你同意咱才结的婚。"

女方一听也不好变卦，只好凑合着过吧！

讲述者： 李清春，男，1959 年 1 月，莱芜市莱城区高庄镇五龙村，高中

采录者： 亓福忠，男，1968 年 9 月，莱芜市莱城区高庄镇五龙村，高中

采录时间： 1994 年 2 月

采录地点： 莱芜市莱城区高庄镇五龙村

附记

有一年春上浇地，和地邻李清春一块看沟子。李清春讲了上面这故事，讲完了，雅兴不减，就讲了另外一个版本的故事。若干年前，有个女的长个上翻眼，看人总是向上看；男的个子比较矮，是个耷拉眼皮，一米五左右吧。二人要相亲见面，媒人为了喝一壶酒，也是煞费苦心。地点选在哪里好呢？有了！媒人让男的蹲在一个很高的地堰边上，女的站在地堰下面。男的蹲着向下看，女的抬头看，好在二人面相都不赖，一见钟情。入了洞房，生米也就做成了熟饭。女的发现上了当，急匆匆去找媒人，生气地说："算我瞎了眼，找了这么个'矬地丁'，还耷拉着眼皮！"媒人一听，不紧不慢地答道："你沾了光咧！别人做衣裳得用七尺布，他用五尺就有剩余。一年省下一丈多布，一辈子就是五六十丈。剩下的你孝顺了你娘家，谁不夸你！他耷拉眼皮，地下有掉了东西的，他都看见了！你说是吧？我还没去找你，你倒来找我。"女的听他说的挺有道理，心里想：可不是咋的！他说的还真对，就高高兴兴地走了！这则笑话与《黄钢招亲》有相同之处。

367

买牛肉

张三，是一个口子街[1]上出了名的吝啬鬼。有一天，他的亲戚来他家做客。正好外面来了一个卖熟牛肉的，他亲戚对张三说："给我买斤牛肉吧？在你家净吃豆腐了。"

张三过意不去，只好出去买牛肉。

不一会，就听外面传来讨价还价的声音："三块一斤行不行？"

"不行！"

"五块一斤行不行？"

"不行！"

"七块一斤总行了吧？"

"不行不行，一百块也不行！"

张三哭丧着脸回来，对他亲戚说："不知怎么的，他就是不肯卖给我。"

他亲戚听了没有回话，只好自认倒霉。

晚上，他妻子熊[2]他："你是傻了吧？三块一斤不行，

[1] 口子街：莱芜口镇街，俗称"口子街"。

[2] 熊：训斥。

还要七块？"

张三说："哪儿呀，我是拿砖头和他换呢！"

讲述者：　亓怀荣，男，1953 年 7 月，莱芜市莱城
　　　　　区凤城街道办北十里铺村，高中
采录者：　亓明清，男，1954 年 12 月，莱芜市莱城
　　　　　区凤城街道办南十里铺村，小学
采录时间：2014 年 6 月
采录地点：莱芜市莱城区凤城街道办北十里铺村

附记

亓怀荣属于乐天派人士，他的每一个故事都让人听了发笑。讲完这个故事，他还讲了一个不吃亏的故事。说是他的邻村有个人，做事说话都不吃亏，很少有人能在他身上得到便宜，就给他取了个外号叫"精豆子"。

有一天，精豆子他父亲去世了，朋友们都来吊唁。他有个朋友叫"侃大山"，说话怪尖声，他也来吊丧。精豆子趴在重孝的位置，等着给吊唁的人磕头回礼。这里讲究吊唁时兴五头六揖礼，下面两个揖两个头，来到祭桌边再行一个揖。然后，单腿点地，接过守祭桌人递过来的香先敬一下，再接过酒杯来浇奠一下，磕个头。侃大山准备起身作揖，刚要起身，看到了精豆子朋友。他就挑着舌头尖说："死了这么一个私孩子（没爹的孩子，骂人话）爹，别难过了。"话音还没落，就听精豆子说："俺能不难受吗？俺就这么一个爹，不和你似的。"守祭桌人听了，大笑起来。这一笑可坏了，陪灵的见守祭桌人笑，也跟着笑起来。吹鼓手见大家笑，以为吹错了调，一时乱成了一锅粥。他还讲了一件事，说有个人他弟弟交通事故，伤了一条腿，花了四万多。一次去放羊，他侄子说："二叔，你这群羊老值钱了？"他弟弟说："这几只羊才值多少钱，老子这根腿就值四万多。"他侄子说话不饶人。"二叔，你要是再把那条腿也伤了，不就值八万多了吗？"气得他弟吹胡子瞪眼，一句话也说不出来了。

368

请家堂

每年的大年三十头晌午，咱们这都有请家堂[1]的习俗。所谓请家堂，就是将亡故了的老人写成牌位，请至家中，置上[2]供品，让老人家回家过年。

这一天，这家主人也手捧烧着的香，对着外面祷告，让已故老人的亡灵回家过年。可偏在这时候，小孩子不懂事，在供堂前折腾。那人便吓唬孩子说："还不赶快出去，这里有猴猴[3]。"

讲述者：　李乐顺，男，1938 年 12 月，莱芜市莱城
　　　　　区口镇三山村

[1]　请家堂：莱芜地方习俗，过年和中元节时要摆祭桌，挂家堂轴，敬奉丰盛的菜肴、点心、水果来祭祀祖先，俗称"请家堂"。
[2]　置上：供奉的祭品。
[3]　猴猴：毛猴子，把祖先误叫成猴子，属大不敬。

采录者： 杨永军，男，1969 年 2 月，莱城区口镇
南街村，大专

采录时间： 1995 年 7 月

采录地点： 莱芜市莱城区口镇三山村

369

牛爹

章丘、莱芜搭界[1]处有一座山叫胡山，胡山下有个小村子，五十来户人家。

村里井姓人家养了头母牛，这头牛能帮家人犁地、打场、拉磨，干活很多，也怪听话。全家人都很喜欢它，就像家里的一员。

牛是农家宝。这年，母牛生了头小牛。几个月后，小牛就长得活泼可爱，像它妈妈一样人见人爱。可时间不长，老母牛生了病，没几天就死去了。

母牛死了，只剩下小牛没奶吃，饿得"哞哞"地叫，叫声让全家人揪心。喂小牛成了一家人的大事，一家人可就忙活开了。大人做米汤、做玉米饼子喂，孩子专找小牛愿意吃的嫩草芽子。几天之后，小牛习惯了，也不叫唤了，就像个小孩子跟在大人后面。

一年后，小牛长成了一头大半壮子牛[2]。推磨套上它，它就老老实实地拉磨，从不偷懒。庄稼人农活多，耕地是

[1] 搭界：交界。
[2] 大半壮子牛：长大了，但还不是犍牛。

个重活。小牛的力气还不行，就让它拉车运粪干杂活。

人物一理。这小牛很通人气，让它干啥都很听话。时间长了就和它妈妈一样，干啥像啥。每次拉犁套好了，儿子问父亲："爹，爹走吧？"老汉说："好，走！"等会把活干完了，回家时儿子又说："爹，爹走吧？"老汉又说："好走！"就这样，无论干啥活，儿子走时问一句，老汉也同样这么回答，就这样形成了习惯。

年后，老太太一病不起，家里也没有几个钱治病。老汉就狠了狠心想把小牛卖掉，给老太太看病。家人没一个同意的，因为小牛也成了家中一员。可是，等钱治病救命，不卖又没法子。

大集这天，爷俩依依不舍地牵着小牛，早早地来到了集市上，小牛的长势招来不少想买的人。讨价还价后，买卖成交。一手交钱，一手牵牛。缰绳递给买主时，老汉掉了几滴浑浊的眼泪。孩子更是眼泪汪汪的，依依不舍地看着小牛让人牵走了。

没过几天，那买主牵着小牛找来了，说他爷俩骗人，小牛啥也不干，坚决不要了，要求退钱。老汉一听也急了，说："你不想要不打紧，可你不能说小牛不干活、不听话呀？你这不是糟蹋人和牛吗，如果不信咱们当场试验？"老汉越说越气，牵着牛拽着买主就往地里走，四邻八舍都跟着看热闹。老汉把牛拉到地头就套犁绳索，叫儿子牵着。儿子见爹准备好了，就大声说："爹，爹咱走吧？"话音刚落，只见小牛竖起耳朵抬起头，雄赳赳大踏步地前进，劲头十足。

买主一看傻了眼，也不知原因出在哪儿。个把小时过去了，地也犁了一半，买主也很满意。此时，买主犹豫不决，要把牛牵回去再不干活咋办？不要吧，又觉得可惜了。于是，搓手踱步拿不定主意。

这时，在一旁围观的邻里看明白了，就笑着说："我看准这牛的毛病在哪了，每次干活孩子都说'爹，爹走吧'，牛像接到命令似的干起活来。你不叫爹，它能干活吗？"

大家都恍然大悟，嘻嘻哈哈笑了起来。

从此，人们把这件事当个笑话传开了，说某某村某某人家买了个牛爹。

讲述者： 吕曰强，男，1878 年 10 月，莱芜市莱城区口镇南江水村

采录者： 吕全生，男，1946 年 7 月，莱芜市莱城区口镇南江水村，骨医

采录时间： 1998 年 10 月

采录地点： 莱芜市莱城区口镇南江水村

370

巧

有道是，"无巧不成书"。

从前，有一对新婚不久的夫妇在洞房里说悄悄话。拉得正热乎，新郎话头一转，问新娘的乳名叫什么。天气特别热，新娘摇着小扇，红着脸轻松地回答："好凉风！好凉风！"

新郎大喜："噢，知道啦！你的乳名叫'凉风'？"

新娘微微一笑，反问新郎的乳名叫什么。

新郎板起脸，一本正经地回答："男为天，女为地，我名字不是你问的。"新娘低头想了想，笑嘻嘻地对丈夫说："我猜着了，你的名字叫'可恶'。"

不知不觉过了一年，新娘生了一个白胖小子，给他取了个名字叫"打"。第二年新娘又生了个小闺女，取名叫"巧"。

这一年七月里，新娘背着不会走的"巧"女，领着刚会走的"打"儿走娘家。天又热路又远，一路上她拖儿带女走得很累，见路旁有一棵大树，树荫下围坐着几个人歇凉。她也想歇歇脚，刚来到树下，正巧刮来一阵风。一人信口说："好凉风哩！"

凉风一听叫自己的乳名，脸一红，跑到那人面前抬手就是一巴掌，开口骂道："凉风是你姑奶奶。"

那人没头没脑挨了一巴掌，觉得怪亏，张口骂道："你这女人真可恶。"

新娘听了，气得又赏了他一巴掌。"可恶是你姑老爷。"

那人急了，怒目圆睁，气呼呼地说："你我无冤无仇，凭什么两次把我打？"

新娘扬手又一巴掌，"'打'是你叔"。

那人明白了挨打的原因，只好自认倒霉："唉！这事真巧。"

话还没说完，腮帮子上又挨了一巴掌，新娘疯了似的回答："'巧'是你姑。"

众人听了，哭笑不得。

讲述者：　王丽娟，女，1973 年 5 月，新汶矿务局职工，中专

采录者：　王俊莲，女，1964 年 4 月，莱芜市莱城区方下镇张公清村，高中

采录时间：　1998 年 10 月

采录地点：　新汶矿务局职工宿舍

附
记

这真是无巧不成书！日常生活中，这类事情时有发生。原载《凤凰城的传说》，李胜华搜集整理，1993 年 2 月，金陵书社出版公司出版。

371

临死撂仨侃子

从前，有户人家五世同堂。他家老头八十几岁，耳聪目明，身体健壮。这在那"七十三、八十四，阎王不叫自己去"的年代，可谓是老寿星。老头爱说笑话，好撂侃子[1]。他不论是在家庭还是对邻居朋友都是和睦相处。成天笑容满面，见人总是笑呵呵地说话。人们都说，他是个乐天派。虽然年老，辈分高，但从不以老自居倚老卖老。他最烦那些成天板着面孔的人，说是"嘟噜着脸[2]和死了爹的一样"或"和谁欠了他多少钱的一样"。他看到有闷闷不乐的人，总要把人家逗乐了才开心。

一个夏天的中午，全家人在堂屋里吃饭。他剃着光头，留着齐胸的胡须，坐在迎门放着的八仙桌子首座上，儿子陪着。儿媳、孙媳等其他人，围坐在矮桌子上全家人吃饭。又没有很小的小孩，因为他在跟前，又没有什么话题，好像生气的一样，没有一个人说话。

他沉不住气了，正好一对蝇子在交配，落在了他的头上，一手把它俩打死。这可有了话题，他自言自语地说："我的头，成你们的性交台了。"别人还是都没有说话。一会他"噔"的声放了个屁，全家人都听到了，还是没人说话。又过了一会，他忍不住了，对着儿子说："咱得分家。"儿媳妇一听这话，忙抢先说："爹，谁惹着你老人家生气咪？"他说话了："你看看，七漏风八漏气的，咱这日子还怎么过呀！"全家人一听都笑了。

老头九十岁那年得了一场病，有几位老友去看望。老友问候道："好了吗？"他说："床底下放风筝，起不来了。"问他："你觉着怎么样啊？"他说："屎壳郎钻竹竿，难拱这一节啊！"好友给[3]他说："还好了[4]，好好地养养吧！"他说："不行了，里间屋里摆手，叫上那间里去。"说罢，腿一伸，眼一闭，停止了呼吸，真上阴间里去了。

讲述者： 王建民，男，1933 年 7 月，平阴县安城镇东凤凰村，小学

采录者： 展恩华，男，1962 年 10 月，平阴县府前街，大学

采录时间： 1993 年 5 月

采录地点： 平阴县安城镇东凤凰村

附记

王建民讲的这个故事，在民间随处可闻。好说侃子的人，又被称为"耍贫嘴"。这样的人性格开朗，阅历丰富。不管场面多么冷清，只要他在就会活跃起来。上面这个故事，就证明了这一点。论性格他是不管啥场面，什么人在，都会打破寂静，用诙谐的话语来打破沉默。论年龄，他活了九十岁，还侃子不离嘴，直到咽下最后一口气。无独有偶，莱芜区也有这么个故事。南部山区有位老人，临终之际仍留下风趣经典。有人问："您还能坐起来吗？"他答曰："床底下放风筝，一起不起了。"又问："您觉得怎么样？"答曰："两瓢水一瓢面够和（活）的了。"言毕，溘然长逝。

[1] 撂侃子：调侃，歇后语。
[2] 嘟噜着脸：阴沉的面部表情。
[3] 给：对；跟。
[4] 还好了：病还能治好。

372

赎棉袄

从前，有个叫张三的乡下人，斗大的字识不了一兜。他啥能耐没有，成天酸溜溜的[1]，觉得自己了不起，就是在家怕老婆。有一回，邻近庄上有庙会。他想去逛逛，给媳妇一说，挨了媳妇一顿臭骂，自然去不成了。到了庙会的最后一天，赶上媳妇高兴，给了他一百钱[2]，叫他赶会去。张三别提多高兴了，到了庙会上就兴冲冲地看戏去了。

看完戏，肚子饿了，便拿着媳妇给的钱吃饭去。进了一个饭棚，跑堂的忙迎上来，笑嘻嘻地说："先生请坐，用点什么？"

张三把手一挥说："来盘力功半内！"

跑堂的一听蒙了，干了半辈子饭馆了，还没听说过这个菜名哩！他忙去找掌柜的，掌柜的也没听说过有这种菜。他们认真地研究了一下，认为一定是他把门口招牌上的"刀切羊肉"四个字认错了。可见是个无知的小子，便把一碗残汤剩菜端了去。

张三吃着不对口味，想发火。又一想这是自己要的，只好硬着头皮吃下去。吃完饭算账，给他要了半吊的高价。可他手里只有媳妇给的一百钱，因为是最后一天庙会，饭馆不肯赊账。只好把棉袄脱下来做抵押，回家拿钱去了。

张三回家给媳妇一说，媳妇生气了。不光不给他钱，还罚他跪了一宿。直到第二天早晨，才让他吃了点冷年糕。媳妇给了他半吊钱，叫他赎棉袄去。

张三来到昨天吃饭的地方，庙会已经散了，饭棚也拆了，上哪里赎棉袄呢？他想来想去，记得饭棚子里挂着一把蒜，就到处打听挂蒜的。人们都不解其意，有一个聪明人说："他一准儿是打听算卦的。"就指给他算卦的地方。

张三真的去了。他想让算卦的算算，说不定棉袄就能找到了。那算卦的见他来了，让张三坐下，问道："先生贵庚？"

张三听了一愣，心想：这算卦的真灵，我罚跪他都知道，忙说："跪到五更，明了天才起来的。"

人家是问他多大岁数，只是说得文了点。张三回答得驴唇不对马嘴，人家知道他听不懂，又换句话说："问你年高多大？"

张三心想：不仅下跪，连吃年糕他都知道了，说："年糕不大，一共吃了两块，没吃饱。"

算卦的想，这人怎么这么可笑！又换句话问："你是属么的？"

张三一听可高兴了，忙说："我是赎（属）棉袄的！"

讲述者： 米兰英，女，回族，1908 年 2 月，党家庄镇党西村，农民，不识字

采录者： 李全仁，男，1938 年 7 月，历城区第二文化馆干部，高中

采录时间： 1990 年 3 月

采录地点： 历城区党家庄镇党西村

[1] 酸溜溜的：自以为自己本事大，了不起。

[2] 一百钱：一吊钱相当于 1000 个标准铜钱，一吊钱大概就是现在的 500 元左右。
一百钱，相当于现在 50 元。

附记

米兰英老人讲的这个故事，非常风趣幽默。她老人家喜欢拉呱，只要是有人有时间坐下来，她总会讲几个有趣的故事，甚至和别人一块走路也会讲几个让人笑口常开的好故事。该故事在历城区广为流传，20世纪80年代，中国民间文学三集成工作中，田园采风工作者就搜集整理了这个故事，先后发表在历城区文化局和历城区区志地名办公室，1988年2月—1990年4月编辑出版的《历城民间文学资料本》；济南市历城区文化广电新闻出版局、济南市历城区文化馆，2018年11月，编辑出版的《历城民间故事》(内部出版)一书中。(陈芳)

373

哑巴二请客

一个外号叫哑巴二的人，实际上他心灵嘴巧、不聋不哑，能说会道。就是小心眼比别人多，别人都是一个大心眼，他多了一个小心眼，所以也称他为"个半"。他沾光没够，取巧没完。哪里有利向哪跑，又有人说他是"二滚子"。他有利的事向里钻，担责出力的事躲得很远，也都叫他是"鬼不沾"。他是庄上出了名的，大白天也借不出一个干灯[1]来的户。

过了年，也就是春节后。庄乡邻居要好不错的之间，互相请客增进友谊，这是人之常情，也叫请节酒，这是风俗。哑巴二是有请必到，不请也要找着去。在酒桌上敬酒、劝酒、猜拳、夸夸其谈侃大山，样样都行非常活跃。他大口喝酒，大筷子夹肴从不作假，是出了名的"肴匠"。

过了年请客是互相的，要有来有往，不能光吃人家的不请别人，他也深知这个道理。轮到自己了，就要好好掂量掂量。既不能叫别人说他小气，还不能花了钱，他就动起了脑筋。

[1] 干灯：过去都是用油点灯。

他要请客了，就亲自把请客的时间，告诉了凡是请过他的人。那个时候请客没有饭店酒楼，都是在家里办酒席。他提前大张旗鼓地把桌椅板凳、茶壶酒盏找来安排得挺好，声势很大，就是没有准备酒菜。

这天上午，客人来得真不少，凡得到信的人都来了。他走进客人屋里，互相寒暄了一阵子。随后，他向客人环视了一下，自言自语地说："该来的没来，不该来的来了。"连着说了两三遍，出去了。人的关系也有亲有疏，他的为人都知道，谁该来谁不该来啊！各自都有了考虑。有人起身就走了，随着一个人一个人地走了不少。过了一段时间，他又回到屋里一看人走得不少，又自言自语地说："该走的没走，不该走的走了。"又重复了一遍，就出去了。这很明显走了的是不该走的，没走的是该走的。大家也就一个一个地先后走了。看到这样都走了，他本族的二大爷觉得关系不错，又是长辈，没人的时候得说说他，没有走，直截了当地说："小二，你不能那个说法，谁该来谁不该来？谁该走谁不该走啊？"

哑巴二把脚一跺说："你就不该来，你就该走！"他二大爷嘴张了几张，也没说出话，耷拉着脸悄悄地也走了。

讲述者：	王建民，男，1933 年 7 月，平阴县安城镇东凤凰村，小学
采录者：	展恩华，男，1962 年 10 月，平阴县府前街，大学
采录时间：	1993 年 5 月
采录地点：	平阴县安城镇东凤凰村

附
记

请客也要动脑子。哑巴二用了几句话，就把所有的人都打发走了，最后连本家二大爷也轰了出去。这虽说是斗智，但人情没了。日常生活中，这类事情还真不少。有一个故事与这个故事相同。

有个人当东道主，邀请好友聚会。邀请的六个客人来了四个，他心里很着急，嘴上嘟念道："该来的客人咋还不来呢？"来的客人听

到了，以为他们不是东道主邀请该来的客人，就知趣地走了俩。东道主看着客人走了俩，又急迫地说道："怎么不该走的反倒走了呢？"剩下的两人一听，心想："走了的是不该走的，那我俩这没走的倒是该走的了！"两人一对眼，就走了。正好另外那俩客人进门来。东道主就说："我不是叫他俩走啊？"来的两人听了，也想，既然他俩不能走，看来要走的是俺俩。可能是东道主嫌俺俩来晚了，下的逐客令。两人啥话也没说，转身出了房门，头也不回地走了。结果，东道主请的客人，一个也没留下。这就是无巧不成书的故事。

374

问
路

有个人好唱，找了个媳妇儿也好唱。小两口种菜园，用井浇水都是拧辘轳，两口子拧着个辘轳头，接合着唱，赛[1]着的呢。

这回[2]打南边来了个进京赶考的学生，走到他的菜畦[3]边上。这里是五股道，该走哪条好呢？看看周围别的人都没有，就他两口子浇园。过去有句俗话说，"出门不叫哥，必然跑道多"，干脆问问吧："借借光，二哥[4]，俺上北京走哪条道？"

两口子听不见，还是唱。

又问："借光，二哥，上北京走哪条道对？"

这回他媳妇听见了，说："俺当家的好唱，你要是唱着问他，就听见了。"

学生心里话：这个还不现成的嘛，本来就会。按照西皮流水唱上了："叫声大哥借借光，俺上北京走哪方？"

这回他听见了，本来两只手拧着个辘轳就怪沉，腾出一只手一指画，那只手摁不住了，"噗嗤！"辘轳就把他打到井里去了。

这个学生一看坏了，人家为了咱打下去了。咱也没法，赶快背着褡套走了。

他媳妇四处看看，人呢？趴到井沿上看看，唱道："胡闹胡闹瞎胡闹，丈夫打在井里了。"

他在井里听见他媳妇唱了，赶紧对上："不咋不咋真不咋，头上打了个大疙瘩。"

讲述者：　陈恩元，男，1936 年 5 月，回族，十六里河镇矿村，农民，初中

采录者：　戴凤斌，男，1961 年 7 月，十六里河镇，党委办干事，高中

采录时间：　1990 年 3 月

采录地点：　历城区十六里河镇矿村

[1]　赛：有趣、好玩，不错。
[2]　这回：这时候。
[3]　菜畦：菜地。
[4]　二哥：山东人谦虚，不愿被人视为"大"，故而喜欢被人称为"二哥"。

375

状元的母亲

有两个人，同一科得中的榜眼、探花。他俩的母亲商量好了，要请状元的母亲做客。

酒宴前，先上了些干鲜果品，状元的母亲是个主客，得先敬她。探花他妈先拿了个橘子给她，状元妈赶紧接在手里。状元家是个贫寒人家，他妈不知道这是个什么玩意儿，光在手里拿着。她不吃人家也不好意思吃，一桌子都让她，让得没法了，就扒开橘子拽了瓤吃开了皮咧。这么一吃，那两个老太太偷着笑开了，她觉着也不是个口头。看着人家都是拽皮吃瓤，这才寻思过来。

一霎[1]，榜眼他妈又递给她一个金枣，她看了看颜色，和刚才那个差不离，就是个大个小的事儿，心里话：刚才错咧，这回可得扒了皮吃瓤咧。扒了皮，把瓤填到嘴里，一并嘴，酸呱唧的，那俩挤眉弄眼更笑开了，心里话：还是状元的母亲哩，真是个老杆儿[2]。

她也看清人家的吃法了，越琢磨越窝囊，回到家躺下

[1] 一霎：一会儿。
[2] 老杆儿：外行的意思。

了。状元赶紧地问安："娘，您哪里不舒坦？"他娘也不吱声。

又问："今天酒宴怎么样？"

"还怎么样呢？老娘我给你丢了人了。"

"怎么丢人？"

她这才说："人家上了些鲜果，先递给我个黄不棱登、圆不溜秋的，还有点儿扁，也不知是啥，非叫我吃。"

"那是橘子，你吃就是。"

"我吃了。吃了才让人家笑话哩！"

"怎么吃的？"

"拽了瓤吃的皮。"

"唉！橘子应该吃瓤。"

"一霎人家又给我个小的，和枣似的，也那么黄，我可不敢吃皮咧，这才吃瓤，这不又……"

状元说："那叫金枣，应该吃皮。"

老太太说："孩子，我可不到处里去咧，光给你丢人。"

状元说："这个不要紧，你别拿着当事儿。我出个法儿，过一天咱再请她们，到时候你别变吃法儿，保险给咱找回脸来。"

隔了几天，把那两个的母亲请过来，上来鲜果，状元母亲随让着随吃，拿起橘子吃皮，扒开金枣吃瓤，惹得人家更笑开咧。看着到了时候，状元母亲张了嘴咧，说："我知道你们都笑啥，打上回就笑我不会吃东西是吧？你们都不知道我怀状元的那个滋味……实话给你们说吧，我怀着俺那儿的时候，对老天许下愿：只要俺那儿中了头名状元，我吃橘子吃皮，吃金枣吃瓤。"

那两个人一听，长瞪了眼咧，赶着说："怨不得人家这个吃法儿，人家怀的那儿是头名状元！咱不行啊！"

讲述者： 郭天俊，男，1925 年 1 月，历城区绣川乡北坡村，农民，小学

采录者： 关涛，男，1934 年 4 月，历城区文化局，干部，高中

采录时间： 1987 年 6 月

采录地点： 历城区绣川乡北坡村

376

有么吃么[1]和吃么有么[2]

长清老城后刘村的刘老太太，生了四个孩子。老大、老二是闺女，老三、老四是儿子。

刘老爷子勤劳能干，从不多言多语，也不操心家里的事。刘老太太里里外外一把手，强势的性格四邻八乡的都有名。

四个孩子都已经成家立业了，老两口子不发话，老三、老四从不敢提分家的事，一大家人就这么过着。

老三家头一胎是个闺女，刘老太太就有了个大孙女。这不，老三家、老四家又先后怀孕了，让刘老太太牵肠挂肚的是，到底谁能给她生个大胖孙子？邻居们说男左女右也没准，这隔皮猜瓜[3]的事，还真不好讲。

等着盼着，老三媳妇就到了预产期。老三把媳妇送到了医院产科里，只等孩子呱呱坠地了。不久产房传喜讯，老三家生了。又是一千金，母子平安。对于刘家人来说就是最好的喜事，老三回家赶紧报信。

刘老太太听说又是一个女孩，那脸拉得长长的，满脸的不高兴。再不高兴也得给媳妇做月子饭[4]补身子，老三再问给产妇吃什么时，刘老太太不高兴地说："有么吃么！"

一个月后，老四家也生了，给刘老太太生了一个大胖孙子。刘老太太听到后，高兴得合不拢嘴。老四接着问给产妇吃什么补补身子时，刘老太太大声地说："吃么有么！"

讲述者：	魏文玲，女，1960年4月，长清区文昌街道西魏村，高中，村干部
采录者：	魏文森，男，1965年7月，长清区教师进修学校教师，大学
采录时间：	2019年8月
采集地点：	长清区文昌街道西魏村

附记

这是发生在20世纪70年代的事。那个年代，重男轻女思想严重，当公公婆婆的就盼着自己儿子生个接班人。因而，对生儿子的媳妇特别疼爱，而生女孩的媳妇，难免遭到公婆的白眼。现在，随着生育知识的普及，人们的生育观念发生了深刻的变化。生男生女都是由夫妻双方决定的。女孩也是传后人，而且有女孩的家庭幸福指数还很高哩！

[1]　有么吃么：家里有啥吃啥，指非常随便。
[2]　吃么有么：想吃什么东西也有。
[3]　隔皮猜瓜：估计；猜测。
[4]　月子饭：给产妇做的营养饭。

377

韩复榘[1] 他爹来济南

（1）睡前抽袋烟

韩复榘在山东当主席的时候，他爹听说儿子在外边混阔了[2]，老想着到济南来跟着儿子享几天清福。这一天，他从河北霸县的乡下，老够远[3]的就来到了济南府的珍珠泉大院。

韩复榘的随从把老爷子接来后，带着他到了草包包子铺，吃了济南名小吃。韩复榘专门儿派了个勤务兵，伺候老爷子的起居生活。

韩复榘也不知忙的什么，勤务兵也没见着他。心想，老爷子刚来，要是有贴己[4]的话给儿子说，外边住旅馆客栈的不方便。再说，也没韩复榘这里豪华气派。老爷子回乡下后，也能给人家炫耀炫耀，就带着老爷子，来到了韩复榘的寝室里休息。

韩复榘成天价三天两头在外边吃喝玩乐的，也不怎么回来住，就安置老爷子在儿子的铺上休息。勤务兵把铺扫干净，铺巴好[5]被窝就走了。

老爷子有睡前一袋烟的习惯，他从腰里掏出旱烟袋想抽一袋。安上烟叶后，就从腰间摸索火镰、火石的点上。来的时候太急了，这些都忘了带上。他撒摸[6]了一圈，也没找到个火儿。末了一抬头，看着头顶上吊着的电灯。乡下光用油灯照个明，哪里见过这玩意儿？他看见这"玻璃球子"里边儿还有"火芯"，就把烟袋锅子凑到灯泡上使劲儿地"嘬"起来了。可是费了老大的劲儿，脖儿梗都挺酸了，愣是点不多。

老爷子急了，用烟袋锅子对着"玻璃球子"一敲打，电灯泡子一下就炸了。他哪见过这阵势，把老爷子吓得蹲了个腚瓜子[7]。你看看，没捞着抽烟不说，还弄得屋里黢黑黢黑[8]的。什么也看不见，干脆就上床睡觉吧。可是，刚把脑瓜子放到枕头上，就听见枕头边"咔嚓咔嚓"地响个不停。这觉怎么睡啊！老爷子根本就不知道，这是韩复榘的进口怀表。他寻思着，八成是老鼠在枕头下边儿啃褥子哩。光怕把老鼠吓跑了，他悄默声[9]地坐起来。老爷子铆足了劲儿，赶紧猛掀开枕头，朝着底下使拳头又捶又砸了一通。老鼠没着着，倒是把怀表砸了个稀巴烂，碎表渣子都崩到地面上了。折腾完了，屋里一点动静都没有了，老爷子才在铺上呼噜呼噜地睡着了。

（2）早晨洗把脸

韩复榘他爹来到济南府的第二天，老爷子早起习惯了。起来后，就在院子里转悠[10]。勤务兵就早早地端来了一盆

---

[1] 韩复榘：（1890—1938），字向方，直隶省顺天府霸州煎茶铺镇（今河北省霸州市）人。
[2] 混阔了：发迹了。
[3] 老够远：很远很远。
[4] 贴己：知心话。

[5] 铺巴好：铺好被褥。
[6] 撒摸：寻找。
[7] 蹲了个腚瓜子：跌了个屁股蹲。
[8] 黢黑黢黑：济南方言，很黑。
[9] 悄默声：一声不响，轻手轻脚。
[10] 转悠：溜达。

洗脸水，还有"羊肚子"手巾，一块小洗脸胰子[1]。嘱咐老爷子洗完脸后，好去吃饭。早先时候[2]，乡下人多咱见过胰子呀！平时洗衣服都是淋灰水。

这胰子不大，四方四角的，外边还包了一层花纸。

老爷子一寻思，早听人说城里的阔家儿早晨兴吃早点，这或许就是给我送来的早点吧？洗了把脸，摸起胰子就啃了起来。一嚼不是味，一股咔不赖叽[3]的味道。不吃吧，怕人家笑话乡里瓜子[4]不识货。再说，不给儿丢脸吗？最后硬着头皮咽下去了。

那个勤务兵来泼洗脸水，发现胰子没有了。心想，准是老爷子财迷，没用完藏起来了。到了第三天早晨，还是那一套：一盆洗脸水，一块手巾、一块小胰子。老爷子一看又犯愁了。真没法子了，只得伸伸脖子咬咬牙，硬啃下去了。

到了第四天，老爷子去找韩复榘了，说么也得回家了。

韩复榘问他爹："你在这里的，怎么说走就走哩？"

老爷子说："小啊，这里是真不孬，就是每天早晨的早点，你爹享受不了哇！"

（3）看个西洋景

韩复榘他爹，在珍珠泉大院儿里住了几天。虽说是过去有身份官宦家的庭院，亭台楼阁的也不少。但老爷子对这些没兴趣，老是觉得在大院里圈着闷得慌，给韩复榘吵着要到外头逛逛。

韩复榘很孝顺，就安排勤务兵领着老爷子去看场电影。那时候，电影这玩意儿在中国很稀罕，就是城里人也很少看到，都感到纳闷，一块幕布上还有声响和人物哩！都把看电影，叫作瞧西洋景。

那时候，电影院在正式开映前，观众都要欢迎鼓巴

掌[5]。老爷子闹不清是怎么回事，就跟旁边儿的勤务兵说："这些人真没见过，就凭这么块白布，就值当得[6]拍巴掌。要是见了俺家那块儿印花的被单子，还不知高兴成么样子的。"

（4）每人发个球

这一天，韩复榘领着老爷子到手下的兵营里逛着玩儿去。韩复榘有意叫老爷子看看自己的队伍，多么的威风。以后让他老爹回老家，给别人说道说道，炫耀一番，也能替他扬扬名哩。

爷儿俩走到操场里，看见三十米来处，一伙当兵的正在你抢我夺地打篮球哩。老爷子看了一霎儿[7]，越看越生气，就对韩复榘说："小啊，你就不会多弄俩球吗？一人发给他们一个，省得他们碰头磕腿地乱抢，多丢人啊！"

讲述者：　　李良森，男，1947年7月，长清区万德
　　　　　　　街道店台，大专
采录者：　　魏文森，男，1965年7月，长清区教师
　　　　　　　进修学校教师，大学
采录时间：　2020年7月
采录地点：　长清区机关宿舍

附
记

此故事原载于《长清民间文学集成》（1988年12月，长清县民

[1] 胰子：香皂。
[2] 早先时候：那时候。
[3] 咔不赖叽：食物放久，变质了的味道。
[4] 乡里瓜子：乡下人。

[5] 鼓巴掌：拍巴掌。
[6] 值当得：就是这个东西值得高兴。
[7] 一霎儿：一会儿。

0814
中国民间文学大系 4-37

间文学集成办公室编），讲述者为房伯源，北汝村人；采集整理者为房泽民。此次采集在原文本基础上进行了整理。

（三）诙谐笑话

378

明白二大爷[1]

有个人逮住了个坡兔子[2]准备杀了过节，大伙都在围着看。剖开肚子，发现里面还有五六个快出生的小兔子。正好明白二大爷走过来，他十分肯定地说："这些小兔子最少也得三四个月了！"大家听了一阵捧腹大笑，谁不知道兔子一个月下一窝。真是个明白二大爷！

讲述者： 张作成，男，1960 年 4 月，莱芜市莱城区高庄镇五龙村，初中
采录者： 亓福忠，男，1968 年 9 月，莱芜市莱城区高庄镇五龙村，高中
采录时间： 1993 年 10 月
采录地点： 莱芜市莱城区高庄镇五龙村

附记

这个二大爷可真够明白的，明白得连动物生育时间都弄混了。其实，这样的二大爷还真不少。有这么一个故事，也是说明白二大爷的。有个人去朋友家喝酒，朋友觉得两人非常投缘，就想更进一步，提出自己两岁的女儿和他家一岁的儿子定娃娃亲。他觉得这是朋友高看他一眼，就毫不犹豫地应了下来。回到家里，他把这个喜讯告诉老婆。老婆先是高兴，继而板下脸来说："你好糊涂啊！他家女儿比咱家儿子大一半，等咱儿子长到五十，他家女儿就一百岁了，这日子怎么过？"他一拍脑袋说："亏了老婆聪明，我差一点被朋友忽悠了，我这就回去和他退亲去。"在民间，明白二大爷惹了说不尽的笑话，原先有，现在有，将来还会有。

[1] 明白二大爷：不懂装懂的人。
[2] 坡兔子：野兔。

379

谁买蒜臼子[1]

采录时间： 1991 年 10 月
采录地点： 莱芜市方下镇张公清村

有个卖碗的和一个卖蒜臼子的赶集挨摊子[2]，卖蒜臼子的口渴了，就想借个碗使[3]，卖碗的说啥也不借给他。

散了集，卖碗的收拾一下去串街巷接着卖碗。卖蒜臼子的也拾掇[4]了摊子，跟在卖碗人后头[5]下乡卖蒜臼子。

卖碗人喊："卖碗咪！卖碗咪！"

卖蒜臼子的也跟着喊："谁买蒜臼子！"

结果，卖碗的一个碗也没卖出去。

讲述者： 谷增军，男，1964 年 10 月，莱芜市方下
镇张公清村，大学

采录者： 李胜华，男，1964 年 4 月，莱芜市方下
镇张公清村，初中

[1] 蒜臼子：又称"蒜窝子"，捣蒜泥用的工具。

[2] 挨摊子：摊位紧挨着。

[3] 使：用。

[4] 拾掇：收拾。

[5] 后头：后面。

380

不是笊篱是喷壶

话说有个人是近视眼，而且近视得还真不轻哩！

有一天，他娘让他把油罐子[1]给挂到墙上。无巧不成书。这时，一只蝇子[2]正趴在墙上，他就当成砸在墙上的钉子头了。他照上去这一挂，蝇子飞了，油罐子摔了，油洒了一地。气得他狠狠地向蝇子拍过去，没看清原来是个钉子，把手给硌破[3]了。摔了油罐子怕老娘嘟噜[4]他，就撅[5]起粪筐去拾粪。出门不远，就见道旁堆着一个黑乎乎毛茸茸的东西。他心想，今天一早倒霉，出门白捡个皮袄也不错，该着我发财！一哈腰[6]想拾起来，就听"汪"的一声，"皮袄"竟是条大黑狗。

他顺着道儿继续往前走，一个满脸黑麻子的二哥喝酒醉倒在地了，身子睡在庄稼稞里[7]，头搁在道边上。偏偏

又叫这近视眼看见了，他心里想：今天不用光倒霉，这是谁赶集把笊篱掉在这里了。他把人家脸上那大黑麻子看成笊篱上的竹窟窿了。又想弯腰拾起来，正赶上这醉汉吐酒，一下子吐了他一脸。这伙计又吓了一跳说："这敢情不是笊篱，是喷壶啊！"

讲述者： 王守学，男，1966年3月，长清区孝里街道，初中

采录者： 魏文森，男，1965年7月，长清区教师进修学校教师，大学

采录时间： 2020年7月

采录地点： 长清区孝里孝兴家园

附记

此故事原载于《长清民间文学集成》(1988年12月，长清县民间文学集成办公室编)，讲述者为陈圣元；采集整理者为房泽民。此次采集在原文本基础上进行了充实整理。

[1] 油罐子：农户家庭装食用油的瓷罐。

[2] 蝇子：苍蝇。

[3] 硌破：击打硬物戳破手的皮肉。

[4] 嘟噜：埋怨。

[5] 撅：挑。

[6] 一哈腰：一弯腰。

[7] 庄稼稞：庄稼苗或秸秆，指地里庄稼边。

381

不说吉利话的人

有个人说话半吊[1]，什么难听说什么，都烦他。过年了，他妈嘱咐他："过年拣好听的说，别说那不吉利的话。"

他说："好，我记住了。"

他在饭屋炕上睡觉，锅头紧挨着炕。大年初一早上，他妈来下包子[2]，见他还蒙着头大睡，就说："快起来吧！"

他一翘头[3]，伸了个懒腰说："打起前头来翘后尾[4]。"

他妈听了气得不行，也没吱声[5]。一霎，锅里的水咯哒咯哒地开了。他说："妈，你往后一点儿。"

他妈说："干吗往后一点儿？"

他说："你张到[6]锅里呢。"

[1] 说话半吊：说不好听话的人。
[2] 下包子：煮水饺。历城方言中将饺子称为包子，蒸包则称为大包子。
[3] 一翘头：一抬头。
[4] 打起前头来翘后尾：这是死了人，埋人时抬大杠的一句行话。
[5] 没吱声：没说话。
[6] 张到：歪到。

他妈真生气了，说："嘱咐了你的，过年说吉利话，你就是不听！"

他还不服呢，心里话：这话不孬啊！

吃了包子，农村兴拜年，他也跟着拜年去。到了赵家大门口，人家一看不说吉利话的人来了，就把大门插了。他使劲儿砸门，砸门人家也不开。他急了，骂道："这一家子都死了吗？"

人家怕他说更难听的，就把大门打开了，说："进来吧！"

"好！好！"

到了家里，他一看那新房子，说："你这房子盖得还不错呢！"

人家打量着他说的这话不孬，就说："这是头年[7]里才盖起来的。"

"你不如趁着新赶快卖了。"

"卖了干什么？俺盖了是自己住的。"

"唉！要是失了火再卖就不值钱了。"

赵家一听就火了，说："你这家伙说话真难听！快给我滚！"

他被人家推出去，回到家还想不通，心里话：我这是为你好啊！坐在椅子上，咕嘟着个嘴[8]生闷气。

又过了几天，庄南头李家生了个孩子，是老来得子，挺高兴。街坊邻居都吃喜面去，他对他二大爷说："我和你一块儿吃喜面去？"

二大爷说："你不能去，去了别一句话砸了锅。"

他说："俺去了一句话不说还不行吗？"

"咱说话可得算数。"

"那是啊！"

这天，他和二大爷一块儿到李家坐席去。

去了叫他吃，他就吃；叫他喝，他就喝，一句话也不说。

二大爷夸奖他说："这小子还不错呢。"

酒足饭饱，该散席了，主人送出大门，他说："大伙

[7] 头年：去年。
[8] 咕嘟着个嘴：噘着嘴，不高兴的样子。

儿站一站。"

李家问："有事吗？"

他拍着胸膛说："今天我可一句话也没说吧？"

李家满意地说："没价[1]。"

他得意地说："你那孩子死了可别怨我了！"

讲述者： 吕素孝，男，1920年3月，历城区彩石
乡韩家峪村，农民，高小

采录者： 李宗斌，男，1957年10月，第一文化馆
干部，中专

采录时间： 1987年6月

采录地点： 历城区彩石乡韩家峪村

异文：诳话

上峪村有户人家，有两个儿子。二儿子爱说诳话，爹娘不敢叫他走亲探友，恭喜送禄[2]。

老二以为爹娘偏心向着老大，经常和父母吵嘴。

有一天，爹对他说："不是当老人的偏心，是你说话不好，让人家笑话。"

老二说："我光去坐席[3]，不说话还不行吗？"

爹听了觉得有理，正巧有个朋友家生了个孙子，大家都去贺喜。

老二去了，跟着叔叔、大爷一块坐席。从到朋友家至坐完席，老二果真一句话也没说。散席了，主人送客出门，老二回头对主人说："俺今天一句话也没说，你这孩子死了可别怨俺！"

讲述者： 张永良，男，1939年5月，莱芜市寨里
镇寨东村，教师

采录者： 李胜华，男，1964年4月，莱芜市方下
镇张公清村，初中

采录时间： 1991年10月

采录地点： 莱芜市寨里镇寨东村

附记

看到上面两个故事后，想起好友给我讲的另一个不说吉利话的故事。

有户人家死了孩子，就请村里一个专干这事的人，来把孩子扔到舍地里（专门扔死孩子的地方），这人和他老婆来的。进了门，这人就问："死了几个？一个我扛着，两个我挑着。"主家听他这么说，很生气，就说："你怎么这么说话呢？"这人正要回答，他老婆抢过话头说："俺这老头子说话，云山雾罩，要多难听有多难听。以后再死了孩子，可别让他去扔了。"所有的人听了这话，眼珠子都差点掉了下来。《不说吉利话的人》这个故事原载济南市历城区民间文学集成办公室编辑的《历城民间文学资料本》；济南市历城区文化局、济南市历城区区志地名办公室内部出版。共三集，第一集出版时间为1988年2月，第二集出版时间为1989年5月，第三集出版时间为1990年4月；关涛、李全仁主编。济南市历城区文化广电新闻出版局、济南市历城区文化馆，2018年11月，编辑出版《历城民间故事》（内部出版），陈芳主编。异文故事原载《凤凰城的传说》，李胜华搜集整理，1993年2月，金陵书社出版公司出版。

[1] 没价：意指没有。

[2] 恭喜送禄：恭喜是说结婚娶媳妇随喜礼，送禄是女子出嫁随礼。

[3] 坐席：赴喜宴、喝喜酒。

382

读
家
信

从前，有一对小夫妻，因生活拮据，不得已丈夫下了关东。一去三年未有音信，把妻子挂得无法。

话说，这一天有一个同乡要回山东老家，于是，对那人说："老兄您要回家，请您为我带封书信回家好吗？"那人听了，爽快地答应了。

他小时候读过几天私塾，这些年字也荒得差不多了。但他想，我用心去写，妻子会读懂我意思的。写啥呢？他苦思冥想了好一阵子，真还就琢磨了四句诗。于是，便欣然命笔。这第一句是"山山水水响叮当"，可当写到最后一个字时，这个"当"字怎么也想不起来了，于是，他就画上了个○[1]代替；第二句是"忽然一阵思家乡"，这个"乡"字他竟一时也想不起来了，他又画上了○；第三句是"多年不见吾妻面"，真巧，这最后一个字他又忘了如何写，干脆再画上个○；第四句是"见了夫妻哭一场"。事情往往就是这样，这最后一字还是不会写，既然前面都画了○，这回也画上个○吧！写完信，再写上他的名字，

[1] ○：俗称圆圈。此指代表不会写的字。

高高兴兴地交给了那个回乡人。

那人把信带回家，交给他的妻子。妻子自然高兴得不得了，又苦于自己不识字，只得找个识字的明白人。于是，带着又高兴又忐忑不安的心，找到了那个明白人，说明来意把信交给了他。

那明白人戴上花眼镜一看：山山水水响叮○，咋有个"圈"呢？往下看都是这样的圈，在小妇人的催促下，他随口就念了起来：山山水水响叮圈，忽然一阵思家圈。多年不见吾妻圈，见了吾妻哭一圈。

妇人一听咋觉得不雅观，干脆我用香头烧了这个圈吧。然后，又找了另一个人给她读了起来。

这第二个人接过信，也戴上花镜看了一遍。嗯，咋每句话的后面都有个窟窿！心想可能就这么念。于是，认真地读了起来：山山水水响叮窟窿，忽然一阵思家窟窿，多年不见吾妻窟窿，见了吾妻哭一窟窿。

讲述者： 胥德年，男，1944 年 3 月，莱城区雪野镇雪野村，退休教师

采录者： 王新然，男，1945 年 7 月，莱城区雪野镇雪野村，教师，大学

采录时间： 1994 年 10 月

采录地点： 莱芜市莱城区雪野镇雪野村

附
记

《读家信》与流传的《圈信》，这两个幽默故事大同小异。《圈信》是这么写的：一个斗大字不识半升的老粗，外出打工三年，一直没有机会回家，心中窝憋。他日夜挂家，想妻折腾得难受。

身在他乡为异客，每逢佳节倍思亲。中秋节晚上，他愁眉苦脸地坐在门口，望着明月想心事。牵肠挂肚地酝酿着想给妻子写封情信，抒发对她的思念。绞尽脑汁，真格就想出了几句诗词来。他忙急急借来文房四宝，点亮蜡烛，研好墨。手刚触到毛笔又犯了难，有些字咋写心里连个谱都没有。找先生代写吧，借文房四宝时，又把话说绝了。只好硬着头皮想法子！别看他识字不多，心计可不小。不会写的字画

个圈不就行了吗！于是，他挥毫泼墨，把酝酿好的诗文写了出来。

高山流水响叮当，"当"字不会写，便画了个"○"。

突然想起我家乡；"乡"字不会写，也画了个"○"。

三年不见妻子面，"面"字也由"○"来替。

哭得俩眼泪汪汪。"汪"字也画了"○"，来代表意思。用"○"替，你把俩"○"分开画也有法念。他不，他先是画了一个大圈，又在圈里画了一个小圈。

信写好了后，到镇上托人捎回去了。

妻子收到丈夫的信，非常高兴，轻声念道：

高山流水响叮圈，

突然想起我家圈；

三年不见妻子圈，

哭得俩眼圈套圈。

妻子读完，柔情含媚地笑了。这个故事，是在 1990 年 5 月，田园采风时，一位姓郝的老人讲述的。1998 年 5 月收录在《莱芜民间故事精选》(上册)，李胜华整理，泰安市新闻出版局出版。

383

扛顺风旗[1]

有个人好扛顺风旗，就是好说顺话。好比有人说："今天黑夜[2]，我那井没了。"他会说："可不，早晨我看见道上水流流拉拉[3]的呢！"

有一天，他去赶集，路上碰到一个老头，说："大爷，咱俩一块儿走啊？"

"好吧！"

"大爷！我看您老人家福气刚着大[4]咧。"

"咳！也就这么回事儿吧。"

"不，你那脸上都带出来了。你几个儿啊？"

"三个儿。"

"怎么样？好命的，人多财多。"

"可不，死了俩咧。"

"死了死了吧，好儿不用多，一个顶十个。"

---

[1]　扛顺风旗：说顺话；说捋话。

[2]　今天黑夜：昨天晚上。

[3]　流流拉拉：地上留下滴落的水。

[4]　刚着大：非常大。

"剩下一个也不大正干[1]呢。"

"不正干也比绝户[2]强。"

"早逮起来了！"

"逮起来好啊，省得你教育。他要改好了……"

"赶明天就枪毙！"

"早该除了这一害，省得让你挂着。"

讲述者：　刘振禄，男，1914 年 12 月，历城区郭店镇合二村，农民，私塾

采录者：　李宗斌，男，1957 年 10 月，历城区第一文化馆干部，中专

采录时间：　1987 年 8 月

采录地点：　历城区郭店镇合二村

384

躲气

有一个人，脾气挺大，好生气[3]；打气上[4]得了个病：气臌[5]。后来，费了九牛二虎的劲儿，好歹治好了。看病的先生说："这个病好是好了，但不能生气，一生气还会犯病。"叫他处处里得躲着别生气。这个人怕犯病，就想法躲气。他每天吃了饭，就到街子墙外的壕沟里躲气。这里没有人呵，是躲气的好地处。

这天，他又来到护城沟里躲气。看到一根长虫[6]、一个蛤蟆，还有一个螳螂，这三个玩意儿碰到一块儿了。它三个谁也不敢动弹，谁也不敢走，在这里趴着互相瞪眼。

这个人看准了这个事儿了，知道它三个是一物降一物，不敢轻举妄动。他越看越觉得挺有意思，赶着说："我看看你三个到底怎么办。"

等来等去不觉得太阳压山了，天就不早了。这个螳螂饿得沉不住气了，"呗儿"蹦到长虫头上，把它两个眼给

[1]　不大正干：不干正事。

[2]　绝户：没有子孙后代的人家。

[3]　好生气：经常无故生气。

[4]　打气上：从生气这个毛病上。

[5]　气臌：中医指由于气不通而引起的鼓胀。

[6]　一根长虫：一条蛇。

捣瞎了。长虫疼得连滚带爬地窜了，蛤蟆一看长虫走了，它那胆大了，向前一跳，一张嘴，"哇"的一声把个螳螂吞了肚里咧。

这个人一看，心里话：好哇，你个癞蛤蟆，人家螳螂救了你一命，你不光不报恩，还把人家吃了。你真是不仁不义！气得他搬起块石头，砸开了蛤蟆咧，随砸随骂："我叫你没良心！我叫你没良心！"一霎，把个蛤蟆砸得稀糊烂酱[1]。

这一气不要紧，回去犯了病咧，肚子臌得比先前还大哩！

讲述者： 曹会方，男，1907年3月，历城区绣川乡白云村，农民，不识字

采录者： 关涛，男，1934年4月，历城区文化局干部，高中

采录时间： 1987年7月

采录地点： 历城区绣川水库招待所

385

大憨种[2]

有兄弟俩，家里挺穷，老大扛活当短工下了一辈子死力，也没娶上媳妇；老二找了个媳妇，生了一个儿。兄弟俩供他念书，到后来成了器[3]咧！

这工夫老大死了，老二跟他媳妇说："咱哥哥下了一辈子力，也没成上个家，死了。咱给咱哥哥立块碑才好咧！"

他媳妇说："对！该给咱哥哥立块碑。"

商量好了，请了几个秀才举人的，商量着写碑文啊！选来选去，石匠都来咧，也没选出句合适的来。大伙儿正在这里商量的工夫，县太爷来了。一听说县太爷来了，秀才举人赶快迎接。

县太爷问："你大伙儿干吗咧？这么齐价[4]。"

"俺这伙儿都在这里选碑文呢，说不着县太爷还得麻烦你哩。"

[2] 大憨种：笨和愚蠢的意思，骂人的话。

[3] 成了器：比喻成为有用的人。

[4] 齐价：此指全部都来了。

[1] 稀糊烂酱：历城方言，砸成肉泥。

"怎么个事儿？"县太爷问。

"这个人忠厚老实，给他兄弟娶媳妇、拉巴孩子，下了一辈子死力。自己也没成上个家，为了这个给他立块碑。"

县太爷说："研墨！"提起笔来写了六个字：一人敢心禾中。

秀才举人齐声说好，说："老爷写得太对了，他就是死心下力种地。"

立上碑以后，一个有才分的人打这里路过，一对这几个字才知道，是"大憨种"哩！

讲述者： 封万林，男，1936 年 8 月，历城区姚家镇窑头村，农民

采录者： 封玉斗，男，1939 年 7 月，历城区洪楼文化馆干部，中专

采录时间： 1988 年 7 月

采录地点： 历城区姚家镇窑头村

386

秃子戴帽

张三带着十吊钱，去集市上买米。

"十吊钱，能买多少米？"张三问。

"秃子戴帽。"卖米的人眼睛半睁不睁地回答说。张三乐了，心里话这位老哥倒是挺有趣。秃子戴帽就是八（把）石[1]（蛋）五（捂）吗。于是，爽快地说："好，那你给我称十吊钱的吧？"

卖米人也没想到张三这么痛快，赶紧拿斗[2]去量。张三越看越不对劲，心想，八石五的米咋这么少？"你这米分量不够吧？"张三不放心地问。卖米人一听不乐意了，把斗高高地举在张三眼前说："怎么不够，你仔细看看只多不少。"

张三一瞧更火了："你这不是明欺人吗？怎么睁着个大眼说瞎话哩！明明才五石，你却说够了，还差三石五呢！"

卖米人一听也急了，脖子涨着青筋争辩道："怎么还

[1] 石：量词，古代的重量单位，一石等于十斗，相当于现在的一百二十斤。

[2] 斗：本义是一种盛酒的器具，又用作计量粮食的工具，后来才引申为单位。

差三石五，我说的秃子戴帽是五（捂）石（蛋），哪来的多余三石五？"

"不对，秃子戴帽是八石五……"

"五石！"

"八石五……"

两人争得唾沫星子乱飞，面红耳赤，谁也不让谁，惹得看热闹的人挤了一大堆。这时，一个围观的老者说话了："你俩公说公有理，婆说婆有理。常言道，'买卖争分文，漫天要价薄利还钱'。我给你俩做个和事佬吧？这米价在这里摆着，咱既不按五石，也不按八石五，就按秃子戴帽圈……"

"多少？"两人齐声问道。

"（露）六（蛋）石，怎么样？"

两人不说话了，这样没完没了地争下去，也没啥好果子吃。既然老人家这样说和了，就给老人家个面子吧！终于，十吊钱六石米成交。

讲述者：　亓传海，男，1940 年 10 月，城市街道办
　　　　　北十里铺村，退休教师
采录者：　杨永军，男，1969 年 2 月，莱芜市莱城
　　　　　区口镇南街村，大专
采录时间：1993 年 7 月
采录地点：莱芜市莱城区方下镇嘶马河村

附
记

　　1993 年 7 月，莱芜市民间文学研究学社、民间奇闻故事编辑部在莱城区方下镇嘶马河村挂牌办公，业务主管单位为莱芜市文化卫生体育委员会。主要工作范围为：挖掘、整理、抢救和保护传统民间文化艺术，巩固中国民间文学三套集成工作期间获得的劳动成果，出版《民间奇闻故事》月刊等。其间征集了大量的民间文学作品。《秃子戴帽》这篇文章，发表在 1993 年 7 月《民间奇闻故事》第 7 期。

387

农民戏秀才

早年间，有个秀才叫贾高明。他又臭又酸[1]，看不起庄稼人，老百姓求他点事很难。附近庄里有个叫甄才的农民，有点小才气，爱管闲事。他听说贾高明德行不高，就想亲自见识见识。

有一回，甄才上镇赶集，在酒馆里碰着这个秀才，便彬彬有礼地问道："贾先生，我向你请教个事可以吗？"

秀才把头一扬问："什么事啊？"

甄才说："我家有个亲戚，打来一封信，信上问令尊安好。俺是老粗，看不懂。请问，'令尊'是什么意思？"

秀才冷笑一声说："令尊就是儿！"

甄才一听，心想：真是传言不虚，这秀才还真不是好东西哩！我对付对付他，就又问："先生，你家有几个令尊呀？"

"一个也没有！"

甄才说："那不绝后了吗？！我家有五个儿子，养活

[1]　又臭又酸：指说话很不中听，刻薄，妒意和酸腐。

不起，送给你一个当令尊好吗？"

贾秀才一听，当场气得昏了过去。

讲述者： 袁其道，男，1931 年 7 月，历城区西营
镇全窝村，农民，高小

采录者： 李文山，男，1951 年 10 月，文化站干部
（西营镇南营村），高中

采录时间： 1987 年 9 月

采录地点： 历城区西营镇全窝村

附记

录完这个故事，又想起了一个和这故事相同的。说是从前有个农夫，听人说"令尊"二字，心中不解，便去请教村里的秀才。秀才看他一眼，心想，这庄稼汉连令尊是对别人父亲的尊称都不懂，便戏弄他说："这令尊二字，是称呼人家的儿子。"说完，秀才掩嘴而笑，心中暗暗得意。农夫信以为真，就同秀才客气起来，他问道："相公家里有几个令尊呢？"秀才气得脸色发白，却又不好发作，只好说："我家中没有令尊。"农夫看他那副样子，以为当真是因为没有儿子，听了问话引起心里难过，就安慰他说："相公没有令尊，千万不要伤心。我家里有四个儿子，你看中哪一个，我就送给你做令尊吧？"故事版本不一样，说明这个故事是在不同地区广为流传。

388

鸡蛋和火筒子

两亲家是邻庄，一个姓张，一个姓王。

这一天，姓张的亲家上了姓王的那里去，姓王的煮了个鸡蛋下酒。姓张的说："你小气得只煮一个鸡蛋啊？"

他亲家说："这不是煮鸡嘛！你来得沾早咧[1]，要是暖成[2]小鸡儿，长大了你再来，不就行了吗？"

这回，姓王的上姓张的家去，他给他端上来一根火筒子[3]。他亲家说："你这是端来的啥？"

"我这是烧笋呢！你来得晚咧，它都长老咧！"

讲述者： 米双平，男，1922 年 3 月，回族，历城
区仲宫镇仲北村，菜农

采录者： 李全仁，男，1938 年 7 月，历城区第二
文化馆干部，高中

[1] 沾早咧：太早；早来了。

[2] 暖成：孵成。

[3] 火筒子：吹火用的竹筒子。

采录时间： 1987 年 8 月

采录地点： 历城区仲宫镇仲北村

389

安慰

　　从前，农村里讲究给孩子起不好听的名字，说是贱名好养活[1]。有家人，生了个大儿子，当爷的就给儿子取名叫"二盆[2]"；这一年添了老二[3]，他爷又给老二起了个名字叫"他娘那腚[4]"。

　　有一年夏天，十多岁的"二盆"到大湾里洗澡淹死了。他娘哭得死去活来！邻居大嫂来安慰她说道："他婶子啊！别太难过了！'二盆'死了，不是还有'他娘那腚'长着蛮[5]？"她一听，很发愁地说："哎呀，他大娘，你说得倒是不假，可'他娘那腚'多咱[6]长得和'二盆'那么大？！"

[1] 贱名好养活：旧时代背景所限，认为孩子夭折是邪祟导致，而取贱名则可以辟邪，保护孩子童年健康成长。

[2] 二盆：用来和面用的土陶盛具，一般是二尺见圆。

[3] 添了老二：莱芜方言，生了第二个孩子。

[4] 腚：屁股。

[5] 蛮：此指"吗"。

[6] 多咱：啥时候。

讲述者：　亓立军，男，1958 年 10 月，莱城区高庄
　　　　　街道五龙村，高中

采录者：　亓福忠，男，1968 年 9 月，莱城区高庄
　　　　　街道五龙村，高中

采录时间：　2017 年 8 月

采录地点：　莱芜市莱城区高庄街道五龙村

390

烙单饼[1]

附记

　　亓立军讲的这个故事，在莱芜农村广为流传。庄户人家讲究给孩子起不好听的名字，说是阎王爷找不到，孩子好抚养。一般情况下，是指孩子的小名。比如男孩叫"狗蛋子""狗剩子""留住子""拴住子"等，女孩叫"大妮子""二妮子""大闺女""二闺女"等，这属于民间习俗，是地域文化特征。

　　有一天，王家店里来了一伙车伙子[2]，店主马上跑来问："吃啥饭？"那些人说："吃单饼。"

　　于是，店主马上吩咐家人和面烙单饼。只见那烙单饼的女人，在炉鏊上烙好后，用竹劈子[3]一挑，往背后一甩，头也不回。就见那单饼，整整齐齐地摞叠[4]在背后的盖垫子[5]上。

　　他们看傻了眼，你一言我一句赞个不停。里面有个年轻人，话中带有几分不中听的话。

　　只见那女人一声不吭，那个青年人又接着问："大嫂，你啥时候学的这手艺？"那女人答道："四月十八[6]。"众人一听不明白，但谁也不好问。

　　等吃完了饭，大伙一合计，才知道挨了骂。原来，每

[1]　单饼：俗称"死面饼"，比发面饼撑肚。
[2]　车伙子：推独轮车子的人。
[3]　竹劈子：烙饼用的工具。
[4]　摞叠：一层一层摞起来。
[5]　盖垫子：用高粱秸秆做的盛食物的器具。
[6]　四月十八：碧霞元君俗称泰山奶奶，四月十八是她的诞辰日，在泰山脚下举办隆重的庙会民俗活动，俗称"奶奶会"。

年的四月十八是"奶奶会"。噢，大伙这才惊呼挨了骂。

391

说话好听的人

讲述者： 王维圣，男，1909年4月，莱城区雪野镇雪野村

采录者： 王新然，男，1945年7月，莱城区雪野镇雪野村，教师，大学

采录时间： 1997年3月

采录地点： 莱芜市莱城区口镇

附记

奶奶会是指泰山奶奶庙会，女人是借了谐音，讨了便宜。年轻人偷鸡不成，反蚀一把米。泰山奶奶的圣诞，为农历的四月十八日。是时，泰山碧霞祠和供奉碧霞元君的庙观均要举行隆重的庆典。泰山奶奶是以中国为中心的山神信仰（道教），尊称为"东岳泰山天仙玉女碧霞元君"，简称碧霞元君。泰山奶奶在汉族民间宗教信仰中占有重要地位。其道场在中国五岳之尊的东岳泰山，位于山东省的泰安市。碧霞元君的影响力，由山东省泰安市传播开来，历经上千年，特别是在明清时期以后，对于中国北方地区文化产生重大的影响。

早些年，有个老头怪会说话[1]。一样的话他说出来，比别人说的好听，还不得忌人[2]。

八月十五这天，他丈人家来了几个妻侄和侄媳妇，来看八月十五[3]，就是来走亲戚的。他的老娘子[4]管着熬菜揍饭[5]。不大霎，满满一桌子菜就摆上了。老头子拿起筷子，让着一大桌子人吃。菜搁到嘴里，一吧唧，怪咸，又尝了一尝旁的菜，都怪咸。老头就问老娘子："你今门[6]把谁家买的盐？"老娘子烦不拉唧[7]地说："从东院里'长命子'家买的，咋的？"老头一本正经地说道："他家的盐含[8]真好来！往后来了客[9]，咱光买他的，可

[1] 怪会说话：说话很中听。
[2] 不得忌人：不得罪人。
[3] 看八月十五：莱芜风俗，八月十五看闺女。
[4] 老娘子：老年妇女的俗称。
[5] 熬菜揍饭：炒菜做饭。
[6] 今门：今天。
[7] 烦不拉唧：有点烦。
[8] 含：感叹词，还。
[9] 客：客人。

千万不能买别人家的了！"

老娘子都没愣过神来[1]，满桌子客笑得前仰后合，都夸姑父真会说话！

讲述者： 王爵一，男，生卒年月不详，莱城区高庄街道五龙村

采录者： 亓福忠，男，1968年9月，莱城区高庄街道五龙村，高中

采录时间： 2018年6月

采录地点： 莱城区高庄街道五龙村

附记

说话是一门学问，一样的话说出来养人，一样的话说出来伤人。再好的话，也怕别人对号入座，胡寻思。王爵一讲的这个故事中的老头，就是个很有涵养的人，说出话来肯定不得罪人。但有时也会让别人接受不了，有错误直接点出来多好，省得拐这么大的弯子。有这么一个笑话，意思和这个差不多。有一次聚餐，他三叔对侄子说："我最喜欢恁二婶子炒的土豆丝。"侄子问："特点是什么？"

三叔说："炒得怪烂。"

392

说文话

早年间，有个姓朱的土财主，明明大字不识一个，还要让家里的长工短工说文绉话[2]。

这一天，他新雇了一个放猪的小猪倌[3]。土财主一本正经地对他说："你新来乍到，一定要记住我家的规矩。说话文绉点，不然拿不到工钱不说，我还要罚你不吃饭。老爷我姓朱，和我说话时不能带我的姓，可叫我'老爷'或'咱家老爷'；再就是平时说话要文雅点，不准说粗言狂话。咱们家吃饭叫'用餐'，睡觉称'就寝'。生病叫'患疾'，病好了要说'康复'；人死了要说'老大了[4]'。但犯人被砍头就不能这样称呼，而要说成'处决'，你明白了吗？"小猪倌听了，似懂非懂地点点头。

一头猪得了瘟病。小猪倌跑来对土财主说："老爷，一个'咱家老爷''患疾'了。叫它'用餐'它不'用餐'，叫它'就寝'它不'就寝'。恐怕已经很难'康复'了，

[1] 愣过神来：明白过来。

[2] 文绉话：带文词的话。

[3] 小猪倌：放猪的小孩。

[4] 老大了：去世。

不如赶紧把它'处决'了吧？"

土财主气得翻了白眼，半天说不出话来。小猪倌接着说："老爷要是不想'处决'这个'咱家老爷'，让它自己'老大了'也好！"

讲述者： 王俊雪，男，1955 年 11 月，莱芜市莱城区张家洼镇高家洼村，小学

采录者： 李胜明，男，1967 年 7 月，莱芜市莱城区方下镇张公清村，中专

采录时间： 1997 年 6 月

采录地点： 莱芜市莱城区方下镇张公清村

附 记

日常生活中，这类笑话很多，而且场面非常尴尬。我还经遇了这么一件事情，有一次，村长在河边植树，一个拍马屁的人凑过来问道："好点了吗？"村长以为是在问他家感冒的老爷子，就说："好多了。"拍马屁的人又说："没让赵三去看看，拿点药？"村长有点生气，因为赵三是兽医，就说："你这是啥意思？"拍马屁的人说："我听人家说，你家的狗病了。"村长听了解释，一下子变得尴尬起来。有一次，朋友聚会聊天，也说了一个类似笑话。说是邻村去世了一位大爷，就打发人替女儿家拿铭旌。不知道是去的人没说明白，还是做铭旌的大意了，竟然拿来了一副女人去世用的铭旌。大爷家人就去做铭旌的家退换，说是做错了。做铭旌的理直气壮地说："我做的铭旌从来没有错过，是不是你家死错了人？"去理论的人听了，尴尬得说不出来了。这就是说话的艺术，所有笑话都是因为两件事情的重合，而形成语言和事件的错落而产生的。

393

怕婆子

早先，一个叫王三的，老实巴交。他干什么都行，就是有一个怕婆子的毛病，干啥都得看他老婆的眼色行事。

有一回，他老婆对他说："给我唒唒脚后跟上的皴[1]？"

王三没二乎[2]，趴下就唒。正唒着，一个人来找王三，一见他这样，就问："你这是干啥咧？"

"嘻！你嫂子不听话，我把她吹起来！"

一天，王三对他老婆说："有个朋友上咱家来玩儿，你可得……"

"有屁快放，别哼哼唧唧[3]的！"老婆不耐烦地说。

王三说："俺求求你，在朋友跟前留个面子，别叫人家笑话我怕婆子没出息，我也长长脸[4]。"

好说歹说，他老婆才答应："依你这一回！"

[1] 皴：皮肤上积存的泥垢和脱落的表皮。

[2] 没二乎：毫不犹像。

[3] 哼哼唧唧：说话吞吞吐吐不干脆。

[4] 长长脸：风光风光。

第二天，朋友来咧。王三咋呼[1]他老婆："快冲茶[2]！"他老婆就烧了水，冲上茶。

王三又说："待会儿[3]喝酒，你杀只鸡当酒肴[4]。"他老婆二话也没说，就把鸡宰了。

喝着酒又说了："待会儿给俺们包包子吃[5]。"他老婆就给他调馅子包包子。

朋友玩了一天，吃得喝得都挺痛快，就想开咧：都说王三是个怕婆子精，哪有这回事儿啊！传言不可信哦！酒足饭饱，告辞回家了。

王三把朋友送出去，回来一进屋门儿就说："今天我长了脸了，你叫我咋着[6]都行。"

"美得你，恣得[7]不知道姓啥了。今天一天使得我不轻[8]，给揉揉腿吧？"

王三赶紧趴下，揉了一会儿。他老婆说："吃了我那鸡，别撑着了，得消化食啊，把桌子底下那鸡骨头含[9]出去吧？"王三就赶紧含鸡骨头。

西邻他二大爷知道王三来了朋友，准没有王三的好事儿。他就搬了个梯子，爬上墙头看热闹。看见王三爬着向外含骨头，气得慌[10]："哼！要叫我……"

还没说完，"啪！"后脑勺挨了一巴掌。回头想发火，一看他老婆子站在他身后也爬上来咧："要是你咋着？"

他二大爷胡拉着后脑勺，结结巴巴地说："要是我……我，一嘴含两块！"

讲述者： 封长贵，男，1937年5月，历城区姚家镇窑头村，农民

采录者： 封玉斗，男，1939年7月，历城区洪楼

文化馆干部，中专

采录时间： 1987年8月

采录地点： 历城区姚家镇窑头村

[1] 咋呼：叫喊。

[2] 冲茶：沏茶。

[3] 待会儿：等一会。

[4] 酒肴：下酒菜。

[5] 包包子吃：包水饺。

[6] 咋着：干啥。

[7] 恣得：高兴。

[8] 使得我不轻：非常劳累。

[9] 含：用嘴叼出去。

[10] 气得慌：非常生气。

394

这个头是给狗剃的

有个剃头的[1]，挑着他那"一头热"的剃头挑子来到集上。他找了个避风向阳的地方，放好带有抽屉的凳子，摆好热水和脸盆，等着顾客来剃头。他等了好久没有来人，就到烧饼铺里花五分钱买了个烧饼，想边吃边等顾客。

正想吃烧饼，来了个顾客，当然要先干活。他赶快把烧饼放在地上盛钱的裙子上，热情地给那位顾客先把头用热水洗透，就仔细认真地剃起来。

这时，一个大黄狗从他身边走过，猛不防过去把烧饼一口叼起来跑了。这时，他又不能放下手中的剃头刀子去撵狗，但心里总想：等了大半天才等来了一个活，这是五分钱啊！这个头算是白剃了。越想越有气，左手使劲摁着那个顾客的头，右手拿刀子猛向下剃。这倒是不痛，可嘴里却自言自语地唠叨着说："这个头是给狗剃的！这个头是给狗剃的！"

那个顾客听着很不顺耳，又被摁得头抬不起来，就翻着眼向上看他。

这时，那个狗叼着烧饼跑到不远的地方，正趴在地上两眼看着他。两只爪子抱着烧饼一口口地在吃，他全看得清清楚楚，就又说："你别看，等我剃完再揍你晚不了。"这也真是巧合，那个顾客正在翻眼向上瞅他哩。本来摁得头就有些难受，心想：这人太狠了，不光狗啊狗地骂我，剃完头还不知道怎么揍我哩！谁不怕揍啊！光棍不吃眼前亏。可不能等着挨揍，得快跑为妙。管他剃完没剃完，先跑了不挨揍再说。就用两手使劲把那个剃头的胳膊推开，带着围裙撒腿就跑，再也不敢回来了。

钱也没交，烧饼叫狗吃了，围裙又被带跑了。这个剃头的把脚一跺直喊："今天倒霉！倒霉！真是倒霉！"

讲述者： 王建民，男，1933 年 7 月，平阴县安城镇东凤凰村，小学

采录者： 展恩华，男，1962 年 10 月，平阴县府前街，大学

采录时间： 1993 年 5 月

采录地点： 平阴县安城镇东凤凰村

附记

无巧不成书。这都是对号入座惹的祸。理发过去叫剃头，就是先把头发用热水洗透，再用刀子剃净刮光。只要剃得干净不痛就是好技术。那时没有推子，只用刮刀、剪子、梳子之类的工具，也不讲究发型发式。剃头不讲价钱，剃一个头就是五分钱，也不多收。这个故事是说剃头的说话不好听，还有个来剃头的说话也不好听。说是有个来剃头的，剃头匠给他洗了头，就和临摊的拉起闲呱来。来剃头的等了好一会，也不见剃头的下刀，只听着他闲呱拉得热闹就坐不住了，大声问道："你没完没了地啰啰啥，洗的头干球子了！"周边人听了，笑得碰头打滚。

[1] 剃头的：理发的。

395

圆说

张大吹和王小才是好朋友，他俩一个富一个穷。怎么还交上朋友了呢？原来，张大吹最爱吹牛皮说大话。有时吹得不能自圆其说，就请王小才给他圆说。王小才呢，常常借此机会帮吃帮喝，占点儿小便宜。他俩就是这么个关系。

有一回王小才说："往后你别胡乱吹了，叫人家问得张口结舌，我也不好给你圆说。"

张大吹说："你不给我圆说也行，先把我那皮袄还给我！"

王小才一想：这三九的天，把皮袄要回去我受得了吗？没办法，穷逼的，往后他说瞎话我还得给他捧场。

这天，张大吹和几个阔哥们儿喝酒，张大吹又吹上了。他说："今天夜里刮了一阵大风，我早晨起来一看，把院里那口井刮到墙外头去了。"

这话谁听了也不信，都说："天底下没这种事！"张大吹指了指王小才说："不信，你问问他！"王小才皱眉头，说："是啊，确有此事！"

人家又问："你见来吗？"王小才说："我亲眼见的，

不过那口井是在后花园里。一道篱笆墙年数多了，底下都烂了。夜里一阵大风刮到井那边去了，井不就上了篱笆墙外头来了吗？"阔哥们儿一听，觉着也说得过去，还夸张大吹有才分。

张大吹这一高兴，又吹道："还有一回和朋友喝酒，你猜我用的酒杯有多大？掉进去一匹白马给淹死了。"

阔哥们儿一听，纷纷说："这是胡说八道！""没有的事！"

张大吹指指王小才说："不信，你问问他！"

王小才说："这是真的！是这么个事，俺这位老兄好玩蛐蛐，他这只蛐蛐很好，很厉害，别人的蛐蛐都斗不过它。有个钱少爷非要拿一匹白马换他这蛐蛐不可，好说歹说硬是给换了去了。有一回，他俩又斗蛐蛐，随喝着酒随观看。正看着呢，钱少爷这个蛐蛐一下子蹦到俺哥们酒杯里，就淹死了。你不知道钱少爷心疼得哟！虽然淹死的是一只蛐蛐，这不就等于淹死了一匹马吗？"

众哥们儿一听，原来是这么回事，说张大吹吹得倒也沾边儿。

打这以后，天气渐渐暖和了。有一天，王小才拿着皮袄去找张大吹。他说："我把皮袄还给你吧，我可不给你圆说了，还不知道下一回你再怎么吹哩！"

讲述者：　王其英，女，1916 年 8 月，历城区遥墙镇谢家村，农民，不识字

采录者：　朱宝珍，男，1945 年 10 月，文化站干部（孙村镇埠东村），初中

采录时间：　1987 年 4 月

采录地点：　历城区遥墙镇谢家村

附录

一

济南故事讲述者简介

丁凤奎（1879.2—卒年不详）
男，
济南市平阴县洪范池镇苗海村人，
老私塾先生，已故。

采录人在本村联中教语文时，他经常上学里拉呱儿，他的记忆能力超强，故事题材丰富。他讲故事时，喜欢带手上动作，而且眉飞色舞，以突出故事情节的人物表达。像《风水先生》《双举人》就是他讲的。

于庆香（1948.11—）
女，
济南市平阴县洪范池镇苗海村人，
小学文化，现居平阴县城。

当姑娘时，她听了母亲及婶子大娘们讲的故事，都记在心里，无意中讲了出来，反成为丈夫黄文俊的故事资料库，经黄文俊妙笔生花地加工，又变成文字版的人们喜闻乐见的民间故事。

于宪瑞（1914.3—）
男，
济南市平阴县洪范池镇纸房村人。

在村里于宪瑞的名字很响亮，他出名就出在会讲故事上。一些支离破碎的故事从他嘴里讲出来，就像听评书大师那样拉得有血有肉，仿佛置身于故事之中。听他讲故事的粉丝很多，只要他拉呱，肯定会里三层外三层围满听故事的人。这些听众会随着起伏不定的故事情节，而显露出面部表情。听到开心处，脸上就会挂上甜美的笑容；听到泣悲处，眼角上就会挂着越来越大的泪花，然后从脸上滚落下来。很多孩子是听着他的故事长大的。他在饮酒期间也讲些笑话或小故事，尽管酒喝多了，讲的故事三言两语，支离破碎，但有意义，对人有启迪。

于秀坤（1925.6—2015.8）
男，
济南市章丘区普集人。

少年读过私塾，崇拜淄川蒲松龄。一生喜欢读《聊斋》故事，喜爱搜集流传在章丘的各类民间故事，以神话和动植物故事见长。劳作饭后之余，经常给其子于夫讲述他搜集的这些故事。于夫受父亲的影响，自20世纪70年代初期，便把父亲讲述的"章丘故事"陆续编写，多数发于刊物、报纸。

于宪芹（1924.5—）
男，
济南市平阴县东阿镇小河口村人，
教师，大专文化。

他与黄文俊是挚友，经常在一起谈天说地，讲古道今，因而交流了很多好的家庭生活与传奇故事，也为黄文俊的民间故事采集整理奠定了基础。

马洪武（1942.1—2018.8）
男，
济南市莱芜区牛泉镇东上庄村人。

教师退休后，专业从事民间故事的挖掘、整理、出版工作。为了考证明故指挥使毕维地的故事，他走遍了莱芜的山水，研究毕维地系列传说故事中涉及的史料、地名、人物事件、山上城墙等，使这一宝贵的非物质文化遗产项目得以保护和传承。在市民间文学研究学会的鼎力协助下，他完成了30万字的《明故指挥使毕维地的故事》书稿。2009年10月，民间文学《秃尾巴老李的传说》《黄巢的传说》《明故指挥使毕维地的故事》被列入第二批莱芜市市级非物质文化遗产项目名录。2011年8月，古今奇闻故事杂志社编辑出版了他的非遗丛书《黄巢的传说》，全书35万字，收录黄巢的传说故事36篇。2014年12月，《黄巢的传说》荣获第一届莱芜文艺奖民间文艺类优秀奖。2018年7月，古今奇闻故事杂志社编辑出版了他的非遗丛书《秃尾巴老李的传说》一书，20万字。该书采用故事版、章回故事版节选和民间散传故事版的形式，记述了莱芜境内的秃尾巴老李代表性传说故事。2018年8月，马洪武因病去世。

马序九（1941.10—）
男，
济南市章丘区人，高中文化。

他性情开朗，善于交友，喜欢传讲民间故事。因人脉广，知道的故事还真不少。不管是神话故事还是生活故事，张口就来。他讲述的故事情节生动，内容丰富，有地方故事家的雅称。

亓怀荣（1953.7—）
男，
济南市莱芜区凤城街道办北十里铺村人，高中文化。

他干过教师、杀过猪，还打过麻绳，是村麻纺厂合伙人之一。因推销麻绳，人脉较广，因而把听来的很多离奇古怪的故事进行传讲，粉丝多得数不过来。现在村里还有很多人，传讲听他讲述的故事。

亓舜标（1929.11—2003.10）

男，

济南市莱芜区高庄街道五龙村人。

他是个有故事的人，也是个喜欢讲故事的人。亓舜标性格也特别开朗，是一位笑口常开的老人，他讲故事的特点是以孝道故事为主，教育人们如何孝敬老人，突出了孝子人人敬这个正能量主题。村里人都喜欢听他讲故事，有人说："听亓老讲故事，就如同上了一堂尊老敬老的教育课"。亓舜标阅历深，知道的故事很多。正如左邻右舍对他的评价："亓老就是个故事篓子，他的故事每天讲一个，连续讲三年绝对不重复。"

亓延翠（1940.1—）：

女，

济南市莱芜区方下街道人，初中文化，莱芜小调非遗项目代表性传承人。

幼受祖母和母亲熏陶，耳濡目染，钟爱民间小调。她几十年如一日，专心研讨莱芜小调，积累了大量的民间小调题材及演唱表演形式。2014 年 4 月，莱芜电视台《人物故事》栏目播出了她的小调节目。《山东商报》《莱芜日报》《鲁中晨刊》等报刊也刊载了她传承小调的事迹。她还被原莱芜市委宣传部、市文联评为"莱芜民间文化专业户"。既然是民间文化专业户，就少不了民间传说故事，她讲述的故事有百个之多，很多故事是尊老爱幼、弘扬正能量的励志题材，部分精彩故事，刊登在报纸杂志和书籍中。

亓延龄（1943.11—2021.7）

男，

济南市莱芜区方下街道嘶马河村人，初中文化。

他是村里第一个种蔬菜大棚的人，还到外县去当过蔬菜种植技术员。爱交往，好拉呱说古。

亓日才（1948.3—）

男，

济南市莱芜区高庄街道办五龙村人，小学文化。

他曾任莱芜县高庄建筑队一大队队长。在长期的生产劳动中，茶余饭后与工友们闲谈聊天、自娱自乐，时间久了自然积累了很多有趣也含有真理的故事。他虽然识字不多，但记忆力很好，拉起呱来如数家珍，故事题材丰富，妙趣横生。劳作之余，一坐下来就被他的徒弟们缠着拉呱听。

亓廷敬（1959.11—）

男，

济南市莱芜区高庄街道办事处五龙村人，中共党员，参过军，复员后经商。

四年的军旅生活和多年的经商历程，使他通过来自五湖四海的战友和商场老板的口，了解了全国各地的许多风土人情及人文趣事。

亓运超（1915.11—1978.12）

男，

济南市莱芜区方下街道办孙封邱村人。

"手拍武'静惹门'"第六代掌门人，除武术外还擅长厨艺，其月饼楼在莱芜颇有知名度，有"北有月饼楼，南有顺香斋"之美誉。他擅长讲述武术和厨艺故事，曾在泰山红门招待所任厨师，了解很多泰山故事。

亓益堂（1950.6—）

男，

济南市莱芜区方下街道孙封邱村人，退休教师，大专文化。

从小学教师一直干到中学校长。因此，桃李满天下。他的故事有一肚子两肋巴那么多，一有机会就与大家小聚拉呱，有时候在教室里直接讲一堂故事课，这种教学方式，很多师生记忆犹新，传为佳话。

亓廷文（1959.8—）

男，

济南市莱芜区高庄街道五龙村人，高中文化。

多年干煤矿工人，曾任掘进队长，在井下常同大家拉一些笑话、尊师重道的段子，深得大家喜欢，他说话语速较慢，声如洪钟，后从事花椒购销行业，走南闯北，见多识广，人送外号"天下知"。

亓长生（1902.12 —1974.11）

男，

济南市莱芜区高庄街道办五龙村人。

他是一个地地道道的老农民，虽然识不了多少字，但他博学多才，对各地的风俗人情、地理环境、神凡两界的传说故事掌握颇多，尤善传讲《聊斋》故事和民间流传的狐精动物故事，他特别喜欢动物，遇到受伤的动物都会及时救助，被村里人称为"善心人"。

亓坤标（1951.5—）
男，
济南市莱芜区高庄街道办事处五
龙村，初中文化。

在长期的生产劳动中，他在茶余饭后与社员和邻居们闲谈聊天，积累了许多有趣的故事。他擅长搜集与传讲家庭孝德故事，以讲故事的形式教育大家要尊老爱幼、和睦乡邻，因而有较好的口碑。

亓廷举（1938.3—）
男，
济南市莱芜区高庄街道办五龙村
人，小学文化。

早年在莱芜谷家台铁矿上班，现退休在家。他能说会拉，在农村从事吹鼓手班子多年，是个最能"吹"的人。随着国家丧事简办政策出台，鼓乐班子也随之解散，从此成了不能"吹"的人。多年的故事积累，使他由能吹变成了一个能拉的人。每有闲暇常与人坐在一起说说古今。他的很多故事都有文学性，听着就像从书本上抄来似的。

亓日海（1972.10—）
男，
济南市莱芜区高庄街道办五龙村
人，高中学历。

干过代销点，后经营蚕茧、花椒购销，常年往返于山东、河北、甘肃、陕西等地，他说话随便，张口就来，善于给别人起外号。虽然是个恶作之举，但人人都喜欢听他讲述山南海北的奇闻异事，他擅长讲述家庭孝善类故事，故事里包含着更多的是人情世故，让人从中悟出很多道理来。

王建民（1933.7—2017.11）
曾用名王凤林，男，
济南市平阴县安城镇东凤凰村人，
小学文化。

先后在平阴县林业局、乡企局、蔬菜办等部门任职。曾担任平阴县农村工作部副部长、农委副主任。曾为县十二届人大代表，任常委、教科文卫主任等职。1993年9月退休。著有《庶翁杂忆》。他一生热爱民间文化，喜欢搜集民间故事，在当地有故事王之誉。

王秀成（1946.2—）
男，
济南市莱芜区方下街道人，退休
干部。

他在乡镇摸爬滚打干了一辈子，走千家进万户为民众解决实际困难，有较好的口碑。接触人多了，故事就多。他的故事能论车拉，不管男女老少都喜欢听。

王鲁夫（1910.1—2017.3）
又名王愚，男，
济南市平阴县东阿镇东门村人，
私塾。

晚年自号呆子，幼读私塾，早年参加革命，全国解放后归里从教，继而担任镇史志办主编，县政协文史员等职务。晚年定居山东平阴东阿镇金鸡山东街78号。他一生热爱家乡，热爱民间文学，收集了很多文史掌故，是东阿镇一带有名的活字典。

王振华（1964.1—）
男，
济南市莱芜区方下街道土楼村人，
高中文化。

平常热心好客，常邀约文朋诗友家庭聚会，拉呱畅聊，尤善笑话故事的传讲，每次聚会满屋子的笑声。多年来，他为《古今奇闻故事》杂志社提供了大量民俗民间文化资料，大多故事被整理发表。现为济南市民间文学研究学会会员。

王道坤（1949.10—）
男，
济南市莱芜区雪野街道雪野村人，
退休干部，大学文化。

他有一个最大的爱好就是收集盘子和讲故事，各式各样的盘子，琳琅满目摆了好几间房子，而且每个盘子都有一个精彩的故事。现为济南市民间文学研究学会顾问。

王振珠（1940.9—）
男，
济南市章丘区刁镇南芽村人。

年轻时参军入伍，后转业到地方食品公司工作。他在单位里一干就是一辈子，直到退休。王振珠到过很多地方，阅历丰富，他还爱好收集各种小故事，经常在没事的时候，跟人们讲一些有趣的事情。

王俊元（1944.3—）

男，

济南市莱芜区张家洼街道办高家
洼村人。

小学文化的王俊元虽然认字不多，但记忆力超强。他喜欢听故
事，也喜欢在茶余饭后、街头纳凉时讲故事，他的故事多以家
庭故事、风物故事和地域传奇为主。《姐妹钟》这个故事，就
是发生在他们村的一个人人熟知的真实故事。

王峰（1977.5—）

男，

济南市莱芜区方下街道办鲁西
村人。

初中时就喜欢搜集整理民俗民间故事，擅长笑话、奇闻故事
和俗语故事的传讲与采集，多篇故事发表在《古今奇闻故事》
《民间奇闻故事》中。现为济南市民间文学研究学会会员，济
南市民俗学会会员。

王丰江（1958.8—）

男，

济南市长清区平安街道高垣墙村
人，中共党员，高中文化，现为
高垣墙村会计。

王丰江生性开朗，待人和善、热情，为人正直，大公无私，工
作积极主动，认真负责，以身作则，积极参加村集体举办的各
项文艺活动，春节的锣鼓队是他的主战场。他爱读书，见闻广
博，深受传统文化教育影响，善讲并能讲很多故事，他讲故事
语言通俗流畅，声情并茂，让人喜闻乐见。

王文利（1951.2—）

男，

济南市长清区孝里街道供销社，
退休干部，中专文化，中共党员。

他现任孝里街道孝文化艺术团顾问，热爱文学，喜欢采集民
间传说和故事。现为《山东工人报》通讯员，济南报业记者，
2019 年获优秀通讯员称号。本卷收录王文利讲述的故事《米
粉姑娘》《油炸鬼》。

王富胜（1940.3—）

男，

济南市莱芜区和庄镇和庄村人。

在村内是个有名的庄稼把式，喜欢聚友拉呱。20 世纪 80 年代
和 90 年代莱芜市民间文学三集成采风时，他是和庄乡重点采

录的对象，他讲述的故事编入和庄乡自印资料本《和庄民间故
事集》一书中。

王济涛（1940.04—　）

男，

济南市莱芜区苗山镇常庄村人，
莱芜市邮政局退休干部。

他与民间文学工作者张章是同学，20 世纪 80 年代和 90 年代
莱芜市民间文学三集成采风时，他提供了大量的民俗民间故事，
其作品陆续发表于书报。

王维圣（1909.4—1991.8）

男，

济南市莱芜区雪野街道雪野村人。

家庭作坊掌柜的，经营家传陈曲、油果、江米糕。商人接触人
多，练就了一副能说会道的嘴巴，加上天南海北的人际关系，
因而积攒了一肚子的故事。闲暇之余，就叼着长杆烟袋和人们
喝茶拉呱。

毛廷安（1931.2—）

男，

济南市莱芜区和庄镇荣科村人。

擅长种植黄烟，能讲述与之有关的传说故事，20 世纪 80 年代
和 90 年代，莱芜市民间文学三集成采风时，他是和庄乡重点
采录的对象，他讲述的民间传说故事多被编入和庄乡自印民间
文学资料本《和庄民间故事集》一书中。

付朝宽（1918.1—）

男，

济南市平阴县东阿镇北张村人，
他早年上过私塾，后来读过许多
古典书籍。

好讲今说古，经常在街头巷尾、生产队的打谷场、田间地头、
农舍树下休息时，给大家讲故事。无论街邻老少，只要是他讲
就凑聚在一起听他拉，常常是笑声不断。

吕根祥（1906.7—1984.2）

男，

济南市钢城区颜庄街道颜庄村人，
没念过书。

一生忠孝贤良，慈善厚德，勤俭持家，秉性朴实，和睦乡邻，
教子有方。吕根祥自幼就爱民间故事与传说，虽然没有文化，
他却把先辈们讲述的故事牢记心中，利用农闲、农活休息时讲

给村民听，成了附近村民茶余饭后的一种娱乐活动，为农村文化生活、民间文学传播、弘扬正气、孝道传承作出了一定的贡献。

吕素孝（1920.3—）
男，
济南市历城区彩石街道韩家峪村人，高小文化。

他是当地有名的故事篓子，喜欢神话和笑话故事的讲述，在中国民间文学三套集成的搜集整理工作中，提供了很多传说故事。

米兰英（1908.2—）
女，
回族，济南市市中党家街道党西村人。

她不识字，却能讲述很多传说故事，只要一有空闲就给别人讲传说故事，在当地有着较好的口碑。20世纪80年代和90年代，她为历城区中国民间文学三集成采风工作者讲述了大量的传说故事。

孙如卿（1932.8—）
男，
济南市济阳区太平街道办事处孙家店村人，念过私塾。

平时喜欢聚友拉呱，亲朋好友也爱听他拉呱说事，经常一聚一大伙，一拉就是好几个小时。他对当地的人文地理、名人奇闻非常感兴趣，讲的也大多是这类故事。

孙绪修（1947.1—）
男，
济南市章丘区人，中共党员，初中文化。

先后担任或兼任村文书、调解主任、治安主任、多家村办企业负责人等职，如今已经74岁，依旧在村委会看大门，继续为党和人民做贡献。他思维敏捷、能写会算，性情豪爽、谈吐幽默，语言表达能力强，具有一定的文字功底，被村里人称为文化人，经常为大家讲述发生在身边的民间故事。他讲的故事情节波澜起伏、内容丰富多彩、语言生动有趣，颇受好评。

孙元秀（1891.2—1964.3）
男，
济南市章丘区文祖街道文祖东村人，读过私塾。

他是个老实巴交的农民，典型的种地能手，耕、耩、锄、割，样样都行。劳作之余，喜欢讲故事。

任世祥（1923.1—）
男，
济南市历城区孙村街道埠东村人，
小学文化。

性格开朗的他，喜欢拉呱调侃。他对风水故事情有独钟，只要是见到下乡算卦的先生，不论多么忙，都要抽出时间来与先生交流。因此，人送雅号"问知先生"。

任遵儒（1919.9—）
男，
济南市章丘区刁镇街道人，高中文化。

他性格爽朗，喜欢调侃讲故事。他的故事涉及面很广，尤善讲述人们喜闻乐见的断案、神话故事。

庄庆余（1943.8—）
男，
济南市长清区平安街道高垣墙村人，高小文化。

他世代为农，乐于倾听和搜集古代民间传说、故事。喜欢把自己掌握的故事讲给别人听，他要是开口讲故事，一次能讲个一天一宿。只要有空闲时间，家里的孩子们都喜欢围坐在他的身边听故事；大人们在忙家务的空隙也抓紧过来听听，邻居们听到他在讲故事也会凑过来听。他讲故事很投入，表情丰富，抑扬顿挫，风趣幽默，深受大家喜爱。

刘功富（1940.7—）
男，
济南市济阳区曲堤街道东街村人，
中专文化。

现任县政协委员、县民间书画艺术研究会理事，是济南市作家协会会员、济南市书法协会会员。致力于闻韶台的研究与保护，搜集整理了一部分济阳区具有代表性的民间传说故事。

刘忠林（1950.10—）
男，
济南市莱芜区苗山镇西勺山村人，
中专文化。

济南市市级非遗项目"秘方治吊线风"代表性传承人。家住在著名"一鼓作气精神"的长勺之战古战场遗址附近，积累了丰富的历史文化底蕴，能讲善拉传说故事，尤善医药故事、家庭故事、动植物故事和人物故事。

刘家文（1953.11— ）
男，
济南市莱芜区鹏泉街道办地理沟村人，大学文化。

他是知名企业家，爱心大使，嬴秦文化挖掘、抢救和保护发起人之一。先后成立了"中国先秦史学会·莱芜嬴秦文化研究基地""莱芜市嬴秦文化研究院"和"嬴秦文化网"；成功举办了"首届中国（莱芜）嬴文化学术研讨会"；指导出版了《嬴姓溯源》《嬴姓始源》《嬴秦文化研究》《嬴秦学刊》等书刊，拍摄了历史纪录片《伯益封国》，使面临濒危的嬴秦文化得到了保护和发展。2016 年 10 月，建成"伯益的传说非遗项目传习基地"，2017 年 10 月，出版 50 万字的非遗项目丛书《伯益的传说》，由古今奇闻故事杂志社出版。

刘召云（1955.8— ）
女，
济南市平阴县安城镇让庄铺村人，高中文化。

女红和拉呱聊天是她的最爱，经常约闺蜜及四邻八舍谈得来姊妹来家里做客，或在大门外大树下一面品茶，一面做针线的活，一面聊奇闻异事。

刘振禄（1914.3— ）
男，
济南市历城区郭店街道合二村人。

上过私塾，虽然文化水平不高，却能说会道，喜欢讲传民间传说故事。20 世纪 80 年代和 90 年代为历城区民间文学三集成主要采访对象，他讲的很多民间故事被收录在《历城区民间文学资料》一书中。

刘公君（1938.2— ）
男，
山东省德州市临邑县德平镇陈寨村人，小学文化。

他爱好讲传俗语故事，经常与刘公明一起研讨俗语渊源，协助刘公明搜集整理了很多传说故事和俗语故事。

权受本（1912.10— ）
男，
济南市历城区十六里河镇涝坡村人。

大字不识的他喜欢讲古，经常见到他在大树下、门口边和地头旁讲故事的身影。他讲的故事大都流传至今。20 世纪 80 年代和 90 年代，为历城区民间文学三集成主要采访的对象，很多故事载入《历城区民间文学资料》一书中。

李洪俊（1918.1—2006.1）
男，
济南市莱芜区方下街道张公清村人，退休教师。

20 世纪 50 年代初从事教育工作，足迹遍及方下、口镇、牛泉三镇，1977 年退休，桃李满天下。老人家一生喜欢讲故事，在当地很有口碑。20 世纪 80 年代和 90 年代，中国民间文学三集成资料采集时，他讲述了很多故事，收录进十余部故事书和报刊。

李东（1940.4— ）
男，
济南市平阴县洪范池镇丁泉村人，高中文化。

丁泉是个古老的村庄，二十四孝之一的丁郎孝母故事，就发生在这里。他喜爱采集孝道故事，也喜欢义务为大家讲述这些正能量的故事，在当地口碑很好。他还有一个嗜好，就是喜欢领着客人参观丁泉，听他讲丁郎孝母的故事。现丁泉附近修葺一新，新瓶装老酒，很有欣赏价值。

李森（1949.5— ）
男，
济南市市中区人，大学文化，山东联大教授。

他在漫画家叔父李润生的严格训练下，掌握了鸟虫篆书法的书写技巧，也经常传讲与"鸟虫篆"有关的历史故事。他写的每一个鸟虫篆字，都有一个精彩的渊源故事。

李乐顺（1938.12—2016.6）
男，
济南市莱芜区口镇三山村人，私塾。

他是个典型的乐观派人物，一生有三大爱好，一是吹拉谈唱，吹是有时候在人前善意地吹吹牛，拉二胡是唯一的娱乐爱好；

谈天说地让人捧腹大笑是强项，高兴了就唱一段"莱芜梆"。二是拉呱，他拉呱讲究奇闻怪事一锅烩，现在还有很多人重复他讲述的故事。三是爱好写毛笔字，求字的人还真不少。他拉呱和别人不一样的地方是，请人做好一桌菜，看架势如同待客，一看就是要拉一天的呱。他曾多次对好友说："人家听你拉呱是看得起你，不能让人家饿着肚皮听你拉那些弯弯绕。"因此，他拉呱口才好，人们对他的口碑更好。

李勇（1965.3— ）

男，

济南市莱芜区红石华府，大学

文化。

就职于中国移动通信集团山东有限公司莱芜分公司。初中时，就爱好民间民俗文化搜集和诗歌创作。他擅长民间传说故事和传统俗话故事的创作和整理，作品见诸报纸杂志。现为济南市民俗学会副秘书长，济南市民间文学研究学会理事，《中国民间文学大系·故事·山东卷·济南分卷》莱芜区采编委成员。

李乃翠（1952.4— ）

女，

济南市莱芜区凤城街道办北十里

铺村人。

她从小听着母亲孟宪花讲故事长大的，也喜欢传讲故事。她讲述故事主要以孝道、善恶报应、家庭生活、为人处事、神仙精怪故事为主，讲故事时嗓音洪亮，讲到动情处，手会随着故事情节挥舞，给人一种如入其境之感。

李衍军（1969.10— ）

男，

济南市平阴县锦水街道宋子顺人，

中专文化。

平日里，喜欢收集民间故事。平阴叫子顺的村子很多，俗言"一溜十八子顺"，李衍军收集了大量关于子顺的传说故事，成为县级非遗项目子顺传说的传承人。

李文贵（1931.10—2002.12）

男，

济南市莱芜区高庄街道办事处五

龙村人。

喜欢采集医药方面的传说故事，更喜欢把一些实用的偏方故事讲给大家听，有些患者听了他故事的偏方进行疑难杂症调节，竟然能解除病痛，逐渐康复。为了验证一些偏方的实用性，他曾多次拜访老郎中，进行用药核实，算是个为病人解难的热心人。

李清春（1959.1— ）

男，

济南市莱芜区高庄街道五龙村人，

中共党员，高中学历。

先后干过建筑队、记账员、仓管员、材料员、项目经理等职。他交友广泛、见多识广，能说会拉，人送外号"李大拉"。人们都夸他的脑子好使，每见一件事他就能拉出一个故事来。邻里好友经常听到他讲的许多笑话、故事、机智幽默段子，是给大家带来欢乐的民间故事传播者。

李耐珍（1955.2— ）

女，

济南市莱芜区张家洼街道人，高

中文化，退休教师。

在校期间，喜欢给学生讲儿童经典故事。退休后经常与好友聚会品茗聊天，讲一些具有正能量的家庭故事、《聊斋》故事和善恶报应故事。

李同贞（1970.6— ）

男，

济南市莱芜区高庄街道五龙村人，

初中文化。

他常年经营农副产品购销，足迹涉及沂源、枣庄、甘肃武都等地。他快人快语，头脑灵活，语速较快，记忆力很强，别人讲的故事他入耳不忘。善于书写，小有名气。他与同辈人经常在一起胡拉八侃。讲述的《苍蝇的由来》《看天喝水的鸡》《葱姜蒜的由来》等都是比较通俗、有趣、耐人寻味富有哲理的。故事特点是劝人向善、教育人积极向上。读者朋友读后就能记忆犹新、信口道来，而又朗朗上口。

李玉春（1963.7— ）

男，

济南市莱芜区高庄街道五龙村人，

高中文化。

早年在高庄建筑队工作，任小组长、施工员，原单位撤并后，自己组建小施工队常年在本地干活，他言语风趣、遇事冷静。年轻在生产队时常表演节目，能说会唱，大家称他是个"文艺小能人"。常出其不意讲出一些冷笑话，是个活泼开朗的人。

李锡昌（1954.12—）

男，

济南市莱芜区高庄街道办五龙村
人，高中文化，中共党员。

先后从事代课老师和镇办供销社采购员，在供销社从事土特产
采购时期，大量接触销售者，因而采集到大量关于土特产的传
说故事，退休后，他把这些故事进行整理，对线索信息不完整
的资料，就邀请好友进行交流完善。他不仅搜集整理这些资料，
而且把具有代表性的地域特色故事在亲友间广为传讲，丰富了
地域文化生活。

李良森（1947.7—）

男，

济南市长清区万德街道店台人，
大专文化。

1962 年初中毕业回乡务农，1979 年开始发表作品，1988 年以
农民身份调入县文化馆，曾任长清区文联副主席，长清区政协
副主席，出版长篇小说、报告文学、散文、特写等作品十余部。
其中长篇小说《相思河》获济南市第五届"精品工程"奖；长
篇小说《义和庄》获山东省第十届精神文明建设文艺"精品工
程"奖、济南市第九届精神文明建设文艺"精品工程"特别奖
和济南市第三届"泉城文艺奖"；长篇小说《燕儿燕儿快来吧》
获第四届济南市"泉城文艺奖"和济南市第十一届精神文明建
设文艺"精品工程"奖。

李维昌（1965.2—）

男，

济南市莱芜区高庄街道办五龙村
人，高中文化。

他曾在供销社做营业员，他不仅口齿伶俐，能说会道，还有一
个爱讲故事的喜好，借助下乡收农副产品的机会，不仅收获了
地域土特产品，还搜集到了大量的民间传说故事、讽刺幽默笑
话以及周边地区的风物故事，不仅传递了地域文化，还为旅游
文化产业的振兴储蓄了文化能量。

李宗胜（1932.3—2019）

男，

济南市平阴县城人，不识字。

20 世纪 50 年代初，李宗胜响应国家向黑龙江省移民的号召，
到宝泉岭等地居住。他种过地，当过护林员，干过保卫，进过
工厂。干的活多，走过的地方也多，见识多，记性好。80 年
代，他回到平阴度晚年。在黑龙江混了大半生，他接触的人多，
听来的故事也多。黄文俊看护平阴文庙大成殿时，李宗胜经常
来给孔子磕头，他经常说的一句话是："孔圣人没去过东北！"

然后，走出大成殿与黄文俊在一块拉呱、喝茶。他讲的故事古
怪离奇但很感人，而且教育意义大，别人也很有兴趣听。2019
年，李宗胜故去时，黄文俊惋惜地说："他走了真可惜，也没
去给他送一行。"他至今还怀念冬天的黑夜，两人围在暖和的
炉子旁，你拉了我讲，有时一个人讲一晚上。

李光宝（1962.10—）

男，

济南市长清区马山镇马东村人，
中学高级教师，大学文化，中共
党员。

1980 年参加工作，1980 年至 2003 年从事教师工作，曾任马
山初级中学（关王庙南校）教导主任、校长职务；2003 年至
2019 年任马山镇文化站站长。积极挖掘马山的历史文化，特
别是对流传于马山镇内的民间传说、民俗文化进行了系统整理，
先后编写了《马山镇志》（稿本）、《马山的传说》（九个系列故
事）、《马山"三月三"庙会》、《滚球山的传说》、《二人摔跤》
等。其中《马山的传说》《马山"三月三"庙会》为济南市非
物质文化遗产项目，并收入济南市非物质文化遗产名录；《滚
球山的传说》《二人摔跤》为区级非物质文化遗产。2008 年被
济南市委宣传部、济南市文化局授予文化先进个人。

李金标（1906.2—）

男，

济南市历城县仲宫街道南高村人。

讲故事是他业余生活的强项，有一大帮爱听故事的粉丝。曾为
历城区民间文学集成采集奉献过很多原汁原味的地域文化故事，
收录在《历城民间文学资料》一书中。

陈业冰（1963.8—）

笔名鱼乐，

济南市莱芜区茶业口镇船厂村人，
中共党员，中学高级教师。

中国网络作家协会会员，济南市作家协会理事，原莱芜市签约
作家，现任《雪野》杂志执行主编，先后在省级报纸杂志及文
学网站发表报告文学及民间文学作品 100 余万字。

陈玉平（1963.6—）

女，

济南市莱芜区凤城街道办西关
村人。

她从小就跟着爷爷、父母学习糕点制作技艺，听老人们讲述家
传糕点的来历故事，结婚时，父母把这门技艺当嫁妆传给了她。
她不仅传承了制作技艺，也把这门手艺的感人故事传续下来。

现在她已从小作坊干成了拥有资产千万元的糕点支柱产业。现为济南市民间文学研究学会常务理事，济南市市级非遗项目"陈家传统糕点制作技艺"代表性传承人。

陈道英（1917.5—2014）
女，
济南市章丘区刁镇南芽村人。

老人家一天学屋门也没进，是位旧社会煎熬过来的老人。她这一辈子经历了很多苦难，当然也听说了很多原汁原味的故事。采录者王乃飞，从小时候便是在这位奶奶的看护下长大的。那时候，没有电视，也没有网络，经常在大树下或在月光下，听奶奶给他讲一些故事。虽然故事有些简单，但对他却有着很深刻的启蒙作用。等他走上写作路，有些故事被整理加工出来，有些故事则因为时间久远而忘记了，不得不说是一种遗憾。

吴俊华（1964.7—）
女，
济南市莱芜区口镇街道办山口村人。

热爱民俗研究工作，和丈夫周俊申报市级非遗项目"文峰山会"，筹集资金50余万元，修建文峰山奎星楼、文峰山古寨、鱼籽石和民俗博物馆。搜集整理相关传说和故事30余个。她还是传统舞蹈爱好者，传承保护濒危的传统舞蹈近十个。现为山东省民俗学会会员，济南市长勺说唱艺术团副团长，济南市民俗学会"乡村民俗保护研究专业委员会"秘书长。《中国民间文学大系·故事·山东卷·济南分卷》编委会成员。

吴熙滆（1951.9—）
男，
济南市钢城区颜庄街道澜头村人，小学文化。

他是个木工手艺人，年轻时走南闯北为别人家打家具，有着广泛的人际关系。他头脑灵活，喜欢听事但不传事。他能讲很多趣味横生的传说故事，而且让别人听了如临其境。

谷林青（1928.3—2003.3）
男，
济南市莱芜区方下街道张公清村人，能识字。

早年间，为了谋生他独身个人在青岛闯荡多年。谷林青个子不高，身体精瘦却健壮。老人们都说他会打拳，但谁也没有见识过，只知道他的手劲很大，两个棒小伙子与他扳手腕都赢不了。他喜欢讲侠义和异人故事，拉讲到故事高潮时，双手就会随着情节上下左右舞动，嘴里还发出相应的助威声音来。行家人看

了，说他是有功夫的人。

谷增军（1964.10—）
男，
济南市莱芜区方下街道办张公清村人，大学，中共党员。

供职于莱芜市卫生系统，上初中时就钟爱民俗民间文化，搜集了数百条地域性民间故事线索，尤善传统医药故事的采集，20世纪80年代和90年代，中国民间文学集成莱芜普查时，他把征集到的故事线索提供给原莱芜市民间文学研究学社，对本区域民间文化的保护与发展作出了贡献。他的作品发表在《民间奇闻故事》《古今奇闻故事》等刊报中。现为莱芜市民间文学研究学会艺术顾问，济南市民俗学会常务理事。

张金河（1949.12—）
男，
济南市长清区孝里街道岚峪村人，初中文化。

毕业后，先后做过磨面、榨油、铁匠、木匠、维修、瓦工、炊事员等工作。他长期热衷于大峰山和岚峪村地方文化的挖掘与宣传，义务为来村采访的专家、学者、媒体、民众做向导和讲解。在大峰山革命根据地纪念馆建设、岚峪村乡村振兴齐鲁样板村的建设中作出很大贡献，在王文起老师的"长清方言征集"活动中，提供了近20000个词条、5000多个读音、一大批图片，编纂入《长清方言大词典》。

张清顺（1939.2—）
男，
济南市莱芜区方下街道人，高中文化，退休干部。

部队转业后，任张公清村支部书记。闲暇时间爱听讲人们喜闻乐见的乡村民间故事，他传讲的故事多以家庭生活、生产生活方面为主，也喜欢讲述幽默笑话和红色革命故事。20世纪80年代和90年代，中国民间文学三集成资料采集时，他提供了很多故事线索。

张丽华（1952.8—）
男，
济南市莱芜区牛泉镇庞家庄村人，国家一级编剧（教授待遇），剧作家。

20世纪80年代和90年代，为莱芜市民间文学三集成征集办公室成员，先后荣获全国文化系统先进工作者、劳模、山东省十佳文艺工作者。其创作的戏剧作品获取文化部文华剧目奖，

两次荣获中宣部"五个一"工程奖，数十次获省级奖项。退休于原莱芜市文学创作室，现隶属济南市艺术研究院。代表作有《儿行千里》《推媳妇》《正月十五雪打灯》等。

张良合（1953.8—）
男，
济南市长清区归德街道永平村人，
退休教师，中师文化。

先后在坦山中学、翟庄中学任教，曾任教导主任、校长等职。退休后，着手民间传说故事的采录与研究工作。现为长清区长湖雨露书画院理事，坦山文化俱乐部负责人。

张镰业（1935.2—）
男，
济南市莱芜区苗山镇人。

他在当地是出了名的故事篓子，20世纪80年代和90年代，中国民间文学集成工作时，就提供了大量的民间故事素材，很多故事收录于多本图书中。

张家明（1953.6—）
男，
济南市莱芜区高庄街道办五龙
村人。

莱钢工业集团退休职工，电力工程师。他是1970年1月，莱芜钢铁集团在铁铜沟建厂时，被招的第一批工人。他非常喜欢民间传说故事，因而每到一处都要关注相关的故事线索，积累了很多民间故事素材。闲暇时聚友交流，他会不耻下问把每一个故事线索完善起来，他述述的故事几乎都是亲身经遇，别人听来有身临其境的体会。

张清河（1962.3—）
男，
济南市章丘区文祖街道石斑鸠
村人。

1982年6月任中央农业广播学校章丘县分校文祖教学班辅导老师。1988年任东张办事处主任，1995年8月任文祖镇农委主任，1998年10月任文祖广播电视站站长。自幼酷爱文学，新闻稿件及民间传说较多散见于《章丘日报》《章丘晨报》、济南广播电台、《山东科技报》和《济南日报》。

张家德（1955.6—）
男，
济南市莱芜区高庄街道五龙村，
高中学历。

1977年从事乡村赤脚医生，擅长中西医结合，从医四十余年，深受老百姓爱戴！他学识渊博，学习范围广泛，阅历丰富。闲暇之余喜欢拉呱，讲些医疗方面的故事，很多人都愿意听他讲故事。

杨书长（1904.10—卒年不详）
男，
泰安市东平县旧县乡大峨山村人，
有文化，已故。

杨书长年轻时就给富户人家当账房先生，别看他算账是拿手活，讲故事也是他的强项。闲暇的时候总会在街上的大树下，喝茶聊天讲故事。杨书长会讲《吕布戏貂蝉》《甘罗当宰相》等许多故事。抗日战争中，在东阿镇当账房先生，他给八路军倒卖汽油等紧缺物资。

杨文彬（1945.2—）
男，
济南市钢城区颜庄街道莲花池村
人，初中文化。

他是个地地道道的农民，耕耙种收是把好手，在地头拉呱休息是他的一大爱好。地邻喜欢在休息时听他讲故事，尤其是关于种植和家庭方面的故事，因此他传讲了很多风趣雅致的民间传奇故事。

周传义（1943.11—2011.8）
男，
济南市莱芜区口镇街道山口村人。

莱芜传统舞蹈"山口社火"非遗项目第五代代表性传承人。多年来，传承与发展了这门古老的传统舞蹈。社火本身就是故事，周传义在弘扬这门舞蹈的同时，也传承保护了一批珍贵的传统舞蹈故事和文峰山山会古老的民俗文化。

郑立恩（1935.5—2006.7）
男，
济南市章丘文祖街道三德范北村
人，小学文化。

特别爱好讲故事，尤善传讲孝德故事和神仙故事的善恶报应。在村邻口中他是个上知天文、下知地理和人情世故的故事篓子。

孟宪花（1917.8—2006.8）
女，
济南市莱芜区方下街道张公清
村人。

她老人家特别喜欢拉呱，四邻八舍的两代人都是听她讲故事长大的。她老人家讲故事的目的，就是借古说今，用善恶报应故事教育子孙后代如何做人做事，她最喜欢讲述的就是孝道故事，很多人听后受益。

房洪德（1932.12—2012.2）
男，
济南市莱芜区寨里镇寨东村人，
高小文化。

他热爱民间文化，和文友创办了《汇滨野话》油印杂志，登载了很多民间文学作品，保护传承了濒危的民间文化。他还是山东省散文家协会会员，散文文笔锋利，比朝天椒还要火辣；《古今奇闻故事》杂志特约作者，为杂志社奉献了很多有价值的民间故事。

房泽民（1945.12—）
男，
济南市长清区平安街道北汝村人，
中共党员。

中国音乐家协会山东分会会员、中国民族管弦乐学会会员、中国民协会员山东分会会员、中国作协山东分会会员、济南市音乐家协会会员。曾任民办教师，因才艺出色被县剧团招录，2005年退休后，挖掘整理了长清民间传说故事多篇。

胥德年（1944.3—）
男，
济南市莱芜区雪野街道人，退休
教师。

他为人谦和，乐于交际，常会文友传讲故事，尤以雪野地域故事为主，善讲孝德、科举故事。他的很多传说故事，收录在《雪野的传说》等书刊中。

赵芳（1971.6—）
女，
济南市长清区文昌街道西门里村
人，高中文化。

个体商业经营者，主要经营长清传统美食"长清大素包"，这个故事在她家族中历代传讲，其故事中的馅料配方也一直沿用至今。

封万林（1936.8—）
男，
济南市历城区姚家镇窑头村人。

爱好民间传说故事的传续，他讲的故事题材广泛，故事朗朗上口，深受广大故事爱好者的喜爱。20世纪80年代和90年代，为中国民间文学集成历城区三套集成资料征集提供了大量的采访线索，部分传说故事收录在《历城民间文学资料本》中。

封长贵（1937.5—）
男，
济南市历下区姚家街道窑头村人。

田园劳作之余喜欢传讲故事，20世纪80年代和90年代，为中国民间文学集成历城区三套集成资料征集提供了大量的采访线索，部分传说故事收录在《历城民间文学资料本》中。

郝长俊（1931.8—）
男，
济南市历城区仲宫镇门牙庄人，
小学文化。

他在劳作之余喜欢聚友拉呱，他的故事特别多，20世纪80年代和90年代，为中国民间文学集成历城区三套集成资料征集提供了大量的传说故事素材，部分传说故事收录在《历城民间文学资料本》中。

郭俊富（1963.12—）
男，
济南市莱芜区高庄街道办五龙
村人。

他有两大爱好，一是喜欢吹唢呐，最拿手的曲子就是《百鸟朝凤》，在当地小有名气；二是喜欢聚友侃大山，而且侃的主题五花八门，常常引来爆笑声。他经常参加丧葬白公事的唢呐演奏，每一首唢呐曲都受人喜爱，他的最大特长就是了解很多地域习俗和孝德文化类传说故事。

展昭和（1957.9—）
男，
济南市平阴县孝直镇沙岭村人，
中共党员，大专文化。

1976年12月参军入伍，1985—1986年6月带领连队参加了对越自卫反击战，荣立集体三等功一次，个人三等功一次；1995年8月，军转到平阴县交通局任副局长，2017年9月退休。他特别注重和圣柳下跖（柳下惠）和展大王柳下跖（展雄）的研究，掌握了大量关于二位先祖的传说和故事，成为地方民间故事专家。

夏树芬（1941.3—）

女，

济南市章丘区刁镇南芽村人。

她没念过几天书，是个地道的农民，一辈子与田地打交道。可她却懂得很多大道理，并且她的"大道理"不是死板的说教，而是用一段段趣事说出来。因此，她身上汲取了很多民间故事创作的养分，王乃飞有很多故事的来源，就是从她的口述里得到的。

钱凤义（1932.5—）

男，

济南市历城区港沟街道章灵二

村人。

爱好讲述地域趣闻和家庭婚姻故事，在讲述过程中自然揉进一些戏曲演员常用的对白，让人们非常容易进入故事情节，因此有一定的受众群体。20 世纪 80 年代和 90 年代，他为中国民间文学集成历城区三套集成资料征集，提供了大量的传说故事素材，部分传说故事收录在《历城民间文学资料本》中。

黄贵生（1927.2—）

男，

济南市平阴县洪范池镇书院村人，

仅上过识字班，转业军人。

他在服兵役和工作期间，努力自学文化，把掌握的民间文学资料编写成故事并投稿。黄贵生讲述的很多故事，大都以孝善为题材，不仅让听众得到了欢乐，而且还维护了优秀传统道德行为，弘扬了优秀传统文化。

黄广学（1911.3—卒年不详）

男，

济南市平阴县洪范池镇苗海村人，

农民，不识字，已故。

黄广学干庄稼活好本事，拉呱有声有色，连上趟儿，故事性强，有迷信的，有怪异的，也有反映正能量的。他走南闯北，干的活种类多，接触的人多。采录者假期劳动时听他讲了不少故事，采用了他讲的《水泡报仇》和《马戏团》的故事。

黄广玉（1926.2—卒年不详）

男，

济南市平阴县洪范池镇苗海村人。

不识字，已故。

黄广玉个儿不高，瘦巴的，他精明强干，当过队长，讲话挺利落，拉个呱一套一套的，热天树阴凉的人群里，冬天的北墙跟下，他一到，话匣子一开，就不住流儿，《薛丁山征西》《刘墉下南京》《一匹枣红马》等，他拉起故事，有头有影，话儿不带停止的。采录者很尊敬他，可惜由于在外读书，只听过他几次故事。到了他儿这一辈，口才也好，走到哪里都带着书读。出夫时，工地干部提拔了他儿子，他儿子当到县林业局局长一职。

鹿传铎（1942.6—）

男，

济南市平阴县史志办退休干部，

大专文化。

他编辑出版了《平阴县志》，喜欢搜集整理关于韩复榘在民间流传的系列故事，再就是喜欢研究玫瑰花，搜集整理了大量的关于玫瑰花的民俗民间传说故事。

隋继泉（1954.7—）

男，

济南市长清区万德街道人，高中

文化。

毕业后，先任民办教师，后调入马山镇党政办，负责文秘和宣传工作。其间，负责打造长清区"齐鲁风情八号路"旅游精品线路，积极挖掘丰富的旅游文化，在全域旅游街镇的创建中作出了积极的贡献。退休后被万德街道返聘至今，负责整个街道的文化宣传工作。他自觉传承万德历史文化，在古御道、齐长城、民间传说、红色文化等历史文化的挖掘和整理等方面作出了突出的贡献。

梁化民（1965.1—）

男，

济南市莱芜区牛泉镇蔺家庄村，

高中文化。

经商为业，主营花椒、生姜、大蒜等农副产品。由于他到过很多地方做生意，搜集了很多有趣的小故事，空闲时间人们都喜欢听他讲山南海北听来的奇闻故事，经常让人们听得捧腹大笑。有人专门来照顾他的买卖，就是为听他讲述那些稀奇古怪的故事。

曹会方（1907.2—）
男，
济南市历城区锦绣川乡白云村人。

他不识字，讲故事却条理分明，头头是道，惹得很多粉丝见到他就缠着听故事。20世纪80年代和90年代，为中国民间文学集成历城区三套集成资料征集提供了大量的传说故事素材，部分传说故事收录在《历城民间文学资料本》中。

程来芳（1927.12—2017.10）
男，
济南市莱芜区寨里镇寨东村人，
高中文化。

先后任教师、中学校长、市民政局地名办编辑。他是个名副其实的民间故事家，而且题材比较广泛。他不仅传讲故事，还搜集整理了大量的民间传说故事，20世纪80年代和90年代中国民间文学集成资料征集时，他提供了大量的具有地方特色的民俗民间故事。他先后被莱芜市民间文学研究学会聘为名誉副会长，《民间奇闻故事》《古今奇闻故事》杂志社聘请为艺术顾问，60余篇民间文学作品被选入《民间奇闻故事》《古今奇闻故事》等书报中。

董瑞吉
男，
1949年9月出生，济南市莱芜区高庄街道小洼村人，中共党员，退休干部。

从政期间就没间断搜集、整理、保护莲花山的传说故事、民俗、土特产等传统文化渊源。在济南市民间文学研究学会的帮助下，退休而又忙于传统文化采风的他，把几十年来积存下来的莲花山传说故事进行梳理，先后出版了75万字的《莲花山的传说》（人物卷）、（风物卷）。

韩传建（1945.11—）
号"金牛山人"，
男，
济南市莱芜区口镇街道人，大专文化，退休干部。

虽从政，却是个人见人爱的诙谐人物。他说话不拘小节，以乐为主，常讲些让人捧腹大笑的幽默故事。他还爱好画鱼，有"鱼王"的雅称。

靳启庆（1964.1—）
男，
济南市钢城区颜庄街道。

爱好传统文化的搜集整理，建成钢城区当峪红色教育传习基地，多次参加和联手举办传统文化艺术展示展演活动，为《古今奇闻故事》杂志社提供了大量的民间故事资料。现任济南市电影家协会主席，济南市民间文学研究学会文化顾问。《中国民间文学大系·故事·山东卷·济南分卷》编委会成员。

路公水（1949.6—）
笔名鲁清，
男，
济南市长清区归德街道路庄村人，
中学高级教师，大学文化，中共党员。

喜好诗词、散文、小品写作，曾出版个人诗集《诗词偶得》，其中《二路之吟》获全国诗文大赛二等奖，散文《老课本》获《山东教育报》一等奖。擅长民间文学和民俗文化研究，爱好故事讲述与创作。

路敬义（1932.7—）
男，
济南市平阴县东阿镇南市村人，
小学老师，现居平阴县城。

路老师当年教算术，他教的班级升学率高，后任校长直到退休。路老师的业余爱好就是讲故事，而且喜欢给孩子们讲，惹得孩子们见他空闲时，便纠缠着听故事。

谭守凯（1933.2—）
男，
济南市钢城区颜庄街道颜庄村人，
退休职工，高小文化。

他为人谦和，不仅能说会道，喜欢讲古，还是传统舞蹈《无影县令》表演队主要成员，逢年过节都要露一脸，滑稽的表演，惹得人们捧腹大笑，在愉悦心情下欢度传统年。

谭业龙（1942.5—）
男，
济南市钢城区颜庄街道颜庄村人，
小学文化。

劳作之余，喜欢邀友品茶、喝酒聊天，有一大帮爱好故事的拉友。村里的古槐下是他讲故事的固定场所，时常见到他拉呱的身影。如果树下没有了他，很多人会关心地问他的去向。

戴桂珍（1940.6—）

女，

济南市平阴县孝直镇西张村人，

小学文化。

她性格开朗，心善嘴甜，很善于讲述民间故事。每逢夏日傍晚，人们总爱聚集在她家门口听她讲故事，直到深夜不肯离去，因而获得"故事篓子"之称。她讲的故事有《燕子报恩》《王尚书欺君》《张三杀狗》《杜老钱的故事》等20多篇。

魏振会（1943.6—）

男，

济南市莱芜区羊里街道东魏庄

村人。

济南市市级非遗项目"魏家整骨术"代表性传承人，走千家进万户让他得到了无数的故事线索，积累了丰富的传说故事资料。魏振会整骨是行家，讲故事也是一流的。听他讲故事的多是骨伤患者，听到的也是医药故事，人们都说老魏拉呱，三句话不离本行。

二

济南故事
采录者和整理者简介

于夫（1947.3—）

男

济南市章丘区普集人，章丘区矿
业局退休干部，大专文化。

1979 年开始民间文学创作。1996 年至 2004 年任章丘市作家
协会第一届、第二届主席。代表作有长篇历史小说《杜伏威》
（1996 年 8 月山东文艺出版社出版）、章丘四大传说《章丘大
葱的传说》《章丘铁匠的传说》《龙山小米的传说》《明水香稻
的传说》）等作品。其中《杜伏威》为新中国成立后章丘出版
的第一部长篇小说，2009 年 9 月，济南市作家协会对济南市
新中国成立以来出版作品进行"宝通杯济南文学奖"评奖活动，
《杜伏威》获"济南市作家协会建国后长篇小说奖"。并参与了
《千年古县——章丘》《龙山村志》等多部史志图书的编写工作。
《中国民间文学大系·故事·山东卷·济南分卷》章丘区采编委
成员。

于淑玲（1965.6—）

女，

济南市莱芜区人，高中文化。

传统技艺"香薰画"第六代传承人。她热爱民间文学的挖掘抢
救和保护工作，征集了大量的传说故事素材，发表数篇。她还
多次接受新闻媒体的采访报道，保护传承了濒危的"香薰画"
技艺，为地域文化的发展作出了奉献。现为济南市民间文学研
究学会副秘书长，济南市长勺说唱艺术团舞蹈教练。《中国民
间文学大系·故事·山东卷·济南分卷》天桥区采编委成员。

万洪梅（1974.2—）

女

济南市商河县贾庄镇万坊村人。

山东省卫生学校毕业后，短暂从事医务工作，现供职于商河县
许商中心小学。工作之余从事民间文学的挖掘、搜集整理工作。
现为山东省散文学会会员，山东省摄影学会会员，济南市民间
文学研究学会商河分会副会长，济南市民俗学会会员，《中国
民间文学大系·故事·山东卷·济南分卷》商河县采编委成员、
特约编辑。

万肇平（1955.10—）

字致泰，号洪原，男，

济南市平阴县洪范池镇东峪南崖
村人，中学高级教师。

1976 年参加工作，从事教育事业 34 年，乡镇文化工作 6 年，
2015 年退休。潜心于洪范池镇文化资料收集、研究，著有
《洪范池镇志》《平阴县碑刻集成·洪范池镇卷》等，现正专注
于于慎行文化研究，初成《帝王之师于慎行洪范情缘》。先后

在市、县报刊发表文章 30 余篇。

马文平（1955.5—）

男，

济南市平阴县东阿镇仁和村人，
退休干部，高中文化。

平阴县博物馆副馆长，2017 年退休。自 1983 年开始创作戏剧
影视剧本，搜集整理民间传说故事，至今共创作各类剧本 20
余部，民间传说故事 100 余个。其中戏剧剧本分别在国家级、
省级刊物发表得奖和演出。影视剧已在中央六台和全国院线放
映。并在《中国文物报》《大众日报》《济南日报》《时代论坛》、
省政府主办的《文史》及市县级刊物发表文史、民间传说故事
等文章近百篇。

马骏（1981.8—）

男，

中共党员

济南市长清区孝里初级中学教师，孝堂书院院长，区道德模范，
区首届最美教师，致力于传统孝文化研究，著有《孝行天下》
一书，参与本地区民俗民间文化的整理保护工作，常年开办国
学公益课堂。

马腾（1983.5—）

男，

济南市莱芜区凤城街道办矿煤阳
光花园，大学文化。

就职于新闻矿务局鄂庄煤矿。工作之余喜欢民间文学的搜集
整理工作，曾多次参加济南市民间文学研究学会组织的田园
采风活动。擅长民间故事的创作，作品散见于《民间奇闻故
事》《古今奇闻故事》《莱芜民间故事》《民间故事精选》等书
刊，现为济南市民间文学研究学会会员，济南市民俗学会会员。

亓学贵（1954.12—）

男，

济南市莱芜区杨庄镇冷家庄村人，
中专文化。

1993 年起，从事民间文学的挖掘、搜集、整理、保护工作。
多年来，足迹几乎遍布莱芜城乡，搜集整理了大量的民间文学
作品，数十篇作品在杂志上发表。2008 年 12 月，他搜集整理
的民间文学《张道一的传说》、传统民俗《搬龙王》被列入莱
芜市市级非物质文化遗产项目名录。2015 年 6 月，大众网对
其进行了专访。2010 年 3 月，50 万字的民间文学集《张道一
的传说》出版。现为山东省民间文艺家协会会员，济南市民间
文学研究学会常务副会长，济南市民俗学会副会长，《古今奇

闻故事》杂志社编辑。《中国民间文学大系·故事·山东卷·济南分卷》编委会成员。

亓立富（1948.6—）
男，
济南市莱芜区牛泉镇亓家省庄村人，从事教育工作至退休。

爱好地域性民俗民间文化研究，经常携友调研文化遗址遗迹，整理了大量的地域性民间文学作品，尤擅民间故事的采集与整理。作品散见于报刊、网络。

亓廷香（1954.2—）
男，
济南市莱芜区高庄街道五龙庄村人，小学高级教师，中师文化。

1975 年参加教育工作，曾获得莱芜市优秀教师荣誉称号。退休后，专业从事民间文学和民俗文化的研究与挖掘整理工作，尤善孝德故事的搜集整理。曾在报刊书籍发表民间传说故事十余篇，已整理完成《五龙村的传说》等传说故事 130 个。现为济南市民间文学研究学会会员，济南市民俗学会会员，《古今奇闻故事》杂志特约作者，《中国民间文学大系·故事·山东卷·济南分卷》槐荫区采编委成员。

亓玉峰（1959.7—）
男，
济南市莱芜区方下街道办孙封邱村人，高中文化。

传统武术"手拍武'静憩门'"第七代掌门人。2014 年，亓玉峰加入了莱芜市长勺说唱艺术团，"手拍武"走上了展示的舞台。2016 年 10 月，成立"手拍武非遗项目传习基地"。2018 年 10 月，亓玉峰被莱芜市人民政府命名为"手拍武"第四批市级非物质文化遗产项目代表性传承人。多年来，闲暇之余搜集整理民间传说故事 50 余篇，发表 10 余篇。现为济南市民间文学研究学会副会长、民间文化抢救保护工程专业委员会主任，济南市长勺说唱艺术团副团长。《中国民间文学大系·故事·山东卷·济南分卷》天桥区采编委成员。

亓福忠（1968.9—）
男，
济南市莱芜区高庄街道五龙村人，中共党员。

自小喜爱历史故事，对别人讲过的故事总是记忆犹新，善于总结整理。中学时曾在《中学生报》《中学生学习报》等刊物上发表过民间故事作品，受到过学校表彰。在莱芜日报社组织的

鲁长城探访时，曾应记者郝磊、刘大伟之约，特写《探访鲁长城高庄段有感》。现已搜集、整理、发表散落在民间的传说故事、笑话、俗语、谚语等 100 余篇，现为济南市民间文学研究学会会员，济南市民俗学会会员，《古今奇闻故事》杂志特约作者，《中国民间文学大系·故事·山东卷·济南分卷》市中区采编委成员。

亓明清（1954.12—）
男，
济南市莱芜区凤城街道办南十里铺村人。

小学时就爱听爱讲民间故事，他深入基层采风，搜集整理了 100 余篇民间传说故事。现为济南市民间文学研究学会会员，济南市民俗学会会员，《古今奇闻故事》特邀作者。

王俊莲（1964.4—）
女，
济南市莱芜区方下街道张公清村人，高中文化。

自 1984 年 7 月参加中国民间文学三集成工作至今，挖掘抢救和保护民间文学类作品 1000 余件，搜集整理谚语、俗语、歇后语 10000 余条；参与编辑出版民间文学与非遗项目丛书专辑《长勺之战传说》《中元节习俗》等 18 部，《古今奇闻故事》60 期。2006 年至今，参与申批国家、省、市级非物质文化遗产代表性项目 70 个。荣获市级非遗项目"五角宝制作技艺"代表性传承人、市级舞蹈之星等荣誉称号。现为山东省民俗学会理事，济南市民俗学会会长，济南市民间文学研究学会副会长兼秘书长，济南市长勺说唱艺术团副团长，古今奇闻故事杂志社副总编，《济南民俗研究》杂志主编，《中国民间文学大系·故事·山东卷·济南分卷》编委会成员。

王大庆（1956.2—）
男，
济南市平阴县人，小学文化，武术世家。

自幼随父辈习武，自学文化，衷爱史学研究，是山东省省级非物质文化遗产项目"太平拳"代表性传承人。传武之余挖掘区域历史文化、儒学文化、民俗民间文化等，将其整理、存档、著述，近年来在报刊中发表文章 300 余篇，曾在《孔子学刊》《孔子研究》《平阴文史》中发表过多篇文章。获得国家级、省级集体和个人荣誉 60 余项，现任平阴县杏坛文化艺术中心主任。

王奎杰（1951.12—）
男，
济南市市中区王官庄人，大学
文化。

现中国孔子书画院宣传部长，中国孔子学院博士生导师。齐鲁电视台特约记者、《齐鲁新视听》杂志著名记者、群众喜欢的"散文作家"。先后发表游记、散文、民间故事、札记80多篇，代表作有：十八集长篇评书《天边评书》《海南有很多奇妙的树根》《要问祖先在何处？山西洪洞大槐树》等。《中国民间文学大系·故事·山东卷·济南分卷》市中区采编委成员。

王乃飞（1973.6—）
男，
济南市章丘区刁镇南芽村人，小
学文化。

自幼残疾，只在村里读完小学，在家中自学并走上创作之路。2002年以来，创作各种民间故事、新时代故事几百篇，近百万字，在《民间文学》《故事会》《上海故事》《故事林》《山海经》《新故事》《百家故事》《传奇故事》《民间传奇故事》《三月三》《新聊斋》《民间故事选刊》《微型小说选刊·金故事》《传奇·传记》《课外阅读》《中华活页文选》《野马渡》等多家故事刊物上发表故事作品数十篇。多次获得由中国民间文艺家协会主办的"中国故事节"大赛的奖项，多次获得由山东省文化和旅游厅主办的"讲好山东故事"征文大赛的奖项。现为中国民间文艺家协会会员、山东省民间文艺家协会会员、济南市民间文艺家协会、济南市民间文学研究学会理事、济南市民俗学会会员、《古今奇闻故事》杂志特约作者，《中国民间文学大系·故事·山东卷·济南分卷》历下区采编委成员。

王守学（1966.3—）
男，
济南市长清区孝里街道人，初中
文化，自由撰稿人。

中国乡土艺术学会书画院会员，文史爱好者，孝里文化研究者，博客昵称"湄湖散人"。他自幼喜欢文学，长期致力于长清区（县）孝里街道（镇）传统文化的发掘和研究整理工作。在自己的博客和网络公众号等多家平台发表作品200余篇，计50余万字，其中有多篇文章被济南社会科学院年刊《济南文化论丛》刊发。还积极挖掘大峰山根据地革命故事，撰写有南黄崖村史馆展陈大纲；曾多次协助济南电视台、长清电视台采访孝里历史地理人文。现为济南市民间文学研究学会会员，济南市民俗学会会员。

王西武（1951.10—）
男，
济南市钢城区艾山街道办事处贤
女庙村人。

"针灸火罐治疗疑难杂症"市级非遗项目代表性传承人，擅长医药传说故事的搜集整理，在报纸杂志发表多篇。现为济南市民间文学研究学会理事，济南市民俗学会会员。

王新然（1945.7—）
号雪野，又号翰墨斋主人，
济南市莱芜区雪野街道雪野村人，
毕业于曲阜师范大学本科中文专
业，中学高级教师。

自20世纪90年代初，就对散传在雪野民间的传说故事进行搜集整理。在济南市民间文学研究学会的帮助下，对雪野景点、齐长城遗址进行了多次田园调研活动，考证了很多文化遗迹遗址、传统文艺（如本地传统戏、传统舞蹈等）、传统习俗、传统技艺、本地土特产渊源等。申报非遗项目期间，不断完善项目的内容，于2012年3月出版50万字的民间传说故事集《雪野的传说》，对有着丰厚文化底蕴的雪野地域文化艺术、历史渊源来了个汇总。2014年12月，《雪野的传说》荣获第一届莱芜文艺奖民间文艺类三等奖。2016年9月，该项目列入第五批莱芜市级非遗项目名录。现为济南市民间文学研究学会常务理事，济南市民俗学会会员。

尹燕忠（1951.10—）
男，
济南市平阴县安城镇兴安小区人，
高中文化，中共党员，2011年
退休。

系中国散文学会会员、中国西部散文学会会员、山东省报告文学学会会员、山东省散文学会会员、济南市作家协会会员、《青年文学家》杂志社泰安分会理事、平阴县档案馆荣誉馆员。在《济南日报》《济南时报》《西部散文选刊》《齐鲁晚报·齐鲁壹点》《洛阳晚报》《泰山文化》《大汶河》《楚风》《青年文学家》双刊号、《黄河文艺》双刊号、《神州文学》《齐鲁晚报》《清泉报》、作家出版社《国庆征文选》等，先后发表各类作品千余篇（首），140余万字。

孔震（1951.2—）
男，
济南市平阴县人，大学文化。

1975年参加工作，先后被评为县优秀教师、县十佳职工、市模范班主任，获市五一劳动奖章，2011年退休后，仍发挥余热，数次为老年大学讲课，为平阴县孝文化中心讲课。先后参加了《东关村志》《平阴县文化馆志》以及平阴县民政局主持的《平阴县地名志》的编修工作。

宁荫棠（1949.2—）
字留景，男，
济南市章丘区明水街道禹家村人，
中共党员。

章丘博物馆馆长，章丘文史编委，全国考古研究员。曾编写《相公庄志》《章丘开发区志》《章丘地税局志》《龙山村志》等多部志书，《中国民间文学大系·故事·山东卷·济南分卷》历城区采编委成员。

平安忠（1961.5—）
男，
泰安市岱岳区夏张镇平家官庄村
人，高中文化。

20世纪90年代末，从事民间诗歌、传说故事的搜集整理工作。《嬴牟民间诗歌集》一书的执行主编。现为山东省民俗学会会员，济南市民俗学会常务副会长，非遗抢救与保护专业委员会主任，《古今奇闻故事》《济南民俗研究》杂志编辑，《中国民间文学大系·故事·山东卷·济南分卷》编委会成员。

付崇阳（1954.10—）
男，
济南市平阴县东阿镇北张村人，
大专文化，中共党员。

1974年12月参加工作，先后任党委委员、副镇长、党委副书记、乡长等职。2014年10月，在平阴县总工会退休。在职期间，利用业余时间挖掘、考证和搜集整理各类民间传说故事、风俗故事近百篇。

田延青（1978.9—）
女，
济南市历城区人，1998年参加
工作，省委党校研究生学历。

现任济南市历城区文化馆馆长职务。在任期间曾先后获得济南市文化和旅游局优秀文化志愿者，历城区文化工作先进个人，并参与编创原创歌曲《祝福历城》《历城战疫歌》，获济南市优秀原创作品二等奖，在任期间挖掘本土非遗项目15项，编辑整理出版《历城民间故事》。历城区民间故事稿件提供者，《中国民间文学大系·故事·山东卷·济南分卷》历城区采编委成员。

石荣臻（1967.2—）
男，
济南市钢城区里辛街道石家岭村
人，高中文化。

现任钢城高新技术开发区党工委秘书。中国乡村作家，山东省散文学会会员，济南市作家协会理事，钢城区政协文史资料征集研究员，《望月文学》编委会副主任。著有文集《溪水里的月亮》《银河里的星星》《心海里的太阳》三部，搜集整理民间传说故事数十个。现为济南市民间文学研究学会会员，济南市民俗学会会员。

冯岳山（1970.10—）
男，
济南市莱芜区羊里街道辛兴西南
村人，大学文化。

在方下街道任职近20年，下村公务之余，走访老年人座谈，记录了大量的民间故事题材，整理发表数十篇。他还是济南市民间文学研究学会理事，济南市民俗学会理事，《古今奇闻故事》杂志特约作者，《中国民间文学大系·故事·山东卷·济南分卷》槐荫区采编委成员。

吕秉华（1949.10—）
男，
济南市钢城区颜庄街道办颜庄村
人，中共党员，大专文化，政工
师，工艺美术师。

1969年2月参军入伍，在部队从事宣传工作。退伍后，担任过厂长、经理、支部书记。热爱民间文学研究，作品入编多个民间文学刊物。成为当地对民间文学、民俗有一定研究的知名人士。现为山东省书法家协会会员；济南市民间文学研究学会钢城分会会长，济南市民俗学会钢城分会副会长，"牟汶河民俗民间文化研究专业委员会"主任，钢城区颜庄滨河社区文协会会长，《中国民间文学大系·故事·山东卷·济南分卷》钢城区采编委成员。

吕克勤（1936.10—）
男，
汉族，济南市钢城区里辛街道人，
中共党员，大专文化。

1960年参加工作，先从教后从政，1997年从里辛镇（今钢城区里辛街道）退休。系原莱芜市文史资料征集研究员。退休以后，致力于地方文史资料挖掘整理工作。先后在《钢城文史》《莱芜文史》《嬴牟春秋》《鲁中晨刊》等报刊发表文史作品数十篇，"历史笑话"故事多篇。应聘《钢城区志》编辑，撰写志稿 5 编 16 万多字，其中函调挖掘重要历史人物资料 20 余篇。2018 年出版文史专著《笔耕春秋》一书。他热心参与关心下一代工作的社会活动，2017 年被评为山东省关心下一代工作先进工作者。现为济南市民间文学研究学会会员，济南市民俗学会会员，《中国民间文学大系·故事·山东卷·济南分卷》钢城区采编委成员。

吕全生（1946.7—）
男，
中共党员，济南市莱芜区口镇街道南江水村人，初中文化，骨医。

"吕家踝骨矫正术"代表性传承人，50 多年来，为无数骨伤患者解除了伤痛。他酷爱民间文学的搜集整理工作，现已整理民间传说 100 余篇，民间故事近百篇，还有幽默笑话等近百篇，是个具有代表性的民间文学工作者。现为济南市民间文学研究学会名誉副会长，济南市民俗学会"传统文艺保护研究专业委员会"主任，《古今奇闻故事》杂志特约作者。

刘公明（1948.6—）
男，
山东省德州市临邑县人，中专文化。

1982 年 10 月转业于商河县电业局工作，2000 年退休。现为山东省民间文艺家协会会员，济南市民俗学会商河分会副会长，《古今奇闻故事》杂志特约作者，商河县民间文化研究会副秘书长，商河文史委顾问等。著有《白头翁谈笑录》《古寨长河》《古邑春秋》《雕虫斋砚边拾零》等，部分作品在《山东文学》《新聊斋》等书刊发表。

刘海友（1966.10—）
男，
济南市济阳区人，大专文化，中共党员。

1985 年 9 月参加工作，历任中学英语教师、中学团委书记、教导主任、校长，乡镇教委副主任、主任，国办学校党支部书记、校长。他组织学生实地采风，搜集整理大量的济阳民间传说故事。现为济南市民间文学研究学会会员、济南市民俗学会会员，济阳区志远学校校长，《中国民间文学大系·故事·山东卷·济南分卷》济阳区采编委成员。

刘洪启（1962.11—）
男，
济南市莱芜区方下街道沈家岭村人，高中文化。

他从事家族传统正骨推拿手法，按摩师三级。工作之余，喜爱民间文学和民俗研究，经常邀友聚会谈论具有地方代表性的民俗民间文化，擅长行当故事、医药故事的采集，已整理近百篇民间传说故事作品。现为济南市民俗学会副会长，《古今奇闻故事》杂志特约作者，《中国民间文学大系·故事·山东卷·济南分卷》历下区采编委成员。

刘强（1963.9—）
男，
汉族，济南市商河县龙桑寺镇西刘木村人。

现供职于中国农业银行商河县支行，系中国农业银行作家协会会员、山东省散文学会会员、济南市作家协会会员、济南市民间文学研究学会会员、济南市民俗学会商河分会会长。曾在《中国城乡金融报》《中国金融作协》《中国金融文化》、中国作家网、中国诗歌网、《当代散文》《东方散文》《齐鲁晚报》《齐鲁文学》《济南日报》《河南文学》《山东金融文学》《今日头条》等报刊和平台发表文学作品。《中国民间文学大系·故事·山东卷·济南分卷》商河县采编委成员。

刘敏（1985.8—）
女，
济南市济阳区人，大学文化。

自接触民间文学以来，积极搜集民间故事和民间传说，积累搜集各类素材进行整理和编辑。现为济南市民间文学研究学会会员、济南市民俗学会会员，济阳区志远学校教师，《中国民间文学大系·故事·山东卷·济南分卷》济阳区采编委成员、特约编辑。

孙永安（1949.4—）
男，
济南市章丘区圣井街道东姚庄人，高中文化。

热爱民间文学研究，搜集整理了大量的民间传说故事。2000 年开始，先后在《山东文学》，济南市、县级刊物发表诗词、楹联、小说、散文、短篇故事和民间传说故事。

孙廷华（1954.1—）
男，
济南市章丘区文祖街道文祖东村
人，高中文化。

酷爱民间文学的研究，搜集整理了百余篇民间传说故事，文章散见于《大众日报》《齐鲁晚报》《联合日报》《济南日报》《山东文学》《时代文学》《当代小说》《辽河文学》等20多家报刊，多篇文章被人民网、中国新闻网、中国教育网、凤凰网、大众网等十多家大网站转载。出版文集《锦屏夜话》《深涧笛声》，获得济南市"首届泉城文艺奖"和济南市作家协会"宝通杯"文学奖。人物传略，载入百度百科。现为章丘齐长城文化研究会副会长、章丘文史编委，《中国民间文学大系·故事·山东卷·济南分卷》章丘区采编委成员。

孙继广（1972.10—）
男，
济南市章丘区文祖街道人，大专
文化。

章丘区融媒体编辑，作家。现供职于济南市章丘区融媒体中心，《章丘晨报》主任编辑。从事文学创作30年以来，已在《辽河》《山东文学》《北京精短文学》《农村大众》《齐鲁晚报》《中国电力报》等报刊发表各类文学作品数百篇，曾获全国小说大赛等奖项，参与编写《章丘文史系列丛书》。有小说集《红枫树》和报告文学集《诚实劳动》出版。

孙明（1956.2—）
男，
山东省泰安市肥城市王庄镇北尚
任村人。

定居平阴县环秀小区，大专文化，中共党员，高级政工师。退休后热心公益，任平阴县义工协会党支部书记和监事长，县老干部通讯联络员，县老干部"爱心驿站"党支部委员。他坚持笔耕不辍，发挥余热。他多次组织文友聚会，以民间文学、地方习俗为创作主题，征集了大量的民间文化作品。现为山东省摄影家协会会员、济南市摄影家协会会员，济南市民间文学研究学会会员、济南市民俗学会会员，平阴县摄影家协会副主席，《中国民间文学大系·故事·山东卷·济南分卷》平阴县采编委成员。

孙光玉（1964.6—）
字力珺、号浑璞、笔名玮琳，男，
济南市济阳区太平街道办事处孙
家店村人，高中文化。

高中毕业后从事过餐饮工作，工作之余喜爱乡村文化，从事民

俗民间文化的研究。擅长民间故事的采集与创作。

庄庆奎（1961.6—）
字贺星，男，
济南市长清区平安街道高垣墙村
人，大专文化，中共党员。

受家庭熏陶，自幼酷爱书法、戏曲、诗词和民间传说故事的创作。作品曾多次在《大众日报》《济南日报》等报刊发表，部分作品在山东人民广播电台播放。荣获山东省农村文化名人、长清区首届道德模范荣誉称号。现为山东卓豪农业科技有限公司董事长，济南平安广告有限公司董事长兼总经理，济南市民间文学研究学会、济南市民俗学会"齐长城民俗民间文化研究专业委员会"主任，长清区书法家协会会员，《中国民间文学大系·故事·山东卷·济南分卷》长清区采编委成员。

许明华（1948.4—）
男，
济南市钢城区颜庄街道埠东村人，
高级教师，大专文化。

教师退休后，积极参加《钢城党史》《钢城文史》《村庄》《莱芜抗日战争故事》和散传在钢城的各类民间传说故事的搜集、整理、保护工作。现为济南市民间文学研究学会会员，济南市民俗学会会员。

阴中元（1946.5—）
男，
济南市平阴县孝直镇柳滩村人，
济南华玫矿业退休。

济南市作协会员，山东省散文学会会员，中国诗歌学会会员，中华诗词学会会员。著有散文随笔集《身迹·心迹·笔迹》，诗集《拳石集》《屐印集》等。民间文学方面收获颇丰，他多年搜集整理了近百个传说故事。

朱宝珍（1945.10—）
男，
济南市历城区孙村镇埠东村人，
镇文化站干部，初中文化。

爱好民间文学搜集整理工作，20世纪80年代和90年代参加了中国民间文学集成历城区资料征集工作，作品资料收录在《历城民间文学资料本》一书中。

关涛（1934.4—）
男，
历城区文化局干部。

20世纪80年代参加中国民间文学集成历城资料征集工作，《历城民间文学资料本》主要编辑，该资料本分三卷出版，第一卷出版时间为1988年2月，第二卷为1989年5月，第三卷为1990年4月；济南市历城区文化局、济南市历城区区志地名办公室内部出版。

杨会银（1955.10—）
男，
济南市莱芜区方下街道冶河村人，
大学文化，中共党员。

1976年8月参加工作，先后任方下镇镇长、莱城区经贸局局长等职。2008年离岗后，主要从事嬴秦文化和传统民俗、民间文学的研究工作。中国民协会员，山东省民协会员，山东省书协会员，原莱芜市民间文艺家协会主席，济南市民间文学研究学会和济南市民俗学会名誉会长，《古今奇闻故事》杂志社文史编辑，济南嬴秦文化研究院副秘书长。民间传说故事集《汶水倒流的传说》完成编稿，收录传说故事106个。《中国民间文学大系·故事·山东卷·济南分卷》编委会成员。

杨永军（1969.2—）
男，
济南市莱芜区口镇街道南街村人，
大专文化。

原莱芜市印章社职工。20世纪80年代和90年代，参加了中国民间文学集成采集整理工作，任《民间奇闻故事》《古今奇闻故事》杂志美术编辑。申报了市级非遗项目"丘处机与白鹤观"。他还是义工志愿者，多次荣获优秀义工、优秀志愿者称号。现为济南市民俗学会副会长、《济南民俗研究》《古今奇闻故事》杂志社美术编辑、莱芜义工协会副会长兼秘书长、济南市和莱芜区新阶联副会长等。《中国民间文学大系·故事·山东卷·济南分卷》历下区采编委成员。

杨庆国（1977.3—）
男，
济南市莱芜区方下街道冶河村人，
大专文化。

爱好民间文学和民俗文化的研究，曾参加民间文学集《莲花山的传说》一书的采录编辑工作。现为济南市民间文学研究学会常务理事，济南市民俗学会理事，《古今奇闻故事》杂志社特约撰稿人，《济南民俗研究》杂志社编辑。

李庆余（1950.7—）
男，
济南市平阴县人，大学文化，中共党员。

平阴县委宣传部原副部长、文联党组书记。山东省作家协会会员，山东省当代文学院院务委员，济南市作家协会理事，济南市新闻摄影协会理事。50多年来，在国家、省、市级报纸杂志、网络平台发表文艺和新闻作品2000多篇，200多万字，著有《真情集》《春秋记忆》《悠悠乡情》《流年碎笔》。《中国民间文学大系·故事·山东卷·济南分卷》平阴县采编委成员。

李乃东（1940.1—）
男，
济南市莱芜区方下街道张公清村人，师范毕业。

自幼喜欢民间文学和习俗文化，有"故事篓子"的雅名。他的阅历丰富，故事题材广泛，深受广大群众的喜爱。部分传说故事收录在《凤凰城的传说》《民间故事精选》《莱芜民间故事精选》《古今奇闻故事》等书刊中。非遗项目"中元节习俗"第五代传承人，在民间习俗方面有着较深入的研究，他精通婚丧嫁娶礼俗等各类地方传统习俗的礼仪。2010年农历7月15日，国家、省、市非遗项目专家组在莱芜调研"莱芜中元节"的节俗，他提供了大量珍贵的中元节习俗资料，受到了专家组的一致好评。他经过数十年不懈的努力，出版了40余万字的《中元节习俗》一书。2014年4月，荣获"莱芜市民间文化专业户"荣誉称号。2021年5月，"中元节习俗"被列入第五批国家级非物质文化遗产项目名录。现为济南市民间文学研究学会、济南市民俗学会民俗顾问。

李宗斌（1957.10—）
男，
济南市历城区孙村镇人，中专文化。

2017年退休，多年任职于历城区文化馆从事创作辅导工作，先后参与全国民间文学集成，非物质文化遗产普查、搜集、整理工作。编辑出版《绿叶集》《历城民间文学集成》等书，先后获得山东省民间文学三集成先进个人、第十四届群星奖优秀作品奖等奖项，近百件诗歌、曲艺、散文、歌曲、民间故事及各类作品散见于《人民日报》《中国文化报》《作家报》《联合日报》等报刊。

李胜华（1964.4—）
男，
济南市莱芜区方下街道张公清村
人，大专文化，中共党员。

自 1984 年 7 月参加中国民间文学三集成工作至今，挖掘抢救和保护民间文学类作品 36000 件，搜集整理谚语、俗语、歇后语 180000 条，编辑出版民间文学与非遗项目丛书专辑《长勺之战传说》《中元节习俗》等 16 部，《古今奇闻故事》60 期。申批国家、省、市级非物质文化遗产项目 70 个。荣获"全国社科工作先进个人""山东省民间文学三集成先进工作者""首届齐鲁文化之星""山东省非物质文化遗产项目代表性传承人"等荣誉称号；入编《中国民间文艺家》大辞典；2019 年参加《中国民间文学大系·俗语·山东卷》的编辑工作，负责济南市文稿的编辑工作。现为中国民间文艺家协会会员，中国民俗学会会员，山东省民间文艺家协会理事，山东省民俗学会常务理事，山东省社会组织联合会理事，济南市民间文艺家协会副主席，济南市民间文学研究学会会长、党支部书记，济南市长勺说唱艺术团团长、党支部书记，济南市社会组织联合会副会长，济南市民俗学会常务副会长兼秘书长，《古今奇闻故事》《济南民俗研究》杂志社总编等。《中国民间文学大系·故事·山东卷·济南分卷》编委会负责人、主编。

李凯（1981.10—）
男，
济南市钢城区颜庄街道瞳里村人，
大专文化，中共党员。

2010 年 3 月，参与莱芜非物质文化遗产项目的文本和申报片的整理、录制工作。济南市市级非遗项目民间文学《塔子的传说》项目人，搜集整理各类传说故事 50 个，拍摄了大量的非遗项目资料片。现为济南市民间文学研究学会副会长，济南市民俗学会副会长，学会影视部主任，《古今奇闻故事》《济南民俗研究》杂志编辑，《中国民间文学大系·故事·山东卷·济南分卷》历下区采编委成员。

李霞（1971.2—）
女，
济南市莱芜区张家洼镇孟公清村，
小学。

20 世纪 80 年代末期参加中国民间文学集成莱芜采风活动，搜集整理了 40 余篇传说故事，陆续在《民间奇闻故事》《莱芜民间故事精选》《古今奇闻故事》等书刊发表。现为济南市民间文学研究学会会员，济南市民俗学会会员。

李杰（1968.8—）
男，
济南市莱芜区大王庄镇龙尾村人，
中专文化。

传统技艺"莱芜糕果制作技艺"和民间文学《伍子胥鞭打卧龙石》市级非遗项目代表性传承人，注重民俗文化和饮食文化的研究，搜集整理了大量的民间传说故事，发表在《古今奇闻故事》等书刊中，现为济南市民间文学研究学会理事，济南市民俗学会理事。

李岭（1970.12—）
男，
济南市章丘区人，中共党员。

1993 年 7 月毕业于山东大学中文系汉语言文学专业，1997 年在济南市章丘区民政局工作，先后任区民政局科员、区民政局地名办主任、区民政局民间组织管理办公室主任等职。先后参与《山东省自然村名录》《山东古国古城》《山东古镇古村》《山东古村落印象》等编辑工作。《中国民间文学大系·故事·山东卷·济南分卷》章丘区采编委成员。

李贞峰（1965.10—）
男，
济南市莱芜区羊里街道办贾洼村
人，曾任莱芜市文联主席。

注重民间传统文化艺术的传承与发展，协助莱芜市民间文学研究学会完成了大量的民间文学挖掘、抢救、整理、保护和出版工作。

李全仁（1937.7—）
男，
济南市历城区南高而村人，大学
文化。

20 世纪 50 年代和 60 年代做过铁路勘测设计工作。60 年代和 70 年代国家困难时期，响应号召回乡务农。当过生产队长、公社文化站长。八九十年代，从事历城民间文学普查、搜集、整理工作，采录大量的民间传说故事，近 30 篇稿件选入《历城民间文学资料本》。改革开放后，长期从事社会文化及文博工作。1956 年起，先后在全国 80 余家报刊发表文学作品 200 余万字，有 271 篇作品被各地出版社选编在 50 多部书里，20 余次在全国及省、市获奖。并发表摄影、书画作品 160 余幅。出版个人专著《阴阳桥》《回民武侠常四把》《岁月风铃》《桃花峪恋情》《神州夜谭》《泰山情怀》《卧龙镇》等。主编文集多部。现为中国民间文艺家协会会员、中国大众文学学会理事、山东省作家协会会员、山东历史学会会员、济南市历城区作协顾问等。业绩载入多种辞典，专业技术职称副研究员。已退休。

李现新（1973.12—）

男，

济南市长清区人，大学文化，长清区一中教师。

中国致公党党员。山东青年作家协会会员，长清区首届"文化之星"，长清电视台《长清发现》栏目特邀顾问。在中央人民广播电台、《中国教育报》《大众日报》《齐鲁晚报》《济南日报》《当代小说报》等多种媒体发表诗歌、散文、小说、新闻报道、学术论文和民间传说故事30余万字。长期致力于长清地方文化的搜集与研究，著有27万字文化散文集《散记长清》、20万字《长清乡村记忆》，参编图书20余部。协助包括中央电视台在内的各级电视台，制作播出反映长清历史文化的节目40余期；参与了刘成德纪念馆、长清通史展馆等展陈设计，主笔撰写了大峰山革命根据地纪念馆展示陈列大纲及解说词。《中国民间文学大系·故事·山东卷·济南分卷》长清区采编委成员。

李胜明（1967.7—）

男，

济南市莱芜区方下街道人，中专文化。

擅长豆芽生产技艺，利用走街串巷卖豆芽的机会采集民间故事信息，整理了50余个故事，先后发表于《民间奇闻故事》《莱芜民间故事精选》等书刊中，现为济南市民间文学研究学会理事。

李慧（1984.4—）

女，

济南市莱芜区方下街道人，大学文化。

大学毕业后，先后在电视台、莱芜市民间文学研究学会影视部工作。多次参加学会组织的民间文学采风活动、高层学术研讨会和省、市级非遗项目考证申报工作。搜集整理民间传说故事70余篇，现为济南市民间文学研究学会副秘书长、济南市民俗学会副秘书长，《古今奇闻故事》《济南民俗研究》杂志编辑。

李淑英（1968.4—）

女，

济南市商河县许商街道大李家人，大专文化。

在乡镇工作多年，喜读文史，有感而发，自2006年开始写下

散文随笔和民间传说故事100余篇，大多发表于榕树下、江山文学网、墨舞红尘中文网等纯文学网站。有部分作品被《大众日报》《作家报》《山东省国土资源报》《湘南文学》《运河》等知名报纸刊物刊用。现为济南市民间文学研究学会会员。

李庆旭（1984.12—）

男，

商河县许商办事处东小李村人。

现任商河精神病医院党支部书记、行政院长。本职工作之余，热爱地方文化和民俗研究，并参与推出系列商河县民俗文化研究成果，擅长医药类民间故事的搜集与整理。现为济南市民俗学会商河分会副会长、济南市民俗学会常务理事，"黄河文化研究专业委员会"副主任，商河县残疾人联合会副主席，精神残疾亲友团主席，商河县新的阶层联谊会副会长，《中国民间文学大系·故事·山东卷·济南分卷》商河县采编委成员。

陈芳（1981.9—）

女，

济南市历城区人，毕业于山东大学中文系。

就职于历城区文化馆，副研究馆员，主要研究方向：非物质文化遗产，群众文化。从事非物质文化遗产保护工作十余年，相继编纂《历城民间故事》《历城非物质文化遗产》等图书，主持拍摄《历城印记——龙腾狮舞闹元宵》《闵子骞传说》等非遗专题片，在期刊发表相关论文若干，并获得中国文化馆协会、山东省文化厅、山东省群众文化学会等行业论文评比奖项8项。2021年，被中共济南市委宣传部评为"泉城文化之星"。《中国民间文学大系·故事·山东卷·济南分卷》历城区采编委成员。

陈广清（1942.11—）

男，

济南市商河县殷巷镇徐集村人。

1961年在校入伍，1981年转业。先后任商河县文化馆副馆长、文化局副局长兼文化馆馆长。他多年勤于笔耕，从事文艺创作，军内外报纸杂志，曾有小说、诗歌、散文、戏剧、曲艺作品发表。主编商河民间文学《嘎女婿捉弄状元郎》、出版个人作品专辑《鼓乡赞歌》《鼓乡曲苑》。由于在群众文化方面贡献突出，被县委、县政府授予"老有所为""银发先锋"等荣誉称号。现为中国戏剧家协会山东分会会员，济南市曲艺协会理事，商河县首届文代会文联常委、戏协曲协主席。

吴熙禄（1947.12—）
男，
汉族，济南市钢城区棋山森林公
园管委会圈里村人。

1965 年参军，1969 年退伍后，先后就职于莱芜铁矿、莱钢安装工程处、莱钢职教中心。当过矿工、宣传干事、政治教师。在报纸刊物发表文章 50 余篇。出版历史长篇小说《大清官吴来朝》《古槐幽梦》以及交流图书《玉壶冰心》《荣河纪事》《汶水流情》《雁过留声》等。现为济南市民间文学研究学会会员，济南市民俗学会会员，《中国民间文学大系·故事·山东卷·济南分卷》钢城区采编委成员、特约编辑。

吴兆臣（1971.1—）
男，
济南市钢城区里辛街道办事处潘
家庄人，大专文化。

现任济南市钢城区艾山街道旅游及党史办主任、龙韵田园副主任。爱好写作、摄影、运动等，被钢城区政协聘为政协文史征集员。参与过《钢城文史》第五辑、《莱芜区域文化通览·钢城卷》编撰工作。曾荣获莱芜市全民读书活动"我与书的故事"征文二等奖，在《大众日报》《莱芜日报》《文明钢城》等多家报纸杂志发过 50 多篇文章，采写了多篇民间故事与传说。现正从事《艾山街道志》的编撰工作。现为济南市民间文学研究学会会员，济南市民俗学会会员。

张兴琦（1951.2—）
男，
济南市平阴县孝直镇和圣苑村人，
退休干部，高中文化。

曾任原店子乡文化站站长、办事处书记、乡宣传办主任、乡信访办主任，于 2012 年退休。多年来，搜集整理民间故事 50 多篇，先后在《平阴县民间文学集成》登载，后又被本县多个出版物选载。近年又参加了《孝直镇志》的编纂，并主编了《和圣苑村志》。

张玉新（1949.4—）
男，
济南市莱芜区苗山镇常庄村人，
小学高级教师。

从事教育工作，从教期间，搜集整理常庄文字县老区民间民俗故事数十篇，散见于报刊与网络。退休后致力于地方传统文化和红色文化挖掘，并积极参加乡村文化等活动。现任《莱东抗战》杂志副主编。

张新（1969.5—）
男，
济南市莱芜区人，中级职称，山
东大学经济管理学院研究生结业。

多年来自发对鲁中地区的有关人文故事和红色文化进行了挖掘和整理；组织部分文化爱好者和退休教师，挖掘和整理了鲁中常庄文字县老区以及周围的有关传统文化史料，包括建筑文化、饮食文化、民俗文化等。现任济南市民间文学研究学会会员，济南市民俗学会会员，济南市莱芜区原山文化研究中心主任、《莱东抗战》杂志主编，央视频山东频道执行总监。《中国民间文学大系·故事·山东卷·济南分卷》莱芜区采编委成员。

张章（1936.11—）
男，
济南市莱芜区苗山镇南古德范村
人，退休干部，中共党员。

20 世纪 50 年代末从事业余文艺创作，并在省级以上报刊发表散文、诗歌、短篇小说、报告文学、小剧本、曲艺等作品；70 年代末，从事专业创作，侧重民间文学搜集和整理。其泰山民间故事《岱宗坊》《姊妹松》《泰山显真草》《泰山石敢当》等，荣获山东省 1979—1982 年民间文学优秀作品奖。参加了"中国民间文学三集成"工作，被授予全国和省先进工作者。先后出版民间故事集《泰山石敢当》《鲁中民间故事选》《拉呱九十九》《摩云山民兵传奇》等。现为中国民间文艺家协会会员、山东省民间文艺家协会会员、山东省作家协会会员、山东省民俗学会会员、济南市民间文学研究学会文史顾问。

张玉玲（1974.1—）
女，
济南市莱芜区大王庄镇龙尾村人，
高中文化。

喜爱民间文学和民俗文化的搜集整理工作，为《古今奇闻故事》杂志提供大量的采风线索和稿件。现为济南市民间文学研究学会会员，济南市民俗学会会员，济南市长勺说唱艺术团副团长。

张树芝（1970.11—）
女，
济南市章丘区官庄街道张家庄村
人，大学文化。

任教章丘区绣惠学区学校。教学之余，热衷于民间文学的搜集整理，多次采访爱讲故事的老人和民间文学爱好者。她的父亲张玉茂就是个爱讲故事的老人，也是她热爱民间文学的启蒙老师，为她提供了大量的民间传说故事素材，为整理民间传说故事奠定了基础。

张克永（1964.12—）
男，
济南市莱芜区方下街道办张公清村。

喜欢民间故事传讲和搜集民间故事，曾在《民间奇闻故事》《古今奇闻故事》发表过民间故事作品。现为：济南市民间文学研究学会会员，济南市民俗学会会员。

庞佃军（1972.2—）
男，
济南市商河县沙河镇烟墩村人，大学本科，中共党员。

先后在沙河中学、商河县文联、商河县委办公室任职。2017年至今，先后主编出版《怀仁镇志》《张坊镇志》《玉皇庙镇志》，其中《张坊镇志》《玉皇庙镇志》相继获批入选齐鲁名镇志、中国名镇志工程。现为山东省作协会员，第七届济南作协理事，济南市民间文学研究学会商河分会名誉会长，济南市民间文学研究学会、济南市民俗学会"黄河民俗民间文化研究专业委员会"主任，商河县作协副主席，《中国民间文学大系·故事·山东卷·济南分卷》编委会成员。

周德香（1939.9—）
女，
济南市商河县大胡村人。

长期从事教育工作，爱好饮食民间民俗文化的搜集与整理，擅长故事创作。退休后笔耕不辍，先后整理出版《马莲花开》《满彩》《奇人三奶奶》等个人作品集。现为济南市民间文学研究学会会员，济南市民俗学会会员。

周俊（1970.5—）
男，
济南市莱芜区口镇街道山口村人，初中文化。

周俊家族自古就是文峰山奎星楼祭祀主祭人，为第六代代表性传承人。多年来，一直传习着文峰山会民俗活动，2019年个人投资50万元重修三层奎星楼，成为文峰山标志性建筑。完成了文峰山古寨、鱼籽石和民俗博物馆的扩建，形成了独一无二的民俗文化旅游产业。在济南市民俗学会和市民间文学研究学会的指导下，搜集整理相关故事传说130余个。现为山东省民俗学会会员，济南市民俗学会副会长，济南市民间文学乡村民俗保护研究专业委员会主任，济南市市级非遗项目"文峰山会"代表性传承人，《中国民间文学大系·故事·山东卷·济南分卷》莱芜区采编委成员。

周媛（1984.3—）
女，
济南市济阳区志远学校教师，大学文化。

2004年参加工作，现任学校少先队大队辅导员，也是济阳区少先队名师工作室成员之一。积极参与学校组织的民间文学采风活动，指导学生整理了一批民间文学作品。她曾荣获济阳区优秀教师、济阳区最美教师等荣誉称号。现为：济南市民间文学研究学会会员，济南市民俗学会会员，《中国民间文学大系·故事·山东卷·济南分卷》济阳区采编委成员。

苗龙（1956.1—）
男，
济南市市中区王官庄青龙山人，高中文化。

山东省非物质文化遗产项目"口技"代表性传承人，口技多次参加省市级曲艺比赛并获奖。他热爱民间文学研究，搜集整理了30余个地域性民间传说故事。现为山东省杂技艺术家协会理事，济南市民间文学研究学会会员，济南市民俗学会会员，济南市长勺说唱艺术团曲艺队长。《中国民间文学大系·故事·山东卷·济南分卷》槐荫区采编委成员。

孟庆贵（1954.9—）
字华庭，男，
济南市济阳区曲堤街道姚集村人，高中文化。

1987开始民间故事创作。2016年退休后，被济阳史志办聘任为特邀编辑，负责年鉴的编写出版工作。多年来，一直从事对曲堤古镇历史及名胜古迹的研究工作。先后在报刊上发表了《大雁行》《壶破微语》《韶台狐疑》《蛰语毁家》《命运之神》《红尘一斑》《苍天难遂众人愿》《月牙桥》等民间文学作品。在史志办报刊上发表了《闻韶台的前世今生》与《贾妈妈的神奇传说》，引起关注。2013年，出版《书斋梦》一书，被济阳新闻中心在《济阳报》全文连载。2016年6月，出版《书斋梦》综合集，由华龄出版社出版。

封玉斗（1939.7—）
男，
济南市历下区姚家街道窑头村人，历城区洪家楼镇文化馆干部。

20世纪80年代参加中国民间文学集成历城资料征集工作，《历城民间文学资料本》主要编辑，该民间文学资料本分三卷出版，第一卷出版时间为1988年2月，第二卷出版时间为

1989 年 5 月，第三卷出版时间为 1990 年 4 月；济南市历城区文化局、济南市历城区区志地名办公室内部出版。

赵福平（1963.11—）
男，
济南市长清区文昌街道长兴苑，
中专，农技师、摄影师。

工作之余，长期致力于家乡文史文化的发掘与整理工作。先后在《齐鲁晚报》《济南时报》等报刊发表《小屯魁星楼遭灭顶》等文史文章 100 多篇，在各种媒体发表传统文化照片数百幅并获奖。自 2019 年起，参与编写《长清碑刻》等重要图书。现为山东省艺术摄影学会会员、济南市摄影家协会会员、《齐鲁晚报》特约评论员、"今日头条"文史作者、"今日作家"作者。

展恩华（1962.10—）
男，
济南市平阴县府前街人，大学文化，中共党员，平阴县政协四级调研员、文史委主任。

著有长篇小说《梅庄旧事》，文史研究《和圣柳下惠》《平阴史上那些人那些事》等。参与修订整理了光绪《平阴县志》、民国续修《平阴县志》、光绪《东阿县志》等。主编和参编各种图书 40 余种。《梅庄旧事》《大地为鉴》荣获第九届山东省文艺精品工程奖，《梅庄旧事》荣获第八届济南市文艺精品工程奖和首届泉城文艺奖。先后荣获"首届泉城文化之星""全国书香家庭""济南市最美书香家庭"荣誉称号；2017 年，被评为"山东省十大最美书香家庭"；2020 年，被聘为济南市"智慧泉城"市民智库成员。现为中国散文家学会、诗词协会会员，山东省作家协会会员，济南市作家协会理事，济南市民间文学研究学会、济南市民俗学会会员，济南台胞台属联谊会理事，平阴县作协主席，平阴县台胞台属联谊会会长。《中国民间文学大系·故事·山东卷·济南分卷》平阴县采编委成员。

黄文俊（1946.5—）
男，
济南市平阴县洪范池镇苗海村人，
大专文化。

高中毕业后，自 1968 年 9 月至 2006 年 7 月一直从事初中语文教学。教学之余，深入民间采集整理了大量的民间传说故事，他采集的故事注重原汁原味的讲述和真实的现场采录，保留了大量珍贵的地方言俚语，读来富有浓厚的乡土气息和朴实惇厚的人情味。他先后编辑出版民间文学资料集《古城遗韵》，民间故事集《红绫被》《阁老于慎行》。2016、2017 年被山东省文化厅故事会选录 17 篇故事。现为济南市民间文学研究学会会员，济南市民俗学会会员。

黄象浩（1955.3—）
笔名子牛，男，
济南市莱芜区和庄镇下洼村人。
大专学历，群文副研究馆员，中共党员。

1975 年 1 月起先后任莱芜第二十中学（和庄高中）文体代课老师、常庄文化站站长、和庄乡文化站站长、和庄镇文化体育广播站站长。1985 年参加中国民间文学集成普查、搜集整理工作，参加民间文学集成资料《和庄民间故事集》的编辑出版，任主编。2015 年 3 月退休。现为中国民间文艺家协会会员，山东省民俗学会会员、山东省民间文艺家协会会员，济南市莱芜区民间文艺家协会理事，济南市民间文学研究学会会员，济南市民俗学会会员，济南市莱芜区蹉地舞研究会会长，山东省省级非物质文化遗产项目"蹉地舞"代表性传承人，市级非遗项目民间文学《灶王爷休妻》项目人，原莱芜市十大民间艺术之星。

曹建民（1958.10—）
男，
济南市长清区归德街道双乳村人，
大专文化，中共党员，摄影师。

1975 年 7 月参加工作，先后任中学语文教师，供销职工学校校长等职。他爱好写作，发表小说、散文、杂文、民间传说故事等文学作品数十篇。1995 年起，专业从事摄影工作，担任《山东年鉴》《济南年鉴》《长清年鉴》等图书特邀摄影师。先后荣获"山东省德艺双馨优秀会员""济南市摄影名师"等荣誉称号。现为国际摄影协会四星国际摄影师、中国人像摄影学会会员、山东省摄影家协会会员、山东知情摄影家协会联盟秘书长、山东图片库签约摄影师、济南市摄影家协会理事、济南市长清区摄影家协会常务副主席、济南市长清区作家协会会员。

鹿爱民（1958.1—）
男，
济南市莱芜区牛泉镇西五斗村人，
高中文化。

自 20 世纪 90 年代涉足民间文化、民俗文化研究，多次深入民间走访故事讲述者、传统文化传承者，搜集整理近百篇地域代表性传说故事。现为济南市民间文学研究学会副会长，济南市民俗学会党支部书记，《古今奇闻故事》《济南民俗研究》杂志美术编辑，《中国民间文学大系·故事·山东卷·济南分卷》市中区采编委成员。

谢学军（1950.3—）
男，
山东省德州市宁津县人，中共
党员。

自 1967 年跟著名作家郭澄清学习写作，先后在国家、省、市、县报纸、刊物发表稿件 200 多篇，编写正能量新民谣 2000 多首，发表短篇故事《三出头》《冯巧进城》《春花被骗》《骗婚女人》《玉皇庙传奇》等，蟋蟀聊斋故事已编到第八集，20 万字左右。先后出版了《新民谣集》和纪实故事《求师记》。

魏文森（1965.7—）
男，
济南市长清区文昌街道西魏村人，
大学毕业，中共党员。

曾就读于济南师专中文系、山东教育学院中文系。曾任长清区教师进修学校教师、石麟小学副校长，现供职于长清区教体局宣传科。创作有诗歌、快板书、小品、歌词、民间传说故事等数百篇。现为山东青年作家协会会员，济南市民间文学研究学会会员、济南市民俗学会会员，《中国民间文学大系·故事·山东卷·济南分卷》长清区采编委成员。

三

济南常用方言、术语、
短俗语对照表

B

词条	释义
不济：	长清方言，不行。
不是：	错误；过失。
不饥困：	不饿。
不怵你：	不怕你。
不是那个样：	不像过日子的。
不和顺：	平阴方言，有了隔阂。
不善经：	长清方言，模样凶恶。
不沾气了：	章丘方言，病入膏肓，不行了的意思。
不搁少使：	舍不得用。
不认铁瓢：	翻脸不认人的意思。
不靠谱：	比喻不切实际的言论、意见、方案、计划、措施等。
不离儿：	历城方言，不坏，还可以。
不断溜：	往来不断，形容来的人比较多。
不得劲：	身体不舒服。
不得忌人：	不得罪人。
不吱声：	不说话。
不孬：	很好。
不壮实：	莱芜方言，不健康，没有精气神。
不过日子：	花钱大手大脚，不会经营家业的人。
不牢稳：	莱芜方言，不稳固。
不偏沉：	两头一般重。
拨拉：	翻晒粮食，推到地上。
拨棱：	拨动。用刀尖拨动门栓。
坢土：	莱芜方言，尘土。
宾客相待：	当贵宾招待。
病秧子：	疾病缠身，体弱多病的人。
病快快：	长清方言，体弱多病。
扒帮揭地的：	凭借最大的能力。
把兄弟：	结拜兄弟。也称"干兄弟"。
八明不醒：	天不亮。
八鞭子甩不着：	很远很远的意思。
巴巴的：	章丘方言，指求人为儿子说媒。
白搭：	白说，没用、办不成。
白楞：	长清方言，蔑视地看。
白挤眼：	翻白眼。
白：	平阴方言，驳面子。
白为：	莱芜方言，嘴犟，反驳。
白毛子汗：	除了出汗，汗毛也竖了起来，极度惊恐的意思。

词条	释义
拜了把子：	结拜成兄弟。
摆亮：	历城方言，摆弄，显摆。
百年屋：	指坟墓。
背拧：	违背意愿拧着干。
背地里：	方言，背后。
半嘲二不怂：	傻子，智障人。
半吊子：	做事不着边际的人。
半拉工：	童工。
半痴不傻：	傻子，智障人。
半宿：	半夜。
半黑拉夜：	平阴方言，指零点过后且离天亮还早的时间段。
半壮孩子：	十三四岁的男孩。
半吊：	指古代半吊为五百钱。
拘抱怨：	埋怨。
抱窝：	孵卵成雏。
抱完了：	孵出小鸡来了。
抱全本：	知道事情全部。
包包子：	莱芜方言，包水饺。与大包子有区别，大包子是"蒸包"。
傍鸡叫：	历城方言，临近鸡叫的时间。
棒子地：	长清方言，玉米地。
簸箩油子：	蜗牛。
憋闷得慌：	情绪不好。
憋憋：	难为别人。
蹦跳绷起：	身强力壮。
本不住：	不沉稳，摆不住架子。

C

词条	释义
撤乎：	江湖术语，撤走不干啦。
刺儿刺贝：	钻头钻瓷器时发出的声音。
疵毛：	指没有道德、不干好事的人。
凑堆：	相聚，聚会。
凑付：	应付，应对。
撮合撮合：	指介绍一下，两好搁一好。
促血：	莱芜方言，心狠手辣，对别人特别坏。
操兑：	长清方言，用别的物品兑换。
窜火冒烟：	心急火燎。
草鸡：	半途而废。不行，受不了。
草标：	旧时卖东西都插根草，作为要出卖的标记。
餐搭木子：	莱芜方言，啄木鸟。

词条	释义
餐搭餐搭：	鸟用嘴啄肉吃。
吃书：	用功读书。
眵眼：	眼眵，也叫眵目糊、眼屎。找茬的人。
春上：	春天。
春脖子短：	春天短。
除祸：	加害于人，也指暗地里害人。
出溜：	往下滑。
初一二门：	意指农历（阴历）初一或初二。
锄印：	锄头，锄草的工具。
畜力：	①牲畜。②做坏事的人。
出夫：	到外村或外地去干活。
雏鸡：	小鸡的俗称。
瞅一眼白一眼：	不用正眼看。也指看不起人。
抽搭：	哭泣。
陈症候：	多年的疾病；老毛病。
伸腿拉爬：	字写得不规整；物品收拾得不齐整。
趁钱：	指有钱的人。
吃穿嚼裹：	指吃饭穿衣。
吃喝拉撒：	吃饭、喝水、拉屎、撒尿。
哧呵：	长清方言，喘粗气。
差裂瓢：	长清方言，差距很大。
叉乎头：	防止出差错，便于调换。
查巴：	查点。
馇食：	莱芜方言，狗找屎吃。
彩头：	奖赏。
踩的地：	江湖术语，此指所围攻的目标。
才上来：	刚开始。
猜摸着：	方言，心想到。
藏马虎虎：	长清方言，捉迷藏。
藏猫虎虎：	长清方言，捉迷藏。
长虫：	蛇。
长趟：	历城方言，长久。
长尾巴秋：	漫长的秋天，在此指秋后。
长出气短收回：	唉声叹气。
长秧：	拖腔，念课文最后一个字时拉拖腔。
长舌头：	搬弄是非的人。
唱吱也舞：	莱芜方言，指高兴得手舞足蹈。
戳弄事：	办坏事。
戳：	用手摸；用头摸或捅。
传条：	绑票，暴徒将人劫走，强迫其家属出钱赎回人质的票单。
车伙子：	莱芜方言，推小车子的。
扯着天：	历城方言，整天。

撑煞： 撑死。

撑弯弯劲： 硬撑。有劲用不到正地方。

撑起面来： 抬起头来。

称米打盐儿：买米买盐。

成媳妇： 平阴方言，给孩子介绍对象或结婚。

成天价： 平阴方言，整天或天天。

吵嚎： 平阴东阿驱赶鸡时的口语。

抄一筷子： 长清方言，指不要动筷子。

潮巴傻蛋： 平阴方言，不聪明。

嘲巴： 莱芜方言，傻子，智障人。

吹手： 吹鼓手，红白公事唢呐小乐队。

吹着暴土找 找茬子，无中生有。
　　裂纹：

吹散架子： 弱不禁风。

吹吹乎乎： 历城方言，说大话，吹牛。

柴火： 木柴。

揣着杆秤： 心里明白。

闯书馆： 小商贩流动于私塾间售卖图书文具。

抽咂： 吸奶。意指羊吃奶。

掺杂使假： 造假；把不合格的东西掺在里面，以次充好。

冲茶： 方言，沏茶。

D

地窝： 长清方言，地方。

地处： 地方。

地虺子： 想霸占别人土地的人。

地蛋： 土豆。

嘀量哆嗦： 平阴方言，浑身颤抖。

滴滴哈哈： 热闹场面，唢呐发出的音乐声。

提溜： 提起来。

滴水： 为了房檐上排泄雨水而留下的空地。

当家的： 旧时，已婚妇女对丈夫的尊称。男尊女卑，男人当家。

当面： 历城方言，屋里的地面。

当枷当枷： 锤子敲打锔子的声音。

当口： 莱芜方言，时辰，这时候。

当嘟： 莱芜方言，低垂着头。

当客： 做客人。

挡头： 阻拦。

荡悠： 物品悬起来摇摆。

大天西： 快落太阳的时候。

大估量估量：仔细看看。

大虫： 老虎。

大门上： 大门外。

大钱： 很多钱。

大沉沉： 莱芜方言，很重的物品。

大麻秆子雨： 莱芜方言，大到暴雨。

大劈缝： 长清方言，大窟窿。

大轱辘： 长清方言，洋车。莱芜称"大轮"。

大闺妮： 莱芜方言，大姑娘的俗称。

大草包： 没什么本事、无能、无用的人。

大油： 猪油，猪板油炼成的油。

搭话： 和别人说话。

搭茬： 长清方言，搭话。

搭界： 交界。

搭伙： 指合伙；结为伙伴。

打谱： 莱芜方言，计划，打算。

打小： 从小时候就在一起。

打唠： 历城方言，猜谜。

打毁了： 平阴方言，打坏了。

打尖： 住店。

打干渴： 干渴，口渴。打干渴，止干渴。

打闪纫针： 形容时间过得快。

打了点： 长清方言，非常吃惊。

打听： 寻根问源。

打扑腾： 挣扎。

打光棍子： 单身，还没找到媳妇。

打着转悠儿：转着圈。

打食： 捕猎。

打油： 莱芜方言，买油。

达眼： 章丘方言，用眼看。

待会儿： 等一会。

断路： 意指不再往来的亲朋。

断了往还： 断绝来往，也称"断了亲情"。

嘟噜： 莱芜方言，小瓷罐。装酒或水用器皿。

嘟噜： 长清方言，埋怨。

嘟噜着脸： 平阴方言，阴沉的面部表情。

冻煞（舍）： 莱芜方言，冻死。

东唰刮西 莱芜方言，东拼西凑。
　　捻伙：

东撒目西 莱芜方言，寻找东西的样子。
　　照豁：

东扯葫芦西 指说话东扯西拉。
　　扯瓢：

东撒西瞭： 长清方言，四下里看。

动家什了： 家什，生产生活工具，意指用棍

棒或其他工具打人。

垫垫底： 又称"垫吧垫吧"，先吃点饭充充饥。

点心： 莱芜方言，饼干、糖果类统称。

点心铺子： 销售糕点的商店。

跌泄咧： 也称"跌泄脸"，变脸，笑脸变恶相。

跌骨碌： 摔了跤。

跌舍： 莱芜方言，摔死。

跌跌磕磕： 形容生活非常艰辛。

等一霎： 等一会。

灯唬： 历城方言。灯谜；谜语。

道道： 有经验、本事的意思。

叨叨： 说话没完没了。

多耽： 啥时候、何时的意思。

多咱： 什么时候，什么时间。

倒楔锄： 莱芜方言，办完事人家不领情。

倒头纸儿： 人死后，于尸体脚下设丧盆（有的放在头部的前面），不时焚化纸锭。以为死者到阴间去要花钱，将纸箔化成灰即为死者送钱。

到了窝： 到达目的地。

到成堆： 聚在一起。

鼓捣出： 历城方言，拿出来。

腚瓜子： 屁股。

腚捶子： 莱芜方言，屁股。

腚巴骨： 脊椎尾骨。

顶天： 江湖术语，帽子。

定盘星： 当家主事，说了算。

疔子： 毒疮。

兑货： 想办法找到或得到。

对子： 对联。

对臼： 石臼，舂米的器具。

对门视户： 左右邻居。

对过儿： 对面。

蹾了个腚 跌了个屁股蹾。
　　瓜子：

叨： 夹。吃菜。

豆条（都挑）：莱芜方言，晒衣绳。

陡起来： 一有成绩就骄傲的人。

抖落： 历城方言，把实情全说出来了。

吊秧子： 打情骂俏。

吊窗子： 后窗户。

调侃： 歇后语。

淡渴： 形容很长时间没吃到油水。

得为地： 故意。

得济： 老年时能得到子女的孝养。

E

二半夜：	零点以后的一段时间。
二二乎乎：	平阴方言，怀疑，不相信。
二吊子：	也称"半吊子"，说话不按章谱，信口开河。
二架梁：	莱芜方言，意为两头吃气。
二混子：	讥讽高不成低不就，整天混日子的人。
耳闻耳闻：	打听打听。
耳不着：	莱芜方言，慢待客人。
二杆子：	莱芜方言，通常指为人不靠谱。
二八架子：	指技艺不精的人。
二百五：	指傻头傻脑、不很懂事、而又倔强莽撞的人。
二家：	指做事不专业的人。

F

发送：	办丧事，特指殡葬。
发付：	莱芜方言，安葬老人。
粉连纸：	面光的白色纸，比较薄，半透明。
犯红荏：	章丘方言，杀头之罪。
饭食头：	吃饭的时间。
烦不拉唧：	心烦意乱，特别心烦。
方子：	治病的药方。
疯魔了：	指得了相思病。
逢集到市：	长清方言，赶集。

G

怪喜索：	非常喜欢。
怪饥困：	饥困，饿；此句指非常饿。
怪滑涮：	帅气十足。
怪紧巴：	生活困难，意指没有钱。
怪怪鸟：	平阴方言，指心术不正的人。
怪坏：	很坏。
怪香：	莱芜方言，非常香。

怪壮实：	莱芜方言，身体健康。
怪费事：	工序繁杂，占用时间长。
怪紧巴：	时间不够用；日子过得清苦。
怪厉害：	很严重；病重。
怪对脾气：	随缘。
怪肥：	指富人；油水大。
怪喜人：	非常搞笑；让别人高兴的事情。
乖滑涮：	英俊潇洒，一表人才。
拐股事儿：	长清方言，奇特的怪事。
拐歪转圈：	不直截了当地说。
乖过火了：	聪明过头了。
乖得：	平阴方言，乖好，自在
过午：	下午。
过上午：	莱芜方言，下午。
过晌午：	下午。
过了杠：	指办事过了头。
过年的呱：	长清方言，吉利话。
过一霎：	等一会。
锅头：	土火灶。
锅着腰：	弯着腰。
果木子：	水果。
姑姑子：	姑子庵里的姑子
姑娘：	历城方言，神婆。
估纸：	历城方言，契约。
鼓捣：	制作。
鼓巴掌：	长清方言，拍巴掌。
鼓涌：	①指嘴动。②蛆虫蠕动。
鼓渣：	①一种家常面食。②儿童跳跃游戏。
骨搐：	莱芜方言，蜷缩
咕唧着个嘴：历城方言，噘着嘴，不高兴的样子。
疙瘩狼球	长清方言，绞着疼。
拧着花：	
给：	平阴方言，像的意思。
盖垫子：	用高粱秸秆做盛食物的器具。
钢巴琉璃脆：办事果断。
刚着大：	历城方言，非常大。
擀面轴子：	擀面杖的俗称。
挂掌：	驴或马的蹄子加一层铁质的保护，防止牲畜蹄子磨损。
呱唧腔：	拍屁股，高兴时的举动。
呱嗒手：	拍手，高兴地拍手。
贵客：	对女婿和稀客的尊称。
干腿子：	小腿。
干灯：	历城方言，过去都是用油点灯。
光腚拉叉地：裸体，一丝不挂。
光着腚：	光屁股。

洸荡：	左右上下摇摆。
格外：	意指非常喜欢。
硌破：	击打硬物戳破手的肉皮。
搁起来：	方言，放下了；收藏起来。
隔皮猜瓜：	估计；猜测。
闺妮：	莱芜方言，姑娘。
供养：	莱芜方言，供奉祭祀祖先。
供享头：	供品。
杠较真：	长清方言，非常认真。
够呛：	比喻受不了、忙不过来或担当不起。

H

哈喇子：	口水。
黑夜：	晚上。
黑下：	夜里。
黑马勺：	学名"黑卷尾鸟"。
黑头蛆：	乱嚼舌头的人，指很坏的人。
黑乎影里：	平阴方言，阴暗处。
还没吃摸透：吃摸透，了解。此指不了解。
欢气：	高兴。
欢喜脸：	笑脸。
换帖：	相互交换生辰八字。
晃悠：	站立不稳。
坏了菜：	坏了事
伙到：	在一起（块）。
虎势势：	章丘方言，身强力壮。
糊涂：	稀粥。
糊弄公事：	应付事，意指不拿着当事办。
糊糊：	章丘方言，粥。
胡吹海咧：	信口开河，说大话。
胡串串：	串门。
胡而马稀：	糊弄。
胡搭秧：	莱芜方言，做事有些过分。
胡吱吱：	乱喊乱叫。
胡子拉碴：	满脸胡须，不修边幅的人。
胡咧咧：	搬弄是非人的乱说。
胡诌：	长清方言，信口雌黄，乱说。
胡嘎叽：	历城方言，乱说话。
胡搅蛮缠：	蛮横不讲道理和原则。
胡扯：	胡说，乱说。
呼呼噜噜：	长清方言，一块来。
护犊子：	不让自己的孩子吃亏。

黄钱纸：	俗称"火纸""烧纸"，祭祀死人用纸。
黄巴巴：	庄稼叶发黄，长势不旺。
好事儿：	爱管闲事。
好八：	莱芜方言，大胆的意思。
好生气：	经常无故生气。
蕲住：	抓住、拽住。
后响：	莱芜方言，指晚上。
后响饭：	晚饭。
合天下：	整个天下，全天下。
和事佬：	调解争端的人。
和稀泥：	两头赚好，谁也不得罪。
和不匀实：	搅拌不均匀。
喝恣：	长清方言，舒坦。
河崖：	莱芜方言，小河的俗称。
横儿吧唧：	霸气凌人，凶恶的样子。
横鼻子竖眼的：	没好脸色。
横挑鼻子竖挑眼：	挑毛病或找茬子。
混阔了：	发迹了。
混里肉：	一脸凶相。
混沌过来：	长清方言，清醒，明白。
混名子：	外号。
混穷：	到其它地方度过穷困的日子。
洪车：	平阴方言，独轮小推车。
红眼：	①眼馋别人东西。②熬粥熟烂标准。
红大白事：	商河方言，红白公事，结婚或出殡。
花子：	①讨饭的乞丐。②猫的俗称。
夯货：	意指笨蛋、愚蠢的人。
行大行小：	一会儿大，一会儿小。
行市：	货物价格。
回趟：	长清方言，回家。
滑溜来滑溜去：	莱芜方言，思前想后的意思。
害渴了：	口渴了。
害眼：	红眼病的一种。

J

饥困：	饥饿，饿肚子。
饥荒：	①灾难年。②欠别人债。
鸡刨狗倒：	莱芜方言，杂乱无章。
鸡喋：	长清方言，鸡吃的意思。
精灵：	指聪明伶俐、非常活泼。
经济：	买卖双方的中间介绍人。
净吃：	光吃，喜欢吃。
搣着：	平阴方言，用肩背着。
搣崩：	长清方言，支撑。
绝户：	绝后的人家，没有男丁。
绝户吊系子：	做事不大方，指疼人吃喝。
嚼舌根：	说坏话。
嚼磨：	动物反刍，将胃里的草料再嚼一遍。
觉摸到：	莱芜方言，心思，盘算。
截就：	迁就。
截不起：	买不起。
截一段：	去掉一块。
褯子：	婴儿垫屁股的布片。
结疙瘩：	产生了矛盾。
济他吃：	平阴方言，依着他吃。
叽叽嘎嘎：	平阴方言，众人说笑。
挤伙一宿：	莱芜方言，在一起住一晚上。
挤伙：	往人群里面去。
挤打：	平阴方言，眨眼。
今黑夜：	就是今天晚上或夜里的意思。
今门：	莱芜方言，今天。
紧巴离地：	长清方言，赶紧，快速。
紧把力儿地：	平阴方言，赶快。
紧麻利儿：	莱芜方言，马上，迅速。
紧巴：	生活困难。
斤两头：	物品重量。
劲道：	有嚼头。
架父子案：	不调唆父子关系。
架把：	架势。
家什：	莱芜方言，指家庭用具和劳动工具。
家伙头：	生产工具。
家堂：	春节祭祀已故祖先的厅堂。
浇敛：	"浇奠"，将茶酒倒在地上，意为向先人敬酒、敬茶。
叫驴：	公驴。母驴称为"草驴"。
交叉子：	马扎。
交代了：	莱芜方言，生命结束，死了。

就了：	成了。多指农村定亲。
就了巧：	平阴方言，对号入座了。
酒晕子：	嗜酒如命经常喝醉的人。
酒肴：	下酒菜。
聚成堆：	相聚，聚会。
匠子：	长清方言，锣鼓手。
讲古：	①乱说，意为议论人。②拉古代呱。
监牢狱：	监狱。
坚角：	莱芜方言，地基。
贱骨头：	骂人不知自重或不知好歹。
见天：	历城方言，每天。

K

哭哭溜溜：	哭哭啼啼。
哭穷：	指向别人诉说自己穷困。
哭眼抹泪：	伤心落泪。
侉子：	对异地语音不同的人的戏称。
夸子：	平阴方言，了不起。
夸巴：	夸赞，表扬。
炕沿根里：	床边。
咔不赖叽：	长清方言，食物放久，变质的味道。
开圹：	挖坟墓。
快当：	钢城方言，①做事干练。②指死得快。
靠了八辈子：	长时间没吃到好东西，嘴馋。
扛顺风旗：	历城方言，说顺话；说捋话。
可不能：	长清方言，不可能。
棵子：	植物的秸秆；灌木。
抠门：	意思是小气，不大方，吝啬。

L

立楞（睖）：	斜睖眼。
沥溜拉拉：	不利索。指散落在地上东西。
燎了：	在火上烧。
撩上：	撒上。
撩拨：	也称"撩制"，招惹。

摞侃子： 平阴方言，调侃，歇后语。

老鼻子： 很多，非常多。

老嬷嬷： 老年妇女。

老天爷： 天爷爷，也称天老爷，玉皇大帝俗称。

老时节： 莱芜方言，很长时间。

老够远： 长清方言，很远很远。

老林： 墓地。

老是： 平阴方言，总是。

老道： 有丰富社会经验的人。

老行市： 和原先一样的价钱。

老油子： 指处事经验多而油滑。

捞本： 长清方言，捞回本钱。

捞着： 得到。

捞不着： 得不到。

溜门： 串门。

溜一圈： 走一圈。

流流拉拉： 历城方言，地上留下滴落的水。

连二百三地：接二连三。

林上： 林地、墓地。

邻舍： 长清方言，邻居。

栏： 猪圈，或农村简易厕所。

懒奸油子： 奸猾的懒汉，指不干好事的二流子。

赖牛： 不健壮，一副有病的样子。

拢共： 总共，共计。

力巴： 差劲儿。

拉拉： 拉呱儿，闲谈。

拉倒： 算了。

拉巴： 照顾，抚养。

拉馋： 解馋。

拉谈儿： 长清方言，找台阶下。

拉住： 长清方言，保住。

剌剌秧： 葎草。多出现于田间、野地。

狼烟子 古洞的： 乌云密布。

郎当岁： 章丘方言，左右的意思。

驴性： 性格不稳定。

律出： 长清方言，滑下来。

两把刷子： 指有本事的人。

凉快： ①指无用之人靠边站。②乘凉。

裂纹： 裂缝。

连毛加屎： 莱芜方言，毛重，形容一个人的重量。

愣不经地：突然出现。

愣儿吧唧：不冷静，一言不合就动手。

愣怔： 惊呆了。心不在焉。

楞正： 长清方言，不偏，很正。

楞是： 长清方言，就是。

楞让人喜： 让别人非常喜欢。

搂头： 平阴方言，一开始。

六红四白： 长清方言，粉面桃腮，意指非常俊美。

六十四下里：长清方言，浑身不舒服。

乱鼓涌： 一刻不停地乱动。

乱腿子： 指不正经生活的男女。

啰啰： 说话没完没了。

乐滋滋地： 高高兴兴。

M

明儿： 明天。

母蚰： 雌性蝈蝈。

明日： 第二天。

名堂蜡烛： 灯火通明。

漫洼里： 长清方言，野地。

慢赶翘： 长清方言，缓冲的陡坡。

慢说是： 章丘方言，意为别说是。

木讷： 意思为人质朴而不善辞令。

卯里卯榫地：只从其他人口里听到的消息。

茅私栏子： 厕所，便所。

猫腻： 见不得人的秘密。

麻籽： 蓖麻。

麻糁： 豆饼。

麻拉： 莱芜方言，迷糊一小觉，睡了一会儿。

麻不挺急： 莱芜方言，心烦意乱。

麻秆子雨： 莱芜方言，指长时间下不停的中雨。

麻利地： 办事迅速。

蚂蚱眉子黑：莱芜方言，太阳落山后，天渐渐黑。

抹下皮脸： 厚着脸或撕破脸皮。

马虎： 莱芜方言，狼。

马蛇子： 历城方言，蜥蜴。

么大本事： 长清方言，一身功夫。

末了珠子： 最后一个。指学习不好的人。

模样棱俊： 长清方言，漂亮。

摸弄笔头子：用毛笔写字。

磨系套子： 莱芜方言，推石磨套棍的绳套。

魔怔： 长清方言，精神不正常。

没法没法的：没有办法时。

没头盖脸地：当面训斥。

没家功夫： 没时间。

没搁输： 全部输光。

没正经： 不干正事。

没脸： 不给别人留面子。

没咧： 丢失的意思。

没风没火： ①天气好。②亲朋邻里平安相处。

没寻思： 没想到。

没价： 意指没有。

没借有： 莱芜方言，没有。

没有营生： 历城方言，没有东西。

无影： 没有的意思。

迷瞪了： 章丘方言，迷了心窍。

迷了这一窍：莱芜方言，意为执迷不悟。

弥留之际： 指病重将要死亡的时候。

谋： 方言，办法。这个谋，指这个办法。

谋划谋划： 计划，盘算。

蒙脸纸： 人死后，蒙在脸上的纸。

猛格丁： 突然间。

蒙糠： 历城方言，谷物外壳最粗糙的部分。

闷闷咪咪的：气鼓鼓的不说话。

麦腰子： 莱芜方言，捆麦个子的草绳。

灭大胆： 长清方言，有本领的人。

抿口： 可口。如这道菜怪抿口。

免了爪： 莱芜方言，不敢再胡作非为了。

面汤： 莱芜方言，面条的俗称。

棉被子： 缝制棉被。

牤牛： 公牛。

忙不迭： 急忙。

N

蔫儿巴叽： 无精打采的样子。

那营生儿了：长清方言，那一行。

哪一回： 每次；有一次。

拧呛： 平阴方言，动真的。

念光： 平阴方言，念叨。

念脏经： 胡念八说，乱说。

年下： 春节。

黏窝窝： 地方名吃，用黏米做的窝窝头。

粘语： 江湖术语，指哑巴。

黏黏胶： 莱芜方言，像胶水或糨糊等所具

有黏性功能的物质。

黏黏糊糊： 形容男女关系很暧昧，总是腻在一起形影不离。

娘门： 历城方言，娘家。

扭筋把力： 辛辛苦苦。

闹玄： 不干正事。

挪踏： 慢慢走过去。

弄着么了： 平阴方言，抢不着啥，也得不到什么。

农人： 种地的农民。

难煞人： 愁人，愁肠事。

恁俊： 长清方言，很漂亮。

O

沤劲： 腌制，腐烂。

P

溥土： 商河方言，尘土。

貔虎仙： 狐狸精。

貔大狐子： 历城方言，狐狸。

皮胡子： 章丘方言，当地对狐狸的叫法。

铺踏着： 长清方言，匍匐。

铺巴好： 铺好被褥。

扑头上脸 地间： 冲动地动手动脚，图谋不轨。

扑拉扑拉腚： 拍拍屁股。

扑隆： 折腾。

扑腚： 东阿镇土语，形容坐下的速度快捷。

碰头： 意指聚集在一起商量办法。

碰头打滚： 坐立不安。指没有办法，走投无路。

炮仗： 也称"爆仗"，即"鞭炮"。

破衣流丢： 长清方言，破衣烂衫。

破皮露肉： 衣不遮体。

贫嘴： 爱多说废话或开玩笑的话。

撇子： 历城俗语，斗的俗称。

撇嘴拉腔： 平阴方言，不好好说话。

脬子： 尿脬。

Q

气舍： 非常生气。

起火： ①失火。②烟花钻天猴的一种。

起闷了： 长清方言，不纳闷。

起了黑票： 男女私奔。

齐摆摆： 整齐，整整齐齐。一块来。

七透风八漏： 破旧不堪。

前窝： 与前妻或前夫生的孩子。指兄弟两个不同父或不同母。

前寻思后倒量： 思前想后。

千寻思万倒量： 思前想后。

潜行之人： 行里语，指行窃之人。

趄在： 躺下身体的意思。

翘腿迈脚： 轻手轻脚。

跷蹊： 奇怪。

悄默声： 一声不响，轻手轻脚。

雀檐口： 房檐下麻雀宿的洞。

缺舅： 形容什么东西也要的人。

穷二巴稀的： 平阴方言，非常贫穷。

穷撕咬： 指贫穷的人家为了生活多吵嘴打架。

骏黑骏黑： 很黑。指人的皮肤颜色，傍晚的夜色。

啨吃： 白吃。吃闲饭。

轻易不来： 很长时间没走动。

轻漂： 也说轻浮，不规矩的女人。

屈犟着脸： 脸色不好看。

亲亲： 莱芜方言，亲戚的意思。

亲戚六门： 指亲戚朋友家。

圈子太钢： 江湖术语，城墙太坚固。

掐奶： 给孩子断奶。

R

人头： 村里有头有脸的人，指族人或村长。

人毛： 人影。

人情世事： 指日常生活中的世情、情谊、情面等。

容脖： 农户耕地时绑在毛驴脖子上的用皮子做成的用具。

日子不济： 过得贫穷。

嚷嚷： 说话，争论。

S

死瞑塌合眼： 长清方言，没有精神的样子。

死贼毛： 长清方言，一种扎人且长不高的灌木丛。贬义。

四两瓶： 长清方言，亲事或其他事情说成说不成，都得设酒宴感谢一下。四两指四两好酒。

巳晌午： 快中午时，9到11点。

私孩子： 父亲身份不明的孩子。

拣头： 石头做的夯具，正方形，十几斤重，上面有方槽，安放丁字木把，便于双手拎放。

树棵子： 一棵小树。

树砟子： 树枝断掉后留下的凸出痕迹。

树坷垃里： 历城方言，树枝枝叶间。

数天星： 商河方言，天上星宿下凡。

数三巴量： 数落，责备的意思。

数晾： 训人。指用尖酸刻薄的话揭人短处，使人难堪。

书帽： 章丘方言，书的开头。

司礼： 古代婚礼主持。

耍孬： 长清方言，发坏。

耍贫嘴： 指说废话和乱开玩笑，故意没话找话，讨好或耍赖皮。

仨瓜俩枣的： 很少的收入。

撒摸： 寻找。

撒拉气： 钢城方言，漏气。

三推两拥膝 盖子一顶： 办事简洁。

三瓮子： 盛装粮食用的一种土陶器皿，分大、中小三种，三瓮最小比水桶大点。

生分： 闹矛盾后变得不亲热，如同仇家。

生疼： 非常疼痛。

生活： 指手艺好。

牲灵： 牲口。

山朥子上： 山坡上。

山伕： 山里砍柴的樵夫。

闪下： 留下，剩下。

舍茶： 长清方言，免费供应茶水。

舍下： 撇下，留下。

素日： 平常。

瘆人： 害怕，心惊肉跳的感觉。

砷火： 点火。多指引燃灶火。

神胎： 神像。

上午歪： "晌午歪"。长清方言，临近中午。

上起子： 石磨上面的一层。

上坡： ①到地里干活。②爬坡。

上首： 宴席主宾位置。

上香： 祭祀祖先。

上供： 敬奉供品，鸡鸭鱼肉、水果等。

晌午： 午时，12点左右。

晌饭： 午饭。

晌午头： 正午时，一般是指上午12点。

晌午歪： 过了正午。

晒煞： 长清方言，指炎热的太阳光。

使性子： 耍脾气。

使了： 莱芜方言，用了；使用。

使得不轻： 非常累。

拾掇： 整理、收拾一下。

时不常： 经常。

时才： 济阳方言，刚才。

时不时： 莱芜方言。时时；经常。

时候不少： 时间很长。

石礓猴： 奇形怪状的小石头。

实牛： 莱芜方言，母牛。

实牛尿雨： 大暴雨。

实光棍子： 指终身未结婚的男人。

实芯子： 指终身未嫁的女人。

实落： 就是很扎实、随便的意思

十拉里路： 十里至十五里路之间的距离。

说不成堆了： 说不成话了。

说道说道： ①说出来大家评一评。②汇报。

说话半吊： 历城方言，说不好听话的人。

送客： 结婚女方去的送客人，称"官客"。

送路客： 女方派送嫁女的贵客，称"官客"。

杀撒手： 平阴方言，放手不管了。

啥症候： 莱芜方言，什么病。

啥过节： 莱芜方言。什么矛盾。

顺菜： 长清方言，把菜切好等弄作半成品。

蒜臼子： 也叫"蒜窝子"。捣蒜泥的专用器具。

烧着高香： 碰到好运气了。

烧包： 比喻很得意，有炫耀的意思。

烧吧烧吧： 给先人上香烧纸。

稍钱子： 莱芜方言，蝉，知了。

捎脚： 顺路带回来的东西。

收收幡： 平阴方言，招魂幡或领魂幡。

手脚不干净：指偷偷摸摸、爱占小便宜的人。

瘦而巴几： 比较弱小。

甩脸子： 给难看的脸色。

T

土点了三百
多丁： 江湖术语。土点，死；丁，人；就是说死了三百多人。

天井里： 天井，院子。天井里，院子内。

天爷爷： ①惊叹词，从没见过的场面。②玉皇大帝的俗称。

天不济： 历城方言，天气不好。

天麻麻亮： 章丘方言，蒙蒙亮。早晨天刚发亮。

甜麻索索
的脸： 笑脸。

填还： 平阴方言，帮衬；赠与。

添了老二： 莱芜方言，生了第二个孩子。

托人转面子：求别人帮忙办事。

忒好办： 很容易办好。

忒狠： 心狠手辣，特别坏。

忒般配： 指人的身份、脾气、性格等相称。

腿旮旯： 裤裆。

踢蹬得四出
两气： 折腾得一无所有。

踢蹬光： 指把家产挥霍一空。

剃溜圆： 非常圆。

题戏： 章丘方言，可以点喜欢的大戏。

挺好： 很好。

挺怂： 长清方言，兴奋。

挺赛： 很好。

听着： 负责清账，垫付钱财。

摊上： 遇到灾难。

偷偷子： 平阴方言，私生子。

头勾： 毛驴。

头天： 昨天。

头上午： 临近中午的时候。

头一回： 第一次。

头上一把腔
上一把： 杂乱无章。忙得不可开交。

头年： 去年。

投机： 钢城方言，投入。

趄子： 平阴方言，沟子。一趄，为一沟。

疼人吃： 吝啬，别人吃他饭多，他心疼。

疼得上： 平阴方言，不心疼。

抬肉蛋： 历城方言，绑票，绑架。

抬巴： 巴结，夸赞别人。

抬杠： 指吵架。

抬头纹： 是额部皱纹。

抬票的： 历城方言，匪贼绑架。

淘换： 寻找。

贴己： 知心话。

摊了： 平阴方言，遇到。

泰山奶奶： 碧霞元君。也称"泰山老母"。

团成丸子： 做成肉丸。

W

窝落： 地方窄小。

窝憋： 生闷气，吃屈，心里难受。

窝儿： 长清方言，地方的意思。

窝拉雕： 老鹰。此鹰非常凶残，抓鸡易如反掌。

嗡嗡疼： 头痛欲裂。

瓦暗： 交易凭据，两片瓦完整对在一起，就是缴费的凭证。

五门六道： 意指歪门邪道，不干正事。

五雷轰顶： 人干了很坏的伤天害理的事后，自然会受到惩罚。五雷分别是金雷、木雷、水雷、火雷和土雷。

无处求经： 找不到吃饭的地方。

无其数： 多得数不过来。

武郎行： 长清方言，好斗。

舞挓着： 舞动，挥舞。

屋角子： 房屋墙角。

歪脖子舅： 俗称"外拨子"，娘舅的叔伯兄弟。

歪歪拧拧： 走路不正。

歪头耷挂： 没正形象。

崴拉崴拉： 走路左摇右晃，步子不稳。

亡没了： 莱芜方言，死了，去世的意思。

玩日子： 莱芜方言，不过日子。

玩意儿：	长清方言，东西。
玩恣了：	玩得高兴。
玩不转转：	干不动；力量达不到。
葳蕤：	商河方言，草木茂盛的样子。
围脖：	围巾。

X

瞎包症候：	不治之症。指坏毛病。
瞎了：	莱芜方言，浪费。
瞎泼：	平阴方言，浪费。
瞎厮：	莱芜方言，盲人。
下店了：	住店，现在叫"旅馆"。
下崖子：	下坡路。
下腰：	莱芜方言，弯腰。
下茶：	莱芜方言，沏茶。
下流胚子：	骂人的话。一种低级下流的人。
下三烂：	不务正业、不学好的人。
下包子：	①水饺的俗称。②煮水饺。
下边：	地下；底下。
下了集：	散了集。
相相：	长清方言，看看。
相中：	喜欢看上的人或物品。
乡瓜子：	平阴方言，农村来的憨小子。
乡里瓜子：	长清方言，乡下人。
喜声欢气：	高兴。也称"喜声滑气"。
喜溜溜：	满脸笑容。
喜舍人：	高兴事；说诙谐幽默话逗笑。
稀罕：	很珍贵值钱的，难得一见的东西。
稀罕营生：	非常难得、珍贵的东西。
稀儿汤迟：	干活漫不经心。
稀糊烂酱：	历城方言，砸成肉泥。
细末子：	细粉。粉末。
席地：	莱芜方言，酒宴。
笑迷糊：	满脸堆笑。
小话头：	商河方言，锔匠用的小钻头。
小老婆：	方言，小妾。
歇糊了：	欺负，坑骗。
歇歇：	莱芜方言，休息。
歇息一霎：	休息一会。
歇凉：	休息纳凉。
泄涎：	口水。
血不讲理：	不讲道理的泼妇。
邪除：	莱芜方言，意指邪魔鬼祟，就是

	妖怪。
邪毛鬼祟：	妖魔鬼怪。
熊了：	训斥。
学制钱：	学费。
忻了：	平阴方言，娶了。
忻到：	平阴方言，嫁到哪里或走到哪里。
暄头：	平阴方言，柔软。
掀了个仰个丫：	揭了实底。
兴兴工：	莱芜工匠习俗，象征性开下工。
寻思寻思：	想一想。
寻思：	莱芜方言，多想；想得多。
寻个谋：	想个办法。
修巴：	修建。指庭院修得好。
咸里淡里：	长清方言，指桑说槐。
显摆：	意思是显示并夸耀。
熊谱：	长清方言，装模作样、装腔作势。
玄乎：	长清方言，离奇。
续下去：	送（放）下去。

Y

一么：	一边。
一扇子：	一片子。屠夫将屠好的生猪，取中一分为二，称为两片子。
一畔子：	一段时间。
一霎儿：	长清方言，一会儿。
一霎霎：	莱芜方言，一小会儿，时间很短。
一堆：	①指一起走。②集中起来的物品。
一个不落：	一个不留，全部。
一满家子：	全家人。
一跌一磕：	形容生活非常艰辛困难。
一腚的饥荒：	一屁股债。
一挤眼：	使眼色。
一拃：	拇指与中指张开的尺寸，约25厘米。
一弧口：	拇指食指伸张量的长度，约15厘米。
一庹来长：	丈量单位，两根胳膊伸展开的长度。
一瓢浇：	大暴雨。
一袋烟功夫：	约十五分种，即古时的"一刻钟"。
一肚子	牢骚满腹。

二大娘：	是对一个人的俗称，其中"二"表示的是排行，"二大娘"因此特指父亲的二哥的妻子。
一溜烟：	章丘方言，走得很快。
一撮：	收缩。
一切：	用刀切菜。
一欠腚肩下：	平阴方言，指非常懒的人。
一派：	莱芜方言，①同一伙。②一气干完活。
一点点：	方言，很小的；很少的。
一拨楞：	用手推动。
一美遮百丑：	一件好事可以遮挡很多丑事。
一哈腰：	一弯腰。
意识：	有意思。
衣帽周齐：	衣服和帽子齐全。
胰子：	香皂。
以么：	历城方言，什么。
宜量：	合适，吉利。
宜时：	及时。
蚁羊：	莱芜方言，蚂蚁。
遗腹子：	父亲死后出生的孩子。
拥以：	平阴方言，为了。
拥以么：	平阴方言，为什么。
拥了：	用手推了一下。
拥着：	长清方言，也当推讲。
拥倒：	莱芜方言，推倒。
夜来后晌：	昨天晚上。
也不睬：	不去别人家。
圆撺：	长清方言，合情合理。
圆盘子：	莱芜方言，说和，调解。
愿慰：	长清方言，安慰。
幺蛾子：	意为无中生有，无事生非。贬义。
要头连膀子卸：	莱芜方言，指全部奉献。
熨帖：	过开心舒服的日子。
月娃：	平阴方言，新生婴儿。
月子饭：	给产妇做的营养饭。
沿着：	碰巧或正好遇到的意思。
眼尖：	莱芜方言，眼睛好。
野雀：	莱芜方言，喜鹊的俗称。
阴瓦：	房瓦的背面。
阴沟：	下水道。
阴阳先生：	风水先生。
阴朝地府：	阴曹地府，阎王爷住的地方。
引子：	用麦曲做成的发酵粉，如酵母。
丫狗：	公狗。
压根儿：	济阳方言，根本。

词条	释义
养猪油：	指人跟猪一样吃得多，吃得肥。
痒痒句留：	心神不定；贪欲的心情。
阳沟：	院子的排水沟出口。
有套路：	智慧。
有能为：	有本事。
有空：	有时间。
有天无日头：	说话办事不牢靠，信口雌黄。
有么吃么：	家里有啥吃啥，指非常随便。
油乎乎：	油腻。
油腔滑调：	能说会道。贬义词。
油炸果：	油条。
油盐不进：	形容十分固执的人或动物。
蚰蜒路：	弯曲而又窄狭的山路。
优哉游哉：	指生活惬意，快乐。
崖子：	平阴方言，斜坡。
营生：	①做生意。②物品的俗称。③骂人话。
硬撑：	坚决不承认。
蝇子：	方言。苍蝇。
要死本：	做事不留余地；残暴地打骂。

Z

词条	释义
斝着脸：	绷着脸，一本正经。
恣不悠地：	长清方言，高兴。
恣：	高兴。
恣嘎悠地：	历城方言，高兴，兴奋。
恣晕：	意指高兴迷糊了。
自在腔：	边哭，边如唱着数落发泄。
自打：	自从。
走灵：	莱芜方言，葬礼起棺。
揍饭：	莱芜方言，做饭。
嘴头子：	莱芜方言，嘴。
仔巴细儿：	特别认真。
砸锅：	长清方言，坏事了。
咋吹：	怎么说大话。
咋吓唬着：	平阴方言，警告他。
咋天呼地：	莱芜方言，大声叫喊。
咋呼么：	叫喊什么。
咋呼：	叫喊。
拃八高：	个头矮小，一般二十厘米左右。
诈尸舞掌：	横行霸道的样子。
扎刮：	也称"扎裹"，梳妆打扮。

词条	释义
扎裹：	①治疗病。②梳洗打扮。
扎眼：	非常醒目。
扎圈子：	江湖术语，围县城。
扎包：	布腰带。
炸了庙了：	长清方言，惹大祸了。
炸了锅：	对突然出现的祸事吃惊，情绪激烈。
炸腮：	腮腺炎。
乍杈着：	平阴方言，伸展。
托掌：	章丘方言，指受到惊吓时，感觉头发涨竖。
早先时候：	长清方言，那时候。
早天：	莱芜方言，早点回家。
早来舍：	莱芜方言，从前，很久以前。
躁得慌：	①牵挂。②闲得无聊。
澡洗：	莱芜方言，洗澡。
糟蹋：	①毁坏物件。②寒碜笑话别人。
怎大个人：	方言，这么大个人。
在成堆胡呼溜：	在一起生活，或干不务正业的事。
坐家娘：	未出嫁的姑娘。
坐月子：	生孩子。
作扜：	做坏事。
作道：	莱芜方言，找不是。
作头：	平阴方言，指作诗的素材。
揍舍：	打死。
揍生活：	莱芜方言，干活。
脏棒：	不干净的东西，
葬了：	莱芜方言，影响情绪；破坏。
增福增福：	帮助。
贼目：	平阴方言，土匪头子。
找不事：	长清方言，找茬。
找主：	找对象，嫁到这里。
指准：	"只准"，肯定、指定时间。
支使：	让别人干活；支使走，送走。
支棱：	竖起来。
吱吱：	乱说话。
知不道：	神志不清；不知道。
值当得：	指这个东西不值得高兴。
治治：	莱芜方言，治理，拾掇一下。
着落：	安身之处。
着净了：	物品或柴草燃烧光了。
着实：	平阴方言，真的。
苗壮：	历城方言，有底气。
庄稼稞里：	稞，庄稼苗或秸秆；指地里庄稼边。
这闪事：	平阴方言，这样子。
这么子：	这段时间的意思。

词条	释义
这当里：	这时候。
这乎事：	这样的事情。
这把棍：	长清方言，一段。
这工夫：	这时候；这时间。
这霎：	这时候。
转悠着：	四处流浪。
转悠：	遛达。闲逛，游玩的意思.
转个回花：	转身工夫，很短的时间。
种下了：	得了病。
中邪了：	民间把鬼狐缠身，称为"中邪"。
症候：	生病，陈年老病，也指说话做事让人接受不了的行为。
铮明剔亮：	特别明亮。
正头香主：	指管此事或了解此事的人。
正格地：	莱芜方言，真的有。
正儿八经：	恭恭敬敬。
正事：	正儿八经的事。
睁眼瞎：	不识字的人。
掌掌秤头子：	当家主事。
掌眼：	帮助别人看看。
张到：	人或物品歪倒。
张手：	把手伸开。
张不住：	没接住。
长钱：	物品提价。
长长脸：	历城方言，风光风光。
拽了：	莱芜方言，扔掉。
拽出：	①拖出来。②扔出来。
跩呀跩地：	扭着屁股走路。
柱子：	擀面杖。
展过去：	平阴方言，翻过去。
占时：	平阴方言，暂时。
沾早咧：	太早；早来了。
抓挠：	平阴方言，乱动。
抓起腚来：	莱芜方言，撅起屁股。
真玄乎：	危险；说大话。
真亏：	冤枉；赔了东西。
庄皮上：	庄边。
窄住：	地方面积小，不宽敞。
宅子：	莱芜方言，房屋。
周天竖地：	非常高大。

注：本表列入的词条，为济南各县区常用方言、术语、短俗语。

四

济南民间故事图书图录

1.
《长清民间文学集成》
主编 李良森
济南市长清县民间文学集成
办公室 编
1988 年 12 月内部印行
收录济南市长清区民间传说
故事 55 个

2.
《晚霞集》原名《古卢城的
故事》
作者：张诗俭
个人自印文集
收录济南市长清区民间传说
故事 10 个
2006 年 12 月印刷

3.
《卢邑故事（村名卷)》
主编 李良森
收录济南市长清区民间传说
故事 55 个
中国广播电视出版社
2003 年 12 月出版

4.
《散记长清》（齐鲁作家书
系：第一集)
主编 李现新
中国言实出版社
2010 年 8 月出版

5.
《长清乡村记忆》
主编 董江萍
编著 李现新
济南市长清区档案局编（内
部资料)
2014 年 5 月印行

6.
《济阳民间文学集成》
主编 雷建国
济阳县文化局自印资料本
收录济南市济阳县民间故事
100 个
1988 年印行

7.
《蒿庵记》
作者 张志云
讲述济南市济阳区奇人张稷
若的 76 章故事
山东友谊出版社
2015 年 7 月出版

8.
《书斋梦》
作者 孟华庭（孟庆贵)
收录济南市济阳区民间故事
20 余个
华龄出版社
2016 年 6 月出版

9.
《历城民间文学集成》资料
本（一)
主编 关涛 李全仁
济南市历城区文化局
济南市历城区区志地名办公
室内部出版
出版时间 1988 年 2 月

10.
《历城民间故事》
主编 陈芳
济南市历城区文化广电新闻
出版局
济南市历城区文化馆收录历
城区民间故事 120 个
2018 年 11 月
内部印行

11.
《凤凰城的传说》
莱芜市民间文学集成专辑
李胜华搜集整理
收录莱芜市民间传说故事
100 个
金陵书社出版公司
1993 年 2 月出版

12.
《和庄民间故事集》
主编 黄象浩
莱芜市和庄乡自印资料本
收录莱芜市和庄乡民间故事
92 个
1990 年元月印行

山东画报出版社
2008 年 3 月出版

古今奇闻故事杂志社
1997 年 7 月—2008 年 10 月
莱芜市民间文学研究学会自
办刊物
每期收录莱芜及周边地市民
间精彩故事 40 余个

21.
《守望文祖》
主编 赵兴林
收录济南市章丘区民间精彩
故事 52 个
黄河出版社
2013 年 5 月出版

13.
《民间故事精选》（上下集）
李胜华搜集整理
收录莱芜市民间精彩故事
99 个
泰安市新闻出版局
1993 年 6 月出版

16.
《拉呱九十九》
张章搜集整理
收录莱芜市民间精彩故事
99 个
山东省新闻出版局
2011 年 12 月印行

19.
《章丘民间故事》
主编 李文秀
收录章丘区民间精彩故事
264 个
华艺出版社
2007 年 9 月出版

22.
《平阴县民间文学集成》（上
下集）
主编 雷庆龙
收录民间精彩故事 319 个
中国楹联出版社
2008 年 5 月出版

14.
《莱芜民间故事精选》（上中
下集）
李胜华搜集整理
收录莱芜市民间精彩故事
150 个
泰安市新闻出版局
1993 年 3 月第一版
1998 年 8 月印行

17.
《民间奇闻故事》（共 10 册）
主编 李胜华
民间奇闻故事编辑部
1993 年 7 月—1996 年 2 月
莱芜市民间文学研究学社自
办刊物
每册收录莱芜及周边地市民
间精彩故事 30 余个

20.
《锦屏夜话》
作者 孙廷华
收录济南市章丘区民间精彩
故事 40 个
作家出版社
2009 年 7 月出版

23.
《古城遗韵》
黄文俊搜集整理
自印资料本
收录济南市平阴县民间精彩
故事 48 个
2015 年 12 月印刷

15.
《鲁中民间故事选》
张章搜集整理
收录莱芜市民间精彩故事
90 个

18.
《古今奇闻故事》（共 56 期）
主编 李胜华

24.

《红绫被》

黄文俊搜集整理

自印资料本

收录济南市平阴县民间精彩

故事 65 个

2017 年 1 月印刷

25.

《阁老于慎行》

黄文俊搜集整理

自印资料本

收录济南市平阴县民间故事

150 个

2018 年 3 月印刷

26.

《爱和水的天堂》

商河旅游故事集

主编 庞佃军

《商河旅游故事集》编纂委员

会内部印行

收录济南市商河县民间传说

故事、轶闻 83 个

2017 年 9 月印刷

27.

《白头翁谈笑录》

著者 刘公明

收录济南市商河县民间故事

143 个

山东文艺出版社

1993 年 12 月出版

28.

《嘎女婿捉弄状元郎》

中国民间文学三集成·商河

专辑

主编 陈广清

收录济南市商河县民间传说

故事 39 个

商河县民间文学三集成编辑

组内部印行

1989 年印刷

后记

《中国民间文学大系·故事·山东卷·济南分卷》的选编工作进入了尾声，在长达近两年的时间里，中国文联大系出版组委会和山东省、济南市相关领导高度重视，给予了很大的支持！该卷本编委会、采编委的同志们冒严寒酷暑，奔走在济南市的城乡，为征集资料付出了艰辛的劳作。

为了进一步完成这项巨大的文化工程，围绕中国民协制定的工作目标和要求，我们对编纂计划作了具体安排，济南市民间文学研究学会和济南市民俗学会成立了《济南分卷》编委会，指派专人负责各区、县采编委的协调工作；多次组织召开编委座谈会，深入各区县采编委，广泛听取各位代表的意见和建议。推荐专人负责所在区县的稿件征集工作。为了答疑解难，学会还聘请有关专家、学者指导该卷本的编选工作。

在采录和编写过程中，我们没有可借鉴的方法经验，就采取摸着石头过河的原始工作方法，边学习、边工作，力争第一时间采集故事稿件，然后根据稿件内容进行分类，对内容相同的故事进行认真筛选。编审的一大困难是传说与故事的区分甄别。有的老师说，这是件让人头疼的工作，因为传说传着传着就成了故事，而故事则拉着拉着成了传说，很难给它精准的定义。为此，我们专门邀请专家进行答疑，反复学习《中国民间文学大系出版工程工作手册》，掌握传说与故事的定义来进行选稿。本卷故事编选时间紧，文字量大，牵扯面较广，工作程序烦琐。编委会就把任务落实到每一个编委，并与采编委的编辑互动，尽可能减少故事编审环节，保质保量完成编选任务。

《中国民间文学大系·故事·山东卷·济南分卷》各采编委各尽所能，积极参与到最艰苦的工作中，他们舍小家顾大家，不辞艰辛尽最大努力深挖广集民间传说故事，涌现了一批先进工作者。历城区文化馆田延青馆长为编委会提供了历城区大量的民间故事作品；长清区采编委庄庆奎同志，自费组织采编人员举办创作座谈会，调动了长清区民间文学搜集整理工作者的积极性，为编委会提供各类故事 200 余个；章丘区采编委李岭同志，积极与区域内民间文学工作者加强联系，广泛征集散传在民间的故事和个人出版的民间文学作品集，为编委会提供 280 余个民间故事；济阳区采编委刘海友，组织学生与家长互动，采录了 100 余个故事；莱芜区采编委与钢城区采编委互动，向编委会推荐提供了 500 余个故事稿件；平阴县采编委孙明与展恩华联手，采取文友聚会的形式，广泛挖掘、整理所在县民间传说故事资源，为学会提供了 300 余个民间故事稿件，还为编委会提供了民间文学作品集 5 册；商河县采编委庞佃军，借助文友相聚的契机，广泛征集民间故事资源线索，为该卷本组委会提供了 200 余个民间故事稿件；其他区采编委也尽心尽力，努力完成编委会布置的工作，为《中国民间文学大系·故事·山东卷·济南分卷》的稿件选编定版，奠定了坚实的基础。

《中国民间文学大系·故事·山东卷·济南分卷》文稿编选工作的圆满完成，首先要感谢中国文联、中国民间文艺家协会、山东省文联和省民间文艺家协会的领导，济南市社科联、济南市文旅局的相关领导，济南市民间文学研究学会、济南市民俗学会的主席团领导及各区县采编委的辛勤劳作与鼎力支持！特别感谢山东省民间文艺家协会王映雪副主席，济南市社科联党组副书记、副主席李晓华，济南市民间文艺家协会书记兼驻会副主席张佃水和都玉梅秘书长，济南市民俗专家张继平同志，还有很多支持民间文学工作的老领导，在此一并表示衷心的感谢。

《中国民间文学大系·故事·山东卷·济南分卷》的容量有限，做到所有内容的选入是不可能的，这样难免会出现挂一漏万的现象。加之各区县方言俚语表达不一致，用字标注方面肯定会出现不准确的现象；在此，恳请大家批评指正。

《中国民间文学大系·故事·山东卷·济南分卷》编委会

2021.8.10